GESETZE UND KOMMENTARE
Nr. 157

GmbH & Co.KG
Betriebsrat
Mariahilfer Str. 26-30 - A-1070 Wien
Tel. 01 / 525 61 - Fax 01 / 525 61-100
www.peekundcloppenburg.com

D1662263

Arbeitsverfassungsrecht
Band 3

Kommentiert von

Dr. Josef Cerny
Dr. Sieglinde Gahleitner
Mag. Joachim Preiss
Mag. Hannes Schneller

Betriebsverfassung II
Befugnisse der Arbeitnehmerschaft
Rechte der Betriebsratsmitglieder
§§ 89–122

ÖGB VERLAG

Die Inhalte in diesem Buch sind von den Autoren und vom Verlag sorgfältig erwogen und geprüft, dennoch kann eine Garantie nicht übernommen werden. Eine Haftung der Autoren bzw des Verlages und seiner Beauftragten für Personen-, Sach- und Vermögensschäden ist ausgeschlossen.

Bitte beachten Sie unser Aktualisierungsservice:
www.oegbverlag.at

4. neu bearbeitete Auflage 2009

Medieninhaber: Verlag des Österreichischen
Gewerkschaftsbundes GmbH, Wien
© 2005 by Verlag des Österreichischen
Gewerkschaftsbundes GmbH, Wien
Hersteller: Verlag des ÖGB GmbH, Wien
Verlags- und Herstellungsort: Wien
Printed in Austria
ISBN 978-3-7035-1309-1

Inhaltsverzeichnis

Abkürzungsverzeichnis 7
Literaturhinweise 11
Vorwort 13
Einleitung 21

Bundesgesetz vom 14. Dezember1973 idgF betreffend die Arbeitsverfassung (Arbeitsverfassungsgesetz – ArbVG) §§ 89–122

II. Teil: Kollektive Rechtsgestaltung 31

Befugnisse der Arbeitnehmerschaft 31

Allgemeine Befugnisse 31
   Überwachung (§ 89) 31
   Intervention (§ 90) 54
   Allgemeine Information (§ 91) 58
   Beratung (§ 92) 67
   Arbeitsschutz (§ 92a) 71
   Betriebliche Frauenförderung sowie Maßnahmen
   zur besseren Vereinbarkeit von Betreuungspflichten
   und Beruf (§ 92b) 93
   Errichtung und Verwaltung von Wohlfahrtseinrichtungen
   der Arbeitnehmer (§ 93) 105

Mitwirkung in sozialen Angelegenheiten 107
   Mitwirkung in Angelegenheiten der betrieblichen
   Berufsausbildung und Schulung (§ 94) 107
   Mitwirkung an betrieblichen Wohlfahrtseinrichtungen (§ 95) .. 117
   Zustimmungspflichtige Maßnahmen (§ 96) 123
   Ersetzbare Zustimmung (§ 96a) 160
   Betriebsvereinbarung (§ 97) 177

Mitwirkung in personellen Angelegenheiten 262
   Personelles Informationsrecht (§ 98) 262
   Mitwirkung bei der Einstellung von Arbeitnehmern (§ 99) 267
   Mitwirkung bei der Festsetzung von Leistungsentgelten
   im Einzelfall (§ 100) 277
   Mitwirkung bei Versetzungen (§ 101) 281
   Mitwirkung bei Verhängung von Disziplinarmaßnahmen
   (§ 102) 310
   Mitwirkung bei der Vergabe von Werkwohnungen (§ 103) 321

Inhaltsverzeichnis

Mitwirkung bei Beförderungen (§ 104) 323
Mitwirkung bei einvernehmlichen Leistungen (§ 104a) 327
Anfechtung von Kündigungen (§ 105) 334
Anfechtung von Entlassungen (§ 106) 474
Anfechtung durch den Arbeitnehmer (§ 107) 486

Mitwirkung in wirtschaftlichen Angelegenheiten 490
   Wirtschaftliche Informations-, Interventions- und
     Beratungsrechte (§ 108) 490
   Mitwirkung bei Betriebsänderungen (§ 109) 512
   Mitwirkung im Aufsichtsrat (§ 110) 542
   Einspruch gegen die Wirtschaftsführung (§ 111) 626
   Staatliche Wirtschaftskommission (§ 112) 637

Organzuständigkeit 647
   Kompetenzabgrenzung (§ 113) 647
   Kompetenzübertragung (§ 114) 680

Rechtsstellung der Mitglieder des Betriebsrates 691
   Grundsätze der Mandatsausübung, Verschwiegenheits-
     pflicht (§ 115) 691
   Freizeitgewährung (§ 116) 711
   Freistellung (§ 117) 722
   Bildungsfreistellung (§ 118) 733
   Erweiterte Bildungsfreistellung (§ 119) 743
   Kündigungs- und Entlassungsschutz (§ 120) 748
   Kündigungsschutz (§ 121) 778
   Entlassungsschutz (§ 122) 796

Stichwortverzeichnis 813

Abkürzungsverzeichnis

aA	anderer Ansicht
aaO	am angeführten Ort
AB	Ausschussbericht
ABGB	Allgemeines Bürgerliches Gesetzbuch
abl	ablehnend
Abs	Absatz
AG	Aktiengesellschaft
AKG	Arbeiterkammergesetz
AktG	Aktiengesetz
AlVG	Arbeitslosenversicherungsgesetz
AngG	Angestelltengesetz
Anm	Anmerkung
Arb	Sammlung arbeitsrechtlicher Entscheidungen
ArbG	Arbeitsgericht
ArbIG	Arbeitsinspektionsgesetz
ArbVG	Arbeitsverfassungsgesetz
ARD	Arbeitsrechtlicher Informationsdienst (Betriebsdienst)
ARGE	Arbeitsgemeinschaft
Art	Artikel
AR-VO	Aufsichtsratsverordnung
ASchG	ArbeitnehmerInnenschutzgesetz
ASG	Arbeits- und Sozialgericht (Wien)
ASGG	Arbeits- und Sozialgerichtsgesetz
ASoK	Arbeits- und Sozialrechts-Kartei
AÜG	Arbeitskräfteüberlassungsgesetz
AZG	Arbeitszeitgesetz
BBVG	Bahn-Betriebsverfassungsgesetz
BEA	Bundeseinigungsamt
BG	Bundesgesetz
BGBl	Bundesgesetzblatt
Blg	Beilage(n)
Blg NR ... GP	Beilagen zu den Stenographischen Protokollen des Nationalrats, Gesetzgebungsperiode
BMfsV	Bundesministerium für soziale Verwaltung, jetzt Bundesministerium für soziale Sicherheit und Generationen
BMG	Bundesministeriengesetz
BMVG	Betriebliches Mitarbeitervorsorgegesetz
BPG	Betriebspensionsgesetz
B-PVG	Bundes-Personalvertretungsgesetz

Abkürzungsverzeichnis

BRFVO	Betriebsratsfonds-Verordnung
BRG	Betriebsrätegesetz
BRGO	Betriebsrats-Geschäftsordnung
BRWO	Betriebsrats-Wahlordnung
BV	Betriebsvereinbarung
B-VG	Bundes-Verfassungsgesetz
bzw	beziehungsweise
CGK	Corporate Governance Kodex
dgl	dergleichen
dh	das heißt
di	das ist
DRdA	Das Recht der Arbeit, Zeitschrift
DRGBl	Deutsches Reichsgesetzblatt
EA	Einigungsamt
EAGO	Einigungsamt-Geschäftsordnung
EBR	Europäischer Betriebsrat
EDVuR	EDV und Recht
EFZG	Entgeltfortzahlungsgesetz
EMRK	Europäische Menschenrechtskonvention (auch MRK)
Erl	Erläuterung(en)
etc	et cetera
EuGH	Europäischer Gerichtshof
f, ff	folgend, folgende Seiten
FN	Fußnote
FS	Festschrift
G	Gesetz
gem	gemäß
GewO	Gewerbeordnung
GmbH	Gesellschaft mit beschränkter Haftung
GmbHG	Gesetz über Gesellschaften mit beschränkter Haftung
GP	Gesetzgebungsperiode
GZ	Geschäftszahl, Allgemeine Österreichische Gerichtszeitung
hA	herrschende Ansicht
HBG	Hausbesorgergesetz
HeimAG	Heimarbeitsgesetz
idF	in der Fassung
idS	in diesem Sinne
ILO	International Labour Organisation
infas	Informationen aus dem Arbeits- und Sozialrecht

Abkürzungsverzeichnis

iS	im Sinne
iSd	im Sinne des (der)
iSv	im Sinne von
JBl	Juristische Blätter
KG	Kreisgericht, Kommanditgesellschaft
KV	Kollektivvertrag
KVG	Kollektivvertragsgesetz
LAG	Landarbeitsgesetz
LAONÖ	Landarbeitsordnung Niederösterreich
LG	Landesgericht
lit	litera
MRK	(Europäische) Menschenrechtskonvention (auch EMRK)
mwN	mit weiteren Nachweisen
Nr	Nummer
NR	Nationalrat
NRWO	Nationalrats-Wahlordnung
ÖBB	Österreichische Bundesbahnen
OEA	Obereinigungsamt
ÖGB	Österreichischer Gewerkschaftsbund
OGH	Oberster Gerichtshof
ÖJZ	Österreichische Juristenzeitung
OLG	Oberlandesgericht
ORF	Österreichischer Rundfunk
PBVG	Post-Betriebsverfassungsgesetz
PKG	Pensionskassengesetz
PSG	Privatstiftungsgesetz
PTSG	Poststrukturgesetz
RdA	Recht der Arbeit (Deutschland)
RdW	Recht der Wirtschaft
RGBl	Reichsgesetzblatt
Rspr	Rechtsprechung
RV	Regierungsvorlage
S	Seite
SE	Societas Europaea – Europäische Gesellschaft
SEG	Gesetz über das Statut der Europäischen Gesellschaft
SE-RL	Richtlinie des Rates zur Ergänzung des Statuts der Europäischen Gesellschaft hinsichtlich der Beteiligung der Arbeitnehmer

Abkürzungsverzeichnis

SE-VO	Verordnung (EG) des Rates über das Statut der Europäischen Gesellschaft (SE)
Slg	Sammlung der Entscheidungen des Verwaltungsgerichtshofes
sog	so genannte
SozM	Sozialrechtliche Mitteilungen
SPG	Sicherheitspolizeigesetz
StGB	Strafgesetzbuch
StGBl	Staatsgesetzblatt
StGG	Staatsgrundgesetz über die allgemeinen Rechte der Staatsbürger
SWK	Österreichische Steuer- und Wirtschaftskartei
ua	und andere, unter anderem
udgl	und dergleichen
usw	und so weiter
uU	unter Umständen
va	vor allem
VBG	Vertragsbedienstetengesetz
VfGH	Verfassungsgerichtshof
VfGHSlg	Sammlung der Erkenntnisse und wichtigsten Beschlüsse des Verfassungsgerichtshofes
vgl	vergleiche
VO	Verordnung
VwGH	Verwaltungsgerichtshof
VwGHSlg	Erkenntnisse und Beschlüsse des Verwaltungsgerichtshofes
wbl	Wirtschaftsrechtliche Blätter
WKG	Wirtschaftskammergesetz
Z	Ziffer, Zahl
ZAS	Zeitschrift für Arbeits- und Sozialrecht
ZASB	Zeitschrift für Arbeits- und Sozialrecht, Judikaturbeilage
zB	zum Beispiel
ZfVB	Die administrativrechtlichen Entscheidungen des VwGH und die verwaltungsrechtlich relevanten Entscheidungen des VfGH in lückenloser Folge
Zl	Zahl
ZPO	Zivilprozessordnung
zust Anm	zustimmende Anmerkung

Literaturhinweise

Gesetzestext

Cerny, Arbeitsverfassungsrecht, Band 1 (2007)
Kodex Arbeitsrecht (bearbeitet von Mazal), 29. Auflage (2007)
Wachter (Hrsg), Sammlung arbeitsrechtlicher Gesetze, 9. Auflage (2007)
Radner/Reissner/Herzog (Hrsg), Arbeitsrecht, 6. Auflage (2007)

Kommentare

Adametz/Basalka/Heinrich/Kinzel/Mayr/Meches, Kommentar zum Arbeitsverfassungsgesetz, Loseblatt (1974)

Floretta/Strasser, Kommentar zum Arbeitsverfassungsgesetz (1975); Kurzzitat: ArbVG-Handkommentar

Strasser/Jabornegg, Arbeitsverfassungsgesetz^3 (1999); Kurzzitat: ArbVG^3

Strasser/Jabornegg/Resch (Hrsg), Kommentar zum Arbeitsverfassungsgesetz, Loseblatt (in Lieferungen seit 2002); Kurzzitat: ArbVG-Kommentar

Cerny/Gahleitner/Kundtner/Preiss/Schneller, Arbeitsverfassungsrecht, Band 2 (§§ 1–88b), 3. Auflage (2004);

Cerny/Trenner, Arbeitsverfassungsrecht, Band 4 (§§ 123–170), 4. Auflage (2007);

Cerny/K. Mayr, Arbeitsverfassungsrecht, Band 5 (§§ 171–208) (2004);

Cerny/K. Mayr, Arbeitsverfassungsrecht, Band 6 (§§ 208–253) (2006);

Tomandl (Hrsg), Kommentar Arbeitsverfassungsrecht (Loseblatt seit 2005);

Neumayr/Reissner (Hrsg), Zeller Kommentar zum Arbeitsrecht (2006); Kurzzitat: Zeller Kommentar

Systematische Gesamtdarstellungen (Lehrbücher)

Dungl, Handbuch des österreichischen Arbeitsrechts^5, Loseblatt (1987)

Floretta/Spielbüchler/Strasser, Arbeitsrecht, Band II: Kollektives Arbeitsrecht^4 (2001), bearbeitet von *Strasser* und *Jabornegg*

Berger, Einführung in das österreichische Arbeits- und Sozialrecht^6 (2003)

Löschnigg (vorher: *Schwarz/Löschnigg*), Arbeitsrecht^{10} (2003)

Kuras, Arbeitsrecht (Loseblatt seit 2003)

Tomandl/Schrammel, Arbeitsrecht^5 (2004)

Literaturhinweise

Jud/Radner/Hauser, Arbeitsrecht³ (2005)
Marhold/Friedrich, Österreichisches Arbeitsrecht (2006)
Mazal/Risak (Hrsg), Das Arbeitsrecht – System und Praxiskommentar (Loseblatt seit 2002)
Schrank/Mazal, Arbeitsrecht³ (2006)
Brodil/Risak/Wolf, Arbeitsrecht in Grundzügen⁴ (2006)
Jabornegg/Resch/Strasser, Arbeitsrecht³, Rechtstaschenbuch (2008)

Zitiervorschlag:

Bearbeiter/in in *Cerny/Gahleitner/Preiss/Schneller,* Arbeitsverfassungsrecht 3⁴ (2008) Erl ... zu § ...
zB: *Gahleitner* in *Cerny/Gahleitner/Preiss/Schneller,* Arbeitsverfassungsrecht 3⁴ (2008) Erl 2 zu § 105

Kurzzitat:
Bearbeiter/in, ArbVR 3⁴, Erl ... zu § ...
zB: *Gahleitner,* ArbVR 3⁴, Erl 2 zu § 105

Vorwort zur 4. Auflage

Mit der 4. Auflage des Bandes 3 wird der Gesamtkommentar zum Arbeitsverfassungsrecht weiter ergänzt und auf dem aktuellen Stand gehalten.

Die umfangreichste Änderung des ArbVG seit der letzten Auflage dieses Bandes betraf die Einfügung eines VI. Teiles mit Bestimmungen über die Beteiligung der Arbeitnehmer in der Europäischen Gesellschaft (§§ 208 bis 253). Die neuen Bestimmungen wurden in dem im Jahr 2006 erschienenen Band 6 des Gesamtkommentars von *Josef Cerny* und *Klaus Mayr* ausführlich erläutert. Aufgrund der vom Gesetzgeber gewählten Vorgangsweise des Einbaus in das Stammgesetz ergeben sich Verbindungen mit Vorschriften, die im vorliegenden Band erläutert werden, wie zB die Regelungen über die Kompetenzabgrenzung zwischen den Organen der Arbeitnehmerschaft in § 113 ArbVG. Darauf wird in den Erläuterungen zu den betreffenden Bestimmungen auch in diesem Band Bezug genommen.

Neben dem neuen Band 6 ist in der Zwischenzeit auch eine Neuauflage des Bandes 4 erschienen, und die Textausgabe des Arbeitsverfassungsrechts in Band 1 wurde im Jahr 2007 auf den aktuellen Stand gebracht. Als nächstes wird eine Neuauflage des Bandes 2 (Kollektive Rechtsgestaltung, Betriebsverfassung I) vorbereitet.

Ein weiterer Schwerpunkt bei den Änderungen des Arbeitsverfassungsrechts seit der letzten Auflage dieses Bandes betrifft die Mitwirkung der Organe der Arbeitnehmerschaft bei Maßnahmen zur Verbesserung der Sicherheit und des Gesundheitsschutzes. Es geht dabei nicht nur um die erforderliche Anpassung des österreichischen Rechts an die Richtlinie 89/391/EWG, sondern auch um die Weiterentwicklung des Arbeitnehmerschutzrechts insgesamt. Wir sind deshalb *Walter Nöstlinger*, der uns seine Sachkunde auf diesem Gebiet mit detaillierten Hinweisen, insbesondere auch zur praktischen Anwendung des Arbeitnehmerschutzrechts, zur Verfügung gestellt hat, zu besonderem Dank verpflichtet. Seine Hinweise haben Eingang in die Erläuterungen der §§ 89 ff, vor allem aber zum geänderten § 92a gefunden.

Selbstverständlich sind in der vorliegenden Neuauflage auch die sonstigen, seit der letzten Auflage eingetretenen Gesetzesänderungen sowie die wichtigsten Entscheidungen und – zumindest im Literaturverzeichnis und in den Angaben zum Schrifttum vor den Erläuterungen zu den einzelnen Paragrafen – auch die einschlägigen wissenschaftlichen Publikationen dokumentiert und verarbeitet. Wo dies im Zusammenhang mit unseren Erläuterungen erforderlich erschien, wird auch im Kommentartext auf bestimmte Positionen der wissenschaftlichen Lehre Bezug genommen. Von einer detaillierten Auseinandersetzung mit dem inzwischen kaum noch überschaubaren Schrifttum zum Arbeitsverfassungsrecht haben wir aber im Hinblick auf die unverändert vorrangige Praxisorientierung des

Vorwort zur 4. Auflage

Kommentars weiterhin bewusst Abstand genommen. Eine Erleichterung beim Auffinden von zitierten Entscheidungen soll die Ergänzung der Judikaturzitate um die Geschäftszahl wichtiger Entscheidungen bringen.

Infolge unterschiedlicher hauptberuflicher Tätigkeit der Autoren war für die Neuauflage ein längerer Bearbeitungszeitraum erforderlich. Die einzelnen Teile des Kommentars wurden deshalb nicht zur gleichen Zeit verfasst. Dennoch ist der Kommentar insgesamt auf dem aktuellen Stand.

Im Übrigen gelten die im Vorwort zur 2. Auflage enthaltenen Hinweise auch für diese Neuauflage. Zielsetzung, Form und Stil des Kommentars sind ebenso unverändert geblieben wie das Autorenteam, das seine Arbeit trotz der Eigenständigkeit und -verantwortung der Autorin und Autoren für die jeweils erläuterten Teile des Arbeitsverfassungsrechts weiterhin als Teamarbeit ansieht.

Zur Schreibweise: Wenn in diesem Kommentar männliche Schreibweisen verwendet werden, so ist bei Entsprechung auch die weibliche Form inkludiert. Auf eine durchgehende geschlechtsneutrale Schreibweise wurde zu Gunsten der Lesbarkeit des Textes verzichtet.

Wien, im November 2008 *Die Verfasser*

Vorwort zur 3. Auflage

Seit der zweiten Auflage dieses Bandes ist der Kommentar zum Arbeitsverfassungsrecht weiter aktualisiert und vervollständigt worden:
Die Textausgabe (Band 1) ist auf dem Stand 1. 1. 2005; die Bände 2 und 4 wurden überarbeitet und 2003/2004 neu aufgelegt, und 2004 ist auch Band 5 mit Erläuterungen zur Europäischen Betriebsverfassung erschienen.

Mit der Neuauflage des Bandes 3 ist der gesamte ArbVR-Kommentar auf dem aktuellen Stand.

Inhaltlich musste gegenüber der Vorauflage nicht allzu viel geändert werden. Wichtige Entscheidungen und das einschlägige neue Schrifttum wurden eingearbeitet.

Der Text des ArbVG wurde seit Beginn des Jahres 2002 viermal geändert, aber nur eine Novelle, nämlich jene durch das Bundesgesetz vom 15. Juli 2004, BGBl I 2004/82, brachte eine – zumindest nach der Zahl der neu hinzu gekommenen Paragrafen – wesentliche Ergänzung des Stammgesetzes: Mit dieser Novelle wurde ein neuer VI. Teil mit umfangreichen Bestimmungen über die Europäische Aktiengesellschaft in das Gesetz eingefügt und einige Bestimmungen der Betriebsverfassung wurden entsprechend geändert.

In der vorliegenden Neuauflage werden nur die das 3. Hauptstück des II. Teiles betreffenden Änderungen (§§ 110 und 113) kommentiert; der VI. Teil mit den Bestimmungen üb er die Europäische Aktiengesellschaft wird als Band 6 im Jahr 2006 erscheinen.

Selbstverständlich sind auch die übrigen seit der Vorauflage erfolgten Änderungen des ArbVG (Näheres dazu in der Einleitung), soweit sie den Inhalt des Bandes 3 betreffen, verarbeitet worden.

Mit dem Bundesbahnstrukturgesetz, BGBl I 2002/138, ist das Bahn-Betriebverfassungsgesetz 1997 wieder aufgehoben worden. Die damit zusammenhängenden Überleitungsbestimmungen sind im Anhang des Bandes 1 abgedruckt. Für den Inhalt des vorliegenden Bandes 3 bedeutet das, dass die Bestimmungen des ArbVG über die Befugnisse der Arbeitnehmerschaft (§§ 89 bis 114) sowie jene über die Rechtsstellung der Betriebsratsmitglieder (§§ 115 bis 122) – ebenso wie die übrigen Bestimmungen über die Betriebsverfassung – auch für die vorher vom Geltungsbereich des Bahn-Betriebverfassungsgesetzes erfassten Betriebe und Arbeitnehmer uneingeschränkt gelten (Näheres zum Geltungsbereich der Betriebsverfassung in den Erläuterungen von *Gahleitner* zu § 33 im Band 2).

Die Zusammensetzung des Autorenteams ist bis auf eine Ausnahme unverändert geblieben: Alice Kundtner ist auf eigenen Wunsch aus dem Team ausgeschieden, ihren bisherigen Kommentarteil haben *Hannes Schneller* (§ 108) und *Joachim Preiss* (§ 109) zusätzlich übernommen.

Vorwort zur 3. Auflage

Hinsichtlich der Zielsetzung und der grundsätzlichen Orientierung des Kommentars gilt weiterhin, was im Vorwort zur zweiten Auflage geschrieben wurde.

Wien, im Juli 2005 *Die Verfasser*

Vorwort zur 2. Auflage

Das umfangreiche Normen-, Rechtsprechungs- und Literaturmaterial zum Arbeitsverfassungsrecht und die besondere Bedeutung dieses Rechtsgebietes für die Interessenvertretung der Arbeitnehmer haben den Verlag und das Autorenteam im Jahr 1992 veranlasst, den Kommentar zum Arbeitsverfassungsrecht völlig neu zu gestalten. An Stelle der vorher in der Schriftenreihe „Gesetze und Kommentare" erschienenen Bände Nr 116 „Arbeitsverfassungsgesetz" und Nr 117 „Verordnungen zum Arbeitsverfassungsgesetz" trat eine Gesamtausgabe des Arbeitsverfassungsrechts, von der seither fünf Bände erschienen sind:

Band 1 / Nr 155: Arbeitsverfassungsgesetz und Verordnungen, Textausgabe, zuletzt 6. neu bearb. Auflage, Stand 1. 1. 2002

Band 2 / Nr 156: Kollektive Rechtsgestaltung, Betriebsverfassung I (Allgemeine Bestimmungen, Organisationsrecht), zuletzt 2. neu bearb. Auflage 2000

Band 3 / Nr 157: Betriebsverfassung II, Befugnisse der Arbeitnehmerschaft, Rechte der Betriebsratsmitglieder, zuletzt 2. neu bearb. Auflage 2002

Band 4 / Nr 158: Jugendvertretung, Vorschriften für einzelne Betriebsarten, Behörden und Verfahren, Schluss- und Übergangsbestimmungen, zuletzt 3. neu bearb. Auflage 2003

Band 5 / Nr 166: Europäische Betriebsverfassung, EU-Richtlinien zur Europäischen Betriebsverfassung, 2004.

Wie aus der folgenden Einleitung zur Neuauflage des Bandes 2 zu ersehen ist, hat das Arbeitsverfassungsrecht seit dem Beginn der Kommentierung in der neuen Form weiterhin umfangreiche Änderungen erfahren. Gerichte haben eine Fülle von Entscheidungen getroffen, die über den Einzelfall hinaus für die praktische Rechtsanwendung relevant sind. Die Arbeitsrechtslehre hat sich – nicht zuletzt auch wegen der legistisch und dogmatisch mitunter sehr problematischen Neuregelungen – intensiv mit Fragen des Arbeitsverfassungsrechts befasst.

Dazu kommt, dass der Regelungsumfang des ArbVG durch den im Jahr 1996 angefügten V. Teil „Europäische Betriebsverfassung" erheblich erweitert wurde.

Diese Entwicklung macht eine laufende Überarbeitung des Kommentars dringend erforderlich. Neben der ständigen Aktualisierung der Textausgabe (Band 1) sollen die Bände 2 und 3 auf den neuen Stand gebracht werden. Band 4 ist bereits neu bearbeitet worden.

Die Neuauflage wird von einem Autorenteam unter der Gesamtleitung von Dr. Josef Cerny besorgt. Der Kommentar baut allerdings inhaltlich weitgehend auf den Vorarbeiten des vorherigen Autorenteams

Vorwort zur 2. Auflage

Cerny – Haas-Laßnigg – B. Schwarz (1. Auflage) auf. Die beiden wegen beruflicher Veränderung ausgeschiedenen früheren Koautoren *Dr. Evelyn Haas-Laßnigg* und *Dr. Bernhard Schwarz* haben dazu ausdrücklich ihre Zustimmung gegeben, wofür ihnen herzlicher Dank zu sagen ist.

Die bewährten Koautoren *RA Dr. Sieglinde Gahleitner, Mag. Alice Petra Kundtner, Mag. Joachim Preiss* und *Mag. Hannes Schneller* verfügen über umfangreiche praktische Erfahrung in der Beratung und Vertretung von ArbeitnehmerInnen und Organen der Arbeitnehmerschaft in arbeitsverfassungsrechtlichen Angelegenheiten.

Das Autorenteam geht mit dem gleichen Grundverständnis wie bisher an die Kommentierung heran: Die grundsätzliche Orientierung der Erläuterungen an den Bedürfnissen der Praxis wird beibehalten. Deshalb wird auch bei der Neuauflage – neben den selbstverständlich eingearbeiteten Änderungen des Gesetzes- und Verordnungstextes – der Entwicklung und dem aktuellen Stand der Judikatur besonderes Augenmerk gewidmet. Allerdings muss – wie bereits in der Vorauflage – darauf hingewiesen werden, dass bei einer solchen Form der Kommentierung gerichtliche Entscheidungen immer verkürzt und häufig abstrahiert vom konkreten Sachverhalt in dem der Entscheidung zu Grunde liegenden Einzelfall wiedergegeben werden. Zitate von Entscheidungen können deshalb weder generell mit der Rechtsauffassung der Autoren gleichgesetzt noch als vollständige Information über Sachverhalt und Begründung der Entscheidung, sondern nur als weiterführender Hinweis zur genauen Prüfung im Einzelfall verstanden werden. Wo allerdings die Verfasser Kritik an der Judikatur üben und abweichende Auffassungen vertreten, wird das in den Erläuterungen deutlich zum Ausdruck gebracht.

Um die Auffindbarkeit der zitierten Entscheidungen für die Benützer des Kommentars zu erleichtern, wird neben der entscheidenden Instanz jeweils auch das Datum der Entscheidung angegeben. Weitere Hinweise auf Fundstellen in Entscheidungssammlungen, Fachzeitschriften usw sind nicht auf Vollständigkeit angelegt. Die Verfasser gehen davon aus, dass die zunehmende Verbreitung und Zugänglichkeit von Rechtsdatenbanken es den meisten Benützern ermöglichen, die für sie relevanten zusätzlichen Informationen zu erhalten.

In formeller Hinsicht wird auch bei der Neuauflage an der bewährten Form der Erläuterung durch nummerierte Fußnoten zu den einzelnen Paragrafen des Gesetzes festgehalten. Um jedoch die Übersichtlichkeit weiter zu verbessern und zugleich dem Bedürfnis nach einer gewissen Systematisierung Rechnung zu tragen, ist der bereits in den Vorauflagen begonnene Weg konsequent fortgesetzt worden: Überall dort, wo umfangreichere Erläuterungen zu einzelnen Gesetzesbestimmungen folgen, wird eine systematisierende Übersicht vorangestellt. Das zwingt zwar in Einzelfällen zu Kompromissen zwischen Chronologie und logisch-inhaltlicher Systematik, scheint uns aber doch insgesamt für den Benützer leichter überschaubar zu sein. Zur leichteren Orientierung sollen auch – weiter-

Vorwort zur 2. Auflage

hin – Hervorhebungen durch Fettdruck in den Erläuterungen sowie das Stichwortverzeichnis am Ende jedes Bandes beitragen.

Einen anderen Weg als in den Vorauflagen gehen wir bei der Verarbeitung der einschlägigen Fachliteratur. Zwar musste von einer ins Detail gehenden wissenschaftlichen Auseinandersetzung mit der immer umfangreicher werdenden arbeitsverfassungsrechtlichen Literatur im Hinblick auf die vorrangige Praxisorientierung des Kommentars weiterhin Abstand genommen werden, doch soll dem interessierten Leser ein Wegweiser für weiterführende Studien geboten werden, indem nunmehr jeder Gesetzesbestimmung und den Erläuterungen dazu ein Verzeichnis des einschlägigen Schrifttums vorangestellt wird. Die Literaturhinweise sind chronologisch nach dem Zeitpunkt des Erscheinens geordnet, wobei auf Publikationen zum Arbeitsverfassungsrecht, die vor dem In-Kraft-Treten des ArbVG erschienen sind, nur ausnahmsweise wegen ihrer grundsätzlichen Bedeutung Bedacht genommen wird. Das Literaturverzeichnis enthält nur Aufsätze und Monografien zum Arbeitsverfassungsrecht. Von Hinweisen auf die einschlägigen Teile von Lehrbüchern und Kommentaren wurde ebenso Abstand genommen wie von der Angabe der Fundstellen von Entscheidungsbesprechungen. Auf solche wird aber in den Erläuterungen selbst an vielen Stellen Bezug genommen.

Wie schon das vorherige versteht auch das neue Autorenteam die Kommentierung des Arbeitsverfassungsrechts als Teamarbeit: Sämtliche Teile des Kommentars werden zwischen den Autoren so abgestimmt, dass die in den Erläuterungen vertretenen Auffassungen von allen Beteiligten mitgetragen werden können. Die „Federführung" eines Autors/einer Autorin bei der Erläuterung einzelner Bestimmungen wird – wie bisher – durch Angabe des Namens jeweils kenntlich gemacht.

Die 3. Auflage enthält vor den aktualisierten Erläuterungen und den Schrifttumshinweisen bei den einzelnen Paragrafen zusätzlich Literaturhinweise auf die einschlägigen (anderen) Kommentare zum Arbeitsverfassungsgesetz sowie auf systematische Gesamtdarstellungen des Arbeitsverfassungsrechts. Damit soll den Benützern unseres Kommentars eine umfassende Orientierung zum Thema ermöglicht werden.

Wien, im Juli 2004 *Die Verfasser*

Gliederung des Gesamtwerks:
Band 1: Gesetzestext und Verordnungen
Band 2: Kollektive Rechtsgestaltung,
Betriebsverfassung I
(Allgemeine Bestimmungen, Organisationsrecht)
Band 3: Betriebsverfassung II,
Befugnisse der Arbeitnehmerschaft,
Rechte der Betriebsratsmitglieder
Band 4: Jugendvertretung,
Vorschriften für einzelne Betriebsarten,
Behörden und Verfahren,
Schluss- und Übergangsbestimmungen
Band 5: Europäische Betriebsverfassung
Band 6: Europäische Aktiengesellschaft
Beteiligung der Arbeitnehmer

Band 3 kommentiert und bearbeitet:
Gesamtleitung:	Dr. Josef Cerny
Einleitung:	Dr. Josef Cerny
§§ 89 bis 95:	Dr. Josef Cerny
§§ 96 und 96a:	Mag. Joachim Preiss
§ 97:	Dr. Josef Cerny (FN 1 bis 4)/ Mag. Joachim Preiss (ab FN 5)
§§ 98 bis 104a:	Dr. Josef Cerny
§§ 105 bis 107:	Dr. Sieglinde Gahleitner
§ 108:	Mag. Hannes Schneller
§§ 109 bis 114:	Mag. Joachim Preiss
§§ 115 bis 122:	Mag. Hannes Schneller

Einleitung

1. Das Arbeitsverfassungsgesetz als Teilkodifikation des Arbeitsrechts

Das Arbeitsverfassungsgesetz wurde nach langjährigen Vorarbeiten am 14. Dezember 1973 vom Nationalrat beschlossen und damit der erste Teilkomplex der Kodifikation des österreichischen Arbeitsrechts verwirklicht. Das Gesetz regelt in seinem I. Teil die „Kollektive Rechtsgestaltung" (durch Kollektivvertrag, Satzung, Mindestlohntarif, administrative Festsetzung der Lehrlingsentschädigung und Betriebsvereinbarung), der II. Teil enthält Bestimmungen über die Betriebsverfassung, der III. Teil regelt Behörden und Verfahren, und im IV. Teil finden sich Schluss- und Übergangsbestimmungen. Durch die Zusammenfassung der Rechtsvorschriften über die Arbeitsverfassung in einem Gesetz konnten mehrere bis dahin geltende Gesetze, insbesondere das Kollektivvertragsgesetz 1947, das Betriebsrätegesetz 1947, das Mindestlohntarifgesetz 1951 und das Jugendvertrauensrätegesetz 1972 aufgehoben und damit dem Wunsch nach größerer Übersichtlichkeit und besserer Systematik der Normen des kollektiven Arbeitsrechts Rechnung getragen werden.

Die gewerkschaftlichen Forderungen nach einer Kodifikation des Arbeitsrechts gingen allerdings seit jeher über das formale Ziel der Zusammenfassung und Systematisierung hinaus; sie waren immer auch – und vor allem – auf eine Reform und Weiterentwicklung des Arbeitsrechts gerichtet. Die Wurzeln dieser Reformbestrebungen reichen weit zurück bis in das 19. Jahrhundert. Von der ersten gesetzlichen Regelung der Betriebsvertretung im Bergbau im Jahre 1896 bis zur Verabschiedung des Arbeitsverfassungsgesetzes im Dezember 1973 führte ein weiter Weg der organisierten Arbeiterbewegung im Kampf um bessere Arbeitsbedingungen, mehr soziale Gerechtigkeit und Mitbestimmung in den Betrieben, in der Wirtschaft und in der Gesellschaft.

Die ersten Meilensteine auf diesem Weg – und zugleich die Grundpfeiler der Arbeits- und Sozialordnung in Österreich – waren das Betriebsrätegesetz 1919, das Gesetz über die Errichtung der Einigungsämter und über kollektive Arbeitsverträge 1920 sowie das Arbeiterkammergesetz 1920.

Nachdem der Ständestaat der 30er Jahre durch autoritäre Verfügungen der Bundesregierung auch die Arbeitsverfassung berufsständisch ausgerichtet und die nationalsozialistische Gewaltherrschaft dann überhaupt die Rechtsgrundlagen einer demokratischen Interessenvertretung liquidiert hatte, setzten sofort nach Wiedererrichtung der Republik Österreich und Wiederherstellung der österreichischen Rechtsordnung Bemühungen um die gesetzliche Regelung einer demokratischen Arbeitsverfassung ein. Mit dem bereits am 20. Juli 1945 beschlossenen Arbeiterkammergesetz, dem am 26. Februar 1947 verabschiedeten Kollektivvertragsgesetz 1947 und dem Betriebsrätegesetz vom 28. März 1947 war dieses Ziel vorerst erreicht. Während in der Folge zahlreiche Gesetze und Novellen das individuelle Arbeitsrecht neu gestalteten und immer mehr aus dem von der formalen Gleichheit der Vertragspartner gekennzeichneten Bürgerlichen Recht zu einem eigenständigen, vom Schutzgedanken zu Gunsten des wirtschaftlich schwächeren Arbeitnehmers getragenen Rechtsgebiet weiterentwickelten, wies das kollektive Arbeitsrecht nach der Wiedererrichtung der Grundlagen einer demokratischen Arbeitsverfassung eine bemerkenswerte Stabilität auf: Weder das Arbeiterkammergesetz noch das Kollektivvertragsgesetz oder das Betriebsrätegesetz wurde in seinen Grundzügen geändert, wohl aber gab es Änderungen in verschiedenen Details.

Ende der 50er Jahre verstärkten die Interessenvertretungen der Arbeitnehmer ihre Bemühungen um eine Gesamtkodifikation des österreichischen Arbeitsrechts.

Der erste konkrete Vorstoß zur legistischen Bewältigung des Kodifikationsprojekts erfolgte in den Jahren 1958 und 1962, als das Bundesministerium für soziale Verwaltung unter der Ministerschaft des ehemaligen ÖGB-Generalsekretärs Proksch den gesamten Stoff des Arbeitsrechts in zwei Teilentwürfen zusammenfasste, vereinheitlichte und damit auch weiterentwickelte. Der erste Teilentwurf befasste sich mit dem Individualarbeitsrecht, der zweite mit dem kollektiven Arbeitsrecht. Die Entwürfe fanden einerseits wegen ihres klaren Aufbaus, Systems und der Überschaubarkeit der Problematik in Fachkreisen allgemein Beachtung, wurden aber andrerseits wegen ihres materiellen Inhalts – wurde doch zum Beispiel zu jener Zeit schon die Vierzigstundenwoche, der Dreiwochenurlaub und die völlige arbeitsrechtliche Gleichstellung von Arbeitern und Angestellten vorgesehen – von der Unternehmerschaft und den hinter ihr stehenden politischen Kräften heftig bekämpft. Die Realisierung wurde daher vorläufig zurückgestellt.

1967 kam es auf Grund einer parlamentarischen Entschließung zur Einsetzung einer Kodifikationskommission, bestehend aus Vertretern der Wissenschaft, der Ministerien und der Arbeitgeber- und Arbeitnehmerorganisationen. Als erstes Thema nahm die Kommission die kollektive Rechtsgestaltung in Angriff, die sich mit den Fragen des Kollektivvertrags, der Satzung, dem Mindestlohntarif, der Arbeitsordnung und den Betriebsvereinbarungen befasste. Da sich jedoch sehr bald herausstellte, dass vor allem die Probleme der Betriebsvereinbarung nicht losgelöst von der Entwicklung des Betriebsverfassungsrechtes und insbesondere der Mitbestimmungsidee betrachtet werden können, ging die Kommission 1970 zur Behandlung des Betriebsverfassungsrechts über. Grundlage bildeten hiefür die zwei Teilentwürfe aus dem Jahr 1962 sowie für die Gewerkschaftsvertreter der darauf aufbauende interne ÖGB-Entwurf eines neuen Betriebsrätegesetzes. Außerdem wurden vom Bundesministerium für soziale Verwaltung an einige Professoren, die Mitglieder der Kommission waren, Kontrastentwürfe in Auftrag gegeben.

Wegen der sozialpolitischen Bedeutung einiger Forderungen zum BRG kam es 1971 zur – im Übrigen ersten inhaltlich wirklich bedeutsamen – Novellierung des BRG, mit der neben einigen organisationsrechtlichen Änderungen die Bildungsfreistellung für Betriebsratsmitglieder, eine Verbesserung der Mitwirkungsrechte und Verbesserung des Kündigungsschutzes der Betriebsratsmitglieder erreicht werden konnten.

Ein Jahr später, am 9. Juli 1972, wurde das Bundesgesetz über betriebliche Jugendvertretung (Jugendvertrauensrätegesetz) verabschiedet und damit eine langjährige Forderung, insbesondere der Gewerkschaftsjugend, erfüllt.

Die Berichte der Kommission über die kollektive Rechtsgestaltung und über das Arbeitsverfassungsrecht (einschließlich der BRG-Novelle 1971) bildeten die Grundlage für den Entwurf des Bundesministeriums für soziale Verwaltung für das Arbeitsverfassungsgesetz. Bekanntlich stieß dieser Entwurf, trotz der Vorarbeiten durch eine Fachkommission, auf heftigen Widerspruch der Unternehmerseite. Eine Aussprache der Präsidenten der großen Arbeitgeber- und Arbeitnehmerorganisationen führte zur Einsetzung eines Verhandlungsausschusses, um festzustellen, ob und inwieweit ein Einvernehmen hergestellt werden könnte. In zahlreichen harten Verhandlungen konnte bis auf zwölf – allerdings sehr entscheidende – Fragen in diesem Verhandlungskomitee Einvernehmen erzielt werden. Auch über die letzten offenen zwölf Punkte wurde in einem neuerlichen Präsidentengipfelgespräch Übereinstimmung erzielt, so dass letztlich der einstimmigen Verabschiedung des Gesetzes im Parlament nichts mehr im Wege stand.

Natürlich bedeuteten die Verhandlungen, dass es auch zu Kompromissen kommen musste, wobei allerdings die Gewerkschaftsverhandler darauf achteten, dass nichts von der erstrebten Substanz aufgegeben und in keiner Frage die Weiterentwicklung in einem späteren Zeitpunkt verbaut wurde.

In den Auseinandersetzungen um das Arbeitsverfassungsgesetz spielte die Frage der Beziehungen zwischen Gewerkschaft und Betriebsrat eine zentrale Rolle. Nach hartem Ringen ist es der Arbeitnehmerseite gelungen, die rechtliche Verankerung der Zusammenarbeit zwischen den Organen der betrieblichen Interessenvertretung und den überbetrieblichen Interessenvertretungen der Arbeitnehmer (Arbeiterkammern und Gewerkschaften) durchzusetzen. Gleichzeitig wurden die rechtlichen Grundlagen für die Mitwirkung am Zustandekommen einer Betriebsvertretung geschaffen und der Zugang der Gewerkschaften (und Arbeiterkammern) zum Betrieb zur Unterstützung der Betriebsräte rechtlich abgesichert.

Neben dieser rechtlichen Verbindung von betrieblicher und überbetrieblicher Mitbestimmung konnte die Arbeitnehmerseite auch eine Ausweitung der gesetzlichen Mitwirkungsbefugnisse in personellen, sozialen und wirtschaftlichen Angelegenheiten erreichen. Besondere Bedeutung kam dabei der erstmaligen systematischen Regelung der Betriebsvereinbarung als Rechtsquelle des kollektiven Arbeitsrechts und zugleich als Instrument der sozialen Mitbestimmung im Rahmen des ArbVG zu.

2. Die Entwicklung seit dem Inkrafttreten des ArbVG

Die seit der Verabschiedung des Arbeitsverfassungsgesetzes vergangene Zeit hat gezeigt, dass auch eine als Kodifikation angelegte Neuregelung eines Teilgebietes des Arbeitsrechts keineswegs den Abschluss der sozialpolitischen Entwicklung bedeuten kann: Das Stammgesetz wurde durch zahlreiche Novellen – von unterschiedlichem sozialpolitischem Gehalt – geändert.

Die erste Novelle vom 11. Juni 1975 brachte neben einer Anpassung des Geltungsbereichs an die geänderte Verfassungsrechtslage (Einbeziehung der land- und forstwirtschaftlichen Betriebe der Gebietskörperschaften) vor allem Neuerungen bei den Bestimmungen über die Rechnungsprüfer.

Hauptpunkt der Novelle vom 7. Juli 1976 war die Absicht, die Bestimmungen über den Kündigungs- und Entlassungsschutz für ältere Arbeitnehmer zu verbessern.

Die Änderungen des Arbeitsverfassungsgesetzes durch die Novelle vom 2. Juli 1981 standen im Zusammenhang mit dem damals neu geschaffenen Nachtschicht-Schwerarbeitsgesetz: Es wurde eine erzwingbare Betriebsvereinbarung zur Verhinderung, Beseitigung, Milderung oder zum Ausgleich von Belastungen eingeführt (§ 97 Abs 1 Z 6a), die Mitwirkung bei der Bestellung des Betriebsarztes und des Leiters des sicherheitstechnischen Dienstes geregelt (§ 99a), und schließlich wurden Verbesserungen beim Kündigungsschutz in diesem Zusammenhang vorgenommen (§ 105 Abs 3 Z 1 lit g, Abs 3 Z 2 lit b).

Auf Grund des Bundesgesetzes vom 21. Jänner 1982 wurden Sonderregelungen für Betriebe des Österreichischen Rundfunks eingefügt (§ 133a).

Die Novelle vom 24. Jänner 1985 schuf die Grundlage für die Errichtung von Betriebsvertretungen der Hausbesorger und Hausbetreuer in gemeinsam verwalteten Häusern (§ 134b).

Mit Bundesgesetz vom 4. April 1986 wurden im Zusammenhang mit der Neuregelung der Österreichischen Industrieholding Aktiengesellschaft auch die bis dahin geltenden Ausnahmebestimmungen des § 110 Abs 8 geändert.

Besondere Bedeutung hatte dann die Novelle vom 3. Juli 1986; sie brachte die erste größere Änderung des Arbeitsverfassungsgesetzes seit dessen Verabschiedung im Jahre 1973. Grundlage dieser Änderung war ein Forderungskatalog, den der Österreichische Gewerkschaftsbund und der Österreichische Arbeiterkammertag dem Sozialminister vorgelegt hatten und der dann den Gegenstand umfangreicher „Sozialpartnerverhandlungen" bildete (sog 29-Punkte-Katalog). Nachdem zunächst – wie bereits bei den Verhandlungen über das Stammgesetz – von der Arbeitgeberseite heftiger Widerstand gegen jede Verbesserung der Mitwirkungsrechte der Arbeitnehmerschaft geleistet worden war, gelang es schließlich doch wieder, einen Kompromiss zu finden. Obwohl die Arbeitnehmerseite in einigen Punkten Abstriche von ihrem Forderungsprogramm machen musste, konnte sie doch in wichtigen Fragen Änderungen zum weiteren Ausbau der Mitbestimmung in den Betrieben durchsetzen. Im Besonderen sind die Mitwirkungsrechte bei der Einführung und beim Einsatz neuer Technologien („ersetzbare Zustimmung" nach § 96a), verschiedene Ansatzpunkte für die Mitwirkung in Konzernen (vor allem die Errichtung von Arbeitsgemeinschaften nach § 88a), der Ausbau der Informations- und Beratungsrechte, die Erweiterung der personellen Mitwirkungsrechte, die Verlängerung der Funktionsperiode der Betriebsräte und der Bildungsfreistellung sowie die Schaffung der Rechtsgrundlagen für die Errichtung von Jugendvertretungen auf Unternehmensebene (Zentraljugendvertrauensrat) hervorzuheben.

Durch das Bundesgesetz vom 1. Oktober 1986 wurden die Bestimmungen des Arbeitsverfassungsgesetzes an die neue Organisation und die Neuregelung des Verfahrens durch das Arbeits- und Sozialgerichtsgesetz (mit Wirksamkeit ab 1. Jänner 1987) angepasst. Kernpunkt dieser Änderung war die Überführung der betriebsverfassungsrechtlichen Streitigkeiten in die Kompetenz der Arbeits- und Sozialgerichte und die Anwendung der einschlägigen Verfahrensbestimmungen. Im Rahmen des ArbVG wurden in diesem Zusammenhang vor allem Bestimmungen des III. Teiles (Behörden und Verfahren) geändert.

Durch das Bundesverfassungsgesetz vom 2. Juli 1987, BGBl Nr 321, wurden ua die früher im ArbVG enthaltenen Ausnahmebestimmungen für bestimmte verstaatlichte Unternehmungen sowie die sondergesetzliche Regelung über die Mitwirkung von Arbeitnehmervertretern im Aufsichtsrat der Verbundgesellschaft aufgehoben.

Das Arbeitskräfteüberlassungsgesetz vom 23. März 1988, BGBl Nr 196, hat ua auch eine Änderung des Arbeitsverfassungsgesetzes gebracht, indem Mitwirkungsrechte des Betriebsrates im Zusammenhang mit der Beschäftigung von überlassenen Arbeitnehmern normiert wurden (§ 97 Abs 1 Z 1a, § 99 Abs 5).

Im Jahr 1990 ist das ArbVG gleich viermal geändert worden, und zwar durch die ArbVG-Novelle vom 27. Juni 1990, BGBl Nr 441, sowie durch Bestimmungen im Rahmen des Betriebspensionsgesetzes, BGBl Nr 282/90, des Karenzurlaubserweiterungsgesetzes, BGBl Nr 408/90, und des Rechnungslegungsgesetzes, BGBl Nr 475/90 (vgl dazu zusammenfassend: *Strasser*, Die Arbeitsverfassungsgesetznovellen des Jahres 1990, DRdA 1990, 409 ff).

Von besonderer Bedeutung für die Weiterentwicklung des Arbeitsverfassungsrechts war dabei die „eigentliche" ArbVG-Novelle 1990. Sie brachte vor allem einen weiteren Ausbau der bereits 1986 begonnenen Ansätze der betriebsverfassungsrechtlichen Organisation und Mitwirkung in Konzernen, eine wesentliche Änderung des Kündigungs- und Entlassungsschutzes in Richtung stärkerer Individualisierung, weiters Reformen des Betriebsratswahl-Verfahrens und Erweiterungen der Mitwirkungsmöglichkeiten der Arbeitnehmerschaft in sog Tendenzbetrieben.

In den 90er Jahren ist das Arbeitsverfassungsrecht durch eine Reihe von Gesetzesänderungen, zum Teil in Anpassung an das EU-Recht, weiterentwickelt worden. Die meisten dieser Änderungen finden sich als „leges fugitivae" in anderen Gesetzen als dem ArbVG selbst oder in „Maßnahmenpaketen" mit anderen inhaltlichen Schwerpunkten. Diese für die praktische Rechtsanwendung höchst problematische Methode der Gesetzgebung hat die Übersichtlichkeit des Arbeitsverfassungsrechts erheblich beeinträchtigt.

Artikel IV des Bundesgesetzes BGBl Nr 473/1992 brachte eine terminologische Anpassung des ArbVG an das Nachtschwerarbeitsgesetz.

Artikel VI des „Arbeitsrechtlichen Begleitgesetzes" (ArbBG), BGBl Nr 833/1992, änderte einige Bestimmungen des ArbVG im Rahmen des mit der künftigen Angleichung des Pensionsalters von Frauen und Männern verabschiedeten „Gleichbehandlungspakets".

Mit der am 17. Juni 1993 vom Nationalrat beschlossenen ArbVG-Novelle wurden Regelungen zur Absicherung und Stärkung der Mitbestimmungsmöglichkeiten während einer Umstrukturierung sowie zum weiteren Ausbau der Mitbestimmung auf Konzernebene getroffen. Gleichzeitig wurde das Arbeitsverfassungsrecht an EWR-Richtlinien angepasst.

Weitere Änderungen des ArbVG durch die „Beschäftigungssicherungsnovelle 1993", BGBl Nr 502/1993, betreffen den Kündigungsschutz und Sozialpläne bei Betriebsänderungen.

Arbeitsverfassungsrechtlich bedeutsam war auch eine im Zusammenhang mit der Gewerberechtsreform 1992 getroffene Verfahrensregelung zur Überprüfung der Fachgruppenzugehörigkeit und damit der Kollektivvertragsangehörigkeit von Arbeitgebern. Der Inhalt dieser Regelung ist – im Wesentlichen unverändert und damit auch mit den in den Erläuterungen zu § 8 dargestellten Unzulänglichkeiten – in das neue Wirtschaftskammergesetz, BGBl I Nr 103/1998, übernommen worden.

Durch das „Arbeitsvertragsrechts-Anpassungsgesetz – AVRAG", BGBl Nr 459/1993, wurden ua Schutzbestimmungen für den Fall des Wechsels der Kollektivvertragsangehörigkeit infolge eines Betriebsüberganges geschaffen.

Änderungen des ArbVG im Rahmen des ArbeitnehmerInnenschutzgesetzes, BGBl Nr 450/1994, betrafen den Arbeitsschutz, den Kündigungsschutz der Sicherheitsvertrauenspersonen sowie die Kompetenzverteilung zwischen den Organen der Arbeitnehmerschaft.

In der Novelle zum Arbeits- und Sozialgerichtsgesetz, BGBl Nr 624/1994, wurden die Kundmachung von Satzungserklärungen und die Fortsetzung der Tätigkeitsdauer des Betriebsrates im Falle der Ungültigerklärung der Betriebsratswahl nach einer Wahlanfechtung neu geregelt.

Weit gehende Änderungen des Arbeitsverfassungsrechts brachte die ArbVG-Novelle BGBl Nr 601/1996: Neben zahlreichen Einzelbestimmungen, die geändert wurden, ist mit dieser Novelle vor allem ein neuer V. Teil „Europäische Betriebsverfassung" in das ArbVG eingefügt worden. Er sieht die Errichtung von Organen der Arbeitnehmerschaft auf europäischer Ebene (Besonderes Verhandlungsgremium, Europäischer Betriebsrat) vor und regelt deren Befugnisse – allerdings nur in Form von Informations- und Anhörungsrechten.

Mit der Novelle BGBl Nr 754/1996 wurde das Überwachungsrecht des Betriebsrates auf eine allfällige betriebliche Altersversorgung einschließlich der Wertpapierdeckung für Pensionszusagen nach dem Betriebspensionsgesetz ausgedehnt.

Mit der Gewerbeordnungs-Novelle BGBl I Nr 63/1997 wurde ua eine Sonderregelung über die Kollektivvertragsangehörigkeit von Arbeitgebern im Rahmen eines „verbundenen Gewerbes" getroffen.

Die ArbVG-Novelle BGBl I Nr 69/1998 hat eine neue Bestimmung über betriebliche Frauenförderung sowie Maßnahmen zur besseren Vereinbarkeit von Betreuungspflichten und Beruf in das ArbVG eingefügt und den Katalog der (freiwilligen) Betriebsvereinbarungen um diesen Gegenstand erweitert.

Durch die ArbVG-Novelle BGBl I Nr 14/2000 ist der Anwendungsbereich der Bestimmungen über die Europäische Betriebsverfassung auf alle Mitgliedsstaaten der EU und die anderen Vertragsparteien des Abkommens über den Europäischen Wirtschaftsraum ausgedehnt worden. Ein ausführlicher Kommentar von *Cerny/Mayr* zur Europäischen Betriebsverfassung ist als Band 5 dieses Kommentars erschienen (Reihe Gesetze und Kommentare Nr 166 [2004]).

Neben der Weiterentwicklung des Arbeitsverfassungsgesetzes selbst sind in den letzten Jahren eigene Betriebsverfassungen für bestimmte Arbeitnehmer bzw Unternehmen geschaffen worden:

Das Post-Betriebsverfassungsgesetz (PBVG) 1996, BGBl Nr 326, und das Bahn-Betriebsverfassungsgesetz (BBVG) 1997, BGBl I Nr 66, haben die Grundsätze des allgemeinen Arbeitsverfassungsrechts unter Berücksichtigung der betrieblichen Besonderheiten auf die „ausgegliederten" Unternehmen Post und Bahn übertragen. Darüber hinaus wurden in zahlreichen Sondergesetzen spezielle Regelungen über die Kollektivvertragsfähigkeit von bestimmten Rechtsträgern bzw Unternehmen getroffen.

Eine sozialpolitisch besonders problematische Sonderregelung wurde im Rahmen des ORF-Gesetzes 2001, BGBl I Nr 83, getroffen: Die Bestimmung des § 48 Abs 5 zweiter Satz ORF-G, wonach der Zentralbetriebsrat des ORF (auf Arbeitnehmerseite) kollektivvertragsfähig ist, bedeutet einen totalen Bruch im System der kollektiven Rechtsgestaltung, wie es das ArbVG vorsieht (Näheres dazu bei *Cerny,* DRdA 2001, 573 ff).

Mit dem Betrieblichen Mitarbeitervorsorgegesetz (BMVG), BGBl I Nr 100/2002, wurde auch das ArbVG geändert: Der Katalog der Betriebsvereinbarungen in § 97 wurde um eine erzwingbare Betriebsvereinbarung über die Auswahl der Mitarbeitervorsorgekasse (§ 97 Abs 1 Z 1b) und um eine fakultative Betriebsvereinbarung zur Festlegung von Rahmenbedingungen für die in § 47 Abs 3 BMVG vorgesehene Übertrittsmöglichkeit in das Abfertigungsrecht nach dem BMVG (§ 97 Abs 1 Z 25) ergänzt.

Durch das Bundesgesetz BGBl I Nr 71/2003 wurde ua § 105 Abs 3 Z 2 ArbVG geändert, und mit dem Bundesbahnstrukturgesetz, BGBl I Nr 138/2003, ist das Bahn-Betriebsverfassungsgesetz 1997 mit Ablauf des Jahres 2003 wieder aufgehoben worden. Das Gesetz enthält Überleitungsbestimmungen, einige betriebsverfassungsrechtliche Sonderregelungen und eine Bestimmung über Rechtsnatur und Wirksamkeit von Vereinbarungen. Grundsätzlich gilt aber nunmehr auch für die vorher vom Geltungsbereich des B-BVG erfassten Betriebe und Arbeitnehmer das allgemeine Betriebsverfassungsrecht des ArbVG.

Eine wesentliche Ergänzung erfuhr das ArbVG durch das Bundesgesetz vom 15. Juli 2004, BGBl I Nr 82/2004. In Umsetzung des EU-Rechts wurde ein neuer VI. Teil mit umfangreichen Regelungen über die Europäische Aktiengesellschaft in das ArbVG eingefügt. Die Anzahl der neuen Paragrafen ist allerdings kein Gradmesser für Inhalt und Substanz der Mitwirkungsrechte der Arbeitnehmer bzw ihrer Vertreter in diesen Gesellschaften. Ein ausführlicher Kommentar von *Cerny/Mayr* ist als Band 6 dieses Kommentars erschienen (Reihe Gesetze und Kommentare Nr 182 [2006]).

Auch die weiteren Änderungen des ArbVG dienten vornehmlich der Anpassung der österreichischen Rechtslage an das Gemeinschaftsrecht:

Mit der Novelle BGBl I Nr 8/2005 wurde die Richtlinie 2003/41/EG über die Tätigkeiten und die Beaufsichtigung von Einrichtungen der betrieblichen Altersversorgung durch Änderung des Pensionskassengesetzes, des Betriebspensionsgesetzes und des Einkommensteuergesetzes umgesetzt. Als neues Altersvorsorgeprodukt wurde die „betriebliche Kollektivversicherung" eingeführt. Im Rahmen des ArbVG wurde dafür ein neuer Betriebsvereinbarungstatbestand eingeführt (§ 97 Abs 1 Z 18b), die Kündigungsbestimmungen für Betriebsvereinbarungen bei Betriebsübergang in diesem Zusammenhang entsprechend ergänzt (§ 31 Abs 7).

Die Novelle BGBl I Nr 4/2006 brachte die längst fällige Änderung des Arbeiterkammergesetzes und des ArbVG hinsichtlich des passiven Wahlrechts bei der Arbeiterkammerwahl sowie bei der Betriebsrats- und Jugendvertrauensratswahl (§ 53 Abs 1, § 126 Abs 5).

Umfangreiche Änderungen, vor allem durch die Einfügung eines neuen VII. Teiles, erfuhr das ArbVG durch die Novelle BGBl I Nr 104/2006. Die neuen Bestimmungen betrafen die Beteiligung der Arbeitnehmer in der Europäischen Genossenschaft, also in Unternehmen nach der in der Verordnung (EG) Nr 14535/2003 vom 22. Juli 2003 über das Statut der Europäischen Genossenschaft (SCE) vorgesehenen Rechtsform. Durch diese

Ergänzung ist der Normenbestand des ArbVG auf nunmehr 259 Paragrafen angewachsen (der Gesetzestext auf dem jeweils aktuellen Stand findet sich in Band 1 dieses Kommentars, Reihe Gesetze und Kommentare Nr 155).

Mit der Novelle BGBl I Nr 147/2006 wurde einem Urteil des EuGH vom 6. April 2006, mit dem dieser die unzureichende Umsetzung der Richtlinie 89/391/EWG über die Durchführung von Maßnahmen zur Verbesserung der Sicherheit und des Gesundheitsschutzes der Arbeitnehmer bei der Arbeit in das österreichische Recht festgestellt hatte, Rechnung getragen. Die erforderliche Anpassung des ArbVG erfolgte durch eine Änderung bzw Ergänzung des § 92a Abs 2.

3. Perspektiven

Die zunehmende Aufsplitterung des Arbeitsverfassungsrechts einerseits und die fortschreitende Globalisierung der Wirtschaft andererseits führen immer mehr dazu, dass die Wirksamkeit der Mitbestimmungsregelungen in der Praxis eingeschränkt wird. Unternehmerische Strategien mit dem Ziel, das Mitbestimmungsmodell des ArbVG durch alternative Formen der „Mitarbeiterbeteiligung" oder „Fairnesskomitees" – die allerdings kaum etwas mit echter Mitbestimmung zu tun haben – zu unterlaufen, bewirken Entsolidarisierung und Schwächung der organisierten Interessenvertretung der Arbeitnehmer. Dazu kommt, dass das österreichische Arbeitsverfassungsrecht in den letzten Jahren – sieht man von Anpassungen an das EU-Recht ab – kaum noch substanzielle Änderungen erfahren hat. Durch diverse Novellen ist es zwar zu einer erheblichen Ausweitung des Normenbestandes gekommen, was die Qualität der Mitbestimmung der organisierten Arbeitnehmerschaft betrifft, ist aber auf gesetzlicher Ebene eine Stagnation festzustellen.

Die Antwort auf diese Entwicklung kann nur sein: konsequente Fortsetzung der Bemühungen um den weiteren Ausbau und die Durchsetzbarkeit des Arbeitsverfassungsrechts, aber auch Anwendung neuer Organisationsformen der Interessenvertretung, vor allem auf internationaler Ebene.

Unverändert gilt weiterhin: Wie kein anderes Rechtsgebiet spiegelt das kollektive Arbeitsrecht die gesellschaftlichen Machtverhältnisse wider. Auseinandersetzungen über die Weiterentwicklung der Rechtsvorschriften über die Mitbestimmung der Arbeitnehmer sind stets politische Auseinandersetzungen. Wie diese ausgehen, hängt in erster Linie vom Engagement und von der Bereitschaft der ArbeitnehmerInnen ab, gemeinsam für ihre Interessen einzutreten.

Wortlaut und Erläuterungen des Bundesgesetzes
vom 14. Dezember 1973, betreffend die Arbeitsverfassung,
BGBl 1974/22,
in der Fassung der Bundesgesetze
BGBl 1975/360, 1976/287, 1981/354, 1982/48, 1982/199,
1985/55, 1986/204, 1986/394, 1986/563, 1987/321, 1988/196,
1990/281, 1990/408, 1990/411, 1990/475, 1992/473, 1992/833,
1993/460, 1993/502, 1993/532, 1994/450, 1994/624, 1996/417,
1996/601, 1996/754, I 1997/63, I 1998/30, I 1998/69,
I 2000/14, I 2001/83, I 2001/98, I 2002/100, I 2003/71,
I 2003/138, I 2004/82, I 2005/8, I 2006/4, I 2006/104 ,
I 2006/147 und I 2007/77

Arbeitsverfassungsgesetz

II. Teil
Betriebsverfassung

3. Hauptstück

Befugnisse der Arbeitnehmerschaft[1])

Abschnitt 1

Allgemeine Befugnisse

Überwachung

§ 89. Der Betriebsrat hat das Recht, die Einhaltung der die Arbeitnehmer des Betriebes betreffenden Rechtsvorschriften zu überwachen[2]). Insbesondere[3]) stehen ihm folgende Befugnisse zu:
1. Der Betriebsrat ist berechtigt, in die vom Betrieb geführten Aufzeichnungen über die Bezüge der Arbeitnehmer und die zur Berechnung

dieser Bezüge erforderlichen Unterlagen Einsicht zu nehmen, sie zu überprüfen und die Auszahlung zu kontrollieren[4]). Dies gilt auch für andere die Arbeitnehmer betreffenden Aufzeichnungen, deren Führung durch Rechtsvorschriften vorgesehen ist[5]);

2. der Betriebsrat hat die Einhaltung der für den Betrieb geltenden Kollektivverträge[6]), der Betriebsvereinbarungen[7]) und sonstiger arbeitsrechtlicher Vereinbarungen[8]) zu überwachen[9]). Er hat darauf zu achten, daß die für den Betrieb geltenden Kollektivverträge im Betrieb aufgelegt (§ 15) und die Betriebsvereinbarungen angeschlagen oder aufgelegt (§ 30 Abs 1) werden. Das gleiche gilt für Rechtsvorschriften, deren Auflage oder Aushang im Betrieb in anderen Gesetzen vorgeschrieben ist[10]);

3. der Betriebsrat hat die Durchführung und Einhaltung der Vorschriften über den Arbeitnehmerschutz[11])-[19]), über die Sozialversicherung[20]), über eine allfällige betriebliche Altersversorgung einschließlich der Wertpapierdeckung für Pensionszusagen (§ 11 Betriebspensionsgesetz, BGBl Nr 282/1990, in der jeweils geltenden Fassung)[21]) sowie über die Berufsausbildung[22]) zu überwachen. Zu diesem Zweck kann der Betriebsrat die betrieblichen Räumlichkeiten, Anlagen und Arbeitsplätze besichtigen[23]). Der Betriebsinhaber hat den Betriebsrat von jedem Arbeitsunfall unverzüglich in Kenntnis zu setzen. Bei Betriebsbesichtigungen im Zuge behördlicher Verfahren, durch die Interessen der Arbeitnehmerschaft (§ 38) des Betriebes (Unternehmens) berührt werden, sowie Betriebsbesichtigungen, die von den zur Überwachung der Arbeitnehmerschutzvorschriften berufenen Organen oder die mit deren Beteiligung durchgeführt werden, ist der Betriebsrat beizuziehen[23]). Der Betriebsinhaber hat den Betriebsrat von einer anberaumten Verhandlung sowie von der Ankunft eines behördlichen Organs in diesen Fällen unverzüglich zu verständigen[24]);

4. werden im Betrieb Personalakten geführt, so ist dem Betriebsrat bei Einverständnis des Arbeitnehmers Einsicht in dessen Personalakten zu gewähren[25]).

Schrifttum zu § 89

W. Schwarz, Probleme sozialer und personeller Mitbestimmung im Betrieb, DRdA 1975, 65 ff;

Mosler, Personalinformationssysteme und Mitbestimmung der Belegschaft gemäß § 96 Abs 1 Z 3 ArbVG, DRdA 1983, 253 ff;

Kuderna, Die Verschwiegenheitspflicht der Betriebsratsmitglieder und deren Bindung an das Datengeheimnis, in FS Floretta (1983) 577 ff;

Geppert, Was kann der Arbeitnehmer bzw der Betriebsrat im Falle einer nicht funktionierenden Schutzeinrichtung unternehmen? DRdA 1984, 361 ff;

Stadler, Zur arbeitsverfassungsrechtlichen Mitbestimmung bei Automationsmaßnahmen, in FS Floretta (1983) 607 ff;

Köberl, Einige Aspekte der Zusammenarbeit im Bereich der Unfallverhütung, DRdA 1984, 433 ff;

Meggeneder, Voraussetzungen und Möglichkeiten der Demokratisierung des Arbeitnehmerschutzes, DRdA 1984, 260 ff;

B. Schwarz, Wahrnehmung von Mitwirkungsrechten innerhalb des Betriebsrates durch einzelne Betriebsratsmitglieder, DRdA 1985, 431;

Runggaldier, Drohen dem Arbeitsrecht Funktionsverluste?, ZAS 1985, 83 ff;

Resch, Pensionisten und Betriebsratszuständigkeit, RdW 1999, 662 ff;

Eypeltauer, Betriebsrat und Pensionisten, DRdA 2000, 116 und 171.

Siehe weiters die Literaturangaben zu den §§ 96 und 96a.

Weiterführende Literatur zum Bereich **Arbeitnehmerschutz** siehe bei § 92a.

Übersicht zu § 89

Aufgaben und Befugnisse	Erläuterung 1
Umfang des Überwachungsrechts	Erläuterungen 2, 3
Einsicht in Lohn- und Gehaltsunterlagen	Erläuterung 4
Einsicht in andere Aufzeichnungen	Erläuterung 5
Überwachung der Einhaltung von Kollektivverträgen, Betriebsvereinbarungen und sonstiger arbeitsrechtlicher Vereinbarungen	Erläuterungen 6 bis 9
Aushangpflichtige Gesetze	Erläuterung 10
Überwachung der Einhaltung von Arbeitnehmerschutzvorschriften	Erläuterungen 11 bis 19
Sozialversicherung	Erläuterung 20
Betriebliche Altersversorgung	Erläuterung 21
Berufsausbildung	Erläuterung 22
Betriebsbesichtigungen	Erläuterung 23
Teilnahme an Behördenverfahren	Erläuterung 24
Einsicht in Personalakten	Erläuterung 25

Aufgaben und Befugnisse

¹) Das 3. Hauptstück des ArbVG regelt unter der Überschrift „Befugnisse der Arbeitnehmerschaft" **Mitwirkungs- und Beteiligungsrechte**. Träger der gesetzlichen Befugnisse ist die **Arbeitnehmerschaft**, die diese Rechte **durch ihre gewählten Organe ausübt.**

Die **Befugnisse der Arbeitnehmerschaft** dienen der Erfüllung der allgemeinen Aufgaben der Organe der Arbeitnehmerschaft, die wirtschaftlichen, sozialen, gesundheitlichen und kulturellen Interessen der Arbeitnehmer im Betrieb wahrzunehmen und zu fördern (§ 38 ArbVG).

Das ArbVG unterteilt die Befugnisse der Arbeitnehmerschaft in
Allgemeine Befugnisse (§§ 89 bis 93);
Mitwirkung in sozialen Angelegenheiten (§§ 94 bis 97);
Mitwirkung in personellen Angelegenheiten (§§ 98 bis 107); und
Mitwirkung in wirtschaftlichen Angelegenheiten (§§ 108 bis 112)

Die **allgemeinen Befugnisse** wurden aus systematischen Gründen in **Überwachungs-, Interventions-, Informations- und Beratungsrechte** unterteilt. In der Praxis fließen diese Rechte zusammen; es wird zB die Wahrnehmung der Einhaltung der Vorschriften über den Arbeitnehmerschutz zunächst mit der Überwachung (Kontrolle) beginnen, wozu vom Betriebsinhaber die nötigen Informationen eingeholt werden; die sich ergebenden Fragen werden mit dem Betriebsinhaber beraten und führen schließlich zur Intervention. Die einzelnen Aktionen des Betriebsrates sind daher nicht als zergliederte Handlungen iS dieser Systematik, sondern als einheitliche Handlung aufzufassen, die aus den verschiedenen Elementen der allgemeinen Befugnisse besteht. Diese Rechte stehen bei getrennten Betriebsräten dem zuständigen **Gruppenbetriebsrat**, soweit die Interessen beider Gruppen betroffen sind, dem **Betriebsausschuss** zu.

Neben den im ArbVG aufgezählten Befugnissen wurden den Organen der Arbeitnehmerschaft auch durch **andere Gesetze** Befugnisse übertragen. Dazu gehören insbesondere die Befugnisse

a) bei der Durchführung des **Arbeitszeitgesetzes** (siehe Erl 15);

b) bei der Durchführung des **Behinderteneinstellungsgesetzes** (siehe Erl 13);

c) bei der Unfallschutzunterweisung Jugendlicher nach dem **Kinder- und Jugendlichenbeschäftigungsgesetz** (siehe Erl 16);

d) bei der Führung der Aufzeichnungen nach dem **Bauarbeiter-Urlaubs- und Abfertigungsgesetz** (siehe Erl 17);

e) bei der Anwendung des **Bauarbeiter-Schlechtwetterentschädigungsgesetzes** (siehe Erl 18);

f) bei der Anwendung des **ArbeitnehmerInnenschutzgesetzes** (siehe Erl 11);

g) bei der Wahrnehmung des Arbeitnehmerschutzes nach dem **Arbeitsinspektionsgesetz** (siehe Erl 12 und 24 sowie Erläuterung 4 zu § 90);

h) bei der Verhängung von Disziplinarmaßnahmen nach dem **Schauspielergesetz.**

Neben den im II. Teil geregelten allgemeinen Befugnissen enthält das ArbVG im V. und VI. Teil Bestimmungen über Informations-, Anhörungs- und Beratungsrechte von Organen der Arbeitnehmerschaft im Rahmen der Europäischen Betriebsverfassung (V. Teil) und der Europäischen Gesellschaft (VI. Teil). Näheres dazu in den Erläuterungen von *Cerny/ Mayr* in den Bänden 5 (Gesetze und Kommentare 166) und 6 (Gesetze und Kommentare 182).

Umfang des Überwachungsrechts

²) *„Das Überwachungsrecht wurde als eine umfassende Generalklausel formuliert, wobei sich diese auf die Einhaltung aller die Arbeitnehmer berührenden Normen (sowohl des Arbeits-, Sozialversicherungs- als auch des Steuerrechts) bezieht, gleichgültig, ob sich solche Normen aus Gesetz, Verordnung, Kollektivvertrag, Satzung, Mindestlohntarif, Betriebsvereinbarung, Bescheid oder Einzelarbeitsvertrag oder aus schuldrechtlicher Vereinbarung zwischen Betriebsrat und Betriebsinhaber"* ergeben (Erläuternde Bemerkungen zur Regierungsvorlage des ArbVG, 840 BlgNR 13. GP zu § 89).

Der im Einleitungssatz des § 89 verwendete Begriff **„Rechtsvorschriften"** sollte also nicht nur **„Normen"**, sondern auch **„Vereinbarungen"** umfassen. Das geht im Übrigen aus der demonstrativen Aufzählung in Z 2 eindeutig hervor, wonach sich das Überwachungsrecht des Betriebsrates ausdrücklich auch auf die Einhaltung „sonstiger arbeitsrechtlicher Vereinbarungen" bezieht (entgegen EA Wien, 27. 8. 1986, Arb10.550).

Zur Wahrnehmung seiner Überwachungsbefugnisse hat sich der Betriebsrat die Kenntnisse der für den Betrieb geltenden Gesetze und Vorschriften über Arbeitnehmerschutz, Betriebshygiene, Unfallverhütung und Sozialversicherung zu verschaffen.

Gelangt der Betriebsrat zur Kenntnis von Verstößen gegen diese Vorschriften oder von Umständen, die eine Gefährdung der Gesundheit oder der persönlichen Sicherheit der Arbeitnehmer befürchten lassen, so hat er sie dem Betriebsinhaber bekannt zu geben und, wenn nicht rechtzeitig Abhilfe erfolgt, die zuständige Aufsichtsbehörde anzurufen.

Das Überwachungsrecht umfasst nicht das Recht, Geschäftsbücher ohne Wissen des Arbeitgebers aus dem Betrieb zu bringen und der Arbeiterkammer vorzulegen (EA Linz, 9. 12. 1980, Arb 9923). Der Betriebsrat kann aber auch zur Ausübung dieses Rechts gem § 39 Abs 4 die Gewerkschaft oder Arbeiterkammer zu seiner Beratung beiziehen.

Das Überwachungsrecht des Betriebsrates bezieht sich auf die Einhaltung der die **Arbeitnehmer** des Betriebes betreffenden Rechtsvorschriften. In Bezug auf Personen, die vom Arbeitnehmerbegriff nach § 36 Abs 2 ausgenommen sind, wie zB leitende Angestellte iSd § 36 Abs 2 Z 2, ist das

Überwachungsrecht nicht gegeben (EA Wien, 27. 8. 1986, Arb 10.550). Im **Ruhestand** befindliche Arbeitnehmer sind nach Meinung des OGH (17. 3. 1999, 9 Ob A 16/99i, Arb 11.849 = DRdA 1999, 395 = infas 1999, A 87 = RdW 1999, 680 = ARD 5042/5/99 = ecolex 1999/257) weder organisatorisch noch soziologisch der Belegschaft zuzuordnen. Sie werden daher auch **nicht** von den Überwachungsrechten des Betriebsrates erfasst. Die restriktive Auslegung des Arbeitnehmerbegriffes durch den OGH erscheint in diesem Fall problematisch, weil zwischen den Rechten der aktiven Arbeitnehmer und jenen der bereits aus dem Betrieb ausgeschiedenen sehr oft materielle Zusammenhänge bestehen, die für eine wirksame Vertretung der Interessen der Arbeitnehmerschaft durch den Betriebsrat wichtig sein können (vgl zu diesem Thema auch den Besprechungsaufsatz von *Eypeltauer* zu der zitierten OGH-Entscheidung in DRdA 2000, 16; weiters *Resch,* RdW 1999, 662). Dass der Arbeitnehmerbegriff durchaus auch im Sinne von „ausgeschiedene Arbeitnehmer" verstanden werden könnte, hat der OGH in einer Entscheidung zu § 93 ArbVG unter Hinweis auf § 2 Abs 2 Z 3 ArbVG ausgesprochen (OGH vom 15. 2. 2001, 8 Ob A 182/00y, infas 2001, A 47). Auf Grund des allgemeinen Informationsrechtes nach § 91 kann der Betriebsrat jedenfalls auch Auskunft über Angelegenheiten verlangen, die vom Arbeitnehmerbegriff ausgenommene Personen betreffen und die Interessen der Arbeitnehmer des Betriebes berühren (Näheres siehe Erläuterungen zu § 91).

³) Dem Wesen der vorstehenden **Generalklauseln** entspricht es, dass die nachfolgend aufgezählten Befugnisse nur als **Beispiele** anzusehen sind, die deshalb ausdrücklich angeführt werden, weil damit gleichzeitig eine nähere Ausgestaltung erfolgt.

Einsicht in Lohn- und Gehaltsunterlagen

⁴) Auf Grund dieser Vorschrift kann der Betriebsrat sämtliche **Aufzeichnungen über die Bezüge** überprüfen und kontrollieren. Das Recht bezieht sich auf die **Einsichtnahme** in die Aufzeichnungen, dh, diese müssen vom Unternehmer dem Betriebsrat auf dessen Verlangen vorgelegt werden. Der Betriebsrat kann ferner Einsicht in alle zur Berechnung der Löhne und Gehälter erforderlichen Unterlagen nehmen. Dazu gehören zB die Unterlagen über die geleisteten Überstunden, über die Akkordberechnung, bei Provisionsvertretern die Provisionsabrechnung, bei Gewinnbeteiligungssystemen die Bilanz und sonstige notwendige Unterlagen (und zwar auch dann, wenn ansonsten keine Verpflichtung zur Bilanzvorlage besteht) usw. Werden vom Unternehmer auch Heimarbeiter beschäftigt, kann der Betriebsrat auch in den Ausgaben- und Abrechnungsnachweis der Heimarbeiter Einsicht nehmen. Der Betriebsrat hat ferner das Recht, die Abrechnung auf ihre Richtigkeit zu überprüfen. Schließlich kann der Betriebsrat die Aufzeichnungen kontrollieren.

Dabei ist insbesondere auf die rechtzeitige Auszahlung (§ 15 AngG, § 77 GewO, §§ 1154 und 1154a ABGB), die dem Kollektivvertrag oder den sonstigen Vereinbarungen entsprechende Höhe, die richtige Einstufung in das bestehende Lohn- oder Gehaltsschema und die richtige Höhe der Abzüge zu achten. Des Weiteren ist die Einhaltung des so genannten Truckverbotes (vgl § 78 alte GewO) zu überwachen, das ist die Verpflichtung des Arbeitgebers, Löhne grundsätzlich in bar auszuzahlen; Naturalbezüge dürfen nur vereinbart und ausgezahlt werden, soweit es sich um Wohnung, Feuerungsmaterial, Benützung von Grundstücken, Arzneien und ärztliche Hilfe sowie Werkzeuge und Stoffe zu den von den Arbeitern anzufertigenden Erzeugnissen, ferner um die Verabfolgung von Lebensmitteln oder der regelmäßigen Verköstigung handelt. Die Anrechnung sonstiger Naturalien ist verboten; Vereinbarungen solcherart sowie darüber, dass der Arbeiter Gegenstände des täglichen Bedarfs aus dem Betrieb oder anderen bestimmten Verkaufsstellen beziehen muss, sind nichtig und daher rechtsunwirksam.

Das Einsichts- und Kontrollrecht nach § 89 Z 1 besteht unabhängig davon, in welcher Form die Lohn- bzw Gehaltsverrechnung durchgeführt wird und wie die Löhne (Gehälter) ausgezahlt werden. Insbesondere ist das **Einsichts- und Kontrollrecht** des Betriebsrates **auch** dann gegeben, **wenn die Lohn(Gehalts)verrechnung automationsunterstützt** vorgenommen wird. In diesem Fall müssen dem Betriebsrat die **EDV-Aufzeichnungen** so vorgelegt werden, dass er die Richtigkeit der Lohn(Gehalts)höhe sowie der Abzüge bei jedem Arbeitnehmer überprüfen kann. Computerausdrucke müssen daher **leserlich und verständlich** sein. Die Software für die Lohn- und Gehaltsverrechnung muss so gestaltet sein, dass dem Betriebsrat alle für die Ausübung seines Überwachungsrechts erforderlichen Informationen zur Verfügung stehen.

Werden dem Betriebsrat monatlich die aktuellen Gehaltslisten in Form eines EDV-Ausdrucks zur Verfügung gestellt und wird er überdies vom Eintritt neuer Arbeitnehmer – unter Anschluss einer Kopie des Dienstzettels – genauso unverzüglich verständigt wie von der Beendigung eines Arbeitsverhältnisses, so ist sein in § 89 Z 1 normiertes Einsichtsrecht ausreichend gewährleistet. Ein Anspruch auf direkten elektronischen Zugriff auf das Personalverrechnungssystem des Arbeitgebers steht dem Betriebsrat nicht zu (OGH vom 4. 6. 2003, 9 Ob A 3/03m, DRdA 2004, 343 mit Anm von *Löschnigg* = infas 2003, A 81 = Arb 12.332 = RdW 2003/576 = ÖJZ-LSK 2003/209 = ecolex 2003, 320 = wbl2004/34 = ASoK 2004, 100 = ARD 5434/4/2003).

Das Einsichts- und Kontrollrecht des Betriebsrates besteht **auch dann**, wenn die Lohn- oder Gehaltsverrechnung **nicht im eigenen Betrieb**, sondern in einem anderen Betrieb des Unternehmens oder überhaupt von einer „fremden" Firma (zB von einer EDV-Firma oder einem Steuerberater) durchgeführt wird. In diesem Fall hat der Betriebsinhaber dafür zu sorgen, dass dem Betriebsrat alle erforderlichen Unterlagen bzw Informationen zur Verfügung gestellt werden.

Das Einsichts- und Kontrollrecht des Betriebsrates nach § 89 Z 1 ist **nicht von der Zustimmung der einzelnen Arbeitnehmer abhängig**. Dies gilt auch dann, wenn die erforderlichen Daten automationsunterstützt aufgezeichnet werden (vgl § 91 Abs 2 letzter Satz und die Erl 9 zu § 91).

Das Einsichts- und Kontrollrecht des Betriebsrates muss **auch bei bargeldloser Lohn(Gehalts)auszahlung** gewährleistet sein. Der Betriebsinhaber muss daher auch in diesem Fall Aufzeichnungen führen, die dem Betriebsrat die Überprüfung der Löhne (Gehälter) für jeden Arbeitnehmer ermöglichen. In die Kontoauszüge einzelner Arbeitnehmer kann der Betriebsrat aber nur mit deren Zustimmung Einsicht nehmen.

Im Übrigen sind die **Art und Weise der Abrechnung** und insbesondere **Zeit und Ort der Auszahlung der Bezüge Gegenstand einer erzwingbaren Betriebsvereinbarung** (§ 97 Abs 1 Z 3). Es empfiehlt sich, in diese Betriebsvereinbarung Regelungen aufzunehmen, die dem Betriebsrat die Wahrnehmung des Einsichts- und Kontrollrechts nach § 89 Z 1 sichern. Wertvolle Informationen für die Ausübung dieses Überwachungsrechtes wird der Betriebsrat weiters aus den bei der **Einstellung** des Arbeitnehmers mitzuteilenden **Angaben über Verwendung, Einstufung sowie Lohn- oder Gehaltshöhe** (§ 99 Abs 4) gewinnen können.

Im Bundesgesetz, mit dem arbeitsvertragsrechtliche Bestimmungen an das EG-Recht angepasst wurden (Arbeitsvertragsrechts-Anpassungsgesetz – AVRAG, BGBl 1993/459), wurde ua die Verpflichtung zur Ausstellung eines Dienstzettels (oder schriftlichen Arbeitsvertrages) normiert. In diesem **Dienstzettel** müssen auch Angaben über Lohn- bzw Gehaltseinstufung, Verwendung, Grundlohn bzw Gehalt, weitere Entgeltbestandteile, Fälligkeit des Entgelts, anwendbare Normen der kollektiven Rechtsgestaltung (Kollektivvertrag, Betriebsvereinbarungen) enthalten sein (§ 2 AVRAG). Das Überwachungsrecht des Betriebsrates umfasst auch die Einsicht in diese schriftliche Aufzeichnung des Inhalts des Arbeitsvertrages. Näheres zum AVRAG im Kommentar von *Holzer/Reissner,* Reihe Gesetze und Kommentare 164, 2. Aufl (2006).

Das Recht des Betriebsrates auf Einsichtnahme in die Lohnlisten umfasst alle relevanten Buchungsunterlagen (EA Wien, 2. 8. 1983, Arb 10.258). Der Betriebsrat ist auch berechtigt, sich **Abschriften von den Lohnlisten** anzufertigen (EA Wien 30. 7. 1980; SozM II B, 1149; EA Innsbruck, 22. 11. 1985, Arb 10.460). Der Betriebsinhaber ist aber nicht verpflichtet, Kopien zur Verfügung zu stellen (EA Wien, 2. 8. 1983, Arb 10.258).

Das Recht auf **Einsichtnahme in die Lohn(Gehalts)listen kann nicht unter Hinweis auf den Datenschutz verweigert werden**. Aus dem Datenschutzgesetz ergibt sich nämlich **keine Einschränkung** dieses Rechts (§ 31 DSG 1978; EA Wien, 17. 9. 1980, ZAS 1981, 1 = ARD 3258/14, hinsichtlich Provisionsabrechnung). Dem Betriebsrat steht die Bekanntgabe von Daten im Zusammenhang mit der Lohn(Gehalts)abrechnung auch ohne

Zustimmung des einzelnen Arbeitnehmers zu (EA Salzburg, 14. 3. 1983, Arb 10.170 = ZAS 1983, 121; EA Innsbruck, 22. 11. 1985, Arb 10.460, RdW 1986, 90). Zum Datenschutz siehe auch Erl 9 zu § 91.

Das Einsichts- und Kontrollrecht nach § 89 Z 1 steht dem jeweiligen **(Gruppen-)Betriebsrat** für die von ihm vertretene Arbeitnehmergruppe zu (EA Wien, 2. 8. 1983, Arb 10.258), und zwar auch dann, wenn ein Betriebsausschuss besteht. In diesem Fall ist zur Einsicht in die Gehaltslisten der Angestellten nur der Angestelltenbetriebsrat, nicht aber der Betriebsausschuss berechtigt (EA Wien, 12. 5. 1981, Arb 9971 = ZAS 1981, 201). Innerhalb des Betriebsrates ist **jedes Betriebsratsmitglied** zur Einsicht in die Lohn(Gehalts)listen berechtigt; der Vorsitzende hat daher nicht das Recht, bestimmte Betriebsratsmitglieder davon auszuschließen (EA Leoben, 1. 6. 1983, Arb 10.235).

Das Gesetz unterscheidet nicht nach der Rechtsgrundlage der Lohn- oder Gehaltsauszahlung, sondern verwendet den weiten Begriff „**Bezüge**". Darunter sind auch freiwillige, jederzeit widerrufbare Zulagen zu verstehen (im Gegensatz zu EA Wien, 27. 8. 1986, Arb 10.550).

Der Betriebsrat ist **nicht berechtigt, Daten über die Bezüge einzelner Arbeitnehmer ohne deren Zustimmung anderen mitzuteilen oder zu veröffentlichen.** Ermöglicht ein Betriebsratsmitglied einem anderen Arbeitnehmer die Einsicht in Unterlagen, die die Gehaltssituation in ganzen Betriebsbereichen enthalten, verwirklicht es den Entlassungsgrund gem § 122 Abs 1 Z 4 ArbVG. Die Mandatsschutzklausel nach § 120 ArbVG gewährt diesbezüglich keinen absoluten Schutz (OGH vom 14. 2. 2001, 9 Ob A 338/00x, infas 2001, A 50; zur Bedeutung der Mandatsschutzklausel im Zusammenhang mit dem Interventionsrecht des Betriebsrates nach § 90 vgl OGH vom 5. 3. 1997, 9 Ob A 47/97w, DRdA 1998, 125 mit Anm von *Kallab*). Die Veröffentlichung einer (anonymen) Gehaltsstatistik in der Betriebszeitung ist aber keine Verletzung der Verschwiegenheitspflicht des Betriebsrates und daher zulässig.

Einsicht in andere Aufzeichnungen

[5]) Solche Aufzeichnungen sind zB im **Arbeitszeitgesetz** (§ 17 Abs 2, § 26) oder im **Urlaubsgesetz** (§ 8), in einer Reihe von Bestimmungen des **ArbeitnehmerInnenschutzgesetzes** oder im **Kinder- und Jugendlichenbeschäftigungsgesetz** (§ 26) vorgesehen.

Ebenso wie bei den Aufzeichnungen über die Bezüge der Arbeitnehmer muss dem Betriebsrat die Einsicht und Kontrolle unabhängig von der Art und Form der Aufzeichnungen, also **auch bei automationsunterstützter Aufzeichnung**, gewährt werden. Auch dieses Recht des Betriebsrates ist nicht von der Zustimmung der einzelnen Arbeitnehmer abhängig.

Die Aufzeichnung von Arbeitnehmerdaten auf Grund gesetzlicher Vorschriften ist weder nach § 96 noch nach § 96a zustimmungspflichtig (vgl § 96a Abs 1 Z 1 zweiter Satz und die Erl 8 zu § 96a).

Überwachung der Einhaltung von Kollektivverträgen, Betriebsvereinbarungen und sonstiger arbeitsrechtlicher Vereinbarungen

[6]) Welcher Kollektivvertrag für den Betrieb gilt, ergibt sich aus den Bestimmungen über die Kollektivvertragsangehörigkeit (§ 8) und über den fachlichen Geltungsbereich (§ 9). Gem § 15 müssen die **für den Betrieb geltenden Kollektivverträge im Betrieb aufgelegt werden.**

[7]) Gemeint sind hier **Betriebsvereinbarungen** isd § 29. Diese sind gem § 30 Abs 1 vom Betriebsinhaber oder vom Betriebsrat im Betrieb aufzulegen oder an sichtbarer, für alle Arbeitnehmer zugänglicher Stelle anzuschlagen.

[8]) Da das Gesetz neben den Normen der kollektiven Rechtsgestaltung (Kollektivvertrag, Betriebsvereinbarung, Satzung, Lehrlingsentschädigung) ausdrücklich auch „sonstige arbeitsrechtliche Vereinbarungen" anführt, bezieht sich das Überwachungsrecht des Betriebsrates auch auf die Einhaltung der **einzelnen Arbeitsverträge** sowie auf „freie Betriebsvereinbarungen", die durch schlüssige Handlung Inhalt der Einzelarbeitsverträge geworden sind (vgl Erl 6 zu § 29 im Band 2). Der wesentliche Inhalt des Arbeitsvertrages geht aus dem Dienstzettel hervor, der nach § 2 des Arbeitsvertragsrechts-Anpassungsgesetzes (AVRAG) jedem Arbeitnehmer vom Arbeitgeber nach Beginn des Arbeitsverhältnisses unverzüglich unaufgefordert auszuhändigen ist (siehe Erl 4). Das Überwachungsrecht des Betriebsrates bezieht sich auch auf die Angaben in diesem Dienstzettel.

Das Überwachungsrecht des Betriebsrates kann sich allerdings nur auf Verträge mit Personen beziehen, die Arbeitnehmer iSd § 36 sind. Verträge mit Vorstandsmitgliedern oder sonstigen **leitenden Angestellten**, die vom Arbeitnehmerbegriff nach § 36 Abs 2 ausgenommen sind, unterliegen diesem Überwachungsrecht **nicht**. Im Rahmen seines allgemeinen Informationsrechts nach § 91 kann der Betriebsrat allerdings Auskunft über **alle** Angelegenheiten verlangen, welche die Interessen der von ihm vertretenen Arbeitnehmer berühren. Dazu können durchaus auch Informationen über die Verträge von leitenden Angestellten gehören.

[9]) Um die Einhaltung der Kollektivverträge, Betriebsvereinbarungen und sonstiger arbeitsrechtlicher Vereinbarungen überwachen zu können, muss der Betriebsrat deren Inhalt kennen. Bei den **Normen der kollektiven Rechtsgestaltung** bietet deren **Kundmachung** die Möglichkeit, sich vom Inhalt Kenntnis zu verschaffen. Bei **Einzelarbeitsverträgen** muss dem Betriebsrat auf **andere Weise** Gelegenheit geboten werden, sich über deren Inhalt zu informieren, um sein Überwachungsrecht ausüben zu können. Jedenfalls ist der Betriebsinhaber verpflichtet, dem Betriebsrat über den Inhalt von Einzelarbeitsverträgen gem § 91 Auskunft zu geben.

Aushangpflichtige Gesetze

[10]) Dabei handelt es sich va um folgende Rechtsvorschriften (Näheres bei *Adametz/Hutterer,* Aushangpflichtige Gesetze, ÖGB Verlag [2008]):

- Arbeitszeitgesetz einschließlich der auf Grund dieses Bundesgesetzes erlassenen Verordnungen und Regierungsübereinkommen sowie der (EWG)Verordnungen Nr 3820/85 und 3821/25, soweit diese für die Betriebsstätte in Betracht kommen;
- Krankenanstalten-Arbeitszeitgesetz;
- Arbeitsruhegesetz einschließlich der für den Betrieb in Betracht kommenden Verordnungen und Bescheide nach diesem Gesetz;
- ArbeitnehmerInnenschutzgesetz einschließlich der auf Grund dieses Gesetzes ergangenen Verordnungen, soweit sie für die Arbeitsstätte anzuwenden sind;
- Gleichbehandlungsgesetz;
- Mutterschutzgesetz;
- Behinderteneinstellungsgesetz;
- Kinder- und Jugendlichenbeschäftigungsgesetz; nach diesem Gesetz ist in Betrieben, in denen keine Betriebsvereinbarungen im Sinne des § 97 Abs 1 Z 2 ArbVG bestehen, auch ein Aushang über den Beginn und das Ende der Normalarbeitszeit und der Ruhepausen sowie über die Dauer der Wochenruhezeit der Jugendlichen vorgeschrieben (§ 27 Abs 2 KJBG);
- Verordnung über die Beschäftigungsverbote und -beschränkungen für Jugendliche;
- Bäckereiarbeiter/innengesetz; auch dieses Gesetz sieht neben der Pflicht zur Auflage des Gesetzes eine Aushangpflicht über Arbeitszeit, Ruhepausen und Wochenruhezeit vor (§ 19 Abs 1).

Darüber hinaus gibt es eine Reihe von **branchenspezifischen** Arbeitnehmerschutzvorschriften, deren Einhaltung der Betriebsrat zu überwachen hat.

Überwachung der Einhaltung von Arbeitnehmerschutzvorschriften

[11]) Sicherheit und Gesundheitsschutz bei der Arbeit wurden durch das **ArbeitnehmerInnenschutzgesetz** (mit dieser Schreibweise wollte der Gesetzgeber im Kurztitel die Gleichbehandlung von Männern und Frauen zum Ausdruck bringen), BGBl 1994/450, in Anpassung an das EU-Recht umfassend geregelt. Das Gesetz hat einen so weiten Geltungsbereich, dass – abgesehen von bestimmten unter das Berggesetz fallenden Tätigkeiten (§ 1 Abs 3 ASchG) – alle Betriebe, die dem ArbVG unterliegen, davon erfasst sind. Auch der Arbeitnehmerbegriff des ASchG deckt

sich weitestgehend mit jenem des § 36 ArbVG, so dass vereinfacht gesagt werden kann: In allen Betrieben, in denen nach dem ArbVG Organe der Arbeitnehmerschaft zu wählen sind, finden auf die von diesen vertretenen ArbeitnehmerInnen die Bestimmungen des ASchG Anwendung. Die Durchführung und Einhaltung dieser Bestimmungen, insbesondere der für Sicherheit und Gesundheitsschutz den Arbeitgebern auferlegten Pflichten, sowie der zum ASchG erlassenen Durchführungsverordnungen ist vom Betriebsrat zu überwachen.

Durch das ASchG wurde auch ein neuer § 92a mit der Überschrift „**Arbeitsschutz**" in das ArbVG eingefügt. Er enthält ein breite Palette von Mitwirkungsrechten des Betriebsrates in **allen Angelegenheiten der Sicherheit und des Gesundheitsschutzes** (Näheres siehe dort).

Für die Organe der Arbeitnehmerschaft – das ASchG nennt sie mit einem Sammelbegriff „**Belegschaftsorgane**" (§ 2 Abs 2 ASchG) – ergeben sich aus diesem Gesetz zusätzliche, **über das ArbVG hinaus gehende Aufgaben und Befugnisse** (und auch Pflichten!).

Welches „Belegschaftsorgan" für die Wahrnehmung dieser Aufgaben im Einzelfall zuständig ist, ergibt sich aus den Bestimmungen der §§ 113 und 114 ArbVG.

Folgende Bestimmungen des ASchG sprechen die „Belegschaftsorgane" direkt an:

– Im Rahmen der **Koordination der Zusammenarbeit** mehrerer Arbeitgeber bei der Durchführung der Sicherheits- und Gesundheitsschutzbestimmungen haben die betroffenen Arbeitgeber die zuständigen Belegschaftsorgane über die Gefahren zu informieren (§ 8 Abs 1 Z 2 ASchG).

– In Betrieben im Sinne des § 34 ArbVG und gleichgestellten Arbeitsstätten im Sinne des § 35 ArbVG bedarf die **Bestellung von Sicherheitsvertrauenspersonen** der **Zustimmung** der zuständigen **Belegschaftsorgane** (§ 10 Abs 2 Z 3 ASchG).

– Auf **Verlangen** der zuständigen Belegschaftsorgane hat eine **vorzeitige Abberufung von Sicherheitsvertrauenspersonen** zu erfolgen (§ 10 Abs 5 ASchG).

– Die **Sicherheitsvertrauenspersonen** haben die Belegschaftsorgane zu informieren, zu beraten und zu unterstützen und mit ihnen zusammenzuarbeiten (§ 11 Abs 1 Z 2 ASchG) sowie **in Abstimmung mit den Belegschaftsorganen die Interessen der Arbeitnehmer gegenüber den Arbeitgebern, den zuständigen Behörden und sonstigen Stellen zu vertreten** (§ 11 Abs 1 Z 3 ASchG).

– Die **Sicherheitsfachkräfte** haben die Aufgabe, die Arbeitgeber, die Arbeitnehmer, die Sicherheitsvertrauenspersonen und die **Belegschaftsorgane auf dem Gebiet der Arbeitssicherheit und der menschengerechten Arbeitsgestaltung zu beraten** (§ 76 Abs 1 ASchG).

- Arbeitgeber haben dafür zu sorgen, dass die Sicherheitsfachkräfte **den Belegschaftsorganen auf Verlangen die erforderlichen Auskünfte erteilen** und sie **beraten** (§ 76 Abs 4 Z 1 und 3 ASchG).
- Arbeitgeber haben die Sicherheitsvertrauenspersonen und die **Belegschaftsorgane** von ihrer **Absicht**, für eine Arbeitsstätte ein **Präventionszentrum** eines Unfallversicherungsträgers in Anspruch zu nehmen oder die sicherheitstechnische Betreuung durchzuführen, **zu informieren und mit ihnen darüber zu beraten** (§ 78 Abs 4 ASchG).
- Nehmen Arbeitgeber ein **Präventionszentrum** in Anspruch, sind die **Belegschaftsorgane berechtigt**, direkt beim zuständigen Unfallversicherungsträger **Auskunftserteilung, Beratung und Zusammenarbeit und erforderlichenfalls Begehungen** durch ein Präventionszentrum zu **verlangen**. Die Präventionszentren haben die Quelle solcher Verlangen als vertraulich zu behandeln (§ 78a Abs 3 ASchG). Bei **Begehungen** sind die **Belegschaftsorgane beizuziehen** (§ 78a Abs 4 ASchG).
- Die von den Arbeitgebern bestellten **Arbeitsmediziner** haben ua die **Belegschaftsorgane** auf dem Gebiet des **Gesundheitsschutzes**, der auf die Arbeitsbedingungen bezogenen **Gesundheitsförderung** und der **menschengerechten Arbeitsgestaltung zu beraten** (§ 81 Abs 1 ASchG); die Arbeitgeber haben dafür zu sorgen, dass die Arbeitsmediziner den Belegschaftsorganen **auf Verlangen die erforderlichen Auskünfte erteilen** (soweit dem nicht die ärztliche Verschwiegenheitspflicht entgegensteht) und sie **beraten** (§ 81 Abs 4 Z 1 und 3 ASchG).
- Die „**Präventivfachkräfte**" (Sicherheitsfachkräfte und Arbeitsmediziner) **haben mit den Belegschaftsorganen zusammenzuarbeiten** (§ 85 Abs 1 ASchG) und **sie bei Besichtigungen beizuziehen** (§ 85 Abs 3 ASchG).
- **Missstände** auf dem Gebiet der Sicherheit und des Gesundheitsschutzes sind von den Präventivfachkräften außer dem Arbeitgeber auch den **Belegschaftsorganen mitzuteilen**. Wird eine **ernste und unmittelbare Gefahr** festgestellt, haben die Präventivfachkräfte ua die **Belegschaftsorgane unverzüglich zu informieren** und **Maßnahmen zur Beseitigung der Gefahr vorzuschlagen** (§ 86 Abs 1 und 2 ASchG).
- Arbeitgeber sind verpflichtet, für Arbeitsstätten, in denen sie mindestens 100 Arbeitnehmer beschäftigen, einen **Arbeitsschutzausschuss** einzurichten. Dem Ausschuss gehören als Mitglieder auch **Vertreter der zuständigen Belegschaftsorgane** an (§ 88 Abs 1 und Abs 3 Z 6 ASchG). Betreibt ein Arbeitgeber mehrere Arbeitsstätten, in denen ein Arbeitsschutzausschuss einzurichten ist, so ist er verpflichtet, am Unternehmenssitz einen **zentralen Arbeitsschutzausschuss** ein-

zurichten. Auch diesem gehören Vertreter der zuständigen Belegschaftsorgane an (§ 88a Abs 2 Z 2 bzw Abs 3 Z 2 ASchG).

Arbeitnehmerschutzvorschriften, deren Einhaltung vom Betriebsrat zu überwachen ist, finden sich aber nicht nur im AschG, sondern auch in zahlreichen **anderen Gesetzen und Durchführungsverordnungen**. Insbesondere gehören die in Erl 10 angeführten **aushangpflichtigen Vorschriften** dazu.

Damit der Betriebsrat sein Überwachungsrecht wirksam ausüben kann, hat er sich von den einschlägigen Arbeitnehmerschutzvorschriften **Kenntnis** zu verschaffen. Das kann auf Grund des **Rechts auf Freizeitgewährung** nach § 116 oder im Rahmen einer **Bildungsfreistellung** nach § 118 oder 119 ArbVG geschehen. Die überbetrieblichen Interessenvertretungen der Arbeitnehmer (Gewerkschaften und Arbeiterkammern) stellen ein umfassendes Ausbildungs- und Schulungsprogramm auf diesem Gebiet zur Verfügung.

Ein ausführlicher Kommentar zum ArbeitnehmerInnenschutzgesetz von *Heider/Poinstingl/Schramhauser* ist als Nr 163 in der Reihe Gesetze und Kommentare erschienen (5. Aufl [2006]); vgl weiters *Nöstlinger,* Handbuch Arbeitnehmerschutz (2006).

[12]) Die **Arbeitsinspektion** ist die zur Wahrnehmung des gesetzlichen Arbeitnehmerschutzes berufene Behörde. Sie hat durch ihre Tätigkeit dazu beizutragen, dass Gesundheitsschutz und Sicherheit der ArbeitnehmerInnen sichergestellt sind und ein wirksamer Arbeitnehmerschutz gewährleistet wird.

Die Tätigkeit der Arbeitsinspektion ist im Arbeitsinspektionsgesetz (ArbIG), BGBl 1993/27 (inzwischen mehrfach novelliert), geregelt. Der Wirkungsbereich der Arbeitsinspektion erstreckt sich grundsätzlich auf Betriebsstätten und Arbeitsstätten aller Art. Der Geltungsbereich des ArbIG deckt sich mit jenem des ASchG. Das bedeutet: In allen Betrieben bzw Arbeitsstätten, auf die das AschG Anwendung findet, wird die Einhaltung dieses Gesetzes – und aller anderen Arbeitnehmerschutzvorschriften – von der Arbeitsinspektion überwacht. Zwischen der Tätigkeit der Arbeitsinspektion und jener der Organe der Arbeitnehmerschaft nach dem ArbVG, insbesondere dem Überwachungsrecht des Betriebsrates nach § 89, gibt es einen **engen Zusammenhang**, der auch in folgenden Bestimmungen des ArbIG zum Ausdruck kommt:

– Nach § 3 Abs 2 ArbIG haben die Organe der Arbeitsinspektion bei ihrer Tätigkeit auf eine **Mitwirkung der Organe der Arbeitnehmerschaft** hinzuwirken.
– Sie sind berechtigt, über Einladung des Betriebsrates an Betriebsversammlungen teilzunehmen (§ 3 Abs 3 ArbIG).
– Die Organe der Arbeitsinspektion sind berechtigt, **Betriebsstätten, Arbeitsstellen, Wohnräume und Unterkünfte zu betreten und zu**

besichtigen (§ 4 Abs 1 ArbIG). Den Besichtigungen durch Arbeitsinspektionsorgane sind **die Organe der Arbeitnehmerschaft beizuziehen**. Außerdem sind den Besichtigungen die Sicherheitsvertrauenspersonen sowie die Sicherheitsfachkräfte und Arbeitsmediziner nach Möglichkeit in dem durch deren Tätigkeit gebotenen Umfang beizuziehen. Werden im Zusammenhang mit der beabsichtigten Überprüfung eines Betriebes durch die Arbeitsinspektion Termine vereinbart, ist auch der **Betriebsrat** vom Arbeitgeber unverzüglich darüber zu informieren. Bei unangemeldeten Überprüfungen ist der Betriebsrat **vom Arbeitgeber von der Anwesenheit der Arbeitsinspektion unverzüglich zu verständigen** (§ 4 Abs 8 ArbIG).

– Das Arbeitsinspektorat hat die Ergebnisse von Messungen und Untersuchungen den Organen der Arbeitnehmerschaft zur Kenntnis zu bringen (§ 5 Abs 4 ArbIG).

– Stellt die Arbeitsinspektion die Übertretung einer Arbeitnehmerschutzvorschrift fest, so ist der **Arbeitgeber schriftlich aufzufordern, unverzüglich den rechtmäßigen Zustand herzustellen**. Eine Ablichtung der Aufforderung ist den **Organen der Arbeitnehmerschaft zur Kenntnis zu übersenden** (§ 9 Abs 1 ArbIG).

– Ebenso sind dem Betriebsrat **Ablichtungen allfälliger Strafanzeigen** wegen Übertretung der Arbeitnehmerschutzvorschriften sowie von Anträgen und Verfügungen zum Schutz des Lebens, der Gesundheit und der Sittlichkeit der Arbeitnehmer zur Kenntnis zu übersenden (§ 10 Abs 1, 3 und 5 ArbIG).

[13]) Nach dem **Behinderteneinstellungsgesetz**, BGBl 1970/22 (BEinstG) sind in Betrieben, in denen dauernd mindestens fünf begünstigte Behinderte beschäftigt werden, von diesen **Behindertenvertrauenspersonen** und deren Stellvertreter (wenn mindestens 15 Behinderte beschäftigt sind, für jede Vertrauensperson zwei Stellvertreter) zu wählen. Die näheren Vorschriften über die Wahl und Geschäftsführung der Behindertenvertrauenspersonen sind im § 22a, jene über die Behindertenvertretung im öffentlichen Dienst im § 22b des Behinderteneinstellungsgesetzes enthalten.

Die Behindertenvertrauenspersonen sind berufen, die wirtschaftlichen, sozialen, gesundheitlichen und kulturellen Interessen der Behinderten **im Einvernehmen mit dem Betriebsrat** wahrzunehmen. § 39 ArbVG ist sinngemäß anzuwenden. Der **Betriebsrat ist verpflichtet, den Behindertenvertrauenspersonen bei der Wahrnehmung der besonderen Interessen der Behinderten beizustehen** und die **erforderlichen Auskünfte zu geben** (§ 22a Abs 7 BEinstG).

Seit der Novelle BGBl 1992/313 gibt es eine **Behindertenvertretung auch auf Unternehmensebene**: Besteht in einem Unternehmen ein Zentralbetriebsrat, so ist von den gewählten Behindertenvertrauenspersonen und deren Stellvertretern aus ihrer Mitte eine Zentralbehindertenvertrauensperson und ein Stellvertreter zu wählen (§ 22a Abs 11 und 12 BEinstG).

Mit der Novelle BGBl 1994/27 wurde die Behindertenvertretung auch auf die **Konzernebene** ausgedehnt: Besteht in einem Konzern eine Konzernvertretung nach § 88a ArbVG, so sind von den Zentralbehindertenvertrauenspersonen und deren Stellvertretern aus ihrer Mitte eine Konzernbehindertenvertrauensperson und ein Stellvertreter zu wählen (§ 22a Abs 13 und 14 BEinstG).

Die **Zusammenarbeit zwischen den besonderen Vertretungseinrichtungen der Behinderten und den (allgemeinen) Organen der Arbeitnehmerschaft** hat sich an den gleichen Grundsätzen zu orientieren wie jene zwischen allgemeiner Betriebsvertretung und Jugendvertretung (vgl §§ 123 ff).

Auf die persönlichen Rechte und Pflichten der Behindertenvertrauenspersonen sind die Bestimmungen der §§ 115 bis 117 ArbVG sinngemäß anzuwenden.

Ein Kommentar zum Behinderteneinstellungsgesetz von *Ernst/Haller* ist als Nr 149 der Reihe Gesetze und Kommentare im ÖGB-Verlag erschienen (2005).

[14]) Besondere Bestimmungen hinsichtlich der Überwachung der **Schutzvorschriften im Bergbau** enthält § 57 der Betriebsrats-Geschäftsordnung (BRGO – siehe Band 1). Danach hat der **Betriebsrat** in Bergbaubetrieben zwei **Beauftragte (Befahrungsmänner)** und die entsprechende Anzahl von Ersatzmännern zur Überwachung der Durchführung und Einhaltung der Vorschriften über den Arbeitnehmerschutz, insbesondere über die Arbeitshygiene und Unfallverhütung, sowie zur Teilnahme an den Besichtigungen durch Organe der Bergbehörde zu bestimmen. Die Beauftragten müssen selbst zweimal im Monat die gesamten ober- und untertägigen Werksanlagen besichtigen. Sie sollen daher fachkundig sein. Im Einzelnen sind ihre Aufgaben in § 57 Abs 2 bis 6 BRGO geregelt.

[15]) § 11 Abs 1 des **Arbeitszeitgesetzes** (AZG), BGBl 1969/461, sieht vor, dass bei einer Gesamtdauer der Arbeitszeit von mehr als sechs Stunden diese durch eine **Ruhepause** von mindestens einer halben Stunde zu unterbrechen ist. Wenn es im Interesse der Arbeitnehmer des Betriebes gelegen oder aus betrieblichen Gründen notwendig ist, können an Stelle einer halbstündigen Ruhepause zwei Ruhepausen von je einer Viertelstunde oder drei Ruhepausen von je zehn Minuten gewährt werden. Eine solche von der allgemeinen Regelung abweichende Pausenregelung ist aber, sofern **eine gesetzliche Betriebsvertretung** besteht, **nur mit deren Zustimmung** zulässig (§ 11 Abs 2 AZG).

Abgesehen von diesen speziellen Bestimmungen im AZG hat der Betriebsrat ein **Mitbestimmungsrecht bei betrieblichen Arbeitszeitregelungen** nach § 97 Abs 1 Z 2 (erzwingbare Betriebsvereinbarung – siehe die entsprechenden Erläuterungen zu § 97). Weiters hat der Betriebsrat ein Überwachungs- und Mitwirkungsrecht bei Schichtplänen nach § 5 des **Arbeitsruhegesetzes**.

Durch die AZG-Novellen 1994 (BGBl Nr 446), 1997 (BGBl I Nr 46) und insbesondere 2007 (BGBl I Nr 61) wurden zahlreiche Möglichkeiten zur **Flexibilisierung der Arbeitszeit** durch Kollektivvertrag und/oder Betriebsvereinbarung geschaffen. Dem Betriebsrat kommt in diesem Zusammenhang nicht nur als potenziellem Partner bei **Betriebsvereinbarungen**, sondern auch auf Grund seines gesetzlichen **Überwachungsrechts** nach § 89 Z 3 ArbVG eine wichtige Aufgabe zu.

Ein Kommentar zum Arbeitszeitgesetz von *Cerny/Heilegger/Ch. Klein/ B. Schwarz* ist als Nr 84 in der Reihe Gesetze und Kommentare im ÖGB-Verlag erschienen (2. Aufl 2008). Zum Arbeitsruhegesetz *B. Schwarz/Lutz*, Gesetze und Kommentare Nr 134, 4. Aufl (2005).

[16]) Nach § 24 **Kinder- und Jugendlichenbeschäftigungsgesetz** (KJBG), BGBl Nr 599/1987, sind die Jugendlichen bei Dienstantritt vom Betriebsinhaber oder von dessen Beauftragten auf die im Betrieb bestehenden besonderen Unfallgefahren aufmerksam zu machen und über die zur Abwendung dieser Gefahren getroffenen Einrichtungen und deren Benützung zu informieren. Des Weiteren sind die Jugendlichen vor der erstmaligen Verwendung an Maschinen, zu Arbeiten mit Gasen, Chemikalien oder mit sonstigen gesundheitsschädlichen Arbeitsstoffen oder zu Arbeiten an gefährlichen Arbeitsstellen über das bei der Verrichtung solcher Arbeiten notwendige Verhalten sowie über die bestehenden Schutzvorkehrungen und deren Handhabung zu unterweisen. Die Unterweisungen sind in entsprechend angemessenen Zeiträumen zu wiederholen. Den **Unterweisungen** ist nach § 24 Abs 2 KJBG ein **Mitglied des Betriebsrates** und nach § 129 Abs 3 Z 3 auch ein **Mitglied des Jugendvertrauensrates beizuziehen**.

Nach § 26 KJBG ist in jedem Betrieb, in dem Jugendliche beschäftigt werden, ein **Verzeichnis der Jugendlichen** zu führen, das jeweils richtig zu stellen ist. Den **Organen der Arbeitnehmerschaft** ist **auf Verlangen Einsicht** in das Verzeichnis zu gewähren.

Ein Kommentar zum Kinder- und Jugendlichenbeschäftigungsgesetz von *Dirschmied/Nöstlinger* ist unter Nr 12 in der Reihe Gesetze und Kommentare im ÖGB-Verlag erschienen (4. Aufl 2002). Zum Arbeitnehmerschutz für Jugendliche *Nöstlinger,* Gesetze und Kommentare Nr 173 (2001).

[17]) Nach § 23 des **Bauarbeiter-Urlaubs-und Abfertigungsgesetzes** (BUAG), BGBl 1972/414, ist dem Arbeitnehmer, dem **Betriebsrat**, der Urlaubskasse und der Aufsichtsbehörde **auf Verlangen Einsicht** in die für die Berechnung des Zuschlages maßgeblichen **Lohnaufzeichnungen** (Lohnkontoblätter, Lohnlisten, Lohnsteuerkarten, An- und Abmeldungen zur Krankenversicherung, Urlaubs- und Abfertigungskarten, Melde- und

Zuschlagsverrechnungslisten und dgl) zu gewähren. Weiters ist der Betriebsrat berechtigt, die Einhaltung der Verpflichtung zur Führung von **Urlaubsaufzeichnungen** nach § 7 Abs 7 BUAG sowie nach § 8 des (allgemeinen) Urlaubsgesetzes, BGBl 1976/390, zu überwachen und in diese Aufzeichnungen Einsicht zu nehmen.

Ein Kommentar zum Urlaubsgesetz von *Cerny* ist als Nr 4 der Reihe Gesetze und Kommentare im ÖGB-Verlag erschienen (9. Auflage 2005); zum Bauarbeiter-Urlaubs- und Abfertigungsgesetz *Martinek/Widorn*, ÖGB-Verlag (1988).

[18]) Nach § 5 Abs 1 **Bauarbeiter-Schlechtwetterentschädigungsgesetz,** BGBl Nr 129/1957, hat der Arbeitgeber vor der Entscheidung über die Frage, ob die Arbeit mit Rücksicht auf die Witterung an einzelnen Tagen einzustellen, fortzuführen oder wiederaufzunehmen ist, den **Betriebsrat anzuhören.**

[19]) Neben den in den Erl 11 bis 18 angeführten Rechtsvorschriften, in denen spezielle Mitwirkungsrechte des Betriebsrates in Angelegenheiten des Arbeitnehmerschutzes verankert sind, gibt es auf diesem Gebiet eine große Anzahl von Verordnungen, Erlässen, ÖNORMEN usw, in denen besondere Vorschriften für bestimmte Arbeiten, Arbeitnehmer, Betriebe und Wirtschaftszweige enthalten sind.

Eine Sammlung der Verordnungen zum ArbeitnehmerInnenschutzgesetz von *Adametz/Szymanski* ist als Nr 162, ein Kommentar zum ArbeitnehmerInnenschutzgesetz von *Heider/Poinstingl/Schramhauser* als Nr 163 in der Reihe Gesetze und Kommentare im ÖGB-Verlag (5. Aufl 2006) erschienen. Weiters: *Geppert,* Arbeitsinspektion und Arbeitnehmerschutzrecht, ÖGB-Verlag (1981); *Nöstlinger,* Handbuch Arbeitnehmerschutz, (2006).

Sozialversicherung

[20]) Dabei handelt es sich va um die ordnungsgemäße **Anmeldung der Arbeitnehmer zur Sozialversicherung** sowie um die **Richtigkeit der Beitragsabzüge.** Dies gilt insbesondere auch für **ausländische Arbeitnehmer,** bei denen der Betriebsrat im Übrigen auch zu kontrollieren hat, ob eine gültige **Beschäftigungsbewilligung** nach den Bestimmungen des Ausländerbeschäftigungsgesetzes, BGBl 1975/218, vorliegt.

Das Überwachungsrecht nach § 89 bezieht sich gem § 99 Abs 5 auch auf **„überlassene Arbeitskräfte".** Dienstgeber dieser Arbeitnehmer ist der „Überlasser", den grundsätzlich auch die sozialversicherungsrechtlichen Pflichten treffen (Näheres siehe bei *Leutner/B. Schwarz/Ziniel*, Arbeitskräfteüberlassungsgesetz, Reihe Gesetze und Kommentare Nr 148).

Betriebliche Altersversorgung

21) Der Katalog der allgemeinen Befugnisse des Betriebsrates wurde durch das **Betriebspensionsgesetz**, BGBl 1990/299, insofern erweitert, als nunmehr in § 89 Z 3 Satz 1 ArbVG neben dem Arbeitnehmerschutz, der Sozialversicherung und der Berufsausbildung auch die (allfällige) **„betriebliche Altersversorgung einschließlich der Wertpapierdeckung für Pensionszusagen"** dem Überwachungsrecht unterliegt. Der ursprüngliche Hinweis auf § 14 Abs 7 Z 7 EStG wurde mit BGBl 1996/754 durch das Klammerzitat „(§ 11 Betriebspensionsgesetz, BGBl Nr 282/1990, in der jeweils geltenden Fassung)" ersetzt. Diese Bestimmung des BPG regelt die **Wertpapierdeckung für Pensionsrückstellungen**. Der Kontrolle der Einhaltung dieser Vorschriften kommt besondere Bedeutung zu, weil von dieser Wertpapierdeckung die Sicherheit der betrieblichen Altersversorgung entscheidend abhängt.

In jenen Fällen, in denen eine **Betriebsvereinbarung** nach § 97 Abs 1 Z 18a über die Errichtung oder den Beitritt zu einer **Pensionskasse** abgeschlossen wurde, hat der Betriebsrat darüber hinaus ein spezielles **Informationsrecht**.

Durch eine Novelle zum Pensionskassengesetz und zum Betriebspensionsgesetz, BGBl I 8/2005, wurde als neues Altersvorsorgeprodukt die „betriebliche Kollektivversicherung" eingeführt und § 97 Abs 1 ArbVG um einen neuen, darauf Bezug nehmenden Betriebsvereinbarungstatbestand (§ 97 Abs 1 Z 18b) ergänzt (Näheres dazu in Erl 25a von *Preiss* zu § 97).

Im Zusammenhang mit der betrieblichen Altersversorgung ergeben sich häufig schwierige Rechts- und Bewertungsfragen. Damit der Betriebsrat seine Mitwirkungsrechte auf diesem Gebiet wirksam ausüben kann, ist eine ausreichende Information unbedingt erforderlich. Die überbetrieblichen Interessenvertretungen der Arbeitnehmer (Gewerkschaften und Arbeiterkammern) stellen ein entsprechendes Angebot zur Verfügung.

Ein ausführlicher Kommentar zum Betriebspensionsgesetz und Pensionskassengesetz von *Farny/Wöss* ist unter Nr 150 in der Reihe Gesetze und Kommentare erschienen.

Mitwirkungsrechte hat der Betriebsrat auch im Rahmen der **Betrieblichen Mitarbeitervorsorge** („Abfertigung neu"). Insbesondere hat die Auswahl der Mitarbeitervorsorge-Kasse gem § 9 Abs 1 BMVG, BGBl I 100/2002, durch eine Betriebsvereinbarung nach § 97 Abs 1 Z 1b ArbVG zu erfolgen. Weiters hat der Betriebsrat auch Mitwirkungsrechte bei Beendigung des Beitrittsvertrags oder bei einem Wechsel der MV-Kasse (§ 12 Abs 4 BMVG) sowie durch Vertretung im Aufsichtsrat der MV-Kasse (§ 21 BMVG). Um diese Rechte wirksam ausüben zu können, müssen dem Betriebsrat auch die allgemeinen Befugnisse (Überwachung, Information, Beratung und Intervention) hinsichtlich aller mit der Betrieblichen Mitarbeiterversorgung zusammenhängenden Angelegenheiten zustehen.

Ein Kommentar zum BMVG von *Leutner/Achitz/Farny/Wöss* ist unter Nr 179 der Reihe Gesetze und Kommentare erschienen (2003).

Zur Betriebsvereinbarung nach § 97 Abs 1 Z 1b siehe auch die Erl 6a von *Preiss* zu § 97.

Berufsausbildung

²²) Siehe zunächst § 94 bezüglich der Mitwirkung des Betriebsrates in Angelegenheiten der **betrieblichen Berufsausbildung** und Schulung. In die Überwachung mit einbezogen ist auch die Einhaltung der Vorschriften des **Berufsausbildungsrechts** (zB BAG). In diesen Fragen haben auch die **Organe der Jugendvertretung**, und zwar auf Betriebsebene der Jugendvertrauensrat, auf Unternehmensebene der Zentraljugendvertrauensrat, im Konzern der Konzernjugendvertrauensrat, ein entsprechendes **Mitwirkungsrecht** (siehe §§ 129, 131d und die Erläuterungen dazu im Band 4).

Ein Kurzkommentar zum Berufsausbildungsgesetz von *Berger/Fida/Gruber* ist unter Nr 171 in der Reihe Gesetze und Kommentare erschienen (2000), eine Lose-Blattausgabe unter Nr 154 (2002).

Die Mitwirkungsrechte des Betriebsrates und des Jugendvertrauensrates können sich aber auch auf Ausbildungen beziehen, die in speziellen Gesetzen wie zB dem Gesundheits- und Krankenpflegegesetz geregelt sind und den Zeitraum betreffen, während dessen sich die Auszubildenden im Betrieb (Krankenanstalt, Pflegeheim etc) befinden. Das betrifft zB die Ausbildung zum gehobenen Dienst für Gesundheits- und Krankenpflege und in der Pflegehilfe, wo die Auszubildenden den gleichen Schutz (zB Gefahrenunterweisung gem § 24 KJBG bzw Unterweisungen gem § 14 AschG) benötigen wie die durchgehend in diesen Betrieben beschäftigten Arbeitnehmer (vgl dazu *Flemmich/Nöstlinger*, Gesundheits- und Krankenpflegegesetz, Reihe Gesetze und Kommentare Nr 171 [2004], 376 ff).

Betriebsbesichtigungen

²³) Das Überwachungsrecht des Betriebsrates umfasst auch das Recht, Räume, Anlagen und Arbeitsplätze im Betrieb zu besichtigen. Auf diese Weise kann sich der Betriebsrat zB über den Stand der Arbeitssicherheit (Arbeitsmittel, Arbeitsstoffe etc) und des Gesundheitsschutzes (Belichtung, Beleuchtung, Belüftung, Lärm, physische und/oder psychische Belastungen) der Arbeitnehmer des Betriebes informieren. Er kann diese Aufgabe einem oder mehreren seiner Mitglieder übertragen. Die damit beauftragten Betriebsratsmitglieder bzw der Betriebsrat haben auch das Recht und die Pflicht, den Arbeitgeber auf Gefahrenquellen und Missstände hinzuweisen und mit ihm über deren Abstellung zu beraten. Dem Betriebsinhaber ist die geplante Besichtigung nur dort zu melden, wo dies

aus der Art des Betriebsaufbaues notwendig ist. Die Besichtigung selbst ist von den Betriebsratsmitgliedern unter möglichst geringer Störung des Betriebsablaufes durchzuführen. Erforderlichenfalls kann der Betriebsrat auch das **Arbeitsinspektorat anrufen** und von diesem die **Kontrolle des Betriebes verlangen**.

Ebenso kann sich der Betriebsrat an die zuständige **Kammer für Arbeiter und Angestellte** wenden, die gem § 5 Abs 1 Z 1 AKG 1992 berechtigt ist, die Besichtigung von Arbeitsstätten aller Art und von Dienst- oder Werkswohnungen beim Arbeitsinspektorat und sonstigen zuständigen Behörden zu beantragen und daran sowie an polizeilichen Tatbestandsaufnahmen anlässlich von Betriebsunfällen teilzunehmen.

Der Betriebsinhaber darf **keine** Maßnahmen treffen, durch die das Recht des Betriebsrates nach § 89 Z 3 **beschränkt** würde. So darf zB ein auf das AschG gestütztes generelles Verbot des Betretens bestimmter Betriebsanlagen nicht zu einer Beschränkung der Tätigkeit der Betriebsratsmitglieder in der Durchführung ihrer Aufgaben führen. Auch ein Zutrittsverbot zu bestimmten Räumen unter Berufung auf den Datenschutz darf nicht dazu führen, dass der Betriebsrat seine Überwachungsaufgabe nicht erfüllen kann.

Weigert sich der Betriebsinhaber, dem Betriebsrat die Besichtigung zu ermöglichen, kann dieser beim Arbeits- und Sozialgericht (ASG) klagen.

Selbstverständlich darf der Betriebsinhaber die Ausübung der Befugnisse nicht dadurch einschränken oder unmöglich machen, dass er Betriebsratsmitgliedern den Zutritt zum Betrieb überhaupt verwehrt. **Jedes Betriebsratsmitglied ist berechtigt, den Betrieb zu betreten**. Ein „Hausverbot" ist **unzulässig**, das Zutrittsrecht kann durch **einstweilige Verfügung** gesichert werden.

Vgl zu diesem Fragenkomplex auch die Erl 11 und 12 sowie das Mitwirkungsrecht des Betriebsrates nach § 92a und die Erläuterungen zu dieser Bestimmung.

Teilnahme an Behördenverfahren

[24]) Das Teilnahmerecht des Betriebsrates an behördlichen Verfahren und Betriebsbesichtigungen wurde durch die ArbVG-Novelle 1986, BGBl Nr 394, neu geregelt. Während bis dahin der Betriebsrat nur jenen Betriebsbesichtigungen beizuziehen war, die von den zur Überwachung der Arbeitnehmerschutzvorschriften gesetzlich berufenen Organen (also va von der Arbeitsinspektion) selbst oder mit deren Beteiligung durchgeführt werden, erstreckt sich nunmehr dieses Recht darüber hinaus auf **alle behördlichen Verfahren**, in deren Verlauf Betriebsbesichtigungen (einschließlich Verhandlungen und Besprechungen in diesem Zusammenhang) durchgeführt werden, sofern dadurch die **Interessen der Arbeitnehmerschaft des Betriebes oder Unternehmens berührt** werden. Das Teilnahmerecht des Betriebsrates besteht daher auch bei Betriebsbesichtigungen durch

andere Behörden als die Arbeitsinspektion, und zwar auch dann, wenn die Arbeitsinspektion selbst nicht daran beteiligt ist.

Durch den Hinweis auf § 38 ergibt sich, dass **jedes behördliche Verfahren**, durch das die wirtschaftlichen, sozialen, gesundheitlichen oder kulturellen Interessen der Arbeitnehmer berührt werden, von dieser Regelung erfasst ist.

Betriebsbesichtigungen, denen der Betriebsrat beizuziehen ist, können zB im Zuge eines **Bauverfahrens**, der **Genehmigung von Betriebsanlagen** durch die Gewerbebehörde, im Zusammenhang mit der **Berufsausbildung** usw vorgenommen werden.

Allgemein kann gesagt werden, dass immer dann, wenn eine **Verwaltungsbehörde** im Zuge eines Verwaltungsverfahrens einen **Augenschein** im Betrieb vornimmt (§ 54 AVG) und das Verfahren in irgendeiner Form die Interessen der Arbeitnehmer berührt, der Betriebsrat beizuziehen ist. Das Gleiche gilt für die Durchführung eines Augenscheines durch ein **Gericht** (§ 368 ZPO) im Betrieb.

In jedem Fall einer Betriebsbesichtigung im Zuge behördlicher Verfahren hat der **Betriebsinhaber den Betriebsrat** von einer anberaumten Verhandlung sowie von der Ankunft eines behördlichen Organs **unverzüglich zu verständigen**. Die Verständigung muss so **rechtzeitig** erfolgen, dass der Betriebsrat an der Besichtigung teilnehmen kann. Da die Anberaumung einer Verhandlung bzw die Vornahme einer Betriebsbesichtigung durch die Behörde in der Regel vorher dem Betriebsinhaber mitgeteilt wird, muss auch die Verständigung des Betriebsrates **grundsätzlich vor** der Verhandlung bzw Ankunft eines behördlichen Organs im Betrieb erfolgen.

Die Beteiligung des Betriebsrates an Betriebsbesichtigungen im Zuge behördlicher Verfahren kann (und soll) nicht nur in passiver Form erfolgen. Der Betriebsrat kann in das Verfahren jene Gesichtspunkte einbringen, die ihm zur Wahrnehmung der Arbeitnehmerinteressen notwendig erscheinen. Er sollte auch darauf drängen, dass seine Erklärungen im Verhandlungsprotokoll festgehalten werden. Die Stellung einer Partei und die daraus resultierenden Rechte stehen dem Betriebsrat im behördlichen Verfahren allerdings nicht zu.

Die Aufgaben und Befugnisse der Arbeitsinspektion sind im **Arbeitsinspektionsgesetz**, BGBl 1993/27, geregelt. Dieses Gesetz sieht eine Reihe von **Mitwirkungsrechten** der Organe der Arbeitnehmerschaft bei der Überwachung der Einhaltung von Arbeitnehmerschutzvorschriften, darunter auch die **Beiziehung des Betriebsrates bei Betriebsbesichtigungen** durch die Arbeitsinspektion, vor (Näheres siehe Erl 12).

Der Betriebsinhaber hat den Betriebsrat von der Ankunft des Arbeitsinspektionsorgans unverzüglich, dh ohne unnötigen Aufschub, zu **verständigen**. Aber auch der Arbeitsinspektor selbst muss den Betriebsrat von seiner Anwesenheit im Betrieb unterrichten.

Diese Verpflichtungen treffen den Betriebsinhaber auch dann, wenn Betriebsbesichtigungen durch die Arbeitsinspektion auf Antrag der Arbeiterkammer oder polizeiliche Tatbestandsaufnahmen im Betrieb unter Beteiligung der Arbeiterkammer vorgenommen werden.

Einsicht in Personalakten

[25]) Der Betriebsinhaber ist gem § 91 verpflichtet, dem Betriebsrat mitzuteilen, ob Personalakten geführt werden. Unter „Personalakten" sind Aufzeichnungen zu verstehen, die Angaben über einzelne Arbeitnehmer enthalten, wobei diese sowohl den dienstlichen als auch persönlichen Bereich betreffen können. Der Betriebsrat hat aber in die einzelnen Personalakte nur dann Einsichtsrecht, wenn der **betroffene Arbeitnehmer zustimmt** oder wenn es dieser selbst verlangt (zB bei Dienstbeschreibungen). In diesem Zusammenhang sei auf die besondere **Verschwiegenheit** der Mitglieder des Betriebsrates gem § 115 Abs 4 verwiesen.

Nach dem Wortlaut des Gesetzes bezieht sich das Einsichtsrecht nach § 89 Z 4 nur auf „Personalakten" von „Arbeitnehmern". Nach Meinung des OGH gehören pensionierte Arbeitnehmer nicht zur Belegschaft und werden daher nicht vom Betriebsrat vertreten. Deshalb hat der OGH entschieden, dass § 89 Z 4 keine Rechtsgrundlage für ein individuelles Einsichtsrecht eines ehemaligen Arbeitnehmers, also eines Pensionisten, entnommen werden kann (OGH vom 1. 9. 1999, 9 Ob A 172/99f, DRdA 2000, 395 mit Anm von *Löschnigg*). Dieser Entscheidung liegt wohl wie auch in anderen Fällen (siehe Erl 2) ein allzu restriktives Verständnis des Arbeitnehmerbegriffs zu Grunde.

Werden Personalakten so angelegt bzw geführt, dass **personenbezogene Arbeitnehmerdaten automationsunterstützt** aufgezeichnet werden, so ist neben dem Überwachungsrecht nach § 89 Z 4 das **Informationsrecht** des Betriebsrates nach dem durch die Novelle 1986 in das ArbVG eingefügten § 91 Abs 2 gegeben (siehe Erl 9 zu § 91). Darüber hinaus können Personaldaten Bestandteil eines **Personalinformations- oder -beurteilungssystems** sein. In diesem Fall hat der Betriebsrat ein **Mitbestimmungsrecht nach § 96a** (Näheres siehe dort).

Intervention

§ 90. (1) Der Betriebsrat hat das Recht, in allen Angelegenheiten, die die Interessen der Arbeitnehmer berühren, beim Betriebsinhaber und erforderlichenfalls bei den zuständigen Stellen außerhalb des Betriebes entsprechende Maßnahmen zu beantragen und die Beseitigung von Mängeln zu verlangen[1]). Insbesondere ist der Betriebsrat berechtigt[2]),
1. Maßnahmen zur Einhaltung und Durchführung der die Arbeitnehmer des Betriebes betreffenden Rechtsvorschriften (§ 89) zu beantragen[3])[4]);
2. Vorschläge zur Verbesserung der Arbeitsbedingungen, der betrieblichen Ausbildung, zur Verhütung von Unfällen und Berufskrankheiten sowie zur menschengerechten Arbeitsgestaltung zu erstatten[5]);
3. sonstige Maßnahmen zugunsten der Arbeitnehmer des Betriebes zu beantragen[6]).

(2) Der Betriebsinhaber ist verpflichtet, den Betriebsrat auf dessen Verlangen in allen Angelegenheiten, die die Interessen der Arbeitnehmer des Betriebes berühren, anzuhören[7])[8]).

Schrifttum zu § 90

Siehe bei § 89 sowie:

M. Binder, Grundrechtsverletzung und Grundrechtsprägung im Arbeitsrecht, DRdA 1985, 1 ff;

Praxmarer, Der Aussetzungsvertrag aus arbeitsrechtlicher Sicht, DRdA 1986, 21 ff;

Übersicht zu § 90

Allgemeines Interventionsrecht	Erläuterungen 1 bis 3 und 6
Intervention beim Arbeitsinspektorat	Erläuterung 4
Vorschlagsrecht in wichtigen Angelegenheiten	Erläuterung 5
Anhörungspflicht des Betriebsinhabers	Erläuterungen 7, 8

Allgemeines Interventionsrecht

[1]) Daraus ergibt sich in Verbindung mit den übrigen Aufgaben und Befugnissen des Betriebsrates ein allgemeines Interventionsrecht des Betriebsrates sowohl **gegenüber dem Betriebsinhaber** selbst als auch gegenüber anderen Stellen, die die Möglichkeit haben, entsprechende Maßnah-

men zu setzen und auf die Beseitigung von Mängeln hinzuwirken. Dies gilt insbesondere gegenüber **Behörden**, wie zB dem Arbeitsinspektorat, Bau- oder Gewerbebehörden, wenn zB Auflagen, die auch Arbeitnehmer betreffen, nicht umgesetzt wurden, aber auch gegenüber den **Interessenvertretungen** (Gewerkschaften und Arbeiterkammern). Damit ist auch klargestellt, dass die Inanspruchnahme der Gewerkschaft oder der Arbeiterkammer durch den Betriebsrat in betrieblichen Angelegenheiten im Bereich seiner Aufgaben und Befugnisse liegt und daher zur Erfüllung dieser Obliegenheiten die erforderliche Freizeit unter Fortzahlung des Entgelts zu gewähren ist (§ 116).

Voraussetzung für die uneingeschränkte Ausübung des Interventionsrechts ist die „Freizügigkeit" des Betriebsrates und seiner Mitglieder. Den Betriebsratsmitgliedern darf deshalb das **Betreten des Betriebes** nicht verboten werden. Ein „Hausverbot" ist unzulässig, das Zutrittsrecht kann durch einstweilige Verfügung gesichert werden (OLG Wien vom 8. 7. 1991, 31 Ra 65/91, ARD 4382/3; siehe auch Erl 23 zu § 89).

Bei der Ausübung des Interventionsrechts durch ein Betriebsratsmitglied ist die Mandatsschutzklausel gem § 120 Abs 1 Z 5 ArbVG anzuwenden, und zwar auch dann, wenn objektiv zwar eine Mandatsüberschreitung vorliegt, das Betriebsratsmitglied aber der Meinung sein konnte, dass es im Rahmen seines Mandats tätig wurde (OGH vom 5. 3. 1997, 9 Ob A 47/97w, DRdA 1998, 125 mit Anm von *Kallab*). Trotzdem stellt es einen Entlassungsgrund dar, wenn ein Betriebsratsmitglied einem anderen Arbeitnehmer Einsicht in Unterlagen ermöglicht, welche die Gehaltssituation eines ganzen Betriebsbereiches enthalten. Die Mandatsschutzklausel bietet nämlich keinen absoluten Schutz (OGH vom 14. 2. 2001, 9 Ob A 338/00x, infas 2001, A 50 = ASoK 2001, 272; siehe auch Erl 4 zu § 89 und die Erläuterungen zu § 120).

Das Interventionsrecht des Betriebsrates berechtigt den Betriebsrat, entsprechende Maßnahmen zu beantragen, verleiht ihm aber noch nicht die Stellung eines Vertragspartners bei Willenserklärungen des Arbeitnehmers (iSd § 876 ABGB) in der Weise, dass dem Arbeitgeber die Pflicht auferlegt würde, beim Arbeitnehmer vom Betriebsrat veranlasste Rechtsirrtümer vor allfälligen Sanktionen aufklären zu müssen (OGH vom 13. 7. 1995, 8 Ob A 268/95, Arb 11.441 = infas 1996, A 24 = RdW 1996, 216 = ARD 4687/7/95).

Träger des Interventionsrechts ist nicht das einzelne Betriebsratsmitglied, sondern der Betriebsrat als Kollegialorgan (VwGH vom 11. 9. 1985, 83/01/0073, DRdA 1986, 146 = RdW 1986, 89). Ob und wie der Betriebsrat sein Interventionsrecht ausübt, entscheidet er selbst. Die in der Betriebsversammlung sich konstituierende Arbeitnehmerschaft kann dem Betriebsrat keine verbindlichen Anordnungen geben. Weisungen einzelner Arbeitnehmer an den Betriebsrat sind rechtsunwirksam (OGH vom 24. 6. 2004, 8 Ob A 52/03k; RIS-Justiz RS0119229, zum Prinzip des „freien Mandats" siehe auch die Erl 3 und 4 zu § 115).

Die **Zuständigkeit** der Organe der Arbeitnehmerschaft zur Intervention richtet sich nach den Bestimmungen der §§ 113 und 114. Gem § 113 Abs 4 Z 2 lit a steht auch dem Zentralbetriebsrat das Interventionsrecht zu, das auch das Klagerecht umfasst (OGH vom 12. 7. 1995, 9 Ob A 62/95v, ARD 4745/16/96).

[2]) Dem Wesen der vorstehenden Generalklausel entspricht es, dass die nachfolgend aufgezählten Befugnisse nur als Beispiele anzusehen sind, die deshalb ausdrücklich angeführt werden, weil damit gleichzeitig eine nähere Ausgestaltung erfolgt.

[3]) Wie in Erl 1 zu § 89 ausgeführt wurde, sind die Aktionen des Betriebsrates als Einheit aufzufassen, so dass mit der Kontrolle der Einhaltung von Vorschriften auch die notwendige Intervention verbunden sein wird.

Intervention beim Arbeitsinspektorat

[4]) Im Zusammenhang mit der Kontrolle des **Arbeitnehmerschutzes** hat die Interventionstätigkeit des Betriebsrates bei den Arbeitsinspektoraten besondere Bedeutung.

Nach dem ArbIG, BGBl 1993/27, haben die Organe der Arbeitsinspektion Arbeitgeber und Arbeitnehmer zur Erfüllung ihrer Pflichten im Bereich des Arbeitnehmerschutzes anzuhalten und sie dabei nötigenfalls zu beraten und zu unterstützen. Sie haben bei widerstreitenden Interessen zwischen Arbeitgebern und Arbeitnehmern zu vermitteln und zur Wiederherstellung des guten Einvernehmens beizutragen. Die Arbeitsinspektion hat bei ihrer Tätigkeit auf eine Mitwirkung der Organe der Arbeitnehmerschaft hinzuwirken (§ 3 Abs 2 ArbIG). Neben dieser Generalklausel sieht das ArbIG eine Reihe konkreter Mitwirkungsrechte der betrieblichen Arbeitnehmervertretung vor.

In Ausübung seines Überwachungs- (§ 89) und Interventionsrechts (§ 91) kann der Betriebsrat beim zuständigen Arbeitsinspektorat ua eine Betriebsbesichtigung nach § 4 ArbIG oder die Durchführung von Untersuchungen nach § 5 ArbIG beantragen.

Näheres zu den Mitwirkungsrechten des Betriebsrates bei der Überwachung des Arbeitnehmerschutzes siehe in den Erl 11, 12 und 24 zu § 89 sowie in § 92a und den Erläuterungen dazu.

Vorschlagsrecht in wichtigen Angelegenheiten

[5]) Bezüglich der hier genannten Angelegenheiten braucht sich der Betriebsrat nicht mit Vorschlägen zu begnügen, sondern er kann auch an den Betriebsinhaber herantreten, um entsprechende **Betriebsvereinbarungen** iSd § 97 abzuschließen. Dabei handelt es sich um fakultative Betriebsvereinbarungen; Maßnahmen zur Verhinderung, Beseitigung,

Milderung oder zum Ausgleich von Belastungen der Arbeitnehmer durch **Nachtschwerarbeit**, einschließlich der Verhütung von Unfällen und Berufskrankheiten, sind aber Gegenstand einer **erzwingbaren Betriebsvereinbarung** (§ 97 Abs 1 Z 6a; Näheres siehe Erl 12 zu § 97).

6) Dieses Recht ergibt sich schon aus der Generalklausel (siehe Erl 1 und 2); es wird noch einmal deutlich zum Ausdruck gebracht, dass der Betriebsrat in seiner Interventionstätigkeit bezüglich **aller Angelegenheiten,** die die Interessen der Arbeitnehmer berühren, in keiner Weise eingeengt ist. So wie in Erl 5 angeführt wurde, steht für viele angestrebte Maßnahmen die Regelung durch Betriebsvereinbarung iSd § 97 zur Verfügung.

Anhörungspflicht des Betriebsinhabers

7) Mit dem Interventionsrecht des Betriebsrates ist eine Anhörungspflicht des Betriebsinhabers verknüpft. Der Betriebsinhaber ist daher verpflichtet, das Vorbringen des Betriebsrates entgegenzunehmen. Die Anhörungspflicht wird nur dann erfüllt, wenn dem Betriebsrat ein kompetenter Gesprächspartner gegenübersteht, der aufgrund seiner Position die Möglichkeit hat, endgültige Entscheidungen zu treffen, die allenfalls auch andere Bereiche (Finanzierung etc) betreffen. Der Betriebsinhaber wird daher Gespräche mit dem Betriebsrat in der Regel selbst oder durch einen bevollmächtigten Vertreter zu führen haben.

8) Vielfach wird die Anhörung im Rahmen der **periodischen Beratungen** (§ 92) erfolgen; da für diese jedoch ein besonderes Verfahren vorgesehen ist, kann der Betriebsinhaber nicht unter Berufung auf diese Beratungen das sonstige Anhörungsrecht des Betriebsrates verweigern. Weigert sich der Betriebsinhaber, seinen Verpflichtungen zur Anhörung nachzukommen, kann der Betriebsrat eine Klage beim zuständigen Arbeits- und Sozialgericht einbringen. Sollte ein solcher Schritt tatsächlich notwendig sein, so empfiehlt es sich allerdings, nicht abstrakt die Erfüllung der Anhörungspflicht geltend zu machen, sondern konkret die Angelegenheiten zu bezeichnen, in denen der Betriebsrat beim Betriebsinhaber intervenieren möchte.

Allgemeine Information

§ 91. (1) Der Betriebsinhaber ist verpflichtet, dem Betriebsrat über alle Angelegenheiten, welche die wirtschaftlichen, sozialen, gesundheitlichen oder kulturellen Interessen der Arbeitnehmer des Betriebes berühren, Auskunft zu erteilen[1)][2)][3)].

(2) Der Betriebsinhaber hat dem Betriebsrat Mitteilung zu machen[4)], welche Arten von personenbezogenen Arbeitnehmerdaten[5)] er automationsunterstützt[6)] aufzeichnet und welche Verarbeitungen und Übermittlungen er vorsieht[7)]. Dem Betriebsrat ist auf Verlangen die Überprüfung der Grundlagen für die Verarbeitung und Übermittlung zu ermöglichen[8)]. Sofern sich nicht aus § 89 oder anderen Rechtsvorschriften ein unbeschränktes Einsichtsrecht des Betriebsrates ergibt, ist zur Einsicht in die Daten einzelner Arbeitnehmer deren Zustimmung erforderlich[9)].

(3) Wurde eine Betriebsvereinbarung gemäß § 97 Abs 1 Z 18a abgeschlossen, so hat der Betriebsinhaber dem Betriebsrat den Prüfbericht oder dessen Kurzfassung (§ 21 Abs 6 Pensionskassengesetz) und den Rechenschaftsbericht (§ 30 Abs 5 Pensionskassengesetz) unverzüglich nach Einlangen von der Pensionskasse zu übermitteln[10)].

Schrifttum zu § 91

W. Schwarz, Probleme sozialer und personeller Mitbestimmung im Betrieb, DRdA 1975, 65 ff;

Jabornegg/Rebhahn, Unternehmensplanung und Informationsrechte der Belegschaft im Betriebsverfassungsrecht, DRdA 1979, 284 ff;

Firlei, Der Betriebsratsobmann reagiert auf eine vor ihm geheimgehaltene geplante Rationalisierungsmaßnahme, DRdA 1982, 426 ff;

Stadler, Zur arbeitsverfassungsrechtlichen Mitbestimmung bei Automationsmaßnahmen, in FS Floretta (1983), 607 ff;

Egger, Telearbeit – ein neues Phänomen der Arbeitswelt, DRdA 1987, 105;

Teichmann, Zeiterfassung im Betrieb, DRdA 1987, 227 ff;

Löschnigg, Biometrische Daten und Arbeitsverhältnis, ASoK 2005, 37;

Sacherer, Internet am Arbeitsplatz als zustimmungspflichtige Kontrollmaßnahme, RdW 2005/714;

Spenger/Heilegger, Wirtschaftliche Informationsrechte auch bei Tendenzbetrieben, infas 2005, 121;

Löschnigg, Datenschutz und Kontrolle im Arbeitsverhältnis, DRdA 2006, 459.

Vgl weiters die Schrifttumsangaben zu § 89 sowie zu §§ 96 und 96a.

Übersicht zu § 91

Umfang des Informationsrechts .... Erläuterungen 1 bis 3
Information über personenbezogene Arbeit-
   nehmerdaten – Datenschutz .... Erläuterungen 4 bis 9
Information über Pensionskassen .... Erläuterung 10

Umfang des Informationsrechts

¹) Diese Bestimmung legt eine **umfassende Informationspflicht des Betriebsinhabers** fest, der ein ebenso **umfassendes Informationsrecht des Betriebsrates** gegenübersteht. Die Informationspflicht des Betriebsinhabers erstreckt sich auf alle Angelegenheiten, die in den gesetzlichen Aufgabenbereich der Organe der Arbeitnehmerschaft (§ 38) fallen.

Aus den Worten „Auskunft zu erteilen" ergibt sich, dass die Informationspflicht des Arbeitgebers durch **Anfragen des Betriebsrates** ausgelöst wird. Die Erfüllung der Informationspflicht kann nötigenfalls durch Klage beim Arbeits- und Sozialgericht erzwungen werden. Eine solche Klage wird aber nur dann zielführend sein, wenn die Angelegenheiten, über die der Betriebsrat Auskunft erhalten möchte, darin **konkret** bezeichnet werden. Je präziser die Fragen des Betriebsrates sind, desto größer wird die Möglichkeit sein, die Erfüllung der Informationspflicht des Betriebsinhabers gerichtlich durchzusetzen.

In seinem Erkenntnis vom 31. 1. 2007, 8 Ob A 107/06b hat sich der OGH mit der **europäischen Betriebsvertretung** und dem Umfang der Auskunftspflicht eines Schwesterunternehmens befasst. Nach Meinung des OGH weist § 177 Abs 3 ArbVG eine **Gesetzeslücke** auf, welche durch **analoge Anwendung** der aus der Bestimmung des **§ 91 Abs 1** abzuleitenden allgemeinen Informationsverpflichtungen, die nach § 177 Abs 3 auch im Verhältnis zwischen den Schwesterunternehmen zum Tragen kommen, geschlossen werden kann (Näheres zu diesen Fragen in den Erläuterungen von *Mayr* zu § 177 im Band 5).

²) Neben diesem allgemeinen Informationsrecht gibt es noch mehrere **besondere Informationsrechte** des Betriebsrates. Dazu gehören zB im wirtschaftlichen Bereich die Informationsrechte nach § 108 Abs 1 und § 109 Abs 1. Im Zusammenhang mit der personellen Mitbestimmung ist vor allem auf die Mitwirkungsmöglichkeit bei Einstellungen (§ 99 Abs 2), Beförderungen (§ 103) sowie bei Kündigungen (§ 105 Abs 1) und Entlassungen (§ 106 Abs 1) hinzuweisen.

Reichen diese speziellen Informationsrechte nicht aus, um eine für die Interessenvertretung wichtige Auskunft zu bekommen, so kann der Betriebsrat auf das allgemeine Informationsrecht nach § 91 zurückgreifen. So ist zB der Betriebsinhaber nach § 91 auf Verlangen des Betriebsrates verpflichtet, diesen über den Grund einer Kündigung zu informieren (OLG Wien vom 17. 6. 1992, 31 Ra 37/92, ARD 4389/8).

³) Das allgemeine Informationsrecht gibt dem Betriebsrat zusammen mit dem allgemeinen Überwachungs- (§ 89) und Interventionsrecht (§ 90) die Möglichkeit, **in jeder Angelegenheit**, die mit dem Betriebsgeschehen bzw den Arbeitnehmern im Zusammenhang steht, tätig zu werden und Initiativen zu entwickeln und zu setzen. Allfälligen Hinweisen des Betriebsinhabers auf die fehlende Kompetenz des Betriebsrates kann daher – sofern es nicht ohnehin besondere Rechtsvorschriften über die Mitbestimmung im konkreten Fall gibt – durch die Berufung auf diese allgemeinen Befugnisse begegnet werden.

Allerdings bezieht sich das allgemeine Informationsrecht nicht auf Arbeitnehmer, auf die die Bestimmungen des II. Teiles des ArbVG keine Anwendung finden. So hat der OGH auf Grund einer Vorlageentscheidung des EuGH (10. 7. 2003, C-165/01) entschieden, dass die Bestimmungen der §§ 91 Abs 2 bzw § 96a ArbVG auf die in Vertretung der EU-Kommission in Wien beschäftigten „örtlichen Bediensteten" keine Anwendung finden (OGH vom 27. 8. 2003, 9 Ob A 89/03h, Arb 12.349 = RdW 2004/84).

Information über personenbezogene Arbeitnehmerdaten – Datenschutz

⁴) Durch die ArbVG-Novelle 1986, BGBl Nr 394, wurde ergänzend zur Generalklausel des § 91 eine **Informationspflicht des Betriebsinhabers über personenbezogene Arbeitnehmerdaten** eingeführt. Damit sollte offensichtlich der Entwicklung der Technik Rechnung getragen und die große praktische Bedeutung der Informationspflicht gerade in diesem Bereich besonders hervorgehoben werden.

Der Umfang dieses Mitwirkungsrechts geht – entgegen der Überschrift – über die Information hinaus: es umfasst auch die **Überprüfung** der Grundlagen für die Übermittlung und Verarbeitung von personenbezogenen Arbeitnehmerdaten und die **Einsicht** in diese Daten (siehe Erl 9).

Aus der systematischen Zuordnung der Neuregelung zur allgemeinen Informationspflicht des Betriebsinhabers ergibt sich, dass auch die **Mitteilungspflicht** nach § 91 Abs **2 umfassend** ist. Sie erstreckt sich auf **alle Angelegenheiten** im Rahmen der gesetzlichen Aufgabenstellung der Organe der Arbeitnehmerschaft (§ 38), bei denen personenbezogene Arbeitnehmerdaten automationsunterstützt aufgezeichnet, verarbeitet oder übermittelt werden.

Anders als bei der allgemeinen Informationspflicht nach Abs 1, die durch Anfragen des Betriebsrates ausgelöst wird (vgl Erl 1), hat der **Betriebsinhaber von sich aus dem Betriebsrat mitzuteilen**, welche Arten von personenbezogenen Arbeitnehmerdaten er automationsunterstützt aufzeichnet und welche Verarbeitungen und Übermittlungen er vorsieht.

Das Informationsrecht nach § 91 besteht **neben weiter gehenden Mitwirkungsrechten** des Betriebsrates nach anderen gesetzlichen Bestimmungen. Im Besonderen kommen in diesem Zusammenhang die **Zustimmungsrechte nach den §§ 96 und 96a** in Betracht (siehe die Erläuterungen zu diesen Bestimmungen).

Außerdem ist zu beachten, dass es ein **individuelles Grundrecht auf Datenschutz** nach § 1 des Datenschutzgesetzes 2000 (DSG 2000), BGBl I Nr 165/1999, gibt, das jedermann **Anspruch auf Geheimhaltung** der ihn betreffenden **personenbezogenen Daten**, insbesondere auch im Hinblick auf die Achtung seines Privat- und Familienlebens, sichert, soweit ein schutzwürdiges Interesse daran besteht.

Nach § 4 Z 1 DSG sind „personenbezogene Daten" Angaben über Personen, deren Identität bestimmt oder bestimmbar ist. „Sensible Daten" („besonders schutzwürdige Daten") sind Daten natürlicher Personen über ihre rassische und ethnische Herkunft, politische Meinung, **Gewerkschaftszugehörigkeit**, religiöse oder philosophische Überzeugung, Gesundheit oder ihr Sexualleben. Schutzwürdige Geheimhaltungsinteressen werden bei der Verwendung (Verarbeitung, Übermittlung) solcher sensibler Daten nur dann nicht verletzt, wenn die im § 9 DSG taxativ aufgezählten Voraussetzungen gegeben sind. Darüber hinaus enthält das DSG ausführliche Regelungen über Grundsätze für die Verwendung von Daten (§ 6 DSG), über die Zulässigkeit der Verwendung von Daten (§ 7 DSG) und über schutzwürdige Geheimhaltungsinteressen bei Verwendung „nicht-sensibler" Daten (§ 8 DSG).

Auftraggeber (also auch Arbeitgeber), Dienstleister und ihre Mitarbeiter (Arbeitnehmer und arbeitnehmerähnliche Personen) sind nach § 15 DSG an das **Datengeheimnis** gebunden. Mitarbeiter dürfen Daten nur auf Grund einer ausdrücklichen Anordnung ihres Arbeitgebers übermitteln. Auftraggeber (Arbeitgeber) und Dienstleister haben ihre Mitarbeiter vertraglich zu verpflichten, dass sie Daten aus Datenanwendungen nur auf Grund von Anordnungen übermitteln und das Datengeheimnis **auch nach Beendigung des Arbeitsverhältnisses** einhalten werden.

Aus der Verweigerung der Befolgung einer Anordnung des Arbeitgebers zur Datenübermittlung wegen Verstoßes gegen die Bestimmungen des DSG darf einem Arbeitnehmer kein Nachteil erwachsen (§ 15 Abs 4 DSG).

Die Bestimmungen über das Datengeheimnis gelten **auch für die Betriebsratsmitglieder** (in ihrer Eigenschaft als Arbeitnehmer). Darüber hinaus sind sie nach § 115 Abs 4 ArbVG zur **Verschwiegenheit** über Angelegenheiten der Arbeitnehmer verpflichtet.

Jeder Auftraggeber (also auch jeder Arbeitgeber in dieser Eigenschaft) hat – soweit das DSG nicht anderes bestimmt – **vor Aufnahme einer Datenanwendung** eine **Meldung an die Datenschutzkommission** zum Zweck der Registrierung im **Datenverarbeitungsregister** zu erstatten (§ 17 DSG).

In das Datenverarbeitungsregister kann **jedermann Einsicht** nehmen (§ 16 Abs 2 DSG). Auf diese Weise kann auch der Betriebsrat überprüfen, ob die ihm vom Arbeitgeber gegebenen Informationen über die Verarbeitung oder Übermittlung von Arbeitnehmerdaten mit der Eintragung im Datenverarbeitungsregister übereinstimmen.

Darüber hinaus stehen den Arbeitnehmern hinsichtlich der zu ihrer Person verarbeiteten Daten alle **Recht des Betroffenen** nach den §§ 26 bis 29 DSG, insbesondere das Auskunftsrecht nach § 26 gegenüber dem Arbeitgeber, sowie der **Rechtsschutz** nach den §§ 30 bis 34 DSG zu.

Die Grenzen, die das DSG für den Datenverkehr allgemein setzt, müssen auch im Rahmen des Arbeitsverhältnisses eingehalten werden. Die Mitwirkungsrechte der Organe der Arbeitnehmerschaft können daher immer erst dort einsetzen, wo die Zulässigkeit der Ermittlung, Verarbeitung und Übermittlung von Daten nach dem DSG gegeben ist. Sie bilden **neben dem individuellen Schutz des Arbeitnehmers** eine **zusätzliche Beschränkung des Betriebsinhabers** im Umgang mit Arbeitnehmerdaten **durch kollektive Befugnisse.**

Nach § 7 Abs 1 DSG dürfen Daten („personenbezogene Daten") nur verarbeitet werden, soweit **Zweck und Inhalt der Datenanwendung von den gesetzlichen oder rechtlichen Befugnissen des jeweiligen Auftraggebers gedeckt** sind und die **schutzwürdigen Geheimhaltungsinteressen der Betroffenen nicht verletzen.** Die Zulässigkeit einer Datenverwendung setzt voraus, dass die dadurch verursachten **Eingriffe in das Grundrecht auf Datenschutz nur im erforderlichen Ausmaß und mit den gelindesten zur Verfügung stehenden Mitteln** erfolgen und dass die Grundsätze des § 6 DSG eingehalten werden (§ 7 Abs 3 DSG).

Angewendet auf das **Arbeitsverhältnis** bedeutet das, dass das Verarbeiten von Arbeitnehmerdaten (nur) unter **Berücksichtigung der schutzwürdigen Interessen des Arbeitnehmers** und (nur) **so weit** zulässig ist, als es für einen **ordnungsgemäßen Ablauf des Arbeitsverhältnisses** unter Beachtung zeitgemäßer Personalführungs- und Personalverwaltungsmethoden **notwendig** ist (vgl insbesondere *Löschnigg,* Arbeitsrecht[10], 708, mit weiteren Literaturhinweisen). Auf Grund dieser Regelung ist es daher **unzulässig,** dass der Arbeitgeber Daten über die Weltanschauung, private Interessen und Beziehungen oder Freizeitgewohnheiten der Arbeitnehmer ermittelt, speichert oder weitergibt. Auf derartige der **Privatsphäre des Arbeitnehmers** zuzuordnende Daten **kann sich auch das Informationsrecht des Betriebsrates nicht beziehen.**

Andererseits dürfen die Bestimmungen des Datenschutzgesetzes **nicht** vorgeschützt werden, um die betriebsverfassungsrechtlichen **Befugnisse der Arbeitnehmerschaft einzuschränken.** Nach § 9 Z 11 DSG bleiben die dem **Betriebsrat** nach dem ArbVG zustehenden **Befugnisse** im Hinblick auf die Datenverwendung **unberührt.** Der **Betriebsinhaber kann** daher die Erfüllung seiner **Informationspflichten** nach dem ArbVG **nicht unter Hinweis auf den Datenschutz verweigern.** Arbeitnehmerdaten, die er selbst ermitteln darf, müssen grundsätzlich auch dem Betriebsrat zur Verfügung stehen. Zur **Einsicht** in die Daten einzelner Arbeitnehmer ist nach dem letzten Satz des § 91 Abs 2 die **Zustimmung der betreffenden Arbeitnehmer erforderlich** (Näheres siehe Erl 9).

Werden personenbezogene Arbeitnehmerdaten vom Betriebsrat selbst verarbeitet (§ 4 Z 9 DSG) oder übermittelt (§ 4 Z 12 DSG), so gelten für die Zulässigkeit dieselben Bestimmungen wie für den Arbeitgeber.

Näheres zum Fragenkomplex Informationsrecht des Betriebsrates und Datenschutz (allerdings noch zur Rechtslage vor dem DSG 2000) siehe insbesondere bei *Teichmann,* DRdA 1987, 227 ff; *Egger;* DRdA 1987, 105; *Grillberger,* FS Floretta, 383; *Marhold,* Datenschutz und Arbeitsrecht, *Mosler,* DRdA 1983, 253; *Duschanek,* ZAS 1983, 83. Zur Rechtslage nach dem DSG vgl insbesondere *Löschnigg,* Datenschutz und Kontrolle im Arbeitsverhältnis, DRdA 2006, 459.

[5]) **„Personenbezogene Daten"** sind Angaben über Betroffene, deren Identität bestimmt oder bestimmbar ist; „nur indirekt personenbezogen" sind Daten dann, wenn der Personenbezug der Daten derart ist, dass der Auftraggeber, Dienstleister oder Übermittlungsempfänger die Identität des Betroffenen mit rechtlich zulässigen Mittel nicht bestimmen kann (§ 4 Z 1 DSG). Personenbezogene Daten können zB sein: Name, Adresse, Geburtsdatum, Sozialversicherungsnummer, Familienstand usw. Zu den „personenbezogenen Daten" gehören aber auch Vermutungen und Bewertungen, wenn sie auf eine bestimmte Person bezogen oder beziehbar sind.

Besonders zu beachten ist, dass das **DSG 2000** im Gegensatz zum DSG 1978 **keine Unterscheidung mehr zwischen automationsunterstützter und nicht automationsunterstützter Datenverarbeitung** trifft.

Die Personenbezogenheit muss sich nicht unmittelbar aus einem elektronischen Medium ergeben. Wenn zB auf einer Diskette (und dann sichtbar auf dem Bildschirm) bestimmte Daten zu „a" oder zur Maschine „b" bezogen werden, der Vorgesetzte aber auf Grund händischer Aufzeichnungen jederzeit den Bezug zwischen „a" und einem bestimmten Arbeitnehmer herstellen kann oder feststellen kann, wer zu einer bestimmten Zeit auf der Maschine „b" gearbeitet hat, so liegt Personenbezogenheit der Daten vor.

Personenbezogenheit liegt auch vor, wenn der Betroffene (durch Rückschlüsse udgl) mit hoher Wahrscheinlichkeit bestimmbar ist.

Aus dem Wort „Arbeitnehmerdaten" ist zu schließen, dass sich die Mitteilungspflicht des Betriebsinhabers auf alle Daten über Personen erstreckt, die dem Arbeitnehmerbegriff nach § 36 unterliegen (Näheres siehe dort im Band 2).

[6]) Von **„automationsunterstützter" Datenverarbeitung** spricht man dann, wenn Daten **programmgesteuert und maschinell** verarbeitet werden, wobei die Auswahl personenbezogener Daten auf maschinell verarbeitbaren Datenträgern nach mindestens einem Merkmal von Betroffenen möglich ist (zB Leistung nach Personalnummern oder nach Namen).

Das Kriterium der automationsunterstützten Verarbeitung ist auch dann erfüllt, wenn Daten ohne Automationsunterstützung aufgenommen, dann aber elektronisch gespeichert und verwertet werden; dasselbe gilt, wenn Daten elektronisch ermittelt werden (zB über Magnetkarten oder Betriebsdatenerfassungssysteme), die Verwertung dieser Daten aber dann händisch (ohne EDV-Unterstützung) erfolgt.

Während das DSG 2000 nicht mehr zwischen automationsunterstützter und anderer Datenverarbeitung unterscheidet, bezieht sich der Wortlaut des § 91 Abs 2 ArbVG immer noch auf personenbezogene Arbeitnehmerdaten, die der Betriebsinhaber „automationsunterstützt aufzeichnet". Im Hinblick auf den Gesetzeszweck und die Weiterentwicklung des Datenschutzrechts kann aber wohl davon ausgegangen werden, dass der Betriebsinhaber den Betriebsrat über **alle Arbeitnehmerdaten** zu informieren hat, die er **zulässigerweise nach dem DSG verarbeitet oder übermittelt.**

7) Das DSG unterscheidet begrifflich zwischen „Datenanwendung" (§ 4 Z 7 DSG), „Verwenden von Daten" (§ 4 Z 8 DSG), „Verarbeiten von Daten" (§ 4 Z 9 DSG), „Ermitteln von Daten" (§ 4 Z 10 DSG), „Überlassen von Daten" (§ 4 Z 11 DSG) und „Übermitteln von Daten" (§ 4 Z 12 DSG).

„Verarbeiten von Daten" umfasst: das Ermitteln, Erfassen, Speichern, Aufbewahren, Ordnen, Vergleichen, Verändern, Verknüpfen, Vervielfältigen, Abfragen, Ausgeben, Benützen, Überlassen, Sperren, Löschen, Vernichten oder jede andere Art der Handhabung von Daten einer Datenanwendung durch den Auftraggeber oder Dienstleister mit Ausnahme des Übermittelns von Daten (§ 4 Z 9 DSG).

„Übermitteln von Daten": die Weitergabe von Daten einer Datenanwendung an andere Empfänger als den Betroffenen, den Auftraggeber oder einen Dienstleister, insbesondere auch das Veröffentlichen solcher Daten; darüber hinaus auch die Verwendung von Daten für ein anderes Aufgabengebiet des Auftraggebers (§ 4 Z 12 DSG). Die „Übermittlung" von Daten kann in verschiedener Form, wie zB auf schriftlichem Weg, durch Einsichtnahme, telefonisch oder auf einem maschinell lesbaren Datenträger erfolgen.

Die **Mitteilungspflicht des Betriebsinhabers** nach § 91 Abs 2 bezieht sich auf zweierlei:

1. muss dem Betriebsrat bekannt gegeben werden, welche **Arten von Arbeitnehmerdaten** (also zB Namen, Adressen, Geburtsdaten, Familienstand usw), aufgezeichnet werden;

und

2. ist mitzuteilen, welche **Verarbeitungen und Übermittlungen** der Betriebsinhaber **vorsieht**, dh, was er mit den aufgezeichneten Daten zu tun beabsichtigt. Es kommt also nicht auf die tatsächliche Verwendung

der Daten, sondern auf die **technischen Möglichkeiten** und auf die in der **Programmgestaltung** zum Ausdruck kommenden Absichten des Betriebsinhabers an. Um dies zu erkennen, wird der Betriebsrat in der Regel **sachkundiger Beratung** bedürfen. Der Betriebsinhaber ist zwar verpflichtet, dem Betriebsrat von sich aus alle notwendigen Informationen zu geben, der Betriebsrat kann sich aber auch durch die überbetrieblichen Interessenvertretungen der Arbeitnehmer (Gewerkschaften und Arbeiterkammern) beraten lassen. Diese bieten dazu nicht nur verschiedene Informationsbroschüren, sondern auch spezielle Schulungen für Betriebsratsmitglieder an.

Die **Mitteilungspflicht des Betriebsinhabers** nach dem ersten Satz des § 91 Abs 2 ist **nicht von einem Verlangen des Betriebsrates abhängig**. Der Betriebsinhaber hat vielmehr von sich aus dem Betriebsrat die entsprechenden Informationen zu geben.

[8]) Über die Mitteilungspflicht nach dem ersten Satz hinaus ist der Betriebsinhaber verpflichtet, dem Betriebsrat auf Verlangen die **Überprüfung der Grundlagen für die Verarbeitung und Ermittlung** zu ermöglichen. Diese Überprüfung kann auf verschiedene Weise erfolgen, insbesondere durch **Einsicht in die Programmdokumentation** (Ausschußbericht zur ArbVG-Novelle 1986, 1062 BlgNR 16. GP).

Für die wirksame Ausübung dieses Kontrollrechts wird es besonders wichtig sein, dass der Betriebsrat sich die nötigen Fachkenntnisse durch entsprechende Schulung aneignet oder die Beratung durch Gewerkschaft oder Arbeiterkammer in Anspruch nimmt.

[9]) Durch die Ergänzung des Informationsrechts nach § 91 sollten die **sonstigen Befugnisse des Betriebsrates keinesfalls eingeschränkt** werden. Das Erfordernis der Zustimmung der betroffenen Arbeitnehmer zur Einsicht des Betriebsrates in ihre Personaldaten gilt daher nur dann und nur so weit, als sich nicht auf Grund anderer Vorschriften ein **unbeschränktes Einsichtsrecht** des Betriebsrates ergibt. Das ist zB bei der **Einsicht in die Lohn- und Gehaltslisten** nach § 89 Z 1 der Fall. Dieses Einsichtsrecht kann der Betriebsrat auch dann **ohne Zustimmung** der einzelnen Arbeitnehmer ausüben, wenn die Aufzeichnung, Verarbeitung oder Übermittlung der für die Lohnverrechnung erforderlichen Arbeitnehmerdaten automationsunterstützt vorgenommen werden. Das Gleiche gilt für Aufzeichnungen, deren Führung durch Rechtsvorschriften vorgesehen ist (zB Arbeitszeit, Urlaub) sowie für die Überwachung der Einhaltung der Vorschriften über den Arbeitnehmerschutz, über die Sozialversicherung oder über die Berufsausbildung (§ 89 Z 3).

Auch sonstige Mitwirkungsrechte des Betriebsrates werden durch die Informationspflicht des Betriebsinhabers nach § 91 Abs 2 nicht berührt. Insbesondere ist die **Zustimmungspflicht von Maßnahmen nach § 96 oder**

§ 96a unter den dort festgelegten Voraussetzungen jedenfalls gegeben, gleichgültig, ob einzelne Arbeitnehmer der Einsicht des Betriebsrates in sie betreffende Daten in diesem Zusammenhang zustimmen oder nicht.

Für die **Zustimmungserklärung** jener Arbeitnehmer, in deren Daten der Betriebsrat Einsicht nehmen möchte, ist **keine bestimmte Form** vorgeschrieben. Es genügt daher, wenn der Betriebsrat mündlich die Zustimmung der betreffenden Arbeitnehmer einholt.

Information über Pensionskassen

[10]) Durch das **Betriebspensionsgesetz** BGBl Nr 282/1990 wurden ua Mitwirkungsrechte der Organe der Arbeitnehmerschaft im Zusammenhang mit der betrieblichen Altersversorgung normiert. Die wichtigste Neuerung war die Einfügung von Z 18a in den Katalog der **freiwilligen Betriebsvereinbarungen** in § 97 Abs 1 ArbVG. Diese Bestimmung bietet die Rechtsgrundlage für den Abschluss von normativ wirkenden Betriebsvereinbarungen über **Pensionskassen.** Weiters wurde das **Überwachungsrecht des Betriebsrates** nach § 89 Z 3 ausdrücklich auf „eine allfällige betriebliche Altersversorgung" ausgedehnt (siehe Erl 21 zu § 89) und § 91 durch einen Abs 3 mit Bestimmungen über ein **Informationsrecht** des Betriebsrates für den Fall ergänzt, dass der Arbeitgeber zu Gunsten seiner Arbeitnehmer einer Pensionskasse beigetreten ist.

In diesem Fall hat der Betriebsinhaber dem Betriebsrat den **Prüfbericht** oder dessen Kurzfassung und den **Rechenschaftsbericht unverzüglich nach Einlangen von der Pensionskasse** zu übermitteln. Dadurch soll gewährleistet werden, dass die Vertreter der Arbeitnehmer über die Gebarung der Pensionskasse informiert werden. Besonders wichtig ist das in jenen Betrieben, aus denen kein Betriebsratsmitglied (oder sonstiger Arbeitnehmer) als Vertreter der Anwartschafts- und Leistungsberechtigten in den Aufsichtsrat der Pensionskasse gewählt wurde (Näheres zu diesem Informationsrecht und allgemein zum Betriebspensions- und Pensionskassengesetz bei *Farny/Wöss,* Betriebspensionsgesetz/Pensionskassengesetz, Gesetze und Kommentare Nr 150).

Durch eine Novelle zum Pensionskassengesetz und zum Betriebspensionsgesetz, BGBl I 8/2005, wurde als neues Altersvorsorgeprodukt die „betriebliche Kollektivversicherung" eingeführt und § 97 Abs 1 ArbVG um einen neuen, darauf Bezug nehmenden Betriebsvereinbarungstatbestand (§ 97 Abs 1 Z 18b) ergänzt (Näheres dazu in Erl 25a von *Preiss* zu § 97).

Hinsichtlich der Mitwirkungsrechte des Betriebsrates bei der **Betrieblichen Mitarbeitervorsorge** („Abfertigung neu") siehe Erl 21 zu § 89.

Beratung

§ 92. (1) Der Betriebsinhaber ist verpflichtet, mit dem Betriebsrat mindestens vierteljährlich und auf Verlangen des Betriebsrates monatlich gemeinsame Beratungen[1]) über laufende Angelegenheiten, allgemeine Grundsätze der Betriebsführung in sozialer, personeller, wirtschaftlicher und technischer Hinsicht sowie über die Gestaltung der Arbeitsbeziehungen abzuhalten und ihn dabei über wichtige Angelegenheiten zu informieren[2]). Dem Betriebsrat sind auf Verlangen die zur Beratung erforderlichen Unterlagen auszuhändigen[3]).

(2) Betriebsrat und Betriebsinhaber[4]) sind berechtigt, an ihre zuständigen kollektivvertragsfähigen Körperschaften das Ersuchen zu richten, einen Vertreter zur Teilnahme an diesen Beratungen zu entsenden, sofern über Betriebsänderungen oder ähnlich wichtige Angelegenheiten, die erhebliche Auswirkung auf die Arbeitnehmer des Betriebes haben, beraten werden soll[5]). Betriebsinhaber und Betriebsrat haben einander gegenseitig rechtzeitig Mitteilung zu machen, um dem anderen Teil die Beiziehung seiner Interessenvertretung zu ermöglichen[6]).

Schrifttum zu § 92

Siehe die Angaben zu § 89 und § 91.

Übersicht zu § 92

Periodische Beratungen.................................... Erläuterung 1
Informationspflicht des Betriebsinhabers.......... Erläuterung 2
Recht auf Unterlagen .... Erläuterung 3
Teilnehmer an der Beratung .... Erläuterung 4
Teilnahme von Gewerkschaft(en) und/oder
    Arbeiterkammer .... Erläuterungen 5 und 6

Periodische Beratungen

[1]) Auf Grund dieser Bestimmung ist der Betriebsinhaber verpflichtet, von sich aus, also **ohne vorheriges Verlangen durch den Betriebsrat** (EA Klagenfurt 25. 11. 1985, Arb 10.461 = RdW 1986, 90), **mindestens** viermal jährlich im Kalenderjahr mit dem Betriebsrat eine Beratung abzuhalten. Der Betriebsrat kann jedoch vom Betriebsinhaber **verlangen**, dass solche Beratungen **monatlich** durchgeführt werden. An Stelle des monatlichen Rhythmus kann der Betriebsrat bei grundsätzlicher Beibehaltung des vierteljährlichen Turnus auch **zwischendurch nach Bedarf** monatliche Besprechungen verlangen.

Der **Zeitpunkt** der Beratungen ist zwischen Betriebsrat und Betriebsinhaber **einvernehmlich festzulegen.** Kommt keine Beratung zustande, weil diese etwa der Betriebsinhaber ablehnt, so kann der Betriebsrat beim Arbeits- und Sozialgericht auf Erfüllung der Beratungspflicht klagen. In der Klage kann zugleich die Ausfolgung jener Unterlagen geltend gemacht werden, die zur Beratung erforderlich sind (siehe Erl 3).

Die Einhaltung der Beratungspflicht des Betriebsinhabers ist also nötigenfalls im Weg der **Zwangsvollstreckung durchsetzbar** (so schon der VwGH vom 12. 4. 1989 zur Rechtslage vor dem In-Kraft-Treten des ASGG, 87/01/0058, infas 1990, A 93; vgl auch EA Salzburg, 30. 7. 1979, ZAS 1980, 1).

Gespräche zwischen Betriebsinhaber und Betriebsrat im Rahmen gemeinsamer Beratungen nach § 92 reichen nicht aus, um **spezielle Informationspflichten des Betriebsinhabers,** wie zB die Verständigung von der Kündigungsabsicht nach § 105 Abs 1, zu erfüllen (siehe auch Erläuterung 2 zu § 91).

Nähere Regelungen über die periodischen Beratungen enthält die **Betriebsrats-Geschäftsordnung** (§ 58; Text im Band 1).

Informationspflicht des Betriebsinhabers

²) Das Beratungsthema ist im Gesetz mit laufenden Angelegenheiten, allgemeinen Grundsätzen der Betriebsführung in sozialer, personeller, wirtschaftlicher und technischer Hinsicht und der Gestaltung der Arbeitsbeziehungen umschrieben. Dazu gehört alles, was für die Wahrnehmung der Arbeitnehmerinteressen im Betrieb von grundsätzlicher Bedeutung ist. Eine spezielle Themenvorgabe sieht das Gesetz in § 92b Abs 1 vor: Der Betriebsinhaber hat mit dem Betriebsrat im Rahmen der Beratung nach § 92 **Maßnahmen der betrieblichen Frauenförderung bzw der Vereinbarkeit von Betreuungspflichten und Beruf** zu beraten (siehe Erl 2 bis 5 zu § 92b).

Der Betriebsinhaber hat dem Betriebsrat die **Beratungsgegenstände vor der Sitzung,** und zwar **rechtzeitig, bekannt zu geben.**

Auch der Betriebsrat hat die Fragen, die er während der Beratung behandeln will, dem Betriebsinhaber vorher bekannt zu geben. Für die Fixierung der Beratungsgegenstände empfiehlt sich der Austausch einer möglichst präzisen und vollständigen Tagesordnung.

Aus dem letzten Satzteil ergibt sich, dass den Betriebsinhaber nicht nur eine Beratungs-, sondern auch eine **Informationspflicht** trifft. Derartige Aussprachen zwischen Betriebsinhaber und Betriebsrat sollen eben nicht nur Formsache sein, sondern **regelmäßigen Meinungs-, Erfahrungs- und Informationsaustausch** ermöglichen. Es wird va Angelegenheit des Betriebsrates sein, die Gespräche durch möglichst **konkrete Angaben zur Tagesordnung** so vorzubereiten, dass der Betriebsinhaber zur Erfüllung seiner Informationspflicht angehalten werden kann.

Für die Beratungen, die auch die Möglichkeit zur Diskussion bieten sollen, muss der Betriebsinhaber ausreichend Zeit zur Verfügung stellen (EA Salzburg 17. 7. 1978, Arb 9711).

Recht auf Unterlagen

³) Durch die ArbVG-Novelle 1986 wurde der Abs 1 des § 92 um einen Satz ergänzt, der klarstellt, dass der Betriebsinhaber dem Betriebsrat auch **die zur Beratung erforderlichen Unterlagen auszuhändigen** hat. Diese Pflicht besteht aber nur dann, wenn der Betriebsrat die Aushändigung der Unterlagen **verlangt**. Da eine Beratung ohne Unterlagen kaum zielführend sein wird, empfiehlt es sich, dass der Betriebsrat dieses Verlangen **generell** für alle künftigen Beratungen nach § 92 stellt (am besten am Beginn der Funktionsperiode). Obwohl keine besondere Form dafür vorgeschrieben ist, sollte aus Beweisgründen dieses Verlangen **schriftlich** erhoben werden.

Welche Unterlagen zur Beratung „erforderlich" sind, hat der Betriebsrat selbst zu beurteilen. Wenn der Betriebsinhaber die Ausfolgung von Unterlagen mit dem Hinweis verweigert, diese seien zur Beratung nicht erforderlich, kann der Betriebsrat nötigenfalls das Arbeits- und Sozialgericht anrufen.

Die Befugnisse der Arbeitnehmerschaft werden in unzulässiger Weise eingeengt, wenn dem Betriebsrat an Stelle von Protokollen über die Sitzungen eines Personalausschusses nur Beschlussprotokolle zur Verfügung gestellt werden (EA Salzburg 30. 7. 1979, ZAS 1980, 1).

Aus dem Wort „auszuhändigen" ergibt sich, dass dem Betriebsrat die entsprechenden **Unterlagen im Original oder in Abschrift** bzw Fotokopie zu übergeben sind. Mit der bloßen Bereitstellung zur Einsicht wird der Verpflichtung zur „Aushändigung" nicht entsprochen.

Teilnehmer an der Beratung

⁴) An der Beratung nach § 92 Abs 1 können entweder der **gesamte Betriebsrat** oder die von diesem **dafür nominierten Mitglieder** des Betriebsrates teilnehmen. Der Betriebsinhaber kann, muss aber nicht, immer selbst die Beratung durchführen. Lässt er sich vertreten, so muss dies durch eine für die Betriebsführung verantwortliche und den betreffenden Sachbereich zuständige Person (zB Vorstand, Geschäftsführer) geschehen. Immer muss es sich aber um informierte Vertreter handeln. Der Betriebsrat braucht sich jedenfalls nicht mit einer bloß formalen Aussprache zu begnügen.

Teilnahme von Gewerkschaft(en) und/oder Arbeiterkammer

⁵) An den Beratungen nach § 92 Abs 1 können auch **Vertreter der Interessenvertretungen** teilnehmen. Auf Seiten des Betriebsrates sind dies solche der **Gewerkschaft und/oder Arbeiterkammer**. Die Teilnahmemög-

lichkeit ist jedoch vom Gegenstand der Beratung abhängig. Das Gesetz (§ 92 Abs 2) nennt diesbezüglich **Betriebsänderungen** (dazu § 109) und (diesen) ähnlich **wichtige Angelegenheiten**, die erhebliche Auswirkungen auf die Arbeitnehmer haben. Will der Betriebsrat Vertreter seiner Interessenvertretungen zu einer Beratung über die vorerwähnten Gegenstände beiziehen, so hat er dies dem Betriebsinhaber rechtzeitig mitzuteilen. Das gilt umgekehrt auch für den Betriebsinhaber, wenn er zu den Gesprächen Vertreter der Wirtschaftskammer oder zB der Industriellenvereinigung einladen will.

Tauchen während einer der Beratungen nach § 92 Abs 1 Fragen auf, deren Bedeutung dem Betriebsrat die Beiziehung der Gewerkschaft oder Arbeiterkammer zweckmäßig erscheinen lässt, so kann er eine kurzfristige Vertagung und die Fortsetzung der Beratung in Anwesenheit eines Gewerkschafts- oder Arbeiterkammervertreters verlangen (§ 58 Abs 4 BRGO). Der Betriebsrat und der Betriebsinhaber können sich in der gemeinsamen Beratung zu einzelnen Punkten die Abgabe der endgültigen Stellungnahme für die nächste gemeinsame Aussprache vorbehalten (§ 58 Abs 5 BRGO).

[6]) Zweck dieser Mitteilungspflicht ist es, dem Verhandlungspartner die Möglichkeit zu eröffnen, gleichfalls Vertreter seiner Interessenvertretungen beiziehen zu können. Macht er davon nicht Gebrauch, so hat das keinen Einfluss auf die Teilnahme der Interessenvertretungen des anderen Verhandlungspartners.

Gewerkschafts(Arbeiterkammer)vertreter sind daher auch dann teilnahmeberechtigt, wenn kein Vertreter von den Arbeitgeberinteressenvertretungen erscheint. Den Vertretern der Gewerkschaften und Arbeiterkammern ist jedenfalls der **Zugang zum Betrieb** (vgl § 39 Abs 4) zu gewähren. **Die Beiziehung von Gewerkschafts- und/oder Arbeiterkammervertretern durch den Betriebsrat ist also nicht von der Zustimmung des Betriebsinhabers abhängig.** Notwendig ist lediglich die **rechtzeitige Verständigung**.

Arbeitsschutz[1])

§ 92a. (1) Der Betriebsinhaber hat den Betriebsrat in allen Angelegenheiten der Sicherheit und des Gesundheitsschutzes[2]) rechtzeitig[3]) anzuhören[4]) und mit ihm darüber zu beraten[5]). Der Betriebsinhaber ist insbesondere[6]) verpflichtet,
1. den Betriebsrat bei der Planung und Einführung neuer Technologien zu den Auswirkungen zu hören, die die Auswahl der Arbeitsmittel oder Arbeitsstoffe, die Gestaltung der Arbeitsbedingungen und die Einwirkung der Umwelt auf den Arbeitsplatz für die Sicherheit und Gesundheit der Arbeitnehmer haben[7]),
2. den Betriebsrat bei der Auswahl der persönlichen Schutzausrüstung zu beteiligen[8]),
3. den Betriebsrat bei der Ermittlung und Beurteilung der Gefahren und der Festlegung der Maßnahmen sowie bei der Planung und Organisation der Unterweisung zu beteiligen[9]).

(2) Der Betriebsinhaber ist verpflichtet[10]),
1. dem Betriebsrat Zugang zu den Sicherheits- und Gesundheitsschutzdokumenten sowie zu den Aufzeichnungen und Berichten über Arbeitsunfälle zu gewähren[11]),
2. dem Betriebsrat die Unterlagen betreffend die Erkenntnisse auf dem Gebiet der Arbeitsgestaltung zur Verfügung zu stellen[12]),
3. dem Betriebsrat die Ergebnisse von Messungen und Untersuchungen betreffend gefährliche Arbeitsstoffe und Lärm sowie die Ergebnisse sonstiger Messungen und Untersuchungen, die mit dem Arbeitnehmerschutz in Zusammenhang stehen, zur Verfügung zu stellen[13]),
4. dem Betriebsrat die Aufzeichnungen betreffend Arbeitsstoffe und Lärm zur Verfügung zu stellen[14]),
5. den Betriebsrat über Grenzwertüberschreitungen sowie deren Ursachen und über die getroffenen Maßnahmen unverzüglich zu informieren[15]),
6. den Betriebsrat über Auflagen, Vorschreibungen, Bewilligungen und behördliche Informationen auf dem Gebiet des Arbeitnehmerschutzes zu informieren und zu den Informationen, die sich aus den Schutzmaßnahmen und Maßnahmen zur Gefahrenverhütung ergeben, im Voraus anzuhören[16]),
7. den Betriebsrat zu den Informationen über die Gefahren für Sicherheit und Gesundheit sowie über Schutzmaßnahmen und Maßnahmen zur Gefahrenverhütung im Allgemeinen und für die einzelnen Arten von Arbeitsplätzen bzw Aufgabenbereichen im Voraus anzuhören[16a]),
8. den Betriebsrat zur Information der Arbeitgeber von betriebsfremden Arbeitnehmern über die in Z 7 genannten Punkte sowie über

die für Erste Hilfe, Brandbekämpfung und Evakuierung gesetzten Maßnahmen, im Voraus anzuhören[16b]).

(3) Der Betriebsinhaber hat mit dem Betriebsrat über die beabsichtigte Bestellung oder Abberufung[17]) von Sicherheitsfachkräften[18]), Arbeitsmedizinern[19]) sowie von Personen zu beraten[20]), die für die Erste Hilfe, die Brandbekämpfung und Evakuierung zuständig sind, außer wenn die beabsichtigte Maßnahme im Arbeitsschutzausschuss[21]) behandelt wird. Der Betriebsrat hat das Recht, das Arbeitsinspektorat zu den Beratungen beizuziehen[22]). Eine ohne Beratung mit dem Betriebsrat oder Behandlung im Arbeitsschutzausschuss vorgenommene Bestellung von Sicherheitsfachkräften und Arbeitsmedizinern ist rechtsunwirksam[23]).

(4) Der Betriebsrat kann seine Befugnisse nach Abs 1 Z 1 bis 3[24]) an die im Betrieb bestellten Sicherheitsvertrauenspersonen[25]) delegieren[26]). Für die Beschlussfassung gilt § 68[27]). Der Beschluss ist den Sicherheitsvertrauenspersonen sowie dem Betriebsinhaber unverzüglich mitzuteilen und wird erst mit deren Verständigung rechtswirksam[28]).

(5) Für die Beschlussfassung über die Entsendung von Arbeitnehmervertretern in den Arbeitsschutzausschuss[29]) und in den zentralen Arbeitsschutzausschuss[30]) gilt § 68[31]).

Schrifttum zu § 92a

Egger, Das Arbeits- und Sozialrecht der EU und die österreichische Rechtsordnung 2. Aufl (2005), insb 493 ff;
Aubauer/Neumann, Umsetzung EuGH-Urteil Arbeitnehmerschutz, AlVG-Rahmenfristerstreckung, taxlex 2006, 514;
Lischka, Neuerungen im ArbeitnehmerInnenschutzgesetz, DRdA 2006, 417.

Siehe weiters die Angaben bei § 89 und § 91.

Hinweise auf Literatur zum **Arbeitnehmerschutzrecht**:

Scherff, Arbeitnehmerschutz – AschG; Arbeitsinspektion – ArbIG, ARD-Betriebsdienst (1994);
Kraus/Poinstingl, Handbuch für den Arbeitnehmerschutz (1995);
Stärker, Arbeitnehmerschutz in Österreich: Ein Leitfaden zum Aufbau eines betriebsinternen Sicherheitssystems (1997);
Schramhauser/Heider, Arbeitsstättenverordnung, Gesetze und Kommentare Nr 169 (2002);
Heider/Hutterer/Piller, Arbeitsmittelverordnung, Gesetze und Kommentare Nr 176 (2002);
Nöstlinger, Arbeitnehmerschutz für Jugendliche, Gesetze und Kommentare Nr 173 (2001);

Adametz/Szymanski, Sammlung der Verordnungen zum ArbeitnehmerInnenschutzgesetz, Gesetze und Kommentare Nr 162/I und II (2002);
Schramhauser, Bauarbeiterschutzverordnung und Bauarbeitenkoordinationsgesetz, Gesetze und Kommentare Nr 161 (2002);
Heider/Poinstingl/Schramhauser, ArbeitnehmerInnenschutzgesetz, Gesetze und Kommenare Nr 163, 5. Aufl (2006);
Nöstlinger, Handbuch Arbeitnehmerschutz, (2006);
Adametz/Hutterer, Aushangpflichtige Gesetze, ÖGB-Verlag (2007).

Weitere Informationsbroschüren finden sich im Internet unter www.svp.at; eine von der Allgemeinen Unfallversicherungsanstalt, der Bundesarbeitskammer und der Wirtschaftskammer Österreich produzierte CD-ROM trägt den Titel „Sicherheit und Gesundheit bei der Arbeit".

Übersicht zu § 92a

Zweck der Regelung	Erläuterung 1
Anhörungs- und Beratungsrecht in Angelegenheiten der Sicherheit und des Gesundheitsschutzes	Erläuterungen 2 bis 6
Anhörung bei der Planung und Einführung neuer Technologien	Erläuterung 7
Beteiligung bei der Auswahl der persönlichen Schutzausrüstung	Erläuterung 8
Beteiligung bei der Gefahrenevaluierung und Unterweisung	Erläuterung 9
Informations- und Übermittlungspflichten des Betriebsinhabers	Erläuterungen 10 bis 16b
Beratung über die Bestellung oder Abberufung von Sicherheitsfachkräften oder Arbeitsmedizinern	Erläuterungen 17 bis 23
Übertragung von Befugnissen des Betriebsrats an die Sicherheitsvertrauenspersonen	Erläuterungen 24 bis 28
Entsendung von Vertretern in den Arbeitsschutzausschuss	Erläuterungen 29 bis 31

Zweck der Regelung

[1]) § 92a wurde zugleich mit der Anpassung des österreichischen Arbeitnehmerschutzrechts an das EU-Recht durch Artikel IV des ArbeitnehmerInnenschutzgesetzes (ASchG), BGBl Nr 450/1994, in das ArbVG eingefügt.

§ 92a Erl 1 Cerny

Der Zweck der Regelung wurde in der Regierungsvorlage (1590 BlgNR 18. GP) allgemein wie folgt begründet:

"Um eine Überfrachtung des Arbeitsverfassungsgesetzes zu vermeiden und in Anlehnung an die zentrale Arbeitnehmerschutzrichtlinie (Richtlinie 89/391/ EWG) enthält der gegenständliche Entwurf eine allgemeine und umfassende Umschreibung der den Arbeitgeber in Arbeitsschutzangelegenheiten treffenden Informations- und Anhörungspflichten, mit denen auch die Detailvorschriften mit erfaßt werden sollen ..."

Und speziell zu § 92a heißt es in der Regierungsvorlage:

"Diese Regelung präzisiert in Abs 1 und 2 in Anlehnung an das ASchG die Informations- und Interventionsrechte des Betriebsrates in Fragen des Arbeitsschutzes. Die allgemeinen Informations-, Interventions- und Beratungsrechte bleiben unberührt ..."

Abs 3 des § 92a regelt die Mitwirkung des Betriebsrates bei der Bestellung und Abberufung von Sicherheitsfachkräften, Arbeitsmedizinern, Brandschutz- und Erste-Hilfe-Beauftragten. Zugleich wurde die bis dahin im § 99a ArbVG enthaltene Regelung, die noch von der vorher geltenden Fassung des ASchG ausgegangen war, **aufgehoben** (Näheres siehe in Erl 17).

Mit Urteil des Europäischen Gerichtshofes vom 6. April 2006 (Rechtssache C-428/04) hat der EuGH festgestellt, dass die Republik Österreich die Richtlinie 89/391/EWG des Rates vom 12. Juni 1989 über die Durchführung von Maßnahmen zur Verbesserung der Sicherheit und des Gesundheitsschutzes der Arbeitnehmer bei der Arbeit nicht hinreichend in österreichisches Recht umgesetzt hat. Um diesem Urteil Rechnung zu tragen und eine vollständige Übereinstimmung mit dem Gemeinschaftsrecht herbeizuführen, wurde mit der Novelle BGBl I 147/2006 das ArbeitnehmerInnenschutzgesetz entsprechend geändert.

"Da von der Novellierung Bestimmungen über die Sicherheitsvertrauenspersonen betroffen sind, musste gleichzeitig auch das Arbeitsverfassungsgesetz angepasst werden, da nach dem innerstaatlichen System im Arbeitsschutz die Anhörungs- und Beteiligungsrechte von Sicherheitsvertrauenspersonen (ASchG) und Betriebsrat (ArbVG) stets korrespondierend geregelt sind" (EB RV 1559 BlgNR, 22. GP).

Die entsprechenden Änderungen bzw Ergänzungen des ArbVG finden sich in § 92a Abs 2 Z 6 bis 8 (Näheres dazu in den Erl 16 bis 16b).

Nach der Überschrift des § 92a beziehen sich die in dieser Bestimmung geregelten Mitwirkungsrechte der Organe der Arbeitnehmerschaft auf den „Arbeitsschutz". Gemeint ist aber wohl der **Arbeitnehmerschutz,** weil Schutzobjekt ja nicht die Arbeit als solche, sondern die Menschen bei der Arbeit sind.

Anhörungs- und Beratungsrecht
in Angelegenheiten der Sicherheit und des Gesundheitsschutzes

[2]) Aufgrund seiner **Fürsorgepflicht** hat der Arbeitgeber die Arbeitsbedingungen so zu gestalten, dass das Leben und die Gesundheit der Arbeitnehmer geschützt und auch andere Interessen der Arbeitnehmer gewahrt werden (*Floretta/Spielbüchler/Strasser*, Arbeitsrecht I, 330). Die in verschiedenen Bestimmungen des Arbeitsvertragsrechts (zB § 1157 ABGB, § 18 AngG) in Form von Generalklauseln geregelte vertragliche Fürsorgepflicht wird durch die Normen des öffentlich-rechtlichen Arbeitnehmerschutzrechts, insbesondere des ArbeitnehmerInnenschutzgesetzes (AschG) und der dazu ergangenen Durchführungsverordungen, konkretisiert. Das bedeutet, dass der Arbeitgeber die aus dem öffentlichen Arbeitnehmerschutzrecht resultierenden Pflichten gegenüber dem Staat auch als vertragliche Pflichten gegenüber dem Arbeitnehmer hat (*Floretta/Spielbüchler/Strasser,* aaO 331*; Löschnigg,* Arbeitsrecht[10], 333).

Der Arbeitgeber ist verpflichtet, ein **System des betrieblichen Arbeitnehmerschutzes** aufzubauen, das geeignet ist, die Sicherheit der Arbeitnehmer zu gewährleisten und deren Gesundheit zu schützen. In diesem System muss nachvollziehbar sein, welche Maßnahmen der an der Spitze der Unternehmenshierarchie stehende Anordnungsbefugte vorgesehen hat, um sicherzustellen, dass die erteilten Anordnungen an die untergeordneten Hierarchieebenen gelangen und dort auch tatsächlich befolgt werden (vgl VwGH 26. 1. 2001, 96/02/0011). Dazu muss auch ein geeignetes **Kontrollsystem** zur Einhaltung der Arbeitnehmerschutzvorschriften eingerichtet werden. Der Arbeitgeber kann sich dazu geeigneter Personen bedienen. Dabei wird es sich in erster Linie um Sicherheitsvertrauenspersonen, Sicherheitsfachkräfte und Arbeitsmediziner handeln (Näheres dazu in Erl 11 zu § 89). In größeren Betrieben werden aber auch die betrieblichen Führungskräfte in das System des betrieblichen Arbeitnehmerschutzes in geeigneter Weise einzubinden sein (vgl dazu *Nöstlinger,* Handbuch Arbeitnehmerschutz, 24 ff).

Das Arbeitsverfassungsgesetz knüpft an das Arbeitnehmerschutzrecht an, indem es den **Organen der Arbeitnehmerschaft umfassende Überwachungs-, Informations-, Anhörungs- und Beratungsrechte in Angelegenheiten des Arbeitnehmerschutzes** einräumt. Bestimmte Aspekte des Arbeitnehmerschutzes, wie zB die generelle Regelung der Arbeitszeit, sind Gegenstand einer erzwingbaren **Betriebsvereinbarung** (§ 97 Abs 1 Z 2), Unfallverhütung, Gesundheitsschutz und menschengerechte Arbeitsgestaltung können durch fakultative Betriebsvereinbarung geregelt werden (§ 97 Abs 1 Z 8 und 9; Näheres dazu in den Erl von *Preiss* zu § 97).

Ebenso wie bei den anderen Mitwirkungsrechten haben die Organe der Arbeitnehmerschaft auch beim Arbeitnehmerschutz die Interessen der von ihnen vertretenen Arbeitnehmer wahrzunehmen. Sie sind zwar nicht befugt, selbst die zur Einhaltung der Arbeitnehmerschutzvorschriften erforderlichen Anweisungen zu erteilen, aber berechtigt (und verpflichtet!), den Arbeitgeber auf Mängel aufmerksam zu machen und ihn aufzufordern, den gesetzlichen Zustand herzustellen. Derartige Interventionen sind vom Arbeitgeber nicht nur wegen seiner betriebsverfassungsrechtlichen und arbeitnehmerschutzrechtlichen Pflichten zu beachten, sondern auch wegen möglicher haftungsrechtlicher Konsequenzen.

Adressat der betriebsverfassungsrechtlichen Bestimmungen ist der **Betriebsinhaber**, während die Pflichten aus dem Arbeitnehmerschutzrecht dem **Arbeitgeber** auferlegt sind. Der Betriebsinhaber muss mit dem (arbeitsvertraglichen) Arbeitgeber nicht identisch sein. Für die Betriebsverfassung ist lediglich bedeutsam, dass die Arbeitnehmer dem Betriebsinhaber so zugeordnet sind, dass sie von diesem zur Verfolgung der Arbeitsergebnisse eingesetzt werden können (Näheres bei *Gahleitner*, Erl 2 zu § 34 im Band 2).

Das ArbVG verpflichtet den Betriebsinhaber in einer **Generalklausel**, den Betriebsrat in **allen Angelegenheiten der Sicherheit und des Gesundheitsschutzes** anzuhören und mit ihm darüber zu beraten.

Die Formulierung dieser Generalklausel lehnt sich bewusst an § 3 Abs 1 AschG erster Satz an, wo die „Allgemeinen Pflichten der Arbeitgeber" normiert sind. Danach sind Arbeitgeber verpflichtet, „für Sicherheit und Gesundheitsschutz der Arbeitnehmer in Bezug auf alle Aspekte, die die Arbeit betreffen, zu sorgen".

Mit anderen Worten: **Alle Aspekte des Arbeitnehmerschutzes sind Gegenstand des Anhörungs- und Beratungsrechtes des Betriebsrates nach § 92a.** So weit andere gesetzliche Bestimmungen, die spezielle Anhörungs- und Beratungsrechte der Organe der Arbeitnehmerschaft in diesen Angelegenheiten vorsehen, nicht ausreichen, um das Mitwirkungsrecht geltend zu machen, kann sich der Betriebsrat **immer auf die Generalklausel des § 92a berufen.**

[3]) Das Gesetz verpflichtet den Betriebsinhaber zur **rechtzeitigen** Anhörung. „Rechtzeitig" ist die Anhörung dann, wenn im Zeitpunkt der Anhörung und Beratung noch Einfluss auf die Ausführung der geplanten Maßnahmen genommen werden kann, was auch dazu führen kann, dass die ursprünglich geplante Maßnahme unterbleibt und an ihrer Stelle andere, weiter führende Schutzmaßnahmen getroffen werden. Es muss die Möglichkeit bestehen, dass aus dem Gespräch sowohl vom Betriebsinhaber als auch vom Betriebsrat allenfalls erforderliche Konsequenzen gezogen und **Maßnahmen** getroffen werden können, **bevor** es zu einer Gefährdung der Sicherheit oder Gesundheit der Arbeitnehmer kommen kann. Darin kommt der vorrangige **Präventionszweck des Arbeitnehmerschutzrechts** zum Ausdruck.

Im Bereich des Arbeitnehmerschutzes kommt es allerdings immer wieder zu Situationen, in denen unverzüglicher Handlungsbedarf zur Abwendung einer unmittelbaren Gefahr für die Sicherheit oder Gesundheit von Menschen gegeben ist. In solchen Situationen, in denen auch die Arbeitnehmer selbst die erforderlichen Maßnahmen zur Verringerung oder Beseitigung der Gefahr treffen müssen, ist eine vorherige Anhörung und Beratung mit dem Betriebsrat nicht möglich. Der Betriebsrat kann aber seine Mitwirkungsrechte gegenüber dem Betriebsinhaber zu einem späteren Zeitpunkt mit dem Ziel ausüben, das Entstehen gefährlicher Situationen in Zukunft zu vermeiden.

Der Betriebsrat wird im Zusammenhang mit der rechtzeitigen Anhörung bei allen die Sicherheit und den Gesundheitsschutz betreffenden Maßnahmen darauf zu achten haben, dass die im ArbeitnehmerInnenschutzgesetz verankerten allgemeinen Regeln, wie zB die Grundsätze der Gefahrenverhütung (§ 7 ASchG) und der neueste Stand der Technik (§ 2 Abs 8 ASchG), eingehalten werden. Sie zielen darauf ab, dass immer nur die **geringst mögliche Gefährdung** gegeben ist bzw die unter dem Gesichtspunkt des Gesundheitsschutzes **sicherste** (modernste) **Technik** zum Einsatz kommt.

Das Anhörungsrecht besteht unabhängig davon, ob allfällige Themen in Betrieben, in denen ein Arbeitsschutzausschuss (§ 88 ASchG) besteht, dort behandelt werden oder bereits behandelt wurden.

[4]) Zum Inhalt des **Anhörungsrechts** des Betriebsrates bzw der **Anhörungspflicht** des Betriebsinhabers siehe die Erl 7 und 8 zu § 90.

[5]) Die Verpflichtungen des Betriebsinhabers können nicht durch bloß „passives Zuhören" erfüllt werden, der Betriebsrat hat vielmehr neben dem Anhörungsrecht auch ein **Beratungsrecht**. Die Angelegenheiten, um die es geht, sind also **inhaltlich zu erörtern**. Dazu wird es in der Regel erforderlich sein, Unterlagen (Messergebnisse usw) zu verwenden und/oder Fachleute beizuziehen.

Wie bei allen Beratungsrechten des Betriebsrates empfiehlt es sich, dass der Betriebsrat die Angelegenheiten, über die er mit dem Betriebsinhaber reden möchte, möglichst **genau und konkret** bezeichnet, also konkrete **Vorschläge zur Tagesordnung** macht (vgl auch die Erl 2 zu § 92) und zugleich auch bekannt gibt, welche Unterlagen er benötigt und welche Fachleute der Beratung beigezogen werden sollen.

Die im Gesetz geforderte **Rechtzeitigkeit** bezieht sich auch auf die **Beratungspflicht** des Betriebsinhabers (siehe Erl 3).

[6]) Die folgende Aufzählung, welche die allgemeinen Pflichten des Betriebsinhabers näher präzisiert und spezifiziert, ist eine **beispielsweise.** Andere als die hier aufgezählten konkreten Angelegenheiten unterliegen dem Anhörungs- und Beratungsrecht des Betriebsrates, wenn sie unter die **Generalklausel** des ersten Satzes subsumierbar sind (siehe Erl 2).

Anhörung bei der Planung und Einführung neuer Technologien

[7]) Die Einführung neuer Technologien kann für die Arbeitnehmer weit reichende Folgen hinsichtlich ihrer Arbeitsbedingungen haben. Der Betriebsrat hat deshalb in diesen Angelegenheiten ein allgemeines Informations- und Anhörungsrecht nach den Bestimmungen der §§ 90 und 91. Darüber hinaus normiert § 92a Abs 1 Z 1 ein **spezielles Anhörungsrecht** des Betriebsrates. Dieses Recht bezieht sich nicht auf die Planung und Einführung neuer Technologien schlechthin, sondern auf damit möglicherweise verbundene **nachteilige Auswirkungen**, die

– die Auswahl der Arbeitsmittel oder Arbeitsstoffe,
– die Gestaltung der Arbeitsbedingungen und
– die Einwirkung(en) der Umwelt auf den Arbeitsplatz

für die Sicherheit und Gesundheit der Arbeitnehmer haben.

Der Gesetzgeber wollte also offensichtlich eine ganz bestimmte **Zielrichtung** für die Anhörung vorgeben. Eine Einschränkung des umfassenden Anhörungsrechts des Betriebsrates nach der Generalklausel des ersten Satzes kann das freilich nicht bedeuten: Das Anhörungsrecht bezieht sich auf **alle Aspekte** des Arbeitnehmerschutzes.

Die Formulierung in § 92a Abs 1 Z 1 deckt sich mit jener des § 11 Abs 6 Z 1 ASchG. Wenn keine „Belegschaftsorgane" (so nennt das ASchG die Organe der Arbeitnehmerschaft nach dem ArbVG) errichtet sind, sind die Arbeitgeber verpflichtet, die **Sicherheitsvertrauenspersonen** in diesen Angelegenheiten zu hören.

Die **Planung und Einführung neuer Technologien** kann auch Gegenstand anderer **weiter gehender Mitwirkungsrechte** des Betriebsrates sein. Bestimmte Maßnahmen in diesem Zusammenhang können unter die Zustimmungspflicht nach § 96 oder nach § 96a fallen. Maßnahmen zur Unfallverhütung und zum Gesundheitsschutz sowie Maßnahmen zur menschengerechten Arbeitsgestaltung können Gegenstand einer **Betriebsvereinbarung** nach § 97 Abs 1 Z 8 bzw 9 sein. Wenn die Planung und Einführung zu einer **Betriebsänderung** mit nachteiligen Auswirkungen für die Arbeitnehmer führt, kann der Betriebsrat den Abschluss einer **Betriebsvereinbarung** nach § 97 Abs 1 Z 4 bzw § 109 **erzwingen**.

Das Anhörungsrecht des Betriebsrates nach § 92a Abs 1 Z 1 setzt bereits im Stadium der **Planung neuer Technologien** ein. Auch hier bringt also das Gesetz den Gedanken der **Prävention** zum Ausdruck.

Zum Begriff der **„Arbeitsmittel"** siehe § 2 Abs 5 und §§ 33 bis 39 ASchG, zu jenem der **„Arbeitsstoffe"** siehe § 2 Abs 6 und die §§ 40 bis 48 ASchG und die einschlägigen Durchführungsbestimmungen (Näheres bei *Heider/Poinstingl/Schramhauser*, ArbeitnehmerInnenschutzgesetz[5] [2006], sowie bei *Heider/Hutterer/Piller*, Arbeitsmittelverordnung).

Da sich das spezielle Anhörungsrecht nach § 92a Abs 1 Z 1 auf technologische Neuerungen bezieht, werden die Evaluierungsunterlagen bzw die im Zusammenhang mit bisher verwendeten Arbeitsmitteln und Arbeitsstoffen gewonnenen Erkenntnisse (Sicherheits- und Gesundheitsschutzdokumente) eine wichtige Hilfe dafür sein, alle Verbesserungsmöglichkeiten nach dem Stand der Technik auszuschöpfen (Näheres zur Evaluierung bei *Nöstlinger,* Handbuch Arbeitnehmerschutz, insbes 49 ff; vgl auch Erl 9).

Beteiligung bei der Auswahl der persönlichen Schutzausrüstung

[8]) Als **„persönliche Schutzausrüstung"** gilt nach § 69 Abs 1 ASchG „jede Ausrüstung, die dazu bestimmt ist, von den Arbeitnehmern genutzt oder getragen zu werden, um sich gegen eine Gefahr für ihre Sicherheit oder Gesundheit bei der Arbeit zu schützen, sowie jede mit demselben Ziel verwendete Zusatzausrüstung".

§ 69 ASchG enthält ausführliche Regelungen über die Verpflichtungen der Arbeitgeber und der Arbeitnehmer in diesem Zusammenhang, § 70 ASchG definiert die **Kriterien** für die Qualität und Bewertung sowie über die **Auswahl** der persönlichen Schutzausrüstung.

Zu beachten ist, dass das Tragen von persönlicher Schutzausrüstung für die betroffenen Arbeitnehmer belastend und uU auch gefährdend sein kann. Das ASchG gibt deshalb eine Rangfolge vor, der zufolge dem **kollektiven Gefahrenschutz** gegenüber dem individuellen Gefahrenschutz der **Vorrang** zu geben ist. Die persönliche Schutzausrüstung ist die letzte, manchmal auch die einzige Möglichkeit, sich vor gesundheitlichen Schäden zu schützen. Zuvor sind allerdings nach § 7 Z 8 ASchG alle Möglichkeiten zu nutzen, damit die Gefahren durch technische und/oder organisatorische Maßnahmen beseitigt oder zumindest minimiert werden. Auf diese Rangordnung hat auch der Betriebsrat bei der Ausübung seiner Mitwirkungsrechte Bedacht zu nehmen.

Das Gesetz normiert eine Pflicht des Betriebsinhabers zur **„Beteiligung"** des Betriebsrates an der Auswahl der persönlichen Schutzausrüstung, ohne darüber Auskunft zu geben, worin dieses „Beteiligungsrecht" konkret besteht.

„Beteiligung" umfasst in diesem Zusammenhang **Information, Intervention, Anhörung und Beratung** über die Qualität der persönlichen Schutzausrüstung und die Bewertungskriterien nach § 70 ASchG. Darüber hinaus kann sich der Betriebsrat jederzeit auf sein **allgemeines Anhörungs- und Beratungsrecht** nach dem ersten Satz des § 92a Abs 1 berufen (vgl Erl 2 bis 6).

Beteiligung bei der Gefahrenevaluierung und Unterweisung

[9]) Die Gefahrenevaluierung stellt die wichtigste betriebliche Aktivität zur systematischen Erforschung möglicher Gefahrenquellen für die Ge-

sundheit mit dem Ziel der Vermeidung von Arbeitsunfällen und arbeitsbedingten Erkrankungen dar.

Nach § 4 ASchG sind Arbeitgeber verpflichtet, alle für die Sicherheit und Gesundheit der Arbeitnehmer bestehenden **Gefahren** zu **ermitteln** und zu **beurteilen**. Das Gesetz enthält ausführliche Vorschriften über die dabei zu berücksichtigenden Umstände.

Auf der Grundlage der Ermittlung und Beurteilung der Gefahren sind die durchzuführenden **Maßnahmen zur Gefahrenverhütung festzulegen** (§ 4 Abs 3 ASchG).

Die Ermittlung und Beurteilung der Gefahren ist gegebenenfalls zu **überprüfen** und den geänderten Gegebenheiten **anzupassen**. Die festgelegten Maßnahmen sind auf ihre Wirksamkeit zu überprüfen und gegebenenfalls anzupassen, dabei ist eine **Verbesserung der Arbeitsbedingungen** anzustreben (§ 4 Abs 4 ASchG).

In bestimmten Fällen **muss** eine Überprüfung und wenn nötig Anpassung erfolgen (§ 4 Abs 5 ASchG).

Bei der Ermittlung und Beurteilung der Gefahren und der Festlegung der Maßnahmen sind erforderlichenfalls geeignete **Fachleute** heranzuziehen. Mit der Ermittlung und Beurteilung der Gefahren können auch die **Sicherheitsfachkräfte** und **Arbeitsmediziner** beauftragt werden (§ 4 Abs 6 ASchG).

Die **Ergebnisse** der Evaluierung sind zu **dokumentieren**, der Mindestinhalt ist in der **Verordnung über die Sicherheits- und Gesundheitsschutzdokumente**, BGBl Nr 478/1996, geregelt (Text der Verordnung bei *Heider/Poinstingl/Schramhauser,* ArbeitnehmerInnenschutzgesetz[5], Anhang II; Hilfestellung und Musterdokumente bietet die Internetseite www.eval.at).

Nach § 14 ASchG sind Arbeitgeber verpflichtet, für eine ausreichende **Unterweisung** der Arbeitnehmer **über Sicherheit und Gesundheitsschutz** zu sorgen. Über die nähere Vorgangsweise enthält das Gesetz detaillierte Vorschriften.

Unter Unterweisung iSd § 14 ASchG werden vor allem verhaltensbezogene Anweisungen verstanden, in die auch Evaluierungsergebnisse einfließen müssen, wenn bei der Evaluierung festgestellt wurde, dass zur Vermeidung von Gefahren ein bestimmtes Verhalten geboten ist. Die an eine Unterweisung inhaltlich, qualitativ und zeitlich zu stellenden Anforderungen sind umso höher, je größer die Gefahren an einer Arbeitsstelle sind.

Für bestimmte besonders gefährdete Gruppen von Arbeitnehmern bestehen Unterweisungspflichten, die über die allgemeinen Erfordernisse hinausgehen. So haben zB bei einer Arbeitsstätte, in der betriebsfremde Arbeitnehmer beschäftigt werden, die verantwortlichen Arbeitgeber für eine entsprechende Unterweisung dieser Arbeitnehmer zu sorgen (§ 8 Abs 2 Z 1 ASchG).

Das Mitwirkungsrecht des Betriebsrates nach § 92a Abs 1 Z 3 umfasst **alle Aspekte** der Ermittlung und Beurteilung von Gefahren sowie der Unterweisung nach § 14 ASchG. Hinsichtlich des Begriffs „**Beteiligung**" siehe Erl 8.

Da es sich dabei häufig um schwierige technische Fragen und ein relativ kompliziertes Verfahren handelt, wird der Betriebsrat zur wirksamen Ausübung seines Beteiligungsrechts auf fachkundige Beratung und Unterstützung angewiesen sein. Er kann sich dazu der nach § 4 Abs 6 AschG beizuziehenden **Fachleute**, der **Sicherheitsvertrauenspersonen** (vgl § 11 Abs 1 Z 2 AschG), der **Sicherheitsfachkräfte** (vgl § 76 Abs 1 AschG) und/oder der **Arbeitsmediziner** (vgl § 81 Abs 1 AschG) bedienen. Auch die überbetrieblichen Interessenvertretungen der Arbeitnehmer (Gewerkschaften und Arbeiterkammern) stellen einschlägiges Informationsmaterial zur Verfügung.

Für Frauen, auf die das **Mutterschutzgesetz** anzuwenden ist, enthalten die §§ 2a und 2b MSchG **spezielle Bestimmungen** über die Ermittlung, Beurteilung und Verhütung von Gefahren sowie über Maßnahmen bei Gefährdung.

Die Grundsätze der Evaluierung gem § 4 AschG gelten auch für **jugendliche Arbeitnehmer (Lehrlinge)**. Für diese Personen kommen aber wegen ihrer Unerfahrenheit und der damit verbundenen höheren Gefährdung **spezielle Evaluierungsbestimmungen** gem § 23 KJBG zur Anwendung, und es gelten auch **spezielle Unterweisungspflichten** (§ 24 KJBG). Besonders zu beachten ist, dass nach § 24 Abs 3 KJBG den Unterweisungen bei Jugendlichen verpflichtend ein Mitglied des Betriebsrates und des Jugendvertrauensrates beizuziehen ist (vgl auch Erl 8 zu § 129 von *Cerny* in Band 4). Derartige Unterweisungen sind zumindest jährlich zu wiederholen.

Informations- und Übermittlungspflichten des Betriebsinhabers

[10]) Obwohl es sich hier um eine taxative Aufzählung der Pflichten des Betriebsinhabers handelt, steht dem Betriebsrat zur Geltendmachung anderer Informationen über Angelegenheiten des Arbeitnehmerschutzes das umfassende Informationsrecht nach der **Generalklausel** des Abs 1 erster Satz zur Verfügung (siehe Erl 2 bis 6). Die hier aufgezählten konkreten Verpflichtungen des Betriebsinhabers hat der Gesetzgeber offensichtlich wegen der besonderen Bedeutung für die Wahrnehmung des Arbeitnehmerschutzes durch den Betriebsrat ausdrücklich hervorgehoben.

[11]) Nach § 5 AschG sind Arbeitgeber verpflichtet, die Ergebnisse der Ermittlung und Beurteilung der Gefahren sowie die durchzuführenden Maßnahmen schriftlich festzuhalten. Diese schriftlichen Aufzeichnungen nennt das AschG **Sicherheits- und Gesundheitsschutzdokumente**.

§ 16 AschG verpflichtet die Arbeitgeber, **Aufzeichnungen** über alle tödlichen **Arbeitsunfälle** und über alle Ereignisse zu führen, die beinahe zu einem tödlichen oder schweren Arbeitsunfall (zB Absturz einer schweren Last) geführt hätten, sowie über alle Arbeitsunfälle, die eine Verletzung eines Arbeitnehmers mit einem Arbeitsausfall von mehr als drei Kalendertagen zur Folge hatten. Derartige Unfälle bzw Ereignisse erfordern immer dann, wenn dies zur Verhütung weiterer Unfälle nützlich erscheint, auch eine neuerliche Unterweisung gem § 14 Abs 2 Z 6 AschG. Weiters sind Arbeitgeber verpflichtet, auf Verlangen des Arbeitsinspektorats **Berichte** über bestimmte Arbeitsunfälle zu erstellen und dem Arbeitsinspektorat zu übermitteln (§ 16 Abs 3 AschG).

Gem § 92a Abs 2 Z 1 ArbVG ist der Betriebsinhaber verpflichtet, dem Betriebsrat **Zugang** zu diesen Dokumenten zu gewähren. Das bedeutet, dass der Betriebsinhaber von sich aus, ohne Verlangen des Betriebsrates, dem Betriebsrat die Möglichkeit bieten muss, **Einsicht** in die Unterlagen zu nehmen.

Werden Sicherheits- und Gesundheitsschutzdokumente oder Aufzeichnungen über Arbeitsunfälle **EDV**-mäßig geführt, ist dem Betriebsrat entweder das entsprechende **Programm** zur Verfügung zu stellen oder sonst auf geeignete Weise **Zugang** in die EDV-Aufzeichnungen zu gewähren.

[12]) Nach § 3 Abs 2 AschG haben sich Arbeitgeber über den **neuesten Stand** der Technik und **der Erkenntnisse auf dem Gebiet der Arbeitsgestaltung** zu informieren. **Unterlagen** betreffend diese Erkenntnisse sind dem Betriebsrat, ohne dass ein diesbezügliches Verlangen notwendig wäre, **zur Verfügung zu stellen.**

Der Begriff „**Arbeitsgestaltung**" ist sehr weit; er umfasst nicht nur technische Fragen, sondern auch die Arbeitsorganisation, die Arbeitsabläufe usw (Näheres bei *Heider/Poinstingl/Schramhauser,* ArbeitnehmerInnenschutzgesetz[5] [2006]).

[13]) Arbeitgeber sind zur **Ermittlung und Beurteilung** von Arbeitsstoffen verpflichtet und müssen **gefährliche Arbeitsstoffe** nach ihren Eigenschaften gem § 40 AschG einstufen (§ 41 AschG). Bei gefährlichen Arbeitsstoffen, für die ein MAK- oder TRK-Wert (siehe Erl 15) existiert, haben sie **Messungen** durchzuführen oder durchführen zu lassen. Je nach dem Ergebnis dieser Messungen hat der Arbeitgeber entsprechende Maßnahmen zu treffen (§ 46 AschG).

Im Zusammenhang mit gefährlichen Arbeitsstoffen ist die **Informations- und Unterweisungspflicht** gemäß den §§ 12 und 14 AschG von besonderer Bedeutung. Dazu kommen spezielle Informatios- und Unterweisungsverpflichtungen nach §§ 8 und 25 der Grenzwerteverordnung, § 12 der Verordnung über biologische Arbeitsstoffe, § 154 der Bauarbeiterschutzverordnung, § 6 der Verordnung über explosionsfähige Atmosphären, § 19 des Chemikaliengesetzes sowie § 2 der Giftverordnung (Näheres dazu bei *Nöstlinger,* Handbuch Arbeitnehmerschutz, 131 ff.). Der Betriebsrat ist gem § 92a ArbvG bei der Planung und Organisation dieser Unterweisungen zu beteiligen.

Weiters sind in regelmäßigen Abständen **Lärmmessungen** und Maßnahmen zur Verringerung und Beseitigung von Gefahren durch Lärm durchzuführen (§ 65 ASchG). Wo Arbeitnehmer Gefahren für die Sicherheit oder Gesundheit durch Lärm ausgesetzt sind, müssen diese Gefahren ermittelt, evaluiert und durch geeignete Maßnahmen reduziert werden. Dabei ist der Stand der Technik so weit auszuschöpfen, dass die Lärmeinwirkung auf das niedrigste in der Praxis vertretbare Niveau gesenkt werden kann. Detailregelungen über die erforderlichen Maßnahmen samt Grenzwerten und Bestimmungen, wann Messungen erforderlich sind, enthält die Verordnung über Lärm und Vibrationen, BGBl II Nr 22/2006.

Die **Ergebnisse** dieser Messungen und Untersuchungen sowie sonstige relevante Feststellungen, Bewertungen und Maßnahmen sind **dem Betriebsrat bekannt zu geben, schriftliche Unterlagen** sind ihm **zur Verfügung zu stellen.**

Die Verpflichtung des Betriebsinhabers bezieht sich auch auf **alle anderen Messungen und Untersuchungen**, die mit dem **Arbeitnehmerschutz** im Zusammenhang stehen (zB Untersuchungen zur Gesundheitsüberwachung nach den §§ 49 ff ASchG).

[14]) Bei bestimmten **gefährlichen Arbeitsstoffen** müssen die Arbeitgeber ein **Verzeichnis** jener **Arbeitnehmer** führen, die der Einwirkung dieser Arbeitsstoffe ausgesetzt sind (§ 47 ASchG). Ebenso ist ein Verzeichnis jener Arbeitnehmer zu führen, die der **Lärmeinwirkung** ausgesetzt sind (§ 65 Abs 4 Z 6 ASchG).

Diese Verzeichnisse sind dem **Betriebsrat**, ohne dass es eines Verlangens bedürfte, vom Betriebsinhaber **zur Verfügung zu stellen.**

[15]) Das ASchG schreibt **MAK-Werte** (Maximale Arbeitsplatz-Konzentration) und **TRK-Werte** (Technische Richtkonzentration) vor (§ 45 ASchG), die nähere Regelungen über **Grenzwerte** sind in der **Grenzwerteverordnung 2001**, BGBl II Nr 253/2001, getroffen.

Werden gesundheitsgefährdende Arbeitsstoffe, für die ein MAK-Wert oder TRK-Wert festgelegt ist, verwendet, müssen die Arbeitgeber Maßnahmen festlegen, die im Fall von **Grenzwertüberschreitungen** infolge von Zwischenfällen zu treffen sind (§ 45 Abs 5 ASchG). Ergibt eine Messung die Überschreitung eines Grenzwertes, hat der Arbeitgeber unverzüglich die Ursachen festzustellen und Abhilfemaßnahmen zu treffen (§ 46 Abs 8 ASchG).

Über Grenzwertüberschreitungen sowie deren Ursachen und über die getroffenen Maßnahmen ist der Betriebsrat **unverzüglich**, also ohne schuldhaftes Zögern, zu **informieren.**

[16]) Die Z 6 des § 92a Abs 2 wurde durch die Novelle BGBl I Nr 147/2006 neu gefasst, gleichzeitig wurden die Z 7 und 8 angefügt. Damit sollte dem Urteil des EuGH vom 6. April 2006 (Rs C-428/04) Rechnung getragen und die österreichische Rechtslage vollständig an das Gemeinschaftsrecht angepasst werden (vgl auch Erl 1). In diesem Urteil hatte der EuGH festgestellt, dass im ArbeitnehmerInnenschutzgesetz die Regelung der Richtlinie 89/391/EWG über die Beteiligung und Anhörung der Sicherheitsvertrauenspersonen an bestimmten Informationen nicht hinreichend umgesetzt war. Das Gleiche galt für die Informations- und Anhörungsrechte des Betriebsrates nach § 92a ArbVG, die mit jenen der Sicherheitsvertrauenspersonen korrespondieren. Mit der Neufassung des § 92a Abs 2 wurden die Informationsrechte des Betriebsrates in Angelegenheiten des Arbeitnehmerschutzes und der Gefahrenverhütung entsprechend erweitert und damit dieses Umsetzungsdefizit beseitigt.

Die **Informationspflicht** bezieht sich ganz **allgemein** auf „**Auflagen, Vorschreibungen und Bewilligungen auf dem Gebiet des Arbeitnehmerschutzes**". Das bedeutet: Immer dann, wenn die zuständige Behörde, in der Regel also das Arbeitsinspektorat, solche Entscheidungen bzw Verfügungen trifft, ist der Betriebsrat – ohne Aufforderung oder Verlangen – darüber zu informieren.

Eine **Bewilligungspflicht** sieht das AschG zB für bestimmte **Arbeitsstätten** vor (§ 92 AschG). Für bestimmte **Verfahren** werden „**Sonstige Genehmigungen und Vorschreibungen**" normiert (§ 94 AschG).

Durch die Novelle BGBl I Nr 147/2006 wurde die Z 6 dahingehend erweitert, dass sich die Informationspflicht des Betriebsinhabers auch auf (andere) **behördliche Informationen** bezieht. So können zB Fragen des Arbeitnehmerschutzes auch im baurechtlichen oder gewerberechtlichen Genehmigungsverfahren eine Rolle spielen. Das Arbeitsinspektorat hat in solchen Fällen Parteistellung (§ 12 ArbIG). Die Informationspflicht des Betriebsinhabers nach § 92a Abs 2 Z 6 ArbVG bezieht sich auch auf diese Verfahren.

Weiters wird der Grundsatz der **vorherigen Anhörung** des Betriebsrates bei Informationen über Schutzmaßnahmen und Maßnahmen zur Gefahrenverhütung ausdrücklich verankert. Damit trägt das ArbVG nunmehr Art 11 Abs 2 lit c iVm Art 10 Abs 3 lit c der Richtlinie 89/391/EWG Rechnung.

Eine entsprechende Regelung hinsichtlich der Sicherheitsvertrauenspersonen findet sich in § 11 Abs 7 Z 4 AschG.

[16a]) Auch in der neu in § 92a Abs 1 eingefügten Z 7 wird das Prinzip der **vorherigen Anhörung** des Betriebsrates zu Informationen über die Gefahren für Sicherheit und Gesundheit sowie über Schutzmaßnahmen und Maßnahmen zur Gefahrenverhütung verankert, wobei ausdrücklich klargestellt wird, dass sich dieses Anhörungsrecht nicht nur allgemein auf Fragen des Gesundheitsschutzes und der Gefahrenverhütung bezieht, son-

dern auch **speziell und konkret auf die einzelnen Arten von Arbeitsplätzen und Aufgabenbereichen.**

Mit dieser Bestimmung wird Art 11 Abs 2 lit c iVm Art 10 Abs 1 lit a der Richtlinie 89/391/EWG Rechnung getragen. Eine korrespondierende Regelung hinsichtlich der Sicherheitsvertrauenspersonen enthält § 11 Abs 7 Z 5 ASchG.

16b) Nach Art 10 Abs 2 der Richtlinie 89/391/EWG hat der Arbeitgeber den Arbeitgebern der Arbeitnehmer der in seinem Unternehmen oder Betrieb hinzugezogenen **außerbetrieblichen Unternehmen bzw Betriebe** entsprechende Informationen über Arbeitnehmerschutz, Sicherheitsschutz und Gefahrenverhütung zur Verfügung zu stellen. Es geht also hier um Informationspflichten des Arbeitgebers im Rahmen der **Beschäftigung von Fremdfirmen** und der **Arbeitskräfteüberlassung**, wobei für überlassene Arbeitskräfte gem § 9 Abs 2 ASchG der Beschäftiger für die Dauer der Überlassung als Arbeitgeber gilt.

Die Z 8 des § 92a Abs 2 setzt diese Bestimmung der Richtlinie im Rahmen des ArbVG um und verpflichtet den Betriebsinhaber, den Betriebsrat **im Voraus** zu solchen Informationen **anzuhören.** Die Informations- und Anhörungspflicht des Betriebsinhabers bezieht sich ausdrücklich auch auf **Maßnahmen für Erste Hilfe, Brandbekämpfung und Evakuierung.**

Die korrespondierende Regelung hinsichtlich der Sicherheitsvertrauenspersonen findet sich in § 11 Abs 7 Z 6 ASchG.

Beratung über die Bestellung oder Abberufung von Sicherheitsfachkräften oder Arbeitsmedizinern

17) Durch § 92a Abs 3 wurden die vorher im **§ 99a** enthaltenen Bestimmungen über Mitwirkungsrechte des Betriebsrates bei der Bestellung des „Leiters des sicherheitstechnischen Dienstes und des Leiters einer eigenen betriebsärztlichen Betreuung" **ersetzt.** Die Erläuternden Bemerkungen zur Regierungsvorlage des ASchG (1590 BlgNR 18. GP) führen dazu ua aus:

„Das ASchG kennt keinen ‚Leiter' eines sicherheitstechnischen Dienstes bzw einer betriebsärztlichen Betreuung im bisherigen Sinn; es ist sachlich sicher gerechtfertigt – ausgehend von einem vitalen Interesse der Belegschaft und damit des Betriebsrates an der Einhaltung der Arbeitnehmerschutzvorschriften – eine Beratungspflicht in bezug auf alle Sicherheitstechniker, Arbeitsmediziner und sonstige Präventivdienste vorzusehen (überdies ist dies durch EG-Vorschriften gefordert). Daß in der Beratung auch die Verständigung inkludiert ist, ergibt sich von selbst. Die Rechtsfolge der Unwirksamkeit der Einstellung (also des Arbeitsvertrages) ist dem gegenüber nicht beizubehalten: zum einen würde diese Sanktion nur für die betriebseigenen Sicherheitsfachkräfte usw zutreffen können, zum anderen ist diese Sanktion kein geeignetes Mittel, um die Mitwirkungsrechte des Betriebsrates durchzusetzen. Es soll vielmehr gewährleistet werden, daß mit dem Betriebsrat beraten worden ist; wenn diese

Beratung nachweislich nicht erfolgt ist, ist die Bestellung unwirksam, dh der Betriebsinhaber ist den entsprechenden Verpflichtungen des ASchG nicht nachgekommen. Durch die Verwendung des Wortes ‚Bestellung' – statt bisher ‚Einstellung' – und die Einordnung in § 92a (also nicht im Kapitel personelle Mitwirkung) sollte klargestellt werden, daß damit nicht die Gültigkeit eines allfälligen Arbeitsvertrages betroffen ist."

Die Beratungspflicht des Betriebsinhabers bezieht sich auf die „**beabsichtigte Bestellung oder Abberufung**". Daraus folgt zweierlei:
- Die **Beratung** mit dem Betriebsrat muss in jedem Fall **vor** der Bestellung oder Abberufung erfolgen und
- die Rechtsfolge eines **Unterbleibens** der Beratung mit dem Betriebsrat, nämlich die **Rechtsunwirksamkeit**, tritt **sowohl bei der Bestellung als auch bei der Abberufung** ein (siehe auch Erl 23).

In der Aufzählung der Personen bzw Einrichtungen, vor deren Bestellung oder Abberufung mit dem Betriebsrat zu beraten ist, sind die **Sicherheitsvertrauenspersonen** iSd § 10 ASchG nicht enthalten. Das bedeutet allerdings keineswegs, dass dem Betriebsrat bei deren Bestellung kein Mitwirkungsrecht zukäme – im Gegenteil: Die Bestellung der Sicherheitsvertrauenspersonen – sie hat zu erfolgen, wenn in einem Betrieb regelmäßig mehr als 10 Arbeitnehmer beschäftigt werden (§ 10 Abs 2 Z 1 ASchG) – bedarf nach § 10 Abs 2 Z 3 ASchG der **Zustimmung der zuständigen Belegschaftsorgane.**

[18]) **Sicherheitsfachkräfte** gehören – ebenso wie die Arbeitsmediziner – zu den „Präventivdiensten" iSd ASchG. Ihre **Bestellung** ist in § 73 ASchG geregelt, die **Abberufung** von Präventivfachkräften in § 87 ASchG.

Die Verpflichtung des Arbeitgebers zur Bestellung von Sicherheitsfachkräften kann erfüllt werden
- durch Beschäftigung im Rahmen eines Arbeitsverhältnisses (betriebseigene Sicherheitsfachkräfte)
- durch Inanspruchnahme externer Sicherheitsfachkräfte oder
- durch Inanspruchnahme eines sicherheitstechnischen Zentrums iSd § 75 ASchG.

Das **Beratungsrecht** des Betriebsrates bezieht sich auf **jede dieser Formen der Bestellung**, es besteht also **auch** dann, wenn der Betriebsinhaber **externe** Einrichtungen heranzieht. Allerdings ist zu beachten, dass der Arbeitgeber laut EuGH-Urteil vom 6. 4. 2006, Ra C-428/04 (siehe auch Erl 1) primär innerbetriebliche Präventivkräfte zu bestellen hat.

Mit dem Betriebsrat ist auch zu **beraten**, wenn der **Arbeitgeber beabsichtigt**, für die sicherheitstechnische Betreuung **in Arbeitsstätten mit bis zu 50 Arbeitnehmern** ein **Präventionszentrum eines Unfallversicherungsträgers** (§ 78a ASchG) in Anspruch zu nehmen oder die Aufgaben der Sicherheitskräfte im sog „**Unternehmermodell**" (§ 78b ASchG) selbst wahrzunehmen.

Das Beratungsrecht betrifft nicht nur die Auswahl der Personen bzw Einrichtungen, sondern auch die erforderliche **Qualifikation** (§§ 73 Abs 2 und 74 ASchG) sowie die **Beistellung des Hilfspersonals**, die **Ausstattung** und die **Mittel** für die Sicherheitsfachkräfte (§ 73 Abs 4 und 5 ASchG).

Die **Abberufung** von Präventivfachkräften, zu denen auch die Sicherheitsfachkräfte gehören, ist im § 87 ASchG geregelt. Wenn ein **Arbeitsschutzausschuss** iSd § 88 ASchG besteht, in dem auch der Betriebsrat vertreten ist, darf der Arbeitgeber eine Präventivfachkraft nur nach vorheriger Beschlussfassung des Arbeitsschutzausschusses abberufen (§ 87 Abs 1 ASchG).

Wenn kein Arbeitsschutzausschuss besteht, hat der Betriebsinhaber **vor der beabsichtigten Abberufung mit dem Betriebsrat darüber zu beraten** (Näheres siehe in Erl 21). Dabei sind dem Betriebsrat insbesondere die geltend gemachten Mängel bei der Aufgabenerfüllung der Sicherheitsfachkräfte bekannt zu geben.

Als „**Abberufung**" ist auch zu verstehen, wenn der Arbeitgeber beabsichtigt, von der bisherigen Inanspruchnahme externer Sicherheitsfachkräfte oder eines sicherheitstechnischen Zentrums in Zukunft nicht mehr Gebrauch zu machen. Auch in diesem Fall hat er mit dem Betriebsrat vorher darüber zu beraten.

[19]) Nach § 79 ASchG haben Arbeitgeber **Arbeitsmediziner** zu bestellen. Diese Verpflichtung kann erfüllt werden

- durch Beschäftigung von geeigneten Ärzten im Rahmen eines Arbeitsverhältnisses (betriebseigene Arbeitsmediziner),
- durch Inanspruchnahme externer Arbeitsmediziner oder
- durch Inanspruchnahme eines arbeitsmedizinischen Zentrums iSd § 80 ASchG.

Das Recht des Betriebsrates, sich vom Arbeitsmediziner beraten zu lassen, bezieht sich auf alle Fragen, die in dessen Zuständigkeitsbereich (vgl § 81 ASchG) fallen (Arbeitsbedingungen, menschengerechte Arbeitsgestaltung, Verhinderung arbeitsbedingter Erkrankungen, physische und psychische Belastungen etc).

[20]) Die Beratungspflicht des Betriebsinhabers betrifft auch die beabsichtigte Bestellung von **Brandschutz-Beauftragten** und **Erste-Hilfe-Personal**.

Nach § 25 Abs 4 ASchG haben Arbeitgeber erforderlichenfalls Personen zu bestellen, die für die Brandbekämpfung und Evakuierung der Arbeitnehmer zuständig sind (Brandschutzbeauftragte).

Nach § 26 Abs 3 ASchG sind in jeder Arbeitsstätte, in der regelmäßig mindestens fünf Arbeitnehmer beschäftigt sind, in ausreichender Anzahl Personen zu bestellen, die für die erste Hilfe zuständig sind. Diese Personen müssen über eine ausreichende Ausbildung für die erste Hilfe verfügen.

Die konkret erforderliche Mindestanzahl und Qualifikation ergibt sich aus § 40 der Arbeitsstättenverordnung.

Das Beratungsrecht des Betriebsrates bezieht sich nicht nur auf die Auswahl der **Personen**, sondern auch auf deren **Qualifikation** und **Einsatzbedingungen**.

[21]) Arbeitgeber sind verpflichtet, für Arbeitsstätten, in denen sie mindestens 100 Arbeitnehmer beschäftigen, einen **Arbeitsschutzausschuss** einzurichten (§ 88 Abs 1 ASchG), der mindestens zweimal im Kalenderjahr einzuberufen ist. Er hat die Aufgabe, die gegenseitige Information, den Erfahrungsaustausch und die Koordination der betrieblichen Arbeitsschutzeinrichtungen zu gewährleisten und auf eine Verbesserung der Sicherheit, des Gesundheitsschutzes und der Arbeitsbedingungen hinzuwirken. Der Arbeitsschutzausschuss hat **sämtliche Anliegen der Sicherheit, des Gesundheitsschutzes**, der auf die Arbeitsbedingungen bezogenen **Gesundheitsförderung und der menschengerechten Arbeitsgestaltung zu beraten** (§ 88 Abs 2 ASchG). Dazu gehören auch Themen, die von den Arbeitnehmervertretern eingebracht werden. Bei Bekanntwerden von Mängeln für die Sicherheit und Gesundheit hat der Arbeitgeber dafür zu sorgen, dass diese unverzüglich beseitigt werden.

Dem Ausschuss gehören als **Mitglieder** neben dem Arbeitgeber oder einer von ihm beauftragten Person, den für die Einhaltung der Arbeitnehmerschutzvorschriften sonst verantwortlichen Personen, den Sicherheitsfachkräften, Arbeitsmedizinern und den Sicherheitsvertrauenspersonen auch **Vertreter der zuständigen Belegschaftsorgane** an.

Betreibt ein Arbeitgeber mehrere Arbeitsstätten, in denen ein Arbeitsschutzausschuss einzurichten ist, ist er verpflichtet, am Unternehmenssitz einen **zentralen Arbeitsschutzausschuss** einzurichten. Diesem gehören neben dem Arbeitgeber und **Vertretern der zuständigen Belegschaftsorgane** die von den Arbeitsschutzausschüssen entsendeten Mitglieder an (§ 88a Abs 2 ASchG).

Zu den Aufgaben des Arbeitsschutzausschusses gehört auch die Behandlung von Fragen im Zusammenhang mit der beabsichtigten **Abberufung von Präventivfachkräften** (Sicherheitsfachkräften oder Arbeitsmedizinern).

Wird die beabsichtigte **Abberufung im Arbeitsschutzausschuss behandelt, entfällt das besondere Beratungsrecht nach § 92a Abs 3 ArbVG**. Die vom Betriebsrat in den Arbeitsschutzausschuss entsendeten Mitglieder können aber in den Sitzungen des Ausschusses alle für den Betriebsrat in diesem Zusammenhang wichtigen Aspekte vorbringen.

Eine **ohne vorherige Befassung des Arbeitsschutzausschusses** oder **Beratung mit dem Betriebsrat** nach § 92a Abs 3 ArbVG durch den Arbeitgeber verfügte Abberufung ist **rechtsunwirksam** (siehe Erl 23).

[22]) Um dem Betriebsrat die Ausübung dieses Rechts zu ermöglichen, muss ihn der Betriebsinhaber **rechtzeitig vorher über den Zeitpunkt der**

Beratung informieren. Die **Beiziehung des Arbeitsinspektorats** durch den Betriebsrat ist **nicht von der Zustimmung des Betriebsinhabers abhängig**. Im Interesse eines geordneten Gesprächsklimas wird es sich aber für den Betriebsrat empfehlen, den Betriebsinhaber von dieser Absicht zu informieren. Die beigezogenen Vertreter des Arbeitsinspektorats haben entsprechend ihrer gesetzlichen Aufgabenstellung (§ 3 ArbIG) zu handeln. Falls ihnen Mängel bekannt werden, die gesetzlichen Bestimmungen widersprechen, haben sie darauf hinzuwirken, dass diese vom Arbeitgeber bzw dessen Vertreter unverzüglich beseitigt werden.

Wie alle Mitwirkungsrechte der Organe der Arbeitnehmerschaft ist auch dieses spezielle Beratungs- und Beiziehungsrecht nötigenfalls durch Klage und gerichtliche Entscheidung durchsetzbar.

[23]) Als Rechtsfolge einer Verletzung der Beratungspflicht normiert das Gesetz die **Rechtsunwirksamkeit der Bestellung** von Sicherheitsfachkräften und Arbeitsmedizinern.

Nach den Erläuternden Bemerkungen zur Regierungsvorlage (1590 BlgNR 18. GP) sollte durch die Verwendung des Wortes „Bestellung" statt des vorher in § 99a ArbVG verwendeten Wortes „Einstellung" zum Ausdruck gebracht werden, dass sich die Rechtsunwirksamkeit nur auf den (arbeitnehmerschutzrechtlichen) **Bestellungsakt, nicht** aber auf einen mit einer Sicherheitsfachkraft oder einem Arbeitsmediziner allenfalls abgeschlossenen **Arbeitsvertrag** bezieht.

Das bedeutet: Der **Arbeitsvertrag** bleibt **gültig** und ist von beiden Vertragspartnern **zu erfüllen** (wobei allerdings bei einer derart spezifischen Tätigkeit unklar ist, was bei Rechtsunwirksamkeit der Bestellung Gegenstand des Arbeitsvertrages sein soll). Die arbeitnehmerschutzrechtlich vorgeschriebene Bestellung gilt aber als nicht erfolgt, der Arbeitgeber hat also seine diesbezügliche **gesetzliche Verpflichtung nicht erfüllt** und kann deshalb nach § 130 Abs 1 Z 27 **verwaltungsrechtlich bestraft** werden.

Nach dem Gesetzeswortlaut tritt die Rechtsunwirksamkeit nur bei einer ohne vorherige Beratung mit dem Betriebsrat oder Behandlung im Arbeitsschutzausschuss vorgenommenen **Bestellung** ein. Es würde aber dem Normzweck völlig widersprechen, wenn der Betriebsinhaber eine – vielleicht wegen ihres besonderen Engagements für den Arbeitnehmerschutz „unbequem" gewordene – Sicherheitsfachkraft oder einen Arbeitsmediziner ohne Mitwirkung des Betriebsrates einfach wieder abberufen könnte. Was für die Bestellung gilt, muss umso mehr auch für die Abberufung gelten: **auch** eine ohne vorherige Beratung mit dem Betriebsrat oder Behandlung im Arbeitsschutzausschuss vorgenommene **Abberufung** von Sicherheitsfachkräften oder Arbeitsmedizinern ist **rechtsunwirksam.**

Bei Arbeitnehmern, die als Sicherheitsvertrauensperson, (betriebseigene) Sicherheitsfachkraft oder Arbeitsmediziner oder als Fach- oder Hilfspersonal von Sicherheitsfachkräften oder Arbeitsmedizinern tätig sind und wegen dieser Tätigkeit gekündigt werden, kann die **Kündigung** gem

§ 105 Abs 3 Z 1 lit g beim Gericht **angefochten werden** (Motivkündigung; Näheres siehe in Erl 29 zu § 105).

Übertragung von Befugnissen des Betriebsrats an die Sicherheitsvertrauenspersonen

²⁴) Es handelt sich dabei um die
- Mitwirkung bei der Planung und Einführung neuer Technologien (siehe Erl 7);
- Beteiligung bei der Auswahl der persönlichen Schutzausrüstung (siehe Erl 8); und
- Beteiligung bei der Gefahrenevaluierung und Unterweisung (siehe Erl 9).

Die Aufzählung ist vollständig – andere als die hier genannten Befugnisse im Zusammenhang mit dem Arbeitnehmerschutz können nicht an die Sicherheitsvertrauenspersonen delegiert werden.

[25]) Die **Sicherheitsvertrauenspersonen** sind zwar vom Arbeitgeber zu bestellen und haben diesen bei der Durchführung des Arbeitnehmerschutzes zu beraten, sie haben aber ebenso eine **Informations-, Beratungs- und Unterstützungspflicht gegenüber den Arbeitnehmern und den Belegschaftsorganen** (§ 11 Abs 1 Z 1 und 2 ASchG). In **Abstimmung mit den Belegschaftsorganen** haben sie die **Interessen der Arbeitnehmer gegenüber den Arbeitgebern, den zuständigen Behörden und sonstigen Stellen zu vertreten** (§ 11 Abs 1 Z 3 ASchG) und mit den Sicherheitsfachkräften und den Arbeitsmedizinern **zusammenzuarbeiten** (§ 11 Abs 1 Z 7 ASchG). Sie sind bei Ausübung ihrer gesetzlichen Aufgaben an **keinerlei Weisungen gebunden** (§ 11 Abs 2 ASchG).

Die **Bestellung** der Sicherheitsvertrauenspersonen bedarf der **Zustimmung der zuständigen Belegschaftsorgane** (§ 10 Abs 2 Z 3 ASchG).

Detaillierte Regelungen über die Sicherheitsvertrauenspersonen enthält die Verordnung BGBl Nr 172/1996 (SVP-VO; Text bei *Heider/Poinstingl/Schramhauser*, ArbeitnehmerInnenschutzgesetz[5] [2006], Anhang I).

[26]) „**Delegieren**" bedeutet, dass die Sicherheitsvertrauenspersonen diese Befugnisse nach außen, vor allem **gegenüber dem Betriebsinhaber, als Organ der Arbeitnehmerschaft** ausüben. Sie haben also in diesem Fall – abweichend von ihrer sonstigen Aufgabenstellung (siehe die vorherige Erläuterung) – **ausschließlich die Interessen der Arbeitnehmer** zu vertreten.

Inhalt und Umfang der Befugnisse sind gleich wie jene, die dem **Betriebsrat** in diesem Zusammenhang nach dem Gesetz zustehen (siehe Erl 7 bis 9).

Da die Übertragung von Befugnissen auf die Sicherheitsvertrauenspersonen eine Ermessensentscheidung des Betriebsrates ist, kann der Betriebsrat die Delegierung **jederzeit durch Beschluss widerrufen**, die angeführten Befugnisse also wieder „an sich ziehen".

[27]) § 68 regelt die **Beschlussfassung des Betriebsrates;** die Zitierung einer ohnehin geltenden Gesetzesbestimmung wäre also entbehrlich. Offenbar wollte der Gesetzgeber damit zum Ausdruck bringen, dass in diesem Fall nicht die Bestimmungen über die Übertragung von Aufgaben an einzelne Betriebsratsmitglieder (§ 69) zur Anwendung kommen, sondern die **„normalen" Beschlusserfordernisse** (siehe dazu die Erläuterungen zu § 68 im Band 2). Diese gelten auch für einen allfälligen **Widerruf** der Delegierung.

[28]) Die Regelung entspricht jener im § 71 letzter Satz. Danach ist dem Betriebsinhaber eine besondere Regelung der Vertretungsbefugnisse des Betriebsrates nach außen mitzuteilen und erlangt erst mit der Verständigung Rechtswirksamkeit. Die Sicherheitsvertrauenspersonen können also erst dann als „Delegierte" des Betriebsrates agieren, wenn der Betriebsinhaber verständigt wurde. Die Verständigung hat „unverzüglich", also ohne schuldhaftes Zögern, zu erfolgen.

Die Übertragung der Befugnisse vom Betriebsrat auf die Sicherheitsvertrauenspersonen bedarf **nicht der Annahme oder Zustimmung des Betriebsinhabers**; dieser hat den Beschluss des Betriebsrates zur Kenntnis zu nehmen und seine Verpflichtungen nach § 92a Abs 1 Z 1 bis 3 nunmehr gegenüber den Sicherheitsvertrauenspersonen zu erfüllen.

Die Sicherheitsvertrauenspersonen und der Betriebsinhaber sind auch unverzüglich zu verständigen, wenn der Betriebsrat per Beschluss die Delegierung von Befugnissen **widerruft**.

Entsendung von Vertretern in den Arbeitsschutzausschuss

[29]) Dem **Arbeitsschutzausschuss** gehört nach § 88 Abs 3 Z 6 ASchG auch „je ein Vertreter der zuständigen Belegschaftsorgane" als Mitglied an.

Über ihre Vertreter im Arbeitsschutzausschuss entscheiden die zuständigen Organe der Arbeitnehmerschaft **autonom**; dem Betriebsinhaber steht dabei keinerlei Einfluss zu.

Näheres zur Zusammensetzung und zu den Aufgaben des Arbeitsschutzausschusses siehe bei *Heider/Poinstingl/Schramhauser,* ArbeitnehmerInnenschutzgesetz[5] (2006).

[30]) Betreibt ein Arbeitgeber mehrere Arbeitsstätten, in denen ein Arbeitsschutzausschuss einzurichten ist, so ist er verpflichtet, am Unternehmenssitz einen **zentralen Arbeitsschutzausschuss** einzurichten. Diesem gehören neben dem Arbeitgeber bzw dessen Vertretern und den von den lokalen Arbeitsschutzausschüssen entsendeten Mitgliedern auch „drei

Vertreter der auf der Ebene des zentralen Arbeitsschutzausschusses zuständigen Belegschaftsorgane", in diesem Fall also des **Zentralbetriebsrates,** an (§ 88a Abs 2 Z 3 ASchG).

[31]) Über die Entsendung der Arbeitnehmervertreter in den zentralen Arbeitsschutzausschuss entscheidet der Zentralbetriebsrat durch Beschluss. Auch für diesen Beschluss gelten die **normalen Beschlusserfordernisse** (vgl Erl 29).

Betriebliche Frauenförderung
sowie Maßnahmen zur besseren Vereinbarkeit von Betreuungspflichten und Beruf[1])

§ 92b. (1) Der Betriebsinhaber hat mit dem Betriebsrat im Rahmen der Beratung nach § 92[2]) Maßnahmen der betrieblichen Frauenförderung[3]) bzw der Vereinbarkeit von Betreuungspflichten und Beruf[4]) zu beraten[5]). Solche Maßnahmen betreffen insbesondere[6]) die Einstellungspraxis[7]), Maßnahmen der Aus- und Weiterbildung[8]) und den beruflichen Aufstieg[9]), die auf den Abbau einer bestehenden Unterrepräsentation der Frauen an der Gesamtzahl der Beschäftigten bzw an bestimmten Funktionen[10]) oder auf den Abbau einer sonst bestehenden Benachteiligung[11]) abzielen, sowie Maßnahmen, die auf eine bessere Vereinbarkeit der beruflichen Tätigkeit mit Familien- und sonstigen Betreuungspflichten[12]) der Arbeitnehmerinnen und Arbeitnehmer[13]) abzielen.

(2) Der Betriebsrat hat das Recht, Vorschläge in diesen Angelegenheiten zu erstatten und Maßnahmen zu beantragen[14]). Der Betriebsinhaber ist verpflichtet, mit dem Betriebsrat über dessen Vorschläge und Anträge zu beraten[15]).

(3) Maßnahmen der betrieblichen Frauenförderung sowie Maßnahmen zur besseren Vereinbarkeit von Betreuungspflichten und Beruf[16]) können in einer Betriebsvereinbarung[17]) geregelt werden.

Schrifttum zu § 92b

Egger, Das Arbeits- und Sozialrecht der EU und die österreichische Rechtsordnung 2. Aufl (2005), 403 ff.

Hinweise auf Literatur zum Thema **Frauenförderung**:
Mayer-Maly, Gleichbehandlungsgesetz (1981);
Eichinger, Die Frau im Arbeitsrecht (1991);
Chancengleichheit. Ein Leitfaden zur Förderung der Chancengleichheit im Betrieb, GPA-Frauen, Wien 1993;
Eichinger, Rechtsfragen zum Gleichbehandlungsgesetz (1993);
Eichinger, EU-Rechtsangleichung und österreichisches Frauenarbeitsrecht (1995);
Pastner/Papouschek, Im Dornröschenschlaf – Betriebliche Frauenförderung in österreichischen Unternehmen. Forschungs- und Beratungsstelle Arbeitswelt (FORBA) 3/1996;
Bei/Novak, Das Gleichbehandlungsgesetz, in U. Aichhorn, Frauen und Recht (1997);
Bendl/Papouschek/Paster, Betriebliche Frauenförderung in Österreich (1998);
Deixler-Hübner/Schwarzinger, Die rechtliche Stellung der Frau (1998);

§ 92b Erl 1

7 Schritte zur Gleichstellung – Handbuch zur betrieblichen Gleichstellung von Männern und Frauen und zur Vereinbarkeit von Beruf und Familie/Privatleben, Frauenbüro der Stadt Wien/MA 57, Wien 2000; ÖGB-Frauenabteilung: Leitfaden zum Aufdecken von versteckten Diskriminierungen. Vorschläge zu deren Beseitigung, Wien 2000; *Smutny/Mayr,* Gleichbehandlungsgesetz (2001) (mit einem ausführlichen Literaturverzeichnis).

Übersicht zu § 92b

Zweck der Regelung	Erläuterung 1
Beratungspflicht des Betriebsinhabers	Erläuterungen 2 bis 5
Maßnahmen der betrieblichen Frauenförderung bzw der Vereinbarkeit von Betreuungspflichten und Beruf	Erläuterungen 6 bis 13
Vorschlagsrecht des Betriebsrates – Beratungspflicht des Betriebsinhabers	Erläuterungen 14, 15
Betriebsvereinbarung	Erläuterungen 16, 17

Zweck der Regelung

¹) § 92b wurde durch das Bundesgesetz vom 16. 4. 1998, BGBl I Nr 69/1998 in das ArbVG eingefügt. Ausgangspunkt dieser Regelung war das von mehr als 640.000 Wahlberechtigten unterschriebene **„Frauen-Volksbegehren"** 1997 (716 BlgNR 20. GP). Eine der Forderungen in diesem Volksbegehren war die Bindung von Förderungen und öffentlichen Vergaben für Unternehmen an Maßnahmen der Frauenförderung.

Der Gesetzgeber hat zwar die Forderungen des Frauen-Volksbegehrens nur zum Teil erfüllt (siehe dazu den Bericht des Gleichbehandlungsausschusses einschließlich Entschließungsanträgen, Minderheitsberichten und abweichenden persönlichen Stellungnahmen, 1113 BlgNR 20. GP), im Zuge seiner Beratungen hat aber der Gleichbehandlungsausschuss beschlossen, dem Nationalrat einen selbstständigen Antrag betreffend den Entwurf eines Bundesgesetzes, mit dem das Arbeitsverfassungsgesetz geändert wird, vorzulegen. Dieser Antrag wurde letztlich mit Mehrheit im Nationalrat angenommen.

Der Antrag war wie folgt begründet:

„§ 97 Abs 1 Z 25 ArbVG enthält derzeit als Tatbestand einer fakultativen Betriebsvereinbarung ‚Maßnahmen zum Abbau der Benachteiligung von Frauen (Frauenförderpläne) sowie Maßnahmen zur Berücksichtigung von Familienpflichten der Arbeitnehmerinnen und Arbeitnehmer'.

Durch den Ausbau dieser Regelungen im Arbeitsverfassungsgesetz sollen die Betriebe (Betriebsinhaber und Betriebsräte) verstärkt angehalten werden,

Frauenförderpläne zu entwickeln. Dabei ist zu berücksichtigen, daß jene Maßnahmen, die Familien- und sonstige Betreuungspflichten der Arbeitnehmerinnen und Arbeitnehmer berücksichtigen sollen, sich in gleicher Weise auf männliche wie weibliche Arbeitnehmer beziehen, um diese Aufgaben nicht von vornherein den Frauen zuzuordnen.

Die vorgeschlagene Ergänzung des ArbVG in § 92b sieht vor, daß der Betriebsinhaber mit dem Betriebsrat im Rahmen der allgemeinen Beratung nach § 92 ArbVG auch Fragen der betrieblichen Frauenförderung bzw der Vereinbarkeit von Betreuungspflichten und Beruf zu erörtern hat (Abs 1).

Neben der Initiative des Betriebsinhabers kann auch der Betriebsrat selbst Vorschläge in diesen Angelegenheiten erstatten (Abs 2), über die mit ihm zu beraten dann der Betriebsinhaber verpflichtet ist.

In Abs 3 wird schließlich festgelegt, daß konkrete Maßnahmen in einer Betriebsvereinbarung geregelt werden können."

Mit der Einfügung des § 92b und der Änderung des § 97 ist das eigentliche Ziel des Frauen-Volksbegehrens, nämlich die Bindung öffentlicher Förderungen an Unternehmen an Maßnahmen zur betrieblichen Frauenförderung im Rahmen der Arbeitsverfassung, nicht erreicht worden. § 2b des **Gleichbehandlungsgesetzes** BGBl Nr 108/1979 idF BGBl I Nr 44/1998 bestimmt jedoch, dass die Richtlinien des Bundes über die Vergabe von Förderungen des Bundes für Unternehmen vorzusehen haben, dass Förderungen nur an Unternehmen vergeben werden, die das Gleichbehandlungsgesetz beachten.

Auch die im Zuge der Beratungen über das Frauen-Volksbegehren von den Interessenvertretungen der Arbeitnehmer erhobene Forderung nach Einführung einer erzwingbaren Betriebsvereinbarung über Frauenförderung konnte nicht durchgesetzt werden. Der Ausbau des arbeitsverfassungsrechtlichen Instrumentariums bietet aber den Organen der Arbeitnehmerschaft doch konkrete Ansatzpunkte für Initiativen zur Frauenförderung. Die Verpflichtungen des Betriebsinhabers in diesem Zusammenhang sind – wie alle anderen arbeitsverfassungsrechtlichen Pflichten – gerichtlich durchsetzbar.

Um die Bedeutung dieser Aufgaben zu unterstreichen, wird in § 69 Abs 2 und 3 bestimmt, dass die Vorbereitung und Durchführung von Beschlüssen des Betriebsrates in Angelegenheiten der Gleichbehandlung, der Frauenförderung, der Wahrnehmung der Interessen von Arbeitnehmerinnen und Arbeitnehmern mit Familienpflichten sowie der Maßnahmen gegen sexuelle Belästigung einem **Ausschuss des Betriebsrates** übertragen werden sollen.

Beratungspflicht des Betriebsinhabers

[2]) Das Gesetz verbindet die Beratungspflicht nach § 92b ausdrücklich mit der Beratung nach § 92. Damit soll wohl zweierlei zum Ausdruck gebracht werden:

- Maßnahmen der betrieblichen Frauenförderung bzw der Vereinbarkeit von Betreuungspflichten und Beruf sind so wichtig, dass sie zu den allgemeinen **Grundsätzen der Betriebsführung** zählen, und
- der Betriebsinhaber ist verpflichtet, **bei jeder periodischen Beratung** nach § 92 mit dem Betriebsrat (auch) über diese Fragen zu beraten, ohne dass es dazu eines Verlangens des Betriebsrates bedürfte.

Der Hinweis auf § 92 bedeutet freilich nicht, dass der Betriebsrat Initiativen zur Frauenförderung nur im Rahmen der periodischen Beratungen ansprechen kann. Die allgemeinen Befugnisse nach den §§ 89 bis 91 bieten die Möglichkeit, **jederzeit** in solchen Angelegenheiten aktiv zu werden.

3) Die Beratungspflicht des Betriebsinhabers bezieht sich auf zwei Themenkomplexe, nämlich
- Maßnahmen der betrieblichen Frauenförderung;
- Maßnahmen der Vereinbarkeit von Betreuungspflichten und Beruf.

Der Begriff „**Frauenförderung**" wird in § 2 Abs 3 des Gleichbehandlungsgesetzes definiert: Es handelt sich um alle „vorübergehenden Sondermaßnahmen zur beschleunigten Herbeiführung der De-facto-Gleichberechtigung von Frau und Mann im Sinne des Art 4 der UN-Konvention zur Beseitigung jeder Form von Diskriminierung der Frau, BGBl Nr 443/1982". Solche Sondermaßnahmen gelten nicht als Diskriminierung iS des Gleichbehandlungsgesetzes.

Die **Zulässigkeit der Frauenförderung** ist auch durch das **Europarecht** gewährleistet (Art 141 EGV in der Fassung des Vertrages von Amsterdam; dazu wie zum gesamten Fragenkomplex der Diskriminierung *Smutny/Mayr*, Gleichbehandlungsgesetz, mit ausführlicher Dokumentation der einschlägigen internationalen Rechtsnormen sowie der Judikatur des EuGH).

Welche **Angelegenheiten** Maßnahmen der betrieblichen Frauenförderung betreffen können, ist im zweiten Satz des § 92b Abs 1 **beispielsweise** angeführt (siehe Erl 7 bis 11). Aktivitäten der betrieblichen Frauenförderung sind aber nicht auf diese Angelegenheiten beschränkt. Wenn der Betriebsrat – oder der Betriebsinhaber – der Meinung ist, dass (auch) andere Maßnahmen dem Zweck der Frauenförderung dienen, kann er sie zur Beratung vorschlagen.

Im Sinne der Zielsetzung des § 2 Abs 3 Gleichbehandlungsgesetz erscheinen bei den Beratungen des Betriebsrates mit dem Betriebsinhaber folgende Aspekte der betrieblichen Frauenförderung **besonders wichtig**:
- Maßnahmen zur **Erhöhung des Frauenanteils in Führungspositionen** (zB durch Transparenz bei Ausschreibungen, Karriereplanung etc; siehe auch Erl 9);

- **Erhöhung des Frauenanteils bei Aus- und Weiterbildungsmaßnahmen** (siehe auch Erl 8)
- Maßnahmen zur **Erhöhung der Einkommensgerechtigkeit** durch Transparenz bei Einstufungen, Zulagen, Prämien etc (siehe auch Erl 7).

4) **Maßnahmen zur besseren Vereinbarkeit von Betreuungspflichten und Beruf** zielen darauf ab, Hindernisse und Schwierigkeiten, die sich durch familiäre oder sonstige Betreuungspflichten ergeben und der Berufausbildung und/oder -ausübung entgegenstehen, zu beseitigen, um die Berufstätigkeit trotz dieser Pflichten zu ermöglichen.

Solche Maßnahmen können – und sollen! – nach dem Gesetzeswortlaut **sowohl Arbeitnehmerinnen als auch Arbeitnehmer betreffen** (siehe auch Erl 13). In Verbindung mit dem Ziel der **Frauenförderung** wird es allerdings in erster Linie um Maßnahmen zur Unterstützung der Berufstätigkeit von Frauen gehen (müssen), weil Betreuungspflichten in der gesellschaftlichen Realität nach wie vor weitaus überwiegend von Frauen wahrgenommen werden.

Entsprechend dieser Zielsetzung sollten bei den Beratungen zwischen Betriebsinhaber und Betriebsrat vor allem folgende Themen angesprochen werden:
- **Arbeitszeitregelungen** mit entsprechender Gestaltungsmöglichkeit für die ArbeitnehmerInnen (zB Gleitzeit, Möglichkeiten der Teilzeitarbeit mit Rückkehrrecht in Vollzeitarbeit);
- Unterstützung der **partnerschaftlichen Teilung von Betreuungspflichten** (zB Väterkarenz);
- Berücksichtigung von Betreuungspflichten bei **Aus- und Weiterbildungsmaßnahmen;**
- Unterstützungsangebote bei der **Kinderbetreuung** (zB Betriebskindergarten).

5) Da die Beratungen nach § 92b im Rahmen der allgemeinen, periodischen Beratungen iSd § 92 stattfinden sollen, gelten die dort normierten Regeln über die Vorbereitung und den Ablauf der Beratungen auch hier. Insbesondere hat der Betriebsrat das **Recht**, (auch) zu den Beratungen über Maßnahmen der betrieblichen Frauenförderung bzw der Vereinbarkeit von Betreuungspflichten und Beruf die zuständigen **kollektivvertragsfähigen Körperschaften der Arbeitnehmer (Gewerkschaften, Arbeiterkammer) beizuziehen** (Näheres siehe in den Erläuterungen zu § 92).

Um dem in Erl 1 dargelegten Gesetzeszweck zu entsprechen, sollten die Beratungen von beiden Seiten – Betriebsinhaber und Betriebsrat – mit dem Ziel geführt werden, eine **Betriebsvereinbarung** nach § 97 Abs 1 Z 25 abzuschließen. Darüber hinaus gilt es, getroffene Maßnahmen zur betrieblichen Frauenförderung bzw Vereinbarkeit von Betreuungspflichten und Beruf immer wieder auf ihre tatsächliche Wirksamkeit zu überprüfen und weiter zu entwickeln.

Maßnahmen der betrieblichen Frauenförderung bzw der Vereinbarkeit von Betreuungspflichten und Beruf

[6]) Die Aufzählung ist nur **beispielhaft**; auch andere Maßnahmen, die der betrieblichen Frauenförderung oder Vereinbarkeit von Betreuungspflichten und Beruf dienen, können Gegenstand der Beratungen sein. Werden solche Maßnahmen vom Betriebsrat vorgeschlagen, ist der Betriebsinhaber verpflichtet, mit dem Betriebsrat darüber zu beraten.

Ziele der hier beispielhaft aufgezählten Maßnahmen zur **Frauenförderung** sind nach dem Gesetzeswortlaut
- der **Abbau** einer bestehenden **Unterrepräsentation der Frauen** an der Gesamtzahl der Beschäftigten bzw an bestimmten Funktionen (siehe Erl 10);
- der Abbau einer sonst bestehenden **Benachteiligung** (siehe Erl 11).

[7]) Unter „**Einstellungspraxis**" ist die Vorgangsweise bei der Einstellung von Arbeitnehmern zu verstehen. Der Betriebsrat hat dabei ein **Mitwirkungsrecht nach § 99** (siehe die Erläuterungen zu § 99).

Im Zusammenhang mit der Frauenförderung sind folgende Aspekte von besonderer Bedeutung:
- **Ausschreibung** von zu besetzenden Arbeitsplätzen nach transparenten, **geschlechtsneutralen** Kriterien (§ 2c GlBG);
- **Gleichbehandlung** bei der **Einstufung** und Festsetzung des **Entgelts** einschließlich aller Entgeltbestandteile (§ 2 Abs 1 Z 1 und 2 GlBG);
- Information über **Weiterbildungs- und Aufstiegsmöglichkeiten**;
- Berücksichtigung von **Betreuungspflichten** bei Vereinbarung der **Arbeitszeit.**

Entsprechend der gesetzlichen Zielbestimmung (siehe Erl 6, 10 und 11) wird bei Einstellungen insbesondere darauf zu achten sein, dass der **Anteil der Frauen an der Gesamtzahl der Beschäftigten** im Betrieb sowie an bestimmten Funktionen, insbesondere **Führungsfunktionen,** nicht zu gering ist („Unterrepräsentation"). Eine Erhöhung des Frauenanteils kann zB dadurch erreicht werden, dass Frauen bei gleicher Qualifikation wie männliche Bewerber bevorzugt eingestellt werden.

[8]) Das **Gleichbehandlungsgebot** nach dem Gleichbehandlungsgesetz bezieht sich insbesondere auch auf **Maßnahmen der Aus- und Weiterbildung**

auf betrieblicher Ebene (§ 2 Abs 1 Z 4 GlBG; dazu ausführlich *Smutny/ Mayr*, Gleichbehandlungsgesetz, 254 ff).

Im Sinne der Frauenförderung ist bei Maßnahmen der Aus- und Weiterbildung darauf zu achten, dass
- solche Maßnahmen **geschlechtsneutral**, also Frauen und Männern in gleicher Weise, angeboten werden;
- die Teilnahmebedingungen so gestaltet werden, dass eine **Teilnahme** Frauen und Männern unter Berücksichtigung von allfälligen **Betreuungspflichten tatsächlich möglich** ist (insbesondere durch entsprechende Termin- und Zeitplanung):
- Maßnahmen der Aus- und Weiterbildung als Bestandteil einer gezielt auf Frauenförderung ausgerichteten **Karriereplanung** konzipiert werden (siehe auch Erl 9).

Darüber hinaus sollten im Rahmen der Aus- und Weiterbildung **besondere Qualifikationsmaßnahmen für Frauen** (zB um Wiedereinsteigerinnen in den Beruf besonders zu unterstützen) und spezielle Programme für Frauen, die für **Leitungsfunktionen** in Frage kommen, vorgesehen werden.

Zur betrieblichen Aus- und Weiterbildung zählen auch Maßnahmen, die zwar außerhalb des Betriebes durchgeführt werden, aber der Qualifikation für die Tätigkeit im Betrieb dienen (zB Kurse bei externen Bildungseinrichtungen und anderen Anbietern).

[9]) Nach § 2 Abs 1 Z 5 GlBG darf niemand beim **beruflichen Aufstieg**, insbesondere bei **Beförderungen** unmittelbar oder mittelbar diskriminiert werden (vgl dazu *Smutny/Mayr*, Gleichbehandlungsgesetz, 206 f).

Um dem gesetzlichen Gleichbehandlungsgebot und dem Ziel der Frauenförderung zu entsprechen, genügt es nicht, dass die formalen Kriterien für Beförderungen geschlechtsneutral formuliert sind, vielmehr müssen die Arbeitsbedingungen so gestaltet sein, dass Chancengleichheit von Männern und Frauen in der beruflichen Entwicklung **tatsächlich** realisiert werden kann.

Maßnahmen in dieser Richtung können zB sein:
- **Karriereplanung** für Frauen;
- **Teilzeitmöglichkeiten für qualifizierte Tätigkeiten**, insbesondere auch für **Führungskräfte.**

Der Betriebsrat kann diese Gesichtspunkte nicht nur bei den periodischen Beratungen mit dem Betriebsinhaber, sondern auch in Ausübung seines **Mitwirkungsrechts bei** konkreten **Beförderungen nach § 104** einbringen (Näheres dazu siehe dort).

[10]) Das Gesetz spricht vom „Abbau einer bestehenden Unterrepräsentation der Frauen", ohne diesen Begriff näher zu definieren. Gemeint ist

wohl, dass der **Frauenanteil** im Betrieb im Verhältnis zur Gesamtzahl der Beschäftigten und/oder an bestimmten Funktionen zu gering ist. Für die Beurteilung, wann der Frauenanteil an der Gesamtbeschäftigtenzahl zu gering ist, wird es wohl keinen allgemein gültigen Maßstab im Sinne eines bestimmten mathematischen Wertes geben können. Zu beachten sind zB die Art der betrieblichen Tätigkeit, die Durchschnittswerte in anderen vergleichbaren Betrieben usw.

Dagegen wird es relativ einfach festzustellen sein, ob eine „Unterrepräsentation" der Frauen in Leitungsfunktionen im Betrieb besteht. Dazu muss nur das Verhältnis der Anzahl von Männern und Frauen in Leitungsfunktionen mit jenem des jeweiligen Anteils an der Gesamtzahl der Beschäftigten in Beziehung gesetzt werden. Ist der Anteil der Frauen an der Gesamtzahl der Leitungsfunktionen geringer als der Frauenanteil an der Gesamtzahl der Beschäftigten, dann liegt eine Unterrepräsentation vor, die durch Maßnahmen der Frauenförderung abgebaut werden soll. Solche Maßnahmen sind im Gesetz beispielhaft angeführt (siehe Erl 7 bis 9).

[11]) Durch die Formulierung „oder auf den Abbau einer sonst bestehenden Benachteiligung" kommt die umfassende Zielsetzung von Maßnahmen der Frauenförderung zum Ausdruck: Es geht um **jede Form der unmittelbaren oder mittelbaren Diskriminierung** iSd § 2 GlBG (vgl dazu ausführlich *Smutny/Mayr*, Gleichbehandlungsgesetz, 80 ff).

Außer den im § 92b demonstrativ aufgezählten Maßnahmen kommen zB in Frage:
- die **Festsetzung des Entgelts** einschließlich Zulagen, Prämien und sonstiger Entgeltbestandteile (§ 2 Abs 1 Z 2 GlBG),
- die Gewährung **freiwilliger Sozialleistungen**, die kein Entgelt darstellen (§ 2 Abs 2 Z 3 GlBG),
- die Teilnahme an **betrieblichen Wohlfahrtseinrichtungen**,
- diskriminierende Praktiken bei den **„sonstigen Arbeitsbedingungen"** (§ 2 Abs 1 Z 6 GlBG) oder
- bei der **Beendigung des Arbeitsverhältnisses** (§ 2 Abs 1 Z 7 GlBG).

Eine Diskriminierung auf Grund des Geschlechts liegt auch in Fällen **sexueller Belästigung** im Zusammenhang mit dem Arbeitsverhältnis vor (§ 2 Abs 1a und 1b GlBG).

Bei allen Formen der Benachteiligung von Frauen ist zu prüfen, ob zum Abbau der Benachteiligung neben den Bestimmungen des § 92b auch andere, unter Umständen **stärkere Mitwirkungsrechte** des Betriebsrates in Betracht kommen. So gehört zB die Einführung und Regelung von **Leistungslöhnen** – für die selbstverständlich auch das Gleichbehandlungsgebot nach § 2 GlBG gilt – zu den **zustimmungspflichtigen Maßnahmen** (§ 96 Abs 1 Z 4); **Beurteilungssysteme** unterliegen gem § 96a Abs 1 Z 2 der **ersetzbaren Zustimmung** des Betriebsrats, und für **allgemeine Ordnungsvorschriften**, die das Verhalten der Arbeitnehmer im Betrieb regeln, steht nach § 97 Abs 1 Z 1 eine **erzwingbare Betriebsvereinbarung** zur Verfügung.

¹²) Es geht dabei um Maßnahmen, die es Personen, die familiäre oder sonstige Betreuungspflichten erfüllen, ermöglichen oder zumindest erleichtern sollen, trotzdem eine Berufstätigkeit auszuüben. In der gesellschaftlichen Realität sind das vor allem Frauen (siehe auch Erl 4 und 13).

In der Formulierung „**Familien- und sonstigen Betreuungspflichten**" kommt zum Ausdruck, dass nicht nur die Betreuung von Personen innerhalb der Familie gemeint ist, sondern auch andere Betreuungspflichten, zB in einer Lebensgemeinschaft, in Betracht kommen. Wichtigster Fall wird aber die **Betreuung von Kindern** durch die Eltern sein.

Im Sinne der in Erl 1 dargelegten Zielsetzung ist der Begriff „**Betreuungspflichten**" weit zu verstehen. Er umfasst **nicht nur Rechtspflichten**, sondern auch moralische Verpflichtungen (so auch *Strasser/Jabornegg*, Arbeitsverfassungsgesetz [1999] 315 f).

Beispiele für Maßnahmen, die auf eine bessere Vereinbarkeit von Betreuungspflichten und Beruf abzielen, sind in Erl 4 angeführt. Auch hier ist immer zu prüfen, ob stärkere Mitwirkungsrechte dem Betriebsrat die Möglichkeit geben, solche Maßnahmen durchzusetzen. So können zB im Rahmen einer **erzwingbaren Betriebsvereinbarung** über die betriebliche **Arbeitszeitein- und -verteilung** nach § 97 Abs 1 Z 2 Arbeitszeitregelungen getroffen werden, die dieser Zielsetzung dienen (Gleitzeit und/oder Teilzeitarbeit).

¹³) Der Gesetzeswortlaut bezieht sich ausdrücklich auf „**Arbeitnehmerinnen und Arbeitnehmer**". Damit soll offenbar zum Ausdruck gebracht werden, was im Bericht des parlamentarischen Gleichbehandlungsausschusses (1115 BlgNR 20. GP) besonders hervorgehoben wird, nämlich *„daß jene Maßnahmen, die Familien- und sonstige Betreuungspflichten ... berücksichtigen sollen, sich in gleicher Weise auf männliche wie auf weibliche Arbeitnehmer beziehen, um diese Aufgaben nicht von vornherein den Frauen zuzuordnen".*

In der gesellschaftlichen Wirklichkeit werden solche Betreuungspflichten allerdings nach wie vor weitaus überwiegend von Frauen wahrgenommen. Es sind daher auch in erster Linie Frauen, die durch Betreuungspflichten Schwierigkeiten bei der Berufstätigkeit haben. Maßnahmen zur besseren Vereinbarkeit von Betreuungspflichten und Beruf werden diese Tatsache zu berücksichtigen haben, sie dürfen aber nicht so angelegt sein, dass Männer prinzipiell davon ausgeschlossen sind.

Vorschlagsrecht des Betriebsrates – Beratungspflicht des Betriebsinhabers

[14]) Die Bestimmungen des § 92b richten sich sowohl an den Betriebsinhaber als auch an den Betriebsrat (vgl den in Erl 1 wiedergegebenen Wortlaut des Berichts des Gleichbehandlungsausschusses, 1115 BlgNR 20. GP).

Der **Betriebsinhaber** ist verpflichtet, von sich aus, ohne dass es einer Aufforderung durch den Betriebsrat bedürfte, **Initiativen** zur betrieblichen Frauenförderung bzw zur besseren Vereinbarkeit von Betreuungspflichten und Beruf zu ergreifen und **mit dem Betriebsrat** darüber zu **beraten** (siehe Erl 2 bis 5).

Abs 2 gibt dem **Betriebsrat ein selbstständiges Vorschlags- und Antragsrecht** in diesen Angelegenheiten und verpflichtet den **Betriebsinhaber**, mit dem Betriebsrat über diese Vorschläge und Anträge zu **beraten**.

Gegenstand von Vorschlägen und Anträgen des Betriebsrates kann alles sein, was der betrieblichen Frauenförderung und/oder besseren Vereinbarkeit von Betreuungspflichten und Beruf dient (siehe dazu die Erl 6 bis 13).

[15]) Die **Beratungspflicht** des Betriebsinhabers nach Abs 2 besteht neben jener nach Abs 1, also **auch außerhalb der periodischen Beratungen** gem § 92. Sie ist – ebenso wie jene nach Abs 1 – nötigenfalls gerichtlich durchsetzbar.

Betriebsvereinbarung

[16]) Es handelt sich um eine **fakultative Betriebsvereinbarung** nach § 97 Abs 1 Z 25 (Näheres siehe Erl 32 zu § 97; zur Entstehungsgeschichte siehe Erl 1).

Obwohl die Forderung nach einer erzwingbaren Betriebsvereinbarung über den Gesamtkomplex der Frauenförderung im Rahmen der ArbVG-Novelle 1998, BGBl I Nr 69, nicht durchgesetzt werden konnte, ist doch zu prüfen, ob **einzelne Aspekte** in diesem Zusammenhang in **erzwingbaren Betriebsvereinbarungen** (zB nach § 97 Abs 1 Z 1 oder Z 2) durchgesetzt werden können oder noch **stärkeren Mitbestimmungsrechten** des Betriebsrates unterliegen (vgl Erl 11 und 12).

[17]) Der Bericht und Antrag des Gleichbehandlungsausschusses (1115 BlgNR 20. GP) bietet in der Begründung folgendes **Konzept für solche Betriebsvereinbarungen** an:
1. Analyse der Situation im Betrieb (auf Basis der vorhandenen Informationen bzw allenfalls ergänzt durch Fragebogenaktion oder anderes) zu folgenden Bereichen:

- Frauenanteil an den Beschäftigten (aufgegliedert nach Funktionen bzw Hierarchieebenen),
- Überprüfung der Arbeitsplatzbeschreibungen (Anforderungen, Kriterien),
- Überprüfung der Entlohnungs- und Einstufungskriterien,
- Arbeitszeitgestaltung,
- Überprüfung der Aus- und Weiterbildungsmaßnahmen,
- Überprüfung, ob sexuelle Belästigung vorkommt, etc;

2. Definition eines Ziels:
   - Erhöhung des Frauenanteils auf ... % in allen Ebenen (konkreter Zeitplan),
   - Verbesserung der Vereinbarkeit von Beschäftigung *(Anm: gemeint ist wohl Betreuungspflichten)* und Beruf sowohl für Frauen wie für Männer, etc;

3. Maßnahmen (je nach Situationsanalyse; im Folgenden beispielhaft angeführt):
   a) bei Einstellungen
      - geschlechtsneutrale Formulierung,
      - ausdrückliche Einladung an Frauen, sich zu bewerben,
      - bevorzugte Einstellung von Frauen in Funktionsebenen, in denen Frauen unterrepräsentiert sind, wenn sie mindestens gleich gut qualifiziert sind wie männliche Bewerber;
   b) Aus- und Weiterbildung
      - besondere Qualifikationsmaßnahmen für Frauen (zB um Wiedereinsteigerinnen in den Beruf besonders zu unterstützen),
      - besondere Qualifikationsmaßnahmen für Frauen, die für Leitungsfunktionen in Frage kommen;
   c) Karriere/Aufstieg
      - Karriereplanung für Frauen,
      - Teilzeitmöglichkeiten für qualifizierte Tätigkeiten bzw für Führungskräfte;
   d) Arbeitszeitgestaltung
      - Gleitzeit oder sonstige Formen der flexiblen Arbeitszeit (zur besseren Vereinbarkeit von Beruf und Betreuungspflichten),
      - Teilzeitmöglichkeiten vor allem auch für Führungskräfte;
   e) Entlohnung
      - Überprüfung der Entlohnungs- und Einstufungskriterien und Berücksichtigung von bisher allenfalls vernachlässigten Kriterien, die besonders auf weibliche Qualitäten abstellen,
      - Mehrarbeitszuschläge für Teilzeitbeschäftigte bei Überschreiten bestimmter Arbeitszeitgrenzen;
   f) Unterstützung bei Betreuungspflichten
      - erweiterte Pflegeurlaubsregelung,

- Betriebskindergarten oder sonstige Maßnahmen zur Unterstützung bei der Kinderbetreuung,
- Sitzungen/Dienstbesprechungen in der Kernarbeitszeit,
- Möglichkeit zur Verlängerung des Elternkarenzurlaubs unter gleichzeitiger Garantie des Arbeitsplatzes;

g) sexuelle Belästigung
- klare Verurteilung von sexueller Belästigung als Diskriminierung/Demütigung,
- Sanktionenkatalog;

h) Sonstiges
- Sprache: Verwendung weiblicher und männlicher Bezeichnungen bei allgemeinen Dienstanweisungen etc bzw Verwendung der jeweils korrekten weiblichen oder männlichen Bezeichnung im Einzelfall,
- Schaffung einer Ansprechstelle für Frauen.

Eine **Musterbetriebsvereinbarung zur Frauenförderung** enthält der Leitfaden der GPA-Frauen zur Förderung der Chancengleichheit im Betrieb (Wien 1993).

Errichtung und Verwaltung von Wohlfahrtseinrichtungen der Arbeitnehmer

§ 93. Der Betriebsrat ist berechtigt, zugunsten der Arbeitnehmer und ihrer Familienangehörigen Unterstützungseinrichtungen sowie sonstige Wohlfahrtseinrichtungen zu errichten und ausschließlich zu verwalten[1)][2)][3)].

Schrifttum zu § 93

Schrank, Einige Fragen des Betriebsverfassungsrechts II, ZAS 1979, 46 ff;
Grillberger, Eine Betriebsrats-Cafeteria, DRdA 1991, 158 ff;
Priewasser, Der Betriebsratsfonds[5] (2007).

[1]) Die Errichtung und Verwaltung von Wohlfahrtseinrichtungen der Arbeitnehmer ist ein **Alleinbestimmungsrecht des Betriebsrates.** Zu diesem Zweck kann gem § 73 eine **Betriebsratsumlage** eingehoben werden. Von diesem Alleinbestimmungsrecht ist das Mitwirkungsrecht des Betriebsrates an Wohlfahrtseinrichtungen zu unterscheiden, die dem Betriebsinhaber gehören und von ihm errichtet wurden (siehe § 95).

[2]) Die Unterstützungseinrichtungen sind im § 93 nur eine beispielhaft genannte Form einer Wohlfahrtseinrichtung. Der Begriff „Wohlfahrtseinrichtung" ist nicht eng zu verstehen (vgl dazu die in Erl 3 zitierte Entscheidung des OGH).

Die **Verwaltung** aller dieser Wohlfahrtseinrichtungen obliegt dem **Betriebsrat.** Dazu können von ihm auch **Ausschüsse** eingesetzt werden (vgl § 59 Abs 2 BRGO in Band 1). Jedenfalls muss der Betriebsrat vor der Errichtung solcher Einrichtungen das Ausmaß der für die Errichtung und die laufenden Betriebskosten erforderlichen Mittel sowie die Sicherung ihrer Beschaffung feststellen. Außerdem muss er der **Betriebsversammlung** vor der Errichtung einer Wohlfahrtseinrichtung **Bericht erstatten** (siehe § 59 Abs 1 BRGO in Band 1).

Werden aus einem von den Arbeitnehmern in Form eines prozentuellen Lohnabzuges dotierten und vom Arbeitgeber verwalteten Fonds ohne jede Organisationsstruktur – ohne Bedachtnahme auf irgendwelche soziale Gesichtspunkte – nur die Steuerforderungen ausländischer Staaten bezüglich der entsendeten Arbeitnehmer beglichen, kann keine Wohlfahrtseinrichtung iSd §§ 93 oder 95 ArbVG angenommen werden (OGH vom 15. 3. 2000, 9 Ob A 314/99p, ARD 5126/14/2000 = ecolex 2000/270 = RdW 2001/183).

³) Das Gesetz spricht zwar nur von Wohlfahrtseinrichtungen „zu Gunsten der Arbeitnehmer und ihrer Familienangehörigen", es liegt aber auch im wohlverstandenen Interesse aktiver Arbeitnehmer und ihrer Familienangehörigen, für die Zeit des **Ruhestandes** vorzusorgen, welches Ziel zweifelsohne durch die im § 93 ArbVG genannten **„sonstigen Wohlfahrtseinrichtungen"** erreicht werden kann. Der OGH hat deshalb zu Recht entschieden, dass als Arbeitnehmer iSd § 93 auch „ausgeschiedene Arbeitnehmer" gelten (OGH vom 30. 6. 2005, 8 Ob A 13/05b, infas 2005, A 66 = DRdA 2006, 286 mit Anm von *Resch;* vgl vorher bereits OGH vom 15. 2. 2001, 8 Ob A 182/00y, infas 2001, A 47 = DRdA 2002, 30 mit Anm von *Holzer*).

Errichtet der Betriebsrat eine Wohlfahrtseinrichtung nach § 93 ArbVG, geht das dafür bestimmte – von wem immer stammende – Vermögen unmittelbar auf den Betriebsratsfonds über. Eine als Wohlfahrtseinrichtung anzusehende **„Sterbekasse"** stellt eine in den Betriebsratsfonds fallende Vermögensmasse dar (OGH vom 15. 2. 2001, 8 Ob A 182/00y, infas 2001, A 47 = DRdA 2002, 30 mit Anm von *Holzer*).

Abschnitt 2
Mitwirkung in sozialen Angelegenheiten

Mitwirkung in Angelegenheiten der betrieblichen Berufsausbildung und Schulung

§ 94. (1) Der Betriebsinhaber hat den Betriebsrat über geplante Maßnahmen der betrieblichen Berufsausbildung sowie der betrieblichen Schulung und Umschulung[1]) zum ehestmöglichen Zeitpunkt in Kenntnis zu setzen[2]).

(2) Der Betriebsrat hat das Recht, Vorschläge in Angelegenheiten der betrieblichen Berufsausbildung, Schulung und Umschulung zu erstatten und Maßnahmen zu beantragen. Der Betriebsinhaber ist verpflichtet, mit dem Betriebsrat über dessen Vorschläge und Anträge zu beraten[3]).

(3) Der Betriebsrat hat das Recht, an der Planung und Durchführung der betrieblichen Berufsausbildung sowie betrieblicher Schulungs- und Umschulungsmaßnahmen mitzuwirken. Art und Umfang der Mitwirkung können durch Betriebsvereinbarung geregelt werden[4]).

(4) Der Betriebsrat hat das Recht, an den Verhandlungen zwischen dem Betriebsinhaber und den Dienststellen der Arbeitsmarktverwaltung über Maßnahmen der betrieblichen Schulung, Umschulung und Berufsausbildung teilzunehmen[5]). Zeitpunkt und Gegenstand der Beratungen sind ihm rechtzeitig mitzuteilen. Gleiches gilt, wenn investive Förderungen nach dem Arbeitsmarktförderungsgesetz, BGBl Nr 31/1969, gewährt oder betriebliche Schulungsmaßnahmen in solche umgewandelt werden sollen.

(5) Der Betriebsrat ist berechtigt, sich an allen behördlichen Besichtigungen zu beteiligen, welche die Planung und Durchführung der betrieblichen Berufsausbildung berühren[6]).

(6) Der Betriebsrat hat das Recht, an der Verwaltung von betriebs- und unternehmenseigenen Schulungs- und Bildungseinrichtungen teilzunehmen. Art und Umfang der Teilnahme sind durch Betriebsvereinbarung zu regeln. Kommt zwischen Betriebsinhaber und Betriebsrat über den Abschluß, die Abänderung oder Aufhebung einer solchen Betriebsvereinbarung eine Einigung nicht zustande, entscheidet auf Antrag eines der Streitteile die Schlichtungsstelle[7]).

(7) Die Errichtung, Ausgestaltung und Auflösung von betriebs- und unternehmenseigenen Schulungs- und Bildungseinrichtungen können durch Betriebsvereinbarung geregelt werden[8]).

(8) Der Betriebsrat kann die Auflösung einer betriebs- oder unternehmenseigenen Schulungs- oder Bildungseinrichtung binnen vier Wochen beim Gericht anfechten, wenn sie den in einer Betriebsvereinbarung vorgesehenen Auflösungsgründen widerspricht oder, wenn solche Regelungen

nicht bestehen, unter Abwägung der Interessen der Arbeitnehmer und des Betriebes nicht gerechtfertigt ist[9]).

Schrifttum zu § 94

Floretta, Einige Probleme der Rechtssetzungsbefugnis im Betriebsverfassungsrecht, DRdA 1976, 197 ff;
Jabornegg/Rebhahn, Unternehmensplanung und Informationsrechte der Belegschaft im Betriebsverfassungsrecht, DRdA 1979, 284 ff;
Holzer, Strukturfragen des Betriebsvereinbarungsrechts (1982);
Eypeltauer, Die Mitwirkung des Betriebsrates an betrieblichen Wohlfahrtseinrichtungen I, II, DRdA 1986, 102 ff, 194 ff;
Blum, Einbeziehung des Betriebsrats in die Technologieförderung durch den ITF-Fonds.

Hinweise auf Literatur

zur **Arbeitsmarktförderung**:

Potmesil (Hrsg), Handbuch des österreichischen Arbeitsmarktrechts, Gesetze und Kommentare Nr 160, Lose-Blatt-Ausgabe;

zur **Berufsausbildung**:

Berger/Fida/Gruber, Kurzkommentar zum Berufsausbildungsgesetz, Reihe Gesetze und Kommentare Nr 171; *dieselben,* Lose-Blatt-Ausgabe, Nr 154

Übersicht zu § 94

Umfang des Mitwirkungsrechts	Erläuterung 1
Informationspflicht des Betriebsinhabers	Erläuterung 2
Vorschlagsrecht des Betriebsrates – Beratungspflicht des Betriebsinhabers	Erläuterung 3
Betriebsvereinbarung über Art und Umfang der Mitwirkung	Erläuterung 4
Teilnahme an Verhandlungen über Arbeitsmarktförderung	Erläuterung 5
Teilnahme an Besichtigungen im Zusammenhang mit der Berufsausbildung	Erläuterung 6
Teilnahme an der Verwaltung von Schulungs- und Bildungseinrichtungen	Erläuterung 7
Betriebsvereinbarung über Errichtung, Ausgestaltung und Auflösung von Schulungs- und Bildungseinrichtungen	Erläuterung 8
Anfechtung der Auflösung von Schulungs- und Bildungseinrichtungen	Erläuterung 9

Umfang des Mitwirkungsrechts

¹) Das Mitwirkungsrecht des Betriebsrates in Angelegenheiten der betrieblichen Berufsausbildung und Schulung ist nach der Systematik des Gesetzes dem Abschnitt „Mitwirkung in sozialen Angelegenheiten" zugeordnet. Die in diesem Abschnitt geregelten Mitwirkungsrechte beziehen sich auf **allgemeine Maßnahmen oder Regelungen** (Betriebsvereinbarungen) bzw **Einrichtungen** (vgl Erl 6, 7), die einem abstrakt umschriebenen Kreis von Arbeitnehmern des Betriebes (Unternehmens) zugute kommen können. Maßnahmen, die nur einzelne Arbeitnehmer betreffen, sind dadurch nicht erfasst.

Die Mitwirkung des Betriebsrates bei bestimmten, einzelne Arbeitnehmer betreffenden personellen Angelegenheiten ist im Abschnitt 3 (§§ 98 bis 107) geregelt.

Die Mitwirkung des Betriebsrates nach § 94 umfasst **verschiedene, graduell abgestufte Beteiligungsrechte**: vom Informations-, Vorschlags- und Beratungsrecht bis zum Abschluss einer erzwingbaren Betriebsvereinbarung und einem Anfechtungsrecht bei der Auflösung einer betriebs- oder unternehmenseigenen Schulungs- oder Bildungseinrichtung.

Das Mitwirkungsrecht bezieht sich auf Angelegenheiten der betrieblichen **Berufsausbildung** sowie der betrieblichen **Schulung und Umschulung.**

„Betrieblich" heißt nicht, dass die Maßnahmen im Betrieb stattfinden müssen. Auch der schulische Teil der Berufsausbildung in Verbindung mit der Ausbildung im Betrieb oder Schulungsmaßnahmen, die von **externen Einrichtungen** durchgeführt werden, sofern sie Arbeitnehmer des Betriebes betreffen, unterliegen dem Mitwirkungsrecht des Betriebsrates.

Der Begriff **„Berufsausbildung"** ist durch die einschlägigen Rechtsvorschriften, insbesondere das Berufsausbildungsgesetz (BAG) definiert. Die Begriffe **„Schulung"** und **„Umschulung"** sind weit auszulegen. Sie umfassen institutionalisierte Formen, also eigene Einrichtungen (siehe dazu die Erl 7 bis 9), ebenso wie einzelne Bildungsveranstaltungen. Auch Maßnahmen, die nicht unmittelbar der Berufsausübung dienen, können darunter fallen.

Informationspflicht des Betriebsinhabers

²) Es handelt sich um eine Informationspflicht des Betriebsinhabers, der er **von sich aus** und nicht erst auf Anfrage des Betriebsrates nachkommen muss. Der Informationspflicht hat der Betriebsinhaber auch unabhängig von den periodischen Beratungen (§ 92) **zum ehestmöglichen Zeitpunkt**, und zwar **schon im Stadium der Planung**, zu entsprechen. Der Betriebsrat soll also die Möglichkeit haben, in einem Zeitpunkt in die Diskussion um Schulungs- und Bildungsmaßnahmen des Betriebes einzugreifen, in dem **noch keine fertigen Pläne** vorliegen. Die Vorstellungen des Betriebsrates

zu bestimmten Angelegenheiten sollen noch in der Planung verwertet werden können.

Vorschlagsrecht des Betriebsrates – Beratungspflicht des Betriebsinhabers

³) Das Recht des Betriebsrates, Vorschläge zu erstatten, bzw die Verpflichtung des Betriebsinhabers, darüber zu beraten, kann im Rahmen der **periodischen Beratungen** (§ 92), muss aber auf Verlangen des Betriebsrates **auch außerhalb** derselben erfüllt werden.

Das Vorschlagsrecht des Betriebsrates besteht unabhängig von etwaigen Plänen des Betriebes für Schulungs- oder Bildungsmaßnahmen. Die Vorschläge können sich sowohl auf bereits bestehende Pläne als auch auf Neuerungen beziehen.

Betriebsvereinbarung über Art und Umfang der Mitwirkung

⁴) Unter „Maßnahmen" muss man im Unterschied zu „Einrichtungen" (vgl unten, Erl 7) punktuelle Aktivitäten zur Bildung oder Schulung der Arbeitnehmer verstehen (also zB die einmalige Durchführung einer Exkursion oder einer Einschulung).

Der Betriebsrat hat wohl das Recht, an der Planung und Durchführung von Maßnahmen der betrieblichen Berufsausbildung, Schulung und Umschulung mitzuwirken, er hat aber keine Möglichkeit, solche Maßnahmen zu erzwingen. Nur dort, wo es zwingende Rechtsvorschriften gibt, deren Einhaltung der Betriebsrat zu überwachen hat, wie zB auf dem Gebiet der **Berufsausbildung** (vgl § 89 Z 3 und die Erl 21 zu § 89), kann (und muss) der Betriebsrat geeignete Schritte zur Verwirklichung der vorgeschriebenen Maßnahmen setzen.

Werden Schulungs- oder Ausbildungsmaßnahmen vom Betriebsinhaber getroffen, hat der Betriebsrat das Recht, an der Durchführung solcher Maßnahmen mitzuwirken. Über **Art und Umfang der Mitwirkung** kann gem § 97 Abs 1 Z 19 eine Betriebsvereinbarung abgeschlossen werden. Es handelt sich hier also – im Unterschied zur erzwingbaren Betriebsvereinbarung nach Abs 6 (siehe Erl 7) – um eine **fakultative Betriebsvereinbarung**. Liegt eine solche vor, kann der Betriebsrat die in der Betriebsvereinbarung enthaltenen Mitwirkungsrechte durch Klage beim Arbeits- und Sozialgericht durchsetzen (Näheres zur Betriebsvereinbarung nach § 97 Abs 1 Z 19 bei *Preiss,* Erl 10 zu § 97).

In einer solchen Betriebsvereinbarung kann beispielsweise die Errichtung einer **Kommission** unter Beteiligung des Betriebsrates vorgesehen sein, die im Betrieb für die Planung und Durchführung derartiger Maßnahmen zuständig ist. Es kann aber auch vorgesehen werden, dass der Betriebsrat bei der Durchführung bestimmter Maßnahmen (etwa solcher, die auch die Arbeitnehmer finanziell belasten könnten oder bei denen Unterschiede zwischen Arbeitnehmergruppen gemacht werden) ein Vetorecht ausüben und damit die Maßnahme verhindern kann.

Nach § 60 der Betriebsrats-Geschäftsordnung soll eine Mitwirkung des Betriebsrates insbesondere bei der Erstellung von **Richtlinien** über folgende Punkte vereinbart werden:
- Auswahl der mit der Durchführung der betrieblichen Berufsausbildung betrauten Personen (Ausbilder);
- Auswahl der mit der Koordination der gesamten Ausbildung betrauten Personen;
- Ausbildung in bestimmten Lehrberufen im Hinblick auf die gem § 2 Abs 6 BAG erforderliche Einrichtung und Führung des Betriebes;
- Auswahl von Arbeitnehmern für betriebliche Schulungs- und Umschulungsmaßnahmen;
- Abschluss von besonderen Ausbildungsverträgen;
- Abschluss und rechtzeitige Ausfertigung von Lehrverträgen;
- Beachtung der Berufsbilder bei der Lehrlingsausbildung;
- Einhaltung der Verhältniszahlen (§ 8 Abs 3 BAG).

**Teilnahme an
Verhandlungen über Arbeitsmarktförderung**

⁵) Zur Förderung der Erlangung von Arbeits- oder Ausbildungsplätzen oder zur Sicherung einer Beschäftigung sieht das **Arbeitsmarktförderungsgesetz** 1969 (AMFG), BGBl Nr 31/1969, die Gewährung von **Beihilfen** vor. Die diesbezüglichen Regelungen wurden inzwischen mehrfach novelliert, die ursprünglich im AMFG enthaltenen Bestimmungen über Beihilfen zur Förderung von arbeitsmarktpolitischen Betreuungseinrichtungen aufgehoben.

In der nunmehr geltenden Fassung sieht das AMFG folgende arbeitsmarktpolitische Förderungsmaßnahmen vor:
- Beihilfen zum Ausgleich kurzfristiger Beschäftigungsschwankungen (§ 27 AMFG);
- arbeitsmarktpolitische Maßnahmen für Klein- und Mittelunternehmen (§ 27a AMFG);
- Kurzarbeitsbeihilfen (§§ 29 ff AMFG);
- Beihilfen zum Ausgleich längerfristiger Beschäftigungsschwierigkeiten (§ 35 AMFG);
- arbeitsmarktpolitische Maßnahmen für Unternehmen in Problemregionen (§ 35a AMFG).

Darüber hinaus enthält auch das **Arbeitsmarktservicegesetz** (AMSG), BGBl Nr 313/1994, Bestimmungen über **Beihilfen**. Solche Beihilfen dienen insbesondere dem Zweck,

- die Überwindung von kostenbedingten Hindernissen der Arbeitsaufnahme,
- eine berufliche Aus- oder Weiterbildung oder die Vorbereitung auf eine Arbeitsaufnahme,
- die (Wieder-)Eingliederung in den Arbeitsmarkt und
- die Aufrechterhaltung einer Beschäftigung

zu fördern (§ 34 Abs 2 AMSG).

Die Bestimmungen des AMFG und des AMSG werden von den Organisationen des **Arbeitsmarktservice** (§ 1 AMSG) vollzogen. Bei der Erfüllung seiner Aufgaben hat das Arbeitsmarktservice auf einen angemessenen **Ausgleich der Interessen der Arbeitgeber und der Arbeitnehmer** zu achten (§ 31 Abs 2 AMSG).

Zu den **Dienstleistungen** des Arbeitsmarktservice gehören insbesondere (§ 32 Abs 2 AMSG)
- Information über den Arbeitsmarkt und die Berufswelt,
- Beratung bei der Berufswahl,
- Unterstützung bei der Herstellung oder Erhaltung der Vermittlungsfähigkeit von Arbeitskräften,
- Unterstützung der Qualifizierung von Arbeitskräften,
- Unterstützung von Unternehmen bei der Suche und Auswahl geeigneter Arbeitskräfte sowie der Gestaltung der innerbetrieblichen Arbeitskräfteplanung,
- Unterstützung von Arbeit Suchenden bei der Suche und Auswahl eines Arbeitsplatzes und
- Unterstützung von Unternehmen und Arbeitskräften bei der Schaffung und Erhaltung von Arbeitsplätzen.

Soweit das Arbeitsmarktservice Dienstleistungen nicht selbst bereitstellen kann oder deren Bereitstellung unzweckmäßig oder unwirtschaftlich wäre, hat es dafür zu sorgen, dass solche Leistungen auf Grund von Verträgen, zB durch Übertragung an geeignete Einrichtungen, zur Verfügung gestellt werden (§ 32 Abs 3 AMSG).

Das **Teilnahmerecht des Betriebsrates** nach § 94 Abs 4 bezieht sich auf alle **Verhandlungen zwischen dem Betriebsinhaber und dem Arbeitsmarktservice** über **Maßnahmen der betrieblichen Schulung, Umschulung und Berufsausbildung**, gleichgültig, aus welchem Anlass derartige Verhandlungen geführt werden und von wem die Initiative dazu ausgeht.

Durch die ArbVG-Novelle 1986 wurde das Mitwirkungsrecht des Betriebsrates auf die Gewährung von „investiven Förderungen" durch die Arbeitsmarktverwaltung ausgedehnt. Auch wenn einige der früher im AMFG enthaltenen diesbezüglichen Bestimmungen inzwischen aufgehoben oder durch andere Förderungsmaßnahmen ersetzt wurden, ist das Teilnahmerecht des Betriebsrates an Verhandlungen zwischen dem

Betriebsinhaber und dem Arbeitsmarktservice in diesem Zusammenhang weiterhin gegeben.

Der Betriebsinhaber hat dem **Betriebsrat** den **Zeitpunkt und Gegenstand** von Verhandlungen mit dem Arbeitsmarktservice **rechtzeitig, also jedenfalls vorher mitzuteilen.** Werden solche Verhandlungen im Betrieb durchgeführt, ergibt sich das Teilnahmerecht des Betriebsrates auch aus § 89 Z 3.

Teilnahme bedeutet selbstverständlich nicht bloß passives „Dabeisein", der Betriebsrat kann und soll bei solchen Verhandlungen entsprechend seinem gesetzlichen Auftrag die Interessen der Arbeitnehmer aktiv einbringen.

Auf Grund des **allgemeinen Interventionsrechts** nach § 90 kann sich der Betriebsrat auch unabhängig von den im § 94 Abs 4 angesprochenen Verhandlungen in allen Angelegenheiten, die die Interessen der Arbeitnehmer des Betriebes berühren, jederzeit an das Arbeitsmarktservice wenden.

Teilnahme an Besichtigungen im Zusammenhang mit der Berufsausbildung

[6]) Vgl auch § 89 Z 3 und die Erl 22 zu § 89. An solchen Besichtigungen hat auch der Jugendvertrauensrat ein Teilnahmerecht.

Aus der Formulierung „... die Planung und Durchführung der betrieblichen Berufsausbildung berühren" ergibt sich einerseits, dass das Teilnahmerecht des Betriebsrates bereits im **Planungsstadium** gegeben ist, und andererseits, dass es auch bei behördlichen Besichtigungen besteht, die zwar nicht unmittelbar Angelegenheiten der betrieblichen Berufsausbildung betreffen, damit aber **in Zusammenhang** stehen.

Als **Behörden**, die Besichtigungen im Zusammenhang mit der Berufsausbildung vornehmen, kommen vor allem die in Vollziehung des BAG tätigen Behörden, die Lehrlingsstellen und die Bezirksverwaltungsbehörden, in Betracht. Auch die Arbeiterkammern sind berufen, an der Überwachung der fachlichen Ausbildung von Lehrlingen mitzuwirken und Betriebsbesichtigungen in diesem Zusammenhang durchzuführen (§ 5 AKG).

Teilnahme an der Verwaltung von Schulungs- und Bildungseinrichtungen

[7]) Unter „Verwaltung" ist die Regelung laufender Angelegenheiten einer bestimmten Einrichtung zu verstehen. Demgegenüber bedeutet „Durchführung" (Abs 3) die Realisierung eines Planes über eine Einrichtung oder über eine Maßnahme auf dem Gebiet der betrieblichen Bildung oder Schulung.

Eine „Einrichtung" ist die Institutionalisierung einer bestimmten Maßnahme. Allerdings ist keine bestimmte Organisationsform für eine „Einrichtung" iSd § 94 notwendig. Auch ein regelmäßig aufscheinender Budgetposten kann verwaltet werden und ist daher als „Einrichtung" im weitesten Sinn anzusehen (vgl auch Erl 1 zu § 95).

Die Errichtung solcher Einrichtungen liegt im Ermessen des Betriebsinhabers, sie kann vom Betriebsrat nicht erzwungen werden.

Die Errichtung, Ausgestaltung und Auflösung von betriebs- und unternehmenseigenen Schulungs- und Bildungseinrichtungen ist Gegenstand einer **fakultativen Betriebsvereinbarung** nach § 97 Abs 1 Z 19 (siehe auch die Erl 8 und Erl 10 von *Preiss* zu § 97). Besteht eine solche Einrichtung, hat der Betriebsrat das Recht, an deren **Verwaltung** teilzunehmen. Wie und in welchem Umfang das geschieht, ist durch eine Betriebsvereinbarung zu regeln. Kommt eine solche Betriebsvereinbarung nicht zustande, kann sowohl vom Betriebsrat als auch vom Betriebsinhaber ein Antrag an die Schlichtungsstelle (§§ 144 bis 146 und 159) zur Schlichtung bzw Festsetzung der Betriebsvereinbarung gestellt werden (**erzwingbare Betriebsvereinbarung** gem § 97 Abs 1 Z 5 und Abs 2; Näheres siehe bei den Erläuterungen zu § 97).

Eine über Art und Umfang der Teilnahme an der Verwaltung abgeschlossene Betriebsvereinbarung kann nicht gekündigt werden, eine Abänderung oder Aufhebung kann wiederum nur durch eine Einigung zwischen Betriebsrat und Betriebsinhaber erfolgen; kommt eine solche nicht zustande, entscheidet ebenfalls über Antrag die Schlichtungsstelle.

Beispiele für Schulungs- und Bildungseinrichtungen, deren Errichtung durch den Betriebsrat zwar nicht erzwungen, bei denen aber eine Teilnahme des Betriebsrates an der Verwaltung durchgesetzt werden kann, wenn sie bestehen:
– Lehrwerkstätten;
– Ausbildungskurse für bestimmte Arbeitnehmergruppen;
– Einschulungskurse bei bestimmten Tätigkeiten, wie zB EDV-Kurse;
– Sprachkurse für ausländische Arbeitnehmer, aber auch für Inländer, die in ihrem Beruf eine Fremdsprache brauchen;
– Durchführung regelmäßiger Bildungsreisen oder -ausflüge.

Betriebsvereinbarung über Errichtung, Ausgestaltung und Auflösung von Schulungs- und Bildungseinrichtungen

[8]) Während der Betriebsrat die Möglichkeit hat, die Teilnahme an der Verwaltung von Bildungs- oder Schulungseinrichtungen des Betriebes zu erzwingen, ist der Abschluss einer Betriebsvereinbarung über die Errichtung, die Ausgestaltung (zB finanzielle Dotierung) und die Auflösung einer solchen Einrichtung nur auf beiderseits freiwilliger Basis durchzuführen (**fakultative Betriebsvereinbarung** gem § 97 Abs 1 Z 19). Wird jedoch eine solche Vereinbarung abgeschlossen, so ist ihre Einhaltung durch Klage beim Arbeits- und Sozialgericht durchsetzbar.

Zusammenfassend seien nochmals die im Rahmen von betrieblichen Bildungs- und Schulungsaktivitäten möglichen **Betriebsvereinbarungen** erwähnt:
1. Betriebsvereinbarung über Art und Umfang der Mitwirkung des Betriebsrates bei der Planung und Durchführung allgemeiner Maßnahmen (nicht erzwingbar);
2. Errichtung von betriebs- oder unternehmenseigenen Schulungs- und Bildungseinrichtungen (nicht erzwingbar);
3. Ausgestaltung solcher Einrichtungen (va finanziell, baulich, nicht erzwingbar);
4. Verwaltung laufender Angelegenheiten in solchen Einrichtungen (erzwingbar);
5. Auflösung solcher Einrichtungen (nicht erzwingbar, aber Anfechtung der Auflösung beim Arbeits- und Sozialgericht möglich; vgl § 94 Abs 8 und die Erl 9).

Anfechtung der Auflösung von Schulungs- und Bildungseinrichtungen

[9]) Die Möglichkeit zur Anfechtung der Auflösung einer betriebs- oder unternehmenseigenen Schulungs- oder Bildungseinrichtung wurde in der Regierungsvorlage und im Ausschussbericht zum ArbVG wie folgt erläutert:

„Wurde eine Betriebsvereinbarung abgeschlossen, welche die Voraussetzungen enthält, unter denen eine Schulungs- und Bildungseinrichtung aufgelöst werden kann, so ist der Verstoß gegen diese Betriebsvereinbarung beim Einigungsamt anfechtbar. Im übrigen muß die Auflösung betrieblicher Schulungs- und Bildungseinrichtungen grundsätzlich möglich sein, da sonst die Einrichtung derselben dem Betriebsinhaber billigerweise nicht zumutbar wäre. Jedoch soll die Auflösung auch bei Nichtvorliegen einer Betriebsvereinbarung nicht in der Willkür des Betriebsinhabers liegen, sondern über Antrag des Betriebsrates beim Einigungsamt anfechtbar sein, wenn sie nicht durch die wirtschaftliche Situation des Betriebes bedingt ist und den Interessen der Belegschaft widerspricht. Diese Regelung soll auch vermeiden, daß auf dem Umweg über die Drohung mit der Auflösung der Bildungs- und Schulungseinrichtungen das Mitwirkungsrecht des Betriebsrates bei der Verwaltung derselben ausgeschaltet wird." (Erläuternde Bemerkungen zur Regierungsvorlage, 840 BlgNR 13. GP, S 82).

„Wird die Auflösung einer betriebs- oder unternehmenseigenen Schulungs- oder Bildungseinrichtung angefochten, so hat eine Interessensabwägung nur dann stattzufinden, wenn keine Betriebsvereinbarung besteht, welche die Gründe regelt, die zur Auflösung der Einrichtung berechtigen. Besteht hingegen eine entsprechende Regelung durch Betriebsvereinbarung, hat das Einigungsamt nur das Vorliegen oder Nichtvorliegen eines in der Betriebsvereinbarung

vorgesehenen Auflösungsgrundes zu prüfen." (Bericht des Ausschusses für soziale Verwaltung, 993 BlgNR 13. GP, S 3).

Diese Erläuterungen sind auch für die Rechtslage nach dem Arbeits- und Sozialgerichts-Anpassungsgesetz, BGBl Nr 563/1986, weiterhin zutreffend, die Anfechtung ist aber durch **Klage** beim zuständigen Arbeits- und Sozialgericht geltend zu machen. Gibt das Gericht der Klage statt, ist der Betriebsinhaber verpflichtet, die Einrichtung weiterzuführen.

Mitwirkung an betrieblichen Wohlfahrtseinrichtungen

§ 95. (1) Der Betriebsrat hat das Recht, an der Verwaltung von betriebs- und unternehmenseigenen Wohlfahrtseinrichtungen teilzunehmen. Art und Umfang der Teilnahme sind durch Betriebsvereinbarung zu regeln. Kommt zwischen Betriebsinhaber und Betriebsrat über den Abschluß, die Abänderung oder Aufhebung einer solchen Betriebsvereinbarung eine Einigung nicht zustande, entscheidet auf Antrag eines der Streitteile die Schlichtungsstelle[1]).

(2) Die Errichtung, Ausgestaltung und Auflösung betriebs- und unternehmenseigener Wohlfahrtseinrichtungen können durch Betriebsvereinbarung geregelt werden[2]).

(3) Der Betriebsrat kann die Auflösung einer betriebs- oder unternehmenseigenen Wohlfahrtseinrichtung binnen vier Wochen beim Gericht anfechten, wenn

1. die Auflösung der Wohlfahrtseinrichtung den in einer Betriebsvereinbarung vorgesehenen Auflösungsgründen widerspricht, oder
2. eine Betriebsvereinbarung über Gründe, die den Betriebsinhaber zur Auflösung einer Wohlfahrtseinrichtung berechtigen, nicht besteht, der Betriebsratsfonds (Zentralbetriebsratsfonds) oder die Arbeitnehmer zum Errichtungs- und Erhaltungsaufwand der Wohlfahrtseinrichtung erheblich beigetragen haben und die Auflösung unter Abwägung der Interessen der Arbeitnehmer und des Betriebes nicht gerechtfertigt ist[3]).

Schrifttum zu § 95

Eypeltauer, Die Mitwirkung des Betriebsrates an betrieblichen Wohlfahrtseinrichtungen I, II, DRdA 1986, 102 ff, 194 ff;
Eypeltauer, Darlehensaktion als Wohlfahrtseinrichtung und Einzelarbeitsvertrag, DRdA 1988, 172;
Grillberger, Eine Betriebsrats-Cafeteria, DRdA 1991, 158 ff;
Petrovic, Freimilch als betriebliche Wohlfahrtseinrichtung iSd § 95 ArbVG – Arbeitgeber ist zur Aufrechterhaltung nicht verpflichtet, SWK 1991, B I 2;
Spitzl, Auflösung betrieblicher Wohlfahrtseinrichtungen, RdW 1996, 17 ff;
Andexlinger, Arbeitnehmeransprüche „im Rahmen" betrieblicher Wohlfahrtseinrichtungen, RdW 1998, 204 f;
Kuras, Möglichkeiten und Grenzen einzelvertraglicher Gestaltungen im aufrechten Arbeitsverhältnis, ZAS 2003, 19.

Übersicht zu § 95

Begriff „Wohlfahrtseinrichtungen" .... Erläuterung 1
Betriebsvereinbarung über Wohlfahrtseinrichtungen .... Erläuterung 2
Anfechtung der Auflösung von Wohlfahrts-
    einrichtungen .... Erläuterung 3

Begriff „Wohlfahrtseinrichtungen"

[1]) Unter „Wohlfahrtseinrichtungen" sind alle jene institutionalisierten Maßnahmen zu verstehen, die der sozialen Sicherheit der Arbeitnehmer bzw ihrer Familien oder der wirtschaftlichen, kulturellen oder sozialen Förderung der Arbeitnehmer dienen.

Der Begriff „Einrichtung" setzt ein **Mindestmaß an Institutionalisierung und innerer Organisation** voraus (vgl insbesondere *Eypeltauer*, DRdA 1986, 106, sowie die unten angeführte Entscheidung des OGH vom 13. 9. 1995).

Beispielsweise kann man darunter Folgendes verstehen:
- Urlaubsheime;
- Ferienheime oder regelmäßige Ferienaktionen zu Gunsten der Arbeitnehmer und (oder) deren Kinder;
- betriebliche Freizeitanlagen (Sportplätze, Bäder etc);
- Sozialfonds für Härtefälle (Krankheiten, Unglücksfälle in der Familie);
- Heirats- bzw Kinderbeihilfen;
- Werksküchen und anderes mehr.

Dagegen kann zB die bloße Übernahme von **Prämienzahlungen für eine Zusatzkrankenversicherung** durch den Arbeitgeber **nicht** als eine „Verwaltung" erfordernde Wohlfahrtseinrichtung iSd § 95 qualifiziert werden (OGH vom 8. 2. 1989, 9 Ob A 316/88, DRdA 1989, 424 = RdW 1989, 280 = wbl 1989, 277). Auch ein von den Arbeitnehmern in Form eines prozentuellen Lohnabzuges dotierter, vom Arbeitgeber verwalteter **„Auslands-Abgaben-Fonds"**, ohne jegliche Organisationsstrukturen, aus dem ohne Bedachtnahme auf soziale Gesichtspunkte nur die Steuerforderungen ausländischer Staaten bezüglich entsendeter Arbeitnehmer beglichen werden, ist **keine** Wohlfahrtseinrichtung (OGH vom 15. 3. 2000, 9 Ob A 314/99p, RdW 2001/183 = ecolex 2000/270; vgl auch Erl 2 zu § 93).

Ein **„Pensionsfonds"** mit Gewinnbeteiligung der Arbeitnehmer, aber ohne Mitwirkungsmöglichkeit des Betriebsrates ist keine Wohlfahrtseinrichtung iSd § 95 ArbVG. Für eine Wohlfahrtseinrichtung ist wesentlich, dass eine gewisse Institutionalisierung vorliegt und dem Betriebsrat das Recht zukommt, an der Verwaltung teilzunehmen (OGH vom 13. 9. 1995, 9 Ob A 77/95, DRdA 1996, 63 mit Anm von *Eypeltauer* = infas 1996, A 52 = RdW 1996, 430 = ZAS 1996/20 mit Anm von *Binder*).

Während der Betriebsrat kein Recht auf Schaffung betriebs- oder unternehmenseigener Wohlfahrtseinrichtungen hat, besteht dann ein **Recht auf Teilnahme an der Verwaltung** solcher Einrichtungen, wenn sie vom Betriebsinhaber geschaffen wurden. Über die Art und den Umfang der Teilnahme an der Verwaltung ist eine **Betriebsvereinbarung** abzuschließen.

Kommt eine solche Betriebsvereinbarung nicht zustande, kann sowohl vom Betriebsrat als auch vom Betriebsinhaber ein Antrag an die Schlichtungsstelle (§§ 144 bis 146 und 159) zur Schlichtung bzw Entscheidung gestellt werden (**erzwingbare Betriebsvereinbarung** gem § 97 Abs 1 Z 5).

Eine über Art und Umfang der Teilnahme an der Verwaltung abgeschlossene Betriebsvereinbarung kann nicht gekündigt werden, eine Abänderung oder Aufhebung kann wiederum nur durch eine Einigung zwischen Betriebsrat und Betriebsinhaber erfolgen, kommt eine solche nicht zustande, entscheidet ebenfalls über Antrag die Schlichtungsstelle.

Von großer praktischer Bedeutung ist die **Abgrenzung zwischen betrieblicher „Wohlfahrtseinrichtung"** und Leistungen, die auf Grund des **Einzelarbeitsvertrages** dem Arbeitnehmer zustehen. Wohlfahrtseinrichtungen können nämlich unter bestimmten Voraussetzungen wieder aufgelöst werden (hinsichtlich der Anfechtungsmöglichkeit siehe Erl 2 und 3), einzelvertragliche Leistungsansprüche müssen dagegen vom Arbeitgeber erfüllt werden, soweit und solange die vertragliche Verpflichtung besteht. Judikatur und Lehre haben sich in mehreren Fällen mit dieser Abgrenzungsproblematik befasst und folgende Lösungen erarbeitet:

Nach dem ArbVG liegt sowohl die Errichtung als auch grundsätzlich die Auflösung einer Wohlfahrtseinrichtung im Ermessen des Betriebsinhabers, während jene freiwilligen Sozialleistungen, die nicht den Wohlfahrtseinrichtungen zuzurechnen sind, ihren ursprünglich freiwilligen Charakter verlieren und insofern verpflichtend werden können, als sie auf konkludente Weise (§ 863 ABGB) Inhalt des Einzelvertrages werden. Grundsätzlich ist für die Abgrenzung zwischen betrieblicher Wohlfahrtseinrichtung und Leistungen, auf die ein einzelvertraglicher Anspruch entsteht, der Verpflichtungswille des Arbeitgebers maßgebend. Ob dieser (nur) auf die Bereitstellung einer Gemeinschaftseinrichtung oder aber (auch) auf die Leistungserbringung an bestimmte einzelne Arbeitnehmer gerichtet war, muss im Einzelfall nach dem konkreten Sachverhalt beurteilt werden. Im Zweifel kann nicht davon ausgegangen werden, dass der Arbeitgeber individuelle Leistungen vorbehaltlos und mit der Absicht, sich für die Zukunft zu verpflichten, erbringt.

Bei einer **Darlehensaktion** handelt es sich um eine **Wohlfahrtseinrichtung** iSd § 95 ArbVG; die Zuwendung geldwerter Vorteile an die Belegschaft im Rahmen einer solchen Aktion stellt kein „Entgelt" dar, auf das einzelvertraglich Anspruch bestünde (OGH vom 24. 2. 1987, 14 Ob A 5/87, Arb 10.609 = infas 1987, A 108 = DRdA 1988, 172 mit Anm von *Eypeltauer* = DRdA 1989, 201 mit ausführlicher Bespr von *Ch. Klein* = ZAS 1988, 172 mit Anm von *Stöhr-Kohlmaier* = RdW 1987, 236 = wbl 1987, 217).

Bei entsprechender Organisation und Institutionalisierung können auch **Werkswohnungen** Wohlfahrtseinrichtungen iSd § 95 sein. Die Vergabe von Werkswohnungen an die Arbeitnehmer ist als Akt der Verwaltung der Wohlfahrtseinrichtung anzusehen. Für die Qualifikation von Werkswohnungen als Wohlfahrtseinrichtung ist nicht erforderlich, dass die Wohnungen unter dem angemessenen Benützungsentgelt vergeben werden. Eine Zinsstützung durch den Arbeitgeber kann allerdings einzelvertraglichen Verpflichtungscharakter annehmen (OGH vom 4. 12. 1991, 9 Ob A 212/91, Arb 10.980 = infas 1992, A 69 = DRdA 1992, 207 mit Anm von *Eypeltauer* = RdW 1992, 245 = ecolex 1992, 259 = JBl 1992, 803).

Auch die Beschäftigung eines zweimal wöchentlich ordinierenden **Betriebszahnarztes** auf Kosten des Arbeitgebers stellt eine Wohlfahrtseinrichtung iSd § 95 dar. Durch die Bereitstellung dieser Wohlfahrtseinrichtung bringt der Arbeitgeber nur einen Verpflichtungswillen gegenüber der gesamten Belegschaft zum Ausdruck. Individuelle Ansprüche der Arbeitnehmer können daraus nicht abgeleitet werden (OGH vom 24. 10. 1990, 9 Ob A 238/90, infas 1991, A 23 = DRdA 1991, 314 mit zustimmender Anm von *Mosler* = RdW 1991, 153 = ecolex 1991, 117 = wbl 1991, 104).

Auch **Werksbusse** (Zubringerbusse für Pendler) sind als betriebliche Wohlfahrtseinrichtung anzusehen, bei der der Arbeitgeber, wenn überhaupt, nur einen Verpflichtungswillen gegenüber der gesamten Belegschaft oder der Benützergruppe, nicht aber gegenüber einzelnen Arbeitnehmern zum Ausdruck bringt. Es besteht daher kein einzelvertraglicher Anspruch auf Beibehaltung eines Werksbusses (OGH vom 15. 3. 1989, 9 Ob A 288/88, infas 1990, A 94 = DRdA 1990, 469).

Die Vergabe von **Freimilch** an Arbeitnehmer an exponierten Arbeitsplätzen ist ebenfalls als Wohlfahrtseinrichtung anzusehen. Ist die Leistung arbeitsplatz- und nicht personenbezogen, entsteht kein einzelvertraglicher Anspruch darauf. Die Einstellung liegt im Ermessen des Arbeitgebers (OGH vom 27. 6. 1990, 9 Ob A 170/90, Arb 10.875 = RdW 1991, 21 = wbl 1990, 376; vgl auch OLG Wien vom 3. 5. 1995, 8 Ra 34/95, ARD 4667/9/95).

Dass **Werksküchen** Wohlfahrtseinrichtungen iSd § 95 sind, ist unbestritten. Ob eine betriebs- oder unternehmenseigene Werksküche vom Betriebsinhaber bzw Unternehmen selbst oder aber von einer „Fremdfirma" geführt wird, ist für die Qualifikation als betriebliche Wohlfahrtseinrichtung nicht relevant. Die Mitwirkungsrechte des Betriebsrates sind daher auch bei „Fremdführung" gegeben.

Betreibt der **Betriebsrat** selbst in den Räumen des Betriebsinhabers mit Einrichtungsgegenständen, die im Eigentum des Betriebsinhabers stehen, der auch einen Teil der Personalkosten trägt, eine **Cafeteria**, so ist auch diese als betriebliche Wohlfahrtseinrichtung zu werten (siehe *Grillberger*, DRdA 1991, 158 ff).

Die Existenz einer Wohlfahrtseinrichtung iSd § 95 ArbVG schließt das Entstehen einzelvertraglicher Verpflichtungen des Arbeitgebers gegenüber den Arbeitnehmern nicht aus. Erfolgt die Gewährung von **Ermäßigungen bei der Benützung städtischer Einrichtungen** (hier: Kindergarten oder Hort) durch die Stadtgemeinde als Arbeitgeber nicht nur an die Arbeitnehmer, sondern in gleicher Höhe auch an andere Personengruppen, so handelt es sich um entgeltferne Begünstigungen, denen der erforderliche Zusammenhang mit der Arbeitsleistung fehlt, und die mangels Entgeltcharakter nicht den Arbeitgeber für die Zukunft verpflichtender Inhalt der Einzelarbeitsverträge wurden (OGH vom 6. 4. 1994, 9 Ob A 354/93, DRdA 1995, 39 mit Anm von *Eypeltauer*).

Bei nur ganz lose mit den Arbeitsleistungen zusammenhängenden Begünstigungen, die erkennbar andere Ziele verfolgen (hier: **Zuschüsse zu Theater- und Konzertabonnements**), ist bei der Frage der konkludenten Vertragsergänzung kein eher großzügiger Maßstab anzulegen. Insbesondere ist ein ausdrücklicher Widerrufsvorbehalt in solchen Fällen nicht zu fordern. Solche nur den Interessierten in wechselnder Höhe gewährten Zuschüsse haben keinen arbeitsrechtlichen Entgeltcharakter (OGH vom 18. 4. 1996, 8 Ob A 270/95, DRdA 1997, 27 mit krit Anm von *Eypeltauer*).

Es kann dahin gestellt bleiben, ob Leistungen als betriebliche Wohlfahrtseinrichtungen iSd § 95 ArbVG zu qualifizieren sind, wenn die vom Arbeitgeber durch regelmäßige, vorbehaltlose Gewährung bestimmter Leistungen begründete **betriebliche Übung** durch die – schlüssige – Zustimmung der Arbeitnehmer zur schlüssigen Ergänzung des Einzelvertrages jedes begünstigten Arbeitnehmers und damit zu einzelvertraglichen Ansprüchen führt. Zwar können Arbeitnehmer auf eine Wohlfahrtseinrichtung als solche nicht vertrauen. Vom Arbeitgeber im Rahmen einer Wohlfahrtseinrichtung erbrachte entgeltwerte Leistungen, die keinen eindeutigen kollektiven Charakter in diesem Sinne haben, dass sie von jedermann (objektiv) erkennbar ungeeignet sind, als individuelle Ansprüche Bestandteil der betroffenen Einzelarbeitsverträge zu werden (zB **Betriebsausflug, Werkskindergarten**), können aber – sofern die einzelnen Arbeitnehmer auf Grund der gegebenen Umstände auf einen entsprechenden Verpflichtungswillen des Arbeitgebers vertrauen können – einzelvertragliche Verpflichtungen des Arbeitgebers für die Zukunft auslösen (OGH vom 22. 10. 1997, 9 Ob A 105/97z, DRdA 1998, 268 mit zustimmender Anm von *Eypeltauer; Andexlinger*, RdW 1998, 204; ARD 4932/9/98; vgl auch OGH vom 11. 8. 1993, 9 Ob A 141/93, DRdA 1994, 145 mit Anm von *Apathy* = ecolex 1993, 768).

Für eine betriebliche Wohlfahrtseinrichtung iSd § 95 ArbVG ist ua maßgeblich, dass es sich dabei um Leistungen handelt, die zufolge des kollektiven Bezuges an die Gesamtheit der Belegschaft gerichtet sind, unabhängig davon, welches einzelne Belegschaftsmitglied die Leistung jeweils in Anspruch nimmt. Das hat umgekehrt zur Folge, dass kein einzelvertraglicher Anspruch auf Aufrechterhaltung einer solchen betrieblichen Wohlfahrtseinrichtung besteht und daher die Fortführung einer **Personalkantine** zur **Abgabe von verbilligtem Mittagessen** vom einzelnen Arbeitnehmer nicht eingeklagt werden kann; es besteht aber ein Anspruch auf Weitergewährung der Sachleistung „verbilligtes Mittagessen" in anderer Form (OGH vom 13. 11. 1997, 8 Ob A 219/97g, Arb 11.668 = infas 1998, A 49 = DRdA 1998, 212; DRdA 1999, 49 mit Anm von *Wachter* = RdW 1998, 217 = ARD 4947/17/98 = ZAS 1998/16 mit Anm von *Pircher*).

Betriebsvereinbarung über Wohlfahrtseinrichtungen

²) Auf die **Errichtung, Ausgestaltung und Auflösung** von betriebs- und unternehmenseigenen Wohlfahrtseinrichtungen hat der Betriebsrat nur dann Einfluss, wenn hierüber eine Betriebsvereinbarung abgeschlossen wurde. Eine Verpflichtung des Betriebsinhabers zum Abschluss einer solchen Betriebsvereinbarung besteht nicht (**fakultative Betriebsvereinbarung** nach § 97 Abs 1 Z 19). Wird jedoch eine solche Betriebsvereinbarung abgeschlossen, ist ihre Einhaltung beim Arbeits- und Sozialgericht durchsetzbar (vgl Erl 4 zu § 94).

Dagegen sind **Art und Umfang der Teilnahme** des Betriebsrates **an der Verwaltung** von betriebs- und unternehmenseigenen Wohlfahrtseinrichtungen durch eine **erzwingbare Betriebsvereinbarung** zu regeln (§ 97 Abs 1 Z 5; siehe auch Erl 1 und die Erl 10 zu § 97).

Anfechtung der Auflösung von Wohlfahrtseinrichtungen

³) Siehe sinngemäß Erl 9 zu § 94 Abs 8, der ähnlich lautet.
Anfechtungsgründe sind
a) wenn die Auflösung den in einer Betriebsvereinbarung vorgesehenen Auflösungsgründen widerspricht, wobei das Gericht keine Ermessensentscheidung treffen, sondern nur das Vorliegen eines Auflösungsgrundes prüfen kann,
b) wenn keine Betriebsvereinbarung vorliegt, aber
  – der Betriebsratsfonds (Zentralbetriebsratsfonds) oder die Arbeitnehmer in einer anderen Form als der Betriebsratsumlage sowohl zur Errichtung als auch zum Erhaltungsaufwand der Wohlfahrtseinrichtung erheblich beigetragen haben **und**
  – die Auflösung unter Abwägung der Interessen der Arbeitnehmer und des Betriebes nicht gerechtfertigt ist, wobei das Gericht eine Interessensabwägung vorzunehmen hat.

Gibt das Gericht der Anfechtungsklage statt, ist der Betriebsinhaber verpflichtet, die Wohlfahrtseinrichtung weiterzuführen.

Zustimmungspflichtige Maßnahmen

§ 96. (1) Folgende Maßnahmen des Betriebsinhabers[1]) bedürfen zu ihrer Rechtswirksamkeit[2])[3]) der Zustimmung des Betriebsrates[4]):
1. Die Einführung einer betrieblichen Disziplinarordnung[5]);
2. die Einführung von Personalfragebögen, sofern in diesen nicht bloß die allgemeinen Angaben zur Person und Angaben über die fachlichen Voraussetzungen für die beabsichtigte Verwendung des Arbeitnehmers enthalten sind[6]);
3. die Einführung von Kontrollmaßnahmen und technischen Systemen zur Kontrolle der Arbeitnehmer, sofern diese Maßnahmen (Systeme) die Menschenwürde berühren[7]);
4. insoweit eine Regelung durch Kollektivvertrag oder Satzung nicht besteht, die Einführung und die Regelung von Akkord-, Stück- und Gedinglöhnen, akkordähnlichen und sonstigen leistungsbezogenen Prämien und Entgelten – mit Ausnahme der Heimarbeitsentgelte –, die auf Arbeits(Persönlichkeits)bewertungsverfahren, statistischen Verfahren, Datenerfassungsverfahren, Kleinstzeitverfahren oder ähnlichen Entgeltfindungsmethoden beruhen, sowie der maßgeblichen Grundsätze (Systeme und Methoden) für die Ermittlung und Berechnung dieser Löhne bzw Entgelte.[8])[9])[10])

(2) Betriebsvereinbarungen in den Angelegenheiten des Abs 1 können, soweit sie keine Vorschriften über ihre Geltungsdauer enthalten, von jedem der Vertragspartner jederzeit ohne Einhaltung einer Frist schriftlich gekündigt werden. § 32 Abs 3 zweiter Satz ist nicht anzuwenden[11]).

Schrifttum zu § 96

Floretta, Das rechtliche Schicksal der im Zeitpunkt des Inkrafttretens des Arbeitsverfassungsgesetzes geltenden Betriebsvereinbarungen und Arbeitsordnungen, DRdA 1974, 245;

Schwarz W., Probleme sozialer und personeller Mitbestimmung im Betrieb, DRdA 1975, 65;

Floretta, Einige Probleme der Rechtsetzungsbefugnis im Betriebsverfassungsrecht, DRdA 1976, 197;

Holzer, Die zustimmungspflichtige Maßnahme – zur Struktur eines neuen Rechtsinstitutes, ZAS 1976, 206;

Schnorr, Grundfragen des Arbeitsverfassungsgesetzes, DRdA 1976, 112;

Jabornegg, Probleme des Arbeitsverfassungsrechtes, DRdA 1977, 200;

Kropf/Schwarz B., Die Betriebsvereinbarung (1978);

Wresounig, Mitbestimmung und Rechtskontrolle: Dargestellt an einzelnen Fragen der §§ 96 und 110 ArbVG, DRdA 1978, 104;

Grillberger, Ein umstrittener Personalfragebogen, DRdA 1979, 148;

Strasser, Zur Mitbestimmung bei Kontrolleinrichtungen nach österreichischem und deutschem Recht, in FS Müller (1981) 609;
Holzer, Strukturfragen des Betriebsvereinbarungsrechts (1982);
Tomandl, Rechtsprobleme bei der Einführung und Anwendung von Kontrollmaßnahmen, ZAS 1982, 163;
Cerny, Entgeltregelungen in Betriebsvereinbarungen, in FS Strasser (1983) 487;
Firlei, Mitbestimmung durch Inhaltsnormen? in FS Floretta (1983) 469;
Grillberger, Rechtliche Grenzen der Ermittlung von Arbeitnehmerdaten im Arbeitsrecht und Datenschutzgesetz, in FS Floretta (1983) 380;
Mosler, Personalinformationssysteme und Mitbestimmung der Belegschaft gemäß § 96 Abs 1 Z 3 ArbVG, DRdA 1983, 253;
Schnorr, Erfüllung arbeitsvertraglicher Pflichten und Persönlichkeitsschutz des Arbeitnehmers, in FS Strasser (1983) 97;
Schrank, Betriebsvereinbarungen über die Leistungsentgelte, in *Tomandl* (Hrsg), Probleme des Einsatzes von Betriebsvereinbarungen (1983) 81;
Schwarz B./Wrobel/Retzer/Ziniel/Lauber, Leitfaden für Betriebsvereinbarungen (1983);
Schwarz W., Obligatorische und normative Dimensionen der Betriebsvereinbarung, in FS Strasser (1983) 465;
Stadler, Zur arbeitsverfassungsrechtlichen Mitbestimmung bei Automationsmaßnahmen, in FS Floretta (1983) 607;
Tomandl, Einschränkungen des Entlassungsrechts durch kollektivvertragliche Disziplinarordnungen – dargestellt am Beispiel des Kollektivvertrages der Versicherungsangestellten (Innendienst), RdW 1983, 108;
Tomandl, Probleme im Zusammenhang mit Betriebsvereinbarungen über Kontrollmaßnahmen, in *Tomandl* (Hrsg), Probleme des Einsatzes von Betriebsvereinbarungen (1983) 1;
Funk/Krejci/Schwarz W., Zur Registrierung von Ferngesprächsdaten durch den Dienstgeber, DRdA 1984, 285;
Schwarz B., Zulässigkeit der Datenüberlassung ins Ausland ist ua auch durch § 96 Abs 1 Z 3 ArbVG begrenzt; Kriterien für „Kontrollmaßnahmen, welche die Menschenwürde berühren" – Datenschutzkommission v 12. 4. 1984, GZ 175.526/29-DSK/84, DRdA 1984, 367;
Trost, Leistungsentgeltprobleme aus kollektivrechtlicher Sicht, DRdA 1985, 269;
Löschnigg, Die Mitbestimmung des Betriebsrates bei Personaldatensystemen (1986);
Marhold, Datenschutz und Arbeitsrecht (1986);
Mohr, Telefonanlage ohne Zielnummernregistrierung nicht zustimmungspflichtig, RdW 1986, 182;
Teichmann, Zeiterfassung im Betrieb, DRdA 1987, 227;
Schwarz W., Der gläserne Arbeitnehmer? (1988);

Schwarz W., Menschenwürde und betriebliche Mitbestimmung, in FS Schnorr (1988) 275;
Teichmann, Neue Methoden der Personalbeurteilung, DRdA 1988, 479;
Löschnigg, VwGH zur Mitbestimmung bei Telefondatenerfassungsgeräten, EDVuR 1989, 68;
Marhold, Nachwirkung zwingender Betriebsvereinbarungen? RdW 1989, 367;
Petrovic, Elektronische Telefongesprächsregistrierung – Zustimmung des Betriebsrates notwendig? SWK 1989, B I 23;
Amon/Gerlach, Nicht nur heiße Luft! Betriebsklimaanalysen als Anwendungsfall von Betriebsumfragen, ecolex 1991, 554;
Peschek, Sind Miniröcke und kurze Hosen ein arbeitsrechtliches Problem? RdW 1992, 343;
Trachimow, Personalinformationssysteme und Mitarbeitervertretung (1992);
Jabornegg, Die Provision als Arbeitsentgelt, in FS Strasser (1993) 137;
Strasser, Geltung des § 96 Abs 1 Z 4 ArbVG für die Regelung von Abschluß- bzw Vermittlungsprovisionen? DRdA 1993, 93;
Tinhofer, Darf der Arbeitgeber das Tragen von Personalausweisen anordnen? RdW 1994, 16;
Firlei, Kontrollmaßnahme Firmenausweis, DRdA 1997, 510;
ARD, Internet-Programme zur Mitarbeiterüberwachung und Arbeitszeiterfassung bei Bildschirmarbeit, ARD 4933/9/98;
Binder M., Detektiveinsatz und Arbeitnehmerkontrolle, in FS Tomandl (1998) 11;
Gruber B. W., Die „sonstigen leistungsbezogenen Prämien und Entgelte" iSd § 96 Abs 1 Z 4 ArbVG, RdW 1998, 345;
Binder, Das betriebliche Disziplinarrecht im Widerstreit, RdW 1999, 600;
Holzer, Zur Mitbestimmung bei Personalbeurteilungssystemen, ASoK 1999, 146;
Rotter, Internetzugang für Arbeitnehmer, ASoK 1999, 118;
Löschnigg, Die Vereinbarung erfolgsabhängiger Entgelte, DRdA 2000, 467;
Achitz/Krapf/Mayerhofer, Leitfaden für Betriebsvereinbarungen (2001);
Blum, Informationsgrundrechte und Arbeitswelt am praktischen Beispiel eines Call Center, in *Österreichische Juristenkommission* (Hrsg), Grundrechte in der Informationsgesellschaft (2001) 177;
Dellisch, Private E-mail und Internetnutzung am Arbeitsplatz, ASoK 2001, 316;
Gruber B. W., Überwachung der dienstlichen Verwendung von Internet und E-Mail, in *Österreichische Juristenkommission* (Hrsg), Grundrechte in der Informationsgesellschaft (2001) 167;
Löschnigg, Entgelte mit Zielvorgaben und Mitbestimmungspflicht, in FS Cerny (2001) 419;

Melzer-Azodanloo, Tele-Arbeitsrecht (2001);
Mosler, Mitbestimmung der Belegschaft bei leistungs- und erfolgsbezogenen Entgelten, in FS Cerny (2001) 433;
Obereder, E-Mail und Internetnutzung aus arbeitsrechtlicher Sicht, DRdA 2001, 75;
Strohmaier, Personalinformationssysteme und Mitbestimmung (2001);
Laimer/Mayr, Rechtsprobleme bei der Internetnutzung am Arbeitsplatz, ecolex 2003, 113;
Laimer/Mayr, Zum Spannungsverhältnis von Arbeitgeber- und Arbeitnehmerinteressen rund um die EDV-Nutzung, DRdA 2003, 410;
K. Posch, Die e-Mail-Nutzung aus arbeitsrechtlicher Sicht, in *IT.LAW.AT* (Hrsg), e-Mail – elektronische Post im Recht (2003) 75;
Kolm, Leistungs- und erfolgsbezogene Entgeltfindung – Erscheinungsformen in der Praxis, in *Resch* (Hrsg), Leistungs- und erfolgsbezogene Entgeltfindung (2003) 13;
Preiss, Betriebliche Mitbestimmung im Zusammenhang mit leistungs- und erfolgsbezogener Entgeltfindung, in *Resch* (Hrsg), Leistungs- und erfolgsbezogene Entgeltfindung (2003) 31;
Reissner, „Performance Management"-Konzepte und betriebliche Mitbestimmung, DRdA 2003, 503;
Brodil, Die Registrierung von Vermittlungsdaten im Arbeitsverhältnis, ZAS 2004, 17;
ders, Die Kontrolle der Nutzung neuer Medien im Arbeitsverhältnis, ZAS 2004, 156;
Kotschy/Reimer, Die Überwachung der Internet-Kommunikation am Arbeitsplatz, Ein Diskussionsbeitrag aus datenschutzrechtlicher Sicht, ZAS 2004, 167;
Kraft, Internet und E-Mail am Arbeitsplatz, ARD 5481/11/2004;
Parziale/Riener-Hofer, Biometrie: Begriff und Diskussionsstand, juridikum 2004, 79;
Resch, Arbeitsrecht und Internet, in *Plöckinger/Duursma/Mayrhofer* (Hrsg), Internet-Recht (2004) 231;
Kneihs, Betriebliches Disziplinarrecht und Verfassung, DRdA 2005, 136;
Sacherer, Datenschutzrechtliche Aspekte der Internetnutzung von Arbeitnehmern, RdW 2005, 173;
Sacherer, Internet am Arbeitsplatz als zustimmungspflichtige Kontrollmaßnahme, RdW 2005/714, 627;
Löschnigg, Biometrische Daten und Arbeitsverhältnis. Zur Zulässigkeit betrieblicher Zutrittskontrollsysteme mittels biometrischer Daten, ASoK 2005, 37;
Naderhirn, Kollektives Arbeitsrecht und Arbeitnehmerkontrolle, in *Resch* (Hrsg), Die Kontrolle des Arbeitnehmers (2005) 91;
Hattenberger, Die Bedeutung des Datenschutzrechts für das Arbeitsverhältnis, in *Resch* (Hrsg), Die Kontrolle des Arbeitnehmers (2005) 13;

Reissner/Kallnig, Unechte Betriebsvereinbarung. Zur rechtlichen Bedeutung eines „juristischen Nichts", JAP 2005/2006/16, 97;
Freudhofmeier, Aspekte der privaten Nutzung des Internet durch den Arbeitnehmer, taxlex 2006, 41;
Leitner, Rechtliche Aspekte der IT-Überwachung am Arbeitsplatz, lex:itec 2006 H 1, 34;
Knyrim/Kurz/Haidinger, Whistleblowing-Hotlines: Mitarbeiter „verpfeifen" zulässig?, ARD 5681/5/2006;
Schruiff, Grenzen und Zulässigkeit der Überwachung von Mitarbeitern am Arbeitsplatz, NV 2006, 100;
Löschnigg, Datenschutz und Kontrolle im Arbeitsverhältnis, DRdA 2006, 459;
Preiss, Jahresgespräche und Mitbestimmung des Betriebsrates, infas 2007, 6;
Rauch, Zur privaten Nutzung des PC und des Telefons im Arbeitsverhältnis, ASoK 2007, 169;
Schrank, Kontrollmittel Fingerscanning?, ZAS 2007/16, 97 (Editorial);
Jabornegg, Grenzen der Gestaltungsmöglichkeiten durch Kollektivvertrag und Betriebsvereinbarung und deren gerichtliche Kontrolle, in *Jabornegg/Resch/Stoffels* (Hrsg), Vertragsgestaltung im Arbeitsrecht (2007) 1;
Maurer, Biometrische Arbeitszeiterfassung durch Fingerscanning, RdW 2007/371, 348;
Burgstaller, Arbeitszeitkontrolle durch Fingerscans. Einsatz neuer Technologien zur Arbeitszeitkontrolle, lex:itec 2007 H 3, 16;
Riesenkampff, Die arbeitsrechtliche Zulässigkeit der Installation von Videokameras in Ladenlokalen, ecolex 2007, 743;
Knyrim/Bartlmä, Big Brother im Unternehmen. Datenanwendungen, ihre Rechtsprobleme und deren Lösung, ecolex 2007, 740;
Mair/Rainer, Zielvereinbarungen im Arbeitsverhältnis, ÖJZ 2007/69, 799;
Risak, Notwendige Betriebsratsmitbestimmung bei Zielerreichungsprämien?, RdW 2007/760, 738;
Sacherer, Der digitale Personalakt – Ist das „papierlose Personalbüro" zulässig?, RdW 2008/57, 96.

Übersicht zu § 96

Bedeutung der „Zustimmungspflicht"	Erläuterung 1
Form der Zustimmung	Erläuterung 2
Art der zustimmungspflichtigen Maßnahmen	Erläuterung 3
Rechtsschutz bei Maßnahmen ohne Betriebsvereinbarungen	Erläuterung 4
Disziplinarordnungen	Erläuterung 5
Personalfragebögen	Erläuterung 6

Kontrollmaßnahmen .... Erläuterung 7
Leistungsentgelte .... Erläuterungen 8 bis 10
Beendigung von Betriebsvereinbarungen
nach § 96 .... Erläuterung 11

Bedeutung der „Zustimmungspflicht"

[1]) Die in **§ 96 Abs 1 angeführten Maßnahmen** des Betriebsinhabers können **rechtswirksam ohne Zustimmung des Betriebsrates nicht gesetzt werden**. Der Betriebsrat hat die Möglichkeit, durch die **Verweigerung seiner Zustimmung** ein „Veto" gegen eine vom Betriebsinhaber geplante Maßnahme einzulegen. **Verweigert der Betriebsrat die Zustimmung** zu einer vom Betriebsinhaber geplanten Maßnahme, so ist in den Angelegenheiten des § 96 eine **Regelung durch Einzelarbeitsvertrag oder Weisung unzulässig**. Die Zustimmung des Betriebsrates kann auch nicht durch die Entscheidung der Schlichtungsstelle oder des Gerichts ersetzt werden (VwGH vom 25. 2. 1987, 86/01/0127, DRdA 1987, 339 = infas 1987, A 69 = RdW 1987, 381 = ARD 3877/3/87 = ZfVB 1987, 1949 = ZfVB 1987, 2194).

Der OGH hat allerdings in einer Entscheidung zu § 96 Abs 1 Z 3 (Kontrollmaßnahmen) ausgesprochen, dass – sollte der Betriebsrat seine Zustimmung zu einer vom Betriebsinhaber angebotenen Betriebsvereinbarung verweigern – der Betriebsinhaber die Schlichtungsstelle gem § 96a Abs 2 mit dem Vorbringen anrufen könne, dass die Kontrollmaßnahme dann nicht mehr die Menschenwürde berühre (siehe Erl 7; OGH vom 13. 6. 2002, 8 Ob A 288/01p, DRdA 2003, 365 mit Anm von *Preiss* = infas 2002, A 100 = Arb 12.240 = ecolex 2002, 904 = ZAS 2004, 40 = ARD 5359/3/2002 = wbl 2002, 518 mit Anm von *Thiele;* vgl dazu auch *K. Posch,* in *Mazal/Risak,* Kapitel IV. Rz 61 und *Brodil,* ZAS 2004, 17). Diese Entscheidung dürfte aber einzelfallbezogen sein und nichts am Systemunterschied zwischen § 96 und § 96a – also zwischen Zustimmungspflicht und ersetzbarer Zustimmung – ändern.

Der Betriebsrat hat also gem § 96 das Recht, bestimmte Maßnahmen des Betriebsinhabers zu verhindern. Sehr oft geht es aber bei den Mitwirkungsrechten, die in § 96 festgelegt sind, in der Praxis **nicht** um die **bloße Verhinderung** (zB eines Leistungslohns), sondern darum, dass der Betriebsinhaber, wenn er diesbezügliche Maßnahmen setzen möchte, mit dem **Betriebsrat darüber verhandeln muss**. Bei solchen **Verhandlungen** kann der **Betriebsrat Bedingungen** stellen, bei deren Erfüllung er der Maßnahme zustimmen würde, um auf diese Weise eine **für die Arbeitnehmer möglichst günstige Regelung** der betreffenden Angelegenheit im Betrieb zu erreichen.

Es handelt sich um „**notwendige Mitbestimmung**" in dem Sinn, dass zur **rechtmäßigen Durchführung bestimmter Maßnahmen** im Betrieb die **Zustimmung des Betriebsrates** erforderlich ist. Da in formeller Hinsicht der Abschluss einer Betriebsvereinbarung (Erl 2) notwendig ist, kann man derartige Regelungen als „**notwendige Betriebsvereinbarungen**" bezeichnen (Erl 2 zu § 97 und *Cerny*, ArbVR 2[3] Erl 2 zu § 29).

Zweck der Mitbestimmung gem § 96 ist es nicht, Maßnahmen des Betriebsinhabers jedenfalls zu blockieren oder gar zu verhindern. § 96 soll dem Betriebsrat eine starke Verhandlungsposition geben, damit er zum Schutz der Belegschaft ein gutes Verhandlungsergebnis für eine Betriebsvereinbarung erzielen kann (diesen Aspekt übersehend OGH vom 15. 12. 2004, 9 Ob A 90/02d, DRdA 2003, 362 mit Anm von *Preiss*). Auch die präventive Kontrolle durch das Zustimmungserfordernis ist ein wesentlicher Zweck der Bestimmung (OGH vom 13. 6. 2002, 8 Ob A 288/01p, DRdA 2003, 365 mit Anm von *Preiss* = ecolex 2002, 904 = ZAS 2004, 40 = wbl 2002, 518 mit Anm von *Thiele*).

Form der Zustimmung

[2]) Gem **§ 97 Abs 1 Z 24** können **Betriebsvereinbarungen** in Angelegenheiten des § 96 mit **normativer Wirkung** abgeschlossen werden. Damit ist aber noch nicht geklärt, ob die Zustimmung zu einer Maßnahme iSd § 96 **nur in Form einer Betriebsvereinbarung** oder in beliebiger Form erteilt werden kann. Die Absicht des Gesetzgebers und der Zweck der Regelung sprechen eindeutig für die **Notwendigkeit einer Betriebsvereinbarung** gem § 96 (vgl auch VfGH vom 16. 10. 1976, B 69/76, Arb 9534 = ZAS 1977, 68 mit Anm von *Strasser* = JBl 1977, 416 = VfSlg 7912 = ZfVB 1977/2/718; so nun auch ausdrücklich OGH vom 27. 5. 2004, 8 Ob A 97/03b, RIS-Justiz E73868 = DRdA 2004, 466 = ASoK 2005, 74). Eine **formlose Zustimmung** ist **rechtsunwirksam**. Die Gesetzgebungsmaterialien zur Urfassung des ArbVG (AB 993 BlgNR 13. GP 3) sprechen eine deutliche Sprache:

„Nur wenn und insoweit der Betriebsinhaber mit dem Betriebsrat eine Betriebsvereinbarung abgeschlossen hat, sind die in Abs 1 genannten Maßnahmen wirksam. Betriebsvereinbarungen in diesen Angelegenheiten können nicht erzwungen werden; der Betriebsrat kann vielmehr seine Zustimmung zum Abschluß einer Betriebsvereinbarung ohne Angabe von Gründen verweigern."

Der Zweck des Mitwirkungsrechtes des Betriebsrates gem § 96 besteht darin, die vom Betriebsrat vertretenen Arbeitnehmer **vor bestimmten Maßnahmen des Arbeitgebers**, die nach der Wertung des Gesetzgebers besonders einschneidend auf die Arbeitsbedingungen einwirken, zu **schützen**. Dieser **Schutz** soll dadurch erreicht werden, dass dem Betriebsrat ein **Zustimmungsrecht** gegeben wird. **Verstärkt** wird dieser **Schutz** noch dadurch, dass der Betriebsrat seine in Form der Betriebsvereinbarung gegebene **Zustimmung jederzeit ohne Frist kündigen kann**. Der gekündigten Betriebsvereinbarung nach § 96 kommt gem Abs 2 keine Nachwirkung zu; somit kann die **Wirksamkeit** der in der Betriebsvereinbarung festgelegten **Maßnahmen sofort beendet werden** (vgl Erl 11).

Der rechtspolitische Zweck der Vorschrift des § 96 besteht weiters darin, dem Betriebsrat bei der Festlegung entsprechender Arbeitsbedingungen **eine starke Verhandlungsposition** zu verschaffen, um negative Auswirkungen der in § 96 genannten Maßnahmen auf die Arbeitnehmer möglichst zu vermeiden oder gering zu halten. Dieser Zweck des Mitwirkungsrechtes nach § 96, nämlich nicht bloß zu „verhindern", sondern sozialpolitisch heikle Arbeitsbedingungen inhaltlich mitzugestalten, kann durch eine nur mündlich erteilte Zustimmung des Betriebsrates zu bestimmten Maßnahmen nicht erreicht werden. Nur dann, wenn die Bedingungen, unter denen Maßnahmen gem § 96 durchgeführt werden können, in einer **normativen Betriebsvereinbarung** festgehalten sind und **daher auch von den einzelnen Arbeitnehmern durchgesetzt** werden können, ist dem **Schutzzweck** des Mitwirkungsrechts nach § 96 **entsprochen**.

Dementsprechend ist es auch **herrschende Lehre**, dass eine Maßnahme iSd § 96 im Betrieb nur dann rechtmäßig eingeführt werden kann, wenn eine **schriftliche Betriebsvereinbarung** über die Art und Weise der Einführung und Durchführung dieser Maßnahme abgeschlossen wurde (*Löschnigg*, Arbeitsrecht[10] [2003] 106; *Strasser/Jabornegg*, ArbVG[3] [1999] § 96 Anm 5). Wurde eine Maßnahme nur mit mündlicher Zustimmung des Betriebsrates eingeführt, so ist die Einführung rechtswidrig, dem Betriebsrat und dem einzelnen Arbeitnehmer steht Rechtsschutz gegen die Durchführung der Maßnahmen durch den Arbeitgeber zu (vgl dazu Erl 4). Zu den Formvorschriften für Betriebsvereinbarungen siehe *Cerny*, ArbVR 2[3] Erl 3 zu § 29.

Muster für Betriebsvereinbarungen finden sich auf der CD-ROM *Achitz/Krapf/Mayerhofer*, Leitfaden für Betriebsvereinbarungen (2001).

Art der zustimmungspflichtigen Maßnahmen

[3]) § 96 Abs 1 spricht von **Maßnahmen, Regelungen, Systemen und Einführung von ...** . Das bedeutet, dass die Zustimmungspflicht für ein **generelles Verhalten des Betriebsinhabers** und nicht für individuell-konkrete Handlungen, dh für Einzelfälle, gilt (OGH vom 20. 12. 2006, 9 Ob A 109/06d, DRdA 2007, 239 = infas 2007, A 21 = RdW 2007/371, 348 mit Anm von *Maurer*). Die Dauer einer Maßnahme ist irrelevant (so aber unzutreffend EA Wien 16. 3. 1981, Arb 9955, vgl auch Erl 7). Auch eine einmalige Aktion (etwa eine Fragebogenaktion im Sinne der Z 2) ist zustimmungspflichtig, wenn sie nicht bloß einzelne Arbeitnehmer betrifft, also wenn sie generell ist (unklar OGH vom 15. 12. 2004, 9 Ob A 114/04m, DRdA 2005, 362 mit Anm von *Preiss*).

Gibt es noch **keine Betriebsvereinbarung** gem § 96 und ist eine Maßnahme des Betriebsinhabers nur als Einzelfall zu werten, so ist die Zulässigkeit der Maßnahme im Einzelfall unter Zugrundelegung anderer einschlägiger Rechtsvorschriften zu prüfen. In Frage kommen hier vor allem die Bestimmungen des § 100 über die Festsetzung von Leistungsentgelten sowie des

§ 102 über die Verhängung von Disziplinarmaßnahmen im Einzelfall (vgl Erl zu den §§ 100 und 102). Es ist allerdings darauf zu achten, ob es sich tatsächlich nur um einen Einzelfall handelt. Ist der konkrete Anlassfall nämlich als Teil einer allgemeinen Vorgangsweise des Arbeitgebers zu werten, benötigt er eine Zustimmung in Form der Betriebsvereinbarung gem § 96. Gibt es **bereits eine Betriebsvereinbarung** über eine Maßnahme gem § 96, so stellt sie den **normativen Maßstab** für die Zulässigkeit von **Einzelmaßnahmen** für die in der Betriebsvereinbarung bezeichneten Fälle dar.

In jedem Fall verstößt ein Verhalten des Arbeitgebers gegen § 96, wenn das Verbot einer generellen Maßnahme ohne Zustimmung des Betriebsrates durch eine **Reihe von gleichgerichteten Einzelmaßnahmen umgangen** werden soll.

Das Gesetz spricht davon, dass die „**Einführung**" einer Maßnahme iSd § 96 (in den Fällen der Z 4 auch die „Regelung") zustimmungspflichtig ist. Ohne Zustimmung des Betriebsrates ist die „Einführung" rechtsunwirksam. **Maßnahmen**, die ohne Zustimmung des Betriebsrates getroffen, also **rechtsunwirksam „eingeführt"** wurden, **dürfen** daher auch **nicht weitergeführt** werden. Dies ergibt sich nicht nur aus dem Zweck der Vorschrift, sondern auch aus dem Umstand, dass Betriebsvereinbarungen über Angelegenheiten des § 96 jederzeit ohne Nachwirkung gekündigt werden können (Abs 2). Selbst dann, wenn also die Maßnahme berechtigt eingeführt worden ist, kann der Betriebsrat jederzeit die weitere Zulässigkeit der Maßnahme nach der Einführung unterbinden. Auf ohne Zustimmung des Betriebsrates getroffene Maßnahmen muss das umso mehr zutreffen (OGH vom 20. 12. 2006, 9 Ob A 109/06d, DRdA 2007, 239 = infas 2007, A 21 = RdW 2007/371, 348 mit Anm von *Maurer;* in diesem Sinne VfGH vom 16. 10. 1976, B 69/76, Arb 9534 = ZAS 1977, 68 mit Anm von *Strasser* = JBl 1977, 416 = VfSlg 7912 = ZfVB 1977/2/718; VwGH vom 15. 12. 1977, Z 597/76, Arb 9559 = DRdA 1977, 102 = ZfVB 1977/3/853; EA Linz 30. 6. 1986, RdW 1986, 281 = Arb 10.539 = ZASB 1987, 6 = ARD 3879/13/87; verfehlt LG Feldkirch 12. 10. 1976, Arb 9526). Auch die Lehre sieht das so (vgl *Strasser/Jabornegg,* ArbVG[3] [1999] § 96 Anm 8; *Löschnigg,* Arbeitsrecht[10] [2003] 705; *Tomandl,* ZAS 1982, 163).

Grundsätzlich ist zu beachten, dass der Arbeitnehmer bereits auf Grund seiner **individualrechtlichen Stellung Persönlichkeitsschutz** genießt. So wirken etwa die verschiedenen **verfassungsgesetzlich gewährleisteten Grundrechte** (mittelbar) kraft der zivilrechtlichen Generalklauseln (§§ 16 und 879 ABGB) auf das Arbeitsverhältnis ein (OGH vom 20. 12. 2006, 9 Ob A 109/06d, DRdA 2007, 239 = infas 2007, A 21 = RdW 2007/371, 348 mit Anm von *Maurer;* vgl zum allgemeinen Persönlichkeitsrecht *W. Posch* in *Schwimann,* ABGB[3] I § 16 Rz 13 bis 46). Grundrechte wie zB das Recht auf Achtung des Privat- und Familienlebens, der Wohnung und des Briefverkehrs (Art 8 MRK), der Gleichheitsgrundsatz (Art 7 B-VG, Art 2 StGG), der Schutz des Fernmeldegeheimnisses (Art 10a StGG), die Vereinsfreiheit (Art 12 StGG, Art 11 MRK) oder die Meinungsfreiheit

(Art 10 MRK) beschränken die Möglichkeiten des Arbeitgebers, Weisungen zu erteilen und den Arbeitsvertrag zu gestalten (zur Abwägung zwischen dem Eigentumsrecht des Arbeitgebers und den Persönlichkeitsrechten des Arbeitnehmers siehe OGH vom 13. 6. 2002, 8 Ob A 288/01p, DRdA 2003, 365 mit Anm von *Preiss* = infas 2002, A 100 = Arb 12.240 = ecolex, 2002, 904 = ZAS 2004, 40 = ARD 5359/3/2002 = wbl 2002, 518 mit Anm von *Thiele*). Das verfassungsgesetzlich gewährleistete Recht auf Datenschutz (§ 1 DSG 2000) gibt dem Arbeitnehmer darüber hinaus sogar unmittelbaren Schutz gegenüber dem Arbeitgeber (vgl zu den Grundrechten *Berka*, Die Grundrechte (1999) Rz 231 ff und *Walter/Mayer*, Bundesverfassungsrecht[9] [2000] 538 ff bzw Rz 1492). Auch der durch den Gegenstand des Arbeitsverhältnisses vorgegebene Rahmen des Weisungs- und Anordnungsrechtes des Arbeitgebers ist bei jeder Einzelmaßnahme zu beachten. Dieser individualrechtliche Schutz besteht neben und unabhängig von kollektivrechtlichen Schutzinstrumenten, wie etwa der Zustimmungspflicht gem § 96.

Rechtsschutz bei
Maßnahmen ohne Betriebsvereinbarungen

[4]) Die **Einführung und Durchführung** von Maßnahmen iSd § 96 **ohne Zustimmung** des **Betriebsrates** in Form einer **Betriebsvereinbarung** ist **rechtswidrig**.

Rechtswidriges Verhalten eines Betriebsinhabers zieht folgende Konsequenzen nach sich:

– **Weisungen** in diesen Angelegenheiten **müssen vom Arbeitnehmer nicht befolgt** werden. Die Weigerung, entsprechenden Anordnungen des Betriebsinhabers nachzukommen, ist daher kein Entlassungsgrund (OGH vom 20. 4. 1995, 8 Ob A 340/9, ARD 4661/10/95 = RdW 1996, 28 = SWK 1996, B 18). Wird eine Kündigung im Zusammenhang damit, dass sich der Arbeitnehmer einer derartigen rechtswidrigen Weisung widersetzt, ausgesprochen, so ist eine Anfechtung dieser Kündigung nach § 105 Abs 3 Z 1 lit i (vgl Erl 31 zu § 105) möglich. In der Praxis ist aber wegen des Prozessrisikos der Weg der kollektiven Rechtsdurchsetzung durch den Betriebsrat (siehe unten) vorzuziehen.

– Der **einzelne Arbeitnehmer** ist berechtigt, beim Arbeits- und Sozialgericht eine **Klage auf Unterlassung** entsprechender Maßnahmen und Weisungen zu erheben, gegebenenfalls auch auf **Beseitigung bestimmter Einrichtungen**, die zur Durchführung der Maßnahme dienen (VfGH vom 16. 10. 1976, B 69/76, Arb 9534 = ZAS 1977, 68 mit Anm von *Strasser* = JBl 1977, 416 = VfSlg 7912 = ZfVB 1977/2/718; der konkrete Fall bezog sich auf eine Telefonanlage, mit der abgehört werden konnte). Etwa bei unzulässigen Disziplinarmaßnahmen kommt auch eine Klage auf Feststellung der Rechtsunwirksamkeit der Maßnahme in Frage (OGH vom 18. 12. 1979, 4 Ob 123/79, DRdA 1980/21 mit Anm von *Firlei*; OGH vom 4. 3. 1980, 4 Ob 36/79, Arb 9860; OGH vom 18. 9. 1980, 4 Ob 101/80 ua, 9895; OGH vom 16. 9. 1992, 9 Ob A 184/92, DRdA 1993, 310 mit Anm von *Trost*). Auch hier ist darauf hinzuweisen, dass die kollektive Rechtsdurchsetzung durch den Betriebsrat das weniger riskante Verfahren ist.

- Der **Betriebsrat** hat ebenfalls einen **Unterlassungs-, Beseitigungs- bzw Feststellungsanspruch** gegenüber dem Betriebsinhaber mit dem Ziel, den rechtmäßigen Zustand herzustellen (VwGH vom 15. 2. 1977, Z 597/76, Arb 9559; verfehlt ASG Wien 9. 11. 1993, ARD 4537/5/94). Besteht ein Anspruch auf Unterlassung oder Beseitigung, geht dieser dem Feststellungsanspruch vor (VwGH vom 25. 2. 1987, 86/01/0127, DRdA 1987, 339 = infas 1987, A 69), es sei denn, es handelt sich um die besondere Feststellungsklage gem § 54 Abs 1 ASGG.

Der **Anspruch des Betriebsrates** ist gem § 50 Abs 2 ASGG mit Klage beim Arbeits- und Sozialgericht geltend zu machen, **der des Arbeitnehmers** gem § 50 Abs 1 Z 1 ASGG. (Vgl zur Rechtslage vor dem ASGG; VwGH vom 10. 10. 1984, 83/01/0334, DRdA 1987, 125 mit Anm von *Löschnigg* = DRdA 1985, 141 = ARD-HB 1986, 239 = infas 1985, A 45 = RdW 1985, 22 = ZAS 1985, 35 = ZfVB 1985/1145 = ZfVB 1985/902; vgl auch *Kuderna*, Arbeits- und Sozialgerichtsgesetz[2] [1996] Erl 4 bis 7 und 16 zu § 50). Bei Gefahr in Verzug kann das Gericht auf Antrag auch eine einstweilige Verfügung erlassen (vgl etwa OGH vom 15. 12. 2004, 9 Ob A 114/04m, DRdA 2005, 362 mit Anm von *Preiss*).

Zu erwähnen ist allerdings, dass der Betriebsrat nicht berechtigt ist, Unterlassungsansprüche nach dem Datenschutzgesetz (DSG) für die Arbeitnehmer geltend zu machen. Nach der oberstengerichtlichen Judikatur ist der Betriebsrat nicht Betroffener iSd § 4 Z 3 DSG und demnach nach dem DSG nicht aktiv klagsberechtigt. Der Betriebsrat kann demgemäß auch nicht die Erlassung einer einstweiligen Verfügung nach dem DSG – sehr wohl aber nach dem ArbVG, wenn die nötigen Voraussetzungen vorliegen – erwirken (OGH vom 29. 6. 2006, 6 Ob A 1/06z, DRdA 2007/45, 397 mit Anm von *Hattenberger* = ecolex 2006/376, 859 = ARD 5726/7/2006 = wbl 2006/263, 579 = RdW 2007/43, 41).

Die Rechtswidrigkeit von Maßnahmen des Betriebsinhabers, die entgegen den Vorschriften des § 96 ohne Zustimmung des Betriebsrates getroffen wurden, kann sich nicht zu Lasten der Arbeitnehmer auswirken. Wurde zum Beispiel **rechtswidrig in einem Leistungslohnsystem** gearbeitet, so muss der Arbeitgeber dennoch den Leistungslohn zahlen. Er kann sich nicht auf die Rechtswidrigkeit seines eigenen Verhaltens berufen, um daraus entstandene Verpflichtungen abzulehnen. Dasselbe gilt sinngemäß auch für andere Vorteile, die Arbeitnehmer aus an sich rechtswidrigen Weisungen bzw Einzelvereinbarungen in Angelegenheiten des § 96 gegenüber dem Arbeitgeber haben könnten.

Disziplinarordnungen

5) Eine Disziplinarordnung ist eine **generell-abstrakte Regelung** für die Verhängung von Disziplinarmaßnahmen, es geht also um allgemeine und nicht nur auf einen Einzelfall bezogene Vorschriften (vgl Erl 3). Zum Begriff der Disziplinarmaßnahme siehe Erl 1 zu § 102. Disziplinarordnungen enthalten in der Regel einerseits **materielle Bestimmungen**, dh eine Aufzählung der möglichen Pflichtverletzungen und der entsprechenden Sanktionen (Strafen). Andererseits können aber auch **Verfahrensvorschriften** hinsichtlich der Einrichtung und Besetzung von Disziplinarkommissionen, der Durchführung von Disziplinarverfahren, Verhandlungen und Verhängung von Sanktionen getroffen werden (OGH vom 24. 2. 1999, 9 Ob A 1/99h, ZAS 2001/2 mit Anm von *Drs* = Arb 11.838). Gibt es eine kollektivvertragliche Disziplinarordnung, so kann diese auf betrieblicher Ebene durch Betriebsvereinbarung gem § 96 Abs 1 Z 1 genauer bzw betriebsbezogen angepasst werden; günstigere Regelungen (zB geringere Strafen) sind zulässig, wenn das der Kollektivvertrag nicht ausschließt (*Löschnigg*, Arbeitsrecht[10] [2003] 715).

Die **Verhängung von Disziplinarmaßnahmen** durch den Arbeitgeber ist **dreifach eingeschränkt** (vgl Erl 2 zu § 102). Sie muss nämlich

1. **individualarbeitsrechtlich zulässig** sein (Arbeitsvertrag, Gute-Sitten-Klausel) und darf **nicht gegen zwingendes Gesetzesrecht verstoßen** (Arbeitszeitverlängerungen, Entlassung ohne gesetzlichen Grund),
2. im **Kollektivvertrag** oder in einer **Betriebsvereinbarung** gem § 96 Abs 1 Z 1 **vorgesehen** sein *und*
3. der **Betriebsrat** selbst oder eine mit Zustimmung des Betriebsrates eingerichtete Stelle (Kommission) muss **im Einzelfall** der Verhängung **der Disziplinarmaßnahme zustimmen.**

Die in einer betrieblichen Disziplinarordnung vorgesehenen einzelnen Maßnahmen müssen gemessen am Kollektivvertrag und am unabdingbaren Gesetzesrecht zulässig sein. So kann etwa in einer Disziplinarordnung jedenfalls **keine Lohnkürzung unter Kollektivvertragsniveau** vereinbart werden. Zur in der Rechtsprechung unterschiedlich beantworteten Frage, ob Kürzungen überkollektivvertraglicher Entgelte zulässig sind, siehe Erl 1 zu § 102.

Sanktionen in einer Disziplinarordnung können beispielsweise sein: Ermahnungen, Verweise, Anordnung von rechtlich zulässigen Nachteilen, Ausschluss von bestimmten freiwilligen und widerruflichen Begünstigungen udgl. Vgl dazu genau und mit Rechtsprechungsnachweisen Erl 1 zu § 102.

Eine **Disziplinarordnung** kann für die Arbeitnehmer auch einen **erhöhten Schutz vor Kündigungen oder Entlassungen bewirken**, wenn darin das Recht des Arbeitgebers zur einseitigen Auflösung des Arbeitsverhältnisses an ein vorhergehendes Disziplinarverfahren unter Mitwirkung des Betriebsrates gebunden wird. **Kündigungen und Entlassungen können nicht als Disziplinarmaßnahmen isd § 102 angesehen werden.** Werden gleichwohl entsprechende Regelungen vereinbart, ist zu prüfen, in welchem Umfang eine allfällige „Restgültigkeit" anzunehmen ist (OGH vom 17. 3. 2005, 8 Ob A 12/04d, DRdA 2006, 107 mit Anm von *Jabornegg;* OGH vom 22. 2. 2006, 9 Ob A 50/05d, infas 2006, A 56, vgl dazu auch ausführlicher Erl 1 zu § 102). Die Konstituierung einer Disziplinarkommission und das dafür vorgesehene Verfahren kann unter den Tatbestand des § 96 Abs 1 Z 1 subsumiert werden. Aus arbeitsverfassungsrechtlicher Sicht kann die Disziplinarkommission als „Dritter" mit der Konkretisierung bestimmter Rechte des Arbeitgebers betraut werden. Es ist auch unter dem Aspekt eines absolut zwingenden Kerns des Entlassungsrechts des Arbeitgebers nicht bedenklich, wenn er dieses auf einen Dritten überträgt. Es ist zulässig, in den Randbereichen das Entlassungsrecht auszuschließen und dementsprechend wohl auch das Entlassungsrecht mit einem weiten Ermessen einem dafür verantwortlichen „Dritten" zu übertragen (OGH vom 17. 3. 2005, 8 Ob A 12/04d, DRdA 2006, 107 mit Anm von *Jabornegg*).

Betriebliche **Disziplinarregelungen** und Entscheidungen von Disziplinarkommissionen sind durch das Arbeits- und Sozialgericht auf ihre rechtliche und sachverhaltsmäßige Richtigkeit sowie auf die Einhaltung von Verfahrensrechten überprüfbar. Ausführlich dazu siehe Erl 4 und 5 zu § 102.

Unberührt vom Mitwirkungsrecht des Betriebsrates gem Abs 1 Z 1 und gem § 102 bleiben **Disziplinarregelungen**, die auf Grund **öffentlichrechtlicher Bestimmungen** in Geltung stehen (vgl AB 993 BlgNR 13. GP 3 und 4). So sind etwa Beamte, die in ausgegliederten Betrieben (vgl dazu *Gahleitner,* ArbVR 2[3] Erl 3 zu § 33) beschäftigt sind, Arbeitnehmer iSd ArbVG (vgl *Gahleitner,* ArbVR 2[3] Erl 1 zu § 36). Handelt es sich um Bundesbeamte, dann gilt für sie das Disziplinarrecht der §§ 43 ff und 91 ff BeamtendienstrechtsG (BDG) bzw bei Landesbeamten die entsprechenden landesrechtlichen Regelungen. Diese **beamtendienstrechtlichen Disziplinarordnungen unterliegen nicht der notwendigen Mitbestimmung nach § 96 Abs 1 Z 1.** Nach den Personalvertretungsgesetzen gibt es aber (im Vergleich zum ArbVG schwächere) Rechte der Personalvertretungen (vgl etwa § 9 Abs 3 lit c Bundes-PersonalvertretungsG).

Die Zustimmungspflicht zu einer betrieblichen Disziplinarordnung ist gem § 132 Abs 4 auf die Betriebe und Verwaltungsstellen, die der Ordnung der inneren Angelegenheiten der gesetzlich anerkannten Kirchen und Religionsgemeinschaften dienen, nicht anzuwenden (vgl *Cerny,* ArbVR 4[4] Erl 12 zu § 132).

Personalfragebögen

⁶) „**Personalfragebögen**" sind Schriftstücke, die Fragen enthalten, die sich **auf die Person des Arbeitnehmers** beziehen und von dem betreffenden Arbeitnehmer zu beantworten sind. Der wohl häufigste Anwendungsfall, nämlich der **Einstellungsfragebogen**, richtet sich an **Bewerber** um einen Arbeitsplatz, also an **mögliche zukünftige Arbeitnehmer**. Nach dem Wortlaut der Z 2 (arg: ... fachliche Voraussetzungen für die *beabsichtigte* Verwendung ...) sind auch solche Einstellungsfragebögen „Personalfragebögen" iSd § 96. Dies entspricht auch der herrschenden Meinung (vgl *Tomandl/Schrammel*, Arbeitsrecht I⁵ [2004] 191; *Marhold/Mayer-Maly*, Arbeitsrecht II² [1999] 266; *Löschnigg*, Arbeitsrecht¹⁰ [2003] 705; *Strasser/Jabornegg*, ArbVG³ [1999] § 96 Anm 8).

Das Wort „**Fragebogen**" legt nahe, dass der (historische) Gesetzgeber nur **schriftliche Urkunden** im Auge hatte. Um **Umgehungshandlungen** hintanzuhalten, muss auch eine mündliche Befragung (im entsprechenden Umfang), die erst später schriftlich oder auf Datenträger erfasst wird, als Personalfragebogen iSd Gesetzes angesehen werden. Dasselbe gilt, wenn die vom (zukünftigen) Arbeitnehmer beantworteten Fragen zeitgleich oder später in den PC eingegeben werden (in diesem Sinn *Achitz/Krapf/Mayerhofer*, Leitfaden für Betriebsvereinbarungen [2001] 47). Ein Personalfragebogen gem § 96 scheidet auch nicht durch **automationsunterstützte Ermittlung** oder Verarbeitung aus dem Anwendungsbereich der zustimmungspflichtigen Maßnahmen gem § 96 aus. Trotz der Ermittlung oder Verarbeitung am PC bleibt der Personalfragebogen zustimmungspflichtig und fällt nicht wegen der besonderen Ermittlungsart unter § 96a. Eine solche Sichtweise würde nämlich die notwendige Zustimmung zu Gunsten der ersetzbaren Zustimmung aushöhlen (vgl *Löschnigg*, Arbeitsrecht¹⁰ [2003] 705).

Lediglich Fragebögen, die über **allgemeine Angaben** zur Person und über die Qualifikation für die in Aussicht genommene Verwendung **hinausgehen**, sind zustimmungspflichtig (sog **qualifizierte Fragebögen**). Der Arbeitgeber benötigt aus sozialversicherungs- und steuerrechtlichen Gründen sowie zur ordnungsgemäßen Einstufung des Arbeitnehmers in den Kollektivvertrag Angaben des Arbeitnehmers. Solche Fragen und Fragen über Arbeitszeugnisse, Ausbildungen für die beabsichtigte Verwendung, Fragen bezüglich des Namens, des Wohnortes oder des Familienstandes, soweit dies für die Durchführung der Lohnverrechnung notwendig ist, sind mitbestimmungsfrei (sog **schlichte Fragebögen**). Deshalb können bloß einzelne Punkte des Arbeitsvertrages nicht als Personalfragebögen angesehen werden (LG Feldkirch vom 12. 10. 1976, Cga 14/76, Arb 9526). **Bloß mündliche Fragen** bei der Aufnahme sind im Allgemeinen nicht nach § 96 Abs 1 Z 2 zustimmungspflichtig (Ausnahme: Umgehungshandlungen).

Der **OGH** (15. 12. 2004, 9 Ob A 114/04m, DRdA 2005, 362 mit Anm von *Preiss*) **interpretiert den Begriff „Personalfragebogen" eng**, indem er meint, dass nur solche Maßnahmen unter den Begriff Personalfragebogen fallen können, die geeignet sind, dem Arbeitgeber Informationen über persönliche Umstände oder Meinungen eines einzelnen Arbeitnehmers zu verschaffen, an deren Geheimhaltung dieser ein Interesse haben könnte. Bei dieser Entscheidung verkennt der OGH den grundsätzlichen Zweck der Bestimmung des § 96 (vgl die krit Anm von *Preiss* in DRdA 2005, 362).

Die Verwendung des Wortes **„Einführung"** von Personalfragebögen im Gesetz bedeutet nicht, dass bereits bestehende Personalfragebögen nicht der Zustimmung des Betriebsrates unterliegen würden. Die **Weiterverwendung** bestehender qualifizierter Fragebögen bedarf einer Betriebsvereinbarung (in diesem Sinne VfGH vom 16. 10. 1976, B 69/76, Arb 9534 [weitere Fundstellen und Literaturnachweise siehe Erl 3]; verfehlt LG Feldkirch vom 12. 10. 1976, Cga 14/76, Arb 9526).

Unabhängig vom Mitbestimmungsrecht des Betriebsrates gibt es Fragen, die die **Intimsphäre des Arbeitnehmers** betreffen und deshalb keinesfalls gestellt werden dürfen. Es handelt sich dabei vorwiegend um Bereiche, die dem allgemeinen Persönlichkeitsschutz unterfallen (vgl Erl 3).

Folgende Fragen etwa sind regelmäßig als unzulässig zu bewerten:
– Zugehörigkeit zu einer politischen Partei
– Gewerkschaftszugehörigkeit
– Religionszugehörigkeit
– sexuelle Gewohnheiten bzw sexuelle Ausrichtung
– Frage nach einer Schwangerschaft
– Frage nach familiären Plänen (Kinderwunsch)
– Vermögensverhältnisse (Schulden, Exekutionen, Erbschaften udgl)
– Gesundheitszustand (soweit nicht die in Aussicht genommene Stellung bestimmte gesundheitliche Voraussetzungen erfordert)
– Gesundheitszustand der Verwandten (Eltern, Kinder udgl)
– persönliche Verhältnisse von Verwandten (Eltern, Geschwister udgl)
– Fragen bezüglich des Bekanntenkreises (zB „Wer kann über Sie Auskunft geben?")
– Fragen, die den Intimbereich betreffen (zB „Haben Sie einen Freund bzw eine Freundin?")

Derartige Fragen wären selbst dann **nicht zulässig** und könnten ohne nachteilige Rechtsfolge (Entlassung, Vertragsanfechtung) falsch oder gar nicht beantwortet werden, wenn der Betriebsrat ihrer Aufnahme in einen Fragebogen zugestimmt hätte (was er keinesfalls tun sollte). Denn der **Betriebsrat kann nicht durch seine Zustimmung sittenwidrige oder die Grundfreiheiten missachtende Fragen zulassen.** Ob eine solche absolute Rechtswidrigkeit einer Frage vorliegt oder nicht, ist im **Einzelfall** zu entscheiden.

Nicht nur Fragebögen mit Fragen, die typischerweise neu eintretenden Arbeitnehmern gestellt werden, sind zustimmungspflichtig. Auch „**Qualifikationsblätter**" und „**Testbögen**", die von bestimmten Arbeitnehmern während des aufrechten Arbeitsverhältnisses auszufüllen sind, **können** als „**Personalfragebögen**" zustimmungspflichtig sein. Voraussetzung ist allerdings, dass sie (auch) andere als die – mitbestimmungsfreien – allgemeinen Angaben enthalten. Grundsätzlich muss es dem Arbeitgeber möglich sein, sich durch Befragungen und/oder Beurteilungen ein Bild von der beruflichen Qualifikation und der Leistung seiner Arbeitnehmer zu machen. Es wurde zB entschieden, dass **Leistungsbeurteilungsbögen**, die Daten von Lehrlingen unter anderem über Leistungsbereitschaft, Pünktlichkeit, Ordnung am Arbeitsplatz, Ausdauer, Auffassungsgabe, Geschicklichkeit, Initiative, Selbstständigkeit, Verhalten gegenüber anderen, Zuverlässigkeit und optischen Eindruck enthalten, **nicht der Zustimmung des Betriebsrates bedürfen** (EA Wien 18. 2. 1987, RdW 1987, 417 = Arb 10.393). Diese Entscheidung thematisierte allerdings nur die Tatbestände der Z 4 und des § 96a und erwähnte – soweit ersichtlich – die Frage der Zustimmungspflicht nach Z 2 nicht einmal. Da es sich bei den genannten Inhalten um weit mehr als „allgemeine Angaben zur Person und Angaben über die fachlichen Voraussetzungen" handelt, ist die **Entscheidung** als **verfehlt** anzusehen.

Methoden der Personalbeurteilung im Wege von „Mitarbeitergesprächen", „Mitarbeiterbefragungen", „Assessment-Center" (Personalauswahlseminare) etc können unter Z 2 fallen. Werden dabei Schriftstücke verwendet, die als zustimmungspflichtige „Personalfragebögen" zu qualifizieren sind, können solche Methoden nur mit Zustimmung des Betriebsrates angewendet werden (*AK Wien*, infas 1990 H 2, 6). Ansonsten kommen allenfalls Mitwirkungsrechte nach § 96 Abs 1 Z 3 oder 4 oder nach § 96a in Betracht (vgl zusammenfassend *Teichmann*, DRdA 1988, 479).

In jenen Fällen, in denen **Daten über Arbeitnehmer gesammelt** werden, jedoch keine „Personalfragebögen" vorliegen, ist aber auf die **übrigen Mitwirkungsmöglichkeiten** des Betriebsrates zu verweisen (vor allem § 96a). Insbesondere ist auch zu prüfen, ob der Arbeitnehmer durch solche Datensammlungen kontrolliert wird (gegebenenfalls bei Berührung der Menschenwürde Erfüllung des Tatbestandes der Z 3; vgl Erl 7) oder ob der Aufbau neuer Entgeltsysteme, Ordnungsvorschriften oder Rationalisierungsmaßnahmen vorbereitet wird. Bei allen diesen Fällen hat der **Betriebsrat** die **Möglichkeit**, sich zunächst auf Grund der allgemeinen Mitwirkungsbefugnisse (insbesondere nach den §§ 89 bis 91) zur Wahrung der Interessen der Arbeitnehmer über Art, Ziel und Zweck der Datenerhebung zu **informieren**, und sodann weiter gehende Mitwirkungsrechte geltend zu machen (vgl dazu auch die §§ 96a, 97 und 109).

Bei der Ausübung seiner Mitwirkungsrechte sollte der Betriebsrat neuen Methoden der Personalbeurteilung und -entwicklung nicht prinzipiell ablehnend gegenüberstehen. Richtig angewendet können solche

Verfahren nämlich durchaus auch zu mehr Transparenz und verbesserten Aufstiegsmöglichkeiten für die Arbeitnehmer beitragen. Wichtig ist, durch ausreichende Information die Ziele der angewendeten Personalbeurteilungsmethoden möglichst klar zu erkennen und durch entsprechende Regelungen in einer Betriebsvereinbarung für die Arbeitnehmer nachteilige Konsequenzen auszuschließen (siehe auch Erl 9 zu § 96a). Überdies dient das Mitwirkungsrecht des Betriebsrates bei Personalfragebögen auch dazu, den Aufbau von Datensystemen über Arbeitnehmer und damit verbundene unerwünschte Kontrollmöglichkeiten möglichst einzuschränken.

Der Betriebsrat (und bereits beschäftigte Arbeitnehmer) können bei **Streitigkeiten darüber, ob ein qualifizierter und damit zustimmungspflichtiger Fragebogen vorliegt**, das Arbeits- und Sozialgericht anrufen (vgl oben Erl 4). Steht die Zustimmungspflicht außer Streit, ist es Aufgabe des Betriebsrates, unzulässige Fragen zu eliminieren, indem er den Abschluss der notwendigen Betriebsvereinbarung verweigert. Gibt es bereits eine Betriebsvereinbarung, muss sich der Betriebsinhaber an die dort festgelegten Fragen halten. Der Betriebsrat hat **jederzeit** die Möglichkeit, die **Betriebsvereinbarung** zu **kündigen** (§ 96 Abs 2). Dies stärkt die Position des Betriebsrates für den Fall, dass Fragebögen unzulässig erweitert oder unzulässige Fragen gestellt werden.

Bezüglich der **Stellenbewerber** entfaltet die Betriebsvereinbarung keine normative, sondern nur schuldrechtliche Wirkung zwischen Betriebsrat und Betriebsinhaber. Postenwerber haben deshalb keinen Unterlassungsanspruch gegenüber dem Betriebsinhaber, wenn dieser ohne Betriebsvereinbarung qualifizierte Personalfragebögen verwendet. Auch bezüglich unzulässiger Fragen können sich Postenbewerber nur schwer zur Wehr setzen. Sie haben die Möglichkeit, unzulässige Fragen nicht oder falsch zu beantworten. Es ist daher Aufgabe des Betriebsrates, durch die Mitbestimmung bei der Gestaltung von Aufnahmebögen zu erreichen, dass Postenwerber nicht mit unzulässigen Fragen konfrontiert werden.

Die Zustimmungspflicht für qualifizierte Fragebögen ist gem § 132 Abs 4 auf die Betriebe und Verwaltungsstellen, die der Ordnung der inneren Angelegenheiten der gesetzlich anerkannten Kirchen und Religionsgemeinschaften dienen, nicht anzuwenden (vgl *Cerny*, ArbVR 4[4] Erl 12 zu § 132).

Gem §§ 55 ff **SicherheitspolizeiG (SPG)** haben auch private Unternehmen das Recht, Arbeitnehmer bzw Stellenbewerber durch die Sicherheitsbehörde überprüfen zu lassen. Voraussetzung dafür ist, dass der Betroffene der Überprüfung zustimmt und Geheimnisträger im Unternehmen ist bzw sein wird. Die **Sicherheitsüberprüfung** ist gebührenpflichtig und wird auf Grund eines standardisierten Formulars (Sicherheitserklärung) durchgeführt, das der Betroffene selbst ausfüllt. Die Sicherheitsbehörde überprüft sodann die Angaben des Betroffenen und teilt dem anfragenden Unternehmen mit, ob der Betroffene vertrauenswürdig ist oder nicht. Die Inhalte dieser Sicherheitsüberprüfung beziehen sich sehr stark auf die Privatsphäre des Betroffenen (näher dazu *Brodil,* ZAS 2000, 141). Inhaltlich betrachtet ist die Sicherheitserklärung gem § 55b SPG ein qualifizierter Personalfragebogen iSd § 96a Abs 1 Z 2 ArbVG. Setzt ein Betriebsinhaber dieses Instrument ein, unterliegt dies deshalb der Zustimmungspflicht des Betriebsrates.

Kontrollmaßnahmen

[7]) Die rechtliche Beurteilung dieses Mitwirkungsrechtes des Betriebsrates setzt vor allem die Auslegung der Begriffe **„Kontrollmaßnahmen"** (bzw technische Systeme zur Kontrolle der Arbeitnehmer) sowie **„Berühren der Menschenwürde"** voraus.

Europarechtlich hat § 96 Abs 1 Z 3 die Bestimmung Pkt 3 lit b des Anhangs der Bildschirmrichtlinie (90/270/EWG) als Hintergrund. Pkt 3 lit b des Anhangs der BildschirmRL bestimmt, dass *„ohne Wissen des Arbeitnehmers keinerlei Vorrichtung zur quantitativen oder qualitativen Kontrolle verwendet werden darf".* § 96 Abs 1 Z 3 (bereits in der Stammfassung des ArbVG enthalten) setzt damit die EU-rechtliche Vorgabe für Betriebe **mit** Betriebsrat um. Für Betriebe **ohne** Betriebsrat ist gem § 10 AVRAG für Kontrollmaßnahmen iSd § 96 Abs 1 Z 3 die individuelle Zustimmung der Arbeitnehmer nötig (vgl dazu *Binder,* AVRAG [2001] § 10 Rz 1 und *Holzer/Reissner,* Arbeitsvertragsrechtsanpassungsgesetz[2] [2006] 318).

Unabhängig von der mitbestimmungsrechtlichen Frage der Zulässigkeit von Kontrollmaßnahmen (gem § 96 ArbVG bzw § 10 AVRAG) sind zusätzlich auch **andere sondergesetzliche Ge- und Verbote** zu beachten. So spielt für die personenbezogene Verwendung von Arbeitnehmerdaten das **DatenschutzG** 2000 eine zentrale Rolle (vgl Erl 4–9 zu § 91, Erl 4 zu § 96a; siehe mwN *Sacherer,* RdW 2005, 173 und *Kotschy/Reimer,* ZAS 2004, 167). Für genetische Analysen besteht gem **§ 67 GentechnikG** ein **generelles Verbot für Arbeitgeber**, Ergebnisse aus genetischen Analysen von Arbeitnehmern oder Stellenbewerbern zu erheben, zu verlangen, anzunehmen oder sonst zu verwerten (vgl zum Problem der biometrischen Daten im Arbeitsverhältnis *Löschnigg,* ASoK 2005, 37; zu beachten ist allerdings die Definition des Begriffs der genetischen Analyse in § 4 Z 23 GentechnikG).

a) Kontrollmaßnahmen

Unter einer **Kontrollmaßnahme** ist die systematische Überwachung von Eigenschaften, Handlungen oder des allgemeinen Verhaltens von Arbeitnehmern durch den Betriebsinhaber zu verstehen (OGH vom 20. 12. 2006, 9 Ob A 109/06d, DRdA 2007, 239 = infas 2007, A 21 = RdW 2007/371, 348 mit Anm von *Maurer;* EA Linz 19. 12. 1985, ZAS 1986, 23 = ZASB 1986, 18 = EDVuR 1986 H 2, 30 = Arb 10.481). Darunter fällt **jede vom Betriebsinhaber veranlasste Regelung**, die vorschreibt, wann, unter welchen Voraussetzungen und auf welche Weise Arbeitnehmer beim Betreten oder Verlassen des Betriebes oder einzelner Betriebsteile, ferner während ihrer Arbeitsleistung oder überhaupt während ihres Aufenthalts im Betrieb zu irgendeinem Zweck überprüft werden (OGH vom 20. 12. 2006, 9 Ob A 109/06d, DRdA 2007, 239 = infas 2007, A 21 = RdW 2007/371, 348 mit Anm von *Maurer;* EA Wien 20. 6. 1983, RdW 1983, 22 = Arb 10.238 = ARD-HB 1984, 410 im Anschluss an *Strasser* in *Floretta/Strasser,* ArbVG-Handkommentar [1975] 527).

Mit „**Kontrolle**" ist das Erheben gewisser Fakten und deren Vergleich mit einem Sollzustand gemeint (*Reissner* in ZellKomm § 96 ArbVG Rz 21, OGH vom 20. 12. 2006, 9 Ob A 109/06d, DRdA 2007, 239 = infas 2007, A 21 = RdW 2007/371, 348 mit Anm von *Maurer*).

Die Verwendung des Wortes „**Einführung**" von Kontrollmaßnahmen im Gesetz bedeutet nicht, dass bereits bestehende Maßnahmen nicht der Zustimmung des Betriebsrates unterliegen. Auch die **Weiterbenutzung** bedarf einer Betriebsvereinbarung (in diesem Sinne VfGH vom 16. 10. 1976, B 69/76, Arb 9534 [weitere Fundstellen und Literaturnachweise siehe Erl 3]).

Der Begriff der Kontrollmaßnahme ist weit zu verstehen. Es macht keinen Unterschied, ob **Kontrollmaßnahmen durch Menschen** oder **technische Systeme** durchgeführt werden. Technische Systeme zur Kontrolle der Arbeitnehmer sind ebenso erfasst wie sonstige Kontrollmaßnahmen (Kontrolleure, Strichlisten, Zeitmessung, Taschenkontrolle etc; OGH vom 20. 12. 2006, 9 Ob A 109/06d, DRdA 2007, 239 = infas 2007, A 21 = RdW 2007/371, 348 mit Anm von *Maurer*). Es ist **auch irrelevant**, ob die **Kontrollmaßnahmen vom Arbeitgeber selbst**, seinem **Vertreter** am Arbeitsort oder von beauftragten **betriebsfremden Personen** durchgeführt werden (in diesem Sinn zu Z 2 auch OGH vom 15. 12. 2004, 9 Ob A 114/04m, DRdA 2005, 362 mit Anm von *Preiss;* zB Detekteien, deren Einsatz im Wesentlichen nur bei strafrechtlichem Fehlverhalten zu rechtfertigen ist, vgl *Löschnigg,* Arbeitsrecht[10] [2003] 714). Genauso wenig ist es von Bedeutung, ob die Kontrolle eigentlicher Zweck der Maßnahme oder nur ein „Nebeneffekt" einer mit einer anderen Intention gesetzten Maßnahme ist. Unter Kontrollmaßnahmen sind **alle zur Überwachung geeigneten** menschlichen **Verhaltensweisen** und technischen **Vorkehrungen** zu verstehen (*Tomandl,* Probleme im Zusammenhang mit Betriebsvereinbarungen über Kontrollmaßnahmen, in *Tomandl* [Hrsg], Probleme des Einsatzes von Betriebsvereinbarungen [1983] 4). Dies ergibt sich hinsichtlich der technischen Systeme bereits aus dem Wortlaut des § 96 Abs 1 Z 3 („technische Systeme **zur** Kontrolle", vgl *Marhold,* Datenschutz und Arbeitsrecht [1986] 35).

Der Begriff der Kontrollmaßnahme unterliegt auch **keinen Einschränkungen** hinsichtlich des **Verhaltens**, bei dem der Arbeitnehmer kontrolliert wird. Kontrolle ist Kontrolle, gleich ob der Arbeitnehmer unmittelbar bei der Arbeitsverrichtung, hinsichtlich der Einhaltung der Arbeitszeit, beim Zutritt zum oder auch beim Verlassen des Betriebes überwacht bzw kontrolliert wird (vgl *Strasser/Jabornegg,* Arbeitsrecht II[4] [2001] 427). Wobei der Arbeitnehmer kontrolliert wird, spielt aber bei der Frage eine Rolle, ob die Menschenwürde berührt oder verletzt wird. So ist die Kontrolle des Privatlebens oder des Freizeitverhaltens des Arbeitnehmers grundsätzlich unzulässig (vgl aber Erl 6 zur Problematik der Sicherheitsüberprüfung gem §§ 55 ff SPG).

Es kommt auf die **objektive Kontrolleignung** bestimmter Einrichtungen und Maßnahmen an, **nicht** aber **auf die subjektive Absicht** des Betriebsinhabers, kontrollieren zu wollen (hL vgl mwN *Reissner* in ZellKomm, § 96 ArbVG Rz 22; *Laimer/Mayr,* DRdA 2003, 410 bei FN 42; *K. Posch,* in *Mazal/Risak,* Kapitel IV. Rz 60). **Entscheidend ist**, ob auf Grund der **konkreten** organisatorischen und technischen Vorkehrungen die Kontrollmaßnahme jederzeit **eingesetzt werden kann**, nicht ob sie tatsächlich eingesetzt wird (OLG Wien vom 7. 6. 1995, 175.526/29-DSK/84, ARD 4668/16/95 = SWK 1996, B 18; DSK 12. 4. 1984, infas 1984, A 52; VwGH vom 11. 11. 1987, 87/01/0034, infas 1988, A 45 = DRdA 1988, 458 mit krit Anm von *Teichmann* = ARD 3951/11/88 = RdW 1988, 168 = ZAS 1988/12 = ZfVB 1988/1347 = ÖJZ 1989/3A). Stellt beispielsweise ein Betriebsinhaber eine Fernsehkamera zur Beobachtung der Arbeitsplätze auf, so ist es irrelevant, ob sie tatsächlich läuft und ob der Bildschirm, von dem aus kontrolliert werden kann, immer besetzt ist. Bereits die Aufstellung der Fernsehkamera reicht aus.

Kommt es im Zuge einer Kontrollmaßnahme zu einer Datenerfassung, setzt die Zustimmungspflicht (wenn die Menschenwürde berührt ist) nicht erst bei der Auswertung der Daten, sondern bereits bei der Ermittlung der Daten ein, weil bereits die Datenerfassung die objektive Kontrolleignung bedeutet (idS *Löschnigg,* ASoK 2005, 37 [41]).

Bei der Entscheidung über die Zustimmungspflicht ist **grundsätzlich** auf die **tatsächliche Verwendung** des Kontrollsystems abzustellen. Es kommt aber bei der weiteren Prüfung wesentlich auf die **installierten Programmpakete und auf die Erweiterungsmöglichkeiten** an (elektronisches Telefonkontrollsystem, OGH vom 13. 6. 2002, 8 Ob A 288/01p, DRdA 2003, 365 mit Anm von *Preiss* = infas 2002, A 100 = Arb 12.240 = ecolex 2002, 904 = ZAS 2004, 40 = ARD 5359/3/2002 = wbl 2002, 518 mit Anm von *Thiele;* zu einem Personaldatensystem gem § 96a Abs 1 Z 1 vgl OGH vom 27. 5. 2004, 8 Ob A 97/03b, RIS-Justiz E73868 = DRdA 2004, 466 = ASoK 2005, 74 und Erl 7 zu § 96a). Ausgangspunkt für die Beurteilung eines Kontrollsystems ist somit die konkrete Anlage mit den konkret installierten Möglichkeiten. Ist es aber einfach die Anlage umzuprogrammieren bzw zu erweitern, dann spricht dies für eine Zustimmungspflicht (insofern überholt OLG Wien vom 20. 10. 1995, 9 Ra 123/95, ARD 4714/17/96; EA Linz 19. 12. 1985, ZAS 1986/23 = ZASB 1986, 18 = EDVuR 1986 H 2, 30 = Arb 10.481).

So genannte „ad hoc"-Kontrollen (Sofortkontrollen) bedürfen nur dann nicht der Zustimmung des Betriebsrates, wenn sie **keine generellen**

Maßnahmen sind (EA Wien 16. 3. 1981, Arb 9955; die Gesetzesmaterialien AB 993 BlgNR 13. GP 3 nennen hier den Diebstahlsverdacht als Beispiel). Kontrollmaßnahmen müssen aber **nicht auf Dauer** angelegt sein (so aber unzutreffend EA Wien 16. 3. 1981, Arb 9955 offenbar in Anlehnung an die Gesetzesmaterialien). Im konkreten Fall ging es um die Durchführung von Tests nach einer Schulungsmaßnahme.

b) Berühren der Menschenwürde

Die Frage, ob eine Kontrollmaßnahme die **Menschenwürde berührt** (**bzw verletzt**), ist die für die Zustimmungspflicht entscheidende Frage, da der Begriff der Kontrollmaßnahme weit zu verstehen ist.

Die **Interpretation** des Begriffs „**Menschenwürde**" ist anhand der persönlichkeitsbezogenen Grund- und Freiheitsrechte vorzunehmen. Hier kommen insbesondere das Recht auf Achtung des Privat- und Familienlebens, der Wohnung und des Briefverkehrs (Art 8 MRK), der Gleichheitsgrundsatz (Art 7 B-VG, Art 2 StGG), der Schutz des Fernmeldegeheimnisses (Art 10a StGG), die Vereinsfreiheit (Art 12 StGG, Art 11 MRK), die Meinungsfreiheit (Art 10 MRK) und das (unmittelbar wirkende) Grundrecht auf Datenschutz (§ 1 DSG 2000) in Betracht (OGH vom 20. 12. 2006, 9 Ob A 109/06d, DRdA 2007, 239 = infas 2007, A 21 = RdW 2007/371, 348 mit Anm von *Maurer;* vgl auch Erl 3). Jeder Mensch hat auch während der Zeit, in der er zur Arbeitsleistung in einem Arbeitsverhältnis verpflichtet ist, das Recht auf private persönliche Lebensäußerungen (Reden, Erfüllung persönlicher Bedürfnisse), auf Unversehrtheit der Intimsphäre, auf Freiheit von unbefugter Abbildung oder Aufnahme der Stimme, auf Achtung seines Wertes als menschliches Wesen. Im Arbeitsverhältnis sind vor allem auch die Wertungen der Fürsorgepflicht des Arbeitgebers, die sich nicht nur auf die Rechtsgüter Leben, Gesundheit, Sittlichkeit und Eigentum bezieht, sondern die gesamte Persönlichkeit des Arbeitnehmers umfasst, zu beachten. Schutz der Persönlichkeit impliziert auch Schutz der Individualität, dh der persönlichen Entwicklung, Selbstdarstellung und Bewahrung der Eigenständigkeit. Darin besteht auch der unmittelbare Bezug zum Schutz der Daten einer Person, da sich in ihnen ein Teil ihrer Individualität widerspiegelt (OGH vom 20. 12. 2006, 9 Ob A 109/06d, DRdA 2007, 239 = infas 2007, A 21 = RdW 2007/371, 348 mit Anm von *Maurer*).

Kontrolle an sich verstößt gegen kein Persönlichkeitsgut des Arbeitnehmers, es gehört vielmehr zum Wesen des Arbeitsverhältnisses, dass sich der Arbeitnehmer der Kontrolle durch den Arbeitgeber unterwirft. Der Begriff der Persönlichkeitsrechte des Arbeitnehmers darf aber nicht dahingehend missverstanden werden, dass nur das Kontrollieren privaten Verhaltens während der Arbeit die Menschenwürde berühren würde. **Auch die Kontrolle rein dienstlichen Verhaltens kann zustimmungspflichtig sein.** Durch zu große, über das für die Erreichung des Kontrollzwecks erforderliche Ausmaß hinausgehende Kontrolldichte bei der Arbeit kann jedenfalls die Menschenwürde iSd § 96 Abs 1 Z 3 ArbVG berührt werden

(*Tomandl,* ZAS 1982, 163; unter Bezugnahme darauf OGH vom 13. 6. 2002, 8 Ob A 288/01p, DRdA 2003, 365 mit Anm von *Preiss*). Es kommt also auf die **Intensität der Kontrolle** an. Dabei ist die Art der Kontrolle (durch Menschen oder durch Technik), die zeitliche Dauer (Stichproben oder permanente Kontrolle), der Umfang der Kontrolle (Verknüpfung verschiedener Daten) und die dabei erfassten Datenarten (Sensibilität) ausschlaggebend (*Löschnigg,* ASoK 2005, 37 [42]).

Der Gesetzgeber verfolgt mit der Anknüpfung an die „Menschenwürde" in § 96 Abs 1 Z 3 den **Zweck**, dass die freie Entfaltung der Persönlichkeit des Arbeitnehmers keinen übermäßigen Eingriffen ausgesetzt ist (*Binder* in *Tomandl,* ArbVG § 96 Rz 58; unter Bezugnahme darauf OGH vom 20. 12. 2006, 9 Ob A 109/06d, DRdA 2007, 239 = infas 2007, A 21 = RdW 2007/371, 348 mit Anm von *Maurer*).

Kontrollmaßnahmen können nun mit den Werten der Menschenwürde in unterschiedlicher Weise in Beziehung stehen:

1. Bestimmte **Kontrollmaßnahmen beeinträchtigen die Menschenwürde gar nicht**:

   Wenn der Arbeitgeber beispielsweise durch Vorgesetzte oder auch durch ein technisches Gerät kontrolliert, ob die Arbeitnehmer rechtzeitig am Arbeitsplatz erscheinen und das Ende der Arbeitszeit einhalten (Zeiterfassung), wenn der Arbeitgeber oder dessen Vertreter die Arbeitsergebnisse durch Augenschein, Innenrevision oder technische Geräte kontrolliert, wobei durch die technischen Geräte ausschließlich die Qualität von Material oder Dienstleistung überprüft wird, so ist diese Kontrolle Ausfluss der rechtmäßigen Erfüllung des Arbeitsvertrages; die Art und Weise der Kontrolle berührt in diesen Fällen nicht die Menschenwürde. Derartige Kontrollmaßnahmen können ohne Zustimmung des Betriebsrates vom Betriebsinhaber durchgeführt werden.

   Kontrollmaßnahmen, die die **Menschenwürde nicht berühren** (und auch nicht unter § 96a fallen), sind aber **in der Regel allgemeine Ordnungsvorschriften** und es kann eine **erzwingbare Betriebsvereinbarung gem § 97 Abs 1 Z 1** darüber abgeschlossen werden (vgl Erl 5 zu § 97; VwGH vom 27. 5. 1993, 92/01/0927, ARD 4483/4/93 = RdW 1994, 19 = ZAS 1994, 66 mit Anm von *Beck-Mannagetta* = ZfVB 1994/1607 = ÖJZ 1994/4A; *Tinhofer,* RdW 1994, 16; *Firlei,* DRdA 1997, 510; *K. Posch,* in *Mazal/Risak,* Kapitel IV. Rz 76; *Tomandl/Schrammel,* Arbeitsrecht I[5] [2004] 192). Bei elektronischer Personaldatenerfassung sind, wenn die Menschenwürde nicht berührt bzw verletzt ist, die Vorschriften des § 96a zu beachten (Erl 4 bis 8 zu § 96a).

2. **Kontrollmaßnahmen** können die **Menschenwürde verletzen**:

   Eine Verletzung liegt dann vor, wenn eine Kontrollmaßnahme einen Arbeitnehmer in seinem durch die Grundrechte ausgestalteten **Per-**

sönlichkeitsrecht (Erl 3) **unverhältnismäßig beeinträchtigt** oder das Grundrecht auf **Datenschutz** (§ 1 DSG 2000) verletzt wird. Solche Maßnahmen sind unabhängig davon, ob der Betriebsrat ihnen zugestimmt hat, rechtswidrig. Der einzelne Arbeitnehmer, aber auch der Betriebsrat haben einen Unterlassungs- bzw Beseitigungsanspruch gegenüber dem Arbeitgeber (vgl VwGH vom 15. 2. 1977, Z 597/76, Arb 9.559; genauer zum Rechtsschutz siehe Erl 4).

Zu solchen die Menschenwürde verletzenden Maßnahmen gehören etwa das Abhören von Telefongesprächen des Arbeitnehmers, ohne dass dieser vom Abhören informiert wird, in der Regel auch Leibesvisitationen (Verstoß gegen die Unversehrtheit der Intimsphäre), die Überprüfung des Privatlebens oder das Installieren von Überwachungskameras in Waschräumen, Toilettenanlagen usw.

Auch Maßnahmen, die die **Menschenwürde verletzen**, unterliegen der **Zustimmungspflicht des Betriebsrates** (sog **Dualkonzept**, vgl *Binder* in *Tomandl*, ArbVG § 96 Rz 62; *Strasser/Jabornegg,* Arbeitsrecht II[4] [2001] 396; anderer Ansicht *Marhold*, Kollektives Arbeitsrecht[2] [1999] 270; vgl dazu auch *Preiss* zu OGH vom 13. 6. 2002, 8 Ob A 288/01p, DRdA 2003, 365 [373]). Das bedeutet aber nicht, dass die Unzulässigkeit einer solchen Maßnahme durch eine Betriebsvereinbarung saniert werden könnte. Es soll nur – im Sinne des Schutzes der Arbeitnehmer – jede Kontrollmaßnahme, die die Menschenwürde *zumindest* **berührt** (bzw darüber hinausgehend die Menschenwürde verletzt), dem Zustimmungsrecht des Betriebsrates unterworfen sein.

Könnte der Betriebsinhaber verletzende Maßnahmen setzen, ohne den Betriebsrat fragen zu müssen, wäre es an den einzelnen Arbeitnehmern, sich dagegen individuell zur Wehr zu setzen (der Betriebsrat könnte nur die besondere Feststellungsklage gem § 54 Abs 1 ASGG, aber zB keine Beseitigungsklage erheben). Ein solches Ergebnis würde zu einem massiven Wertungswiderspruch mit den Interessenwahrungsaufgaben des Betriebsrates gem §§ 38, 39 führen. Im Ergebnis ist es also Aufgabe des Betriebsrates, darauf zu achten, dass über Kontrollmaßnahmen, die die Menschenwürde verletzen, keine Betriebsvereinbarung abgeschlossen wird.

3. Kontrollmaßnahmen können die **Menschenwürde berühren**:
Eine Kontrollmaßnahme kann die persönlichkeitsrechtliche Sphäre (Grundrechte, vgl Erl 3) eines Arbeitnehmers zwar beeinträchtigen, aber nicht so massiv in sie eingreifen, dass man bereits von einer Verletzung sprechen könnte. In diesem Fall ist der Tatbestand des „**Berührens der Menschenwürde**" erfüllt, eine **Betriebsvereinbarung** über die nähere **Ausgestaltung der Kontrollmaßnahme** ist abzuschließen, andernfalls kann die Kontrollmaßnahme seitens des Betriebsinhabers nicht durchgeführt werden. Der Betriebsrat wird darauf

dringen, geeignete Rahmenbedingungen in der Betriebsvereinbarung zu verankern. Auch die **Summe von Kontrollmaßnahmen** kann die Menschenwürde berühren. Diesfalls müssten alle Maßnahmen in einer Betriebsvereinbarung geregelt werden.

Das Mitwirkungsrecht des Betriebsrates bezweckt also nicht, menschenunwürdige Arbeitsbedingungen ausnahmsweise mit Zustimmung des Betriebsrates zuzulassen, sondern durch entsprechende Sicherungsmaßnahmen in einer **notwendigen** Betriebsvereinbarung dort, wo Kontrolle und Menschenwürde in Konflikt geraten könnten, die näheren Bedingungen der Kontrollmaßnahmen unter Wahrung der Menschenwürde gemeinsam mit dem Betriebsinhaber normativ festzulegen. Bei der **Festlegung der Bedingungen für die Kontrolle** ist darauf zu achten, dass die **zugelassenen Kontrollmaßnahmen keine übersteigende Intensität** erreichen. Dabei hat eine **umfassende Abwägung der verschiedenen Interessen** stattzufinden (vgl auch *Binder* in *Tomandl*, ArbVG § 96 Rz 59).

So sind einerseits die **Interessen des Arbeitgebers** – der im Arbeitsverhältnis ein grundsätzliches Recht zur Kontrolle der Arbeitnehmer hat, aber darüber hinaus zB auch sein Eigentum sichern und schützen will – und andererseits **die Interessen des Arbeitnehmers** an der Wahrung seiner Persönlichkeitsrechte gegeneinander abzuwägen (OGH vom 20. 12. 2006, 9 Ob A 109/06d, DRdA 2007, 239 = infas 2007, A 21 = RdW 2007/371, 348 mit Anm von *Maurer;* OGH vom 13. 6. 2002, 8 Ob A 288/01p, DRdA 2003, 365 mit Anm von *Preiss* = infas 2002, A 100 = Arb 12.240 = ecolex, 2002, 904 = ZAS 2004, 40 = ARD 5359/3/2002 = wbl 2002, 518 mit Anm von *Thiele*). Das **Prinzip der Verhältnismäßigkeit** hat hier regulierende Funktion. Persönlichkeitsrechte dürfen nur so weit beschränkt werden, als dies durch ein legitimes Kontrollinteresse geboten ist. Es ist also das schonendste – noch zum Ziel führende – Kontrollmittel zu wählen (OGH vom 20. 12. 2006, 9 Ob A 109/06d, DRdA 2007, 239 = infas 2007, A 21 = RdW 2007/371, 348 mit Anm von *Maurer; Binder* in *Tomandl*, ArbVG § 96 Rz 59; *Achitz/Krapf/Mayerhofer,* Leitfaden für Betriebsvereinbarungen [2001] 51; siehe auch *Thiele* in der Anm zu OGH 13. 6. 2002, wbl 2002, 518).

c) **Beispielfälle**

Die folgenden Beispiele dienen zur **Illustration**. Es lassen sich daraus keine absoluten „Stehsätze" ableiten, weil jeder Einzelfall für sich zu beurteilen ist. Zur Orientierung für die Beantwortung der Frage, wann eine Kontrollmaßnahme die Menschenwürde berührt oder verletzt und deshalb mitbestimmungspflichtig ist bzw unter welchen Voraussetzungen sie mitbestimmungsfrei ist, leisten die Beispielsfälle gute Dienste.

- **Überwachungskamera**
Kameraüberwachungssysteme in Toiletten, Waschräumen etc verletzen die Menschenwürde. Ist eine Kamera dauernd auf den Arbeitsplatz eines Arbeitnehmers gerichtet, wird dies in der Regel ebenfalls unzulässig sein. Handelt es sich aber um Überwachungssysteme, die primär der Gefahrenabwehr, dem Diebstahlschutz und ähnlichem dienen (Banken, Supermärkte), und stellt die Kontrolle der Arbeitnehmer einen bloßen Nebenaspekt dar, kommt es darauf an, wie intensiv sich die Überwachung auf die Arbeitnehmer erstreckt. Befindet sich der Arbeitsbereich eines Arbeitnehmers im Blickfeld der Kamera, ist die Menschenwürde berührt (OLG Wien vom 7. 6. 1995, 8 Ra 68/95, ARD 4668/16/95 = SWK 1996, B 18). Wird aber etwa die Beladung von Lkws mit einer Kamera überwacht und die Arbeitnehmer werden nur während eines Teils ihrer Arbeitszeit und dabei nur teilweise von der Kamera erfasst, ist die Menschenwürde nicht berührt (EA Wien 24. 4. 1986, RdW 1986, 281 = Arb 10.518; KG Korneuburg 16. 12. 1988, RdW 1989, 105). Eine Kamera, die nicht einzelne Arbeitnehmer, sondern Betriebseingänge, Betriebsanlagen, Werkshallen udgl überwacht, ist ohne Zustimmung des Betriebsrates zulässig, es sei denn, die Überwachung im Betrieb erreicht ein solches Ausmaß, dass beim Arbeitnehmer das Gefühl dauernder Überwachung entstehen kann (vgl *AK Wien*, infas 1990, 10).
- **Einwegglasscheibe**
Das Arbeiten vor einer Einwegglasscheibe, hinter der sich jederzeit ein Beobachter befinden kann, verletzt die Menschenwürde. Dies ist ein Beispiel für eine exzessive Überwachungsform, weil eine solche Maßnahme beim Arbeitnehmer das dauernde Gefühl einer potenziellen Überwachung auslöst.
- **Produktographen, Nutzungsschreiber**
Ein auf die Erfassung von Maschinengebrechen gerichteter Nutzungsschreiber zur Kontrolle des dauernden Laufes einer Maschine berührt nicht die Menschenwürde, wenn der Arbeitnehmer nur Maschinenstillstände von über 10 Minuten zu begründen hat (EA Linz 30. 6. 1986, RdW 1986, 281 = Arb 10.539 = ZASB 1987, 6 = ARD 3879/13/87).
- **(elektronische) Überwachung des Arbeitnehmers**
Eine Überwachung zB durch automatisches Ein- und Ausschalten eines Gerätes, wenn der konkrete Arbeitsplatz betreten bzw verlassen wird, kann die persönliche Freiheit des Einzelnen über jenes Maß hinaus gefährden, das durch den Gegenstand des Arbeitsverhältnisses gerechtfertigt ist. Es besteht daher ein Mitbestimmungsrecht des Betriebsrates gem § 96 Abs 1 Z 3 (siehe aber die Entscheidung zum Nutzungsschreiber zuvor). Dasselbe gilt für die Registrierung von Daten der automatischen Zugangskontrolle, wenn etwa der Zugang

zu konkreten Arbeits- und Betriebsräumen nur mit Magnetkarten oder Speicherung eines persönlichen Codes möglich ist.
In der Praxis kommt auch eine Kontrolle von Außendienstmitarbeitern oder Lkw-Fahrern mittels **GPS** (Global Positioning System, satellitengestütztes Ortungssystem) oder durch Lokalisierungsfunktionen von **Mobiltelefonen** vor. Hier kommt es auf die Kontrollintensität (Permanenz der Kontrolle, Abgleichungsmöglichkeiten mit anderen Systemen, Aufzeichnungsdauer und Auswertungsmöglichkeiten der Daten etc) und darauf an, welches Interesse der Arbeitgeber an der Verwendung dieser Systeme hat. In der Regel sind solche Systeme jedenfalls zustimmungspflichtig (*Löschnigg*, Arbeitsrecht[10] [2003] 713).

Durch alle elektronischen Kontrollen kann, wenn nicht durch eindeutig nachvollziehbare Regeln in einer Betriebsvereinbarung Offenheit und Klarheit sowie Beschränkung der Auswertungsschritte geschaffen wird, ein Klima von Misstrauen und Angst vor Kontrolle im Betrieb hervorgerufen werden, was ebenfalls die Menschenwürde jedes Arbeitnehmers im Betrieb berührt (EA Wien 20. 6. 1983, RdW 1983, 22 = Arb 10.238 = ARD-HB 1984, 410). Deshalb kann die **Summe der Kontrollmaßnahmen** dazu führen, dass **alle Maßnahmen** einer **Betriebsvereinbarung** bedürfen.

- **Torkontrollen**, Autokontrollen
  Kontrollen der Taschen oder des Kfz beim Zutritt auf das Firmengelände berühren jedenfalls die Menschenwürde und sind deshalb nur mit Betriebsvereinbarung möglich. Eine Leibesvisitation verletzt in der Regel die Menschenwürde. Denkbar ist sie nur in ganz engen Ausnahmefällen.

- **Stechuhr, Zugangskontrollen**
  Eine bloße Anwesenheitskontrolle bzw ein Zeiterfassungssystem ist nach § 96 Abs 1 Z 3 nicht zustimmungspflichtig (OGH vom 20. 12. 2006, 9 Ob A 109/06d, DRdA 2007, 239 = infas 2007, A 21 = RdW 2007/371, 348 mit Anm von *Maurer;* OLG Wien vom 20. 10. 1995, 9 Ra 123/95, ARD 4714/17/96; zur Möglichkeit, eine Betriebsvereinbarung gem § 97 Abs 1 Z 1 zu erzwingen, siehe Erl 5 zu § 97). Werden aber Zugangskontrollen nicht nur am Betriebseingang, sondern etwa direkt an den Arbeitsräumen angebracht, die die Möglichkeit bieten, jedes Betreten und Verlassen des unmittelbaren Arbeitsbereiches zu kontrollieren bzw zu erfassen, berührt dies die Menschenwürde (vgl *AK Wien*, infas 1990, 11). Ob eine solche Maßnahme die Menschenwürde nicht nur berührt, sondern auch verletzt, hängt davon ab, ob es eine sachliche Rechtfertigung für die Kontrolle gibt (zB sicherheitstechnische Vorkehrung in einem Labor). Hinsichtlich Zutrittskontrollen mittels Verwendung **biometrischer Daten** (Fingerabdrücke, Iris- bzw Retinamuster, Handgeometrie etc) kommt es ganz wesentlich auf

die Ausgestaltung des konkreten Systems an (siehe dazu in dieser Erl weiter unten unter „(genetische) Fingerabdrücke" und OGH vom 20. 12. 2006, 9 Ob A 109/06d, DRdA 2007, 239 = infas 2007, A 21 = RdW 2007/371, 348 mit Anm von *Maurer* sowie *Löschnigg,* ASoK 2005, 37).

– **Sicherheitskontrollen**
In manchen Betrieben, wie zB in Banken oder auf Flughäfen, besteht ein legitimes Interesse an Sicherheitskontrollen. Diese Erfordernisse müssen auch für die Mitwirkungsrechte des Betriebsrates berücksichtigt werden, zumal es dabei ja nicht nur um die Sicherheit der Kunden, sondern auch der im Betrieb beschäftigten Arbeitnehmer geht. Kontrolleinrichtungen, die der öffentlichen Sicherheit oder der Verbrechensbekämpfung dienen, sind grundsätzlich zulässig. Allerdings müssen auch solche Kontrollsysteme in einer Art und Weise installiert und betrieben werden, die die persönliche Integrität der dabei beschäftigten Arbeitnehmer unangetastet lässt (vgl *AK Wien,* infas 1990, 10).

– **Sicherheitsüberprüfung gem §§ 55 ff SicherheitspolizeiG**
(vgl Erl 6)
Auch private Unternehmen haben das Recht, Arbeitnehmer durch die Sicherheitsbehörde gegen Gebühr überprüfen zu lassen, wenn der Betroffene Geheimnisträger ist und der Überprüfung zustimmt. Die Sicherheitsüberprüfung ist eine Kontrollmaßnahme iSd § 96 Abs 1 Z 3. Da sie gesetzlich geregelt ist, muss davon ausgegangen werden, dass sie die Menschenwürde nicht verletzt. Eine Berührung der Menschenwürde ist aber jedenfalls gegeben. Deshalb ist das Einsetzen dieses Instruments nur möglich, wenn der Betriebsrat zustimmt. Ist der Betroffene aber zB leitender Angestellter, dann erübrigt sich die Zustimmung des Betriebsrates, weil es sich dann nicht um einen Arbeitnehmer iSd § 36 handelt.

– **Ausweispflicht**
Die Anordnung, am Betriebsgelände einen Ausweis mit Lichtbild zu tragen, berührt nach der Rechtsprechung nicht die Menschenwürde. Es handelt sich allerdings um eine allgemeine Ordnungsvorschrift, gem § 97 Abs 1 Z 1 kann eine Betriebsvereinbarung erzwungen werden (vgl Erl 5 zu § 97, VwGH vom 27. 5. 1993, 92/01/0927, ARD 4483/4/93 = RdW 1994, 19 = ZAS 1994, 66 mit Anm von *Beck-Mannagetta*).

– **Personaltests**
Tests mit Namensnennung zur Beurteilung von Schulungsmaßnahmen des Unternehmens fallen nicht unter § 96 Abs 1 Z 3 (EA Wien 16. 3. 1981, Arb 9955 = ARD-HB 1982, 505).

– **Anonyme Telefontests mit Nennung der positiven Ergebnisse**
Die lobende Erwähnung solcher Ergebnisse stellt ein rechtlich zulässiges Mittel der Arbeitnehmermotivation dar (OLG Wien vom 2. 9. 1992, 32 Ra 95/92, ARD 4406/7/92). In dieser Entscheidung wird ausgeführt, dass es unter Beachtung der Menschenwürde nicht zu beanstanden sei, Arbeitnehmer mit unterdurchschnittlichen Testergebnissen einer zusätzlichen Nachschulung zu unterziehen, in einem vertraulichen Gespräch mit einem Vorgesetzten oder Testleiter mit ihnen Fehler zu erörtern usw. Bei Prüfungen gebe es kein Recht auf Namensanonymität, die Achtung der Menschenwürde gebiete aber, die Kritik auf das funktionell notwendige Maß zu beschränken. Das öffentliche „An-den-Pranger-Stellen" eines Arbeitnehmers, der bei einem Test am schlechtesten abgeschnitten hat, verletzt die Menschenwürde.

– **Telefonsysteme, Gesprächsdatenerfassung**
Der Schutz des **Fernmeldegeheimnisses** ist ein verfassungsgesetzlich gewährleistetes Grundrecht (Art 10a StGG). Das ebenfalls verfassungsgesetzlich gewährleistete Recht auf Achtung des Privat- und Familienlebens, der Wohnung und des Briefverkehrs (Art 8 MRK) umfasst auch den Schutz von (aus Geschäftsräumlichkeiten geführten) Telefonaten sowie der angewählten Nummer einschließlich der Uhrzeit und Dauer des Telefonats (*Berka,* Die Grundrechte (1999) Rz 506 und EGMR 16. 2. 2000, ÖJZ 2001/1 [MRK]). Selbstverständlich stellt jede **strafrechtlich relevante Verletzung des Telekommunikationsgeheimnisses** (§ 119 StGB) zugleich eine Verletzung der Menschenwürde dar. Das Abhören von Telefongesprächen ist grundsätzlich unzulässig, vor allem dann, wenn auch Privatgespräche vom Diensttelefon aus geführt werden dürfen (VfGH vom 16. 10. 1976, B 69/76, Arb 9534 = ZAS 1977, 68 mit Anm von *Strasser* = JBl 1977, 416 = VfSlg 7912 = ZfVB 1977/2/718). Ausnahmsweise kann ein Abhören für zulässig erachtet werden, wenn der Arbeitnehmer darüber unmittelbar (zB optisches Signal) informiert wird.
Nach der jüngsten Rechtsprechung des OGH (OGH vom 13. 6. 2002, 8 Ob A 288/01p, DRdA 2003, 365 mit Anm von *Preiss* = infas 2002, A 100 = Arb 12.240 = ecolex 2002, 904 = ZAS 2004, 40 = ARD 5359/3/2002 = wbl 2002, 518 mit Anm von *Thiele)* sind **automationsunterstützte Telefonregistrieranlagen**, soweit sie personenbezogene Daten erfassen, **niemals zustimmungsfrei**, sondern – je nach Intensität des Eingriffs – nach § 96a ersetzbar oder nach § 96 Abs 1 Z 3 absolut zustimmungsabhängig. Die Einführung eines elektronischen Telefonkontrollsystems, das die **Nummern der angerufenen Teilnehmer** systematisch und vollständig den jeweiligen Nebenstellen zugeordnet **erfasst**, berührt selbst dann die Menschenwürde iSv § 96 Abs 1 Z 3 ArbVG und ist damit **zustimmungspflichtig**, wenn

durch Betätigen einer Taste am Telefonapparat hinsichtlich der dann besonders gekennzeichneten Gespräche (**Privatgespräche**) die Endziffern der **Rufnummer im System unterdrückt werden**. Es geht aber nicht nur um den Aspekt der Privatgespräche. **Auch die Kontrolle rein dienstlichen Verhaltens kann zustimmungspflichtig sein.** Durch zu große, über das für die Erreichung des Kontrollzwecks erforderliche Ausmaß hinausgehende Kontrolldichte bei der Arbeit kann jedenfalls die Menschenwürde iSd § 96 Abs 1 Z 3 ArbVG berührt werden.

Für automationsunterstützte Telefonregistrieranlagen kann eine **Betriebsvereinbarung** verlangt werden, in welcher etwa einerseits verpflichtend der Umfang der Nutzung der Anlage ebenso festgelegt wird, wie eine Informationspflicht des Betriebsinhabers über allfällige Änderungen und andererseits Schutzmaßnahmen zu Gunsten des Arbeitnehmers vor willkürlicher übermäßiger Kontrolle.

Sollte der Betriebsrat seine Zustimmung zum vom Dienstgeber angebotenen Abschluss der Betriebsvereinbarung verweigern, kann der Dienstgeber mit dem Vorbringen, die Einführung der Kontrollmaßnahme berühre dann nicht mehr die Menschenwürde, gem § 96a Abs 2 ArbVG die Schlichtungsstelle anrufen (vgl zu diesem besonderen Aspekt Erl 1 und *Preiss* in der Anm zu OGH vom 13. 6. 2002, 8 Ob A 288/01p, DRdA 2003, 365 [372]).

Der OGH distanziert sich mit seiner Rechtsprechung zur elektronischen Telefonregistrieranlage (ausdrücklich) von der bisherigen Rechtsprechung des Verwaltungsgerichtshofes. Danach war die Einführung einer elektronischen Telefonanlage dann **nicht zustimmungspflichtig**, wenn die **Arbeitnehmer** bei Privatgesprächen die Möglichkeit hatten, durch Betätigung bestimmter Tasten die **Erfassung der angerufenen Nummer auszuschließen** und das **Mithören des Gesprächs nicht möglich** war (VwGH vom 11. 11. 1987, 87/01/0034, infas 1988, A 45 = DRdA 1988, 458 mit krit Anm von *Teichmann* = ARD 3951/11/88 = RdW 1988, 168 = ZAS 1988/12 = ZfVB 1988/1347 = ÖJZ 1989/3A; ähnlich VwGH vom 13. 1. 1988, 87/01/0033, ARD 3988/22/88; weitere Entscheidungen, die die Installation einer Telefonanlage als mitbestimmungsfrei erachtet haben: OLG Graz vom 22. 9. 1994, 8 Ra 31/94, ARD 4718/23/96 = ZASB 1995, 22; EA Linz 19. 12. 1985, ZAS 1986/23 = ZASB 1986, 18 = EDVuR 1986 H 2, 30 = Arb 10.481; EA Feldkirch 12. 12. 1986, Arb 10.571 = RdW 1987, 382 = ARD 3911/15/87 = ZASB 1987, 14; ebenso zur Einführung einer „Nullsperre" EA Innsbruck 30. 5. 1985, Arb 10.419 = RdW 1985, 256; ursprünglich noch ablehnend: EA Wien 20. 6. 1983, RdW 1983, 22 = Arb 10.238 = ARD-HB 1984, 410)

- **Personaldatenverarbeitungssysteme**
Nach einer Entscheidung der Datenschutzkommission (DSK 12. 4. 1984, infas 1984, A 52 = ARD 3634/11/84) sind „*Personaldatenverarbeitungssysteme einschließlich der automatischen Zeiterfassung bei elektronischen Datenverknüpfungs- und -auswertungsmöglichkeiten gem § 96 Abs 1 Z 3 ArbVG Kontrollsysteme, wodurch die Menschenwürde berührt werden kann. Sie bedürfen daher der Zustimmung des Betriebsrates*".
Im Einzelfall kommt es bei den Personaldatensystemen darauf an, welche Daten und in welchem Umfang diese Daten erhoben und gespeichert werden, ob es sich dabei um Informationen aus dem Persönlichkeitsbereich handelt und welche Verknüpfungs- bzw Verarbeitungsmöglichkeiten es gibt. Ermöglicht das konkrete System eine Persönlichkeitsbeurteilung, wird die Kontrolle für den Einzelnen unabschätzbar oder ist Verknüpfung mit Privatdaten nicht ausgeschlossen, so besteht das Zustimmungsrecht des Betriebsrates nach § 96. Selbst wenn es die Menschenwürde nicht berührt, fällt ein Personaldatensystem regelmäßig unter das Mitwirkungsrecht des Betriebsrates gem § 96a (ausführlich dazu: *Mosler*, DRdA 1983, 253). Eine EDV-unterstützte Erfassung von Arbeitszeit, Krankenständen und Urlaub bedarf nicht der Zustimmung des Betriebsrates (OLG Wien vom 20. 10. 1995, 9 Ra 123/95, ARD 4714/17/96; zur Möglichkeit, eine Betriebsvereinbarung gem § 97 Abs 1 Z 1 zu erzwingen, siehe Erl 5 zu § 97). Jedenfalls und unabhängig von der Frage der Zustimmungspflicht sind die Bestimmungen des DSG 2000 zu beachten.

- **Internet**
Zur Kontrolle der Benutzung der Internet-Dienste (www, E-Mail) am Arbeitsplatz gibt es bisher keine Judikatur, aber umfangreiche Äußerungen im Schrifttum (zuletzt mwN *Brodil*, ZAS 2004, 156; zur datenschutzrechtlichen Seite siehe *Kotschy/Reimer*, ZAS 2004, 167). Es liegt nahe, die Grundsätze der Judikatur zur Gesprächsdatenerfassung auf die Internetnutzung umzulegen (zur Gesprächsdatenerfassung siehe OGH vom 13. 6. 2002, 8 Ob A 288/01p, DRdA 2003, 365 mit Anm von *Preiss* = infas 2002, A 100 = Arb 12.240 = ecolex 2002, 904 = ZAS 2004, 40 = ARD 5359/3/2002 = wbl 2002, 518 mit Anm von *Thiele*). Danach **kommt es aber nicht darauf an, ob private Nutzung** von www und E-Mail durch den Betriebsinhaber **erlaubt ist** oder nicht, da der grundrechtliche Schutz der Kommunikation und damit der Persönlichkeitsschutz der Arbeitnehmer (die Menschenwürde) auch dann greift, wenn nur dienstlich kommuniziert wird (idS *Laimer/Mayr*, DRdA 2003, 410 [414]; aA offenbar *Brodil*, ZAS 2004, 156 [165]). Auf Grund der technischen Eigenheiten ist die Kontrolle von E-Mails und angewählten www-Seiten in der Regel sogar eine

inhaltliche Kontrolle, die über Verbindungsdaten hinausgeht. Damit ist die durch das Persönlichkeitsrecht mittelbar geschützte Grundrechtssphäre beeinträchtigt. Das Informationsgrundrecht (Art 10 MRK) und der Schutz der Privatsphäre (Art 8 MRK) sind berührt. Damit liegt eine Berührung der Menschenwürde und die Zustimmungspflicht gem § 96 Abs 1 Z 3 vor. Für das www ist die Situation besonders prekär. Aus der angewählten Adresse ist nämlich – im Unterschied zu einer Telefonnummer – in der Regel bereits der Inhalt der angewählten Seite ersichtlich. Die Möglichkeit, die angewählten Adressen nachzuvollziehen, ist aber üblicher technischer Standard (sog Log-Files). Wird diese Möglichkeit nicht softwaremäßig eliminiert, besteht die objektive Eignung zur Kontrolle und **bereits die Einführung des Internet ist zustimmungspflichtig** (idS *Obereder,* DRdA 2001, 75; idS auch *Kraft,* ARD 5481//11/2004). Jedenfalls unzulässig, weil die Menschenwürde verletzend, sind geheime Überwachungsmaßnahmen (das Verbot ergibt sich bereits aus Pkt 3 lit b des Anhangs der Bildschirmrichtlinie [90/270/EWG]; vgl auch *Brodil,* ZAS 2004, 156 [164])

Nach der Judikatur des OGH kann der Betriebsinhaber aber, wenn der Betriebsrat eine angebotene Betriebsvereinbarung über die Kontrollmaßnahme ablehnt, die Schlichtungsstelle anrufen, weil – so der OGH – die Maßnahme dann nicht mehr die Menschenwürde berühre (OGH vom 13. 6. 2002, 8 Ob A 288/01p, DRdA 2003, 365 mit Anm von *Preiss* = infas 2002, A 100 = Arb 12.240 = ecolex 2002, 904 = ZAS 2004, 40 = ARD 5359/3/2002 = wbl 2002, 518 mit Anm von *Thiele*). Im Ergebnis ist eine solche Betriebsvereinbarung damit erzwingbar iSd § 96a.

- **(genetische) Fingerabdrücke, biometrische Daten**

Für die Abgabe von Körpersubstanzen, aus denen ein „genetischer Fingerabdruck" gewonnen werden kann (Haare, Blut, Speichel), ist auf § 67 GentechnikG zu verweisen, der ein **generelles Verbot für Arbeitgeber** enthält, Ergebnisse aus **genetischen Analysen** von Arbeitnehmern oder Stellenbewerbern zu erheben, zu **verlangen,** anzunehmen oder sonst zu verwerten. Ein Verstoß gegen dieses Verbot ist gem § 109 Abs 1 GentechnikG strafbar (Verwaltungsübertretung, Geldstrafe bis zu 36 300 Euro, auch bei Versuch). Die Materialien zum GentechnikG begründen dieses Verbot mit dem Schutz der genetischen Privatsphäre des einzelnen Menschen, deren Unantastbarkeit vor allem in jenen Fällen nicht gewährleistet ist, wo der einzelne faktischen Zwangssituationen, wie sie im Erwerbsleben gegeben sein können, unterliegt (RV 1465 BlgNR 18. GP). Vgl auch die besonderen Datenschutzbestimmungen in §§ 71 ff GentechnikG. Zu beachten ist aber, dass die Definition des Begriffes „genetische Analyse" in § 4 Z 23 GentechnikG in seiner Reichweite ungeklärt ist. Deutlich ist aber die Wertung des Gesetzgebers, die mit dieser Bestimmung zum Ausdruck gebracht wird, nämlich die Ablehnung gegenüber einem Eingriff in die genetische Privatsphäre. **Handlungen eines Betriebsinhabers, die auf die Erlangung eines genetischen Fingerprints des Arbeitnehmers gerichtet sind, sind unzulässig,** weil sie die Menschenwürde verletzen. Nur in absoluten Ausnahmefällen könnten sie rechtfertigbar sein, dann bedarf es jedenfalls einer Betriebsvereinbarung, die höchstmöglichen Schutz der genetischen Privatsphäre zu gewährleisten hat.

In der Praxis werden zunehmend Systeme, die auf **biometrischer Technologie** aufbauen, angeboten. Unter biometrischen Daten versteht man Angaben über Personen, deren Identität mittels messbarer körperlicher Merkmale bestimmbar ist (Fingerabdrücke, Gesichtsscans etc; vgl dazu *Parziale/Riener-Hofer,* juridikum 2004, 79). Hierfür gilt der Schutz der Individualität der betroffenen Personen in besonderer Weise, da es zu einer Überschneidung der Abbildung körperlicher Merkmale und personenbezogener Informationen kommt (Recht am eigenen Bild und Datenschutz berührt, vgl OGH vom 20. 12. 2006, 9 Ob A 109/06d, DRdA 2007, 239 = infas 2007, A 21 = RdW 2007/371, 348 mit Anm von *Maurer*). Für die konventionelle Abnahme von **Fingerabdrücken** und sonstigen **biometrischen Daten** kommt es wesentlich darauf an, für welchen Zweck und auf welche Art dies erfolgen soll. Sollen Fingerabdrücke oder biometrische Daten etwa „auf Vorrat" abgenommen werden, um etwaige Diebstähle aufzuklären, wäre dies absolut unzulässig. Eine solche Maßnahme wäre nämlich überschießend und würde im Lichte der Persönlichkeitsrechte des Arbeitnehmers als unverhältnismäßige Maßnahme die Menschenwürde verletzen. Auch datenschutzrechtlich wäre dies unzulässig (vgl §§ 6, 7 und 8 DSG 2000). Werden Fingerabdrücke oder sonstige biometrische Daten aber zB für ein **Zutrittskontrollsystem** genommen, kommt es wesentlich auf die Ausgestaltung des Systems an. Es ist zB technisch möglich, Fingerabdruckdaten so zu speichern, dass der ursprüngliche Fingerabdruck daraus nicht mehr zu rekonstruieren ist, nur mehr zwischen berechtigter und unberechtigter Person unterschieden wird, aber nicht mehr feststellbar ist, welchem konkreten Arbeitnehmer ein Fingerabdruck zuzuordnen ist. Da aber bereits die Abnahme bzw Abgabe von Fingerabdrücken für sich genommen hohe Kontrollintensität in sich trägt, handelt es sich in der Regel um eine Maßnahme, die die Menschenwürde berührt und damit gem § 96 Abs 1 Z 3 zustimmungspflichtig ist (siehe allgemein zu biometrischen Daten *Löschnigg,* ASoK 2005, 37). In einer Leitentscheidung zum Thema „Arbeitszeiterfassung durch fingerprints" hat der OGH ein solches System als die Menschenwürde berührend und damit zustimmungspflichtig erachtet (OGH vom 20. 12. 2006, 9 Ob A 109/06d, DRdA 2007, 239 = infas 2007, A 21 = RdW 2007/371,

348 mit Anm von *Maurer*). Der OGH betonte dabei vor allem zwei Aspekte: Erstens speicherte der Betriebsinhaber dabei **direkt personenbezogene Daten**, dh aus dem fingerprint war die Person des fingerprint-Besitzers erkennbar. (Es handelte sich ja um ein System zur Arbeitszeiterfassung.) Zweitens betonte der Gerichtshof, dass nicht erst die Auswertung, sondern bereits **die Erfassung der fingerprints** (also der **fingerscan**) die Menschenwürde berühre und damit zustimmungspflichtig sei.

d) Rechtsdurchsetzung

Die rechtswidrige Einführung von Kontrollmaßnahmen oder -einrichtungen kann vom Betriebsrat mit Leistungsklage beim Arbeits- und Sozialgericht bekämpft werden (VwGH vom 25. 2. 1987, 86/01/0127, RdA 1987, 339), rechtswidrig eingesetzte Kontrollmaßnahmen sind von den Gerichten zu untersagen, Kontrolleinrichtungen, die ohne Zustimmung des Betriebsrates installiert wurden, müssen eliminiert werden (VfGH vom 16. 10. 1976, B 69/76, Arb 9574; siehe Erl 4). Dieser Anspruch kann auch durch einstweilige Verfügung gem § 381 EO gesichert werden (bei Vorliegen der dazu gem § 381 Z 1 oder Z 2 EO nötigen Voraussetzungen, OGH vom 20. 12. 2006, 9 Ob A 109/06d, DRdA 2007, 239 = infas 2007, A 21 = RdW 2007/371, 348 mit Anm von *Maurer*). Das gilt sowohl für Maßnahmen, die die Menschenwürde berühren, wie auch für solche, die sie verletzen.

Darüber hinaus haben auch einzelne Arbeitnehmer die Möglichkeit, sich durch Unterlassungs- bzw Beseitigungsklage gegen unzulässige Kontrollmaßnahmen zu wehren. Auch in Betrieben ohne Betriebsrat gibt es für Maßnahmen iSd § 96 Abs 1 Z 3 seit BGBl 1994/450 eine ausdrücklich gesetzlich festgeschriebene Zustimmungspflicht. Gem **§ 10 AVRAG** ist eine schriftliche Zustimmung jedes einzelnen Arbeitnehmers erforderlich (vgl *Binder*, AVRAG [2001] § 10 Rz 15 und *Holzer/Reissner*, Arbeitsvertragsrechtsanpassungsgesetz[2] [2006] 322).

Werden Informationen über einen Arbeitnehmer durch rechtswidrige Kontrollmaßnahmen (iSd § 96 Abs 1 Z 3) erlangt, so stellt sich die Frage, ob diese Informationen in einem gerichtlichen Verfahren verwendet werden dürfen (zB in einem Verfahren, bei dem es um die Zulässigkeit einer Entlassung eines Arbeitnehmers geht). Die zivilprozessuale Judikatur und Lehre stehen einem **Beweisverwertungsverbot** reserviert gegenüber (mwN *Graf/Schöberl*, ZAS 2004, 172). Hinsichtlich rechtswidrig erlangter Daten über die Internetnutzung eines Arbeitnehmers sprechen aber europarechtliche Überlegungen für ein Beweisverwertungsverbot (vgl *Laimer/Mayr*, ecolex 2003, 113).

Leistungsentgelte

⁸) § 96 Abs 1 Z 4 betrifft nur solche **Leistungslöhne**, die im Betrieb **generell** – also für allgemein bezeichnete Arbeitnehmergruppen – gelten sollen (vgl Erl 3). Handelt es sich um eine Leistungslohnvereinbarung im Einzelfall, kommt § 100 zur Anwendung (vgl Erl zu § 100). Nach dem Konzept des ArbVG ist es **primär Sache des Kollektivvertrages, Entgeltregelungen** zu treffen (vgl *Cerny*, in FS Strasser [1983] 487).

Bei der Prüfung der Frage, inwieweit dem Betriebsrat bei der Einführung oder Regelung von leistungsbezogenen Entgelten ein Zustimmungsrecht zukommt, ist insbesondere auch auf den Inhalt des **anzuwendenden Kollektivvertrages** Bedacht zu nehmen. Dazu sagen die Gesetzesmaterialien zur Stammfassung des ArbVG (AB 993 BlgNR 13. GP 3) Folgendes:

„Aus den Worten, insoweit eine Regelung durch Kollektivvertrag oder Satzung nicht besteht ... im Abs 1 Z 4 ergibt sich, dass die Einführung von Akkordarbeit dann nicht mitwirkungspflichtig ist, wenn die Arbeitnehmer bereits auf Grund des Kollektivvertrages oder einer Satzung zur Akkordarbeit verpflichtet sind; dies gilt sinngemäß auch für die Regelung der Entlohnung. Dagegen ist in jenen Fällen, wo der Kollektivvertrag nur den Akkorddurchführungsvertrag, nicht aber den Akkordeinführungsvertrag enthält, für die Einführung der Akkordarbeit die Zustimmung des Betriebsrates erforderlich. Die Regelung von Heimarbeitsentgelten ist nicht mitbestimmungspflichtig."

Da der Betriebsrat nicht nur hinsichtlich der Einführung eines Leistungslohnsystems, sondern auch hinsichtlich der inhaltlichen Regelung (zB Zeitansatz, Berechnungsmethoden udgl) ein Zustimmungsrecht hat, ist dieses Recht auch bei Vorliegen einer grundsätzlichen kollektivvertraglichen Regelung gegeben, weil der Kollektivvertrag nicht alle für den einzelnen Betrieb relevanten Details eines Leistungslohnsystems normativ regeln kann (siehe dazu auch *Preiss*, in *Resch* (Hrsg), Leistungs- und erfolgsbezogene Entgeltfindung [2003] 31 [36]).

⁹) Das Mitbestimmungsrecht des Betriebsrates umfasst **Lohnsysteme**, die auf einer **Leistungsbewertung** beruhen.

„**Akkordähnliche Prämien und Entgelte**" sind in erster Linie **mengenmäßig** nach einem Leistungsergebnis bewertende Lohnsysteme (zB wird für einen Quadratmeter verlegter Fliesen ein bestimmter Zuschlag zum Grundlohn vereinbart).

Unter „**sonstigen leistungsbezogenen Prämien und Entgelten**" sind solche Lohnarten zu verstehen, die auf **verschiedensten** Bezugsgrößen wie Qualität, Ersparnis, Nutzung udgl beruhen (zB Stundenzuschlag, wenn innerhalb dieses Zeitraums kein Stück Ausschuss produziert wird; Qualitätsprämien). Auch ein nach Leistungsbewertung funktionierendes

Punktesystem, das zu einer bestimmten Eingruppierung in die Lohn- bzw Gehaltsordnung führt, ist als Grundlage eines leistungsbezogenen Entgelts gem § 96 Abs 1 Z 4 zustimmungspflichtig.

Leistungsbezogene Prämien iSd § 96 Abs 1 Z 4 sind allerdings **nur solche Entgeltarten,** die auf **objektiv nachvollziehbaren Bewertungsverfahren** beruhen:
- Vom Arbeitgeber nach **subjektiven Gesichtspunkten** bezahlte Leistungsprämien sind **keine Entgelte** iSd § 96 Abs 1 Z 4 (OGH vom 2. 6. 1981, 4 Ob 135/80, Arb 9984 = ARD-HB 1982, 519 = ARD-HB 1982, 571 = DRdA 1981, 409 = DRdA 1982/17 mit Anm von *Holzer*).
- Auch eine an bestimmte Arbeitnehmer freiwillig gewährte **Prämie** „für **Arbeiten,** die vom Dienstgeber **als gut anerkannt** wurden", gehört nicht zu den leistungsbezogenen Entgelten iSd § 96 Abs 1 Z 4 (VwGH vom 10. 12. 1987, 87/08/0165, ARD 3961/17/88);
- ebenso wenig Wegzeitvergütungen nach dem KV (hier: KV für das eisen- und metallverarbeitende Gewerbe, VwGH vom 21. 11. 1989, 88/08/0240, ARD 4166/3/90 = ZfVB 1990/2279; VwGH vom 24. 11. 1988, 88/08/0230, ARD 4056/13/89 88/08/0230).
- Auch die von einer Beurteilung durch den Vorgesetzten abhängige **Prämie** in Form eines **zusätzlichen Bilanzgeldes** fällt nicht unter die Zustimmungspflicht des Betriebsrates (OGH vom 23. 5. 1990, 9 Ob A 118/90, ARD 4192/2/90 = infas 1992, A 4).
- Jüngst hat der OGH im Anschluss an *Reissner* (DRdA 2003, 503 [508]; ZellKomm § 96 ArbVG Rz 39) ein Prämiensystem als mitbestimmungspflichtig iSd § 96 Abs 1 Z 4 eingestuft (OGH vom 8. 10. 2008, 9 Ob A 144/07b). Dabei ging es um ein „Performance-Prämiensystem", das auf individuell vom Arbeitgeber den Arbeitnehmern vorgegebenen persönlichen Leistungszielen beruhte. Der OGH argumentierte, dass die Beurteilung der Zielerreichung beim konkreten System nicht allein von der subjektiven Beurteilung des Vorgesetzten abhinge, sondern von einem bindend vorgegebenen Einordnungsschema. Die Zustimmungspflicht gem § 96 Abs 1 Z 4 bezwecke – so der OGH *Reissner* (aaO) folgend – der Belegschaft Einfluss auf Entgeltbestimmungen zu geben, die systematisch auf gewissen Bewertungskriterien aufbauen.

Erfolgs-Provisionen können **nicht** als „leistungsbezogene Entgelte" iSd § 96 Abs 1 Z 4 ArbVG qualifiziert werden, auch wenn für den „Erfolg" neben Marktgegebenheiten, Kundenverhalten usw selbstverständlich **auch die Leistung** des Arbeitnehmers maßgeblich ist (OGH vom 26. 8. 1999, 8 Ob A 196/99b, DRdA 2000/46 mit Anm von *Egger* = infas 2000, A 5 = RdW 2000/24 = ARD 5117/5/2000 = wbl 2000/22). (Entscheidungen des OGH, in denen auf die Leistungskomponente von Provisionen hingewiesen wird, wie zB OGH vom 13. 1. 1981, 4 Ob 167/80, Arb 9931; OGH vom 4. 3. 1986, 14 Ob 13/86, Arb 10.501; OGH vom 6. 3. 1987, 14 Ob 184/86, Arb

10.613, beziehen sich nicht unmittelbar auf § 96 ArbVG). Der Normzweck des § 96, der auf einen möglichst starken Schutz der kollektiven Interessen der Arbeitnehmer in besonders sensiblen Bereichen gerichtet ist, trifft auf Provisionen nicht in gleicher Weise wie bei „echten" Leistungsentgelten zu. (Ähnlich *Strasser,* DRdA 1993, 93, der die Geltung des § 96 Abs 1 Z 4 für die Regelung von Abschluss- und Vermittlungsprovisionen verneint; differenzierend *Löschnigg,* in FS Cerny [2001] 419; anderer Meinung *Trost,* DRdA 1985, 269; zusammenfassend *Preiss* in *Resch* (Hrsg), Leistungs- und erfolgsbezogene Entgeltfindung [2003] 31 [37]).

Der Betriebsrat hat nicht nur die **Möglichkeit**, die **Entlohnungsart** an sich, sondern auch innerhalb dieser Entlohnungsart die **Grundsätze** (Systeme und Methoden) für die **Ermittlung** und **Errechnung der Löhne** mitzubestimmen. Darunter fällt beispielsweise die Frage, welche Zeiterfassungsmethode angewendet wird oder unter welchen Bedingungen Zeitaufnahmen udgl durchgeführt werden.

[10]) Die Regelung der Leistungsentgelte erfolgt durch eine (**normativ wirkende**) **Betriebsvereinbarung** iSd §§ 29ff (siehe dazu *Cerny*, ArbVR 2³ Erl zu den §§ 29); die Bestimmungen der Betriebsvereinbarung können daher durch Vereinbarung im **Einzelarbeitsvertrag** weder aufgehoben noch verschlechtert werden. Wird dennoch in einem Einzelarbeitsvertrag eine für den Arbeitnehmer **ungünstigere Vereinbarung** getroffen, so ist diese **rechtsunwirksam**. Der Arbeitnehmer hat Anspruch auf die **volle Entlohnung**, die sich aus der **Betriebsvereinbarung** ergibt. Das Entgelt auf Grund der im rechtswidrigen Leistungslohnsystem erbrachten Arbeit ist dem Arbeitnehmer aber dennoch zu leisten (vgl Erl 4).

Wird ein **rechtswidriges Leistungslohnsystem** im Betrieb durchgeführt, so ist der Betriebsrat berechtigt, die Unterlassung dieser Praxis einzuklagen (vgl Erl 4). Beklagter ist der Betriebsinhaber.

Es ist jedoch darauf hinzuweisen, dass der Betriebsrat bestimmte Vorstellungen über Leistungslohnregelungen gegen den Willen des Betriebsinhabers rechtlich nicht erzwingen kann; er kann nur durch die Verweigerung seiner Zustimmung bzw durch deren Entzug verhindern, dass einseitige Anordnungen durch Arbeitgeber über eine Leistungslohnarbeit zu den vom Arbeitgeber gewünschten Bedingungen rechtswirksam getroffen werden (siehe Erl 3 zu § 100). Der sozialpolitische Zweck dieser Regelung liegt darin, die Arbeitnehmer vor einer mit Leistungslohnsystemen häufig verbundenen übermäßigen Beanspruchung der Arbeitskraft und damit vor gesundheitlicher Gefährdung zu schützen bzw eine unverhältnismäßige Verschiebung des Arbeitserfolges zu Gunsten des Arbeitgebers zu verhindern.

Selbstverständlich kann die Betriebsvereinbarung im Vergleich zum Kollektivvertrag nur günstigere Regelungen treffen (vgl § 3 Abs 1 und *Cerny*, ArbVR 2³ Erl 6 zu § 3). Das bedeutet, dass der kollektivvertragliche Mindestlohn unabhängig von der individuellen Leistungsfähigkeit des Arbeitnehmers jedenfalls zusteht (vgl zu einem kollektivvertraglichen Akkordsystem VwGH vom 20. 9. 2000, 97/08/0389, DRdA 2001/27 mit Anm von *Löschnigg*).

Die Zustimmungspflicht für Leistungslohnsysteme ist gem § 132 Abs 4 auf die Betriebe und Verwaltungsstellen, die der Ordnung der inneren Angelegenheiten der gesetzlich anerkannten Kirchen und Religionsgemeinschaften dienen, nicht anzuwenden (vgl *Cerny,* ArbVR 4[4] Erl 12 zu § 132).

Beendigung von Betriebsvereinbarungen nach § 96

[11]) Wirkungen von Betriebsvereinbarungen über die in Abs 1 genannten Angelegenheiten können beendet werden durch
 a) **Ablauf** einer **vereinbarten Befristung,**
 b) **fristlose schriftliche Kündigung** oder
 c) **Kündigung** unter Einhaltung einer **Frist** bzw eines **Termins, wenn** in der Betriebsvereinbarung eine Kündigungsfrist bzw ein -termin **ausdrücklich festgelegt** wurde.

Betriebsvereinbarungen gem § 96 haben **keine Nachwirkung.** Näheres zu den Rechtswirkungen notwendiger Betriebsvereinbarungen vgl *Cerny,* ArbVR 2[3] Erl zu den §§ 29 ff.

Ersetzbare Zustimmung[1])

§ 96a. (1) Folgende Maßnahmen des Betriebsinhabers bedürfen zu ihrer Rechtswirksamkeit[2]) der Zustimmung[3]) des Betriebsrates:
1. Die Einführung von Systemen zur automationsunterstützten Ermittlung, Verarbeitung und Übermittlung von personenbezogenen Daten des Arbeitnehmers[4])[5]), die über die Ermittlung von allgemeinen Angaben zur Person und fachlichen Voraussetzungen hinausgehen[6]). Eine Zustimmung ist nicht erforderlich, soweit die tatsächliche oder vorgesehene Verwendung dieser Daten über die Erfüllung von Verpflichtungen nicht hinausgeht, die sich aus Gesetz, Normen der kollektiven Rechtsgestaltung oder Arbeitsvertrag ergeben[7]);
2. die Einführung von Systemen zur Beurteilung von Arbeitnehmern des Betriebes, sofern mit diesen Daten erhoben werden, die nicht durch die betriebliche Verwendung gerechtfertigt sind[8]).

(2) Die Zustimmung des Betriebsrates gemäß Abs 1 kann durch Entscheidung der Schlichtungsstelle ersetzt werden. Im übrigen gelten §§ 32 Abs 2 und 97 Abs 2 sinngemäß[9]).

(3) Durch die Abs 1 und 2 werden die sich aus § 96 ergebenden Zustimmungsrechte des Betriebsrates nicht berührt[10])[11]).

Schrifttum zu § 96a

Löschnigg, Die Mitbestimmung des Betriebsrates bei Personaldatensystemen (1986);

Marhold, Datenschutz und Arbeitsrecht (1986);

Mayr M., Die Arbeitsverfassungsgesetznovelle 1986, in FS Dallinger (1986) 319 ff, 328;

Tomandl, Bemerkungen zu den §§ 96a und 62a Arbeitsverfassungsgesetz, ZAS 1986, 181;

Teichmann, Zeiterfassung im Betrieb, DRdA 1987, 227;

Cerny, Die „ersetzbare Zustimmung" als neue Form der Mitwirkung des Betriebsrates, in FS Schnorr (1988) 21;

Holzer, Die Auswirkungen der ArbVG-Novelle 1986 im Recht der Betriebsvereinbarung, DRdA 1988, 316;

Schwarz W., Menschenwürde und betriebliche Mitbestimmung, in FS Schnorr (1988) 275;

Schwarz W., Der gläserne Arbeitnehmer? (1988);

Teichmann, Neue Methoden der Personalbeurteilung, DRdA 1988, 479;

Trost, Die Antragslegitimation bei der Schlichtungsstelle gem § 96a Abs 2 ArbVG, DRdA 1988, 171;

Trost, Ausgewählte Strukturprobleme der Mitwirkung nach der Arbeitsverfassungsgesetz-Novelle 1986, DRdA 1989, 1;

Arbeiterkammer Wien, Mitarbeitergespräch, infas 1990, H 2, 6;
Löschnigg, Hinterlegung von Betriebsvereinbarungen über Personal-Informationssysteme, EDVuR 1990, 29;
Schrank, Betriebsverfassungsrechtlich zustimmungsfreie Personaldatenverarbeitung, ZAS 1990, 37;
Schrank, Zur Anwendung des § 96a ArbVG – Personaldatenverarbeitungen ohne Zustimmung des Betriebsrats, ecolex 1990, 163;
Arbeiterkammer Wien, Mitbestimmung des Betriebsrates bei Mitarbeitergesprächen, infas 1991, H 4, 4;
Löschnigg, Datenschutz im Personalbereich, in *Wittmann* (Hrsg), Datenschutzrecht im Unternehmen (1991) 129;
Arbeiterkammer Wien, Weitergabe von Personaldaten an den Vorgesetzten, infas 1992, H 1, 7;
Trachimow, Personalinformationssysteme und Mitarbeitervertretung (1992);
Binder M., Detektiveinsatz und Arbeitnehmerkontrolle, in FS Tomandl (1998) 11;
Holzer, Zur Mitbestimmung bei Personalbeurteilungssystemen, ASoK 1999, 146;
Kolm, Leistungs- und erfolgsbezogene Entgeltfindung – Erscheinungsformen in der Praxis, in *Resch* (Hrsg), Leistungs- und erfolgsbezogene Entgeltfindung (2003) 13;
Preiss, Betriebliche Mitbestimmung im Zusammenhang mit leistungs- und erfolgsbezogener Entgeltfindung, in *Resch* (Hrsg), Leistungs- und erfolgsbezogene Entgeltfindung (2003) 31;
Reissner, „Performance Management"-Konzepte und betriebliche Mitbestimmung, DRdA 2003, 503;
Stiger, Die Zulässigkeit der Protokollierung der Internetzugriffe von Dienstnehmern durch den Dienstgeber aus arbeits-, datenschutz- sowie telekommunikationsrechtlicher Sicht, in *Forgó/Feldner/Witzmann/Dieplinger* (Hrsg), Probleme des Informationsrechts (2003) 407;
Löschnigg, Replik zu Reissners „Performance Management"-Konzepte und betriebliche Mitbestimmung (DRdA 2003, 503) oder gar wundersame Inhalt einer Fußnote. Korrespondenz, DRdA 2004, 200;
Resch, Arbeitsrecht und Internet, in *Plöckinger/Duursma/Mayrhofer* (Hrsg), Internet-Recht (2004) 231;
Sacherer, Internet am Arbeitsplatz als zustimmungspflichtige Kontrollmaßnahme, RdW 2005/714, 627;
Löschnigg, Biometrische Daten und Arbeitsverhältnis. Zur Zulässigkeit betrieblicher Zutrittskontrollsysteme mittels biometrischer Daten, ASoK 2005, 37;
Naderhirn, Kollektives Arbeitsrecht und Arbeitnehmerkontrolle, in *Resch* (Hrsg), Die Kontrolle des Arbeitnehmers (2005) 91;

§ 96a Erl 1 Preiss

Hattenberger, Die Bedeutung des Datenschutzrechts für das Arbeitsverhältnis, in *Resch* (Hrsg), Die Kontrolle des Arbeitnehmers (2005) 13;
Leitner, Rechtliche Aspekte der IT-Überwachung am Arbeitsplatz, lex:itec 2006 H 1, 34;
Blum, Rechtsgutachten: Videoüberwachung im Betrieb, infas 2006, 121;
Resch, Arbeitsrechtliche Fragen der Internetnutzung, in *Mayrhofer/ Plöckinger* (Hrsg), Aktuelles zum Internet-Recht (2006) 17;
Löschnigg, Datenschutz und Kontrolle im Arbeitsverhältnis, DRdA 2006, 459;
Preiss, Jahresgespräche und Mitbestimmung des Betriebsrates, infas 2007, 6;
Jabornegg, Grenzen der Gestaltungsmöglichkeiten durch Kollektivvertrag und Betriebsvereinbarung und deren gerichtliche Kontrolle, in *Jabornegg/Resch/Stoffels* (Hrsg), Vertragsgestaltung im Arbeitsrecht (2007) 1;
Maurer, Biometrische Arbeitszeiterfassung durch Fingerscanning, RdW 2007/371, 348;
Riesenkampff, Die arbeitsrechtliche Zulässigkeit der Installation von Videokameras in Ladenlokalen, ecolex 2007, 743;
Knyrim/Bartlmä, Big Brother im Unternehmen. Datenanwendungen, ihre Rechtsprobleme und deren Lösung, ecolex 2007, 740.

Übersicht zu § 96a

Ersetzbare Zustimmung	Erläuterung 1
Zustimmungspflicht	Erläuterung 2
Form der Zustimmung	Erläuterung 3
Personaldatensysteme	Erläuterungen 4 und 5
Zustimmungsfreie Datenverwendung	Erläuterungen 6 und 7
Personalbeurteilungssysteme	Erläuterung 8
Ersetzbarkeit der Zustimmung durch die Schlichtungsstelle	Erläuterung 9
Abgrenzung zu den Mitwirkungsrechten gem §§ 96 und 97	Erläuterungen 10 und 11

Ersetzbare Zustimmung

[1]) § 96a wurde durch die ArbVG-Novelle 1986 BGBl 394 eingeführt. Die **Auswirkungen** neuer Technologien (besonders der **elektronischen Informationstechnologie**) auf die Arbeitsbedingungen und auf die Informationsmöglichkeiten des Arbeitgebers in Personalangelegenheiten veranlassten den Gesetzgeber, die Befugnisse der Arbeitnehmerschaft im Zusammenhang mit neuen Technologien zu erweitern. Insbesondere

Preiss § 96a Erl 1

über die – in § 91 Abs 2 ebenfalls eingefügten – Informations- und Beratungsrechte hinaus sollte dem Betriebsrat ein **echtes Mitwirkungsrecht** eingeräumt werden (vgl die Gesetzgebungsmaterialien AB 1062 BlgNR 16. GP 2). Dieses Mitwirkungsrecht wurde als neue Form der „**ersetzbaren Zustimmung**" in § 96a verankert.

Das ArbVG kennt seither **vier verschiedene Typen von Betriebsvereinbarungen** (siehe genauer Erl 2 zu § 97 und *Cerny*, ArbVR 2³ Erl 2 zu § 29):
1. notwendige Betriebsvereinbarung (§ 96 vgl Erl dazu)
2. notwendige Betriebsvereinbarung mit ersetzbarer Zustimmung (§ 96a)
3. erzwingbare Betriebsvereinbarung (§ 97 Abs 1 Z 1–6a, vgl Erl 5–12 zu § 97)
4. freiwillige (fakultative) Betriebsvereinbarung (§ 97 Abs 1 Z 7–25, vgl Erl 13–32 zu § 97)

Die „ersetzbare Zustimmung" ist durch folgende Wesensmerkmale gekennzeichnet:
– Unzulässigkeit der in § 96a Abs 1 Z 1 und 2 genannten Maßnahmen ohne Zustimmung des Betriebsrates (**Zustimmungspflicht**, vgl Erl 2)
– Zustimmung nur in **Form der Betriebsvereinbarung** möglich (vgl Erl 3)
– Möglichkeit der Zwangsschlichtung durch die Schlichtungsstelle (**Ersetzbarkeit der Zustimmung**, vgl Erl 9)

Sozialpolitisches Ziel der Regelung ist in erster Linie der **Schutz der Arbeitnehmer** vor Eingriffen in ihre Privatsphäre durch **Maßnahmen des Betriebsinhabers**, die nicht von einer Zustimmungspflicht nach § 96 erfasst sind (vgl Erl zu § 96). Darüber hinaus geht es um die Beteiligung der Arbeitnehmerschaft an Entscheidungen über technologische Veränderungen in diesem besonders sensiblen Bereich. Durch die **Möglichkeit der Anrufung und Entscheidung der Schlichtungsstelle** ist auch die Berücksichtigung der betrieblichen Interessen und ihre Abwägung gegen die Arbeitnehmerinteressen gewährleistet.

Zusammenfassend kann daher gesagt werden, dass das Mitwirkungsrecht des § 96a das Interesse der Arbeitnehmer an der Mitgestaltung von Personaldatenerfassungs- und -verarbeitungssystemen sowie von Personaltests berücksichtigt. Es verschafft dem Betriebsrat in diesen Angelegenheiten eine relativ günstige Position bei Verhandlungen über die normative Festlegung der Spielregeln beim Einsatz solcher Systeme. Andererseits wird durch diese Form der Mitwirkung auch das Interesse des Betriebsinhabers berücksichtigt, im Falle einer unbegründeten Verweigerung der Zustimmung zu bestimmten Regelungen durch den Betriebsrat eine überbetriebliche Schlichtungsstelle anrufen und so eine Entscheidung über die Einführung und Gestaltung solcher Systeme im Betrieb erreichen zu können (näher zum Wesen der notwendigen, aber ersetzbaren Betriebsvereinbarung siehe *Cerny*, ArbVR 2³ Erl 2 zu § 29).

Zustimmungspflicht

²) **Kennzeichnend** für die Mitwirkung in **Form** der „ersetzbaren Zustimmung" ist, dass – ebenso wie bei den „zustimmungspflichtigen Maßnahmen" nach § 96 – Maßnahmen iSd § 96a Abs 1 ohne Zustimmung des Betriebsrates nicht gesetzt werden können (vgl Erl 1 zu § 96). Im Unterschied zu den zustimmungspflichtigen Maßnahmen nach § 96 Abs 1 wirkt ein „Veto" des Betriebsrates aber nur vorläufig. Der Betriebsinhaber kann die Zustimmung des Betriebsrates nämlich durch Anrufung der Schlichtungsstelle ersetzen (Ersetzbarkeit der Zustimmung, vgl Erl 9). Solange aber keine Betriebsvereinbarung abgeschlossen wurde und auch keine Entscheidung der Schlichtungsstelle nach § 96a Abs 2 vorliegt, sind Weisungen oder Bestimmungen in Einzelarbeitsverträgen, die auf die Einführung eines Systems iSd § 96a Abs 1 abzielen, unbeachtlich bzw nichtig.

Ohne Zustimmung des Betriebsrates oder (vorherige) Entscheidung der Schlichtungsstelle ist die **Einführung eines Personaldaten- bzw -beurteilungssystems rechtswidrig**. Der Rechtsschutz gegen Maßnahmen iSd § 96a Abs 1 ist genauso wie der gegen unzulässige Maßnahmen nach § 96 ausgestaltet (siehe Erl 4 zu § 96).

Gibt es eine Betriebsvereinbarung (bzw eine Entscheidung der Schlichtungsstelle), wirkt sie normativ, soweit sie nicht nur die Rechtsbeziehungen zwischen Betriebsrat und Betriebsinhaber regelt (vgl § 31 Abs 1 und *Cerny*, ArbVR 2³ Erl 1 und 2 zu § 31). Die aus der Betriebsvereinbarung entspringenden Rechte können vom jeweils Berechtigten (Betriebsrat, Betriebsinhaber, einzelne Arbeitnehmer) durch Klage beim Arbeits- und Sozialgericht durchgesetzt werden.

Zu erwähnen ist allerdings, dass der Betriebsrat nicht berechtigt ist, Unterlassungsansprüche nach dem Datenschutzgesetz (DSG) für die Arbeitnehmer geltend zu machen. Nach der obergerichtlichen Judikatur ist der Betriebsrat nicht Betroffener iSd § 4 Z 3 DSG und demnach nach dem DSG nicht aktiv klagsberechtigt. Der Betriebsrat kann demgemäß auch nicht die Erlassung einer einstweiligen Verfügung nach dem DSG – sehr wohl aber nach dem ArbVG, wenn die nötigen Voraussetzungen vorliegen – erwirken (OGH vom 29. 6. 2006, 6 Ob A 1/06z, DRdA 2007/45, 397 mit Anm von *Hattenberger* = ecolex 2006/376, 859 = ARD 5726/7/2006 = wbl 2006/263, 579 = RdW 2007/43, 41).

Form der Zustimmung

³) Die „Einführung von Systemen" zur automationsunterstützten Personaldatenermittlung, -verarbeitung und -übermittlung (Abs 1 Z 1) sowie zur Beurteilung von Arbeitnehmern des Betriebes (Abs 1 Z 2) bedarf zu ihrer

Rechtswirksamkeit der Zustimmung des Betriebsrates oder der Schlichtungsstelle. Dass diese Zustimmung nur in **Form einer (schriftlichen) Betriebsvereinbarung** rechtswirksam erteilt werden kann, ergibt sich unter anderem auch aus der Verweisung in § 96a Abs 2 auf Bestimmungen zur Betriebsvereinbarung und der ausdrücklichen Anordnung, dass die Entscheidung der Schlichtungsstelle die Wirkung einer Betriebsvereinbarung hat (für weitere Argumente siehe Erl 2 zu § 96). Eine **bloß mündlich erteilte Zustimmung** eines Betriebsrates würde somit **nicht ausreichen**, um ein System der in § 96a bezeichneten Art rechtswirksam einführen und anwenden zu können (OGH vom 27. 5. 2004, 8 Ob A 97/03b, RIS-Justiz E73868 = DRdA 2004, 466 = ASoK 2005, 74).

Das **Zustimmungsrecht des Betriebsrates** dient **nicht nur** der **Verhinderung** bestimmter Maßnahmen, sondern **vor allem einer Stärkung der Verhandlungsposition** des Betriebsrates beim Abschluss einer Betriebsvereinbarung über eine der in § 96a genannten Maßnahmen (vgl Erl 1 zu § 96). Auch die präventive Kontrolle durch das Zustimmungserfordernis ist ein wesentlicher Zweck der Bestimmung (vgl auch OGH vom 13. 6. 2002, 8 Ob A 288/01p, DRdA 2003, 365 mit Anm von *Preiss*). Eine derartige Betriebsvereinbarung hat normativen Charakter (§ 97 Abs 1 Z 24). In ihr sind die näheren Bedingungen festzulegen, unter denen der Arbeitgeber in Angelegenheiten des § 96a tätig werden darf.

Muster für Betriebsvereinbarungen (unter anderen auch) in den Angelegenheiten des § 96a Abs 1 finden sich auf der CD-ROM *Achitz/Krapf/Mayerhofer*, Leitfaden für Betriebsvereinbarungen (2001).

Personaldatensysteme

[4]) Die Begriffe des § 96a Abs 1 Z 1 sind im Sinne des **Datenschutzgesetzes** (jetzt DSG 2000) auszulegen (siehe dazu Erl 4 bis 9 zu § 91).

Das DSG 2000 findet auf das Verwenden (§ 4 Z 8 DSG 2000) von personenbezogenen Arbeitnehmerdaten jedenfalls Anwendung, gleichgültig, ob die Ermittlung, Verarbeitung und Übermittlung dieser Daten nach dem ArbVG mitbestimmungspflichtig oder -frei ist. Das (verfassungsgesetzlich gewährleistete) Grundrecht auf Datenschutz gem § 1 DSG 2000 hat jede Person – also auch der Arbeitgeber bzw der Betriebsinhaber – unmittelbar zu beachten.

Relevant sind vor allem die §§ 7, 8 und 9 DSG 2000 über die Verwendung nicht-sensibler und sensibler Daten. Als sensibel (§ 4 Z 2 DSG 2000) gelten im arbeitsrechtlichen Zusammenhang vor allem etwa Daten über Gewerkschaftszugehörigkeit oder Gesundheit. Einzelne Arbeitnehmer haben gegen jede Person – also auch gegen den Arbeitgeber – die aus dem Grundrecht auf Datenschutz (§ 1 DSG 2000) erfließenden Individualrechte (insbesondere auf Auskunft, Richtigstellung, Löschung und Widerspruch §§ 26 bis 28 DSG 2000).

[5]) Gem § 96a Abs 1 Z 1 erster Satz bedarf die *„Einführung von Systemen zur automationsunterstützten Ermittlung, Verarbeitung und Übermittlung von personenbezogenen Daten des Arbeitnehmers, ..."* zu ihrer Rechtswirksamkeit der Zustimmung des Betriebsrates.

Unter **„Einführung"** ist – ebenso wie in § 96 Abs 1 bei den zustimmungspflichtigen Maßnahmen – nicht nur die erstmalige Installierung, sondern auch die Anwendung, Änderung, Umstellung, Anpassung oder Erweiterung bestehender Systeme zu verstehen (siehe mit Rechtsprechungsnachweisen Erl 3 zu § 96). Jedes neue Programm und jedes neue Verfahren bedarf der Zustimmung des BR (*Binder* in *Tomandl*, ArbVG § 96a Rz 4; idS auch *Reissner* in ZellKomm § 96a ArbVG Rz 12).

Ein **„System"** ist eine Einheit maschineller Einrichtungen (**Hardware**) mit bestimmten Programmen (**Software**). Sowohl die Einführung eines bestimmten Systems als Einheit von apparativer Ausstattung und Programm als auch jede verändernde Ausstattungs- und Programmänderung bedarf der Zustimmung des Betriebsrates. Über beide Elemente besitzt der Betriebsrat ein umfassendes Informations-, Einsichts- und Überprüfungsrecht (vgl Erl 7–9 zu § 91 Abs 2).

Von Personaldatensystemen iSd § 96a Abs 1 Z 1 kann bereits dann gesprochen werden, wenn nur eines von den drei genannten Elementen **„Ermittlung, Verarbeitung und Übermittlung"** vorliegt. Dies ergibt sich nicht nur aus dem Zweck der Vorschrift, sondern auch aus dem Wortlaut des Nebensatzes, der bestimmte Ermittlungssysteme vom Zustimmungsrecht des Betriebsrates ausnimmt. Das System muss also nicht zugleich ermitteln, verarbeiten und übermitteln, einer der drei Vorgänge genügt (hL *Cerny*, FS Schnorr [1988] 21; *Schrank*, ecolex 1990, 163; *Reissner*, DRdA 2003, 503). Unter **„automationsunterstützt"** ist gem § 4 Z 7 DSG 2000 die maschinelle und programmgesteuerte Verwendung von Daten zu verstehen (EDV-Verwendung). An das Kriterium „automationsunterstützt" sind allerdings keine hohen Anforderungen zu stellen; die Verwendung einer Excel-Datei kann dabei schon ausreichend sein (*Reissner* in ZellKomm § 96a ArbVG Rz 14).

In jedem Fall ist die **Personenbezogenheit** von Arbeitnehmerdaten notwendig, um das Mitbestimmungsrecht auszulösen. Von **„personenbezogenen"** Daten kann man nur dann sprechen, wenn es sich um Angaben über Arbeitnehmer (iSd § 36) handelt, deren **Identität bestimmt** oder **bestimmbar** ist. Geht es nur um – mit rechtlich zulässigen Mitteln – **nicht individualisierbare Globaldaten**, die höchstens Aussagen über Arbeitnehmergruppen zulassen, **fehlt** das Kriterium der **Personenbezogenheit** (vgl dazu etwa *Duschanek/Rosenmayr-Klemenz*, Datenschutzgesetz 2000 [2000] Komm zu § 4).

Analog zur Rechtsprechung zu den Kontrollmaßnahmen gem § 96 Abs 1 Z 3 kommt es darauf an, welche **objektive Eignung** die konkret vorgesehene Hardware mit der konkret vorgesehenen Software hat. Ob dieses System tatsächlich voll eingesetzt werden soll, ist gleichgültig (vgl dazu nun ausdrücklich OGH vom 27. 5. 2004, 8 Ob A 97/03b, RIS-Justiz E73868 = DRdA 2004, 466 = ASoK 2005, 74; so auch *Binder* in *Tomandl*, ArbVG § 96a Rz 4). Ebenso ist es aber irrelevant, ob das System etwa durch weitere Installation eines Programms leistungsfähiger gemacht werden kann und dadurch mehr und/oder andere Daten verarbeiten kann (vgl Erl 7 zu § 96; *Strasser/Jabornegg,* Arbeitsrecht II[4] [2001] 398).

In der Praxis kommen häufig so genannte **Personalinformationssysteme** zur Anwendung. Darunter ist im allgemeinen Sprachgebrauch ein System zu verstehen, bei dem eine Fülle von Arbeitnehmerdaten zum Zweck der Personalverwaltung und zum Zweck der rascheren und umfassenderen Personaldisposition miteinander verbunden und ausgewertet werden können. Diese weiter gehenden Voraussetzungen sind für eine Zustimmungspflicht gem § 96a Abs 1 Z 1 nicht erforderlich. Der Zweck der automationsunterstützten Verarbeitung bzw Ermittlung und Übermittlung von personenbezogenen Arbeitnehmerdaten spielt für das Vorliegen des Mitwirkungsrechtes (abgesehen von den im Gesetzestext selbst enthaltenen Einschränkungen, vgl dazu die Erl 6 und 7) keine Rolle. Berührt ein Personal(daten)informationssystem die Menschenwürde, dann fällt es (als Kontrollmaßnahme) regelmäßig unter die Zustimmungspflicht gem § 96 (näher dazu siehe in Erl 7 zu § 96).

Zustimmungsfreie Datenverwendung

[6]) Das **Mitbestimmungsrecht** des Betriebsrates bei Personaldatensystemen nach § 96a Abs 1 Z 1 ist in **zweifacher Hinsicht eingeschränkt**:

- Nach dem ersten Satz unterliegen nur solche Systeme der ersetzbaren Zustimmung, *„die über die Ermittlung von allgemeinen Angaben zur Person und fachlichen Voraussetzungen hinausgehen".*
- Und nach dem zweiten Satz ist die Datenverwendung zustimmungsfrei, wenn sie nicht über die Erfüllung rechtlicher Verpflichtungen hinausgeht (siehe Erl 7).

Die Ermittlung von **allgemeinen Angaben zur Person und zu den fachlichen Voraussetzungen** (sog **schlichte Arbeitnehmerdaten**) unterliegt auch dann nicht dem Zustimmungsrecht des Betriebsrates, wenn sie automationsunterstützt erfolgt. Unter „allgemeinen Angaben zur Person" und „fachlichen Voraussetzungen" ist das Gleiche zu verstehen, wie in § 96 Abs 1 Z 2 im Zusammenhang mit der Zustimmungspflicht von Personalfragebögen (siehe Erl 6 zu § 96).

Allgemeine Angaben zur Person sind beispielsweise Name, Familienstand, Geburtsdatum; Angaben über die fachlichen Voraussetzungen sind zB Daten über die Ausbildungswege, den Schulabschluss, besondere berufliche Qualifikationen, die zuletzt ausgeübte Tätigkeit usw (*Binder* in *Tomandl,* ArbVG § 96a Rz 19; *Reissner* in ZellKomm § 96a ArbVG Rz 16). **Zustimmungsfrei** ist allerdings **nur** die *Ermittlung* der **schlichten**

Arbeitnehmerdaten. Werden Arbeitnehmerdaten dieser Art automationsunterstützt *verarbeitet* oder *übermittelt*, so **unterliegt** auch dieser Vorgang der ersetzbaren **Zustimmung** des Betriebsrates (*Schrank*, ecolex 1990, 163; *Strasser/Jabornegg*, ArbVG³ [1999] § 96a Anm 12a).

[7]) Nach dem zweiten Satz des § 96a Abs 1 Z 1 ist eine Zustimmung des Betriebsrates nicht erforderlich, *„soweit die tatsächliche oder vorgesehene Verwendung dieser Daten über die Erfüllung von Verpflichtungen nicht hinausgeht, die sich aus Gesetz, Normen der kollektiven Rechtsgestaltung oder Arbeitsvertrag ergeben"*.

Zustimmungsfrei ist also die **Datenverwendung** in Erfüllung einer **Rechtspflicht** des Arbeitgebers. Diese Ausnahme vom Zustimmungsrecht des Betriebsrates trifft zu, wenn ein Gesetz, ein Kollektivvertrag, eine Satzung, eine Betriebsvereinbarung oder der Arbeitsvertrag den Arbeitgeber zur Ermittlung, Verarbeitung oder Übermittlung personenbezogener Arbeitnehmerdaten **verpflichtet**. Als Ausnahmebestimmung ist der zweite Satz des § 96a Abs 1 Z 1 einschränkend auszulegen. Es **reicht** daher **keinesfalls** aus, dass ein Gesetz (etwa das DSG 2000) bestimmte Datenverarbeitungen **zulässt**, es muss vielmehr eine **konkrete Verpflichtung des Arbeitgebers** in der einschlägigen Rechtsquelle vorgesehen sein, **bestimmte Daten in bestimmter Weise zu verwenden**.

Nach dem Gesetzestext könnte sich die Verpflichtung des Arbeitgebers zur Datenverwendung – und damit deren Ausnahme von der Zustimmung des Betriebsrates – auch aus dem (Einzel-)Arbeitsvertrag ergeben. Eine solche Möglichkeit wird aber kaum in Betracht kommen, weil sich das Zustimmungsrecht des Betriebsrates nicht auf Einzelregelungen, sondern auf generelle Maßnahmen des Betriebsinhabers bezieht. Außerdem gehört eine Verpflichtung des Arbeitgebers zur Aufzeichnung, Verarbeitung oder Übermittlung von Arbeitnehmerdaten wohl kaum zum gewöhnlichen Inhalt des Arbeitsvertrages. Offenbar wollte der Gesetzgeber durch die Anführung des Arbeitsvertrages in der Aufzählung verhindern, dass das Zustimmungsrecht des Betriebsrates durch den generellen Abschluss von „Formular-Arbeitsverträgen" mit einer entsprechenden Verpflichtung des Arbeitgebers umgangen wird (in diesem Sinn auch die Gesetzesmaterialien, AB 1063 BlgNR 16. GP 2).

Eine arbeitsvertragliche Verpflichtung zur – mitbestimmungsfreien – Verwendung von personenbezogenen Arbeitnehmerdaten kann jedenfalls dann nicht vorliegen, wenn die ihr zu Grunde liegende Vereinbarung wegen Rechts- oder Sittenwidrigkeit gem § 879 ABGB nichtig ist. (*Trost*, DRdA 1989, 1, weist auf das Beispiel des Verbots des Abzugs von Parteibeiträgen nach § 2 des Antiterrorgesetzes hin.).

Eine Ausnahme von der Mitbestimmungspflicht auf Grund arbeitsvertraglicher Verpflichtung des Arbeitgebers kann nur dann angenommen werden, wenn das Interesse an der Datenspeicherung und -verwendung überwiegend oder sogar ausschließlich beim Arbeitnehmer liegt (*Trost*, DRdA 1989, 1).

Es sind zB folgende **Datenverwendungen ohne Zustimmung des Betriebsrates** zulässig (allerdings können in diesen Fällen andere Mitwirkungsrechte des Betriebsrates, insbesondere auf Grund der allgemeinen Befugnisse nach den §§ 89 bis 91 gegeben sein):

– An- und Abmeldung des Arbeitnehmers bei der Sozialversicherung;
– Errechnung der gesetzlichen Lohnabzüge;
– Führung von Arbeitszeitaufzeichnungen, einschließlich Gleitzeitaufzeichnungen in der in einer Betriebsvereinbarung vorgesehenen Form (OLG Wien vom 20. 10. 1995, 9 Ra 123/95, ARD 4714/17/96);
– Führung von Urlaubsaufzeichnungen nach dem Urlaubsgesetz.

Die Datenverwendung ist allerdings nur in dem Umfang mitbestimmungsfrei, der der Verpflichtung des Arbeitgebers entspricht. So umfasst zB die Verpflichtung des Arbeitgebers zur Arbeitszeitaufzeichnung nicht die Gegenüberstellung der Überstundenleistung von Arbeitnehmern. Die EDV-mäßige Speicherung der Krankenstandszeiten geht über die Verpflichtung des Arbeitgebers zur Meldung der Beendigung des Entgeltanspruchs gegenüber der Krankenversicherung hinaus. Derartige Datenverwendungen sind daher nach § 96a Abs 1 Z 1 mitbestimmungspflichtig (*Teichmann*, DRdA 1987, 227; idS auch mwN *K. Posch* in *Mazal/Risak*, Kapitel IV. Rz 72).

Die Wortfolge „**tatsächliche oder vorgesehene Verwendung**" soll deutlich machen, dass es nicht nur auf den faktischen Einsatz, sondern auch auf den Leistungsumfang des konkret eingesetzten (installierten) Programms ankommt (OGH vom 27. 5. 2004, 8 Ob A 97/03b, RIS-Justiz E73868 = DRdA 2004, 466 = ASoK 2005, 74 ; *Binder* in *Tomandl*, ArbVG § 96a Rz 23; *Reissner* in ZellKomm § 96a ArbVG Rz 18). Auch dann, wenn eine Verwendung programmgemäß vorgesehen ist, die über die Erfüllung rechtlicher Verpflichtungen des Arbeitgebers hinausgeht, dieses Programm aber (vorerst) nicht zum Einsatz kommt, ist das Zustimmungsrecht des Betriebsrates gegeben. Dass die Beurteilung anhand des gesamten installierten Systems erfolgen soll, ergibt sich auch aus § 91 Abs 2 zweiter Satz, wonach dem Betriebsrat die Überprüfung der „Grundlagen" – dh der Programme – zu ermöglichen ist (OGH vom 27. 5. 2004, 8 Ob A 97/03b, RIS-Justiz E73868 = DRdA 2004, 466 = ASoK 2005, 74; siehe auch Erl zu § 91; OGH vom 13. 6. 2002, 8 Ob A 288/01p, DRdA 2003, 365 mit Anm von *Preiss* = infas 2002, A 100 = Arb 12.240 = ecolex 2002, 904 = ZAS 2004, 40 = ARD 5359/3/2002 = wbl 2002, 518 mit Anm von *Thiele*; vgl zu diesem Fragenkomplex auch Erl 7 zu § 96).

Personalbeurteilungssysteme

[8]) § 96a Abs 1 Z 2 behandelt **Personalbeurteilungssysteme**, die unter bestimmten Voraussetzungen nur mit – durch die Schlichtungsstelle ersetzbarer – Zustimmung des Betriebsrates zulässig sind. Unter „**Einführung von Systemen ...**" ist – ebenso wie in Z 1 – auch die (**weitere**) **Anwendung** oder **Änderung bestehender Systeme** zu verstehen (siehe Erl 5 und mit Rechtsprechungsnachweisen Erl 3 zu § 96).

Anders als bei Personaldatensystemen iSd Z 1 ist für das Mitbestimmungsrecht des Betriebsrates bei Personalbeurteilungssystemen nach Z 2 **nicht Voraussetzung**, dass es sich um ein **automationsunterstütztes System** handelt.

„Systeme zur Beurteilung von Arbeitnehmern", die nach Z 2 der (ersetzbaren) Zustimmung des Betriebsrates unterliegen, sind alle **planmäßig geordneten Bewertungen** von Arbeitnehmern **nach bestimmten Kriterien** (*Binder* in *Tomandl*, ArbVG § 96a Rz 33). Als Beurteilungskriterien werden zB die Arbeitsmenge, Flexibilität, Kreativität, Teamfähigkeit, Verantwortungsbewusstsein, Risikobereitschaft, Zuverlässigkeit, Selbstständigkeit usw herangezogen.

Auch wenn bei der Anwendung neuer Methoden des Personalmanagements – wie zB Beschreibungsbogen, Mitarbeitergesprächen, Assessment-Centers – versucht wird, zu „objektiven" Ergebnissen zu kommen, fließen doch in die Bewertungen die subjektiven Eindrücke der Beurteilenden mit ein.

Zweck des Mitwirkungsrechtes des Betriebsrates ist es vor allem, durch die Einbringung der (individuellen und kollektiven) Arbeitnehmerinteressen zur **Objektivierung** des Beurteilungssystems und -verfahrens beizutragen. Er hat dabei zwar rechtlich nicht eine so starke Position wie bei den (absolut) zustimmungspflichtigen Maßnahmen nach § 96, kann aber durch die Verweigerung seiner Zustimmung ein Schlichtungsverfahren oder die gerichtliche Überprüfung eines Personalbeurteilungssystems erzwingen (zur Rechtsdurchsetzung siehe Erl 9).

Entsprechend der Vieldeutigkeit des Begriffes „Personalbeurteilung" ergibt sich die Notwendigkeit der Abgrenzung unter dem Gesichtspunkt der Mitwirkungsrechte des Betriebsrates:

– Personalbeurteilungen, die mittels Fragebogen durchgeführt werden, sind nach § 96 Abs 1 Z 2 (absolut) zustimmungspflichtig (siehe Erl 6 zu § 96; vgl aber die Entscheidung des EA Wien 18. 2. 1987, RdW 1987, 417 = Arb 10.593 = ARD 3927/12/87).

– Technische Systeme, die dazu verwendet werden (können), das Verhalten oder bestimmte Eigenschaften von Menschen festzustellen und dadurch die Möglichkeit zu einer die Menschenwürde berührenden Kontrolle eröffnen, sind nach § 96 Abs 1 Z 3 (absolut) zustimmungspflichtig (siehe Erl 7 zu § 96).

- Persönlichkeitsbewertungen, die als Grundlage für kollektive Leistungsentgeltregelungen dienen, können nach § 96 Abs 1 Z 4 (absolut) zustimmungspflichtig sein (siehe Erl 8 bis 10 zu § 96).
- Personalbeurteilungen, die zwar nicht nach § 96 (absolut) zustimmungspflichtig sind, in deren Rahmen jedoch Daten erhoben werden, die „nicht durch die betriebliche Verwendung gerechtfertigt sind", fallen unter die ersetzbare Zustimmung nach § 96a Abs 1 Z 2;
- Beurteilungen, die auf den Gegenstand des Arbeitsvertrages, also die Erbringung der geschuldeten Arbeitsleistung, beschränkt bleiben, sind mitbestimmungsfrei (allerdings können sie Gegenstand von Informations-, Interventions- und Beratungsrechten des Betriebsrates sein).

Die Bedeutung der Wendung „**durch die betriebliche Verwendung gerechtfertigt**" ist äußerst unklar (siehe dazu jüngst OGH vom 20. 8. 2008, 9 Ob A 95/08y, ARD 5907/3/2008 = RdW 2008/641; siehe auch ZAS 2008/36 mit Anm von *Schrank;* vgl dazu mwN *Reissner,* DRdA 2003, 503 [512]; *Preiss* in *Resch* [Hrsg], Leistungs- und erfolgsbezogene Entgeltfindung [2003] 31 [41]). Zweck der Bestimmung ist wohl der **Persönlichkeitsschutz** der Arbeitnehmer, insofern ist die Regelung im Lichte der verfassungsrechtlich geschützten Sphäre der Arbeitnehmer zu sehen (siehe idS jüngst OGH vom 20. 8. 2008, 9 Ob A 95/08y, ARD 5907/3/2008 = RdW 2008/641; siehe auch ZAS 2008/36 mit Anm von *Schrank*). Dabei ist insbesondere das Grundrecht auf Datenschutz (§ 1 DSG 2000), der Schutz der Privatsphäre (Art 8 MRK) und der Gleichheitsgrundsatz (Art 7 B-VG, Art 2 StGG) zu beachten (vgl auch Erl 3 zu § 96). Die **Persönlichkeitsrechte wirken**, wenngleich durch den Arbeitsvertrag abgeschwächt und modifiziert, **auch im dienstlichen Bereich** fort und schützen dort den Arbeitnehmer insbesondere vor Erniedrigung, Ungleichbehandlung und Willkür (OGH vom 13. 6. 2002, 8 Ob A 288/01p, DRdA 2003, 365 zu § 96 Abs 1 Z 3). Dem Charakter als **Schutzbestimmung** entspricht es, den **zustimmungsfreien Raum eng auszulegen** (*Reissner* in ZellKomm § 96a ArbVG Rz 26). Hinter § 96a Abs 1 Z 2 steht damit auch die Überlegung, dass eine Betriebsvereinbarung die **Transparenz von Beurteilungssystemen** für die Arbeitnehmer erhöhen und damit die Gefahr von **Manipulation** hintanhalten soll (*Reissner,* DRdA 2003, 503 [512]). Aus diesem Grund kommt es mE auf die Art der erhobenen Daten und nicht darauf an, wofür die Personalbeurteilung verwendet wird. Wird eher die Persönlichkeit und weniger die konkrete Arbeitsleistung des Arbeitnehmers beurteilt, ist dies ein Fall nach Z 2. Geht es also zum Beispiel um schwer objektivierbare Fähigkeiten wie Teamfähigkeit, Kreativität, Flexibilität und Ähnliches, so greift Z 2. Bei der Bewertung der konkret messbaren Arbeitsleistung des Arbeitnehmers kommt Z 2 nicht zum Tragen (vgl *Preiss* in *Resch* [Hrsg], Leistungs- und erfolgsbezogene Entgeltfindung [2003] 31 [41]).

Da es sich hier um den Bereich der ersetzbaren Zustimmung handelt, bleibt ausreichend Raum, die – ebenfalls (vor allem durch Art 5 StGG) verfassungsrechtlich geschützten – Interessen des Betriebsinhabers zu berücksichtigen. Weigert sich der Betriebsrat eine Betriebsvereinbarung abzuschließen, kann der Betriebsinhaber die Schlichtungsstelle anrufen, um die Zustimmung des Betriebsrates ersetzen zu lassen und letztendlich die Personalbeurteilung durchführen zu können.

Der Betriebsinhaber wird in der Regel einen Zweck der Personalbeurteilung angeben können, der mit der betrieblichen Verwendung des Arbeitnehmers in irgendeiner Weise zu tun hat. Es kommt allerdings darauf an, ob eine Rechtfertigung durch diese Verwendung in dem Sinn besteht, dass die betriebliche Arbeitsleistung ohne die Prüfung der Eignung des Arbeitnehmers durch den Arbeitgeber in ihrem Ergebnis oder in ihrer Effizienz gefährdet wäre. Entscheidend ist die **aktuelle oder zumindest bereits ausreichend konkretisierte zukünftige, jedenfalls aber nicht jede in Zukunft denkbare Verwendung des Arbeitnehmers** (OGH vom 20. 8. 2008, 9 Ob A 95/08y, ARD 5907/3/2008 = RdW 2008/641; siehe auch ZAS 2008/36 mit Anm von *Schrank;* hL siehe mwN *Reissner* in ZellKomm § 96a ArbVG Rz 27; aA *Strasser/Jabornegg,* ArbVG[3] [1999] § 96a Anm 24; vgl zur Relevanz der Daten für die betriebliche Verwendung EA Wien 18. 2. 1987, RdW 1987, 417 = Arb 10.593 = ARD 3927/12/87).

Bei Arbeitnehmern, die selbst gegenüber anderen Arbeitnehmern in gewisser Hinsicht weisungsberechtigt sind (Vorgesetzte), wird die Rechtfertigung gewisser Personalbeurteilungen auch die Frage des Umgangs mit anderen Menschen, des Durchsetzungsvermögens und der Koordinationsfähigkeit umfassen. Bei Arbeitnehmern, die Kompetenzen zur Weisungserteilung gegenüber anderen Arbeitnehmern nicht besitzen, spielen diese Gesichtspunkte eine geringere Rolle. Die Rechtfertigung muss sich durch die aktuelle oder unmittelbar bevorstehende Verwendung des Arbeitnehmers ergeben (siehe dazu OGH vom 20. 8. 2008, 9 Ob A 95/08y, ARD 5907/3/2008 = RdW 2008/641; siehe auch ZAS 2008/36 mit Anm von *Schrank*). Unsichere oder erst bei Eintritt verschiedener Bedingungen mögliche Verwendungen können Tests ohne Zustimmung des Betriebsrates nicht rechtfertigen.

Reissner (DRdA 2003, 503 [512]) schlägt vor, die Zustimmungspflicht gem § 96a Abs 1 Z 2 anhand eines beweglichen Systems zu beurteilen (zust *Binder* in *Tomandl,* ArbVG § 96a Rz 36). Demnach sei **tendenziell** dann **von einer Mitbestimmungspflicht** auszugehen, wenn sich die Beurteilung auf künftige Verwendungen bezieht, die Beurteilungskriterien schwer messbar sind oder sich schwerwiegende Konsequenzen an die Beurteilung knüpfen (zB Herausfilterung zu kündigender Arbeitnehmer).

Ob das Mitwirkungsrecht nach § 96a Abs 1 Z 2 besteht oder nicht, richtet sich demnach in erster Linie nach den in der Beurteilung selbst vorgesehenen Informationsermittlungen und Informationsverwertungen und nach den Gruppen der betroffenen Personen. Ob die Personalbeurteilung

Eignungstest oder Leistungstest etc genannt wird, ist unerheblich. In der Praxis hat dieser Mitbestimmungstatbestand untergeordnete Bedeutung, weil die Daten für ein Beurteilungssystem in der Regel automationsunterstützt erhoben werden und damit ohnehin der Mitbestimmungstatbestand des § 96a Abs 1 Z 1 schlagend wird (vgl dazu das von *Reissner,* DRdA 2003, 503 [510] geschilderte Performance-Management-Konzept).

Ersetzbarkeit der Zustimmung durch die Schlichtungsstelle

[9]) Ebenso wie die zustimmungspflichtigen Maßnahmen nach § 96 bedürfen auch die in § 96a geregelten Angelegenheiten zu ihrer Rechtswirksamkeit der **Zustimmung** des **Betriebsrates** in Form einer **Betriebsvereinbarung**, die jedoch – anders als bei Maßnahmen nach § 96 – durch **Entscheidung der Schlichtungsstelle** ersetzt werden kann.

Betriebsvereinbarungen nach § 96a sind demnach **notwendig** (weil ohne entsprechende Vereinbarung rechtswirksame Maßnahmen in diesen Angelegenheiten nicht getroffen werden können), aber **ersetzbar** (weil die fehlende Zustimmung des Betriebsrates durch Entscheidung der Schlichtungsstelle ersetzt werden kann).

Die Erzwingbarkeit vor der Schlichtungsstelle ergibt sich aus dem zweiten Satz des § 96a Abs 2. Dort wird die „sinngemäße" Geltung des § 97 Abs 2 angeordnet (vgl Erl 33 zu § 97). Das bedeutet:

- Bei Streitigkeiten über den Abschluss, die Abänderung oder die Aufhebung einer Betriebsvereinbarung über Personaldaten- bzw -beurteilungssysteme können **sowohl Betriebsinhaber als auch Betriebsrat** die Schlichtungsstelle zur Entscheidung anrufen.
- Der Gang zur Schlichtungsstelle ist aber nur dann möglich, wenn es **keine kollektivvertragliche Regelung** zu den Personaldaten- bzw -beurteilungssystemen gibt (meist wird es in den Kollektivverträgen keine diesbezüglichen Regelungen geben).

Praktisch betrachtet wird es wohl der **Betriebsinhaber** sein, der die Schlichtungsstelle **anruft**, da Maßnahmen iSd § 96a in der Regel in seinem Interesse liegen. Der Betriebsrat hat durch die Möglichkeit, seine Zustimmung zur Maßnahme zu verweigern, ohnehin eine gute Verhandlungsposition.

Formal **antragsberechtigt** ist allerdings jeder der Streitteile (§ 144 Abs 1, vgl *Trenner,* ArbVR 4[4] Erl 3 zu § 144), die Schlichtungsstelle hat ihre Entscheidung innerhalb der durch die Anträge der Parteien bestimmten Grenzen und unter Abwägung der Interessen des Betriebes einerseits und der Belegschaft andererseits zu fällen (§ 146 Abs 2, vgl *Trenner,* ArbVR 4[4] Erl 3 zu § 146).

Die Entscheidung der Schlichtungsstelle ersetzt die Einigung zwischen Betriebsinhaber und Betriebsrat. Sie **gilt als Betriebsvereinbarung** und kann gem § 32 Abs 2 nicht gekündigt, sondern nur einvernehmlich oder wieder durch Entscheidung der Schlichtungsstelle geändert oder aufgehoben werden (vgl Erl 33 zu § 97 und *Cerny*, ArbVR 2³ Erl 2 und 4 zu § 32).

Abgrenzung zu den Mitwirkungsrechten gem §§ 96 und 97

[10]) Systematisch und inhaltlich stehen die im § 96a geregelten Angelegenheiten in einem **Naheverhältnis** zu bestimmten **Mitwirkungsrechten** nach **§ 96**. Aber auch die Mitwirkungsrechte nach § 97 (Ordnungsvorschriften, Arbeitszeitgestaltung, Lohnauszahlung und Verwendung von Betriebseinrichtungen und Betriebsmitteln) müssen im Einzelfall von den in § 96a festgelegten Mitwirkungsbefugnissen inhaltlich abgegrenzt werden.

§ 96a Abs 3 stellt klar, dass durch die in § 96a festgelegten Befugnisse die sich aus § 96 ergebenden Zustimmungsrechte des Betriebsrates nicht berührt werden. Die Gesetzesmaterialien stellen dazu fest, dass „die Tatbestände des § 96a Sachverhalte betreffen, die nach der bisherigen Gesetzeslage von einer Zustimmungspflicht nach § 96 nicht erfasst sind" (AB 1062 BlgNR 16. GP 2).

Maßnahmen, die schon vor der ArbVG-Novelle 1986 nach § 96 zustimmungspflichtig waren, bleiben dies auch weiter. Durch die neue Form der **ersetzbaren Zustimmung** sollten die **Befugnisse der Arbeitnehmerschaft** insgesamt **erweitert, keinesfalls** aber **eingeschränkt** werden. Wird zB durch den Einsatz eines Personalinformationssystems eine die Menschenwürde berührende Kontrolle über Arbeitnehmer ausgeübt, so ist die Maßnahme (weiterhin) gem § 96 Abs 1 Z 3 zustimmungspflichtig; die fehlende Zustimmung des Betriebsrates kann in diesem Fall (auch weiterhin) nicht durch Entscheidung der Schlichtungsstelle ersetzt werden (Näheres siehe Erl 7 zu § 96). Ergänzend, wenn § 96 nicht greift, wenn also zB durch ein Personalinformationssystem keine die Menschenwürde berührende Kontrolle ausgeübt wird, kommt § 96a zur Anwendung. Der Gesetzgeber hat also mit dem Modell der **ersetzbaren Zustimmung** sozusagen ein „**zweites Sicherheitsnetz**" zum Schutz der Arbeitnehmer in besonders heiklen, die Persönlichkeitssphäre berührenden Angelegenheiten geschaffen. Die Tatbestände des § 96a sind gegenüber denen des § 96 subsidiär (zu beachten ist allerdings die OGH–Judikatur zur elektronischen Telefonregistrieranlage, nach der die Abgrenzung zw § 96 und § 96a verschwimmt, siehe Erl 11 sowie Erl 1 und 7 zu § 96)

Ist zweifelhaft, ob eine vom Betriebsinhaber beabsichtigte Maßnahme unter § 96 oder unter § 96a fällt, so muss der Betriebsinhaber, wenn der Betriebsrat die Zustimmung verweigert, eine Klärung im Rechtsweg herbeiführen. Das wäre etwa dadurch möglich, dass der Betriebsinhaber einen Antrag bei der Schlichtungsstelle stellt. Kommt die Schlichtungsstelle zur Auffassung, dass es sich um eine Maßnahme gem § 96 handelt, dann müsste sie den Antrag wegen Unzuständigkeit zurückweisen.

Wenn durch ein und dieselbe Maßnahme sowohl ein Tatbestand des § 96a als auch einer der Tatbestände des § 97 erfüllt sein könnte (zB Art und Weise elektronischer Arbeitszeitaufzeichnungen), so ist bei einer solchen **Kollision** der **jeweils stärkere Mitbestimmungtatbestand** anzuwenden. § 96 geht § 96a vor, der wiederum vor § 97 Abs 1 Z 6a anzuwenden ist (vgl *Strasser/Jabornegg*, Arbeitsrecht II⁴ [2001] 398; vgl gleichen Ansatz, sogar vor Einführung des § 96a Abs 3 *Holzer*, Strukturfragen des Betriebsvereinbarungsrechts [1982] 25).

[11]) **Abgrenzungsprobleme** zwischen Maßnahmen iSd § 96 und jenen iSd § 96a könnten sich in erster Linie deswegen ergeben, weil verschiedene Formen der Personaldatenerfassung schon vor der Novelle 1986 vom nicht ersetzbaren Zustimmungsrecht des Betriebsrates erfasst waren und auch weiterhin zustimmungspflichtig sind.

Gem § 96 Abs 1 Z 3 bedürfen Kontrollmaßnahmen, welche die Menschenwürde berühren, der Zustimmung des Betriebsrates. Bei den in § 96a Abs 1 Z 1 bezeichneten Personaldatensystemen ist weder der Tatbestand der Kontrolle von Arbeitnehmern noch das Berühren der Menschenwürde vorausgesetzt. Auch wenn beide Aspekte fehlen, können Personaldatensysteme der ersetzbaren Zustimmung nach § 96a unterworfen sein.

Die Zustimmungspflicht nach **§ 96 Abs 1 Z 3** erstreckt sich auf „Kontrollmaßnahmen und technische Systeme zur Kontrolle der Arbeitnehmer, sofern diese Maßnahmen (Systeme) die **Menschenwürde berühren**". Der Begriff „**technisches System**" setzt **nicht** voraus, dass die Kontrolle der Arbeitnehmer **automationsunterstützt** erfolgen muss. Dieser Gesichtspunkt kann freilich (mit)entscheidend für die Beantwortung der Frage sein, ob durch den Einsatz eines bestimmten Systems die Menschenwürde berührt wird oder nicht.

Automationsunterstützte Telefonregistrieranlagen fallen, soweit sie personenbezogene Daten erfassen, je nach der Intensität des Eingriffes in Persönlichkeitsrechte unter **§ 96 Abs 1 Z 3 oder § 96a Abs 1 Z 1** (vgl Erl 7 zu § 96). Der OGH hat in diesem Zusammenhang auch ausgesprochen, dass – sollte der Betriebsrat seine Zustimmung zu einer vom Betriebsinhaber angebotenen Betriebsvereinbarung verweigern – der Betriebsinhaber die Schlichtungsstelle gem § 96a Abs 2 mit dem Vorbringen anrufen könne, dass die Kontrollmaßnahme dann nicht mehr die Menschenwürde berühre (siehe Erl 7; OGH vom 13. 6. 2002, 8 Ob A 288/01p, DRdA 2003, 365 mit Anm von *Preiss* = infas 2002, A 100 = Arb 12.240 = ecolex 2002, 904 = ZAS 2004, 40 = ARD 5359/3/2002 = wbl 2002, 518 mit Anm von *Thiele*; vgl dazu auch *K. Posch* in *Mazal/Risak*, Kapitel IV. Rz 61 und *Brodil*, ZAS 2004, 17). Diese Entscheidung dürfte aber einzelfallbezogen sein und nichts am Systemunterschied zwischen § 96 und § 96a – also zwischen Zustimmungspflicht und ersetzbarer Zustimmung – ändern.

Will der Betriebsinhaber ein **Leistungslohnsystem** einführen, bei dem **personenbezogene Arbeitnehmerdaten elektronisch verarbeitet** werden sollen, so unterliegt seine Einführung dem nicht ersetzbaren Vetorecht des Betriebsrates nach § 96 Abs 1 Z 4 (wenn es sich wirklich um ein Leistungslohnsystem iSd § 96 Abs 1 Z 4 handelt, vgl Erl 8–10 zu § 96). Enthält das System keine Leistungskomponente, ist § 96a anzuwenden (siehe aber Erl 8 zu den Voraussetzungen).

Berührungspunkte können sich auch zwischen den **Mitwirkungsrechten** des Betriebsrates **nach § 96a** und bestimmten Angelegenheiten ergeben, die gem **§ 97** Gegenstand einer erzwingbaren Betriebsvereinbarung sind. **Diesfalls geht § 96a vor** (vgl Erl 10).

Betriebsvereinbarungen

§ 97. (1) Betriebsvereinbarungen[1]) im Sinne des § 29 können in folgenden Angelegenheiten[2]) abgeschlossen werden[3])[4]):
1. Allgemeine Ordnungsvorschriften[5]), die das Verhalten der Arbeitnehmer im Betrieb regeln;
1a. Grundsätze der betrieblichen Beschäftigung von Arbeitnehmern, die im Rahmen einer Arbeitskräfteüberlassung[6]) tätig sind;
1b. Auswahl der Mitarbeitervorsorgekasse (MV-Kasse) nach dem Betrieblichen Mitarbeitervorsorgegesetz – BMVG, BGBl I Nr 100/2002[6a]);
2. generelle Festsetzung des Beginns und Endes der täglichen Arbeitszeit, der Dauer und Lage der Arbeitspausen und der Verteilung der Arbeitszeit auf die einzelnen Wochentage[7]);
3. Art und Weise der Abrechnung und insbesondere Zeit und Ort der Auszahlung der Bezüge[8]);
4. Maßnahmen zur Verhinderung, Beseitigung oder Milderung der Folgen einer Betriebsänderung im Sinne des § 109 Abs 1 Z 1 bis 6, sofern diese wesentliche Nachteile für alle oder erhebliche Teile der Arbeitnehmerschaft mit sich bringt[9]);
5. Art und Umfang der Teilnahme des Betriebsrates an der Verwaltung von betriebs- und unternehmenseigenen Schulungs-, Bildungs- und Wohlfahrtseinrichtungen[10]);
6. Maßnahmen zur zweckentsprechenden Benützung von Betriebseinrichtungen und Betriebsmitteln[11]);
6a. Maßnahmen zur Verhinderung, Beseitigung, Milderung oder zum Ausgleich von Belastungen der Arbeitnehmer durch Arbeiten im Sinne des Art VII des Nachtschwerarbeitsgesetzes (NSchG), BGBl Nr 354/1981, einschließlich der Verhütung von Unfällen und Berufskrankheiten[12]);
7. Richtlinien für die Vergabe von Werkwohnungen[13]);
8. Maßnahmen und Einrichtungen zur Verhütung von Unfällen und Berufskrankheiten sowie Maßnahmen zum Schutz der Gesundheit der Arbeitnehmer[14]);
9. Maßnahmen zur menschengerechten Arbeitsgestaltung[15]);
10. Grundsätze betreffend den Verbrauch des Erholungsurlaubes[16]);
11. Entgeltfortzahlungsansprüche für den zur Teilnahme an Betriebs-(Gruppen-, Betriebshaupt)versammlungen erforderlichen Zeitraum und damit im Zusammenhang stehende Fahrtkostenvergütungen[17]);
12. Erstattung von Auslagen und Aufwendungen sowie Regelung von Aufwandsentschädigungen[18]);
13. Anordnung der vorübergehenden Verkürzung oder Verlängerung der Arbeitszeit[19]);
14. betriebliches Vorschlagswesen[20]);

15. Gewährung von Zuwendungen aus besonderen betrieblichen Anlässen[21]);
16. Systeme der Gewinnbeteiligung[22]);
17. Maßnahmen zur Sicherung der von den Arbeitnehmern eingebrachten Gegenstände[23]);
18. betriebliche Pensions- und Ruhegeldleistungen[24]), ausgenommen jene nach Z 18a;
18a. Errichtung von und Beitritt zu Pensionskassen[25]), Verpflichtungen des Arbeitgebers und Rechte der Anwartschafts- und Leistungsberechtigten, die sich daraus ergeben, Art und Weise der Zahlung und Grundsätze über die Höhe jener Beiträge, zu deren Entrichtung sich der Arbeitnehmer verpflichtet, Mitwirkung der Anwartschafts- und Leistungsberechtigten an der Verwaltung von Pensionskassen, Auflösung von und Austritt aus Pensionskassen und die sich daraus ergebenden Rechtsfolgen;
18b. Abschluss einer betrieblichen Kollektivversicherung[25a]), Verpflichtungen des Arbeitgebers und Rechte der Versicherten, die sich daraus ergeben, Art und Weise der Zahlung und Grundsätze über die Höhe jener Prämien, zu deren Entrichtung sich der Arbeitgeber verpflichtet, Mitwirkung der Versicherten, Beendigung des Versicherungsvertrages und die sich daraus ergebenden Rechtsfolgen;
19. Art und Umfang der Mitwirkung des Betriebsrates an der Planung und Durchführung von Maßnahmen der betrieblichen Schulungs- und Bildungseinrichtungen sowie die Errichtung, Ausgestaltung und Auflösung von betriebs- und unternehmenseigenen Schulungs-, Bildungs- und Wohlfahrtseinrichtungen[10]);
20. betriebliches Beschwerdewesen[26]);
21. Rechtsstellung der Arbeitnehmer bei Krankheit und Unfall[27]);
22. Kündigungsfristen und Gründe zur vorzeitigen Beendigung des Arbeitsverhältnisses[28]);
23. Feststellung der maßgeblichen wirtschaftlichen Bedeutung eines fachlichen Wirtschaftsbereiches für den Betrieb im Sinne des § 9 Abs 3[29]);
23a. Festlegung des Beginns und Verlängerung der Frist für die vorübergehende Beibehaltung des Zuständigkeitsbereiches (§ 62b)[30]);
24. Maßnahmen im Sinne der §§ 96 Abs 1 und 96a Abs 1[31]);
25. Maßnahmen der betrieblichen Frauenförderung (Frauenförderpläne) sowie Maßnahmen zur besseren Vereinbarkeit von Betreuungspflichten und Beruf[32]);
26. Festlegung von Rahmenbedingungen für die in § 47 Abs 3 BMVG vorgesehenen Übertrittsmöglichkeiten in das Abfertigungsrecht nach dem BMVG[32a]).

(2) Kommt in den in Abs 1 Z 1 bis 6 und 6 a bezeichneten Angelegenheiten zwischen Betriebsinhaber und Betriebsrat über den Abschluß, die Abänderung oder Aufhebung einer solchen Betriebsvereinbarung eine Einigung nicht zustande, so entscheidet – insoweit eine Regelung durch Kollektivvertrag oder Satzung nicht vorliegt – auf Antrag eines der Streitteile die Schlichtungsstelle[33]).

(3) In Betrieben, in denen dauernd nicht mehr als 50 Arbeitnehmer beschäftigt werden, ist die Bestimmung des Abs 1 Z 7, in Betrieben, in denen dauernd weniger als 20 Arbeitnehmer beschäftigt werden, auch die Bestimmung des Abs 1 Z 4 nicht anzuwenden[34]).

(4) Die Kündigung einer Betriebsvereinbarung gemäß Abs 1 Z 18a oder 18b ist nur hinsichtlich jener Arbeitsverhältnisse wirksam, die nach dem Kündigungstermin begründet werden[35]).

Schrifttum zu § 97

Floretta, Das rechtliche Schicksal der im Zeitpunkt des Inkrafttretens des Arbeitsverfassungsgesetzes geltenden Betriebsvereinbarungen und Arbeitsordnungen, DRdA 1974, 245;

Kuderna, Die Auslegung kollektivrechtlicher Normen und Dienstordnungen sowie deren Ermittlung im Prozeß, DRdA 1975, 161;

Schwarz W., Probleme sozialer und personeller Mitbestimmung im Betrieb, DRdA 1975, 65;

Cerny, Novelle zum Arbeitsverfassungsgesetz, DRdA 1976, 84;

Floretta, Einige Probleme der Rechtsetzungsbefugnis im Betriebsverfassungsrecht, DRdA 1976, 197;

Schnorr, Grundfragen des Arbeitsverfassungsgesetzes, DRdA 1976, 112;

Jabornegg, Probleme des Arbeitsverfassungsrechtes, DRdA 1977, 200;

Kuderna, Schlichtungsstellen für Rechtsstreitigkeiten aus dem Arbeitsverhältnis, DRdA 1978, 3;

Kropf/Schwarz B., Die Betriebsvereinbarung (1978);

Winkler, Die Möglichkeiten des Arbeitsverfassungsgesetzes zur Förderung der direkten Mitwirkung der Arbeitnehmer, ZAS 1978, 3;

Strasser, Bemerkenswerter Sozialplan abgeschlossen, DRdA 1979, 230;

Tomandl, Die Schlichtung von Regelungsstreitigkeiten gem § 97 Abs 2 Arbeitsverfassungsgesetz, ZAS 1979, 203;

Cerny, Probleme des Arbeitzeitrechts, in FS Weißenberg (1980) 255;

Strasser, Mitbestimmung des Betriebsrats bei der Anordnung von Überstunden, in FS Weißenberg (1980) 343;

Holzer, Strukturfragen des Betriebsvereinbarungsrechts (1982);

Cerny, Entgeltregelungen in Betriebsvereinbarungen, in FS Strasser (1983) 485;

Firlei, Mitbestimmung durch Inhaltsnormen? in FS Floretta (1983) 469;

Krejci, Über Regelungszweck, Abschlußvoraussetzungen und Konstruktionsprobleme des Sozialplanes, in FS Floretta (1983) 539;
Krejci, Über den Inhalt von Sozialplänen, in FS Strasser (1983) 511;
Krejci, Der Sozialplan, in Tomandl (Hrsg), Probleme des Einsatzes von Betriebsvereinbarungen (1983) 133;
Krejci, Der Sozialplan. Ein Beitrag zu Recht und Praxis der Betriebsvereinbarung (1983);
Schwarz B./Wrobel/Retzer/Ziniel/Lauber, Leitfaden für Betriebsvereinbarungen (1983);
Schwarz W., Obligatorische und normative Dimensionen der Betriebsvereinbarung, in FS Strasser (1983) 465;
Strasser, Betriebsvereinbarungen über die Arbeitsgestaltung, in Tomandl (Hrsg), Probleme des Einsatzes von Betriebsvereinbarungen (1983) 61;
Tomandl, Die Rechtswirkungen „freier Betriebsvereinbarungen", in FS Strasser (1983) 583;
Binder, Rechtsgrundlagenprobleme der Remunerationsgewährung, ZAS 1984, 49;
Pernthaler, Verfassungsrechtliche Voraussetzungen und Grenzen der betrieblichen und unternehmerischen Mitbestimmung (1984);
Dusak, Ausgewählte Probleme des Urlaubsrechts, ZAS 1985, 54;
Schwarz W., Konfusion um die „freie" Betriebsvereinbarung, DRdA 1985, 173;
Eypeltauer, Die Mitwirkung des Betriebsrates an betrieblichen Wohlfahrtseinrichtungen, DRdA 1986, 102 und 194;
Grillberger, Rechtsfragen der kollektivvertraglichen Arbeitszeitverkürzung, RdW 1987, 199;
Trost, Die Antragslegitimation bei der Schlichtungsstelle gem § 96a Abs 2 ArbVG, DRdA 1988, 171;
Mitter, OGH: Sozialplan bei drohender Zahlungsunfähigkeit eines Unternehmens, DRdA 1989, 319;
Trost, Ausgewählte Strukturprobleme der Mitwirkung nach der Arbeitsverfassungsgesetz-Novelle 1986, DRdA 1989, 1;
Eberhartinger, Die Betriebsvereinbarung als Basis des Pensionskassenbeitritts – Inhalt und Gestaltung der Vereinbarung zwischen Betriebsinhaber und Betriebsrat, SWK 1990, B I 21;
W. Schwarz, Gedanken zur Betriebspension, ÖJZ 1990, 231;
Binder, Rechtsprobleme des Dreiecksverhältnisses zwischen Unternehmer, Pensionsbegünstigtem und Pensionskasse, ZAS 1991, 106;
Binder, Zur Rechtmäßigkeit einer Halbtagsurlaubsregelung und zur Befugnis ihrer einseitigen Zurücknahme, RdW 1991, 294;
Csillag/Eberhartinger, Bedingte Beitragsleistungen des Arbeitgebers an eine Pensionskasse? ecolex 1991, 407;
Firlei, Kein Urlaub ohne Kinder! DRdA 1991, 477;
Geppert, Arbeitskräfteüberlassung und ArbVG, in FS Schwarz (1991) 239;

Marhold, Zur Regelungsbefugnis der Betriebspartner, ZAS 1991, 95;
Petrovic, Pensionskassen-Betriebsvereinbarung und Vertragsmuster, ZAS 1991, 90;
B. Schwarz, Arbeitnehmerähnliche Personen und überlassene Arbeitskräfte in der Arbeitsverfassung, in FS Walter Schwarz (1991) 311;
Dirschmied, Die Auswirkungen der Insolvenz des Arbeitgebers auf das Instrument des Sozialplanes nach österreichischem Recht, in FS Gnade (1992) 827;
Eichinger, Nichtraucherschutz im Arbeitsleben, RdW 1992, 344;
Peschek, Sind Miniröcke und kurze Hosen ein arbeitsrechtliches Problem? RdW 1992, 343;
Tinhofer, Darf der Arbeitgeber das Tragen von Personalausweisen anordnen? RdW 1994, 16;
Hainz, Schlichtungsstellen verfassungswidrig? ecolex 1995, 738;
Spitzl, Auflösung betrieblicher Wohlfahrtseinrichtungen, RdW 1996, 17;
Strasser, Zu den Rechtsgrundlagen für Betriebsvereinbarungen im Arbeitszeitgesetz, in GedS *Rabofsky* (1996) 295 bzw wbl 1995, 396;
Tomandl, Nochmals: Betriebsvereinbarungen über Betriebspensionen, ZAS 1996, 46;
Weinmeier, Ein Pensionskassenbeitritt, DRdA 1996, 248;
Firlei, Kontrollmaßnahme Firmenausweis, DRdA 1997, 510;
Kandera, Die Zulassung von Überstunden durch Betriebsvereinbarung gem § 7 Abs 4 AZG, ecolex 1997, 685;
Wolf, Die Kündigung von Pensionsbetriebsvereinbarungen und Betriebs(teil)übergang, ecolex 1997, 519;
Marhold, Mitbestimmung bei der Arbeitszeitverteilung, ASoK 1997, 102;
Hainz, Die Rechtsstellung von Rauchern im Arbeitsrecht, in FS Tomandl (1998) 109;
Klein G., Neue Aspekte im Arbeitszeitrecht, DRdA 1998, 175;
Löschnigg, Probleme der AZG-Novelle BGBl I 1997/46, in FS Tomandl (1998) 239;
Rohregger, Sind Schlichtungsstellen Tribunale iSd Art 6 MRK? RdW 1998, 349;
Rotter, Internet-Zugang für Arbeitnehmer, ASoK 1999, 118;
Löschnigg, Die Vereinbarung erfolgsabhängiger Entgelte, DRdA 2000, 467;
Schneller, Vorruhestandsmodelle in Sozialplänen unter geändertem Pensionsrecht, infas 2000, 147;
Schrank, Arbeitskräfteüberlassung: Sind Quotenregelungen im Beschäftigerbetrieb erzwingbar? ecolex 2000, 734;
Achitz/Krapf/Mayerhofer, Leitfaden für Betriebsvereinbarungen, Gesetze und Kommentare Nr 133 (2001);
Brodil, Nutzung und Kontrolle von neuen Medien im Arbeitsrecht, ecolex 2001, 853;

Cerny, Flexibilisierung der Arbeitszeit – Kollektivvertrag und Betriebsvereinbarung als Gestaltungsmittel in, *Resch* (Hrsg) Arbeitszeitrecht – Rechtsgrundlagen und Gestaltungsformen, Sanktionen, Altersteilzeit (2001) 27;
Dellisch, Private E-mail und Internetnutzung am Arbeitsplatz, ASoK 2001, 316;
Goricnik, Mitwirkungsrechte des Betriebsrates bei Betriebsverlegung, wbl 2001, 106;
Grießer, Zur Regelungsbefugnis der Betriebsparteien auf Pensionsansprüche ausgeschiedener Arbeitnehmer, RdW 2001, 473;
Kreil, Zur Kürzung von Betriebspensionen durch Betriebsvereinbarung, RdW 2001, 222;
Löschnigg, Entgelte mit Zielvorgaben und Mitbestimmungspflicht, in FS Cerny (2001) 419;
Mosler, Mitbestimmung der Belegschaft bei leistungs- und erfolgsbezogenen Entgelten, in FS Cerny (2001) 433;
Obereder, E-Mail und Internetnutzung aus arbeitsrechtlicher Sicht, DRdA 2001, 75;
Preiss, Umstrukturierung und Bestand des Betriebsrates im Lichte des ArbVG und der Betriebsübergangs-Richtlinie, in FS *Cerny* (2001) 449;
Strasser, Das Verhältnis Kollektivvertrag – Betriebsvereinbarung als sozialpolitisches und wirtschaftspolitisches Problem, in FS Cerny (2001) 473;
Thiele, Internet am Arbeitsplatz, ecolex 2001, 613;
Eichinger, Unterschiedliches Bezugsalter für Zahlungen aus einem Sozialplan – Diskriminierung von Männern? RdW 2002, 288;
Klein Ch., Arbeitsrechtliche Inhalte und Probleme der Abfertigungsreform, wbl 2002, 485;
Moser/Resch, Die Umverteilung des Entgelts durch Betriebsvereinbarung, ecolex 2003, 184;
Schwarz B., Rechtswirkungen von Betriebsvereinbarungen im Pensionskassenrecht, DRdA 2003, 240;
Kolm, Leistungs- und erfolgsbezogene Entgeltfindung – Erscheinungsformen in der Praxis, in *Resch* (Hrsg), Leistungs- und erfolgsbezogene Entgeltfindung (2003) 13;
Preiss, Betriebliche Mitbestimmung im Zusammenhang mit leistungs- und erfolgsbezogener Entgeltfindung, in *Resch* (Hrsg), Leistungs- und erfolgsbezogene Entgeltfindung (2003) 31;
Reissner, „Performance Management"-Konzepte und betriebliche Mitbestimmung, DRdA 2003, 503;
Grillberger, Der Übergang zur Abfertigung Neu, DRdA 2003, 211;
Eypeltauer, Abfertigung Neu, Zwei ausgewählte Rechtsfragen, RdW 2003, 26;
Mazal, „Umstieg" auf das BMVG – Rechtsprobleme der innerbetrieblichen Umstellung des Abfertigungsrechts, ZAS 2003, 27;

Kraft, Internet und E-Mail am Arbeitsplatz, ARD 5481/11/2004;
Resch, Arbeitsrechtliches zur Parkraumbewirtschaftung, RdW 2004, 37;
ders, Betriebliches Mitarbeitervorsorgegesetz – Abfertigung neu, ÖJZ 2004, 481;
Sacherer, Zulässigkeit privater Internetnutzung am Arbeitsplatz, RdW 2004, 606;
Schrammel, Aktuelle Fragen des Betriebspensions- und Pensionskassenrechts, DRdA 2004, 211;
Wolf, Zur Festlegung der Lage der Arbeitszeit, ecolex 2004, 729;
Körber, (Nicht)Raucher-Betriebsvereinbarung, ZAS 2005/24, 143;
Lutz, Rechtsgutachten: Betriebsvereinbarung – Arbeitszeit, Entgelt, infas 2005, 63;
Rebhahn/Kietaibl, Nachwirkung kollektivvertraglicher Zulassungsnormen, ecolex 2005, 54;
Resch, Arbeitsrechtliche Fragen der Arbeitsförderung (insb der Arbeitsstiftung), DRdA 2005, 393;
Sturm, Geschlechtsdifferenziertes Bezugsalter für Sozialplanleistungen, ecolex 2005, 58;
Binder/Brunner/Szymanski, AZG – Arbeitszeitgesetz (2006);
Gahleitner, Möglichkeiten der Arbeitszeitregelung – Teil 1 und Schluss, DRdA 2006, 335, 447;
Gerlach, Ausgewählte betriebsvereinbarungsrechtliche Probleme bei der Auslagerung von Direktzusagen, ZAS 2006/11, 61;
Schwarz B./Sacherer, Arbeitskräfteüberlassungsgesetz² (2006);
Drs, Der praktische Fall: Ausgestaltung und Abänderung betrieblicher Pensionszusagen, DRdA 2007, 242;
Friedrich, Mitbestimmung bei Arbeitskräfteüberlassung bei personellen Maßnahmen. Zur Zuständigkeit des Betriebsrats des Beschäftigerbetriebs für überlassene Arbeitskräfte bei Versetzungen, ASoK 2007, 212;
Gerhartl, Zu den Mitwirkungs- und Duldungspflichten des Betriebsinhabers im Vorfeld einer BR-Wahl, DRdA 2007, 202;
Jabornegg, Grenzen der Gestaltungsmöglichkeiten durch Kollektivvertrag und Betriebsvereinbarung und deren gerichtliche Kontrolle, in *Jabornegg/Resch/Stoffels* (Hrsg), Vertragsgestaltung im Arbeitsrecht (2007) 1;
Pacic, Quotenregelung für den Einsatz von Leiharbeitskräften im Beschäftigerbetrieb, ecolex 2007, 786;
Resch (Hrsg), Das neue Arbeitszeitrecht (2008);
Riesenkampff, Die arbeitsrechtliche Zulässigkeit der Installation von Videokameras in Ladenlokalen, ecolex 2007, 743;
Schrenk, Betriebsvereinbarungen, taxlex 2007, 72;
Standeker/Risak/Gether, Arbeitszeit NEU (2007);
Brodil, Der praktische Fall: (Freie) Betriebsvereinbarung und Betriebsübung für (ausgegliederte) Beamte, DRdA 2008, 175;

Cerny/Heilegger/Klein Ch./B. Schwarz, Arbeitszeitgesetz[2] [2008];
Grießer, Ungereimtheiten der OGH-Judikatur in Pensionskassenangelegenheiten, DRdA 2008, 11;
Hruska-Frank, Rechtsgutachten: Erzwingbarkeit einer Betriebsvereinbarung betreffend Arbeitskräfteüberlassung, infas 2008, 3;
Kemetter, Der Aufwandersatz im Arbeits-, Sozial- und Steuerrecht, ecolex 2008, 254;
Marhold, Atypische Arbeitskräfteüberlassung? Auch die dauernde, lange währende Überlassung von Arbeitnehmern ist zulässig und im AÜG abschließend geregelt, ASoK 2008, 162;
Marhold, Betriebsvereinbarungen für überlassene Arbeitnehmer. Zurechnung zur Belegschaft des Beschäftigerbetriebes erfolgt je nach Sachfrage, ASoK 2008, 251;
Rauch, Überlassene Arbeitskräfte und Betriebsrat, ecolex 2008, 157.

Übersicht zu § 97

I. Allgemeines

Betriebsvereinbarungen als Instrument der Mitbestimmung	Erläuterung 1
Arten (Typen) von Betriebsvereinbarungen	Erläuterung 2
Rechtsdurchsetzung	Erläuterung 3
Geltungsbereich	Erläuterung 4

II. Erzwingbare Betriebsvereinbarungen

Ordnungsvorschriften	Erläuterung 5
Arbeitskräfteüberlassung	Erläuterung 6
Auswahl einer Mitarbeitervorsorgekasse (Abfertigung neu)	Erläuterung 6a
Arbeitszeitgestaltung, Pausenregelung	Erläuterung 7
Auszahlungsbedingungen	Erläuterung 8
Sozialplan	Erläuterung 9
Schulungs-, Bildungs- und Wohlfahrtseinrichtungen	Erläuterung 10
Verwendung von Betriebseinrichtungen (Betriebsmitteln)	Erläuterung 11
Entlastungen für Nachtschwerarbeit	Erläuterung 12

III. Freiwillige (fakultative) Betriebsvereinbarungen

Vergabe von Werkwohnungen	Erläuterung 13
Unfallverhütung, Gesundheitsschutz	Erläuterung 14
Menschengerechte Arbeitsgestaltung	Erläuterung 15
Grundsätze des Urlaubsverbrauchs	Erläuterung 16
Entgeltfortzahlung bei Teilnahme an der Betriebsversammlung	Erläuterung 17

Auslagenersatz und Aufwandsentschädigung.................. Erläuterung 18
Vorübergehende Arbeitszeitänderungen......................... Erläuterung 19
Betriebliches Vorschlagswesen .... Erläuterung 20
Jubiläumsgelder.. Erläuterung 21
Gewinnbeteiligung.. Erläuterung 22
Sicherung eingebrachter Gegenstände .... Erläuterung 23
Betriebspensionsregelungen .... Erläuterung 24
Pensionskassenvereinbarungen.. Erläuterung 25
Betriebliche Kollektivversicherungen .... Erläuterung 25a
Betriebliches Beschwerdewesen .... Erläuterung 26
Rechtsstellung der Arbeitnehmer bei Krankheit
   und Unfall.. Erläuterung 27
Regelungen über die Beendigung des Arbeits-
   verhältnisses .... Erläuterung 28
Klarstellung der Kollektivvertragsangehörigkeit .... Erläuterung 29
Vorübergehende Beibehaltung des Zuständigkeits-
   bereiches bei Betriebsänderungen .... Erläuterung 30
Zustimmungspflichtige Maßnahmen und ersetzbare
   Zustimmung.. Erläuterung 31
Frauenförderpläne .... Erläuterung 32
Übertritt in das Abfertigungsrecht
   nach dem BMVG (Abfertigung neu) .... Erläuterung 32a

IV. Erzwingbarkeit

Erzwingbarkeit von Betriebsvereinbarungen
   über die Schlichtungsstelle .... Erläuterung 33

V. Besonderheiten

Ausnahmen von der Mitbestimmung bei Werk-
   wohnungen und Sozialplänen nach der
   Arbeitnehmeranzahl .... Erläuterung 34
Kündigung von Pensionskassenvereinbarungen
   und Vereinbarungen zu betrieblichen
   Kollektivversicherungen .... Erläuterung 35

I. Allgemeines

**Betriebsvereinbarungen als Instrument
der Mitbestimmung**

[1]) Erstmals wurde im ArbVG die Betriebsvereinbarung als spezifische Rechtsquelle des Arbeitsrechts umfassend und systematisch geregelt. Der **I. Teil** des Gesetzes regelt die Betriebsvereinbarung als **Instrument der kollektiven Rechtsgestaltung.** Er enthält in den §§ 29 bis 32 Bestimmungen über Begriff, Form, Wirksamkeitsbeginn, Rechtswirkungen und Geltungs-

dauer von Betriebsvereinbarungen. Diese Bestimmungen sind in Band 2 ausführlich erläutert.

Im **II. Teil** (Betriebsverfassung) ist der **Inhalt** von **normativ wirkenden** (siehe dazu Erl 2 zu § 31 in Band 2) **Betriebsvereinbarungen** geregelt, und zwar im Rahmen des 3. Hauptstückes über die **Befugnisse der Arbeitnehmerschaft**, im Abschnitt 2 mit der Überschrift „**Mitwirkung in sozialen Angelegenheiten**". Schon durch diese systematische Einordnung bringt das Gesetz deutlich zum Ausdruck, dass die Betriebsvereinbarung ihrer Funktion nach ein **Instrument der Mitbestimmung** der organisierten Arbeitnehmerschaft **im Betrieb** ist.

Das ArbVG geht von dem Grundsatz aus, dass **Träger** der „Befugnisse", also **der Mitwirkungsrechte**, die gesamte **Arbeitnehmerschaft** des Betriebes als Kollektiv ist. So weit der Arbeitnehmerschaft durch das Gesetz Befugnisse verliehen sind – aber eben nur so weit –, ist sie (teil-)rechtsfähig. Die Arbeitnehmerschaft übt ihre gesetzlichen Mitwirkungsrechte durch die jeweils zuständigen **Organe** (siehe dazu § 40 und die Erl dazu in Band 2), insbesondere durch den **Betriebsrat**, aus.

Beim Abschluss von Betriebsvereinbarungen ist der **Betriebsrat** als Organ der Arbeitnehmerschaft **gleichberechtigter Vertragspartner** des Betriebsinhabers (Arbeitgebers). Er **bestimmt** also den **Inhalt der Regelung im Interesse der Arbeitnehmer des Betriebes mit.**

Betriebsvereinbarungen mit den **besonderen Rechtswirkungen** nach § 31 ArbVG (Näheres siehe Erläuterungen zu § 31 in Band 2) können **nur in Angelegenheiten** abgeschlossen werden, **deren Regelung durch Gesetz oder Kollektivvertrag der Betriebsvereinbarung vorbehalten** ist (§ 29; siehe dazu die Erl 1 und 5 bis 8 in Band 2).

Als **gesetzliche Grundlage** für den Abschluss von Betriebsvereinbarungen kommt vor allem das **ArbVG** selbst in Betracht. Es enthält – außer in den §§ 29 bis 32 – an mehreren Stellen Bestimmungen über Betriebsvereinbarungen:

§ 9 Abs 3: Feststellung des fachlichen Geltungsbereiches bei mehrfacher Kollektivvertragsangehörigkeit des Arbeitgebers (siehe Erl 5 zu § 9 in Band 2);

§ 47 Abs 1: Regelung der Entgeltfortzahlung bei Abhaltung einer Betriebsversammlung während der Arbeitszeit (siehe Erl 3 zu § 47 in Band 2);

§ 62b Abs 2: Festlegung des Beginns der Frist für die vorübergehende Beibehaltung der Zuständigkeit des Betriebsrats bis zum Abschluss der Funktionsperiode (siehe Erl 22 zu § 62b in Band 2);

§ 92b Abs 3: Maßnahmen der betrieblichen Frauenförderung (siehe Erl 16 und 17 zu § 92b);

§ 94 Abs 3 und 6: Mitwirkung in Angelegenheiten der betrieblichen Berufsausbildung und Schulung (siehe Erl 4 und 7 zu § 94);

§ 95 Abs 1 und 2: Mitwirkung an betrieblichen Wohlfahrtseinrichtungen (siehe Erl 1 und 2 zu § 95);

§ 96: Betriebsvereinbarungen über zustimmungspflichtige Maßnahmen (siehe Erl zu § 96);

§ 96a: (Ersetzbare) Zustimmung zu bestimmten Maßnahmen des Betriebsinhabers (siehe Erl zu § 96a);

§ 109 Abs 3: Sozialplan bei Betriebsänderungen (siehe Erl 28 bis 42 zu § 109).

Zentrale Bestimmung über den Inhalt von Betriebsvereinbarungen nach dem ArbVG ist aber **§ 97**: Hier sind die Angelegenheiten, über die Betriebsvereinbarungen mit den besonderen Rechtswirkungen nach § 31 abgeschlossen werden können, in einer **taxativen Aufzählung** systematisch zusammengefasst. Die **Ziffern 1 bis 6a des Abs 1** enthalten jene Angelegenheiten, bei denen mangels Einigung zwischen Betriebsrat und Betriebsinhaber über den Abschluss, die Abänderung oder Aufhebung einer Betriebsvereinbarung eine außerbetriebliche Stelle, die Schlichtungsstelle, zur Entscheidung angerufen werden kann (**erzwingbare Betriebsvereinbarungen**); die **Ziffern 7 bis 26** jene Angelegenheiten, in denen Betriebsvereinbarungen mit den Rechtswirkungen nach § 31 abgeschlossen, aber nicht durch Entscheidung der Schlichtungsstelle erzwungen werden können (**fakultative Betriebsvereinbarungen**).

Der Katalog der Betriebsvereinbarungen in § 97 ist durch Novellen zum ArbVG mehrfach erweitert worden. Damit wurde auch der **Umfang der Mitwirkungsrechte der Arbeitnehmerschaft in sozialen Angelegenheiten**, also bei kollektiv-generellen Regelungen (vgl Erl 1 zu § 94), **ausgebaut**.

Neben dem ArbVG sehen auch **andere Gesetze** den Abschluss von **Betriebsvereinbarungen** vor, so vor allem das **Arbeitszeitgesetz** (siehe dazu *Cerny/Heilegger/Ch. Klein/B. Schwarz*, Arbeitszeitgesetz[2] [2008], sowie Erl 6 zu § 29 in Band 2), das **Urlaubsgesetz** und das **Entgeltfortzahlungsgesetz** (betreffend die Festlegung des Kalenderjahres an Stelle des Arbeitsjahres als maßgeblicher Anspruchszeitraum; siehe dazu *Cerny*, Urlaubsrecht[9] [2005], Erl 17 bis 32 zu § 2 und *Cerny/Kallab*, Entgeltfortzahlungsgesetz[4] [2001], Erl 30 bis 35 zu § 2).

Als **Rechtsgrundlage** für den Abschluss von normativ wirkenden **Betriebsvereinbarungen** kommen außer Gesetzen auch **Kollektivverträge** in Betracht: Die Kollektivvertragspartner können die Regelung bestimmter Angelegenheiten **ausdrücklich** der Betriebsvereinbarung **vorbehalten**. Diese „Delegierungsmöglichkeit" ist allerdings in mehrfacher Hinsicht **begrenzt** (siehe dazu Erl 7 zu § 29 in Band 2). Eine generelle Möglichkeit, durch den Kollektivvertrag die Betriebsvereinbarung zu abweichenden Arbeitszeitregelungen zu ermächtigen, wurde durch die AZG-Novelle 2007, BGBl I 2007/61, geschaffen (§ 1a AZG; siehe dazu die ausführlichen Erl von *Ch. Klein* in *Cerny/Heilegger/Ch. Klein/B. Schwarz,* Arbeitszeitgesetz² [2008]).

Andere als die in Gesetzen aufgezählten oder durch Kollektivvertrag übertragenen Angelegenheiten können durch Betriebsvereinbarung nicht geregelt werden. Dennoch zwischen dem Betriebsinhaber und dem Betriebsrat abgeschlossene Vereinbarungen wurden von der Lehre (vgl nur *Strasser/Jabornegg,* Arbeitsrecht II⁴ [2001] 456) als **unzulässige,** in den Erläuternden Bemerkungen zur Regierungsvorlage des ArbVG (840 BlgNR 13. GP) als „**freie**" **Betriebsvereinbarungen** bezeichnet. Die **Rechtsprechung** musste sich immer wieder mit der faktischen Existenz gesetzlich oder kollektivvertraglich nicht vorgesehener „Betriebsvereinbarungen" auseinander setzen und hat aus ihnen letztlich doch bestimmte Rechtswirkungen abgeleitet. So entscheidet der OGH in ständiger Rechtsprechung, dass eine „Betriebsvereinbarung", die **unzulässige Regelungsgegenstände** enthält, zwar **als Betriebsvereinbarung unwirksam** ist, der dem einzelnen Arbeitnehmer bekannt gegebene und von ihm stillschweigend zur Kenntnis genommene oder tatsächlich beachtete **Inhalt** aber **Grundlage für einzelvertragliche Ergänzungen des Arbeitsvertrags** gemäß § 863 ABGB bilden kann (zB OGH vom 4. 5. 2005, 8 Ob A 99/04y, Arb 12.527; ausführlich zum Thema „freie" = unzulässige Betriebsvereinbarung mit entsprechenden Judikatur- und Literaturnachweisen Erl 8 zu § 29 in Band 2).

Zum Umfang der **Mitwirkungsrechte** nach dem ArbVG ist der OGH in zuletzt ständiger Rechtsprechung der Lehre (*Jabornegg,* Absolut zwingendes Arbeitsverfassungsrecht, in FS Strasser [1983] 366) gefolgt, dass die Regelung im ArbVG abschließend und **absolut zwingend** sei; eine **Erweiterung** durch Kollektivverträge oder Betriebsvereinbarungen sei **unzulässig** und daher unwirksam (ausführliche Nachweise in Erl 12 zu § 2 in Band 2; vgl dort aber auch die differenzierte Betrachtung dieser Interpretation).

Zuzustimmen ist der Lehre und (ständigen) Rechtsprechung jedenfalls insoweit, dass **Entgeltregelungen in Betriebsvereinbarungen** nur in den im Gesetz oder Kollektivvertrag **ausdrücklich bezeichneten Angelegenheiten** rechtswirksam getroffen werden können (vgl OGH vom 15. 3. 2000, 9 Ob A 314/99p, RdW 2001/183; OGH vom 6. 7. 1998, 8 Ob A 167/98m, ARD 4962/15/98 = ASoK 1999, 35; OGH vom 17. 3. 1993, 9 Ob A 606/92, DRdA 1994/3 [zust *Jabornegg*] = wbl 1993, 292; OGH vom 27. 5. 1992, 9 Ob A 82/92, DRdA 1993/2 [*Kerschner*]; OGH vom 29. 5. 1991, 9 Ob S 5/91, ARD 4307/10/91; OGH vom 14. 6. 1989, 88/10/0169, wbl 1990, 23; OGH vom 12. 10. 1988, 9 Ob A 131/88, DRdA 1990, 72 = DRdA 1991/6 [*Eypeltauer*] = infas 1990, A 3). Durch die Beschränkung der Rechtssetzungsbefugnis auf die Betriebsebene wollte der Gesetzgeber – in Übereinstimmung mit den sozialpolitischen Grundwertungen des ArbVG – den **Vorrang** der überbetrieblichen (freiwilligen) Interessenvertretungen bei der Entgeltregelung durch **Kollektivverträge** gewährleisten (vgl dazu auch die Erl 1 zu § 2 und die Erl 5 zu § 29 in Band 2).

Die **Mitbestimmungsmöglichkeiten** des Betriebsrates durch **Betriebsvereinbarungen** sind nach den einzelnen Sachgebieten **graduell abgestuft**. Sie reichen vom absoluten **Vetorecht** des Betriebsrates gegen die Festlegung bestimmter Arbeitsbedingungen bis zur Schaffung einer Verhandlungsmöglichkeit mit dem Betriebsinhaber, um auf **freiwilliger** Basis betriebliche Normen festzulegen (Näheres in Erl 2).

Muster für Betriebsvereinbarungen finden sich bei *Achitz/Krapf/Mayerhofer*, Leitfaden für Betriebsvereinbarungen, Gesetze und Kommentare 133, (2001).

Arten (Typen) von Betriebsvereinbarungen

²) Wie in der Erl 2 zu § 29 (in Band 2) ausführlich dargestellt, unterscheidet das ArbVG nach dem Grad der Mitbestimmung und hinsichtlich der Rechtswirkungen vier Typen von Betriebsvereinbarungen:

1. **Notwendige Betriebsvereinbarungen** in Angelegenheiten, in denen eine rechtswirksame Maßnahme **ohne Zustimmung des Betriebsrates nicht getroffen werden kann** (**zustimmungspflichtige Maßnahmen**). Ihr Inhalt ist in § 96 geregelt; § 97 Abs 1 zählt sie im Katalog jener Angelegenheiten, in denen keine Anrufung der Schlichtungsstelle möglich ist, unter Z 24 auf. Verweigert der Betriebsrat die Zustimmung zu einer dieser Maßnahmen, so kann vom Betriebsinhaber keine außerbetriebliche Stelle zur Entscheidung angerufen werden; die Maßnahme kann nicht rechtswirksam getroffen werden. Umgekehrt kann der Betriebsrat, wenn der Betriebsinhaber eine zustimmungspflichtige Maßnahme gegen das Veto des Betriebsrates anordnet, beim Arbeits- und Sozialgericht die Herstellung des rechtmäßigen Zustandes einklagen (VfGH vom 16. 10. 1976, B 69/76, Arb 9534; VwGH vom 15. 2. 1977, Z 567/76, Arb 9559).

   Es handelt sich hier also um die **stärkste Form der Mitwirkung**, nämlich **zwingende Mitbestimmung ohne Rechtskontrolle** (*Strasser/Jabornegg,* ArbVG³ [1999] § 96 Anm 1).

   Näheres zu den zustimmungspflichtigen Maßnahmen siehe in den Erl zu § 96.

   In die Kategorie der notwendigen Betriebsvereinbarungen (ohne Nachwirkung gemäß § 32 Abs 3) sind auch Betriebsvereinbarungen nach § 1a AZG einzuordnen, mit denen abweichende Arbeitszeitregelungen zugelassen werden (Näheres dazu bei *Ch. Klein* in *Cerny/Heilegger/Ch. Klein/B. Schwarz,* Arbeitszeitgesetz² [2008], Erl 5 zu § 1a).

2. **Notwendige Betriebsvereinbarungen** mit **ersetzbarer Zustimmung** bei **Maßnahmen nach § 96a**; es handelt sich dabei um Angelegenheiten, in denen eine rechtswirksame Maßnahme zwar ebenfalls **nur mit** Zustimmung des Betriebsrates getroffen, die **fehlende Zustimmung**

des Betriebsrates jedoch durch **Entscheidung der Schlichtungsstelle ersetzt** werden kann. Dieser durch die ArbVG-Novelle 1986 BGBl 394 eingeführte Typ der Betriebsvereinbarung ist inhaltlich in § 96a geregelt; § 97 zählt sie ebenfalls in der Z 24 des Abs 1 auf, also im Katalog jener Angelegenheiten, die nach dem Abs 2 nicht zu den erzwingbaren Betriebsvereinbarungen gehören. Die Möglichkeit zur Anrufung der Schlichtungsstelle ist aber in § 96a Abs 2 in einer lex specialis normiert. Sie wird in der Regel nur für den **Betriebsinhaber** in Betracht kommen, weil der Betriebsrat durch Verweigerung seiner Zustimmung ohnehin verhindern kann, dass Maßnahmen iSd § 96a rechtswirksam getroffen werden können. Will der Betriebsinhaber eine solche Maßnahme dennoch durchführen, muss er **vorher** eine Entscheidung der Schlichtungsstelle in seinem Sinn herbeiführen. Aus dem letzten Satz des § 96a Abs 2, der die sinngemäße Geltung des § 97 Abs 2 anordnet, ergibt sich, dass **auch der Betriebsrat** die **Schlichtungsstelle** zur Entscheidung **anrufen** kann. Das könnte zB dann der Fall sein, wenn er die **Abänderung** oder **Aufhebung** einer Maßnahme erreichen will (ausführlich zum Schlichtungsverfahren in Angelegenheiten des § 96a vgl bei *Trost,* Ausgewählte Strukturprobleme der Mitwirkung nach der Arbeitsverfassungsgesetz-Novelle 1986, DRdA 1989, 1 und *Trost,* Die Antragslegitimation bei der Schlichtungsstelle gem § 96a Abs 2 ArbVG, DRdA 1988, 171).

Ohne Zustimmung des Betriebsrates oder (vorherige) **Entscheidung der Schlichtungsstelle** ist die Einführung von Maßnahmen iSd § 96a **rechtsunwirksam.** Sowohl der Betriebsrat als auch die einzelnen von einer rechtsunwirksamen Maßnahme des Betriebsinhabers betroffenen Arbeitnehmer können die Rechtsunwirksamkeit durch **Klage** beim Arbeits- und Sozialgericht geltend machen.

Von der **Stärke des Mitbestimmungsrechtes** der Arbeitnehmerschaft gesehen, handelt es sich bei der ersetzbaren Zustimmung nach § 96a um eine Betriebsvereinbarung, die **zwischen der notwendigen** gemäß § 96 **und der erzwingbaren** gemäß § 97 Abs 2 (siehe sogleich) einzureihen ist.

Näheres zur ersetzbaren Zustimmung in den Erl zu § 96a.

3. **Erzwingbare Betriebsvereinbarungen** in Angelegenheiten, in denen bei Nichtzustandekommen einer Einigung zwischen Betriebsinhaber und Betriebsrat auf **Antrag eines der Streitteile** die **Schlichtungsstelle** entscheidet. Diese Angelegenheiten sind in den **Z 1 bis 6a des § 97 Abs 1** inhaltlich umschrieben, die Erzwingbarkeit der Regelung ergibt sich aus Abs 2.

Im Unterschied zu den notwendigen Betriebsvereinbarungen (1. und 2.) kann in Angelegenheiten, die Gegenstand einer erzwingbaren Betriebsvereinbarung sind, auch eine **anderweitige Regelung,** zB durch Einzelarbeitsvertrag oder Weisung des Arbeitgebers, **getroffen wer-**

den. Will der **Betriebsrat** das verhindern und das Mitwirkungsrecht der Arbeitnehmerschaft geltend machen, muss er (und nicht der Betriebsinhaber, wie in Fällen des § 96a) die **Schlichtungsstelle** anrufen.

4. **Freiwillige (fakultative) Betriebsvereinbarungen** in Angelegenheiten, deren Regelung durch Gesetz (insbesondere § 97 Abs 1 Z 7 bis 26) oder Kollektivvertrag der Betriebsvereinbarung vorbehalten ist. In diesen Fällen **kann** eine **Vereinbarung mit normativer Wirkung** zwischen dem Betriebsinhaber und dem Betriebsrat abgeschlossen werden, ihr Abschluss ist aber **nicht** – wie bei den unter 3. behandelten Betriebsvereinbarungen – **erzwingbar**. Kommt eine **Vereinbarung** zwischen Betriebsinhaber und Betriebsrat auf freiwilliger Basis **nicht zustande**, so richten sich die rechtlichen Gestaltungsmöglichkeiten in diesen Angelegenheiten nach den **allgemeinen Grundsätzen des Arbeitsvertragsrechts**. Demnach können **Einzelvereinbarungen** zwischen Arbeitgeber und Arbeitnehmer nach Maßgabe der bestehenden Gesetze bzw des jeweils geltenden Kollektivvertrages abgeschlossen werden. So weit diese Angelegenheiten dem **Weisungsrecht** des Arbeitgebers unterliegen, kann dieser bei Nichtzustandekommen einer Einigung mit dem Betriebsrat auch einseitig Anordnungen treffen. Die **sonstigen Mitwirkungsrechte des Betriebsrates**, insbesondere die allgemeinen Befugnisse nach den §§ 89 bis 93, sind allerdings auch in diesen Fällen zu beachten.

Nicht bei allen Regelungsgegenständen ist eine **Einordnung** in eine der **vier Kategorien problemlos möglich**. So weist zB die durch das Betriebspensionsgesetz im Jahre 1990 unter die Kategorie der freiwilligen Betriebsvereinbarungen eingeordnete Pensionskassenvereinbarung Merkmale einer notwendigen Betriebsvereinbarung (zustimmungspflichtige Maßnahme) auf, weil für die vom Betriebsrat vertretenen Arbeitnehmer eine Pensionskassenbeteiligung nur mit Zustimmung des Betriebsrates möglich ist. Diese Konstruktion wurde in der Literatur ua von *Petrovic* aus systematischen Gründen kritisiert (ZAS 1991, 90). Wie aber *Wöss* in *Farny/Wöss,* Betriebspensionsgesetz/Pensionskassengesetz (Gesetze und Kommentare Nr 150, S 198 ff) nachweist, ist die Zuordnung der Pensionskassenvereinbarung zu den freiwilligen Betriebsvereinbarungen dennoch gerechtfertigt, weil der Regelungsgegenstand der betrieblichen Altersversorgung auch auf andere Weise als durch Pensionskassenvereinbarungen und in diesen Fällen auch ohne Betriebsvereinbarung Inhalt der arbeitsvertraglichen Rechte und Pflichten werden kann, und weil eine Pensionskassenvereinbarung nicht erzwungen werden kann.

Auch **Regelungsgegenstände**, die in **anderen Gesetzen und in Kollektivverträgen** der Betriebsvereinbarung zugeordnet sind, **können Elemente von verschiedenen Typen** von Betriebsvereinbarungen enthalten: zB ist eine Umstellung des Urlaubsjahres vom Arbeitsjahr auf das Kalenderjahr gem

§ 2 Urlaubsgesetz zu jenen Bedingungen, wie sie im Urlaubsgesetz selbst genannt werden (vgl *Cerny*, Urlaubsrecht[9], [2005] Erl 17 bis 32 zu § 2) nur durch Betriebsvereinbarung möglich. Dennoch wäre eine Einordnung dieser Betriebsvereinbarung in die Kategorie der notwendigen Betriebsvereinbarung irreführend, weil zu anderen (nämlich für den Arbeitnehmer günstigeren) Bedingungen auch ohne Betriebsvereinbarung die Umstellung durch Einzelvereinbarung erfolgen kann.

In der Praxis wird es häufig Fälle geben, in denen verschiedene Angelegenheiten, die jeweils einem anderen Typ von Betriebsvereinbarung entsprechen, in einer Vereinbarung zwischen dem Betriebsinhaber und dem Betriebsrat geregelt werden. So ist es zB nahe liegend, Maßnahmen zur zweckentsprechenden Benützung von Betriebseinrichtungen und Betriebsmitteln, die nach § 97 Abs 1 Z 6 iVm Abs 2 Gegenstand einer erzwingbaren Betriebsvereinbarung sind, zugleich mit Maßnahmen zur menschengerechten Arbeitsgestaltung nach Abs 1 Z 9, die in einer freiwilligen Betriebsvereinbarung normiert werden können, zu regeln; oder die Errichtung einer betrieblichen Wohlfahrtseinrichtung, die nach Abs 1 Z 19 nur Gegenstand einer freiwilligen Betriebsvereinbarung ist, zugleich mit der Teilnahme des Betriebsrates an der Verwaltung dieser Wohlfahrtseinrichtung, die gemäß Abs 2 Z 5 iVm Abs 2 Angelegenheit einer erzwingbaren Betriebsvereinbarung ist. Derartige **Mischformen** von Betriebsvereinbarungen sind durchaus zulässig, doch sind je nach Angelegenheit und Betriebsvereinbarungstyp die Möglichkeiten der Rechtsdurchsetzung unterschiedlich (siehe Erl 3).

Rechtsdurchsetzung

[3]) Es ist zu unterscheiden zwischen
- der **Durchsetzung der Mitbestimmungsrechte des Betriebsrates** bei Betriebsvereinbarungen und
- der **Durchsetzung von Rechtsansprüchen einzelner Arbeitnehmer**, die sich **aus Betriebsvereinbarungen** ergeben.

Einen Rechtsanspruch des **Betriebsrates** zur Regelung bestimmter Angelegenheiten in Form der Betriebsvereinbarung gibt es nur in jenen Angelegenheiten, deren Regelung über die **Schlichtungsstelle** erzwungen werden kann (§ 96a, § 97 Abs 1 Z 1 bis 6a). Das Verfahren zur Rechtsdurchsetzung in diesen Angelegenheiten vor der Schlichtungsstelle wird in Erl 33 sowie in den §§ 144 bis 146 und in den Erl dazu im Band 4 näher dargestellt.

Weiters kann der Betriebsrat eine **Leistungsklage beim Arbeits- und Sozialgericht** einbringen, wenn seine **Zustimmungsrechte nach § 96 oder § 96a** vom Betriebsinhaber nicht beachtet und ohne die notwendige Zustimmung des Betriebsrates – oder in Angelegenheiten nach § 96a ohne vorherige Entscheidung der Schlichtungsstelle – Maßnahmen getroffen werden (Näheres siehe in den Erl zu § 96 und zu § 96a).

Ansprüche einzelner Arbeitnehmer, die sich aus der **Normwirkung von Betriebsvereinbarungen** ergeben, können durch **Klage beim Arbeits- und Sozialgericht** durchgesetzt werden. Es ist allerdings zu beachten, dass nicht alle Inhalte von Betriebsvereinbarungen Ansprüche einzelner Arbeitnehmer begründen. Dies gilt zunächst für die obligatorischen Teile der Betriebsvereinbarung (vgl Erl 1 zu § 31 in Band 2). Beispielsweise ist eine Regelung, wonach durchschnittlich 15 % der Beschäftigten eines Betriebs über dem kollektivvertraglichen Mindestgehalt bezahlt werden müssen, für einen einzelnen Arbeitnehmer nicht durchsetzbar, weil sie keinen eindeutigen individuellen Anspruch vermittelt (OGH vom 14. 6. 1989, 9 Ob A 101/89, DRdA 1990, 70 und 73 = infas 1989, A 109 = Arb 10.806 = wbl 1990, 83 = ARD 4107/19/89).

Auch Betriebsvereinbarungen, die so genannte **formelle Arbeitsbedingungen** regeln, begründen **keinen individuellen Anspruch einzelner Arbeitnehmer**. Die Lehre versteht darunter alle jene Arbeitsbedingungen, die durch einseitige Weisung des Arbeitgebers geregelt werden können (vgl *Strasser* in *Floretta/Strasser,* Kommentar zum Arbeitsverfassungsgesetz [1975] Erl 4.3.2 zu §§ 96, 97; *Löschnigg,* Arbeitsrecht[10] [2003], 245). Betriebsvereinbarungen in solchen Angelegenheiten haben den Zweck, das **Weisungsrecht des Arbeitgebers durch die Mitbestimmung des Betriebsrates** zu **beschränken**. Typischer Fall einer solchen nicht durch Klage des einzelnen Arbeitnehmers durchsetzbaren Betriebsvereinbarung ist jene nach § 97 Abs 1 Z 1 über „Allgemeine Ordnungsvorschriften, die das Verhalten der Arbeitnehmer im Betrieb regeln" (siehe dazu Erl 5).

Betriebsvereinbarungen über **betriebliche Wohlfahrtseinrichtungen** (zB Betriebsausflug, Betriebskindergarten, Werksküche udgl) begründen ebenfalls **keinen Rechtsanspruch einzelner Arbeitnehmer**. Zur **Abgrenzung** zwischen betrieblicher Wohlfahrtseinrichtung und Leistungen, die dem einzelnen Arbeitnehmer auf Grund des Arbeitsvertrages zustehen, siehe Erl 10 zu § 97 und Erl 1 zu § 95 sowie die dort angeführte Judikatur.

Geltungsbereich

[4]) Die **Normwirkung** einer Betriebsvereinbarung erstreckt sich im Rahmen ihres Geltungsbereiches auf alle **Arbeitnehmer iSd § 36**, die **im Betrieb beschäftigt** sind. Die Zustimmung der Arbeitnehmer zum Inhalt der Betriebsvereinbarung ist weder individuell noch kollektiv (etwa in einer Betriebsversammlung) notwendig. Die Normwirkung der Betriebsvereinbarung erstreckt sich auch auf jene Arbeitnehmer, die zum Zeitpunkt des Vertragsabschlusses der Betriebsvereinbarung noch nicht im Betrieb beschäftigt waren, aber später eintreten und vom Geltungsbereich der Vereinbarung erfasst werden (siehe auch Erl 2 zu § 31 in Band 2).

Die Betriebsvereinbarung kann in ihrem Geltungsbereich zwischen einzelnen Arbeitnehmern und Arbeitnehmergruppen des Betriebes differenzieren. Es müssen nicht alle Arbeitnehmer, die Arbeitnehmer gemäß

§ 36 sind und vom vertragsschließenden Betriebsrat vertreten werden, vom Geltungsbereich einer bestimmten Betriebsvereinbarung erfasst sein. Allerdings müssen sachliche Gründe für die Ausnahme bestimmter Arbeitnehmer oder Arbeitnehmergruppen vom Geltungsbereich einer Betriebsvereinbarung maßgeblich sein. Eine willkürliche oder sachfremde Ausnahme vom Geltungsbereich einer Betriebsvereinbarung würde dem verfassungsrechtlichen Gleichheitssatz widersprechen, der nicht nur für Gesetze, sondern – zumindest mittelbar – auch für Normen der kollektiven Rechtsgestaltung gilt. Da dem normativen Teil von Betriebsvereinbarungen eine ähnliche Wirkung zukommt wie dem normativen Teil von Kollektivverträgen, gilt auch für die Partner der Betriebsvereinbarung, dass sie **an die Grundrechte und an den verfassungsrechtlichen Gleichheitssatz gebunden** sind (OGH vom 28. 3. 2002, 8 Ob A 236/01s, DRdA 2003, 258 mit Anm von *Runggaldier,* OGH vom 21. 12. 2000, 8 Ob A 170/00h, Arb 12.068 = infas 2001, A 31 = DRdA 2001, 532 mit Anm von *Runggaldier* = ZAS 2001, 19; OGH vom 11. 8. 1993, 9 Ob A 133/93, Arb 11.099 = infas 1994, A 44 = DRdA 1994, 67 = RdW 1994, 54; hinsichtlich des Kollektivvertrages siehe Erl 3 zu § 2 in Band 2). Wird in einer Betriebsvereinbarung eine Differenzierung ohne sachliche Rechtfertigung getroffen, kann zwar die Betriebsvereinbarung keinem Normenprüfungsverfahren vor dem Verfassungsgerichtshof unterzogen werden, die entsprechenden Teile der Betriebsvereinbarung (etwa die verfassungswidrigen Ausnahmebestimmungen) wären aber von den zuständigen Gerichten im Einzelfall nicht anzuwenden (hinsichtlich des Kollektivvertrages OGH vom 16. 11. 1994, 9 Ob A 211/94, Arb 11.336, RdW 1995, 152; siehe Erl 3 zu § 2 in Band 2). Daher könnten auch willkürlich vom Geltungsbereich ausgenommenen Arbeitnehmer die Rechte aus der Betriebsvereinbarung geltend machen.

Verfassungswidrig und deshalb nichtig wäre beispielsweise eine Bestimmung im Geltungsbereich einer Betriebsvereinbarung, wonach generell Frauen oder Angehörige einer bestimmten Nationalität oder Religion von der Anwendung der Betriebsvereinbarung ausgeschlossen sind.

Die normative Wirkung einer Betriebsvereinbarung kann sich nur auf **Arbeitnehmer iSd § 36** erstrecken. Für bereits **ausgeschiedene Arbeitnehmer (Pensionisten)** können normative Regelungen **nicht** mehr getroffen werden. Eine Betriebsvereinbarung über **Betriebspensionen** kann durch nachfolgende Betriebsvereinbarung zwar für die noch im Betrieb beschäftigten Arbeitnehmer, **nicht** aber auch mit Wirkung **für die schon ausgeschiedenen Arbeitnehmer (verschlechternd) abgeändert werden** (vgl OGH vom 31.8.2005, 9 Ob A 121/04s, ARD 5673/7/2006).

Schon in der Entscheidung vom 12. 3. 1998, 8 Ob A 2052/96i, infas 1998, A 99, hatte der OGH ausgesprochen, dass es **nicht zulässig** ist, durch Betriebsvereinbarung die den **Pensionisten durch Kollektivvertrag zugesicherten Valorisierungen abweichend** (ungünstiger) zu regeln. Ebenso wenig kann durch Betriebsvereinbarung in auf Sonderverträgen beruhende

Pensionsansprüche bereits ausgeschiedener Arbeitnehmer verschlechternd eingegriffen werden.

In der Folge entwickelte der OGH eine Reihe von Grundsätzen zur Regelungsbefugnis der Betriebsvereinbarungsparteien, wobei zwischen (noch) aktiven und bereits ausgeschiedenen Arbeitnehmern (Pensionisten) unterschieden wird.

Hinsichtlich der (noch) **aktiven Arbeitnehmer** vertritt der OGH die Auffassung, dass es den Betriebsparteien grundsätzlich **frei steht**, Betriebsvereinbarungen über Betriebspensionen auch **wieder zu verändern**. Dabei haben die Partner der Betriebsvereinbarung aber die **Grundrechte**, insbesondere den **Gleichheitssatz**, zu beachten. Ihr Gestaltungsspielraum steht unter der **Einschränkung der sachlichen Begründbarkeit und der Verhältnismäßigkeit**. Bei der Beurteilung der Sachlichkeit ist nicht nur auf die momentane wirtschaftliche Situation abzustellen, sondern es können auch mit entsprechender Wahrscheinlichkeit zu erwartende Änderungen Berücksichtigung finden. Das von den Betriebsparteien zu beachtende Sachlichkeitsgebot ist bei Vorliegen berücksichtigungswürdiger Interessen des Betriebs erfüllt. Dass solche Interessen dann bestehen, wenn der Betrieb ein „Sanierungsfall" bzw „überschuldet" und „insolvenzgefährdet" ist, kann nicht zweifelhaft sein (OGH vom 30. 6. 2005, 8 Ob A 70/04h, ecolex 2005/376).

Es ist auch zulässig, Betriebsvereinbarungen über Leistungen zu treffen, bei denen die Zuerkennung der Betriebspensionen von einem weiteren rechtsgestaltenden Akt des Arbeitgebers (hier: Pensionsbrief) abhängig ist. Bei Ausübung des Gestaltungsrechts des Arbeitgebers ist der arbeitsrechtliche Gleichbehandlungsgrundsatz ebenso wie jener nach § 18 BPG zu beachten (OGH vom 21. 12. 2000, 8 Ob A 170/00h, Arb 12.068 = DRdA 2001, 532 mit Anm von *Runggaldier* = infas 2001, A 31 = ZAS 2001, 19).

Eine **ablösende Betriebsvereinbarung** (siehe dazu Erl 2 zu § 31 in Band 2) kann gegenüber aktiven Arbeitnehmern eine dem Sachlichkeitsgebot und der Grundrechtsbindung entsprechende Verschlechterung der in der früheren Betriebsvereinbarung vorgesehenen Entgelt- und Pensionsanwartschaften wirksam vornehmen. Zur Wirksamkeit einer solchen Verschlechterung bedarf es insbesondere der Vereinbarung von **Übergangsvorschriften** in Form differenzierender Bedachtnahme auf die Dauer der erworbenen Beitragszeiten (bzw Zeiten der Betriebszugehörigkeit) für Personen, die kurz vor der Verdichtung ihrer Anwartschaften zum Vollrecht stehen. Eine schematische Gleichbehandlung der von der plötzlichen Kürzung der Ruhegeldanwartschaften Betroffenen ohne Rücksicht auf die Dauer der Berufsausübung und die dadurch bedingten unterschiedlichen Vertrauenspositionen widerspricht dem Gleichheitsgrundsatz. Wesentlich ist die schutzwürdige Erwartung des Arbeitnehmers, durch die in der Aktivzeit erwirtschaftete Betriebspension den Standard der Lebensführung auch in der Pension halten zu können. Bei der Prüfung der Verhältnismäßigkeit der Kürzung von Pensionsanwartschaften hat es nicht um die durch die

Betriebsvereinbarung nicht beeinflussbare gesetzliche Pension zu gehen, sondern darum, wie weit die auf Grund betrieblicher Zusagen gewährte Pension in ihrem Bestand beeinflusst wird. Auch die Einräumung einer 5- bis 7-jährigen Übergangsfrist gegen Ende des Erwerbslebens ist nicht mehr in der Lage, den Verlust durch eine nicht unerhebliche Reduzierung der Betriebspension auszugleichen (OGH vom 25. 1. 2006, 9 Ob A 57/05f, DRdA 2007, 300 mit Anm von *Resch* = Arb 12.590).

Die konkrete Ausgestaltung des Schutzes ist Gegenstand der freien Entscheidung der kollektiven Normsetzer, die der nachprüfenden gerichtlichen Kontrolle nur bei grobem Überschreiten des ihnen eingeräumten Entscheidungsspielraumes unterliegen. Fehlt in einer die Pensionsanwartschaften einschränkenden Pensionsvereinbarung eine **Differenzierung der Intensität des Eingriffs** nach der Dauer der Zugehörigkeit zum Alterssicherungssystem, **ohne** dass dafür **betriebswirtschaftlich zwingende Gründe** (etwa Insolvenzgefahr) ersichtlich wären, und ist der Eingriff nicht bloß geringfügig, **verstößt eine derartige Regelung gegen den Gleichheitssatz** und ist daher **nichtig.**

Grundsätzlich ist es auch nicht ausgeschlossen, Betriebsvereinbarungen hinsichtlich aktiver Arbeitnehmer **rückwirkend** abzuschließen (OGH vom 13. 2. 2003, 8 Ob A 137/02h, infas 2003, A 50); in die **schon entstandenen Rechte** der betroffenen Arbeitnehmer kann aber **nicht** rückwirkend eingegriffen werden (OGH 8 Ob A 120/01g vom 28. 3. 2002, DRdA 2003, 275, mit Anm von *Weiß*).

Hinsichtlich bereits **ausgeschiedener Arbeitnehmer (Pensionisten)** kommt den Betriebsvereinbarungsparteien – anders als den Kollektivvertragsparteien (siehe Erl 10 zu § 2 in Band 2) – nach einhelliger Rechtsprechung **keine Regelungskompetenz** zu: Sie können aufgrund der ihnen nach dem ArbVG zukommenden Kompetenz **nicht mehr** in die ausgeschiedenen Arbeitnehmern kraft einer Betriebsvereinbarung zustehenden **Pensionsansprüche eingreifen** (OGH vom 17. 3. 1999, 9 Ob A 16/99i, DRdA 2000, 171; dazu *Eypeltauer,* DRdA 2000, 116; OGH vom 20. 9. 2000, 9 Ob A 116/00z, RdW 2000, 615 = ASoK 2001, 136; OGH vom 21. 12. 2000, 8 Ob A 170/00h, Arb 12.068 = DRdA 2001, 532 mit Anm von *Runggaldier* = infas 2001, A 31 = ZAS 2001, 19; OGH vom 23. 5. 2001, 9 Ob A 69/01i, DRdA 2002, 289, mit Anm von *Runggaldier* = RdW 2002, 148; OGH vom 30. 8. 2001, 8 Ob A 78/01f, ASoK 2002, 210; OGH vom 27. 3. 2002, 9 Ob A 293/01f, ASoK 2003, 31; OGH vom 28. 3. 2002, 8 Ob A 236/01s, DRdA 2003, 275, mit Anm von *Weiß*; OGH vom 31.8.2005, 9 Ob A 121/04s, ARD 5673/3/7/2006).

In dem Augenblick, in dem der Arbeitnehmer als Pensionist aus dem Betrieb ausscheidet, wandelt sich die bisher als Inhaltsnorm wirkende Pensionszusage in der Betriebsvereinbarung in einen individuell zustehenden **vertraglichen Anspruch gegen seinen ehemaligen Arbeitgeber,** in den weder durch Betriebsvereinbarung noch durch Kollektivvertrag eingegriffen werden kann (OGH vom 23. 5. 2001, 9 Ob A 69/01i, DRdA 2002, 289, mit Anm von *Runggaldier* =RdW 2002, 418; OGH vom 30. 8. 2001, 8 Ob A 78/01f, ASoK 2002, 210; OGH vom 20.10.2004, 8 Ob A 112/03h, Arb 12.474)).

Wurde eine Betriebsvereinbarung zu einem Zeitpunkt geschlossen, als den Betriebsparteien grundsätzlich keine Rechtsetzungsbefugnisse hinsichtlich der bis zum Vertragsabschluss aus dem Betrieb ausgeschiedenen Arbeitnehmer mehr zukamen, konnten mit Wirkung für diese Personen Rechte weder begründet noch abgeändert werden. Daran ändert sich auch nichts, wenn die Betriebsvereinbarung rückwirkend in Kraft treten soll (OGH vom 3. 11. 1999, 8 Ob S 294/99i, RdW 2000, 753).

Eine Unterscheidung zwischen Verbesserung und Verschlechterung erscheint nach der Argumentation des Höchstgerichtes, die sich auf die Legitimation des Betriebsrates stützt, nicht sachgerecht. Allerdings werden solche Vereinbarungsinhalte, wenn sie dem ehemaligen Arbeitnehmer bekannt werden, als **Vertragsangebot** an den ausgeschiedenen Arbeitnehmer gewertet werden können, das ohne Rücksicht auf das Günstigkeitsprinzip angenommen werden kann. Verbessernde Regelungen werden vom ausgeschiedenen Arbeitnehmer in der Regel auf Einzelvertragsbasis angenommen werden (im Zweifel Konkludenz gem § 863 ABGB), bei verschlechternden Regelungen wird im Einzelfall geprüft werden müssen, ob nach Treu und Glauben eine Zustimmung des ausgeschiedenen Arbeitnehmers mit einzelvertraglicher Wirkung angenommen werden kann. Erfolgt die Zustimmung nicht ausdrücklich, so ist das Schweigen des ausgeschiedenen Arbeitnehmers nur dann als Zustimmung zu werten, wenn er konkret angesprochen wurde und eine Antwort auf das Vertragsangebot nach Treu und Glauben innerhalb einer bestimmten Frist erwartet werden konnte. Im Regelfall ist ein **stillschweigender Verzicht nicht anzunehmen.**

Eine **Ausnahme gilt für Sozialplanbetriebsvereinbarungen** gem § 97 Abs 1 Z 4 (vgl Erl 9). Da es hier oft um die Gestaltung von Rechten ausscheidender bzw bereits ausgeschiedener Arbeitnehmer geht, kann die Betriebsvereinbarung normativ die Rechte dieser ausgeschiedenen Arbeitnehmer gestalten (so offenbar OGH vom 11. 1. 2001, 8 Ob A 172/00b, RdW 2001/515 = infas 2001, A 59 = ARD 5215/49/2001).Den Parteien der Betriebsvereinbarung steht es frei, im Rahmen des normativen Teils der Betriebsvereinbarung bei der Gestaltung der Anspruchsvoraussetzungen auf Dispositionen der Vertragsparteien Bedacht zu nehmen. Sie können auch im Rahmen der Zuerkennung von freiwilligen Abfertigungen bei einem Sozialplan darauf abstellen, ob es zu einer einvernehmlichen Auflösung des Arbeitsverhältnisses gekommen ist (OGH vom 29. 3. 2004, 8 Ob A 77/03m, RdW 2004, 613 = ARD 5513/8/2004 = Arb 12.428).

In der Entscheidung vom 4. 5. 2005, 8 Ob A 99/04y (Arb 12.527) lehnt der OGH zwar die Zulässigkeit einer ablösenden „freien" Betriebsvereinbarung ab, meint aber, der beim Abschluss der „freien" Betriebsvereinbarung existent werdende Arbeitgeberwille sei in ein an die Arbeitnehmer gerichtetes, auf Ergänzung der Einzelarbeitsverträge abzielendes Arbeitgeberoffert umzudeuten. Enthalte das umgedeutete Offert einen entsprechenden

Änderungsvorbehalt, seien auch nach Annahme durch die Arbeitnehmer Änderungen bzw Verschlechterungen der „freien" Betriebsvereinbarung auf Grund einer Absprache zwischen Arbeitgeber und Belegschaftsvertretung grundsätzlich möglich. Diese Auffassung erscheint bedenklich, weil sie den Grundsätzen des Systems der kollektiven Rechtsgestaltung nicht ausreichend Rechnung trägt.

Ausführliche Erläuterungen zur kollektiven Rechtsgestaltung durch Betriebsvereinbarung sind im Band 2, insbesondere zu § 29, enthalten.

Zum gesamten Fragenkomplex der Regelung von Betriebspensionen durch Betriebsvereinbarung siehe Erläuterung 24 zu Pensionskassenvereinbarungen Erläuterung 25.

II. Erzwingbare Betriebsvereinbarungen

Ordnungsvorschriften

5) Die **betriebliche Ordnung** wird durch gesetzliche und kollektivrechtliche Vorschriften sowie durch den Inhalt der Arbeitsverträge bestimmt. Innerhalb des Rahmens, der durch diese Vorschriften abgesteckt ist, sowie in jenen Angelegenheiten, in denen die Betriebsordnung durch das Eigentumsrecht des Unternehmers an den Produktionsmitteln vorgegeben ist (beispielsweise Verkehrsordnung im Betriebsgelände, Verfügungsberechtigung über Betriebsmittel), besitzt der **Arbeitgeber ein Weisungsrecht** gegenüber dem Arbeitnehmer. Dieses **Weisungsrecht** erstreckt sich primär auf die nähere **Ausgestaltung der Arbeitspflicht**, also auf die Art und Weise der Erfüllung der Arbeitsleistung durch den Arbeitnehmer.

Der Arbeitgeber hat über die rein arbeitsbezogenen Angelegenheiten hinaus aber auch das Recht Weisungen zu erteilen, die nicht auf die Erfüllung der Arbeitspflicht im engeren Sinn, sondern auf allgemeine Formen des Zusammenlebens im Betrieb und auch auf die Aufstellung von Regeln für dieses Zusammenleben gerichtet sind. Die Weisung an einen Bankangestellten, im allgemeinen Bankbereich eine auffallende Goldkette nicht sichtbar über dem Hemd zu tragen, fällt wegen ihrer **Individualität** nicht unter den Begriff der **„allgemeinen Ordnungsvorschrift"** (OGH vom 11. 2. 1999, 8 Ob A 195/98d, DRdA 2000/13 mit Anm von *Firlei* = Arb 11.830 = RdW 1999, 422). Werden solche Weisungen allgemein getätigt, hat der Betriebsrat nach § 97 Abs 1 Z 1 ein **erzwingbares Mitbestimmungsrecht**. Das bedeutet, dass dann, wenn der Betriebsinhaber nicht bereit ist, über Ordnungsvorschriften mit dem Betriebsrat eine Vereinbarung abzuschließen, vom Betriebsrat die Schlichtungsstelle angerufen werden kann. Ohne gültige Betriebsvereinbarung (die entweder durch Einvernehmen oder durch Entscheidung der Schlichtungsstelle zustande gekommen ist) besitzt der Arbeitgeber aber trotzdem das Weisungsrecht, sofern nicht durch andere Bestimmungen Mitwirkungsrechte des Betriebsrates festgelegt sind. Dies ist etwa bei gewissen Kontrollmaßnahmen, welche die Menschenwürde berühren, gem § 96 (vgl Erl 7 zu § 96) so. Auch bei der Einführung und Verwendung von Personaldatensystemen gem § 96a ist der Betriebsinhaber vorerst (Erzwingbarkeit!) auf das Einverständnis des Betriebsrates angewiesen (vgl Erl 4 und 5 zu § 96a).

Der Betriebsrat kann von seinem Mitwirkungsrecht nicht nur Gebrauch machen, um selbst bestimmte Ordnungsvorschriften im Interesse der Arbeitnehmer herbeizuführen, sondern auch um vom Betriebsinhaber bereits getroffene und nach Auffassung des Betriebsrates den Arbeitnehmerinteressen widersprechende Anordnungen zu beschränken. Kommt darüber kein Einvernehmen zustande, kann von beiden Seiten die Schlichtungsstelle angerufen werden.

Beispiele für Regelungsbereiche zum Thema Ordnungsvorschriften sind etwa folgende:

– **Regelungen bezüglich des Rauchens** (EA Klagenfurt 21. 12. 1978, Arb 9752). Nach herrschender Lehre ist der Arbeitgeber berechtigt, Rauchverbote am Arbeitsplatz zu erlassen. **Allgemeine Regelungen** über das **Rauchen** fallen unter den Tatbestand der Z 1 und nicht unter die Z 8 (Gesundheitsschutz, vgl Erl 14; aA *Wachter,* Der Schutz des Nichtrauchers vor dem Passivrauchen am Arbeitsplatz [1977] 45) und sind **somit erzwingbar** (in diesem Sinn mwN *Binder* in *Tomandl,* ArbVG § 97 Rz 11; *Reissner* in ZellKomm § 97 ArbVG Rz 18; *Eichinger,* RdW 1992, 344; ebenso *Mazal,* ecolex 1990, 103; *Holzer,* Strukturfragen des Betriebsvereinbarungsrechts [1982] 25). Unter bestimmten Voraussetzungen kann der Arbeitgeber dazu verpflichtet sein, Nichtraucher vor den Einwirkungen von Tabakrauch, zB durch Rauchverbote, zu schützen (vgl etwa § 30 ArbeitnehmerInnenschutzG, § 4 Abs 6 MutterschutzG, §§ 12, 13 TabakG). Dh der Arbeitgeber kann – wenn keine Betriebsvereinbarung zu dem Thema vorliegt – das Rauchen während der Arbeit durch Weisung untersagen. Der gesetzliche Nichtraucherschutz kann durch Betriebsvereinbarung nicht beseitigt oder eingeschränkt werden. Die Situation von Arbeitnehmern, denen das Rauchen bisher gestattet war, sollte – unter Wahrung des Nichtraucherschutzes – berücksichtigt werden. Dies kann etwa durch Schaffung von Raucherzonen oder -zimmern geschehen (vgl abwägend BAG vom 19. 1. 1999, 1 AZR 499/98, ARD 5016/3/99). Sowohl Betriebsrat wie auch Betriebsinhaber können – bei Nichteinigung – hier ein Interesse zur Anrufung der Schlichtungsstelle haben, um eine praktikable Lösung zu erzwingen.

– **Allgemeine Bekleidungsvorschriften** wie eine bestimmte Arbeitskleidung, das Tragen von Firmenausweisen, Haarnetze etc (vgl dazu *Binder* in *Tomandl,* ArbVG § 97 Rz 8f; *Reissner* in ZellKomm § 97 ArbVG Rz 18; *Peschek,* RdW 1992, 343). Persönlichkeitsrechte der ArbeitnehmerInnen sind aber zu achten, dh es sind nur verhältnismäßige Bekleidungsvorschriften zulässig. Es ist das Interesse des Betriebsinhabers an der Vorschrift (Sicherheit der ArbeitnehmerInnen, Produktsicherheit, Erscheinungsbild bei Kundenkontakt etc) mit den berechtigten Interessen der ArbeitnehmerInnen abzuwägen (Sicherheit, Gesundheits- sowie Diskriminierungsschutz, Anpassung an Witterungsverhältnisse, allgemeines Persönlichkeitsrecht, die eigene Kleidung auszuwählen etc).

- **Sonstige Verhaltensvorschriften im Betrieb** (zB Alkoholverbot, Verbot des Betretens bestimmter Räume udgl).
- **Parkplatzordnung,** also etwa die Definition bestimmter Flächen als Parkplatz, Geschwindigkeitsbeschränkungen etc (vgl dazu *Resch*, RdW 2004, 37; *Reissner* in ZellKomm § 97 ArbVG Rz 18). Denkbar wäre es auch, dass eine solche Betriebsvereinbarung bestimmten Arbeitnehmergruppen ein (sachlich gerechtfertigtes) bevorzugtes Recht auf die Benutzung der betrieblichen Parkmöglichkeit einräumt (zB ArbeitnehmerInnen, die Nachtdienst verrichten und deshalb keine öffentlichen Verkehrsmittel benutzen können).
- **Art und Weise der Durchführung von Kontrollmaßnahmen,** die weder gem § 96 Abs 1 Z 3 die Menschenwürde berühren noch gem § 96a der ersetzbaren Zustimmung des Betriebsrates unterliegen (vgl Erl 7 zu § 96 und Erl 10 zu § 96a; zB Arbeitszeitkontrollen durch Stechuhren, die nicht mit anderen Datensystemen verbunden sind, OLG Wien vom 18. 3. 1994, 33 Ra 5/94, ARD 4566/10/94).
- Die **Verpflichtung für alle Personen,** die sich im Gebäude des Arbeitgebers aufhalten, **Personalausweise sichtbar zu tragen,** stellt nach dem VwGH eine allgemeine Ordnungsvorschrift dar (VwGH vom 27. 5. 1993, 92/01/0927, ARD 4483/4/93 = RdW 1994, 19 = ZAS 1994, 66 mit Anm von *Beck-Mannagetta* = ZfVB 1994/1607 = ÖJZ 1994, 4A; *Tinhofer,* RdW 1994, 16; *Firlei,* DRdA 1997, 510).
- **Formvorschriften zur näheren Ausgestaltung bestimmter Melde- und Nachweispflichten** des Arbeitnehmers, zB: Formblätter bei Krankenstand, Pflegefreistellung oder sonstigen wichtigen Verhinderungsgründen, wobei jedoch in solchen Vereinbarungen dem einzelnen Arbeitnehmer nicht mehr Pflichten auferlegt werden dürfen, als im Gesetz vorgesehen ist. Unzulässig ist es etwa in einer Betriebsvereinbarung zu regeln, dass der Arbeitnehmer – bei Androhung des Verlustes der Entgeltfortzahlung – bei jedem Krankenstand automatisch eine Arztbestätigung beizubringen hat, weil dies den unabdingbaren Bestimmungen des § 8 Abs 8 AngG bzw § 4 EFZG widerspricht (OGH vom 15. 6. 1988, 9 Ob A 122/88, DRdA 1990, 42 mit Anm von *Rebhahn* = infas 1989, A 5 = ARD 3995/11/88). Nach diesen Bestimmungen ist ein solches Verlangen im Einzelfall nötig. Nach einer Entscheidung des EA Linz, 23. 2. 1983, Arb 10.167 sind **Abrechnungsvorschriften über Dienstreisen** keine Ordnungsvorschriften im Sinne der Z 1, sondern Regelungen über Aufwandsent-

schädigungen (Z 12, vgl Erl 18) und es kann daher keine Betriebsvereinbarung darüber erzwungen werden. Diese Entscheidung ist verfehlt. Wie *Holzer* (Strukturfragen des Betriebsvereinbarungsrechts [1982] 25) überzeugend nachweist, gilt hier der Vorrang der erzwingbaren Mitbestimmung.
- Festlegung von Räumlichkeiten im Betrieb, in denen Veranstaltungen (zB Betriebsversammlungen) stattfinden können;
- Festlegung von Verlautbarungs- bzw Kundmachungsformen für aushangpflichtige Rechtsvorschriften, Kollektivverträge, Betriebsvereinbarungen, Aussendungen des Betriebsrates bzw des Betriebsinhabers;
- Festlegung von Vorschriften, in welchen Fällen und in welcher Weise besondere Vorkommnisse im Betrieb der vorgesetzten Stelle zu melden sind (LG Wien vom 17. 3. 1983, 44 Cg17/83, ARD 3508/9/83 = ARD-HB 1984, 580).

Arbeitskräfteüberlassung

[6]) Durch das **Arbeitskräfteüberlassungsgesetz** (AÜG), BGBl 1988/196, wurden nicht nur individualrechtliche Regelungen zum Schutz überlassener Arbeitskräfte (sog Leiharbeitnehmer) geschaffen, es wurden auch die **Mitbestimmungsmöglichkeiten des Betriebsrates im Beschäftigerbetrieb** erweitert (vgl die Gesetzgebungsmaterialien zum AÜG, RV 450 BlgNR 17. GP 24). Im Anschluss an *Binder* (in *Tomandl,* ArbVG § 97 Rz 21) erachtet der OGH auch den Abschluss einer Betriebsvereinbarung nach Z 1a im Überlasserbetrieb für zulässig (OGH vom 18. 4. 2007, 8 Ob A 108/06z, ZAS 2008/10, 77 mit abl Anm von *Gerlach* = ecolex 2007/266, 624 = DRdA 2007, 403). Zweck einer solchen Betriebsvereinbarung ist sowohl der Schutz der Stammbelegschaft als auch der überlassenen Arbeitskräfte (OGH aaO). Einerseits wurde der Betriebsvereinbarungstatbestand der Z 1a über die Grundsätze der betrieblichen Beschäftigung von Arbeitnehmern, die im Rahmen einer Arbeitskräfteüberlassung tätig sind, in den Katalog des § 97 eingefügt. Andererseits wurden spezielle Informationsrechte des Betriebsrates geschaffen (vgl § 99 Abs 5 und Erl 8 zu § 99; *AK Wien*, Arbeitskräfteüberlassungsgesetz: Informationspflicht der Arbeitgebers gegenüber dem Betriebsrat, infas 1989, H 4, 5).

Der Betriebsvereinbarungstatbestand der Z 1a greift aber nicht nur bei Arbeitskräfteüberlassungen im Anwendungsbereich des AÜG, sondern immer dann, wenn „Arbeitnehmer ihre Arbeitskraft über Weisung des Arbeitgebers in fremden Betriebsorganisationen für deren Produktionsziele einsetzen" (vgl mwN *Binder* in *Tomandl,* ArbVG § 97 Rz 22; *Reissner* in ZellKomm § 97 ArbVG Rz 20; *Strasser/Jaborneg,* ArbVG[3] [1999] § 97 Anm 10c; iDs nun auch OGH vom 18. 4. 2007, 8 Ob A 108/06z, ZAS 2008/10, 77 mit abl Anm von *Gerlach* = ecolex 2007/266, 624 = DRdA 2007, 403). Zu denken ist hierbei etwa an speziell begründete Doppelarbeitsverhältnisse, Vereinsmodelle oder an gem § 1 Abs 2 AÜG aus dem Anwendungsbereich des AÜG ausgenommene Fälle (Binder in *Tomandl,* ArbVG § 97 Rz 22).

Wenn von „Grundsätzen der betrieblichen Beschäftigung" die Rede ist, dann ist damit gemeint, dass keine Kompetenz zur Regelung von Entgeltfragen für überlassene Arbeitskräfte besteht (RV 450 BlgNR 17. GP 24). Dies schon allein deshalb, weil zwischen Beschäftiger und überlassener Arbeitskraft keine arbeitsvertragliche Beziehung besteht. Die erzwingbare Betriebsvereinbarung gem Z 1a verpflichtet den Beschäftiger, seine Rechtsbeziehungen zum Überlasser und (damit mittelbar) zur überlassenen Arbeitskraft nach den in ihr festgelegten Grundsätzen zu gestalten (OGH vom 18. 4. 2007, 8 Ob A 108/06z, ZAS 2008/10, 77 mit abl Anm von *Gerlach* = ecolex 2007/266, 624 = DRdA 2007, 403).

Eine detaillierte Darstellung über die arbeitsverfassungsrechtlichen Beziehungen bei Arbeitskräfteüberlassung (Leiharbeit) findet sich bei *B. Schwarz/Sacherer,* Arbeitskräfteüberlassungsgesetz[2] (2006) 312.

Die arbeitsverfassungsrechtlichen **Rechte des Betriebsrates des Beschäftigerbetriebes**, also auch die Möglichkeit, erzwingbare Betriebsvereinbarungen abzuschließen, können sich nur an den **Inhaber des Beschäftigerbetriebes**, aber **nicht** an den **Inhaber des Überlasserbetriebes** (also der Leihfirma) richten. **Betriebsvereinbarungen** im **Überlasserbetrieb** (auch eine solche gem Z 1a siehe OGH vom 18. 4. 2007, 8 Ob A 108/06z, ZAS 2008/10, 77 mit abl Anm von *Gerlach* = ecolex 2007/266, 624 = DRdA 2007, 403) selbst können nur **durch einen dort errichteten Betriebsrat** abgeschlossen und erzwungen werden (zur Frage der Zuständigkeit des Betriebsrates des Beschäftiger- bzw des Überlasserbetriebes vgl genauer mwN Erl 3 zu § 113 und *B. Schwarz* in FS Walter Schwarz [1991] 311 [324]).

Folgende **Inhalte einer Betriebsvereinbarung** gem § 97 Abs 1 Z 1a im Beschäftigerbetrieb sind nach der Rechtsprechung des OGH zulässig (OGH vom 18. 4. 2007, 8 Ob A 108/06z, ZAS 2008/10, 77 mit abl Anm von *Gerlach* = ecolex 2007/266, 624 = DRdA 2007, 403). Durch eine sinnvoll gestaltete Betriebsvereinbarung zur Arbeitskräfteüberlassung kann die Rechtsstellung der sog Leiharbeitnehmer, va aber auch den Schutz der Arbeitnehmer im Beschäftigerbetrieb vor dem Unterlaufen der Arbeitsbedingungen durch Leiharbeit entscheidend verstärkt werden (siehe auch *B. Schwarz/Sacherer,* Arbeitskräfteüberlassungsgesetz[2] [2006] 327, sowie *Binder* in *Tomandl,* ArbVG § 97 Rz 25):

– Nähere **Ausformung** der **Informationspflichten** gem § 99 Abs 5 (Informationspflicht des Betriebsinhabers im Beschäftigerbetrieb vom beabsichtigten Einsatz überlasser Arbeitskräfte sowie die Aufnahme der Beschäftigung, vgl Erl 8 zu § 99): Festlegung bestimmter Fristen, verpflichtende Beratung mit dem Betriebsrat, Katalog der zu klärenden Arbeitsbedingungen und der zu besetzenden Arbeitsplätze, Kriterien für die Vergleichbarkeit der kollektivvertraglichen Ent-

geltansprüche, die den überlassenen Arbeitskräften gem § 10 Abs 1 AÜG gegenüber dem Überlasser auf der Basis des Kollektivvertrags im Beschäftigerbetrieb zustehen;
- **Mitteilungspflicht des Beschäftigers** über die **Höhe des relevanten Entgeltanspruches** nach dem anzuwendenden Kollektivvertrag gegenüber dem Überlasser;
- **Informationspflicht über die Vereinbarungen** zwischen Überlasser und Beschäftiger, vor allem über die Höhe des Überlassungsentgeltes;
- **Verpflichtung des Beschäftigers**, den Überlassungsvertrag aufzulösen, wenn durch den Überlasser Bestimmungen des AÜG nicht eingehalten werden;
- **Ausnahme bestimmter Abteilungen** von der Besetzung mit überlassenen Arbeitskräften bzw die Einschränkung des Einsatzes von „Leiharbeitnehmern" auf gewisse Betriebsabteilungen, Arbeitsplätze, Aufgaben oder Zwecke;
- **Höchst- oder Mindestdauer des Einsatzes** überlassener Arbeitskräfte (RV 450 BlgNR 17. GP 24);
- **Verpflichtung des Arbeitgebers**, überlassenen Arbeitskräften einen **Arbeitsvertrag im Beschäftigerbetrieb anzubieten**, wenn die Überlassung eine bestimmte Zeit andauert (Kontrahierungszwang);
- **Kündigungsverzicht** in Bezug auf „Stammarbeitnehmer" während der Einsatzdauer von überlassenen Arbeitskräften;
- Festsetzung einer **Höchstquote überlassener Arbeitskräfte** im Verhältnis zur sog „Stammbelegschaft" (vgl dazu sogleich);
- **richtlinienartige Präzisierung des Entgeltniveaus** der überlassenen Arbeitskräfte im Verhältnis zu jenem des „Stammpersonals" des Beschäftigerbetriebes und Herstellung eines konkreten Bezugsrahmens in Ausführung des § 10 Abs 1 AÜG;
- Regulierung der Qualität der für „Leiharbeitnehmer" maßgebenden Arbeitsbedingungen;
- (aliquotes) Teilnahmerecht der überlassenen Arbeitskräfte an bestimmten Wohlfahrtseinrichtungen und Wohlfahrtsmaßnahmen im Beschäftigerbetrieb;
- Absicherung der Verpflichtungen des Betriebsinhabers durch Festsetzung einer **Konventional(Vertrags)strafe** (siehe dazu sogleich).

Die meisten der genannten Regelungsmöglichkeiten können nur obligatorische Wirkungen entfalten und dem einzelnen Arbeitnehmer (der überlassenen Arbeitskraft) **keine individuell klagbaren Ansprüche verschaffen** (zB die Höchstquote überlassener Arbeitskräfte). Solche obligatorischen Vereinbarungen sind dennoch für die betriebliche Praxis bedeutsam, weil der Betriebsrat bei Nichteinhaltung durch den Arbeitgeber einen Erfüllungsanspruch oder – bei entsprechender Vereinbarung – einen

Anspruch auf Konventionalstrafe geltend machen kann. Die Festlegung einer Vertragsstrafe in einer Betriebsvereinbarung für den Fall, dass sich der Arbeitgeber an obligatorische Bestimmungen der Betriebsvereinbarung nicht hält, entspricht dem Ziel des § 97 Abs 1 Z 1a, wonach Grundsätze der Arbeitskräfteüberlassung erzwingbar und durchsetzbar festgelegt werden sollen. Eine erzwingbare Verpflichtung des Arbeitgebers zur Einhaltung bestimmter Grundsätze ohne entsprechende Durchsetzungsmöglichkeit der Vereinbarung durch den Betriebsrat wäre mit dem sozialpolitischen Zweck dieser Bestimmung nicht vereinbar. Ob auch ohne Vereinbarung einer Vertragsstrafe Schadenersatzansprüche durch den Betriebsrat bei Nichteinhaltung der obligatorischen Bestimmungen der Betriebsvereinbarung geltend gemacht werden können, hängt vom Nachweis eines bestimmten Schadens ab.

Eine Feststellungs- bzw Rechtsgestaltungsklage bei Verstößen des Betriebsinhabers gegen obligatorische Teile der Betriebsvereinbarung ist sowohl nach § 50 Abs 1 Z 2 ASGG als auch nach § 54 Abs 1 ASGG möglich.

Betriebsvereinbarungen über die **Grundsätze der Arbeitskräfteüberlassung** sind über die **Schlichtungsstelle erzwingbar**.

Gegen die Möglichkeit **Höchstquoten** für die Beschäftigung überlassener Arbeitskräfte im Rahmen einer Betriebsvereinbarung gem Z 1a regeln zu können, spricht sich *Schrank* (ecolex 2000, 734) aus. Weiters kritisiert *Gerlach* (ZAS 2008/10, 77) die vom OGH (vom 18. 4. 2007, 8 Ob A 108/06z, ZAS 2008/10, 77 mit abl Anm von *Gerlach* = ecolex 2007/266, 624 = DRdA 2007, 403) aufgezeigten möglichen Regelungsinhalte einer Betriebsvereinbarung gem Z 1a als zu weitgehend. Die herrschende Lehre hingegen (*Löschnigg*, Arbeitsrecht[10] [2003] 729; *Mazal*, AÜG [1988] 81; *Geppert*, AÜG [1989] 250; *Achitz/Krapf/Mayerhofer*, Leitfaden für Betriebsvereinbarungen [2001] 69; *B. Schwarz/Sacherer*, Arbeitskräfteüberlassungsgesetz[2] (2006) 327; *Binder* in *Tomandl*, ArbVG § 97 Rz 25; *Reissner* in ZellKomm § 97 ArbVG Rz 22) spricht sich für die Zulässigkeit einer Quotenregelung und – die jüngeren Publikationen – auch für die Zulässigkeit weitergehender Inhalte (wie etwa für die Möglichkeit eines Kontrahierungszwangs) aus. Die Gesetzesmaterialien (RV 450 BlgNR 17. GP 24) sind eindeutig, sie sprechen die Quotenregelung und weitere Inhalte in einer beispielsweisen Aufzählung ausdrücklich an. Die Argumente *Schranks* (ecolex 2000, 734) überzeugen nicht. Die Frage der Bindung einer Betriebsvereinbarung an das Sachlichkeitsgebot ist kein Argument; die Wahrung der Verhältnismäßigkeit der Regelung – bei Nichteinigung zwischen den Betriebspartnern – hat die Schlichtungsstelle zu beachten. *Schrank* übersieht auch, dass eine mögliche Quotenregelung nicht normativer, sondern schuldrechtlicher Natur ist, also die Rechtsverhältnisse der Arbeitnehmer nicht direkt gestaltet. Somit ist die Heranziehung der OGH-Judikatur zum Urlaubsverbrauch und zu Betriebspensionsvereinbarungen nicht gerechtfertigt, außerdem sind diese beiden Tatbestände (Z 10 und Z 18) im Gegensatz zu Z 1a nicht erzwingbar. *Gerlach* (ZAS 2008/10, 77) lehnt die herrschende Lehre und die Judikatur vor allem mit der Begründung ab, dass eine solch weite Interpretation des Betriebsvereinbarungstatbestandes der Z 1a dem ArbVG systemfremde Regelungsinhalte unterstellen würde und im Lichte des Legalitätsprinzips problematisch wäre. Was das erste Argument betrifft, so enthält das ArbVG etwa auch in § 97 Abs 1 Z 4 (Sozialplantatbestand vgl Erl 9 und die Erl zu § 109) einen Betriebsvereinbarungstatbestand, der vergleichbar weitreichende Regelungsbefugnisse deckt. Das Argument, dass der Tatbestand der Z 1a in der weiten Interpretation des OGH und der herrschenden Lehre mit dem Legalitätsprinzip unvereinbar wäre, trifft mE ebenfalls nicht zu. Die verfassungsrechtliche Judikatur und Lehre hat sich mit einschlägigen Fragen unter den Schlagworten „differenziertes Legalitätsprinzip", „finale Programmierung", „verdünnte Legalität" sowie „Legitimation durch Verfahren" beschäftigt und gegen den ebenfalls nicht stärker determinierten Sozialplantatbestand der Z 4 keine Bedenken iSd Art 18 B-VG gehegt (VfGH vom 15. 6. 1998, B 2410/94, DRdA 1998, 445). Im Falle des Nichtzustandekommens einer einvernehmlichen Regelung, kann die Schlichtungsstelle angerufen werden. Diese ist als immerhin mit einem Berufsrichter/einer Berufsrichterin und mit vier sozialpartnerschaftlich ausgewählten Beisitzer/-innen besetzt. *Gerlach* übersieht mE auch, dass der Einführung der Arbeitskräfteüberlassung ein Kompromiss zugrunde liegt. Dieser Kompromiss baut darauf auf, dass die sozialpolitischen Gefahren der Arbeitskräfteüberlassung durch ein gesetzliches Korsett entschärft werden sollten. Ein Teil dieses Korsetts ist die relativ weitgehende Regelungsmöglichkeit der Arbeitskräfteüberlassung durch Betriebsvereinbarung.

Auswahl einer Mitarbeitervorsorgekasse (Abfertigung neu)

6a) Dieser Betriebsvereinbarungstatbestand wurde durch BGBl I 2002/100 im Zuge der Schaffung der sog „Abfertigung neu" in das ArbVG eingefügt (vgl dazu auch Erl 32a). Die **Abfertigung neu** wird durch das Betriebliche Mitarbeitervorsorgegesetz (**BMVG**) geregelt (siehe dazu *Achitz/Farny/Leutner/Wöss,* Abfertigung neu, Betriebliches Mitarbeitervorsorgegesetz [2003] und *Mayr/Resch,* Abfertigung neu, Betriebliches Mitarbeitervorsorgegesetz – BMVG [2002]).

Bestimmungen zur Auswahl der Mitarbeitervorsorgekasse finden sich in § 9 BMVG für Betriebe mit Betriebsrat und in § 10 BMVG für Arbeitnehmer, die von keinem Betriebsrat vertreten sind. Dh § 10 BMVG kommt immer dann zur Anwendung, wenn

– kein Betriebsrat gewählt werden kann (unter fünf AN),
– (rechtswidrigerweise) gar kein Betriebsrat gewählt wurde oder
– kein zuständiger Betriebsrat existiert (keine Wahl eines Zentralbetriebsrats, vgl zu diesem Problem genauer § 113 Abs 4 Z 6 und Erl 41a zu § 113).

Obwohl Z 1b nur von der **Auswahl der Mitarbeitervorsorgekasse** spricht, bezieht sich dieser BV-Tatbestand auch auf den **Wechsel der Mitarbeitervorsorgekasse** (so auch *Binder* in *Tomandl*, ArbVG § 97 Rz 36; *Reissner* in ZellKomm § 97 ArbVG Rz 24). Dies ergibt sich aus § 12 Abs 4 BMVG, der bestimmt, dass § 9 BMVG auch auf den Wechsel der Mitarbeitervorsorgekasse auf Verlangen des Arbeitgebers oder des Betriebsrates anzuwenden ist.

Andere Inhalte als die Auswahl (bzw der Wechsel) einer Mitarbeitervorsorgekasse sind durch Z 1b nicht gedeckt. Dies wird durch einen Vergleich mit den deutlich umfassender formulierten Tatbeständen der Z 18a (Pensionskassenbeitritt, siehe Erl 25), Z 18b (betriebliche Kollektivversicherung, siehe Erl 25a) und mit § 3 Abs 1 BetriebspensionsG (BPG) deutlich (vgl *Resch*, ÖJZ 2004, 481). Insbesondere kann die Betriebsvereinbarung gem Z 1b keine Vorgaben für den Vertrag mit der Mitarbeitervorsorgekasse machen (zB Höhe der Verwaltungskosten). Inhalte des Vertrages mit der Mitarbeitervorsorgekasse sind aber wesentliche Parameter für die Auswahl der Kasse und würden in einem möglichen Schlichtungsstellenverfahren wohl eine entscheidende Rolle spielen.

Was die **Rechtsnatur einer Betriebsvereinbarung** nach Z 1b betrifft, besteht in der Literatur Uneinigkeit. Auf den ersten Blick scheint es sich – aufgrund der systematischen Einordnung – um eine **erzwingbare Betriebsvereinbarung** zu handeln. Das würde bedeuten, dass der Betriebsinhaber die Auswahl der Mitarbeitervorsorgekasse rechtsgültig auch ohne Beteiligung der Belegschaftsvertretung vornehmen kann (vgl zur allgemeinen Natur erzwingbarer Betriebsvereinbarungen Erl 2). Wenn der Betriebsrat mit der Auswahl des Betriebsinhabers nicht einverstanden ist, könnte er sodann den Weg zur Schlichtungsstelle beschreiten und die Auswahl einer anderen Mitarbeitervorsorgekasse zu erzwingen versuchen (idS etwa *Tomandl* in *Tomandl/Achatz/Mazal*, Abfertigung Neu [2003] 64). *Achitz/Farny/Leutner/Wöss,* Abfertigung neu, Betriebliches Mitarbeitervorsorgegesetz (2003) 98 und *Ch. Klein*, wbl 2002, 485 argumentieren, dass § 9 BMVG davon spricht, dass die „*Auswahl der MV-Kasse durch eine Betriebsvereinbarung ... zu erfolgen hat*". Erfolgt die Auswahl ohne Betriebsvereinbarung, sei sie deshalb nichtig. Damit sei die Betriebsvereinbarung ihrer Natur nach aber eine **notwendig erzwingbare** iSd § 96a. Es liege also eine ähnliche Situation wie beim Beitritt zu einer Pensionskasse gem Z 18a vor. Dazu wird aber vertreten, dass – obwohl Z 18a von der systematischen Stellung her bei den freiwilligen Betriebsvereinbarungen eingeordnet ist – es sich in Wahrheit um eine notwendige Betriebsvereinbarung handelt (vgl Erl 25). Gem § 3 Abs 1 BPG ist nämlich der Beitritt zur Pensionskasse **ohne** Betriebsvereinbarung rechtsunwirksam. Der Unterschied zwischen § 3 Abs 1 BPG und § 9 Abs 1 BMVG liegt allerdings darin, dass das BPG ausdrücklich von Rechtsunwirksamkeit spricht, während das BMVG die Konsequenz der Verletzung der Betriebsvereinbarungspflicht offen lässt. Im Ergebnis überzeugt die Argumentation von *Achitz/Farny/Leutner/Wöss* und *Ch. Klein.* Es ist dem Gesetzgeber des BMVG eher zuzusinnen, dass er sich der Systematik und der Folgen einer bestimmten systematischen Einordnung nicht voll bewusst war, als dass er mit § 9 BMVG eine **sanktionslose** Pflicht (zur Auswahl der Mitarbeitervorsorgekasse durch Betriebsvereinbarung) schaffen wollte. Auch *Eypeltauer* versteht § 9 BMVG in der Weise, dass die Auswahl der MV-Kasse nur durch Betriebsvereinbarung und nicht zuvor durch den Arbeitgeber erfolgen kann (RdW 2003, 26). Ungeachtet der systematischen Einordnung des Tatbestandes unter die erzwingbaren Betriebsvereinbarungen ist die Auswahl der Mitarbeitervorsorgekasse ohne Betriebsvereinbarung aufgrund des klaren Wortlautes des § 9 BMVG gesetzwidrig und damit nichtig (aA *Resch*, ÖJZ 2004, 481). Das bedeutet aber, dass es sich bei der Auswahl der Mitarbeitervorsorgekasse der Sache nach wegen des Zusammenspiels mit § 9 BMVG um eine notwendig erzwingbare Betriebsvereinbarung (iSd § 96a) handelt, weil der Betriebsinhaber die Auswahl nicht ohne Betriebsvereinbarung treffen kann. Eine vergleichbare Situation ist im Zusammenhang mit Arbeitszeitfragen (zB Gleitzeitbetriebsvereinbarung § 97 Abs 1 Z 2 iVm § 4b Abs 2 AZG, vgl Erl 7) gegeben (vgl etwa *Jabornegg/Resch/Strasser*, Arbeitsrecht [2003] Rz 1414).

In der **Praxis** ist dieser Lehrstreit solange unerheblich, als für die Auswahl der Mitarbeitervorsorgekasse tatsächlich eine Betriebsvereinbarung abgeschlossen wird. Nur wenn der Betriebsinhaber ohne Abschluss einer Betriebsvereinbarung die Auswahl trifft, wird der Unterschied der beiden Lehrmeinungen schlagend. Betrachtet man die Betriebsvereinbarung als notwendige, ist die Auswahl ohne Betriebsvereinbarung nichtig, sieht man sie bloß als erzwingbare an, gilt die Auswahl und der Betriebsrat muss den Weg zur Schlichtungsstelle beschreiten, um die Auswahl einer anderen Mitarbeitervorsorgekasse zu erzwingen.

Arbeitszeitgestaltung, Pausenregelung

[7]) Allgemeines

Z 2 ist ein Betriebsvereinbarungstatbestand von **hoher praktischer Relevanz**. Die wichtigsten **arbeitszeitlichen Regelungen** finden sich im **Arbeitszeitgesetz** (AZG), das sowohl zwingende öffentlich rechtliche Arbeitszeitgrenzen als auch vertragsrechtliche Vorschriften (zB Entlohnung von Überstunden) beinhaltet. Das AZG eröffnet aber auch zahlreiche Flexibilisierungsmöglichkeiten, wobei zumeist der Weg beschritten wird, dass dem Kollektivvertrag die Kompetenz eingeräumt wird, Abweichungen vom Gesetz zuzulassen. In einigen Fällen ist es aber auch das Instrument der Betriebsvereinbarung, mit dem auf betrieblicher Ebene vom „Normalprogramm" des Gesetzes abweichende Arbeitszeitmodelle zugelassen werden können (eine Übersicht über mögliche Flexibilisierungen siehe etwa bei *Gahleitner,* DRdA 2006, 335 [340] oder auch bei *Cerny* in

Cerny/Heilegger/Ch. Klein/B. Schwarz, Arbeitszeitgesetz[2] [2008] 40). Hinzu kommt, dass mit der AZG-Novelle 2007 BGBl I 2007/61 durch § 1a AZG in bestimmten Fällen der Betriebsvereinbarung weiterer Gestaltungsspielraum eingeräumt wurde. Gem § 1a AZG kann nämlich in all jenen Fragen, in denen das AZG den Kollektivvertrag ermächtigt, abweichende Regelungen zuzulassen, eine solche Abweichung per Betriebsvereinbarung vorgenommen werden, wenn entweder – der Kollektivvertrag die Betriebsvereinbarung dazu ermächtigt oder – mangels Bestehen einer kollektivvertragsfähigen Körperschaft auf Arbeitgeberseite kein Kollektivvertrag abgeschlossen werden kann.

Es ist allerdings weder gesetzlich angeordnet noch in der Lehre einheitlich beantwortet, wie Betriebsvereinbarungstatbestände des AZG im System des ArbVG einzuordnen sind (vgl dazu mwN *Gahleitner*, DRdA 2006, 335 [341, 450] oder auch *Ch. Klein* in *Cerny/Heilegger/Ch. Klein/ B. Schwarz*, Arbeitszeitgesetz[2] [2008] Erl zu § 1a). Für das Zusammenspiel zwischen den Tatbeständen des AZG und des § 97 Abs 1 Z 2 ArbVG ist festzuhalten, dass sich einige der weiter unten geschilderten Flexibilisierungsvarianten des AZG (Gleitzeit, Freitag-Frühschluss, Vier-Tage-Woche, Fenstertagsregelung) als **Verteilung der Arbeitszeit** unter § 97 Abs 1 Z 2 einordnen lassen und damit erzwingbar sind (vgl mwN *Gahleitner*, DRdA 2006, 447 [450] und *Ch. Klein* in *Cerny/Heilegger/Ch. Klein/B. Schwarz*, Arbeitszeitgesetz[2] [2008] Erl 11 zu §§ 3 bis 4c). Da aber die einzelnen Tatbestände des AZG (wie etwa § 4b Abs 2 AZG für die Gleitzeit) den Abschluss einer Betriebsvereinbarung abweichend von § 97 Abs 1 Z 2 ArbVG als notwendige Voraussetzung statuieren, ergibt sich aus dem Zusammenspiel des ArbVG und des AZG, dass es sich im Ergebnis um notwendige, erzwingbare Betriebsvereinbarungen (wie in den Fällen des § 96a) handelt (mwN siehe bei *Gahleitner*, DRdA 2006, 447 [450]; implizit auch VfGH vom 3. 3. 2005, B 1414/04, VfSlg 17472 = ARD 5595/4/2005 = RdW 2005/585, 504 = ZAS-Judikatur 2005/129, 218 = ZfVB 2006/181/237). Andere Tatbestände des AZG (zB Jahresarbeitszeitmodelle gem § 4 Abs 6 ff AZG oder Verlängerung des Durchrechnungszeitraumes auf über 13 Wochen bei Fenstertagsregelungen gem § 4 Abs 3 AZG) sind so genannte **Zulassungsnormen**, die keinesfalls erzwingbar sind, sondern die Zustimmung des Betriebsrates bzw eine kollektivvertragliche Regelung (oder beides) als Schutzmechanismus vorsehen (vgl dazu *Strasser*, wbl 1995, 396 bzw GedS *Rabofsky* [1996] 295).

Grundsätzlich lässt sich feststellen, dass der Gesetzgeber keine Betriebsvereinbarung für die Festsetzung des **Umfangs**, sondern **nur für die Verteilung der Normalarbeitszeit** vorsieht (OGH vom 7. 9. 2000, 8 Ob S 13/00w, infas 2001, A 8 = DRdA 2001, 62 = wbl 2001/28 = RdW 2001, 102 = ASoK 2001, 192 = ARD 5229/21/2001; OGH vom 23. 5. 1996, 8 Ob A 2063/96g, Arb 11.526). Eine Ausnahme stellt hier der Tatbestand des § 97 Abs 1 Z 13 dar, der für die vorübergehende Verkürzung oder Verlängerung der Arbeitszeit zum Abschluss einer – im Gegensatz zu Z 2 – nicht erzwingbaren Betriebsvereinbarung berechtigt (vgl Erl 19).

Der Arbeitgeber kann dem Arbeitnehmer die Lage der Arbeitszeit nicht durch Weisung einseitig aufzwingen. Die **Lage der Normalarbeitszeit** sowie ihre **Änderung** sind gem § 19c AZG **einzelvertraglich zu vereinbaren** (vgl OGH vom 8. 8. 2002, 8 Ob A 277/01w, DRdA 2002, 505 = infas 2003, A 7 = Arb 12.253 = ecolex 2002/291 = ARD 5346/6/2002; vgl den Besprechungsaufsatz *Mosler*, DRdA 2002, 461). Dies ist gem § 19c AZG dann **nicht erforderlich**, wenn die Lage der Normalarbeitszeit durch **Betriebsvereinbarung** (oder auch Kollektivvertrag) geregelt wird. Damit ist eine (auch formal gültige, dh schriftliche) Betriebsvereinbarung gem § 97 Abs 1 Z 2 angesprochen (vgl OGH vom 13. 6. 2002, 8 Ob A 116/02w, DRdA 2003, 542 mit Anm von *Löschnigg* = infas 2003, A 11 = ecolex 2002/325 = wbl 2002/382 = Arb 12.241 = ARD 5373/6/2003). Danach können die Betriebspartner

– die **generelle Festsetzung** des **Beginns** und **Endes** der **täglichen Arbeitszeit**,
– die **Verteilung** der **Arbeitszeit** auf die einzelnen **Wochentage** und
– die **Dauer** und **Lage** der **Arbeitspausen**

normativ festsetzen bzw vor der **Schlichtungsstelle erzwingen**. Eine solche Betriebsvereinbarung muss bei sonstiger Teilnichtigkeit die zwingenden Grenzen der verschiedenen **arbeitszeitrechtlichen Regelungen** beachten (zB maximal zulässige Höchstgrenze der täglichen bzw wöchentlichen Arbeitszeit, § 9 AZG; tägliche Ruhezeit gem § 12 AZG; wöchentliche Ruhezeit gem §§ 3 ff ARG; vgl etwa OGH vom 18. 12. 2002, 9 Ob A 206/02p, infas 2003, A 51 = ARD 5425/16/2003 = ASoK 2003, 384). Weichen **Einzelarbeitsverträge** von der Betriebsvereinbarung ab, so ist dies dann zulässig, wenn der Einzelvertrag **günstiger** als die Betriebsvereinbarung ist (VwGH vom 25. 2. 1987, 86/01/0094, infas 1987, A 70 = ARD 3877/11/79). Falls ein objektiver Günstigkeitsvergleich nicht möglich ist, ist wohl ausschlaggebend, ob die einzelvertragliche Regelung den subjektiven Bedürfnissen des Arbeitnehmers entspricht (idS auch *Binder* in *Tomandl,* ArbVG § 97 Rz 56 und *Wolf*, ecolex 2004, 729). Dies ändert aber nichts daran, dass auch hier die arbeitszeitrechtlichen Schutzbestimmungen zu beachten sind; viele Bestimmungen des AZG haben öffentlich-rechtlichen Schutzcharakter und können weder durch Betriebsvereinbarung noch durch Einzelvertrag ausgehebelt werden.

In der **erzwingbaren Betriebsvereinbarung nach Z 2** darf nur eine „generelle" Festsetzung getroffen werden. Generell ist eine Arbeitszeitfestsetzung dann, wenn sie für den ganzen Betrieb, für Betriebsteile (zB Abteilungen) oder zumindest für nach allgemeinen Merkmalen bestimmbare Arbeitnehmer gilt. Auch dann, wenn es sich bei der durch eine Arbeitszeitregelung betroffenen Arbeitnehmergruppe nur um einen Teil einer Abteilung handelt, kann von einer generellen Arbeitszeitregelung und damit vom Gegenstand einer normativen Betriebsvereinbarung gesprochen werden, wenn die Arbeitnehmergruppe eine abstrakt bezeichnete Mehrheit von Arbeitnehmern umfasst (zB „Portier"; KG Leoben vom 16. 12. 1991, 23 Cga 100/91, Arb 11.000 = ARD 4454/24/93).

Eine Betriebsvereinbarung gem Z 2 kann auch **Wechsel-, Turnus- oder Schichtdienste** vorsehen. Welcher Arbeitnehmer welchen Dienst übernimmt, ist aber im Einzelnen im Vorhinein nicht in der Betriebsvereinbarung festlegbar, weil das keine generelle Regelung wäre. Diesfalls können aber **„Spielregeln" über die Diensteinteilung** in der Betriebsvereinbarung festgeschrieben werden, die normative Wirkung entfalten. Auch bei den „Spielregeln" sind selbstverständlich die Arbeitszeitgrenzen zu beachten.

Ruhepausen

Was den **Inhalt von Betriebsvereinbarungen** gem Z 2 betrifft, so kann abgesehen von der Verteilung der Arbeitszeit eine Regelung über die **Dauer und Lage der Ruhepausen** vereinbart bzw erzwungen werden. § 11 AZG ist aber zu beachten. Danach ist bei einer Gesamtdauer der Tagesarbeitszeit von mehr als sechs Stunden eine Pause von mindestens einer halben Stunde einzuhalten. Diese Pause darf nicht so am Anfang oder am Ende der Arbeitszeit liegen, dass der Arbeitnehmer seine Arbeit später beginnt bzw sie früher beendet, weil damit der Erholungszweck der Pause zunichte gemacht würde. Eine Stückelung und Verkürzung der Pause(n) ist mittels Betriebsvereinbarung zulässig (§ 11 AZG, genauer vgl *Ch. Klein* in *Cerny/Heilegger/Ch. Klein/B. Schwarz*, Arbeitszeitgesetz[2] [2008] Erl zu § 11). Ruhepausen müssen im Voraus, spätestens zu ihrem Beginn, umfangmäßig festliegen und der Arbeitnehmer muss von Arbeitsverpflichtungen befreit sein, sodass er über diese Zeit selbst verfügen kann. Unterbrechungen, die sich aus dem Arbeitsablauf ergeben (zB Wartezeiten von Verkaufspersonal, Beförderungszeiten, Maschinenausfall etc) können nicht als Ruhepausen gewertet werden (mit Bezugnahme auf *Grillberger*, Arbeitszeitgesetz[2], Rz 2.2 zu § 2 AZG, OGH vom 17. 3. 2004, 9 Ob A 102/03w, infas 2004, A 62 = RdW 2004/500 = ARD 5503/6/2004 = wbl 2004/309). Dem Arbeitnehmer kann durch Betriebsvereinbarung gem Z 2 das Recht eingeräumt werden, seine Pause – innerhalb der Arbeitszeit – individuell zu halten. Der Arbeitnehmer wird dadurch in die Lage versetzt, entsprechend seinen jeweiligen Bedürfnissen eine Pause in der gesetzlich vorgesehenen Dauer von einer halben Stunde zu halten (OGH vom 17. 3. 2004, 9 Ob A 102/03w, infas 2004, A 62 = RdW 2004/500 = ARD 5503/6/2004 = wbl 2004/309).

Verteilung der Arbeitszeit

Hauptsächlicher Regelungsinhalt von Betriebsvereinbarungen nach Z 2 sind aber **Beginn und Ende der täglichen Arbeitszeit** sowie **Verteilung der Arbeitszeit auf die einzelnen Wochentage**. Wird Beginn und Ende der Arbeitszeit sowie die Pause für die einzelnen Arbeitstage der Woche konkret festgelegt, ergibt sich daraus die betriebliche Normalarbeitszeit (siehe dazu *Ch. Klein* in *Cerny/Heilegger/Ch. Klein/B. Schwarz,* Arbeitszeitgesetz² [2008] Erl 1 zu §§ 3 bis 4c AZG). Z 2 ist damit auch ein Tatbestand für die Festlegung der betrieblichen Normalarbeitszeit und damit der Arbeitszeit der einzelnen Arbeitnehmer. Bei der Festlegung der betrieblichen Normalarbeitszeit sind die kollektivvertraglichen und gesetzlichen Grenzen und Regeln zu beachten (zB: tägl Normalarbeitszeit max 8 Stunden, wöchentliche Normalarbeitszeit max 40 Stunden gem § 3 Abs 1 AZG; oder kollektivvertragliche Normalarbeitszeit von zB 38,5 Stunden wöchentlich). Besteht auf Grund eines **Kollektivvertrages Anspruch auf einen arbeitsfreien Samstag**, so ist ein Schichtplan in einer Betriebsvereinbarung, der die Samstagsarbeit anordnet, teilnichtig (OGH vom 26. 4. 1995, 9 Ob A 79/95, Arb 11.394). Z 2 legitimiert die Betriebspartner allerdings **nicht zu einer allgemeinen Verkürzung (oder Verlängerung) der Normalarbeitszeit** (OGH vom 7. 9. 2000, 8 Ob S 13/00w, infas 2001, A 8 = DRdA 2001, 62 = wbl 2001/28 = RdW 2001, 102 = ASoK 2001, 192 = ARD 5229/21/2001; OGH vom 23. 5. 1996, 8 Ob A 2063/96g, Arb 11.526). Nach jüngster Judikatur des OGH trifft dies auch auf Gleitzeitbetriebsvereinbarungen zu (OGH vom 7. 5. 2008, 9 Ob A 15/07g). Es ist nicht zulässiger Inhalt einer Gleitzeitbetriebsvereinbarung gem § 4b AZG in Zusammenhang mit Einführung von Gleitzeit eine generelle Arbeitszeitverkürzung in Form von Zeitgutschriften zu gewähren. Vor der Schlichtungsstelle kann eine Betriebsvereinbarung erzwungen werden, die die gleichmäßige Aufteilung der wöchentlichen Arbeitszeit auf fünf Tage anordnet (EA Wien 7. 3. 1975, DRdA 1975, 219 mit Anm von *G. Klein*). Zu beachten sind auch die im AZG geregelten (und weiter unten kurz geschilderten) Flexibilisierungsmöglichkeiten.

Entgeltrechtliche Konsequenzen

Eine Betriebsvereinbarung gem Z 2 darf keine **entgeltrechtlichen Konsequenzen** anordnen, Entgeltfragen sind nach dem Grundgedanken des ArbVG Kollektivvertragssache (*Reissner* in ZellKomm § 97 ArbVG Rz 28; *Binder* in *Tomandl,* ArbVG § 97 Rz 46). Zuletzt hat etwa *Gahleitner* vertreten, dass die Betriebsvereinbarungstatbestände für Arbeitszeitfragen auch die Kompetenz mitumfassen, Entgelt- oder Zeitausgleichsansprüche zu regeln (DRdA 2006, 447 [448]). Die gegenteilige Ansicht würde dazu führen, dass die Einführung flexibler Arbeitszeitmodelle in der Praxis daran scheitern würde, dass ein sinnvoller Interessenausgleich nicht möglich sei. *Ch. Klein* spricht in diesem Zusammenhang von „goodies" (Zuschläge, zusätzliche Freizeit etc), die die Belegschaftsvertretung vom Betriebsinhaber als Gegenleistung für mehr Flexibilität erhält (*Ch. Klein* in *Cerny/Heilegger/Ch. Klein/B. Schwarz,* Arbeitszeitgesetz² [2008] Erl 5 zu § 1a). Die Judikatur des OGH lehnt diese Interpretation der Arbeitszeit-Betriebsvereinbarungstatbestände tendenziell ab (siehe etwa jüngst mwN OGH vom 7. 5. 2008, 9 Ob A 15/07g). Im Ergebnis bedeutet das, dass vereinbarte Flexibilisierungsgegenleistungen („goodies") in Arbeitszeitbetriebsvereinbarungen als Einzelvertragsbestandteile gedeutet werden müssen.

Zur Möglichkeit, die Arbeitszeit mittels Betriebsvereinbarung vorübergehend zu verkürzen, siehe Erl 19. Ohne Zustimmung des einzelnen Arbeitnehmers gem § 7 Abs 6 ARG kann eine Betriebsvereinbarung auch nicht die Gewährung von Zeitausgleich anstatt zusätzlichen Entgelts für Feiertagsarbeit gem § 9 Abs 5 ARG vorsehen, da diese Angelegenheit **ausdrücklich einer Einzelvereinbarung** (§ 7 Abs 6 ARG) vorbehalten ist (OGH vom 10. 5. 1989, 9 Ob A 78/89, ZAS 1990, 161 mit Anm von *Kozak/ Schauer* = Arb 10.783 = wbl 1989, 276 = ARD 4121/21/89). Die weiter unten geschilderten im AZG vorgesehenen Flexibilisierungsvarianten bringen aber möglicherweise auch de facto Entgelteinbußen mit sich (eine Gleitzeitvereinbarung etwa). Soweit dies das AZG in den Flexibilisierungsmodellen vorsieht, kann die Betriebsvereinbarung mittelbar Entgelteinbußen mit sich bringen. Die Bedingungen des AZG müssen aber erfüllt werden. Eine Gleitzeitbetriebsvereinbarung, die keine Überstundenzuschläge bei Überschreitung der Normalarbeitszeit vorsieht, ist somit rechtswidrig und insofern nichtig (ArbG Wien vom 25. 7. 1983, 7 Cr 47/83, infas 1984, A 85).

Nach einer Entscheidung des EA Klagenfurt (25. 5. 1982, Arb 10.116 = ZAS 1983, 1) kann der Betriebsinhaber die Schlichtungsstelle zur **Änderung der bisher auf Überstunden** aufgebauten **Arbeitszeiteinteilung** anrufen, wenn bisher im Betrieb regelmäßig Überstunden üblich waren, diese aber nun aus Auftragsgründen abgebaut werden sollen. Diese Entscheidung ist verfehlt. Es handelt sich hier um eine typische Frage des Einzelvertrages, die nicht durch erzwingbare Betriebsvereinbarung iSd Z 2 geregelt werden kann. Allenfalls kann in einer Betriebsvereinbarung gem Z 13 (freiwillig, nicht erzwingbar) eine **vorübergehende** Arbeitszeitverkürzung festgesetzt werden (vgl Erl 19).

Die Schlichtungsstelle ist nach einigen Entscheidungen berechtigt, bei einer **Betriebsvereinbarung über die Arbeitszeiteinteilung** unmittelbar mit dieser Einteilung **zusammenhängende Entgeltregelungen** (etwa bezüglich Zulagen und Zuschläge bei Nachtarbeit und Schichtarbeit) zu **treffen**. Dies steht aber wohl unter der Bedingung, dass es sich dabei um „Reflexwirkungen" der Arbeitszeiteinteilung handelt, dh die Entlohnung eine Folge der Lage der Arbeitszeit ist. Diese Teile der Betriebsvereinbarung haben ebenfalls normativen Charakter (EA Wien 10. 10. 1984, infas 1985, A 2 = Arb 10.381 = RdW 1985, 160). Mit der **Arbeitszeit- und Pauseneinteilung** hängen auch die lohnrechtlichen Bewertungen bestimmter Arbeitszeiten und Pausen zusammen. Die Schlichtungsstelle ist daher befugt, entsprechend einer bisherigen Regelung **bezahlte Pausen** anzuordnen (EA Wien 11. 9. 1981, ARD-HB 1983, 491 = ARD 3429/1/82 = SozM II B, 1198).

Die Praxis und das AZG kennen folgende üblichen Modelle der Arbeitszeitverteilung (vgl einzeln mit praktischen Beispielen *Achitz/Krapf/ Mayerhofer*, Leitfaden für Betriebsvereinbarungen [2001] 71 ff):

Regelmäßige Arbeitszeiteinteilung
- **Verteilung der Wochenarbeitszeit auf die einzelnen Kalendertage**
  Es ist festzulegen, an welchen Tagen in der Woche gearbeitet wird (auch Samstag, Sonntag möglich, ArbeitsruheG ist zu beachten). Dabei kann es **saisonale Unterschiede** geben (etwa im Sommer ein früherer Beginn der Arbeit als im Winter). Es kann betriebsweit einheitliche Regelungen geben, aber auch abteilungsweise Unterschiede, wobei die Unterschiede sachlich begründet sein müssen. Es kann etwa notwendig sein, für die Portiere und das Reinigungspersonal Wechseldienste (eine Woche Frühdienst 6 bis 14.30, eine Woche Spätdienst 11.30 bis 20.00) und für den Rest der Belegschaft einen einheitlichen Dienst (zB 8 bis 16.30, 1/2 Stunde Pause zw 12.00 und 14.00) einzuführen.
- Es ist empfehlenswert, auch Regelungen über **Teilzeit** (§ 19d AZG) in die Betriebsvereinbarung aufzunehmen. Teilzeitregelungen sind dann durch Betriebsvereinbarung möglich, wenn der Kreis der Betroffenen generell-abstrakt abgesteckt wird (eben zB mit dem Anwendungsbereich: Teilzeitbeschäftigte). Von Vorteil ist es vor allem, die Lage der (Teil)Arbeitszeit zu regeln, da dann Entgeltfortzahlung im Krankheitsfall oder bei Feiertagen unstrittig ist (dadurch wissen Arbeitgeber und Arbeitnehmer, wie viele Stunden am betreffenden Tag gearbeitet worden wären). Bei Gestaltung von Regelungen für die Teilzeitarbeit ist besonders auf Gleichbehandlungsaspekte zu achten, da eine Benachteiligung von Teilzeitbeschäftigten ausdrücklich (§ 19d Abs 6 AZG) untersagt ist und darüber hinaus in der Regel auch noch eine **mittelbare Diskriminierung** von Frauen wäre (vgl mwN *Heilegger/B. Schwarz* in *Cerny/Heilegger/Ch. Klein/B. Schwarz,* Arbeitszeitgesetz[2] [2008] Erl 14 zu § 19d; *Löschnigg,* Arbeitsrecht[10] [2003] 341).

Andere Varianten
- „**Freitag-Frühschluss**", dh Verlängerung der Normalarbeitszeit auf max 9 Stunden täglich, mit dem Ziel, einen Tag (meist Freitag) früher die Arbeit zu beenden. Nur mittels Betriebsvereinbarung können auch andere Formen der unregelmäßigen Verteilung der Normalarbeitszeit zugelassen werden (§ 4 Abs 2 AZG, siehe näher dazu *Ch. Klein* in *Cerny/Heilegger/Ch. Klein/B. Schwarz,* Arbeitszeitgesetz[2] [2008] Erl 5 zu §§ 3 bis 4c AZG).

- „**Vier-Tage-Woche**", dh Verlängerung der täglichen Normalarbeitszeit auf max 10 Stunden täglich, wenn die gesamte Wochenarbeitszeit regelmäßig auf vier Tage verteilt wird (§ 4 Abs 8 AZG). Diese durch die AZG-Novelle 2007 (BGBl I 2007/61) eingefügte Variante kann – bei Bestehen eines Betriebsrates – nur durch Betriebsvereinbarung zugelassen werden. Wenn kein Betriebsrat besteht, ist diese Variante schriftlich zu vereinbaren.

– **Einarbeiten in Verbindung mit Feiertagen**, dh zB an so genannten „Fenstertagen" wird nicht gearbeitet (§ 4 Abs 3 AZG, siehe näher dazu *Ch. Klein* in *Cerny/Heilegger/Ch. Klein/B. Schwarz,* Arbeitszeitgesetz[2] [2008] Erl 6 zu §§ 3 bis 4c AZG). Die dadurch entfallenden Stunden bzw ein Teil davon (einen Teil trägt zumeist der Arbeitgeber bei) werden in einem Zeitraum von maximal dreizehn Wochen „eingearbeitet" (keine Überstunden). Dabei darf die Tagesarbeitszeit 10 Stunden (§ 4 Abs 3 Z 1 AZG) und die Wochenarbeitszeit 50 Stunden (§ 9 AZG) nicht überschreiten. Der Kollektivvertrag kann den Einarbeitungszeitraum von dreizehn Wochen verlängern, wobei diesfalls die tägliche Normalarbeitszeit 9 Stunden nicht überschreiten darf (§ 4 Abs 3 Z 3 AZG).

Gleitzeit

– **Gleitzeit** ist eine der gängigsten Formen der Arbeitszeitflexibilisierung. Sie wird durch § 4b AZG näher geregelt (siehe genauer *Ch. Klein* in *Cerny/Heilegger/Ch. Klein/B. Schwarz,* Arbeitszeitgesetz[2] [2008] Erl 11 und 12 zu §§ 3 bis 4c; *Achitz/Krapf/Mayerhofer,* Leitfaden für Betriebsvereinbarungen [2001] 77).

Gleitzeit liegt dann vor, wenn der Arbeitnehmer innerhalb eines vereinbarten zeitlichen Rahmens Beginn und Ende seiner täglichen Normalarbeitszeit selbst bestimmen kann (§ 4b Abs 1 AZG). Gleitzeit kann nur auf Grund einer **schriftlichen Gleitzeitvereinbarung** (Betriebsvereinbarung bzw – wenn kein Betriebsrat gewählt ist – Einzelvertrag, § 4b Abs 2 AZG) gültig vereinbart werden. Im Ergebnis handelt es sich also bei einer Gleitzeitbetriebsvereinbarung – wie in den Fällen des § 96a – um eine (gem § 4b Abs 2 AZG) notwendige und (gem § 97 Abs 1 Z 2 ArbVG) erzwingbare Betriebsvereinbarung (mwN siehe *Gahleitner,* DRdA 2006, 447 [450]; vgl dazu auch *Binder* in *Tomandl,* ArbVG § 97 Rz 44 und 54, der eine Stützung auf § 97 Abs 1 Z 2 ArbVG und damit die Erzwingbarkeit nur dann befürwortet, wenn die Gleitzeitperiode im Wochenrahmen bleibt). **Mindestinhalt** einer solchen Gleitzeitvereinbarung ist gem § 4b Abs 3 AZG

(1.) die Dauer der Gleitzeitperiode,

(2.) der Gleitzeitrahmen,

(3.) das Höchstausmaß allfälliger Übertragungsmöglichkeiten für Zeitguthaben bzw -schulden in die nächste Gleitzeitperiode und

(4.) Dauer und Lage der fiktiven Normalarbeitszeit.

Abgesehen von der Regelung des § 4b Abs 4 AZG darf die **tägliche Normalarbeitszeit** 9 Stunden und die **durchschnittliche Wochen-**

arbeitszeit in der Gleitzeitperiode 40 Stunden (und die Übertragungsmöglichkeit) nicht überschreiten. **Grundgedanke** hinter der gleitenden Arbeitszeit ist es, dass es der **Arbeitnehmer selbst entscheidet**, wann er über die tägliche Normalarbeitszeit hinaus arbeitet, um Gleitstunden anzusammeln, und wann er das erworbene Stundenguthaben wieder verbraucht. Die gesammelten Gleitstunden sind aber – solange die bei der Gleitzeit erweiterten Normalarbeitszeitgrenzen nicht überschritten werden – keine Überstunden, die mit 1 : 1,5 zu vergüten wären, sondern bloß 1 : 1 auszugleichende Stunden. Die **Einbuße der Überstundenzuschläge** für diese Gleitstunden ist der **Preis für die selbstbestimmte Arbeitszeiteinteilung**. Ohne das Element der **Selbstbestimmung** durch den Arbeitnehmer handelt es sich um **kein Gleitzeitmodell**.

Schichtarbeit

– **Schichtarbeit** ist eine Möglichkeit, die gesetzliche Normalarbeitszeit von 8 Stunden täglich bzw 40 Stunden wöchentlich zu überschreiten, ohne dass Überstundenzuschläge anfallen. Diese **zuschlagsfreie Ausdehnung der Arbeitszeit** ist unter den Voraussetzungen des § 4a AZG auch ohne kollektivvertragliche Zulassung möglich, weil der Arbeitnehmer durch den im (verpflichtenden) **Schichtplan** vorgesehenen Rhythmus eine vorhersehbare Arbeitszeiteinteilung hat (vgl genauer *Ch. Klein* in *Cerny/Heilegger/Ch. Klein/B. Schwarz*, Arbeitszeitgesetz[2] [2008] Erl 10 zu §§ 3 bis 4c).

Erzwingbarkeit

Die hier angesprochenen Arbeitszeitmodelle sind – unabhängig von ihrer zusätzlichen Regelung im AZG – als „**Verteilung der Arbeitszeit**" unter **§ 97 Abs 1 Z 2** einzuordnen. Es handelt sich deshalb durchwegs um **vor der Schlichtungsstelle erzwingbare und normative Betriebsvereinbarungen**. Dies trifft etwa auch auf das Arbeitszeitmodell der Gleitzeit zu (§ 4b AZG). Da aber das AZG hinsichtlich der Gleitzeitbetriebsvereinbarung in § 4b Abs 2 AZG verlangt, dass in Betrieben mit Betriebsrat die Gleitzeitvereinbarung in Form einer Betriebsvereinbarung zu schließen ist, wird die Gleitzeit gleichsam zu einer Angelegenheit des § 96a, also der **notwendigen**, aber im Wege der Schlichtungsstelle **ersetzbaren Zustimmung** (idS auch *Jabornegg/Resch/Strasser*, Arbeitsrecht [2003] Rz 1414; *Ch. Klein* in *Cerny/Heilegger/Ch. Klein/B. Schwarz*, Arbeitszeitgesetz[2] [2008] Erl 11 zu §§ 3 bis 4c; mwN *Gahleitner*, DRdA 2006, 447 [450]; zur notwendigen Betriebsvereinbarung mit ersetzbarer Zustimmung siehe Erl 2 und *Cerny*, ArbVR 2[3] Erl 2 zu § 29).

Das AZG kennt aber auch so genannte **Zulassungsnormen** (siehe dazu ausführlich *Ch. Klein* in *Cerny/Heilegger/Ch. Klein/B. Schwarz*, Arbeitszeitgesetz[2] [2008] Erl zu § 1a). Geht es um eine solche **Zulassungsnorm**, ist eine

Zwangsschlichtung nicht möglich; es handelt sich dann vielmehr um eine der notwendigen Zustimmung gem § 96 vergleichbare Angelegenheit. Vgl zu alldem umfassender *Ch. Klein* in *Cerny/Heilegger/Ch. Klein/B. Schwarz,* Arbeitszeitgesetz[2] (2008) Erl 5 zu § 1a und mwN *Gahleitner,* DRdA 2006, 447 (450); *Achitz/Krapf/Mayerhofer,* Leitfaden für Betriebsvereinbarungen (2001) 202 und *Strasser,* wbl 1995, 396 bzw GedS *Rabofsky* (1996) 295.

Existieren **generelle Arbeitszeitregelungen, ohne** dass der Betriebsinhaber das Einvernehmen mit dem **Betriebsrat** hergestellt hat, so hat der Betriebsrat die Möglichkeit, die **Schlichtungsstelle anzurufen.** Dasselbe gilt, wenn der Betriebsrat Vorschläge für eine Änderung der betrieblichen Arbeitszeitregelung macht und darüber keine Einigung mit dem Betriebsinhaber zustande kommt. **Auch der Betriebsinhaber** kann im Streitfall die **Schlichtungsstelle** anrufen.

Betriebsvereinbarungen über die Arbeitszeiteinteilung und über die Pausenregelung sind gem § 25 AZG im Betrieb für alle Arbeitnehmer an sichtbarer Stelle auszuhängen oder (durch elektronische Medien) bekannt zu machen, widrigenfalls der Arbeitgeber eine Verwaltungsübertretung begeht.

Auszahlungsbedingungen

[8]) Durch Betriebsvereinbarung nach § 97 Abs 1 Z 3 können die **gesetzlichen und kollektivvertraglichen Vorschriften über die Entgeltzahlung konkretisiert** werden. Die Gesetzgebungsmaterialien zur Stammfassung des ArbVG (840 BlgNR 13. GP 84) halten dazu fest, dass Z 3 „alle mit der **Auszahlung und Abrechnung der Bezüge** zusammenhängenden Fragen, wie insbesondere Probleme der **bargeldlosen Lohnzahlung,** des **Lohnzahlungszeitraumes** sowie damit im Zusammenhang stehende Fragen der **Freizeitgewährung**" erfasst.

Da das Gesetz genauso wie in § 89 Z 1 den weiten Begriff „**Bezüge**" verwendet, ist der Tatbestand auf alle möglichen Leistungen des Arbeitgebers an den Arbeitnehmer anzuwenden. Er bezieht sich also auf Entgelt, einschließlich Zulagen, Naturalien, Zuschläge sowie auch auf Aufwandsentschädigungen (siehe mwN *Binder* in *Tomandl,* ArbVG § 97 Rz 57; aA bezüglich der Aufwandsentschädigungen *Reissner* in ZellKomm § 97 AbVG Rz 32). Die Festsetzung des Entgelts selbst (zB Leistungsentgelte, vgl Erl 8 – 10 zu § 96) kann nicht auf Z 3 gestützt werden, da nur von Ab- und nicht von Berechnung die Rede ist (*Cerny,* in FS Strasser [1983] 485 [497]).

Durch eine Betriebsvereinbarung gem Z 3 kann **bargeldlose Lohnzahlung (erzwingbar) vereinbart** werden (OGH vom 28. 9. 1988, 8 Ob A 281/95, DRdA 1997, 37 mit Anm von *Kallab* = infas 1996, A 149 = ARD 4744/21/96 = RdW 1997, 357 = Arb 11.491). Es können auch Regelungen über **Freizeit für Bankwege** vereinbart werden. Eine solche Vorschrift wirkt normativ und verschafft dem Arbeitnehmer einen durchsetzbaren

Anspruch (OGH vom 13. 4. 1988, 9 Ob A 29/88, infas 1988, A 108 = DRdA 1988, 465 = Arb 10.735 = wbl 1988, 401 = ARD 3996/13/88 = ZAS 1990, 153 mit Anm von *Adamovic*).

Ist bargeldlose Zahlung vereinbart, liegt die Wahl des kontoführenden Instituts beim Arbeitnehmer. Regelungsbedürftig ist die Frage, wer für die **Kosten der Kontoführung** aufkommt; die Kostentragung durch den Arbeitgeber kann in einer Betriebsvereinbarung normativ vereinbart werden. Bei Fehlen einer derartigen normativen Vereinbarung kommt es auf die arbeitsvertraglichen Festlegungen an. Ohne Vereinbarung hat der Arbeitgeber für die Kosten **einer** Abhebung im Lohnauszahlungszeitraum aufzukommen. Der Arbeitnehmer muss am Tag der Fälligkeit des Entgelts bereits darüber verfügen können (die Überweisung hat also so rechtzeitig zu erfolgen, dass das Entgelt am Fälligkeitstag bereits abgehoben werden kann, vgl mwN *Löschnigg,* Arbeitsrecht^{10} [2003] 309). Hinzuweisen ist auf das zentrale Überwachungsrecht des Betriebsrates hinsichtlich der Bezüge gem § 89 Z 1 (vgl Erl 4 zu § 89).

Neben der Festlegung der bargeldlosen Lohnzahlung können auch folgende Angelegenheiten durch eine erzwingbare Betriebsvereinbarung iSd § 97 Abs 1 Z 3 geregelt werden:

– Festlegung von Abrechnungszeiträumen und Auszahlungsterminen, soweit im Kollektivvertrag oder im Gesetz für bestimmte Entgeltarten darüber nichts Näheres ausgesagt ist bzw soweit diese Angelegenheiten für den Arbeitnehmer günstiger geregelt werden als in den genannten Vorschriften (vgl insbesondere die zwingenden Fälligkeitsbestimmungen des § 1154 Abs 3 ABGB und des § 15 AngG und das sogenannte Truckverbot in § 78 GewO 1859; siehe näher zu diesen Bestimmungen *Preiss* in ZellKomm § 78 GewO 1859 Rz 1 bis 13);
– innerbetriebliche Regelungen über Vorschusszahlungen;
– genaue Form und exakter Inhalt von Abrechnungszetteln sowie sonstige Bestimmungen über Formalitäten im Zusammenhang mit der Lohnzahlung;
– transparente Abrechnungen sowie auch die Ausfolgung von Buchauszügen vor allem im Zusammenhang mit leistungs- und erfolgsbezogenen Entgeltsystemen (vgl *Preiss* in *Resch* (Hrsg), Leistungs- und erfolgsbezogene Entgeltfindung [2003] 31 [42]);
– Bedingungen für die Barauszahlung bei Abwesenheit des Arbeitnehmers am Auszahlungstag;
– Konkretisierung der Verpflichtung des Arbeitgebers, bei Beendigung des Arbeitsverhältnisses die Abrechnung bereitzustellen und die gesetzlich vorgeschriebenen Belege für die Arbeitslosenversicherung, die Krankenkasse und das Finanzamt auszufolgen.

Arbeitnehmer haben ganz grundsätzlich einen individualrechtlichen Anspruch auf Ausfolgung einer Lohnabrechnung (OGH vom 2. 9. 1992, 9 Ob A 225/92, ecolex 1993, 43 = wbl 1993, 53). Abgesehen davon enthält § 84 Abs 2 EinkommenssteuerG die Verpflichtung des Arbeitgebers dem Arbeitnehmer einen Lohnzettel auszustellen. Diese konkrete Verpflichtung ist nach der Judikatur des OGH allerdings nur im Verwaltungsweg und nicht durch Klage beim Arbeits- und Sozialgericht durchsetzbar (OGH vom 25. 11. 2004, 8 Ob A 110/04s, infas 2005 A34 = ecolex 2005/144, 308). Deshalb empfiehlt es sich aus Arbeitnehmersicht, die Ausfolgung des Lohnzettels gem § 84 Abs 2 EStG zusätzlich in einer Betriebsvereinbarung gem Z 3 abzusichern.

Solche **Betriebsvereinbarungen** können von beiden Seiten **erzwungen werden**, wobei die **Schlichtungsstelle** im Fall der Nichteinigung über den Inhalt entscheidet.

Sozialplan

[9]) Diese Bestimmung **gilt** gem § 97 Abs 3 **nur in Betrieben mit mindestens 20 Arbeitnehmern** (vgl zu diesem Kriterium genauer Erl 34). Das Gesetz ermöglicht – wenn alle Voraussetzungen vorliegen – den erzwingbaren Abschluss so genannter „Sozialpläne". Sozialpläne dienen dem Schutz der wirtschaftlich Schwachen und verfolgen das Ziel, dem Arbeitnehmer bisher zugestandene Rechtspositionen so lange wie möglich zu erhalten bzw deren Verlust auszugleichen (OGH vom 11.1.2001, 8 Ob A 172/00b, infas 2001, A 59 = RdW 2001/515; OGH vom 7. 9. 2000, 8 Ob S 13/00w, infas 2001, A 8 = DRdA 2001, 62 = wbl 2001/28 = RdW 2001, 102 = ASoK 2001, 192 = ARD 5229/21/2001).

§ 97 Abs 1 Z 4 verweist auf den Betriebsänderungsbegriff des § 109 Abs 1, allerdings nur auf Betriebsänderungen iSd Z 1 bis 6 (vgl Erl 6 bis 23 und 28 zu § 109). § 109 regelt Angelegenheiten der wirtschaftlichen Mitwirkung. Der Abschluss (die Erzwingung) eines Sozialplanes ist aber auch unter die **sozialen Mitwirkungsrechte** einzuordnen und **hat damit seinen Ursprung sowohl in § 97 als auch in § 109** (vgl dazu *Krejci*, Der Sozialplan [1983] 63). Das bedeutet, dass etwa bei Tendenzbetrieben gem § 132 (vgl *Cerny*, ArbVR 4[4] Erl 9 zu § 132), trotz Einschränkung der wirtschaftlichen Mitbestimmung ein Sozialplan abgeschlossen werden kann (*Strasser/Jabornegg*, ArbVG[3] [1999] § 97 Anm 17; *Reissner* in ZellKomm § 97 ArbVG Rz 35; *Binder* in *Tomandl*, ArbVG § 97 Rz 63).

Nach einer Entscheidung des Verfassungsgerichtshofes ist der Sozialplantatbestand im Lichte des Legalitätsprinzips (Art 18 B-VG) ausreichend bestimmt formuliert (VfGH vom 15. 6. 1998, B 2410/94, DRdA 1998, 445) und damit verfassungskonform.

Voraussetzungen

Für den **Abschluss und** auch die **Erzwingung** eines Sozialplanes muss
1. in einem **Betrieb** mit dauernd **mindestens 20 Arbeitnehmern**
2. eine **Betriebsänderung**, die
3. **wesentliche Nachteile** für
4. **alle Arbeitnehmer oder einen erheblichen Teil der Belegschaft** mit sich bringt,

vorliegen.

1. Mindestgröße des Betriebes sind **20 Arbeitnehmer**; genauer dazu siehe Erl 34.

2. **Betriebsänderungen** gem § 109 Abs 1 Z 1 bis 6, die zum Abschluss eines Sozialplanes berechtigen, sind folgende:

    Z 1: Einschränkung oder Stilllegung des ganzen Betriebes oder einzelner Betriebsteile (Erl 7 und 8 zu § 109);

    Z 1a: Auflösung von Arbeitsverhältnissen, die eine Meldepflicht nach § 45a Abs 1 Z 1 bis 3 AMFG auslöst (Erl 9 zu § 109);

    Z 2: Verlegung des ganzen Betriebes oder von Betriebsteilen (Erl 10 zu § 109);

    Z 3: Zusammenschluss mit anderen Betrieben (Erl 11 zu § 109);

    Z 4: Änderungen des Betriebszwecks, der Betriebsanlagen, der Arbeits- und Betriebsorganisation sowie der Filialorganisation (Erl 12 bis 14 zu § 109);

    Z 5: Einführung neuer Arbeitsmethoden (Erl 15 zu § 109);

    Z 6: Einführung von Rationalisierungs- und Automatisierungsmaßnahmen von erheblicher Bedeutung (Erl 16 zu § 109).

3. Als **wesentlicher Nachteil** (vgl Erl 29 zu § 109) ist jedenfalls die Reduzierung des Entgelts, die Verlängerung des Arbeitsweges und der Verlust des Arbeitsplatzes zu werten. Es fallen sowohl **materielle wie auch immaterielle Nachteile** darunter (vgl *Strasser/Jabornegg*, ArbVG[3] [1999] § 97 Anm 26). Ob die negativen Folgen der Betriebsänderung durch Einzelvertragsänderungen, Änderung der Kollektivvertragszugehörigkeit oder einfach nur faktisch eintreten, ist unerheblich. Eine Betriebsvereinbarung kann schon dann abgeschlossen werden, wenn der **Nachteil droht (prophylaktischer oder präventiver Sozialplan)**, er muss nicht bereits eingetreten sein, da § 97 Abs 1 Z 4 von der „Verhinderung" der Folgen einer Betriebsänderung und § 109 Abs 1 von „geplanten Betriebsänderungen" spricht (idS auch *Löschnigg*, Arbeitsrecht[10] [2003] 750 bei FN 68; *Tomandl/ Schrammel*, Arbeitsrecht I[5] [2004] 185; *Krejci*, Der Sozialplan [1983] 36 ff; *Strasser/Jabornegg*, ArbVG[3] [1999] § 97 Anm 21; *Reissner* in ZellKomm § 97 ArbVG Rz 37; *Binder* in *Tomandl*, ArbVG § 97 Rz 71).

4. Der wesentliche Nachteil muss die **gesamte Belegschaft oder zumindest erhebliche Teile** davon treffen. Der VwGH qualifizierte 8 % der Belegschaft noch nicht als erheblichen Teil (VwGH vom 15. 10. 1986, 85/01/0297, infas 1987, A 3 = DRdA 1987, 68 = RdW 1987, 96 = ZAS 1987/18 = wbl 1987, 44; Kritik dazu siehe Erl 29 zu § 109).

Liegt eine dieser Voraussetzungen nicht vor, kann ein **Sozialplan jedenfalls nicht erzwungen werden**. *Tomandl/Schrammel* (Arbeitsrecht I[5] [2004] 186) vertreten, dass sich die beschränkenden Voraussetzungen nur auf die Erzwingbarkeit, nicht aber auf die grundsätzliche Abschlussmöglichkeit beziehen. Demnach könnte also etwa auch in einem Betrieb mit weniger als 20 Arbeitnehmern oder bei geringerer Betroffenheitsdichte eine echte Sozialplanbetriebsvereinbarung abgeschlossen werden. Dieser Auffassung steht allerdings der klare Wortlaut des § 97 Abs 1 Z 4 und Abs 3 entgegen (vgl auch Erl 34 und Erl 30 zu § 109 sowie *Strasser/Jabornegg*, ArbVG[3] [1999] § 97 Anm 25; aA mwN *Binder* in *Tomandl*, ArbVG § 97 Rz 69).

Die Sozialplanbetriebsvereinbarung kann – ausnahmsweise vor allem etwa im Vergleich zu Pensionsbetriebsvereinbarungen (vgl Erl 24) – auch die Rechtsverhältnisse **ausgeschiedener Arbeitnehmer** normativ regeln (in diesem Sinn OGH vom 11. 1. 2001, 8 Ob A 172/00b, RdW 2001, 515 = infas 2001, A 59 = ARD 5215/49/2001). Der Adressatenkreis eines Sozialplanes bestimmt sich nach seinem personellen Geltungsbereich, wobei er sich nur auf (auch ehemalige) Arbeitnehmer iSd § 36 beziehen kann. Beamte können dabei einbezogen werden (OGH vom 29. 3. 2004, 8 Ob A 77/03m, RdW 2004, 613 = ARD 5513/8/2004).

Inhalt

Was den **möglichen Inhalt eines Sozialplanes** betrifft, haben die Betriebspartner großen Spielraum. Es muss sich um (generelle) Maßnahmen zur Verhinderung, Beseitigung oder Milderung der Folgen einer Betriebsänderung handeln (vgl Erl 31 zu § 109). **Unzulässig** und nicht unter den Sozialplantatbestand fallend ist allerdings die Vereinbarung, während der Umsetzungszeit einer Betriebsänderung eine **zusätzliche Abgeltung für Anwesenheitszeiten** und eine **Abgeltung für Postensuchtage** zu bezahlen (OGH vom 7. 9. 2000, 8 Ob S 13/00w, infas 2001, A 8 = DRdA 2001, 62 = wbl 2001/28 = RdW 2001, 102 = ASoK 2001, 192 = ARD 5229/21/2001).

Betriebsvereinbarungen allgemein und Sozialpläne im Speziellen können keine individuellen Ansprüche **von *einzelnen* Arbeitnehmern** enthalten. Ein Arbeitnehmer kann seine Forderungen nicht auf eine fehlerhafte Berechnung der ihn namentlich anführenden Anlage zum Sozialplan gründen (OGH vom 18. 5. 1999, 8 Ob A 197/98y, DRdA 1999, 492 = ZAS 2000, 23 mit Anm von *Strasser*). Dies bedeutet aber nur, dass die Betriebsvereinbarung Instrument für generelle Regelungen ist und keine individuelle Einzelregelungen (für namentlich genannte Arbeitnehmer) enthalten kann. Selbstverständlich wirkt die ordnungsgemäß generell formulierte Betriebsvereinbarung normativ, dh einzelne Arbeitnehmer können natürlich individuell durchsetzbare Ansprüche auf Grund der Betriebsvereinbarung geltend machen.

Ein Sozialplan kann aber **Wiedereinstellungszusagen** mit normativer Wirkung etwa in der Form beinhalten, dass gekündigten Arbeitnehmern unter bestimmten Bedingungen (etwa wirtschaftlicher Aufschwung des Betriebes) zugesagt wird, dass der Arbeitgeber sie wiedereinstellt (Arbeitsrecht[10] [2003] 751; *Reissner* in ZellKomm § 97 ArbVG Rz 37).

Auch **Kündigungsschutz** kann mit normativer Wirkung vereinbart werden (*Tomandl/Schrammel*, Arbeitsrecht I[5] [2004] 186; *Reissner* in ZellKomm § 97 ArbVG Rz 37). Dies wird in der Praxis wohl dadurch geschehen, dass der Betriebsinhaber sich verpflichtet, Arbeitsverhältnisse aus Anlass einer Betriebsänderung nicht zu kündigen (**teilweiser Kündigungsverzicht**). Hier empfiehlt es sich aber jedenfalls ausdrücklich die Begründungspflicht für dann trotzdem – aus anderen Gründen – ausgesprochene Kündigungen in die Betriebsvereinbarung aufzunehmen (vgl dazu praxisorientiert *Krejci*, Der Sozialplan [1983] 102).

Im Rahmen eines Sozialplanes kann eine so genannte „**Arbeitsstiftung**" bereitgestellt werden (vgl dazu OGH vom 8. 9. 2005, 8 Ob A 54/05g, E78692; *Reissner* in ZellKomm § 97 ArbVG Rz 37). Gem § 18 Abs 6 lit a ArbeitslosenversicherungsG (AlVG) handelt es sich dabei um Einrichtungen (meist in Vereinsform organisiert), die arbeitslos gewordenen Arbeitnehmern bestimmte Qualifikationsmaßnahmen zukommen lassen. Diese Maßnahmen sollen dem Arbeitslosen die Wiedererlangung eines Arbeitsplatzes insbesondere durch Ausbildung oder Weiterbildung im Rahmen des Unternehmens, der Arbeitsstiftung oder anderer Schulungseinrichtungen erleichtern (vgl § 18 Abs 6 lit b AlVG). Wesentlicher Inhalt der Sozialplanleistung „Arbeitsstiftung" ist naturgemäß die Finanzierung der Arbeitsstiftung (= Einrichtung iSd § 18 AlVG; vgl dazu *Resch,* DRdA 2005, 403).

Unklar ist, inwieweit die **Betriebsänderung selbst** Gegenstand der Betriebsvereinbarung sein kann. Normativ kann etwa eine Vereinbarung, dass ein Betriebsteil nicht sofort, sondern erst nach einer bestimmten Zeit geschlossen werden soll, ohnehin nicht wirken. Schuldrechtliche Wirkung zwischen Betriebsinhaber und Betriebsrat könnte einer solchen Vereinbarung aber zukommen (vgl mwN *Löschnigg*, Arbeitsrecht[10] [2003] 751). Durch den Wortlaut „Verhinderung bzw Milderung der Folgen" ist uE auch eine Vereinbarung über die Betriebsänderung selbst gedeckt (idS auch *Reissner* in ZellKomm § 97 ArbVG Rz 37 und *Binder* in *Tomandl*, ArbVG § 97 Rz 78; aA *Krejci*, Der Sozialplan [1983] 80).

Ein Sozialplan kann **nicht verschlechternd** in **einzelvertragliche Ansprüche** der Belegschaft eingreifen. In der Praxis kommt es vor, dass ein Betriebsrat einen **generellen Lohnverzicht** mit dem Arbeitgeber vereinbart, um Kündigungen hintanzuhalten. Eine solche Vereinbarung ist **unzulässig** und **unwirksam** (siehe zum Problem eines sog „kompensatorischen Sozialplanes" *W. Schwarz*, DRdA 1975, 65; *Reissner* in ZellKomm § 97 ArbVG

Rz 38). Unter das Niveau des Kollektivvertrages kann ohnehin nicht gegangen werden. Die Betriebsvereinbarung kann aber auch nicht eine vorhandene kollektivvertragliche Überzahlung der Belegschaft kürzen.

Der **Abschluss eines Sozialplanes bedeutet nicht**, dass dadurch alle **anderen Mitwirkungsrechte** des Betriebsrates in Zusammenhang mit einer Betriebsänderung, wie etwa die Kündigungsanfechtungsmöglichkeit gem § 105 oder der Versetzungsschutz gem § 101 **außer Kraft gesetzt wären**. Diese Sichtweise würde das dem ArbVG zu Grunde liegende Zusammenspiel der einzelnen Mitwirkungsrechte vollkommen auf den Kopf stellen (so aber scheinbar OGH vom 14. 6. 2000, 9 Ob A 48/00z, DRdA 2001/17 mit abl Anm von *Pfeil* = ecolex 2001, 295 mit abl Anm von *Mayr* = infas 2000, A 96; ebenfalls ablehnend *Goricnik*, wbl 2001, 106).

Problematisch sind Vereinbarungen in Sozialplänen, nach denen der Betriebsrat (im Gegenzug zur Zustimmung des Betriebsinhabers zum Sozialplan) **Kündigungen gem § 105 Abs 4 zustimmt** (also sein **Sperrrecht** ausübt, vgl dazu Erl 64 zu § 105). Nach der Judikatur des OGH ist es **unzulässig**, dass der **Betriebsrat** in einem Sozialplan **global der Kündigung von Arbeitnehmern** zustimmt, wobei der konkrete Kündigungsausspruch dem Gutdünken des Betriebsinhabers – im Rahmen eines Kontingents – überlassen ist. Eine solche Zustimmung zu Kündigungen bzw ein **Verzicht des Betriebsrates auf das Anfechtungsrecht** ist unwirksam, eine Anfechtung wegen Sozialwidrigkeit gem § 105 Abs 3 Z 2 ist weiterhin möglich (OGH vom 30. 10. 2003, 8 Ob A 79/03f, DRdA 2005, 60 mit Anm von *Schneller* = infas 2004, A 20 = RdW 2004, 479 = ARD 5534/6/2004 = Arb 12.373 = ASoK 2004, 368 = ecolex 2004/101). In derselben Entscheidung zeigt der OGH aber (sinngemäß) folgenden Weg auf, Sozialplanabschluss und Ausübung des Sperrrechts zu verbinden: Im Zuge der Verhandlungen über den notwendigen Personalabbau (und der Dotierung des Sozialplans) wird zwischen Betriebsinhaber und Betriebsrat auch die Frage erörtert, welche Arbeitnehmer (konkret) von einer Kündigung betroffen sind. Zu derartigen geplanten Kündigungen kann der Betriebsrat seine Zustimmung (rechtswirksam) erteilen, wenn der zeitliche Zusammenhang zwischen Zustimmung und Ausspruch der Kündigung (vgl Erl 13 zu § 105) gewahrt ist (zur grundsätzlichen sozialpolitischen Rechtfertigung des Sperrrechts siehe Erl 64 zu § 105). Bei dieser Vorgangsweise werden also Sozialplanverhandlungen einschließlich -abschluss und Kündigungsvorverfahren einschließlich Zustimmung des Betriebsrates gem § 105 Abs 4 miteinander verbunden.

Sozialpläne sind **erzwingbare Betriebsvereinbarungen** und können deshalb **nicht gekündigt** werden (OLG Wien, vom 15. 9. 1989, 33 Ra 65/89, ARD 4124/16/89). Wurde beispielsweise anlässlich einer Betriebsverlegung eine Übersiedlungshilfe (vgl dazu auch Erl 18) vereinbart, ist der Arbeitgeber nicht berechtigt, diese Vereinbarung einseitig aufzulösen. Es bedürfte zur Beendigung der normativen Wirkung dieser Vereinbarung einer neuen Vereinbarung mit dem Betriebsrat oder einer Entscheidung der Schlichtungsstelle. Ein Betriebsinhaber kann Sozialplanleistungen nicht deshalb verweigern, weil der Betrieb entgegen den Absichten beim Sozialplanabschluss (wegen geänderter Auftragslage) doch nicht eingestellt wird, es sei denn die Betriebseinstellung wäre Bedingung des Sozialplans oder der einvernehmlichen Lösung gewesen. Insbesondere ist der „**Wegfall der Geschäftsgrundlage**" kein taugliches Argument, weil die nicht erfolgte Betriebseinstellung der Sphäre des Betriebsinhabers zuzurechnen ist (OGH vom 18. 9. 2003, 8 Ob A 72/03a, DRdA 2004, 171 = infas 2004, A 14 = ASoK 2004, 335 = RdW 2004/86 = Arb 12.359 = ARD 5482/5/2004 = wbl 2004/173).

Im Rahmen eines Sozialplanes kann **die Erbringung von Leistungen** (zB die Bezahlung einer freiwilligen Abfertigung) davon **abhängig** gemacht werden, ob der Arbeitnehmer ein **Anbot des Arbeitgebers** auf eine **einvernehmliche Auflösung** des Arbeitsverhältnisses angenommen hat; bei der Gestaltung von Anspruchsvoraussetzungen aus dem normativen Teil einer Betriebsvereinbarung kann auch auf Dispositionen der Arbeitsvertragsparteien Bedacht genommen werden (OGH vom 29. 3. 2004, 8 Ob A 77/03m, RdW 2004, 613 = ARD 5513/8/2004).

Zum Problem der **Diskriminierung aufgrund des Geschlechts** siehe Erl 36 zu § 109.

Endet während eines Verfahrens zur Erzwingung eines Sozialplans die Funktionsperiode des Betriebsrates, ohne dass die Funktionsperiode eines neugewählten Betriebsrates anschließt – etwa weil der Betrieb stillgelegt wird (§ 62 Z 1) –, so kann der ehemalige Betriebsrat ein solches Verfahren fortsetzen (§ 62a, vgl *Preiss*, ArbVR 2³ Erl 6–12 zu § 62a).

Insolvenz

Kurz vor einem Konkurs abgeschlossene **Sozialpläne** sind **anfechtbar** (OGH vom 27. 6. 1990, 9 Ob S 6/90, infas 1990, A 119 = DRdA 1990, 470 = RdW 1991, 151 = ZAS 1991, 169 mit Anm von *Klicka* = ecolex 1990, 632 = ARD 4239/20/91). Sozialpläne, die zu Lasten des Insolvenz-Entgelt-Fonds vereinbart werden, sind – so wie derartige Einzelvereinbarungen – **nichtig** (OGH vom 16. 11. 1988, 9 Ob 902/88, DRdA 1989, 308 = infas 1989, A 74 = Arb 10.759; OGH vom 7. 9. 2000, 8 Ob S 13/00w, infas 2001, A 8 = DRdA 2001, 62 = wbl 2001, 28 = RdW 2001, 104 = ASoK 2001, 192 = ARD 5229/21/2001). Näher zum Problemkreis Insolvenz und Sozialplan siehe bei Erl 33 zu § 109.

Schulungs-, Bildungs- und Wohlfahrtseinrichtungen

[10]) Das **Mitwirkungsrecht des Betriebsrates** bei **betriebs- und unternehmens***eigenen* **Schulungs- und Wohlfahrtseinrichtungen** ist einerseits in Z 5, andererseits in Z 19 des § 97 Abs 1 verankert (zum Begriff „Wohlfahrtseinrichtung" siehe Erl 1 zu § 95). Aus Z 5 und Z 19 ergibt sich, dass

a) ein **erzwingbares Mitbestimmungsrecht** gem Z 5 (über die Schlichtungsstelle erzwingbare Betriebsvereinbarung) nur für die **Teilnahme** des Betriebsrates an der **Verwaltung bereits bestehender Einrichtungen** besteht,
b) die **Planung und Durchführung** solcher Maßnahmen sowie die **Errichtung, Ausgestaltung und Auflösung** solcher Einrichtungen vom Betriebsrat **nicht erzwungen** werden können, sondern **lediglich** eine **freiwillige Mitwirkung** gem Z 19 (freiwillige Betriebsvereinbarung) vorgesehen ist.

Das bedeutet, dass der Betriebsrat – ausgenommen im Zusammenhang mit einem Sozialplan – nicht erzwingen kann, dass der Betrieb oder das Unternehmen solche Einrichtungen oder Maßnahmen überhaupt schafft. Bestehen aber solche Einrichtungen, kann er erzwingen, an der Verwaltung teilzunehmen. Bei der Auflösung besteht unter bestimmten Voraussetzungen zusätzlich ein Anfechtungsrecht (vgl dazu Erl 9 zu § 94 und Erl 3 zu § 95). Die näheren Regelungen über diese Angelegenheiten sind hinsichtlich der Bildungseinrichtungen in § 94 getroffen worden, hinsichtlich der Wohlfahrtseinrichtungen in § 95 (vgl Erl dazu).

Wie bereits bei Erl 3 (Rechtsdurchsetzung) angesprochen wurde, sind bestimmte Wohlfahrtseinrichtungen als Kollektivmaßnahme nicht geeignet, **einzelvertragliche Ansprüche** zu begründen (zB Betriebszahnarzt, Werksküche; vgl Erl 1 zu § 95). Erfolgt daher in diesen Fällen auf Grund einer rechtmäßigen Kündigung eine Auflösung der Einrichtung und bleibt auch eine allfällige Anfechtung des Betriebsrates erfolglos (vgl Erl 3 zu § 95), kann ein **einzelvertraglicher Anspruch auf Grund der Nachwirkung nicht geltend gemacht werden** (vgl dazu mwN *Resch*, RdW 2004, 37 bei FN 22). Es gibt aber sehr wohl **Wohlfahrtseinrichtungen**, die dem einzelnen Arbeitnehmer einen **individuellen Anspruch** verschaffen, vgl Erl 1 zu § 95.

**Verwendung von Betriebseinrichtungen
(Betriebsmitteln)**

11) Maßnahmen zur **zweckentsprechenden Benützung von Betriebsmitteln** iSd Z 6 sind schwer von Ordnungsvorschriften iSd Z 1 (vgl Erl 5) abzugrenzen. Die Abgrenzung ist aber auch nicht notwendig, da beide Tatbestände zur Gruppe der **erzwingbaren Betriebsvereinbarungen** gehören.

Betriebsmittel sind alle zum Betrieb gehörigen Gegenstände (Gebäude, Freiflächen, Parkplätze etc), gleich ob sie im Eigentum des Betriebsinhabers stehen oder nur in dessen Verfügungsmacht. Unter **Benützung** ist sowohl die **dienstliche** als auch die **private** Benützung zu verstehen (vgl mwN *Strasser/Jabornegg*, Arbeitsrecht II^4 [2001] 400; *Binder* in *Tomandl*, ArbVG § 97 Rz 94; *Reissner* in ZellKomm § 97 ArbVG Rz 46; aA *Dellisch*, ASoK 2001, 318). Das heißt, es sind Benützungsregelungen sowohl für den privaten Gebrauch von Betriebsmitteln als auch für den dienstlichen Gebrauch durch Z 6 gedeckt.

So wie im Zusammenhang mit den Ordnungsvorschriften (vgl Erl 5) hat der Arbeitgeber auch hier ein **umfassendes Weisungsrecht**. Für Weisungen in Einzelfällen hat der Betriebsrat kein Mitbestimmungsrecht. Bekommen die Maßnahmen aber **generell-abstrakten Charakter**, besteht die Möglichkeit des Abschlusses einer Betriebsvereinbarung.

Der Betriebsrat kann von seinem Mitwirkungsrecht nicht nur Gebrauch machen, um selbst bestimmte Maßnahmen zur zweckentsprechenden Benützung von Betriebsmitteln im Interesse der Arbeitnehmer herbeizuführen, sondern auch um vom Betriebsinhaber bereits getroffene und nach Auffassung des Betriebsrates den Arbeitnehmerinteressen widersprechende (generelle) Maßnahmen zu beschränken. Kommt darüber kein Einvernehmen zustande, kann von **beiden Seiten** die Schlichtungsstelle angerufen werden.

Erlässt der Arbeitgeber etwa die **generelle Weisung**, dass **private Telefongespräche** oder jegliche **private Nutzung von Internetdiensten** (E-Mail, www) **untersagt** ist, kann der Betriebsrat eine generelle Benützungsregelung vor der Schlichtungsstelle erzwingen (vgl idS auch *Sacherer,* RdW 2004, 606 und *K. Posch* in *Mazal/Risak*, Kapitel IV. Rz 94, 95). Eine solche Benützungsregelung fällt unter Z 6. Die Schlichtungsstelle hat zwischen dem betrieblichen Interesse und dem der Arbeitnehmer abzuwägen. Arbeitnehmer haben einerseits ein legitimes Interesse an privater Kommunikation. Arbeitgeber haben andererseits das Recht, nicht mit privaten Kommunikationskosten und Entfall der Arbeitsleistung in der Zeit der privaten Außenkommunikation übermäßig belastet zu werden (vgl OGH 21. 10. 1998, RdW 1999, 425). Es ist zu bedenken, dass die elektronische Form der (privaten) Kommunikation den Arbeitgeber oft weniger belastet (kostenmäßig und zeitlich) als die Telefonie (*Brodil,* ecolex 2001, 853).

Ua können folgende Angelegenheiten im Rahmen einer Betriebsvereinbarung gem Z 6 geregelt werden:

– Vorschriften über die Wartung, Kontrolle und Verwahrung von Werkzeugen bzw Arbeitskleidung
– Benützungsvorschriften für betriebliche Einrichtungen (zB Waschräume, Parkplätze, Freizeiträume)
– Benützungsvorschriften (Bedienungsanleitungen) für Arbeitsgeräte
– Benützungsvorschriften für betriebliche **(Mobil)Telefone**; Kontrollmaßnahmen, die die Menschenwürde berühren (§ 96 Abs 1 Z 3, vgl Erl 7 zu § 96), sind aber zustimmungspflichtig (vgl Erl 2). Bei Ermittlung und Verarbeitung von arbeitnehmerbezogenen Daten sind auch die Mitwirkungsrechte nach § 96a zu beachten. Erzwingbare Betriebsvereinbarungen bezüglich Dienst(mobil)telefon können gem Z 6 zB zur Festlegung etwaiger Grenzen des Benützungsanspruchs

der Arbeitnehmer für private Zwecke, Abrechnungsvorschriften für eine größere Anzahl an Privatgesprächen etc führen.
- Regelungen für die (private) **Nutzung** verschiedener **Internetdienste** (E-Mail, www). Der Betriebsinhaber hat die Einschränkungen der §§ 96, 96a und der verschiedenen öffentlich rechtlichen Vorschriften (DatenschutzG, TelekommunikationsG) selbstverständlich zu beachten. Wie *Obereder* (DRdA 2001, 75) zutreffend ausführt, besteht die Möglichkeit, eine Betriebsvereinbarung über die Bedingungen für die Nutzung des Internets bei der Schlichtungsstelle zu erzwingen (idS auch *Rotter,* ASoK 1999, 118). Arbeitnehmer haben nach richtiger Ansicht ein legitimes Interesse an der Nutzung **vorhandener** elektronischer Kommunikationsmittel im üblichen Ausmaß (zur „Üblichkeit" bei der Telefonie vgl OGH vom 21. 10. 1998, 9 Ob A 192/98w, RdW 1999, 425). Dies führt natürlich nicht zu einem „Recht auf Internet am Arbeitsplatz", es besteht ja auch kein „Recht auf einen Telefonanschluss am Arbeitsplatz" (insoweit verfehlt *Thiele,* ecolex 2001, 613). Unpraktikabel und unzutreffend ist die Ansicht *Rotters,* der ein **Verbot des Empfangs privater E-Mails** in einer „Mustervereinbarung" nahe legt (ASoK 1999, 118). Dies wäre mit dem an den Arbeitnehmer gerichteten Verbot gleichzusetzen, private Post am Arbeitsplatz zu empfangen. Das erscheint etwa im Hinblick darauf, dass der Arbeitnehmer nach § 4 ZustellG eine Abgabestelle am Arbeitsplatz hat, geradezu absurd.
- Benützungsrechte und Benützungsvorschriften für **Dienstautos** einschließlich der Regelungen über die Kostenaufteilung bei erlaubter Privatnutzung von Dienstautos durch den Arbeitnehmer.

Durch eine Betriebsvereinbarung über die zweckentsprechende Benützung von Betriebseinrichtungen und Betriebsmitteln soll auch Klarheit über diesbezügliche **Pflichten der Arbeitnehmer** geschaffen werden (deshalb ist eine ausreichende Bekanntmachung solcher Vorschriften besonders wichtig). Demgemäß können auch Regelungen für Schadensfälle bei der Benutzung von Betriebsmitteln getroffen werden. Keinesfalls können aber dem einzelnen Arbeitnehmer durch eine Betriebsvereinbarung größere Sorgfalts- bzw Haftungspflichten auferlegt werden, als in den zwingenden Bestimmungen des Dienstnehmerhaftpflichtgesetzes vorgesehen ist (idS auch *K. Posch* in *Mazal/Risak,* Kapitel IV. Rz 95). Deshalb wäre beispielsweise eine Bestimmung in einer Betriebsvereinbarung rechtswidrig und damit nichtig, in der vorgesehen wird, dass bei bestimmten Wartungsschäden jedenfalls Schadenersatz zu leisten ist. Nach dem Dienstnehmerhaftpflichtgesetz muss nämlich in jedem Einzelfall das Verschulden des Arbeitnehmers sowie die Zumutbarkeit und die Angemessenheit einer eventuellen Ersatzleistung geprüft werden.

Entlastungen für Nachtschwerarbeit

[12]) Durch das Nachtschicht-Schwerarbeitsgesetz wurde im Jahre 1981 (BGBl 354) die Möglichkeit geschaffen, dass der Betriebsrat entlastende Maßnahmen für die betroffenen Arbeitnehmergruppen mit normativer Wirkung vereinbaren oder mangels Einwilligung des Arbeitgebers **erzwingen** kann.

Mit Wirkung vom 1. 1. 1993 wurde das Nachtschicht-Schwerarbeitsgesetz novelliert und der Titel in Nachtschwerarbeitsgesetz (NSchG) geändert (BGBl 1992/473). Die Titeländerung ist darauf zurückzuführen, dass Schichtarbeit nicht mehr erforderlich ist, damit ein Arbeitnehmer unter den Geltungsbereich des Gesetzes fällt. Es reicht aus, dass Nachtarbeit (im Ausmaß von 6 Stunden in der Zeit zwischen 22.00 und 6.00 Uhr) unter erschwerenden Arbeitsbedingungen (die im Art VII bzw für das Krankenpflegepersonal in Art V des NSchG aufgezählt sind) geleistet wird.

Das Krankenpflegepersonal, das durch die Novelle zum NSchG vom Gesetz grundsätzlich erfasst ist, fällt aber nicht unter jene Bestimmung des NSchG, mit der die Mitbestimmungsrechte des Betriebsrates im Zusammenhang mit Nachtschwerarbeit erweitert worden sind. Das bedeutet, dass **normativ wirkende Betriebsvereinbarungen gem Z 6a für das Krankenpflegepersonal nicht abgeschlossen** und auch **nicht erzwungen** werden können.

Für die übrigen vom NSchG und vom ArbVG erfassten Arbeitnehmer gilt Z 6a. Es handelt sich um erzwingbare Betriebsvereinbarungen, zu deren Erlassung mangels Einigung zwischen Arbeitgeber und Betriebsrat die **Schlichtungsstelle** zuständig ist. Gegenstand der Betriebsvereinbarung nach Z 6a sind entlastende Maßnahmen für Arbeitnehmer, die Nachtschwerarbeit leisten. Schutzmaßnahmen für andere als Nachtschwerarbeiten können nicht mittels einer Betriebsvereinbarung gem Z 6a geregelt werden, wohl aber mit Stützung auf andere Tatbestände, wie etwa die der Z 8 und der Z 9 (vgl dazu Erl 14 und 15, keine Erzwingbarkeit!).

Solche entlastenden Maßnahmen können etwa in Folgendem bestehen:
– Verkürzung der Arbeitszeit;
– Verminderung der Anzahl der Nachtschichten;
– Erleichterungen während der Nachtschichten wie zB Bereitstellung von warmen Speisen und Getränken;
– Erleichterungen der Schwerarbeit durch über das ArbeitnehmerInnenschutzG hinausgehende Schutzvorrichtungen;
– erhöhte Pausenansprüche;
– finanzielle Vergütungen für Arbeitserschwernisse (bemerkenswert, weil Entgeltregelungskompetenzen in Betriebsvereinbarungen selten sind; vgl dazu *Cerny* in FS *Strasser* [1983] 499; *Binder* in *Tomandl,* ArbVG § 97 Rz 110; *Reissner* in ZellKomm § 97 ArbVG Rz 50; *Löschnigg,* Arbeitsrecht[10] [2003] 728).

Näher dazu vgl B. *Schwarz/Ziniel,* Nachtschwerarbeitsgesetz² (1998); *Binder* in *Tomandl,* ArbVG § 97 Rz 109 ff; *Reissner* in ZellKomm § 97 ArbVG Rz 50.

III. Freiwillige (fakultative) Betriebsvereinbarungen

Vergabe von Werkwohnungen

[13]) Die Bestimmung gilt nur in Betrieben, in denen **dauernd mehr als 50 Arbeitnehmer** beschäftigt sind (vor allem zur Auslegung der Begriffe „dauernd beschäftigt" und „Arbeitnehmer" vgl Abs 3, Erl 34). Unabhängig davon hat aber der Betriebsrat bei der Vergabe von Werkwohnungen im Einzelfall ein **Mitwirkungsrecht gem § 103** (vgl Erl zu § 103).

Unter „Richtlinien" können beispielsweise bestimmte Grundsätze über das Benützungsentgelt für Werkwohnungen oder bestimmte Qualitätsmerkmale der zu vergebenden Wohnungen verstanden werden.

Derartige Betriebsvereinbarungen haben zwar **normativen** Charakter, sie können aber **weder erzwungen** werden, noch sind entsprechende einseitige Maßnahmen des Betriebsinhabers dem Vetorecht des Betriebsrates unterworfen.

Subventionen des Arbeitgebers für Werkwohnungen sowie Zuschüsse zum Kostenbeitrag der Arbeitnehmer sind als Wohlfahrtsmaßnahmen bzw Wohlfahrtseinrichtungen Gegenstand einer normativen Betriebsvereinbarung gem § 97 Abs 1 Z 19 (vgl Erl 10), sie gehen nämlich über die bloßen Richtlinien bei der Vergabe von Werkwohnungen hinaus. Vgl auch Erl 1 zu § 95.

Unfallverhütung, Gesundheitsschutz

[14]) Allgemeine (nicht betriebsbezogene) Vorschriften über diesen Bereich sind im ArbeitnehmerInnenschutzG sowie in den Durchführungsverordnungen dazu enthalten (siehe Erl 11 zu § 89 und Erl zu § 92a). Die in diesen Vorschriften aufgestellten Grundsätze können nun durch Betriebsvereinbarung im Hinblick auf die Verhältnisse des einzelnen Betriebes konkretisiert werden. Dabei müssen aber die durch Gesetz oder Verordnung vorgegebenen Mindestnormen jedenfalls beachtet werden. Die Betriebsvereinbarung kann daher nur über diese Mindestnormen hinausgehende Maßnahmen zum Schutz der Arbeitnehmer vorsehen.

Es handelt sich hier um **freiwillige, nicht erzwingbare** Betriebsvereinbarungen (vgl Erl 2). Unter den erzwingbaren Betriebsvereinbarungen finden sich allerdings auch Tatbestände, die ebenfalls für den Gesundheitsschutz der Belegschaft nutzbar gemacht werden können. So kann etwa gestützt auf Z 1 (Ordnungsvorschriften) das Rauchen im Betrieb und damit der Nichtraucherschutz (erzwingbar) geregelt werden. Auch die Tatbestände der Z 6a (Nachtschwerarbeit), Z 2 (Arbeitszeit) oder der

Z 6 (Betriebsmittelbenützung) lassen erzwingbar gesundheitsrelevante Regelungen zu. Diese Betriebsvereinbarungstatbestände gehen dem der Z 8 vor (vgl dazu *Holzer*, Strukturfragen des Betriebsvereinbarungsrechts [1982] 25).

Als Beispiele für Maßnahmen bzw Einrichtungen iSd Z 8 kann Folgendes angeführt werden (*Löschnigg,* Arbeitsrecht[10] [2003] 727):
– Verwendung von Sicherheitsfarben und -kennzeichnungen
– Einführung besonderer Maschinenschutzvorrichtungen
– Einsatz von Schutzkleidung (zB Helme, Schutzanzüge, Sicherheitsschuhe), von Gehörschutz, Augenschutz sowie Atemschutz
– Erste-Hilfe-Stationen und Kurse
– Aufstellen von Regenschutz und Einrichten von Wärmestellen bei Arbeiten im Freien
– Einführung von Verfahren und Stellen zur Aufklärung von Arbeitsunfällen

Auch **Anreize für die Arbeitnehmer zur Inanspruchnahme der Schutzeinrichtungen** (zB Gehör- oder Atemschutz) durch verkürzte Arbeitszeit oder erhöhte Pausen oder auch durch Prämien können in derartigen Betriebsvereinbarungen vorgesehen sein (idS auch *Binder* in *Tomandl,* ArbVG § 97 Rz 128; *Reissner* in ZellKomm § 97 ArbVG Rz 57). In der Praxis kommt auch die **Förderung außerbetrieblicher sportlicher Aktivitäten** der Arbeitnehmer, etwa durch die Übernahme von Kosten für sportärztliche Betreuung oder Mitgliedschaften in Fitnessklubs, vor. Fraglich könnte sein, ob solche Maßnahmen unter Z 8 – also unter „Schutz der Gesundheit" – fallen. Der Begriff „Schutz der Gesundheit" ist aber weit zu verstehen, weshalb auch **Präventionsmaßnahmen** darunter fallen.

Besonders wichtige Regelungsbereiche ergeben sich für Z 8 des § 97 Abs 1 durch die weit verbreitete Bildschirmarbeit. Durch Betriebsvereinbarung kann die Verwendung einer Bildschirmbrille näher geregelt werden, die Aufstellung der Bildschirme und deren Kontrolle kann bestimmten Regeln unterworfen werden. Bildschirmpausen können konkretisiert werden. Die Festlegung einer Bildschirmzulage ist hingegen nicht Gegenstand einer normativen Betriebsvereinbarung gem Z 8. Die Zahlung einer Zulage allein kann nämlich keinen unmittelbaren Einfluss auf die Verhütung von Berufskrankheiten ausüben und ist auch nicht als Maßnahme zum Schutz der Gesundheit der Arbeitnehmer anzusehen. Ein Unterschied zur Prämie für die Verwendung von Gehörschutz besteht insofern, als der Arbeitnehmer durch die Gehörschutzprämie motiviert werden soll, die Schutzeinrichtung tatsächlich zu tragen. Diese Motivation fällt bei der Bildschirmzulage weg. Daher sind Betriebsvereinbarungen über Bildschirmzulagen, wenn keine Delegation durch den Kollektivvertrag besteht, als freie Betriebsvereinbarung (vgl Erl 1) zu qualifizieren (aA OLG Wien vom 12. 4. 1991, 32 Ra 48/90, ARD 4269/23/91).

Menschengerechte Arbeitsgestaltung

15) Maßnahmen zur menschengerechten Arbeitsgestaltung beziehen sich auf die Förderung des Wohlbefindens des Arbeitnehmers im Betrieb in körperlicher und geistiger Hinsicht (Beispiele siehe bei *Löschnigg*, Arbeitsrecht[10] [2003] 727; vgl allgemein zu den technischen Möglichkeiten, durch die Gestaltung der Arbeitsräume bzw Betriebsmittel die Arbeit menschengerecht zu gestalten: *Prokop/Schramhauser*, Menschengerechte Arbeitsgestaltung [1990]).

Aber auch Fragen des Betriebsklimas und der Personalführung können unter dem Begriff „menschengerechte Arbeitsgestaltung" verstanden werden. Auch diesbezüglich kann der Betriebsrat Vorschläge erstatten, um beispielsweise eine Betriebsvereinbarung über regelmäßig zu führende Gespräche zwischen Vorgesetzten und Arbeitnehmern über dienstliche Probleme zu erreichen. Betriebsvereinbarungen iSd Z 9 sind freiwillig und nicht erzwingbar (vgl Erl 2).

Grundsätze des Urlaubsverbrauchs

16) Während nach dem **Urlaubsgesetz** (UrlG) die **Festsetzung des Urlaubstermins** Gegenstand einer **individuellen Vereinbarung** zwischen dem Arbeitgeber und dem Arbeitnehmer ist, sieht das ArbVG im § 97 Abs 1 Z 10 die **Möglichkeit einer kollektiven Regelung über Grundsätze des Urlaubs*verbrauchs*** in Form einer (**freiwilligen**) **Betriebsvereinbarung** vor (vgl dazu auch *Cerny*, Urlaubsrecht[9] [2005] Erl zu § 4).

§ 97 Abs 1 Z 10 ermächtigt Betriebsinhaber und Betriebsrat, **Grundsätze** betreffend den **Verbrauch** des Erholungsurlaubes zu vereinbaren. Darunter ist nur die **allgemeine Ordnung des Urlaubsverbrauches** im Betrieb (der „Urlaubsplan"), **nicht** aber die **Festsetzung konkreter Urlaubstermine** für die Arbeitnehmer zu verstehen. Diese kann vielmehr – innerhalb des allgemeinen Rahmens – **nur durch individuelle Vereinbarung** zwischen dem Arbeitgeber und dem einzelnen Arbeitnehmer erfolgen. Eine Betriebsvereinbarung nach § 97 Abs 1 Z 10 ist zwar innerhalb ihres Geltungsbereiches für alle Arbeitsverhältnisse unmittelbar rechtsverbindlich (vgl Erl 1), sie kann aber diese normative Wirkung nur im Rahmen der durch zwingende gesetzliche Vorschriften gezogenen Grenzen entfalten. § 4 Abs 1 UrlG ordnet unabdingbar an, dass der Urlaub zwischen Arbeitgeber und Arbeitnehmer zu vereinbaren ist. Diese Regelung stellt einseitig (zu Gunsten des Arbeitnehmers) zwingendes Recht dar und kann deshalb durch Betriebsvereinbarung weder aufgehoben noch beschränkt werden (*Binder* in *Tomandl*, ArbVG § 97 Rz 141; *Reissner* in ZellKomm § 97 ArbVG Rz 62). So verstößt etwa die Anordnung, einen bestimmten Tag als Urlaubstag zu verbrauchen, gegen zwingende Bestimmungen des UrlG (OGH vom 13. 4. 1988, 9 Ob A 29/88, infas 1988, A 108 = DRdA 1988, 465 = Arb 10.735 = wbl 1988, 401 = ARD 3996/13/88 = ZAS 1990, 153 mit Anm von *Adamovic*).

Eine Betriebsvereinbarung gem § 97 Abs 1 Z 10 kann daher einen **datumsmäßig bestimmten Urlaub** eines Arbeitnehmers **nicht normativ festsetzen, ebenso wenig** ist eine Begrenzung des Sommerurlaubs auf zwei zusammenhängende Wochen oder ein **verbindlicher Betriebsurlaub** durch Betriebsvereinbarung zulässig (OGH vom 11. 5. 1988, 9 Ob A 103/88, DRdA 1988, 465 = infas 1988, A 96 = RdW 1988, 325 = ARD 3989/10/88 = Arb 10.743 = ÖJZ 1988/161 = ZASB 1988, 21). Allgemein kann durch **Betriebsvereinbarung keine Regelung** getroffen werden, die den **materiellen Inhalt des Urlaubsanspruches** betrifft (OGH vom 25. 10. 1995, 9 Ob A 178/95, infas 1996, A 58 = ARD 4720/12/96).

Wird eine Betriebsurlaubsregelung getroffen, so wird sie nur dann und insoweit (einzelvertraglich) wirksam, als die einzelnen Arbeitnehmer ihr ausdrücklich oder stillschweigend zustimmen. Ist ein Arbeitnehmer der begründeten Auffassung, dass er während der Zeit des Betriebsurlaubes keine Erholungsmöglichkeit hat oder ihm der Verbrauch des Urlaubs in dieser Zeit aus sonstigen Gründen nicht zugemutet werden kann, so kann er den Urlaubsverbrauch ablehnen und beim Arbeits- und Sozialgericht auf Festsetzung seines (individuellen) Urlaubstermins klagen oder den von ihm gewünschten Urlaubstermin – bei Vorliegen der entsprechenden Voraussetzungen – im Wege eines Verfahrens nach § 4 Abs 4 UrlG durchsetzen (vgl allgemein dazu *Cerny,* Urlaubsrecht[9] [2005] Erl zu § 4).

Unter „Grundsätze betreffend den Verbrauch des Erholungsurlaubes" sind daher lediglich allgemeine Fragen zu verstehen, die mit dem Urlaub in Zusammenhang stehen, wie etwa die Festlegung einer bestimmten Mindestbesetzung für jede Abteilung auch in der Urlaubszeit oder der Vorrang von Eltern schulpflichtiger Kinder bei der Urlaubskonsumation während der Ferien etc.

Die **Einräumung zusätzlicher Sonderurlaube** auf Grund längerer Dienstzeit über das gesetzliche Mindestmaß hinaus ist weder eine Betriebsvereinbarung iSd Z 10 noch iSd Z 15 (OGH vom 14. 9. 1999, 9 Ob A 107/94, Arb 11.240). Eine solche Betriebsvereinbarung wird allerdings in der Regel durch tatsächliche Gewährung und Inanspruchnahme Bestandteil der Einzelverträge der Arbeitnehmer werden.

Die im Gesetz vorgesehene **Urlaubsberechnung** in Werktagen kann den betrieblichen Erfordernissen angepasst werden, soweit durch diese Anpassung keine Schlechterstellung für den Arbeitnehmer bei der Urlaubsberechnung eintritt. Wenn beispielsweise vollkontinuierlicher Betrieb auch an Sonn- und Feiertagen üblich ist, ist die Berechnung des Urlaubs statt in Werktagen in Kalendertagen sinnvoll, wobei das Ausmaß der Kalendertage, für die Urlaubsanspruch besteht, entsprechend zu erhöhen ist, um Schlechterstellungen des Arbeitnehmers zu vermeiden. Auch die Berechnung des Urlaubs in Arbeitstagen statt in Werktagen kann vorgesehen werden.

Die in der Praxis bedeutsame **Umstellung** des Urlaubsjahres vom **Arbeitsjahr** auf das **Kalenderjahr** fällt nicht unter Z 10, sondern richtet sich nach dem Urlaubsgesetz (§ 2 Abs 4 UrlG; vgl *Cerny*, Urlaubsrecht[9] [2005] Erl 17 bis 32 zu § 2).

Z 10 verwendet den Begriff des *Erholungs*urlaubs, dh Regelungen zum Antritt von Pflegefreistellung, Zeitausgleich, Familienhospizkarenz usw sind nicht erfasst (idS auch *Binder* in *Tomandl,* ArbVG § 97 Rz 142). Andere Urlaube als der Erholungsurlaub iSd UrlG fallen nicht unter Z 10. Bezahlte oder unbezahlte Freistellungen von der Arbeitsleistung sind einzelvertraglich zu vereinbaren; der Betriebsrat kann natürlich eine Mustervereinbarung mit dem Arbeitgeber vereinbaren, die als Vertragsschablone bzw als freie Betriebsvereinbarung (vgl Erl 1) Anwendung finden kann.

Umstritten ist, ob der Urlaubsverbrauch innerbetrieblich mit **kleineren Einheiten als Werktagen** (Halbtage, Stunden) ermöglicht werden kann (vgl dazu mwN *Cerny,* Urlaubsrecht[9] [2005] Erl 15 zu § 4). In der Literatur vertritt *Binder* die Auffassung, dass die Vereinbarung von **Halbtagsurlauben** in der Betriebsvereinbarung zulässig wäre, wenn dies zum Vorteil des Arbeitnehmers geschieht (*Binder*, RdW 1991, 294).

Der OGH (24. 10. 1990, 9 Ob A 172/90, DRdA 1991, 285 mit Anm von *G. Klein*) ist der Auffassung, dass die Bestimmung des § 6 Abs 5 UrlG, wonach ein Urlaubsteil mindestens 6 zusammenhängende Werktage umfassen müsse, über Wunsch des Arbeitnehmers abgeändert werden kann. Unter dieser Voraussetzung seien kürzere Urlaubszeiträume zulässig. Deshalb wird ein **Urlaubsverbrauch in Halbtagen** nicht in jedem Fall als rechtswidrig angesehen werden können (vgl zu dieser Frage ohne abschließende Klärung OGH vom 16. 9. 1992, 9 Ob A 139/92, DRdA 1993/33 = ZAS 1993, 214 mit Anm von *Resch* = infas 1993, A 90). Allerdings ist an kürzere Urlaubsvereinbarungen als ganze Werktage ein besonders **strenger Maßstab** anzulegen, weil hier die Erholungsmöglichkeit für den Arbeitnehmer nur mehr sehr eingeschränkt zum Tragen kommen kann. Betriebsvereinbarungen könnten allenfalls Regelungen vorsehen, welche Voraussetzungen im Betrieb erfüllt sein müssen, damit kürzere Urlaubsteile als sechs zusammenhängende Werktage gültig vereinbart werden können.

Ein **stundenweiser Urlaubsverbrauch** widerspricht dem Erholungszweck des Urlaubs und ist damit unzulässig (vgl *Cerny,* Urlaubsrecht[9] [2005] Erl 15 zu § 4; aA *Resch*, ZAS 1993, 214; *ders*, ecolex 1993, 840; *Schrank* ZAS 1992, 181). Diese Auffassung wird auch durch die Neuregelung des Urlaubs für Vertragsbedienstete gem § 27a VertragsbedienstetenG (VBG idF BGBl I 2003/130) bestätigt. Gem § 27a Abs 9 VBG ist der Verbrauch von Urlaubsstunden nämlich nur tageweise zulässig. Diese Bestimmung wird damit begründet, dass der Erholungszweck des Urlaubes nicht durch die Stundenumrechnung gefährdet werden soll (283 BlgNR 22. GP 12). Diese Begründung gilt aber umso mehr für Arbeitsverhältnisse außerhalb des öffentlichen Dienstes.

Von der Frage des Urlaubsverbrauchs ist die *Berechnung* **in kürzeren Einheiten als Tagen** zu unterscheiden. Wenn durch eine **Stundenberech-**

nung beispielsweise erreicht wird, dass Ungerechtigkeiten bei der Urlaubsberechnung in Werktagen, die durch unterschiedlich lange Arbeitstage entstehen können, ausgeglichen werden, so wäre eine solche Vereinbarung auch in Form der Betriebsvereinbarung zulässig (vgl dazu einschränkend OGH vom 26. 2. 2003, 9 Ob A 221/02v, DRdA 2004, 248 mit Anm von *Mosler* = infas 2003, A 62 = ZAS 2003, 179 = wbl 2003, 227 = ASoK 2003, 383 = ecolex 2003, 546 = ARD 5405/6/2003). Voraussetzung ist aber, dass der einzelne Arbeitnehmer dadurch nicht zu weniger Urlaubsanspruch kommt als bei der im Gesetz vorgesehenen Werktagsberechnung (vgl dazu die Bestimmung des § 27a Abs 1 und 5 VBG idF BGBl I 2003/130).

Entgeltfortzahlung bei Teilnahme an der Betriebsversammlung

[17]) Jeder Arbeitnehmer hat zwar einen **gesetzlichen Anspruch** darauf, dass er an der **Betriebsversammlung** oder – bei der Notwendigkeit der Aufrechterhaltung von Betriebsfunktionen – an Teilversammlungen **teilnimmt** (vgl *Schneller,* ArbVR 2[3] Erl 2 zu § 47). Ein **Rechtsanspruch** des Arbeitnehmers auf **Entgeltfortzahlung** für diese Zeit besteht allerdings **nur dann**, wenn entweder durch Kollektivvertrag, **Einzelvereinbarung** oder durch **Betriebsvereinbarung** ein derartiger Anspruch fixiert ist. (Zur Frage einer schlüssigen Einzelvereinbarung siehe *Schneller,* ArbVR 2[3] Erl 3 zu § 47.) Z 11 des § 97 Abs 1 schafft die Grundlage für **normativ wirkende Betriebsvereinbarungen**, die dem Arbeitnehmer die Entgeltfortzahlung während der Zeit der Betriebsversammlung gewährleisten. Das Gleiche gilt für Fahrtkostenvergütungen, wenn der Ort der Betriebsversammlung nicht gleichzeitig ständiger Arbeitsort ist. Zu achten ist allerdings darauf, ob der Kollektivvertrag nicht ohnehin eine Regelung für Entgeltfortzahlung und Fahrtkostenvergütung im Falle einer Betriebsversammlung vorsieht (vgl § 47 Abs 1; *Strasser* in *Floretta/Strasser,* ArbVG-Handkommentar [1975] 569; zur Frage, ob einer Betriebsvereinbarung überhaupt noch eine Regelungsbefugnis zukommt, wenn der Kollektivvertrag eine Entgeltfortzahlungsbestimmung enthält, siehe mwN *Reissner* in ZellKomm § 97 ArbVG Rz 65).

Eine solche Betriebsvereinbarung ist **nicht erzwingbar**, sie kommt nur bei Einigung zwischen Arbeitgeber und Betriebsrat zustande.

Zur Frage von Ort und Zeit der Betriebsversammlung siehe *Schneller,* ArbVR 2[3] Erl 1 und 4 zu § 47.

Auslagenersatz und Aufwandsentschädigung

[18]) Nach Z 12 des § 97 Abs 1 können folgende Sachgebiete durch normative Betriebsvereinbarung geregelt werden:

a) Regelungen über die **Vergütung (Erstattung) von Auslagen**, die der **Arbeitnehmer im Interesse des Arbeitgebers gehabt hat**. Der Arbeitgeber ist nach schuldrechtlichen Grundsätzen verpflichtet, dem Arbeitnehmer all diese Auslagen zu ersetzen. Zur Begründung des Anspruches bedarf es keiner Betriebsvereinbarung. Dazu gehören **alle Auslagen für Arbeitsmaterial, Leistungen an Kunden udgl.** In der Betriebsvereinbarung kann nun festgelegt werden, dass der Arbeitnehmer Anspruch auf eine zeitgerechte Vergütung der Auslagen, unter Umständen auf eine pauschale Abgeltung im Vorhinein hat. Verrechnungsmodalitäten und Abrechnungsfristen können festgelegt werden.

b) **Aufwandsentschädigung**: Aufwendungen sind in Verbindung mit der Arbeitsleistung (Vorbereitung und Vollzug) anfallende Ausgaben des Arbeitnehmers (*Binder* in *Tomandl*, ArbVG § 97 Rz 151; *Reissner* in ZellKomm § 97 ArbVG Rz 69). Unter Aufwandsentschädigung fallen alle Leistungen des Arbeitgebers, die keinen Entgeltcharakter haben (vgl *Cerny* in FS Strasser [1983] 487 [502]). Das sind etwa Aufwendungen im Begründungsstadium (Vorstellungskosten, Umzugsaufwendungen), Ersatz für beigebrachte Arbeitsmittel, Schutzausrüstung, Arbeitskleidung, Aufwendungen bei Dienstreisen (**Reisespesen bei Dienstreisen**, **Abnützungskosten des Pkws** bei Verwendung des eigenen Fahrzeuges für Dienstfahrten, **Fahrtkostenvergütung** oder **Wegegelder** [OGH vom 11. 10. 1995, 9 Ob A 166/95, ecolex 1996, 35 = ARD 4714/19/96], Tag- und Nächtigungsgelder, Unfallversicherungsprämien, Telefonkostenersatz etc), Abnützungsaufwand bei Einsatz arbeitnehmereigener Sachen für betriebliche Zwecke (Privat-Pkw, Computer, Räumlichkeiten, Reinigungskosten) oder Ausbildungs- und Qualifikationsaufwand mit unternehmensbezogener Ausrichtung (*Binder* in *Tomandl*, ArbVG § 97 Rz 151). Dafür können nun durch Betriebsvereinbarung Verrechnungszeiträume, Vorschussrechte und Formvorschriften für die Geltendmachung festgelegt werden. Darüber hinaus kann durch Betriebsvereinbarung **auch ein Rechtsanspruch auf fortlaufend zu leistende Pauschalen von Aufwandsentschädigungen** vorgenommen werden. Es ist aber darauf zu achten, dass die steuer- und sozialversicherungsrechtliche Behandlung von Aufwandsentschädigungen nach ihrem „wahren" Inhalt zu beurteilen sind. Nur weil eine Leistung in der Betriebsvereinbarung als Aufwandsentschädigung bezeichnet wird, muss es keine solche sein.

Üblicherweise wird in der Betriebsvereinbarung ein Durchschnittszeitraum zur Beobachtung über das Ausmaß der Aufwendungen festgelegt. Besonders sinnvoll ist die **pauschale Festlegung von Diäten und Kilometergeldern**. Diäten gelten die üblichen Mehraufwendungen für den Lebensunterhalt bei Dienstreisen ab, Kilometergelder die pauschalierten Fahrzeugkosten bei Dienstreisen im eigenen Auto. Für die Pauschalierung beider Aufwandersätze gibt es im privatrechtlichen Dienstverhältnis keine gesetzliche Grundlage (im Unterschied zum öffentlichen Dienst), sodass kollektive Rechtsnormen (Kollektivverträge und Betriebsvereinbarungen) die entscheidende Grundlage für entsprechende Pauschalvereinbarungen wie Diätensätze und Kilometergeld sind. Besteht keine derartige Vereinbarung, muss jeder einzelne Aufwand im Detail nachgewiesen und errechnet werden, was sowohl für den Arbeitnehmer als auch für die Personalverrechnung des Unternehmens in der Regel nachteilig ist.

Betriebsvereinbarungen über den Auslagenersatz und die Aufwandentschädigungen sind **nicht erzwingbar**, sondern **freiwillige Betriebsvereinbarungen** (siehe Erl 2). Regelungen in einer Betriebsvereinbarung müssen – bei sonstiger Ungültigkeit – im Verhältnis zu etwaig bestehenden Regelungen in Kollektivverträgen, Satzungen oder Mindestlohntarifen günstiger sein. Die Betriebsvereinbarung kann sowohl den Inhalt der Leistung selbst (Art und Höhe) wie auch formale Aspekte (Abrechnungsmodalitäten etc) regeln (*Reissner* in ZellKomm § 97 ArbVG Rz 69).

Gewährt eine Betriebsvereinbarung Arbeitnehmern, die durch eine Betriebsverlegung Mehrbelastungen haben, eine **Übersiedlungsbeihilfe**, fällt dies unter Z 4 (Sozialplan) und nicht unter Z 12 (Aufwandsentschädigungen). Damit ist eine solche Betriebsvereinbarung erzwingbar (OLG Wien, vom 15. 9. 1989, 33 Ra 65/89, ARD 4124/16/89). Zur Frage von Abrechnungsformblättern für Dienstreisen (EA Linz 23. 2. 1983, Arb 10.617) siehe Erl 5.

Vorübergehende Arbeitszeitänderungen

[19]) Arbeitszeitfragen als Regelungsgegenstand von Betriebsvereinbarungen sind in den Z 2 (vgl dazu Erl 7) und 13 angesprochen.

Regelungen über die **Verteilung der Arbeitszeit** iSd Z 2 können mangels Einigung zwischen Betriebsinhaber und Betriebsrat über die Schlichtungsstelle erzwungen werden. Die **vorübergehende Verlängerung oder Verkürzung der Arbeitszeit gem Z 13** kann **nicht erzwungen werden**. Es handelt sich also um eine **freiwillige Betriebsvereinbarung**. Wird eine Betriebsvereinbarung abgeschlossen, wirkt sie normativ (Erl 1). Es muss allerdings eine **vorübergehende und generelle** Maßnahme sein. Mittels Betriebsvereinbarung kann also nur bezüglich einer nach allgemeinen Kriterien bestimmten Gruppe von Arbeitnehmern (zB einer Abteilung) und nicht bezüglich eines einzelnen Arbeitnehmers die Arbeitszeit verlängert oder verkürzt werden. Die Maßnahme darf nur **vorübergehend**, dh auf einen von vornherein beschränkten Zeitraum erfolgen (OLG Wien vom 18. 10. 1995, 9 Ra 107/95, ARD 4713/11/96; *Strasser/Jabornegg* ArbVG[3] [1999] § 97 Anm 66 sprechen von einer „Veränderung nur für kurze Zeit"). Ein Zeitraum, der **13 Wochen** überschreitet, ist jedenfalls **nicht mehr vor-**

übergehend (arg § 101, der die Grenze für eine „dauernde" Versetzung bei 13 Wochen zieht; idS auch *Binder* in *Tomandl*, ArbVG § 97 Rz 157).

Vorübergehende Verlängerung der Arbeitszeit
Der Regelungstatbestand der Z 13 ist nicht zu verwechseln mit dem Tatbestand des § 7 Abs 4 AZG. Gem § 7 Abs 4 AZG kann die öffentlich-rechtliche Arbeitszeitgrenze durch Betriebsvereinbarung unter bestimmten (engen) Bedingungen auf bis zu 60 Wochenstunden ausgedehnt werden (genauer dazu siehe *Ch. Klein* in *Cerny/Heilegger/Ch. Klein/B. Schwarz*, Arbeitszeitgesetz² [2008] Erl 5 zu §§ 6 bis 8).

Die Verlängerung der Arbeitszeit stellt entweder Mehrarbeit (wenn die gesetzliche Normalarbeitszeit noch nicht überschritten ist) oder Überstundenarbeit (mit gesetzlicher Zuschlagspflicht, § 10 AZG) dar. Beides fällt unter Z 13 und kann unter den gesetzlichen Bedingungen des AZG zuschlagspflichtig sein (Überstundenzuschlag siehe § 10 AZG, Mehrarbeitszuschlag siehe § 19d Abs 3a AZG).

Die Betriebsvereinbarung kann beispielsweise Zeiträume festlegen, innerhalb derer in bestimmten Abteilungen Überstunden- oder Mehrarbeit geleistet wird, sie kann Freischichten bei kollektivvertraglichen Durchrechnungszeiträumen für einzelne Arbeitnehmer oder Arbeitnehmergruppen festlegen, sie kann Vorankündigungszeiträume für Überstunden- bzw Mehrarbeitsanordnungen festlegen oder für Teilzeitbeschäftigte Kriterien für die Heranziehung zur Mehrarbeitsleistung festlegen. Die arbeitszeitrechtlichen Beschränkungen für Überstundenarbeit und die Vorschriften über Ruhezeiten sind jedenfalls zu beachten.

Strittig ist hingegen, ob für einzelne Arbeitnehmer die **Verpflichtung zur Leistung von Überstunden** auf Grund einer Betriebsvereinbarung entstehen kann (vgl mwN *Cerny/Heilegger/Ch. Klein/B. Schwarz*, Arbeitszeitgesetz² [2008] Erl 2 zu §§ 6 bis 8). In der Judikatur wurde teilweise die Möglichkeit bejaht, dass eine Betriebsvereinbarung die Verpflichtung des Arbeitnehmers zu Überstundenleistungen festlegen kann (OLG Wien vom 6. 9. 1989, 32 Ra 88/89, ARD 4119/11/89). Vom Wortlaut der Z 13 wird eine solche Interpretation gestützt. Die Worte „Anordnung der vorübergehenden Verkürzung oder Verlängerung der Arbeitszeit" können wohl nicht anders verstanden werden, als dass eine Betriebsvereinbarung über die vorübergehende Leistung von Überstunden normativ wirkt (so auch *Reissner* in ZellKomm § 97 ArbVG Rz 75 und *Binder* in *Tomandl*, ArbVG § 97 Rz 164).

Allerdings ist darauf hinzuweisen, dass gem § 6 Abs 2 AZG der Arbeitnehmer selbst dann, wenn er zur Überstundenleistung (etwa auf Grund einer Betriebsvereinbarung) verpflichtet ist, das Recht hat, die **Leistung dieser Überstunden** im Einzelfall **aus wichtigen persönlichen Gründen abzulehnen** (siehe mwN auch *Binder* in *Tomandl*, ArbVG § 97 Rz 164 und *Reissner* in ZellKomm § 97 ArbVG Rz 75). Es hat somit eine **Interessenabwägung** stattzufinden. Bei Vorliegen gerechtfertigter Interessen des Arbeitnehmers, an einem bestimmten Tag keine Überstunden leisten zu können, kann in der Weigerung, Überstunden zu leisten, trotz entgegenstehender Betriebsvereinbarung keinesfalls ein Entlassungsgrund gesehen werden.

Umstritten ist auch, ob durch Betriebsvereinbarung nach Z 13 **Überstundenvergütungen** festgelegt oder erhöht werden können. Der OGH betont den Vorrang des Kollektivvertrages bei der Lohnfestsetzung und vertritt selbst bei einer kollektivvertraglichen Ermächtigung für die Betriebsvereinbarung, Lohngruppen zu erweitern, eine restriktive Haltung (OGH vom 12. 10. 1988, 9 Ob A 131/88, infas 1990, A 3 = DRdA 1991, 6 mit Anm von *Eypeltauer*). Bei richtiger Würdigung der sozialpolitischen Funktion von Gesetz, Kollektivvertrag und Betriebsvereinbarung in der Frage der Lohnfindung ist festzustellen, dass die Festlegung oder Erhöhung von Überstundenzuschlägen nicht Gegenstand einer normativen Betriebsvereinbarung sein kann (idS auch die Materialien RV 840 BlgNR 13. GP 84), sondern als „freie" Betriebsvereinbarung nur Muster für die einzelvertragliche Ergänzung ist (aA mwN *Binder* in *Tomandl*, ArbVG § 97 Rz 158).

Vorübergehende Verlängerung der Arbeitszeit kann auch durch verschiedene Formen der Arbeitsbereitschaft sowie durch Reisezeiten bewirkt werden. Über Fragen der Reisezeiten und über Arbeitsbereitschaft kann daher, wenn solche Arbeitszeitformen nicht bereits Bestandteil der regelmäßigen Arbeitszeiteinteilung nach Z 2 sind, eine normative Betriebsvereinbarung nach Z 13 abgeschlossen werden. Beispielsweise ist es sinnvoll, die Verpflichtung zu Dienstreisen außerhalb der normalen Arbeitszeit zu begrenzen und an bestimmte Spielregeln zu binden.

Zur näheren Bestimmung der Begriffe Rufbereitschaft – Arbeitsbereitschaft – Reisezeiten siehe *Ch. Klein* in *Cerny/Heilegger/Ch. Klein/B. Schwarz*, Arbeitszeitgesetz[2] [2008] Erl zu § 2.

Kurzarbeit

Kurzarbeit wird in Betrieben eingeführt, wenn auf Grund der Auftragslage vorübergehend nur ein geringerer Arbeitsumfang zu bewältigen ist und durch die Kurzarbeit die Sicherheit von Arbeitsplätzen gewährleistet oder zumindest gefördert werden kann. Die Voraussetzung der rechtmäßigen Einführung von Kurzarbeit und der damit verbundenen Gewährung einer Kurzarbeiterunterstützung nach dem AMFG (§ 29 ArbeitsmarktförderungsG) ist eine entsprechende **Vereinbarung der Kollektivvertragspartner**. Durch diese Vereinbarung der Kollektivvertragspartner oder durch eine sonstige kollektivvertragliche Bestimmung kann auch das Ausmaß und die Dauer der Entgeltkürzung durch Kurzarbeit festgelegt werden. Auf Basis dieser Kollektivvertragsvereinbarung kann durch Betriebsvereinbarung gem Z 13 Lage und Dauer der Arbeitszeit während der Kurzarbeitsphase sowie die Dauer der Kurzarbeitsphase im Betrieb normativ festgelegt werden.

Besteht **keine kollektivvertragliche Ermächtigung**, kann die Betriebsvereinbarung eine Entgeltkürzung für den einzelnen Arbeitnehmer gegenüber dem Verdienst bei Vollarbeit **nicht normativ** festlegen. Dazu besteht im Gesetz keine Ermächtigung. Eine andere Interpretation der Z 13 ist deswegen nicht möglich, weil damit zum Nachteil des Arbeitnehmers (Verletzung des Günstigkeitsprinzips gem § 31 Abs 3 ArbVG, vgl *Cerny,* ArbVR 2³ Erl 5 und 6 zu § 31 Abs 3) in dessen arbeitsvertragliche Rechte eingegriffen würde. Dazu ist aber von den kollektiven Rechtsnormen gem § 3 Abs 2 im Rahmen des Ordnungsprinzips nur der Kollektivvertrag berechtigt. Soweit durch die Kurzarbeitsvereinbarung auf Betriebsebene ohne kollektivvertragliche Ermächtigung gegen die kollektivvertraglich für die vereinbarte Vollzeitarbeit festgelegten Mindestentgelte verstoßen würde, wäre eine Betriebsvereinbarung über Entgeltkürzung im Zuge von Kurzarbeit ohne kollektivvertragliche Ermächtigung auch wegen Verstoßes gegen zwingendes Kollektivvertragsrecht unwirksam.

Kurzarbeit kann daher in der Regel **durch Betriebsvereinbarung nur ohne Entgeltkürzung normativ** festgelegt werden (aA mwN *Binder* in *Tomandl,* ArbVG § 97 Rz 158; differenzierend und mwN dazu *Reissner* in ZellKomm § 97 ArbVG Rz 74). Mit Entgeltkürzung ist Kurzarbeit durch Betriebsvereinbarung dann möglich, wenn eine kollektivvertragliche Ermächtigung hierfür und eine Vereinbarung der Kollektivvertragspartner im Einzelfall vorliegen.

Betriebliches Vorschlagswesen

[20]) Zur Regelung aller betrieblichen Verbesserungsvorschläge kann eine **freiwillige, nicht erzwingbare Betriebsvereinbarung** abgeschlossen werden. Der Begriff des „betrieblichen Vorschlagswesens" ist weit zu verstehen; es ist an alle Vorschläge zu denken, die den Arbeitsprozess vereinfachen oder verbilligen, die Arbeitsbedingungen oder das Ergebnis verbessern. Auch **patentfähige Diensterfindungen** (§ 7 Abs 3 PatentG) fallen darunter (so auch *Binder* in *Tomandl,* ArbVG § 97 Rz 169 sowie *Reissner* in ZellKomm § 97 ArbVG Rz 78; aA *K. Mayr,* Vergütung von Erfindungen von Dienstnehmern [1997] 40). Dabei ist allerdings zu beachten, dass der **Arbeitgeber** nur dann ein **Recht auf die Nutzung** der **Diensterfindung** hat, wenn es eine dementsprechende **schriftliche Einzelvereinbarung** oder eine **kollektivvertragliche** Regelung dazu gibt (so auch *Binder* in *Tomandl,* ArbVG § 97 Rz 165 sowie *Reissner* in ZellKomm § 97 ArbVG Rz 77). Dem Arbeitnehmer gebührt eine Vergütung für die Überlassung der Erfindung an den Arbeitgeber, bei deren Berechnung auf die Vorschriften der §§ 9 und 10 PatentG zu achten ist.

Die **Betriebsvereinbarung** nach Z 14 kann mit **normativer Wirkung** (vgl Erl 1) **Vergütungen für Verbesserungsvorschläge** festsetzen, unabhängig davon, ob es sich um eine patentfähige Erfindung handelt oder bloß um einen (nicht patentfähigen) Verbesserungsvorschlag (OGH vom 27. 4. 1995, 8 Ob

A 225/95, DRdA 1996/14, 153 mit Anm von *Ch. Klein* = Arb 11.392). Bei patentfähigen Erfindungen hat sich auch die in einer Betriebsvereinbarung festgesetzte Vergütung – als Mindeststandard – nach den Vorschriften der PatentG zu richten.

Es ist sinnvoll, durch normativ wirkende Betriebsvereinbarung festzulegen, nach welchen Grundsätzen Vergütungen aller Art (Prämien, Sonderurlaube etc) für Neuentwicklungen und Erfindungen im Betrieb zustehen. Es empfiehlt sich auch über das Verfahren zur Einreichung, die Beurteilungskriterien und die Beteiligung des Betriebsrates bei diesen Verfahren Regelungen in die Betriebsvereinbarung aufzunehmen. Mitwirkungsrechte des Betriebsrates bei der Umsetzung des Verbesserungsvorschlages sind wichtig, um zu vermeiden, dass von Arbeitnehmergruppen Verbesserungsvorschläge zu Lasten anderer Gruppen gemacht werden.

Der Betriebsinhaber kann allerdings ein eigenes System ohne Beteiligung des Betriebsrates schaffen; die Erzwingung einer Betriebsvereinbarung darüber ist nicht möglich.

Jubiläumsgelder

21) Besondere betriebliche Anlässe iSd Z 15 sind beispielsweise Betriebsjubiläen, staatliche Auszeichnungen für das Unternehmen oder die Erreichung eines bestimmten, besonders positiven Betriebsergebnisses (weitere Bsp siehe *Achitz/Krapf/Mayerhofer,* Leitfaden für Betriebsvereinbarungen [2001] 139). Unter den Begriff „Zuwendungen aus besonderen betrieblichen Anlässen" fallen jedenfalls Firmenjubiläumsgelder, Bilanzgelder, Fertigstellungsprämien, aber auch das **Jubiläumsgeld für lange Betriebszugehörigkeit eines Arbeitnehmers** (OGH vom 29. 9. 1981, 4 Ob 41/81, Arb 10.039 = DRdA 1982, 129). **Keinesfalls** fallen **jährliche Treueprämien** darunter (OGH vom 6. 7. 1998, 8 Ob A 167/98m, infas 1998, A 128 = Arb 11.755 = ARD 4962/15/98 = ASoK 1999, 35 = wbl 1999/57). Der OGH führte dazu aus, dass unter einem „Jubiläumsgeld" nur solche Sonderprämien verstanden werden könnten, die bei aufrechtem Dienstverhältnis **alle fünf Jahre oder noch seltener** zustehen, weil **nur dann** von einem **„besonderen betrieblichen Anlass"** bzw einem „Jubiläum" **gesprochen werden könne** (*Binder* in *Tomandl,* ArbVG § 97 Rz 180 spricht sich hier – wegen der immer stärker werdenden Arbeitnehmerfluktuation – für kürzere aber doch mehrjährige Zeiträume aus). Ein jährlich zustehendes Treuegeld falle nicht darunter. Dasselbe gilt für **monatliche Treuprämien**, diese sind ebenfalls nicht unter Z 15 einzureihen (OGH vom 16. 1. 1997, 8 Ob A 2342/96m, infas 1997, A 66).

Soweit Sonderzuwendungen von einem besonderen betrieblichen Anlass abhängig gemacht werden (zB Fertigstellung eines großen zeitaufwändigen [mehrjährigen] Projekts), kann darüber eine **normativ wirkende, aber nicht erzwingbare Betriebsvereinbarung** abgeschlossen werden. Zahlungen, die etwa vom Erreichen bestimmter **jährlicher** betriebsbezogener Umsatzzahlen abhängig gemacht werden, sind (im Lichte der Judikatur) nicht unter Z 15 einzuordnen (vgl *Preiss* in *Resch* (Hrsg), Leistungs- und erfolgsbezogene Entgeltfindung [2003] 31 [43]).

Der Begriff „Zuwendungen" umfasst nach hL auch Sachleistungen (*Strasser/Jabornegg*, ArbVG[3] [1999] § 97 Anm 69, *Reissner* in ZellKomm § 97 ArbVG Rz 80, *Binder* in *Tomandl*, ArbVG § 97 Rz 182), wie etwa Mitarbeiteraktien (so auch *Löschnigg*, DRdA 2000, 467 [470]) oder etwa zusätzliche bezahlte Freizeit. Auch Dienstleitungen, wie etwa Leistungen von Ärzten, Therapeuten, Masseuren etc, können unter dem Begriff „Zuwendungen" fallen (*Binder* in *Tomandl*, ArbVG § 97 Rz 182).

Werden Betriebsvereinbarungen über Zuwendungen abgeschlossen, die nicht unter Z 15 fallen, wird wohl in der Regel ein einzelvertraglicher Anspruch entstanden sein (**„freie" Betriebsvereinbarung**, vgl Erl 1).

Gewinnbeteiligung

[22]) Betriebsvereinbarungen iSd Z 16 können **nur** über eine Beteiligung der Arbeitnehmer am **Gewinn** des Betriebes bzw Unternehmens, in dem sie beschäftigt sind, abgeschlossen werden. Eine Orientierung von Entgeltteilen an **anderen betriebswirtschaftlichen Größen** (zB Umsatz, Cashflow, Zahl von Geschäftsabwicklungen etc) ist in Z 16 **nicht vorgesehen** (vgl zu den praktischen Erscheinungsformen verschiedener Entgeltsysteme *Kolm* in *Resch* (Hrsg), Leistungs- und erfolgsbezogene Entgeltfindung [2003] 13). Auch Vermögensbildungssysteme, Beteiligungssysteme am eigenen Unternehmen ohne Anknüpfung an eine bestimmte Gewinnbeteiligung fallen nicht unter diese Bestimmung. Es sind **nur solche Maßgrößen verwendbar**, die auch die **Ausgabenseite im Unternehmen berücksichtigen** (vgl mwN *Preiss* in *Resch* (Hrsg), Leistungs- und erfolgsbezogene Entgeltfindung [2003] 31 [43]); iDS auch OGH vom 23. 12. 1998, 9 Ob A 290/98g, ARD 5082/5/99 = ASoK 1999, 269). Vereinbarungen, die nicht den Gewinn im geschilderten Sinne (Ausgabenseite muss berücksichtigt sein) zu Grunde legen, haben daher keinen normativen Charakter. Sie können allenfalls einzelvertraglich festgelegt werden, sofern dadurch keine zwingenden Bestimmungen verletzt werden. Mitarbeiterbeteiligungen am Kapital des Unternehmens, die unter den beschriebenen Gewinnbegriff fallen, sind durch Z 16 gedeckt und zulässig (so auch *Reissner* in ZellKomm § 97 ArbVG Rz 82).

Wenn ein Kollektivvertrag zulässt, dass Lohnerhöhungen in Form von Mitarbeiterbeteiligungssystemen auf betrieblicher Ebene zwischen Betriebsrat und Betriebsinhaber gestaltet werden können (dies wäre eine besondere Form der „Öffnungsklausel"), liegt eine Ermächtigung für den Abschluss normativ wirkender Betriebsvereinbarungen über diese Systeme vor.

Da die Auswirkungen von Systemen der Gewinnbeteiligung oft nur schwer zu erkennen sind, sollte der Betriebsrat vor Abschluss einer diesbezüglichen Betriebsvereinbarung jedenfalls den Rat der zuständigen Gewerkschaft oder Arbeiterkammer einholen (vgl *Achitz/Krapf/Mayerhofer*, Leitfaden für Betriebsvereinbarungen [2001] 141).

Sicherung eingebrachter Gegenstände

[23]) Unter „eingebrachten" Gegenständen sind alle im Besitz des Arbeitnehmers stehenden Sachen zu verstehen, die in den Betrieb mitgenommen werden und dort verwahrt sind. Als Ausfluss der Fürsorgepflicht des Arbeitgebers hat er für die sichere Verwahrung der Gegenstände vorzusorgen, die üblicherweise in den Betrieb mitgenommen werden (also etwa nicht wertvoller Schmuck etc). § 27 Abs 4 ArbeitnehmerInnenschutzG schreibt vor, dass dem Arbeitnehmer versperrbare Einrichtungen zur Verfügung zu stellen sind. Eine Betriebsvereinbarung gem Z 17 würde etwa auch die Schaffung gesicherter PKW-Abstellplätze decken (*Resch*, RdW 2004, 37). Näheres über die Form der Verwahrung kann durch **freiwillige, nicht erzwingbare Betriebsvereinbarung** festgelegt werden.

Betriebspensionsregelungen

[24]) Durch Betriebsvereinbarung kann den Arbeitnehmern und seinen Hinterbliebenen eine **betriebliche Pensionsleistung** zugesichert werden. Solche Betriebsvereinbarungen sind freiwillig, also nicht erzwingbar (vgl Erl 1). **Z 18** umfasst **alle möglichen Pensions- und Ruhegeldleistungen** (wie etwa direkte Leistungszusage für eine laufende Rente, Leistung von Lebensversicherungsprämien für den Arbeitnehmer, Finanzierung einer freiwilligen Höherversicherung nach dem ASVG), **nicht aber** wenn **Leistungen** über eine **betriebliche oder überbetriebliche Pensionskasse** oder in Form einer betrieblichen Kollektivversicherung abgewickelt werden sollen. Diesfalls gelten seit Einführung des Betriebspensionsgesetzes (BPG) BGBl 1990/282 der eingefügte Betriebsvereinbarungstatbestand der Z 18a und das BPG (vgl Erl 25) bzw seit Schaffung der Möglichkeit einer betrieblichen Kollektivversicherung durch BGBl I 2005/8 der Betriebsvereinbarungstatbestand der Z 18b (vgl Erl 25a) und die einschlägigen Bestimmungen des BPG (§§ 6a bis 6d). Die Nichtanführung der Z 18b (wohl aber der Z 18a) in der Z 18 ist ein offensichtliches Redaktionsversehen (*Reissner* in ZellKomm § 97 ArbVG Rz 88).

In einer Betriebsvereinbarung gem Z 18 kann etwa Folgendes geregelt werden (vgl ausführlich zu möglichen Inhalten *Achitz/Krapf/Mayerhofer*, Leitfaden für Betriebsvereinbarungen [2001] 156):
- die Anspruchsvoraussetzungen (Dienstzeit; eventuell Anrechnung von Vordienstzeiten);
- Grundlagen des Anspruchserwerbes (Pensionsalter, eventuell Grad der Invalidität);

- Grundlagen der Anspruchsberechnung (vor allem das Verhältnis zur ASVG-Pension, Bemessungsgrundlage, eventuell Anpassung an die Pensionsdynamik);
- Organisationsform der Pensionsregelung (direkte Leistungszusage, Zahlung von Lebensversicherungsprämien für den Arbeitnehmer, freiwillige Höherversicherung nach dem ASVG etc).

Auch die **Übernahme der Prämie** für eine **Zusatzkrankenversicherung** von Arbeitnehmern, die nach einer bestimmten Anwartschaftszeit in Ruhestand treten, ist auf Basis einer Betriebsvereinbarung gem Z 18 möglich (insbesondere ist dies keine Wohlfahrtseinrichtung gem Z 19; OGH vom 23. 12. 1998, 9 Ob A 159/00y, DRdA 2001/35 mit Anm von *K. Mayr* = RdW 2001/512 = ASoK 2001, 134; OGH vom 8. 2. 1989, 9 Ob A 316/88, DRdA 1989, 424 = infas 1989, A 86 = RdW 1989, 280 = wbl 1989, 277)

Es ist zulässig, Betriebsvereinbarungen über Betriebspensionen abzuschließen, bei denen die **Zuerkennung der einzelnen Betriebspensionen** von einem weiteren – rechtsgestaltenden – Akt des Arbeitgebers – hier **dem Pensionsbrief – abhängig** ist. Dabei wird von einer inhaltlichen normativen Ausgestaltung der so eingeräumten einzelnen Betriebspension auszugehen sein. Bei Ausübung des Gestaltungsrechts des Arbeitgebers bei der Zuerkennung ist der arbeitsrechtliche Gleichbehandlungsgrundsatz ebenso wie jener des § 18 BPG zu beachten (OGH vom 21. 12. 2000, 8 Ob A 170/00h, DRdA 2001/44 mit Anm von *Runggaldier* = ZAS 2001/19 mit Anm von *Risak* = ecolex 2001/189 = ARD 5229/16/2001 = infas 2001, A 31 = RdW 2001/513 = Arb 12.068 = ASoK 2001, 196)

Insgesamt haben Leistungen aus einer Pensionsbetriebsvereinbarung dem allgemeinen arbeitsrechtlichen **Gleichbehandlungsgrundsatz** ebenso wie dem **speziellen Gleichbehandlungsgebot des § 18 BPG** zu entsprechen. Die unsachliche Benachteiligung einer deutlichen Minderheit von Arbeitnehmern bei der Bemessung eines betrieblichen Pensionszuschusses – in concreto wegen Differenzierungen bei der Berücksichtigung von Überstundenabgeltungen – verletzt den Gleichbehandlungsgrundsatz (OGH vom 30. 6. 2005, 8 Ob A 8/05t, DRdA 2006/17, 214 mit Anmerkung von *Eichinger* = ARD 5627/6/2005 = ASoK 2006, 39 = RdW 2005/781, 709 = Arb 12.549).

Leistungen im Sinne von Z 18 können auch **einzelvertraglich** (auch durch betriebliche Übung) vereinbart werden (zu den Möglichkeiten des Kollektivvertrages siehe *Cerny*, ArbVR 2³ Erl 10 zu § 2). Wird eine Betriebsvereinbarung abgeschlossen, gilt diese **normativ** und gestaltet somit die Arbeitsverhältnisse. Scheidet der Arbeitnehmer allerdings aus dem Betrieb aus (Wechsel des Arbeitgebers bzw Pensionierung), verwandelt sich sein Anspruch aus der Betriebsvereinbarung zum **einzelvertraglichen** Anspruch (siehe Erl 4; OGH vom 14. 12. 1988, 9 Ob A 512/88, DRdA 1990, 111 mit Anm von *Grillberger* = ZAS 1989, 98 mit Anm von *Tomandl* = DRdA 1989, 132 = Arb 10.763 = RdW 1989, 137 = JBl 1989, 193; OGH vom 8. 2. 1989, 9 Ob A 316/88, DRdA 1989, 424 = RdW 1989, 280 = wbl 1989, 277; OGH 23. 5. 2001, DRdA 2002/20 mit Anm von *Runggaldier;* OGH vom 30. 8. 2001, 8 Ob A 78/01f, ASoK 2002, 210 = ZASB 2002, 1 = RdW 2002/671; OGH vom 28. 3. 2002, 8 Ob A 120/01g, DRdA 2003/25 mit Anm von *Weiß* = ARD 5333/11/2002 = ASoK 2003, 244 = Arb 12.200). **Eine nachfolgende Betriebsvereinbarung kann vorbehaltslose einzelvertragliche Positionen nicht verschlechtern.**

Der Betriebsrat kann **ausgeschiedene Arbeitnehmer** (Pensionisten) **nicht vertreten** (OGH vom 31. 8. 2005, 9 Ob A 121/04s, ecolex 2006/25, 48 = ARD 5673/7/2006 = Arb 12.555; siehe dazu mwN Erl 4 und *Schima* in *Mazal/Risak*, Kapitel VII. Rz 6–8). In einer Sozialplanbetriebsvereinbarung können im Gegensatz dazu Rechtsverhältnisse ausgeschiedener Arbeitnehmer normativ geregelt werden (vgl dazu Erl 9).

Wie in Erl 4 bereits ausgeführt, ist ein **einseitiger Eingriff (Kürzung, Widerruf** etc) in solche einzelvertragliche Pensionsleistungen nur bei Vorliegen eines **Widerrufsvorbehaltes** möglich (OGH 26. 3. 1997, 34 = ecolex 1997, 956 = ARD 4840/13/97 = ASoK 1997, 294; vgl *Grießer*, RdW 2001, 473). Selbst dann darf aber der Eingriff nicht schwer wiegender ausfallen, als es die Belange des Betriebes unter Berücksichtigung der Interessen der betroffenen Ruheständler erfordern (OGH vom 14. 12. 1988, 9 Ob A 512/88, DRdA 1990, 111 mit Anm von *Grillberger*). Ein Vorbehalt ist selbst dann wirksam, wenn die Betriebsvereinbarung nicht gehörig kundgemacht wurde (OGH vom 23. 10. 1991, 9 Ob A 206/91, DRdA 1992/16 mit Anm von *Apathy* = ecolex 1992, 114). Dies gilt deswegen, weil der begünstigte Arbeitnehmer nicht von vornherein davon ausgehen kann, dass ihm eine unbedingte Pensionszusage zukommt. Es trifft den Arbeitnehmer die Informationspflicht bezüglich des gesamten Inhalts der Pensionszusage.

Solange die Arbeitnehmer noch nicht in Pension sind, gilt die **Betriebsvereinbarung normativ**. Demgemäß können die Betriebsparteien auch eine **Kürzung der Anwartschaften** durch den Abschluss einer neuen Betriebsvereinbarung (sog **ablösende Betriebsvereinbarung** vgl Erl 4) vereinbaren. Diese „**Verschlechterung**" wirkt für die aktiven Arbeitnehmer unmittelbar. Die Betriebsparteien sind dabei aber nicht frei, sondern sie müssen „die wohlerworbenen Rechte" der Arbeitnehmer berücksichtigen. Dieser **Vertrauensschutz** bedeutet, dass zwar Verschlechterungen der Pensionsanwartschaften grundsätzlich vorgenommen werden dürfen, aber mit dem betrieblichen Interesse (wirtschaftliche Lage) abgewogen werden müssen. Jedenfalls muss berücksichtigt werden, wie viel Beitragszeiten die betroffenen Arbeitnehmer erworben haben (OGH vom 24. 6. 1999, 8 Ob A 20/99w, DRdA 2000, 235 mit Anm von *Runggaldier* = ecolex 2000, 140 = Arb 11.889 = ARD 5058/47/99; OGH vom 30. 6. 2005, 8 Ob A 70/04h, ecolex 2005/376, 788 = ASoK 2006, 76). Eine verschlechternde Betriebsvereinbarung, mit der die bestehenden Ruhe- und Versorgungsgenüsse definitiv gestellter Arbeitnehmer auf eine Pensionskasse übertragen werden sollen, ist ohne Übergangsbestimmungen unwirksam und auch trotz einzel-

§ 97 Erl 24

vertraglicher Zustimmung eines Arbeitnehmers nicht anwendbar (OGH vom 25. 1. 2006, 9 Ob A 57/05f, ARD 5676/4/2006 = ecolex 2006/179, 415 = DRdA 2006, 241 = RdW 2006/416, 451 = JUS Z/4150 = DRdA 2007/31, 300 [mit Anm von *Resch*] = Arb 12.590).

Eine **schematische Gleichbehandlung** der von einer plötzlichen Kürzung der Ruhegeldanwartschaften Betroffenen **ohne Rücksicht** auf die Dauer der Berufsausübung und die dadurch bedingten **unterschiedlichen Vertrauenspositionen** widerspricht dem Gleichbehandlungsgrundsatz; es ist vielmehr eine Differenzierung nach der Dauer der erworbenen Beitragszeiten geboten; je länger die Dauer der Zugehörigkeit zum Alterssicherungssystem, desto maßvoller sollte der Eingriff sein; es sind daher Übergangsfristen zu fordern, damit nicht plötzlich und unerwartet in die Rechts- und Vertrauenspositionen eingegriffen wird. Bei der zu prüfenden Verhältnismäßigkeit ist grundsätzlich davon auszugehen, dass die generellen Interessen der Arbeitnehmer durch ihre Belegschaftsvertretung ausreichend vertreten werden und von dieser nicht weiter gehende Eingriffe in die Anwartschaften hingenommen werden, als es das Wohl des Betriebes und der Arbeitnehmer unbedingt erfordern. Die Verhältnismäßigkeit ist vom Gericht zu prüfen, wobei bei Fehlen substantiierter Gegenbehauptungen grundsätzlich von der Verhältnismäßigkeit des Eingriffs auszugehen ist (OGH vom 6. 9. 2000, 9 Ob A 106/00d, DRdA 2001/25 mit Anm von *Runggaldier* = infas 2001, A 3 = RdW 2001/244 = Arb 12.035 = ASoK 2001, 194 = wbl 2001/26 = ZAS 2001/12 mit abl Anm von *Tomandl*; *Kreil*, RdW 2001/243).

Eine **Änderung der Gesetzeslage** allein bewirkt keine Änderung der Geschäftsgrundlage einer Betriebsvereinbarung über eine Betriebspension (OGH vom 18. 10. 1989, 9 Ob A 520/88, DRdA 1990/35 mit krit Anm von *Strasser* = ARD 4141/21/90 = RdW 1990, 164 = wbl 1990, 110). Der Arbeitgeber kann sich somit nicht darauf berufen, dass das ASVG geändert wurde, wenn er betriebliche Pensionsleistungen verändern will. Selbst wenn in der Betriebsvereinbarung beim Eintritt gesetzlicher Veränderungen vom Betriebsrat eine Verhandlungszusage für Neuregelungen gegeben wurde, besteht noch kein Rechtsanspruch auf bestimmte inhaltliche Änderungen in der geltenden Betriebsvereinbarung.

Betriebsvereinbarungen über Betriebspensionsleistungen können ebenso wie Kollektivverträge (OGH vom 28. 8. 1991, 9 Ob A 115/91, infas 1992, A 1 = DRdA 1992/34 mit Anm von *Resch* = ARD 4308/19/91 = ecolex 1991, 871 = RdW 1991, 366 = wbl 1992, 20 = ZAS 1993, 61 mit Anm von *Strasser* = Arb 10.965 = RdW 1991, 361 mit Anm von *Runggaldier*) **keine normative Verpflichtung** des Arbeitnehmers festlegen, **einen Pensionsbeitrag an den Arbeitgeber zur Mithilfe bei der Finanzierung dieser betrieblichen Pensionszusage** zu leisten. Zur Festlegung eines derartigen Pensionsbeitrages ist entweder ein Gesetz oder die einzelvertragliche Zustimmung des Arbeitnehmers notwendig. Siehe dazu die Kritik von *Cerny,* ArbVR 2[3] Erl 10 zu § 2.

Es ist zulässig, in einer Betriebsvereinbarung über Betriebspensionen einen **paritätisch besetzten Leistungsausschuss** zur Pensionsfestsetzung einzusetzen. Nur missbräuchliche Anwendung des Ermessens durch diesen Ausschuss könnte rechtlich bekämpft werden (OGH vom 4. 11. 1986, 14 Ob 136/86, DRdA 1987, 338 = infas 1987, A 79 = DRdA 1988/11 mit Anm von *Mayer-Maly* = ARD 3876/14/87 = ZASB 1987, 13 = JBl 1987, 803). Eine bisher im Rang einer freien Betriebsvereinbarung stehende Regelung über eine betriebliche Ruhegeldleistung kann durch Vereinbarung der zuständigen Parteien in den Rang einer echten Betriebsvereinbarung erhoben werden (OGH vom 13. 2. 2003, 8 Ob A 137/02h, infas 2003, A 50 = RdW 2004/278).

Betriebsvereinbarungen gem Z 18 sind **freiwillige Betriebsvereinbarungen** (vgl Erl 1) und deshalb nach den Bestimmungen des § 32 kündbar (vgl *Cerny*, ArbVR 2^3 Erl zu § 32). Bei Kündigung kommt ihnen **Nachwirkung** gem § 32 Abs 3 zu (vgl *Cerny*, ArbVR 2^3 Erl 6 zu § 32). Zu beachten ist auch das Sonderkündigungsrecht gem § 31 Abs 7 bei Betriebsübergang (vgl dazu Abs 4 und Erl 35 sowie *Cerny,* ArbVR 2^3 Erl 11 zu § 31).

Pensionskassenvereinbarungen

[25]) Im Zuge der Inkraftsetzung des **Betriebspensionsgesetzes** wurde im Jahre 1990 (BGBl Nr 282) auch der Katalog der Betriebsvereinbarungen um die Pensionskassenvereinbarung nach § 97 Abs 1 Z 18a erweitert. Durch die EU-Richtlinie über „Tätigkeiten und die Beaufsichtigung der Einrichtungen zur betrieblichen Altersversorgung" (Pensionsfonds-RL 2003/41/EG, innerstaatlich umgesetzt durch BGBl I 2005/8) wurden einheitliche Rahmenbedingungen für Einrichtungen der betrieblichen Altersvorsorge innerhalb der EU geschaffen (vgl dazu *Wöss,* Neuerungen im Betriebspensionsrecht – Novelle 2005, DRdA 2005, 284). Andere Pensionsleistungen als solche über eine Pensionskasse fallen unter Z 18 (vgl Erl 24). Für so genannte betriebliche Kollektivversicherungen ist Z 18b einschlägig (siehe Erl 25a). § 97 Abs 1 Z 18a steht in engem Zusammenhang mit § 3 Abs 1 BPG. Danach kann die Errichtung einer **betrieblichen Pensionskasse** bzw der **Beitritt** zu einer **betrieblichen oder überbetrieblichen** Pensionskasse nur nach Abschluss einer Betriebsvereinbarung – und das ist eine solche gem Z 18a – erfolgen. Der erforderliche Mindestinhalt dieser Betriebsvereinbarung ist in § 3 Abs 1 Z 1 bis 3 BPG festgelegt (vgl genauer dazu *Wöss* in *Farny/Wöss*, Betriebspensionsgesetz/Pensionskassengesetz [1992] 60):

– Mitwirkung der Anwartschafts- und Leistungsberechtigten an der Verwaltung der Pensionskasse (Z 1);
– das Leistungsrecht (Ansprüche), die Höhe der Arbeitgeberbeiträge, die allfällige Verpflichtung für den Arbeitgeber, Beiträge anzupassen (Z 2);

– Austritt bzw Auflösung (aus) der Pensionskassa und die Rechtsfolgen daraus (Z 3).

Ohne Betriebsvereinbarung mit dem entsprechenden Mindestinhalt gibt es – für Belegschaften mit Betriebsrat – **keine Möglichkeit, an einer Pensionskassenlösung teilzuhaben.** § 3 Abs 1 BPG knüpft die **Rechtswirksamkeit** des Beitritts zu bzw die Errichtung einer Pensionskasse ausdrücklich an den Abschluss einer Betriebsvereinbarung. Insofern könnte man die Betriebsvereinbarung nach Z 18a unter die **notwendige Mitbestimmung** einordnen (so etwa *Löschnigg*, Arbeitsrecht[10] [2003] 736; *B. Schwarz*, DRdA 2003, 240 [241]; vgl Erl 2). Hinsichtlich der **Kündigungsregelung** (§ 97 Abs 4, vgl Erl 35) und dem inhaltlichen Zusammenhang mit Z 18 ordnet *Wöss* (in *Farny/Wöss*, Betriebspensionsgesetz/Pensionskassengesetz [1992] 207) Z 18a den **freiwilligen Betriebsvereinbarungen** zu.

Es ist wesentlich festzuhalten, dass für Arbeitnehmer, die von einem Betriebsrat vertreten werden, die Beteiligung an einer Pensionskasse nur denkbar ist, wenn mit Zustimmung des Betriebsrates eine Betriebsvereinbarung über diese Pensionskassenbeteiligung besteht. Eine **Ersetzung der Zustimmung** des Betriebsrates **durch die Schlichtungsstelle** ist **nicht vorgesehen** (im Unterschied dazu kann die Auswahl einer Mitarbeitervorsorgekasse gem Z 1b bei der Schlichtungsstelle erzwungen werden, vgl Erl 6a). Der Pensionskassenvertrag zwischen dem Unternehmen und der Pensionskasse muss inhaltlich der Betriebsvereinbarung über die Beteiligung der Arbeitnehmer an einer Pensionskasse entsprechen. Dies ergibt sich aus den Regelungen des Pensionskassengesetzes, in dem der Inhalt sowohl des Pensionskassenvertrages als auch der Betriebsvereinbarung über die Pensionskassenbeteiligung weitgehend deckungsgleich hinsichtlich der zu regelnden Bereiche festgelegt ist. (Eine umfassende Darstellung von Abschluss, Inhalt und Rechtswirkungen der Pensionskassenbetriebsvereinbarung siehe bei *Farny/Wöss,* Betriebspensionsgesetz/Pensionskassengesetz [1992].) Diese umfassende Regelungsmöglichkeit bzw -pflicht ist ein wesentlicher Unterschied zum Tatbestand der Z 1b (Auswahl der Mitarbeitervorsorgekasse). Im Rahmen der Z 1b kann nämlich nur eine Mitarbeitervorsorgekasse ausgewählt (bzw gewechselt) werden, es können aber keine Vorgaben für den Vertrag mit der Mitarbeitervorsorgekasse gemacht werden (vgl Erl 6a).

Eine Pensionskassenbetriebsvereinbarung kann **keine Verpflichtung** zur Entrichtung von **Arbeitnehmerbeiträgen** vorsehen (vgl – zur fehlenden kollektivvertraglichen Regelungskompetenz – OGH vom 13. 2. 2003, 8 Ob A 98/02y, DRdA 2004/18, 313 mit Anm von *Runggaldier*). Sie kann nur „Art und Weise der Zahlung und Grundsätze über die Höhe jener Beiträge, zu deren Entrichtung sich der Arbeitnehmer (Anm: individuell gem § 3 Abs 4 BPG) verpflichtet," regeln (siehe dazu *Farny/Wöss*, Betriebspensionsgesetz/Pensionskassengesetz [1992] 81).

Zur Sonderregelung des § 97 Abs 4 bezüglich der Kündigung von Pensionskassenvereinbarungen (und Vereinbarungen zu betrieblichen Kollektivversicherungen) siehe Erl 35.

Betriebliche Kollektivversicherungen

[25a]) Durch BGBl I 2005/8 wurde „zur Förderung der 2. Säule der Altersversorgung auf Basis der Gruppenversicherung im Versicherungsaufsichtsgesetz das neue Altersvorsorgeprodukt betriebliche Kollektivversicherung eingeführt. Mit der betrieblichen Kollektivversicherung wird in der Zukunft ... ein Wettbewerb zwischen Pensionskassen und Versicherungen mit unterschiedlichen Produkten entstehen, der Vorteile für Arbeitgeber und Arbeitnehmer sowie für den österreichischen Kapitalmarkt bringen wird. Dadurch wird auch einem für den Wirtschaftsstandort Österreich schädlichen Abfluss in Produkte ausländischer Anbieter entgegengewirkt" (RV 707 BlgNR 22. GP 1). Sondervorschriften für die betriebliche Kollektivversicherung finden sich insbesondere in den §§ 18f bis 18j Versicherungsaufsichtsgesetz (VAG) sowie in den §§ 6a bis 6d Betriebspensionsgesetz (BPG).

Ebenfalls mit BGBl I 2005/8 wurde die Z 18b in § 97 eingefügt. Ziel war es – so die Gesetzgebungsmaterialien (RV 707 BlgNR 22. GP 20) – ebenso wie für Pensionskassenzusagen auch für die betriebliche Kollektivversicherung
- einen Betriebsvereinbarungstatbestand zu schaffen,
- die Kündigungsmöglichkeit einer solchen Betriebsvereinbarung auf nach dem Kündigungstermin neu abgeschlossene Arbeitsverhältnisse einzuschränken und
- die in § 31 Abs 7 ArbVG vorgesehene Kündigungsmöglichkeit für Betriebsvereinbarungen mit einer betrieblichen Altersvorsorge bei Betriebsübergängen (siehe dazu Erl 35 und *Cerny*, ArbVR 2[3] Erl 11 zu § 31) auch auf Betriebsvereinbarungen mit einer betrieblichen Kollektivversicherung zu erstrecken.

Ähnlich der Situation bei Pensionskassenlösungen gem Z 18a steht Z 18b in engem Zusammenhang mit dem BPG. Gem § 6a BPG ist die Rechtswirksamkeit des Abschlusses einer betrieblichen Kollektivversicherung – mit Ausnahme der in § 6a Abs 2 BPG genannten Fälle – von einer Betriebsvereinbarung gem Z 18b oder von einem Kollektivvertrag (§ 6a Abs 1a BPG) abhängig. Der erforderliche Mindestinhalt einer solchen Betriebsvereinbarung oder eines solchen Kollektivvertrages ist in § 6a Abs Z 1 bis 3 BPG festgelegt:
- Mitwirkung der Versicherten nach § 18j VAG (Z 1)
- das Leistungsrecht, dh die Ansprüche der Versicherten, die Höhe der Prämien des Arbeitgebers, die allfällige Verpflichtung für den Arbeitgeber, Prämien anzupassen (Z 2);

– die Voraussetzungen für die Arbeitgeberkündigung des Versicherungsvertrages (§ 18f VAG) und die Rechtsfolgen daraus (Z 3).

Zur Sonderregelung des § 97 Abs 4 bezüglich der Kündigung von Vereinbarungen zu betrieblichen Kollektivversicherungen (und Pensionskassenvereinbarungen) siehe Erl 35.

Betriebliches Beschwerdewesen

[26]) Jeder Arbeitnehmer hat das Recht, Beschwerden über betriebliche Angelegenheiten beim Betriebsrat oder beim Betriebsinhaber vorzubringen (vgl zu den Rechten der einzelnen Arbeitnehmer auch *Gahleitner*, ArbVR 2³ Erl zu § 37). Art und Weise der allgemeinen Realisierung dieses Rechtes – möglicherweise im Rahmen einer bestimmten Organisationsform, etwa einer **Beschwerdekommission** – kann durch **freiwillige, nicht erzwingbare Betriebsvereinbarung** festgelegt werden.

Rechtsstellung der Arbeitnehmer bei Krankheit und Unfall

[27]) **Entgeltfortzahlungsansprüche** der Arbeitnehmer bei Krankheit und Unfall sind in der Regel eingehend durch Gesetz (zB § 8 AngG, § 2 Entgeltfortzahlungsgesetz), ausnahmsweise auch ergänzend durch Kollektivvertrag geregelt. Eine Betriebsvereinbarung kann in diesen Angelegenheiten nur insoweit Regelungen treffen, als sie über die gesetzlichen und kollektivvertraglichen Bestimmungen hinausgeht und für den Arbeitnehmer günstiger ist.

Durch eine **freiwillige Betriebsvereinbarung** gem Z 21 kann **nicht festgelegt** werden, dass der Arbeitnehmer **immer** – bei Androhung des Verlustes der Entgeltfortzahlung – **eine ärztliche Bestätigung** bei Krankheit bringen muss, **ohne** dass dies der **Arbeitgeber im Einzelfall verlangt**. Eine solche Regelung ist nämlich eine Verschlechterung gegenüber dem Gesetz (OGH vom 15. 6. 1988, 9 Ob A 122/88, DRdA 1990, 453 mit Anm von *Rebhahn* = ZASB 1988, 21 = Arb 10.745). Dasselbe würde für Vereinbarungen gelten, die vorsehen, dass sich der Arbeitnehmer durch einen bestimmten Arzt (Betriebsarzt) untersuchen lassen muss (so auch *Binder* in *Tomandl*, ArbVG § 97 Rz 354) oder dass die Diagnose preisgegeben werden muss.

Durch Betriebsvereinbarung könnte beispielsweise der Anspruch des Arbeitnehmers auf Zuschuss zu den von der Krankenkasse nicht gedeckten Heilungskosten bzw Kosten eines Kuraufenthaltes festgelegt werden. Ebenso kann der Entgeltfortzahlungszeitraum oder die -höhe über das gesetzliche oder kollektivvertragliche Ausmaß hinaus ausgedehnt werden (vgl *Reissner* in ZellKomm § 97 ArbVG Rz 99 und *Binder* in *Tomandl*, ArbVG § 97 Rz 352). Zu weiteren möglichen Inhalten vgl *Achitz/Krapf/Mayerhofer*, Leitfaden für Betriebsvereinbarungen (2001) 171.

Nach der – mittlerweile gefestigten – Judikatur des OGH besteht im Rahmen einer Betriebsvereinbarung **keine Möglichkeit**, die **Mitbestim-**

mungsrechte des Betriebsrates auszubauen (vgl dazu aber die Kritik bei *Cerny*, ArbVR 2³ Erl 6 zu § 2). Nach der oberstgerichtlichen Judikatur ist es zB **nicht möglich**, eine Regelung zu treffen, die bestimmt, dass erkrankte Arbeitnehmer durch den Arbeitgeber nicht gekündigt werden können, wenn der Betriebsrat dagegen schriftlich Einspruch erhoben hat (OGH vom 22. 10. 1997, 9 Ob A 151/97i, infas 1998, A 52 = ASoK 1998, 282 = ARD 4920/7/98 = RdW 1998, 628). Warum in einem solchen Fall keine Selbstbindung des Betriebsinhabers möglich sein soll, ist allerdings kaum einsichtig, handelt es sich doch um einen Tatbestand einer freiwilligen Betriebsvereinbarung, die nicht erzwungen werden kann.

Für den Anwendungsbereich des EntgeltfortzahlungsG (für Arbeiter) sieht § 2 Abs 8 EFZG die Möglichkeit vor, dass für den Anspruch auf Entgeltfortzahlung nicht das **Arbeitsjahr**, sondern das **Kalenderjahr** maßgeblich sein kann. Eine solche **Umstellung** kann nur durch Kollektivvertrag oder **freiwillige** Betriebsvereinbarung iSd § 97 Abs 1 Z 21 erfolgen. § 2 Abs 8 EFZG knüpft die Umstellungsbetriebsvereinbarung aber an Mindestbedingungen. Vgl dazu eingehend *Cerny/Kallab*, Entgeltfortzahlungsgesetz⁴ [2001] Erl 30 bis 35 zu § 2 und *Achitz/Krapf/Mayerhofer*, Leitfaden für Betriebsvereinbarungen (2001) 193.

Die Zusage eines Arbeitgebers für in den Ruhestand tretende Arbeitnehmer die Zahlung der Prämie für eine Zusatzkrankenversicherung zu übernehmen, fällt unter die in Z 18 genannten Angelegenheiten (OGH vom 8. 2. 1989, 9 Ob A 316/88, DRdA 1989, 424 = infas 1989, A 86 = RdW 1989, 280 = wbl 1989, 277). Es handelt sich dabei also nicht um die Regelung der Rechtsstellung der Arbeitnehmer bei Krankheit iSd Z 21.

Regelungen über die Beendigung des Arbeitsverhältnisses

[28]) Z 22 ermöglicht ihrem Wortlaut nach einerseits Regelungen bezüglich **Kündigungsfristen** und andererseits bezüglich der **Gründe**, die die vorzeitige Beendigung (**Entlassung und vorzeitiger Austritt**) eines Arbeitsverhältnisses ermöglichen. Es handelt sich um eine **freiwillige, nicht erzwingbare Betriebsvereinbarung**.

Kündigungsfristen für Angestellte sind im Angestelltengesetz (AngG) in § 20, Kündigungsfristen für Arbeiter in der Regel im Kollektivvertrag, im ABGB (§§ 1159 ff) und in der Gewerbeordnung 1859 (GewO 1859) festgelegt. Betriebsvereinbarungen können für den Arbeitnehmer nur **günstigere Fristen** als im Gesetz festlegen. Günstiger bedeutet in diesem Zusammenhang längere Fristen bei Arbeitgeberkündigung und kürzere bei Kündigung durch den Arbeitnehmer selbst. Eine Betriebsvereinbarung über Kündigungsfristen könnte etwa vorsehen, dass die Fristen für Arbeiter des Betriebes denen für Angestellte angeglichen werden.

Wenn Z 22 von Kündigungsfristen spricht, sind damit auch **Kündigungstermine** gemeint (*Strasser* in *Floretta/Strasser*, ArbVG-Handkommentar

[1975] 574; *Achitz/Krapf/Mayerhofer,* Leitfaden für Betriebsvereinbarungen [2001] 174; so auch *Reissner* in ZellKomm § 97 ArbVG Rz 103 und *Binder* in *Tomandl,* ArbVG § 97 Rz 361). So kann eine normative Betriebsvereinbarung etwa bestimmen, dass nur zum Quartalsende gekündigt werden kann. Ist einzelvertraglich nicht ausgemacht, dass auch zum 15. oder Monatsletzten gekündigt werden kann, gilt für Angestellte gem § 20 Abs 4 AngG die Quartalskündigung ohnehin als „Normalprogramm". Häufig verwendete Vertragsmuster für Angestelltenarbeitsverträge sehen aber bereits routinemäßig eine Klausel vor, dass auch zum 15. oder Monatsletzten gekündigt werden kann. Dem könnte eine normativ wirkende Betriebsvereinbarung, die wiederum nur Quartalskündigung vorsieht und damit kraft Günstigkeit vorgeht, Einhalt gebieten.

Die **Kündigung** eines Arbeitsverhältnisses **bedarf gesetzlich** – im Gegensatz zur Entlassung und zum vorzeitigen Austritt – **keiner Begründung.** Trotz des eng erscheinenden Wortlautes der Z 22 kann eine Betriebsvereinbarung gem Z 22 auch **Kündigungsgründe** oder auch **Formvorschriften** (zB Schriftlichkeit) mit **normativer Wirkung** festlegen (*Strasser/Jabornegg,* ArbVG[3] [1999] § 97 Anm 86; so auch *Reissner* in ZellKomm § 97 ArbVG Rz 105; aA *Binder* in *Tomandl,* ArbVG § 97 Rz 369). Wird in einer Betriebsvereinbarung die **Begründungspflicht** einer Arbeitgeberkündigung bei **sonstiger Rechtsunwirksamkeit** festgelegt, dann wird diese Kündigungsbeschränkung – selbst bei Ablehnung der Deckung durch den Wortlaut der Z 22 – kraft Eingang in den Einzelarbeitsvertrag wirksam und greift (OGH vom 22. 11. 1989, 9 Ob S 26/89, RdW 1990, 90 = ARD 4159/24/90; der Gerichtshof lässt es offen, ob die Betriebsvereinbarung normativ wirkt). Der totale **Ausschluss des Kündigungsrechtes des Arbeitgebers** kann durch normative Betriebsvereinbarung iSd § 97 Abs 1 Z 22 nicht festgelegt werden (aA *Reissner* in ZellKomm § 97 ArbVG Rz 103). Ein **derartiger Kündigungsschutz** für Arbeitnehmer kann nur im Zusammenhang mit dem **Sozialplan** (vgl dazu Erl 9 und die Erl zu § 109) normativ verankert werden. Vereinbaren Betriebsrat und Betriebsinhaber einen Kündigungsschutz für die Arbeitnehmer (in einer vermeintlich zulässigen Betriebsvereinbarung), wird der Kündigungsschutz durch schlüssige Zustimmung iSd § 863 ABGB zum Einzelvertragsbestandteil der Arbeitnehmer.

Nach Z 22 gibt es auch die Möglichkeit, **Gründe** für die **Entlassung** oder den **vorzeitigen Austritt** zu regeln. Dabei kann einer Betriebsvereinbarung vor allem die Funktion zukommen, **gesetzliche Tatbestände** der vorzeitigen Auflösung **zu konkretisieren** (zB Tatbestand der Vertrauensunwürdigkeit als Entlassungsgrund gem § 27 Z 4 AngG).

Keinesfalls darf durch Betriebsvereinbarung **zu Lasten des Arbeitnehmers** ein Entlassungsgrund geschaffen bzw ein Austrittsgrund ausgeschlossen werden. In diesem Fall würde die Betriebsvereinbarung gegen zwingende Vorschriften verstoßen und wäre in diesem Punkt nichtig.

Der Ausschluss bestimmter Entlassungsgründe zu Gunsten des Arbeitnehmers bzw die Schaffung neuer Austrittsgründe für den Arbeitnehmer ist dann zulässig, wenn durch solche Veränderungen der Gesetzeslage bezüglich des vorzeitigen Beendigungsrechtes die **Rechtsstellung des Arbeitgebers nicht in sittenwidriger Weise beeinträchtigt wird**. Sittenwidrig wäre es beispielsweise, wenn das Entlassungsrecht des Arbeitgebers durch die Betriebsvereinbarung überhaupt ausgeschlossen wird.

Eine Einschränkung des Entlassungsrechtes des Arbeitgebers durch Betriebsvereinbarung in der Weise, dass eine Verwarnung als Vorstufe für eine Entlassung nur sechs Monate hindurch gültig sei und dann bei Wiederholung der Verfehlung nicht mehr darauf Bezug genommen werden könnte, ist unzulässig (OLG Wien 5. 6. 1989, ARD 4101/21/89). Die Schaffung von Formvorschriften für die vorzeitige Beendigung ist wohl zulässig. Das ergibt sich aus einem Größenschluss. Ist es zulässig, die Gründe für eine vorzeitige Auflösung zu konkretisieren bzw teilweise auszuschließen, muss es auch möglich sein, etwa das Schriftformerfordernis für eine Entlassung bei sonstiger Rechtsunwirksamkeit zu normieren (*Strasser/Jabornegg*, ArbVG[3] [1999] § 97 Anm 87; so auch *Reissner* in ZellKomm § 97 ArbVG Rz 105).

Andere Beendigungsarten, wie einvernehmliche Lösung, Ablauf von Befristungen oder Eintritt einer auflösenden Bedingung können nicht Gegenstand einer **Betriebsvereinbarung gem Z 22** sein (so auch *Binder* in *Tomandl*, ArbVG § 97 Rz 363).

Nach der Judikatur des OGH ist es mittels Betriebsvereinbarung nicht möglich, die **Mitbestimmungsrechte des Betriebsrates** im Zusammenhang mit der Auflösung von Arbeitsverhältnissen **über das Maß des Gesetzes hinaus auszubauen** (OGH vom 22. 10. 1997, 9 Ob A 151/97i, DRdA 1998, 412 mit zust Anm von *Jabornegg;* vgl zu dieser Judikatur die Kritik von *Cerny*, ArbVR 2[3] Erl 6 zu § 2). So kann etwa die fünftägige Stellungnahmefrist gem § 105 ArbVG nicht verlängert werden (OGH vom 24. 2. 2000, 8 Ob A 339/99g, infas 2000, A 78 = Arb 11.991 = ARD 5122/28/2000). Es ist auch nicht möglich, eine Regelung zu treffen, die bestimmt, dass erkrankte Arbeitnehmer durch den Arbeitgeber nicht gekündigt werden können, wenn der Betriebsrat dagegen schriftlich Einspruch erhoben hat. Dadurch würden – so der OGH – die Mitbestimmungsrechte des Betriebsrates unzulässig erweitert (OGH vom 22. 10. 1997, 9 Ob A 151/97i, DRdA 1998, 412 mit zust Anm von *Jabornegg* = infas 1998, A 52 = ASoK 1998, 282 = ARD 4920/7/98 = RdW 1998, 628). Auch eine Verschlechterung der Mitbestimmungsrechte des Betriebsrates per Betriebsvereinbarung ist nicht zulässig (Vorwegverzicht auf das Recht der Kündigungsanfechtung im Rahmen einer Sozialplanbetriebsvereinbarung: OGH vom 30. 10. 2003, 8 Ob A 79/03f, DRdA 2005, 60 mit Anm von *Schneller* = infas 2004, A 20 = RdW 2004, 479 = ARD 5534/6/2004 = Arb 12.373 = ASoK 2004, 368).

Klarstellung der Kollektivvertragsangehörigkeit

²⁹) Bei **mehrfacher Kollektivvertragsangehörigkeit** eines Arbeitgebers (vgl *Cerny*, ArbVR 2³ Erl zu § 9) kann es strittig sein, welcher Kollektivvertrag im Betrieb gilt. In Mischbetrieben (– dh wenn sich Haupt- und Nebenbetrieb nicht trennen bzw Betriebsabteilungen organisatorisch und fachlich nicht abgrenzen –) kommt es dabei in erster Linie darauf an, welcher Betriebsbereich (zB Handel oder Gewerbe) die überwiegende wirtschaftliche Bedeutung hat (genauer zum Mischbetrieb siehe bei *Cerny*, ArbVR 2³ Erl zu § 9).

Kann diese überwiegende wirtschaftliche Bedeutung nicht ohne weiteres festgestellt werden, so ist es möglich, dass durch Betriebsvereinbarung hier eine Klarstellung erfolgt. Die Betriebsvereinbarung hat allerdings nicht die Möglichkeit, die maßgebliche wirtschaftliche Bedeutung eines Bereiches festzustellen, die dieser in der Praxis offenkundig nicht hat (idS auch *Löschnigg*, Arbeitsrecht¹⁰ [2003] 721; *Cerny*, ArbVR 2³ Erl 5 zu § 9; *Strasser*, ArbVG-Kommentar §§ 9, 10 Rz 14, spricht davon, dass eine „willkürliche" Feststellung unwirksam ist). Näheres zur Frage des Mischbetriebes und zur Feststellung der Anwendung des Kollektivvertrages im Einzelnen bei *Cerny*, ArbVR 2³ Erl zu § 9.

Vorübergehende Beibehaltung des Zuständigkeitsbereiches bei Betriebsänderungen

³⁰) Z 23a wurde durch BGBl 1990/411 eingefügt. Allgemein zu den Regelungen über das Schicksal des Betriebsrates bei betriebsorganisatorischen Maßnahmen siehe bei *Preiss*, ArbVR 2³ jeweils in den Erl 1 bis 3 zu den §§ 62b und 62c und *Preiss* in FS *Cerny* (2001) 449.

Bei einer (betriebsverfassungs)**rechtlichen Verselbstständigung von Betriebsteilen** (vgl *Preiss*, ArbVR 2³ Erl 8 bis 10 zu § 62b) bleibt der bisherige Betriebsrat bis zur Neuwahl eines Betriebsrates im verselbstständigten Teil vorübergehend zuständig. Gem § 62b Abs 1 gilt dies für die Dauer von maximal vier Monaten nach der organisatorischen Trennung des Betriebsteils. Da der Zeitpunkt der organisatorischen Trennung oftmals nicht einfach festzustellen ist, kann im Interesse der Rechtssicherheit eine **freiwillige normative Betriebsvereinbarung** zur **Festlegung dieses Termins** abgeschlossen werden. Diese Betriebsvereinbarung ist **nicht erzwingbar**. Inhalt dieser Betriebsvereinbarung kann aber **kein beliebiger Zeitpunkt** sein, es muss sich vielmehr um einen plausiblen – also zwischen Beginn und Ende der organisatorischen Maßnahmen liegenden – Zeitpunkt handeln (vgl dazu *Preiss*, ArbVR 2³ Erl 21 zu § 62b).

Unabhängig von der Präzisierung des Zeitpunktes der rechtlichen Verselbstständigung des Betriebsteils, können die Betriebspartner auch eine **Betriebsvereinbarung zur Verlängerung der Zuständigkeitsfrist** abschließen. Inhalt einer solchen Vereinbarung ist die Verlängerung der gesetzlich jedenfalls zustehenden Beibehaltungsfrist von **maximal vier Monaten** bis zum **Ende der laufenden** (vierjährigen) **ordentlichen Funktionsperiode** (§ 61 Abs 1, vgl *Preiss*, ArbVR 2³ Erl 23 zu § 62b) des Betriebsrates des Stammbetriebes. Auch diese Betriebsvereinbarung ist **freiwillig** und **nicht erzwingbar**. Zur Frage, wer – vor allem auf Betriebsinhaberseite – zum Abschluss der Betriebsvereinbarung zuständig ist, siehe *Preiss*, ArbVR 2³ Erl 23 zu § 62b.

Befinden sich im rechtlich verselbstständigten Betriebsteil weniger als fünf Arbeitnehmer iSd § 36, gibt es keine Beibehaltung des Zuständigkeitsbereiches des bisherigen Betriebsrates und damit auch keine der beiden Betriebsvereinbarungen iSd Z 23a.

§ 62c wurde nach § 62b durch BGBl 1993/460 in das ArbVG eingefügt. Z 23a verweist nicht auf § 62c. Trotzdem enthält § 62c Abs 2 kraft eindeutiger Verweisung auf § 62b Abs 2 Satz 1 die Regelung, dass eine **Betriebsvereinbarung zur Festlegung des Zeitpunktes der betrieblichen Verschmelzung** möglich ist. § 62c behandelt die Verschmelzung zweier Betriebe oder Betriebsteile zu einem neuen Betrieb (zu beachten ist die schwierige Abgrenzung zur betrieblichen Aufnahme, vgl dazu *Preiss*, ArbVR 2³ Erl 6 zu § 62c). Auch hier gilt, dass als Verschmelzungszeitpunkt nur ein **plausibler Zeitpunkt** innerhalb des Zeitrahmens, währenddessen organisatorische Zusammenlegungsmaßnahmen stattgefunden haben, möglich ist. Im Gegensatz zu § 62b ist der Abschluss einer **Verlängerungsbetriebsvereinbarung nicht möglich**. Der so genannte einheitliche Betriebsrat beginnt seine Tätigkeitsperiode mit dem Tag der organisatorischen Verschmelzung der Betriebe bzw Betriebsteile. Die **Tätigkeitsperiode** dauert **maximal ein Jahr**. Die Betriebsvereinbarung wirkt normativ und ist nicht erzwingbar. Zu den **Abschlusspartnern** siehe *Preiss*, ArbVR 2³ Erl 25 zu § 62c.

Zustimmungspflichtige Maßnahmen und ersetzbare Zustimmung

[31]) Durch Z 24 wird klargestellt, dass Vereinbarungen zwischen Betriebsinhaber und Betriebsrat in Angelegenheiten, die in den **§§ 96 und 96a** geregelt sind, **normative Wirkung als Betriebsvereinbarung** haben. Die Besonderheiten dieser Typen von Betriebsvereinbarungen liegen darin, dass in den Angelegenheiten des **§ 96** ohne Zustimmung des Betriebsrates eine Weisung des Arbeitgebers generell rechtsunwirksam ist (**zustimmungspflichtige Maßnahme**) und dass in den Angelegenheiten des § 96a zur Regelung zwar ebenfalls die **Zustimmung des Betriebsrates grundsätzlich notwendig** ist, diese Zustimmung aber durch eine **Entscheidung der Schlichtungsstelle ersetzt** werden kann (**ersetzbare Zustimmung**). Betriebsvereinbarungen nach § 96 können (gem § 96 Abs 2) jederzeit ohne Frist **gekündigt** werden. Betriebsvereinbarungen gem **§ 96a** dagegen können entweder **nur einvernehmlich** zwischen Betriebsinhaber und Betriebsrat **oder** durch Entscheidung der **Schlichtungsstelle** abgeändert oder

aufgehoben werden (siehe § 96a Abs 2 iVm § 32 Abs 2). Sowohl bei der Kündigung einer Betriebsvereinbarung gem § 96 als auch bei der Aufhebung einer Betriebsvereinbarung nach § 96a durch die Schlichtungsstelle oder im Einvernehmen der Betriebspartner gibt es **keine Nachwirkung** (vgl zur Nachwirkung grundsätzlich *Cerny*, ArbVR 2^3 Erl 6 zu § 32 Abs 3 bzw Erl 1 bis 5 zu § 13).

Maßnahmen im Sinn der §§ 96 Abs 1 und 96a Abs 1 bedürfen der Zustimmung des Betriebsrates. Eine **solche Zustimmung** kann **nur in Form einer Betriebsvereinbarung** erteilt werden (siehe dazu genauer mwN Erl 2 zu § 96). Solche Betriebsvereinbarungen wirken normativ. **Problematisch** ist die **Anführung des § 96a Abs 1 in § 97 Abs 1 Z 24**, also in der Aufzählung der freiwilligen (fakultativen) Betriebsvereinbarungen. Betriebsvereinbarungen über Maßnahmen nach § 96a Abs 1 sind nämlich (gem § 96a Abs 2) sehr wohl vor der Schlichtungsstelle erzwingbar, deshalb hätte § 96a Abs 1 in § 97 Abs 2 aufgenommen werden müssen. Zu den einzelnen durch die §§ 96 und 96 a geregelten Sachgebieten vgl die Erl zu diesen beiden Bestimmungen, zu den rechtlichen Besonderheiten hinsichtlich Abschluss, Rechtswirkung und Aufhebung siehe *Cerny*, ArbVR 2^3 Erl zu §§ 29 ff.

Frauenförderpläne

[32]) Z 25 wurde als begleitende frauenfördernde Maßnahme zur Pensionsreform im Jahre 1992 (BGBl 1992/833) in das ArbVG eingefügt. Näher dazu siehe Erl 3 bis 13 zu § 92b.

Damit soll die Handlungsmöglichkeit des Betriebsrates zu Gunsten der Frauenförderung im Betrieb betont werden. Darüber hinaus wird die Möglichkeit geschaffen, Normen zu Gunsten der Integration und der Gleichbehandlung von Frauen am Arbeitsplatz sowie zu Gunsten von Arbeitnehmern (gleich ob männlich oder weiblich) mit Familienpflichten zu schaffen.

Der Betriebsrat hat die Möglichkeit, entsprechende konkrete Vorschläge an den Arbeitgeber heranzutragen und darüber zu verhandeln. Kommt es zu keinem Einvernehmen, können innerbetriebliche Frauen- und Familienförderpläne allerdings **nicht erzwungen** werden.

Zu den möglichen Inhalten einer Betriebvereinbarung nach Z 25 siehe Erl 16 und 17 zu § 92b.

Übertritt in das Abfertigungsrecht nach dem BMVG (Abfertigung neu)

[32a]) Dieser Betriebsvereinbarungstatbestand wurde durch BGBl I 2002/100 im Zuge der Schaffung der sog „Abfertigung neu" in das ArbVG eingefügt (vgl dazu auch Erl 6a). Die Abfertigung neu wird durch das Betriebliche Mitarbeitervorsorgegesetz (BMVG) geregelt (siehe dazu umfassend *Achitz/Farny/Leutner/Wöss,* Abfertigung neu, Betriebliches

Mitarbeitervorsorgegesetz [2003] und *Mayr/Resch*, Abfertigung neu, Betriebliches Mitarbeitervorsorgegesetz – BMVG [2002]).

Gem § 46 Abs 1 BMVG gilt das neue Abfertigungssystem (mit Ausnahmen, siehe § 46 Abs 2–4 BMVG) für seit 1. 1. 2003 neu abgeschlossene Arbeitsverhältnisse. Gem § 47 Abs 3 BMVG besteht für Arbeitsverhältnisse, die noch unter die alte Abfertigungsregelung fallen, weil sie etwa bereits vor 1. 1. 2003 begründet wurden, eine **Übertrittsmöglichkeit** in das neue System. Gem § 47 Abs 1 BMVG bedarf der Übertritt jedenfalls einer **schriftlichen Einzelvereinbarung** zwischen Arbeitgeber und Arbeitnehmer. Entscheiden sich die Vertragspartner zu einem Wechsel in das neue System, stellt sich die Frage, was mit den im alten System bisher erworbenen Anwartschaften geschehen soll. Dabei nennt § 47 BMVG zwei Varianten, nämlich das sog „**Einfrieren**" (§ 47 Abs 2 BMVG) und die **Übertragung** von Altabfertigungsanwartschaften auf die Mitarbeitervorsorgekasse (§ 47 Abs 3 BMVG). Für die Zeit ab dem Übertrittsstichtag gilt für beide Varianten neues Abfertigungsrecht gem BMVG, dh der Arbeitgeber hat laufende Beitragsleistungen für die Mitarbeitervorsorgekasse gem §§ 6 und 7 BMVG abzuführen.

- Beim sog „**Einfrieren**" – zu dem es gem § 47 Abs 2 BMVG automatisch kommt, wenn anlässlich der Übertrittsvereinbarung nichts anderes ausgemacht wird – wird das alte und das neue Abfertigungssystem kombiniert. Die bisher nach altem Recht errechneten fiktiven Abfertigungsanwartschaften (zB drei Monatsentgelte nach mindestens fünfjähriger Dauer des Arbeitsverhältnisses) werden zum Stichtag „eingefroren". Der Arbeitnehmer hat im Falle einer späteren Beendigung des Arbeitsverhältnisses einen direkten Abfertigungsanspruch auf zB drei Monatentgelte gegen den Arbeitgeber. Dieser Anspruch richtet sich nach den Bedingungen des alten Abfertigungsrechts, dh etwa, dass es bei Selbstkündigung keine Abfertigung für die eingefrorene Abfertigungs-Alt-Zeit gibt. Bemessungsgrundlage für diesen Abfertigungsanspruch nach dem Altsystem ist das Entgelt im Zeitpunkt der Beendigung (§ 47 Abs 2 BMVG).
- Bei der **Übertragung** kommt es zu einem vollständigen Wechsel in das neue Abfertigungssystem. Bisher erworbene Anwartschaften bzw Teile davon werden an die Mitarbeitervorsorgekasse übertragen und sind so zu behandeln, wie wenn sie durch laufende Beitragszahlungen zustande gekommen wären. Das heißt insbesondere, dass die Abfertigung in der Höhe des Übertragungsbetrages auch bei Selbstkündigung des Arbeitnehmers **nicht** verloren geht.

Betriebsinhaber und Betriebsrat haben nun gem § 97 Z 26 ArbVG iVm § 47 Abs 3 BMVG die Möglichkeit, Rahmenbedingungen für Übertrittsvarianten zu vereinbaren, die eine **Übertragung** von Anwartschaften vorsehen. (Eine Kombination der Varianten Übertragung und Einfrieren wird von der herrschenden Ansicht bejaht, vgl *Mayr* in *Mayr/Resch,* Abfertigung neu, Betriebliches Mitarbeitervorsorgegesetz – BMVG [2002] § 47 Rz 45, 46; *Gruber B./Schöngrundner*, Abfertigung Neu[2] 137; *Achitz/Farny/Leutner/ Wöss*, Abfertigung neu, Betriebliches Mitarbeitervorsorgegesetz [2003] 189). Wie das Wort „**Rahmenbedingungen**" und § 47 Abs 1 und Abs 3 Z 1 deutlich zum Ausdruck bringen, ist es Sache einer Individualvereinbarung zwischen Arbeitgeber und Arbeitnehmer, ob überhaupt eine Übertragung stattfinden soll. Diese **entscheidende Einzelvereinbarung über die Übertragung** hat gem § 47 Abs 3 Z 1 BMVG – bei sonstiger Nichtigkeit (RV 1131 BlgNR 21. GP 60 verwendet das Wort „zwingend") – **schriftlich** zu sein.

Während für die Auswahl der Mitarbeitervorsorgekasse (MVK) in Betrieben mit Betriebsrat gem § 9 BMVG eine (bei der Schlichtungsstelle durchsetzbare, siehe Erl 6a) Betriebsvereinbarung vorgesehen ist, wurde hier die Form der **freiwilligen Betriebsvereinbarung** gewählt. Da Z 26 nur die Übertrittsform der Übertragung (§ 47 Abs 3 BMVG) nennt, können nur dazu (und nicht zum „Einfrieren") Regelungen mittels Betriebsvereinbarung getroffen werden, wobei in der Praxis ohnehin kein Bedarf für Regelungen zum Einfrieren besteht (vgl *Grillberger*, DRdA 2003, 211 [220]; aA *Mazal*, ZAS 2003, 27 [31]). Gem § 47 Abs 5 BMVG sind **Übertragungen überhaupt nur bis zum 31. 12. 2012** möglich.

Praktischer Zweck einer Betriebsvereinbarung nach Z 26 ist es, dass Betriebsinhaber und Betriebsrat ein generelles Angebot zu einer Übertragungsvereinbarung aushandeln, dessen Annahme sich die Arbeitnehmer dann einzeln überlegen können (idS *Grillberger*, DRdA 2003, 211 [220]). Eine solche „**Rahmenbetriebsvereinbarung**" ist dann der **Mindeststandard** für Einzelvereinbarungen (vgl § 31 Abs 3 und *Cerny*, ArbVR 2[3], Erl 4–6 zu § 31).

Inhalt einer Rahmenbetriebsvereinbarung nach Z 26 kann (sollte) eine Regelung bezüglich der **Berechnung des Übertragungsbetrages** und eine Art **Übervorteilungsklausel** sein. Eine solche Übervorteilungsklausel soll Arbeitnehmer davor schützen, dass sie kurz nach einer Übertragung, bei der üblicherweise nicht der volle Prozentsatz der bisherigen Abfertigungs-Alt-Anwartschaft übertragen wird, gekündigt werden und damit einen Teil ihrer Abfertigung alt verlieren. Eine solche Schutzklausel könnte etwa den Arbeitgeber dazu verpflichten, bei arbeitgeberseitiger Beendigung innerhalb eines bestimmten Zeitraums nach der Übertragung den Differenzbetrag auf die Abfertigung-alt nachzuschießen (vgl dazu inkl Musterbetriebsvereinbarung *Mayr* in *Mayr/Resch*, Abfertigung neu, Betriebliches Mitarbeitervorsorgegesetz – BMVG [2002] § 47 Rz 39; *Grillberger*, DRdA 2003, 211 [220]).Empfehlenswert ist es auch eine **Rücktrittsmöglichkeit** in die Rahmenbetriebsvereinbarung aufzunehmen, die es Arbeitnehmern ermöglicht, binnen einer bestimmten Frist nach der schriftlichen Einzelvereinbarung zur Übertragung von diesem Wechsel in das neue Abfertigungssystem wieder zurückzutreten. Einige Kollektivverträge sehen eine solche Rücktrittsregelung vor (vgl dazu die Übersicht in ARD 5380/4/2003).

IV. Erzwingbarkeit

Erzwingbarkeit von Betriebsvereinbarungen über die Schlichtungsstelle

[33]) Dem **Katalog erzwingbarer Betriebsvereinbarungen** gehören an:
- allgemeine Ordnungsvorschriften (Z 1);
- Grundsätze der Beschäftigung überlassener Arbeitskräfte (Leiharbeitnehmer, Z 1a),
- Auswahl der Mitarbeitervorsorgekasse (Z 1b, der Sache nach ist dies aber eine notwendig erzwingbare Betriebsvereinbarung, siehe dazu Erl 6a)
- generelle Arbeitszeiteinteilung, Pausenregelung (Z 2);
- Abrechnungs- und Auszahlungsbedingungen (Z 3);
- betriebliche Sozialpläne (Z 4);
- Teilnahme des Betriebsrates an der Verwaltung betriebs- und unternehmenseigener Schulungs-, Bildungs- und Wohlfahrtseinrichtungen (Z 5);
- zweckentsprechende Benützung von Betriebseinrichtungen und Betriebsmitteln (Z 6);
- entlastende Maßnahmen für Nachtschwerarbeiter (Z 6a).

In all diesen Angelegenheiten können **beide Vertragsteile** (also auch der Betriebsinhaber, nicht nur der Betriebsrat) die **Schlichtungsstelle anrufen**, wenn entweder der Abschluss einer Vereinbarung gewünscht wird, aber kein Einvernehmen mit dem Vertragspartner über den Inhalt erzielt werden kann, oder wenn eine **Änderung einer bestehenden Betriebsvereinbarung** in einer solchen Angelegenheit gewünscht wird.

Auch in den **Angelegenheiten des § 96a Abs 1** ist die Anrufung der Schlichtungsstelle zur **Erzwingung einer Betriebsvereinbarung** vorgesehen (siehe § 96a Abs 2). So gesehen müsste § 96a Abs 1 hier in der Aufzählung des § 97 Abs 2 gemeinsam mit den erzwingbaren Tatbeständen des § 97 Abs 1 Z 1 bis 6a angeführt sein. Stattdessen finden sich die Angelegenheiten des § 96a Abs 1 in der Aufzählung des § 97 Abs 1 Z 24 über die freiwilligen, nicht vor der Schlichtungsstelle erzwingbaren Betriebsvereinbarungen. **Dieses Zitat des § 96a Abs 1 in § 97 Abs 1 Z 24 ist irreführend** und **unzutreffend** (vgl dazu Erl 31). Der **Unterschied** zwischen den erzwingbaren Angelegenheiten gem **§ 97 Abs 1 Z 1 bis 6a** und jenen des **§ 96a Abs 1** ist, dass der **Betriebsinhaber** bei der Gruppe gem § 96a Abs 1 die **Maßnahmen nicht ergreifen darf, ohne** die **Zustimmung** des Betriebsrates in Form einer Betriebsvereinbarung zu haben (insofern Ähnlichkeit zu den notwendigen Betriebsvereinbarungen gem § 96, zur problematischen Einordnung des Tatbestandes „Auswahl der Mitarbeitervorsorgekasse" unter die erzwingbaren Betriebsvereinbarungen gem § 97 Abs 1 Z 1b siehe Erl 6a). Kommt es zu keiner Einigung zwischen Betriebsrat und Betriebsinhaber, dann kann die Zustimmung des Betriebsrates vor der **Schlichtungsstelle erzwungen werden** (notwendige Betriebsvereinbarung mit ersetzbarer Zustimmung, vgl Erl 2). In Angelegenheiten des § 96a Abs 1 wird also in der **Praxis der Betriebsinhaber** die Schlichtungsstelle anrufen.

Erzwingbare Betriebsvereinbarungen – sowohl solche gem § 97 Abs 1 Z 1 bis 6a als auch solche gem § 96a Abs 1 – sind **nicht kündbar** (§§ 32 Abs 2 und 96a Abs 2). **Abänderung und Aufhebung** sind **nur durch Entscheidung der Schlichtungsstelle** oder durch **Einvernehmen der Vertragspartner** Betriebsrat und Betriebsinhaber möglich. Wird durch Einvernehmen zwischen diesen Vertragspartnern oder durch Entscheidung der Schlichtungsstelle eine erzwingbare Betriebsvereinbarung aufgehoben, erlöschen ihre Wirkungen sofort, und zwar **ohne Nachwirkung** (vgl *Cerny*, ArbVR 2³ Erl 2 und 4 zu § 32).

Gibt es eine **kollektivvertragliche** (bzw satzungsmäßige) **Regelung** in einer speziellen Angelegenheit, dann **schließt dies nicht den Abschluss einer Betriebsvereinbarung** über denselben Gegenstand **aus, sondern lediglich deren Erzwingbarkeit**. Eine solche Betriebsvereinbarung ist daher als fakultative Betriebsvereinbarung anzusehen und gem § 32 Abs 1 auch kündbar.

Aber auch bezüglich der Erzwingbarkeit muss beachtet werden, dass nicht jede kollektivvertragliche Regelung die Erzwingbarkeit einer Betriebsvereinbarung ausschließt. Es muss sich schon um eine **konkrete und entsprechende spezielle Kollektivvertragsbestimmung** handeln. So hindert etwa die Bestimmung in einem Kollektivvertrag, dass eine gesonderte Schlichtung unter Einbeziehung der Kollektivvertragsparteien stattzufinden hat, nicht die Erzwingung eines Sozialplanes, wenn in diesem Betrieb eine entsprechende Anzahl von Arbeitsverhältnissen aufgelöst wird (VfGH vom 14. 1. 1999, B 596/99, infas 2000, A 37).

Die **Schlichtungsstelle** entscheidet auf Antrag über den Inhalt der Betriebsvereinbarung bzw über die Abänderung. Gegen die Entscheidung der Schlichtungsstelle ist ein **ordentliches Rechtsmittel nicht zulässig** (vgl näher dazu §§ 144 bis 146 und *Trenner*, ArbVR 4[4] Erl zu §§ 144 bis 146). Nach der Rechtsprechung des Verfassungsgerichtshofes (VfGH) gibt es auch **keine Beschwerde an den Verwaltungsgerichtshof** (VwGH), sondern nur noch an den VfGH (VfGH vom 15. 6. 1998, B 2410/94, DRdA 1998, 445; VfGH vom 11. 12. 1997, G 13/97, DRdA 1998, 140; VwGH vom 20. 4. 2001, 2001/05/0034; vgl auch *Rohregger,* RdW 1998, 349). Lehnt die Schlichtungsstelle zu Unrecht ihre Zuständigkeit ab, wird das verfassungsgesetzlich gewährleistete Recht auf ein Verfahren vor dem gesetzlichen Richter (Art 83 Abs 2 B-VG) verletzt; der Bescheid, mit dem die Unzuständigkeit ausgesprochen wird, ist durch den VfGH aufzuheben (VfGH vom 14. 1. 1999, B 596/99, infas 2000, A 37).

V. Besonderheiten

Ausnahmen von der Mitbestimmung bei Werkwohnungen und Sozialplänen nach der Arbeitnehmeranzahl

[34]) Die normative Wirkung von den Regelungsinhalten der **Z 7 (Werkwohnungen)** und **Z 4 (Sozialpläne)** in Betriebsvereinbarungen wird von der „**dauernden Beschäftigung**" einer bestimmten Arbeitnehmeranzahl abhängig gemacht. Unter **Arbeitnehmer** sind solche iSd § 36 zu verstehen. Insbesondere sind also auch überlassene Arbeitskräfte und karenzierte Arbeitnehmer in die Berechnung miteinzubeziehen. Näher dazu siehe bei § 36 und *Gahleitner*, ArbVR 2³ Erl zu § 36.

Für die Frage, wann von einer „*dauernden*" Beschäftigung von nicht mehr als 50 bzw **weniger als 20 Arbeitnehmern** gesprochen werden kann, kann auf die Rechtsprechung zu § 40 Abs 1 zurückgegriffen werden. § 40 Abs 1 normiert, dass bei einer *dauernden Beschäftigung* von mehr als fünf (stimmberechtigten) Arbeitnehmern ein Betriebsrat zu wählen ist. Hier ist das Erfordernis der Stimmberechtigung (vor allem also die Vollendung des 18. Lebensjahres) allerdings unerheblich. Ausführlich zur Frage „dauernde Beschäftigung" siehe *Schneller*, ArbVR 2³ Erl 4 zu § 40. Hervorzuheben ist vor allem, dass sich der Begriff „dauernd" nicht auf die einzelnen Arbeitnehmer, sondern bloß auf die **Zahl 50** bzw **20** bezieht. Ständiger Arbeitnehmerwechsel ist also irrelevant. Es kommt auch nicht nur auf den konkreten Zeitpunkt an, sondern darauf, ob der Betrieb in der Regel auf Grund der Kapazität und auf Grund des durchschnittlichen Auftragsstandes im Allgemeinen die Zahl von mehr als 50 bzw mindestens 20 Arbeitnehmern rechtfertigt (zu § 40: EA Wien 21. 3. 1952, Arb 5387). Unerheblich ist eine Durchschnittsrechnung, vor allem dann, wenn es sich um einen Saisonbetrieb handelt; dann kommt es darauf an, dass die Arbeitnehmeranzahl während der Saison überschritten wird (zu § 40: EA Wr Neustadt 22. 4. 1955, Arb 6221). Üblicherweise ist entscheidend, ob die Belegschaftsstärke während des größeren Teils des Jahres überschritten bzw erreicht wird (zu § 40: EA Innsbruck 29. 11. 1985, Arb 10.462 = ZASB 1986, 5 = RdW 1986, 90).

a) Der Abschluss einer normativen Betriebsvereinbarung über Grundsätze bei der Vergabe von **Werkwohnungen** (Z 7, vgl Erl 13) ist nur möglich, wenn **dauernd mehr als 50 Arbeitnehmer** im Betrieb beschäftigt werden. Damit soll ausgeschlossen werden, dass in die individuelle Wohnungsvergabe an Mitarbeiter in Kleinbetrieben seitens des Betriebsrates eingegriffen wird. Da es sich hier um eine freiwillige Betriebsvereinbarung handelt, ist diese Furcht von vornherein unbegründet und die Ausnahme rechtspolitisch völlig unverständlich.

b) **Sozialpläne** (Z 4, vgl Erl 9) können nur dann normative Wirkung entfalten, wenn **dauernd mindestens 20 Arbeitnehmer** im Betrieb beschäftigt sind. Kritisch dazu siehe Erl 30 zu § 109.

Kündigung von Pensionskassenvereinbarungen und Vereinbarungen zu betrieblichen Kollektivversicherungen

[35]) Die rechtliche Einordnung der **Pensionskassenvereinbarungen** gem Z 18a ist nicht ganz klar. Einerseits hat sie **Elemente der freiwilligen,** andererseits **Elemente der notwendigen Betriebsvereinbarung.** Dementsprechend richtet sich ihre **Kündbarkeit nicht nach den allgemeinen Bestimmungen** (§ 96 Abs 2 für notwendige und § 32 für freiwillige Betriebsvereinbarungen), sondern nach der **Spezialbestimmung** des § 97 Abs 4.

Danach ist eine Pensionskassenbetriebsvereinbarung genauso wie eine Betriebsvereinbarung über eine betriebliche Kollektivversicherung gem Z 18b für **Arbeitnehmer**, die ihr Arbeitsverhältnis während des aufrechten Bestandes einer Pensionskassenvereinbarung bzw einer Betriebsvereinbarung über eine betriebliche Kollektivversicherung begründet haben, **unkündbar** (so auch *Binder* in *Tomandl,* ArbVG § 97 Rz 335; aA *Wolf,* ecolex 1997, 519). Für diese Arbeitnehmer bleibt die **Pensionskassenvereinbarung bzw die Betriebsvereinbarung über eine betriebliche Kollektivversicherung trotz Kündigung voll aufrecht,** nämlich sowohl im normativen wie im obligatorischen Teil. Dies ist ein wesentlicher Unterschied zur allgemeinen Kündigung von freiwilligen Betriebsvereinbarungen, denen nach einer Kündigung nur Nachwirkung zukommt (vgl dazu *Cerny,* ArbVR 2[3] Erl 6 zu § 32). Für Kündigungsfrist und -termin gilt § 32 Abs 1 (*Löschnigg,* Arbeitsrecht[10] [2003] 737; *Wöss* in *Farny/Wöss,* Betriebspensionsgesetz/ Pensionskassengesetz [1992] 212); dh falls nichts anderes vereinbart wurde, beträgt die **Kündigungsfrist 3 Monate** und **Kündigungstermin ist der Monatsletzte.** Nach der eindeutigen Textierung des § 97 Abs 4 fallen daher alle Arbeitnehmer, die zwar nach Zugang der schriftlichen Kündigung, aber vor Rechtswirksamkeit der Kündigungserklärung (Verstreichen der Frist und Monatsende) ihr Arbeitsverhältnis begründet haben, noch unter die Betriebsvereinbarung (aA offenbar *Strasser/Jabornegg,* ArbVG[3] [1999] § 97 Anm 105).

Hinter der **Unkündbarkeit** der Pensionskassenbetriebsvereinbarung bzw der Betriebsvereinbarung über eine betriebliche Kollektivversicherung für Arbeitsverhältnisse, auf die sie bereits zur Anwendung kam, steht **folgende Überlegung:** In der Pensionskassenvereinbarung bzw der Betriebsvereinbarung über eine betriebliche Kollektivversicherung wird festgelegt, dass bestimmte Beiträge des Arbeitgebers (oder auch freiwillige Beiträge des Arbeitnehmers) während des aufrechten Arbeitsverhältnisses in eine Pensionskasse bzw in eine betriebliche Kollektivversicherung mit dem Zweck eingezahlt werden, dass der Arbeitnehmer im Ruhestand von der Pensionskasse bzw der betrieblichen Kollektivversicherung Pensionsleistungen erhält. Die Kündigung einer solchen Betriebsvereinbarung kann naturgemäß die bereits erfolgten Einzahlungen nicht mehr rückgängig machen. Es wäre auch völlig sinnwidrig, wenn die Rückzahlung aller Pensionsbeiträge nach

Kündigung einer Pensionskassenvereinbarung (bzw einer Betriebsvereinbarung über eine betriebliche Kollektivversicherung) etwa wegen wirtschaftlicher Schwierigkeiten des Unternehmens gesetzlich vorgeschrieben wäre. Gerade durch Pensionskassen und betriebliche Kollektivversicherungen soll ja ein betrieblicher Pensionsanspruch unabhängig vom Schicksal des Unternehmens und des Betriebes gesichert werden. Sinnvoll ist es in solchen Fällen nur, die Einbeziehung neuer Arbeitnehmer in die Pensionsregelung zu stoppen. Allenfalls – und nur unter den gesetzlichen Bedingungen der §§ 6 bzw 6d BPG – kann in der Pensionskassenvereinbarung bzw in der Betriebsvereinbarung über eine betriebliche Kollektivversicherung vorgesehen sein, dass auch für bisher durch den Pensionskassenvertrag begünstigte Arbeitnehmer bei bestimmten Gründen (siehe dazu die §§ 6 bzw 6d BPG) ab einem bestimmten Tag keine Beiträge mehr gezahlt werden müssen. Dies ist aber Inhalt des Vertrages mit der Pensionskasse bzw dem Versicherungsunternehmen und damit auch der Betriebsvereinbarung. Diese Vereinbarung muss also nicht gekündigt werden. Sie gilt mit den in der Vereinbarung selbst definierten Modifikationen weiter. Wenn solche Veränderungsmöglichkeiten nicht Bestandteil des Pensionskassenvertrages bzw des Vertrages mit dem Versicherungsunternehmen sind, muss die Pensionskassenbeteiligung bzw die betriebliche Kollektivversicherung weitergeführt werden.

Daraus wird ersichtlich, dass das Schicksal des Pensionskassenvertrages bzw des Vertrages mit dem Versicherungsunternehmen nicht von der Kündigung der Betriebsvereinbarung abhängen kann, soweit bereits Arbeitnehmer von dieser Vereinbarung erfasst waren.

Im Fall der **Aufnahme von Betrieben oder Betriebsteilen durch einen bestehenden Betrieb** (vgl dazu *Preiss,* ArbVR 2[3] jeweils Erl 2 zu §§ 62b und Erl 62c) **sieht § 31 Abs 7 ein besonderes Kündigungsrecht** für **Betriebspensionsvereinbarungen** sowohl iSd Z 18 als auch iSd Z 18a und 18b vor. Dabei handelt es sich um ein **Sonderkündigungsrecht**, das **nur dem Veräußerer** im Fall eines **Betriebsüberganges** zukommt. Es gilt eine **kürzere Kündigungsfrist** von bloß einem Monat. Abweichend von § 97 Abs 4 kann eine Pensionskassenbetriebsvereinbarung oder eine Betriebsvereinbarung über eine betriebliche Kollektivversicherung auch bezüglich der Arbeitnehmer gekündigt werden, für die normalerweise gem § 97 Abs 4 keine Kündigung möglich wäre. Genauer dazu siehe bei *Cerny,* ArbVR 2[3] Erl 11 zu § 31.

Abschnitt 3

Mitwirkung in personellen Angelegenheiten[1])

Personelles Informationsrecht

§ 98. Der Betriebsinhaber hat den Betriebsrat über den künftigen Bedarf[2]) an Arbeitnehmern und die in Zusammenhang damit in Aussicht genommenen personellen Maßnahmen[3]) rechtzeitig[4]) zu unterrichten[5]).

Schrifttum zu § 98

W. Schwarz, Probleme sozialer und personeller Mitbestimmung im Betrieb, DRdA 1975, 65 ff;

Praxmarer, Der Aussetzungsvertrag aus arbeitsrechtlicher Sicht, DRdA 1986, 21 ff;

B. Schwarz, Arbeitnehmerähnliche Personen und überlassene Arbeitskräfte in der Arbeitsverfassung, in FS W. Schwarz (1991) 311 ff.

Literatur zum Thema Personalplanung und -entwicklung:

Kraus/Scheff/Gutschelhofer (Hrsg), Neue Ansätze in der Personalarbeit (1993);

Kailer, Personalentwicklung in Österreich (1995);

Kailer, Kompetenzentwicklung in Österreich;

Sattelberger (Hrsg), Die Lernende Organisation (1996);

Schrems/Kailer/Biehal, Personalentwicklung in Praxisfällen (1998).

Übersicht zu § 98

Mitwirkungsrechte in personellen
    Angelegenheiten .... Erläuterung 1
Personalplanung .... Erläuterungen 2 und 3
Informationsrecht .... Erläuterungen 4 und 5

Mitwirkungsrechte in personellen Angelegenheiten

[1]) In diesem Abschnitt sind die Mitwirkungsrechte der Organe der Arbeitnehmerschaft in personellen Angelegenheiten geregelt. Darunter sind – zum Unterschied von „sozialen Angelegenheiten" nach den §§ 94 bis 97, bei denen es sich um generelle bzw kollektive Maßnahmen handelt – jeweils auf **einzelne konkrete Arbeitnehmer** bezogene Maßnahmen des Betriebsinhabers zu verstehen

Der **Grad der Mitwirkung** ist bei den einzelnen Personalmaßnahmen unterschiedlich; er reicht **von der Information bis zum Vetorecht**.

Nach der Stärke der Mitwirkung geordnet ergibt sich folgendes Bild:
a) **Vetorechte**
   - Disziplinarmaßnahmen (§ 102)
   - Individuelle Leistungsentgelte mangels Einigung zwischen Betriebsinhaber und Arbeitnchmer (§ 100)
b) **Ersetzbare Zustimmung**
   - verschlechternde Versetzung eines Arbeitnehmers (§ 101)
c) **Anfechtungsrechte**
   - Kündigungen (§ 105)
   - Entlassungen (§§ 106, 107)
d) **Qualifizierte Beratungsrechte**
   - Einstellung von Arbeitnehmern (Verwaltungsstrafe bei Einstellung ohne Information des Betriebsrates, § 99)
   - Mitwirkung bei einvernehmlichen Lösungen (Rechtsunwirksamkeit bei Vereinbarung trotz Beratungswunsch des Arbeitnehmers innerhalb von zwei Arbeitstagen, § 104a)
   - Beförderung von Arbeitnehmern (Verwaltungsstrafe bei Beförderung ohne Information des Betriebsrates, § 104)
   - Vergabe von Werkwohnungen (Verwaltungsstrafe bei Vergabe ohne Information des Betriebsrates, § 103).

Bei bestimmten personellen Angelegenheiten gibt es verschieden abgestufte Mitwirkungsrechte: So hat zB bei Einstellungen nach § 99 der Betriebsrat ein Vorschlagsrecht sowie spezielle Informations- und Beratungsrechte; bei Versetzungen nach § 101 ein Informations- und Beratungsrecht sowie – unter bestimmten Voraussetzungen (siehe Erläuterungen zu § 101) – ein Zustimmungsrecht; bei Kündigungen ein Informations-, Stellungnahme-, Beratungs- und Anfechtungsrecht.

§ 98 normiert als eine Art **Generalklausel** ein Informationsrecht bei der Personalplanung und allen damit zusammenhängenden Maßnahmen (siehe Erl 2 bis 5). Dieses Informationsrecht besteht neben dem **allgemeinen Informationsrecht nach § 91** (siehe die Erläuterungen dort). Es kann die **speziellen Informationsrechte** bei einzelnen Personalmaßnahmen, wie zB Einstellungen, Versetzungen oder Kündigungen, **nicht ersetzen.**

Die **Zuständigkeit** der Organe der Arbeitnehmerschaft zur Ausübung der personellen Mitwirkungsrechte richtet sich nach den Bestimmungen der §§ 113 und 114 (siehe die Erläuterungen dort).

Personalplanung

[2]) Im Ausschussbericht zur Regierungsvorlage des ArbVG (993 BlgNR 13. GP, S 4) wurde diese Bestimmung wie folgt erläutert:

„Unter dem Begriff ‚Bedarf an Arbeitnehmern' ist sowohl die künftige Vergrößerung als auch Verringerung der Arbeitnehmerzahl zu verstehen. Die

Informationspflicht umfaßt nicht nur die Mitteilung von den beabsichtigten Veränderungen des Personalstandes, sondern auch über die Personalentwicklung und -planung und von den Veränderungen des Personalstandes, wie sie aufgrund der tatsächlichen Verhältnisse eintreten werden."

Personalpläne legen fest, wie viele Arbeitnehmer in welchen Arbeitsgruppen und Abteilungen innerhalb eines bestimmten Zeitraumes beschäftigt sein werden, welche Aus- oder Weiterbildungsmaßnahmen für bestimmte Mitarbeiter vorgesehen sind, welche Entwicklungsmöglichkeiten unter welchen Voraussetzungen für Mitarbeiter bestehen, und welche Verfahren bei Änderung dieser Planung einzuhalten sind. Sie können daher das Arbeitsklima durch mehr Transparenz für jeden einzelnen Arbeitnehmer verbessern.

Unter **„Personalentwicklung"** sind auch Mitarbeitergespräche, Aus- und Weiterbildung sowie sonstige Maßnahmen zum beruflichen Fortkommen von Arbeitnehmern zu verstehen.

Der Abschluss von **Betriebsvereinbarungen** über Personalplanung und -entwicklung ist zwar im Gesetz nicht ausdrücklich vorgesehen, bestimmte Aspekte bzw Maßnahmen der Personalplanung können aber sehr wohl Gegenstand einer Regelung durch Betriebsvereinbarung sein: Betriebliche Frauenförderung (§ 92b, § 97 Abs 1 Z 25; siehe die Erläuterungen zu § 92b); Betriebliche Berufsausbildung und Schulung (§ 94, § 97 Abs 1 Z 5 und Z 19; siehe dazu die Erläuterungen zu § 94); Sozialpläne im Zusammenhang mit Betriebsänderungen (§ 109, § 97 Abs 1 Z 4); Grundsätze der betrieblichen Beschäftigung von überlassenen Arbeitnehmern (§ 97 Abs 1 Z 1a).

Werden im Rahmen der Personalplanung Informations- oder **Beurteilungssysteme** verwendet, auf welche die Voraussetzungen des § 96 oder des § 96a zutreffen, dann bedarf die Einführung und Anwendung dieser Systeme der Zustimmung des Betriebsrates bzw in den Fällen des § 96a ersatzweise der Schlichtungsstelle. Näheres vgl bei den Erläuterungen zu § 96 und 96a.

[3]) Solche Maßnahmen können zB sein: Einstellungen (Neuaufnahmen), Versetzungen, Organisationsänderungen mit personellen Konsequenzen, Ausgliederungen, Vergabe von bisher von Arbeitnehmern des Betriebes durchgeführten Arbeiten an „Fremdfirmen", Überlassung eigener Arbeitnehmer an andere Betriebe, Beschäftigung von Leiharbeitskräften, Einführung bestimmter Arbeitszeitmodelle mit Auswirkungen auf den Personalbedarf (zB Teilzeitarbeit), Vorruhestandsregelungen (zB Altersteilzeit), Solidaritätsprämienmodelle, einvernehmliche Auflösungen, Kündigungen usw.

Informationsrecht

⁴) **Rechtzeitig** ist die Information nur dann, wenn der Betriebsrat noch Gelegenheit hat, auf den Inhalt der Personalplanung und -entwicklung durch Vorschläge oder Interventionen Einfluss zu nehmen. Da es um „Planung" geht, muss die Information jedenfalls vor der Umsetzung einzelner aus der Planung resultierender Maßnahmen erfolgen.

Die Feststellung des künftigen Personalbedarfs auf Grund der Einholung von Informationen aus den Abteilungen sowie auf Grund von strategischen Überlegungen des Managements ist der erste Schritt der Personalplanung und daher bereits vom Mitbestimmungsrecht des Betriebsrates in Form des Informationsrechtes und des Beratungsrechtes erfasst (in diesem Sinne eine Entscheidung des deutschen Bundesarbeitsgerichtes zu einer ähnlichen Rechtsgrundlage dieses Mitbestimmungsrechtes im deutschen Betriebsverfassungsrecht, 1 ARB 60/89 vom 6. 11. 1990, ARD 4293/9).

⁵) Der Betriebsinhaber ist verpflichtet, den Betriebsrat **von sich** aus über die Personalentwicklung und Personalplanung zu informieren (das Wort „unterrichten" hat hier keine andere Bedeutung als „informieren"); eine Aufforderung oder ein Verlangen des Betriebsrates ist dazu nicht erforderlich. Dennoch empfiehlt es sich, dass der Betriebsrat regelmäßig entsprechende Informationen einholt. Auf Grund des allgemeinen Interventionsrechtes (§ 90) kann der Betriebsrat selbst Vorschläge zur Personalplanung machen. Der Betriebsinhaber ist zwar an derartige Vorschläge rechtlich nicht gebunden, doch kann sich die Initiative des Betriebsrates im Stadium der Personalplanung später bei der Durchführung konkreter Personalmaßnahmen (zB Einstellungen, Versetzungen, Kündigungen) für die Arbeitnehmerschaft positiv auswirken.

Personalplanung und -entwicklung gehören auch zu jenen Angelegenheiten, über die der Betriebsinhaber **regelmäßig mit dem Betriebsrat Beratungen nach § 92** durchzuführen hat (siehe die Erläuterungen zu § 92).

Neben diesem **allgemeinen personellen Informationsrecht über Personalentwicklung und Personalplanung** normiert das Gesetz **besondere Informationsrechte** des Betriebsrates bei konkreten Personalmaßnahmen (zB Einstellung, Versetzung, Kündigung – siehe Erl 1). Darüber hinaus verpflichtet das AMFG Arbeitgeber, die ihren Personalstand in größerem Umfang zu verringern beabsichtigen, vorher die zuständige regionale Geschäftsstelle des **Arbeitsmarktservice schriftlich zu verständigen ("Massenkündigungen"** – § 45a AMFG; vgl auch § 109). Das Arbeitsmarktservice hat unverzüglich **Beratungen** durchzuführen, denen insbesondere auch der **Betriebsrat** und die **zuständigen Gewerkschaften** beizuziehen sind (§ 45a Abs 6 AMFG).

Das Informationsrecht nach § 98 besteht **neben den speziellen Mitwirkungsrechten** bei den einzelnen personellen Maßnahmen; es kann diese (meistens über die Information hinaus gehenden) Mitwirkungsrechte **nicht ersetzen** (siehe auch Erl 1).

Wird das Informationsrecht des Betriebsrates nach § 98 vom Betriebsinhaber nicht erfüllt, so hat der Betriebsrat die Möglichkeit, sowohl eine Feststellungsklage als auch eine Leistungsklage wegen Herausgabe bestimmter Informationen beim Arbeits- und Sozialgericht einzubringen.

Mitwirkung bei der
Einstellung von Arbeitnehmern[1])

§ 99. (1) Der Betriebsrat kann dem Betriebsinhaber jederzeit die Ausschreibung eines zu besetzenden Arbeitsplatzes vorschlagen[2]).

(2) Sobald dem Betriebsinhaber die Zahl der aufzunehmenden Arbeitnehmer, deren geplante Verwendung und die in Aussicht genommenen Arbeitsplätze bekannt sind, hat er den Betriebsrat jener Gruppe, welcher die Einzustellenden angehören würden, darüber zu informieren[3]).

(3) Hat der Betriebsrat im Zusammenhang mit der Information nach Abs 2 eine besondere Information (Beratung) über einzelne Einstellungen verlangt, hat der Betriebsinhaber eine besondere Information (Beratung) vor der Einstellung[4]) durchzuführen. Das gleiche gilt, wenn eine Information nach Abs 2 nicht stattgefunden hat[5]). Wenn bei Durchführung einer Beratung die Entscheidung über die Einstellung nicht rechtzeitig erfolgen könnte, ist die Beratung nach erfolgter Einstellung durchzuführen[6]).

(4) Jede erfolgte Einstellung eines Arbeitnehmers ist dem Betriebsrat unverzüglich mitzuteilen. Diese Mitteilung hat Angaben über die vorgesehene Verwendung und Einstufung des Arbeitnehmers, den Lohn oder Gehalt sowie eine allfällige vereinbarte Probezeit oder Befristung des Arbeitsverhältnisses zu enthalten[7]).

(5) Der Betriebsrat ist vor der beabsichtigten Aufnahme der Beschäftigung von überlassenen Arbeitskräften zu informieren; auf Verlangen ist eine Beratung durchzuführen. Von der Aufnahme einer solchen Beschäftigung ist der Betriebsrat unverzüglich in Kenntnis zu setzen. Auf Verlangen ist ihm mitzuteilen, welche Vereinbarungen hinsichtlich des zeitlichen Arbeitseinsatzes der überlassenen Arbeitskräfte und hinsichtlich der Vergütung für die Überlassung mit dem Überlasser getroffen wurden. Die §§ 89 bis 92 sind sinngemäß anzuwenden[8]).

Schrifttum zu § 99

W. Schwarz, Probleme sozialer und personeller Mitbestimmung im Betrieb, DRdA 1975, 65 ff;

Dusak, Änderungen im Bereich der personellen Mitbestimmung, ZAS 1986, 198 ff;

B. Schwarz, Arbeitnehmerähnliche Personen und überlassene Arbeitskräfte in der Arbeitsverfassung, in FS W. Schwarz (1991) 311 ff;

Schneller, Arbeitskräfteüberlassung: Mitbestimmung bei Versetzungen und anderen personellen Maßnahmen, ecolex 2006, 1018;

Spenger, Vorübergehende Betriebseinschränkung im Zusammenhang mit Arbeitskräfteüberlassung, infas 2006, 190.

Weiterführende Hinweise:
Sacherer/B. Schwarz, Arbeitskräfteüberlassungsgesetz, Gesetze und Kommentare Nr 148, 2. Aufl (2006);
Smutny/Mayr, Gleichbehandlungsgesetz, Gesetze und Kommentare Nr 174 (2001).

Übersicht zu § 99

Art und Umfang der Mitwirkungsrechte
   des Betriebsrates .... Erläuterung 1
Ausschreibung von Arbeitsplätzen .... Erläuterung 2
Information über beabsichtigte Einstellungen.. Erläuterung 3
Information und Beratung über einzelne
   Einstellungen .... Erläuterungen 4 bis 6
Mitteilung der erfolgten Einstellung .... Erläuterung 7
Mitwirkungsrechte des Betriebsrates bei
   Aufnahme von überlassenen
   Arbeitskräften .... Erläuterung 8

Art und Umfang der Mitwirkungsrechte des Betriebsrates

[1]) Das Informationsrecht nach § 99 Abs 2 ergänzt und konkretisiert das allgemeine personelle Informationsrecht nach § 98. In den Erläuternden Bemerkungen zur Regierungsvorlage des ArbVG 1973 (840 BlgNR 13. GP, S 84 und 85) wurde zum Begriff der **„Einstellung"** Folgendes festgestellt:

„Unter Einstellung ist jedenfalls der Abschluß des Arbeitsvertrages, im Falle einer Beschäftigung ohne Arbeitsvertrag der Zeitpunkt der Aufnahme der Beschäftigung im Betrieb zu verstehen (zB Leiharbeitnehmer)."

Aus dieser Erläuterung, aber auch aus dem Sinn der Mitwirkung des Betriebsrates bei Einstellungen ergibt sich, dass die **Information und Beratung** über geplante Einstellungen **grundsätzlich vor der tatsächlichen Beschäftigungsaufnahme** zu erfolgen hat.

Demnach gliedert sich die Mitwirkung des Betriebsrates bei der Einstellung in folgende Phasen:

   a) Zunächst hat der Betriebsinhaber den Betriebsrat rechtzeitig über **Personalbedarf** und -entwicklung zu **informieren** (siehe § 98 und die Erläuterungen dazu);

   b) auf Grund dieser Information (oder auch aus eigener Initiative) kann der Betriebsrat jederzeit die **Ausschreibung** eines zu besetzenden Arbeitsplatzes **vorschlagen** (siehe Erl 2);

   c) plant der Betriebsinhaber **konkrete Einstellungen**, hat er den Betriebsrat **allgemein zu informieren**, indem er ihm die Zahl der

aufzunehmenden Arbeitnehmer, deren geplante Verwendung und die in Aussicht genommenen Arbeitsplätze bekannt gibt (zB „drei Kfz-Mechaniker für die Reparaturwerkstätte"; siehe Erl 3);
d) der Betriebsrat kann auf Grund der allgemeinen Informationen über einzelne Einstellungen eine **besondere Information**, insbesondere über die Namen der Bewerber und deren Qualifikationen, verlangen;
e) der Betriebsrat kann auf Grund der allgemeinen und besonderen Information eine **Beratung** mit dem Betriebsinhaber verlangen (siehe Erl 4 bis 6);
f) der Betriebsinhaber hat diesem Verlangen zu entsprechen. Die erfolgte **Einstellung** ist dem Betriebsrat **unverzüglich mitzuteilen** (siehe Erl 7).

Die **Entscheidung** über die Einstellung von Arbeitnehmern hat der **Arbeitgeber** zu treffen; der Betriebsrat hat darauf rechtlich keinen Einfluss. Eine entgegen den Vorschlägen bzw der Stellungnahme des Betriebsrates getroffene Entscheidung kann aber im Zusammenhang mit anderen, weiter gehenden Mitwirkungsrechten des Betriebsrates, wie zB bei Versetzungen oder Kündigungen, die mit der Neuaufnahme anderer Arbeitnehmer in Zusammenhang stehen, rechtlich von Bedeutung sein.

Ausschreibung von Arbeitsplätzen

[2]) Unter „**Ausschreibung**" ist die **schriftliche Bekanntgabe** des zu besetzenden Arbeitsplatzes und der Anforderungen an die Bewerber um diesen Arbeitsplatz zu verstehen. Es kann sich dabei um einen bereits bestehenden, aber auch um einen erst neu zu errichtenden Arbeitsplatz handeln.

Damit der Betriebsrat von seinem Vorschlagsrecht zur Durchführung einer Ausschreibung Gebrauch machen kann, muss ihn der Betriebsinhaber darüber **informieren**, dass ein Arbeitsplatz zu besetzen ist bzw zu besetzen sein wird. Diese Informationspflicht ergibt sich auch aus § 98. Der Betriebsrat kann aber auch ohne vorherige Information durch den Betriebsinhaber initiativ werden, wenn er auf anderem Weg erfährt, dass ein Arbeitsplatz zu besetzen ist, oder meint, dass ein neuer Arbeitsplatz einzurichten wäre.

Der Betriebsinhaber ist allerdings weder an den Vorschlag des Betriebsrates noch an die auf Grund der Ausschreibung einlangenden Bewerbungen gebunden.

Bei der Ausschreibung von Arbeitsplätzen sind die Bestimmungen über die **betriebliche Frauenförderung** (siehe § 92b und die Erläuterungen dazu) und insbesondere jene des **Gleichbehandlungsgesetzes** zu beachten:

Nach § 2c GlBG darf der Arbeitgeber einen Arbeitsplatz weder öffentlich noch innerhalb des Betriebes (Unternehmens) nur für Männer oder nur für Frauen ausschreiben oder durch Dritte ausschreiben lassen, außer ein bestimmtes Geschlecht ist unverzichtbare Voraussetzung für die Ausübung der vorgesehenen Tätigkeit. Die Ausschreibung darf auch keine zusätzlichen Anmerkungen enthalten, die auf ein bestimmtes Geschlecht schließen lassen (Gebot der geschlechtsneutralen Stellenausschreibung). Verstöße gegen diese Bestimmung stehen unter Strafsanktion (§ 10d GlBG; Näheres siehe bei *Smutny/Mayr,* aaO, 352 ff).

Information über beabsichtigte Einstellungen

³) Wenn sich die Absicht des Arbeitgebers so weit konkretisiert hat, dass dem Betriebsinhaber zwar vielleicht noch nicht die konkret für eine Neuaufnahme in Frage kommenden Personen, wohl aber die Anzahl der aufzunehmenden Arbeitnehmer, deren beabsichtigte Verwendung und die in Aussicht genommenen Arbeitsplätze bekannt sind, hat er den zuständigen (Gruppen)Betriebsrat darüber zu informieren.

Es handelt sich also (noch) um das Stadium einer **allgemeinen**, aber doch schon **konkreten Information mit einem bestimmten Inhalt** (zB: Beabsichtigt ist die Aufnahme von drei EDV-Spezialisten, nämlich je eines/einer Netzwerktechnikers/-technikerin, eines/einer Systemanalytikers/-analytikerin und eines/einer Internetbetreuers/-betreuerin).

Unter der Wortfolge „die in Aussicht genommenen **Arbeitsplätze**" ist sowohl der Ort der Beschäftigung als auch die Beschreibung der Qualifikationsanforderungen zu verstehen.

Grundsätzlich hat die Information **vor der tatsächlichen Beschäftigungsaufnahme** zu erfolgen. Der Betriebsrat kann sich mit dieser allgemeinen Information begnügen, er kann aber auch – und das wird wohl der Regelfall sein – eine **besondere Information und Beratung über einzelne Einstellungen verlangen.** In diesem Fall ist der Betriebsinhaber verpflichtet, diese besondere Information und Beratung **vor der Einstellung durchzuführen** (siehe Erl 4 und 5). Nur ausnahmsweise kann die Beratung auch nach erfolgter Einstellung (Vertragsabschluss bzw tatsächlicher Beschäftigungsaufnahme) vorgenommen werden (Näheres siehe Erl 6).

Ein allgemeines Feststellungsbegehren, der Betriebsinhaber habe der in § 99 Abs 2 und 4 statuierten Informationspflicht nachzukommen, ist nicht zulässig, da ein auf eine solche Maßnahme gerichtetes Begehren nur auf die Verpflichtung des Betriebsinhabers abzielen könnte, die bestimmte Zahl der aufzunehmenden Arbeitnehmer, die geplante Verwendung, die in Aussicht genommenen Arbeitsplätze und die bereits erfolgte Einstellung eines bestimmten Arbeitnehmers bekannt zu geben. Es ist daher ein Leistungsbegehren zu stellen (VwGH vom 17. 12. 1986, 86/01/0175, DRdA 1987, 226 = RdW 1987, 299 = ÖJZ 1987, 268A, zur Rechtslage vor dem Arbeits- und Sozialgerichtsgesetz; das bedeutet jetzt: **Leistungsklage** beim Arbeits- und Sozialgericht).

Abweichend von den meisten anderen Gesetzesbestimmungen, die von Mitwirkungsrechten des „Betriebsrates" sprechen, damit aber das nach der Kompetenzverteilung gem den §§ 113 und 114 jeweils zuständige Organ der Arbeitnehmerschaft meinen, bezeichnet § 99 Abs 2 als Adressaten der Information ausdrücklich „den **Betriebsrat jener Gruppe, welcher die Einzustellenden angehören würden**". Das bedeutet, dass bei geplanten Einstellungen von Arbeitnehmern, welche nach der Abgrenzung der Gruppenzugehörigkeit gem § 41 Abs 3 der Gruppe der Arbeiter zugehören würden, der Arbeiter-Betriebsrat und bei Arbeitnehmern, die der Gruppe der Angestellten angehören würden, der Angestellten-Betriebsrat zu informieren ist. Sind bei den beabsichtigten Einstellungen sowohl Arbeiter als auch Angestellte, dann sind beide Gruppenbetriebsräte zu informieren. Besteht für die betreffende Gruppe kein Gruppenbetriebsrat, dann kann das Informationsrecht nicht ausgeübt werden.

Auf bestimmte Arbeitnehmer in **Theaterunternehmen** sind die Bestimmungen des § 92 Abs 2 und 3 nicht anzuwenden (§ 133 Abs 5).

Information und Beratung über einzelne Einstellungen

⁴) Im Gegensatz zur Information nach Abs 2 geht es hier bereits um die **konkrete Information und Beratung** über einzelne Einstellungen, also auch um die für eine Neuaufnahme in Aussicht genommenen **Personen.**

Eine Verpflichtung des Betriebsinhabers zu dieser besonderen Information und Beratung besteht nur dann, wenn sie der Betriebsrat **verlangt.** In der Forderung des Betriebsrates „das Einvernehmen herzustellen", liegt nicht eine Geltendmachung des Rechts auf Information (Beratung) gem § 99 Abs 3 (VwGH vom 9. 11. 1979, 2167/78 und 2236/78, DRdA 1980, 229; diese Entscheidung des VwGH widerspricht allerdings dem Gesetzeszweck!).

Auch für diese Information und Beratung gilt der Grundsatz, dass sie **vor der Einstellung**, also vor Abschluss des Arbeitsvertrages oder Aufnahme der Beschäftigung, zu erfolgen hat.

Die Beratung verfolgt vor allem den Zweck, Fehlbesetzungen, die die Interessen der bereits im Betrieb beschäftigten Arbeitnehmer beeinträchtigen oder das Arbeitsklima gefährden könnten, zu vermeiden. Der Betriebsinhaber ist zwar nicht verpflichtet, Vorschläge oder Einwendungen des Betriebsrates zu berücksichtigen, im Verfahren bei damit zusammenhängenden Versetzungen, Kündigungen oder Entlassungen wird jedoch das Gericht bei der Überprüfung betrieblicher Gründe auf die Einwendungen des Betriebsrates Bedacht zu nehmen haben (siehe auch Erl 1).

Aus dem umfangreichen Informations- und Beratungsrecht des Betriebsrates über geplante Aufnahmen kann abgeleitet werden, dass die Weitergabe von Personaldaten von Bewerbern und Arbeitnehmern an den Betriebsrat sowie die Verarbeitung solcher Personaldaten durch den

Betriebsrat nach dem Datenschutzgesetz **zulässig** ist (vgl zur Rechtslage vor dem DSG 2000 ARD 4254/5).

Eine Verletzung der Informations- und Beratungspflicht des Betriebsinhabers nach § 99 Abs 3 steht unter (verwaltungsrechtlicher) **Strafsanktion** (§ 160 Abs 2 Z 2). Außerdem steht zur Durchsetzung der Mitwirkungsrechte des Betriebsrates bei der Einstellung von Arbeitnehmern – ebenso wie bei allen anderen Befugnissen der Arbeitnehmerschaft – die Möglichkeit der **Klage beim Arbeits- und Sozialgericht** offen. Es ist ein konkretes Leistungsbegehren auf Informationserteilung bzw Beratung zu stellen (VwGH vom 17. 12. 1986, 86/01/0175 – siehe Erl 3). Ein solches Verfahren wird allerdings nur dann sinnvoll sein, wenn vor der geplanten Beschäftigungsaufnahme noch genügend Zeit für eine Entscheidung des Gerichts ist. Die Einbringung der Klage hindert den Betriebsinhaber nämlich nicht daran, die Einstellung dennoch durchzuführen.

Abs 3 ist gem § 132 Abs 2 hinsichtlich der Einstellung von **Journalisten** iSd Journalistengesetzes insoweit nicht anzuwenden, als diese Einstellung die politische Richtung dieses Unternehmens oder Betriebes beeinflusst; für die Einstellung von Arbeitnehmern in **Theaterunternehmen** gelten die Sonderbestimmungen des § 133 Abs 5 (vgl auch Erl 3 sowie Erl 5 zu § 133 von *Cerny* im Band 4).

[5]) Wenn der Betriebsinhaber die nach Abs 2 vorgeschriebene allgemeine Information des Betriebsrates rechtswidrig unterlassen hat, ist dennoch seine Verpflichtung zur besonderen Information und Beratung nach Abs 3 gegeben. In diesem Fall ist ein Verlangen des Betriebsrates weder erforderlich noch möglich, weil dem Betriebsrat ja die beabsichtigten Einstellungen noch nicht bekannt geworden sind. Die Information und Beratung hat auch in diesem Fall **vor der Einstellung** zu erfolgen. Eine Verletzung dieser Verpflichtung steht ebenfalls unter Strafsanktion.

[6]) Nur **ausnahmsweise** kann die **Beratung** (nicht die **Information**, die **jedenfalls vorher** erfolgen muss!) mit dem Betriebsrat erst nach erfolgter Einstellung durchgeführt werden, nämlich wenn bei vorheriger Beratung „die Entscheidung über die Einstellung nicht rechtzeitig erfolgen könnte".

Gedacht ist bei dieser Ausnahmeregelung offenbar an Sonderfälle, in denen es um die Einstellung von höchst qualifizierten Spezialisten geht, die ohne sofortigen Vertragsabschluss nicht zu „bekommen" wären.

Im Hinblick auf den Gesetzeszweck, der der vorherigen Beratung mit dem Betriebsrat offenbar so große Bedeutung zumisst, dass die diesbezügliche Verpflichtung des Betriebsinhabers sogar unter Strafsanktion steht, muss die Ausnahmeregelung des Abs 3 letzter Satz **restriktiv ausgelegt** werden.

Arbeitskräfteknappheit auf dem Arbeitsmarkt reicht jedenfalls nicht aus, um ein Abgehen vom Grundsatz der vorherigen Beratung mit dem

Betriebsrat bei der Einstellung von Arbeitnehmern begründen zu können. Im Übrigen wird der Fall einer Beratung nach erfolgter Einstellung kaum eintreten können, wenn der Betriebsrat dafür Vorsorge trifft, dass jederzeit ein zur Vertretung in diesen Angelegenheiten befugtes Betriebsratsmitglied erreichbar ist.

Ob die Notwendigkeit einer sofortigen Einstellung ohne vorherige Beratung mit dem Betriebsrat besteht, kann nicht im subjektiven Ermessen des Betriebsinhabers liegen, sondern ist **nach objektiven Gesichtspunkten**, unter Berücksichtigung des Interesses der Arbeitnehmerschaft an einer rechtzeitigen Information, zu beurteilen.

Mitteilung der erfolgten Einstellung

[7]) Über die Information und Beratung **vor** beabsichtigten Einstellungen hinaus ist der Betriebsinhaber verpflichtet, dem Betriebsrat **nach** erfolgter Einstellung davon Mitteilung zu machen. Diese Mitteilung hat **unverzüglich**, also ohne schuldhaftes Zögern, zu erfolgen. Die Mitteilungspflicht nach § 99 Abs 4 steht ebenso unter **Strafsanktion** und kann auf dem gleichen Weg durchgesetzt werden wie die Informations- und Beratungspflicht des Betriebsinhabers nach § 99 Abs 3 (siehe Erl 3 und 4).

Das Informationsrecht des Betriebsrates besteht **unabhängig von einem Verlangen des Betriebsrates**; eine zufällige Kenntnisnahme reicht nicht. Allerdings ist die Information über die Einstellung auch an keine bestimmten Formvorschriften gebunden. Eine mündliche Mitteilung genügt somit (VwGH vom 7. 5. 1986, 86/01/0048, DRdA 1987, 69 = infas 1987, A 4 = RdW 1987, 63).

Durch die Einhaltung der betrieblichen Usancen (hier: positives Vorsingen) wird der Betriebsrat über die tatsächlich erfolgte Einstellung in Kenntnis gesetzt, so dass es keiner gesonderten Mitteilung mehr zur Erfüllung der Verständigungspflicht nach § 99 Abs 4 bedarf (VwGH vom 9. 11. 1979, 2167/78 und 2236/78, DRdA 1980, 229)

Auch von der Einstellung von Aushilfskräften muss der Betriebsrat verständigt werden (ASG Wien vom 13. 1. 1989, 23 Cga 1153/88, ARD 4078/16).

In Deutschland wurde entschieden, dass auch die Verlängerung einer Befristung dem Informationsrecht des Betriebsrates unterliegt (BAG vom 7. 8. 1990, 1 ABR 68/89, ARD 4237/13). Wegen der in dieser Frage ähnlichen Rechtslage wird diese Auffassung auch für Österreich beachtlich sein.

Die Information an den Betriebsrat über die erfolgte Aufnahme muss **detaillierte Angaben über Verwendung und Einstufung des Arbeitnehmers,** den Lohn oder Gehalt sowie eine allfällige vereinbarte Probezeit oder Befristung des Arbeitsverhältnisses enthalten.

Nach § 2 AVRAG hat der Arbeitgeber dem Arbeitnehmer unverzüglich nach Beginn des Arbeitsverhältnisses eine **schriftliche Aufzeichnung über die wesentlichen Rechte und Pflichten aus dem Arbeitvertrag (Dienstzettel)** auszuhändigen. Der (Mindest-)Inhalt des Dienstzettels ist in § 2 Abs 2 AVRAG detailliert festgelegt. Er muss (auch) dem Betriebsrat bekannt gegeben werden.

Um spätere Streitigkeiten über den Inhalt des Arbeitsvertrages – zB im Zusammenhang mit einer Versetzung – zu vermeiden, empfiehlt es sich, die vorgesehene **Verwendung** des Arbeitnehmers (§ 2 Abs 2 Z 8 AVRAG) **möglichst konkret und präzise** zu umschreiben (also zB nicht „Arbeiter", sondern „Werkzeugmacher", oder: nicht „Angestellter", sondern „Buchhalter"). Unter „**Einstufung**" (§ 2 Abs 2 Z 7 AVRAG) ist die genaue Einordnung in ein kollektivvertragliches oder betriebliches Lohn- bzw Gehaltsschema (Verwendungsgruppe, Gehaltsstufe) zu verstehen. Näheres zu § 2 AVRAG bei *Holzner/Reissner,* Arbeitsvertragsrechts-Anpassungsgesetz (AVRAG), Reihe Gesetze und Kommentare Nr 164 (2006).

Bei der Vereinbarung einer **Probezeit** hat der Betriebsrat auf die Einhaltung der gesetzlichen und kollektivvertraglichen Grenzen zu achten; Beginn und Ende der Probezeit sollten schriftlich festgehalten werden.

Die **Befristung** eines Arbeitsverhältnisses ist zwar grundsätzlich zulässig, kann aber für den Arbeitnehmer insofern ein Nachteil sein, als der Kündigungsschutz bei Beendigung des Arbeitsverhältnisses durch Fristablauf nicht zur Anwendung kommt. Die Aneinanderreihung von befristeten Arbeitsverhältnissen ohne sachliche Begründung (sog Kettenarbeitsverträge) ist nach einhelliger Lehre und Rechtsprechung unzulässig (Näheres siehe zB bei *Schwarz/Löschnigg,* Arbeitsrecht[10] [2003] 210 ff).

Bei einem befristeten Arbeitsverhältnis muss das Ende des Arbeitsverhältnisses im Dienstzettel angegeben sein (§ 2 Abs 2 Z 4 AVRAG).

Mitwirkungsrechte des Betriebsrates bei der Aufnahme von überlassenen Arbeitskräften

[8]) Durch das **Arbeitskräfteüberlassungsgesetz** (AÜG), BGBl 1988/196, wurde dem § 99 ein Abs 5 angefügt, der spezielle Informations- und Beratungsrechte des Betriebsrates im Beschäftigerbetrieb hinsichtlich des Einsatzes von überlassenen Arbeitskräften (Leiharbeitnehmern) in diesem Beschäftigerbetrieb festlegt.

Bereits vor In-Kraft-Treten des AÜG vertrat die Rechtsprechung die Auffassung, dass dann, wenn ein Unternehmen einem anderen am selben Standort ständig Arbeitskräfte zur Verfügung stellt, ein gemeinsamer Betrieb vorliegt, was die Rechte des Betriebsrates betrifft. Der Betriebsrat jenes Unternehmens, dem die Arbeitskräfte überlassen wurden, musste daher von der Aufnahme solcher Leiharbeitnehmer verständigt werden (VwGH vom 17. 12. 1986, 86/01/0175, infas 1987, A 41).

Seit der Änderung des ArbVG durch das AÜG besteht dieses Informationsrecht des Betriebsrates des Beschäftigerbetriebes auch dann, wenn Überlasser und Beschäftiger nicht so eng zusammenarbeiten, dass von einem gemeinsamen Betrieb gesprochen werden kann. Das Informations- und Beratungsrecht bezieht sich auf **alle Formen der Überlassung**.

Zweck der Mitwirkungsrechte des Betriebsrates ist einerseits ein stärkerer Schutz der Leiharbeitnehmer, andererseits aber auch ein **Schutz der Arbeitnehmer im Beschäftigerbetrieb vor einem Lohndumping** durch überlassene Arbeitskräfte. Durch das Informationsrecht soll einerseits die überlassene Arbeitskraft, andererseits aber auch der Betriebsrat des Beschäftigerbetriebes in die Lage versetzt werden, beurteilen zu können, ob den Vorschriften des Arbeitskräfteüberlassungsgesetzes entsprochen wird oder nicht. Wenn dies nicht der Fall ist, können entsprechende rechtliche Schritte (Kontrolle und Sanktionsmöglichkeiten durch die zuständigen Behörden, individualrechtliche Ansprüche beim Arbeits- und Sozialgericht) gesetzt werden (ausführlich dazu *Sacherer/B. Schwarz*, Arbeitskräfteüberlassungsgesetz, Gesetze und Kommentare Nr 148 [2006]; vgl weiters infas 1989, H 4).

Die Mitwirkungsrechte des Betriebsrates im Zusammenhang mit der Überlassung von Arbeitskräften umfassen im Einzelnen folgendes:

a) **Vor** der beabsichtigten Aufnahme der Beschäftigung von überlassenen Arbeitskräften ist der **Betriebsrat zu informieren**.

b) **Auf Verlangen** des Betriebsrates (und zwar ebenfalls **vor** Beginn der Beschäftigung!) ist eine **Beratung** darüber durchzuführen.

c) **Nach Aufnahme der Beschäftigung** ist der Betriebsrat **unverzüglich** (dh ohne schuldhaftes Zögern) in Kenntnis zu setzen.

d) **Auf Verlangen** des Betriebsrates ist diesem **konkret und im Detail** mitzuteilen, welche **Vereinbarungen hinsichtlich des zeitlichen Arbeitseinsatzes** (also Dauer des Einsatzes, Ausmaß und Verteilung der Arbeitszeit) der überlassenen Arbeitskräfte und hinsichtlich der **Vergütung für die Überlassung** mit dem Überlasser getroffen wurden.

e) Die **allgemeinen Befugnisse**, die der Betriebsrat hinsichtlich der Arbeitnehmer des Betriebes hat (Überwachungsrecht nach § 89, Interventionsrecht nach § 90, Allgemeines Informationsrecht nach § 91 und Beratungsrecht nach § 92; siehe dazu die Erläuterungen zu den jeweiligen Bestimmungen), stehen dem Betriebsrat **auch hinsichtlich** der im Betrieb beschäftigten **überlassenen Arbeitskräfte** zu.

Die Mitwirkungsrechte des Betriebsrates des Beschäftigerbetriebes können sich nur an den Betriebsinhaber des Beschäftigerbetriebes wenden. Der Inhaber des Überlasserbetriebes hat keine rechtlichen Verpflichtungen gegenüber dem Betriebsrat des Beschäftigerbetriebes, er kann allerdings bei Nichteinhaltung von Vorschriften des AÜG durch die zuständigen Behörden oder die überlassene Arbeitskraft belangt werden. Verweigert der Betriebsinhaber des Beschäftigerbetriebes dem Betriebsrat jene Mitwirkungsrechte, die in Abs 5 des § 99 vorgesehen sind, macht er sich verwaltungsrechtlich nach § 160 **strafbar**. Die Strafsanktion bezieht sich auf **alle** den Betriebsinhaber nach dieser Bestimmung treffenden Verpflichtungen.

Die **Grundsätze der betrieblichen Beschäftigung von überlassenen Arbeitskräften** sind nach § 97 Abs 1 Z 1a Gegenstand einer **Betriebsvereinbarung**, deren Abschluss mangels Einigung mit dem Betriebsinhaber vom Betriebsrat durch Anrufung der Schlichtungsstelle **erzwungen** werden kann (siehe Erl 6 zu § 97).

Mitwirkung bei der Festsetzung von Leistungsentgelten im Einzelfall

§ 100. Entgelte der in § 96 Abs 1 Z 4 bezeichneten Art[1]) für einzelne Arbeitnehmer oder einzelne Arbeiten, die generell nicht vereinbart werden können[2]), bedürfen, wenn zwischen Betriebsinhaber und Arbeitnehmer eine Einigung nicht zustande kommt, zu ihrer rechtswirksamen Festsetzung der Zustimmung des Betriebsrates[3]).

Schrifttum zu § 100

W. Schwarz, Probleme sozialer und personeller Mitbestimmung, DRdA 1975, 65 ff;
Jabornegg, Probleme des Arbeitsverfassungsrechtes, DRdA 1977, 200 ff;
Löschnigg, Entgelte mit Zielvorgaben und Mitbestimmungspflicht, in FS Cerny (2001) 419;
Mosler, Mitbestimmung der Belegschaft bei Leistungs- und erfolgsabhängigen Entgelten, in FS Cerny (2001) 433;
Kohn, Leistungs- und erfolgsbezogene Entgeltfindung – Erscheinungsformen in der Praxis, in *Resch* (Hrsg), Leistungs- und erfolgsbezogene Entgeltfindung (2003) 13;
Preiss, Betriebliche Mitbestimmung mit leistungs- und erfolgsbezogener Entgeltfindung, in *Resch* (Hrsg), Leistungs- und erfolgsbezogene Entgeltfindung (2003) 31.

Siehe weiters die Literaturhinweise bei § 96.

Übersicht zu § 100

Leistungsentgelte	Erläuterung 1
Unmöglichkeit der generellen Vereinbarung	Erläuterung 2
Bedingtes Zustimmungsrecht des Betriebsrates	Erläuterung 3

Leistungsentgelte

[1]) Während die Mitwirkung des Betriebsrates bei **generellen** Leistungsentgelten unter bestimmten Voraussetzungen in § 96 **als zustimmungspflichtige Maßnahme** geregelt ist (siehe Erl 8 bis 10 zu § 96), normiert das Gesetz an dieser Stelle – systematisch richtig (vgl Erl 1 zu § 98) – die Mitwirkung bei der Festsetzung von Leistungsentgelten **im Einzelfall**. Es knüpft dabei an den Entgeltbegriff des § 96 Abs 1 Z 4 an.

Bei den in § 96 Abs 1 Z 4 bezeichneten Entgeltformen handelt es sich um **Leistungsentgelte**, bei denen die Höhe von bestimmten, objektiv gemessenen oder auf Personalbeurteilungsverfahren aufgebauten Arbeitsergebnissen abhängt. Die häufigsten Beispiele für solche Leistungsentgelte sind Akkordlöhne, Prämien für eine bestimmte Quadratmeteranzahl verlegter Boden- oder Wandbeläge und Ähnliches (Näheres vgl bei den Erläuterungen von *Preiss* zu § 96).

Unter § 96 Abs 1 Z 4 fallen „sonstige leistungsbezogene Prämien und Entgelte" nur dann, wenn sie auf den im Gesetz aufgezählten Entgeltfindungsmethoden beruhen. Auch § 100 stellt ausdrücklich auf „Entgelte der in § 96 Abs 1 Z 4 bezeichneten Art" und daher ebenfalls auf leistungsbezogene, nach einer bestimmten, von objektiven Kriterien ausgehenden Methode zu ermittelnde Prämien ab (OGH vom 2. 6. 1981, 4 Ob 135/80, Arb 9984 = DRdA 1982, 403 mit krit Anm von *Holzer*).

Eine **Provision** ist ein von der Leistung des Arbeitnehmers, aber auch von der Markt- und Geschäftslage abhängiges Entgelt in Form einer Erfolgsvergütung; sie fällt daher nicht unter den Begriff „Leistungsentgelt" iSd § 96 Abs 1 Z 4 bzw § 100 (OGH vom 13. 1. 1981, 4 Ob 167/80, Arb 9931; zu diesen Fragen *Strasser,* DRdA 1993, 93 ff; *Trost,* DRdA 1985, 269 ff; *Gruber,* RdW 1998, 345 ff).

Weitere Judikaturnachweise in Erl 9 zu § 96.

Der Mitwirkung des Betriebsrates unterliegt – unter den in den Erl 2 und 3 dargelegten Voraussetzungen – die „**Festsetzung**" von Leistungsentgelten im Einzelfall. Darunter ist nicht nur die Höhe, sondern auch die Einführung solcher Entgelte zu verstehen (aM *Strasser/Jabornegg,* Arbeitsverfassungsgesetz[3], 382).

Unmöglichkeit der generellen Vereinbarung

²) Hier handelt es sich um Arbeiten, für die wegen ihrer Seltenheit oder Einmaligkeit eine generelle Entgeltregelung nicht vereinbart werden kann (zB die Anfertigung eines ganz bestimmten Werkstückes nach spezifischen Angaben).

Aber auch dann, wenn **einzelne Arbeitnehmer nach unterschiedlichen Kriterien** Leistungsentgelt erhalten sollen, obwohl die Art der Tätigkeit an und für sich von mehreren Arbeitnehmern im Betrieb erbracht wird, handelt es sich um Leistungsentgelte, die generell nicht vereinbart werden können. Das Mitbestimmungsrecht gem § 100 ergibt sich also nicht nur bei sachlich begründeter Unmöglichkeit der generellen Festsetzung, sondern auch dann, wenn wegen des Willens des Arbeitgebers oder der betroffenen Arbeitnehmer eine generelle Lösung nicht zustande kommt, obwohl diese möglich gewesen wäre.

Haben also beispielsweise Lkw-Fahrer im Betrieb generell ein Lohnsystem, das die Lohnhöhe nach der Anzahl der gefahrenen Kilometer differenziert, wird dieses Entgelt im Einzelnen aber jeweils konkret nach der Wegstrecke festgesetzt, so handelt es sich um ein Leistungsentgelt nach § 100. Eine kollektive Regelung ist nämlich wegen der spezifischen Festsetzung der jeweiligen Kilometerbegrenzungen nach der Fahrt unmöglich, dennoch handelt es sich um ein Leistungsentgelt.

Bedingtes Zustimmungsrecht des Betriebsrates

³) Leistungsentgelte, die generell nicht vereinbart werden können, müssen im Einzelarbeitsvertrag zwischen dem Arbeitgeber und dem Arbeitnehmer **vereinbart** werden; sie können also **nicht einseitig** durch Weisung des Arbeitgebers festgesetzt werden. Kommt eine Einigung zwischen den Partnern des Arbeitsvertrages nicht zustande, muss der Betriebsrat eingeschaltet werden. Die Initiative dazu kann entweder vom Arbeitnehmer oder vom Arbeitgeber ausgehen. In der Regel wird es wohl der Arbeitgeber sein, der an einer Entgeltfestsetzung interessiert ist, zu der er aber rechtswirksam nur mit Zustimmung des Betriebsrates kommen kann. Es handelt sich also um ein **bedingtes Zustimmungsrecht des Betriebsrates**. Die Zustimmung des Betriebsrates ist **zur Rechtswirksamkeit der Entgeltfestsetzung notwendig**.

Die Zustimmung des Arbeitnehmers bzw des Betriebsrates kann auch nicht durch Entscheidung einer Behörde ersetzt werden. Kommt eine Einigung zwischen Betriebsinhaber und Arbeitnehmer nicht zustande und stimmt auch der Betriebsrat der Festsetzung eines Leistungsentgelts nicht zu, ist eine solche Maßnahme des Betriebsinhabers **unzulässig** (siehe sinngemäß Erl 1 zu § 96). Eine dennoch vom Arbeitgeber vorgenommene Entgeltfestsetzung wäre **rechtsunwirksam**. Konsequenz einer rechtsunwirksamen Entgeltfestsetzung durch den Arbeitgeber kann allerdings nicht sein, dass der Arbeitnehmer zwar die vorgesehene Leistung erbringt, einen etwa gegenüber dem Zeitlohn höheren Entgeltanspruch aber nicht geltend machen könnte. Der Arbeitgeber hat ja durch sein rechtswidriges Verhalten die Situation schuldhaft herbeigeführt, er kann sich daher nicht auf sein eigenes Fehlverhalten berufen, um dem Arbeitnehmer etwaige Vorteile des Leistungsentgeltes vorzuenthalten.

Der einzelne Arbeitnehmer hat einen Ausgleichsanspruch, wenn er auf Grund der gesetzlichen oder kollektivvertraglichen Vorschriften bei Zeitlohn (inkl Überstundenzuschlag) einen höheren Lohnanspruch hätte als beim einseitig festgelegten Leistungslohn. Hält sich der Arbeitnehmer bei einem rechtswidrig festgesetzten Leistungslohn nicht an die Leistungsvorgaben (zB zurückzulegende Wegstrecken eines Lkw-Fahrers), kann ihm daraus in keiner Weise ein arbeitsrechtlicher Nachteil entstehen (kein Entlassungsgrund, Möglichkeit der Kündigungsanfechtung bei Kündigung wegen dieses Umstandes).

Der Betriebsrat kann die Rechtsunwirksamkeit einer ohne seine Zustimmung erfolgten Entgeltfestsetzung durch Klage beim Arbeits- und Sozialgericht feststellen lassen.

Das Gesetz sagt nichts darüber aus, ob nach der Zustimmung des Betriebsrates zur Festsetzung eines Leistungsentgelts im Einzelfall auch noch die Zustimmung des betroffenen Arbeitnehmers als Vertragspartner des Einzelarbeitsvertrages notwendig ist. Geht man, wie auch bei anderen

Mitwirkungsrechten des Betriebsrates (zB bei Versetzungen; siehe Erl 2 zu § 101), von einer getrennten Betrachtung der arbeitsvertraglichen und der betriebsverfassungsrechtlichen Aspekte aus, so könnte die Einigung zwischen Betriebsinhaber und Betriebsrat die Zustimmung des Arbeitnehmers als Vertragspartner nicht ersetzen. In der Praxis wird diese Problematik freilich kaum eine Rolle spielen, weil der Betriebsrat in einer solchen auf den Einzelfall bezogenen Angelegenheit nicht gegen den Willen des betroffenen Arbeitnehmers handeln wird. Klar ist jedenfalls, dass die Einigung zwischen Betriebsinhaber und Betriebsrat jederzeit durch eine einzelvertragliche Einigung zwischen Betriebsinhaber und Arbeitnehmer ersetzt werden könnte.

Mitwirkung bei Versetzungen[1])

§ 101. Die dauernde Einreihung eines Arbeitnehmers auf einen anderen Arbeitsplatz[2])[3]) ist dem Betriebsrat unverzüglich mitzuteilen; auf Verlangen ist darüber zu beraten[4]). Eine dauernde Einreihung liegt nicht vor, wenn sie für einen Zeitraum von voraussichtlich weniger als 13 Wochen erfolgt[5]). Ist mit der Einreihung auf einen anderen Arbeitsplatz eine Verschlechterung der Entgelt- oder sonstigen Arbeitsbedingungen[6]) verbunden, so bedarf sie zu ihrer Rechtswirksamkeit der Zustimmung des Betriebsrates[7]). Erteilt der Betriebsrat die Zustimmung nicht, so kann sie durch Urteil des Gerichtes ersetzt werden. Das Gericht hat die Zustimmung zu erteilen, wenn die Versetzung sachlich gerechtfertigt ist[8]).

Schrifttum zu § 101

Schrammel, Die Mitbestimmung des Betriebsrates bei Versetzung und Änderungskündigung, ZAS 1975, 203 ff;

W. Schwarz, Probleme sozialer und personeller Mitbestimmung im Betrieb, DRdA 1975, 65 ff;

Schrammel, Die Verschlechterung der Entgelt- und sonstigen Arbeitsbedingungen beim Versetzungsschutz, ZAS 1978, 203 ff;

Holzer, Einige Strukturfragen personeller Mitbestimmung, ZAS 1982, 3 ff;

Dungl, Zur Änderungskündigung, in FS Floretta (1983) 357 ff;

Hemmer, Änderung der Arbeitszeiteinteilung und Versetzungsschutz nach § 101 ArbVG, DRdA 1983, 124 f;

Holzer, Mitbestimmung und Betriebe ohne Betriebsrat, in FS Strasser (1983) 633 ff;

Schrank, Zur Zulässigkeit von „Verschlechterungsvereinbarungen" bei aufrechtem Arbeitsverhältnis, RdW 1983, 12 ff;

Dusak, Änderungen im Bereich der personellen Mitbestimmung, ZAS 1986, 198 ff;

Grof, Die Rechtsstellung des Vertragsbediensteten anläßlich einer Versetzung, DRdA 1986, 115 ff;

Schindler, Der Versetzungsschutz der Vertragsbediensteten, DRdA 1987, 422 f;

Mosler, Versetzung wegen Gesundheitsgefährdung: Mitbestimmung des Betriebsrats? wbl 1989, 83;

Trost, Ausgewählte Strukturprobleme der Mitwirkung nach der Arbeitsverfassungsgesetz-Novelle 1986, DRdA 1989, 1 ff;

Wachter, Bemerkungen zum Austrittsgrund der Arbeitsunfähigkeit bzw Gesundheitsgefährdung, DRdA 1989, 179 ff;

Mosler, Austritt wegen Gesundheitsgefährdung – eine Analyse der neueren Rechtsprechung, DRdA 1990, 195 ff;

M. Schwarz, Zur Problematik des vorzeitigen Austritts bei Dienstunfähigkeit und Gesundheitsgefährdung, in FS W. Schwarz (1991) 191 ff;
Andexlinger, Versetzung und Austrittsrecht, DRdA 1992, 395;
Goricnik, Zur Folgepflicht des Arbeitnehmers bei Betriebsverlegung, RdW 2000/519;
Goricnik, Mitwirkungsrechte des Betriebsrates bei Betriebsverlegung, wbl 2001, 106;
Kreil, Zum Haftungs- und Zurechnungsdurchgriff bei Arbeitnehmeransprüchen im Konzern, RdW 2002/415
Reissner, Arbeitsrechtliche Probleme im Zusammenhang mit Ausgliederung und Standortverlegung, DRdA 2002, 248;
B. Schwarz, Rechtsprobleme der Ausgliederungen unter besonderer Betonung des öffentlichen Bereiches, DRdA 2002, 351;
Goricnik, Betriebsverfassungsrechtlicher Versetzungsschutz für „ausgegliederte" Beamte? RdW 2003/170;
Mayer, Versetzung von Beamten nach kollektivem Arbeitsrecht?, ecolex 2003, 436;
Kuras, Möglichkeiten und Grenzen einzelvertraglicher Gestaltungen im aufrechten Arbeitsverhältnis, ZAS 2003, 19;
Staufer, Die Versetzung von Arbeitnehmern aus arbeitsvertragsrechtlicher und betriebsverfassungsrechtlicher Sicht, 2003;
Germ/Spenling, Versetzungsschutz im privaten Arbeitsrecht und im öffentlichen Dienstrecht – ein Vergleich, in FS Bauer/Maier/Petrag (2004), 200
K. Mayr, Individual- und kollektivarbeitsrechtliche Aspekte einer Betriebsverlegung, in FS Bauer/Maier/Petrag (2004) 175;
Obereder, Einstufungsprobleme bei den ÖBB, DRdA 2005, 186;
Kietaibel, Die Versetzung aus arbeitsvertraglicher Sicht, ZAS 2005, 52;
Tinhofer, Die kollektivrechtlichen Aspekte der Versetzung, ZAS 2005, 59;
Koblizek, Personelle Umsetzung von Organisationsänderungen in ausgegliederten Unternehmen, DRdA 2005, 3 ff;
Reissner, Versetzung und Versetzungsschutz, JAP 2005/2006/37;
Schöngrundner, Folgepflicht bei Betriebsstandortverlegung; IndRME 2005;
Adamovic, Verschlechternde Versetzung – Voraussetzungen und Rechtsdurchsetzung – Redaktionelle Anmerkung zu OGH 9 Ob A 35/05w, ARD 5659/8/2006;
Schneller, Arbeitskräfteüberlassung: Mitbestimmung bei Versetzungen und anderen personellen Maßnahmen, ecolex 2006, 1018;
Burger, Versetzungsschutz an Universitäten, zfhr 2006, 120;
Risak, Die Suspendierung von Ärzten, RdM 2006/117;
Spenger, Vorübergehende Betriebseinschränkung im Zusammenhang mit Arbeitskräfteüberlassung, infas 2006, 190;

Gerhartl, Mitwirkungsrechte der Belegschaftsvertretung bei Versetzung von Beamten – Kann der Betriebsrat eines ausgegliederten Betriebes die Versetzung von Beamten blockieren?, ASoK 2006, 343;
Trattner, Versetzung – Zustimmung des Betriebsrates, ASoK 2007, 23.

Übersicht zu § 101

Zweck und Inhalt der Mitwirkung bei Versetzungen	Erläuterung 1
Der Begriff der Versetzung	Erläuterung 2
Arbeitsvertrag und arbeitsverfassungsrechtlicher Versetzungsschutz	Erläuterung 3
Informations- und Beratungsrecht des Betriebsrates	Erläuterung 4
Dauer der Versetzung	Erläuterung 5
Verschlechterung von Entgelt- oder sonstigen Arbeitsbedingungen	Erläuterung 6
Zustimmungsrecht des Betriebsrates	Erläuterung 7
Ersatzweise Zustimmung des Gerichts	Erläuterung 8

Zweck und Inhalt der Mitwirkung bei Versetzungen

[1]) Wie auch bei anderen Mitwirkungsrechten übt der Betriebsrat bei Versetzungen ein Recht der (gesamten) Arbeitnehmerschaft aus. Der Normzweck des § 101 besteht darin, den einzelnen Arbeitnehmer wegen seiner Abhängigkeit vom Betriebsinhaber (Arbeitgeber) unter den **Schutz der Betriebsvertretung** zu stellen. Bei Ausübung seines Mitbestimmungsrechts hat der Betriebsrat das **Interesse der Belegschaft** und nicht (nur) das Interesse des von der Versetzung betroffenen Arbeitnehmers zu wahren (OGH vom 16. 11. 1994, 9 Ob A 214/94, Arb 11.311 = infas 1995, A 71; OGH vom 25. 6. 1985, 4 Ob 79/85, DRdA 1986, 63 = RdW 1985, 381 = Arb 10.472).

Das arbeitsverfassungsrechtliche Mitwirkungsrecht des Betriebsrates bei Versetzungen besteht **unabhängig vom Inhalt des Arbeitsvertrages zwischen dem Arbeitgeber und dem Arbeitnehmer** und **unabhängig vom Willen der Arbeitsvertragspartner.**

Für die arbeitsverfassungsrechtliche Zulässigkeit einer Versetzung macht es **keinen Unterschied,** ob die Versetzung durch den Inhalt des Arbeitsvertrages gedeckt ist oder nicht, ob die Versetzung „direktorial", also im Rahmen des **Weisungsrechts** des Arbeitgebers erfolgt, oder ob damit eine **Vertragsänderung** verbunden wäre (OGH vom 12. 10. 1994, 9 Ob A 171 /94, ZAS 1995, 88 mit Anm von *Tomandl* = RdW 1995, 145 = ARD 4627/21/95; OGH vom 16. 11. 1994, 9 Ob A 214/94, Arb 11.311 = infas 1995, A 71 = ARD 4637/21/95 = ecolex 1995, 202; OGH vom 25. 1. 1995, 9 Ob A 233/94, Arb 11.356 = DRdA 1995, 422; OGH vom 12. 2. 1998, 8 Ob A 35/98z, ARD 4949/4/98).

Wegen des **kollektiven Charakters** des Mitwirkungsrechts nach § 101 berührt auch die Zustimmung (oder Ablehnung) des Arbeitnehmers zu einer vertragsändernden Versetzung nicht das Mitwirkungsrecht des Betriebsrates (OGH vom 25. 6. 1985, 4 Ob 79/85, Arb 10.472; OGH vom 29. 6. 1988, 9 Ob A 49/88, DRdA 1991, 42 mit Anm von *Harrer;* OGH vom 6. 5. 1994, 8 Ob A 208/94, Arb 11.188 = infas 1994, A 113; OGH 16. 11. 1994, DRdA 1995, 401; OGH vom 25. 1. 1995, 9 Ob A 233/94, Arb 11.356 = DRdA 1995, 422; OGH vom 10. 12. 1997, 9 Ob A 275/97z, DRdA 1998, 212 = infas 1998, A 50).

Das Mitbestimmungsrecht des Betriebsrates nach § 101 ist **auch** auf eine **aus betrieblichen Gründen notwendige, ja sogar unumgängliche Versetzung** anzuwenden (OGH vom 6. 5. 1994, 8 Ob A 232 /94, Arb 11.190 = infas 1994, A 114; OGH vom 18. 12. 1979, 4 Ob 19/79, Arb 9838 = DRdA 1980/20 mit zust Anm von *Cermak;* LG Linz vom 14. 6. 1994, 13 Cga 11/94, Arb 11.163).

Der **Versetzungsschutz** nach § 101 kommt **auch** auf dauernde, verschlechternde Versetzungen, die durch eine **Betriebsverlegung** bedingt sind, zur Anwendung (ausführlich dazu *Goricnik,* RdW 2000, 519, und wbl 2001, 106). Der vom OGH in der Entscheidung vom 14. 6. 2000, 9 Ob A 48/00z, wbl 2001/92 vertretenen Meinung, eine Mitwirkung, die den Belegschaftsorganen in den §§ 99 bis 107 bei Maßnahmen in Bezug auf einzelne Arbeitnehmer eingeräumt sei, stehe dem Betriebsrat im Zusammenhang mit einer Betriebsverlegung nicht zu, kann nicht gefolgt werden. Auch wenn wesentliche Nachteile für die Arbeitnehmerschaft in diesem Zusammenhang durch einen **Sozialplan** verhindert bzw gemildert werden, bleibt das Zustimmungsrecht des Betriebsrates zu einzelnen konkreten Versetzungen, die die Voraussetzungen des § 101 erfüllen, bestehen (ebenso *Goricnik,* wbl 2001, 106). So hat der OGH zu Recht entschieden, dass auch der Umstand, dass der Grund einer Versetzung in der **Stilllegung eines Betriebsteiles** liegt, den Versetzungsschutz des § 101 nicht ausschließen kann (OGH vom 31. 8. 2005, 9 Ob A 35/05w, DRdA 2005, 392 mit Anm von *Naderhirn* = infas 2006, A 2).

Im Zuge von **Ausgliederungen von Bereichen der öffentlichen Verwaltung** aus der unmittelbaren staatlichen Verwaltung werden häufig Beamte, deren Dienstverhältnis auf Bescheid beruht, mit Dienstzuweisung den ausgegliederten Organisationseinheiten zugeteilt. Bei der rechtlichen Beurteilung solcher Vorgänge sind Bestimmungen des Dienstrechts, des Personalvertretungsrechts und des Betriebsverfassungsrechts zu beachten. Dabei stellt sich ua die Frage nach der Anwendbarkeit des „privatwirtschaftlichen" Versetzungsschutzes nach § 101 ArbVG (allgemein zu diesem Thema *Reissner*, DRdA 2002, 248; *B. Schwarz*, DRdA 2002, 351; speziell zum Versetzungsschutz *Goricnik*, RdW 2003/170).

Hinsichtlich der ehemaligen Beamten der **Post** hat der OGH aufgrund einer mit dem Budgetbegleitgesetz 2003, BGBl I 2003/71, in das Poststrukturgesetz eingefügten Bestimmung (§ 17a Abs 9a PTSG) entschieden, dass bei einer verschlechternden Versetzung nicht mehr (wie vorher gem § 72 Abs 1 PBVG iVm § 101 ArbVG) die Zustimmung des Personalausschusses eingeholt werden muss. Die Abberufung eines Beamten von seiner bisherigen Verwendung ohne Zuweisung einer neuen Verwendung (Dienstfreistellung) sei einer Versetzung gleichzuhalten und unterliege somit ebenfalls nicht mehr der Mitwirkung des Personalausschusses iSd § 101 ArbVG (OGH vom 22. 10. 2003 und 5. 11. 2003, 9 Ob A 56/03f ua, ARD 5495/8/2004 = ecolex 2004/65). In einer Besprechung der OGH-Entscheidung vom 22. 10. 2003, 9 Ob A 56/03f in DRdA 2004, 386 hat *Goricnik* zu Recht Zweifel an der Verfassungsmäßigkeit des § 17a Abs 9a PTSG wegen Gleichheitswidrigkeit angemeldet. Der VfGH hat allerdings im Erkenntnis vom 28. 6. 2007, G 34/06, entschieden, dass die Regelung des § 17a Abs 9a PTSG nicht gleichheitswidrig sei. Dem Gesetzgeber sei aus der Sicht des verfassungsrechtlichen Gleichheitssatzes nicht entgegenzutreten, wenn er bei der Versetzung oder bei der versetzungsgleichen Verwendungsänderung eines Beamten des Bundes, der einem ausgegliederten Unternehmen zur Dienstleistung zugewiesen wurde, hinsichtlich der Mitwirkung des in diesem Unternehmen eingerichteten zuständigen Personalvertretungsorgans eine dem Bundes-Personalvertretungsrecht vergleichbare, vom Arbeits(verfassungs)recht jedoch abweichende Regelung trifft. Bei der gleichheitsrechtlichen Beurteilung der Mitwirkungsbefugnisse eines Personalvertretungsorgans bei der Versetzung oder bei der versetzungsgleichen Verwendungsänderung eines Beamten sei jedenfalls auch die wesensmäßige Verschiedenheit des – grundsätzlich auf Lebensdauer angelegten – öffentlich-rechtlichen Beamtendienstverhältnisses einerseits und eines auf Arbeitsvertrag beruhenden, zu einem privaten Rechtsträger bestehenden Rechtsverhältnisses zu berücksichtigen.

Für alle dienstrechtlichen Schritte, die im Zusammenhang mit Versetzungen oder Verwendungsänderungen bei Beamten erforderlich sind, sind die Personalämter zuständig. Bei der Überprüfung der Rechtmäßigkeit von Versetzungen und Verwendungsänderungen sind auch jene Bestimmungen zu beachten, die einen Versetzungsschutz für Personalvertreter normieren. Die Versetzung bzw Verwendungsänderung des Beamten erfolgt in Ausübung der Diensthoheit des Bundes und kann nur im Verwaltungsweg überprüft werden. Durch den verwaltungsbehördlichen Rechtsschutz – insbesondere durch die Möglichkeit der Anrufung der Berufungskommission – ist der erforderliche Rechtsschutz des Beamten gewährleistet (OGH vom 6. 4. 2005, 9 Ob A 32/05d, infas 2005, A 53 = Arb 12.520; vgl dazu *Gerhartl*, ASoK 2006, 343).

Zur Rechtslage vor der Änderung des PTSG vgl auch die in der RDB veröffentlichten Entscheidungen der BerK vom 12. 2. 2002, ZfVBBerK 2002/1136 und vom 16. 1. 2003, ZfVBBerK 2003/945; zu dem gesamten Fragenkomplex *Preiss*, Ausgewählte Probleme des Post- und Telekombereich in FS Bauer-Maier-Petrag (2004) 65 ff, sowie *Floretta/Wachter*, Zur

Rechtsstellung der bei der TA-Gruppe beschäftigten Beamten, in FS Cerny (2001) 579 ff.

In einer Entscheidung vom 26. 1. 2005, 2004/12/0084, hat der VwGH unter Berufung auf eine bereits zum früheren Betriebsrätegesetz (§ 16 Abs 1 BRG) ergangene Vorentscheidung (VwGH 27. 1. 1958, Slg 4539/A) die Anwendbarkeit des § 101 und des § 115 Abs 3 ArbVG auf Beamte, die in einem Betrieb iSd § 34 ArbVG beschäftigt sind, bejaht (ebenso OGH vom 31. 8. 2005, 9 Ob A 35/05w, DRdA 2005, 392 mit Anm von *Naderhirn* = infas 2006, A 2; vgl dazu auch *Adamovic,* ARD 5659/8/2006, sowie *Trattner,* ASoK 2007, 23). Die Voraussetzung der Zustimmungserklärung des Betriebsrates zu einer verschlechternden Versetzung ist für den Bereich öffentlich-rechtlich Bediensteter als Rechtmäßigkeitsvoraussetzung für eine bescheidförmig zu verfügende Personalmaßnahme zu deuten.

Die Gesetzwidrigkeit eines Versetzungs- bzw Verwendungsänderungsverfahrens, die darin liegt, dass der Beamte entgegen der Bestimmung des § 101 ArbVG ohne Zustimmung des Betriebsrates versetzt wird, kann im weiteren Verfahren – etwa durch Einholung der Zustimmung des Betriebsrates im Berufungsstadium – saniert werden (VwGH vom 5. 7. 2006, 2006/12/002 unter Hinweis auf VwGH vom 18. 12. 2001, Zl 99/09/0089, VwSlg 15737).

In der Entscheidung vom 28. 4. 2008, 8 ObA 78/07i, infas 2008, A 76, hat der OGH die Anwendbarkeit des Zustimmungsrechts des Betriebsrats nach § 101 ArbVG auf „zugewiesene" Landesbeamte (in diesem Fall nach dem oö LandesbeamtenG) mit der Begründung verneint, § 92 Abs 2 OÖ LBG definiere die Versetzungsvoraussetzungen so hinreichend, dass kein weiterer Beurteilungsspielraum iSd § 101 ArbVG eröffnet werden sollte. Dem Bedürfnis nach Mitwirkung der Belegschaftsvertretung bei der Versetzung werde dadurch ausreichend Rechnung getragen, dass dem Betriebsrat jedenfalls die allgeminen Interventions-, Informations- und Beratungsrechte (vor allem §§ 90, 92, 98 ArbVG) sowie die formellen Rechte auf Verständigung und Beratung nach § 101 ArbVG zukommen. Dieser Argumentation kann nicht gefolgt werden, weil sie dem oben dargelegten Zweck des kollektiven Versetzungsschutzes, wie er (nur) durch das Zustimmungsrecht des Betriebsrates gewährleistet wird, nicht Rechnung trägt.

Die Dienstverträge zu den **Österreichischen Bundesbahnen** sind seit dem In-Kraft-Treten der Allgemeinen Vertragsbedingungen (AVB) mit 1. 1. 1996 als rein privatrechtlich zu beurteilen. Nach § 69 des (inzwischen außer Kraft getretenen) Bahn-Betriebsverfassungsgesetzes (BBVG) findet ua das 3. Hauptstück des zweiten Teiles des ArbVG, zu dem auch § 101 gehört, Anwendung. Die Befugnisse der Arbeitnehmerschaft werden gem § 70 BBVG von Personalausschüssen und bei deren Fehlen von Vertrauenspersonen ausgeübt. § 26 AVB bezeichnet als Versetzung nur den angeordneten Wechsel einer Planstelle, der zu einer Änderung des Verwendungsbereiches und/oder des Arbeitsplatzes führt. Dies steht mit der zwingenden Bestimmung des § 101 ArbVG in Widerspruch. Infolge der gebotenen privatrechtlichen Betrachtung ist § 26 AVB so zu interpretieren, dass eine Änderung des Verwendungsbereichs und/oder des Arbeitsplatzes als Versetzung gilt, unabhängig davon, ob damit auch ein Wechsel der Planstelle verbunden ist. Die Entziehung von wichtigen, das Schwergewicht der Tätigkeit des Bediensteten bildenden Aufgaben ist, wenn sie dauernd ist, eine Versetzung iSd § 101 ArbVG (OGH vom 28. 3. 2002, 8 Ob A 110/01m, DRdA 2002, 476 mit Anm von *Obereder* = infas 2002, A 91 = JBl 2002, 666 = ASoK 2003/63; OGH 22. 5. 2003, 8 Ob A 8/03i).

Nach der Aufhebung des Bahn-Betriebsverfassungsgesetzes durch Art 7 des Bundesbahnstrukturgesetzes, BGBl I 2003/138, gelten hinsichtlich der Befugnisse der Arbeitnehmerschaft, also auch hinsichtlich des **Versetzungsschutzes** von Arbeitnehmern der ÖBB, die **Bestimmungen des ArbVG** (vgl auch OGH vom 6. 4. 2005, 9 Ob A 88/04p, DRdA 2005, 443 = infas 2005, A 56). Die in der Entscheidung des OGH vom 28. 3. 2003 enthaltenen Rechtssätze sind aber weiterhin relevant.

Allgemein kann gesagt werden:

Das Mitwirkungsrecht des Betriebsrates ist eine **arbeitsverfassungsrechtliche Schranke** für Versetzungen durch den Arbeitgeber, die unabhängig vom Inhalt des einzelnen Arbeitsvertrages besteht (zum Verhältnis Arbeitsvertrag und arbeitsverfassungsrechtlicher Versetzungsschutz siehe Erl 3).

Inhaltlich umfasst die Mitwirkung des Betriebsrates bei Versetzungen folgende **Rechte**:

    a) **Informationsrecht:** Jede „dauernde Einreihung auf einen anderen Arbeitsplatz" (zum Begriff der Versetzung siehe Erl 2) ist dem Betriebsrat **unverzüglich mitzuteilen**;

    b) **Beratungsrecht:** Auf **Verlangen** ist mit dem Betriebsrat über die Versetzung zu beraten;

    c) **Zustimmungsrecht:** Unter bestimmten Voraussetzungen (siehe dazu die Erl 5 und 6) bedarf die Versetzung zu ihrer **Rechtswirksamkeit** der Zustimmung des Betriebsrates. Erteilt der Betriebsrat keine Zustimmung, kann sie durch das Gericht ersetzt werden, wenn die Versetzung sachlich gerechtfertigt ist (siehe Erl 7 und 8).

Das **Informations- und Beratungsrecht** des Betriebsrates ist **bei jeder dauernden Versetzung** gegeben, unabhängig davon, ob mit der Versetzung eine Verschlechterung der Entgelt- oder sonstigen Arbeitsbedingungen verbunden ist; für das **Zustimmungsrecht** müssen beide Voraussetzungen gegeben sein: die Versetzung muss **dauernd und mit einer Verschlechterung verbunden** sein.

Das bedeutet:

– Bei einer **dauernden** Versetzung, die aber für den Arbeitnehmer **keine Verschlechterung** bringt, hat der Betriebsrat ein **Informations- und Beratungsrecht, aber kein Zustimmungsrecht**;

- bei einer **dauernden** Versetzung, die mit einer **Verschlechterung** der Entgelt- oder sonstigen Arbeitsbedingungen verbunden ist, hat der Betriebsrat ein **Informations-, Beratungs- und Zustimmungsrecht;**
- eine nur **kurzfristige**, für weniger als 13 Wochen vorgenommene Versetzung ist **mitbestimmungsfrei.**

In **allen** Fällen einer Versetzung sind aber die **Beschränkungen** zu beachten, die sich aus dem **Inhalt des Arbeitsvertrages** ergeben (siehe Erl 3).

Der Begriff der Versetzung

2) Das Gesetz umschreibt den Begriff der Versetzung mit „**Einreihung eines Arbeitnehmers auf einen anderen Arbeitsplatz**". Der Begriff des „Arbeitsplatzes" ist jedoch nicht nur örtlich oder räumlich zu verstehen, sondern umfasst auch den **Tätigkeitsbereich** des Arbeitnehmers (OGH vom 29. 6. 1988, 9 Ob A 49/88, DRdA 1991, 42 mit Anm von *Harrer* = RdW 1988, 459 = wbl 1989, 126; EA Leoben, 14. 12. 1981, Arb 10.054 = ZAS 1982, 41; OGH vom 17. 6. 1992, 9 Ob 91/92, infas 1992, A 146).

Von einer Versetzung kann man daher dann sprechen, wenn **entweder der Arbeitsort oder der inhaltliche oder zeitliche Arbeitsbereich des Arbeitnehmers verändert** wird. Werden allerdings nur die **Entgeltbedingungen** verändert, **ohne** dass damit eine **Änderung des Tätigkeitsbereiches** verbunden ist, kann **nicht** von Versetzung gesprochen werden (LG Innsbruck vom 2. 7. 1991, 45 Cga 118/91, Arb 10.963). Solche Entgeltveränderungen können vom Arbeitnehmer zwar bekämpft werden, wenn sie gesetzlichen oder kollektivrechtlichen Bestimmungen widersprechen oder wenn damit vertragswidrig die Entgeltvereinbarung verändert werden soll, die Bestimmungen über den Versetzungsschutz sind aber nicht anzuwenden. Eine Verschlechterung der Entgeltbedingungen, die mit keiner Versetzung verbunden ist, kann nicht durch Klage gegen den Betriebsrat auf Zustimmung zur verschlechternden Versetzung erzwungen werden (OGH vom 12. 2. 1998, 8 Ob A 35/98z, ARD 4949/4/98).

Ebenso ist eine bloße **Einschränkung des Tätigkeitsbereiches** des Arbeitnehmers **keine Versetzung** (OGH vom 10. 6. 1998, 9 Ob A 98/98x, ARD 4965/2/98; OGH vom 24. 6. 1998, 9 Ob A 32/98s, ARD 4960/30/98; OGH vom 4. 3. 1986, 14 Ob 7/86, Arb 10.500 = infas 1986, A 100; LG Salzburg vom 19. 11. 1991, 18 Cga 161/91, Arb 10.995). Auch die Zuweisung eines **anderen Arbeitsraumes am selben Arbeitsort** ist **keine Versetzung** (OGH vom 29. 6. 1988, 9 Ob A 49/88, DRdA 1991, 42 mit Anm von *Harrer* = RdW 1988, 459 = wbl 1989, 126). Nur dann, wenn der Inhalt der Tätigkeit verändert wird, liegt selbst bei gleich bleibendem Arbeitsort eine Versetzung vor (LG Salzburg vom 19. 11. 1991, 18 Cga 161/91, Arb 10.995).

Eine Versetzung liegt nicht nur dann vor, wenn entweder der Arbeitsort oder der inhaltliche Arbeitsbereich des Arbeitnehmers verändert werden, sondern auch dann, wenn – ohne Änderung des Arbeitsortes oder des

Arbeitsbereiches – die **Arbeitszeiteinteilung** eine wesentliche Änderung erfährt (OGH vom 10. 12. 1997, 9 Ob A 275/97z, DRdA 1998, 212 = infas 1998, A 50; OGH vom 23. 5. 1996, 8 Ob S 2054/96, ARD 4818 = wbl 1996, 456 = RdW 1997, 356 = ZAS 1997, 114; OGH vom 10. 12. 1998, 9 Ob A 275/97z, ARD 4933/5/98). Eine so wesentliche Veränderung der Arbeitszeiteinteilung, wie sie beispielsweise in der Einführung des **Zwei-Schicht-Dienstes** für den Arbeitnehmer an Stelle des bisher üblichen Tagdienstes vorliegt, ist eine **Versetzung** (EA Linz, 6. 8. 1982, Arb 10.121).

Ob eine Versetzung vorliegt oder nicht, ist somit nach objektiven Maßstäben festzustellen und hängt von subjektiven Gründen für die Versetzung nicht ab. Daher kritisiert *Mosler* mit Recht die Entscheidung des OLG Linz (12 Ra 82/88; DRdA 1990, 195), in der eine Versetzung, die wegen Gesundheitsbeschwerden des Arbeitnehmers vorgenommen wurde, nicht als dem § 101 unterliegend angesehen wurde (wbl 1989, 83).

Es unterliegen allerdings nicht alle Versetzungen dem Mitbestimmungsrecht des Betriebsrates (vgl dazu die Erl 1, 3 und 4), ebenso sind nicht alle Versetzungen vertragsrechtlich unzulässig (vgl dazu Erl 3). Es können nur solche Veränderungen der Arbeitsbedingungen überhaupt unter dem Gesichtspunkt der Versetzung geprüft werden, die den Arbeitsort und/oder den Tätigkeitsbereich verändern sollen und nicht bloß Veränderungen des Entgelts, räumliche Veränderungen innerhalb des Arbeitsortes oder andere Schwerpunktsetzungen innerhalb des an sich gleich bleibenden Tätigkeitsbereiches beinhalten.

Wird der Inhalt der Tätigkeit nach der bisherigen Übung im Arbeitsverhältnis stets dem jeweiligen Auftrag angepasst (im vorliegenden Fall ging es um Maurerarbeiten), so kann von einer Versetzung nicht gesprochen werden (OGH vom 14. 2. 1990, 9 Ob A 30/90, infas 1991, A 104).

Die Verwendung auf einem bestimmten Arbeitsplatz bedeutet in der Regel nicht eine Beschränkung auf das bisherige Aufgabengebiet (OGH vom 5. 3. 1997, 9 Ob A 66/97i, ARD 4876/10/97; OGH vom 8. 9. 1993, 9 Ob A 186/93, DRdA 1994, 168; OGH vom 24. 5. 1995, 8 Ob A 309/94, DRdA 1997, 33 mit Anm von *Pfeil*); die Übertragung zusätzlicher Aufgaben ist daher für sich allein noch keine Versetzung.

Arbeitsvertrag und arbeitsverfassungsrechtlicher Versetzungsschutz

[3]) Bei Versetzungen ist nach der so genannten „**Zwei-Ebenen-Theorie**" die betriebsverfassungsrechtliche Beurteilung der Zulässigkeit der Versetzung gem § 101 ArbVG von der arbeitsvertraglichen Zulässigkeit der Versetzung zu trennen (vgl OGH vom 12. 2. 1998, 8 Ob A 35/98z, ARD 4949/4/98). Es ist daher zu **unterscheiden** zwischen Versetzungen, die **im Rahmen des Arbeitsvertrages** ihre Deckung finden, und solchen, die zu einer **Änderung des Arbeitsvertrages** führen. Ist die Versetzung durch den Arbeitsvertrag gedeckt, kann sie auch ohne (neuerliche) Zustimmung

des Arbeitnehmers vom Arbeitgeber angeordnet werden. Für die **arbeitsvertragliche** Beurteilung der Versetzung ist nicht entscheidend, ob die Versetzung verschlechternd iSd § 101 ist, sondern ob sie durch den **Inhalt des Arbeitsvertrages** gedeckt ist (OGH vom 27. 8. 1997, 9 Ob A 227/97s, ARD 4937/8/98; OGH vom 12. 10. 1994, 9 Ob A 214/94, infas 1995, A 71; OGH vom 16. 11. 1994, 9 Ob A 214/94, Arb 11.311; OGH vom 17. 3. 1993, 9 Ob A 29/93, DRdA 1993, 485 mit Anm von *Trost;* ebenso Arb 11.273, Arb 10.472; vgl auch *Schindler,* DRdA 1987, 422 f). Innerhalb des Arbeitsvertrags können Versetzungen einseitig, also auch ohne Zustimmung des Arbeitnehmers, im Rahmen des Direktionsrechts durch den Arbeitgeber vorgenommen werden. Fällt der „neue Arbeitsplatz" in den vom Arbeitnehmer arbeitsvertraglich vereinbarten Tätigkeitsbereich, so ist der Arbeitnehmer arbeitsvertraglich verpflichtet, einer „Versetzungsanordnung" des Arbeitgebers Folge zu leisten. Werden hingegen die Grenzen des Arbeitsvertrags überschritten, so kann eine Änderung des Tätigkeitsbereichs nur im Einvernehmen mit dem Arbeitnehmer erfolgen. Ob die Änderung durch den Arbeitsvertrag gedeckt ist, ist im Weg der Vertragsauslegung zu beurteilen. Bei der Feststellung des als vereinbart anzusehenden Tätigkeitsbereichs ist nicht nur die tatsächliche Verwendung ausschlaggebend. Aus der bloßen Tatsache der längeren Verwendung des Arbeitnehmers an einem bestimmten Arbeitsplatz kann für sich allein nicht ohne weiteres geschlossen werden, dass sich der auf diese Weise als vereinbart anzusehende Aufgabenkreis des Arbeitnehmers auf diese zuletzt ausgeübte Tätigkeit beschränkt (OGH vom 24. 9. 2004, 8 Ob A 81/04a, ASoK 2005, 177 = ARD 5568/9/2005; OGH vom 2. 2. 2005, 9 Ob A 120/04v, Arb 12.506).

Allerdings unterliegen auch vertragskonforme Versetzungen unter den im ArbVG normierten Voraussetzungen dem Mitwirkungsrecht des Betriebsrates. Der **betriebsverfassungsrechtliche Versetzungsschutz beschränkt also das Recht zur Versetzung, das der Arbeitgeber auf Grund des Arbeitsvertrages hätte.** Das bedeutet, dass **jede dauernde Versetzung**, also auch jene, die durch den Arbeitsvertrag gedeckt ist, dem **Betriebsrat mitzuteilen** und auf Verlangen mit ihm darüber zu **beraten** ist. Ist mit einer dauernden Versetzung eine **Verschlechterung** der Entgelt- oder sonstigen Arbeitsbedingungen verbunden, so bedarf sie zu ihrer Rechtswirksamkeit der **Zustimmung** des Betriebsrates oder (ersatzweise) des Gerichts (siehe auch Erl 1).

Eine dauernde und die Entgelt- oder sonstige Arbeitsbedingungen verschlechternde Versetzung kann somit nicht rechtswirksam werden, wenn zwar der Arbeitnehmer zustimmt oder sogar selbst eine Einreihung auf einen anderen Arbeitsplatz verlangt, aber der Betriebsrat die Zustimmung verweigert (OGH vom 25. 6. 1985, 4 Ob 79/85, DRdA 1986, 63 = RdW 1985, 381 = Arb 10.472 = infas 1986, A 1; OGH vom 10. 5. 1989, 9 Ob A 165/89, ARD 4098/14; OGH vom 12. 6. 1989, 9 Ob A 159/89, infas 1990, A 57).

Zustimmung (oder Nichtzustimmung) des Arbeitnehmers zu einer vertragsändernden Versetzung berührt nicht das Mitwirkungsrecht des

Betriebsrates nach § 101 (OGH vom 10. 12. 1997, 9 Ob A 275/97z, DRdA 1998, 212 = infas 1998, A 50; OGH vom 25. 1. 1995, 9 Ob A 233/94, DRdA 1995, 422 = Arb 11.356; OGH vom 16. 11. 1994, 9 Ob A 214/94, Arb 11.311; OGH vom 6. 5. 1994, 8 Ob A 208/94, Arb 11.188 = infas 1994, A 113; OGH vom 29. 6. 1988, 9 Ob A 49/88, DRdA 1991, 42 mit Anm von *Harrer*). Die vertragsrechtliche Zulässigkeit der Versetzung ist für das Mitbestimmungsrecht des Betriebsrates nicht entscheidend. Für die arbeitsverfassungsrechtliche Zulässigkeit einer Versetzung macht es auch keinen Unterschied, ob die Versetzung „direktorial", also im Rahmen des Weisungsrechts des Arbeitgebers, oder vertragsändernd erfolgt (OGH vom 25. 1. 1995, 9 Ob A 233/94, DRdA 1995, 422, Arb 11.356; OGH vom 12. 10. 1994, 9 Ob A 171 /94, ZAS 1995, 88 mit Anm von *Tomandl* = RdW 1995, 145; OGH vom 16. 11. 1994, 9 Ob A 214/94, Arb 11.311 = infas 1995, A 71; vgl auch Erl 1).

Falls die Versetzung aber zu einer **Änderung des Arbeitsvertrages** führen würde, so ist dazu unabhängig vom Mitbestimmungsrecht des Betriebsrates jedenfalls die **Zustimmung des Arbeitnehmers** als Vertragspartner notwendig (OGH vom 30. 8. 1989, 9 Ob A 231/89, ARD 4150/14). Die Zustimmung des Betriebsrates zu einer verschlechternden Versetzung bedeutet also noch nicht, dass die Versetzung auch vertragsrechtlich zulässig wäre (OGH vom 14. 9. 1995, 8 Ob A 211/95, infas 1996, A 51 = RdW 1996, 427 = ZAS 1998, 18 mit Anm von *Gruber*).

Zusammenfassend ergeben sich daher folgende **Fallgruppen** von Versetzungen mit folgenden Rechten des einzelnen Arbeitnehmers (aus dem Arbeitsvertrag) sowie des Betriebsrates (aus dem Arbeitsverfassungsrecht):

a) Versetzung im Rahmen des Arbeitsvertrages, Dauer voraussichtlich weniger als 13 Wochen: kein Mitwirkungsrecht des Betriebsrates, der Arbeitnehmer muss die Versetzungsanordnung befolgen, wenn er nicht einen Entlassungsgrund setzen will;

b) Versetzung im Rahmen des Arbeitsvertrages, Dauer 13 Wochen oder länger, keine Verschlechterung der Entgelt- oder sonstigen Arbeitsbedingungen: Die Versetzung ist dem Betriebsrat mitzuteilen und auf Verlangen ist mit ihm darüber zu beraten, sie bedarf aber weder der Zustimmung des Arbeitnehmers noch des Betriebsrates; der Arbeitnehmer muss die Versetzungsanordnung befolgen, wenn er nicht einen Entlassungsgrund setzen will;

c) Versetzung im Rahmen des Arbeitsvertrages, Dauer 13 Wochen oder länger, Verschlechterung der Entgelt- oder sonstigen Arbeitsbedingungen: Die Versetzung bedarf zwar nicht der Zustimmung des Arbeitnehmers, sie kann aber nur mit Zustimmung des Betriebsrates (oder des Gerichts) rechtswirksam vorgenommen werden;

d) vertragsändernde Versetzung, Dauer voraussichtlich weniger als 13 Wochen: kein Mitwirkungsrecht des Betriebsrates, aber zur Vertragsänderung ist die Zustimmung des Arbeitnehmers notwendig;

e) vertragsändernde Versetzung, Dauer voraussichtlich 13 Wochen oder länger, keine Verschlechterung der Entgelt- oder sonstigen Arbeitsbedingungen: Zur Vertragsänderung ist die Zustimmung des Arbeitnehmers notwendig, der Betriebsrat muss vor der Versetzung verständigt werden, auf Verlangen ist mit ihm darüber zu beraten;

f) vertragsändernde Versetzung, Dauer voraussichtlich 13 Wochen oder länger, Verschlechterung der Entgelt- oder sonstigen Arbeitsbedingungen: Zur Vertragsänderung ist die Zustimmung des Arbeitnehmers notwendig, darüber hinaus bedarf die Versetzung zur Rechtswirksamkeit der Zustimmung des Betriebsrates (oder des Gerichtes).

Ob die Versetzung im Rahmen des Arbeitsvertrages Deckung findet oder nicht, ist nach dem Inhalt der zwischen Arbeitgeber und Arbeitnehmer getroffenen Vereinbarung zu beurteilen. Diese bezieht sich sowohl auf die Art der vom Arbeitnehmer zu leistenden Tätigkeit als auch auf den Arbeitsort. Ist der Inhalt der getroffenen Vereinbarung nicht eindeutig zu beweisen (etwa weil keine schriftliche Festlegung vorgenommen wurde), empfiehlt es sich im Streitfall, dass der Arbeitnehmer, um das Risiko einer begründeten Entlassung auszuschließen, der **Versetzungsanordnung bis zu Klärung der Rechtslage unter Vorbehalt Folge leistet.**

Wertvolle Anhaltspunkte für den Umfang der beiderseitigen Vertragspflichten kann vor allem die Mitteilung an den Betriebsrat anlässlich der **Einstellung des Arbeitnehmers** über dessen vorgesehene Verwendung und Einstufung (§ 99 Abs 4) liefern. Der Betriebsrat sollte deshalb, um Beweisschwierigkeiten bei späteren Versetzungen von Arbeitnehmern zu vermeiden, schon bei deren Einstellung eine **schriftliche Information über den wesentlichen Inhalt des Arbeitsvertrages** verlangen oder selbst Aufzeichnungen über die Mitteilungen des Betriebsinhabers vornehmen.

Nach dem **Arbeitsvertragsrechtsanpassungsgesetz** (AVRAG, BGBl 1993/459) ist der Arbeitgeber verpflichtet, schriftliche Aufzeichnungen des Inhalts des Arbeitsvertrages (Dienstzettel) dem Arbeitnehmer bei Beginn des Arbeitsverhältnisses sowie bei jeder Vertragsänderung auszuhändigen. Durch diese in § 2 des AVRAG festgesetzte Verpflichtung wird die Beweissicherung des Arbeitnehmers hinsichtlich der Frage, ob eine Versetzung vertragskonform ist oder nicht, wesentlich erleichtert (Näheres siehe Erl 7 zu § 99. Zu Recht kritisiert *Goricnik,* RdW 2000/519, in diesem Zusammenhang die Entscheidung des OGH vom 9. 7. 1999, 9 Ob A 51/99m, infas 2000, A 4, in der dieser ausspricht, dass sich ein Arbeitnehmer dann gegen eine Versetzung nicht wehren könne, wenn der Arbeitsvertrag nur eine Vereinbarung über den Arbeitsort enthalte, und nicht darüber hinaus auch noch die Regelung ausweise, dass eine Änderung des Arbeitsortes ausgeschlossen sei, als „Entwertung" der Vorschrift des § 2 Abs 2 Z 6 AVRAG).

Ob eine Versetzung im Arbeitsvertrag Deckung findet und ob dem Betriebsrat auf Grund der Dauer der Versetzung sowie auf Grund von Verschlechterungen der Arbeitsbedingungen Mitwirkungsrechte zukommen, ist **objektiv** zu überprüfen und hängt nicht von der Begründung für die Versetzung ab (OGH vom 30. 8. 1989, 9 Ob A 231/89, infas 1990, A 28). Die Rechtsmeinung von *Mayer-Maly,* ZAS 1990/7, wonach eine Änderung der Diensteinteilung beim Verdacht eines schweren Fehlverhaltens eines Arbeitnehmers jedenfalls zulässig wäre, ist daher in dieser Form nicht haltbar. Eine allfällige Weigerung des Arbeitnehmers, in diesen Fällen einer vertragsändernden Versetzung zuzustimmen, oder eine allfällige Weigerung des Betriebsrates, einer verschlechternden Versetzung in diesen Fällen zuzustimmen, wird zwar die für den Arbeitnehmer in der Regel wesentlich unangenehmere Folge der Entlassung oder – solange der Verdacht nicht erhärtet ist – der Suspendierung bis zu einer allfälligen Entlassung bewirken, so dass der Druck auf den einzelnen Arbeitnehmer bzw auf den Betriebsrat sehr stark ist, der Änderung des Tätigkeitsbereiches zuzustimmen. Eine einseitige Vorgangsweise des Arbeitgebers unter Außerachtlassung der arbeitsvertraglichen und arbeitsverfassungsrechtlichen Schranken würde es aber dem Arbeitgeber jederzeit erlauben, willkürlich vorzugehen. Gerade das soll aber durch den Versetzungsschutz ausgeschlossen werden.

Aus der längeren Verwendung an einem bestimmten Arbeitsplatz (hier: 15 Jahre) kann für sich allein noch nicht ohne weiteres auf eine schlüssige Änderung des Arbeitsvertrages in dem Sinn geschlossen werden, dass sich der Aufgabenkreis des Arbeitnehmers auf diese zuletzt ausgeübte Tätigkeit beschränkt hätte und eine Versetzung auf einen anderen Arbeitsplatz arbeitsvertragsrechtlich unzulässig wäre (OGH vom 24. 9. 2004, 8 Ob A 81/04a, ARD 5568/10/2005 mit Anm von *Adamovic*). Davon gesondert ist aber die betriebsverfassungsrechtliche Zulässigkeit einer Versetzung zu beurteilen.

Wurde der Tätigkeitsbereich zwischen Arbeitgeber und Arbeitnehmer einvernehmlich verändert, so stellt eine **einseitige Rückversetzung** zum früheren Tätigkeitsbereich eine Vertragsänderung dar, die ohne Zustimmung des Arbeitnehmers **unzulässig** ist (OGH vom 10. 5. 1989, 9 Ob A 165/89, RdW 1989, 372).

Eine **vertraglich gedeckte Rückversetzung** eines Bankangestellten, der vorübergehend als Zweigstellenleiter-Stellvertreter mit Funktionszulage beschäftigt wurde, die je nach Funktionsdauer erhöht wurde, ist zulässig, auch wenn er dadurch die Anwartschaft auf Erhöhung dieser Zulage verliert (OGH vom 30. 11. 1994, 9 Ob A 221/94, ARD 4637/18/95).

Eine **vertretungsweise kurzfristige Betrauung mit zusätzlichen Aufgaben** stellt keine Versetzung iSd § 101 dar; die **Rückversetzung** durch den objektiv bedingten Wegfall dieses zusätzlichen Tätigkeitsfeldes einschließlich der damit verbundenen Zulage bedarf daher nicht der Mitwirkung des Betriebsrates (OGH vom 14. 9. 1994, 9 Ob A 145/94, DRdA 1995, 343 mit Anm von *Ch. Klein* = Arb 11.249*).*

Der provisorische Charakter einer Versetzung hat aber dann keinen Einfluss auf die Mitwirkungsrechte des Betriebsrates, wenn eine gewisse Zeitdauer der Verwendung überschritten wird und daher von einer „dauernden Versetzung" iSd § 101 gesprochen werden kann. Bei vorübergehenden verbessernden Versetzungen ist zu beachten, dass bereits eine nur befristete oder provisorische Betrauung mit einer höherwertigen Funktion den Keim einer künftigen Verschlechterung der Position des Arbeitnehmers in sich trägt. Führt die Rückreihung zur früheren Tätigkeit zurück, ist zu prüfen, ob die provisorische Beförderung nicht nur dazu dient, das Zustimmungsrecht des Betriebsrates zu umgehen (OGH vom 12. 4. 2001, 8 Ob A 21/01y, DRdA 2002, 232 mit Anm von *Kallab*).

Wurde bei einer **befristeten verbessernden Versetzung** keine Vereinbarung darüber getroffen, dass der Arbeitnehmer auch nach Ablauf der Befristung weiterhin höherwertig verwendet wird, sind mangels eines Rechtsanspruchs auf eine solche Verwendung Erwägungen über sittenwidrig ausgeübten Druck des Arbeitgebers im Rahmen der Rückversetzung ohne Belang (OGH vom 15. 9. 2004, 9 Ob A 86/04v, ARD 5568/7/2005).

Die Ausübung einer **Leitungsfunktion** ist, wenn keine Sondervereinbarung darüber besteht, nicht Bestandteil eines Arbeitsvertrages (OGH vom 30. 9. 1992, 9 Ob A 603/92, DRdA 1993, 146), der Entzug dieser Leitungsfunktion kann insbesondere bei kündigungsgeschützten Arbeitsverhältnissen nicht als vertragswidrig angesehen werden. Zur Frage, ob der Entzug der Leitungsfunktion als „Verschlechterung" iSd § 101 angesehen werden kann, vgl Erl 6 lit d.

Ist die Rückversetzung eines Abteilungsleiters rechtmäßig erfolgt, so kann er eine Bezugsdifferenz zwischen seinen ehemaligen Bezügen als Abteilungsleiter und jenen nach der Rückversetzung nicht unter dem Titel Schadenersatz bzw wegen Ungleichbehandlung geltend machen (OGH vom 4. 12. 1991, 9 Ob A 203/91, ARD 4427/45/93).

Die Versetzung eines dem Kreis der begünstigten Behinderten zugehörigen und somit nur mit Zustimmung des Behindertenausschusses kündbaren Geschäftsführers ist grundsätzlich zulässig, doch muss er weiterhin mit Führungsaufgaben betraut werden. Liegt auf Grund der geänderten Arbeitsbedingungen keine Führungsaufgabe vor, ist die Versetzung vertragsändernd (OLG Wien vom 14. 11. 2003, 7 Ra 73/03m, ARD 5495/7/2004).

Die Rechtsfolge sowohl von **vertragswidrigen Versetzungen** als auch von solchen Versetzungen, die **unter Außerachtlassung des Zustimmungsrechtes des Betriebsrates** (vgl dazu Erl 7) angeordnet werden, ist die **Rechtsunwirksamkeit** (OGH vom 16. 11. 1994, 9 Ob A 214/94, Arb 11.311 = infas 1995, A 71 = ARD 463//21/95 = ecolex 1995, 202): Der Arbeitnehmer ist berechtigt, sich der Versetzungsanordnung zu widersetzen, seine Arbeitsbereitschaft im Rahmen des Arbeitsvertrages zu erklären und die Weiterzahlung des bisherigen Entgeltes zu beanspruchen; er kann aber auch beim Gericht auf Feststellung klagen, dass er zur Arbeit in der neuen

Stellung nicht verpflichtet ist (OGH 16. 1. 1968, Arb 8480). In Zweifelsfällen über die Rechtmäßigkeit der Versetzung wird dem Arbeitnehmer stets dieser Weg zu empfehlen sein. Bei **Protest** gegen die Versetzung, Arbeit zu den neuen Bedingungen unter Vorbehalt und gleichzeitiger Klage auf Feststellung wird das **Risiko** des Verlustes von Ansprüchen, wenn sich der Rechtsstandpunkt des Arbeitnehmers über den Vertragsinhalt oder die Verschlechterung der Versetzung letztlich nicht als richtig herausstellen sollte, **minimiert.**

Zur gänzlichen Unterlassung jeder Arbeitsleistung nach einer rechtswidrigen Versetzungsanordnung ist der Arbeitnehmer nicht berechtigt – er hat zumindest die vertraglich geschuldete Arbeitsleistung zu erbringen (LG Wien vom 5. 5. 1986, 44 Cg 18/86, ARD 3828/10/86). Die Rechtswidrigkeit der Versetzung berechtigt zwar zur Verweigerung der Arbeitsleistung, aber **nicht zum aktiven Zuwiderhandeln** (OGH vom 7. 4. 1987, 14 Ob A 40/87, ARD 3909/9/87).

Beharrt der Arbeitgeber auf der rechtswidrigen Versetzung, ist der Arbeitnehmer auch zum **vorzeitigen Austritt** berechtigt (OGH vom 16. 3. 1988, 9 Ob A 34/88, infas 1988, A 67; OGH vom 16. 3. 1988, 9 Ob A 165/89, infas 1989, A 124). Hat der Arbeitnehmer der rechtsunwirksamen Versetzungsanordnung wenn auch unter Protest Folge geleistet, so liegt ein rechtswidriger Dauerzustand vor, der vom Arbeitnehmer nach entsprechender Aufforderung an den Arbeitgeber, den rechtmäßigen Zustand herzustellen, jederzeit in Form eines berechtigten Austrittes geltend gemacht werden kann (OGH vom 10. 5. 1989, 9 Ob A 165/89 und 12. 7. 1989, RdW 1989, 372). Durch Arbeit zu den neuen Bedingungen wird somit die Rechtsunwirksamkeit nicht behoben.

Informations- und Beratungsrecht des Betriebsrates

[4]) Durch die ArbVG-Novelle 1986 wurde der Umfang der Mitwirkungsrechte des Betriebsrates bei Versetzungen erweitert. Seither muss **jede Versetzung**, unabhängig von ihren Auswirkungen, dem **Betriebsrat mitgeteilt** werden, wenn sie **dauernd,** dh für einen Zeitraum von voraussichtlich 13 Wochen oder länger, erfolgt (siehe dazu Erl 5). Darüber hinaus bedürfen dauernde Versetzungen, die mit einer Verschlechterung der Entgelt- oder sonstigen Arbeitsbedingungen für den Arbeitnehmer verbunden sind (siehe dazu Erl 6) zu ihrer Rechtswirksamkeit der Zustimmung des Betriebsrates (oder ersatzweise des Gerichts). Das Zustimmungsrecht des Betriebsrates schließt auch das Recht mit ein, dem Betriebsinhaber **Vorschläge** im Zusammenhang mit einer Versetzung zu machen und/oder eine **Beratung** darüber zu verlangen.

Ein **Informations-, Vorschlags- und Anhörungsrecht** hat der Betriebsrat bei allen Versetzungen unabhängig von deren Dauer und Auswirkungen auf Grund der **allgemeinen Befugnisse** nach den §§ 90 und 91 (siehe die Erläuterungen dazu).

Damit der Zweck der Mitwirkung des Betriebsrates bei Versetzungen erreicht werden kann, muss die **Information des Betriebsrates** und die Beratung mit ihm **jedenfalls vor Durchführung der Versetzung** erfolgen (OGH vom 17. 3. 1993, 9 Ob A 29/93, DRdA 1993, 485 mit Anm von *Trost* = wbl 1993, 258 = ecolex 1993, 404). Nur so ist gewährleistet, dass der Betriebsrat sein Zustimmungsrecht rechtzeitig ausüben kann. Gem § 101 ist jeder vor erlangter Zustimmung des Betriebsrates oder des Gerichts durchgeführte Arbeitsplatzwechsel rechtsunwirksam. Die Zustimmung kann weder nachträglich eingeholt noch rückwirkend erteilt werden (EA Klagenfurt 25. 7. 1977, Arb 9617; VwGH vom 12. 11. 1980, VwGH 1383/79, DRdA 1981, 409 = ZAS 1982, 3 mit Anm von *Holzer* = VwSlg 10.293).

Die **Informationspflicht** des Betriebsinhabers besteht unabhängig von einem Verlangen des Betriebsrates, die Pflicht zur **Beratung** nur dann, wenn sie der Betriebsrat **verlangt.**

Zuständig zur Ausübung der Mitwirkungsrechte bei einer Versetzung ist der Betriebsrat jener Arbeitnehmergruppe (Arbeiter oder Angestellte), der der betroffene Arbeitnehmer angehört. Soll ein Arbeiter zu einer Angestelltentätigkeit versetzt werden (oder umgekehrt), sind beide Gruppenbetriebsräte zu verständigen. Besteht im Betrieb ein gemeinsamer Betriebsrat, kann dieser die Mitwirkungsrechte hinsichtlich aller Arbeitnehmer ausüben.

Dauer der Versetzung

5) Das Mitwirkungsrecht des Betriebsrates nach § 101 bezieht sich nur auf „**dauernde**" Versetzungen. Was unter einer „dauernden" Versetzung zu verstehen ist, wird im Gesetz selbst, und zwar negativ definiert: eine dauernde Versetzung liegt nicht vor, wenn sie für einen Zeitraum von voraussichtlich weniger als 13 Wochen erfolgt. Positiv formuliert heißt das, eine Versetzung ist dann „dauernd", wenn sie für einen Zeitraum von **voraussichtlich mindestens 13 Wochen** erfolgt. Wird eine Versetzung ohne nähere Zeitangabe, also ohne Befristung vorgenommen, so ist sie als „dauernd" anzusehen (EA Wien 17. 6. 1980, ARD 3234/12; OGH vom 16. 3. 1988, 9 Ob A 34/88, infas 1988, A 67).

Versetzungen für einen Zeitraum von voraussichtlich **weniger als 13 Wochen** bedürfen auch dann **nicht der Zustimmung** des Betriebsrates, wenn sie verschlechternd sind. Eine Fehlbeurteilung dieser Rechtslage geht zu Lasten des Arbeitnehmers, auch wenn diese auf einer unrichtigen Rechtsauskunft des Betriebsratsvorsitzenden beruht (OGH vom 13. 7. 1995, 8 Ob A 268/95, DRdA 1996, 348 mit Anm von *Krapf* = infas 1996, A 24 = RdW 1996, 216 = ecolex 1996, 34 = ARD 4687/7/95).

Stellt sich aber bei einer zunächst nur für einen kürzeren Zeitraum vorgesehenen Versetzung, die auch mit einer Verschlechterung der Entgelt- oder sonstigen Arbeitsbedingungen verbunden ist, heraus, dass sie über 13 Wochen andauern wird, tritt der Versetzungsschutz von diesem Zeitpunkt an in Kraft, dh, die Versetzung wird ab diesem Zeitpunkt rechtsunwirksam, wenn nicht der Betriebsinhaber die Zustimmung des Betriebsrates (bzw Gerichts) einholt.

Bei der **Aneinanderreihung kurzfristiger Versetzungen** wird analog der Judikatur zu den **Kettenarbeitsverträgen** eine Umgehungsabsicht der Schutzbestimmungen anzunehmen sein, so dass eine **Zusammenrechnung der Versetzungszeiten** erfolgen muss.

Ein Arbeitseinsatz an **ständig wechselnden Arbeitsplätzen** ist daher eine dauernde Versetzung, auch wenn der einzelne Arbeitsplatz unter Umständen für kürzere Zeit als dreizehn Wochen besetzt werden soll (OGH vom 18. 3. 1992, 9 Ob A 60/92, ARD 4427/43).

Hingegen ist eine unbefristete Versetzung an einen Arbeitsort, der allgemein auf Grund betrieblicher Übung nur **kurzfristig** besetzt wird, keine dauernde Versetzung iSd § 101 (OGH vom 14. 9. 1994, 9 Ob A 145/94, DRdA 1995, 343 hinsichtlich „Vertretungsposten"; fallweise dringende Arbeiten bei Notfällen OLG Wien vom 30. 3. 1992, 34 Ra 15/92, ARD 4378/14). Wenn beispielsweise im Durchschnitt alle sechs Wochen für einen Tag **Notdienst** in einer anderen Abteilung angeordnet wird, kann man nicht von einer dauernden Versetzung sprechen (EA Feldkirch 23. 9. 1986, Arb 10.552). Ob solche Notdienste auch von anderen Arbeitnehmern häufiger zu machen sind, spielt für den Versetzungsschutz des einzelnen Arbeitnehmers keine Rolle (OLG Wien vom 30. 3. 1992, 34 Ra 15/92, ARD 4378/14).

Ein provisorischer Charakter einer Versetzung hat dann keinen Einfluss auf die Mitwirkungsrechte des Betriebsrates, wenn eine gewisse Zeitdauer der Verwendung überschritten wird und daher von einer „dauernden Versetzung" iSd § 101 gesprochen werden kann (OGH vom 12. 4. 2001, 8 Ob A 21/01y, DRdA 2002, 232 mit Anm von *Kallab*).

Versetzungen, die nach den oben genannten Kriterien nicht als „dauernd" angesehen werden können, unterliegen nicht dem Mitwirkungsrecht des Betriebsrates nach § 101; es können aber andere Mitwirkungsrechte, insbesondere das **Interventionsrecht nach § 90**, in solchen Fällen vom Betriebsrat wahrgenommen werden.

Vertragsändernde Versetzungen bedürfen in jedem Fall, also auch wenn sie **für weniger als 13 Wochen** vorgenommen werden sollen, der **Zustimmung des betroffenen Arbeitnehmers**, wenn nicht auf Grund der Treuepflicht in außergewöhnlichen Fällen des Betriebsnotstandes vorübergehend andere als die geschuldeten Arbeiten zu leisten sind (siehe Erl 3). Der Begriff des „Betriebsnotstandes" ist sehr eng auszulegen. Organisatorische Mängel beim Arbeitgeber oder die Weigerung des Arbeitgebers, für bestimmte Arbeiten (zB Reinigungsarbeiten) Personal aufzunehmen, rechtfertigen nicht die Weisung an andere Arbeitnehmer, solche Arbeiten vorübergehend und kurzfristig auszuführen.

Verschlechterung von Entgelt- oder sonstigen Arbeitsbedingungen

⁶) Eine Versetzung ist zustimmungspflichtig, wenn sie **dauernd und mit einer Verschlechterung der Entgelt- oder sonstigen Arbeitsbedingungen verbunden ist.**

Verschlechterung ist jede Änderung zum Nachteil des Arbeitnehmers, es kommen dabei sowohl **materielle** als auch **immaterielle Nachteile** in Betracht (VwGH 26. 1. 2005, 2004/12/0084).

Der Gesetzestext spricht zwar von „Entgelt- und sonstigen Arbeitsbedingungen", das Bindewort **„und"** ist aber an dieser Stelle als **„und/oder"** zu verstehen. Die Verschlechterung kann sich also entweder auf das Entgelt oder auf die sonstigen Arbeitsbedingungen beziehen; es genügt, wenn nur **eines der beiden Kriterien** vorliegt (OGH vom 12. 10. 1994, 9 Ob A 214/94, infas 1995, A 71 = ZAS 1995, 88 mit Anm von *Tomandl* = RdW 1995, 145 = ARD 4627/21/95), wenn also zB der Arbeitnehmer nach der Versetzung weniger verdient als vorher (ebenso OGH vom 25. 1. 1995, 9 Ob A 233/94, Arb 11.356 = DRdA 1995, 422).

Bei der Prüfung, ob eine Verschlechterung vorliegt, kommt es auf eine **Gesamtbeurteilung** und **Abwägung der konkreten Situation vor und nach der Versetzung nach objektiven Gesichtspunkten** an (OGH vom 25. 2. 1998, 9 Ob A 372/97i, infas 1998, A 69; OGH vom 21. 10. 1975, 4 Ob 79/85, Arb 9404; Arb 10.472). Die bloß subjektive Einschätzung der Geringerwertigkeit eines Arbeitsplatzes vermag eine Verschlechterung von Arbeitsbedingungen iSd § 101 nicht zu begründen; das Vorliegen einer **mittelbaren Diskriminierung** muss durch hinreichendes Sachsubstrat begründet werden (OGH vom 13. 11. 2002, 9 Ob A 135/02x, ecolex 2003, 89 = ARD 5400/7/2003).

Ist mit einer Versetzung **sowohl eine Verschlechterung als auch eine Verbesserung** der Situation des Arbeitnehmers verbunden, so sind diese gegensätzlichen Folgen gegeneinander abzuwägen (OGH vom 25. 6. 1985, 4 Ob 79/85, DRdA 1986, 63 = RdW 1985, 381). Es kommt dann darauf an, ob die Verschlechterung überwiegt. Dabei tritt aber **keine Kompensation** von weggefallenen Arbeitserschwernissen (hier: Nachtschichtarbeit) mit entfallenem Entgelt (hier: Nachtzuschläge) ein (OGH vom 23. 5. 1996, 8 Ob A 2057/96, ARD 4814/18/97). Steht bereits fest, dass eine Entgeltverschlechterung vorliegt, so muss eine etwaige Verschlechterung der sonstigen Arbeitsbedingungen nicht mehr geprüft werden (OGH vom 24. 7. 1996, 8 Ob A 2147/96k, ARD 4839/18/97).

Der provisorische Charakter einer Versetzung hat aber dann keinen Einfluss auf die Mitwirkungsrechte des Betriebsrates, wenn eine gewisse Zeitdauer der Verwendung überschritten wird und daher von einer „dauernden Versetzung" iSd § 101 gesprochen werden kann. Bei vorübergehenden verbessernden Versetzungen ist zu beachten, dass bereits eine nur befristete oder provisorische Betrauung mit einer höherwertigen

Funktion den Keim einer künftigen Verschlechterung der Position des Arbeitnehmers in sich trägt. Führt die Rückreihung zur früheren Tätigkeit zurück, ist zu prüfen, ob die provisorische Beförderung nicht nur dazu dient, das Zustimmungsrecht des Betriebsrates zu umgehen (OGH vom 12. 4. 2001, 8 Ob A 21/01y, DRdA 2002, 232 mit Anm von *Kallab*).

Verschlechterung der Entgeltbedingungen

Eine dauernde Versetzung ist jedenfalls dann verschlechternd, wenn der Arbeitnehmer nach der Versetzung **weniger verdient als vorher** (OGH 12. 10. 1994 – siehe oben; OGH vom 25. 1. 1995, 9 Ob A 233/94, Arb 11.356 = DRdA 1995, 422; Arb 9798, 9430 ua). Das Gesetz verwendet den umfassenden Begriff „**Entgelt**", woraus folgt, dass nicht nur eine **Reduzierung des Lohnes oder Gehaltes** (also des für bestimmte Zeiteinheiten regelmäßig zu leistenden Entgelts), sondern **auch der Verlust von Zulagen, Pauschalen, Zuschlägen und sonstigen Entgeltleistungen** eine Verschlechterung bewirkt, die unabhängig von der arbeitsvertraglichen Zulässigkeit dem Zustimmungsrecht des Betriebsrates unterliegt (OGH vom 25. 6. 1985, 4 Ob 79/85, infas 1986, A 1).

Bei der Prüfung, ob eine Verschlechterung der Entgeltbedingungen vorliegt, ist nicht nur die jeweils aktuelle Entgelthöhe am alten und am neuen Arbeitsplatz zu vergleichen, sondern auch die **Summe der Rechtsvorschriften** zu berücksichtigen, die die jeweilige **Entgelthöhe bestimmen** und sich allenfalls erst zu einem **späteren Zeitpunkt auswirken** (OGH vom 6. 5. 1994, 8 Ob A 208/94, Arb 11.188 = infas 1994, A 113). Das können zB Biennalsprünge, Höherreihungen im Gehaltsschema usw sein.

Entscheidungen zu Einzelfragen

Wegfall einer die erhöhte Belastung am bisherigen Arbeitsplatz abgeltenden **Erschwerniszulage** (sowie eines **Zusatzurlaubes**) ist eine **Verschlechterung** der Entgeltbedingungen (OGH vom 6. 5. 1994, 8 Ob A 232/94, Arb 11.190 = infas 1994, A 114; OGH vom 29. 6. 1988, 9 Ob A 49/88, DRdA 1991, 42 mit Anm von *Harrer* = RdW 1988, 459 = wbl 1989, 126).

Verliert der Arbeitnehmer auf dem neuen Arbeitsplatz eine **Zulage**, liegt eine **Verschlechterung** der Entgeltbedingungen vor (OGH vom 22. 2. 1995, 9 Ob A 26/95, infas 1995, A 72).

Wird ein nicht einseitig entziehbarer Entgeltbestandteil zum größten Teil durch eine **einseitig vom Arbeitgeber entziehbare Zulage** ersetzt, liegt ebenso eine **Verschlechterung** vor (OGH vom 6. 5. 1994, 8 Ob A 208/94, Arb 11.188 = infas 1994, A 113).

Der **Verlust einer Außendienstzulage** ist eine **Verschlechterung**. Die Zustimmung des Arbeitnehmers ändert nichts an der Rechtswidrigkeit mangels Zustimmung des Betriebsrates (OLG Wien vom 25. 3. 1988, 33 Ra 130/87, Arb 10.682). Geht eine Außendienstzulage über einen reinen Spesenersatz hinaus, dann gewinnt der ersparte Betrag den Charakter eines echten Entgelts. Ein Wechsel des Arbeitsplatzes, der mit dem Verlust einer solchen Zulage verbunden ist, bedarf zu seiner Wirksamkeit der Zustimmung des Betriebsrates (OGH vom 18. 12. 1979, 4 Ob 19/79, Arb 9838 = DRdA 1980, 390 mit zust Anm von *Cermak*).

Der **Entfall der Bildschirmzulage** nach einer Versetzung ist eine **Verschlechterung**, auch wenn damit die Erschwernis wegfällt (LG Salzburg vom 19. 11. 1991, 18 Cga 161/91, Arb 10.995).

Der **Wegfall von Sonn-, Feiertags- und Nachtzuschlägen** (OGH 23. 4. 1963, Arb 7739), der Wegfall der **Schichtzulage** (ArbG Graz 27. 11. 1962, Arb 7706) sowie der Wegfall einer **Gefahrenzulage** (OGH 4. 11. 1965, Arb 8173) bedeuten **Verschlechterungen** der Entgeltbedingungen.

Eine **Umstellung von Drei-Schicht- auf Zwei-Schicht-Betrieb** unter gleichzeitigem **Verlust von Prämien und Zulagen** nach dem Kollektivvertrag ist eine **verschlechternde** Versetzung (OGH vom 23. 5. 1996, 8 Ob A 2057/96, ZAS 1997, 114 mit Anm von *Spitzl* = RdW 1997, 356 = ARD 4814/18/97).

Wird durch die Versetzung eines Arbeitnehmers vom Nacht- in den Tagdienst unter Wegfall der Nachtarbeitszuschläge das Einkommen des Arbeitnehmers um mehr als 20% gemindert, liegt eine verschlechternde Versetzung vor (ASG Wien vom 16. 11. 2001, 30 Cga 129/01m, ARD 5279/14/2002).

Eine Versetzung, durch welche eine Angestellte nicht nur ihre **Referentenzulage verliert**, sondern auch ihre relativ selbstständige Position als Schadensreferentin, ist eine **verschlechternde** Versetzung (OGH vom 17. 3. 1993, 9 Ob A 29/93, DRdA 1993, 485 mit Anm von *Trost* = wbl 1993, 258 = ecolex 1993, 404).

Der Abzug eines Triebwagenführers vom Fahrdienst unter Verlust der mit dem Fahrdienst verbundenen Zulagen ist eine verschlechternde Versetzung iSd § 101 (OGH vom 6. 4. 2005, 9 Ob A 88/04p, DRdA 2005, 443).

Übernahm ein Pilot die zusätzliche Funktion eines Flottenchefs und erhielt dafür eine Funktionszulage, kann er von dieser Funktion mit einer Teilkündigung wieder abberufen werden, da sie nicht notwendigerweise mit der Pilotentätigkeit verbunden ist. Hat der Betriebsrat in diesem Fall erklärt, dass er einer „verschlechternden Versetzung" nicht zustimme, so sind damit auch die Bestimmungen über das betriebsverfassungsrechtliche Vorverfahren nach § 105 eingehalten (OGH vom 31. 8. 2005, 9 Ob A 119/05y, DRdA 2006, 381 mit Anm von *Trost*).

Der **Entfall eines Überstundenpauschales** durch Versetzung an einen anderen Arbeitsplatz kann nicht durch eine Erschwerniszulage ausgeglichen werden (OGH vom 25. 1. 1995, 9 Ob A 233/94, DRdA 1995, 422 = Arb 11.356 = RdW 1995, 313 = ARD 4637/19/95).

Auch dann, wenn der Arbeitnehmer durch die Versetzung **Einbußen bei der zu erwartenden Provision** erleidet (OGH 8. 11. 1977, SozM IIIe 485) oder wenn durch ein neues Entgeltsystem ein höherer Umsatz oder vermehrte Arbeitsanstrengungen notwendig sind, um innerhalb eines bestimmten Zeitraumes das gleiche Entgelt zu erwerben, liegt eine Verschlechterung vor.

Nicht Entgelt sind Aufwandsentschädigungen und Spesenersätze. Fallen daher im Zuge einer Versetzung derartige Aufwandsersätze nicht mehr an (Kilometergelder, Diäten, Nächtigungsgelder), kann nicht von einer Verschlechterung der Entgeltbedingungen gesprochen werden.

Verschlechterung der sonstigen Arbeitsbedingungen

Das Gesetz sieht aber nicht nur eine Reduktion des Entgeltes, sondern auch eine für den Arbeitnehmer nachteilige Veränderung sonstiger Arbeitsbedingungen als Verschlechterung iSd § 101 an, bei deren Auftreten eine Versetzung unabhängig von der vertragsrechtlichen Zulässigkeit dem Zustimmungsrecht des Betriebsrates unterliegt. Ob eine solche gegeben ist, muss durch einen **Vergleich der Gesamtsituation** des Arbeitnehmers vor und nach der Versetzung festgestellt werden, wobei **nach objektiven Kriterien** abzuwägen ist, ob der vorgesehene neue Arbeitsplatz insgesamt für den betroffenen Arbeitnehmer ungünstiger ist als sein derzeitiger (siehe dazu die oben angeführte Judikatur).

Unter „sonstigen Arbeitsbedingungen" ist die **allgemeine Situation am Arbeitsplatz,** dessen Beschaffenheit, Sicherheit oder Gefahr, die Schwere der Arbeitsleistung, die Länge der Anreise, die Vertrautheit des Arbeitnehmers mit den Arbeitsbedingungen, aber auch das mit der Tätigkeit verbundene Image zu verstehen (OGH vom 16. 12. 1977, 4 Ob 119/77, DRdA 1978, 142 = DRdA 1979, 136 mit krit Anm von *Mörkelsberger;* OGH vom 25. 6. 1985, 4 Ob 79/85, DRdA 1986, 63 = RdW 1985, 381).

Entscheidungen zu Einzelfragen

Folgende „sonstige Arbeitsbedingungen" sind bisher von der Judikatur beurteilt worden:

a) Arbeitsort

Nur eine **wesentliche Veränderung** der örtlichen Entfernung zwischen Wohnort und neuem Arbeitsort, die für den Arbeitnehmer unzumutbar ist, ist als Verschlechterung anzusehen (OGH vom 6. 12. 1977, 4 Ob 119/77, SozM II B, 1096; EA Eisenstadt 16. 12. 1982, Arb 10.160: Eine Entfernung von 2,8 km ist noch zumutbar; EA Leoben 14. 12. 1981, Arb 10.054: Eine Verlängerung des Anriseweges um 4 km ist nicht unzumutbar).

Wird der Arbeitnehmer hingegen an einen Arbeitsort außerhalb des Gemeindegebietes versetzt und muss eine **wesentlich längere Anreise** in Kauf nehmen, handelt es sich um eine **Verschlechterung** (LG Wien 9. 3. 1961, Arb 7340). Wird ein Autobuschauffeur zu einer anderen Linie versetzt, von der aus **keine Heimfahrtmöglichkeit** besteht, so ist dies eine **verschlechternde** Versetzung (OGH vom 7. 4. 1987, 14 Ob A 40/87, ARD 3909/9/87).

Die Zuteilung eines **anderen Arbeitsraumes im gleichen Dienstgebäude** stellt dagegen **keine Verschlechterung** dar, sofern damit nicht andere Arbeitsbedingungen verschlechtert werden (OGH vom 29. 6. 1988, 9 Ob A 49/88, DRdA 1991, 42; VwGH 20. 6. 1952, Arb 5448). Auch die Versetzung eines Schriftsetzers zu einer anderen Zeitung innerhalb des gleichen Betriebes ist keine Verschlechterung (EA Wien 20. 4. 1953, SozM II B, 126).

Eine Versetzung ist **verschlechternd**, wenn der Arbeitnehmer statt auf festem Arbeitsplatz nunmehr an wechselnden Arbeitsstätten (**mobiler Arbeitsort**) eingesetzt wird (OGH vom 18. 3. 1992, 9 Ob A 60/92, ARD 4427/43/93).

b) Arbeitszeitveränderung

Die Versetzung vom **5-Tage-Wochenbetrieb in den 6-Tage-Wochenbetrieb** ist **verschlechternd** und daher zustimmungspflichtig (OGH 24. 3. 1959, Arb 7021).

Eine **Versetzung vom Tagdienst in den 2-Schicht-Dienst**, bei dem sich das Arbeitsende im wechselnden Schichtturnus bis in die beginnende Nacht hineinzieht, ist eine **verschlechternde** Versetzung (EA Linz 6. 8. 1982, Arb 10.121, das allerdings in dieser Entscheidung meinte, dennoch wäre die Zustimmung zur Versetzung zu erteilen, wenn die Versetzung als eine aus betrieblichen Gründen dringend notwendige Rationalisierungsmaßnahme anzusehen und dem Arbeitnehmer umso mehr zumutbar ist, als damit in der Gesamtheit eine Sicherung der Arbeitsplätze in dem Unternehmen verbunden ist).

Auch eine Versetzung von einer Abteilung mit **Schichtarbeit** in eine solche mit **Normalarbeitszeit** kann eine Verschlechterung bewirken, wenn dies nachteilige Einflüsse auf die Zeitplanung des Arbeitnehmers im privaten Bereich hat (OGH 23. 4. 1963, Arb 7739).

Wird mit der Einführung von **Schichtdienst** ein neuer Arbeitsbeginn angeordnet, zu dem eine Arbeitnehmerin **mit öffentlichen Verkehrsmitteln nicht den Dienst antreten** kann, liegt auch dann eine **verschlechternde** Versetzung vor, wenn der Arbeitgeber für die Anreise mit dem Privat-Pkw Kilometergeld bezahlt (OGH vom 10. 12. 1997, 9 Ob A 275/97z, DRdA 1998, 212 = infas 1998, A 50 = RdW 1998, 367 = ecolex 1998, 423 = ARD 4933/5/98).

Wird einer Arbeitnehmerin nach dem Karenzurlaub ein Arbeitsplatz im Chefsekretariat zugewiesen, weil ein Einsatz auf ihrem bisherigen Arbeitsplatz als Sekretärin des Anzeigenleiters aufgrund der von ihr **gewünschten Verkürzung der Arbeitszeit** nicht mehr in Betracht kommt, liegt keine verschlechternde Versetzung vor (OLG Wien vom 20. 2. 2002, 8 Ra 5/02t, ARD 5320/44/2002).

c) Gesundheitliche Nachteile

Sind am neuen Arbeitsplatz Arbeitsbedingungen zu erwarten, die die Gesundheit des Arbeitnehmers erheblich stärker gefährden als am bisherigen Arbeitsplatz, so liegt eine Verschlechterung sonstiger Arbeitsbedingungen vor. Dies trifft etwa dann zu, wenn am neuen Arbeitsplatz **gefährliche Arbeitsstoffe** (Benzindämpfe) zu erwarten sind (EA Wien 9. 3. 1951,

SozM II B, 34), wobei ein beeinträchtigter Gesundheitszustand oder eine Behinderung des Arbeitnehmers noch erschwerend wirken (LG Wien 20. 5. 1963, Arb 7777).

Auch die Versetzung eines bisher als **Pkw-Fahrer** verwendeten Arbeitnehmers zum **Lkw-Fahrer** bringt eine größere Gefährdung mit sich und ist daher **verschlechternd** (EA Wien 12. 5. 1966, Arb 8245). Versetzungen, die lediglich Unbequemlichkeiten für den Arbeitnehmer mit sich bringen, sind allerdings nicht verschlechternd (EA Klagenfurt 16. 12. 1955, Arb 6364).

d) Geringerwertige Tätigkeit

Eine **wesentliche Verminderung der Qualifikationserfordernisse** am neuen Arbeitsplatz bedeutet eine **Verschlechterung**, insbesondere dann, wenn die Versetzung geradezu als **Degradierung** empfunden werden muss (OGH vom 21. 10. 1975, 4 Ob 49/75, Arb 9404 = DRdA 1976 = DRdA 1977, 98 mit Anm von *Prankl* = ZAS 1978, 221 mit Anm von *Migsch* = JBl 1977, 162; OGH vom 6. 12. 1977, 4 Ob 119/77, DRdA 1978, 142 = DRdA 1979, 136 mit krit Anm von *Mörkelsberger;* OGH vom 17. 6. 1992, 9 Ob 91/92, infas 1992, A 146; VwGH vom 26. 1. 2005, 2004/12/0084). Dabei kommt es nicht auf die subjektive Einschätzung nach der Arbeitsfreude des einzelnen Arbeitnehmers an (OGH 6. 12. 1977, SozM II B, 1096), sondern auf die objektiven Anforderungen, auf die Aufstiegsmöglichkeiten und auf die allgemeine Wertschätzung der Tätigkeit.

Eine Verschlechterung liegt hingegen **nicht** vor, wenn lediglich die frühere Arbeit des Arbeitnehmers „fachlich schwieriger, interessanter, abwechslungsreicher und weniger monoton" war.

Für eine Verschlechterung ist erforderlich, dass die neue Tätigkeit bei objektiver Beurteilung die Persönlichkeit des Arbeitnehmers empfindlich abwertet (OGH vom 6. 12. 1977, 4 Ob 119/77, DRdA 1978, 142 = DRdA 1979, 136 mit krit Anm von *Mörkelsberger*).

Eine Degradierung liegt **nicht** vor, wenn ein Gruppenleiter einer Pensionsversicherungsanstalt auf den Posten eines eigenverantwortlichen Pensionsprüfers versetzt wird, besonders, wenn auch der maßgebende Kollektivvertrag beide Tätigkeiten in dieselbe Gehaltsgruppe einreiht (OGH 21. 10. 1975 – siehe oben).

Wird einem **Chirurgen** trotz ausdrücklichem Widerspruch des Betriebsrats die **Betreuung von Patienten auf Dauer entzogen** und damit die **Durchführung von Operationen verboten** und werden ihm lediglich administrative Aufgaben zugewiesen, liegt eine verschlechternde Versetzung vor, die zu ihrer Rechtswirksamkeit der Zustimmung des Betriebsrates oder eines diese Zustimmung ersetzenden Gerichtsurteils bedurft hätte (OGH vom 28. 11. 2002, 8 Ob A 202/02t, DRdA 2003, 536 mit Anm von *Mazal* = RdW 2004/142 = ARD 5417/5/2003).

Wird ein Arbeitnehmer, der laut Dienstvertrag als **wissenschaftlicher Mitarbeiter im Außendienst** angestellt wurde, von seiner verantwortungsvollen und selbständigen Tätigkeit im Außendienst auf einen Dienstposten im Innendienst versetzt, dessen Tätigkeitsprofil sich in einfachen Daten- und Kopiertätigkeiten erschöpft, handelt es sich um eine verschlechternde Versetzung (ASG Wien vom 10. 9. 2001, 32 Cga 150/00p, ARD 5279/13/2002).

Wird eine **Kanzleileiterin zu bloßen Schreibarbeiten versetzt**, so stellt dies eine **Verschlechterung** nach § 101 dar (OGH vom 4. 3. 1986, 14 Ob 7/86, DRdA 1986, 436 = Arb 10.500 = RdW 1986, 219).

Wenn die neue Tätigkeit **wegen größerer Unselbstständigkeit in geringerem Ansehen** steht, liegt eine **verschlechternde** Versetzung vor (EA Feldkirch 22. 3. 1956, Arb 6410).

Wird ein Arbeitnehmer von einer Filiale eines Unternehmens in eine andere versetzt, die wegen des **Aufgabengebietes** und des **Arbeitsumfanges** sowie wegen sonstiger Rahmenbedingungen allgemein als „schlechter Arbeitsplatz" angesehen wird, liegt ebenfalls eine **Verschlechterung** vor (EA Wien 9. 8. 1960, SozM II B, 496).

Die Versetzung eines **Leiters des Werkschutzes** auf einen **Portierposten** ist selbst bei gleichem Bezug **verschlechternd** (LG Wien 15. 10. 1981, SozM II B, 1193).

Schlechtere Berufsaussichten sind allerdings nur dann maßgeblich für die Beurteilung einer Versetzung als verschlechternd, wenn sie konkret und nicht erst abstrakt für die fernere Zukunft befürchtet werden. Die bloße **Zusammenlegung von Abteilungen** und die Zusammenarbeit eines betroffenen Arbeitnehmers mit Mitarbeitern, die nach seinen Angaben bei ihm psychosomatische Beschwerden auslösen, stellen auch bei vertragskonformer **Erweiterung des Aufgabengebietes keine verschlechternde Versetzung** dar (OGH vom 5. 3. 1997, 9 Ob A 66/97i, ARD 4876/10/97).

Zur Frage, ob der **Verlust einer Leitungsfunktion** als Verschlechterung anzusehen ist oder nicht, gibt es in der Judikatur unterschiedliche Auffassungen. Während der OGH in einer älteren Entscheidung (6. 12. 1977, SozM II B, 1096) den Verlust einer Leitungsfunktion als maßgeblich für die Annahme einer Verschlechterung nennt, geht dasselbe Höchstgericht in seiner Entscheidung vom 30. 9. 1992 (9 Ob A 603/92, DRdA 1993, 146) davon aus, dass selbst dann keine Verschlechterung vorliegt, wenn eine **Organisationsänderung,** die zum Verlust der Leitungsfunktion geführt hat, wieder rückgängig gemacht wird, der Arbeitnehmer aber seine frühere Leitungsfunktion nicht wieder erhält. Dies gelte insbesondere dann, wenn es sich um ein kündigungsgeschütztes Arbeitsverhältnis handelt. Dagegen hat der VwGH in dem Erkenntnis vom 26. 1. 2005, 2004/12/0084, die Auffassung vertreten, dass eine Verschlechterung der „sonstigen Arbeitsbedingungen" bei gleich bleibendem Lohn bereits dann vorliegt, wenn mit der Versetzung der Verlust einer Leitungsfunktion verbunden ist.

Das OLG Wien (15. 9. 1989, 33 Ra 69/89, ARD 4125/19) sieht in der Enthebung von der Funktion des Abteilungsleiters keine Verschlechterung, wenn die Maßnahme anlässlich einer **Umstrukturierung** erfolgt. Ähnlich ASG Wien 27. 3. 2001 (4 Cga 316/00v, ARD 5279/15/2002): Wird der Zuständigkeitsbereich eines Geschäftsstellenleiters einer Filiale eines mehrere Automarken vertreibenden Autohandelsunternehmens im Zuge einer wirtschaftlich notwendigen Organisationsänderung (Umstrukturierung) insofern eingeschränkt, als ihm die Leitung des Vertriebs einer von bislang zwei Automarken entzogen wird, liegt keine verschlechternde Versetzung vor.

Wurden einem Arbeitnehmer im Zuge einer Umstrukturierung eines Unternehmens zwar einzelne **Tätigkeitsbereiche** entzogen, im Übrigen aber seine Stellung als weisungsberechtigter **Leiter** der verbliebenen Abteilung aufrecht **erhalten**, so liegt **keine Versetzung**, sondern nur eine Einschränkung des Tätigkeitsbereiches vor. Dass der Arbeitnehmer dies subjektiv als Degradierung empfindet, ist unerheblich (OGH vom 24. 6. 1998, 9 Ob A 32/98s, ARD 4960/30/98).

Eine bloße **Einschränkung des Tätigkeitsbereiches** erfüllt den Begriff der Versetzung **nicht** (OGH vom 10. 6. 1998, 9 Ob A 98/98x, ARD 4965/2/98).

Gegenteilig zB ASG Wien 14. 10. 2003, 24 Cga 167/03h, ARD 5495/6/2004: Ist mit einer Versetzung der **Verlust von Leitungsfunktionen** verbunden, liegt eine Verschlechterung der sonstigen Arbeitsbedingungen vor.

Die Frage, ob der Verlust einer Leitungsfunktion verschlechternd iSd § 101 ist oder nicht, wird somit nur im Einzelfall und danach beurteilt werden können, ob der Arbeitnehmer nach der Versetzung seinen bisher benötigten Qualifikationen entsprechend eingesetzt wird oder nicht. Ein Anspruch auf eine bestimmte hierarchische Stellung besteht ohne ausdrückliche vertragliche Zusicherung offensichtlich nicht.

Zustimmungsrecht des Betriebsrates

⁷) Verschlechtert eine dauernde Versetzung die Entgelt- oder sonstigen Arbeitsbedingungen, so ist sie **zustimmungspflichtig**. Wenn der **Betriebsrat nicht zustimmt**, kann der Arbeitgeber das **Gericht** anrufen (Erl 8), das die Zustimmung des Betriebsrates ersetzen kann. Dies macht deutlich, dass nicht jede verschlechternde Versetzung von vornherein unzulässig ist. Bestehen **zwingende sachliche Gründe** für den Arbeitgeber, eine verschlechternde Versetzung vorzunehmen, wird das Gericht in der Regel der Versetzung zustimmen, auch wenn dies der Betriebsrat nicht tut. Allerdings muss der Betriebsinhaber auch bei Vorliegen solcher Gründe **vor der Versetzung** die **Zustimmung des Betriebsrates** einholen. Das Mitbestimmungsrecht des Betriebsrates nach § 101 ist auch auf eine aus betrieblichen Gründen notwendige, ja sogar unumgängliche Versetzung anzuwenden (OGH vom 6. 5. 1994, 8 Ob A 232/94, Arb 11.190 = infas 1994, A 114).

Für die Beurteilung der Rechtswirksamkeit einer Versetzung mangels Zustimmung des Betriebsrates ist es ohne Bedeutung, ob die Versetzung aus betrieblichen oder persönlichen Gründen sachlich gerechtfertigt war oder nicht (OGH vom 15. 9. 1994, 8 Ob A 239/94, Arb 11.254 = ARD 4637/20/95).

Der Betriebsrat ist für seine Entscheidung weder dem Arbeitgeber noch dem betroffenen Arbeitnehmer gegenüber rechenschaftspflichtig. Er hat in Ausübung seines Zustimmungsrechts das **Interesse der Belegschaft** zu wahren (OGH vom 25. 6. 1985, 4 Ob 79/85, DRdA 1986, 63 = RdW 1985, 381; vgl auch Erl 1). Er wird aber zu berücksichtigen haben, dass das Gericht nach einer Klage des Arbeitgebers seine Zustimmung ersetzen kann, und das **Risiko** einer ungerechtfertigten Weigerung, der Versetzung Folge zu leisten, den **Arbeitnehmer** trifft. Darüber hinaus besteht bei nicht kündigungsgeschützten Arbeitnehmern bei Verweigerung der Zustimmung zur Versetzung die Gefahr, dass der Arbeitgeber an Stelle der Versetzung das Arbeitsverhältnis zB in Form einer „**Änderungskündigung**" überhaupt auflöst. In diesem Fall müssten auch die Chancen einer Kündigungsanfechtung nach § 105 mitüberlegt werden. Insofern hat der Betriebsrat auch bei objektiv verschlechternden Versetzungen stets mitzuberücksichtigen, welche sachlichen Gründe für die Versetzung maßgeblich sind.

Ist der Betriebsrat der Ansicht, dass mit dem beabsichtigten Arbeitsplatzwechsel eine Verschlechterung der Entgelt- oder sonstigen Arbeitsbedingungen verbunden ist, kann er seine Einwendungen gegen die beabsichtigte Maßnahme dem Betriebsinhaber unverzüglich bekannt geben. Nur der Betriebsratsvorsitzende ist gegenüber dem Betriebsinhaber der Vertreter des Betriebsrates. Ein anderes Betriebsratsmitglied kann ohne seinen Auftrag keine rechtsgültige Zustimmungserklärung zu einer Versetzung abgeben (OGH 9. 5. 1967, Arb 8413 = SozM II B, 833).

Für die Zustimmung zur Versetzung ist ein **Beschluss des Betriebsrates** als Kollegialorgan notwendig.

Zuständig für die Zustimmungserklärung ist (nur) der **Betriebsrat jener Arbeitnehmergruppe** (Arbeiter oder Angestellte), der der betroffene Arbeitnehmer angehört. Besteht im Betrieb ein gemeinsamer Betriebsrat, hat dieser die Mitwirkungsrechte bei Versetzungen – einschließlich einer allfälligen Zustimmung – für alle Arbeitnehmer auszuüben. Der Zentralbetriebsrat ist zur Zustimmung bei Versetzungen jedenfalls unzuständig (EA Wien 1. 9. 1965, Arb 8110; OGH 8. 11. 1966, Arb 8307), außer der zuständige (Gruppen)Betriebsrat hätte ihm die Kompetenz dazu gem § 114 übertragen. Bei einer beabsichtigten Versetzung in einen anderen Betrieb ist der (Gruppen)Betriebsrat in jenem Betrieb, in dem der Arbeitnehmer bisher beschäftigt ist, zur Wahrnehmung des Versetzungsschutzes zuständig. Für den Betriebsrat in dem neuen Betrieb bestehen in diesem Fall dieselben Mitwirkungsrechte wie bei der Einstellung von Arbeitnehmern (siehe § 99 und die Erläuterungen dazu).

Eine Zustimmung des Betriebsrates **in pauschaler Form** und **im Vorhinein** (etwa generell in einer Betriebsvereinbarung), ohne dass eine konkrete Versetzungsabsicht für einen einzelnen Arbeitnehmer mitgeteilt wurde, ist **rechtsunwirksam** (OGH vom 19. 6. 1991, 9 Ob A 77/91, DRdA 1992, 49 mit Anm von *Eypeltauer* = infas 1992, A 6 = Arb 10.945 = RdW 1992, 21 = wbl 1992, 60).

Die **Meinung des Betriebsrates**, es liege **keine verschlechternde Versetzung** vor, ist **nicht als Zustimmung** zu einer verschlechternden Versetzung zu werten. Ist die Versetzung verschlechternd, ist sie daher **rechtsunwirksam** (OGH vom 22. 2. 1995, 9 Ob A 26/95, infas 1995, A 72 = RdW 1995, 314 = wbl 1995, 290 = ARD 4645/16/95; vgl auch OGH vom 25. 2. 1998, 9 Ob A 372/97i, infas 1998, A 69 = ARD 4934/20/98).

Die **Zustimmung** zu einer die Kriterien des § 101 erfüllenden Versetzung muss in jedem Fall **vor Durchführung der Versetzung** erteilt werden. Die **nachträgliche Zustimmung** des Betriebsrates zu einer bereits vollzogenen Versetzung ist **unwirksam** (OGH vom 17. 3. 1993, 9 Ob A 29/93, DRdA 1993, 485 mit Anm von *Trost* = wbl 1993, 258 = ecolex 1993, 404). Die rechtsgestaltende Zustimmung wirkt nur ex nunc und nicht ex tunc. Eine Zustimmung des Betriebsrates zu einer bereits tatsächlich vorgenommenen Versetzung könnte nur dann als eine dem § 101 entsprechende Zustimmung angesehen werden, wenn die Versetzung nach der verspäteten Einholung der Zustimmung wiederholt worden wäre (OGH vom 18. 10. 2006, 9 Ob A 67/06b, DRdA 2007, 146). Eine verschlechternde dauernde Versetzung bedarf ausnahmslos der vorherigen Zustimmung des Betriebsrates, ohne dass es auf die hiefür maßgeblichen Gründe ankäme. Auch wenn die Versetzung im Einzelfall durch noch so wichtige Gründe gerechtfertigt, ja vielleicht sogar unumgänglich geworden sein sollte, muss die zwingende Bestimmung des § 101 eingehalten werden (OGH vom 6. 4. 2005, 9 Ob A 88/04p, DRdA 2005, 443= infas 2005, A 56).

Hat der Betriebsrat nicht ausdrücklich zugestimmt, sondern **keine Stellungnahme** abgegeben, oder hat er sogar ausdrücklich die Zustimmung verweigert, ist die verschlechternde Versetzung **rechtsunwirksam** (LG Innsbruck vom 2. 7. 1991, 45 Cga 118/91, Arb 10.963).

Der **Betriebsrat** hat **nicht** die Möglichkeit, eine **Klage** bei Gericht einzubringen, wenn die Versetzung rechtswidrigerweise dennoch vorgenommen wird. Er kann bei einer trotz seines Einspruchs vorgenommenen Versetzung auch nicht deren Rechtsunwirksamkeit feststellen lassen, weil eine Bekräftigung der Verweigerung der Zustimmung zur Versetzung im ArbVG nicht vorgesehen ist (OGH vom 9. 4. 1997, 9 Ob A 2291/96v, DRdA 1998, 114 mit Anm von *Trost* = wbl 1997, 435 = ARD 4856/34/97). Auch eine Feststellungsklage des Betriebsrates nach § 54 Abs 1 ASGG ist nicht möglich, wenn nicht mindestens drei Arbeitnehmer betroffen sind. Wehren kann sich gegen die rechtsunwirksame Versetzung **nur der einzelne Arbeitnehmer** (vgl Erl 3).

Ersatzweise Zustimmung des Gerichts

[8]) Wenn der Betriebsrat zu einer zustimmungspflichtigen Versetzung keine Zustimmung erteilt, kann der **Betriebsinhaber** (Arbeitgeber) beim Arbeits- und Sozialgericht auf **ersatzweise Erteilung der Zustimmung klagen. Aktiv** (als Kläger) klagslegitimiert ist **nur der Betriebsinhaber**;

weder der Betriebsrat noch der betroffene Arbeitnehmer haben im Falle der Unterlassung der Zustimmung des Betriebsrates ein Rechtsschutzinteresse, da die fehlende Zustimmung allein schon eine wirksame Versetzung verhindert. **Passiv** (als Beklagter) klagslegitimiert ist nur der **Betriebsrat**; die Ersetzung der Zustimmung kann nur durch Klage gegen den Betriebsrat und nicht gegen den betroffenen Arbeitnehmer erreicht werden (OGH vom 30. 1. 1997, 8 Ob A 2303/96a, DRdA 1997, 406 = infas 1997, A 88 = wbl 1997, 256 = ARD 4837/2/97; OGH vom 9. 4. 1997, 9 Ob A 2291/96v, DRdA 1998, 114 mit Anm *Trost* = wbl 1997, 435 = ARD 4856/34/97).

Eine Klage des **Betriebsrates**, die sich auf den Versetzungsschutz bezieht, könnte nur nach § 54 Abs 1 ASGG möglich sein, wenn es nicht nur um einen Einzelfall, sondern generell um die Frage geht, ob die Versetzung von Arbeitnehmern auf bestimmte Arbeitsplätze verschlechternd bzw vertragsändernd ist oder nicht. Zur Erhebung einer solchen **kollektiven Feststellungsklage** ist notwendig, dass mindestens drei Arbeitnehmer von einer Versetzung betroffen sein können. Es darf sich nicht nur um die abstrakte Möglichkeit einer solchen Versetzung handeln, sondern es muss eine konkrete betriebliche Streitfrage vorliegen. Ziel dieser Klage des Betriebsrates ist es, festzustellen, dass die Versetzung von Arbeitnehmern an bestimmte Arbeitsplätze verschlechternd und damit zustimmungspflichtig oder vertragswidrig ist. Hat er mit der Klage Erfolg, sind Weisungen an die in der Klage bezeichneten Arbeitnehmergruppen, entsprechenden Versetzungen Folge zu leisten, wohl in der Regel (bei gleichem Sachverhalt wie in der Klage) rechtsunwirksam.

Die **Klage einzelner Arbeitnehmer** gegen rechtsunwirksame Versetzungen (nicht nach § 101 ArbVG, sondern auf arbeitsvertragsrechtlicher Grundlage) kann entweder auf Leistung (Entgeltdifferenz) oder auf Feststellung der Rechtsunwirksamkeit der Versetzung gerichtet sein. Nach einem etwaigen Austritt wegen rechtswidriger Versetzungsanordnung oder nach einer etwaigen Entlassung wegen Nichtbefolgung einer Versetzung ist eine Leistungsklage auf Kündigungsentschädigung und gegebenenfalls auf Abfertigung einzubringen, sofern der Arbeitnehmer nicht kündigungsgeschützt war. In diesem Fall ist eine Feststellungsklage auf aufrechten Bestand des Arbeitsverhältnisses zu erheben. Auch eine Kündigungsanfechtung bzw eine Entlassungsanfechtung ist möglich, wenn die Lösung durch den Arbeitgeber im Zuge eines Streits über die Rechtmäßigkeit einer Versetzung vorgenommen wurde.

Für sämtliche Klagen im Zusammenhang mit Versetzungsstreitigkeiten sind die Arbeits- und Sozialgerichte zuständig (§ 50 ASGG).

Bei einer **Klage des Betriebsinhabers** auf ersatzweise Erteilung der Zustimmung zur Versetzung hat das Gericht jeweils nach den Umständen des Einzelfalles zu prüfen, ob trotz Verweigerung der Zustimmung durch den Betriebsrat die Versetzung sachlich gerechtfertigt ist. Es hat also eine **Interessenabwägung** vorzunehmen: einerseits ist der Schutz des Arbeitnehmers vor einer dauernden Verschlechterung seiner Entgelt- oder sonstigen Arbeitsbedingungen zu beachten, und anderseits sind die betrieblichen Interessen an der Durchführung der Versetzung zu berücksichtigen (OGH vom 12. 10. 1994, 9 Ob A 214/94, infas 1995, A 71). Nur wenn sich aus dieser Interessenabwägung der **Vorrang der betrieblichen Interessen** ergibt, darf das Gericht der Versetzung zustimmen. Das wird in der Regel dann der Fall sein, wenn der Betriebsinhaber Gründe für die Versetzung nachweisen kann, die auch eine Kündigung oder sogar die Entlassung des Arbeitnehmers rechtfertigen würden.

Das Gericht kann die **Zustimmung** zu einer Versetzung auch unter der Auflage von **Bedingungen** erteilen (OGH vom 7. 4. 1981, 4 Ob 158/80, Arb 9963 = DRdA 1981, 409; EA Leoben 14. 12. 1981, Arb 10.054 = ZAS 1982, 41); etwa unter der Bedingung, dass dem Arbeitnehmer seine bisherigen **Gehaltsansprüche erhalten** bleiben (OGH vom 7. 4. 1981, 4 Ob 158/80, Arb 9963 = DRdA 1981, 409).

Das Gericht kann aber durch eine Zustimmung zur Versetzung **keine Vertragsänderung** bewirken. Eine solche ist nur mit Zustimmung des betroffenen Arbeitnehmers möglich (siehe Erl 3).

Gem § 61 Abs 1 Z 5 ASGG ist bei betriebsverfassungsrechtlichen Streitigkeiten das Urteil des Gerichts erster Instanz auch dann bereits vollstreckbar, wenn dagegen Berufung erhoben wird. Im Falle einer Klage des Betriebsinhabers auf Zustimmung zur Versetzung bedeutet das: Gibt das Gericht der Klage des Betriebsinhabers statt, muss der Arbeitnehmer eine (vertragskonforme) Versetzungsanordnung befolgen, er kann aber gegen das Urteil berufen. Wird im weiteren Verfahren der Berufung des Arbeitnehmers stattgegeben und die Klage des Betriebsinhabers letztlich rechtskräftig abgewiesen, so hat der Arbeitnehmer einen vollstreckbaren Anspruch auf Wiederherstellung des Zustandes vor der Versetzung. Weist das Gericht die Klage des Betriebsinhabers bereits in erster Instanz ab, darf dieser die Versetzung solange nicht durchführen, bis allenfalls ein gegenteiliges Urteil rechtskräftig wird. Die Befolgung einer entgegen dem Urteil des Gerichts vom Betriebsinhaber angeordneten Versetzung kann der Arbeitnehmer verweigern, ohne einen Entlassungsgrund zu setzen. Eine aus diesem Grund vom Betriebsinhaber ausgesprochene Kündigung wäre rechtswidrig.

Betrifft die Klage des Betriebsinhabers auf Zustimmung zur Versetzung ein **Betriebsrats(oder Jugendvertrauensrats)mitglied,** so hat das Gericht bei Prüfung der sachlichen Rechtfertigung der Versetzung auch auf das **Beschränkungs- und Benachteiligungsverbot** Bedacht zu nehmen (§ 115 Abs 3). Würde durch die Versetzung die Betriebsratstätigkeit erschwert oder sogar unmöglich gemacht, so muss das Gericht die Zustimmung verweigern (in diesem Sinn schon früher VwGH 12. 9. 1956, Arb 6502; 27. 1. 1958, 6803; EA Leoben 19. 2. 1957, Arb 6603).

Mitwirkung bei
Verhängung von Disziplinarmaßnahmen

§ 102. Der Betriebsrat hat an der Aufrechterhaltung der Disziplin[1]) im Betrieb mitzuwirken. Die Verhängung von Disziplinarmaßnahmen im Einzelfall ist nur zulässig[2]), wenn sie in einem Kollektivvertrag oder in einer Betriebsvereinbarung (§ 96 Abs 1 Z 1) vorgesehen ist; sie bedarf, sofern darüber nicht eine mit Zustimmung des Betriebsrates eingerichtete Stelle[3]) entscheidet, der Zustimmung des Betriebsrates[4])[5]).

Schrifttum zu § 102

Spielbüchler, Grundlagen eines betrieblichen Disziplinarstrafrechtes, DRdA 1970, 7 ff;

W. Schwarz, Probleme sozialer und personeller Mitbestimmung, DRdA 1975, 65 ff;

Holzer, Die zustimmungspflichtige Maßnahme – zur Struktur eines neuen Rechtsinstitutes, ZAS 1976, 206 ff;

Strasser, Mitbestimmung bei disziplinären Entlassungen richtet sich nach § 106 (Entlassungsschutz) und nicht nach § 102 ArbVG, DRdA 1981, 153;

Eypeltauer, Höchstgericht zu Fragen des Disziplinarrechtes, DRdA 1983, 300 f;

Holzer, Mitbestimmung und Betriebe ohne Betriebsrat, in FS Strasser (1983) 633 ff;

Tomandl, Einschränkungen des Entlassungsrechts durch kollektivvertragliche Disziplinarordnungen – dargestellt am Beispiel des Kollektivvertrages der Versicherungsangestellten (Innendienst), RdW 1983, 108 ff;

M. Binder, Arbeitsrechtliche Schieds- und Disziplinargerichte auf dem Prüfstand des verfassungsrechtlich gewährleisteten Rechts auf den gesetzlichen Richter (Art 83 Abs 2 B-VG; 6 Abs 1 MRK), DRdA 1985, 259 ff;

B. Schwarz, Entlassung als Disziplinarmaßnahme, DRdA 1986, 35 ff;

Löffler, Bindung einer Entlassung an die vorherige Anhörung des Betriebsrates, DRdA 1988, 65;

Eypeltauer, Kollektivvertragliches Disziplinarverfahren für strafweise Kündigungen, DRdA 1995, 404f;

Strasser, Disziplinarmaßnahmen in Vertragsschablone? DRdA 1995, 311 ff;

Kneihs, Betriebliches Disziplinarrecht und Verfassung, DRdA 2005, 136 ff;

Risak, Die Suspendierung von Ärzten, RdM 2006/117.

Übersicht zu § 102

Die Begriffe „Disziplin" und „Disziplinar-
maßnahme" .... Erläuterung 1
Zulässigkeit von Disziplinarmaßnahmen........................ Erläuterung 2
Disziplinarkommission .... Erläuterung 3
Rechtsunwirksamkeit – Vetorecht des Betriebsrates........ Erläuterung 4
Überprüfung von Disziplinarerkenntnissen durch
das Gericht .... Erläuterung 5

Die Begriffe „Disziplin" und „Disziplinarmaßnahme"

¹) Unter **„Disziplin"** versteht man im allgemeinen Sprachgebrauch eine vorgegebene Ordnung, in die sich eine Person ohne Störung einzugliedern hat. Die Verwendung dieses Begriffes, der auch mit „Zucht und Ordnung" gleichgesetzt wird, in einer modernen, vom Gedanken der demokratischen Vertretung von Arbeitnehmerinteressen getragenen Arbeitsverfassung muss wohl als verfehlt bezeichnet werden (vgl auch *Strasser/Jabornegg*, Arbeitsverfassungsgesetz³, 399, die in diesem Zusammenhang von einem „argen Missgriff des Gesetzgebers" sprechen). Es kann hier nicht um quasi-militärische Strukturen, sondern nur um das Zusammenleben und -arbeiten von Menschen, allerdings unter den Bedingungen eines Arbeitsverhältnisses und der Einordung in die Organisation eines Betriebes, gehen.

In diesem Sinn besteht auch im Betrieb eine „vorgegebene" Ordnung, wobei hinsichtlich der Bestimmung des Inhaltes der Verhaltensregelungen das **Weisungsrecht des Arbeitgebers durch die erzwingbare Mitbestimmung des Betriebsrates nach § 97 Abs 1 Z 1 eingeschränkt** ist. Überdies darf die vom Betriebsinhaber vorgegebene Ordnung **nicht den guten Sitten widersprechen** oder die **verfassungsgesetzlich geschützten Freiheiten der Arbeitnehmer** (freie Meinungsäußerung, Freizügigkeit der Person, Wahrung der Persönlichkeitssphäre) beeinträchtigen. Disziplinarvorschriften, die solche Freiheiten beeinträchtigen könnten (zB Sprechverbot, Leibesvisitationen, etc) sind jedenfalls **rechtswidrig**. Bei bestimmten Verhaltensmaßregelungen (Kleidungsvorschriften, Haartracht) ist eine Beeinträchtigung der persönlichen Freizügigkeit des Arbeitnehmers nur dann nicht gegeben, wenn zwingende sachliche Gründe (zB Umgang mit einem bestimmten Kundenkreis) gegeben sind oder der Anstand verletzt würde.

So gesehen ist unter „Disziplin" in § 102 ein **ordnungsgerichtetes Verhalten der Arbeitnehmer** zu verstehen, das **sachlich gerechtfertigten Vorgaben** entspricht. Im Rahmen des Arbeitsverhältnisses ist der Arbeitnehmer in erster Linie verpflichtet, seine arbeitsvertraglichen Pflichten zu erfüllen. Nebenpflichten, wie die Interessenwahrungspflicht für den Arbeitgeber, sind so weit zu beachten, wie die Erfüllung des Arbeitsvertrages es erfordert.

§ 102 Erl 1

Wie bei allen anderen gesetzlichen Mitwirkungsrechten übt der Betriebsrat auch in diesem Fall **Befugnisse der Arbeitnehmerschaft** aus. Die Mitwirkungsrechte bei betrieblichen Disziplinarregelungen und -maßnahmen sind sehr weit gehend: die generelle Regelung bedarf einer (notwendigen) **Betriebsvereinbarung**, die Verhängung von **Disziplinarmaßnahmen im Einzelfall** setzt eine generelle Regelung durch Kollektivvertrag oder Betriebsvereinbarung voraus **und** bedarf darüber hinaus noch der – durch keine Gerichtsentscheidung ersetzbaren – **Zustimmung des Betriebsrates**. Es handelt sich also hier um ein echtes **Vetorecht** des Betriebsrates. Daraus ist erkennbar, dass der Gesetzgeber bei betrieblichen Disziplinarangelegenheiten von einem **besonders ausgeprägten Schutzbedürfnis** der Arbeitnehmer ausgeht. Der erste Satz des § 102 kann deshalb keinesfalls so verstanden werden, dass der Betriebsrat im Auftrag des Arbeitgebers die Disziplinierung (= „zur Ordnung rufen") der Arbeitnehmer vornehmen sollte oder gar müsste. Mit dieser Bestimmung wird auch **nicht** eine **allgemeine Friedenspflicht** des Betriebsrates (Aufrechterhaltung von Ruhe und Ordnung, Heraushalten aus Arbeitskämpfen; vgl zum Begriff des „Betriebsfriedens" OGH vom 19. 11. 2003, 9 Ob A 125/03b und den krit Besprechungsaufsatz dazu von *Cerny,* DRdA 2004, 517) begründet. Bei Interessenkonflikten im Betrieb soll der Betriebsrat zwar an der Herbeiführung eines Ausgleiches mitwirken (§ 39), er ist aber auch bei diesen Konflikten eindeutig Vertreter der Arbeitnehmer (§ 38) und hat deren Interessen zu wahren. **Bei Interessenkonflikten zwischen Anliegen der Arbeitnehmer und Ordnungsvorstellungen des Arbeitgebers ist der Betriebsrat Partei auf Seite der Arbeitnehmer.**

Das Disziplinarwesen kann nur aus der kollektiven Struktur des Betriebes erklärt werden und bedarf spezifischer kollektiver Rechtsgrundlagen. Diese sollen dem Arbeitgeber zusätzliche, im Arbeitsvertrag und gesetzlich nicht vorgegebene Gestaltungsmöglichkeiten bieten, die aber zum Schutz des Arbeitnehmers an die Zustimmung des Betriebsrates gebunden werden (OGH vom 17. 3. 2005, 8 Ob A 12/04d, DRdA 2006, 107, mit Anm von *Jabornegg* = Arb 12.514 = RIS Justiz RS 0120012).

Bei der Bestimmung des § 102 handelt es sich um eine (zweiseitig) zwingende Regelung, die das Mitwirkungsrecht des Betriebsrates bei der Verhängung einer Disziplinarmaßnahme sichert (ASG Wien vom 11. 11. 2002, 35 Cga 74/02m, ZAS 2003/127).

Mit dem Begriff „**Disziplinarmaßnahmen**" hat sich der OGH vor allem in der Entscheidung vom 10. 5. 1995 (9 Ob A 51/95, DRdA 1996, 131 mit Anm von *Marhold* = DRdA 1995, 422 = ZAS 1995, 197 mit Anm von *Andexlinger* = Arb 11.396 = infas 1995, A 101 = RdW 1996, 76 = ARD 4680/28/95) ausführlich auseinander gesetzt. Er versteht darunter alle Maßnahmen des Arbeitgebers zur Wahrung oder Wiederherstellung der betrieblichen Ordnung, mit denen dem **Arbeitnehmer ein Nachteil zugefügt oder zumindest angedroht** wird. **Auch** die **Rüge** oder der **Verweis**, die **Abmahnung**, die **Verwarnung**, können Disziplinarmaßnahmen sein (ebenso Arb 9860, 9895, 10.606, 10.848, 9 Ob A 1002/93). Es kommen nicht nur Maßnahmen, die für den Arbeitnehmer unmittelbar rechtliche oder wirtschaftliche Nachteile bewirken, in Betracht, sondern auch solche, durch die lediglich die **sozialen Interessen des Arbeitnehmers beeinträchtigt** werden, zB durch eine **Schädigung seines Ansehens** im Betrieb.

Das **Abgrenzungskriterium** zwischen **Disziplinarmaßnahme** und **schlichter Verwarnung** liegt in dem gegenüber der Verwarnung **zusätzlichen Sanktionscharakter** der Disziplinarmaßnahme, die über die individualrechtlich zulässige Sanktion hinaus geht. Ausschlaggebend ist dabei der mit der Maßnahme verfolgte Zweck. Während die „schlichte" Abmahnung schwergewichtig zukunftsbezogen gestaltet ist und der Arbeitgeber damit seine vertraglichen Rügerechte ausübt, den Arbeitnehmer zu vertragsgerechtem zukünftigen Verhalten anzuhalten und vor Konsequenzen für den Bestand oder Inhalt des Arbeitsverhältnisses bei weiteren Verletzungen zu warnen, ist die **Disziplinarmaßnahme** auf die **Sanktionierung des beanstandeten Verhaltens** selbst gerichtet.

Die **Einleitung eines Disziplinarverfahrens** ist (noch) **keine Disziplinarmaßnahme** und daher auch nicht zustimmungspflichtig. Gleiches gilt für verfahrensrechtliche Schritte ohne Strafcharakter, die – wie etwa die **Dienstenthebung** – nur eine vorübergehende Sicherungsmaßnahme darstellen (OGH vom 18. 9. 1980, 4 Ob 101/80, Arb 9895 = DRdA 1981, 146 = JBl 1981, 494; OGH vom 16. 6. 1994, 8 Ob A 262/94, Arb 11.208; EA Salzburg 23. 1. 1980, Arb 9851 = ZAS 1980, 121). **Dienstfreistellungen** sind verfahrensrechtliche Schritte ohne Strafcharakter und **keine Disziplinarmaßnahmen** (OGH vom 16. 6. 1994, 8 Ob A 262/94, Arb 11.208).

Für **Kündigungen und Entlassungen** gelten besondere Vorschriften, so dass sie nach einhelliger Lehre und Rechtsprechung **nicht als Disziplinarmaßnahmen iSd § 102** anzusehen sind (OGH vom 24. 2. 1999, 9 Ob A 1/99h, ARD 5024/8/99; OGH vom 17. 1. 1996, 9 Ob A 182/95, DRdA 1996, 505 mit Anm von *Eypeltauer* = DRdA 1996, 246 = infas 1996, A 74 = ARD 4749/9/96 = ecolex 1996, 397; OGH vom 23. 8. 1995, 9 Ob A 99/95, DRdA 1996, 63 = Arb 11.430 = infas 1996, A 3 = RdW 1996, 177 = ARD 4762/15/96; OGH vom 29. 3. 1995, 9 Ob A 28/95, Arb 11.378 = RdW 1995, 433; OGH vom 16. 11. 1994, 9 Ob A 201/94, DRdA 1995, 401 mit Anm von *Eypeltauer* = ZAS 1996, 27 mit Anm von *Kürner* = Arb 11.309 = infas 1995, A 40 = RdW 1995, 226 = ARD 4629/25/95; OGH vom 28. 10. 1994, 9 Ob A 192/94, DRdA 1995, 309; weiters Arb 10.606, 10.433, 10.410, 10.336, 9895, 9894, 9649).

In der Entscheidung vom 17. 3. 2005, 8 Ob A 12/04d (zum ÖBB-Dienstrecht), hat der OGH zum Verhältnis einer aus Gründen des Betriebsverfassungsrechts teilunwirksamen Disziplinarordnung zum Entlassungsrecht des Arbeitgebers umfassend Stellung genommen und sich dabei mit der bisherigen Rechtsprechung und Lehre eingehend auseinander gesetzt (vgl zu dieser E die Anm von *Jabornegg,* DRdA 2006, 107). In diesem Zusammenhang wurde ausdrücklich die bisherige Judikatur aufrechterhalten, nach der Kündigungen und Entlassungen nicht als Disziplinarmaßnahme iSd § 102 ArbVG angesehen und damit auch nicht Gegenstand einer Betriebsvereinbarung nach § 96 Abs 1 Z 1 ArbVG sein können. Werden dennoch entsprechende Regelungen vereinbart, ist zu prüfen, in welchem Umfang eine allfällige einzelvertragliche „Restgültigkeit" anzunehmen ist (ebenso später der OGH in der E vom 22. 2. 2006, 9 Ob A 50/05a, infas 200, A 56).

Die in **kollektivvertraglichen Disziplinarordnungen** vorgesehenen Sanktionen einer „**strafweisen Kündigung**" oder **Entlassung** sind **keine Disziplinarmaßnahmen iSd § 102.** Ist jedoch in einem Kollektivvertrag die strafweise Kündigung oder Entlassung eines Arbeitnehmers vorgesehen und darf diese nur im Rahmen eines Disziplinarverfahrens ausgesprochen werden, sind derartige Regelungen **vom Arbeitgeber zu beachten**, widrigenfalls eine Beendigungserklärung **rechtsunwirksam** ist (OGH 16. 11. 1994; 29. 3. 1995 – Fundstellen siehe voriger Absatz; ebenso Arb 10.606, 10.433, 10.410, 9895, 9894, 9175).

Ist in einer Disziplinarordnung festgelegt, dass eine **Entlassung nur nach Anhörung des Betriebsrates** zulässig ist, so stellt dies keine unzulässige Einschränkung des Entlassungsrechtes des Arbeitgebers dar. Eine Entlassung ohne Anhörung des Betriebsrates ist in diesem Fall rechtsunwirksam (OGH vom 17. 2. 1987, 14 Ob 227/86, infas 1987, A 95; zustimmend *Jabornegg* in DRdA 1990, 117). Es ist auch unter dem Aspekt eines absolut zwingenden Kerns des Entlassungsrechts des Arbeitgebers nicht bedenklich, wenn er dieses Recht auf einen Dritten, nämlich auf eine Disziplinarkommission überträgt (OGH vom 17. 3. 2005, 8 Ob A 12/04d, DRdA 2006, 107 mit Anm von *Jabornegg;* OGH vom 22. 2. 2006, 9 Ob A 50/05d, infas 2006, A 56; vgl auch Erl 3).

Zur Frage, ob der **Entzug freiwilliger Leistungen aus disziplinären Gründen** eine **Disziplinarmaßnahme iSd § 102** darstellt, liegen unterschiedliche Entscheidungen des OGH vor. Während der OGH dies (hinsichtlich des Ausschlusses eines Arbeitnehmers von freiwillig gewährten Leistungsprämien) in der Entscheidung vom 17. 3. 1994 (8 Ob A 201/94, ARD 4570/17/94) verneint hatte, kam er in der Entscheidung vom 29. 8. 1996 (8 Ob A, 2113/96k, DRdA 1997, 49 = ZAS 1997, 81 mit Anm von *Risak* = infas 1997, A 1 = RdW 1997, 467 = wbl 1997, 30 = ARD 4801/26/96 = ecolex 1996, 944) mit folgender Begründung zum gegenteiligen Ergebnis:

Als Disziplinarmaßnahme iSd § 102 kommt neben einer Geldstrafe auch die in ihren wirtschaftlichen Auswirkungen vergleichbare Entgeltkürzung in Frage, die allerdings nur dann zulässig ist, wenn sie durch Gesetz, Kollektivvertrag, Betriebsvereinbarung oder Einzelarbeitsvertrag vorgesehen ist.

Wird eine freiwillige Leistung unter dem Vorbehalt des disziplinären Wohlverhaltens gewährt, dann ist der Ausschluss vom Bezug der den übrigen vergleichbaren Arbeitnehmern gewährten Zuwendung – ebenso wie der im Einzelarbeitsvertrag vorgesehene Verlust überkollektivvertraglicher Zahlungen oder eine im KV vorgesehene Minderung des kollektivvertraglichen Entgelts wegen disziplinärer Verfehlungen – als arbeitsvertraglich zulässiger Eingriff in einzelvertragliche Ansprüche zu werten. Ist nun die Disziplinarmaßnahme arbeitsvertraglich zulässig, ist sie ebenso wie eine arbeitsvertraglich zulässige Versetzung darauf zu prüfen, ob das in der Betriebsverfassung vorgesehene Mitwirkungsrecht der Belegschaft beachtet wurde.

Nach der Betriebsverfassung darf eine – arbeitsvertraglich zulässige – Disziplinarmaßnahme nur bei Vorliegen einer Disziplinarordnung iSd § 96 Abs 1 Z 1 ArbVG, ausdrücklicher Zulassung dieser Maßnahme in einer derartigen Betriebsvereinbarung oder einem Kollektivvertrag und mit Zustimmung des Betriebsrates oder auf Grund der Entscheidung einer mit Zustimmung des Betriebsrates eingerichteten Stelle iSd § 102 verhängt werden.

Mangels Beachtung dieser betriebsverfassungsrechtlich vorgesehenen Mitwirkungsrechte der Belegschaft ist der vom Arbeitgeber verfügte **Ausschluss eines Arbeitnehmers von der anderen Arbeitnehmern gewährten Zuwendung** (hier: **Bilanzgeld**) **unwirksam**.

Im Hinblick auf den oben erläuterten Gesetzeszweck ist dieser Meinung des OGH zuzustimmen.

Die Rückstellung eines Piloten vom Upgrating (Beförderung) stellt eine Disziplinarmaßnahme iSd § 102 dar (ASG Wien vom 11. 11. 2002, 35 Cga 74/02m, ZAS 2003/127).

Die Einführung einer **"Nullsperre" beim Telefonvermittlungssystem** stellt hingegen **keine Disziplinarmaßnahme** dar (EA Innsbruck 30. 5. 1985, Arb 10.419 = ZAS 1985, 201 = RdW 1985, 256).

Die Bestimmungen des § 102 gelten auch dann, wenn die **Disziplinarmaßnahmen über ein Mitglied des Betriebsrates** verhängt werden sollen (VwGH 30. 5. 1958, SozM II B, 419; VwGH 15. 1. 1963, Arb 7712). Darüber hinaus ist das **Beschränkungs- und Benachteiligungsverbot** nach § 115 Abs 3 zu beachten. Eine dagegen verstoßende Disziplinarmaßnahme ist jedenfalls unzulässig und **rechtsunwirksam**.

§ 102 findet auch auf Arbeitsverhältnisse zu den ÖBB Anwendung, und zwar seit der Aufhebung des Bahn-Betriebsverfassungsgesetzes (BBVG) durch Art 7 des Bundesbahnstrukturgesetzes, BGBl I 2003/138, ebenso wie die sonstigen Bestimmungen des ArbVG über die Befugnisse der Organe der Arbeitnehmerschaft. Zur früheren Rechtslage nach dem BBVG vgl OGH vom 28. 3. 2002 (8 Ob A 110/01m), OGH vom 22. 5. 2003 (8 Ob A 8/03i) und OGH vom 7. 7. 2004 (9 Ob A 21/04k).

Zulässigkeit von Disziplinarmaßnahmen

[2]) Bei der Verhängung einer Disziplinarmaßnahme handelt es sich um die Ausübung eines **Gestaltungsrechts**, die jedoch der **Überprüfung**

durch die Gerichte unterliegt (OGH vom 18. 12. 1979, 4 Ob 123/79, Arb 9839 = DRdA 1980, 331, 395 mit zust Anm von *Firlei* = ÖJZ 1980, 491 = SozM II B 1106; OGH vom 16. 9. 1987, 14 Ob A 73/87, ARD 3934/14/87; OGH vom 4. 5. 1994, 9 Ob A 63/94, Arb 11.186 = DRdA 1995, 164 mit Anm von *Krapf*). Die gerichtliche Nachprüfung der Rechtswirksamkeit der Disziplinarmaßnahme umfasst sowohl deren Zustandekommen (Formvorschriften) als auch den Inhalt der Maßnahme (OGH vom 6. 11. 1992, 9 Ob A 191/91, Arb 10.992; Näheres siehe Erl 5).

Das Recht eines Arbeitgebers zur Verhängung einer Disziplinarmaßnahme ergibt sich noch nicht allein aus dem Bestand des Arbeitsverhältnisses. Das Disziplinarwesen kann nur aus der kollektiven Struktur des Betriebes erklärt werden und bedarf spezifischer kollektiver Rechtsgrundlagen (OGH vom 17. 3. 2005, 8 Ob A 12/04d, DRdA 2006, 107 mit Anm von *Jabornegg*).

Ähnlich wie bei Versetzungen (siehe Erl 3 zu § 101) ist zwischen der **arbeitsvertraglichen und der arbeitsverfassungsrechtlichen Zulässigkeit** von Disziplinarmaßnahmen zu unterscheiden.

Disziplinarmaßnahmen, die **gegen die guten Sitten** verstoßen oder in **arbeitsvertragliche Rechte** des Arbeitnehmers eingreifen (zB Kürzung eines kollektivrechtlich oder einzelvertraglich unbedingt zustehenden Entgeltteils), sind unabhängig von der Zustimmung des Betriebsrates **rechtsunwirksam**. Die arbeitsverfassungsrechtliche Mitwirkung des Betriebsrates bei Disziplinarmaßnahmen schließt nämlich den arbeitsvertraglichen Rechtsschutz nicht aus (OGH vom 28. 2. 1990, 9 Ob A 351/89, ARD 4174/20).

Ist eine Disziplinarmaßnahme arbeitsvertraglich zulässig (wie zB bei Vereinbarung einer freiwilligen Leistung unter dem Vorbehalt disziplinären Wohlverhaltens), ist sie ebenso wie eine arbeitsvertraglich zulässige Versetzung darauf zu prüfen, ob das in der Betriebsverfassung vorgesehene Mitwirkungsrecht der Belegschaft beachtet wurde.

Nach der **Betriebsverfassung** darf eine – arbeitsvertraglich zulässige – Disziplinarmaßnahme nur bei Vorliegen einer **Disziplinarordnung** iSd § 96 Abs 1 Z 1 ArbVG, ausdrücklicher **Zulassung** dieser Maßnahme in einer derartigen **Betriebsvereinbarung** oder einem **Kollektivvertrag** und mit **Zustimmung des Betriebsrates** oder auf Grund der **Entscheidung einer mit Zustimmung des Betriebsrates eingerichteten Stelle** iSd § 102 verhängt werden (OGH vom 29. 8. 1996, 8 Ob A 2113/96, DRdA 1997, 49 = ZAS 1997, 81 mit Anm von *Risak* = infas 1997, A 1 = RdW 1997, 467 = wbl 1997, 30 = ARD 4801/26/96 = ecolex 1996, 944).

Damit eine **Disziplinarmaßnahme im Einzelfall arbeitsverfassungsrechtlich zulässig** ist, müssen somit folgende **Voraussetzungen** gegeben sein:

a) Die Verhängung von Disziplinarmaßnahmen muss in dem für den Betrieb geltenden **Kollektivvertrag** oder in einer **Betriebsvereinbarung** nach § 96 Abs 1 Z 1 vorgesehen sein. Die Einführung – und

Aufrechterhaltung – einer **betrieblichen Disziplinarordnung**, also einer **generellen Regelung** über die Behandlung von Disziplinarangelegenheiten im Betrieb, bedarf nach dieser Bestimmung der **Zustimmung des Betriebsrates**. Es handelt sich dabei um eine **zustimmungspflichtige Maßnahme**, bei der die Zustimmung des Betriebsrates **nicht durch eine Behörde ersetzt werden** kann (Näheres siehe in den Erläuterungen zu § 96). Gibt es eine solche generelle Regelung nicht, können Disziplinarmaßnahmen gegen einzelne Arbeitnehmer nicht verhängt werden.

In Betrieben, in denen Betriebsvereinbarungen abgeschlossen werden können, scheidet eine einzelvertragliche Einführung einer betrieblichen Disziplinarordnung ebenso aus wie ein Unterlaufen der Mitbestimmung der Belegschaft dadurch, dass eine der Sache nach generelle Regelung im Wege von konkreten Einzelmaßnahmen getroffen wird. Die im Wege einer **Vertragsschablone** zustande gekommene einzelvertragliche **Disziplinarordnung** verstößt gegen absolut zwingendes Betriebsverfassungsrecht und ist daher **rechtsunwirksam** (OGH vom 28. 10. 1994, 9 Ob A 192/94, DRdA 1995, 309 mit Anm von *Strasser* = ZAS 1996, 21 mit Anm von *Kürner* = Arb 11.302 = ARD 4641/22/95).

b) Auch wenn es eine kollektivvertragliche oder mit Zustimmung des Betriebsrates eingeführte betriebliche Disziplinarordnung gibt, bedarf die Verhängung von Disziplinarmaßnahmen im Einzelfall **zusätzlich** noch der **Zustimmung des Betriebsrates oder** einer **mit Zustimmung des Betriebsrates eingerichteten Stelle** (zB Disziplinarkommission).

Der Schutz der Arbeitnehmer vor Disziplinarmaßnahmen des Arbeitgebers ist also – abgesehen von der arbeitsvertraglichen Zulässigkeit – arbeitsverfassungsrechtlich durch ein **doppeltes Vetorecht des Betriebsrates** abgesichert.

Disziplinarmaßnahmen, die **ohne Zustimmung des Betriebsrates** ausgesprochen werden, sind, unabhängig davon, ob die Maßnahme arbeitsvertraglich zulässig wäre, unzulässig und daher **rechtsunwirksam**.

Der Betriebsrat hat vor Abgabe einer **Zustimmungserklärung** eingehend den Sachverhalt zu prüfen und den betreffenden **Arbeitnehmer zu hören** (§ 62 Abs 1 BRGO). Die Zustimmung bedarf eines **Beschlusses** des Betriebsrates als Kollegialorgan.

Disziplinarkommission

[3]) Die Zustimmung des Betriebsrates zu einer Disziplinarmaßnahme im Einzelfall ist nur dann nicht erforderlich, wenn die Entscheidung über die Verhängung von einer hiefür eingerichteten Stelle erfolgt, deren **Errichtung der Betriebsrat zugestimmt** hat.

Auch dann, wenn in einem **Kollektivvertrag** eine **Disziplinarkommission** vorgesehen ist, kann diese einer Disziplinarmaßnahme nicht rechtswirksam zustimmen, wenn der **Betriebsrat** der Errichtung nicht ausdrücklich **zugestimmt** hat. Die Zustimmung des Betriebsrates zur Errichtung einer in § 102 bezeichneten Stelle kann keineswegs konkludent erteilt werden; die **Errichtung** ist **nur im Rahmen einer Betriebsvereinbarung** gem § 96 Abs 1 Z 1 möglich (OGH vom 18. 12. 1979, 4 Ob 123/79, DRdA 1980, 331, 395 mit zust Anm von *Firlei* = Arb 9839 = SozM II B, 1106).

Das **Zustimmungsrecht des Betriebsrates** bezieht sich nicht nur auf die Einrichtung, sondern **auch auf die personelle Zusammensetzung** der „Disziplinarstelle" (§ 62 Abs 2 BRGO).

Die mit Zustimmung des Betriebsrates errichtete und von ihm beschickte **Disziplinarkommission** ist ein **„neutraler Dritter"** zur Gestaltung der Rechtslage. Auch wenn Mitglieder des Betriebsrates der Disziplinarkommission angehören und die das Disziplinarverfahren regelnde Betriebsvereinbarung nur die Zuziehung eines Angestellten des Unternehmens vorsieht, hat der **Arbeitnehmer** das **Recht auf Beiziehung eines Anwalts** im Verfahren vor der Disziplinarkommission (OGH vom 24. 2. 1999, 9 Ob A 1/99h, ARD 5024/8/99).

Die **Entscheidung** einer mit Zustimmung des Betriebsrates eingerichteten Stelle **kann nicht durch ein Gericht** oder eine sonstige Behörde **ersetzt werden** (OGH vom 17. 1. 1996, 9 Ob A 182/95, DRdA 1996, 505). Auch bei **Uneinigkeit der Disziplinarkommission** und Unmöglichkeit, eine Mehrheitsentscheidung zu erreichen, kann **nicht das Gericht** zur Entscheidung angerufen werden. Für eine selbstständige, nur der Disziplinarkommission vorbehaltene Rechtsgestaltungsbefugnis des Gerichts fehlt die Rechtsgrundlage (OGH vom 11. 10. 1995, 9 Ob A 1034/95, ARD 4729/9/96).

Von der betriebsverfassungsrechtlichen Ungültigkeit einer ohne Zustimmung des Betriebsrates eingerichteten Disziplinarkommission ist nach Meinung des OGH die einzelvertragliche „Restgültigkeit" einer Vereinbarung über eine Disziplinarordnung zu unterscheiden. Mit der Vereinbarung eines bestimmten Verfahrens unterwerfen sich beide Teile des Arbeitsvertrags der Entscheidung eines „Dritten" (der Disziplinarkommission), die soweit nicht als sittenwidrig iSd § 879 ABGB anzusehen sei, als nicht in den zwingenden „Kernbereich" der vorzeitigen Auflösung eingegriffen werde. Es ist daher nach Auffassung des OGH grundsätzlich zulässig, das Entlassungsrecht einem dafür verantwortlichen „Dritten" – der Disziplinarkommission – zu übertragen. Die Überprüfung der auf einem solchen „Disziplinarerkenntnis" beruhenden Entlassung durch das Gericht, insbesondere hinsichtlich des Vorliegens von Entlassungsgründen, ist aber stets möglich (OGH vom 17. 3. 2005, 8 Ob A 12/04d, DRdA 2006, 107 mit Anm von *Jabornegg;* OGH vom 22. 2. 2006, 9 Ob A 50/05d, infas 2006, A 56; vgl auch Erl 5).

Erkenntnisse einer **Disziplinarkommission** sind keine Hoheitsakte; sie haben **privatrechtlichen Charakter**. Die Entscheidung einer Disziplinarkommission kann weder Dritten noch einer Behörde gegenüber unmittelbar Rechtswirkungen begründen (VfGH 23. 6. 1975, DRdA 1976, 26 mit Anm von *Egger* = DRdA 1975, 223 = ÖJZ 1976, 165 = JBl 1976, 365).

Werden die Mitglieder des Betriebsrates in der Disziplinarkommission über den wahren Sachverhalt getäuscht, hat nur der Betriebsrat selbst die Möglichkeit, die Rechtmäßigkeit der Entscheidung der Disziplinarkommission durch Klage in Frage zu stellen (OGH vom 28. 2. 1990, 9 Ob A 351/89, ARD 4174/20).

Rechtsunwirksamkeit – Vetorecht des Betriebsrates

[4]) Eine ohne Zustimmung des Betriebsrates verhängte Disziplinarmaßnahme ist **rechtsunwirksam** (OGH vom 6. 9. 1977, 4 Ob 97/77, Arb 9623 = DRdA 1978, 45, 139 mit zust Anm von *Hagen*).

Dem Arbeitnehmer können dadurch keine Nachteile entstehen; insbesondere könnte eine derartige rechtsunwirksame „Disziplinarmaßnahme" vom Betriebsinhaber nicht zur Begründung einer Kündigung oder Entlassung herangezogen werden.

Die Rechtsunwirksamkeit einer Disziplinarmaßnahme kann durch **Feststellungsklage** beim Arbeits- und Sozialgericht geltend gemacht werden (in diesem Sinn schon vor dem ASGG: OGH vom 11. 10. 1977, 40 Ob 127/77, Arb 9649 = DRdA 1978, 142 = ÖJZ 1978, 325 = SozM II B, 1104).

Die **Zustimmung des Betriebsrates** zu einer Disziplinarmaßnahme nach § 102 kann – anders als bei der Versetzung – **nicht durch das Gericht oder eine sonstige Behörde ersetzt werden** (OGH vom 17. 1. 1996, 9 Ob A 182/95, DRdA 1996, 505). Das Gericht könnte auf Grund einer Klage des Betriebsinhabers oder des Betriebsrates lediglich feststellen, ob eine zustimmungspflichtige Disziplinarmaßnahme iSd § 102 vorliegt, nicht aber darüber entscheiden, ob der Betriebsrat zu Recht oder zu Unrecht seine Zustimmung zu einer Disziplinarmaßnahme verweigert hat.

Überprüfung von Disziplinarerkenntnissen durch das Gericht

[5]) Es entspricht der ständigen Rechtsprechung, dass ein Disziplinarerkenntnis der **vollen gerichtlichen Überprüfung** unterliegt (OGH vom 11. 10. 1995, 9 Ob A 1034/95, ARD 4729/9/96 unter Hinweis auf eine Reihe von Vorentscheidungen, wie SZ 53/119, Arb 10.107, 10.848, 10.992; OGH vom 4. 5. 1994, 9 Ob A 63/94, DRdA 1995, 164 mit Anm von *Krapf* = Arb 11.186; OGH vom 17. 3. 2005, 8 Ob A 12/04d, DRdA 2006, 107 mit Anm von *Jabornegg*).

Die gerichtliche Überprüfbarkeit eines Disziplinarerkenntnisses und des vorgeschalteten Disziplinarverfahrens bezieht sich nicht nur auf den **Inhalt**, also auf die angelasteten Disziplinarvergehen, sondern auch auf **Verfahrensmängel**, bei deren Vermeidung die Disziplinarkommission zu einem anderen Ergebnis gekommen wäre. Darunter sind vor allem **schwer wiegende Verletzungen fundamentaler Grundsätze eines fairen Verfahrens**, wie zB das **Recht auf Gehör** oder auf **anwaltliche Vertretung,** zu verstehen. (OGH vom 24. 2. 1999, 9 Ob A 1/99h, ARD 5024/8/99; OGH vom 16. 11. 1994, 9 Ob A 201/94, DRdA 1995/41 mit Anm von *Eypeltauer* = ZAS 1996, 27 mit Anm von *Kürner* = Arb 11.309 = infas 1995, A 40 = RdW 1995, 226 = ARD 4629725/95; OGH vom 29. 3. 1995, 9 Ob A 28/95, Arb 11.378 = RdW 1995, 433). Durch das Gericht nicht zu prüfen ist dagegen, ob die betriebliche Disziplinarkommission den Vorschriften des § 102 entsprach (OGH vom 16. 11. 1994, 9 Ob A 201/94, DRdA 1995/41).

Die Überprüfung eines Disziplinarerkenntnisses erfolgt auf Grund einer **Feststellungsklage**. Gegenstand des Feststellungsbegehrens ist die **Unwirksamkeit der Disziplinarmaßnahme** (OGH vom 16. 9. 1992, 9 Ob A 184/92, DRdA 1993, 310 mit Anm von *Trost*; OGH vom 14. 4. 1993, 9 Ob A 73/93, infas 1993, A 143 = RdW 1993, 341 = wbl 1993, 294 = ARD 4487/39/93; OGH vom 29. 3. 1995, 9 Ob A 28/95, Arb 11.378 = RdW 1995, 433).

In der Regel hat der Arbeitnehmer **erst nach Abschluss eines Disziplinarverfahrens** das Recht, die Überprüfung der verhängten Disziplinarmaßnahme auf ihre Rechtswirksamkeit im Wege der Feststellungsklage zu verlangen (OGH vom 2. 12. 1986, 14 Ob 205/86, RdW 1987, 204 = wbl 1987, 130; OGH vom 16. 9. 1987, 14 Ob A 73/87, ARD 3934/14/87; OGH vom 28. 2. 1990, 9 Ob A 351/89, Arb 10.848 = DRdA 1991, 140 mit Anm von *Binder* = DRdA 1991, 57 = JBl 1990, 732).

Wird vom **Gericht** die **Unwirksamkeit** einer Disziplinarstrafe **festgestellt**, so kann die Disziplinarkommission **nicht neuerlich** in derselben Angelegenheit eine (mildere) Strafe verhängen (OGH vom 13. 7. 1988, 4 Ob 631/88, wbl 1989, 159).

Mitwirkung bei der Vergabe von Werkwohnungen

§ 103. Der Betriebsinhaber hat die beabsichtigte Vergabe einer Werkwohnung[1]) an einen Arbeitnehmer dem Betriebsrat ehestmöglich mitzuteilen und über Verlangen des Betriebsrates mit diesem zu beraten[2]).

Schrifttum zu § 103

Eypeltauer, Die Mitwirkung des Betriebsrates an betrieblichen Wohlfahrtseinrichtungen, DRdA 1986, 102 ff, 194 ff.

Übersicht zu § 103

Der Begriff „Werkwohnung" .... Erläuterung 1
Mitwirkungsrechte des Betriebsrates .... Erläuterung 2

Der Begriff „Werkwohnung"

[1]) Gegenstand des Mitwirkungsrechts nach dieser Bestimmung ist „die beabsichtigte Vergabe einer Werkwohnung" durch den Betriebsinhaber an einen Arbeitnehmer. Das Gesetz definiert nicht, was unter dem Begriff **„Werkwohnung"** zu verstehen ist. Im Bericht des Ausschusses für soziale Verwaltung zum ArbVG 1973 (993 BlgNR 13. GP, S 4) wurde dazu Folgendes festgestellt:

„Jene Wohnungen, deren Benützung unmittelbar mit einer bestimmten Dienstverwendung verbunden ist (zB Portierwohnungen), fallen nicht unter den Begriff der „Werkwohnung" im Sinne dieser Bestimmung. Die Vergabe solcher Wohnungen wird im Regelfall anläßlich der Einstellung des Arbeitnehmers vorgenommen und ist deshalb im Zuge der Beratung über die Einstellung zu erörtern. Eine gesonderte Beratung über die Wohnungsvergabe ist in einem solchen Fall nicht vorgesehen."

Aus dieser negativen Abgrenzung ergibt sich, dass von einer „Werkwohnung" immer dann gesprochen werden kann, wenn die Benützung der Wohnung zwar nicht unmittelbar mit der Arbeitsleistung des Arbeitnehmers verbunden ist, aber **zwischen Vergabe der Wohnung und Arbeitsverhältnis** doch ein **Zusammenhang** besteht.

Obwohl das Gesetz nur von der Vergabe **„an einen Arbeitnehmer"** spricht, können Werkwohnungen auch an **künftige** Arbeitnehmer, also Einstellungswerber, oder an **ehemalige** Arbeitnehmer vergeben werden. Das Mitwirkungsrecht des Betriebsrates bezieht sich auf alle diese Fälle.

Rechtsgrundlage der Benützung der Werkwohnung ist in der Regel ein **Mietvertrag**.

Im Unterschied dazu sind **Dienstwohnungen**, die unmittelbar mit einer bestimmten Dienstverwendung verbunden sind, als Teil der Rechte und

Pflichten aus dem Arbeitsverhältnis in der Regel vom **Bestand des Arbeitsverhältnisses** abhängig, die mietrechtlichen Vorschriften gelten für die Dienstwohnungen nicht. Bei Beendigung des Arbeitsverhältnisses ist der Arbeitnehmer zur Räumung der Dienstwohnung verpflichtet, ohne dass es einer besonderen Beendigung eines Wohnrechtsverhältnisses bedürfte.

Mitwirkungsrechte des Betriebsrates

2) Das Mitwirkungsrecht des Betriebsrates nach § 103 umfasst die **Information** und **Beratung**. Da sich die Informations- und Beratungspflicht des Betriebsinhabers auf die beabsichtigte Vergabe einer Werkwohnung bezieht, muss der Betriebsinhaber diese Pflichten **vor der Wohnungsvergabe** erfüllen.

Das **Informationsrecht** des Betriebsrates besteht auch ohne ausdrückliches Verlangen, und zwar zum **ehestmöglichen Zeitpunkt**, also sobald der Betriebsinhaber den Entschluss zur Vergabe der Werkwohnung gefasst hat.

Das **Beratungsrecht** ist nur **auf Verlangen** des Betriebsrates gegeben.

Zuwiderhandlungen gegen die Informations- und Beratungspflicht durch den Betriebsinhaber stehen unter der Sanktion des § 160 (Verwaltungsstrafe über Antrag des Betriebsrates bei der Bezirksverwaltungsbehörde).

Über das Informations- und Beratungsrecht hinaus hat der Betriebsrat die Möglichkeit, in Form einer freiwilligen **Betriebsvereinbarung Richtlinien für die Vergabe von Werkwohnungen** mit dem Betriebsinhaber zu vereinbaren (§ 97 Abs 1 Z 7). Eine solche Betriebsvereinbarung wirkt normativ (vgl Erl zu § 97).

Mitwirkung bei Beförderungen

§ 104. (1) Der Betriebsinhaber hat die beabsichtigte Beförderung[1]) eines Arbeitnehmers dem Betriebsrat ehestmöglich mitzuteilen und über Verlangen des Betriebsrates mit diesem zu beraten[2]). Während dieser Beratungen ist eine ihrem Zweck angemessene Vertraulichkeit zu wahren[3]).

(2) Unter Beförderung im Sinne des Abs 1 ist jede Anhebung der Verwendung im Betrieb zu verstehen, die mit einer Höherreihung im Entlohnungsschema oder ansonsten mit einer Erhöhung des Entgeltes verbunden ist[1]).

Schrifttum zu § 104

W. Schwarz, Probleme der sozialen und personellen Mitbestimmung, DRdA 1975, 65 ff;

Schnorr, Grundfragen des Arbeitsverfassungsgesetzes, DRdA 1976, 112 ff;

Schrammel, Die Verschlechterung der Entgelt- und sonstigen Arbeitsbedingungen beim Versetzungsschutz, ZAS 1978, 203 ff;

Dusak, Änderungen im Bereich der personellen Mitbestimmung, ZAS 1986, 198 ff;

Mazal, Die Mitbestimmung bei befristeter Beförderung, ecolex 1995, 354.

Übersicht zu § 104

Der Begriff „Beförderung"	Erläuterung 1
Mitwirkungsrechte des Betriebsrates	Erläuterung 2
Verschwiegenheitspflicht des Betriebsrates bei Beförderungen	Erläuterung 3

Der Begriff „Beförderung"

[1]) Das Gesetz enthält in § 104 Abs 2 eine **Legaldefinition** des Begriffs „**Beförderung**". Im Bericht des Ausschusses für soziale Verwaltung zum ArbVG 1973 (993 BlgNR 13. GP, S 4) wird diese wie folgt erläutert:

„Die Bestimmung des Abs 2 versucht den nicht eindeutigen Begriff der ‚Beförderung' zu konkretisieren. Es soll danach primär auf das Zusammentreffen einer Höherverwendung mit einer Erhöhung des Entgelts ankommen. Die bloße Verleihung eines Titels, auch wenn dieser mit einer Bezugserhöhung verbunden ist, sowie die bloße Erhöhung des Entgeltes ohne Anhebung der Verwendung fallen daher nicht unter den Begriff der Beförderung. Wenn die Bezugserhöhung und die Anhebung der Verwendung im Betrieb zeitlich auseinanderfallen, aber dennoch in einem inneren Zusammenhang stehen, so ist dies als einheitlicher Beförderungsvorgang anzusehen. Wenn die Anhebung der Verwendung mit

der Höherreihung im Entlohnungsschema einhergeht, ist sie auch dann als Beförderung anzusehen, wenn die Umreihung nicht sofort, sondern erst in Zukunft eine finanzielle Besserstellung des Arbeitnehmers bewirkt. Ist ein Entlohnungsschema nicht vorhanden oder nicht anwendbar (etwa weil der Arbeitnehmer bereits außerhalb des Schemas steht), so ist die Beförderung auch dann mitwirkungspflichtig, wenn die Anhebung der Verwendung mit einer tatsächlichen Erhöhung des Entgelts einhergeht."

Eine „Anhebung der Verwendung" ist eine **verbessernde Versetzung**. Da sich das Informations- und Beratungsrecht des Betriebsrates nach § 101 (seit der ArbVG-Novelle 1986) nicht nur auf verschlechternde, sondern auf alle dauernden Versetzungen bezieht (siehe Erl 1 zu § 101), ist auch das Mitwirkungsrecht nach dieser Bestimmung gegeben. Im Gegensatz zu § 101, der nur dauernde Versetzungen der Mitwirkung des Betriebsrates unterwirft, sieht § 104 dieses Kriterium bei Beförderungen nicht vor. Es ist daher davon auszugehen, dass auch bloß **vorübergehende Beförderungen** der Mitwirkung des Betriebsrates nach dieser Bestimmung unterliegen.

Die **„Höherreihung im Entlohnungsschema"** kann entweder durch Umreihung in eine höhere Verwendungsgruppe oder durch Vorrückung in eine höhere Gehaltsstufe erfolgen.

Die **„Erhöhung des Entgelts"** umfasst alle entgeltwerten Leistungen, also nicht nur den (Grund)Lohn bzw Gehalt, sondern auch Zuschläge, Zulagen, Prämien, Sonderzahlungen usw.

Mitwirkungsrechte des Betriebsrates

[2]) Neben dem allgemeinen **Interventionsrecht** (§ 90) sowie dem allgemeinen und dem besonderen **Informationsrecht in Personalangelegenheiten** (§ 91 bzw § 98) hat der Betriebsrat ein **Informations- und Beratungsrecht bei Beförderungen**. Ziel des Betriebsrates bei der Ausübung dieses Mitwirkungsrechtes wird es nicht sein, das berufliche Fortkommen eines bestimmten Arbeitnehmers zu behindern, sondern vor allem auf **Gleichbehandlung** der in Betracht kommenden Arbeitnehmer (insbesondere von Männern und Frauen!) zu achten. Darüber hinaus könnte der Betriebsrat im Zuge der Beratung auch Einwendungen gegen eine vom Betriebsinhaber geplante Beförderung aus der Sicht seiner Aufgabe, die Interessen aller im Betrieb beschäftigten Arbeitnehmer zu vertreten, erheben.

Das Interventions- und Beratungsrecht des Betriebsrates schließt auch das Recht mit ein, von sich aus, ohne dass eine diesbezügliche Absicht des Betriebsinhabers besteht, die **Beförderung von Arbeitnehmern vorzuschlagen**. Der Betriebsinhaber ist zwar an Vorschläge oder Einwendungen des Betriebsrates rechtlich nicht gebunden, sollten sich aber aus der Beförderung weitere personelle Konsequenzen wie zB Versetzungen, Kündigungen oder Entlassungen ergeben, so hat das Gericht in damit zusammenhängenden Verfahren die Stellungnahme des Betriebsrates zu der Beförderung zu berücksichtigen.

Die Informations- und Beratungspflicht des Betriebsinhabers bezieht sich auf **beabsichtigte** Beförderungen. Die **Information und Beratung** ist daher **vor der Beförderung** durchzuführen. Der Zeitpunkt der Mitteilung ist im Gesetz durch das Wort „**ehestmöglich**" umschrieben. Das bedeutet, dass der Betriebsinhaber den Betriebsrat sofort zu informieren hat, wenn er sich zur Beförderung eines bestimmten Arbeitnehmers entschlossen hat. Ob dann noch vor der Beförderung eine **Beratung** stattfindet, hängt vom Verhalten des Betriebsrates ab. Der Betriebsinhaber ist zur Beratung nämlich nur **auf Verlangen des Betriebsrates** verpflichtet.

Die Informations- und Beratungspflicht des Betriebsinhabers besteht **auch** dann, wenn ein Arbeitnehmer zum „**leitenden Angestellten**" iSd § 36 Abs 2 Z 2 befördert wird. Auch in diesem Falle ist der Betriebsrat vorher zu verständigen und ihm Gelegenheit zur Beratung zu geben.

Verstößt der Betriebsinhaber gegen seine Informations- und Beratungspflichten bei Beförderungen, kann der Betriebsrat gem § 160 bei der Bezirksverwaltungsbehörde einen Strafantrag stellen (Verwaltungsstrafe).

In **Streitfragen**, ob bestimmte Änderungen in der Verwendung von Arbeitnehmern eine mitbestimmungspflichtige Beförderung sind oder nicht, kann der Betriebsrat beim Arbeits- und Sozialgericht **Klage** erheben. Die Klage ist auf Leistung (entsprechende Information und Durchführung der Beratung) oder, wenn die Maßnahme bereits vorgenommen wurde, auf Feststellung der Mitbestimmungspflicht konkreter Beförderungsfälle gerichtet.

Verschwiegenheitspflicht des Betriebsrates bei Beförderungen

[3]) Der Arbeitnehmer, der befördert werden soll, hat Anspruch auf **Geheimhaltung** der dem Betriebsrat bei Ausübung seiner Mitwirkungsrechte bekannt gewordenen Daten und persönlichen Verhältnisse (VwGH vom 6. 7. 1979, 77/1844, ZfVB 1980/1092). Diese Vertraulichkeit ist nach dem Gesetzeswortlaut allerdings nur „**angemessen**" zu wahren. Das bedeutet, dass nur solche Daten und persönlichen Umstände nicht weitergegeben werden dürfen, die nach allgemeiner Verkehrsauffassung entweder dem Arbeitgeber oder dem zu befördernden Arbeitnehmer nachteilig sein könnten, wenn sie an die Öffentlichkeit gelangen. Dazu gehört etwa die Tatsache der Bewerbung um einen bestimmten Posten, sofern sie vom Arbeitgeber oder dem Bewerber nicht selbst öffentlich gemacht wird, weil bei Ablehnung der Bewerbung nachteilige Wirkungen in der öffentlichen Meinung des Betriebes über den Bewerber nicht auszuschließen sind. Auch die Gehaltshöhe gehört wohl nach österreichischer Verkehrsauffassung zu den geheim zu haltenden Umständen, sofern sie von allgemein gültigen und kundgemachten Schemata abweicht. Tests oder Persönlichkeitsbewertungen, denen sich der Bewerber unterzieht, sind selbstverständlich geheim zu halten. Soweit aber Kontakte des Betriebsrates mit

Dritten notwendig sind, um das Mitwirkungsrecht überhaupt ausüben zu können (Erhebungen und Konsultationen über die Qualifikationen und Führungsqualitäten des Bewerbers), ist die Vertraulichkeit nicht mehr „angemessen".

Die Verschwiegenheitspflicht nach § 104 Abs 1 bezieht sich nur auf die **Dauer der Beratungen** über die Beförderung („Während dieser Beratungen ..."). Darüber hinaus sind aber die **Betriebsratsmitglieder** nach § 115 Abs 4 letzter Satz zur **Verschwiegenheit verpflichtet**, wenn ihnen im Zuge der Mitwirkung in personellen Angelegenheiten – also auch bei Beförderungen – persönliche Verhältnisse oder Angelegenheiten der Arbeitnehmer bekannt werden, die „ihrer Bedeutung oder ihrem Inhalt nach einer vertraulichen Behandlung bedürfen".

Zur Bedeutung dieser Bestimmung und allfälligen Sanktionen bei Verletzung der Verschwiegenheitspflicht siehe die Erläuterungen zu § 115.

Mitwirkung bei einvernehmlichen Lösungen[1])

§ 104a. (1) Verlangt der Arbeitnehmer vor der Vereinbarung einer einvernehmlichen Auflösung des Arbeitsverhältnisses[2]) gegenüber dem Betriebsinhaber nachweislich, sich mit dem Betriebsrat zu beraten[3]), so kann innerhalb von zwei Arbeitstagen nach diesem Verlangen eine einvernehmliche Lösung rechtswirksam nicht vereinbart werden[4]).

(2) Die Rechtsunwirksamkeit einer entgegen Abs 1 getroffenen Vereinbarung ist innerhalb einer Woche nach Ablauf der Frist gemäß Abs 1 schriftlich geltend zu machen[5]). Eine gerichtliche Geltendmachung hat innerhalb von drei Monaten nach Ablauf der Frist gemäß Abs 1 zu erfolgen[6]).

Schrifttum zu § 104a

Dusak, Änderungen im Bereich der personellen Mitbestimmung, ZAS 1986, 198 ff;

M. Mayr, Die Arbeitsverfassungsgesetznovelle 1986, in FS Dallinger (1986) 319 ff;

Mosler, Die „Mitwirkung" des Betriebsrats bei der einvernehmlichen Lösung des Arbeitsverhältnisses, wbl 1987, 285 ff;

Waas, Das neue Mitwirkungsrecht gemäß § 104a ArbVG, DRdA 1987, 289 ff;

Trost, Ausgewählte Strukturprobleme der Mitwirkung nach der Arbeitsverfassungsgesetz-Novelle 1986, DRdA 1989, 1 ff.

Übersicht zu § 104a

Zweck der Regelung	Erläuterung 1
Der Begriff der „einvernehmlichen Auflösung"	Erläuterung 2
Das Beratungsrecht des Arbeitnehmers mit dem Betriebsrat	Erläuterung 3
Rechtsunwirksamkeit der einvernehmlichen Lösung	Erläuterung 4
Schriftliche Geltendmachung	Erläuterung 5
Gerichtliche Geltendmachung	Erläuterung 6

Zweck der Regelung

[1]) Das durch die ArbVG-Novelle 1986 eingeführte Mitwirkungsrecht des Betriebsrates bei einer einvernehmlichen Auflösung des Arbeitsverhältnisses **schränkt die Vertragsfreiheit** der Partner des Arbeitsvertrages insofern **ein**, als auf Verlangen des Arbeitnehmers der Auflösung eine Beratung des Arbeitnehmers mit dem Betriebsrat vorgeschaltet und eine zweitägige **Sperrfrist** festgelegt wird, innerhalb der zwischen dem Arbeit-

nehmer und dem Arbeitgeber die Auflösung des Arbeitsverhältnisses **nicht rechtswirksam vereinbart** werden kann.

Die Regelung dient vor allem dem **Schutz des Arbeitnehmers** als des schwächeren Vertragspartners **vor einer übereilten oder nicht ausreichend überlegten Vertragsauflösung**: Die durch allfällige **Fehleinschätzungen und unzureichende Information** über die Rechtslage **beeinträchtigte Willensbildung** eines Arbeitnehmers im Vorfeld einer einvernehmlichen Auflösung soll durch § 104a weitgehend **vermieden** werden (OGH vom 26. 6. 1997, 8 Ob A 173/97t, ARD 4875/24/97 = RdW 1998, 157 = wbl 1997, 524; OGH vom 4. 5. 2006, 9 Ob A 20/06s, infas 2006, A 68 hinsichtlich der einvernehmlichen Auflösung eines Lehrverhältnisses). Der Arbeitnehmer soll von der Drucksituation befreit werden, unverzüglich über ein etwaiges Angebot des Arbeitgebers zu einer einvernehmlichen Vertragsauflösung entscheiden zu müssen. Die Beratung mit dem Betriebsrat (und allenfalls auch mit den zuständigen überbetrieblichen Interessenvertretungen der Arbeitnehmer) soll dem Arbeitnehmer die Möglichkeit geben, die **Rechtsfolgen** einer einvernehmlichen Lösung und eventuelle **Alternativen abzuschätzen**. In Fällen, in denen die einvernehmliche Auflösung zur Bereinigung eines aktuellen Konflikts angestrebt wird, kann die Sperrfrist zur Beratung auch der „**Abkühlung**" und allenfalls Fortsetzung des Arbeitsverhältnisses dienen. Auf Grund seines **Interventionsrechts** hat der Betriebsrat auch die Möglichkeit, innerhalb dieser Frist dem Arbeitgeber Vorschläge zu machen und mit ihm darüber zu beraten.

Im Gegensatz zu anderen Mitwirkungsrechten des Betriebsrates in personellen Angelegenheiten, die dieser als Befugnisse der Belegschaft gegenüber dem Betriebsinhaber ausübt, handelt es sich hier um ein **Beratungsrecht des Arbeitnehmers mit dem Betriebsrat**, das nur auf **Verlangen des Arbeitnehmers gegenüber dem Betriebsinhaber** insofern wirkt, als innerhalb der zweitägigen Sperrfrist eine einvernehmliche Auflösung des Arbeitsverhältnisses nicht rechtswirksam vorgenommen werden kann. Diese Konstruktion ist – vor allem wegen ihrer systematischen Einordnung im Arbeitsverfassungsrecht – in der Lehre auf zum Teil heftige Kritik gestoßen (*Mosler,* wbl 1987, 285; *Waas,* DRdA 1987, 298; *Trost,* DRdA 1989, 1; vgl auch *Strasser/Jabornegg,* Arbeitsverfassungsgesetz[3], 409 f). Auch wenn diese Kritik rechtsdogmatisch zutreffend erscheint, ist der sozialpolitische Zweck der Regelung, im Spannungsverhältnis zwischen Vertragsfreiheit und Schutzbedürfnis des Arbeitnehmers eine Lösung unter Mitwirkung des Betriebsrates zu finden, doch als richtig anzuerkennen. Abgesehen von der Unterstützungs- und Schutzfunktion gegenüber dem betroffenen Arbeitnehmer hat der Betriebsrat auch bei einvernehmlichen Lösungen von Arbeitsverhältnissen die **kollektiven Interessen** der Arbeitnehmerschaft wahrzunehmen: Es kann durchaus für die gesamte Belegschaft wichtig sein, ob der Arbeitgeber grundsätzlich mit einvernehmlichen Lösungen an Stelle von Kündigungen operiert und sich damit Kündigungen mit den entsprechenden Rechtsfolgen (Frist, Termin, Anfechtungsmöglichkeit, finanzielle

Ansprüche) „ersparen" will. Eine derartige Vorgangsweise wäre geeignet, die **Mitwirkungsrechte der Arbeitnehmerschaft bei anderen Formen der Auflösung des Arbeitsverhältnisses** (Kündigungs- und Entlassungsschutz) zu umgehen. Schon aus diesem Grund ist die Einschaltung des Betriebsrates bei der einvernehmlichen Auflösung von Arbeitsverhältnissen (auch) von kollektivrechtlicher Bedeutung.

Kommt es während eines vom Betriebsrat geführten Kündigungsanfechtungsverfahrens infolge eines zwischen dem gekündigten Arbeitnehmer und dem Arbeitgeber abgeschlossenen Vergleichs zu einer einvernehmlichen Auflösung, so ist darin auch eine mit Einverständnis des Arbeitnehmers vorgenommene Zurückziehung der Kündigung durch den Arbeitgeber zu sehen. Der Arbeitnehmer hat damit nicht über die kollektivrechtliche Anfechtungsbefugnis des klagenden Betriebsrates, sondern über die individualrechtliche Beendigung seines Arbeitsverhältnisses disponiert (OGH vom 30. 8. 2001, 8 Ob A 210/01t, DRdA 2003, 54 mit Anm von *Karl*).

Der Begriff der „einvernehmlichen Auflösung"

[2]) Eine „einvernehmliche Lösung" ist die **Beendigung des Arbeitsverhältnisses durch übereinstimmende Willenserklärung der beiden Vertragspartner**. Ein solcher **Auflösungsvertrag** ist grundsätzlich jederzeit und ohne Einschränkung möglich. Nur bei **bestimmten Arbeitnehmergruppen**, die einen besonderen Kündigungsschutz genießen, ist die Rechtswirksamkeit einer einvernehmlichen Lösung des Arbeitsverhältnisses an die Einhaltung von **Formvorschriften** gebunden: Die einvernehmliche Auflösung des Arbeitsverhältnisses von Frauen während des kündigungsgeschützten Zeitraumes nach dem **Mutterschutzgesetz** (§ 10 Abs 7) sowie jene des Arbeitsverhältnisses von Wehrpflichtigen während des kündigungsgeschützten Zeitraumes nach dem **Arbeitsplatz-Sicherungsgesetz** (§ 16) ist nur dann rechtswirksam, wenn sie **schriftlich** vereinbart wird. Außerdem muss bei minderjährigen Arbeitnehmerinnen und bei Wehrpflichtigen der Auflösungsvereinbarung eine **Bescheinigung des Arbeits- und Sozialgerichts** (ASG) oder einer gesetzlichen Interessenvertretung der Arbeitnehmer beigefügt sein, aus der hervorgeht, dass eine **Belehrung** über den besonderen Kündigungsschutz erfolgt ist.

Bei **einvernehmlicher Auflösung des Lehrverhältnisses** nach Ablauf der Probezeit muss eine Amtsbestätigung des ASG oder eine Bescheinigung der Arbeiterkammer vorliegen, aus der hervorgeht, dass der Lehrling über die Bestimmungen betreffend die Endigung und die vorzeitige Auflösung des Lehrverhältnisses belehrt wurde (§ 15 Abs 5 BAG, siehe dazu OGH vom 4. 5. 2006, 9 Ob A 20/06s, infas 2006, A 68. In dieser E betont der OGH auch den Schutzzweck des § 104a ArbVG).

Über diese besonderen Schutzvorschriften hinaus enthält das ArbVG eine allgemeine Regelung, welche die **Vertragsfreiheit bei der einvernehm-**

lichen Auflösung des Arbeitsverhältnisses durch ein **Mitwirkungsrecht des Betriebsrates einschränkt** (siehe Erl 1).

Für das Mitwirkungsrecht des Betriebsrates ist es unerheblich, ob der Arbeitgeber oder der Arbeitnehmer die einvernehmliche Lösung betreibt (so auch *Dusak,* ZAS 1986, 198). Allerdings tritt die Rechtsfolge der zweitägigen Sperrfrist nur dann ein, wenn der **Arbeitnehmer** eine **Beratung mit dem Betriebsrat gegenüber dem Betriebsinhaber verlangt** (siehe Erl 3). Will also der Arbeitnehmer selbst eine einvernehmliche Auflösung seines Arbeitsverhältnisses und verlangt vom Betriebsinhaber keine Beratung mit dem Betriebsrat, kann die Auflösung ohne Mitwirkung des Betriebsrates vorgenommen werden.

Das Beratungsrecht des Arbeitnehmers mit dem Betriebsrat

[3]) Tritt der Betriebsinhaber (Arbeitgeber) an einen Arbeitnehmer mit dem Angebot einer einvernehmlichen Lösung des Arbeitsverhältnisses heran, so **kann der Arbeitnehmer eine Beratung mit dem Betriebsrat verlangen** (im umgekehrten Fall, wenn die Initiative zur einvernehmlichen Auflösung vom Arbeitnehmer ausgeht, wird ein solches Verlangen in der Regel zwar nicht in Betracht kommen, es ist allerdings dann denkbar, wenn sich bei den Verhandlungen über die Vertragsauflösung Schwierigkeiten für den Arbeitnehmer ergeben). Dieses Verlangen bewirkt, dass innerhalb einer **Frist von zwei Arbeitstagen** eine **einvernehmliche Lösung nicht rechtswirksam** vereinbart werden kann.

Dem Arbeitnehmer steht also eine **zweitägige Überlegungsfrist** zur Verfügung, während der er sich über die Folgen einer einvernehmlichen Lösung (Abfertigungsanspruch, Sonderzahlungen usw) beim Betriebsrat informieren kann. Ein Anspruch des Arbeitnehmers, dass der Betriebsrat den Verhandlungen mit dem Arbeitgeber über die Vertragsauflösung beigezogen wird, besteht zwar nach dem Gesetz nicht, doch kann der Betriebsrat auf Grund seines **allgemeinen Überwachungs- und Interventionsrechtes** (§§ 89, 90) von sich aus gegenüber dem Betriebsinhaber aktiv werden.

Das Verlangen des Arbeitnehmers nach Beratung mit dem Betriebsrat muss **„nachweislich"** erfolgen. Obwohl das Gesetz keine besondere Form dieses Nachweises vorsieht, empfiehlt es sich, um spätere Streitigkeiten zu vermeiden, die Beratung mit dem Betriebsrat **schriftlich** zu verlangen.

Nach Auffassung des OLG Wien (22. 1. 1990, 34 Ra 130/89, ARD 4153/11) ist das Wort „nachweislich" in § 104a ein bloßes Füllwort ohne materiellrechtliche Bedeutung (vgl auch *Strasser/Jabornegg,* Arbeitsverfassungsgesetz[3], 410).

Der Schutz nach § 104a setzt jedenfalls ein **Verlangen des Arbeitnehmers** voraus (OGH vom 10. 10. 1990, 9 Ob A 255/90, ARD 4218/11). Umstritten ist, wem gegenüber dieses Verlangen geäußert werden muss (vgl die diesbezüglichen Ausführungen bei *Mosler* und *Waas,* aaO). Der Wortlaut des Gesetzes ist jedoch eindeutig: Das Verlangen muss **„gegenüber dem Betriebsinhaber"** geäußert werden. Wenn sich der Arbeitnehmer gegenüber dem Betriebsinhaber (Arbeitgeber) nicht äußert, sondern nur dem Betriebsrat gegenüber Bedenken gegen die einvernehmliche Lösung kundtut, ist dies für einen der beiden Vertragspartner der einvernehmlichen Lösung nicht erkennbar. Gerade auf ihn soll sich aber auch die Drohung mit der Rechtsunwirksamkeit der einvernehmlichen Lösung beziehen. Wenn der Arbeitnehmer seine Bedenken zunächst nicht dem Betriebsinhaber, sondern lediglich dem Betriebsrat gegenüber äußert, so hat der Betriebsrat die Verpflichtung, den Arbeitnehmer auf die Notwendigkeit eines entsprechenden Verlangens an den Arbeitgeber aufmerksam zu machen; er kann bei Beauftragung durch den Arbeitnehmer auch dem Arbeitgeber das Verlangen des Arbeitnehmers überbringen mit der Wirkung, dass der Lauf der Zweitagefrist ausgelöst wird. Ein **nur dem Betriebsrat, nicht** aber dem **Betriebsinhaber** gegenüber geäußertes Verlangen nach Beratung löst die **zweitägige Sperrfrist nicht** aus.

Rechtsunwirksamkeit der einvernehmlichen Lösung

[4]) Wurde ein **Verlangen** (Erl 3) gestellt, **muss die Zweitagesfrist** jedenfalls **abgewartet werden**, damit eine **rechtswirksame** einvernehmliche Lösung vereinbart werden kann.

Ob und in welcher Form eine Beratung zwischen dem Arbeitnehmer und dem Betriebsrat tatsächlich stattfindet, ist für das Wirksamwerden der Sperrfrist irrelevant. Der Arbeitgeber hat auch kein Recht, vom Arbeitnehmer oder vom Betriebsrat einen Nachweis über die Beratung zu verlangen.

Auch wenn der Arbeitnehmer (oder der Betriebsrat) dem Arbeitgeber vor Ablauf der Zweitagesfrist mitteilt, dass eine Beratung stattgefunden hat, und er der einvernehmlichen Auflösung des Arbeitsverhältnisses zustimmt, kann die Auflösungsvereinbarung **vor Ablauf der Sperrfrist nicht rechtswirksam** getroffen werden.

Innerhalb der Zweitagesfrist (gemeint sind **Arbeitstage**, an denen im Betrieb gearbeitet wird, wobei der Tag des Verlangens nicht mitgezählt wird) ist die Vereinbarung einer einvernehmlichen Auflösung nach dem Wortlaut des Gesetzes zwar rechtsunwirksam (sie bewirkt also nicht die Beendigung des Arbeitsverhältnisses). Diese **Rechtsunwirksamkeit** ist jedoch nur **bedingt**, und zwar dadurch, dass ihre **Geltendmachung** durch den Arbeitnehmer bzw in seinem Namen erfolgt (vgl Erl 5 und 6).

Ohne zumindest eine der beiden in Abs 2 genannten Formen der **Geltendmachung** der Rechtsunwirksamkeit wird dieser Mangel **geheilt**, dh, dass die einvernehmliche Lösung wieder wirksam wird. Sie war bis zum Ablauf der Geltendmachungsfrist (Abs 2) **„schwebend rechtsunwirksam"**. Beide Vertragspartner sind gut beraten, wenn sie das Eintreten dieses

„Schwebezustandes" vermeiden und in der zweitägigen Überlegungsfrist keine einvernehmliche Lösung abschließen, sondern – sollten sie sich ihren Schritt nicht doch noch überlegt haben – **erst am dritten Tag** nach dem Verlangen der Beratung gegenüber dem Betriebsinhaber die Vereinbarung über die einvernehmliche Lösung treffen.

Nach Ablauf der Zweitagesfrist kann die einvernehmliche Auflösung **rechtswirksam vereinbart** werden.

Schriftliche Geltendmachung

5) Das Gesetz sieht vor, dass eine allfällige **Rechtsunwirksamkeit** einer einvernehmlichen Lösung, weil sie innerhalb der zweitägigen Überlegungsfrist vereinbart wurde (Erl 3), **innerhalb von einer Woche** nach Ablauf dieser zweitägigen Überlegungsfrist **schriftlich geltend gemacht** werden muss. Das Gesetz sagt nicht ausdrücklich, dass der Arbeitnehmer die Pflicht zur Geltendmachung gegenüber dem Arbeitgeber hat. Theoretisch wäre auch denkbar, dass ein Arbeitgeber gegenüber dem Arbeitnehmer sich auf die Rechtsunwirksamkeit der einvernehmlichen Lösung beruft. Klar ist jedenfalls, dass einer der beiden Vertragspartner derjenige sein muss, der schriftlich geltend macht, der andere muss der Empfänger dieser Geltendmachung sein.

In der Lehre wird die Frage erörtert, ob die schriftliche Geltendmachung der Rechtsunwirksamkeit gegenüber dem Vertragspartner zu der im zweiten Satz des Abs 2 vorgesehenen gerichtlichen Geltendmachung (Erl 5) als **Alternative** (eine der beiden Formen der Geltendmachung genügt) oder als **Kumulation** (beide Voraussetzungen der Geltendmachung müssen vorliegen) konzipiert ist. *Dusak* vertritt die Auffassung, dass der Arbeitnehmer das Wahlrecht hat, ob er schriftlich oder gerichtlich geltend macht (ZAS 1986, 198), während *Mosler* (wbl 1987, 285) davon ausgeht, dass die schriftliche und gerichtliche Geltendmachung kumulativ vorliegen müssen.

Im Bericht des Ausschusses für soziale Verwaltung zur ArbVG-Novelle 1986 (1062 BlgNR 16. GP) wird dazu Folgendes festgestellt:

„Durch Abs 2 wird dem Arbeitnehmer innerhalb der ersten Woche eine Alternative eröffnet. Er kann entweder beim Vertragspartner schriftlich die Rechtsunwirksamkeit geltend machen oder unmittelbar klagen. Die schriftliche Geltendmachung ist also keine Voraussetzung für die gerichtliche Geltendmachung, wenn diese innerhalb einer Woche erfolgt."

Daraus und aus dem Wortlaut des Gesetzes folgt, dass **während der ersten Woche nach Ablauf der zweitägigen Überlegungsfrist** ein **Wahlrecht des Arbeitnehmers** besteht, ob er **beim Arbeitgeber** schriftlich **oder** gleich durch **Klage beim Gericht** die Rechtsunwirksamkeit geltend macht. Wurde die einwöchige Frist versäumt und keine der beiden Formen der Geltendmachung vorgenommen, so ist wohl der Auffassung *Moslers* zuzustimmen, wonach die einvernehmliche Lösung durch ungenutztes Verstreichen der Einwochenfrist wieder rechtswirksam geworden ist. Obwohl diese Lösung aus dem Gesetzestext nicht eindeutig hervorgeht, ist sie mit dem Zweck der Regelung zu begründen:

Eine „schwebende Rechtsunwirksamkeit" soll möglichst kurz dauern. Es ist weder für den Arbeitgeber noch für den Arbeitnehmer sinnvoll, wenn monatelang unklar ist, ob nun eine einvernehmliche Lösung gültig gewesen ist oder nicht. Es muss möglichst rasch Klarheit geschaffen werden. Nur zu diesem Zweck wurde die kurze Einwochenfrist zur schriftlichen Geltendmachung eingeführt. Nach ungenutztem Ablauf dieser Frist kann die Rechtswirksamkeit der einvernehmlichen Lösung nur mehr dann bekämpft werden, wenn der Arbeitnehmer an der Wahrnehmung der Frist aus Gründen verhindert war, die eine Wiedereinsetzung rechtfertigen.

Gerichtliche Geltendmachung

[6]) Durch diese Vorschrift soll verhindert werden, dass eine Klärung der Streitfrage über die Rechtswirksamkeit einer einvernehmlichen Lösung länger als drei Monate hinausgezögert wird.

Klagen muss der **Arbeitnehmer innerhalb von drei Monaten** dann, wenn

a) der Arbeitgeber **bestreitet**, dass die einvernehmliche Lösung in der zweitägigen Überlegungsfrist vereinbart wurde;

b) der Arbeitgeber **bestreitet**, dass ein **Verlangen zur Beratung** mit dem Betriebsrat gestellt wurde;

c) der Arbeitgeber **bestreitet**, die **schriftliche Geltendmachung** der Rechtsunwirksamkeit innerhalb einer Woche (Poststempel genügt!) erhalten zu haben;

d) trotz Klarheit der Umstände nach a) bis c) der Arbeitgeber nicht gewillt ist, das Arbeitsverhältnis wieder aufzunehmen.

Es ist eine **Leistungsklage** zu erheben, wenn wegen der unterschiedlichen Auffassung über die Wirksamkeit der einvernehmlichen Lösung **Entgelt** für die fragliche Zeit nicht gezahlt wurde, in anderen Fällen ist mit einer **Klage auf Feststellung des aufrechten Bestehens des Arbeitsverhältnisses** vorzugehen.

Längere **Verfalls- oder Verjährungsfristen** für Ansprüche aus dem Arbeitsverhältnis werden durch die Fristen nach Abs 2 nicht berührt: Verweigert zB der Arbeitgeber unter Hinweis auf die (letztlich als rechtsunwirksam festgestellte) Auflösung des Arbeitsverhältnisses die Entgeltzahlung, so kann der Arbeitnehmer das fällige Entgelt innerhalb der gesetzlichen oder kollektivvertraglichen Fristen beim ASG einklagen.

§ 105 Gahleitner

Anfechtung von Kündigungen[1])

§ 105. (1) Der Betriebsinhaber hat vor jeder Kündigung eines Arbeitnehmers den Betriebsrat[9]) zu verständigen[8])[-13]), der innerhalb von fünf Arbeitstagen hiezu Stellung nehmen kann[14])[-18b]).

(2) Der Betriebsinhaber hat auf Verlangen des Betriebsrates mit diesem innerhalb der Frist zur Stellungnahme über die Kündigung zu beraten[19]). Eine vor Ablauf dieser Frist ausgesprochene Kündigung[20]) ist rechtsunwirksam, es sei denn, daß der Betriebsrat eine Stellungnahme bereits abgegeben hat.

(3) Die Kündigung kann beim Gericht angefochten werden[1])[-7]), wenn

1. die Kündigung
   a) wegen des Beitrittes oder der Mitgliedschaft des Arbeitnehmers zu Gewerkschaften[23]);
   b) wegen seiner Tätigkeit in Gewerkschaften[24]);
   c) wegen Einberufung der Betriebsversammlung durch den Arbeitnehmer[25]);
   d) wegen seiner Tätigkeit als Mitglied des Wahlvorstandes, einer Wahlkommission oder als Wahlzeuge[26]);
   e) wegen seiner Bewerbung um eine Mitgliedschaft zum Betriebsrat oder wegen einer früheren Tätigkeit im Betriebsrat[27]);
   f) wegen seiner Tätigkeit als Mitglied der Schlichtungsstelle[28]);
   g) wegen seiner Tätigkeit als Sicherheitsvertrauensperson, Sicherheitsfachkraft oder Arbeitsmediziner oder als Fach- oder Hilfspersonal von Sicherheitsfachkräften oder Arbeitsmedizinern[29]);
   h) wegen der bevorstehenden Einberufung des Arbeitnehmers zum Präsenz- oder Ausbildungsdienst oder Zuweisung zum Zivildienst (§ 12 Arbeitsplatzsicherungsgesetz 1991, BGBl Nr 683)[30]);
   i) wegen der offenbar nicht unberechtigten Geltendmachung vom Arbeitgeber in Frage gestellter Ansprüche aus dem Arbeitsverhältnis durch den Arbeitnehmer[31]);
   j) wegen seiner Tätigkeit als Sprecher gemäß § 177 Abs 1[27])
   erfolgt ist oder

2. die Kündigung sozial ungerechtfertigt[33])[-59]) und der gekündigte Arbeitnehmer bereits sechs Monate[33]) im Betrieb oder Unternehmen[52]), dem der Betrieb angehört, beschäftigt ist. Sozial ungerechtfertigt ist eine Kündigung, die wesentliche Interessen des Arbeitnehmers beeinträchtigt[34])[-40]), es sei denn, der Betriebsinhaber erbringt den Nachweis, daß die Kündigung
   a) durch Umstände, die in der Person des Arbeitnehmers gelegen sind und die betrieblichen Interessen nachteilig berühren[41])[-45]) oder

b) durch betriebliche Erfordernisse, die einer Weiterbeschäftigung des Arbeitnehmers entgegenstehen[46)-52)],
begründet ist.

Umstände gemäß lit a, die ihre Ursache in einer langjährigen Beschäftigung als Nachtschwerarbeiter (Art VII NSchG)[59)] haben, dürfen zur Rechtfertigung der Kündigung nicht herangezogen werden, wenn der Arbeitnehmer ohne erheblichen Schaden für den Betrieb weiter beschäftigt werden kann. Hat der Betriebsrat gegen eine Kündigung gemäß lit b ausdrücklich Widerspruch[15)] erhoben, so ist die Kündigung des Arbeitnehmers sozial ungerechtfertigt, wenn ein Vergleich sozialer Gesichtspunkte[55)] für den Gekündigten eine größere soziale Härte als für andere Arbeitnehmer des gleiches Betriebes und derselben Tätigkeitssparte, deren Arbeit der Gekündigte zu leisten fähig und willens ist, ergibt. Bei älteren Arbeitnehmern[56)-58)] sind sowohl bei der Prüfung, ob eine Kündigung sozial ungerechtfertigt ist, als auch beim Vergleich sozialer Gesichtspunkte der Umstand einer vieljährigen ununterbrochenen Beschäftigungszeit im Betrieb oder Unternehmen, dem der Betrieb angehört, sowie die wegen des höheren Lebensalters zu erwartenden Schwierigkeiten bei der Wiedereingliederung in den Arbeitsprozeß besonders zu berücksichtigen. Dies gilt für Arbeitnehmer, die gem § 5a des Arbeitsmarktpolitik-Finanzierungsgesetzes, BGBl Nr 315/1994, eingestellt werden, erst ab Vollendung des zweiten Beschäftigungsjahres im Betrieb oder Unternehmen, dem der Betrieb angehört. Umstände gemäß lit a, die ihre Ursache in einem höheren Lebensalter eines Arbeitnehmers haben, der im Betrieb oder Unternehmen, dem der Betrieb angehört, langjährig beschäftigt ist, dürfen zur Rechtfertigung der Kündigung des älteren Arbeitnehmers nur dann herangezogen werden, wenn durch die Weiterbeschäftigung betriebliche Interessen erheblich nachteilig berührt werden[58)].

(4) Der Betriebsinhaber hat den Betriebsrat vom Ausspruch der Kündigung zu verständigen[8)]. Der Betriebsrat kann auf Verlangen des gekündigten Arbeitnehmers binnen einer Woche nach Verständigung vom Ausspruch der Kündigung diese beim Gericht anfechten[60)-69)], wenn er der Kündigungsabsicht ausdrücklich widersprochen[15)] hat. Kommt der Betriebsrat dem Verlangen des Arbeitnehmers nicht nach, so kann dieser innerhalb einer Woche nach Ablauf der für den Betriebsrat geltenden Frist die Kündigung selbst beim Gericht anfechten[62)]. Hat der Betriebsrat innerhalb der Frist des Abs 1 keine Stellungnahme[63)] abgegeben, so kann der Arbeitnehmer innerhalb einer Woche nach Zugang der Kündigung diese beim Gericht selbst anfechten; in diesem Fall ist ein Vergleich sozialer Gesichtspunkte im Sinne des Abs 3 nicht vorzunehmen. Nimmt der Betriebsrat die Anfechtungsklage ohne Zustimmung des gekündigten Arbeitnehmers zurück[62)], so tritt die Wirkung der Klagsrücknahme erst ein, wenn der vom Gericht hievon verständigte Arbeitnehmer nicht innerhalb von 14 Tagen ab Verständigung in den Rechtsstreit eintritt. Hat der Be-

triebsrat der beabsichtigten Kündigung innerhalb der in Abs 1 genannten Frist ausdrücklich zugestimmt[64]), so kann der Arbeitnehmer innerhalb einer Woche nach Zugang der Kündigung diese beim Gericht anfechten, soweit Abs 6 nicht anderes bestimmt.

(5) Insoweit sich der Kläger im Zuge des Verfahrens auf einen Anfechtungsgrund im Sinne des Abs 3 Z 1 beruft, hat er diesen glaubhaft zu machen[68]). Die Anfechtungsklage ist abzuweisen, wenn bei Abwägung aller Umstände eine höhere Wahrscheinlichkeit dafür spricht, daß ein anderes vom Arbeitgeber glaubhaft gemachtes Motiv für die Kündigung ausschlaggebend war.

(6) Hat der Betriebsrat der beabsichtigten Kündigung innerhalb der in Abs 1 genannten Frist ausdrücklich zugestimmt[15])[64]), so kann die Kündigung gemäß Abs 3 Z 2 nicht angefochten werden.

(7) Gibt das Gericht der Anfechtungsklage statt, so ist die Kündigung rechtsunwirksam.

Schrifttum zu § 105

Kuderna, Gedanken zu einer individualrechtlichen und materiellrechtlichen Gestaltung des allgemeinen Kündigungsschutzes im Arbeitsrecht, DRdA 1974, 49;

ders, Die Anfechtung von Entlassungen nach dem Arbeitsverfassungsgesetz I, II, ZAS 1974, 166, 209;

ders, Die sozial ungerechtfertigte Kündigung nach § 105 Abs 3 Z 2 ArbVG, DRdA 1975, 9;

Schrammel, Die Mitbestimmung des Betriebsrates bei Versetzung und Änderungskündigung, ZAS 1975, 203;

Firlei, Motivkündigungen von Arbeitnehmern und kollektivrechtliche Konstruktion des allgemeinen Kündigungsschutzes, in FS Rabofsky (1976) 139;

Floretta, Der Sozialvergleich beim allgemeinen Kündigungs- und Entlassungsschutz, DRdA 1976, 1 = FS Rabofsky (1976) 159;

Hagen, Die Effizienz des arbeitsrechtlichen Kündigungsschutzes, DRdA 1977, 193;

Mörkelsberger, Probleme der sozialwidrigen Kündigung, DRdA 1977, 68;

Schrank, Bestandschutzproblematik und Arbeitsvertragsübernahme bei Betriebsübergang, ZAS 1977, 125;

Kuderna, Gesetzesvorschläge zum Thema „Beendigung des Arbeitsverhältnisses", DRdA 1978, 49;

Schregle, Die Beendigung des Arbeitsverhältnisses durch den Arbeitgeber aus rechtsvergleichender Sicht, DRdA 1979, 361;

Floretta, Grundwerte des Rechtsinstituts „Kündigungsschutz" im Arbeitsrecht, in FS Weißenberg (1980) 271;

Jabornegg, Sozialvergleich und Betriebe ohne Betriebsrat, DRdA 1980, 190;
Löschnigg, Bestandschutz und befristetes Dienstverhältnis, DRdA 1980, 17;
Schrank, Bestandschutzansprüche und Pflichtversicherung I, ZAS 1980, 83;
Gamillscheg, Anregungen zu einem künftigen Kündigungsgesetz in Österreich, DRdA 1981, 185;
Strasser, Mitbestimmung bei disziplinären Entlassungen richtet sich nach § 106 (Entlassungsschutz) und nicht nach § 102 ArbVG, DRdA 1981, 153;
Floretta, Strukturen und Entwicklungstendenzen des allgemeinen Kündigungsschutzes im Arbeitsrecht, DRdA 1982, 1;
Hemmer, Bei älteren Arbeitnehmern mit einer längeren Betriebszugehörigkeit können auch längere Krankenstände eine Kündigung iS des § 105 Abs 3 Z 2 lit a ArbVG nicht rechtfertigen, DRdA 1982, 247;
Runggaldier, Die krankheitsbedingte Kündigung, ZAS 1982, 130;
Schrank, Der Fortbestand des Arbeitsverhältnisses als Schutzobjekt der Rechtsordnung. Eine Untersuchung zum geltenden Recht (1982);
Strasser, Zum betrieblichen Vorverfahren im Rahmen des allgemeinen Kündigungsschutzes gem § 105 ArbVG, DRdA 1982, 63;
ders, Rechtsfolgen einer Nichtweiterbeschäftigung trotz Rechtsunwirksamerklärung der Kündigung durch das Einigungsamt, DRdA 1982, 64;
Floretta, Die Interessenabwägung beim allgemeinen Kündigungsschutz, in FS Strasser (1983) 335;
Dungl, Zur Änderungskündigung, in FS Floretta (1983) 357;
Hemmer, Zuständigkeit des EA zur Entscheidung über die Rechtsunwirksamkeit einer Kündigung? DRdA 1983, 203;
ders, VwGH: Keine aufschiebende Wirkung gem § 30 VwGG gegen einen einer Kündigungs- oder Entlassungsanfechtung stattgebenden Bescheid des EA, DRdA 1983, 391;
Rebhahn, Die Auswirkungen des arbeitsrechtlichen Bestandschutzes auf das Arbeitslosengeld, ZAS 1983, 93;
Runggaldier, Kollektivvertragliche Mitbestimmung bei Arbeitsorganisation und Rationalisierung (1983);
Schrank, Zur Zulässigkeit von „Verschlechterungsvereinbarungen" bei aufrechtem Arbeitsverhältnis, RdW 1983, 12;
Tomandl, Einschränkungen des Entlassungsrechts durch kollektivvertragliche Disziplinarordnungen – dargestellt am Beispiel des Kollektivvertrages der Versicherungsangestellten (Innendienst), RdW 1983, 108;
Schwarz B., Neuere Judikatur in ausgewählten Kapiteln des Kündigungsrechts, DRdA 1984, 69;

Tomandl, Bemerkungen zur Rechtsprechung des VwGH zum allgemeinen Kündigungsschutz, ZAS 1984, 203;
Runggaldier, Der Sozialvergleich, in *Tomandl* (Hrsg), Beendigung des Arbeitsvertrages (1986) 93;
Wachter, Postenlauf und Anfechtungsfrist bei der Kündigungsanfechtung, RdW 1986, 147;
Andexlinger, OGH zum allgemeinen Kündigungsschutz, RdW 1987, 294;
Floretta, Das „Sperrecht" des Betriebsrates im Lichte der jüngsten VfGH-Erkenntnisse, wbl 1987, 77;
Harrer, Die Anfechtung einer betriebsbedingten Kündigung, DRdA 1987, 460;
Löffler, Die verweigerte Überstundenleistung, DRdA 1987, 341;
Trost, Die rechts- oder sittenwidrige Kündigung – Ein Beitrag zur Interpretation des § 105 Abs 3 Z 1 ArbVG, DRdA 1987, 1, 106;
Strasser, Zur Problematik der so genannten Änderungskündigung, DRdA 1988, 1;
Eypeltauer, Gedanken zum Kündigungsanfechtungsgrund des § 105 Abs 3 Z 1 lit i ArbVG, DRdA 1988, 435;
Eypeltauer, Zum Begriff der „Stellungnahme" im § 105 Abs 2 Satz 2 ArbVG, RdW 1988, 426;
Mayer-Maly, Unternehmerische Entscheidung und Kündigungsschutz, wbl 1988, 388;
Rebhahn, Die Rechtslage während eines arbeitsrechtlichen Kündigungsschutzprozesses, DRdA 1988, 16;
Runggaldier, Der Übergang von Arbeitsverhältnissen im Rahmen einer Unternehmensteilung, DRdA 1988, 355;
Andexlinger, Judikaturwende im allgemeinen Kündigungsschutz, RdW 1989, 162;
Firlei, Interessenabwägung beim allgemeinen Kündigungsschutz: Wende in der Rechtsprechung, wbl 1989, 197;
Heidinger, Die Kündigungsanfechtung wegen Sozialwidrigkeit – Abwägung zwischen den Interessen des Arbeitnehmers und den Interessen des Arbeitgebers ist im Einzelfall ausschlaggebend, SWK 1989, B 1 25;
Mayer-Maly, Kündigung und Kündigungsschutz im Arbeitsleben, ÖJZ 1989, 726;
Schaller, Anmerkungen zur ungerechtfertigten Auflösung des Arbeitsvertrages, AnwBl 1989, 62;
Köck, Der „neue" allgemeine Kündigungsschutz, ecolex 1990, 42;
Grillberger, Neue Tendenzen im arbeitsrechtlichen Kündigungsschutz? wbl 1990, 7;
Rebhahn, Individualarbeitsverhältnisse bei Unternehmensveräußerung, ecolex 1990, 167;
Firlei, Der praktische Fall – Kein Urlaub ohne Kinder! DRdA 1991, 477;

Floretta, Zum Grundtatbestand der „Sozialwidrigkeit" im arbeitsrechtlichen Kündigungsschutzrecht, wbl 1991, 14;
Andexlinger, Kündigungsanfechtung wegen Sozialwidrigkeit, ecolex 1992, 42;
Karl, Die krankheitsbedingte Kündigung, ZAS 1992, 152;
Resch, Kündigung des Arbeitnehmers wegen Bestreitens von Arbeitgeberforderungen – ein Fall des § 105 Abs 3 Z 1 lit i ArbVG? RdW 1992, 408;
Marhold, Grenzen vertikaler Austauschbarkeit im Sozialvergleich, ZAS 1993, 9;
Meißl, Beschäftigungssicherungsnovelle, DRdA 1993, 413;
Andexlinger, Kündigungsschutz im Kleinbetrieb, RdW 1994, 109;
Andexlinger/Spitzl, Betriebsübergang und Bestandschutz, RdW 1994, 404;
Pircher, Die Beeinträchtigung wesentlicher Interessen, ZAS 1994, 51;
Runggaldier, Interessenabwägung, soziale Gestaltungspflicht und Sozialvergleich bei betriebsbedingter Kündigung, RdW 1994, 110;
Schima, Konzerndimensionaler Kündigungsschutz? RdW 1994, 352;
Tinhofer, Betriebsübergang und Kündigung – Keine Neuregelung durch das AVRAG? wbl 1994, 321;
Tomandl, Die sozialwidrige Kündigung (1994);
Grießer, Ist die Zustimmung des Ausgleichsverwalters zur Kündigung von Arbeitnehmern überprüfbar? ZIK 1995, 169;
Marhold, Selbstanfechtung der Kündigung auf Verlangen des Arbeitnehmers, wbl 1995, 129;
Runggaldier, OGH präzisiert soziale Gestaltungspflicht, RdW 1995, 267;
Schima, Zustimmungsrechte des Betriebsrates nach dem „KVI" rechtsunwirksam, RdW 1995, 101;
Wachter, Widerspruchsrecht und privilegierte Kündigung des Arbeitnehmers bei Betriebsübergang, in FS Gitter (1995) 1023 ff;
Binder M., Die österreichische Betriebsübergangsregelung – eine geglückte Bedachtnahme auf die europarechtlichen Vorgaben? DRdA 1996, 1;
Brodil, Kündigungsanfechtung und Ausländerbeschäftigung, ZAS 1996, 181;
Drs, Kündigung wegen „verfrühter" Bekanntgabe des Karenzurlaubes – Anfechtbarkeit oder Sittenwidrigkeit der Kündigung? RdW 1996, 315;
Rebhahn, Kündigungs- und Entlassungsschutz im Internationalen Privatrecht, RdW 1996, 68;
Schima, Betriebsübergang durch Vertragsnachfolge, RdW 1996, 319;
Windisch-Graetz, Soziale Gestaltungspflicht über die Betriebsgrenzen hinaus? ZAS 1996, 109 ff;
Eichinger, Entlassung wegen Straftaten, RdW 1997, 211;

Grießer, Zur verfahrenstechnischen Umsetzung des § 3 AVRAG, RdW 1997, 669;

Karl, Zur Beeinträchtigung wesentlicher Interessen des Arbeitnehmers iSd § 105 Abs 3 Z 2 ArbVG, JBl 1997, 702;

Peschek, Rationalisierungen und der Bestandschutz beim Betriebsübergang, RdW 1997, 80;

Karner, Prüfungsreihenfolge der Tatbestandsmerkmale bei Entlassungsanfechtung, RdW 1998, 23;

Trost, Umstrukturierung und Kündigung, in *Achatz/Jabornegg/Karollus,* Aktuelle Probleme im Grenzbereich von Arbeits-, Unternehmens- und Steuerrecht (1998) 17;

Binder, Das betriebliche Disziplinarrecht im Widerstreit, RdW 1999, 600;

Gerlach, Zum Selbstanfechtungsrecht des Arbeitnehmers, ZAS 1999, 75;

Jabornegg, Neues zum betrieblichen Disziplinarrecht, RdW 1999, 477;

Karl B., Die sozial ungerechtfertigte Kündigung (1999);

Rauch, Die Kündigungsanfechtung wegen Sozialwidrigkeit im Lichte der jüngeren Judikatur, ASoK 1999, 42;

Reischauer, Wesentliche Interessen, wirtschaftliche Verhältnisse des Gekündigten und Sozialvergleich (§ 105 Abs 3 ArbVG), DRdA 1999, 93;

Tomandl, Neue Judikatur zur sozialwidrigen Kündigung, ZAS 1999, 104;

Gerlach, Das ungerechte Arbeitsrecht, juridikum 2000, 74;

Gerlach, Zur Zulässigkeit von Austauschkündigungen, ZAS 2000, 97;

Karl B., Anfechtung einer Änderungskündigung wegen Sozialwidrigkeit, DRdA 2000, 263;

Risak, Ältere Arbeitnehmer: Kündigungsschutz ja, Entlassungsschutz nein? ecolex 2000, 809;

Tinhofer, Keine Sozialwidrigkeit der Kündigung bei Anbot eines zumutbaren Ersatzarbeitsplatzes, RdW 2000, 424;

Winkler, Das neue Dienstrecht für Hausbesorger, ASoK 2000, 366;

K. Mayr, Diskriminierung auf Grund des Geschlechts und Kündigung in Kleinbetrieben, RdW 2001/44;

Jabornegg, Arbeitsvertragsrecht im Konzern, DRdA 2002, 3;

Tinhofer, Kündigung aus wirtschaftlichen Gründen – Handbuch für die Praxis, ORAC (2002);

Pircher, Soziale Gestaltung und Prinzipien im allgemeinen Kündigungsschutz, JBl 2001, 694;

Kreil, Zum Haftungs- und Zurechnungsdurchgriff bei Arbeitnehmeransprüchen im Konzern, RdW 2002/415;

Breiter, Verpönte Motiv- oder zulässige Änderungskündigung, RdW 2002/89;

Höfle, Wesentliche Interessenbeeinträchtigung durch vorzeitige Pensionierung, ASoK 2002, 231

Eichinger, Berücksichtigung des Ehegatteneinkommens beim Kündigungsschutz: mittelbare Frauendiskriminierung? RdW 2002/356;
Stärker, Zur Rechtsstellung angestellter Ärztekammerfunktionäre, RdM 2003/4;
Karl, Zur Betriebsbedingtheit einer Kündigung, DRdA 2003, 50;
Rauch, Neuerungen bei der Kündigungsanfechtung wegen Sozialwidrigkeit, ASoK 2004, 70;
Pfeil, Übergangsprobleme des Personalrechts nach UG 2002, zfhr 2004, 4;
Oberbauer-Oberparleiter, Stolpersteine auf dem Weg in die Vollrechtsfähigkeit, erste Erfahrungen mit dem UG 2002, zfhr 2004, 18;
Windisch-Graetz, Kündigung von Frauen zum Regelpensionsalter – gleichheitswidrig? ecolex 2004, 431;
Schima, Arbeitsrecht bei Umgründungen, Manz 2004;
Schneller, Betriebsübergang, Veräußererkündigung und BR-Verzicht auf Kündigungsanfechtung im Sozialplan, DRdA 2005, 60;
Friedrich, Ausgewählte kündigungsschutzrechtliche Probleme der Änderungskündigung, ASoK 2005, 48;
Rotter, Kann die Kündigung von Großverdienern sozialwidrig sein? ASoK 2005, 346;
Mair, Betriebliche Erfordernisse und soziale Gestaltungspflicht, wbl 2005, 445;
Ebner/Kappel, Zur Arbeitgeberkündigung von überbezahlten Mitarbeitern, ecolex 2006, 921;
Gerhartl, Kündigungsschutz bei Ausgliederungen, ZAS 2006/32;
Schrank, Kündigungsschutz älterer Arbeitnehmer, ZAS 2007, 4.

Übersicht zu § 105

I. Allgemeines

I.1 Allgemeiner Kündigungsschutz – Anwendungsbereich .... Erläuterung 1

I.2 Besonderer oder individueller Kündigungsschutz – Kündigungsverbote
  a) Rechtswirksame Kündigung als Voraussetzung .... Erläuterung 2
  b) Besonderer Kündigungsschutz .... Erläuterung 3
  c) Individueller Kündigungsschutz ...... Erläuterung 4
  d) Kündigung und Betriebsübergang – AVRAG Erläuterung 5
  e) Sonstige gesetzliche Kündigungsverbote .... Erläuterung 6
  f) Kündigungsschutz durch Kollektivvertrag, Betriebsvereinbarung oder Arbeitsvertrag ..... Erläuterung 7

§ 105

II. Die Mitwirkung des Betriebsrates

II.1 Die Verständigungspflicht des Betriebsinhabers .... Erläuterung 8
  a) Zuständiger Betriebsrat .... Erläuterung 9
  b) Form der Verständigung .... Erläuterung 10
  c) Verständigung durch Betriebsinhaber .... Erläuterung 11
  d) Inhalt der Verständigung .... Erläuterung 12
  e) Zeitlicher Zusammenhang zwischen Verständigung und Kündigung .... Erläuterung 13

II.2 Die Stellungnahme des Betriebsrates .... Erläuterung 14
  a) Varianten der Stellungnahme des Betriebsrates .... Erläuterung 15
  b) Berechnung der Frist zur Stellungnahme .... Erläuterung 16
  c) Zustandekommen der Stellungnahme des Betriebsrates .... Erläuterung 17
  d) Abgabe der Erklärung gegenüber dem Betriebsinhaber .... Erläuterung 18
  e) Kein Verzicht auf Mitwirkungsrecht .... Erläuterung 18a
  f) Rechtswidrige Zustimmung des Betriebsrates .... Erläuterung 18b

II.3 Das Beratungsrecht des Betriebsrates .... Erläuterung 19

II.4 Der Ausspruch und Zugang der Kündigung .... Erläuterung 20

II.5 Die Rechtsunwirksamkeit der Kündigung bei Nichteinhaltung des Vorverfahrens .... Erläuterung 21

III. Unzulässige Kündigungsmotive

III.1 Allgemeines .... Erläuterung 22

III.2 Beitritt zu oder Mitgliedschaft bei Gewerkschaften .... Erläuterung 23

III.3 Tätigkeit in Gewerkschaften .... Erläuterung 24

III.4 Einberufung einer Betriebsversammlung .... Erläuterung 25

III.5 Ausübung von Funktionen bei der Vorbereitung der Betriebsratswahl .... Erläuterung 26

III.6 Kündigungen im Zusammenhang mit der Mitgliedschaft zum Betriebsrat oder der Kandidatur .... Erläuterung 27

III.7 Tätigkeit in der Schlichtungsstelle .... Erläuterung 28

III.8 Ausübung von Funktionen des innerbetrieblichen Arbeitnehmerschutzes .... Erläuterung 29

III.9 Präsenz-, Ausbildungs-, Zivildienst .... Erläuterung 30

III.10 Geltendmachung von Ansprüchen durch den Arbeitnehmer .... Erläuterung 31

III.11 Weitere gesetzlich verpönte Kündigungsmotive . Erläuterung 32

IV. **Sozialwidrigkeit einer Kündigung**
IV.1 **Allgemeines** .... Erläuterung 33
IV.2 **Beeinträchtigung wesentlicher Interessen des Arbeitnehmers durch die Kündigung** .... Erläuterung 34
   a) Arbeitsmarktchancen .... Erläuterung 35
   b) Einkommenssituation nach der Kündigung .... Erläuterung 36
   c) Sonstige Nachteile in den Arbeitsbedingungen durch Verlust des Arbeitsplatzes .... Erläuterung 37
   d) Sorgepflichten des Arbeitnehmers .... Erläuterung 38
   e) Soziale Benachteiligung durch Pensionierung? .... Erläuterung 39
   f) Integration im Inland .... Erläuterung 40
IV.3 **Personenbezogene Kündigungsgründe** .... Erläuterung 41
   a) Verletzungen der Vertragspflichten durch den Arbeitnehmer .... Erläuterung 42
   b) Mangelhafte Arbeitsleistung .... Erläuterung 43
   c) Krankheit des Arbeitnehmers .... Erläuterung 44
   d) Persönliche Differenzen zwischen Arbeitnehmer und Arbeitgeber oder Kollegen .... Erläuterung 45
IV.4 **Betriebliche Kündigungsgründe** .... Erläuterung 46
   a) Allgemeine wirtschaftliche Schwierigkeiten im Betrieb .... Erläuterung 47
   b) Kündigungen als Folge von Rationalisierungsmaßnahmen .... Erläuterung 48
   c) Änderungskündigung/Teilkündigung ...... Erläuterung 49
   d) Austauschkündigung .... Erläuterung 50
   e) Gleichbehandlung im Betrieb .... Erläuterung 51
   f) Arbeitsverhältnisse im Konzern .... Erläuterung 52
IV.5 **Interessenabwägung** .... Erläuterung 53
IV.6 **Soziale Gestaltungspflicht des Arbeitgebers** ...... Erläuterung 54
IV.7 **Sozialvergleich** .... Erläuterung 55
IV.8 **Kündigungsschutz älterer Arbeitnehmer** .... Erläuterung 56
   a) Allgemein erhöhter Kündigungsschutz älterer Arbeitnehmer .... Erläuterung 57
   b) Personenbezogene Kündigungsgründe bei älteren Arbeitnehmern .... Erläuterung 58
   c) Ausnahme: Einstellung von Arbeitnehmern, die das 50. LJ vollendet haben .... Erläuterung 58a
IV.9 **Kündigungsschutz von Nachtschwerarbeitern** ... Erläuterung 59

V. **Anfechtungsverfahren**
V.1 **Anfechtungsberechtigung** .... Erläuterung 60
   a) Verständigung vom Kündigungsausspruch ..... Erläuterung 61

b) Anfechtungsrecht bei ausdrücklichem
Widerspruch des Betriebsrates .... Erläuterung 62
c) Anfechtungsrecht nach unterbliebener
Stellungnahme des Betriebsrates .... Erläuterung 63
d) Rechtswirkungen der Zustimmung des
Betriebsrates zur Kündigungsabsicht .... Erläuterung 64
V.2 Form der Anfechtung. .... Erläuterung 65
V.3 Anfechtungsfrist .... Erläuterung 66
V.4 Anfechtungsgründe .... Erläuterung 67
**V.5 Abwägung der Wahrscheinlichkeit bei geltend
gemachten verpönten Kündigungsmotiven** .... Erläuterung 68
V.6 Verfahrensrechtliche Besonderheiten .... Erläuterung 69

I. Allgemeines

I.1 Allgemeiner Kündigungsschutz – Anwendungsbereich

[1]) Die **Kündigung** ist eine einseitige, empfangsbedürftige Willenserklärung, die auf die Auflösung eines auf unbestimmte Zeit eingegangenen Arbeitsverhältnisses gerichtet ist. Im Unterschied zur vorzeitigen Beendigung des Arbeitsverhältnisses (Entlassung, vgl § 106, und Austritt des Arbeitnehmers) ist die Kündigung eines Arbeitsverhältnisses als reguläre Beendigungsform eines Dauerschuldverhältnisses zwar in der Regel an bestimmte **Fristen** und **Termine** gebunden, grundsätzlich müssen aber Gründe für die Kündigung nicht vorliegen und geltend gemacht werden. Während dies für die Kündigung durch den Arbeitnehmer ausnahmslos gilt, gibt es für die Kündigung durch den Arbeitgeber **wichtige Ausnahmen** vom Grundsatz der **Kündigungsfreiheit**, um den wirtschaftlich schwächeren Arbeitnehmer in bestimmten Fällen vor dem Verlust des Arbeitsplatzes und damit des Erwerbseinkommens zu schützen:

a) Entweder ist das Arbeitsverhältnis auf Grund besonderer Umstände (vgl I.2) einem **besonderen Kündigungsschutz** unterworfen, der in der Regel eine rechtswirksame Kündigung nur bei Vorliegen bestimmter Gründe und bei gerichtlicher bzw behördlicher Zustimmung zulässt, oder

b) es gelten in Betrieben, die dem ArbVG unterliegen (**mindestens 5 Beschäftigte**) die Anfechtungsmöglichkeiten des § 105, oder

c) es gibt sonstige gesetzliche Anfechtungsmöglichkeiten (vgl § 15 AVRAG, § 12 Abs 7 und 13 GlBG, § 113 UG).

§ 105 regelt den Schutz vor Kündigungen des Arbeitgebers für Arbeitnehmer, die nicht besonders kündigungsgeschützt sind und die in **Betrieben** beschäftigt sind, für die das Arbeitsverfassungsgesetz Anwendung findet. Voraussetzung hiefür ist zum einen eine Mindestbeschäftigtenanzahl von 5 Arbeitnehmern, zum anderen werden bestimmte Betriebe von der Anwendung des II. Teiles der Arbeitsverfassung durch § 33 generell ausgenommen (zB Behörden, Ämter, Landwirtschaftsbetriebe). Für Kleinstbetriebe (unter 5 Mitarbeitern) wurde allerdings eine Kündigungsschutzbestimmung in § 15 AVRAG für ältere Arbeitnehmer normiert (vgl Erl 4).

Man nennt die in § 105 geregelte Anfechtungsmöglichkeit "**allgemeiner Kündigungsschutz**", da diese für die Mehrzahl der Arbeitnehmer grundsätzlich zur Anwendung gelangt. Der Schutz wirkt allerdings nur dann, wenn entweder bestimmte vom Gesetz ausdrücklich als unzulässig bezeichnete Kündigungsgründe vorliegen (**unzulässiges Kündigungsmotiv**) oder wenn die Kündigung **sozial ungerechtfertigt** ist. Zur Geltendmachung des Schutzes ist eine **fristgerechte Klage** des Arbeitnehmers oder des Betriebsrates notwendig (vgl Erl 66).

Voraussetzung für eine Kündigungsanfechtung nach § 105 ist außerdem, dass **Arbeitnehmereigenschaft** iSd § 36 vorliegt (vgl Band 2, § 36). So steht etwa **leitenden Angestellten** iSd § 36 Abs 2 Z 3 ArbVG das Recht auf Kündigungsanfechtung gem § 105 nicht zu. Auch Arbeitnehmer in Spitzenpositionen unterliegen aber dem Kündigungsschutz gem § 105, wenn sie nicht als leitende Angestellte iSd § 36 zu qualifizieren sind. Hohe fachliche Qualifikationen und hohes Einkommen schließen die Anwendung des allgemeinen Kündigungsschutzes keineswegs aus. Kann der Arbeitnehmer allerdings selbstständig Arbeitsverhältnisse begründen und kommt ihm daher im wichtigen Bereich der Personalpolitik Arbeitgeberfunktion zu, so ist er als leitender Angestellter zu qualifizieren, für den der allgemeine Kündigungsschutz nicht anwendbar ist (OGH vom 17. 6. 1992, 9 Ob A 110/92, DRdA 1992, 467 = ZAS 1993/9 = infas 1992, A136 = RdW 1992, 350 = ecolex 1992, 651). Ein in der Muttergesellschaft angestellter GmbH-Geschäftsführer einer Tochtergesellschaft genießt allerdings den allgemeinen Kündigungsschutz und kann eine Kündigungsanfechtung nach § 105 ArbVG geltend machen (vgl OGH vom 22. 2. 2006, 9 Ob A 49/05d, ZAS 2007/37 = ZIK 2006/171).

Der Umstand, dass ein Personalchef vorübergehend in die Konzernzentrale ins Ausland entsendet wird und nach seiner Rückkehr nach Österreich umgehend vom Dienst suspendiert wird, bewirkt lediglich eine Ruhendstellung seiner vertraglichen Leistungspflichten, kann aber an seiner Stellung als leitender Angestellter iSd § 36 Abs 2 Z 3 ArbVG nichts ändern. Wird er vom Arbeitgeber gekündigt, kommt ihm daher kein Anfechtungsrecht iSd § 105 zu (OGH vom 11. 2. 2004, 9 Ob A 99/03d, ZASB 2004/130 = ARD 5516/7/2004).

Der allgemeine Kündigungsschutz ist im Rahmen der Betriebsverfassung, eingebunden in die Mitwirkungsbefugnisse der Arbeitnehmerschaft, geregelt. Es handelt sich also um einen **kollektivrechtlich geprägten Kündigungsschutz** mit dem vorrangigen Ziel der Wahrnehmung der Gesamtinteressen der Arbeitnehmerschaft, wobei jedoch diese Regelung auch starke individualrechtliche Komponenten enthält. Der materiellrechtliche Anspruch auf Kündigungsschutz steht nach dem kollektivrechtlichen Konzept des § 105 ArbVG der Belegschaft zu. Daher besteht auch keine Verpflichtung des Betriebsrats zur Erfüllung bestimmter Wünsche einzelner Arbeitnehmer im Zusammenhang mit der Kündigungsanfechtung. Weisungen eines Arbeitnehmers an den Betriebsrat im Hinblick auf die Führung eines Kündigungsanfechtungsverfahrens sind rechtsunwirksam. Die Mitglieder des Betriebsrats sind bei Ausübung ihrer Tätigkeit an keine Weisungen gebunden. Setzt sohin ein Betriebsrat auf Wunsch einer Arbeitnehmerin ein Anfechtungsverfahren fort, obwohl eine außergerichtliche Einigung über eine einvernehmliche Auflösung erfolgt ist, so hat dies nicht die Arbeitnehmerin, sondern der Betriebsrat zu vertreten und können dadurch entstandene Kosten des Arbeitgebers nicht von der Arbeitnehmerin verlangt werden (OGH vom 17. 12. 2003, 9 Ob A 136/03w, ZASB 2004/62 = ecolex 2004, 389).

Die kollektivrechtliche Konstruktion des Kündigungsschutzes kommt zum einen darin zum Ausdruck, dass in erster Linie der Betriebsrat berufen ist, gegen Kündigungen vorzugehen. Nur dann, wenn es keinen Betriebsrat gibt, obwohl ein solcher bestehen müsste (vgl § 107), oder wenn der Betriebsrat entweder bei seinem Recht auf Stellungnahme zur Kündigungsabsicht oder bei seinem Anfechtungsrecht untätig bleibt, kann der gekündigte Arbeitnehmer selbst die Kündigung anfechten.

Zum anderen ist im Fall der Sozialwidrigkeit einer Kündigung der Betriebsrat sogar berechtigt, durch ausdrückliche Zustimmung zur Kündigungsabsicht die Anfechtung einer Kündigung durch den einzelnen Arbeitnehmer zu verhindern (sog **„Sperrrecht"**). Dies ist dadurch begründet, dass Interessen der Gesamtheit der Arbeitnehmerschaft (etwa am Weiterbestand des Betriebes) im Einzelfall stärker zu berücksichtigen sind als individuelle Interessen jenes Arbeitnehmers, der gekündigt werden soll. Der VfGH hat diese kollektivrechtliche Konstruktion des allgemeinen Kündigungsschutzes ausdrücklich als verfassungskonform bestätigt (VfGH vom 23. 2. 1985, B 517/84, ARD 3703/14/85; VfGH vom 5. 12. 1984, B 370/83, infas 1985, A 71).

Die kollektivrechtliche Konzeption des § 105 wurde aber durchbrochen: Wie oben bereits ausgeführt, wurde das Sperrrecht auf sozialwidrige Kündigungen beschränkt, sodass bei Vorliegen eines unzulässigen Kündigungsmotives der Arbeitnehmer auch bei Zustimmung des Betriebsrates zur Kündigung diese selbst anfechten kann. Weiters erfolgt in den meisten Fällen die Anfechtung einer Kündigung durch den Arbeitnehmer selbst, der Betriebsrat ist dazu nur berechtigt, wenn er ausdrücklich der Kündigung widersprochen hat **und** der Arbeitnehmer von ihm die Anfechtung verlangt. Gegen den Willen eines Arbeitnehmers ist daher eine Kündigungsanfechtung durch den Betriebsrat nicht möglich. Entschließt sich der Betriebsrat während des laufenden Verfahrens, die Klage zurückzunehmen, so hat der Arbeitnehmer die Möglichkeit, das Anfechtungsverfahren fortzusetzen (vgl Erl 60 und 69).

Auf Grund dieser **Individualisierung** des betriebsverfassungsrechtlichen Bestandschutzes ist jedenfalls davon auszugehen, dass die Vorschriften des § 105 im Zweifel zu Gunsten des von der Kündigung betroffenen individuellen Arbeitnehmers auszulegen sind (vgl *Gerlach*, ZAS 1999, 82).

In der Literatur wird bisweilen die Auffassung vertreten, dass der allgemeine Kündigungsschutz in unsachlicher Weise jene bevorzuge, die einen Arbeitsplatz haben, und zu Lasten jener gehe, die arbeitslos sind (zB *Gerlach*, juridikum 2000, 74). In der Tat liegt ein gewisses Ungleichgewicht der Gesetzgebung darin, dass die Erlangung eines Arbeitsplatzes in keiner Weise vom Gesetzgeber etwa im Sinne eines Rechtes auf Arbeit oder einer Überprüfung auf Sachlichkeit bei der Einstellung von Arbeitnehmern geregelt ist (mit Ausnahme des Verbotes der Diskriminierung auf Grund des Geschlechtes, der ethnischen Zugehörigkeit, der Religion oder Weltanschauung oder wegen des Alters oder der sexuellen Orientierung [vgl GlBG]), während bei der Auflösung von einmal begründeten Arbeitsverhältnissen eine entsprechende Sachlichkeitskontrolle durch § 105 und ähnliche Vorschriften erfolgt. Des Weiteren muss man konzedieren, dass die im Rahmen des § 105 vorzunehmende Überprüfung der Interessenbeeinträchtigung beim Arbeitnehmer (vgl Erl 34) dazu führt, dass Bezieher höherer Einkommen stärker geschützt werden, da der Verlust des Arbeitsplatzes und die damit verbundene Entgelteinbuße bei höheren Einkommen eher als „fühlbare Beeinträchtigung" des bisherigen Lebensstandards betrachtet wird.

Dieser Kritik ist aber entgegenzuhalten, dass es ein allgemeines Interesse der Arbeitnehmer und der Arbeitslosen ist, die Stabilität von Arbeitsplätzen zu gewährleisten und schrankenlose Austauschkündigungen zu vermeiden. Durch die Betonung eines scheinbaren Gegensatzes der Interessen zwischen Arbeitsplatzbesitzenden und Arbeitslosen könnte das Niveau der Arbeitsbedingungen insgesamt gesenkt werden und so die Sicherheit und der Einkommenserwerb für alle in Frage gestellt werden. Auch der Qualifikationserwerb durch längerdauernde Beschäftigung würde behindert werden. Arbeitslosen, die kurzzeitig die Möglichkeit hätten, den Arbeitsplatz eines Gekündigten einzunehmen, aber bald Gefahr laufen würden, selbst wiederum durch einen Arbeitslosen mit noch schlechteren Arbeitsbedingungen ersetzt zu werden, wäre wenig geholfen (vgl *Klein*, DRdA 1986, 404). Der **allgemeine Kündigungsschutz** erfüllt somit eine **wichtige Funktion bei der Ordnung am Arbeitsmarkt** und dient der Sicherheit und Stabilität von Arbeitsbedingungen (zur Zulässigkeit von **Austauschkündigungen** vgl Erl 50).

Aus § 105 ArbVG lassen sich auch allgemeine Grundsätze ableiten, die den Arbeitgeber bei der Beendigung eines Arbeitsverhältnisses zu einer sachlichen Vorgangsweise verpflichten (**Sachlichkeitsgebot**) (vgl OGH vom 18. 12. 2006, 8 Ob A 99/06a = RIS-Justiz RS0121639).

Aus der Beschränkung des Geltungsbereiches des § 105 auf Arbeitgeberkündigungen ergibt sich, dass folgende Beendigungsarten von den Schutzbestimmungen **nicht erfasst** sind:

- die **einvernehmliche Auflösung** des Arbeitsverhältnisses (vgl dazu aber § 104a);
- der Ablauf **befristeter Arbeitsverhältnisse**. Wenn allerdings befristete Arbeitsverhältnisse ohne sachliche Rechtfertigung aneinander gereiht werden, so besteht der Verdacht, dass dies zur Umgehung des Kündigungsschutzes und anderer arbeitsrechtlicher Ansprüche vom Arbeitgeber auf Grund seiner wirtschaftlichen Stärke veranlasst wurde. Solche „**Kettenarbeitsverträge**" sind daher unzulässig und in jeder Hinsicht (also auch bezüglich des Kündigungsschutzes) wie unbefristete Arbeitsverhältnisse anzusehen (OGH vom 14. 9. 1982, 4 Ob 75/82, DRdA 1985, 126; OGH vom 30. 10. 1996, 9 Ob A 2133/96h, ASoK 1997, 126).

Bei Streitigkeiten darüber, ob ein unzulässiger Kettenarbeitsvertrag vorliegt oder nicht, kann der Arbeitnehmer eine Klage auf Feststellung des durchgehenden aufrechten Arbeitsverhältnisses beim Arbeits- und Sozialgericht erheben. Eine einseitige Lösungserklärung durch den Arbeitgeber unterliegt den Bestimmungen des § 105. Überdies verbietet die EU-Richtlinie 1999/70/EG über befristete Arbeitsverträge den Missbrauch von Arbeitskettenverträgen ebenso wie sonstige Diskriminierungen befristeter Arbeitsverhältnisse. Es bleibt abzuwarten, wie extensiv der OGH diesen Diskriminierungsschutz in § 2b AVRAG interpretiert.

Zu hinterfragen ist auch die Zulässigkeit der Vereinbarung von Kündigungsmöglichkeiten während der Dauer befristeter Arbeitsverhältnisse. Der OGH lässt solche Vereinbarungen nur bei längeren Befristungen zu (OGH vom 8. 6. 1994, 9 Ob A 88/94, ZAS 1995, 193), wobei § 105 ArbVG bei der Kündigung jedenfalls anwendbar ist: Auch in diesen Fällen ist aber die Zulässigkeit der Befristung in Frage zu stellen, wenn der AG nur bezweckt, eine Auflösung unter Ausschaltung des Kündigungsschutzes vornehmen zu können.

Nach der Rechtsprechung des OGH kommt es darauf an, ob ein sachlicher Grund für eine Befristung vorliegt. Ist dies gegeben (zB wegen auf 6 Monate befristeter Förderzusage durch das AMS), so kann auch eine Kündigungsmöglichkeit vereinbart werden (OGH vom 24. 6. 2004, 8 Ob A 42/04s, DRdA 204, 561 = ARD 5525/1/2004 = ecolex 2004/378).

Wird während eines befristeten Arbeitsverhältnisses eine Entlassung ausgesprochen, so kann diese Entlassung jedenfalls angefochten werden, auch wenn das Arbeitsverhältnis später durch Zeitablauf

beendet wird (OGH vom 21. 4. 2004, 9 Ob A 31/04f, DRdA 2004, 466 = LV aktuell 2004 H12, 7 = ASoK 2005, 73).
- Für die vorzeitige Auflösung des Arbeitsverhältnisses aus wichtigen Gründen durch den Arbeitgeber (**fristlose Entlassung**) gilt die Sondervorschrift des § 106. Ob im Einzelfall eine Kündigung oder eine Entlassung vorliegt, hängt von der Erklärung des Arbeitgebers ab. Liegt zwar ein Entlassungsgrund vor, erklärt der Arbeitgeber aber trotzdem die Kündigung, so ist das Kündigungsschutzverfahren und nicht das Entlassungsschutzverfahren anzuwenden (LG Wien 9. 12. 1957, Arb 6783);
- **Bühnendienstverträge** iSd Schauspielergesetzes sind grundsätzlich befristet, ein Beendigungsgrund gem § 32 Schauspielergesetz ist die „Ablehnung der Fortsetzung des Arbeitsverhältnisses"; diese Nichtverlängerung des befristeten Bühnendienstvertrages ist nach der Rechtsprechung allerdings nicht als Kündigung anzusehen, sie kann daher auch nicht angefochten werden (EA Graz 20. 3. 1985, Arb 10.413; EA Wien 5. 6. 1979, Arb 9789; EA Wien 13. 12. 1982, Arb 10.158). In diesem Fall besteht aber eine besondere Verständigungspflicht gem § 133 Abs 4. Allerdings ist auch bei Bühnendienstverträgen zu hinterfragen, ob nicht unter gewissen Umständen unzulässige Kettenarbeitsverträge vorliegen (zB bei ständiger Aneinanderreihung von Schauspielverträgen für das gleiche Projekt).
- Die Lösung des Arbeitsverhältnisses während der **Probezeit** ist eine besondere Beendigungsart (OGH vom 28. 8. 1991, 9 Ob A 161/91, Arb 10.967) und unterliegt daher nicht dem allgemeinen Kündigungsschutz. Der Betriebsrat besitzt lediglich ein Informationsrecht.

Ein **öffentlich-rechtliches Dienstverhältnis** mit Pragmatisierung kann nicht gekündigt werden. Weil aber das Kündigungsschutzverfahren gerade eine ordnungsgemäße Kündigung voraussetzt, ist es für öffentlich-rechtlich Bedienstete auch dann nicht anzuwenden, wenn diese in betriebsratspflichtigen Betrieben als Arbeitnehmer iSd § 36 beschäftigt sind (EA Graz 18. 12. 1974, Arb 9295).

Der Kündigungsschutz erstreckt sich nur auf Arbeitnehmer solcher Betriebe, in denen gem § 40 Betriebsräte zu errichten sind. Diese Voraussetzung ist jedenfalls gegeben, wenn im Zeitpunkt der Kündigung **mindestens 5 Arbeitnehmer** im Betrieb beschäftigt sind (VwGH, 3. 12. 1959, Arb 7156). Diese Mindestzahl von fünf Arbeitnehmern muss während des größten Teils des Jahres gegeben sein, damit die Anwendbarkeit des ArbVG und damit auch der arbeitsverfassungsrechtlichen Kündigungsschutzvorschriften gegeben ist (EA Innsbruck 29. 11. 1985, RdW 1986, 90). Sind aber fünf Beschäftigte im Betrieb tätig, kommt es nicht darauf an, ob darunter auch **geringfügig Beschäftigte** oder **Familienangehörige** des Betriebsinhabers sind: Auch in diesen Fällen kann die Kündigung angefochten werden (OGH vom 27. 9. 1989, 9 Ob A 248/89, infas 1990, A 25).

Wenn trotz der dauernden Beschäftigung von mindestens fünf Arbeitnehmern im Betrieb ein **Betriebsrat nicht errichtet** ist, entfällt zwar die Pflicht zur Verständigung des Betriebsrates, die Kündigungsanfechtung kann jedoch durch den einzelnen Arbeitnehmer gem § 107 vorgenommen werden.

Änderungskündigungen unterliegen dem allgemeinen Kündigungsschutz gem § 105 (OGH vom 24. 4. 1991, 9 Ob A 79/91, RdW 1991, 299; vgl Erl 49).

Die Verweisung in Art 79 der mit Ratsverordnung festgelegten Beschäftigungsbedingungen für die **sonstigen Bediensteten der EG** auf die Vorschriften und Gepflogenheit, die am Ort der dienstlichen Verwendung der örtlichen Bediensteten bestehen, schließt nicht das an diesem Ort geltende nationale Recht der Mitsprache der Arbeitnehmer in dem sie beschäftigenden Unternehmen ein, wie es der II. Teil des ArbVG enthält (EuGH vom 10. 7. 2003, C-165/01, RdW 2004, 108; OGH vom 27. 8. 2003, 9 Ob A 89/03h, Arb 12.349 = RdW 2004, 108). Die Fragestellung an den EuGH betraf global die Anwendung der Mitspracherechte des II. Teils des österreichischen Arbeitsverfassungsgesetzes – damit ist wohl auch die Anwendung des allgemeinen Kündigungsschutzes nach § 105 ArbVG erfasst, auch wenn diese Frage nicht explizit an den EuGH herangetragen wurde. Unklar ist, ob dem EuGH bekannt war, dass er mit dieser Verneinung der Anwendung der österreichischen Betriebsverfassung auch den allgemeinen Kündigungsschutz für die örtlich Bediensteten der EG beseitigt hat. Bekämpfungsmöglichkeiten von Kündigungen in anderen EU-Staaten sind regelmäßig als Individualrecht ausgestaltet.

Ausländische Arbeitnehmer, die dem Ausländerbeschäftigungsgesetz unterliegen, sind ebenfalls nach § 105 kündigungsgeschützt (VwGH vom 10. 2. 1988, 87/01/0113, ARD 4086/2/89). Dies betrifft sowohl die Mitwirkungsmöglichkeit des Betriebsrates als auch das Anfechtungsrecht. § 8 Abs 2 AuslBG enthält eine authentische Interpretation des Grundsatzes der sozialen Auswahl gem § 105 Abs 3 Z 2, sodass im Falle der Verringerung der Anzahl der Arbeitsplätze die Beschäftigungsverhältnisse von Ausländern vor jenen der inländischen Arbeitnehmer zu lösen sind, was im Rahmen einer Kündigungsanfechtung grundsätzlich zu beachten ist (OGH vom 13. 4. 1994, 8 Ob A 214/94, ARD 4563/10/94; aA *Brodil*, ZAS 1996, 181). Dieser Vorrang der Inländerbeschäftigung hat aber dann keine Bedeutung, wenn die im Betrieb beschäftigten Ausländer Tätigkeiten ausüben, zu deren Übernahme die Inländer nicht bereit oder nicht in der Lage sind (EA Innsbruck 18. 12. 1984, Arb 10.386). Die Bestimmung ist nur insoweit relevant, als Inländer und Ausländer vergleichbare Tätigkeiten ausüben (EA Linz 4. 11. 1977, Arb 9633). Es muss also im Rahmen der Interessenabwägung eine sachgerechte Lösung herbeigeführt werden und es gilt keineswegs der Grundsatz, dass kein Inländer vor einem Ausländer gekündigt werden dürfte. Im Übrigen ist in diesem Zusammenhang zu beachten, dass EU-Ausländer den Inländern grundsätzlich ohne jede Einschränkung gleichzustellen sind.

Die Kündigung eines Arbeitnehmers durch einen **ausländischen Staat** ist kein Hoheitsakt, auch wenn sie mit Sicherheitsüberlegungen begründet wird. Solche Kündigungen sind ein Akt des Privatrechts und können daher angefochten werden (OGH vom 15. 4. 1993, 10 Ob S 65/93, ARD 4498/11/93).

Für die Normen des Arbeitsverfassungsrechtes über den Kündigungsschutz gilt das **Territorialitätsprinzip** (OGH vom 22. 11. 1995, 9 Ob A 183/95, DRdA 1996, 420 = ecolex 1996, 117). Dies bedeutet, dass grundsätzlich nur Betriebe in Österreich erfasst werden. Unselbstständige Arbeitsstätten im Ausland sind allerdings den österreichischen Betrieben zuzurechnen.

Ferialpraktikanten, die Arbeitsleistungen erbringen, sind bei unbefristeter Geltung des Vertrages ebenfalls von § 105 erfasst (VwGH vom 23. 5. 1990, 89/01/0158, ZfVB 1991/828).

Wird ein **Betrieb nur zu dem Zweck** errichtet, Arbeitnehmer an einen anderen Betrieb dauernd **zu überlassen**, damit diese als Angehörige des Überlasserbetriebs keinen Schutz gem § 105 genießen, dann ist die Kündigung durch den Überlasser ohne Verständigung des Betriebsrates des Beschäftigerbetriebes wegen Verstoßes gegen den **Normzweck des § 105** gesetzwidrig und **rechtsunwirksam** (OGH vom 15. 7. 1987, 14 Ob A 54 /87, DRdA 1988, 148 = ZAS 1988/9 = RdW 1987, 379 = wbl 1987, 282).

Bilden **zwei Gesellschaften eine organisatorische Einheit** und werden Arbeitnehmer der einen Gesellschaft an die andere Gesellschaft überlassen, so ist von einem einheitlichen Betrieb auszugehen. Ist daher für die Arbeitnehmer der einen Gesellschaft ein Betriebsrat errichtet, so ist die Kündigung auch solcher Arbeitnehmer, die einen Arbeitsvertrag zum anderen Gesellschafter haben und „verliehen" worden sind, diesem Betriebsrat vorher mitzuteilen. Dieser Betriebsrat kann die Kündigung des betroffenen Arbeitnehmers anfechten. Wird eine solche Kündigung dem Betriebsrat nicht mitgeteilt, so ist sie rechtsunwirksam.

Diese Entscheidung geht davon aus, dass es eine Umgehung des Kündigungsschutzes darstellt, wenn sich ein Arbeitgeber die Arbeitskraft eines Arbeitnehmers auf Dauer sichern will, diesen aber nicht selbst beschäftigt, sondern zu diesem Zweck eine Überlassungsfirma betreibt, von der die Arbeitskräfte überlassen werden.

Allgemein auf alle Fälle der **Arbeitskräfteüberlassung** wird diese Judikatur (vgl auch OGH vom 22. 5. 1984, 4 Ob 56/83, infas 1984, A 74) allerdings nicht übertragen werden können. Bildet der Überlasser mit dem Beschäftiger nicht auf Grund enger wirtschaftlicher Verflechtung de facto einen einheitlichen Betrieb, vertritt der Betriebsrat gegenüber dem Inhaber des Beschäftigerbetriebes überlassene Arbeitskräfte jedenfalls dann, wenn nicht die unmittelbare arbeitsvertragliche Beziehung zwischen überlassener Arbeitskraft und ihrem Arbeitgeber betroffen ist. Die Mitwirkungsrechte des Betriebsrates beschränken sich dann auf Informationsrechte, Beratungsrechte, allenfalls auf Rechte, die in einer Betriebsvereinbarung gem § 97 Abs 1 Z 1a festgelegt sind.

Im Falle von **Arbeitskräfteüberlassungen** im Konzern wird aber allenfalls im Rahmen des Kündigungsschutzes unter gewissen Umständen auf Sachverhalte nicht nur im Betrieb des arbeitsvertraglichen Arbeitgebers, sondern auch im **Beschäftigerbetrieb** Rücksicht zu nehmen sein (vgl Erl 52).

Auch bei **Insolvenz** des Arbeitgebers kommt der allgemeine und besondere Kündigungsschutz voll zum Tragen (OGH vom 22. 12. 1993, 9 Ob S 27/93, ARD 4547/7/94).

I.2 Besonderer oder individueller Kündigungsschutz – Kündigungsverbote

a) Rechtswirksame Kündigung als Voraussetzung

[2]) Nur **rechtswirksame Kündigungen** können angefochten werden (OGH vom 14. 2. 1990, 9 Ob A 29/90, ARD 4171/23/90). Ist eine Kündigung rechtsunwirksam, weil sie etwa gegen die Vorschriften des besonderen Kündigungsschutzes verstößt (vgl Erl 3), wegen eines Betriebsüberganges iSd § 3 AVRAG ausgesprochen wurde (vgl Erl 5) oder gegen ein ausdrückliches vertragliches Kündigungsverbot verstößt (vgl Erl 7), so sind die Bestimmungen des § 105 nicht anwendbar. Solche Kündigungen können also nicht angefochten werden, gegen sie ist durch Klage auf Feststellung des aufrechten Arbeitsverhältnisses, gegebenenfalls durch Klage auf Leistung des ausständigen Entgeltes, vorzugehen (OGH vom 14. 9. 1994, 9 Ob A 142/94, Arb 11248 = ecolex 1994, 834).

Ist eine Kündigung nach vertragsrechtlichen Grundsätzen rechtsunwirksam, kommt eine Anfechtung iSd § 105 durch den Betriebsrat nicht in Betracht, vielmehr ist in diesem Fall eine Feststellungsklage zu erheben. Sollten Feststellungs- und Anfechtungsklage gemeinsam erhoben werden, hat dies richtigerweise in Form der Erhebung eines Haupt- und eines Eventualbegehrens zu erfolgen, weil ein Erfolg des Anfechtungsbegehrens die Wirksamkeit der Kündigung und damit die Abweisung des Feststellungsbegehrens voraussetzt (OGH vom 13. 3. 2002, 9 Ob A 9/02t, DRdA 2003/12).

Wenn im **Kollektivvertrag** eine rechtswirksame Lösung des Arbeitsverhältnisses durch den Arbeitgeber nur nach Durchführung eines **Disziplinarverfahrens** vorgesehen ist (vgl Erl 7), so muss eine rechtskräftige Disziplinarentscheidung vorliegen, ehe das Kündigungsanfechtungsverfahren nach dem ArbVG in Gang gesetzt werden kann. Eine Kündigung, die in einem solchen Fall ohne Disziplinarverfahren ausgesprochen wird, ist rechtsunwirksam (OGH vom 24. 2. 1999, 9 Ob A 1/99h, Arb 11.838 = infas 1999, A 62 = RdW 1999, 482 = ZAS 2001, 2; EA Graz, Arb 10.156).

Ob ein Arbeitnehmer nach vertragsrechtlichen Grundsätzen überhaupt wirksam gekündigt worden ist, ist keine Prozessvoraussetzung, über die in Beschlussform zu entscheiden und im Verneinungsfall die Klage zurückzuweisen wäre, sondern eine **Vorfrage**, die im Verneinungsfall zur Abweisung in Urteilsform führen muss (OGH vom 10. 11. 1994, 8 Ob A 317/94, ARD 4631/35/95).

Eine **Änderungskündigung** ist eine Kündigung unter der Bedingung, dass sich der Arbeitnehmer mit einer bestimmten Änderung des Arbeitsvertrages nicht einverstanden erklärt. Die Änderungskündigung zielt in erster Linie nicht auf die Beendigung des Arbeitsverhältnisses ab, sondern auf eine inhaltliche Neugestaltung. Es ist ausschließlich Sache des Arbeitnehmers, ob er die neu angebotenen Arbeitsbedingungen akzeptieren will oder nicht. Voraussetzung für die Kündigungsanfechtung gem § 105 ist die Rechtswirksamkeit der Kündigung. Im Fall der **Änderungskündigung** kommt es bis zur Erklärung des Arbeitnehmers, ob er diese Bedingungen nun annimmt, zu einem Schwebezustand in Bezug auf die Frage, ob das Arbeitsverhältnis wirksam gekündigt ist oder nicht. Um die Änderungskündigung gerichtlich überprüfbar zu machen, bedarf es abgesehen vom Fristablauf einer Erklärung des Arbeitnehmers, dass er das Änderungsangebot nicht annehmen will, da das Gericht selbst nur über die Zulässigkeit einer Kündigung zu entscheiden hat und nicht über das Vertragsänderungsangebot. Die Tatsache der Erhebung der Anfechtungsklage allein kann eine Erklärung des Arbeitnehmers zumindest so lange nicht ersetzen, als dieser sich ausdrücklich zum Änderungsangebot nicht äußern will und sich die Möglichkeit offen halten will, bei Prozessverlust das Änderungsangebot anzunehmen (OGH vom 30. 6. 1994, 9 Ob A 216/94, DRdA 1994, 524 = RdW 1995, 68 = ZAS 1995, 5 = Arb 11.219).

In den folgenden Erl 3 bis 7 werden verschiedene gesetzliche Kündigungsschutzbestimmungen dargestellt, die zum Teil anstatt und zum Teil neben dem Kündigungsschutz des § 105 anwendbar sind. Im Regelfall bedeutet die Nichtbeachtung von besonderen Kündigungsschutzbestimmungen und Kündigungsverboten die Rechtsunwirksamkeit der Kündigung, die nicht durch Anfechtungs-, sondern mit Feststellungsklage auf aufrechten Bestand des Arbeitsverhältnisses geltend zu machen ist.

Die Rechtsunwirksamkeit einer Kündigung kann insbesondere in folgenden Fällen vorliegen:
– Kündigung eines befristeten Arbeitsverhältnisses, wenn keine Kündigungsmöglichkeit vereinbart wurde;
– Kündigung ohne Einhaltung des betriebsverfassungsrechtlichen Vorverfahrens (vgl Erl 21);
– Verstoß gegen die Anzeigepflicht gem § 45a AMFG (vgl Erl 6);
– Verstoß gegen besondere Kündigungsschutzbestimmungen (vgl Erl 3);
– Sittenwidrigkeit der Kündigung (vgl Erl 22);

— Kündigung wegen eines Betriebsüberganges (vgl Erl 5);
— Verstoß gegen Kündigungsschutzbestimmungen in Kollektivverträgen, Betriebsvereinbarungen oder Arbeitsverträgen (vgl Erl 7).

b) Besonderer Kündigungsschutz

³) Wie bereits oben dargestellt, setzt die Anwendung des Kündigungsschutzes gem § 105 eine rechtswirksame Kündigung voraus.

Ist die Kündigung rechtsunwirksam, bedarf der Arbeitnehmer keines weiteren Schutzes vor der Kündigung, ein zusätzliches Anfechtungsrecht wäre sinnlos. Er kann ohnehin auf die Rechtsunwirksamkeit der Kündigung, dh auf aufrechten Bestand des Arbeitsverhältnisses, klagen. Bei Erfolg der Klage bleibt das Arbeitsverhältnis aufrecht bestehen, ohne dass es auf das Vorliegen von Anfechtungsgründen nach § 105 ankäme.

Von **besonderem Kündigungsschutz** spricht man dann, wenn das Gesetz die rechtswirksame Kündigung eines Arbeitnehmers nur aus bestimmten Gründen und nur bei gerichtlicher bzw behördlicher Entscheidung über das Vorliegen dieser Gründe zulässt. Der besondere Kündigungsschutz ist durch Umstände in der Person des Arbeitnehmers gerechtfertigt, die eine außerordentliche Schutzwürdigkeit mit sich bringen.

Zu dieser Gruppe der besonders kündigungsgeschützten Personen gehören:

— **Betriebsratsmitglieder; Ersatzmitglieder** des Betriebsrates, die an der Mandatsausübung verhinderte Betriebsratsmitglieder vertreten oder durch mindestens zwei Wochen ununterbrochen vertreten haben, bis zum Ablauf von drei Monaten nach Beendigung dieser Tätigkeit; Mitglieder von **Wahlvorständen** und **Wahlwerber** vom Zeitpunkt ihrer Bestellung bzw Bewerbung bis zum Ablauf der Frist zur Anfechtung der Wahl; sowie ehemalige Mitglieder eines Betriebsrates bis zum Ablauf von drei Monaten nach Beendigung dieser Tätigkeit (vgl §§ 120 ff). Der Schutz von Betriebsratsmitgliedern und vergleichbaren Personen ist damit begründet, dass diese Arbeitnehmer gegenüber dem Arbeitgeber besonders exponiert sind und vom Arbeitgeber wegen ihrer Interessenvertretungstätigkeit nicht aus dem Betrieb eliminiert werden sollen.

Für Betriebsratsmitglieder und die den Genannten vergleichbaren Personen gelten daher die Vorschriften des § 105 nicht, es sind ausschließlich die Vorschriften der §§ 120 ff maßgeblich.

— **Behinderte**, die unter das Behinderteneinstellungsgesetz (BEinstG) fallen (mindestens 50%ige Erwerbsminderung auf Grund eines körperlichen oder geistigen Gebrechens, Feststellungsbescheid durch die zuständige Behörde). Behinderte können nach § 8 Abs 2 BEinstG nur gekündigt werden, wenn vorher der Behindertenausschuss nach Anhörung des für den Arbeitnehmer zuständigen Betriebsrates zugestimmt hat. Nur in besonderen Ausnahmefällen kann die Zustimmung auch nachträglich eingeholt werden. Ohne Zustimmung des Behindertenausschusses ist die Kündigung eines Behinderten rechtsunwirksam. § 105 Abs 2 bis 6 findet für die Kündigung von Behinderten, die dem BEinstG unterliegen, keine Anwendung (OGH vom 11. 9. 1991, 9 Ob A 144/91, ARD 4326/17/91). Dieser besondere Kündigungsschutz gilt jedoch nicht, wenn das Arbeitsverhältnis des begünstigten Behinderten zum Zeitpunkt des Ausspruches der Kündigung noch nicht länger als 6 Monate bestanden hat, es sei denn, die Feststellung der Begünstigteneigenschaft erfolgt innerhalb dieses Zeitraumes infolge eines Arbeitsunfalles oder es erfolgt ein Arbeitsplatzwechsel innerhalb eines Konzerns. Wenn auf Grund dieser Bestimmung sohin kein besonderer Kündigungsschutz vorliegt, so gilt § 105 ArbVG, soweit für die Anwendbarkeit dieser Bestimmung nicht eine längere Betriebszugehörigkeit (6 Monate bei Geltendmachung der Sozialwidrigkeit) erforderlich ist.

- Arbeitnehmer, die zum **Präsenz-, Ausbildungs- oder Zivildienst** einberufen sind, können auf Grund des Arbeitsplatzsicherungsgesetzes (APSG) nur mit Zustimmung des Arbeits- und Sozialgerichtes (ASG) gekündigt werden. Der Schutz gilt vom Zeitpunkt der Einberufung bis zum Ablauf eines Monats nach Beendigung des Präsenz-, Ausbildungs- oder Zivildienstes. Hat der Dienst aber nur einen Monat oder kürzer gedauert, vermindert sich die Schutzfrist auf die Hälfte dieses Zeitraumes.

- **Schwangere Frauen und Mütter** sind nach dem Mutterschutzgesetz besonders kündigungsgeschützt, sie können nur nach Zustimmung des ASG gekündigt werden. Der Schutz beginnt mit der Schwangerschaft und dauert bis zum Ablauf von vier Monaten nach der Entbindung bzw bis zum Ablauf von vier Wochen nach der Beendigung eines im Anschluss an die Schutzfrist nach der Entbindung angetretenen Karenzurlaubes. Bei Inanspruchnahme von Elternteilzeit beginnt der Kündigungs- und Entlassungsschutz mit der Bekanntgabe, frühestens jedoch 4 Monate vor dem beabsichtigten Antritt der Teilzeitbeschäftigung und dauert bis 4 Wochen nach dem Ende der Teilzeitbeschäftigung, längstens jedoch bis 4 Wochen nach dem Ablauf des 4. Lebensjahres des Kindes. Nach diesem Zeitpunkt gilt während der Elternteilzeit ein Motivkündigungsschutz nach § 15n Abs 2 MSchG.

- **Väter**, die von der Möglichkeit eines Karenzurlaubes oder Teilkarenzurlaubes nach der Geburt eines Kindes Gebrauch machen, sind während dieser Zeit und vier Wochen im Anschluss daran nur mit Zustimmung des ASG kündbar. Bei der Inanspruchnahme von Elternteilzeit gilt der gleiche Kündigungs- und Entlassungsschutz wie für Mütter.

- **Lehrlinge:** Da eine Lösung des Lehrverhältnisses vor Ablauf der Zeit nur nach den im Berufsausbildungsgesetz angeführten Kriterien möglich ist, gilt § 105 auch für Lehrlinge nicht (OGH vom 16. 9. 1987, 9 Ob A 72/87, ARD 3957/11/88). Dies gilt auch im Hinblick auf das durch BGBl I Nr 82/2008 neu eingeführte außerordentliche Auflösungsrecht durch den Lehrberechtigten (vgl § 15a BAG), wobei sittenwidrige Motive wohl auch eine außerordentliche Auflösung anfechtbar machen.
- **Vertragsbedienstete:** Arbeitsverhältnisse von Vertragsbediensteten, die bereits ein Jahr ununterbrochen gedauert haben, können nur schriftlich und mit Angabe von Gründen gekündigt werden (§ 32 VBG). Teilzeitbeschäftigte Vertragsbedienstete, die nicht einmal die Hälfte der Arbeitszeit eines vollbeschäftigten Vertragsbediensteten leisten, haben diesen besonderen Kündigungsschutz erst nach zwei Jahren. Wird die Kündigung eines Vertragsbediensteten daher nicht schriftlich ausgesprochen oder wird kein Grund angegeben oder liegt ein solcher nicht vor, so ist die Kündigung rechtsunwirksam.

Die Anwendung des § 105 ArbVG ist aber grundsätzlich auch für Vertragsbedienstete des Bundes und anderer Gebietskörperschaften möglich; seine Voraussetzungen müssen aber in jedem Fall selbstständig und unabhängig von denen des besonderen Kündigungsschutzes nach § 32 VBG geprüft werden (OGH vom 1. 7. 1980, 4 Ob 136/79, Arb 9882).

Untersteht aber der Vertragsbedienstete dem Kündigungsschutz des **VBG** – wenn auch nur **kraft Vereinbarung** –, so ist es überflüssig, ihm auch noch den allgemeinen Kündigungsschutz nach § 105 zuzubilligen. Durch die Bindung des Arbeitgebers an wichtige Gründe wird ein Äquivalent zu den sonst der Belegschaftsvertretung nach § 105 zustehenden Rechten auf Anfechtung der Kündigung eingeräumt (OGH vom 11. 5. 2000, 8 Ob A 204/99d, RdW 2001/188).

In der Lehre wird allerdings durchaus vertreten, dass die Kündigungsschutzbestimmungen des VBG und der allgemeine Kündigungsschutz des ArbVG in besonderen Konstellationen auch parallel anwendbar sind. Wurde der Kündigungsschutz des VBG kraft Gesetzes Inhalt des Arbeitsvertrages, so verdrängt er den inhaltlichen Kündigungsschutz des ArbVG, die verfahrensrechtlichen Kündigungsschutzvorschriften des ArbVG sollen aber anwendbar bleiben (zB zwingende Einhaltung des betrieblichen Vorverfahrens nach § 105 ArbVG, so *Gerhartl,* Kündigungsschutz bei Ausgliederungen, ZAS 2006/32).

Ist auf ein Arbeitsverhältnis das Kärntner Gemeindevertragsbediensstetengesetz anwendbar, so kann der Gemeinderat das Arbeitsverhältnis schriftlich unter Angabe von Kündigungsgründen auflösen. Im Gegensatz zu § 105 ist dem Kärntner Gemeindevertragsbedienstetengesetz keine Verpflichtung zu entnehmen, die Nachteile des gekündigten Arbeitnehmers gegen die für den Arbeitgeber mit der Kündigung verbundenen Vorteile abzuwägen oder sonst auf soziale Belange Bedacht zu nehmen (OGH vom 12. 8. 1999, 8 Ob A 61/99z, RdW 2000/604).

- **Opferbefürsorgte** nach dem Opferfürsorgegesetz (das sind Personen, die durch das nationalsozialistische Regime verfolgt wurden): Eine Kündigung dieser Personengruppe ist nur zulässig, wenn der Opferfürsorgeausschuss im Bundesministerium für soziale Sicherheit und Generationen zugestimmt hat. Da die Zahl jener Personen, die durch das nationalsozialistische Regime verfolgt wurden und die derzeit noch aktiv beschäftigt sind, verschwindend ist, hat der Kündigungsschutz des Opferfürsorgegesetzes kaum mehr Bedeutung.
- **Hausbesorger**: Für Hausbesorgerdienstverhältnisse, die vor dem 1. Juli 2000 begründet wurden, gilt § 18 Abs 6 HBG, wonach Hausbesorger nur aus bestimmten Gründen gekündigt werden können, wenn ihnen eine Dienstwohnung zusteht. Für Hausbesorger ohne Dienstwohnung besteht sohin kein besonderer Kündigungsschutz nach dem HBG. Wird aber einem Hausbesorger mit Dienstwohnung, dessen Dienstverhältnis vor dem 1. Juli 2000 begründet wurde, gekündigt und gleichzeitig eine andere entsprechende Wohnung zur Verfügung gestellt, so wird der besondere Kündigungsschutz beseitigt. In diesem Falle ist sohin der allgemeine Kündigungsschutz nach § 105 ArbVG anwendbar (OGH vom 25. 11. 1999, 8 Ob A 298/99b, DRdA 2000/58 = infas 2000, A 50 = RdW 2000/665 = ASoK 2000, 299).

c) Individueller Kündigungsschutz

[4]) Neben den Bestimmungen des § 105 sehen zB auch das AVRAG, das UG und das GlBG besondere Kündigungsanfechtungsmöglichkeiten vor, die aber der Bestimmung des § 105 ArbVG bezüglich des Verfahrensablaufes nachgebildet sind. Insbesondere ist in diesen Fällen die Kündigung auch zunächst rechtswirksam und kann durch **Anfechtungsklage** beim Gericht bekämpft werden. Solche gesonderten Möglichkeiten der Kündigungsanfechtung bestehen in folgenden Fällen:

- Kündigung wegen des Geschlechts oder wegen der offenbar nicht unberechtigten Geltendmachung von Ansprüchen nach dem GlBG (§ 2a Abs 8 GlBG)
- Kündigung wegen ethnischer Zugehörigkeit, Religion oder Weltanschauung, des Alters oder der sexuellen Orientierung (§ 15 iVm § 29 GlGB)
- Kündigung wegen Verlassen eines Gefahrenbereiches bei ernster und unmittelbarer Gefahr (§ 8 Abs 1 AVRAG)

– Kündigung wegen der Tätigkeit von Sicherheitsvertrauenspersonen, Sicherheitsfachkräften, Arbeitsmedizinern oder deren Fach- oder Hilfspersonal wegen ihrer Tätigkeit für die Sicherheit und den Gesundheitsschutz, auch bei nicht gegebener Anwendbarkeit des ArbVG (§ 9 Abs 2 AVRAG)
– Kündigung wegen der beabsichtigten oder tatsächlich in Anspruch genommenen Karenzierung im Zusammenhang mit Bildungskarenz, Solidaritätsprämienmodell oder Gleitpension (§ 15 AVRAG)
– Kündigung von Dienstnehmern der Jahrgänge 1935 bis 1942, bzw Dienstnehmerinnen der Jahrgänge 1940 bis 1947 im Kleinstbetrieb (§ 15 AVRAG)
– Gem § 113 UG sind Arbeitgeberkündigungen von Universitätspersonal unwirksam, wenn sie wegen einer in Forschung oder Lehre vertretenen Auffassung bzw Methode erfolgt sind.

Diese individuellen Kündigungsschutzbestimmungen gelten parallel bzw ergänzend zu den Bestimmungen des § 105 (vgl auch Erl 32).

Zu berücksichtigen ist aber, dass Kündigungsanfechtungsverfahren, die nicht nach dem ArbVG oder einer gleichartigen bundesrechtlichen Vorschrift iSd § 50 Abs 2 ASGG geführt werden, auch in den ersten beiden Instanzen mit Kostenersatzpflicht verbunden sind (vgl Erl 69).

d) Kündigung und Betriebsübergang – AVRAG

5) Werden Unternehmen, Unternehmensteile, Betriebe oder Betriebsteile an einen anderen Inhaber übertragen, so gehen die Arbeitsverhältnisse der dort beschäftigten Arbeitnehmer gem § 3 AVRAG ex lege auf den Betriebserwerber über (Näheres zum Betriebsübergangsbegriff vgl *Binder,* AVRAG, § 3 Rz 5 bis 64; *Gahleitner* in *Gahleitner/Leitsmüller,* Rz 197 f). In diesem Zusammenhang stellt sich die Frage, inwieweit Kündigungen im zeitlichen Zusammenhang mit einem Betriebsübergang zulässig sind. Dazu wurde von der Judikatur der Grundsatz aufgestellt, dass auch im Zusammenhang mit einem Betriebsübergang Kündigungen aus anderen, nämlich personenbedingten, wirtschaftlichen, technischen oder organisatorischen Gründen grundsätzlich zulässig sind. Eine Kündigung deren **tragender Grund** aber im **Betriebsübergang** zu finden ist, ist auf Grund § 3 AVRAG in Verbindung mit § 879 ABGB als **rechtsunwirksam** anzusehen (OGH vom 29. 2. 1996, 8 Ob A 211/96, wbl 1996, 404; OGH vom 23. 12. 1998, 9 Ob A 153/98k, DRdA 2000, 64). Insbesondere hat der OGH **vorsorgliche Rationalisierungskündigungen** als unzulässig gewertet (OGH vom 28. 8. 1997, 8 Ob A 91/97h, DRdA 1998, 284 = ZAS 1998, 143 = RdW 1997, 739).

Bei einem Betriebsübergang kann jedenfalls nicht das **Rationalisierungskonzept des Erwerbers** den Grund dafür geben, dass bereits der

Veräußerer eine betriebsbedingte Kündigung ausspricht. Die Abgrenzung, ob eine durch den Veräußerer ausgesprochene Kündigung betriebs- oder übergangsbedingt war, ist danach zu treffen, ob er sie auch ohne Übertragung des Betriebes auf einen anderen ausgesprochen hätte. Vorsorgliche Rationalisierungskündigungen, um dem Erwerber neue Strukturierungen und Einsparungen zu ermöglichen, sind daher unzulässig. In diesen Fällen kann erst der Erwerber in den Grenzen des § 105 die Kündigung aussprechen (OGH vom 28. 8. 1997, 8 Ob A 91/97h, DRdA 1998/33 = RdW 1997, 739; OGH vom 14. 9. 1994, 9 Ob A 142/94, Arb 11.248).

Eine dem gesetzlichen Arbeitsvertragsübergang widersprechende Kündigung ist sohin rechtsunwirksam und grundsätzlich mit Klage auf Feststellung des aufrechten Dienstverhältnisses gegen den Erwerber zu bekämpfen. In der Lehre (*Holzer*, DRdA 1995, 378; *Holzer/Reissner*, AVRAG, 107) wird vertreten, dass im Falle einer **nach** dem Betriebsübergang ausgesprochenen Kündigung des Erwerbers keine Rechtsunwirksamkeit mehr vorläge, da der Übergang des Arbeitsverhältnisses mit einer solchen Kündigung nicht rechtswidrig verhindert werde und daher keine Gesetzwidrigkeit vorläge, weswegen eine solche Kündigung nach § 105 angefochten werden müsse und nicht mit Klage auf Feststellung des aufrechten Dienstverhältnisses bekämpft werden könne. Diese Ansicht ist aber insofern abzulehnen, da sie nicht mit der dem AVRAG zu Grunde liegenden EU-Richtlinie 2001/23/EG über die Wahrung von Ansprüchen der Arbeitnehmer beim Übergang von Unternehmen, Betrieben oder Unternehmens- oder Betriebsteilen vereinbar scheint, die auch nachträgliche Kündigungen des Erwerbers, die allein durch den Betriebsübergang begründet sind, als unzulässig qualifiziert. Auch **nach Betriebsübergang** ausgesprochene Kündigungen des Erwerbers, die nur durch den Betriebsübergang motiviert sind, sind daher als rechtsunwirksam anzusehen (vgl *Binder*, AVRAG, § 3 Rz 86; *Gahleitner* in *Gahleitner/Leitsmüller,* Umstrukturierung und AVRAG, Rz 251; *Krejci,* Betriebsübergang-Grundfragen des § 3 AVRAG, 85).

Dieser Auffassung hat sich auch der OGH angeschlossen:

Eine nur wegen des Betriebsübergangs ausgesprochene Kündigung widerstreitet dem Normzweck des § 3 Abs 1 AVRAG und ist daher wegen Verstoßes gegen § 879 ABGB nichtig. Dies gilt für Veräußerer- und Erwerberkündigungen gleichermaßen. Sie brauchen daher nicht nach § 105 Abs 3 ArbVG angefochten werden. Eine Differenzierung zwischen vorhergehender und nachträglicher Kündigung ist schon aus gemeinschaftsrechtlichen Gründen untersagt und widerspricht auch dem Gebot gleicher Wirkungsintensität. Gestattet sind nur betriebsnotwendige Kündigungen, nicht aber vorsorgliche Rationalisierungskündigungen, um dem Erwerber neue Strukturierungen und Einsparungen zu ermöglichen. Das bloße Bestreben, in Ansehung des unterschiedlichen Gehalts bei Veräußerer und Erwerber eine „Zwei-Klassenbelegschaft" zu verhindern, rechtfertigt keine Kündigung (OGH vom 5. 6. 2002, 9 Ob A 97/02h, DRdA 2003/28 mit Anm *Binder*).

In der Praxis ist es häufig schwierig zu beurteilen, ob tatsächlich ein Betriebsübergang iSd § 3 AVRAG vorliegt und die Kündigung schon deshalb unwirksam ist. Ein Anfechtungsverfahren gem § 105 ArbVG setzt wiederum eine rechtswirksame Kündigung voraus. Man behilft sich in einer derart unsicheren Rechtslage damit, **vorsichtshalber sowohl** eine **Klage auf Feststellung** des aufrechten Arbeitsverhältnisses gegen den Erwerber **als auch** eine **Kündigungsanfechtungsklage** einzubringen und nach Möglichkeit letzteres Verfahren bis zur rechtskräftigen Entscheidung im Feststellungsprozess zu unterbrechen oder allenfalls eine Verbindung beider Verfahren zu erwirken bzw ein Hauptbegehren auf Feststellung des aufrechten Dienstverhältnisses und ein Eventualbegehren auf Anfechtung der Kündigung zu stellen (zur verfahrensrechtlichen Problematik vgl *Grießer*, RdW 1997, 669).

Der Arbeitnehmer kann den Anspruch aus der Unwirksamkeit der Kündigung und auf Fortsetzung des Arbeitsverhältnisses nicht unbegrenzt geltend machen, sondern hat im Interesse der Rechtssicherheit und im Klarstellungsinteresse des Arbeitgebers ohne unnötigen Aufschub eine Geltendmachung vorzunehmen. Diese Frist für die Aufgriffsobliegenheit kann nicht fix etwa mit 6 Monaten angegeben werden, sondern ist fließend nach den konkreten Umständen des Einzelfalls unter Abwägung des Klarstellungsinteresses des Arbeitgebers und der Schwierigkeit für den Arbeitnehmer, seinen Anspruch geltend zu machen, zu bestimmen. Kündigungsanfechtungsverfahren gegenüber dem früheren Arbeitgeber nach § 105 ArbVG setzen eine arbeitsrechtlich wirksame Kündigung voraus und können nicht als Geltendmachung von deren Unwirksamkeit und des Fortsetzungsanspruchs gegenüber dem Nachfolger wegen Verstoßes gegen § 3 AVRAG verstanden werden (OGH vom 11. 10. 2001, 8 Ob A 190/01a, LV aktuell 2002 H 11, 6 = Arb 12.155).

Sind zwischen dem Ausspruch der Kündigung und der **Geltendmachung ihrer Unwirksamkeit** 11 Monate verstrichen, so hat der Arbeitnehmer seine Aufgriffsobliegenheit verletzt. Daran ändert auch die Tatsache nichts, dass eine Kündigungsanfechtungsklage erhoben worden war (OGH vom 22. 5. 2002, 9 Ob A 102/02v, ASoK 2003, 102 = RdW 2003/136).

Auch bei Vorliegen eines Betriebsüberganges sind aber Kündigungen aus verhaltensbedingten Gründen zulässig (OGH vom 22. 10. 1997, 9 Ob A 274/97b, ecolex 1998, 156).

Schließt ein bislang in der Produktion und dem Vertrieb von Konditoreiwaren tätiges Unternehmen alle seine Verkaufsfilialen, weil es künftig Erzeugnisse nicht mehr selbst, sondern nur noch über Dritte verkaufen will, so ist die Kündigung einer als Ladnerin beschäftigten Arbeitnehmerin aus betrieblichen Gründen mangels vorhandener Einsatzmöglichkeiten erforderlich, die Kündigung ist in diesem Fall nicht unwirksam (vgl OGH vom 8. 9. 2005, 8 Ob A 98/04a, ARD 5657/6/2006 = ASoK 2006, 151).

e) Sonstige gesetzliche Kündigungsverbote

[6]) **Rechtsunwirksam** kann eine Kündigung auch sein, wenn sie entweder gegen ein ausdrückliches gesetzliches Kündigungsverbot verstößt oder sonst gegen Rechtsvorschriften verstößt, die als Sanktion gegen diesen Verstoß die Rechtsunwirksamkeit vorsehen. Dies ist insbesondere der Fall, wenn

- der Kündigung ein **sittenwidriges Motiv** zugrunde liegt (vgl Erl 22)
- das Arbeitsverhältnis **befristet** wurde und keine besondere Kündigungsmöglichkeit vereinbart wurde;
- das **Mitwirkungsrecht des Betriebsrates** durch Verständigung von der Kündigungsabsicht und Einräumung der 5-tägigen Stellungnahmefrist nicht eingehalten wurde (vgl Erl 21); oder
- die Anzeigepflicht gem **§ 45a AMFG** nicht beachtet wurde.

Durch § 45a AMFG ist vorgeschrieben, dass der Arbeitgeber bei sog **Massenkündigungen** verpflichtet ist, das Arbeitsmarktservice vorher von den geplanten Kündigungen zu verständigen. Erfolgt eine derartige Verständigung des Arbeitsmarktservice nicht, so ist die Kündigung rechtsunwirksam. Solche rechtsunwirksamen Kündigungen können daher nicht nach § 105 angefochten werden, gegen sie ist durch Feststellungsklage auf aufrechten Bestand des Arbeitsverhältnisses vorzugehen. Eine Massenkündigung liegt vor, wenn innerhalb von 30 Tagen der Beschäftigtenstand

- in Betrieben mit mehr als 20 und weniger als 100 Beschäftigten um mindestens 5,
- in Betrieben mit in der Regel 100 bis 600 Beschäftigten um mindestens 5 %,
- in Betrieben mit in der Regel mehr als 600 Beschäftigten um mindestens 30 Arbeitnehmer,
- unabhängig von der Betriebsgröße um mindestens 5 Arbeitnehmer, die das 50. Lebensjahr vollendet haben, verringert werden soll.

Auch vom Arbeitgeber veranlasste einvernehmliche Lösungen sind mitzuzählen.

Wurde den Meldevorschriften bei Massenkündigungen nach § 45a AMFG entsprochen, so ersetzt die Information des Arbeitsmarktservice einschließlich des Betriebsrates die besondere Verständigungspflicht des Betriebsrates nach § 105 nicht. Das bedeutet, dass der Betriebsrat trotz Verständigung nach § 45a AMFG nochmals im Einzelfall von der geplanten Kündigung nach § 105 verständigt werden muss und die Anfechtungsmöglichkeiten nach § 105 auch in diesen Fällen bestehen.

f) Kündigungsschutz durch Kollektivvertrag, Betriebsvereinbarung oder Arbeitsvertrag

[7]) In manchen Fällen wird das Kündigungsrecht des Arbeitgebers durch kollektivrechtliche Bestimmungen oder Klauseln im Arbeitsvertrag eingeschränkt. Hiebei sind vor allem zwei Gruppen von Einschränkungen üblich: Zum einen werden verstärkte **Mitwirkungsrechte des Betriebsrates** bei Kündigungen festgelegt (zB Vetorecht oder Zustimmungsrecht des Betriebsrates), zum anderen wird die Zulässigkeit einer Kündigung an das **Vorliegen bestimmter Kündigungsgründe** gebunden.

Nach der Judikatur des OGH sind aber die Mitwirkungsrechte der Belegschaft in den Bestimmungen des ArbVG über die **Betriebsverfassung abschließend und absolut zwingend** geregelt. Es obliegt daher weder dem Kollektivvertrag noch der Betriebsvereinbarung, die Mitwirkungsrechte des Betriebsrates zu erweitern (OGH vom 24. 2. 2000, 9 Ob A 24/00w, DRdA 2000, 420 = infas 2000, A78 = ZASB 2000, 33 = RdW 2000/614; OGH vom 18. 8. 1995, 8 Ob A 269/95, DRdA 1996/37 = infas 1996, A2; OGH vom 15. 9. 1994, 8 Ob A 276/94, Arb 11.258 = RdW 1995, 107). Diese Judikatur überzeugt insbesondere im Hinblick auf die verfassungsgesetzlich garantierte Sozialautonomie und den Schutzzweck des Arbeitsrechtes, der eine weite Regelungsbefugnis der Kollektivvertragsparteien nahelegt, nicht (vgl Erl 6 zu § 2).

Wenn in einer **Disziplinarordnung** vorgesehen ist, dass eine Kündigung nur im Rahmen eines **Disziplinarverfahrens** ausgesprochen werden darf, so sind derartige Regelungen vom Arbeitgeber **zu beachten**, widrigenfalls die Beendigungserklärung rechtsunwirksam ist. Zwar sind nach Auffassung des OGH sämtliche Varianten einer kollektivvertraglichen Erweiterung der Mitbestimmungsrechte des Betriebsrates grundsätzlich unzulässig und daher rechtsunwirksam, sofern sie nicht unter den Tatbestand des § 2 Abs 2 subsumierbar sind. Kündigung und Entlassung zählen auch nicht zu den Disziplinarstrafen. Dennoch ist es zulässig, im Rahmen der Mitwirkung des Betriebsrates an der Aufrechterhaltung der Disziplin im Betrieb im Sinne der §§ 96 Abs 1 Z 1 und 102 vorzusehen, dass ein Betriebsrat Mitglieder in eine Disziplinarkommission entsendet. Diese Disziplinarkommission hat als neutraler Dritter das Recht zur Gestaltung der Rechtslage, weswegen dadurch die Mitwirkungsrechte des Betriebsrates nach dem ArbVG nicht unzulässig erweitert werden. Der Arbeitgeber hat daher durch die Selbstbeschränkung des dem Arbeitgeber nach den Normen des materiellen Rechts zustehenden Kündigungsrechtes das in der **Betriebsvereinbarung** geregelte Disziplinarverfahren seinem späteren rechtsgestaltenden Kündigungsausspruch vorzuschalten und die diesbezügliche Empfehlung der Disziplinarkommission abzuwarten. Das Disziplinarerkenntnis ist in der Folge dann gerichtlich überprüfbar (OGH vom 24. 2. 1999, 9 Ob A 1/99h, Arb 11.838 = ZAS 2001/2 = infas 1999, A 62 = RdW 1999, 482).

Die gerichtliche Überprüfbarkeit eines Disziplinarerkenntnisses und des vorgeschalteten Disziplinarverfahrens besteht nicht nur in Bezug auf die angelasteten Disziplinarvergehen, sondern auch im Hinblick auf Mängel, bei deren Vermeidung die Disziplinarkommission zu einem andern Ergebnis hätte kommen können oder gekommen wäre. Darunter sind vor allem schwer wiegende **Verletzungen** unabdingbarer **fundamentaler Grundsätze eines Verfahrens** zu verstehen, die unabhängig davon, ob die Entscheidung sachlich richtig ist, dem Gewicht von Nichtigkeitsgründen entsprechen (OGH vom 4. 10. 2000, 9 Ob A 190/00g, ASoK 2001, 132 = infas 2001, A 30).

Die frühere Judikatur hatte demgegenüber noch vertreten, dass die Einhaltung eines Disziplinarverfahrens unter Mitwirkung des Betriebsrates nicht wirksam als Kündigungsbeschränkung vereinbart werden kann und der Arbeitgeber in so einem Fall auch ohne Einhaltung des Disziplinarverfahrens eine Kündigung aussprechen darf, wobei er nur an die materiellrechtlichen Kündigungsbeschränkungen gebunden sei (OGH vom 26. 6. 1997, 8 Ob A 170/97a, RdW 1998, 630).

Das Arbeitsverhältnis der **ÖBB-Bediensteten** beruht auf einem privatrechtlichen Vertrag. Die verschiedenen Dienstvorschriften der ÖBB, wie Dienstordnungen, Besoldungsordnungen oder Disziplinarordnungen stellen nach der Judikatur im Wesentlichen **Vertragsschablonen** dar, die mit Abschluss des jeweiligen Einzelvertrages rechtlich wirksam werden (vgl OGH vom 26. 2. 2004, 8 Ob A 71/03d sowie OGH vom 17. 3. 2005, 8 Ob A 12/04d, DRdA 2006/9). Seit 1. 1. 2004 gilt auf Grund des Bundesbahnstrukturgesetzes 2003 (BGBl I 2003/138) auch für die ÖBB der II. Teil des ArbVG. Gem § 69 Abs 2 BBVG gelten bestehende Regelungen zwischen Unternehmensleitung und Personalvertretung der ÖBB über Mitwirkungsrechte der Personalvertretung bis zu einer allfälligen Änderung durch eine erzwingbare Betriebsvereinbarung weiter.

Die Judikatur zur Frage der Zulässigkeit der Bindung von Kündigungen und Entlassungen an entsprechende **Disziplinarerkenntnisse** bzw die Zustimmung des Betriebsrates ist zusammenzufassen wie folgt:

Kündigungen und Entlassungen sind als solche nicht Disziplinarmaßnahmen iSd § 102 ArbVG (vgl § 102 Erl 1). Die Bindung einer Kündigung oder Entlassung an die Zustimmung des Betriebsrates ist jedoch wegen des absolut zwingenden Charakters der Betriebsverfassung unwirksam (vgl OGH vom 15. 9. 1994, 8 Ob A 276/94, ZAS 1996/2). Ist die Kündigung oder Entlassung aber an die Befassung einer Disziplinarkommission gebunden, so ist der Arbeitgeber an diese verfahrensrechtliche Bestimmung gebunden und der Ausspruch einer Entlassung ohne Durchführung eines Disziplinarverfahrens unzulässig (vgl OGH vom 16. 4. 1994, 9 Ob A 201, 202/94, ZAS 1996/5 mit Anm *Kürner* = DRdA 1995/41, mit Anm *Eypeltauer*). Auch wenn eine Disziplinarkommission mit Zustimmung des Betriebsrates errichtet wird und von diesem beschickt wird, ist sie als neutraler Dritter zur Gestaltung der Rechtslage berufen und das Verfahren einzuhalten (vgl OGH vom 24. 2. 1999, 9 Ob A 1/99h, ZAS 2001/2 mit Anm *Drs,* OGH vom 17. 3. 2005, 8 Ob A 12/04d, DRdA 2006/9 mit Anm *Jabornegg*).

Eine **Betriebsvereinbarung**, die dem Betriebsrat eine im Arbeitsverfassungsgesetz nicht vorgesehene **Mitbestimmungskompetenz** betreffend die Kündigung erkrankter und damit arbeitsunfähiger Arbeitnehmer einräumt, überschreitet aber die Regelungsbefugnis gem § 97 Abs 1 Z 21 und ist insoweit **rechtsunwirksam** (OGH vom 22. 10. 1997, 9 Ob A 151/97i, infas 1998, A 52 = ASoK 1998, 282).

Nicht die Entscheidung einer Disziplinarkommission, sondern erst der Ausspruch der Entlassung durch den Arbeitgeber führt zur Auflösung des Dienstverhältnisses, und diese Entlassung kann sodann bekämpft werden. Eine Rechtsgrundlage für einen rechtsgestaltenden Eingriff in die Entscheidung der Disziplinarkommission durch das Gericht besteht nicht (die Klage war auf Rechtsunwirksamerklärung des Disziplinarerkenntnisses gerichtet gewesen, nicht auf Unwirksamerklärung der Entlassung). Eine nichtige Disziplinarordnung kann keine Rechtswirkungen entfalten (OGH vom 10. 7. 2002, 9 Ob A 46/02h, Arb 12.251 = ARD 5430/11/2003).

Im Hinblick auf den absolut zwingenden Charakter des Betriebsverfassungsrechtes ist auch eine kollektivvertragliche oder einzelvertragliche **Änderung** des dem allgemeinen Kündigungsschutz unterliegenden **Personenkreises** durch Einbeziehung in den besonderen Kündigungsschutz **unzulässig**. Es kann daher nicht wirksam vereinbart werden, dass bei Arbeitnehmern, die dem allgemeinen Kündigungsschutz unterliegen, vor dem Ausspruch einer Kündigung die rechtsgestaltende Zustimmung des Gerichtes einzuholen wäre. Das Gericht ist vielmehr auf eine nachfolgende Prüfung gem § 105 ArbVG beschränkt (OGH vom 17. 1. 1996, 9 Ob A 182/95, DRdA 1996, 246 = DRdA 1996, 50).

Wird in einem Kollektivvertrag für grundsätzlich **unkündbare Ärzte** vorgesehen, dass eine **Versetzung in den Ruhestand** nur mit Zustimmung des Betriebsrates durchgeführt werden kann, so ist auch ein solches **erweitertes Mitwirkungsrecht nichtig**, da die Versetzung in den Ruhestand als Arbeitgeberkündigung zu qualifizieren ist und die gesetzlichen Mitwirkungsbefugnisse nach dem ArbVG nicht erweitert werden können. Ist davon auszugehen, dass die Arbeitnehmerseite einer einseitigen Durchbrechung der Unkündbarkeit durch einseitige Versetzung in den Ruhestand ohne Zustimmung des Betriebsrates nicht zugestimmt hätte, so ist die gesamte Bestimmung über die Versetzung in den Ruhestand als nichtig anzusehen (OGH vom 11. 1. 1995, 9 Ob A 110/95, RdW 1997, 85 = infas 1996, A 55 = wbl 1996, 164).

Zulässig sind nach der Judikatur aber besondere Kündigungsschutzbestimmungen, die die **Kündigung an bestimmte Gründe binden** oder sonstige Erschwernisse für Kündigungen durch den Arbeitgeber festlegen.

Ist eine Kündigung nach vertragsrechtlichen Grundsätzen rechtsunwirksam, so kommt eine Anfechtung iSd § 105 ArbVG durch den Betriebsrat nicht in Betracht (OGH vom 7. 10. 1998, 9 Ob A 244/98t, ARD 4985/7/98).

Hat der Arbeitgeber durch betriebliche Übung, bei Vorliegen bestimmter Voraussetzungen (zwanzigjährige Betriebszugehörigkeit, Vollendung des 45. Lebensjahres) mittels „Treuebrief" besonderen individuellen Kündigungsschutz zugestanden, so kann er gegenüber Arbeitnehmern, die die Anspruchsvoraussetzungen bereits erfüllt haben und damit eine entsprechende Anwartschaft auf den erweiternden Kündigungsschutz erworben haben, die Ausstellung von Treuebriefen nicht plötzlich verweigern (OGH vom 18. 4. 2002, 8 Ob A 136/01k, ARD 5374/8/2003 = infas 2002, A 76 = ecolex 2002, 760).

II. Die Mitwirkung des Betriebsrates

II.1 Die Verständigungspflicht des Betriebsinhabers

[8]) Den Betriebsinhaber trifft die Pflicht, den Betriebsrat vor einer beabsichtigten Kündigung zu verständigen. Wird der Betriebsrat erst von einer erfolgten Kündigung verständigt, so ist die Kündigung rechtsunwirksam und kann ohne weiteres Eingehen auf die Gründe beim Gericht erfolgreich bekämpft werden (OGH vom 16. 9. 1992, 9 Ob A 185/92, ARD 4434/8/93).

Die **Verständigung** muss folgende Kriterien erfüllen:

a) Zuständiger Betriebsrat

[9]) Die Verständigung muss dem zuständigen Betriebsrat zukommen (EA Salzburg, 9. 10. 1978, Arb 9723). Innerhalb des Betriebsrates ist nur der **Betriebsratsvorsitzende** (bei seiner Verhinderung dessen Stellvertreter) der richtige Adressat einer Verständigung (OGH vom 6. 9. 1983, 4 Ob 91/83, DRdA 1984, 161; OGH vom 8. 7. 1992, 9 Ob A 131 /92, ZASB 1993, 1 = ecolex 1992, 866). Wird die Verständigung einem beliebigen Betriebsratsmitglied mitgeteilt, so erlangt sie nur dann Wirksamkeit, wenn sie dem zuständigen Betriebsratsvorsitzenden tatsächlich zukommt. Das Risiko trägt der Arbeitgeber. Kommt die Verständigung einem beliebigen Betriebsratsmitglied zu und langt nicht termingemäß beim zuständigen Betriebsratsvorsitzenden ein, kann dies Rechtsunwirksamkeit der Kündigung bewirken (OGH vom 8. 7. 1992, 9 Ob A 131 /92, ecolex 1992, 866 = ARD 4408/8/92; OGH 26. 3. 1957, Arb 6623).

Der **Stellvertreter** ist nur dann zuständig, wenn der Vorsitzende in absehbarer Zeit im Betrieb nicht zu erreichen ist (OGH 3. 6. 1958, Arb 6894). Die Verständigung des an Lebensjahren ältesten Betriebsratsmitgliedes ist nicht rechtswirksam.

In Betrieben mit mehr als 1000 Arbeitnehmern besteht gem § 69 Abs 4 die Möglichkeit, geschäftsführende Ausschüsse des Betriebsrates einzusetzen. Wenn die autonome Geschäftsordnung (§ 70) dies vorsieht, kann die Verständigung von der Kündigungsabsicht an den Vorsitzenden des diesbezüglichen Ausschusses ergehen. Der Betriebsinhaber muss von der Zuständigkeit des Ausschusses informiert werden, wenn der Betriebsrat die Zustellung an diesen Ausschuss wünscht. Der Ausschuss hat aber nicht das Recht, einer Kündigung rechtswirksam zuzustimmen, weil für diesen Beschluss die Mehrheit von zwei Drittel aller Betriebsratsmitglieder notwendig ist (§ 63 Abs 2 BRGO).

Hat sich der Betriebsrat noch nicht konstituiert, so entfällt mangels Bestehens einer handlungsfähigen Vertretungskörperschaft die Verständigungspflicht bei Kündigungen (EA Innsbruck 15. 7. 1983, Arb 10.255). Sinkt die Anzahl der dauernd im Betrieb beschäftigten Arbeitnehmer unter 5, so führt dies nicht zu einer vorzeitigen Beendigung der Tätigkeitsdauer des Betriebsrates und die Rechte des Betriebsrates im Rahmen des allgemeinen Kündigungs- und Entlassungsschutzes bleiben vollinhaltlich gewahrt, insbesondere ist auch das betriebliche Vorverfahren einzuhalten (vgl OGH vom 7. 6. 2006, 9 Ob A 90/05h, infas 2006, A 79; sowie § 40 Erl 4 und § 62 Erl 3). Besteht im Betrieb, dem der zu Kündigende angehört, ein **gemeinsamer Betriebsrat** der Arbeiter und Angestellten, weil nur eine Arbeitnehmergruppe oder nur beide zusammen die Voraussetzungen erfüllen oder weil ein entsprechender Beschluss der Gruppenversammlungen gefasst wurde (§ 40 Abs 3), so ist dieser bestehende Betriebsrat von jeder geplanten Kündigung zu verständigen.

Bei **getrennten Betriebsräten** der Arbeiter und Angestellten ist die Verständigung bei sonstiger Rechtsunwirksamkeit an den zuständigen Gruppenbetriebsrat zu richten.

Wenn ein Arbeitnehmer, dem **vertraglich** die **Angestellteneigenschaft** zugesichert wurde, weiterhin Arbeitertätigkeiten verrichtet, so ist für seine Kündigung der Angestelltenbetriebsrat nur dann zuständig, wenn außer dem Angestelltengesetz und dem Angestelltenkollektivvertrag auch ausdrücklich die Einstufung in die Lohnordnung des Angestelltenkollektivvertrages unwiderruflich vereinbart wurde (vgl § 41). Ist dies nicht der Fall, so muss weiterhin der Arbeiterbetriebsrat verständigt werden, wobei dieser dann auch das Recht hat, der Kündigung rechtswirksam zuzustimmen (VwGH vom 13. 9. 1976, 628/75, ARD 2939/6/77).

Waren alle Beteiligten **irrtümlich** der Meinung, dass der zu kündigende Arbeitnehmer der **Arbeitnehmergruppe der Arbeiter** angehöre, während er **tatsächlich** zufolge Verrichtung von Angestelltentätigkeiten der **Arbeitnehmergruppe der Angestellten** angehört und hat der Arbeitgeber bei einer Besprechung dem Vorsitzenden des Angestelltenbetriebsrates die Kündigungsabsicht mitgeteilt, so ist dies als **wirksame Verständigung** des Betriebsrates anzusehen. Der Irrtum des Vorsitzenden des Angestelltenbetriebsrates darüber, dass der Gekündigte Arbeiter sei und daher er nicht zuständig sei, ist irrelevant und die Kündigung wirksam (OGH vom 26. 4. 2000, 1 Ob 68/00g, DRdA 2001, 13 = RdW 2000, 662 = wbl 2000/290 = ecolex 2000, 271 = infas 2000, A 97 = ASoK 2001, 130).

Bei **mehreren Betrieben** eines Unternehmens richtet sich die Verständigungspflicht danach, in welchem Betrieb der zu Kündigende tatsächlich beschäftigt ist. Keinesfalls ist der Zentralbetriebsrat zuständig (OGH 27. 5. 1960, Arb 7239), es sei denn, dass ihm die Kompetenz vom zuständigen Betriebsrat nach § 114 übertragen wurde.

b) Form der Verständigung

[10]) Es ist im Gesetz nicht vorgesehen, dass die Verständigung in einer bestimmten **Form** erfolgt (zB Schriftform). Ergeht die Verständigung allerdings nicht schriftlich, so trägt der verständigende Betriebsinhaber das Risiko für etwaige unklare Formulierungen sowie die Beweislast dafür, dass ordnungsgemäß verständigt wurde.

Hat sich aber ein Arbeitgeber hinsichtlich der ansonsten nicht erforderlichen Schriftform durch Verständigung des Betriebsrates von einer beabsichtigten Kündigung durch **betriebliche Übung** selbst gebunden, indem Benachrichtigungen von bevorstehenden Kündigungen stets schriftlich erfolgten und die Unternehmensleitung auch auf die Schriftlichkeit der Verständigung hinwies, so kann er von der **Schriftform** bei sonstiger Unwirksamkeit des Ausspruches der Kündigung nicht ohne ausdrücklichen Hinweis abgehen (OGH vom 26. 2. 1998, 8 Ob A 321/97g, infas 1998, A 70 = ARD 4954/3/98).

Die Verständigung des Betriebsrates über die bevorstehende Kündigung kann auch per E-Mail erfolgen. Dabei gilt die Verständigung mit dem Einlangen des E-Mails am Server des zuständigen Betriebsratsmitgliedes als zugegangen (OLG Wien vom 19. 12. 2007, 10 Ra 148/07v, ARD 5873/4/2008).

Die Übermittlung des Textes des Kündigungsschreibens samt Hinweis „Mitteilung gemäß § 105 ArbVG an den Betriebsrat" und einer Rubrik für die Bestätigung der Übernahme durch den Betriebsrat stellt eine ausreichende Verständigung dar (OGH vom 7. 2. 2008, 9 ObA 150/07k, ARD 5873/5/2008).

c) Verständigung durch Betriebsinhaber

[11]) Eine wirksame Verständigung ist nur **durch den Betriebsinhaber** oder durch ein von ihm **bevollmächtigtes Organ** (zB Geschäftsführer, Prokurist) möglich (EA Wien 7. 5. 1951, SozM II B, 22). Wenn nur einer von zwei kollektivrechtlich zeichnungsbefugten GesmbH-Geschäftsführern die Kündigung eines Arbeitnehmers ausspricht und der andere, als er vom Arbeitnehmer auf die Kündigung angesprochen wird, sich darüber überrascht zeigt und dies auch dem Arbeitnehmer gegenüber zum Ausdruck

bringt, so ist die Kündigung unwirksam. Bei kollektivvertretungsbefugten Geschäftsführern einer GesmbH muss der Wille beider Geschäftsführer nach außen zum Ausdruck kommen (OGH vom 7. 11. 2002, 8 Ob A 209/02x, ARD 5376/7/2003 = RdW 2003, 215).

Tragen die Betriebsratsmitglieder einer aufsichtsratspflichtigen Genossenschaft den Beschluss zur Kündigung eines Arbeitnehmers in einer gemeinsamen Sitzung des Vorstands, des Aufsichtsrats und des Betriebsrates mit, ist darin eine wirksame Verständigung des Betriebsrats von der beabsichtigten Kündigung zu sehen (OLG Wien vom 7. 5. 2003, 8 Ra 32/03i, ARD 5434/5/2003).

Nach dem Ableben des Betriebsinhabers trifft den Verlassenschaftskurator die Pflicht, den Betriebsrat von einer geplanten Kündigung zu verständigen (OLG Wien vom 24. 6. 1991, 34 Ra 67/91, ARD 4299/12/91).

d) Inhalt der Verständigung

[12]) Es muss ein konkretes Arbeitsverhältnis bezeichnet werden, das gekündigt werden soll (OGH vom 29. 5. 1991, 9 Ob A 93/91, ARD 4289/8/91). Die Kündigung muss bereits **konkret geplant** sein, wenn auch noch kein konkreter Kündigungstermin genannt wird. Allgemeine Gespräche über geplante Kündigungen, ohne dass konkret bereits ein Arbeitsverhältnis genannt wird, sind keine gültige Verständigung von der Kündigungsabsicht (OLG Wien vom 23. 1. 1989, 34 Ra 123/88, ARD 4068/14/89). Wird der Betriebsrat davon verständigt, dass ein Arbeitnehmer unter Umständen gekündigt werden soll, so ist die erforderliche Bestimmtheit trotz dieses Vorbehaltes gegeben (OGH vom 10. 10. 1990, 9 Ob A 255/90, infas 1991, A 24 = OGH, DRdA 1991, 164).

Die Verständigung muss **eindeutig und klar** sein. Eine Einschränkung in der Weise, dass die Kündigung nur dann stattfinden soll, wenn weitere Gespräche mit dem Arbeitnehmer scheitern, ändert nichts daran, dass es sich um eine eindeutige Absichtserklärung handelt (OGH vom 24. 1. 2001, 9 Ob A 12/01g, RdW 2001/572 = infas 2001, A48). Wenn die Kündigung vom Arbeitgeber schon völlig bedingungslos geplant wäre, hätte die Frist zur Stellungnahme für den Betriebsrat und damit der Versuch des Betriebsrates, das Arbeitsverhältnis doch noch zu retten, keine Bedeutung. Es entspricht daher dem vom Gesetz vorgegebenen Ablauf, wenn die Absichtserklärung des Arbeitgebers, ein Arbeitsverhältnis aufzulösen, noch mit **Bedingungen und Einschränkungen** verbunden ist. Es ist aber **nicht ausreichend**, wenn die Mitglieder des Betriebsrates **gerüchteweise** von einer „im Raum stehenden" Kündigung erfahren, mag der Betriebsrat darauf auch mit einer Stellungnahme gegenüber dem Arbeitgeber reagieren (OGH vom 24. 1. 2001, 9 Ob A 12/01g, RdW 2001/572 = infas 2001, A48).

Der Inhalt der Verständigung ist so zu verstehen, wie die Erklärung **objektiv** unter Würdigung der dem Betriebsrat bekannten Umstände nach

Treu und Glauben unter Berücksichtigung der **Verkehrssitte** aufgefasst werden muss (OGH 15. 6. 1962, Arb 7578). Das Wort „Verständigung" muss im Wortlaut nicht unbedingt enthalten sein. Die Erklärung muss aber eindeutig, bestimmt und verständlich sein und die Person des zu Kündigenden bestimmt und nicht etwa bloß bestimmbar bezeichnen (ArbG Wien 22. 3. 1963, Arb 7731).

Die Verständigung von der beabsichtigten Kündigung **mehrerer Personen** („Pauschalkündigung") ist nur dann gültig, wenn zweifelsfrei feststeht, welche Arbeitnehmer im Einzelnen betroffen sein sollen (LG Wien vom 29. 11. 1977, 44 Cg 229/77, Arb 9679). Bei einer Kündigung mehrerer Personen muss daher eine namentliche Aufstellung mit der Verständigung von der Kündigungsabsicht an den Betriebsrat verbunden sein (LG Wien vom 13. 2. 1951, Arb 5236).

e) Zeitlicher Zusammenhang zwischen Verständigung und Kündigung

[13]) Zwischen der Verständigung des Betriebsrates von der geplanten Kündigung und dem Ausspruch der Kündigung dem Arbeitnehmer gegenüber muss ein zeitlicher und sachlicher Zusammenhang bestehen, widrigenfalls die Verständigung zu wiederholen ist.

Der Betriebsinhaber ist keinesfalls berechtigt, eine Kündigung, von deren Absicht der Betriebsrat verständigt wurde, auf einen beliebigen Zeitpunkt zu verschieben. Vergeht zwischen der Verständigung und der Kündigung ein **halbes Jahr**, so ist ohne neuerliche Verständigung des Betriebsrates diese Kündigung jedenfalls rechtsunwirksam (EA Linz 29. 12. 1976, Arb 9546). Eine im November eines Jahres geäußerte Kündigungsabsicht steht in keinem sachlichen und zeitlichen Zusammenhang mit einer Kündigung im Februar des Folgejahres (OGH vom 24. 1. 2001, 9 Ob A 12/01g, RdW 2001/572, infas 2001, A 48). Liegen aber zwischen Verständigung des Betriebsrates und der Kündigung **einige Wochen**, so ist der notwendige zeitliche Zusammenhang noch gegeben (OGH vom 29. 3. 1995, 9 Ob A 237/94, DRdA 1995, 422 = RdW 1995, 436 = wbl 1995, 337 = Arb 11.362).

Auch wenn ein Arbeitnehmer nicht sofort nach dem Einlangen der Stellungnahme des Betriebsrates, aber doch zum **nächstmöglichen Kündigungstermin** unter Einhaltung der erforderlichen Kündigungsfrist gekündigt wird, ist der von der Judikatur geforderte enge zeitliche Zusammenhang mit der Verständigung des Betriebsrates unabhängig von der verstrichenen Zeit noch gewahrt (OGH vom 28. 9. 1994, 9 Ob A 153/94, ARD 4671/44/95).

Liegen zwischen der Verständigung des Betriebsrates und dem Ausspruch der Kündigung **6 Wochen** und gehen während dieser Zeit **zwei Kündigungstermine** vorüber, so fehlt ein ausreichender Zusammenhang zwischen Verständigung und Kündigung und ist die Kündigung daher rechtsunwirksam (OGH vom 8. 7. 1993, 9 Ob A 147/93, wbl 1993, 329).

Der zeitliche Zusammenhang zwischen der Verständigung des Betriebsrates und der beabsichtigten Kündigung ist bei einem Kündigungsausspruch nach 12 Wochen nicht mehr gewahrt, selbst wenn die Verzögerung auf die mangelnde Mitwirkung des Arbeitnehmers bei der Suche nach einem Ersatzarbeitsplatz zurückzuführen wäre, da der Arbeitgeber geeignete Beschäftigungsmöglichkeiten vorab zu prüfen hat (OGH vom 11. 10. 2007, 8 Ob A 26/07t, DRdA 2008, 172).

Wird die **Kündigung zurückgenommen** und für einen späteren Termin wiederholt, so ist der Betriebsrat **neuerlich zu verständigen**, insbesondere wenn Änderungen in den betrieblichen oder persönlichen Verhältnissen eingetreten sind, die für die Kündigung von Bedeutung sein könnten (VwGH 12. 7. 1951, Arb 5290; OGH 10. 7. 1952, SozM II B, 81).

Eine neuerliche Verständigung ist allerdings nicht notwendig, wenn eine **Kündigung** nur **wiederholt** wird, beispielsweise zur schriftlichen Bestätigung einer mündlichen Kündigung (VwGH 8. 5. 1958, Arb 6870) oder zur Ausbesserung von Formfehlern. Auch wenn die Kündigung irrtümlich vor Ende der Überlegungsfrist für den Betriebsrat ausgesprochen wurde, kann sie ohne neuerliche Verständigung zum rechtlich möglichen Zeitpunkt wiederholt werden (LG Wien 30. 8. 1956, Arb 6497). Wenn der Kündigungstermin einvernehmlich hinausgeschoben wird, ist eine neuerliche Verständigung des Betriebsrates nicht erforderlich (EA Leoben 17. 6. 1966, Arb 8253).

Der zeitliche Zusammenhang ist auch gegeben, wenn es sich um einen einzigen Kündigungsfall handelt und die Kündigung zum ersten zulässigen Termin oder innerhalb einer Frist von wenigen Wochen ausgesprochen wird, insbesondere weil eine erste Kündigungserklärung wegen Rechtsunwirksamkeit der ersten Kündigung wiederholt wird. Eine Zustimmungserklärung des Betriebsrats vom 18. 6. 1999 gilt daher nicht nur für die zunächst noch während des besonderen Kündigungsschutzes am 21. 6. 1999 ausgesprochene Kündigung, sondern auch für die am 30. 7. 1999 nach Ablauf des besonderen Kündigungsschutzes ausgesprochene Kündigung (OGH vom 7. 3. 2002, 8 Ob A 233/01z, DRdA 2003/10 = infas 2002, A 75).

Liegt zwischen Verständigung des Betriebsrates von der Kündigungsabsicht und dem Ausspruch der Kündigung ein Zeitraum von **mehr als 2 Monaten**, so ist das erforderliche enge zeitliche Naheverhältnis dennoch zu bejahen, wenn der Arbeitnehmer zu dieser Zeit seinen **Urlaub** verbraucht und eine Kündigung während dieser Zeit gröblich gegen die Fürsorgepflicht des Arbeitgebers und damit gegen den Erholungszweck des Urlaubes verstoßen würde (OGH vom 21. 10. 1999, 8 Ob A 256/99a, DRdA 2000/49 = RdW 2000/663 = ASoK 2000, 218 = ecolex 2000/156 = infas 2000, A 19).

II.2 Die Stellungnahme des Betriebsrates

14) Der Betriebsrat hat die Möglichkeit, innerhalb von 5 Arbeitstagen eine Stellungnahme zur geplanten Kündigung dem Betriebsinhaber gegenüber abzugeben. Nimmt der Betriebsrat bereits vor Ablauf der 5-Tages-Frist Stellung zur Kündigung, so kann der Arbeitgeber unmittelbar nach Erhalt der Stellungnahme die Kündigung auch schon vor Ablauf der Frist aussprechen.

a) Varianten der Stellungnahme des Betriebsrates

15) Der Betriebsrat kann der Kündigung entweder ausdrücklich widersprechen, ihr ausdrücklich zustimmen oder sich nicht zur Kündigungsabsicht äußern. Die verschiedenen Arten der Stellungnahme haben jeweils rechtliche Konsequenzen für den betroffenen Arbeitnehmer:

Nur bei einem **ausdrücklichen Widerspruch** des Betriebsrates kann im Kündigungsanfechtungsverfahren ein Sozialvergleich (Erl 55) durchgeführt werden.

Stimmt der Betriebsrat einer Kündigung ausdrücklich **zu**, so ist dem Arbeitnehmer eine Anfechtung der Kündigung wegen Sozialwidrigkeit nicht mehr möglich (**Sperrecht** des Betriebsrates). Äußert sich der Betriebsrat nicht zur Kündigungsabsicht, so wird dies als „**schlichter Widerspruch**" gewertet, der Arbeitnehmer hat aber die Möglichkeit, selbst die Kündigung anzufechten.

Dabei ist insbesondere zu beachten, dass die Stellungnahme des Betriebsrates möglichst klar einer dieser drei Varianten entsprechen sollte. **Undeutliche Formulierungen** können **zu Lasten des betroffenen Arbeitnehmers** gehen:

So wurde etwa die Stellungnahme eines Betriebsrates, wonach „die Zustimmung des Betriebsrates verweigert wird", von der Judikatur nicht als ausdrücklicher Widerspruch gewertet (OGH vom 25. 2. 1998, 9 Ob A 33/98p, infas 1998, A 73 = RdW 1998, 691).

Auch hat der OGH etwa die schriftliche Stellungnahme eines Betriebsrates, dass „**keinerlei Einwände** gegen die Kündigung bestehen" selbst unter dem Aspekt einer hohen Anforderung an die Eindeutigkeit oder Klarheit einer solchen Stellungnahme als **ausdrückliche Zustimmung** gewertet (OGH vom 10. 7. 1996, 9 Ob A 2139/96, RdW 1997, 33 = ASoK 1997, 30).

Eine Erklärung des Betriebsrates, aus der nicht eindeutig entweder eine Zustimmung oder ein Widerspruch zu einer Kündigungsabsicht entnommen werden kann, ist so zu bewerten, wie wenn der Betriebsrat überhaupt **keine Stellungnahme** abgegeben hätte. Das Anfechtungsrecht des einzelnen Arbeitnehmers bleibt davon allerdings unberührt (EA Feldkirch, 3. 12. 1975, Arb 9442).

Die Erklärung des Betriebsrates, einer Kündigung „**nicht zuzustimmen**", bedeutet keinen ausdrücklichen Widerspruch, sondern ist ebenfalls so zu werten, wie wenn eine Stellungnahme nicht abgegeben worden wäre (OLG Wien vom 15. 12. 2004, 7 Ra 176/04k, infas 2006, 3; VwGH vom 24. 11. 1984, 84/01/0090, infas 1985, A 92). Die Anfechtung ist daher für den Arbeitnehmer, nicht aber für den Betriebsrat möglich. Allgemein muss diese Judikatur als zu formalistisch abgelehnt werden. Der Betriebsrat sollte jedenfalls undeutliche Ausdrücke vermeiden.

Erklärt der Betriebsrat vor Ablauf der 5-Tage-Frist ausdrücklich, keine Stellungnahme abgeben zu wollen, so ist auch dies als Stellungnahme zu sehen und kann unmittelbar nach dieser Stellungnahme, die einen schlichten Widerspruch darstellt, der Ausspruch der Kündigung erfolgen (OGH vom 18. 10. 2000, 9 Ob A 193/00y, DRdA 2001, 180 = ASoK 2001, 163 = RdW 2001/400 = RdW 2001/401).

Die Stellungnahme des Betriebsrates, dass dieser mit der Kündigung eines Mitarbeiters aus einer Abteilung grundsätzlich einverstanden sei, jedoch die Kündigung einer anderen namentlich genannten Mitarbeiterin bevorzuge, wurde von der Judikatur als Erklärung angesehen, keine Stellungnahme abgeben zu wollen und berechtigt daher den Arbeitgeber, unmittelbar danach die Kündigung auszusprechen, auch wenn die 5-Tage-Frist noch nicht abgelaufen ist (vgl OGH vom 15. 9. 2004, 9 Ob A 8/04y, ecolex 2005/25 = ARD 5548/1/2004).

Die bloße **„Kenntnisnahme der Kündigungsabsicht"** durch den Betriebsrat, selbst im Zusammenhang mit einer bereits früher vorangegangenen Kündigung, der nur der Betriebsratsvorsitzende zugestimmt hat, ist aber **nicht** mit einer **Zustimmung** gleichzusetzen und kann auch vom Betriebsinhaber nach der Verkehrssitte nicht so verstanden werden (OGH vom 15. 9. 1999, 9 Ob A 148/99a, RdW 2000, 395 = ecolex 2000/59).

Die Möglichkeit des Betriebsrates, durch Zustimmung zur Kündigung die Anfechtung nach § 105 Abs 3 Z 2 ArbVG unmöglich zu machen, bezieht sich nur auf das Anfechtungsrecht nach dieser Bestimmung, bei dem es sich um ein Belegschaftsrecht handelt. Für das Individualrecht auf Geltendmachung der Unwirksamkeit einer Kündigung ist die Zustimmung der Belegschaftsvertretung hingegen ohne jede Bedeutung. Für die klagsweise Geltendmachung der Unwirksamkeit kommen auch die Fristen des § 105 ArbVG nicht zur Anwendung, ebenso wenig die Fristen des § 1162 d ABGB bzw des § 34 AngG (OGH vom 15. 9. 2004, 9 Ob A 97/04m, RdW 2005, 115).

Eine während eines schwebenden Anfechtungsverfahrens über eine vorangegangene Kündigung ausgesprochene **Eventualkündigung** ist grundsätzlich wirksam. Es ist daher nur konsequent, die ebenfalls unter der Rechtsbedingung eines aufrechten Arbeitsverhältnisses abgegebene Zustimmung des Betriebsrats zu einer Eventualkündigung für ebenso wirksam zu erachten (OGH vom 23. 4. 2003, 9 Ob A 253/02z, ASoK 2004, 64 = ARD 5423/4/ 2003).

b) Berechnung der Frist zur Stellungnahme

[16]) Die Stellungnahmefrist von **5 Arbeitstagen** ist eine nicht verlängerbare Fallfrist, eine verspätete Stellungnahme des Betriebsrates ist rechtlich bedeutungslos und vermag weder durch eine Zustimmung zur Kündigungsabsicht die Anfechtung des einzelnen Arbeitnehmers auszuschließen, noch ein eigenes Anfechtungsrecht des Betriebsrates durch Widerspruch gegen die Kündigungsabsicht zu begründen (OGH vom 22. 10. 1997, 9 Ob A 151/97i, ARD 4922/37/98; EA Linz 4. 11. 1977, Arb 9633).

Der Tag, an dem der Betriebsrat von der Kündigungsabsicht verständigt wird, wird bei der Frist nicht mitgerechnet (§ 65 Abs 1 BRGO).

Die **Frist beginnt** an jenem Tag zu laufen, der dem Tag der Verständigung folgt; wenn dieser Tag kein Arbeitstag ist, beginnt die Frist am nächsten Arbeitstag (§ 32 Abs 1 AVG; VwGH 11. 4. 1951, Arb 5256). Die Verständigung gilt an dem Tag als erfolgt, an dem der Betriebsrat davon Kenntnis erlangt; Tage des **Postlaufs** werden in die Frist **nicht eingerechnet** (§ 33 Abs 2 und 3 AVG bzw § 65 BRGO).

Für die **Fristenberechnung** gilt generell § 65 BRGO:

Bei der Berechnung von Fristen, die nach **Tagen** bestimmt sind, wird der Tag nicht mitgerechnet, in den der Zeitpunkt oder die Ereignung fällt, wonach sich der Anfang der Frist richten soll. Nach **Wochen** bestimmte Fristen beginnen mit dem Tag, in den der Zeitpunkt oder die Ereignung fällt, wonach sich der Anfang der Frist richten soll, und enden mit dem Ablauf desjenigen Tages der nach der betreffenden Fristbestimmung in Betracht kommenden Woche, der durch seine Benennung dem Tag entspricht, an dem die Frist begonnen hat (zB Montag – Montag). Der **Beginn** und der **Lauf** einer Frist wird durch Sonn- und Feiertage, einen Samstag oder den Karfreitag nicht behindert. Fällt aber das **Ende** einer Frist auf einen Sonn- oder Feiertag, auf einen Samstag oder den Karfreitag, so endet die Frist am **nächstfolgenden Werktag**. Ist der betreffende Werktag ein Samstag, so endet die Frist am folgenden Montag. Die Tage des **Postenlaufes** werden in die Frist **nicht eingerechnet**.

Es gelten nur solche Tage als **Arbeitstage**, an denen auf Grund der betrieblichen Arbeitszeiteinteilung die **Mehrzahl der Arbeitnehmer im Betrieb** anwesend und tätig ist (§ 63 Abs 1 BRGO).

Befindet sich im Juli und August der Großteil der Arbeitnehmer auf **Urlaub** (80 %), sind diese Tage nicht für die Berechnung heranzuziehen (OGH vom 21. 10. 1999, 8 Ob A 256/99a, DRdA 2000/49 = RdW 2000/663 = ASoK 2000, 218 = ecolex 2000/156 = infas 2000, A 19).

Als „Arbeitstag" können daher auch nicht solche Tage angesehen werden, an denen zwar normalerweise gearbeitet wird, die aber in Zusammenhang mit **Feiertagen eingearbeitet** wurden und an denen daher konkret keine Arbeitnehmer im Betrieb anwesend sind (OGH vom 23. 12. 1998, 9 Ob A 334/98b, Arb 11.810 = DRdA 1999, 233 = RdW 1999, 547 = ASoK 1999, 272).

Auch **Samstage** oder **Sonntage** sind nur dann in die Frist einzubeziehen, wenn an diesen Tagen von der Mehrzahl der Arbeitnehmer gearbeitet wird. Wird an diesen Tagen lediglich ein Bereitschaftsdienst aufrechterhalten oder werden nur bestimmte, an Zahl die Hälfte der sonst Beschäftigten unterschreitende Arbeitnehmergruppen in kontinuierlichem Betrieb eingesetzt, so gelten diese Tage allgemein, und zwar auch für die kontinuierlich Beschäftigten, nicht als Arbeitstage iSd § 105 Abs 1. Diese Rechtsfolge ist verständlich, wenn man bedenkt, dass das Betriebsratsgremium wohl nur an jenen Tagen in Aktion treten kann, an denen allgemein im Betrieb gearbeitet wird. Die Fünftagefrist ist zwingend und kann auch **durch Vereinbarung nicht abgeändert** werden (LG Wien, SozM II B, 14).

Die Frist endet mit Ablauf des fünften Arbeitstages (24 Uhr) nach ihrem Beginn. Das bedeutet, dass – mit Ausnahme des Falles, dass der Betriebsrat bereits vorher eine eindeutige Stellungnahme abgegeben hat – eine der Verständigung nachfolgende Kündigung frühestens am sechsten (Arbeits-)Tag nach dem Tag der Verständigung ausgesprochen werden darf. Hiebei kommt es auf den **Ausspruch** der Kündigung an und nicht auf den Zugang derselben an den Arbeitnehmer. Der Arbeitgeber darf also vor Ablauf der Frist die Kündigung **nicht zur Post** geben, auch wenn der zu kündigende Arbeitnehmer davon erst nach Ablauf der Frist Kenntnis erlangen würde (OGH 15. 7. 1954, Arb 6042; EA Graz 21. 10. 1965, Arb 8170; dagegen: EA Wien 28. 9. 1959, Arb 7123). Dies ergibt sich auch eindeutig aus dem Sinn der Überlegungsfrist:

Der Betriebsrat soll innerhalb dieser Frist die Möglichkeit haben, über die Kündigung zu verhandeln, ohne bereits vor vollendeten Tatsachen zu stehen. Dies wäre aber ausgeschlossen, wenn die Kündigung bereits auf dem Postweg ist.

Berechnungsbeispiele:

1. Betrieb mit **Fünftagewoche** (Samstag und Sonntag wird von der Mehrzahl der Arbeitnehmer nicht gearbeitet):

Verständigung am:	Frist zur Stellungnahme läuft ab am:	Kündigung kann (außer bei früherer Stellungnahme des Betriebsrates) ausgesprochen werden am:
Montag	Montag (24 Uhr) der nächsten Woche	Dienstag der nächsten Woche
Dienstag	Dienstag der nächsten Woche	Mittwoch der nächsten Woche
Mittwoch	Mittwoch der nächsten Woche	Donnerstag der nächsten Woche
Donnerstag	Donnerstag der nächsten Woche	Freitag der nächsten Woche
Freitag	Freitag der nächsten Woche	Samstag der nächsten Woche

2. Betrieb mit **Sechstagewoche** (nur am Sonntag wird von der Mehrzahl der Arbeitnehmer nicht gearbeitet):

Verständigung am:	Frist zur Stellungnahme läuft ab am:	Kündigung kann (außer bei früherer Stellungnahme des Betriebsrates) ausgesprochen werden am:
Montag	Montag der nächsten Woche*	Dienstag der nächsten Woche
Dienstag	Montag der nächsten Woche	Dienstag der nächsten Woche
Mittwoch	Dienstag der nächsten Woche	Mittwoch der nächsten Woche
Donnerstag	Mittwoch der nächsten Woche	Donnerstag der nächsten Woche
Freitag	Donnerstag der nächsten Woche	Freitag der nächsten Woche
Samstag	Freitag der nächsten Woche	Samstag der nächsten Woche

* Gem § 65 Abs 4 BRGO Fristablauf am Samstag nicht möglich.

c) Zustandekommen der Stellungnahme des Betriebsrates

[17]) Die Stellungnahme des Betriebsrates zu einer geplanten Kündigung muss durch **Beschluss des Kollegialorgans** Betriebsrat gedeckt sein (EA Leoben 25. 7. 1984, Arb 10.345; OGH vom 29. 8. 1990, 9 Ob A 208/90, ARD 4209/2/90). Sie muss dem Betriebsinhaber innerhalb der Frist von fünf Arbeitstagen durch ein vertretungsbefugtes Betriebsratsmitglied **zukommen**. Die Stellungnahme ist an **keine Formvorschriften** gebunden (VwGH 13. 1. 1976, Arb 9449) und muss nicht begründet werden (VwGH 25. 9. 1951, Arb 5306).

Die Stellungnahme zur Kündigungsabsicht kann durch den Betriebsrat **nicht „vorsorglich"** abgegeben werden, es ist jeweils ein Beschluss nach Mitteilung des Betriebsinhabers von der Kündigungsabsicht im konkreten Fall notwendig (OGH vom 16. 9. 1987, 9 Ob A 92/87, infas 1988, A 49). Ein **„Generalbeschluss"** des Betriebsrates, wonach beispielsweise allen künftig geplanten Kündigungen Widerspruch entgegengesetzt wird, wäre nicht rechtswirksam und würde ein Anfechtungsrecht des Betriebsrates nicht begründen.

d) Abgabe der Erklärung gegenüber dem Betriebsinhaber

[18]) Berechtigt zur Abgabe der Erklärung innerhalb des Betriebsrates ist der **Betriebsratsvorsitzende**. Die Erklärung des Betriebsratsvorsitzenden ist als rechtswirksame Willenserklärung zu betrachten, bei der der Betriebsinhaber, an den sich die Erklärung richtet, vollen **Vertrauensschutz** genießt (OGH vom 11. 3. 1998, 9 Ob A 300/97a, RdW 1998, 692 = infas

1998, A 71). Diese Entscheidung des Höchstgerichtes bestätigt eine jahrzehntelange Judikatur, wonach eine **mangelnde Willensbildung** innerhalb des Betriebsrates über die Stellungnahme zur Kündigungsabsicht an der Gültigkeit einer Erklärung des Betriebsratsvorsitzenden gegenüber dem Betriebsinhaber nur dann etwas ändern kann, wenn dem **Betriebsinhaber bekannt sein musste**, dass der Betriebsrat die Stellungnahme ohne Konsultation des Kollegialorgans abgegeben hat (OGH vom 7. 7. 1981, 4 Ob 68/81, Arb 10.002).

Der Betriebsinhaber ist weder berechtigt noch verpflichtet, **Nachforschungen** darüber anzustellen, ob ein Beschluss des Betriebsrates ordnungsgemäß zustande gekommen ist (EA Leoben 25. 7. 1984, Arb 10.345). Wenn nicht erkennbare Umstände dagegensprechen, darf der Betriebsinhaber annehmen, dass die Erklärung des Vorsitzenden durch einen Beschluss gedeckt und verbindlich ist (VwGH vom 12. 12. 1978, 207/77, Arb 9768; EA Innsbruck 7. 11. 1984, Arb 10.404). Es ist nach der Judikatur zwischen dem Innenverhältnis des gültigen Zustandekommens eines Betriebsratsbeschlusses und dem Außenverhältnis der Wirksamkeit einer Erklärung des vertretungsbefugten Betriebsratsvorsitzenden zu unterscheiden. Wollte man die Erklärung des Betriebsratsvorsitzenden hinsichtlich ihrer Gültigkeit davon abhängig machen, ob tatsächlich ein Beschluss gefasst wurde oder nicht, so würde das ein umfassendes Informationsrecht des Betriebsinhabers über die innere Willensbildung des Betriebsrates voraussetzen. Da eine solche Informationsmöglichkeit einen unzulässigen Eingriff in die **inneren Angelegenheiten des Betriebsrates** darstellen würde, wird sie mit Recht von der Judikatur und der Lehre abgelehnt. Die Konsequenz dieser Haltung ist es, dass – wie oben dargestellt – Erklärungen des Betriebsratsvorsitzenden zu einer mitgeteilten Kündigungsabsicht auch dann gültig sind, wenn sie nicht durch einen ordnungsgemäßen Betriebsratsbeschluss gedeckt sind, aber der äußere Anschein für einen Außenstehenden nicht von vornherein gegen die rechtmäßige Vorgangsweise des Betriebsratsvorsitzenden spricht.

Auf seine **Unkenntnis** von der internen Willensbildung des Betriebsrates kann sich der Betriebsinhaber aber dann **nicht berufen**, wenn der Betriebsratsvorsitzende zu einer Mitteilung des Betriebsinhabers **sogleich eine Stellungnahme** abgibt. Eine **spontane Äußerung des Betriebsratsvorsitzenden** zu einer ihm gerade mitgeteilten Kündigungsabsicht beruht erkennbar nicht auf einem ordnungsgemäßen Beschluss des Betriebsrates. Ein Gutglaubensschutz des Betriebsinhabers, dass der Betriebsrat „noch nie" gegen eine Kündigung Einspruch erhoben habe, kommt nicht in Betracht (OGH vom 14. 4. 1999, 9 Ob A 5/99x, Arb 11.858 = DRdA 1999, 395 = infas 1999, A 88 = RdW 2000/664).

Dem Betriebsinhaber muss zB schon aus den Umständen bekannt sein, dass die **innerhalb einer Minute** nach der Verständigung von der Kündigungsabsicht **gefaxte Erklärung** des im Ausland befindlichen Vorsitzenden durch keinen entsprechenden Beschlusses des Betriebsrates gedeckt sein kann. Weder konkludentes Verhalten der übrigen Betriebsratsmitglieder noch eine telefonische Umfrage oder ein Umlaufverfahren können eine kollegiale Willensbildung in Form einer ausdrücklichen Abstimmung nach einer ordnungsgemäßen Beratung ersetzen (OGH vom 24. 1. 2001, 9 Ob A 12/01g, RdW 2001/572 = infas 2001, A 48).

Gibt der Betriebsratsvorsitzende zunächst eine Stellungnahme ab, die er in der Diskussion mit dem Arbeitgeber inhaltlich abändert, kann der Arbeitgeber diese letztere Stellungnahme nicht als vom Willen der Belegschaftsvertretung getragen ansehen. Dennoch kann er sich darauf verlassen, dass der Betriebsrat eine Erklärung (nämlich die erste) abgegeben hat, womit die Kündigung rechtmäßig ausgesprochen werden darf (OGH vom 15. 9. 2004, 9 Ob A 8/04y, ARD 5548/1/2004 = ecolex 2005, 61 = RdW 2005, 37). Im vorliegenden Fall hatte der Betriebsrat zunächst die Stellungnahme abgegeben, er sei zwar prinzipiell mit einer Kündigung einverstanden, bevorzuge jedoch die Kündigung einer anderen Person. Erst nach längerer Diskussion hatte sich der Betriebsratsvorsitzende zu einer unbedingten Zustimmung zur Kündigung durchgerungen. Der Arbeitgeber durfte aber nicht auf diese unbedingte Zustimmung vertrauen, da der ursprüngliche Beschluss nicht dahingehend lautete, sodass wirksam nur eine Stellungnahme im Sinne eines schlichten Widerspruches abgegeben worden war.

Besteht ein Betriebsrat nur aus zwei Mitgliedern und erzielen beide unmittelbar nach Verständigung von der Kündigungsabsicht noch im Beisein der Personalleiterin Einigung darüber, der Kündigung zuzustimmen, so liegt eine wirksame Stellungnahme zur Kündigung vor (vgl OLG Wien vom 13. 4. 2007, 9 Ra 30/07h, ARD 5782/5/2007).

Die Gültigkeit einer Stellungnahme des Betriebsrates zur Kündigung hängt nicht davon ab, ob der betroffene Arbeitnehmer davor angehört wurde und wird auch nicht dadurch berührt, dass der Betriebsrat bei der Beschlussfassung von falschen Tatsachen ausgegangen ist (vgl OLG Wien vom 19. 1. 2007, 9 Ra 115/06g, ARD 5782/6/2007).

Unabhängig von der Gültigkeit in der Außenwirkung kann eine nicht durch einen Beschluss gedeckte Erklärung des Betriebsratsvorsitzenden gerade dann, wenn es um die Zustimmung zur Kündigungsabsicht geht, in Rechte Dritter (des gekündigten Arbeitnehmers) eingreifen, weshalb eine **zivilrechtliche Haftung** des rechtswidrig handelnden Betriebsratsvorsitzenden in diesen Fällen nicht auszuschließen ist.

Ist hingegen die Erklärung des Betriebsratsvorsitzenden durch einen gültigen Beschluss gedeckt, so liegt jedenfalls eine rechtmäßige Vorgangsweise des Betriebsrates und seines Vorsitzenden vor, auch bei Zustimmung zur Kündigungsabsicht ist eine Mitverantwortung des Betriebsrates für einen eventuellen Ausschluss der Anfechtbarkeit der Kündigung in rechtlicher Hinsicht im Regelfall auszuschließen.

e) Kein Verzicht auf Mitwirkungsrecht

¹⁸ᵃ) Es ist mit dem Zweck des Betriebsverfassungsrechtes **unvereinbar**, dem Betriebsrat zu ermöglichen, im Vorhinein auf seine **betriebliche Mitbestimmung** dem Betriebsinhaber gegenüber rechtswirksam **zu verzichten**. Insbesondere kann sich der Betriebsrat nicht im Rahmen eines Sozialplans verpflichten, die im Sozialplan noch gar nicht individualisierten, sondern vom Betriebsinhaber im Rahmen eines Arbeitnehmer-Kontingents nach seinem Gutdünken auszusprechenden Kündigungen nicht anzufechten (OGH vom 30. 10. 2003, 8 Ob A 79/03f, DRdA 2005, 60 mit Anm *Schneller* = infas 2004, A 20 = ecolex 2004, 204 = RdW 2004, 479).

f) Rechtswidrige Zustimmung des Betriebsrates

¹⁸ᵇ) Hat der Betriebsrat in Zusammenhang mit der Kündigung eines Arbeitnehmers in sittenwidriger Weise mit dem Arbeitgeber zusammengewirkt, um dem Arbeitnehmer in Schädigungsabsicht eine Anfechtungsmöglichkeit abzuschneiden, liegt wegen sittenwidriger Absprache (Kollusion) zwischen Arbeitgeber und Betriebsrat kein wirksamer Zustimmungsbeschluss vor. Die Wirksamkeit der Zustimmung ist als Vorfrage im Anfechtungsverfahren zu prüfen (OGH vom 11. 10. 2007, 8 Ob A 58/07y, ARD 5860/4/2008).

II.3 Das Beratungsrecht des Betriebsrates

¹⁹) Der Sinn des Vorverfahrens beim arbeitsverfassungsrechtlichen Kündigungsschutz liegt darin, dass vor einem für den einzelnen Arbeitnehmer derart wichtigen Schritt seine Interessenvertretung im Betrieb die Möglichkeit hat, in Beratungen mit dem kündigenden Arbeitgeber den Fall in betrieblicher und sozialer Hinsicht eingehend zu erörtern. Dabei ist in erster Linie die Frage zu prüfen, ob die **Kündigung vermeidbar** ist bzw ob **Anfechtungsgründe** vorliegen. Deshalb hat der Betriebsrat einen gesetzlichen Anspruch auf eine besondere Beratung in jedem Kündigungsfall. Der Betriebsinhaber bzw sein für Kündigungen zuständiger Vertreter hat nicht das Recht, eine Beratung abzulehnen, etwa mit dem Hinweis, dass sie zwecklos sei.

Das Gesetz bietet zwar in der Praxis keine wirksame Möglichkeit, die Beratung gegen den Willen des Arbeitgebers innerhalb der Frist zur Stellungnahme durchzusetzen, und auch **keine unmittelbare Strafsanktion** gegen den Arbeitgeber, der die Beratung rechtswidrigerweise ablehnt, doch kann ein solches Verhalten im Falle der Anfechtung der Kündigung durch das Gericht als Argument dafür gewertet werden, dass der Arbeitgeber seiner **sozialen Gestaltungspflicht** nicht nachgekommen ist.

Das Gesetz schreibt nicht zwingend vor, dass der Betriebsrat den **betroffenen Arbeitnehmer** von der geplanten Kündigung verständigen muss. Eine Stellungnahme des Betriebsrates ist auch gültig, wenn sie ohne Wissen des Arbeitnehmers abgegeben wird (VwGH 13. 1. 1976, Arb 9449). In Anbetracht dessen, dass mögliche Kündigungs- bzw Anfechtungsgründe in erster Linie die Person des Arbeitnehmers betreffen und der Betriebsrat gerade über diese Angelegenheit mit dem Betriebsinhaber beraten soll, wird jedoch eine Kontaktaufnahme durch den Betriebsrat mit dem zu kündigenden Arbeitnehmer in der Regel notwendig und sowohl im Interesse des Betriebsrates als auch des Arbeitnehmers gelegen sein. Auf keinen Fall fällt die Information über eine geplante Kündigung gegenüber dem betroffenen Arbeitnehmer unter das Verschwiegenheitsgebot des § 115 Abs 3.

II.4 Der Ausspruch und Zugang der Kündigung

[20]) Nach Ablauf der 5-Tage-Frist für die Stellungnahme des Betriebsrates zur Kündigungsabsicht, also am sechsten Tag nach der Verständigung des Betriebsrates oder nach einer allfälligen früheren Stellungnahme des Betriebsrates, ist es dem Arbeitgeber möglich, eine rechtswirksame Kündigung auszusprechen, soferne nicht die Kündigung aus anderen Gründen (vgl Erl 2 bis 7) unzulässig ist.

„**Ausgesprochen**" ist die Kündigung – selbst wenn nach internen Verwaltungsvorschriften des Kündigenden für diesen Rechtsakt Schriftlichkeit erforderlich ist – nicht schon dann, wenn die Kündigungserklärung vom Kündigenden zu Papier gebracht ist, sondern erst dann, wenn sie der Kündigende **aus seinem Herrschaftsbereich entlässt**, also etwa zur **Post** gibt, oder einem **Boten** mit dem Auftrag übergibt, das Schreiben zu überbringen oder das Schreiben dem Gekündigten selbst **ausfolgt** (OGH vom 13. 10. 1994, 8 Ob A 299/94, Arb 11.295 = DRdA 1995, 175 = ecolex 1995, 282 = RdW 1995, 149).

Wurde das Kündigungsschreiben schon vor Ablauf der 5-Tage-Frist verfasst, aber erst **nachher weggeschickt**, so ist die Kündigung rechtswirksam. Eine Kündigung wirkt nämlich in dem Zeitpunkt, in dem sie dem Adressaten, also dem zu Kündigenden, zukommt. Dieser Zeitpunkt ist auch für die Frage entscheidend, ob die 5-Tage-Frist eingehalten wurde oder nicht (OGH vom 24. 4. 1991, 9 Ob A 79/91, infas 1991, A 100).

Nimmt der Arbeitgeber in Kenntnis einer bevorstehenden Ortsabwesenheit des Arbeitnehmers davon Abstand, die Kündigung früher auszusprechen oder ihm das Kündigungsschreiben persönlich auszuhändigen, so nimmt er das Risiko in Kauf, dass die Kündigungserklärung erst bei Rückkehr des Arbeitnehmers von Urlaub und Dienstreise zugeht. Hat der Arbeitgeber den Zeitpunkt der Absendung der Kündigungserklärung so gewählt, dass ein rechtzeitiger Zugang nur unter günstigsten Bedingungen möglich gewesen wäre, so kann dem Arbeitnehmer nicht der Vorwurf einer Zugangsvereitelung gemacht werden, wenn er seinen Tagesablauf an dem einzigen in Betracht kommenden Tag nicht auf die von ihm nicht erwartete Zustellung ausrichtet, sondern sich unmittelbar nach seinem

Dienst an den Urlaubsort begibt (OGH vom 25. 2. 2004, 9 Ob A 147/03p, infas 2004, A 41).

Ein allfälliger **Widerspruch** des Betriebsrates gegen die Kündigungsabsicht hindert den Ausspruch einer rechtswirksamen Kündigung nicht. Ob Anfechtungsgründe ausreichen, um die Kündigung nachträglich rechtsunwirksam zu machen, kann nur durch das Arbeits- und Sozialgericht entschieden werden. Ohne Anrufung des Gerichtes bleibt die Kündigung jedenfalls **rechtswirksam**. Das Arbeitsverhältnis wird zu dem in der Kündigung angegebenen Termin unabhängig von einer allfälligen Anfechtung (zunächst) beendet.

Mit dem Ausspruch der Kündigung nach Ablauf der Stellungnahmefrist für den Betriebsrat **beginnt die Kündigungsfrist** zu laufen. Mit Ablauf dieser in der Kündigung angegebenen Kündigungsfrist (im Zweifel ist die gesetzliche oder kollektivvertraglich vorgesehene Kündigungsfrist sowie der entsprechende Kündigungstermin anzunehmen) ist das Arbeitsverhältnis beendet. Dies gilt selbst dann, wenn der angegebene Kündigungstermin oder die angegebene Kündigungsfrist nicht dem Gesetz bzw dem Kollektivvertrag oder der Einzelvereinbarung entspricht. In diesen Fällen gebührt dem Arbeitnehmer **Kündigungsentschädigung** für den vom Arbeitgeber rechtswidrigerweise nicht eingehaltenen Teil der Frist. An der Gültigkeit der Kündigung ändert dies aber nichts.

Der Ausspruch der Kündigung wird erst wirksam mit dem **Zugang der Kündigung**. Eine Kündigung gilt dann als zugegangen, wenn sie in den persönlichen Machtbereich des gekündigten Arbeitnehmers gelangt (OGH 7. 10. 1975, Arb 9403). Im Falle einer **mündlichen** Kündigungserklärung ist der Zugang direkt mit dem Ausspruch erfolgt. Wird die Kündigung mit der **Post** übermittelt, so gilt sie mit dem Einlangen im Postkasten des Empfängers als zugegangen. Erfolgt die Zustellung jedoch zu einem außergewöhnlichen Termin, so trägt der Kündigende das Risiko des zeitgerechten Zugangs (LG Linz 16. 5. 1973, Arb 9212). Wird eine **eingeschriebene Briefsendung** nicht unmittelbar vom Briefträger in Empfang genommen, sondern muss hinterlegt werden, so gilt diese Kündigung bereits dann als zugegangen, wenn die erste Abholmöglichkeit beim Postamt besteht und nicht erst mit dem Zeitpunkt, in dem der Arbeitnehmer das Poststück tatsächlich behebt (OGH 12. 1. 1971, JBl 1971, 485). Hat der Arbeitnehmer dem Arbeitgeber eine allfällige neue Wohnadresse nicht bekanntgegeben, so muss er sich die Zustellung unter der letzten dem Arbeitgeber bekannten Wohnadresse zurechnen lassen (OGH vom 29. 9. 1981, 4 Ob 88/81, DRdA 1982, 127).

II.5 Die Rechtsunwirksamkeit der Kündigung bei Nichteinhaltung des Vorverfahrens

[21]) Kraft ausdrücklicher Anordnung in § 105 Abs 2 ist die Kündigung rechtsunwirksam, wenn der Betriebsrat nicht oder nicht ordnungsgemäß

von der Kündigungsabsicht verständigt wurde oder wenn die Kündigung vor Ablauf der Stellungnahmefrist für den Betriebsrat ausgesprochen wurde. Es sind somit folgende Fälle der **Rechtsunwirksamkeit einer Kündigung wegen Verletzung der Mitwirkungsrechte des Betriebsrates** in § 105 denkbar:

    a) der für den zu kündigenden Arbeitnehmer zuständige **Betriebsrat** wurde von der Kündigungsabsicht **überhaupt nicht verständigt;**

    b) die Verständigung bezeichnet das zu kündigende Arbeitsverhältnis **nicht ausreichend konkret;**

    c) der zuständige Betriebsrat wird **zu spät**, zB erst zugleich mit der gegenüber dem Arbeitnehmer ausgesprochenen Kündigung verständigt (OGH vom 16. 9. 1992, 9 Ob A 185/92, infas 1993, A 32);

    d) die Kündigung wird ausgesprochen, bevor seit der Verständigung des Betriebsrates von der Kündigung volle **fünf Arbeitstage** vergangen sind, es sei denn, der Betriebsrat hat eine Stellungnahme vor Ablauf der Frist abgegeben.

Die Rechtsunwirksamkeit tritt unabhängig davon ein, ob die Kündigung angefochten hätte werden können oder nicht. Auch die Kündigung eines Arbeitnehmers, der erst **kürzer als sechs Monate im Betrieb** beschäftigt ist, ist **rechtsunwirksam**, wenn der Betriebsrat nicht ordnungsgemäß verständigt wurde (OGH 6. 4. 1954, Arb 6119).

Wenn feststeht, dass eine Kündigung rechtsunwirksam ist, so folgt daraus, dass das Arbeitsverhältnis bis zu einer allfälligen späteren rechtswirksamen Lösung weiterbesteht. Im Falle einer **rechtsunwirksamen Kündigung** scheidet eine Anfechtung der Kündigung von vornherein aus, weil das **Dienstverhältnis ohnehin weiter fortbesteht.** Streitigkeiten darüber sind durch Feststellungsklage auf aufrechten Bestand des Arbeitsverhältnisses zu bereinigen (OGH vom 13. 9. 1995, 9 Ob A 90 /95, ARD 4731/7/96).

Hat der Arbeitgeber die Unwirksamkeit der Kündigung wegen Nichteinhaltung des Vorverfahrens nach § 105 gegenüber dem Arbeitnehmer schon zugestanden, hat dieser kein rechtliches Interesse mehr an der gerichtlichen Feststellung (OLG Wien vom 27. 11. 2007, 10 Ra 52/07a, ARD 5873/6/2008).

Die Pflichten aus dem Arbeitsverhältnis, insbesondere die Arbeitspflicht einerseits und die Entgeltpflicht andererseits, bleiben aufrecht. Wenn jedoch der Arbeitgeber eine rechtswidrige Lösung ausspricht und für den Arbeitnehmer die Rechtsunwirksamkeit nicht offenkundig ist, bleibt die Entgeltpflicht auch ohne erbrachte Arbeitsleistung bestehen, auch wenn der Arbeitnehmer nicht seine Arbeitsbereitschaft erklärt hat. Hat nämlich der Arbeitgeber selbst durch eine rechtsunwirksame Kündigung den Zustand eines scheinbar aufgelösten Arbeitsverhältnisses herbeigeführt, kann er sich nicht auf mangelnde Arbeitsbereitschaft des Arbeitnehmers berufen (vgl OGH, SozM III B, 215). So ist es nicht auszuschließen, dass ein Arbeitnehmer mehrere Wochen lang nach einer rechtsunwirksamen Kündigung seinen Arbeitsplatz verlassen hat, dann von der Rechtslage Kenntnis nimmt und das für die gesamte Zeit nach der „Kündigung" ausstehende Entgelt einfordert. In der Praxis sind aber Unklarheiten über den Zustand des Arbeitsverhältnisses für keinen Teil positiv, sodass der Betriebsrat im Falle von rechtsunwirksamen Kündigungen sofort nach Kenntnisnahme den betroffenen Arbeitnehmer davon informieren sollte, auch wenn dieser nicht mehr im Betrieb anwesend ist.

Es ist notwendig, dass auch die Rechtsunwirksamkeit von Kündigungen innerhalb zumutbarer Frist geltend gemacht wird. So hat der OGH etwa im Zusammenhang mit der Unwirksamkeit von Kündigungen wegen Betriebsüberganges gem AVRAG entschieden, dass den Arbeitnehmer eine **Aufgriffsobliegenheit** trifft. Der Arbeitnehmer muss also gerichtlich gegen den Arbeitgeber vorgehen. Zwar hat der OGH bisher keine genaue Frist festgelegt, jedoch entschieden, dass eine Geltendmachung erst 10 Monate nach einer Übernahmeverweigerung im Zusammenhang mit einem Betriebsübergang **zu spät** erfolgt ist (OGH vom 30. 6. 1999, 9 Ob A 160/99s, DRdA 2000, 311). In der Lehre wird überwiegend vertreten, dass für den Aufgriff der Rechtsunwirksamkeit durch den Arbeitnehmer eine 6-monatige Frist einzuhalten ist (vgl zB *Binder,* AVRAG, § 3 Rz 96; *Krejci,* Betriebsübergang – Grundfragen des § 3 AVRAG, 83; *Gahleitner* in *Gahleitner/Leitsmüller,* Umstrukturierung und AVRAG, Rz 251).

Wird die von einem Arbeitnehmer mit Erhebung der Anfechtungsklage unterstellte Wirksamkeit der vom Arbeitgeber ausgesprochenen Kündigung im Anfechtungsverfahren von diesem nicht bestritten, ist die Frage der Einhaltung des betrieblichen Vorverfahrens nicht Prozessgegenstand, sodass im Unterbleiben entsprechender Feststellungen durch das Erstgericht weder eine Nichtigkeit noch ein primärer oder sekundärer Verfahrensmangel liegt (OGH vom 5. 5. 2004, 9 Ob A 40/04d, ARD 5534/5/2004).

Eine **Abfertigung**, die vom Arbeitgeber nach rechtsunwirksamer Kündigung gezahlt wurde, muss vom Arbeitnehmer nur dann zurückgezahlt werden, wenn er die Rechtsunwirksamkeit geltend macht und das Arbeitsverhältnis wieder aufgenommen wird. Ohne Wiederaufnahme des Arbeitsverhältnisses bleibt der Arbeitnehmer abfertigungsberechtigt. Der **Arbeitgeber kann sich** nämlich **auf die Rechtsunwirksamkeit der Kündigung nicht berufen**, weil er diesen Zustand rechtswidrigerweise selbst herbeigeführt hat.

III. Unzulässige Kündigungsmotive

III.1 Allgemeines

[22]) Das Gesetz nennt in § 105 Abs 3 Z 1 in den lit a bis i **Kündigungsmotive**, die mit allgemeinen Grundsätzen des Arbeitslebens und der Ar-

beitsverfassung derartig in Widerspruch stehen und daher so **verwerflich** sind, dass bereits die **Wahrscheinlichkeit** ihres bestimmenden Einflusses auf die Kündigung die Wirksamkeit dieser Kündigung beseitigt. Die **Gründe** im Einzelnen werden in den Erl 23 bis 32, das **Verfahren** zur Ermittlung des wahren Kündigungsmotivs in Erl 68 dargestellt.

Die Aufzählung in § 105 Abs 3 Z l ist insofern taxativ, als die speziellen Verfahrensregelungen und die im Abs 5 des § 105 dargestellten Regelungen zur Ermittlung des maßgeblichen Sachverhalts nur für die in lit a bis i dargestellten verpönten Kündigungsmotive gelten.

Neben den in § 105 Abs 3 Z 1 genannten verpönten Kündigungsmotiven ist nunmehr nach der Judikatur des Obersten Gerichtshofes anerkannt, dass auch andere **sittenwidrige Motive** eine Kündigung gem § 879 ABGB **rechtsunwirksam** machen können (OGH vom 16. 3. 1994, 9 Ob A 26/94, ARD 4552/2/94). Wo das ArbVG keine Anwendung findet, bestehen auch keine speziellen Anfechtungstatbestände und wird daher die allgemeine Norm des § 879 ABGB auch nicht verdrängt (OGH vom 11. 8. 1993, 9 Ob A 200/93, DRdA 1994/9 = Arb 11.107 = wbl 1994, 55 = ecolex 1993, 844).

Das Höchstgericht nennt etwa die **Sippenhaftung** (also zB die Kündigung eines Arbeitnehmers, weil ein im Betrieb beschäftigter Verwandter dieses Arbeitnehmers unangenehm aufgefallen ist) als ein derartiges sittenwidriges Motiv. Im konkreten Fall blieb der Anfechtung aber deswegen der Erfolg versagt, weil dieses sittenwidrige Motiv nicht allein ausschlaggebend für die Kündigung gewesen ist (vgl OGH vom 27. 6. 1990, 9 Ob A 141/90, infas 1991, A 11).

Gelingt dem Arbeitnehmer der Nachweis, dass ein sittenwidriges, aber nicht in § 105 Abs 3 Z 1 aufgezähltes Motiv ausschlaggebend für die Kündigung gewesen ist (also beispielsweise die Zugehörigkeit zu einer **Rasse** oder **Religionsgemeinschaft** oder die **freie Meinungsäußerung**), so ist er an die Anfechtungsfristen des § 105 nicht gebunden, weil nach § 879 ABGB sittenwidrige Rechtsgeschäfte nichtig sind.

Auch an dieser Stelle ist nochmals auf die Kündigungsanfechtungsmöglichkeiten nach dem GlBG zu verweisen, die eine Kündigungsanfechtung nicht nur bei Diskriminierung auf Grund des Geschlechtes, sondern auch bei Diskriminierung auf Grund ethnischer Zugehörigkeit, Religion oder Weltanschauung, des Alters oder der sexuellen Orientierung ermöglichen. In diesen Fällen ist die im GlBG vorgesehene Kündigungsanfechtungsfrist von 14 Tagen ab Zugang der Kündigung zu beachten (vgl § 15 sowie § 29 GlBG).

In diesem Zusammenhang ist auf die Entscheidung des deutschen Bundesarbeitsgerichtes (BAG) zu verweisen, welche die Zulässigkeit einer Kündigung wegen Tragens eines islamischen Kopftuchs zu beurteilen hatte (BAG vom 10. 10. 2002, 2 AZR 472/01, RdW 2004, 41). Das BAG kommt zum Schluss, dass das Tragen eines Kopftuchs aus religiöser Überzeugung in den Schutzbereich der Glaubens- und Bekenntnisfreiheit fällt. Kollidiert das Recht des Arbeitgebers, im Rahmen seiner gleichfalls grundrechtlich geschützten unternehmerischen Betätigungsfreiheit den Inhalt der Arbeitsverpflichtung des Arbeitnehmers näher zu konkretisieren, mit grundrechtlich geschützten Positionen des Arbeitnehmers, so sei das Spannungsverhältnis einem grundrechtskonformen Ausgleich der Rechtspositionen zuzuführen. Der Arbeitgeber müsse konkrete Tatsachen darlegen, auf Grund derer es bei einem weiteren Einsatz der Arbeitnehmerin als Verkäuferin mit einem islamischen Kopftuch zu konkreten betrieblichen Störungen oder wirtschaftlichen Einbußen kommen würde. Bloße Vermutungen und Befürchtungen des Arbeitgebers ersetzen kein notwendiges, konkretes und der Darlegungslast entsprechendes Sachvorbringen. Unter Berücksichtigung des besonders hohen Stellenwertes der grundrechtlich gewährleisteten Glaubens- und Religionsfreiheit sei es im dort vorliegenden Fall dem Arbeitgeber zuzumuten, die Arbeitnehmerin als Verkäuferin weiterhin einzusetzen und abzuwarten, ob sich seine Befürchtungen in nennenswertem Ausmaß realisieren. Zu prüfen wäre in diesem Zusammenhang nach dem Verhältnismäßigkeitsgrundsatz zunächst auch, ob etwaigen Störungen nicht auf andere Weise als durch eine Kündigung der Arbeitnehmerin zu begegnen wäre.

Sonstige Kündigungen auf Grund sittenwidriger Motive sind im Sinne der Aufgriffsobliegenheit ebenfalls rasch gerichtlich zu bekämpfen (vgl Erl 22).

III.2 Beitritt zu oder Mitgliedschaft bei Gewerkschaften

[23]) Durch diese Bestimmung soll das Recht jedes Arbeitnehmers gesichert werden, einer Gewerkschaft beizutreten und anzugehören. Die Ausübung von Druck auf den Arbeitnehmer, damit dieser von einem Gewerkschaftsbeitritt Abstand nehme bzw seine Mitgliedschaft zurücklege, ist zwar nach dem Koalitionsgesetz oder dem Strafgesetzbuch strafbar und damit rechtswidrig, doch wäre die bloße Strafsanktion ungenügend. Die Weigerung des Arbeitnehmers, einem solchen Druck nachzugeben, wurde daher ausdrücklich geschützt.

Auch dann, wenn der Gewerkschaftsbeitritt noch nicht vollzogen, sondern erst angestrebt wird, greift dieser Kündigungsschutz ein. Wenn also ein Arbeitnehmer im Betrieb ankündigt, dass er der Gewerkschaft beitreten will und daraufhin gekündigt wird, kann diese Kündigung angefochten werden. Jede andere Auslegung würde dem Sinn der Bestimmung krass widersprechen.

Der Anfechtungsgrund schützt nur die Ausübung des **Koalitionsrechtes** durch den Arbeitnehmer, nicht aber dessen Ausübung politischer Rechte am Arbeitsplatz (EA St. Pölten 13. 2. 1963, Arb 7723). Es ist jedoch darauf hinzuweisen, dass die Ausübung von Druck auf den Arbeitnehmer, um ihn zu einem bestimmten politischen Verhalten zu zwingen, sittenwidrig sein kann.

III.3 Tätigkeit in Gewerkschaften

[24]) Es sind all jene Tätigkeiten als „gewerkschaftlich" iS dieser Bestimmung anzusehen, die in einem bestimmten Fall ein Handeln in Verfolgung konkreter gewerkschaftlicher Ziele darstellen. Ein Kündigungsschutz wegen gewerkschaftlicher Tätigkeit ist daher auch dann denkbar, wenn der Gekündigte gar **nicht Gewerkschaftsmitglied** war, aber gewerkschaftliche Aktivitäten gesetzt hat (VwGH vom 15. 6. 1983, 82/01/0190, Arb 10.319, infas 1984, A 1; VwGH vom 6. 10. 1982, 82/01/0153, Arb 10.151). Es muss sich jedoch um solche Tätigkeiten handeln, die nach außen hin als aktive gewerkschaftliche Tätigkeit erkennbar sind. Die **Einholung von Rechtsauskünften** bei der Gewerkschaft über Ansprüche, die den einzelnen Arbeitnehmer betreffen, stellt für sich allein gesehen noch **nicht** den Kündigungstatbestand der „Tätigkeit in Gewerkschaften" dar (EA Wien, ARD 3838/15).

Als Anfechtungsgrund nach § 105 Abs 3 Z 1 lit b wurden von der Rechtsprechung folgende Vorkommnisse anerkannt:
- **Kontakt mit einem Gewerkschaftssekretär** wegen der **Einberufung einer Betriebsversammlung**, wobei es irrelevant ist, ob bei diesen Bemühungen alle Formvorschriften für die Einberufung einer Betriebsversammlung eingehalten wurden (VwGH vom 15. 6. 1983 – Zitierung wie im Absatz zuvor);
- **Anwerbung von Teilnehmern an einer Betriebsversammlung**, Kontakt mit der Gewerkschaft in Lohnfragen (EA Innsbruck 12. 2. 1982, Arb 10.076);
- **Öffentliches Eintreten** für die **Änderung der Lohnbedingungen** in einer Betriebsversammlung, Verlangen nach Aufnahme eines Kontaktes mit der Gewerkschaft (EA Innsbruck 10. 5. 1982, Arb 10.084);
- die Ausübung einer **Verbindungsfunktion zwischen Gewerkschaft und Belegschaft** (VwGH vom 6. 10. 1992 – Zitierung wie im Absatz zuvor; EA Salzburg, 12. 8. 1986, infas 1987, A 44).

Die Rechtsprechung zum Betriebsrätegesetz (Vorläufer des ArbVG) erkannte Kündigungsanfechtungen bei einem vergleichbaren Anfechtungstatbestand als berechtigt an, wenn der Arbeitnehmer
- gekündigt wurde, weil er an einem von der Gewerkschaft gebilligten **Streik** teilgenommen hat (EA Amstetten 4. 2. 1955, Arb 6165);
- gegen eine **Betriebsordnung**, nach der nur Arbeitnehmer aufgenommen werden, die weder Kommunisten noch Sozialisten sind und nicht dem Österreichischen Gewerkschaftsbund angehören, **widersprochen** und an dem **Konflikt**, der sich daraus entwickelte, teilgenommen hat (EA Graz 29. 1. 1953, SozM II B, 157);
- Betriebsangehörige zum **Eintritt in die Gewerkschaft geworben**, gewerkschaftliche Versammlungen abgehalten oder für die Gewerkschaft Propaganda gemacht hat (EA Wien 10. 6. 1964, Arb 7949; EA Graz 28. 11. 1966, Arb 8397).

– Die Nichtaufnahme der Arbeitstätigkeit nach der Beendigung eines Streiks ist dagegen sicher **nicht** als „Tätigkeit in Gewerkschaften" anzusehen (EA Innsbruck 5. 7. 1962, SozM II B, 635).

III.4 Einberufung einer Betriebsversammlung

[25]) Im Falle des Fehlens eines funktionsfähigen Betriebsrates haben entweder der an Lebensjahren älteste Arbeitnehmer des Betriebes oder so viele Arbeitnehmer, wie Betriebsratsmitglieder zu wählen sind, das Recht, eine Betriebsversammlung zur Wahl des Wahlvorstandes zum Zweck der Installierung eines funktionsfähigen Betriebsrates einzuberufen (§ 45 Abs 2 Z 1, Näheres siehe dort in Band 2). Die Einberufung erfolgt zwar erst durch eine schriftliche Ankündigung im Betrieb, doch ist schon der Versuch der Einberufung einer Betriebsversammlung als Motiv für eine allfällige Kündigung zu beachten (OLG Wien vom 27. 6. 1991, 31 Ra 43/91, ARD 4293/3/91).

Notwendige **Vorbereitungsarbeiten** für eine Betriebsversammlung können somit einen Anfechtungsgrund nach lit c darstellen, die bereits erfolgte Abhaltung der Betriebsversammlung ist nicht erforderlich, damit eine deswegen ausgesprochene Kündigung unzulässig wäre. Haben im Betrieb **Gespräche über die Abhaltung** der Betriebsversammlung stattgefunden und wurde ein längere Zeit beschäftigter Arbeitnehmer gerade in diesem zeitlichen Zusammenhang gekündigt, so spricht die **Wahrscheinlichkeit** dafür, dass das unzulässige Kündigungsmotiv vorgelegen ist (OLG vom 27. 6. 1991, 31 Ra 43/91, ARD 4293/3/91).

Sind die Vorbereitungshandlungen noch nicht konkret auf die Einberufung gerichtet, erfolgen sie aber in Zusammenarbeit mit der Gewerkschaft, so kommt bei einer etwaigen Kündigung auch der Anfechtungsgrund gem § 105 Abs 3 Z 1 lit b in Betracht (vgl Erl 24).

Wenn auch die Einberufung einer Betriebsversammlung zur Wahl des Wahlvorstandes **nicht ausschließliches Motiv** für die Kündigung gewesen ist, so ist der **Anfechtung dennoch stattzugeben** (EA Feldkirch, Re 3/75).

Lässt sich die Absicht des Arbeitnehmers, eine Betriebsversammlung einzuberufen, durch entsprechende **Gespräche mit Kollegen nachweisen**, und ist der betreffende Arbeitnehmer – unter Umständen zusammen mit anderen – berechtigt, eine Betriebsversammlung einzuberufen, so reicht dies als Motivanfechtungsgrund aus (EA Wien 23. 6. 1981, Arb 9990).

Die Anfechtung einer Motivkündigung wegen Einberufung einer Betriebsversammlung ist auch dann **erfolgreich**, wenn die auf Einberufung der Betriebsversammlung gerichteten Bemühungen des Arbeitnehmers mangels dessen Berechtigung zur Einberufung **von vornherein nicht zum Ziel führen konnten**. Es ist auch nicht entscheidend, ob letztlich eine Betriebsversammlung abgehalten wurde (OGH vom 26. 2. 1998, 8 Ob 62/98w, ARD 4991/7/98).

Wurde im Zuge einer Diskussion um eine vom Arbeitgeber geplante Arbeitszeitänderung eine **Gruppenversammlung einberufen**, so spricht die **Wahrscheinlichkeit** bei einer Kündigung des Exponenten der Einberufung für ein verpöntes Motiv, die Anfechtung ist erfolgreich (VwGH vom 1. 12. 1982, 82/01/0100).

Lag der vom Arbeitgeber im Anfechtungsverfahren geltend gemachte **Kündigungsgrund schon eine geraume Zeit vor**, wurde die Kündigung aber erst ausgesprochen, nachdem der Arbeitnehmer die Betriebsversammlung einberufen hatte, so spricht die **Wahrscheinlichkeit** für das Vorliegen eines **verpönten Motivs**: Die Kündigung wird für rechtsunwirksam erklärt (EA Graz 14. 3. 1978, Arb 9673).

III.5 Ausübung von Funktionen bei der Vorbereitung der Betriebsratswahl

[26]) Wird die Kündigung wegen der Mitgliedschaft im Wahlvorstand, in der Wahlkommission oder wegen der Tätigkeit als Wahlzeuge ausgesprochen, so liegt ein unzulässiges Kündigungsmotiv vor, das zur Anfechtung der Kündigung berechtigt. Damit soll gesichert werden, dass die Betriebsratswahl ordnungsgemäß stattfinden kann und auch jene Personen, die nicht selbst kandidieren, aber zur Durchführung der Wahl notwendige Funktionen ausführen müssen, diese Funktionen ohne Furcht vor dem Verlust des Arbeitsplatzes aus diesem Grund ausüben können.

Der **Wahlvorstand** wird durch die Betriebsversammlung gewählt und hat die Betriebsratswahl vorzubereiten und durchzuführen (vgl § 54 ArbVG, §§ 9 ff BRWO). Jene Arbeitnehmer des Betriebes, die im Wahlvorstand tätig sind, genießen vom Zeitpunkt ihrer Bestellung bis zum Ablauf der Frist zur Anfechtung der Wahl denselben Kündigungs- und Entlassungsschutz wie aktive Betriebsratsmitglieder (§ 120 Abs 4 Z 2). Nach diesem Zeitpunkt (ein Monat nach Mitteilung des Wahlergebnisses) tritt der Kündigungsschutz gem § 105 Abs 3 Z 1 lit d ein.

Eine **Wahlkommission** kann vom Wahlvorstand eingesetzt werden, wenn die Betriebsratswahl an mehreren Orten stattfindet. Sie hat die Aufgabe, die Stimmabgabe an diesen Orten zu überwachen (§ 18 BRWO).

Wahlzeugen können von jeder bei einer Betriebsratswahl wahlwerbenden Gruppe genannt werden, und zwar höchstens zwei pro Wahlort. Sie haben die Aufgabe, die Wahlhandlung zu beobachten (§ 23 BRWO). Arbeitnehmer, die diese Aufgaben ausführen, dürfen deswegen nicht gekündigt werden.

Ersatzmitglieder in den genannten Gremien sind insoweit geschützt, als sie im Rahmen dieser Gremien Tätigkeiten entfalten und deswegen gekündigt werden.

Die **Bewerbung um die Mitgliedschaft in einer Wahlkommission** fällt allerdings **nicht** unter den Motivschutz (EA Wien 11. 6. 1979, Arb 9790).

Wenn dem ehemaligen Mitglied eines Wahlvorstandes nachgewiesen wird, dass seine **Arbeit von unterdurchschnittlich schlechter Qualität** ist, so spricht die **höhere Wahrscheinlichkeit** für das Vorliegen des vom **Arbeitgeber** geltend gemachten Kündigungsgrundes (EA Wien, Re III 106/76).

III.6 Kündigungen im Zusammenhang mit der Mitgliedschaft zum Betriebsrat oder der Kandidatur

[27]) **Aktive Betriebsratsmitglieder** sind von dem Zeitpunkt der Annahme der Wahl bis zum Ablauf von drei Monaten nach Erlöschen der Mitgliedschaft gem § 120 besonders kündigungsgeschützt und können daher nur nach vorheriger Zustimmung des Arbeits- und Sozialgerichts gekündigt werden. **Ersatzmitglieder** im Betriebsrat sind während ihrer Vertretungstätigkeit und, wenn diese mindestens zwei Wochen ununterbrochen gedauert hat und dem Betriebsinhaber mitgeteilt wurde, bis zum Ablauf von drei Monaten nach dieser Vertretung wie aktive Betriebsratsmitglieder geschützt.

Werden diese Personen **nach Ablauf** der eben genannten Fristen gekündigt und liegt das Motiv der Kündigung in der früheren Betriebsratstätigkeit, so ist eine Anfechtung dieser Kündigung gem § 105 Abs 3 Z 1 lit e möglich.

Wurde zB ein ehemaliges Betriebsratsmitglied vom Prokuristen zu Unrecht als **Unruhestifter** bezeichnet und ihm nach erfolgter Kündigung das Betreten des Betriebes untersagt, ist die Annahme berechtigt, dass die Kündigung wegen der früheren Tätigkeit als Betriebsratsmitglied erfolgt (EA Wien 4. 12. 1962, SozM II B, 651).

Die Anfechtung der Kündigung eines ehemaligen Betriebsratsmitgliedes ist auch noch längere Zeit **nach der Funktionsperiode** möglich (OGH vom 13. 2. 1993, 9 Ob A 320/92, ARD 4447/17/93). Damit soll erreicht werden, dass die Mitgliedschaft zum Betriebsrat auch keine negativen **Langzeitfolgen** für den Arbeitnehmer nach sich zieht, was als Beispielswirkung für andere Arbeitnehmer sicherlich abschreckend auf die Bereitschaft wirken würde, ein Betriebsratsmandat anzustreben.

Wie weit die „frühere Tätigkeit" maximal zurückliegen kann, ist im Gesetz nicht geregelt. Allerdings ergibt sich insofern eine faktische Schranke, als bei einer sehr weit zurückliegenden Betriebsratstätigkeit dem Arbeitnehmer die **Glaubhaftmachung eines Kausalzusammenhanges** zwischen der früheren Betriebsratstätigkeit und der Kündigung immer schwerer gelingen wird (OGH vom 28. 10. 1994, 9 Ob A 198/94, Arb 11.304).

Kündigungen, die ausgesprochen werden, um **Aktivitäten von Gewerkschaftsmitgliedern im Hinblick auf die Betriebsratswahl** zu behindern, sind anfechtbar (OGH vom 23. 2. 1994, 9 Ob A 311 /93, DRdA 1995/7 = ecolex 1994, 418).

Personen, die sich um ein Betriebsratsmandat bewerben, haben gem § 120 Abs 4 Z 2 von jenem Zeitpunkt an, in dem ihre **Bewerbung offenkundig** wird, den besonderen Kündigungsschutz: Sie können nur mit Zustimmung des Gerichtes gekündigt werden, eine Kündigung ohne diese Zustimmung wäre rechtsunwirksam. Da durch die ArbVG-Novelle 1986 der besondere Kündigungsschutz für Wahlwerber zeitlich vorverlegt wurde (von der Aufnahme in eine wahlwerbende Gruppe zur offenkundigen Bewerbung vor dieser formellen Aufnahme), muss mittelbar auch der vor diesem besonderen Kündigungsschutz einsetzende allgemeine Schutz gem § 105 Abs 3 Z 1 für Wahlwerber als erweitert angesehen werden: Die Rechtsprechung ging vor dieser Novelle in die Richtung, den Kündigungsschutz für Wahlwerber nur dann anzuerkennen, wenn bereits die Betriebsversammlung zur Wahl des Wahlvorstandes stattgefunden hat (EA Wien 23. 6. 1981, Arb 9990) oder wenn bereits vorbereitende Gespräche im Betrieb über eine Kandidatur stattgefunden haben (EA Wien 16. 3. 1981, Arb 9955). Nun gilt bereits ab dem Zeitpunkt, in dem die Betriebsversammlung zur Wahl des Wahlvorstandes stattgefunden hat, für jene Personen, die ihre Absicht zu kandidieren offenkundig werden lassen, der besondere Kündigungsschutz. Der **allgemeine Kündigungsschutz**, bei dem eine Kündigung zwar angefochten werden kann, die Kündigung aber nicht von vornherein rechtsunwirksam ist, muss bereits **vor diesem Zeitpunkt** bestehen.

Allerdings muss weiterhin ein gewisser **zeitlicher Zusammenhang** zwischen der Bewerbung um ein Betriebsratsmandat und einer nahenden Betriebsratswahl bestehen: Die Einholung von Informationen bei der Gewerkschaft über die Vorgangsweise bei einer möglichen Kandidatur, Gespräche über mögliche Kandidaturen mit Kollegen schon vor der Betriebsversammlung zur Wahl des Wahlvorstandes, ein entsprechendes Auftreten in Betriebsversammlungen mit einem gewissen Naheverhältnis zur nächsten Betriebsratswahl können daher als Argumente für eine geschützte Bewerbung herangezogen werden.

In dem Wunsch, für den Betriebsrat zu kandidieren, kann aber **nicht das Motiv** für eine Kündigung erblickt werden, wenn der betreffende Arbeitnehmer passiv gar nicht wahlberechtigt ist und daher ein **Mandat gar nicht annehmen hätte können** (EA Graz 28. 11. 1966, Arb 8397).

Auch dann, wenn ein Arbeitnehmer bei einer Betriebsratswahl kandidiert, dort aber **kein Mandat** erreicht hat, kann eine Kündigung wegen dieser Kandidatur erfolgt sein. Auch in diesem Fall ist das Kündigungsmotiv, sofern es glaubhaft gemacht wird und keine höhere Wahrscheinlichkeit für ein anderes Motiv spricht, unzulässig, einer **Anfechtung wäre stattzugeben**. Andernfalls hätte es der Arbeitgeber in der Hand, Arbeitnehmer einzuschüchtern, bei Betriebsratswahlen zu kandidieren, und so auf Minderheiten in der Belegschaft politischen Druck auszuüben. Gerade die freie politische Betätigung im Hinblick auf die Betriebsratswahl ist aber Zweck des Kündigungsschutzes für Wahlwerber, eine Anfechtung in einem solchen Fall wäre also möglich.

Wenngleich **Ersatzmitglieder** nur in Ausnahmefällen besonderen Kündigungsschutz genießen, kann dennoch eine Kündigungsanfechtung möglich sein, was insbesondere dann der Fall sein kann, wenn das Kündigungsmotiv die Eigenschaft des Arbeitnehmers, Ersatzmitglied zu sein oder gewesen zu sein, betrifft, weil auch durch die Ersatzmitgliedschaft der Tatbestand der „Bewerbung um eine Mitgliedschaft" zum Betriebsrat erfüllt wird (OGH vom 2. 6. 1999, 9 Ob A 118/99i, DRdA 2000/40 = infas 1999, A 117 = ZASB 1999, 41 = RdW 2000/158).

Kann der Arbeitgeber ein sachliches Motiv für die Kündigung nachweisen, da durch die Umstellung auf EDV der ehemalige Arbeitsplatz der Arbeitnehmerin weggefallen ist und die wirtschaftliche Rezession im maßgeblichen Zeitpunkt eine Personalreduktion um 25 % erforderte, so ist davon auszugehen, dass zumindest überwiegend produktionstechnische Gründe die Kündigung der Arbeitnehmerin begründeten. Der Arbeitnehmerin ist es nicht gelungen, ein verpöntes Motiv wegen ihrer früheren Betriebsratstätigkeit nachzuweisen, dies **obwohl** zunächst eine Kündigung ausgesprochen worden war, gegen welche eine **Anfechtungsklage erfolgreich war**, da das Motiv in der früheren Betriebsratstätigkeit gelegen war. Die ca. 4 Monate nach Zustellung dieses Urteiles **neuerlich ausgesprochene Kündigung** war jedoch **nicht vom gleichen Motiv getragen** (OGH vom 11. 10. 1995, 9 Ob A 126/95, infas 1996, A 56 = RdW 1996, 333 = SWK 1996, B 110).

Gem § 105 Abs 3 Z 1 lit j kann eine Kündigung auch angefochten werden, wenn sie wegen der **Tätigkeit als Sprecher gem § 177 Abs 1** erfolgt. Es handelt sich dabei um eine Tätigkeit im Zusammenhang mit der Errichtung eines **Europäischen Betriebsrates**. Hierbei gilt, dass auf schriftlichen Antrag von mindestens 100 Arbeitnehmern oder deren Vertreter aus mindestens zwei Betrieben oder Unternehmen in mindestens zwei verschiedenen Mitgliedsstaaten oder auf Grund eines an die in den Betrieben des Unternehmens bzw der Unternehmensgruppe bestehenden Organe der Arbeitnehmerschaft gerichteten Vorschlages der zentralen Leitung ein besonderes Verhandlungsgremium zu errichten ist. Der Erstunterzeichnete der 100 Arbeitnehmer, die einen solchen Antrag stellen, gilt als Sprecher, soferne nicht ausdrücklich ein anderer Arbeitnehmer als Sprecher bezeichnet wird. Im weiteren Errichtungsverfahren hat dieser Sprecher dann entsprechende Funktionen, die einen Motivkündigungsschutz erforderlich machen.

III.7 Tätigkeit in der Schlichtungsstelle

[28]) Schlichtungsstellen sind Behörden, die mangels Einigung zwischen Betriebsinhaber und Betriebsrat über erzwingbare Betriebsvereinba-

rungen zu entscheiden haben (vgl §§ 32 Abs 2, 144 f). Ein Beisitzer der Schlichtungsstelle soll vom Betriebsrat aus dem Kreise der Beschäftigten namhaft gemacht werden (vgl § 144 Abs 3). Dieser Arbeitnehmer soll in der Schlichtungsstelle völlig frei und ohne Bedenken auf sein Abhängigkeitsverhältnis zu einem Streitteil entscheiden können. Wird er wegen seiner Tätigkeit in der Schlichtungsstelle gekündigt, so kann diese Kündigung angefochten werden. Es besteht keine zeitliche Begrenzung für den Kündigungsschutz.

III.8 Ausübung von Funktionen des innerbetrieblichen Arbeitnehmerschutzes

[29]) Auf Grund der Bestimmungen des ASchG sind grundsätzlich in jedem Betrieb, in dem regelmäßig mehr als 10 Arbeitnehmer beschäftigt werden, vom Arbeitgeber gewisse **Sicherheitsvertrauenspersonen** mit Zustimmung des Betriebsrates zu bestellen (§ 10 ASchG). Da Sicherheitsvertrauenspersonen ua die Aufgabe haben, den Arbeitgeber auf die Einhaltung der Arbeitnehmerschutzbestimmungen hinzuweisen, können sich daraus **Konfliktsituationen** ergeben, die den Motivkündigungsschutz rechtfertigen.

Weiters hat der Arbeitgeber **Sicherheitsfachkräfte** zu bestellen. Diese Verpflichtung kann entweder durch Beschäftigung einer Sicherheitsfachkraft im Rahmen eines Arbeitsverhältnisses oder durch Inanspruchnahme externer Sicherheitsfachkräfte oder eines sicherheitstechnischen Zentrums erfüllt werden. Die Sicherheitsfachkräfte haben die Aufgabe, die Arbeitgeber, aber auch Arbeitnehmer und Sicherheitsvertrauenspersonen sowie Belegschaftsorgane auf dem Gebiet der **Arbeitssicherheit und der menschengerechten Arbeitsgestaltung** zu **beraten** und die Arbeitgeber bei der Erfüllung ihrer Pflichten auf diesen Gebieten zu **unterstützen** (§ 76 ASchG). Die Mindesteinsatzzeit von Sicherheitsfachkräften richtet sich nach der Anzahl der Arbeitnehmer, die in einer Arbeitsstätte von einem Arbeitgeber beschäftigt werden. Auch bei dieser Tätigkeit können sich Konflikte mit dem Arbeitgeber ergeben, weswegen der Motivkündigungsschutz erforderlich ist.

Gem §§ 79 ff AschG haben Arbeitgeber auch die Verpflichtung, **Arbeitsmediziner** zu bestellen, deren Einsatzzeit sich wieder nach der Anzahl der Arbeitnehmer richtet. Arbeitsmediziner haben die Aufgabe, die Arbeitgeber, die Arbeitnehmer, die Sicherheitsvertrauenspersonen und die Belegschaftsorgane auf dem Gebiete des Gesundheitsschutzes, der auf die Arbeitsbedingungen bezogenen Gesundheitsförderung und der menschengerechten Arbeitsgestaltung zu beraten und die Arbeitgeber bei der Erfüllung ihrer Pflichten auf diesen Gebieten zu unterstützen. Entsprechend dieser Verpflichtung sind bei all diesen Tätigkeiten Konflikte mit dem Arbeitgeber realistisch, weswegen der Motivkündigungsschutz erforderlich ist.

Das Gleiche gilt selbstverständlich für **Fach- oder Hilfspersonal** von Sicherheitsfachkräften oder Arbeitsmedizinern.

Zu beachten ist in diesem Zusammenhang auch § 9 Abs 2 AVRAG, der den in § 105 Abs 3 Z 1 lit g geregelten Kündigungsschutz auch auf Arbeitnehmer ausdehnt, die dem ArbVG nicht unterliegen (zB leitende Angestellte). Im vorliegenden Zusammenhang ist auch zu beachten, dass gem § 9 Abs 3 AVRAG der Arbeitgeber **vor** jeder Kündigung einer Sicherheitsvertrauensperson die **zuständige gesetzliche Interessenvertretung** der Arbeiternehmer nachweislich **zu verständigen** hat; ist keine rechtzeitige Verständigung der Interessenvertretung erfolgt, so verlängert sich die Anfechtungsfrist für die Sicherheitsvertrauensperson um den Zeitraum der verspäteten Verständigung, längstens jedoch auf einen Monat ab Zugang der Kündigung.

III.9 Präsenz-, Ausbildungs- und Zivildienst

[30]) Gem § 12 APSG sind jene Arbeitnehmer, denen der Einberufungsbefehl zum Präsenz- oder Ausbildungsdienst bzw der Zuweisungsbescheid zum Zivildienst zugegangen ist, **besonders kündigungsgeschützt**: Diese Personen können nur mit Zustimmung des Gerichtes gekündigt werden.

Vor der Zustellung des Einberufungsbefehls bzw des Zuweisungsbescheides ist der künftige Präsenzdiener bzw Zivildiener nach der Musterung „auf Abruf", ohne dem besonderen Kündigungsschutz zu unterliegen. Der Arbeitgeber könnte versuchen, den besonderen Kündigungsschutz zu umgehen und die **Kündigung noch vor der erwarteten Einberufung** bzw Zuweisung auszusprechen.

Für diese Fälle sieht § 105 Abs 3 Z 1 lit h die Möglichkeit der Kündigungsanfechtung vor. Auch Arbeitnehmer, von denen bekannt ist, dass sie sich freiwillig zum außerordentlichen Präsenzdienst gemeldet haben, die aber noch nicht einberufen worden sind, können diesen Kündigungsschutztatbestand in Anspruch nehmen. Der Arbeitgeber müsste bei einem solchen Sachverhalt glaubhaft machen, dass eine höhere Wahrscheinlichkeit für das Vorliegen anderer Kündigungsgründe spricht, um den Anfechtungserfolg zu vermeiden.

Der Anfechtungsgrund gem § 105 Abs 3 Z 1 lit h erfasst nur die Kündigung und **nicht** eine allfällige **einvernehmliche Auflösung**. Eine solche kann auch nach Vorliegen eines Einberufungsbefehles nicht mehr angefochten werden (OGH vom 26. 6. 1997, 8 Ob A 173/97t, infas 1998, A 2 = RdW 1998, 157 = ASoK 1998, 78 = wbl 1997, 524).

III.10 Geltendmachung von Ansprüchen durch den Arbeitnehmer

[31]) Dieser Anfechtungstatbestand trägt dem Umstand Rechnung, dass in der betrieblichen Realität sehr oft vom wirtschaftlich schwächeren Arbeitnehmer Ansprüche aus **Furcht vor dem Verlust des Arbeitsplatzes** nicht geltend gemacht werden, obwohl diese Ansprüche durchaus Chancen auf Verwirklichung hätten. Dieser rechts- und sozialpolitisch unbefriedigende Umstand soll zumindest teilweise dadurch verbessert werden, dass der Arbeitnehmer dann, wenn er glaubhaft wegen der Geltendmachung von Ansprüchen gekündigt wird, diese Kündigung beim Arbeits- und Sozialgericht bekämpfen kann.

Der Tatbestand des § 105 Abs 3 Z 1 lit i enthält folgende Elemente:
- **Geltendmachung von Ansprüchen aus dem Arbeitsverhältnis** durch den Arbeitnehmer: Darunter sind sowohl finanzielle arbeitsrechtliche Ansprüche zu verstehen als auch sonstige Leistungs- bzw Unterlassungsansprüche, wie zB Gewährung des Urlaubsanspruches oder Unterlassung einer gesetzwidrigen Überstundenanordnung. Die Geltendmachung ist an keinerlei Formvorschriften gebunden, sie kann mündlich, schriftlich, aber auch konkludent erfolgen (etwa durch Vorlage von Überstundenaufzeichnungen mit dem offenkundigen Zweck, die Bezahlung dieser Überstunden herbeizuführen).

Unter Geltendmachung sind auch **vorbereitende Erkundigungen** des Arbeitnehmers zB bei seiner Interessenvertretung zu verstehen (OGH vom 22. 12. 1993, 9 Ob A 223/93, DRdA 1994, 270 = RdW 1994, 254 = ecolex 1994, 339).

- Die Geltendmachung muss „**offenbar nicht unberechtigt**" sein: Die Geltendmachung von Ansprüchen wäre etwa unberechtigt, wenn keinerlei Anhaltspunkt für irgendwelche Rechtsgrundlagen (Gesetz, Kollektivvertrag, Betriebsvereinbarung, Arbeitsvertrag) vorhanden ist, sondern der Arbeitnehmer bloß Wünsche äußert oder Forderungen erhebt, die Arbeitsbedingungen nach seinen Vorstellungen zu gestalten.

Das Wort „offenbar" macht deutlich, dass Unklarheiten oder unterschiedliche Auffassungen über den Bestand von Ansprüchen den Anfechtungsgrund keineswegs ausschließen. Dem Arbeitnehmer kann nicht zugemutet werden, vor der Geltendmachung von seiner Meinung nach bestehenden Ansprüchen erst langwierige Untersuchungen zur Rechtslage anzustellen. Nur wenn ohne jeden Zweifel erkennbar ist, dass kein Anspruch besteht, ist die Geltendmachung „offenbar nicht berechtigt".

Für den Schutz des § 105 Abs 3 Z 1 lit i reicht es aus, dass die Geltendmachung des Anspruchs „offenbar nicht unberechtigt" ist. Nur wenn ohne jeden Zweifel erkennbar ist, dass kein Anspruch besteht,

ist die Geltendmachung offenbar nicht berechtigt (OGH vom 13. 3. 2002, 9 Ob A 9/02t, DRdA 2003/12).
- Die Ansprüche müssen vom Arbeitgeber „in Frage gestellt" werden. In Frage gestellt wird ein Anspruch jedenfalls dann, wenn er vom Arbeitgeber nicht erfüllt wird. Aber auch dann, wenn die Erfüllung verzögert wird oder wenn die Berechtigung des Anspruches durch den Arbeitgeber in Zweifel gezogen wird, ohne die Erfüllung abzulehnen, kann der Anspruch „in Frage gestellt" werden (OGH vom 8. 7. 1993, 9 Ob A 114/93, DRdA 1994, 70 = RdW 1994, 22 = wbl 1993, 398 = ecolex 1993, 769). Hätte der Gesetzgeber ausschließlich jene Fälle erfassen wollen, in denen ein Anspruch vom Arbeitgeber nicht erfüllt wird und als Reaktion auf die fortgesetzte Einforderung dieses Anspruches die Kündigung erfolgt, so hätte er an Stelle der Worte „in Frage gestellt" die Worte „nicht erfüllt" setzen müssen.

Beispiele für das Vorliegen des Anfechtungstatbestandes der lit i:
- Der **Arbeitnehmer wehrt sich gegen eine vertragsändernde oder gegen § 101 verstoßende Versetzung**, klagt auf Feststellung, dass er zur Annahme der neuen Arbeitsbedingungen nicht verpflichtet sei, und wird nach Einbringung der Klage gekündigt – in diesem Fall spricht wohl alles dafür, dass das verpönte Kündigungsmotiv vorgelegen ist;
- auch Kündigungen nach sonstigen **Klagen des Arbeitnehmers** gegen den Arbeitgeber, sofern der Klagsgegenstand nicht „offenbar unberechtigt" geltend gemacht wird, erfüllen das verpönte Kündigungsmotiv;
- der **Arbeitnehmer fordert die kollektivvertragliche Lohnerhöhung** oder eine seiner Verwendung entsprechende Einstufung, dies wird abgelehnt, der Arbeitnehmer wird gekündigt;
- der Arbeitnehmer fordert die **Einhaltung** der gesetzlichen bzw kollektivvertraglich vorgesehenen **Arbeitszeit**, nachdem die Arbeitszeit öfters gesetzwidrigerweise überschritten worden ist, und wird wegen der Geltendmachung einer gesetzeskonformen Arbeitszeiteinteilung gekündigt; in diesem Fall ist die „Infragestellung" des Anspruches wohl schon durch die in der Vergangenheit vorgekommene Rechtsverletzung durch den Arbeitgeber manifestiert;
- der Arbeitnehmer fordert die **Bezahlung von Überstunden**, dies wird zwar dem Grunde nach anerkannt, die Auszahlung aber immer wieder verzögert, was zu immer neuen Forderungen des Arbeitnehmers führt: Auch dieser Anspruch ist „in Frage gestellt", eine Kündigung wegen der ständigen Geltendmachung der Überstunden könnte angefochten werden;
- ein Arbeitnehmer geht in den **Krankenstand** oder nimmt **Pflegefreistellung** in Anspruch, der Arbeitgeber bestreitet, dass eine Krankheit vorliegt oder dass die Pflegebedürftigkeit eines Familienangehörigen

tatsächlich gegeben ist und kündigt den Arbeitnehmer; auch in diesem Fall wird der Anspruch des Arbeitnehmers offensichtlich „in Frage gestellt".

Von der **Judikatur** wurde in folgenden Fällen die **Kündigung wegen eines unzulässigen Motivs** in Zusammenhang mit der Geltendmachung von Ansprüchen durch den Arbeitnehmer **für rechtsunwirksam erklärt**:

- Ein **Arbeitnehmer befolgt eine Weisung** mit der Begründung **nicht**, diese **verstoße gegen das Gesetz bzw den Arbeitsvertrag** (Weigerung, den Schweißautomaten allein zu bedienen) und holt diesbezüglich eine Auskunft der Interessenvertretung ein (OGH vom 22. 12. 1993, 9 Ob A 223/93, DRdA 1994, 270 = RdW 1994, 254 = ecolex 1994, 339).
- Ein Arbeitnehmer bestand auf der im Kollektivvertrag vorgesehenen Möglichkeit, bei einer Arbeitszeitverkürzung eine **Gehaltserhöhung statt einer Verkürzung der Arbeitszeit** für Teilzeitbeschäftigte zu wählen, und wurde deshalb gekündigt – dieses Motiv ist unzulässig, die Kündigung wurde aufgehoben (OLG Wien vom 25. 11. 1987, 31 Ra 103/87, infas 1988, A 46 = Arb 10.677).
- Die Äußerung des Arbeitnehmers, wonach er den Arbeitgeber wegen der Nichterfüllung von Ansprüchen klagen wolle, darf kein Kündigungsmotiv sein. Der Arbeitnehmer ist nicht verhalten, sich bei der Geltendmachung von Ansprüchen auf endlose Diskussionen mit dem Arbeitgeber einzulassen, es muss ihm auch die Möglichkeit zustehen, die **gerichtliche Geltendmachung zumindest anzudrohen**. Wird er deswegen gekündigt, kann die Kündigung nach einer Anfechtung als rechtsunwirksam aufgehoben werden (OLG Wien vom 27. 6. 1991, 31 Ra 43/91, ARD 4293/3/91).
- Für die Frage, ob ein Arbeitnehmer wegen der Geltendmachung offenbar nicht unberechtigter Ansprüche gekündigt wurde, ist es unerheblich, ob sämtliche geltend gemachten Ansprüche geprüft wurden, wenn feststeht, dass zum Zeitpunkt der Absendung des Schreibens durch den Arbeitnehmer **fällige Sonderzahlungen nicht ausbezahlt** waren, geleistete **Überstunden nicht** oder nur mit geringen Pauschalbeträgen **bezahlt** wurden und trotz Arbeit an auswärtigen Baustellen die kollektivvertraglich vorgesehene **Montagezulage nicht zur Auszahlung gelangte** (OGH vom 12. 2. 1997, 9 Ob A 28/97a, DRdA 1997, 406).
- Kündigt der Arbeitgeber eine Hausbesorgerin, weil sie auf der Einhaltung des geänderten Vertrages besteht, ist der Anfechtungsgrund des § 105 Abs 3 Z 1 lit i verwirklicht (OGH vom 25. 11. 1999, 8 Ob A 298/99b, DRdA 2000/58 = infas 2000, A 50 = RdW 2000/665 = ASoK 2000, 299).
- Hat die Arbeitnehmerin glaubhaft gemacht, dass ihre Kündigung wegen ihres besonderen Engagements für sich und ihre Arbeitskol-

leginnen im Zusammenhang mit den von ihr aufgezeigten Problemen bei der Kassaführung (Zuordnung von Kassafehlbeträgen) erfolgt ist, ist die Anfechtung der Kündigung berechtigt (OGH vom 14. 11. 2001, 9 Ob A 261/01z, DRdA 2002, 243 = RdW 2002/367).
– Auch die Geltendmachung eines vom Arbeitgeber in Frage gestellten Anspruchs, auf eine in einem früheren Stadium des Arbeitsverhältnisses eingenommene Position zurückzukehren, ist vom Schutzzweck des § 105 Abs 3 Z 1 lit i umfasst (OGH vom 13. 3. 2002, 9 Ob A 9/02t, DRdA 2003/12).
– Ist der Arbeitnehmer mit einer vom Arbeitgeber vorgeschlagenen Änderung seiner Provisionsvereinbarung nicht einverstanden und urgiert die Provisionsabrechnung durch den Arbeitgeber, woraufhin dieser eine einvernehmliche Auflösung vorschlägt, und ist der Arbeitnehmer mit einer solchen nicht einverstanden und wird sodann gekündigt, so kann der Arbeitnehmer die Kündigung anfechten (OGH vom 29. 8. 2002, 8 Ob A 180/02g, infas 2003, A 13).

Nicht erfolgreich war die **Anfechtungsklage** in folgenden Fällen:
– Wenn die Kündigung deswegen erfolgt, weil der **Arbeitnehmer nicht auf einzelvertraglich zugesicherte Sozialleistungen verzichtet**, so ist dies kein unzulässiges Kündigungsmotiv, weil es das **Recht des Arbeitgebers** ist, **auf Vertragsänderungen zu drängen** und bei Nichtzustimmung des Arbeitnehmers eine Kündigung (Änderungskündigung) auszusprechen (LG Linz vom 31. 8. 1988, 15 Cga 94/88, Arb 10.730).
– Versucht der Arbeitgeber, eine gesetzlich zulässige Verschlechterung der Entgeltbedingungen durch eine **einvernehmliche Vertragsänderung** zu erreichen, indem er die vertragsmäßigen Ansprüche nicht zahlt, und spricht er in der Folge die Kündigung nicht wegen der Geltendmachung der vertragsmäßigen Ansprüche, sondern wegen der Ablehnung des Anbots auf Vertragsänderung aus, so liegt kein „In-Frage-Stellen" vor (OGH vom 17. 11. 1999, 9 Ob A 237/99i, RdW 2000/661 = ASoK 2000, 327).
– Ein verpöntes Motiv können nur **betrieblich in Erscheinung getretene Vorgänge** sein; außerbetriebliche Vorgänge, die dem Arbeitgeber nicht bekannt geworden sind, scheiden als Motiv aus. Der Arbeitgeber ist nicht verpflichtet, einer Sekretärin, die bereits eine Bestkarriere im Sekretariatsbereich zurückgelegt hat, einen weiteren beruflichen Aufstieg zu ermöglichen, insbesondere ist er auch nicht verpflichtet, dafür eine andere Frau im Wege einer Austauschkündigung zu kündigen (OGH vom 30. 6. 1994, 8 Ob A 271/94, DRdA 1994, 524 = ZAS 1996/1 = Arb 11.222).
– Eine Kündigung kann nicht deswegen angefochten werden, weil einem Arbeitnehmer eine **Kompetenzerweiterung verweigert** wurde. Kündigt ein Arbeitgeber den Arbeitnehmer in der Folge wegen

wiederholten weisungswidrigen Verhaltens und mangelnden Willens zur Ein- und Unterordnung, so liegen nicht völlig sachfremde Erwägungen vor und ist weder Anfechtbarkeit noch Sittenwidrigkeit der Kündigung gegeben (OGH vom 16. 3. 1994, 9 Ob A 27/94, ARD 4558/54/94).

– Der Kündigungsanfechtungsgrund liegt nicht vor, wenn die **Ansprüche** des Arbeitnehmers auf Arbeitsbefreiung und Entgeltfortzahlung vom Arbeitgeber **nicht bestritten**, sondern nur die bereits in Anspruch genommenen und nicht bestrittenen Arbeitsbefreiungen infolge **Krankheit zum Anlass der Kündigung** genommen worden sind (OGH vom 23. 2. 1994, 9 Ob A 31/94, ARD 4564/21/94).

– Liegen die Kündigungsgründe überwiegend darin, dass das Unternehmen **umstrukturiert** werden muss, so dringt ein geltend gemachtes unzulässiges Motiv dagegen kaum durch. Es ist nicht absolut unzulässig, einen Arbeitnehmer kurz vor Beginn einer zugesagten „Definitivstellung" zu kündigen (OGH 8. 7. 1983, ARD 4406/13/93).

– Kein unzulässiges Motiv liegt in der Kündigung eines **Hausbesorgers**, der sich **weigert**, den mit dem Hauseigentümer über Ersuchen des Hausbesorgers **vereinbarten Tausch der Dienstwohnung durchzuführen**, wenn angesichts des ordnungsgemäßen und zumutbaren Zustandes der neuen Hausbesorgerwohnung diese Weigerung schikanös erscheint (OGH vom 8. 3. 2001, 8 Ob A 2/01d, ARD 5247/52/2001).

– Wird ein Arbeiter mit einem Bruttomonatsgehalt von S 26.000,– (€ 1889,49) gekündigt, weil er der **Kürzung seines Gehaltes um ca S 700,– (€ 50,87) brutto** trotz Androhung von Konsequenzen nicht zugestimmt hat, und hätte er durch die Zustimmung zu dieser Gehaltskürzung seine Kündigung vermeiden können, so ist diese weder sozialwidrig noch als Motivkündigung iSd § 105 Abs 3 Z 1 lit i ArbVG zu qualifizieren (OGH vom 12. 1. 2000, 9 Ob A 289/99m, DRdA 2000, 534 = infas 2000, A 56 = ASoK 2000, 331 = RdW 2000/461).

– Kündigt ein Arbeitgeber einen Arbeitnehmer, weil dieser beim Einstellungsgespräch die aufgrund der besonderen Vertrauensstellung als zulässig angesehene Frage nach Vorstrafen wahrheitswidrig beantwortet hat, so liegt keine verpönte Motivkündigung vor (OGH vom 15. 11. 2001, 8 Ob A 123/01y, ASoK 2002, 131 = ARD 5290/10/2002 = DRdA 2002, 490).

– Hat sich ein Arbeitgeber bereits zur Kündigung eines Arbeitnehmers nach Ablauf von dessen Betriebsratsperiode entschlossen, bevor dieser unerlaubt beschaffte firmeninterne Unterlagen in einem gegen ihn geführten Strafverfahren wegen falscher Zeugenaussage vorlegt, weil der Arbeitnehmer bereits im Zuge der gegen ihn laufenden

Vorerhebungen nicht nachvollziehbare Drohungen gegen den Vorstand und Aufsichtsrat ausgesprochen hat, mit denen er seinen Arbeitgeber zur Einnahme eines für ihn günstigen Standpunktes im Strafverfahren zu bewegen versuchte, liegt kein verpöntes Motiv für die Kündigung vor. Die Vorlage von Urkunden zur Wahrnehmung der Verteidigungsrechte im Rahmen eines Strafverfahrens kann als Geltendmachung von Ansprüchen aus dem Arbeitsverhältnis iSd § 105 Abs 3 Z 1 lit i angesehen werden. Die Offenbarung muss bei Gefahr der eigenen Strafbarkeit als zulässig angesehen werden. Liegt das Motiv für die Kündigung aber gar nicht in der Vorlage dieser Akten, sondern in den bereits früher geäußerten, nicht nachvollziehbaren Drohungen des Arbeitnehmers gegenüber Aufsichtsrat und Vorstand, ohne dass nachvollziehbar wäre, welche Ansprüche durch diese Drohungen geltend gemacht werden sollten, so liegt kein unzulässiges Motiv vor (OGH vom 28. 8. 2003, 8 Ob A 68/03p, ARD 5463/6/2004 = RdW 2004, 488). Diese Entscheidung ist unverständlich, da im Vorfeld bereits eine Klage des Arbeitgebers auf Zustimmung zur Kündigung des Betriebsratsmitgliedes wegen der angeblichen „Drohungen" als ungerechtfertigt abgewiesen worden war.

– Will der Arbeitgeber durch Vereinbarung einer **erst in Zukunft wirksamen Vertragsänderung** von bestimmten Ansprüchen des Arbeitnehmers künftig loskommen, deren aktuelle Berechtigung er auf Grund des bestehenden Vertrages derzeit gar nicht in Frage stellt, so kann eine Kündigung auf Grund der Ablehnung dieses Angebotes nicht nach § 105 Abs 3 Z 1 lit i angefochten werden (OGH vom 8. 7. 1993, 9 Ob A 168/93, ARD 4496/12/93).

– Im Falle der Kündigung wegen **Ablehnung eines Vertragsänderungsangebotes** ist § 105 Abs 3 Z 1 lit i nicht anzuwenden. Eine Anwendung dieser Bestimmung auf solche Fälle würde die Privatautonomie des Arbeitgebers, zulässige Änderungen des Arbeitsvertrages herbeizuführen, unverhältnismäßig beschränken, zumal der Arbeitnehmer ohnedies die Möglichkeit hat, die Sozialwidrigkeit einer solchen Kündigung geltend zu machen (OGH vom 8. 7. 1993, 9 Ob A 114/93, DRdA 1994, 70 = RdW 1994, 22 = wbl 1993, 398 = ecolex 1993, 769).

– Eine – wenn auch vielleicht sachlich gerechtfertigte – **Kritik an der Säumigkeit eines Vorgesetzten** und die anschließende Einmischung in dessen Kompetenzen ist **nicht als Geltendmachung** von Ansprüchen iSd § 105 Abs 3 Z 1 lit i anzusehen (OGH vom 16. 3. 1994, 9 Ob A 27/94, ARD 4558/54/94).

– War das Verlangen der Arbeitnehmerin auf Rücknahme einer als „Verwarnung" bezeichneten Abmahnung wegen unkollegialen Verhaltens offenbar unberechtigt, so liegt kein verpöntes Kündigungs-

motiv vor (vgl OGH vom 22. 2. 2006, 9 Ob A 15/06f, ARD 5692/6/2006).
- Wird die Kündigung wegen der Geltendmachung der Honorierung von Überstunden ausgesprochen, so ist die Anfechtung dennoch nicht gerechtfertigt, wenn die Leistung der Überstunden dem Arbeitnehmer vom Arbeitgeber ausdrücklich untersagt wurde (OGH vom 10. 6. 1998, 9 Ob A 108/98t, ARD 4966/3/98).
- War die Weigerung des Betriebsrates, einer Disziplinarmaßnahme gegen den Arbeitnehmer zuzustimmen, Anlass für die Kündigung, kann dies nicht als verpöntes Kündigungsmotiv qualifiziert werden (Kündigungsgrund – fortgesetztes undiszipliniertes Verhalten) (vgl OGH vom 18. 10. 2006, 9 Ob A 107/06k, ARD 5782/11/2007 = DRdA 2007, 146).

Die oben dargestellte Judikatur des OGH, wonach **Änderungskündigungen** im Regelfall nicht nach § 105 Abs 3 Z 1 lit i als verpönte Motivkündigung bekämpft werden können, trifft im Regelfall deshalb zu, weil in Österreich die Kündigung grundsätzlich zunächst keiner Begründungspflicht unterliegt. Ist eine solche Kündigung sozialwidrig, so besteht die Anfechtungsmöglichkeit nach § 105 Abs 3 Z 2. In manchen Fallkonstellationen ist aber auch eine Anfechtung nach § 105 Abs 3 Z 1 lit i in Betracht zu ziehen: verwendet der Arbeitgeber das Mittel der Änderungskündigung schikanös oder diskriminierend gegen einen bestimmten Arbeitnehmer, ohne sachliche Gründe für die gewünschte Änderung angeben zu können, oder versucht er über diesen Weg, unterkollektivvertragliche oder gesetzwidrige Bedingungen im Arbeitsverhältnis durchzusetzen (was ohnehin nicht rechtswirksam wäre, vom Arbeitnehmer aber unter Druck unter Umständen akzeptiert wird), so kann auch die Infragestellung künftiger Ansprüche aus dem Arbeitsverhältnis nach dem hier vertretenen Standpunkt eine Anfechtbarkeit begründen. Der Arbeitgeber hat im Rahmen seiner sozialen Gestaltungspflicht den jeweiligen Erfordernissen entsprechend bei Personalmaßnahmen das gelindeste Mittel zu wählen.

Auch eine Änderungskündigung kann wegen verpönten Motivs angefochten werden, wenn sie etwa im Zusammenhang damit erfolgt, dass die Arbeitnehmerin nicht offenbar unberechtigte Ansprüche erhoben hat. Das mit der Androhung der Kündigung verbundene (im Ergebnis verschlechternde) Änderungsanbot des Arbeitgebers als Reaktion auf die Geltendmachung nicht offenbar unberechtigter Ansprüche durch die Arbeitnehmerin auf Zahlung gleichen Entgeltes, wie es der männliche Kollege erhält, läuft inhaltlich darauf hinaus, die Arbeitnehmerin vor die Wahl zu stellen, ihre Forderungen im Wesentlichen aufzugeben oder die Beendigung des Arbeitsverhältnisses hinnehmen zu müssen. Bei der Kündigung nach Nichtannahme des verschlechternden Angebots handelt es sich um eine verpönte Motivkündigung (OGH vom 12. 6. 2003, 8 Ob A 40/03w, ARD 5440/2/2003 = ecolex 2003, 858).

Im Übrigen ist an dieser Stelle auch darauf zu verweisen, dass die EU-Richtlinie 97/81/EWG über **Teilzeitarbeit** explizit die Weigerung eines Arbeitnehmers, von Teilzeit- auf Vollzeitarbeit oder umgekehrt zu wechseln, als unzulässiges Kündigungsmotiv wertet. Da diese Bestimmung bisher nicht gesondert in das österreichische Recht umgesetzt wurde, ist auch dieser Fall einer diskriminierenden Änderungskündigung unter § 105 Abs 3 Z 1 lit i einzureihen.

Auch sog **Eventualkündigungen**, welche nach bereits erfolgtem Ausspruch einer Kündigung, deren Wirksamkeit vom Arbeitnehmer aber bestritten wird oder welche angefochten wurde, nur für den Fall vom Arbeitgeber ausgesprochen werden, dass die bereits davor ausgesprochene Kündigung sich als rechtsunwirksam erweist oder auf Grund der Anfechtungsklage aufgehoben wird, sind ohne weiteres im Regelfall nicht als verpönte Motivkündigung anzusehen.

Kann ein Arbeitgeber glaubhaft machen, dass Grund für die neuerliche (Eventual-)Kündigung eines Arbeitnehmers der mangelnde Bedarf für die Arbeitskraft war und nicht das in einem anderen Verfahren ergangene Feststellungsurteil erster Instanz, welches aussprach, dass das Dienstverhältnis des Arbeitnehmers über den mit der ersten Kündigung ausgesprochenen Beendigungszeitpunkt hinaus aufrecht besteht, so liegt keine unzulässige Motivkündigung vor (OGH vom 28. 8. 2003, 8 Ob A 67/03s, ARD 5473/9/2004).

Mit einer Eventualkündigung verdeutlicht der Dienstgeber seinen Standpunkt, das Arbeitsverhältnis mit dem Arbeitnehmer endgültig beenden zu wollen, also auch für den Fall, dass dem Anfechtungsbegehren des Arbeitnehmers bezüglich der ersten Kündigung stattgegeben werden sollte. Es handelt sich bei Eventualkündigungen in Wahrheit um Kündigungen unter einer Rechtsbedingung, die grundsätzlich zulässig ist, da dem Arbeitgeber eine Berufung auf allenfalls geänderte Umstände iSd § 105 Abs 3 Z 2 ArbVG nicht verwehrt werden darf. Verfolgt hingegen ein Arbeitgeber mit mehrfach erklärten Kündigungen das Ziel, den wirtschaftlich schwächeren Arbeitnehmer, der sich eine Mehrzahl von Anfechtungsprozessen nicht leisten kann, in die Enge zu treiben, könnte diese Vorgangsweise als sittenwidrig iSd § 879 ABGB angesehen werden (OGH vom 13. 2. 2003, 8 Ob A 4/03a, DRdA 2004/16 = ARD 5423/3/2003 = ecolex 2003, 438; OGH vom 23. 4. 2003, 9 Ob A 253/02z, DRdA 2003, 454 = ARD 5423/4/2003).

Auch wird der Arbeitgeber bei einer Eventualkündigung besonderen Begründungsbedarf für betriebliche oder sonstige in der Person des Arbeitnehmers gelegene Gründe für die Kündigung haben, um nicht dem Verdacht ausgesetzt zu sein, in Wahrheit lediglich ein allfälliges für den Arbeitnehmer günstiges Ergebnis der Bekämpfung der ersten Kündigung aus der Welt schaffen zu wollen, ohne sachliche Gründe für die Eventualkündigung zu haben.

Wird eine bedingte Kündigung für den Fall ausgesprochen, dass das Gericht feststellt, dass die davor ausgesprochene Kündigung nicht termingemäß ausgesprochen worden sei, und wird im Verfahren über die erste Kündigung geklärt, dass die Kündigung zwar termingemäß, aber aus einem unzulässigen Motiv erfolgte, so ist dennoch der Rechtsweg für die Bekämpfung der zweiten Kündigung zulässig. Mangels einer wirksamen Kündigung müsste in diesem Fall zwar ein Anfechtungsbegehren erfolglos bleiben und abgewiesen werden, allerdings hätte der Kläger dennoch ein rechtliches Interesse an der Feststellung des aufrechten Bestandes des Arbeitsverhältnisses und wäre vom Gericht anzuleiten und ihm Gelegenheit zu geben, sein Klagebegehren auf ein Feststellungsbegehren umzustellen (vgl OGH vom 16. 12. 2005, 9 Ob A 180/05v, DRdA 2007, 49, mit Anm *B. Trost*).

III.11 Weitere gesetzlich verpönte Kündigungsmotive

[32]) Durch das **Gleichbehandlungsgesetz** werden weitere unzulässige Kündigungsmotive explizit mit einem Anfechtungsrecht verbunden:
– Wenn die Kündigung auf ein Motiv zurückzuführen ist, das eine Diskriminierung auf Grund des Geschlechtes beinhaltet, so kann diese Kündigung innerhalb von 14 Tagen beim Arbeits- und Sozialgericht angefochten werden (§ 12 Abs 7 GlBG). Dieser Kündigungsschutz gilt auch bei sexuellen Diskriminierungen, insbesondere dann, wenn eine Kündigung wegen des Nichteingehens auf sexuelle Angebote oder wegen des Widerstands gegen sexuelle Belästigung ausgesprochen wurde.

Auch in diesem Fall des Schutzes vor einem unzulässigen Kündigungsmotiv sind weder hinsichtlich der Anfechtungsfrist (14 Tage gegenüber 1 Woche) noch hinsichtlich der Regeln bei der Glaubhaftmachung (Abs 5) die in § 105 genannten Vorschriften maßgeblich, vielmehr gelten die im Gleichbehandlungsgesetz genannten Bestimmungen.

Gem § 26 Abs 7 GlBG kann eine Kündigung auch angefochten werden, wenn ihr eine Diskriminierung wegen ethnischer Zugehörigkeit, Religion oder Weltanschauung, wegen des Alters oder der sexuellen Orientierung zu Grunde liegt. Auch in diesen Fällen beträgt die Anfechtungsfrist 14 Tage ab Zugang der Kündigung.

Generell sind Kündigungen, die wegen der nicht offenbar unberechtigten Geltendmachung von Ansprüchen nach dem GlBG erfolgen, ebenfalls anfechtbar.

Auch durch **§ 15 AVRAG** wird die Kündigung aus bestimmten verpönten Motiven für anfechtbar erklärt: Gem § 15 AVRAG ist eine Kündigung anfechtbar, wenn sie wegen einer beabsichtigten oder tatsächlich in Anspruch genommenen **Bildungskarenz, Arbeitsfreistellung gem § 12 AVRAG, Teilzeit im Zusammenhang mit Solidaritätsprämienmodell** oder **Gleitpension** ausgesprochen wird. Auch in diesen Fällen genügt es, wenn der Arbeitnehmer glaubhaft machen kann, dass eine höhere Wahrscheinlichkeit dafür spricht, dass das verpönte Motiv für die Kündigung ausschlaggebend war.

Darüber hinaus ermöglicht § 15 Abs 3 AVRAG Arbeitnehmern in **Kleinstbetrieben** (weniger als 5 Mitarbeiter) die Kündigung wegen Sozialwidrigkeit anzufechten, obwohl § 105 ArbVG auf Grund der Betriebsgröße nicht anwendbar ist; diese Bestimmung gilt aber nur für **Arbeitnehmer der Jahrgänge 1935 bis 1942** bzw **Arbeitnehmerinnen der Jahrgänge 1940 bis 1947**.

Durch § 8 AVRAG wird außerdem ein Kündigungsschutz für Arbeitnehmer normiert, die bei **ernster und unmittelbarer Gefahr den Arbeitsplatz verlassen** und auf Grund dieses Verhaltens gekündigt werden.

Sicherheitsvertrauenspersonen, Sicherheitsfachkräfte und Arbeitsmediziner sowie deren **Fach- und Hilfspersonal** haben darüberhinaus die Möglichkeit zur Anfechtung einer Kündigung, wenn diese im Zusammenhang mit der Ausübung ihrer Tätigkeit ausgesprochen wurde und § 105 ArbVG nicht direkt anwendbar ist – zB im Kleinstbetrieb (vgl § 9 Abs 2 AVRAG).

Auf Grund der EU-Richtlinie 97/81/EWG über Teilzeitarbeit ist außerdem davon auszugehen, dass eine **Diskriminierung** im Zusammenhang mit **Teilzeitarbeit** generell verboten ist. Die Weigerung des Wechsels von Teilzeit- auf Vollzeitarbeit und umgekehrt stellt gem § 5 dieser Richtlinie ein unzulässiges Kündigungsmotiv dar (vgl *Mitter,* infas 1997, H5).

Der VfGH (B 610/81, SozM IV B, 45) hat entschieden, dass Kündigungen, die wegen der **Wahrnehmung betriebsverfassungsrechtlicher Rechte** gem § 37 ausgesprochen werden, sittenwidrig und daher unwirksam sein können.

IV. Sozialwidrigkeit einer Kündigung

IV.1 Allgemeines

[33]) Eine erfolgreiche Kündigungsanfechtung nach § 105 Abs 3 Z 2 setzt voraus, dass die Kündigung „**sozial ungerechtfertigt**" ist. Zur Erläuterung des Begriffes „sozial ungerechtfertigt" wird im Folgenden auszugsweise aus dem Bericht des Ausschusses für soziale Verwaltung zitiert, der im Jahre 1973 das ArbVG dem Plenum des Nationalrates zugeleitet hat (993 BlgNR 13. GP, S 4):

„Durch die Neuregelung der Anfechtungsgründe gem Abs 3 soll der Kündigungsschutz verstärkt werden. Insbesondere soll durch die Verwendung des Begriffes ‚Beeinträchtigung wesentlicher sozialer Interessen' in Abs 3 an Stelle des Begriffes ‚soziale Härte' iSd § 25 Abs 4 Betriebsrätegesetz der Judikatur, die in der Regel ‚soziale Härte' mit ‚sozialer Notlage' gleichsetzt, der Boden entzogen werden. Künftig ist es daher nicht mehr entscheidend, daß durch

die Kündigung die Existenz des zu Kündigenden bedroht und dieser einer Notlage ausgesetzt wird. So kann eine Kündigung auch wegen einer finanziellen Schlechterstellung sozial ungerechtfertigt sein, wenn die finanzielle Schlechterstellung ein solches Ausmaß erreicht, dass von einer wesentlichen Beeinträchtigung der Interessen gesprochen werden kann."

Der Tatbestand der mangelnden sozialen Rechtfertigung einer Kündigung enthält verschiedene Elemente:

- Sozial ungerechtfertigt kann eine Kündigung nur dann sein, wenn der Arbeitnehmer bereits seit **mindestens 6 Monaten** im Betrieb beschäftigt ist. Die sechs Monate müssen im Zeitpunkt der Kündigung erfüllt sein (VwGH 24. 3. 1960, Arb 7218). Vertraglich zugesicherte Anrechnungszeiten bleiben außer Betracht (EA Wien 9. 11. 1983, infas 1984, A 2). Wenn ein Betrieb oder Betriebsteil auf einen anderen Inhaber übergeht, die Beschäftigung im Betrieb (Unternehmen) jedoch nicht unterbrochen wird, so ist das Arbeitsverhältnis auf Grund der zwingenden Anordnung des § 3 AVRAG als zusammenhängend anzusehen, die Zeit beim früheren Arbeitgeber zählt also für die Erfüllung der Sechs-Monate-Frist voll.

Zur Frage der Zusammenrechnung von Dienstzeiten bei verschiedenen Unternehmen im Konzern vgl Erl 52.

- Durch die Kündigung müssen **wesentliche Interessen des Arbeitnehmers beeinträchtigt** werden (siehe Erl 34 bis 40).
- **Personenbezogene Kündigungsgründe** können der Weiterbeschäftigung trotz Vorliegens des Tatbestandes der wesentlichen Interessenbeeinträchtigung für den Arbeitnehmer entgegenstehen und die Kündigung rechtfertigen (siehe Erl 41 bis 45).
- Auch **betriebliche Gründe**, die der Arbeitgeber im Anfechtungsverfahren geltend macht, können den Erfolg der Anfechtung einer die Interessen des Arbeitnehmers wesentlich beeinträchtigenden Kündigung zunichte machen (siehe Erl 46 bis 52).

Nach der ständigen Judikatur des Obersten Gerichtshofes (vgl OGH vom 18. 10. 2000, 9 Ob A 193/00y, DRdA 2001, 181 = ASoK 2001, 163 = RdW 2001/400; OGH vom 15. 3. 1989, 9 Ob A 279/88, infas 1989, A 39; OGH vom 22. 2. 1989, 9 Ob A 39/89, infas 1989, A 87; OGH vom 15. 3. 1989, 9 Ob A 279/88, Arb 10.771; OGH vom 27. 6. 1990, 9 Ob A 151/90, Arb 10.874) hat in dem Fall, dass die Interessen des Arbeitnehmers durch die Kündigung wesentlich beeinträchtigt werden, eine **Interessenabwägung** zwischen dieser Beeinträchtigung und den vom Arbeitgeber geltend zu machenden persönlichen oder betrieblichen Kündigungsgründen stattzufinden (siehe Erl 53).

Auf Grund dessen ist bei jedem Kündigungsanfechtungsverfahren, das sich auf den Anfechtungsgrund der mangelnden sozialen Rechtfertigung der Kündigung bezieht, folgende **Systematik** einzuhalten:

Erster Schritt: Prüfung der Frage, ob dem Arbeitnehmer durch die Kündigung soziale Nachteile entstehen werden oder nicht (vgl Erl 34 bis 40). Entscheidend für die Beurteilung dieser Frage ist eine **Prognose, die im Zeitpunkt der Beendigung** des Arbeitsverhältnisses über das weitere Schicksal des Arbeitnehmers abzugeben ist (OGH vom 18. 4. 2007, 8 Ob A 12/07h, ARD 5782/10/2007 = ASoK 2008, 40; OGH vom 10. 2. 1999, 9 Ob A 300/98b, Arb 11.828; OGH vom 25. 4. 1990, 9 Ob A 67/90, ecolex 1990, 568). Ereignisse, die nach Ende des Arbeitsverhältnisses eintreten oder Entwicklungen, die in diesem Zeitraum stattfinden, sind aber bei der Beurteilung der Frage der sozialen Rechtfertigung dann zu berücksichtigen, wenn die im Zeitpunkt der Kündigung des Arbeitsverhältnisses abgegebene Prognose auf ihre Richtigkeit überprüft werden kann. Hat sich der Arbeitnehmer durch sein Verhalten nach der Kündigung selbst um die Chancen der Erlangung eines neuen Arbeitsplatzes gebracht, indem er neue Arbeitsplätze in Anbetracht des Anfechtungsverfahrens stets abgelehnt hat, bis die Dauer der Arbeitslosigkeit seine Arbeitsmarktchancen tatsächlich beeinträchtigt hat, so kann dies der Anfechtung nicht zum Erfolg verhelfen, wenn sich nach der Kündigung herausgestellt hat, dass im Zeitpunkt der Kündigung für den Arbeitnehmer keine wesentliche Interessensbeeinträchtigung vorlag.

Stellt sich bei diesem ersten Schritt heraus, dass **keine wesentliche Interessenbeeinträchtigung** beim Arbeitnehmer vorliegt, so muss der Anfechtung ein **Erfolg versagt** werden und ist gar nicht mehr zu prüfen, ob nun betriebliche oder persönliche Kündigungsgründe vorliegen.

Ergibt der erste Prüfschritt hingegen, dass wesentliche Interessen des Arbeitnehmers durch die Kündigung beeinträchtigt sind, so ist in der Folge zu prüfen, ob der Arbeitgeber betriebliche oder personenbedingte Gründe anführen kann, die im Rahmen einer Interessenabwägung eine Kündigung doch rechtfertigen:

Zweiter Schritt: Prüfung der Frage, ob für den Arbeitgeber die Weiterbeschäftigung zumutbar ist oder

  a) aus **Umständen in der Person des Arbeitnehmers** (vgl Erl 41 bis 45) oder

  b) aus **betrieblichen Gründen** nicht mehr zumutbar ist (vgl Erl 44 bis 52).

Wendet der Arbeitgeber keine derartigen Kündigungsgründe ein, oder ist die Weiterbeschäftigung dem Arbeitgeber trotz der geltend gemachten Gründe nach einer **Interessenabwägung** durch das Gericht zumutbar, so ist der Anfechtung stattzugeben, das Arbeitsverhältnis ist rückwirkend als aufrecht zu betrachten.

Ist aber dem Betriebsinhaber die Weiterbeschäftigung aus den geltend gemachten Gründen nicht zumutbar, so ist selbst bei sozial benachteiligenden Kündigungen die Anfechtung abzuweisen, sofern nicht als dritter Schritt der **„Sozialvergleich"** doch noch zu einem Prozessgewinn für den

Arbeitnehmer führt. Dieser „Sozialvergleich" kann dazu führen, dass dem Arbeitgeber vom Gericht indirekt aufgetragen wird, einen anderen Arbeitnehmer zu kündigen als jenen, der die Anfechtungsklage eingebracht hat (vgl Erl 55). Dieser Sozialvergleich kann jedoch vom Anfechtenden nur dann angestrengt werden, wenn der **Betriebsrat** der Kündigungsabsicht **widersprochen** hat und wenn der Arbeitgeber betriebliche Umstände (in der Regel wohl die Notwendigkeit der Personalreduktion) gegen die sozial benachteiligende Kündigung ins Treffen führt.

Aus dieser Konstruktion des Anfechtungsrechtes geht hervor, dass der Gesetzgeber dem Arbeitgeber eine **soziale Gestaltungspflicht** bei Kündigungen auferlegt hat (vgl Erl 54). Es müssen bei sozial benachteiligenden Kündigungen alle Möglichkeiten zur Weiterbeschäftigung ausgeschöpft werden. Wenn andere Arbeitsplätze im Betrieb vorhanden sind, die der zu kündigende Arbeitnehmer besetzen könnte, so zwingt die soziale Gestaltungspflicht den Arbeitgeber, dem zu kündigenden Arbeitnehmer diese Arbeitsplätze anzubieten (OGH vom 17. 1. 1990, 9 Ob A 338/89, ecolex 1990, 242). Eine erforderliche Personalreduktion rechtfertigt nämlich nicht jede Kündigung.

Der allgemeine Kündigungsschutz wegen Sozialwidrigkeit einer Kündigung nach Maßgabe des § 105 versucht demnach die soziale Komponente und die Interessen des Arbeitgebers an einer Kündigung gleichwertig zu berücksichtigen. Willkürliche, unbegründete Kündigungen sind nur dann anfechtbar, wenn sie gleichzeitig dem Arbeitnehmer größere soziale Nachteile zufügen, als dies bei Kündigungen für Arbeitnehmer normalerweise der Fall ist. Kündigungsgründe, die in der Person des Arbeitnehmers liegen oder auch in wirtschaftlichen Notwendigkeiten, können selbst sozial benachteiligende Kündigungen wirksam werden lassen, wenn im Einzelfall die betrieblichen Interessen überwiegen. Ein Vergleich der sozialen Situation mehrerer Arbeitnehmer bei betriebsbedingten Kündigungen findet nur dann statt, wenn der Betriebsrat der Kündigungsabsicht widersprochen hat und der Anfechtende (Arbeitnehmer oder Betriebsrat) einen solchen Vergleich beantragt.

IV.2 Beeinträchtigung wesentlicher Interessen des Arbeitnehmers durch die Kündigung

[34]) Bei der Prüfung der Frage, ob wesentliche Interessen des Arbeitnehmers durch eine Kündigung beeinträchtigt werden, die über die normale Interessenbeeinträchtigung bei einer Kündigung hinausgehen, ist nicht nur ein einzelnes Element in der sozialen Situation des Arbeitnehmers maßgeblich. Es kommt vielmehr immer darauf an, **alle sozialen Umstände** zueinander in Beziehung zu setzen und insgesamt eine Beurteilung vorzunehmen. Nicht einmal das wesentlichste Element der Beurteilung der sozialen Situation nach der Kündigung, nämlich die Chance der **Wiedererlangung eines Arbeitsplatzes**, ist für sich allein in der Weise entscheidend,

dass bei zu erwartender Arbeitslosigkeit immer auch Sozialwidrigkeit gegeben ist (OGH vom 12. 10. 1989, 9 Ob A 206/88, DRdA 1989, 425).

Von der **Judikatur** wurden zur Beurteilung der **Beeinträchtigung wesentlicher Interessen** des Arbeitnehmers folgende **Leitsätze** aufgestellt (vgl zB OGH vom 10. 6. 1998, 9 Ob A 108/98t, DRdA 1998, 445 = ASoK 1998, 428):

„Das Tatbestandsmerkmal der wesentlichen Interessenbeeinträchtigung hat die Funktion, den Kündigungsschutz jenen Arbeitnehmern zu gewähren, die auf ihren Arbeitsplatz zur Sicherung ihres Lebensunterhalts angewiesen sind. Bei der Untersuchung, ob durch die Kündigung eine Beeinträchtigung wesentlicher Interessen eintritt, ist daher auf die Möglichkeit der Erlangung eines neuen, einigermaßen gleichwertigen Arbeitsplatzes und in diesem Zusammenhang auf die Dauer der Betriebszugehörigkeit, das Alter des Arbeitnehmers, den Verlust allfälliger dienstzeitabhängiger Ansprüche sowie der mit dem Arbeitsverhältnis verbundenen Vorteile (zB Dienstwohnung) abzustellen; darüber hinaus sind aber auch die gesamten wirtschaftlichen Verhältnisse des Arbeitnehmers einzubeziehen, wie Einkommen, Vermögen, Sorgepflichten, Einkommen des Ehegatten oder anderer erwerbstätiger Familienmitglieder sowie Schulden, soweit deren Entstehungsgrund berücksichtigungswürdig ist. Das Tatbestandsmerkmal der Beeinträchtigung wesentlicher Interessen ist nur dann erfüllt, wenn die durch die Kündigung bewirkte Schlechterstellung ein solches Ausmaß erreicht, daß sie eine fühlbare, ins Gewicht fallende Beeinträchtigung der wirtschaftlichen Lage zur Folge hat, ohne daß aber eine soziale Notlage oder eine Existenzgefährdung eintreten müßte."

Eine Beeinträchtigung wesentlicher Interessen liegt bereits dann vor, wenn durch die Kündigung eine **finanzielle Schlechterstellung** verursacht wird; die Kündigung muss nicht die Existenzgrundlage durch dauernde Arbeitslosigkeit gefährden. Schon der Verlust eines wesentlichen Vorteils aus dem Arbeitsverhältnis rechtfertigt den Schutz nach § 105 Abs 3 Z 2 ArbVG, und zwar **auch dann, wenn der Lebensunterhalt** des Gekündigten **anderwärts ausreichend gesichert** ist. Eine ins Gewicht fallende Beeinträchtigung der wirtschaftlichen Lage bedingt weder soziale Notlage noch Existenzgefährdung (OGH vom 1. 4. 1998, 9 Ob A 348/97k, DRdA 1998, 361).

Auch wenn immer die Gesamtsituation beurteilt werden muss und nie ein einzelnes Element der Sozialwidrigkeit für sich allein ausschlaggebend ist, um den Anfechtungserfolg insgesamt sicherstellen zu können, werden im Folgenden die wichtigsten Elemente der sozialen Beeinträchtigung der Situation des Arbeitnehmers durch eine Kündigung im Hinblick auf den möglichen Anfechtungserfolg einzeln dargestellt. Es empfiehlt sich, diese Kriterien für die Beurteilung der sozialen Situation nach der Kündigung in jedem Einzelfall zu überprüfen. Zuvor muss aber nochmals daran erinnert werden, dass nicht jede Beeinträchtigung sozialer Interessen durch eine Kündigung bereits die Anfechtung erfolgreich machen muss. Im Regelfall sind mit jeder Kündigung soziale Nachteile für den Arbeitnehmer verbunden (Notwendigkeit der Postensuche, Notwendigkeit des Einlebens am neuen Arbeitsplatz, etc). Diese **„normalen" Nachteile reichen nicht aus**, um das Tatbestandselement der „sozial nachteiligen Kündigung" zu erfüllen. Es müssen vielmehr Umstände vorliegen, die über das normale Maß hinaus eine Kündigung für den Arbeitnehmer nachteilig machen (OGH vom 16. 6. 1999, 9 Ob A 145/99k, DRdA 1999, 492 = infas 1999, A 116 = wbl 1999/369).

Von einer Beeinträchtigung wesentlicher Interessen in diesem Sinne kann etwa noch **nicht** ausgegangen werden, wenn eine **44-jährige** Arbeitnehmerin bis zur Erlangung eines im Wesentlichen gleichartigen Arbeitsplatzes **Arbeitslosigkeit in der Dauer von 6 bis 8 Monaten** zu erwarten hat, **11 Jahre beim Arbeitgeber** beschäftigt war, geschieden ist, keine Unterhaltsansprüche, aber auch keine Sorgepflichten hat, Eigentümerin eines **Einfamilienhauses** und **schuldenfrei** ist und während der gesamten Dauer der Arbeitslosigkeit Anspruch auf Arbeitslosengeld hatte (OGH vom 16. 6. 1999, 9 Ob A 145/99k, DRdA 1999, 492 = infas 1999, A 116 = wbl 1999/369).

Die **Beweislast** für die Interessenbeeinträchtigung trifft den **Arbeitnehmer** (OGH vom 20. 9. 2000, 9 Ob A 179/00i, RdW 2001/250 = wbl 2001, 119 = ASoK 2001, 163).

Entscheidend dafür, ob wesentliche Interessen des gekündigten Arbeitnehmers beeinträchtigt sind, ist eine vom Zeitpunkt der Kündigungserklärung ausgehende **Prognose** über die nach diesem Zeitpunkt aller Voraussicht nach wirksam werdenden Folgen der Kündigung. Ob eine Arbeitnehmerin **seit der Kündigung krankheitsbedingt arbeitsunfähig** ist, steht **nicht in sachlichem Zusammenhang** mit der Kündigung, weil diese Interessenbeeinträchtigung zum Zeitpunkt der Kündigungserklärung im Rahmen einer rationalen nachvollziehbaren Prognose **nicht vorhersehbar** war (OGH vom 31. 1. 1996, 9 Ob A 199/95, RdW 1997, 299 = ecolex 1996, 398).

Das Stellenanbot eines Arbeitgebers, das ein Jahr nach der Kündigung des Arbeitnehmers erklärt wurde, ist nicht zu berücksichtigen, weil nach objektiven Kriterien zum Kündigungszeitpunkt nicht anzunehmen war, dass dem Arbeitnehmer in absehbarer Zeit (zumindest $1^1/_2$ Jahre nach der Kündigung) eine auch nur halbwegs gleichwertige Wiedereingliederung in den Arbeitsmarkt gelingen wird.

Dadurch, dass ein Arbeitgeber dem Arbeitnehmer kurz vor Schluss der Verhandlung über ein vom gekündigten Arbeitnehmer angestrengtes Anfechtungsverfahren ein neues Arbeitsverhältnis anbietet, kann er eine sich abzeichnende Stattgebung der Kündigungsanfechtung nicht unterlaufen (OGH vom 22. 5. 2003, 8 Ob A 25/03i, DRdA 2003, 578 = ARD 5429/3/2003 = ecolex 2003/321).

Eine Änderungskündigung, mit der der Arbeitgeber eine Versetzung in eine andere Abteilung sowie eine Gehaltsreduktion von 10 % brutto bzw

7,76 % netto anbietet, beeinträchtigt die Interessen der Arbeitnehmerin nicht wesentlich (OGH vom 4. 6. 2003, 9 Ob A 8/03x, infas 2003, A 82 = ARD 5477/4/2004).
Beim Tatbestandsmerkmal der wesentlichen Interessenbeeinträchtigungen sind nur die wesentlichen **Lebenshaltungskosten, nicht aber Luxusausgaben** zu berücksichtigen. Sinkt das zu erwartende Familieneinkommen auf Grund der Kündigung von rund 1,17 Millionen Schilling (ca € 85.000,–) brutto jährlich auf 1 Million (ca € 72.700,–) brutto, so kann auch bei Berücksichtigung der zusätzlichen Aufwendungen auf Grund der weiteren Entfernung des neuen Arbeitsortes von S 8.500,– (ca € 617,–) pro Monat keine wesentliche Interessenbeeinträchtigung festgestellt werden. Auch die Verringerung des Urlaubsanspruches auf das gesetzliche Ausmaß kann eine solche nicht begründen (OGH vom 26. 1. 1994, 9 Ob A 297/93, DRdA 1994, 270 = RdW 1994, 253 = ecolex 1994, 341).

Die für einen Zweitwohnsitz anfallenden Kosten sind nicht als Luxusaufwendungen zu beurteilen, zumal bei Arbeitnehmern mit höheren Einkommen erwartet werden kann, dass auch Bedürfnisse befriedigt werden, welche über die Grundbedürfnisse hinausgehen (OGH vom 19. 12. 2001, 9 Ob A 244/01z, DRdA 2003/14 = ASoK 2002, 231 = ZASB 2002, 17 = ecolex 2002/147).

a) Arbeitsmarktchancen

[35]) Die soziale Lage des Arbeitnehmers nach der Kündigung hängt in erster Linie davon ab, ob er nach der Kündigung seine **bisherige Lebensführung** im Wesentlichen aufrecht erhalten kann oder erhebliche Nachteile in Kauf nehmen muss. Ist der Arbeitnehmer zur Bestreitung seines Lebensunterhaltes im Wesentlichen darauf angewiesen, Einkommen aus Erwerbsarbeit zu beziehen, so sind seine Arbeitsmarktchancen nach der Kündigung das wesentlichste Element für die Beurteilung der Frage, ob die Kündigung die Interessen des Arbeitnehmers nachteilig berührt oder nicht.

Droht dem Arbeitnehmer auf Grund persönlicher Verhältnisse oder aus Mangel an Arbeitsplätzen, die seiner Ausbildung oder seiner ausgeübten Beschäftigung entsprechen, **Arbeitslosigkeit**, so **werden in der Regel** durch eine dennoch ausgesprochene Kündigung wesentliche **Interessen des Arbeitnehmers beeinträchtigt**, und der Arbeitgeber müsste erhebliche betriebliche oder persönliche Kündigungsgründe nachweisen können, um den Anfechtungserfolg zu verhindern (EA Innsbruck, Re 22/74; EA Wien, Re II 270/75; EA Wien, Re II 209/76; EA Feldkirch, Re 89/76; EA Innsbruck, Re 13, 14/75; EA Wien 23. 11. 1976, Re II 307, 308/76). Auch ein geringfügiges Vermögen ändert bei drohender Arbeitslosigkeit an der Sozialwidrigkeit einer Kündigung nichts (EA Wien, Re 1138/77).

Der Arbeitnehmer kann hiebei zur Vermeidung der Arbeitslosigkeit nur an einen ihm **zumutbaren Posten** verwiesen werden (EA Wien 23. 9.

1975, Arb 9420), nicht aber auf die Ausübung seines Lehrberufes, wenn der Arbeitnehmer bereits seit langem in einer anderen Branche tätig ist und keine Verbindung mehr zu seinem erlernten Beruf hat. Wenn in diesem Fall ein Unterkommen im ausgeübten Beruf auf Grund der Arbeitsmarktlage unwahrscheinlich ist, liegt in einer Kündigung eine wesentliche Beeinträchtigung der Interessen des Arbeitnehmers wegen drohender Arbeitslosigkeit (EA Wien 23. 11. 1976, Re II 307, 308/76).

Das Gericht hat bei der Überprüfung der **Arbeitsmarktchancen** des gekündigten Arbeitnehmers die Arbeitsmarktlage für den Gekündigten **möglichst konkret zu ermitteln** und darf sich hiebei nicht nur auf allgemeine Eindrücke stützen.

Bei Berufen, die häufig auch selbständig ausgeübt werden, ist bei Beurteilung der Interessenbeeinträchtigung auch die Möglichkeit der selbständigen Berufsausübung miteinzubeziehen (OGH vom 10. 4. 2003, 8 Ob A 204/02m, DRdA 2004/21 mit Anm *Mayr* = ARD 5417/3/2003 = ASoK 2004, 64).

Ist auf Grund der konkreten Arbeitsmarktsituation mit einer **Arbeitslosigkeit** von etwa **10 Monaten** zu rechnen, so sind **wesentliche Interessen** des Arbeitnehmers durch die Kündigung beeinträchtigt (OGH vom 15. 3. 1989, 9 Ob A 279/88, Arb 10.771).

Schon der **Verlust eines wesentlichen Vorteils** aus dem Arbeitsverhältnis rechtfertigt den Schutz des § 105 Abs 3 Z 2 ArbVG. Es ist eine Gesamtbetrachtung anzustellen. Für einen **Linienbuslenker** ist der Beruf eines **Reisebuslenkers** kein auch nur einigermaßen mit dem bisherigen Beruf vergleichbarer Arbeitsplatz. Dabei ist vor allem der gravierende Nachteil der die wirtschaftliche Existenz beeinträchtigenden Zeiten der Arbeitslosigkeit in saisonschwachen Zeiten zu berücksichtigen, sowie die weitaus härteren Arbeitsbedingungen als Reisebuslenker (OGH vom 10. 2. 1999, 9 Ob A 300/98b, Arb 11.828 = DRdA 1999, 395 = infas 1999, A 63 = ASoK 1999, 328 = RdW 1999, 365).

Sozialwidrigkeit ist nach der Judikatur nicht gegeben, wenn der Arbeitnehmer das bisher bezogene Grundgehalt von S 17.300,- brutto (ca € 1.257,-) auf dem allgemeinen Arbeitsmarkt, wie auch in seinem bisherigen Beruf, wenn auch nach ca 6-monatiger Arbeitsplatzsuche, erhalten kann und bei entsprechendem Engagement in der Lage wäre, nach etwa einem Jahr ein im Wesentlichen adäquates Einkommen (S 16.000,- bis S 17.000,- netto – ca € 1.163,- bis € 1.235,-) zu erzielen (OGH vom 17. 11. 1999, 9 Ob A 237/99i, RdW 2000/661 = ASoK 2000, 327).

Kann der Arbeitnehmer innerhalb von **drei bis vier Monaten** mit einem **vergleichbaren Posten** rechnen, so besteht **keine** erhebliche Beeinträchtigung der Interessen (EA Wien 20. 12. 1977, Arb 9642).

Kann der Arbeitnehmer innerhalb von drei Monaten einen neuen Arbeitsplatz finden und hat höchstens eine Nettoeinkommenseinbuße von 10 % zu befürchten, so liegt keine erhebliche Interessenbeeinträchtigung vor (vgl OGH vom 18. 4. 2007, 8 Ob A 12/07h, ARD 5782/10/2007 = ASoK 2008/40).

Könnte nach der Kündigung nur ein **Posten mit wesentlich geringerer Qualifikation** erlangt werden, so **beeinträchtigt** diese Kündigung **wesentliche Interessen** des Arbeitnehmers (EA Wien 16. 2. 1983, SozM II B, 1215). Lehnt der Arbeitnehmer einen qualitativ vergleichbaren, konkret angebotenen Ersatzarbeitsplatz bei einer anderen Firma im selben Betriebsgelände, der nur geringfügig niedriger entlohnt wäre, ab, so kann er sich nicht auf Sozialwidrigkeit berufen (VwGH vom 14. 11. 1984, 84/01/0080, infas 1985, A 73). Bleiben die Bewerbungen eines Arbeitnehmers um andere, zum Teil besser dotierte Stellen nur deswegen erfolglos, weil der Arbeitnehmer stets auf sein anhängiges Anfechtungsverfahren verweist und während des Anfechtungsverfahrens die angebotenen **Posten nicht antreten will**, so liegt **keine** soziale Benachteiligung durch die Kündigung vor (OGH vom 25. 4. 1980, 9 Ob A 67/90, infas 1991, A 6).

Da die soziale Lage des Arbeitnehmers nach der Kündigung bei Prüfung der Sozialwidrigkeit und der anzustellenden Prognose heranzuziehen ist, **kommt es auf eine vor der Kündigung durch den Arbeitgeber angebotene Arbeitsstelle bei einem anderen Arbeitgeber nicht an** (OGH vom 15. 9. 1999, 9 Ob A 148/99a, RdW 2000/395 = ecolex 2000, 59).

Bei einer **Änderungskündigung** muss die Arbeitsmarktlage außerhalb des Unternehmens nicht geprüft werden – ist dem Arbeitnehmer die Annahme des Angebots des Arbeitgebers zur Änderung der Arbeitsbedingungen **zumutbar**, so liegt in der Kündigung wegen Nichtannahme dieses Angebots **keinesfalls eine soziale Benachteiligung**, die eine erfolgreiche Anfechtung ermöglicht (OGH vom 24. 4. 1991, 9 Ob A 79/91, infas 1991, A 100).

Wird eine bereits im Zeitpunkt der Kündigung für die Arbeitnehmerin **ungünstige Beschäftigungsprognose** im Hinblick darauf bezweifelt, dass es der Arbeitnehmerin auch schon vor ihrer Beschäftigung beim kündigenden Arbeitgeber möglich gewesen sei, in angemessener Zeit verschiedene Beschäftigungen zu finden, so sind die Tatsachen zu berücksichtigen, dass es sich dabei einerseits um Arbeitsstellen handelte, die die Arbeitnehmerin noch vor der **Geburt ihrer Kinder** inne hatte, und andererseits die Arbeitnehmerin den nach ihrem Widereintritt ins Berufsleben erlangten Arbeitsplatz gerade wegen des **Betreuungsaufwandes** für ihre Kinder aufgeben musste (OGH vom 5. 4. 2000, 9 Ob A 30/00b, infas 2000, A 79 = ARD 5194/12/2001).

b) Einkommenssituation nach der Kündigung

36) Eine Einkommenseinbuße nach der Kündigung kann nicht nur dadurch drohen, dass überhaupt kein neuer Arbeitsplatz mehr in absehbarer Zeit erlangt werden kann, eine Beeinträchtigung wesentlicher Interessen ist auch dann möglich, wenn zwar ein neuer Arbeitsplatz ange-

treten werden kann, dort aber nur erheblich weniger Einkommen erzielbar ist.

Dabei **ist nicht jede finanzielle Schlechterstellung** im Verhältnis zum früheren Arbeitsplatz ausreichend für eine erfolgreiche Anfechtung der Kündigung (OGH vom 29. 8. 1990, 9 Ob A 142/90, infas 1992, A 5).

Andererseits muss aber der drohende Einkommensverlust **nicht existenzbedrohend** sein, damit er die Anfechtung der Kündigung begründen kann. Es ist im Wesentlichen zu prüfen, ob der Arbeitnehmer nach Ende des Dienstverhältnisses über ein Einkommen verfügen kann, das ihm seine **bisherige Lebensführung** ermöglicht (EA Linz 24. 4. 1986, Arb 10.517). Ist dies nicht der Fall, werden wesentliche Interessen durch die Kündigung beeinträchtigt.

Eine finanzielle Schlechterstellung genügt zur Annahme einer Interessenbeeinträchtigung nicht, es sei denn, sie erreicht ein solches Ausmaß, dass sie – unter Berücksichtigung aller Faktoren – eine fühlbare, ins Gewicht fallende Verschlechterung der wirtschaftlichen Lage zur Folge hat. Gewisse Schwankungen in der Einkommenslage muss nämlich jeder Arbeitnehmer im Laufe des Arbeitslebens hinnehmen (vgl OGH vom 21. 10. 1998, 9 Ob A 261/98t, ARD 5001/13/99; OGH vom 19. 9. 2002, 8 Ob A 25/02p, RdW 2003, 213 = ARD 5397/1/2003 = infas 2003, A 14).

Bei jeder Prüfung, ob wesentliche Interessen des Arbeitnehmers durch die Kündigung beeinträchtigt sind, darf eine vom früheren Arbeitgeber angeblich abgegebene subsidiär wirkende und vom früheren Arbeitgeber auch bestrittene Zusage, im Falle einer Kündigung durch den neuen Arbeitgeber gewisse Teile des Einkommensausfalls zu ersetzen, nicht berücksichtigt werden.

Bei der Frage, ob die im Zuge einer Kündigung zu erwartende Einkommensminderung eine fühlbare, ins Gewicht fallende Beeinträchtigung der gesamten wirtschaftlichen Lage des Gekündigten zufolge hat, sind auch Pensionszusagen oder Zusagen über die Leistung von „Vorruhestand- bzw Überbrückungsgeldern" zu berücksichtigen, da darin weder eine mittelbare Diskriminierung iSd Art 2 Abs 2 lit b RL 2000/78/EG noch ein Verstoß gegen Art 6 dieser RL zu sehen ist (OGH vom 7. 8. 2003, 8 Ob A 48/03x, infas 2004, A 1 = ARD 5459/1/2003 = ZASB 2004, 30 = RdW 2004, 44).

Bezüglich des Ausmaßes der Einkommenseinbußen nach der Kündigung und des Einflusses dieses Ausmaßes der Einkommensreduktion auf das Anfechtungsverfahren gibt es in der **Judikatur** folgende Anhaltspunkte:

Eine **Einkommenseinbuße** im Vergleich zum früheren Nettoeinkommen von **10 %** wird in der Regel **nicht als ausreichend** erachtet, um eine Anfechtung begründen zu können (vgl OGH vom 20. 9. 2000, 9 Ob A 179/00i, RdW 2001/250 = wbl 2001/119 = ASoK 2001, 163; VwGH vom 16. 1. 1985, 83/01/0519, RdW 1985, 318; VwGH vom 15. 10. 1986,

86/01/0034, infas 1987, A 24; EA Klagenfurt 10. 8. 1984, Arb 10.347; EA Wien 18. 2. 1976, Arb 9479).

Bei darüber hinausgehenden zu erwartenden Einkommenseinbußen ist die Auswirkung dieser Einkommenseinbuße auf die künftige Lebensführung zu überprüfen. Eine Verdiensteinbuße von **20 % und mehr deutet auf erhebliche soziale Nachteile** durch die Kündigung hin (OGH vom 21. 10. 1998, 9 Ob A 261/98t, ARD 5001/13/99; OGH vom 28. 10. 1986, 2 Ob 554/86, DRdA 1988, 229; OGH vom 17. 1. 1990, 9 Ob A 338/89, RdW 1990, 354; EA Wien, SozM II B, 1068).

Bei einer Nettoeinkommensreduktion von € 1.800,– auf € 1.470,–, einer Unterhaltspflicht für einen 13-jährigen Sohn und den entsprechenden monatlichen Fixkosten für Wohnung etc ist eine Interessenbeeinträchtigung zu bejahen (OGH vom 20. 1. 2005, 8 Ob A 141/04z, ARD 5581/9/2005).

Bei einem **schwankenden Provisionseinkommen** ist bei der Prüfung der Interessenbeeinträchtigung von jenen Provisionen auszugehen, die vor Beendigung des Dienstverhältnisses ausbezahlt wurden. Spätere Provisionskürzungen durch Storni sind in die Betrachtung nicht einzubeziehen, da sie erst die wirtschaftliche Situation des Arbeitnehmers nach der Kündigung betreffen. Der Dienstnehmer ist auch nicht verhalten, zu Gunsten des Arbeitgebers den Vermögensstamm zur Vermeidung von finanziellen Einbußen anzugreifen, sondern auf diesen ist nur insoweit Bezug zu nehmen, als er **Erträge** und damit laufendes Einkommen bringt. Insoweit hat der OGH bisher auch nur die **Frucht bringende Anlage der Abfertigung** als Verlustausgleich bewertet. Die **Abfertigung**, auch wenn sie dem Entgelt zugerechnet wird, und die Urlaubsentschädigung sind infolge ihrer zeitlichen Beschränkung **kein Äquivalent** für Bezüge aus einem Arbeitseinkommen (OGH vom 21. 10. 1998, 9 Ob A 261/98t, ARD 5001713/99).

Stellt das gekündigte Arbeitsverhältnis aber **nicht die Hauptquelle** für den Einkommenserwerb dar, sondern ist sie nur eine **relativ geringfügige Nebenbeschäftigung**, und ist das Gesamteinkommen des Arbeitnehmers relativ hoch, so stellt die Entgelteinbuße in der Höhe von **20 %** durch den Wegfall der Nebenbeschäftigung keine ins Gewicht fallende Einschränkung der Lebensführung und damit auch **keine sozial erheblich benachteiligende Maßnahme** dar (OGH vom 29. 8. 1990, 9 Ob A 142/90, ecolex 1990, 771).

Bei einer **Änderungskündigung** muss das Änderungsangebot unter Einbeziehung von Fixum und erfolgsabhängiger Prämie geprüft werden. Soll das **Fixum um 23 % gemindert** werden, so ist dies aber regelmäßig als **unzumutbar** anzusehen (OGH vom 27. 1. 2000, 8 Ob A 342/99y, DRdA 2000, 420 = infas 2000, A 55 = RdW 2000, 462 = ASoK 2000, 397).

Eine Bruttoeinkommensminderung von ca. **40 %** stellt dennoch **keine wesentliche Interessenbeeinträchtigung** dar, wenn einem Arbeitnehmer mit einem überdurchschnittlichen Gehalt (über € 13.000,00 brutto monatlich) nach Beendigung des Dienstverhältnisses immer noch eine Bruttopension von € 8.000,00 monatlich zukommt und diesem Betrag monatliche Aufwendungen von ca. € 2.500,00 gegenüberstehen (vgl OGH vom 30. 9. 2005, 9 Ob A 8/05z, DRdA 2006, 150 = ecolex 2006/58 = RdW 2006/551).

Beträgt der Pensionsbezug eines mit 61 Jahren in den Ruhestand versetzten Bankangestellten nur rund 53 % seines letzten Aktivbezuges, könnte er aber bei einer Pensionierung mit 65 Jahren mit einer um rund **20 % höheren Pension** rechnen, ist die Versetzung in den dauernden Ruhestand auch dann **wegen Sozialwidrigkeit unwirksam**, wenn er zuletzt ein überdurchschnittlich hohes Einkommen (€ 6.942,00 brutto monatlich) bezogen hat und die Pensionsleistung den zur Deckung seiner Lebenshaltungskosten notwendigen Betrag übersteigt (vgl OLG Wien vom 14. 2. 2007, 7 Ra 167/06i, ARD 5782/7/2007).

Erhält ein Arbeitnehmer im Zusammenhang mit einer vorgeschlagenen Änderungskündigung wegen Entfalls seines Arbeitsplatzes einen **zumutbaren Ersatzarbeitsplatz** bei einem anderen Unternehmen im **Konzern** (bei voller Vordienstzeitenanrechnung) mit annähernd gleich hohem Entgelt angeboten, so ist eine wesentliche Interessenbeeinträchtigung nicht gegeben und die Kündigung daher **nicht sozialwidrig** (OGH vom 15. 4. 1999, 8 Ob A 80/99v, RdW 1999, 744).

Eine Einkommensverminderung um **12 % ist grundsätzlich zumutbar**, auch wenn die betriebsbedingten Kündigungsgründe nicht in einer Gefährdung des Unternehmensbestandes liegen, sondern in der Entscheidung eines rentablen Unternehmens, rentabilitätserhöhende Rationalisierungsmaßnahmen durchzuführen (OGH vom 23. 5. 1997, 8 Ob A 96/97v, DRdA 1997, 508 = wbl 1997, 483 = ASoK 1998, 37 = ecolex 1998, 155 = RdW 1998, 153).

Erreicht ein gekündigter Arbeitnehmer seinen bisherigen Bezug im neuen Unternehmen nicht sofort, sondern vermutlich erst nach gewisser Zeit, so stellt dies noch keine erheblich nachteilige Folge iSd § 105 Abs 3 Z 2 dar (EA Wien, ARD 3791/2).

Berücksichtigung von Ehepartnereinkommen

Nach Auffassung des OGH liegt sogar dann **keine wesentliche Interessenbeeinträchtigung** vor, wenn eine Arbeitnehmerin ihr bisheriges aus einer **Teilzeitbeschäftigung bezogenes Einkommen zur Gänze verliert** und auf die Arbeitslosenversicherung verwiesen wird, sofern sie hohe **Unterhaltsansprüche gegenüber ihrem gut verdienenden Ehemann** hat (OGH vom 12. 10. 1988, 9 Ob A 206/88, Arb 10.755). Diese Aussage des Höchstgerichtes ist nicht unwidersprochen geblieben (vgl DRdA 1991, 33), und zwar deswegen, weil im konkreten Fall offensichtlich das Vorliegen einer wesentlichen sozialen Benachteiligung mit der Notwendigkeit einer Interessenabwägung verwechselt wurde. **Unterhaltsansprüche** mögen zwar bei der Beurteilung der Frage herangezogen werden, ob eine Interessenbeeinträchtigung so gewichtig ist, dass sie gegen wichtige geltend gemachte betriebliche oder persönliche Kündigungsgründe durchdringen kann. Dass aber auch jemand trotz hoher Unterhaltsansprüche soziale Nachteile erleidet, wenn er (noch dazu in höherem Lebensalter) sein gesamtes eigenes Erwerbseinkommen verliert, sollte unbestritten sein. Bei einer anderen Interpretation wären va Frauen benachteiligt, weil sie in der Regel geringere Erwerbseinkommen und daher Unterhaltsansprüche gegenüber ihren Ehemännern haben. Würden solche Unterhaltsansprüche generell die Chancen einer erfolgreichen Kündigungsanfechtung beeinträchtigen, wäre dies eine **Diskriminierung** auf Grund des Geschlechtes, die sowohl nach dem Gleichbehandlungsgesetz als auch nach der Gleichbehandlungsrichtlinie der EU unzulässig ist. Die Erwerbstätigkeit von Frauen darf durch Diskriminierungen beim Kündigungsschutz nicht beeinträchtigt werden.

Der OGH ist trotz dieser Kritik bei seiner Judikatur geblieben und kommt zum Ergebnis, dass ein allfälliges höheres Einkommen des Ehegatten bei der Beurteilung der Sozialwidrigkeit und wesentlichen Interessenbeeinträchtigung zu berücksichtigen sei. Wegen der notorischen Einkommensunterschiede zwischen Frauen und Männern sei das Einkommen der Ehegatten gekündigter Arbeitnehmerinnen im Rahmen der Gesamtprüfung der Sozialwidrigkeit abstellend auf die jeweiligen Umstände des Einzelfalls zu gewichten, um nicht allenfalls auf diesem Wege eine Diskriminierung der Frauen bei der Beendigung des Arbeitsverhältnisses aufgrund des Geschlechtes herbeizuführen (OGH vom 19. 12. 2001, 9 Ob A 174/01f, RdW 2002/356 = ASoK 2002, 417 = ARD 5398/1/2003). Trotz dieser „gewichteten" Einbeziehung dieses Kriteriums durch den OGH ist aufgrund der nach wie vor allgemein bestehenden massiven Einkommensunterschiede zwischen Männern und Frauen der Tatbestand der mittelbaren Diskriminierung verheirateter Frauen durch die Berücksichtigung des Ehegatteneinkommens im Rahmen des Kündigungsschutzes erfüllt (vgl *Eichinger,* RdW 2002/356). Eine sachliche Rechtfertigung, die sich auf objektiv gerechtfertigte Gründe stützen könnte, ist fraglich, weswegen eine Vorlage derartiger Fälle an den EuGH durch den OGH sinnvoll wäre.

Der **Entfall von fast 40 % des Gesamteinkommens** einer Arbeitnehmerin, bestehend aus dem beim Arbeitgeber erzielten Gehalt, der Witwenpension und Erträgen aus einer Nebentätigkeit, muss **jedenfalls als Beeinträchtigung wesentlicher Interessen** angesehen werden. Die Einbeziehung des übrigen Vermögens der Arbeitnehmerin vermag an dieser Beurteilung nichts zu ändern, wenn vorhandene **Immobilien** auf absehbare Zeit keine wirtschaftliche **Verwertbarkeit** bieten bzw allenfalls erzielbare **Mieteinnahmen** wesentlich unter dem bisher von der Arbeitnehmerin bezogenen Gehalt liegen würden (OGH vom 21. 10. 1998, 9 Ob A 113/98b, ASoK 1999, 144 = ARD 4988/35/98).

Bei einer **Änderungskündigung** ist vorerst zu prüfen, ob dem Arbeitnehmer die Annahme des Angebotes des Arbeitgebers zur Änderung zumutbar war. Beträgt die dem Arbeitnehmer vom im Ausgleich befindlichen Arbeitgeber vorgeschlagene Bezugskürzung lediglich 6,7 % seines bisherigen Einkommens, so ist eine derartige Einkommenseinbuße nicht sozialwidrig, zumal jeder Arbeitnehmer Einkommensschwankungen in dieser Größenordnung im Lauf seines Arbeitslebens hinnehmen muss (OGH vom 7. 10. 1998, 9 Ob A 244/98t, ARD 4985/7/98).

Die **Kündigung eines 62-Jährigen**, dessen Aussichten auf dem allgemeinen Arbeitsmarkt denkbar schlecht sind und der, würde er bereits vor 65 in Pension gehen, finanzielle Einbußen erleidet, **beeinträchtigt wesentliche Interessen** des Arbeitnehmers. Wenn jedoch durch das zu erwartende Pensionseinkommen und das Einkommen der Ehegattin die Beeinträchtigung gemildert wird, so liegt **kein unverhältnismäßiger Härtefall** vor, sodass das **Interesse** des Arbeitgebers am Abbau der enormen Verluste durch **Rationalisierung überwiegt** (OGH vom 8. 9. 1993, 9 Ob A 233/93, DRdA 1994/20).

c) Sonstige Nachteile in den Arbeitsbedingungen durch Verlust des Arbeitsplatzes

[37]) Abgesehen von einer Reduzierung des Entgelts sind auch andere Nachteile, die der Arbeitnehmer in Folge der Kündigung in Kauf nehmen müsste, im Anfechtungsverfahren zu berücksichtigen.

Folgende Aspekte wurden bisher in der **Judikatur** aufgegriffen:
- Eine **Teilkündigung** des Arbeitsvertrages in dem Sinne, dass lediglich der Mietvertrag für die **Dienstwohnung** aufgekündigt wird, ohne das Arbeitsverhältnis zu lösen, ist als unzulässige Teilkündigung anzusehen. Der Verlust einer Dienstwohnung kann eine Beeinträchtigung wesentlicher Interessen des Arbeitnehmers iSd § 105 Abs 3 Z 2 ArbVG bilden (OGH vom 9. 6. 1993, 9 Ob A 82/93, Arb 11.087 = DRdA 1994/15).
- Der **Verlust der Dienstwohnung** als Folge der Auflösung des Arbeitsverhältnisses wird nur dann als für den Anfechtungserfolg ausreichende soziale Benachteiligung anzusehen sein, wenn besondere Umstände in der Person des Arbeitnehmers vorliegen, wie zB die drohende Obdachlosigkeit nicht nur für den Arbeitnehmer selbst, sondern auch für seine Familie (EA Graz 12. 12. 1974, Arb 9311: sechs Kinder wären betroffen gewesen). Hat der Arbeitnehmer aber **keine Sorgepflichten**, so stellt sich der bloße Verlust der Dienstwohnung als Folge der Kündigung **nicht** als ausreichender Anfechtungsgrund dar, weil die Wohnungsbeschaffung grundsätzlich ein Problem jedes einzelnen Arbeitnehmers ist und von diesem gelöst werden muss (EA Wien, Re IV 99/75).

- Wäre der Arbeitnehmer zur Erlangung einer vergleichbaren Arbeitsstelle verpflichtet, seinen **Wohnort zu wechseln**, weil der bisherige Arbeitgeber am derzeitigen Wohnort eine Monopolstellung für bestimmte Tätigkeitsgruppen einnimmt, so ist dies als schwer wiegender sozialer Nachteil zu betrachten (EA Graz, Re 10/76).
- Hat ein Arbeitnehmer hingegen bereits einen neuen Posten mit nahezu unverändertem Einkommen gefunden, so ist die Anfechtung einer Kündigung wegen Sozialwidrigkeit bloß wegen des Erfordernisses, zum neuen Arbeitsplatz zu **pendeln**, nicht gerechtfertigt (OGH vom 25. 6. 1998, 8 Ob A 151/98h, ARD 4974/4/98).
- Eine **Vergrößerung des Arbeitsweges** von 32 km auf 138 km beinhaltet einen Hinweis auf eine wesentliche Interessenbeeinträchtigung, dennoch können betriebsbedingte Gründe auch eine solche Kündigung unter Umständen rechtfertigen (OGH vom 12. 6. 1997, 8 Ob A 153/97a, RdW 1998, 155 = ASoK 1997, 364).
- Würde ein Arbeitnehmer, der bisher **Angestellter** war, auf Grund der Arbeitsmarktlage ausschließlich **als Arbeiter** Beschäftigung finden, so ist dieser Umstand bei der Anfechtung zu berücksichtigen (EA Graz 16. 10. 1985, Arb 10.457).
- Der **Verlust** einer jahrzehntelang ausgeübten **intellektuell anspruchsvollen Tätigkeit** ist als Beeinträchtigung wesentlicher sozialer Interessen zu werten (EA Wien 26. 5. 1982, SozM II B, 1197).

Keine Berücksichtigung fanden in der Judikatur hingegen folgende in Anfechtungsverfahren geltend gemachten Nachteile im Zuge einer Kündigung:

- Die **Notwendigkeit einer Umschulung** nach dem Arbeitsplatzwechsel (EA Klagenfurt 21. 10. 1983, Arb 10.279);
- eine **unwesentliche Lohnminderung und Samstagsarbeit** am neuen Arbeitsplatz (EA Klagenfurt 20. 1. 1984, Arb 10.284);
- **enttäuschte Hoffnungen auf eine Höherreihung** und auf eine innerbetriebliche Pensionsregelung (EA Wien 10. 1. 985, Re IV 379/83: In diesem Fall wurde besonders darauf hingewiesen, dass bei hohen absoluten Bezügen eine relative Verringerung dieser Bezüge nicht so ins Gewicht fällt);
- Hätte der Arbeitnehmer nach nur mehr kurzer Beschäftigungszeit eine **weitere Abfertigungsstufe** erreicht, liegt kein Grund für eine Anfechtung wegen Sozialwidrigkeit vor (EA Salzburg 23. 9. 1985, Arb 10.440).
- Auch das **Verfehlen eines neuen Urlaubsanspruches**, der wenige Wochen nach Ende des Arbeitsverhältnisses entstanden wäre, stellt nur einen geringfügigen Nachteil für den Arbeitnehmer dar und ist als Anfechtungsgrund nicht geeignet (EA Wien, ARD 3150/14).

d) Sorgepflichten des Arbeitnehmers

[38]) Die Stellung des gekündigten Arbeitnehmers innerhalb seiner Familie und seine rechtlichen oder moralischen Verpflichtungen innerhalb der Familie spielen bei der Prüfung der sozialen Lage des Arbeitnehmers eine wesentliche Rolle.

Sorgepflichten für Ehepartner und Kinder sind bei der Beurteilung der Gesamtsituation des gekündigten Arbeitnehmers stets zu berücksichtigen. Wenn diese Sorgepflichten durch eine Kündigung gefährdet wären oder der bisherige Standard durch die verminderten Einkommensaussichten nicht aufrechterhalten werden könnte, ist von wesentlichen sozialen Nachteilen der Kündigung iSd § 105 Abs 3 Z 2 auszugehen (EA Wien, Re II 209/76; EA Amstetten 12. 6. 1975, Arb 9389; EA Wien, Re II 307, 308/76).

Wenn ein Arbeitnehmer zB **hohe Kredite** aufgenommen hat, um seiner Familie einen gewissen Lebensstandard bieten zu können, kann von ihm nicht verlangt werden, auf diesen Lebensstandard zu verzichten, sondern es ist von diesem Niveau bei der Prüfung der sozialen Umstände auszugehen. Notwendige Kreditverpflichtungen, die nicht für Luxusausgaben eingegangen wurden, sind also bei der Beurteilung der Gesamtsituation des Arbeitnehmers zu berücksichtigen (EA Wien, Re II 307, 308/76).

Die Belastungen des Arbeitnehmers durch einen **privaten Hausbau** für seine Familie sind für die soziale Situation ebenfalls von Bedeutung (EA Amstetten 12. 6. 1975, Arb 9389). Das Eigentum an einem **Auto** und einem **Einfamilienhaus** besagt jedenfalls noch **nicht**, dass die Kündigung nicht sozialwidrig wäre (EA Linz 8. 4. 1976, Arb 9496).

Hohe Mietzinsbelastungen des Arbeitnehmers sind bei der Prüfung der Sozialwidrigkeit deswegen ins Kalkül zu ziehen, weil es dem Arbeitnehmer grundsätzlich nicht zugemutet werden kann, wegen des Verlustes des Arbeitsplatzes auch seine bisherige Wohnung aufzugeben (EA Feldkirch 16. 12. 1974, Arb 9294).

Nicht nur familiäre Pflichten sind bei der Beurteilung sozialer Nachteile durch die Kündigung zu Gunsten des Arbeitnehmers zu berücksichtigen, da **auch familiäre Rechte** (in der Regel Unterhaltsansprüche gegenüber dem Ehepartner) zu Lasten des Arbeitnehmers berücksichtigt werden müssen. Im Rahmen der Interessenabwägung mit geltend gemachten betrieblichen oder persönlichen Kündigungsgründen ist dies sicherlich zu berücksichtigen (OGH vom 12. 10. 1988, 9 Ob A 206/88, Arb 10.755 = infas 1989, A 110). Ein eventueller **Unterhaltsanspruch** gegenüber dem Ehemann schließt aber die Anfechtung der Kündigung einer Arbeitnehmerin wegen Sozialwidrigkeit keinesfalls aus (EA Wien 21. 2. 1984, infas 1984, A 26). Hat allerdings ein Arbeitnehmer genügend andere Einkommensquellen, genügen relativ geringfügige betriebliche oder persönliche Kündigungsgründe, damit der Anfechtungserfolg in Frage gestellt werden kann.

Die Berücksichtigung von Unterhaltsansprüchen gegenüber Familienmitgliedern muss als problematisch angesehen werden, da es durch diese Judikatur letztlich zu einer mittelbaren Diskriminierung von Frauen kommt, da diese auf Grund der ungerechten Einkommensverteilung regelmäßig gegenüber dem besserverdienenden Mann einen Unterhaltsanspruch besitzen und sohin ihr Arbeitsplatz weniger geschützt ist, da eine Kündigungsanfechtung unter Verweis auf den Unterhaltsanspruch nach dieser Judikatur abgewiesen werden kann.

e) Soziale Benachteiligung durch Pensionierung?

[39]) Hat der gekündigte Arbeitnehmer einen Pensionsanspruch, so ist die Sozialwidrigkeit der Kündigung nicht von vornherein ausgeschlossen. Es kommt vielmehr auf die konkrete soziale Situation des Arbeitnehmers an. Der Gesetzgeber geht zwar davon aus, dass im Regelfall einem Arbeitnehmer der Einkommensverlust, der durch Pensionierung regelmäßig eintritt, **zumutbar** ist. Daher ist eine Kündigung, nach der der Arbeitnehmer den Anspruch auf eine gesetzliche Pension hat, im Normalfall **nicht sozialwidrig** (OGH vom 18. 3. 1992, 9 Ob A 55/92, DRdA 1992, 460; VwGH vom 16. 1. 1985, 83/01/0519, RdW 1985, 318; EA Wien 25. 1. 1985, Arb 10.164).

Das Erreichen des Regelpensionsalters (von 65 bzw 60 Jahren) allein schließt die Sozialwidrigkeit einer Kündigung aber nicht generell aus. Bewirkt in Ausnahmefällen ein atypischer Versicherungsverlauf (hier: wenig Versicherungszeit infolge langen Studiums und Kinderbetreuung), dass die Höchstpension nicht erreicht wird und dadurch eine überdurchschnittliche Einkommensverminderung eintritt, ist trotz des Anspruches auf Alterspension von einer wesentlichen Interessenbeeinträchtigung auszugehen, die eine erfolgreiche Anfechtung der Kündigung ermöglicht. Beträgt die Bruttopension der Arbeitnehmerin nur rund 36 % ihres zuletzt bezogenen Aktiveinkommens, so ergibt sich auch ohne nähere Berechnung daraus eine Nettoeinkommenseinbuße von rund 50 %. An der Beurteilung kann auch ein vom Arbeitgeber für die Dauer eines Jahres angebotener Werkvertrag nichts ändern, da dieser die Beeinträchtigung nur für die Dauer des Jahres mildert. Ein überdurchschnittliches Einkommen rechtfertigt prozentuell höhere Einkommensverluste als ein niedriges Einkommen. Wesentlich ist immer, ob der Arbeitnehmer seine Lebenshaltungskosten aus der Pension (bzw aus sonstigen berücksichtigungswürdigen Quellen) decken kann. Das wird auch bei Arbeitnehmern, die ein Einkommen erzielen, das deutlich über der Höchstbeitragsgrundlage liegt, jedenfalls dann zu bejahen sein, wenn sie die mögliche Höchstpension beziehen. Wegen der vom Gesetzgeber tolerierten Einkommenseinbußen, die mit jeder Pensionierung verbunden sind, ist bei Prüfung der Interessenbeeinträchtigung eines gekündigten Arbeitnehmers, der einen Anspruch auf Regelpension hat, ein strenger Maßstab anzuwenden. Dabei darf auch nicht außer Acht gelassen werden, dass eine Kündigung bei Erreichen des Regelpensionsalters nicht als völlig unvorhergesehen zu betrachten ist.

Nur in Ausnahmefällen wird eine Interessenbeeinträchtigung trotz Anspruchs auf die Regelpension zu bejahen sein. Wesentlich für die Beibehaltung des Kündigungsschutzes auch bei Erreichen des Regelpensionsalters spricht auch die Bestimmung des § 15 Abs 3 bis Abs 6 AVRAG. Aus dem ausdrücklichen Ausschluss der Kündigungsanfechtungsmöglichkeit nach § 15 Abs 3 AVRAG für jene Arbeitnehmer, die das Regelpensionsalter erreicht haben, lässt sich daher durchaus der Schluss ziehen, dass der Gesetzgeber selbst nicht davon ausgeht, dass mit Erreichen des Regelpensionsalters automatisch die Anfechtungsmöglichkeit nach § 105 Abs 3 Z 2 ArbVG ausgeschlossen wird (OGH vom 20. 10. 2004, 8 Ob A 53/04h, ARD 5557/13/2005 = ecolex 2005, 309).

Eine durch Kollektivvertrag vorgesehene Zwangsversetzung in den Ruhestand bei Erreichen des Regelpensionsalters ist, sofern ein Anspruch auf eine beitragsbezogene Altersrente besteht, nicht als Altersdiskriminierung zu werten, wenn damit arbeitsmarktpolitische Ziele verfolgt werden (EuGH vom 17. 10. 2007, Rs C-411/05, Palacios de la Villa, RdW 2007, 735).

Besonders dann, wenn der Arbeitnehmer nach der Pensionierung noch zusätzlich abgesichert ist, etwa durch eine **Betriebspension**, kommt der Erfolg einer Kündigungsanfechtung wegen sozialer Benachteiligung nicht in Betracht (OGH vom 8. 11. 2000, 9 Ob A 197/00m, infas 2001, A 45; OGH vom 18. 3. 1992, 9 Ob A 55/92, infas 1992, A 86 = ecolex 1992, 434 = DRdA 1992, 460, mit zustimmender Bespr von *Mosler*).

Verbleibt einem Arbeitnehmer mit überdurchschnittlichem Gehalt (über € 13.000,00 brutto monatlich) nach Beendigung des Arbeitsverhältnisses eine Bruttopension von ca € 8.000,00 monatlich (14mal jährlich) und stehen diesem Betrag monatliche Aufwendungen von ca € 2.500,00 gegenüber, so kann – trotz Bruttoeinkommensminderung von ca 40 % – von einer Sozialwidrigkeit der Kündigung nicht mehr ausgegangen werden (vgl OGH vom 30. 9. 2005, 9 Ob A 8/05z, DRdA 2006, 150 = ecolex 2006/58 = RdW 2006/551).

Muss allerdings ein 60-Jähriger bei einer Frühpensionierung mit **erheblichen Pensionseinbußen** rechnen, die durch Weiterbeschäftigung ausgeglichen werden könnten, so liegen erhebliche soziale Nachteile durch die Kündigung zum gegebenen Zeitpunkt vor (EA Wien 26. 8. 1986, Arb 10.549).

Beträgt der Pensionsbezug eines mit 61 Jahren in den Ruhestand versetzten Bankangestellten nur rund 53 % seines letzten Aktivbezuges, könnte er bei einer Pensionierung mit 65 Jahren mit einer um rund 20 % höheren Pension rechnen, ist die Versetzung in den dauernden Ruhestand auch dann wegen Sozialwidrigkeit unwirksam, wenn er zuletzt ein überdurchschnittlich hohes Einkommen (€ 6.942,00 brutto monatlich) bezogen hat und die Pensionsleistung den zur Deckung seiner Lebenshaltungskosten notwendigen Betrag übersteigt (vgl OLG Wien vom 14. 2. 2007, 7 Ra 167/06i, ARD 5782/7/2007).

Eine Vereinbarung zwischen Arbeitgeber und Betriebsrat über die **generelle Pensionierung** von Arbeitnehmern ab einem bestimmten Alter (zB „Aktion 60") begründet **noch keine Betriebsbedingtheit** jeder einzelnen Kündigung. Es ist in jedem **Einzelfall** zu prüfen, ob der Arbeitsplatz tatsächlich aufgelassen werden muss oder nicht, und wie die soziale Situation des Arbeitnehmers nach der Kündigung tatsächlich aussieht (VwGH vom 27. 10. 1982, 81/01/0110, Arb 10.206).

Bei der Untersuchung, ob eine Kündigung eine Beeinträchtigung wesentlicher Interessen bewirkt, ist ein objektiver Maßstab anzulegen. In die Untersuchung ist die gesamte wirtschaftliche und soziale Lage des Arbeitnehmers einzubeziehen. Ein zu erwartender Einkommensverlust von 57 % brutto bzw 37 % netto kann selbst für die absehbare Dauer von 9 Monaten bis zum Antritt der regulären Alterspension keineswegs als nur geringfügige Einkommenseinbuße angesehen werden. Daran hindert auch der Anspruch der Arbeitnehmer auf vorzeitige Alterspension wegen langer Versicherungsdauer nicht.

Die für den Zweitwohnsitz anfallenden Kosten sind nicht als „Luxusaufwendungen" zu beurteilen, zumal bei Arbeitnehmern mit höheren Einkommen erwartet werden kann, dass auch Bedürfnisse befriedigt werden, welche über die Grundbedürfnisse hinausgehen.

Die Abfertigung stellt kein Äquivalent für die Bezüge aus einem Arbeitseinkommen dar. Ob eine fruchtbringende Anlegung geeignet gewesen wäre, den reinen Pensionsverlust aufgrund der vorzeitigen Pensionierung auszugleichen, ist im Hinblick auf die im genannten Zeitraum erfolgte Einbuße gegenüber dem Aktivgehalt (37 % Nettodifferenz) nicht weiter zu prüfen. (OGH vom 19. 12. 2001, 9 Ob A 244/01z, DRdA 2003/14 = ASoK 2002, 231 = ZAS B 2002, 17 = ecolex 2002/147).

Die Versetzung eines im 64. Lebensjahr stehenden Arbeitnehmers in den dauernden Ruhestand ist als Kündigung zu qualifizieren. Die Sozialwidrigkeit ist zu verneinen. Dabei fällt insbesondere ins Gewicht, dass der Arbeitnehmer ab der Versetzung in den dauernden Ruhestand nach der anzuwendenden Pensionsordnung des Arbeitgebers Anspruch auf eine Pensionsleistung in Höhe von 80 % des letzten Bruttomonatsbezuges sowie Anspruch auf eine (anrechenbare) vorzeitige Alterspension hat und dadurch finanziell abgesichert ist. Einen gewissen Einkommensverlust nimmt der Gesetzgeber für den Fall der Pensionierung bewusst in Kauf, wobei es nicht nur um die Berücksichtigung jener Ersparnisse geht, die sich durch das Unterbleiben der Arbeitsleistung an sich ergeben, sondern auch um das Äquivalent für den Wegfall der Arbeitsbelastung (OGH vom 23. 4. 2003, 9 Ob A 223/02p, ARD 5423/6/2003 = infas 2003, A 70).

Auch ist zu beachten, dass die Kündigung von **Frauen** zum Regelpensionsalter bzw unter Hinweis auf frühere gesetzliche Pensionsantrittsmöglichkeiten gleichheitswidrig im Sinne einer **mittelbaren Diskriminierung** sein kann, da Frauen bei einem erzwungenen Ausscheiden aus dem Arbeitsleben zum Regelpensionsalter weniger Pensionszeiten erwerben können als Männer zu ihrem Regelpensionsalter. Neben dem Schutz des Gleichbehandlungsgesetzes ist diese Fragestellung auch im Rahmen von Kündigungsanfechtungsprozessen zu beachten (vgl *Windisch-Grätz*, Kündigung von Frauen zum Regelpensionsalter – gleichheitswidrig? ecolex 2004, 431).

Da auf Grund der verschiedensten Pensionsreformmaßnahmen teilweise drastische Pensionskürzungen mit einem früheren Pensionsantritt verbunden sind, müssen die sozialen Nachteile, die mit einer bestimmten Pensionsform oder einem bestimmten Zeitpunkt des Antrittes einer Pension verbunden sind, genau geprüft werden.

f) Integration im Inland

[40]) Bei Ausländern ist im Rahmen der Anfechtung einer Kündigung wegen Sozialwidrigkeit zu berücksichtigen, dass der Zwang zur Rückkehr nach einer allfälligen Kündigung bei bisheriger Integration in Österreich (Schulbesuch der Kinder usw) die sozialen Interessen negativ zu beeinflussen vermag (EA Linz 25. 2. 1987, ARD 3937/23/87).

IV.3 Personenbezogene Kündigungsgründe

[41]) Der Arbeitgeber ist berechtigt, im Anfechtungsverfahren Kündigungsgründe geltend zu machen, die in der Person des Arbeitnehmers gelegen sind und die ihm eine Weiterbeschäftigung unzumutbar machen. Weist der Arbeitgeber im Anfechtungsverfahren nach, dass solche Gründe vorliegen, und sind diese Gründe im Vergleich zu den vom Arbeitnehmer geltend gemachten sozialen Nachteilen, die ihm durch die Kündigung entstehen, gewichtiger (zur Interessenabwägung vgl Erl 53), so bleibt die Kündigung trotz der Beeinträchtigung sozialer Interessen wirksam.

Diese personenbezogenen Gründe, die einer Weiterbeschäftigung entgegenstehen, müssen nicht so gravierend sein wie Entlassungsgründe, sie müssen aber eine **Weiterbeschäftigung** für den Arbeitgeber doch **in erheblichem Ausmaß als nachteilig** erscheinen lassen (OGH vom 17. 3. 2004, 9 Ob A 143/03z, DRdA 2005, 342).

Personenbezogene Kündigungsgründe müssen ähnlich wie Entlassungsgründe **unverzüglich geltend gemacht werden**. Sind die entsprechenden Vorfälle schon zwei oder drei Monate vergangen und besteht der Kündigungsgrund nicht in einem Dauerzustand, so hat der Arbeitgeber die Geltendmachung dieser personenbezogenen Kündigungsgründe **verwirkt**, er kann sich im Anfechtungsverfahren nicht mehr darauf berufen

(VwGH vom 12. 3. 1980, 1140/77, Arb 9859; VwGH vom 21. 9. 1988, 86/01/0234, infas 1989, A 26; OLG Wien vom 8. 3. 1991, 32 Ra 12/91, infas 1992, A 10). Wurde ein Arbeitnehmer wegen behaupteter Verfehlungen bereits **verwarnt**, so kann zu einem späteren Zeitpunkt derselbe Umstand keinesfalls mehr als personenbezogener Kündigungsgrund ins Treffen geführt werden (EA Leoben 1. 8. 1985, Arb 10.423).

In der Person des Arbeitnehmers gelegene Gründe, die bereits **bei Beginn des Arbeitsverhältnisses vorgelegen** haben (zB Minderleistung auf Grund einer Behinderung), können vom Arbeitgeber später nicht als Kündigungsgrund geltend gemacht werden (OGH vom 11. 9. 1991, 9 Ob A 144/91, infas 1992, A17 = RdW 1992, 121 = ARD 4326/17/91).

Wenn der Arbeitgeber auf einen vom Arbeitnehmer gesetzten **Entlassungsgrund nicht unverzüglich** mit Beendigung des Arbeitsverhältnisses reagiert hat, kann er aus diesem untergegangenen Entlassungsrecht auch nicht andere, für den Arbeitnehmer nachteilige Rechtsfolgen ableiten. Insbesondere gilt auch für die Geltendmachung von Verfehlungen des Arbeitnehmers als die **Kündigung** rechtfertigender personenbezogener Kündigungsgrund iSd § 105 Abs 3 Z 2 lit a der arbeitsrechtliche **Unverzüglichkeitsgrundsatz** (OGH vom 24. 2. 2000, 8 Ob A 339/99g, DRdA 2000, 420 = infas 2000, A 80).

Hat der Arbeitgeber sofort nach Kenntnis des Fehlverhaltens erklärt, dass er das Arbeitsverhältnis zum nächst möglichen Termin beenden werde, ist von einer unverzüglichen Geltendmachung auszugehen (OGH vom 26. 6. 2002, 9 Ob A 145/02t, DRdA 2002, 518 = ARD 5381/13/2003).

Es kann aber nicht nur allein auf den Zeitpunkt des – zunächst nur intern wirkenden und jederzeit widerruflichen bzw unter Umständen gar nicht in Vollzug zu setzenden – Kündigungsentschlusses ankommen, wenn danach noch weitere, dann unverzüglich geltend gemachte Kündigungsgründe hinzutreten (OGH vom 4. 6. 2003, 9 Ob A 70/03i, ARD 5473/8/2004).

Persönliche Umstände, die als Kündigungsgrund einer sozial benachteiligenden Kündigung entgegengesetzt werden können, können auch **unabhängig von einem Verschulden** des Arbeitnehmers (zB langdauernde Krankheit und dadurch bedingte Unmöglichkeit der Einplanung in den Arbeitsprozess) geltend gemacht werden.

Eine **Ermahnung oder Verwarnung** ist als Voraussetzung für die Geltendmachung personenbezogener Kündigungsgründe grundsätzlich **nicht erforderlich** (OGH vom 12. 3. 1998, 8 Ob A 61/98y, RdW 1998, 693).

Folgende **Kategorien** persönlicher Kündigungsgründe können unterschieden werden:

a) Verletzungen der Vertragspflichten durch den Arbeitnehmer

[42]) **Entlassungsgründe** (Alkoholkonsum eines Berufskraftfahrers: VwGH vom 21. 3. 1984, 83/01/0409, infas 1984, A 27; unrichtige Eintragungen ins Fahrtenbuch und Verwendung eines Dienstfahrzeuges für private Zwecke: OLG Linz vom 21. 11. 1989, 13 Ra 61/89, Arb 10.797; Arbeiten auf eigene Rechnung während des Krankenstandes und Ehrenbeleidigungen gegenüber Kollegen: EA Salzburg 3. 11. 1975, Re 29/75; Bedrohung eines unmittelbaren Vorgesetzten: EA Wien, Re II 12/76; einwöchiges unentschuldigtes Fernbleiben: EA Feldkirch, Re 20/75) reichen jedenfalls aus, um als persönliche Kündigungsgründe auch eine sozial nachteilige Kündigung zu rechtfertigen. Eine Anfechtung in diesen Fällen bleibt erfolglos.

Aber auch Umstände, die für sich genommen nicht als Entlassungsgrund ausreichen, können vom Arbeitgeber im Anfechtungsverfahren mit Erfolg geltend gemacht werden: **Häufige Privattelefonate** während der Arbeitszeit **trotz ausdrücklichem Verbot** sind zwar kein Entlassungsgrund, können aber eine sozial nachteilige Kündigung dennoch rechtfertigen (OGH vom 7. 11. 1990, 9 Ob A 262/90, infas 1991, A 47). **Unbefugte Kongressteilnahme im Krankenstand** ist ebenfalls ein persönlicher Kündigungsgrund (EA Leoben 23. 6. 1986, RdW 1986, 282).

Eine Mehrzahl von **Kundenbeschwerden** wegen unfreundlichen Verhaltens eines im Verkauf tätigen Arbeitnehmers ist grundsätzlich geeignet, einen persönlichen Kündigungsgrund zu verwirklichen, aber nur dann, wenn die Beschwerden **überprüfbar verifiziert** und auch berechtigt sind. Die bloße Feststellung, dass es in einem Jahr „mehrere" und im Folgejahr offenbar eine weitere Beschwerde gab, reicht allein zur Annahme eines unfreundlichen Verhaltens nicht aus (OGH vom 28. 1. 1998, 9 Ob A 347/97p, DRdA 1998, 361 = infas 1998, A 72 = wbl 1998/239).

Auch die **Weigerung** eines Arbeitnehmers, einen angeordneten **Fortbildungskurs** zu besuchen, kann einen Kündigungsgrund darstellen, wenn die Fortbildung den bisherigen Aufgabengebieten des Arbeitnehmers entspricht und der Erwerb weiterer Kenntnisse notwendig ist (OGH vom 28. 10. 1986, 2 Ob 554/86, ARD 3892/10/87).

Fehlleistungen eines angestellten Apothekers (zB Abgabe unrichtiger Medikamente), das **Verhalten gegenüber Kunden** sowie fehlende **Verträglichkeit** mit dem im Betrieb beschäftigten Personal können als Kündigungsrechtfertigungsgrund herangezogen werden (OGH vom 12. 3. 1998, 8 Ob A 61/98y, RdW 1998, 693).

Auch **mangelnde, das Betriebsklima gefährdende Integrationsfähigkeit** eines Arbeitnehmers stellt einen in der Person des Arbeitnehmers gelegenen Kündigungsgrund dar. Die diesen Arbeitgeber treffende Fürsorgepflicht kann keineswegs soweit gehen, den Arbeitnehmer vor jeder im Alltag nicht ungewöhnlichen Konfrontation mit Arbeitskollegen zu schützen (OGH vom 22. 12. 1997, 8 Ob A 262/97f, ARD 4921/14/98).

Erklärt ein Arbeitnehmer, er werde auf seine Art versuchen, eine Kündigung durch den Arbeitgeber zu erreichen, indem er in Krankenstand gehen und schon „irgendwann hinausgeschmissen" werde, und erklärt er ferner, das neue Produktionssystem interessiere ihn nicht, er wolle eine solche neue Arbeit nicht machen und tut er sich als „Rädelsführer" hervor, wodurch es für den Arbeitgeber schwieriger wird, das neue System einzuführen, so liegen in der Person des Arbeitnehmers gelegene Kündigungsgründe vor, die Kündigung ist nicht sozialwidrig (OGH vom 21. 4. 2004, 9 Ob A 38/04k, ARD 5523/4/2004 = RdW 2004/636).

Die in der Person des Arbeitnehmers gelegenen Kündigungsgründe müssen nicht so gravierend sein, dass sie die Weiterbeschäftigung des Arbeitnehmers über den Kündigungstermin hinaus unzumutbar machen. Sie müssen nur bei **objektiver Betrachtungsweise** einen verständigen Betriebsinhaber zur Kündigung veranlassen und die **Kündigung als gerechte und adäquate Maßnahme** erscheinen lassen. Eine Kündigung ist daher etwa gerechtfertigt, wenn ein Dienstnehmer trotz Verwarnungen weiterhin mehrfach zu spät kommt, obwohl seine Anwesenheit am Morgen dringend gebraucht wird und er sich auch ansonsten der Befolgung von **Arbeitsanweisungen** und der Einhaltung der im Betrieb vorgegebenen Arbeitsabläufe **widersetzt** (OGH vom 10. 9. 1997, 9 Ob A 272/97h, RdW 1998, 156 = ASoK 1998, 90).

Bei gelegentlichen Fehlleistungen ist auch darauf Rücksicht zu nehmen, wie lange der Arbeitnehmer bereits im Betrieb tätig ist (EA Graz 16. 10. 1985, Arb 10.457).

Kein persönlicher Kündigungsgrund wegen vertragwidrigem bzw weisungswidrigem Verhalten liegt allerdings nach der Judikatur beispielsweise bei folgenden Umständen vor:

– Der bloße **Verdacht**, der Arbeitnehmer habe **Geschäftsgeheimnisse weitergegeben**, stellt **keinen** persönlichen Kündigungsgrund dar, der Arbeitgeber hat die vorliegende Verfehlung vielmehr zu beweisen (OGH vom 10. 9. 1997, 9 Ob A 258/97z, DRdA 1998, 140 = RdW 1998, 157 = infas 1998, A 26).

– Weigert sich ein Arbeitnehmer, **schikanöse Weisungen** zu befolgen, die offensichtlich darauf abzielen, ein **vertragswidriges Verhalten des Arbeitnehmers zu provozieren**, so liegt darin kein persönlicher Kündigungsgrund (OGH vom 27. 9. 1989, 9 Ob A 248/89, infas 1990, A 25).

– Die **Weigerung** eines Lkw-Fahrers, das Fahrzeug zu überladen und die **Arbeitszeit zu überschreiten**, stellt keinen Kündigungsgrund dar (EA Wien 26. 1. 1982, infas 1984, A 76).

– Die **Ablehnung einer verschlechternden Vertragsänderung** durch den Arbeitnehmer stellt ebenso keinen persönlichen Kündigungsgrund dar (EA Linz 4. 11. 1977, Arb 9633).

– Die **Ablehnung** des Arbeitnehmers, **zusätzlich** zu seinen vertraglichen Verpflichtungen **betriebliche Aufgaben zu übernehmen**, rechtfertigt ebensowenig eine sozial nachteilige Kündigung (EA Amstetten, Re 2/76) wie die Weigerung des Arbeitnehmers, eine Lohnsenkung zur Kenntnis zu nehmen (EA Linz 8. 4. 1976, Arb 9496).

b) Mangelhafte Arbeitsleistung

[43]) Auch wenn dem Arbeitnehmer nicht vertragswidriges Verhalten vorgeworfen werden kann, kann eine **andauernde Minderleistung** gegenüber vergleichbaren anderen Arbeitnehmern als persönlicher Kündigungsgrund geltend gemacht werden (VwGH vom 12. 10. 1983, 81/01/0153, RdW 1984, 151; EA Klagenfurt 14. 4. 1983, Arb 10.229).

Häufige Beschwerden der Fahrgäste über objektiv ungerechtfertigtes Fehlverhalten eines Autobuslenkers können als Kündigungsgrund geltend gemacht werden (EA Salzburg 23. 10. 1984, Arb 10.366). Beschwerden von Kunden über einen Arbeitnehmer müssen allerdings verifiziert und begründet sein, um als Kündigungsgrund zu gelten. Bei gelegentlichen Fehlleistungen ist auch darauf Rücksicht zu nehmen, wie lange der Arbeitnehmer im Betrieb schon tätig ist (EA Graz 16. 10. 1985, Arb 10.457).

Gibt ein Arbeitnehmer im **Schichtbetrieb** laufend zu Verzögerungen Anlass, die den **Arbeitsablauf erheblich stören,** und tritt trotz entsprechender Anleitung keine Verbesserung ein, so liegt ein persönlicher Kündigungsgrund vor (EA Salzburg 5. 2. 1987, Arb 10.588). Vom Arbeitgeber kann **nicht verlangt werden,** dass zur Erhaltung des Arbeitsplatzes ein Arbeitnehmer, der für die vereinbarte Arbeit ungeeignet ist, versetzt und für eine neue Tätigkeit **umgeschult wird** (VwGH vom 15. 2. 1984, 83/01/0274, infas 1985, A 4).

Mangelndes Engagement des Arbeitnehmers (hier: Facharzt), seine Dienstabwesenheit ohne Genehmigung des Arbeitgebers sowie die **Planung eines Konkurrenzbetriebes** (Tagesklinik) in unmittelbarer Nachbarschaft des Arbeitgebers können sich bei der Interessenabwägung als gewichtiger auswirken, wenn der Arbeitnehmer trotz Ermahnung keine Besserung oder Einsicht zeigt, sodass der Eindruck objektiviert ist, dass er seine privaten Interessen vor alle dienstlichen Interessen stellt. Selbst bei Genehmigung des Arbeitgebers zum Betrieb eines Ambulatoriums ist davon die Ausweitung zu einer Tagesklinik nicht erfasst. Gerade die vom Arbeitgeber eingeräumte Möglichkeit, einen eingeschränkten Privatbetrieb neben den dienstvertraglichen Verpflichtungen zu führen, hätte den Arbeitnehmer zu besonderer Loyalität, Offenheit, Information, Einsatz und Einhaltung der dienstvertraglichen Pflichten verpflichtet (OGH vom 9. 7. 1997, 9 Ob A 158/97v, infas 1998, A 1 = RdW 1998, 156 = ASoK 1998, 190).

Bei personenbezogenen Kündigungsgründen bedarf es vor der Kündigung dann **keiner Ermahnung und Anleitung** durch den Arbeitgeber, wenn die Minderleistungen und Fehlleistungen nicht auf einer mangelhaften Anleitung des Arbeitgebers oder einer den Fähigkeiten des Arbeitnehmers nicht entsprechenden Zuteilung der Arbeit beruhen, sondern **allein in der Person des Arbeitnehmers begründet** sind. Bei der vorzunehmenden Interessenabwägung überwiegt bei einem erst sieben Monate beschäftigten Arbeitnehmer die mangelhafte und mangelnde Dienstleistung sein wesentliches Interesse an der Aufrechterhaltung des Arbeitsverhältnisses (OGH vom 11. 10. 1995, 9 Ob A 125/95, ARD 4721/28/96).

Keinen Kündigungsgrund sah die Judikatur in folgenden Fällen:
- **Betriebsschädliche Minderleistungen** oder Fehlleistungen können vom Arbeitgeber allerdings dann nicht als persönlicher Kündigungsgrund geltend gemacht werden, wenn nicht vorher versucht wurde, durch entsprechende Anleitung und Weisung eine einwandfreie Arbeitsleistung herbeizuführen. **Ältere** und schon länger im Betrieb beschäftigte **Arbeitnehmer** haben einen **Anspruch auf Schonung**, was das Arbeitstempo betrifft (OGH vom 28. 10. 1986, 2 Ob 554/86, ARD 3892/10/1987). Werden erst nach mehrjähriger Beschäftigung Minderleistungen geltend gemacht, sind sie als persönlicher Kündigungsgrund nicht mehr maßgeblich (EA Linz 24. 4. 1986, Arb 10.517).
- Nimmt ein Arbeitgeber einen Arbeitnehmer **ohne Vorbildung** auf, so kann er sich im Anfechtungsverfahren auf mangelnde Kenntnisse des Arbeitnehmers nicht berufen (EA Klagenfurt 4. 5. 1983, Arb 10.234). Eine mindere Leistungsfähigkeit, die jahrelang zur Kenntnis genommen wurde, kann dann nicht mehr als persönlicher Kündigungsgrund geltend gemacht werden (EA Linz 6. 5. 1976, Arb 9500).
- Meint der Arbeitgeber insgeheim, dass ein Arbeitnehmer immer **zu langsam** arbeite, so kommt dieser Meinung keine wie immer geartete Bedeutung im Kündigungsschutzverfahren zu (EA Linz 23. 9. 1976, Arb 9532), weil betriebsschädliche Fehlleistungen nur dann als Kündigungsgrund geltend gemacht werden können, wenn sie dem Arbeitnehmer vorgehalten worden sind und **trotz dieser Vorhaltungen keine Besserung** der Arbeitsleistung des zu Kündigenden eingetreten ist (EA Wien 29. 3. 1977, SozM II B, 1068).
- Kann der Arbeitgeber nachweisen, dass der Arbeitnehmer mehrfach – allerdings nicht gravierend – Schäden verursacht hat, die allerdings auch durch die Art der Lagerhaltung des Arbeitgebers mitverursacht wurden und dass der Kläger sich bei einem nicht von ihm verursachten Schaden auf Vorhalte unangebracht geäußert hat, so liegen darin zwar grundsätzlich in der Person des Klägers gelegene Gründe, die eine Kündigung rechtfertigen könnten, jedoch muss weiterhin eine Interessenabwägung erfolgen, die zugunsten des von der Kündigung

stark betroffenen Klägers ausschlägt (OGH vom 16. 10. 2003, 8 Ob A 95/03h, infas 2004, A 8).
- Die Beantwortung einer an den Filialleiter gerichteten Kundenfrage nach einem Produkt durch Hinweis auf die Zuständigkeit des Stellvertreters oder das Anherrschen einer säumigen Kassiererin vor Kunden ist noch nicht so gravierend, dass dadurch eine Kündigung gerechtfertigt wäre. Die Kündigung des 46-jährigen Filialleiters, der seit 30 Jahren im Betrieb beschäftigt ist, wegen 21 Kundenbeschwerden in 16 Monaten, die ihrer Art und Intensität nach von lediglich geringfügiger Bedeutung waren, ist sozialwidrig, da den Arbeitnehmer eine halbjährige Arbeitslosigkeit und ein prognostizierter Einkommensverlust von 30 % erwartet (OGH vom 21. 1. 2004, 9 Ob A 151/03a, ARD 5523/7/2004, iVm OLG vom 29. 10. 2003, 7 Ra 100/03g, ARD 5473/3/2004).

c) Krankheit des Arbeitnehmers

[44]) Krankheit des Arbeitnehmers kann nur dann als personenbezogener Kündigungsgrund geltend gemacht werden, wenn ein **planmäßiger Einsatz** dieses Arbeitnehmers an einem Arbeitsplatz durch das Ausmaß und die Dauer der Krankenstände **unmöglich** gemacht wird und diese Krankenstände auf Grund der betrieblichen Situation nicht durch eine Vertretung überbrückt werden können (EA Leoben 28. 1. 1981, Arb 9933; EA Leoben 27. 3. 1985, Arb 10.400).

In diesem Sinn wurden Krankenstände von einem **halben Jahr ohne Aussicht auf Wiederherstellung** (EA Feldkirch 12. 1. 1977, Arb 9549) oder Krankenstände von über eineinhalb Jahren (EA Wien, ARD 3117/7) oder so häufige Krankenstände, dass sie über den Großteil des Arbeitsjahres hinweg auftreten (EA Amstetten 15. 7. 1977, Arb 9615), als Kündigungsgrund anerkannt.

Krankenstände im Ausmaß von **126 „Kranktagen"** sind so gravierend, dass, unabhängig in welcher Arbeitsposition ein solcher Arbeitnehmer beschäftigt ist, der Leistungsausfall durch eine Vertretungsregelung **nicht mehr auffangbar** und eine Weiterbeschäftigung nicht mehr zumutbar ist, wenn auch in Zukunft mit häufigen Krankenständen zu rechnen ist (OGH vom 23. 2. 1994, 9 Ob A 31/94, ARD 4564/21/94).

Ist ein Arbeitnehmer nach einem Arbeitsunfall über 8 Monate an der Arbeitsleistung verhindert, ist die Kündigung durch den Arbeitgeber nicht gänzlich unsachlich oder zu missbilligen. Derartige Krankenstände werden üblicherweise auf dem Arbeitsmarkt nicht mehr in Kauf genommen. Selbst wenn den Arbeitgeber ein (Mit-)Verschulden am Arbeitsunfall trifft, ist der Ausspruch der Kündigung nicht sittenwidrig (OGH vom 19. 9. 2002, 8 Ob A 25/02p, ARD 5397/1/2003).

Nehmen die Krankenstände laufend **mehr als ein Viertel der individuellen Arbeitszeit** ein und beeinträchtigen die dadurch entstehenden

Minderleistungen das Betriebsklima, so kann von einem möglichen planmäßigen Einsatz des Arbeitnehmers im Arbeitsprozess nicht mehr gesprochen werden, die **Kündigung** ist durch persönliche Umstände **gerechtfertigt** (OGH vom 19. 6. 1991, 9 Ob A 120/91, DRdA 1992/41).

Erregen häufige Abwesenheiten einer Arbeitnehmerin wegen **kurzfristiger Krankenstände** und **Absenzen wegen Arztbesuchen** in ihrer Abteilung großen **Unmut** und verlangen die **Mitarbeiter** der Abteilung auf Grund der ihrer Ansicht nach nicht hinreichend begründeten regelmäßigen Leistungsstörungen die Kündigung der Arbeitnehmerin, so kommt es bei der Beurteilung des Vorliegens eines personenbedingten Kündigungsgrundes nicht primär auf die verschuldensunabhängigen Krankenstände oder die Arztbesuche an, sondern darauf, dass die Mitarbeiter diese Verhaltensweise nicht mehr hinnehmen wollen. Ergibt sich weiters, dass die Interessenbeeinträchtigung bei der Arbeitnehmerin nur gering ist, da sie lediglich eine Arbeitslosigkeit von 4 Monaten bis zur Erlangung eines gleichwertigen Arbeitsplatzes zu gewärtigen hat, so ist bei Abwägung der Interessen eine **Kündigung zulässig** (OGH vom 17. 1. 1996, 9 Ob A 180/95, infas 1996, A 73 = RdW 1996, 332).

Die **psychopathische Veränderung der Persönlichkeitsstruktur** eines Arbeitnehmers, die sich in äußerster Konfliktbereitschaft, Launenhaftigkeit und Experimentierfreudigkeit äußert, obwohl der Arbeitnehmer äußerst verantwortungsvolle Tätigkeiten ausführen muss, kann auch dann einen persönlichen Kündigungsgrund darstellen, wenn der Arbeitnehmer formal die Arbeitsleistung noch ausüben könnte (EA Wien 4. 9. 1985, Arb 10.439: Die Entscheidung betraf einen Piloten, der nach wie vor die Flugberechtigung besaß). Dasselbe gilt für die krankhafte Veränderung des Persönlichkeitsbildes eines Arbeitnehmers in Form der **Streitsucht** (EA Graz 30. 10. 1975, Arb 9434).

Auch wenn das uneinsichtige, unnachgiebige, rechthaberische und herabsetzende Verhalten des Arbeitnehmers im Zusammenhang mit dessen Krankheit zu sehen ist, rechtfertigt dieses Verhalten dennoch die Kündigung, da die in der Person gelegenen Gründe nicht vom Arbeitnehmer verschuldet sein müssen. Der Arbeitnehmer wäre lediglich halbtags und nur in einem konfliktfreien Umfeld mit geminderter Belastung einsetzbar gewesen, weshalb die betrieblichen Interessen entsprechend beeinträchtigt waren. Der Arbeitnehmer hat keine entsprechenden Einsatzmöglichkeiten im Betrieb aufgezeigt (OGH vom 26. 2. 2003, 9 Ob A 10/03s, ASoK 2004, 38 = ecolex 2003/257 = RdW 2003, 595).

Keinen Kündigungsgrund sah die Judikatur in folgenden Fällen:
- Sind Ausfälle infolge von Krankheiten von Arbeitnehmern durch **andere organisatorische Maßnahmen** zu beheben, sodass keine größeren betrieblichen Schwierigkeiten entstehen, so kann die **Weiterbeschäftigung** dieser erkrankten Arbeitnehmer dem Arbeitgeber **zugemutet** werden (EA Wien 19. 6. 1975, Arb 9390).

– **Krankheitsbedingte Minderleistungen** sind hingegen im **Normalfall** kein persönlicher Kündigungsgrund (EA Leoben 27. 3. 1985, Arb 10.400).
– Krankenstände, die in der Vergangenheit aufgetreten sind, aber nicht unbedingt aussagekräftig für die künftige Einsatzfähigkeit sind, weil eine **Krankheit überwunden** wurde, können als persönlicher Kündigungsgrund nicht geltend gemacht werden (VwGH vom 4. 3. 1987, 86/01/0167, infas 1987, A 73; EA Leoben 12. 6. 1986, Arb 10.532).

d) Persönliche Differenzen zwischen Arbeitnehmer und Arbeitgeber oder Kollegen

[45]) Persönliche Differenzen zwischen Arbeitnehmer und Arbeitgeber bilden nur dann einen Kündigungsgrund, wenn der Arbeitnehmer zur Kooperation mit dem Vorgesetzten offensichtlich überhaupt nicht mehr bereit ist und wenn er offensichtlich unbegründet schriftlich schwere Beschuldigungen gegen den Vorgesetzten ausspricht (EA Linz 12. 4. 1983, Arb 10.228).

Unkollegiales Verhalten, das zu einer Verschlechterung des Betriebsklimas führt, kann eine Kündigung rechtfertigen, wenn die betrieblichen Interessen das wesentliche Interesse des Arbeitnehmers an der Aufrechterhaltung des Dienstverhältnisses überwiegen (OGH vom 20. 4. 1995, 8 Ob A 208/95, ARD 4687/9/95).

Zieht eine Arbeitnehmerin als Vorgesetzte systematisch die Arbeit der ihr unterstellten Mitarbeiter an sich und schließt diese von der Kommunikation und Information aus und kommt es in der Folge zu Demotivation und psychischen Beeinträchtigungen dieser Mitarbeiter, ist die Kündigung der Vorgesetzten gerechtfertigt (mangelnde Teamfähigkeit) (OLG Wien vom 24. 8. 2007, 9 Ra 161/06x, ARD 5846/6/2008).

Einem Arbeitgeber steht es frei, einen Arbeitnehmer (Spitalsarzt), der an seinem Arbeitsbereich mit seinen Arbeitskollegen **im dauernden Streit** steht und das Arbeitsklima belastet, unter anderen Bedingungen und an einem anderen Arbeitsplatz zu beschäftigen oder ihn zu kündigen. Hat etwa ein Streit zwischen einem Arzt und einer Krankenschwester im bisherigen Arbeitsbereich zu einer **Spaltung unter den Kollegen** und auch zu diversen Unterschriftenaktionen geführt, so ist das Interesse des Arbeitgebers, Maßnahmen zur Beruhigung der Situation zu treffen und auch den Arzt in einem anderen Bereich einzusetzen, gerechtfertigt, hätte er doch ansonsten weiter mit Personen zusammenzuarbeiten, die im Zuge der vorangegangenen Auseinandersetzungen für die Krankenschwester Partei ergriffen hatten, was Anlass für **neuerliche Differenzen** hätte sein können (OGH vom 10. 9. 1997, 9 Ob A 242/97x, ARD 4898/2/97).

Ist bei einem **Leiter der chirurgischen Abteilung** eines Krankenhauses auf Grund von Auseinandersetzungen mit den Oberärzten und den Anästhesieärzten die für eine optimale medizinische Versorgung der Patienten **erforderliche reibungslose Zusammenarbeit nicht mehr gewährleistet**, so ist das Interesse des Arbeitgebers an der Kündigung erheblich höher zu bewerten als das Interesse des Arbeitnehmers an der Aufrechterhaltung des mit einem hohen Einkommen verbundenen Dienstverhältnisses (OGH vom 8. 9. 1993, 9 Ob A 146/93, DRdA 1994, 171 = wbl 1994, 162).

Hat ein Vorgesetzter die ihm unterstellten Arbeitnehmerinnen mehrfach durch verbale Äußerungen **sexuell diskriminiert**, werden dadurch die betrieblichen Interessen derart nachteilig berührt, dass die Kündigung trotz Beeinträchtigung wesentlicher Interessen des Arbeitnehmers gerechtfertigt ist. Der Arbeitgeber ist aufgrund der ihn treffenden Fürsorgepflicht verpflichtet, gegen die sexuelle Belästigung unverzüglich Abhilfe zu schaffen. Eine Abwägung der sexuellen Belästigung durch den Arbeitnehmer mit den durch die Kündigung verletzten Interessen des Arbeitnehmers fortgeschrittenen Alters mit langer Betriebszugehörigkeit lässt im vorliegenden Fall die Kündigung als gerechtfertigte, dem Sachverhalt adäquate Maßnahme erscheinen (OGH vom 17. 3. 2004, 9 Ob A 143/03z, infas 2004, A 53 = ARD 5523/5/2004 = ASoK 2005, 73).

Keinen Kündigungsgrund sah die Judikatur in folgenden Fällen:

- Äußert sich der **Arbeitnehmer als Anrainer** eines Kraftwerksprojektes des Arbeitgebers **abfällig über den Arbeitgeber** und ist davon auszugehen, dass diese ausschließlich auf das Nachbarschaftsverhältnis zurückgehenden Auseinandersetzungen nach Abschluss des Bauvorhabens beendet sind, so ist bei Vorliegen einer wesentlichen Interessenbeeinträchtigung die Kündigung nicht als in der Person des Arbeitnehmers bedingt anzusehen und die Anfechtung daher erfolgreich (OGH vom 9. 6. 1993, 9 Ob A 105/93, ÖJZ 1994/18).

- Ein allgemein „**schlechtes Verhältnis zum Vorgesetzten**" reicht allerdings als persönlicher Kündigungsgrund **nicht** aus (EA Wien 19. 5. 1981, SozM II B, 1149).

- Auch eine **Anzeigenerstattung** gegen den Arbeitgeber, die nicht offensichtlich unbegründet ist, kann keinen persönlichen Kündigungsgrund rechtfertigen (EA Linz 12. 12. 1978, Arb 9769).

IV.4 Betriebliche Kündigungsgründe

[46]) Eine Kündigung ist dann in den Betriebsverhältnissen begründet, wenn im gesamten Betrieb für den betroffenen Arbeitnehmer **kein Bedarf** mehr gegeben ist und dem Arbeitgeber keine Maßnahme zumutbar ist, die eine Weiterbeschäftigung ermöglicht (OGH vom 28. 10. 1986, 2 Ob 554/86, infas 1987, A 107). Auch bei **Rationalisierungsmaßnahmen** trifft den Arbeitgeber eine Gestaltungspflicht nach sozialen Gesichtspunkten (vgl Erl 48 und 54). Wird eine Kündigung nur vorgenommen, um **Kosten zu sparen**, weil neu einzustellende Arbeitnehmer an Stelle der gekündig-

ten billiger sind, so ist zu prüfen, ob auch **andere Kostensenkungsmaßnahmen**, einschließlich der Möglichkeit der Ausschüttung einer geringeren Dividende, vorgenommen wurden. Ist dies nicht der Fall, kann eine Kündigung nicht mit betrieblichen Umständen begründet werden (OGH vom 28. 10. 1986, 2 Ob 554/86, infas 1987, A 107).

Die Frage der Betriebsbedingtheit einer Kündigung ist stets unter Bezugnahme auf die **Situation des Betriebes** zu prüfen, in dem der Gekündigte beschäftigt war. Die allgemeine wirtschaftliche Situation, aber auch die wirtschaftliche Situation des **Gesamtkonzerns** ist **nicht** maßgeblich (VwGH vom 14. 12. 1983, 83/01/0008, infas 1984, A 30). Näheres zur Frage der Berücksichtigung von Konzernsachverhalten beim Kündigungsschutz vgl Erl 52.

Dringender Sanierungsbedarf eines Unternehmens kann die Kündigung von Mitarbeitern auch schon rechtfertigen, **bevor** das Unternehmen einer **Reorganisation** iSd URG bedürfte. Rationalisierungsmaßnahmen sind nicht erst dann gerechtfertigt, wenn anders eine Existenzbedrohung nicht mehr abgewendet werden könnte, sondern schon im Vorfeld solcher Bedrohung steht es einem verantwortungsbewussten Unternehmer frei, einer betriebswirtschaftlichen Bedrohung des Unternehmens vorbeugend zu begegnen (OGH vom 7. 6. 1999, 8 Ob A 88/99w, ecolex 2000/25).

Betriebliche Erfordernisse für eine Kündigung liegen auch dann vor, wenn die Vermutung des Reorganisationsbedarfes iSd §§ 1 Abs 3 und 22 Abs 1 Z 1 **URG** hinsichtlich der die Existenz eines Unternehmens bedrohenden Unternehmenskennzahlen gegeben und die **Betriebsnotwendigkeit von Sparmaßnahmen** begründet ist. In diesem Fall bedarf es keiner gesonderten Feststellungen über Umsatzentwicklung, Entwicklung der Beschäftigtenzahl etc; es genügt, dass die Rationalisierung durch die Übernahme der veränderten bzw verminderten Aufgaben durch weniger Arbeitnehmer angestrebt wird und die **Tätigkeit** des gekündigten Arbeitnehmers **auf andere Mitarbeiter aufgeteilt** wird, sodass dessen Arbeitsplatz wegfällt. Die Interdependenz von Personalkostenreduktion und Sanierungsmaßnahmen zum Fortbestand des Unternehmens mit einer verminderten Belegschaft rechtfertigt die Kündigung eines einzelnen Arbeitnehmers selbst dann, wenn seine Interessen wesentlich beeinträchtigt sind – im gegenständlichen Fall durch drohende Langzeitarbeitslosigkeit auf Grund des Lebensalters (57 Jahre) – (OGH vom 30. 3. 1998, 8 Ob A 86/98z, DRdA 1998, 361 = wbl 1998/302 = ASoK 1998, 390).

Die betriebswirtschaftliche Notwendigkeit von Kündigungen als Rationalisierungsmaßnahmen ist vom Arbeitgeber in rational nachvollziehbarer Weise darzutun. Eine Kündigung ist nur dann betriebsbedingt, wenn sie eine normale und für jedermann nachvollziehbare betriebswirtschaftliche Konsequenz einer unternehmerischen Disposition ist, wobei die Kündigung, nicht jedoch die sie auslösende Unternehmerdisposition der Rechtfertigung bedarf. Der Verzicht eines einzelnen Arbeitnehmers hat regelmäßig keine oder so gut wie keine Auswirkungen auf die erforderliche Senkung des Lohn- und Gehaltsaufwandes im Zuge einer Rationalisierungsmaßnahme. Ist aus dem Zweck der Maßnahme zu entnehmen, dass nur eine Kündigung bzw. eine Änderungskündigung aller überentlohnten Arbeitnehmer zur gewünschten Rationalisierung führt, weil sich erst dann die Kostensenkung auf das gesamte Ergebnis auswirken kann, so kann eine einzelne oder einige wenige Änderungskündigungen die erwünschte Sanierungsmaßnahme nicht verwirklichen und damit nicht begründet werden (OGH vom 5. 9. 2001, 9 Ob A 199/01g, DRdA 2003, 50 = JBl 2002, 264 = ARD 5280/6/2002; OGH vom 28. 9. 2001, 8 Ob A 201/01v, DRdA 2002, 386 = RdW 2002/365 = ASoK 2002, 274; OGH vom 24. 1. 2002, 8 Ob A 187/01k, ARD 5332/42/2002 = ASoK 2003, 242 = RdW 2002/366).

Die Auflassung einer Rechtsabteilung bei Eingliederung in einen Konzern, der keine örtlichen Rechtsabteilungen unterhält, stellt eine wirtschaftliche Entscheidung dar, deren Zweckmäßigkeit und Richtigkeit durch das Gericht nicht zu überprüfen ist. Überprüfbar ist lediglich, ob die konkrete Kündigung zur Verwirklichung der Maßnahme und des beabsichtigten Erfolgs geeignet ist (OGH vom 4. 7. 2002, 8 Ob A 1/02h, ARD 5356/31/2002 = ecolex 2002/359).

Wird der Betrieb eines Arbeitgebers in Österreich vollständig geschlossen und werden alle dort tätigen Arbeitnehmer gekündigt, überwiegen die betrieblichen Interessen an der Kündigung jedenfalls die Interessen der Arbeitnehmer an der Aufrechterhaltung des Arbeitsverhältnisses, sodass die Kündigung sozial gerechtfertigt ist (vgl OGH vom 2. 3. 2007, 9 Ob A 78/06w, ARD 5806/2/2007).

a) Allgemeine wirtschaftliche Schwierigkeiten im Betrieb

[47]) **Rückgänge in der Auftrags- und Produktionslage**, die nicht nur vorübergehend sind, können als betriebliche Rechtfertigung von Kündigungen angesehen werden (VwGH vom 25. 2. 1987, 86/01/0084, infas 1987, A 74), allerdings nur dann, wenn durch diese wirtschaftlichen Veränderungen **konkrete Auswirkungen auf den Arbeitsplatz** des einzelnen Arbeitnehmers eintreten und der Gekündigte nicht stärkere soziale Interessen geltend machen kann (EA Salzburg 12. 8. 1986, Arb 10.547).

Die betrieblichen Erfordernisse einer Kündigung auf Grund wirtschaftlicher Schwierigkeiten sind stets in Bezug auf den **gesamten Betrieb** und nicht nur auf einzelne Abteilungen zu prüfen. Leisten vergleichbare Arbeitnehmer in einer anderen Abteilung **Überstunden**, kann von einer betrieblichen Begründung einer **Kündigung nicht** gesprochen werden (VwGH vom 16. 3. 1988, 87/01/0297, infas 1988, A 88; VwGH vom 4. 3. 1987, 86/01/0167, infas 1987, A 73).

Selbst bei wirtschaftlichen Schwierigkeiten des Betriebes ist eine Kündigung nicht betriebsbedingt, wenn die **Arbeitsleistung des Gekündigten nach wie vor benötigt** wird und die Zahl der mit der Arbeit des Gekündigten Beschäftigten insgesamt nicht verringert wird (EA Wien 19. 9. 1985, infas 1986, A 4). Muss lediglich in einer Abteilung eine Arbeitskraft eingespart werden, **expandiert die Firma** aber ansonsten, liegt **kein** betrieblicher **Kündigungsgrund** vor (EA Leoben 12. 6. 1986, Arb 10.532).

Wenn wirtschaftliche Schwierigkeiten zur Personalreduktion zwingen und der Arbeitsplatz des gekündigten Arbeitnehmers betroffen ist, liegt ein betriebsbedingter Kündigungsgrund auch dann vor, wenn der Tätigkeitsbereich des Arbeitnehmers zwar nicht wegfällt, aber eine **Nachbesetzung unterbleibt**, weil die Tätigkeit von anderen Arbeitnehmern mitübernommen wird, soferne mit diesen Maßnahmen eine nicht unbeträchtliche Kostenverringerung eintritt (OGH vom 8. 9. 1993, 9 Ob A 233/93, DRdA 1994/20).

Sind aber Einsparungen aus betrieblichen Gründen notwendig und kann die Arbeit des Gekündigten **durch 15 Mehrstunden** bereits bisher Beschäftigter bewältigt werden, liegt ein betrieblicher Kündigungsgrund vor (OLG Wien vom 26. 2. 1990, 34 Ra 39/89, ARD 4169/22/90).

Weist der Arbeitgeber nach, dass das Unternehmen nur bei einer bestimmten Arbeitnehmeranzahl **Gewinn bringend** sein kann, so ist die Kündigung eines darüber hinaus Beschäftigten betriebsbedingt (OGH vom 27. 6. 1990, 9 Ob A 151/90, infas 1991, A 5).

Reagiert der Arbeitgeber auf wirtschaftliche Schwierigkeiten mit tief greifenden Änderungen, wodurch personelle Überkapazitäten entstehen und fällt der Arbeitsplatz dadurch weg, so liegen betriebliche Gründe für eine Kündigung vor. Ein Arbeitsplatz fällt auch weg, wenn die Arbeiten auf andere Arbeitnehmer aufgeteilt werden. Werden mehrere Monate nach der Kündigung Arbeitnehmer mit Fertigkeiten, die der frühere Arbeitnehmer nicht hatte und welche für deren Arbeitsplätze erforderlich sind, eingestellt, so ändert dies nichts an der betrieblichen Notwendigkeit der Kündigung. Der Arbeitgeber ist nicht verpflichtet, die Arbeitszeit hoch qualifizierter Mitarbeiter zu reduzieren, um damit die Teilzeitbeschäftigung der weniger qualifizierten Arbeitnehmer zu ermöglichen (OGH vom 4. 6. 2003, 9 Ob A 33/03y, ARD 5477/9/2004 = ASoK 2004, 176).

Bedeutet die Weiterbeschäftigung eines Arbeitnehmers zwar eine **geringfügige Kostenentlastung**, andererseits aber den **Verlust von Erfahrung** für den Betrieb, so stellt sie keinen betrieblichen Kündigungsgrund dar (EA Wien 26. 8. 1986, Arb 10.549).

Besteht bei wirtschaftlichen Schwierigkeiten die Möglichkeit, einen Arbeitnehmer an einem **anderen Arbeitsplatz** innerhalb des Betriebes einzusetzen, so liegt eine Betriebsbedingtheit einer Kündigung nicht vor (OGH vom 30. 8. 1989, 9 Ob A 224/89, infas 1990, A 24; EA Salzburg 12. 8. 1986, Arb 10.547).

Die Kündigung ist betriebsbedingt, wenn im gesamten Betrieb gerade für den betroffenen Arbeitnehmer **kein Bedarf** besteht und der Gekündigte persönlich nicht in der Lage ist, jene Arbeiten zu leisten, für die noch Arbeitnehmer gesucht werden (OGH vom 15. 2. 1995, 9 Ob A 14/95, RdW 1995, 438).

Hohe Lohnkosten für einen bestimmten Arbeitnehmer rechtfertigen für sich allein keinesfalls eine Kündigung aus betrieblichen Gründen (EA Innsbruck 24. 7. 1979, Re 21/79; EA Feldkirch, Re 89/76; EA Wien 9. 11. 1982, SozM II B, 1201; EA Wien 21. 12. 1982, Re II 167/82).

Zusammenfassend kann also zu den betrieblichen Kündigungsgründen im Zusammenhang mit wirtschaftlichen Problemen im Betrieb Folgendes gesagt werden:
– Bleibt die Arbeit des zu Kündigenden weiterhin betriebliche Aufgabe, bleibt der Arbeitsplatz erhalten, so liegt selbst bei negativen Betriebsergebnissen keine betriebsbedingte Kündigung vor;
– das Argument, dass ein bestimmter Arbeitnehmer zu viel koste und durch einen billigen Arbeitnehmer ersetzt werden müsse, begründet allein noch keine Unzumutbarkeit der Weiterbeschäftigung aus betrieblichen Gründen;
– nur dann, wenn wirtschaftliche Schwierigkeiten zur Einschränkung des betrieblichen Arbeitsvolumens und damit zur Personalreduktion zwingen, und wenn die Arbeit bzw der Arbeitsplatz des zu kündigenden Arbeitnehmers davon betroffen ist, liegt Betriebsbedingtheit in solchen Fällen vor. Selbst dann, wenn wegen schlechter Ertragslage Arbeitnehmer abgebaut werden, ist im Anfechtungsverfahren dennoch zu prüfen, ob nicht eine Versetzung möglich wäre.

b) Kündigungen als Folge von Rationalisierungsmaßnahmen

[48]) Unabhängig von wirtschaftlichen Schwierigkeiten im Betrieb (vgl Erl 47) können Rationalisierungsmaßnahmen und Umstrukturierungsmaßnahmen Kündigungen betrieblich begründen.

Die Entscheidung darüber, ob eine Rationalisierungsmaßnahme vorgenommen wird oder nicht, trifft der Arbeitgeber (OGH vom 15. 4. 1999, 8 Ob A 80/99v, RdW 1999, 744; OGH vom 30. 8. 1989, 9 Ob A 224/89, RdW 1989, 400; VwGH vom 4. 3. 1987, 86/01/0161, infas 1987, A 75; EA Innsbruck 25. 5. 1981, Arb 9977). Die **Zweckmäßigkeit** der Rationalisierungsmaßnahme kann im Allgemeinen durch das Gericht **nicht überprüft** werden, doch hat das Gericht sehr wohl zu prüfen, ob die Kündigung des Arbeitnehmers zwingender Bestandteil der Rationalisierungsmaßnahme ist und die **Wettbewerbschancen** des Unternehmens tatsächlich **verbessert**. Jedenfalls ist zu prüfen, ob trotz Rationalisierungsmaßnahme der Arbeitnehmer an einem anderen Arbeitsplatz weiter beschäftigt werden könnte (OGH vom 27. 6. 1990, 9 Ob A 151/90, Arb 10.874). Der Betriebsinhaber muss trotz Rationalisierungsmaßnahme alle Möglichkeiten nutzen, um seine bisherigen Arbeitnehmer weiterbeschäftigen zu können (OGH vom 10. 6. 1998, 9 Ob A 19/98d, wbl 1998/388 = ASoK 1999, 34). Der Arbeitgeber ist verpflichtet, dem Arbeitnehmer einen vorhandenen **Ersatzarbeitsplatz in einem anderen Betrieb** des Unternehmens anzubieten, widrigenfalls er mit dem Argument der Durchführung einer Rationalisierungsmaßnahme gegen eine sozial nachteilige Kündigung nicht durchdringt (OGH vom 30. 8. 1989, 9 Ob A 224/89, ARD 4116/20/89). Dies gilt insbesondere dann, wenn der Arbeitnehmer schon bisher in anderen Betrieben des Unternehmens gearbeitet hat (OGH vom 30. 8. 1989, 9 Ob A 224/89, RdW 1989, 400). Bei der vorzunehmenden Interessenabwägung sind sämtliche Aspekte der Sozialwidrigkeit **den betrieblichen Verhältnissen und der Situation im Konzern gegenüberzustellen**. Es muss im gesamten Unternehmen nach einem Ersatzarbeitsplatz gesucht werden. Beweist der Arbeitgeber nur für zwei Bereiche, dass es in diesen keine Weiterbeschäftigungsmöglichkeit gegeben hätte, so bleibt die Kündigung einer 53,5 Jahre alten Arbcitnehmerin trotz erforderlicher Rationalisierungsmaßnahmen nach drastischen Auftragseinbrüchen und Wegfall des Arbeitsplatzes sozialwidrig und kann daher erfolgreich angefochten werden (vgl OLG Wien vom 13. 10. 2006, 7 Ra 100/06m, ARD 5782/8/2007). Ist eine andere Position innerhalb des Unternehmens allerdings bereits unternehmensintern ausgeschrieben worden und hat sich der zu kündigende **Arbeitnehmer nicht darum beworben**, ist der Betriebsinhaber nicht verpflichtet, dem zu Kündigenden die Stelle von sich aus anzubieten (OGH vom 1. 6. 1988, 9 Ob A 110/88, DRdA 1989, 387). Allerdings hat der Arbeitgeber beim Anbot eines anderen Arbeitsplatzes den Arbeitnehmer darauf hinzuweisen, dass es sich dabei um „die letzte Chance" einer Tätigkeit im Unternehmen handeln soll, widrigenfalls von einem betrieblichen Erfordernis der Kündigung nicht auszugehen ist (vgl OLG Wien vom 21. 2. 2007, 7 Ra 7/07m, ARD 5782/9/2007).

Zweckmäßigkeit und Richtigkeit der betrieblichen Rationalisierungsmaßnahmen sind vom Gericht nicht zu überprüfen und dem wirtschaftlichen Ermessen des Betriebsinhabers vorbehalten. Auch hoch rentable Unternehmen sind frei in ihrer Entscheidung, Rationalisierungsmaßnahmen durchzuführen, um die Rentabilität zu erhöhen. Fällt der Arbeitsplatz des Arbeitnehmers weg, so ist zu prüfen, ob eine Verwendung des Arbeitnehmers in einem anderen Bereich des Betriebes möglich ist. Der Betriebsinhaber hat in Berücksichtigung der sozialen Interessen seiner Arbeitnehmer trotz Rationalisierung alle ihm zumutbaren Möglichkeiten auszuschöpfen, um die Arbeitnehmer weiter zu beschäftigen. Erst wenn eine Weiterbeschäftigungsmöglichkeit fehlt, ist die Kündigung in den Betriebsverhältnissen als ultima ratio gerechtfertigt. Die Abwägung zwischen der Fürsorgepflicht und der unternehmerischen Gestaltungsfreiheit hat so zu erfolgen, dass die langfristigen Interessen des Betriebes, dh seine gesunde wirtschaftliche Basis, nicht gefährdet werden, da der Betrieb für die Belegschaft eine Existenzsicherung bildet. Der Kündigungsschutz darf nicht so praktiziert werden, dass die Lage der Belegschaft und des Betriebes langfristig gefährdet wird, was bei Aufrechterhaltung eines betriebswirtschaftlich überflüssig gewordenen Arbeitsplatzes der Fall wäre (OGH vom 19. 12. 2001, 9 Ob A 189/01m, ASoK 2002, 147 = ARD 5356/5/2002 = ZASB 2003/2 = ecolex 2002/112).

Auch bei zulässigen Rationalisierungskündigungen ist nach dem Schutzzweck der besonderen Kündigungsschutzbestimmungen des APSG, MSchG, EKUG und ArbVG mit **Rationalisierungskündigungen primär gegenüber nicht besonders kündigungsgeschützten Arbeitnehmern** vorzugehen, denn die geschützten Arbeitnehmer können erst bei einer (gänzlichen) Stilllegung „des Betriebes" gekündigt werden, nicht aber schon bei einer Rationalisierung im Sinne einer Redimensionierung (OGH vom 7. 10. 1999, 8 Ob A 244/99m, ARD 5112/38/2000).

Möchte der Arbeitnehmer aber auf einem angesichts seiner bisherigen Tätigkeit (Operator) **ungewöhnlichen Arbeitsplatz** (Lagerarbeiter) weiterarbeiten, so muss er **von sich aus initiativ** werden und seine Bereitschaft, auch eine derartige Tätigkeit auszuüben, mitteilen. Der Arbeitgeber verletzt nicht seine soziale Gestaltungspflicht, wenn er einen derartig stark abweichenden Posten nicht von sich aus anbietet. Trotz finanzieller Schlechterstellung für den Arbeitnehmer durch die Kündigung kann dem Arbeitgeber die Weiterbeschäftigung nicht mehr zugemutet werden, wenn er für den Arbeitnehmer, für den er keinen Bedarf hat, Kosten von ca. S 528.000,– (ca € 38.371,–) per anno hat (OGH vom 17. 3. 1999, 9 Ob A 45/99d, ecolex 1999/ 230).

Wird durch eine neue Organisationsform für bestimmte Dienstleistungen innerhalb des Betriebes (zB **externe Reinigungsfirma** statt eigener Reinigungskräfte) eine wesentliche Kosteneinsparung bewirkt, die die Wettbewerbsfähigkeit des Unternehmens verbessert, so liegt ein Kündigungsgrund für die eigenen Reinigungsarbeiter auf Grund einer Rationalisierungsmaßnahme vor (OGH vom 19. 6. 1991, 9 Ob A 120/91, DRdA 1992/41; VwGH vom 4. 3. 1987, 86/01/0161, Arb 10.599).

Auf Grund der vorzunehmenden **Interessenabwägung** (vgl Erl 53) genügen gegen eine Kündigung, die betrieblich nur wenig gerechtfertigt ist, bereits weniger gravierende soziale Anfechtungsgründe. Rationalisierungsmaßnahmen und Auftragsrückgang sind kein betrieblicher Kündigungsgrund, wenn der **Arbeitsplatz weiter besetzt** werden muss (EA Salzburg 12. 8. 1986, Arb 10.547).

Nimmt ein Arbeitgeber zur **Hebung der Effizienz** des Betriebes Rationalisierungsmaßnahmen vor (zB EDV-Anlage statt Lagerkartei oder EDV-Lohnverrechnung), so ist die Kündigung der nun im Lager bzw in der Lohnverrechnung nicht mehr benötigten Arbeitnehmer gerechtfertigt (EA Wien 28. 5. 1984, infas 1985, A 26; EA Wien, Re II 60/75). Auch wenn eine **Produktionsumstellung** zu Maßnahmen führt, die den Arbeitsplatz des betreffenden Arbeitnehmers entbehrlich machen, ist die Zumutbarkeit der Weiterbeschäftigung nicht mehr gegeben (EA Innsbruck, Re 22/74). Die Kündigung ist dann betriebsbedingt, wenn für den Arbeitnehmer **im** gesamten Betrieb kein Bedarf mehr gegeben ist (EA Feldkirch 15. 3. 1985, Arb 10.398).

Zusammenfassend kann also gesagt werden, dass
- **Rationalisierungsmaßnahmen zur Verbesserung der Wettbewerbsfähigkeit** grundsätzlich geeignet sind, einen **betrieblichen Kündigungsgrund** darzustellen;
- grundsätzlich der **Unternehmer** über die Durchführung von Rationalisierungsmaßnahmen **entscheidet, ohne dass das Gericht die Zweckmäßigkeit** seiner Entscheidung im Detail **überprüfen kann**;
- die Kündigung eines Arbeitnehmers im Zusammenhang mit einer Rationalisierungsmaßnahme allerdings nur dann betriebsbedingt ist, wenn dadurch tatsächlich eine **Kosteneinsparung** eintritt, die so erheblich ist und die Wettbewerbsfähigkeit des Unternehmens derartig **steigert**, dass die Abwägung der Intercssen die betrieblichen Gründe höher bewerten lässt als die sozialen Anfechtungsgründe;
- der Arbeitgeber im Falle von Rationalisierungsmaßnahmen verpflichtet ist, alle nur erdenklichen **Maßnahmen** zu ergreifen, **um die Arbeitsplätze** bisher beschäftigter Arbeitnehmer **zu erhalten.** Dazu gehören auch Versetzungen, neue Formen der Arbeitsorganisation und Umschichtungen in der Aufgabenstellung.

c) Änderungskündigung/Teilkündigung

[49]) Unter einer **Änderungskündigung** ist eine bedingte Kündigung zu verstehen, wobei die Bedingung darin besteht, dass der Arbeitnehmer nicht einer vom Arbeitgeber angebotenen Vertragsänderung (meistens einer Verschlechterung) zustimmt. Solche Änderungskündigungen sind nach der Rechtsprechung im Allgemeinen weder sittenwidrig noch verstoßen sie gegen zwingendes Recht (OGH vom 13. 2. 1991, 9 Ob A 1001/91, Arb 10.913). Sie unterliegen allerdings voll dem allgemeinen Kündigungsschutz nach § 105, sodass das Verständigungsrecht des Betriebsrates, sein Stellungnahme- und Beratungsrecht zwingend zu beachten sind und eine Anfechtungsmöglichkeit durch den Arbeitnehmer oder den Betriebsrat besteht (VwGH 10. 11. 1964, SozM II B, 744).

Auch Änderungskündigungen unterliegen dem allgemeinen Kündigungsschutz gem § 105 (OGH vom 24. 4. 1991, 9 Ob A 79/91, RdW 1991, 299).

Hat der Arbeitgeber vor der Änderungskündigung eine **Versetzung** angeboten, die der Arbeitnehmer ablehnt, so wird die Anfechtung der Änderungskündigung kaum Aussicht auf Erfolg haben (EA Eisenstadt 12. 5. 1981, Arb 9970).

Änderungskündigungen können **auflösend bedingt** ausgesprochen werden, dh die Kündigung wird zunächst ausgesprochen, sie verfällt aber der Rechtsunwirksamkeit, falls der Dienstnehmer das Vertragsänderungsangebot annimmt, oder aber die Änderungskündigung wird **aufschiebend bedingt** ausgesprochen, dh sie soll erst wirksam werden, wenn der Dienstnehmer der Änderung des Arbeitsvertrages nicht zustimmt. Im letzteren Fall wird die Kündigung erst wirksam, wenn der Arbeitnehmer die Vertragsänderung ablehnt. Die Tatsache der Erhebung einer Anfechtungsklage allein kann eine Erklärung des Arbeitnehmers zumindest so lange nicht ersetzen, als dieser sich ausdrücklich zum Änderungsangebot **nicht äußern will** und sich die Möglichkeit offen halten will, bei Prozessverlust das Änderungsangebot anzunehmen. In diesem Fall ist die Kündigung mangels Ablehnungserklärung des Arbeitnehmers noch nicht rechtswirksam (OGH vom 30. 6. 1994, 9 Ob A 216/94, DRdA 1994, 524 = RdW 1995, 68 = ZAS 1995/5 = Arb 11219).

Zu beachten ist insbesondere, dass auf **Änderungskündigungen** im Regelfall § 105 Abs 3 Z 1 **lit i** nicht anzuwenden ist, da die Unterbreitung eines Vertragsänderungsangebotes durch den Arbeitgeber **nicht** als **Infragestellung** eines bestehenden Anspruches gesehen werden kann (OGH vom 8. 7. 1993, 9 Ob A 168/93, ARD 4496/12/93; OGH vom 8. 7. 1993, 9 Ob A 114/93, DRdA 1994, 70 = RdW 1994, 22 = wbl 1993, 398 = ecolex 1993, 769 = ARD 4503/18/93). Zur Kritik dieser Judikatur vgl Erl 31.

Auch im Hinblick auf eine allfällige Sozialwidrigkeit ist die Anfechtung von Änderungskündigungen nur eingeschränkt erfolgversprechend:

Es ist zu berücksichtigen, dass bei einer Änderungskündigung durch den Arbeitgeber die Aufrechterhaltung des Arbeitsplatzes oder die Neuzuweisung eines anderen Arbeitsplatzes angeboten wird, lediglich unter verschlechterten Bedingungen.

So hat der OGH etwa auch entschieden, dass bei einer Änderungskündigung die **Arbeitsmarktlage außerhalb des Unternehmens nicht geprüft** werden muss. Ist dem Arbeitnehmer die Annahme des Angebotes des Arbeitgebers zur Änderung der Arbeitsbedingungen zumutbar, so liegt keinesfalls eine soziale Beeinträchtigung durch die Kündigung vor (OGH vom 24. 4. 1991, 9 Ob A 79/91, DRdA 1991, 474 = RdW 1991, 299 = infas 1990, A 100).

Nach einer weiteren Entscheidung des OGH soll es allerdings bei der Beurteilung der sozialen Lage des Arbeitnehmers nach der Kündigung und der dabei anzustellenden Prognose nicht relevant sein, wenn **vor** der Kündigung durch den Arbeitgeber eine Arbeitsstelle bei einem **anderen Arbeitgeber** angeboten wurde (OGH vom 15. 9. 1999, 9 Ob A 148/99a, RdW 2000, 395 = ecolex 2000/59).

Generell ist bei Änderungskündigungen vor allem zu prüfen, ob das Änderungsangebot des Arbeitgebers derart weit reichende **Verschlechterungen der Arbeitsbedingungen** enthält, dass die Annahme dem Arbeitnehmer nicht zumutbar ist.

Bei **Provisionsbeziehern** muss bei einer Änderungskündigung sowohl das **Fixum** als auch die erfolgsabhängige Prämie in die Prüfung der Sozialwidrigkeit einbezogen werden. Soll das Fixum **um 23 % gemindert** werden, so wird dies aber regelmäßig als **unzumutbar** anzusehen sein (OGH vom 27. 1. 2000, 8 Ob A 342/99y, DRdA 2000, 420 = infas 2000, A 55 = RdW 2000, 462 = ASoK 2000, 397).

Für die Prüfung dieser Zumutbarkeit ist die allgemeine Judikatur zur Interessenbeeinträchtigung relevant, sodass man etwa davon ausgehen kann, dass eine Entgeltminderung von 10 % in der Regel keine Sozialwidrigkeit begründen wird (vgl OGH vom 20. 9. 2000, 9 Ob A 179/00i, RdW 2001, 250 = wbl 2001/119 = ASoK 2001, 163), während eine **Verdiensteinbuße von 20 %** und mehr auf **erhebliche soziale Nachteile** deuten wird (OGH vom 21. 10. 1998, 9 Ob A 261/98t, ARD 5001/13/99). Näheres zur Frage der Interessenbeeinträchtigung vgl Erl 34 bis 40.

Wird dem Arbeitnehmer nach Auflösung jener Abteilung, in der er bislang tätig war, ein anderer Arbeitsplatz angeboten, der zwar zu einer Verschlechterung der Arbeitszeiten (Wochenendarbeit) geführt hätte, jedoch mit keiner Gehaltseinbuße verbunden gewesen wäre, und lehnt er dies ab, so ist die Sozialwidrigkeit der Kündigung zu verneinen (OGH vom 29. 3. 2004, 8 Ob A 4/04b, ARD 5523/12/2004 = infas 2004, A 52).

Im Rahmen einer Änderungskündigung vorgeschlagene **zumutbare Ersatzarbeitsplätze** bei einem anderen Unternehmen **im Konzern** mit annähernd gleich hohem Entgelt sind zu berücksichtigen, sodass eine wesentliche Interessenbeeinträchtigung in so einem Fall nicht gegeben ist (OGH vom 15. 4. 1999, 8 Ob A 80/99v, RdW 1999, 744).

Will der Arbeitnehmer das Prozessrisiko der Anfechtung einer Änderungskündigung nicht eingehen, so nimmt er das Angebot auf Änderung des Arbeitsvertrages an. In diesem Fall sollte dennoch eine Überprüfbarkeit der Sozialwidrigkeit der Änderungskündigung ohne Risiko des Arbeitsplatzverlustes für den Arbeitnehmer bestehen. Eine Variante bestünde etwa darin, die Annahme eines allfälligen sozialwidrigen Änderungsangebots nach § 870 ABGB wegen Drohung mit einem rechtswidrigen Mittel anzufechten (vgl *Strasser*, DRdA 1988, 14) oder etwa dem Arbeitnehmer eine Möglichkeit auf Einbringung einer Feststellungsklage einzuräumen, dass das Änderungsangebot sozialwidrig war (vgl *Friedrich*, Ausgewählte kündigungsschutzrechtliche Probleme der Änderungskündigung, ASoK 2005, 52). An den OGH wurden derartige Verfahren bisher nicht herangetragen. Gem § 2 des deutschen Kündigungsschutzgesetzes kann ein Arbeitnehmer das Änderungsangebot unter dem Vorbehalt annehmen, dass die angestrebte Änderung der Arbeitsbedingungen nicht sozial ungerechtfertigt ist. Sodann kann in Deutschland mittels Feststellungsklage über die Sozialwidrigkeit der angebotenen Änderung abgesprochen werden.

Auch bei einer **Teilkündigung** einer Funktion im Rahmen eines Arbeitsverhältnisses muss das Verfahren nach § 105 ArbVG eingehalten werden. Wird im Rahmen eines bestehenden Arbeitsverhältnisses eine bestimmte Arbeitsleistung zusätzlich vereinbart (hier: Flottenchef zusätzlich zur Tätigkeit als Pilot), kann diese Vereinbarung für sich allein gekündigt werden, wenn die zusätzliche Tätigkeit gegenüber den anderen

Vertragspflichten eine gewisse Eigenständigkeit aufweist und auch gesondert entlohnt wird. Auch bei einer Teilkündigung muss das Vorverfahren nach § 105 ArbVG eingehalten werden (vgl OGH vom 31. 8. 2005, 9 Ob A 119/05y, wbl 2006/35).

d) Austauschkündigung

[50]) Der Arbeitgeber darf nicht ohne triftigen Anlass Arbeitnehmer kündigen und andere einstellen. Dem Gestaltungsrecht des Arbeitgebers sind auch bei Rationalisierungsmaßnahmen Grenzen auferlegt, er muss vor einer Kündigung **alle sonstigen Möglichkeiten ausschöpfen** (OGH vom 9. 6. 1988, 9 Ob A 110/88, infas 1989, A 2).

Kündigt der Arbeitgeber Arbeitnehmer in der Absicht, sie **durch neue Arbeitnehmer zu ersetzen**, so liegt **keinesfalls ein betrieblicher Kündigungsgrund** vor (OGH vom 15. 3. 1989, 9 Ob A 279/88, Arb 10.771). Werden Arbeitnehmer aufgenommen oder sind Arbeitsplätze im Betrieb unbesetzt, kann die Betriebsbedingtheit von Kündigungen im Anfechtungsverfahren keine Rolle spielen (ASG Wien vom 9. 10. 1987, 23 Cga 1160/87, Arb 10.658).

Wird aber ein **besser qualifizierter Arbeitnehmer** aufgenommen, so ist dennoch für einen Gekündigten, dessen Arbeitsplatz wegrationalisiert werden soll, ein betrieblicher Kündigungsgrund gegeben (EA Wien, ARD 3738/14).

Setzt ein Arbeitgeber **Zivildiener** zur Entlastung der angespannten finanziellen Lage des Betriebes ein und trägt damit auch zur Sicherung von Arbeitsplätzen bei und werden die Aufgaben des gekündigten Arbeitnehmers nahezu vollständig nicht von Zivildienern, sondern von Angehörigen des Stammpersonals übernommen, so ist eine Kündigung aus betrieblichen Gründen gerechtfertigt (VwGH vom 5. 11. 1986, 84/01/0069, DRdA 1987, 226 = RdW 1987, 205 = infas 1987, A 45). Diese Entscheidung ist zu kritisieren, da die Verwendung von Zivildienern nicht darauf ausgerichtet ist, reguläre Arbeitsplätze zu ersetzen. Das Gleiche gilt auch für **Sozialprojekte** und **Beschäftigungsinitiativen**. Werden durch solche, von der öffentlichen Hand subventionierte Aktivitäten reguläre Arbeitsplätze wegrationalisiert, so liegt eine unzulässige Austauschkündigung vor, ein betrieblicher Grund für die Kündigung ist nicht gegeben.

Ein Arbeitgeber kann aber unter bestimmten Umständen auch **zu Austauschkündigungen verpflichtet** sein, insbesondere dann, wenn er gegenüber bestimmten Arbeitnehmern etwa in **„Treuebriefen"** sich dazu verpflichtet hat, dass eine Kündigung nur bei Betriebsstilllegung und abgelehntem Anbot von Ersatzarbeitsplätzen im Konzern ausgesprochen werden darf. Eine solche Verpflichtung schränkt nach der Judikatur den Arbeitgeber selbst dann in seinem Kündigungsrecht nicht in unzulässiger Weise ein, wenn die Ersatzarbeitsplätze gegebenenfalls nur nach Vornahme von Austauschkündigungen geschaffen werden können (OGH vom

28. 2. 2001, 9 Ob A 316/00m, DRdA 2002, 36 = ASoK 2001, 300 = ARD 5246/10/2001).

Der Arbeitgeber muss dem Arbeitnehmer im Rahmen der sozialen Gestaltungspflicht eine **Umstellung auf ein nur relativ neues Arbeitsgebiet ermöglichen**, wenn der alte Arbeitsplatz wegfällt. Stellt der Arbeitgeber stattdessen einen **Spezialisten** ein, für den lediglich die Einarbeitungsphase entfällt, kann sich der Arbeitgeber **nicht** auf den Wegfall des Arbeitsplatzes berufen (OGH vom 22. 12. 1994, 8 Ob A 335/94, RdW 1995, 272 = ARD 4653/19/95).

Die Judikatur lässt also Austauschkündigungen bei Erhalt des Arbeitsplatzes grundsätzlich nicht zu. Der OGH prüft die Sozialwidrigkeit einer Kündigung nur im Hinblick auf das Individuum und nicht im Sinne einer Gegenüberstellung der Interessen des Arbeitsplatzinhabers mit Arbeit Suchenden (kritisch dazu *Gerlach,* ZAS 2000, 97). Mit *Tomandl* (Die sozialwidrige Kündigung [1994] 29) und *Karl* (Die sozialungerechtfertigte Kündigung [1999] 15) ist der Judikatur insofern Recht zu geben, als eine Einbeziehung von Drittinteressen weder im Wortlaut des Gesetzes noch in einer objektiv-teleologischen Interpretation Deckung findet. Die Einbeziehung der Interessen Arbeitsloser mag im Grunde sachgerecht erscheinen, im Rahmen des § 105 in der derzeitigen Fassung fehlen dazu aber die Instrumente zur Erfassung dieses Problemkreises. Insbesondere könnten etwa Austauschkündigungen langfristig auch gegen die Interessen Arbeit Suchender sprechen, wenn letztlich durch permanente Austauschkündigungen das generelle Lohn- und Gehaltsniveau in einer Spirale nach unten gedrückt würde und die aus der Arbeitslosigkeit auf einen Arbeitsplatz „aufgestiegenen" Arbeitnehmer bald durch noch billigere andere Arbeitslose ersetzt würden (vgl auch *Ch. Klein,* DRdA 1986, 404). Andererseits ist den Kritikern der Judikatur zu konzedieren, dass eine allzu **weitgehende Besitzstandwahrung** im Rahmen der Auslegung des § 105 letztlich die Frage aufwirft, inwieweit der Schutz von bestehenden Arbeitsverhältnissen mit grundrechtlichen Positionen derer, die nicht in einem Arbeitsverhältnis stehen und daher keinerlei Schutz vor inadäquater Lebensführung genießen, kollidieren. So ist etwa nach der hier vertretenen Auffassung bei der Prüfung der wesentlichen Interessenbeeinträchtigung durch eine Kündigung zu hinterfragen, ob die Wiedererlangung eines ähnlich gut bezahlten Arbeitsplatzes nur daran scheitert, dass der Arbeitnehmer bisher in einem so exorbitanten Maße über dem Marktüblichen entlohnt wurde, dass ein vergleichbarer Arbeitsplatz einfach nicht aufzufinden ist. In diesem Falle kann wohl dann von einer wesentlichen Interessenbeeinträchtigung nicht mehr gesprochen werden, wenn der Arbeitnehmer in absehbarer Zeit einen adäquat entlohnten, den Marktverhältnissen entsprechenden Arbeitsplatz (gemessen an den üblicherweise bezahlten Ist-Löhnen) erlangen kann und nicht sonstige Gründe für eine wesentliche Interessenbeeinträchtigung sprechen. Adäquaterweise müsste in so einem Fall allerdings zunächst mit Änderungskündigung vorgegangen werden und dürfte nur bei Ablehnung des Änderungsangebotes durch den Arbeitnehmer schließlich das Mittel der Austauschkündigung gewählt werden (vgl auch OGH vom 24. 4. 1991, 9 Ob A 79/91, ARD 4273/15/91).

e) Gleichbehandlung im Betrieb

⁵¹) Wenn im Zuge betrieblicher Umstände (wirtschaftliche Schwierigkeiten, Rationalisierungsmaßnahmen) Arbeitsplätze entbehrlich werden, trifft den Arbeitgeber die Verpflichtung, die Diskriminierung Einzelner gegenüber den anderen Arbeitnehmern aus unsachlichen Gründen zu vermeiden. Insbesondere darf **keine Diskriminierung auf Grund des Geschlechtes** erfolgen. Auch Diskriminierungen wegen ethnischer Zugehörigkeit, Religion oder Weltanschauung, wegen des Alters oder der sexuellen Orientierung sind nach dem Gleichbehandlungsgesetz verboten.

Grundsätzlich gilt das Gleichbehandlungsgebot auch für ausländische Arbeitnehmer. **Ausländer**, die auf Grund einer Beschäftigungsbewilligung, einer Arbeitserlaubnis oder eines Befreiungsscheines legal in Österreich tätig sind, haben bei der Kündigungsanfechtung die gleichen Rechte wie Inländer (EA Innsbruck 12. 8. 1976, Arb 9507). Die Bestimmung des § 8 Abs 2 Ausländerbeschäftigungsgesetz, wo ein eindeutiger Vorrang des Arbeitsplatzschutzes für Inländer normiert ist, ist so zu interpretieren, dass bei **Gleichwertigkeit der Interessen** eher **Inländer** in ihrem Arbeitsplatz **geschützt** werden müssen (EA Linz 23. 9. 1976, Arb 9532). Gibt es aber sachliche Unterschiede in der sozialen Rechtfertigung von Kündigungen oder in der Betriebsbedingtheit oder bei persönlichen Kündigungsgründen, die zu Gunsten des Ausländers sprechen, ist die Kündigung eines Ausländers ebenso anfechtbar wie die eines Inländers.

Das **Gleichbehandlungsgebot** kann im Kündigungsschutz aber auch zum Nachteil einzelner Arbeitnehmer ausgelegt werden: Wird eine **Änderungskündigung** vorgenommen, um einen bisher sachlich ungerechtfertigt besser gestellten Arbeitnehmer den anderen Arbeitnehmern gleichzustellen, so stellt dieses Motiv einen gerechtfertigten, erheblichen betrieblichen Kündigungsgrund dar (OGH vom 24. 4. 1991, 9 Ob A 79/91, ARD 4273/15/91). Im konkreten Fall hatte eine Arbeitnehmerin jahrelang für das gleiche Entgelt um 15 Arbeitsstunden pro Woche weniger arbeiten müssen als vergleichbare Arbeitnehmer. Das Betriebsklima wurde dadurch belastet. Der Arbeitgeber stellte die Arbeitnehmerin vor die Wahl, eine entsprechende Entgeltreduktion anzunehmen oder das Arbeitsverhältnis zu kündigen. Die Arbeitnehmerin war zur Entgeltreduktion nicht bereit, im Kündigungsanfechtungsverfahren behielt der Arbeitgeber unter Hinweis auf betriebliche Kündigungsgründe Recht.

f) Arbeitsverhältnisse im Konzern

[52]) Die Unternehmensstrukturen entwickeln sich immer mehr weg vom klassischen Einzelunternehmen hin zur Aufspaltung verschiedenster Tätigkeitsbereiche in selbstständige Rechtsträger und Verbindung dieser Rechtsträger unter einheitlicher Leitung bzw Beherrschung durch ein anderes Unternehmen (zum Konzernbegriff vgl Band 2, § 88a, Erl 2). Diese wirtschaftliche Entwicklung hat auch zur Folge, dass Arbeitsverhältnisse auf Grund von Umstrukturierungen im Konzern häufig nicht mehr durchgehend bei einer Konzerngesellschaft bestehen, sondern im Lauf eines Arbeitslebens verschiedene Gesellschaften im Konzern die arbeitsrechtliche Arbeitgeberfunktion ausüben, wenn nicht sogar im Arbeitsvertrag selbst bereits die Zustimmung des Arbeitnehmers zu einer „Versetzung" zu einem anderen Konzernunternehmen (= Neubegründung eines Dienstverhältnisses mit einem anderen Unternehmen) eingeholt wird.

Ist ein **Arbeitsverhältnis** auf diese Weise durch die Konzernstruktur des Arbeitgebers selbst **konzernbezogen**, so ergeben sich daraus wohl auch entsprechende Anpassungen im Hinblick auf den Kündigungsschutz nach § 105: Zum einen müssten für die erforderliche 6-monatige Beschäftigung im Falle der Anfechtung einer Kündigung wegen Sozialwidrigkeit Dienstzeiten bei anderen Konzernunternehmen angerechnet werden, wenn der Konzern de facto wie ein Einheitsunternehmen geführt wird und von vornherein die Beschäftigung bei mehreren Unternehmen geplant war. Auch müssten bei der Betriebsbedingtheit einer Kündigung unternehmensübergreifend im Konzern allfällige der Kündigung zugrundeliegende Konzernentscheidungen berücksichtigt werden. Der jeweilige arbeitsvertragliche Arbeitgeber müsste sich die Konzernsituation in solchen Fällen wohl zurechnen lassen. Auch müsste im Rahmen der **sozialen Gestaltungspflicht** geprüft werden, ob nicht in einem anderen Konzernunternehmen Arbeitsplätze für den Arbeitnehmer bestehen.

Der OGH hat sich bezüglich dieser Fragestellung dahingehend geäußert, dass bei Wegfall des Arbeitsplatzes durch Rationalisierungsmaßnahmen eines Unternehmens im Konzern zu prüfen sei, ob nicht allenfalls vom betriebswirtschaftlichen Standpunkt aus eine **Verwendung** des Arbeitnehmers **in einem anderen Bereich des Konzerns möglich wäre** (OGH vom 10. 12. 1993, 9 Ob A 310/93, DRdA 1994, 270 = RdW 1994, 113 = ecolex 1994, 188). Da diese Entscheidung aber vereinzelt geblieben ist, muss davon ausgegangen werden, dass nicht schon bei jeder Kündigung eines Arbeitnehmers, der in einem Unternehmen beschäftigt ist, welches sich im Rahmen eines Konzerns befindet, auf die Verhältnisse im Konzern einzugehen ist – dies würde wohl den Gesetzeszweck von § 105 überspannen. Jedoch ist davon auszugehen, dass bei **qualifizierter Konzernierung** (besonders eng verknüpfte Führung der Unternehmen im Sinne eines einheitlichen Betriebes oder Unternehmens) sowie bei Vorliegen von Arbeitsverhältnissen, bei denen eine **konzernweite Verwendung** vereinbart wurde oder aber zumindest tatsächlich der Arbeitnehmer in verschiedenen Konzernunternehmen eingesetzt wurde, auf Konzernsachverhalte Rücksicht zu nehmen ist (vgl *Schima*, RdW 1994, 352, *Jabornegg*, DRdA 2002, 3; *Kreil*, Arbeitsverhältnisse im Konzern [1996] 221, *Kreil*, Zum Haftungs- und Zurechnungsdurchgriff bei Arbeitnehmeransprüchen im Konzern, RdW 2002/415).

IV.5 Interessenabwägung

[53]) Wenn vom Gericht festgestellt wurde, dass eine Kündigung wesentliche Interessen des Arbeitnehmers beeinträchtigt, so ist nur der erste Schritt einer erfolgreichen Anfechtung bewältigt. Nur dann, wenn der Arbeitgeber keine persönlichen oder wirtschaftlichen Kündigungsgründe einwendet, ist die Anfechtung bereits nach der Feststellung der Beeinträchtigung wesentlicher Interessen des Arbeitnehmers durch die Kündigung erfolgreich.

Liegt hingegen **keine Beeinträchtigung** wesentlicher Interessen des Arbeitnehmers vor, so ist die **Anfechtung** von vornherein **aussichtslos** und daher **keine Interessenabwägung** mit vom Arbeitgeber genannten Gründen für die Kündigung vorzunehmen und auch nicht die Zumutbarkeit einer Weiterbeschäftigung durch den Arbeitgeber zu prüfen (OGH vom 3. 11. 1999, 9 Ob A 278/99v, ARD 5138/13/2000; OGH vom 18. 3. 1992, 9 Ob A 55/92, DRdA 1992, 382 = infas 1992, A86 = ZAS 1994/4 = ecolex 1992, 434).

Wendet der Arbeitgeber **personenbezogene oder betriebliche Kündigungsgründe** (vgl die Erl 41 bis 52) ein, und liegen solche Gründe tatsächlich vor, so ist vom Gericht eine **Interessenabwägung** vorzunehmen (OGH vom 18. 10. 2000, 9 Ob A 193/00y, DRdA 2001, 181 = ASoK 2001, 163 = RdW 2001/400; OGH vom 17. 1. 1996, 9 Ob A 180/95, infas 1996, A 73 = RdW 1996, 332; OGH vom 15. 3. 1989, 9 Ob A 279/88, infas 1989, A 39 = Arb 10.771; OGH vom 22. 2. 1989, 9 Ob A 39/89, infas 1989, A 87; OGH vom 27. 6. 1990, 9 Ob A 151/90, Arb 10.874; OGH vom 19. 6. 1991, 9 Ob A 120/91, DRdA 1992/41). Diese nunmehr gefestigte Rechtsprechung unterscheidet sich von der Judikatur des VwGH, der bis zum Inkrafttreten des ASGG höchste Instanz in arbeitsverfassungsrechtlichen Streitigkeiten gewesen ist.

Die **jeweiligen Interessen** sind einander im Anfechtungsverfahren **objektiv** und **nicht nach subjektiven Beurteilungen** der Parteien gegenüberzustellen. Hätte der Arbeitnehmer durch die Kündigung erhebliche soziale Nachteile, wäre aber dem Arbeitgeber eine Weiterbeschäftigung selbst bei gewissen organisatorischen oder persönlichen Schwierigkeiten nicht unzumutbar, bleibt die Anfechtung erfolgreich.

Ist hingegen die Kündigung für den Arbeitnehmer zwar sozial nachteilig, können diese Nachteile jedoch irgendwie aufgefangen werden (sei es innerhalb der Familie, sei es durch Sozialleistungen oder geringer entlohnte Beschäftigungen), und würde für den Betrieb eine Weiterbeschäftigung letztlich zu einer **Gefährdung anderer Arbeitsplätze** oder zu einer erheblichen Gefährdung des Arbeitsklimas führen, bleibt die Anfechtung trotz der sozialen Nachteile für den Arbeitnehmer erfolglos und die Kündigung wirksam.

Ist in beiden Fällen zwar ein gegenteiliges Interesse gegeben (einerseits an der Aufrechterhaltung des Arbeitsverhältnisses, andererseits an der Kündigung), kann aber weder die Kündigung einerseits noch die Weiterbeschäftigung andererseits als unzumutbar bezeichnet werden, geht die **Interessenabwägung zu Gunsten des Arbeitnehmers** aus: Die Anfechtung ist nur abzuweisen, wenn **überwiegende Gründe** für die Kündigung sprechen.

Bei einem erst **7 Monate** beschäftigten Arbeitnehmer überwiegt im Rahmen der Interessenabwägung die **mangelhafte und mangelnde Dienstleistung** sein wesentliches Interesse an der Aufrechterhaltung des Dienstverhältnisses (OGH vom 11. 10. 1995, 9 Ob A 125/95, ARD 4721/28/96).

Bei der Interessenabwägung sind nicht nur die **wirtschaftlichen Verhältnisse des Arbeitnehmers** in ihrer Gesamtheit zu berücksichtigen, sondern auch das **Arbeitnehmerverhalten**, welches die Leistungsfähigkeit des Betriebes und die Ordnung des Betriebes gefährdet (OGH vom 8. 9. 1993, 9 Ob A 146/93, DRdA 1994, 171 = Arb 11.109 = wbl 1994, 162 = ecolex 1993, 846).

Die objektive Betriebsbedingtheit einer Kündigung ist dann nicht gegeben, wenn einer nur **geringfügigen Interessenbeeinträchtigung des Arbeitgebers** eine wesentliche Interessenbeeinträchtigung des Arbeitnehmers gegenübersteht (EA Leoben 7. 11. 1980, Arb 9915).

Die Interessenabwägung fällt zu Gunsten des Arbeitgebers aus, wenn die Belegschaft nur mehr zur Hälfte ausgelastet ist, der Arbeitnehmer zwar nach Einschulung die Tätigkeit eines anderen Arbeitnehmers übernehmen könnte, aber **nicht bereit** ist, diese Stelle **zu den finanziellen Bedingungen dieses Arbeitnehmers auch anzutreten** (EA Klagenfurt 6. 9. 1980, ARD 3270/16/80).

Füllt der Arbeitgeber trotz einer wirtschaftlichen Krisensituation des Unternehmens den Personalstand stets wieder neu auf und steht dem eine bestehende und weiter drohende Arbeitslosigkeit des gekündigten Arbeitnehmers gegenüber, so **überwiegt** die **Existenzgefährdung des gekündigten Arbeitnehmers** die wirtschaftlichen Gründe für eine Betriebsbedingtheit der Kündigung (EA Leoben 3. 12. 1985, Arb 10.463 = ZASB 1986, 14).

Ist die **Vermutung des Reorganisationsbedarfes gem § 22 URG** gegeben, so sind weitere betriebliche Erfordernisse nicht mehr zu prüfen. Eine Kündigung ist in diesem Fall betriebsbedingt gerechtfertigt, auch wenn der Arbeitnehmer bereits 57 Jahre alt ist und ihm Langzeitarbeitslosigkeit droht (OGH vom 30. 3. 1998, 8 Ob A 86/98z, DRdA 1998, 361 = wbl 1998, 410 = ARD 4949/3/98).

Die Abwägung der Interessen kann naturgemäß nur nach den jeweiligen Umständen des Einzelfalls erfolgen; sie stellt – soweit sie unter Heranziehung der vom OGH in seiner Judikatur erarbeiteten Grundsätze erfolgt – wegen dieser Einzelfallbezogenheit regelmäßig auch keine erhebliche Rechtsfrage dar, der zur Wahrung der Rechtseinheit oder Rechtsfortbildung iSd § 502 Abs 1 ZPO Bedeutung zukommen würde. Nur bei Fehlbeurteilungen, die unter dem Aspekt der Rechtssicherheit aufzugreifen wären, ist daher eine außerordentliche Revision möglich (OGH vom 20. 1. 2005, 8 Ob A 141/04z, ARD 5581/9/2005).

IV.6 Soziale Gestaltungspflicht des Arbeitgebers

54) Im Rahmen der **Prüfung der Betriebsbedingtheit** einer Kündigung ist auch zu überprüfen, ob der Arbeitgeber seiner sozialen Gestaltungspflicht nachgekommen ist. Aus § 105 ArbVG lassen sich auch allgemeine Grundsätze ableiten, die den Arbeitgeber bei der Beendigung eines Dienstverhältnisses zu einer sachlichen Vorgangsweise verpflichten (**Sachlichkeitsgebot**) (vgl OGH vom 18. 12. 2006, 8 Ob A 99/06a = RIS-Justiz RS0121639).

Hinsichtlich der wirtschaftlichen Führung des Betriebes hat der Betriebsinhaber weit gehende Freiheit, es trifft ihn durch § 105 ArbVG keine wirtschaftliche, insbesondere produktionstechnische, wohl aber eine soziale Gestaltungspflicht. Er muss daher **alle Möglichkeiten ausschöpfen**, die bisherigen Arbeitnehmer weiterzubeschäftigen. Die soziale Gestaltungspflicht des Betriebsinhabers geht aber nicht so weit, den Arbeitnehmer auf einem weniger qualifizierten Arbeitsplatz im bisherigen Umfang zu entlohnen. Weigert sich ein Arbeitnehmer, einer **geringfügigen Gehaltskürzung** (S 700,–; ca € 51,– bei einem Bruttomonatsgehalt von S 26.000,–; ca € 1889,–) zuzustimmen, kann dem Betriebsinhaber nicht vorgeworfen werden, dass er dem Arbeitnehmer nicht als Alternative die Beschäftigung in einer geringer qualifizierten – und daher geringer entlohnten – Position angeboten hat (OGH vom 12. 1. 2000, 9 Ob A 289/99m, DRdA 2000, 534 = infas 2000, A 56 = RdW 2000/461 = ASoK 2000, 331).

Bei sozial benachteiligenden Kündigungen müssen alle Möglichkeiten zur Weiterbeschäftigung ausgeschöpft werden, um die soziale Gestaltungspflicht des Arbeitgebers zu erfüllen. Eine Kündigung ist erst dann in Betriebsverhältnissen begründet, wenn **im gesamten Betrieb für einen betroffenen Arbeitnehmer kein Bedarf** mehr gegeben ist und dem Arbeitgeber keine Maßnahme zumutbar ist, die eine Weiterbeschäftigung ermöglicht.

Die soziale Gestaltungspflicht verpflichtet den Arbeitgeber nur zum Anbot solcher Arbeitsplätze, die der bisherigen Berufspraxis des Arbeitnehmers entsprechen. Zur Erlangung anderer Arbeitsplätze bedarf es der Initiative des Arbeitnehmers, wobei jedoch eine besonders umfangreiche Ein- und Umschulung dem Arbeitgeber nicht zugemutet werden kann. Versucht der Arbeitgeber nach Wegfall des Arbeitsplatzes mangels anderer Alternativen, den Arbeitnehmer auf einem der bisherigen Berufungspraxis nicht entsprechenden Arbeitsplatz einzusetzen, so kann sich der Arbeitgeber bei Scheitern des Versuches weiterhin auf die Betriebsbedingtheit der Kündigung wegen des Wegfalls des ursprünglichen Arbeitsplatzes berufen, dies jedenfalls dann, wenn die Kündigung im Rahmen von 6 Monaten nach Wegfall des Arbeitsplatzes erfolgt. Regelmäßig wird die soziale Gestaltungspflicht nicht die Verpflichtung umfassen, statt einer weggefallenen Sachbearbeitertätigkeit in einem völlig anderen Bereich – trotz mangelnder Qualifikation – eine allfällige Führungsposition anzubieten. Beschäftigt der Arbeitgeber versuchsweise den Arbeitnehmer auf einem dem Qualifikationsprofil eigentlich gar nicht entsprechenden, zusätzliche Führungsaufgaben erfordernden Arbeitsplatz, so kann er die Kündigung dennoch auf den betriebsbedingten Wegfall des früheren Arbeitsplatzes stützen. Dies jedenfalls dann, wenn der Arbeitgeber Gründe nachweisen kann, warum dieser Versuch als gescheitert anzusehen ist. (OGH vom 10. 4. 2003, 8 Ob A 204/02m, DRdA 2004/21 mit Anm von *Mayr* = ARD 5417/3/2003 = ASoK 2004, 64).

Im Rahmen der den kündigenden Arbeitgeber treffenden sozialen Gestaltungspflicht ist der Arbeitgeber auch verpflichtet, die Arbeit eines **gesundheitlich beeinträchtigten Arbeitnehmers** hinsichtlich ihres Anteiles von – nur mehr eingeschränkt möglichen – schweren Arbeiten nach Möglichkeit anders zu organisieren. Auf diese soziale Gestaltungspflicht gegenüber älteren Arbeitnehmern, die im Betrieb langjährig beschäftigt sind, weist das Gesetz in § 105 Abs 3 Z 2 3. Unterabsatz besonders hin, wobei diese Umstände sowohl bei der Prüfung, ob eine Kündigung sozial ungerechtfertigt ist, als auch beim Vergleich sozialer Gesichtspunkte besonders zu berücksichtigen sind. Daher haben **ältere und im Betrieb lange beschäftigte Arbeitnehmer Anspruch auf Schonung**. Der Arbeitgeber wird daher versuchen müssen, diese Arbeitnehmer auf einem ihren geminderten Kräften entsprechenden Arbeitsplatz zu verwenden (die mit der Wiedereinstellung eines vor 4 Jahren gekündigten Arbeitnehmers verbundene „Millionenforderung" an nachzuzahlenden Bezügen ist im Rahmen der Interessenabwägung im Hinblick auf die besondere soziale Gestaltungspflicht hingegen nicht zu berücksichtigen) (OGH vom 24. 8. 1998, 8 Ob A 172/98x, ecolex 1999, 52).

Trotz seiner **Rationalisierungsmaßnahmen** hat der Arbeitgeber alle Möglichkeiten auszuschöpfen, seine bisherigen Arbeitnehmer weiter zu beschäftigen. Er kann nicht Arbeitnehmer kündigen und **neue einstellen**, wenn nicht ein **triftiger Anlass** gegeben ist. Auch bei Einführung neuer Maschinen und neuer Arbeitsmethoden im Zuge der Rationalisierung hat der Arbeitgeber vorerst die schon in Betrieb befindlichen Arbeitnehmer weiterzubeschäftigen, wenn sie im Stande sind, nach einer **Einarbeitungszeit** zumindest eine Durchschnittsleistung zu erbringen. Die Kündigung ist auch dann nicht betriebsbedingt, wenn der betroffene Arbeitnehmer in einer anderen Abteilung in Verwendung genommen werden kann. Bei der Prüfung dieser Frage ist ein strenger Maßstab anzulegen, ganz besonders, wenn es sich um ältere und schon lange im Betrieb beschäftigte Arbeitnehmer handelt (OGH vom 5. 11. 1997, 8 Ob A 262/97f, DRdA 1998, 212 = infas 1998, A 79 = RdW 1998, 357 = ASoK 1998, 284).

Die Kündigung einer 53-jährigen Arbeitnehmerin im Zuge von notwendigen Rationalisierungsmaßnahmen ist sozialwidrig, wenn der Arbeitgeber nicht nach einem Ersatzarbeitsplatz intern gesucht hat und damit nicht „alle" Möglichkeiten ausgeschöpft hat (vgl OGH vom 25. 6. 2007, 9 Ob A 3/07t, ARD 5824/7/2007).

Verweist ein Arbeitgeber im Rahmen der von ihm vorgenommenen Rationalisierungsmaßnahmen lediglich darauf, dass der Arbeitsplatz des Arbeitnehmers durch die Zusammenlegung von Betriebsteilen weggefallen sei, der Mitarbeiterstand reduziert wurde und keine Mitarbeiter neu aufgenommen wurden, so genügt dies nicht. Der Arbeitgeber hat sich damit auseinanderzusetzen, ob eine Weiterbeschäftigung des Arbeitnehmers auf einem anderen Arbeitsplatz im Unternehmen zumutbar gewesen wäre und ob etwa im restlichen Betrieb Überstunden geleistet werden oder Leiharbeiter eingesetzt werden (OGH vom 20. 1. 2005, 8 Ob A 141/04z, ARD 5581/9/2005).

Vorübergehende Einarbeitungsschwierigkeiten bei der Umstellung im Arbeitsgebiet eines Arbeitnehmers und die ihm unterlaufenen, nicht schwer wiegenden Fehler rechtfertigen nicht einen Schluss auf eine „unterdurchschnittliche Verwendbarkeit". Im Rahmen der sozialen Gestaltungspflicht hat der Arbeitgeber angesichts einer erheblichen Interessenbeeinträchtigung beim Arbeitnehmer (Alter über 40 Jahre, Alleinerzieher von 3 Söhnen im Alter von 11 bis 18 Jahren) das Einarbeiten in ein nur relativ neues Arbeitsgebiet zu ermöglichen (OGH vom 22. 12. 1994, 8 Ob A 335/94, Arb 11.346 = RdW 1995, 272).

Grundsätzlich sind die betrieblichen Erfordernisse, die einer Weiterbeschäftigung des Arbeitnehmers entgegenstehen, nur im Hinblick auf den Betrieb zu prüfen, in dem der Arbeitnehmer beschäftigt war. Besondere Umstände können aber dazu führen, dass die Möglichkeit einer **Weiterbeschäftigung im gesamten Unternehmen** des Arbeitgebers zu prüfen ist. Eine solcherart erweiterte Gestaltungspflicht obliegt dem Arbeitgeber unter anderem dann, wenn er selbst das Unternehmen umstrukturiert und die Kündigung für den Arbeitnehmer besonders nachteilig ist (OGH vom 3. 11. 1994, 8 Ob A 236/94, wbl 1995, 73).

Die Prüfung, ob der Arbeitnehmer in einem anderen Betrieb desselben Arbeitgebers eingesetzt werden kann, ist auch dann vorzunehmen, wenn der Arbeitgeber selbst auf die organisatorische Selbstständigkeit keinen Wert gelegt hat, indem er zB den Arbeitnehmer in verschiedenen Betrieben eingesetzt hat oder sich dessen Einsatz **vorbehalten hat oder wenn der Arbeitgeber im Rahmen von Umstrukturierungsmaßnahmen**

Arbeitsplätze zwischen Betrieben **transferiert** und damit die bestehenden Betriebsstrukturen aufbricht (OGH vom 31. 8. 1994, 8 Ob A 236/94, DRdA 1995, 58 = ZAS 1996/14 = ecolex 1994, 832).

Der OGH hat sogar in einer Entscheidung erwogen, dass zu prüfen sei, ob nicht allenfalls vom betriebswirtschaftlichen Standpunkt aus eine Verwendung der Arbeitnehmerin in einem anderen Bereich des **Konzerns** möglich gewesen wäre. Gerade bei älteren und lang beschäftigten Arbeitnehmern sei bei der Prüfung dieser Voraussetzungen ein strenger Maßstab anzulegen (OGH vom 10. 12. 1993, 9 Ob A 310/93, DRdA 1994, 270 = RdW 1994, 113). Näheres zu Arbeitsverhältnissen im Konzern vgl Erl 52.

Ein Arbeitgeber, der eine **Änderungskündigung** ausspricht, kommt seiner sozialen Gestaltungspflicht zumindest insoweit nach, als er **versucht, den Arbeitsplatz zu erhalten** und lediglich Einschränkungen in den Arbeitsbedingungen vorzunehmen. Dennoch ist zu überprüfen, ob nicht noch gelindere andere Mittel, insbesondere **andere Weiterbeschäftigungsmöglichkeiten** unter den bisherigen Arbeitsbedingungen im Betrieb bestanden hätten (vgl auch *Karl,* DRdA 2000, 267).

Bei einem **Arbeitskräfteüberlassungsbetrieb** ist der Wegfall des Auftrages eines Beschäftigerbetriebes allein noch kein in den Betriebsverhältnissen gelegener Kündigungsgrund. Mit einem richtigen Verständnis der Arbeitskräfteüberlassung ist es nicht vereinbar, wenn der Überlasser jegliches Risiko für die Auslastung des Arbeitnehmers ablehnt, indem er den Arbeitnehmer nur solange beschäftigt, als er von einem konkreten Beschäftiger benötigt wird. Eine betriebsbedingte Notwendigkeit zur Kündigung ist nämlich auch dann zu verneinen, wenn nach dem üblichen Geschäftsgang damit zu rechnen ist, dass sich innerhalb eines zumutbaren Zeitraumes eine Möglichkeit zur Weiterbeschäftigung bei anderen Auftraggebern eröffnen wird. Dabei sind sämtliche Tätigkeiten zu berücksichtigen, die der Arbeitnehmer auszuüben bereit und in der Lage ist (OGH vom 7. 10. 1998, 9 Ob A 233/98z, ARD 4983/6/98).

IV.7 Sozialvergleich

[55]) Der Sozialvergleich ist im dritten Unterabsatz des § 105 Abs 3 geregelt. Es ist damit der Vergleich sozialer Gesichtspunkte zwischen zwei Arbeitnehmern in einem Kündigungsanfechtungsverfahren gemeint. Es wird verglichen, ob der vom Arbeitgeber für die Kündigung ausersehene Arbeitnehmer von der Kündigung **stärker betroffen ist als andere Arbeitnehmer** des Betriebes. Ein solcher Sozialvergleich findet nur unter folgenden Voraussetzungen statt:

– Der **Betriebsrat** hat der Kündigungsabsicht **ausdrücklich widersprochen** (OGH vom 22. 2. 1989, 9 Ob A 39/89, infas 1989, A 87).
– Die Kündigung ist für den Arbeitnehmer **sozial nachteilig**, der Arbeitgeber hat aber im Anfechtungsverfahren **betriebliche Gründe** geltend gemacht, die eine Personalreduzierung erfordern.

– Der Anfechtende (entweder der Betriebsrat oder der Arbeitnehmer) macht im Anfechtungsverfahren geltend, dass andere Arbeitnehmer von der Kündigung weniger sozial betroffen wären als der Arbeitnehmer, dessen Kündigung angefochten wurde.

Hat der Betriebsrat der Kündigungsanfechtung zwar widersprochen, die Anfechtung der Kündigung dann aber dem Arbeitnehmer selbst überlassen, so kann dennoch ein Sozialvergleich durchgeführt werden (OGH vom 22. 2. 1989, 9 Ob A 39/89, infas 1989, A 87; EA Linz 3. 7. 1975, Arb 9414).

Umstritten ist, ob dann, wenn im Betrieb **kein Betriebsrat vorhanden** ist und daher ein Widerspruch des Betriebsrates gegen die Kündigungsabsicht nicht erfolgen kann, in einem Verfahren gem § **107** ein Sozialvergleich angestellt werden kann oder nicht. In einer älteren Entscheidung hat der VwGH die Auffassung vertreten, dass in diesem Fall eine wesentliche Voraussetzung des Sozialvergleichs fehle und der einzelne Arbeitnehmer im Anfechtungsverfahren diesen Vergleich sozialer Gesichtspunkte nicht geltend machen könne (VwGH vom 25. 2. 1987, 86/01/0084, DRdA 1987, 340). Interpretiert man das Gesetz aber nach seinem Zweck, ist diese Rechtsauffassung nicht haltbar (so auch *Grillberger,* wbl 1990, 7). Die Vorschrift, dass der Betriebsrat einer Kündigungsabsicht widersprochen haben muss, damit ein Sozialvergleich angestellt werden kann, soll nur sicherstellen, dass nicht ein einzelner Arbeitnehmer entgegen den vom Betriebsrat vertretenen kollektiven Interessen die Kündigung anderer Arbeitnehmer zur Diskussion stellt. Gibt es aber keinen Betriebsrat, obwohl einer zu errichten wäre, fällt dieses Argument weg. Kollektive Interessen können in diesem Fall durch ein gesetzlich zuständiges Interessenvertretungsorgan gar nicht vertreten werden. Rechtspolitische Überlegungen, die sich am Zweck des Gesetzes orientieren, sprechen daher für die Möglichkeit eines Sozialvergleiches bei Kündigungsanfechtung durch den Arbeitnehmer in Betrieben, in denen kein Betriebsrat errichtet ist.

Bringt ein Arbeitnehmer aber im Verfahren erster Instanz nicht vor, dass die Kündigung die von ihm jeweils bezeichneten anderen Arbeitnehmer, deren Arbeit er zu leisten fähig und willens ist, im Hinblick auf deren soziale Verhältnisse weniger hart treffen würde als ihn selbst, so ist **kein Sozialvergleich vorzunehmen** (OGH vom 24. 2. 1993, 9 Ob A 323/92, ARD 4482/19/93).

Wenn der Anfechtende behauptet, dass bei notwendiger Personalreduktion im Betrieb noch andere Arbeitnehmer beschäftigt sind, die von einer Kündigung sozial weniger nachteilig betroffen sein würden als der zu kündigende Arbeitnehmer, so hat der **Arbeitgeber** im Verfahren darzustellen, welche konkreten **Folgen eine andere Auswahl** des zu Kündigenden hätte (OGH vom 24. 10. 1990, 9 Ob A 130/90, ARD 4246/28/91 = wbl 1991, 102). Bleibt im Verfahren unbestritten, dass vergleichbare Arbeitnehmer von einer Kündigung weniger sozial nachteilig betroffen sein würden, ist nach geltend gemachtem Sozialvergleich der Anfechtung Folge zu leisten.

Wird in einem Sozialvergleich mit einem anderen **Arbeitnehmer** verglichen, der **weniger qualifiziert** ist und auch weniger verdient, so ist der Vergleich für den Anfechtenden nur dann erfolgreich, wenn er **bereit** ist, **zu einem geringeren Lohn weiterzuarbeiten** (OGH vom 22. 2. 1989, 9 Ob A 39/89, infas 1989, A 87).

Ein Sozialvergleich setzt nicht unbedingt vergleichbare Arbeiten voraus, sehr wohl aber die **Fähigkeit** des anfechtenden Arbeitnehmers, **die Arbeiten der anderen Arbeitnehmer, mit denen verglichen wird, auszuführen**. Müssten diese Fähigkeiten erst erprobt und ausgebildet werden, so geht der Sozialvergleich ins Leere (EA Graz 25. 9. 1980, Arb 9901). Der zu schützende Arbeitnehmer muss sowohl objektiv für die Arbeit der vergleichsweise sozial weniger betroffenen Arbeitnehmer geeignet als auch willens sein, diese Arbeit in Hinkunft zu leisten (EA Linz 3. 7. 1975, Arb 9414). Ist der zu kündigende Arbeitnehmer nicht bereit, die **geringere Entlohnung** an einem anderen Arbeitsplatz in Kauf zu nehmen, so fällt der Sozialvergleich zu seinen Ungunsten aus (OGH vom 22. 2. 1989, 9 Ob A 39/89, DRdA 1989, 425 = RdW 1989, 231).

Verrichtete ein Arbeitnehmer Jahre hindurch **drei- bis vier Mal pro Woche** jeweils eine Stunde lang Tätigkeiten des zum Vergleich herangezogenen Arbeitnehmers, so hat er – wenn auch nicht ausschließlich – auch **dieselbe Tätigkeit** verrichtet wie dieser andere Arbeitnehmer und es ist daher ein Sozialvergleich zulässig (OGH vom 1. 9. 1999, 9 Ob A 117/99t, RdW 2000/161).

Der Sozialvergleich muss grundsätzlich **zu Gunsten des sozial Schwächeren** vorgenommen werden. Ist die angegebene Vergleichsperson (im konkreten Falle ein **Ausländer**) nach einer Kündigung von der **Entwurzelung im Gastland** bedroht (Schulbesuch der Kinder, etc), so fällt der Sozialvergleich zu seinen Gunsten aus (EA Linz 25. 2. 1987, Arb 10.596). Zeigt der sozial Schwächere ein disziplinär sehr mangelhaftes Verhalten, so fehlt die Zumutbarkeit für den Arbeitgeber, den Arbeitsplatz des zu Kündigenden zu erhalten. Liegen **persönliche Kündigungsgründe** vor, kann **kein Sozialvergleich** stattfinden (EA Leoben 5. 11. 1975, Arb 9435).

IV.8 Kündigungsschutz älterer Arbeitnehmer

[56]) Ältere Arbeitnehmer sind durch die beiden letzten Sätze des § 105 Abs 3 besonders geschützt. Die Aufnahme dieser Bestimmung zeigt, dass es sozialpolitisch in höchstem Maße unerwünscht ist, Arbeitnehmer, die längere Zeit ihre Arbeitskraft für den Arbeitgeber zur Verfügung gestellt haben, vor der Erreichung des Pensionsalters zu kündigen und der Arbeitslosigkeit bis zur Erreichung des Pensionsalters auszusetzen. Die sozialpolitische Entwicklung der letzten Jahrzehnte ist ua dadurch gekennzeichnet, dass bei Reduktion des Personalstandes aus wirtschaft-

lichen Gründen oder wegen Rationalisierungsmaßnahmen immer stärker jene Arbeitnehmer vom Arbeitsplatzverlust bedroht sind, die nur mehr wenige Jahre bis zum Pensionierungszeitpunkt zu arbeiten haben. Dieser Umstand wird vom Gesetzgeber ausdrücklich missbilligt, weil dadurch einerseits eine soziale Ungerechtigkeit gegenüber jenen entsteht, die jahrzehntelang ihre Arbeitskraft der Volkswirtschaft und dem Unternehmen zur Verfügung gestellt haben. Zum anderen belasten die Kosten vorzeitiger Erwerbslosigkeit, verbunden mit geringeren Chancen, vor der Pension noch einen Arbeitsplatz zu erreichen, den Sozialstaat und damit die Abgaben- und Steuerpflichtigen sehr stark und gefährden auch die Aufrechterhaltung des Generationenvertrages, wie er in den Sozialversicherungssystemen konzipiert ist.

Bei einem stark auf dem Grundsatz der **Seniorität** basierenden Lohn- und Gehaltssystem, wie es traditionell in österreichischen Kollektivverträgen vorgesehen ist, ist außerdem zu berücksichtigen, dass es unbillig erschiene, den Arbeitnehmer in jungen Jahren auf die höheren Entgelte bei langer Dienstzeit zu vertrösten, den Erwerb dieser Entgelte aber dann durch eine Kündigung älterer, teurerer Mitarbeiter zu Gunsten von jungen Mitarbeitern zu verunmöglichen.

Bei der **Kündigung älterer Arbeitnehmer** muss daher ein **besonders strenger Maßstab** angelegt werden.

Während im letzten Satz des § 105 Abs 3, der durch die Beschäftigungssicherungsnovelle 1993 eingefügt wurde, besonders auf die Interessen jener Arbeitnehmer eingegangen wird, die längere Zeit im gleichen Betrieb tätig waren und die auf Grund dieser langjährigen Tätigkeit **persönliche Umstände** aufzuweisen haben, die an und für sich eine Kündigung rechtfertigen würden (siehe Erl 58), soll durch den vorletzten Satz des § 105 Abs 3 **allgemein** (Erl 57) bei der Prüfung der sozialen Rechtfertigung einer Kündigung sowie beim Sozialvergleich (vgl Erl 55) die Möglichkeit des Arbeitgebers, Kündigungen auszusprechen, erschwert werden:

a) Allgemein erhöhter Kündigungsschutz älterer Arbeitnehmer

57) Das Gesetz sieht keine bestimmte Altersgrenze für die Kündigungsanfechtung vor. Jeder Einzelfall ist zu prüfen, das Alter allein ist nicht ausschlaggebend, sondern nur in Zusammenhang mit der sozialen Gefährdung, die erfahrungsgemäß bei einem Arbeitsplatzverlust ab einem gewissen Lebensalter auftritt.

Der Gesetzgeber hat zunächst festgelegt, dass bei älteren Arbeitnehmern sowohl bei der Prüfung der sozialen Rechtfertigung der Kündigung als auch beim Sozialvergleich nicht nur das **Lebensalter** und die deswegen zu erwartenden Schwierigkeiten bei Wiedereingliederung in den Arbeitsprozess besonders zu berücksichtigen sind, sondern auch der Umstand einer **vieljährigen ununterbrochenen Beschäftigungszeit im Betrieb oder Unternehmen**.

Für die Vermittlungsaussichten auf einen neuen Arbeitsplatz ist nicht nur das Alter, sondern auch die **Pensionsnähe** von Bedeutung.
Die **Judikatur** hat dabei folgende Leitlinien vorgegeben, wobei zu berücksichtigen ist, dass die meisten Judikate noch vor der Novelle 1993 ergingen und daher nach der nunmehr geltenden Rechtslage ein noch größerer Schutz älterer Arbeitnehmer besteht:

- Bei einem **49-jährigen** Arbeitnehmer, der eine sehr lange Betriebszugehörigkeit (ca. **30 Jahre**) aufzuweisen hat, deuten diese Umstände auf eine besondere soziale Belastung durch die Kündigung hin (EA Wien 19. 6. 1975, Arb 9390; EA Wr. Neustadt 15. 9. 1976, Arb 9516).
- Die Kündigung eines **57-jährigen** Arbeitnehmers, der bereits **acht Jahre** im Betrieb beschäftigt ist, muss als sozialwidrig angesehen werden (EA Wien, Re II 209/76).
- Sozialwidrig ist auch die Kündigung eines **54-jährigen** Arbeitnehmers mit **25 Dienstjahren** sowie die eines 56-jährigen Arbeitnehmers, wenn schlechte Arbeitsplatzaussichten bestehen (EA Wien 23. 9. 1975, Arb 9420 bzw EA Feldkirch, Re 89/76).
- Für einen **50-jährigen** Arbeitnehmer gibt es offensichtlich größte Schwierigkeiten einen Arbeitsplatz zu finden, was auch der Gesetzgeber mit der Einführung der besonderen Einstellungsbeihilfe nach § 34a AMSG idF des Art X des 2. SRÄG 1996/BGBl 746 bestätigt. Erfüllt der Arbeitnehmer außerdem **nicht** die Voraussetzungen für eine **vorzeitige Alterspension**, hat er auch keinen Anspruch auf eine Firmenzusatzpension und würde er gleichzeitig die Sicherung nach dem Bundestheaterpensionsgesetz verlieren, dann liegt Sozialwidrigkeit vor (OGH vom 16. 1. 1997, 8 Ob A 2360/96h, DRdA 1997, 406).
- Auch die Dauer der Betriebszugehörigkeit ist stets in Zusammenhang mit dem Lebensalter und den Arbeitsplatzaussichten zu sehen (EA Innsbruck, Re 13, 14/75).
- Ein Lebensalter von **45 Jahren** wurde in einem konkreten Fall noch nicht als besonders berücksichtigungswürdig anerkannt (VwGH vom 15. 10. 1986, 86/01/0034, ARD 3853/8/87).
- Wenn einerseits gesagt werden kann, dass va ein höheres Lebensalter und eine längere Betriebszugehörigkeit zu einer positiven Beurteilung der mangelnden sozialen Rechtfertigung durch das Gericht beitragen, so ist doch andererseits ein relativ geringes Lebensalter kein Grund, eine bestehende soziale Belastung durch die Kündigung nicht entsprechend zu bewerten. Auch bei einem nur etwa **30-jährigen** Arbeitnehmer können **durchaus soziale Anfechtungsgründe** vorliegen (EA Wien 23. 11. 1976, Re II 307, 308/76).
- Die Kündigung eines **57-jährigen** Arbeitnehmers kann auch dann **sozialwidrig** sein, wenn es sich hiebei um einen **Spitzenverdiener**

handelt. Dispositionsfreiheit steht dem Kündigungsschutz des § 105 nicht entgegen (VwGH vom 22. 5. 1985, 82/01/0050, infas 1986, A 56).

Das Alter des Arbeitnehmers ist allerdings nur dann beachtenswert, wenn es dem Arbeitgeber nicht gelingt, betriebliche Kündigungsgründe nachzuweisen (EA Feldkirch 24. 2. 1983, Arb 10.168)

b) Personenbezogene Kündigungsgründe bei älteren Arbeitnehmern

[58]) Der letzte Satz des § 105 Abs 3 ist ähnlich konzipiert wie die Schutzbestimmung für Nachtschwerarbeiter. Der Gesetzgeber geht davon aus, dass Arbeitnehmer mit einem höheren Lebensalter, die bereits langjährig im Betrieb oder Unternehmen, dem der Betrieb angehört, beschäftigt sind, auf Grund von Krankheiten, körperlichen oder mentalen Abnützungserscheinungen, auf Grund der langjährigen Belastung, aber auch auf Grund eines allenfalls geänderten Arbeitsklimas durch den Generationenwechsel möglicherweise häufiger als andere Arbeitnehmer persönliche Umstände aufzuweisen haben, die im Normalfall eine Kündigung rechtfertigen würden (vgl Erl 41 bis 45). Der Arbeitgeber ist nur in **besonders schwer wiegenden Fällen** berechtigt, sich im Anfechtungsverfahren auf diese persönlichen Kündigungsgründe zu berufen, wenn es sich um einen Arbeitnehmer mit höherem Lebensalter handelt, der langjährig im Betrieb beschäftigt ist.

Die Verwendung der Worte „wenn durch die Weiterbeschäftigung **betriebliche Interessen erheblich nachteilig berührt** werden" ist im Zusammenhang damit, dass ein nur geringfügiges Berühren betrieblicher Interessen durch persönliche Umstände auch im Normalfall den Anfechtungserfolg nicht ausschließt, so zu interpretieren, dass dem Arbeitgeber eine Weiterbeschäftigung **völlig unzumutbar** sein muss, damit er im Anfechtungsverfahren gegen langjährig beschäftigte ältere Arbeitnehmer durchdringt. Die Latte für Kündigungen in diesen Fällen liegt also sehr hoch, wenn auch kein absolutes Kündigungsverbot besteht. Ein solches wurde vom Gesetzgeber deswegen nicht ins Gesetz aufgenommen, weil es untrennbar mit einer bestimmten Altersgrenze verbunden hätte sein müssen, und dann die Gefahr bestanden hätte, dass vor Erreichung dieser Altersgrenze bzw der Grenze einer Beschäftigungsdauer von manchen Arbeitgebern verstärkt zu Kündigungen gegriffen würde. Gerade das sollte aber verhindert werden, deshalb ist eine wesentliche **Verschärfung der Interessenabwägung** zu Gunsten des Arbeitnehmers in das Gesetz aufgenommen worden.

c) Ausnahme: Einstellung von Arbeitnehmern, die das 50. Lebensjahr vollendet haben

[58a]) Durch BGBl I 2003/71 wurde für ab 1. 1. 2004 neu aufgenommene Arbeitnehmer, die das 50. Lebensjahr vollendet haben (bzw die Voraussetzungen für den Bonus nach § 5a AMPFG erfüllen), normiert, dass im ersten und zweiten Jahr der Betriebszugehörigkeit die Tatsache, dass diese Arbeitnehmer aufgrund des Lebensalters Schwierigkeiten bei der Wiedereingliederung in den Arbeitsprozess zu erwarten haben, nicht zu berücksichtigen ist. Dies soll die Neueinstellung älterer Arbeitnehmer erleichtern. Diese Regelung bedeutet nicht, dass in den ersten beiden Beschäftigungsjahren für diese Arbeitnehmer kein Kündigungsschutz bestünde, es ist vielmehr lediglich das Element der größeren Schwierigkeiten der Wiedereingliederung auf dem Arbeitsmarkt aufgrund des Lebensalters auszuklammern, alle sonstigen Aspekte der Interessenbeeinträchtigung sind auch in diesen Fällen zu prüfen und in die Interessenabwägung einzubinden (anderer Ansicht *Rauch*, ASoK 2004, 70; sowie *Schrank*, ZAS 2007, 9, der von einer generellen Ausnahme aller Bonus-Eingestellten vom Sozialwidrigkeitsschutz ausgeht.). Die Anfechtung wegen Sozialwidrigkeit ist zwar nicht unmöglich, aber doch deutlich erschwert, da das Alter bei der Wiedereingliederung in den Arbeitsprozess eine sehr gewichtige Rolle spielt und in diesen Fällen ausgeklammert werden muss. Die Zulässigkeit dieser Altersabgrenzung ist im Hinblick auf die durch § 17 GlBG nunmehr allgemein für unzulässig erklärte Diskriminierung aufgrund des Alters zu hinterfragen. Kündigungen, die nicht aus sachlichen Gründen, sondern wegen des Alters erfolgen, sind ohnedies nach dem GlBG anfechtbar.

Von einer Neueinstellung im Sinne dieser Bestimmung kann nicht ausgegangen werden, wenn Arbeitnehmer innerhalb eines Konzernes oder innerhalb einer Gesellschaft bürgerlichen Rechts (zB ARGE) von einem Unternehmen zu einem anderen wechseln oder innerhalb der letzten drei Jahre schon einmal beim gleichen Arbeitgeber beschäftigt waren.

IV.9 Kündigungsschutz von Nachtschwerarbeitern

[59]) Nachtschwerarbeiter sind Personen, die regelmäßig in der Zeit zwischen 22.00 und 6.00 Uhr durch mindestens 6 Stunden hindurch Arbeit unter besonders erschwerenden Bedingungen leisten. Das Nachtschwerarbeitsgesetz enthält eine taxative Aufzählung von Arbeitsbelastungen, bei deren Vorliegen die begünstigenden Maßnahmen dieses Gesetzes zutreffen.

Der verstärkte Kündigungsschutz für Nachtschwerarbeiter baut auf der Überlegung auf, dass durch längere Tätigkeit in dieser **belastenden Arbeitsform** gesundheitliche, aber auch persönliche Probleme auftreten können, die eine Weiterverwendung im Betrieb erschweren.

Das Gesetz sieht es nun als im höchsten Maße ungerechtfertigt und sozial verwerflich an, wenn Arbeitnehmer, die längere Zeit derartige Arbeitsbelastungen im Interesse des Betriebes in Kauf nehmen mussten, nun gekündigt werden, weil sie den Belastungen ihres Berufes nicht voll standgehalten haben und öfter krank sind, weniger Überstunden machen können oder im Umgang mit Arbeitskollegen gewisse Eigenheiten aufweisen.

Das Gesetz verlangt, dass von der Kündigung solcher Arbeitnehmer abgesehen wird, wenn dies dem Betrieb nur in irgendeiner Weise zumutbar ist. **Keinesfalls** dürfen **personenbezogene Kündigungsgründe** (etwa länger dauernde Krankheit, geringere Leistungsfähigkeit), die ihren Grund in der langjährigen Nachtschwerarbeit haben, im Anfechtungsverfahren geltend gemacht werden, außer wenn der Schaden für den Betrieb auf Grund des Verhaltens des Arbeitnehmers so erheblich ist, dass eine Weiterbeschäftigung völlig unzumutbar wäre.

Die Latte bei der Kündigung langjähriger Nachtschwerarbeiter ist für den Betriebsinhaber also sehr hoch angesetzt, allfällige Gründe für eine Kündigung müssen besonders schwerwiegend sein.

V. Anfechtungsverfahren

V.1 Anfechtungsberechtigung

[60]) Ob eine Kündigung angefochten werden kann oder nicht, hängt einerseits davon ab, ob diese Kündigung überhaupt rechtswirksam ist (vgl Erl 2 bis 7 und 21), andererseits davon, welche Stellungnahme der Betriebsrat zur Kündigungsabsicht abgegeben hat (vgl Erl 14 und 15).

a) Verständigung vom Kündigungsausspruch

[61]) Den Betriebsinhaber trifft nicht nur die Verpflichtung, den Betriebsrat von der beabsichtigten Kündigung zu informieren, er hat den **Betriebsrat auch vom erfolgten Ausspruch der Kündigung zu verständigen**. Während jedoch die Rechtsfolge der Unterlassung der Verständigung von der Kündigungsabsicht die Rechtsunwirksamkeit der Kündigung ist (vgl Erl 21), knüpft das Gesetz an die allfällige Unterlassung einer Verständigung von der erfolgten Kündigung die Rechtsfolge, dass die Frist zur Kündigungsanfechtung für den Betriebsrat nicht früher zu laufen beginnen kann als mit dem Zeitpunkt der Verständigung vom Ausspruch der Kündigung. Dies ist für die Anfechtungsfrist dann bedeutsam, wenn der Betriebsrat der Kündigungsabsicht widersprochen hat. Wurde vom Betriebsrat keine Stellungnahme abgegeben, so beginnt die Anfechtungsfrist mit dem **Zugang der Kündigung** an den Arbeitnehmer zu laufen (vgl Erl 20 und 66).

Die Verständigung des Betriebsrates vom Ausspruch der Kündigung hat aber auch dann zu erfolgen, wenn der Betriebsrat nicht widersprochen hat. Die Verständigung ist an keine **bestimmte Form** gebunden. Eine mündliche Verständigung reicht. Dadurch, dass aber der Betriebsrat zufällig von anderen Arbeitnehmern erfährt, dass die Kündigung nun ausgesprochen wurde, beginnt seine Anfechtungsfrist nicht zu laufen.

Die Stellungnahme des Betriebsrates zur Kündigungsabsicht ist für das Anfechtungsrecht entscheidend:

Wenn der Betriebsrat der Kündigungsabsicht zugestimmt hat, so ist eine Kündigung wegen Sozialwidrigkeit überhaupt nicht mehr, dh also auch nicht mehr durch den einzelnen Arbeitnehmer anfechtbar. Wegen unzulässiger Kündigungsmotive ist allerdings unabhängig von einer allfälligen Zustimmung des Betriebsrates zur Kündigungsabsicht die Anfechtung durch den Arbeitnehmer jedenfalls möglich.

b) Anfechtungsrecht bei ausdrücklichem Widerspruch des Betriebsrates

[62]) Wenn der Betriebsrat der Kündigungsabsicht **widersprochen** hat, so hat zunächst nur der Betriebsrat selbst, nicht aber der einzelne Arbeitnehmer das Anfechtungsrecht (EA Wien 10. 1. 1984, infas 1984, A 75; EA Linz 13. 5. 1982, Arb 10.085; EA Linz 18. 12. 1985, Arb 10.467). Nur dann, wenn der Betriebsrat trotz Widerspruch gegen die Kündigungsabsicht die Anfechtung nicht selbst vornimmt, hat der einzelne Arbeitnehmer innerhalb einer **weiteren einwöchigen Frist** selbst das Recht, die Kündigung anzufechten.

Dieses Anfechtungsrecht des Arbeitnehmers setzt allerdings voraus, dass der Arbeitnehmer den primär anfechtungsberechtigten Betriebsrat zunächst aufgefordert hat, die Anfechtung vorzunehmen (EA Wien 29. 5. 1984, Arb 10.339).

Das Anfechtungsrecht des Arbeitnehmers bei Widerspruch des Betriebsrates gegen die Kündigungsabsicht ist zwar nur subsidiär, doch schließt dies nicht aus, dass der **Arbeitnehmer schon vor Ablauf der Frist für den Betriebsrat** anficht, wenn der Betriebsrat letztlich nicht selbst anficht. Wesentlich ist, dass im Entscheidungszeitpunkt (Schluss der mündlichen Streitverhandlung des Anfechtungsprozesses) der Anfechtungsanspruch des Arbeitnehmers gegeben ist (OGH vom 25. 1. 2001, 8 Ob A 216/00y, DRdA 2002, 44 mit Anm *Trost* = RdW 2001/573 = infas 2001, A 49 = ASoK 2001, 271 = ZASB 2001, 25). Einem Einwand des Arbeitgebers, eine bereits 6 Tage nach Ausspruch einer Entlassung eingebrachte Anfechtungsklage sei im Hinblick auf den Widerspruch des Betriebsrates verfrüht, kommt nach Ablauf der 1-wöchigen Frist keine Berechtigung mehr zu. Einer neuerlichen, nur 4 Tage nach der ersten Klage eingebrachten Anfechtungsklage mit demselben Streitgegenstand, bei der lediglich zusätzlich ausgeführt ist, dass der Betriebsrat widersprochen habe, steht das Prozesshindernis der Streitanhängigkeit entgegen (vgl OGH vom 22. 12. 2004, 8 Ob A 127/04s, ARD 5584/9/2005 = RdW 2005/393).

An das Verlangen des Arbeitnehmers an den Betriebsrat, die Anfechtung vorzunehmen, darf kein formalistischer Maßstab gelegt werden – ein sinngemäßes Verlangen reicht (VwGH vom 10. 12. 1986, 86/01/0037, infas 1987, A 23). Wesentlich ist, dass aus den Erklärungen des Arbeitnehmers insgesamt hervorgeht, dass er möchte, dass seine Kündigung durch Ausübung des Anfechtungsrechtes nach § 105 wieder aufgehoben wird (OGH vom 25. 1. 2001, 8 Ob A 216/00y, DRdA 2002, 44 mit Anm *Trost* = RdW 2001, 573 = infas 2001, A 49 = ASoK 2001, 271 = ZASB 2001, 25). Hat der Betriebsrat trotz Widerspruch gegen die Kündigungsabsicht selbst die Dienstfreistellung des gekündigten Arbeitnehmers verlangt, so kann man daraus entnehmen, dass er nicht selbst anfechten wird – das **Anfechtungsrecht geht formlos auf den Gekündigten über** (ASG Wien vom 9. 10. 1987, 23 Cga 1160/87, Arb 10.658).

Es reicht aus, wenn der Arbeitnehmer mit dem Betriebsrat die Frage der Anfechtung erörtert und Konsens darüber besteht, dass die Anfechtung durch den Arbeitnehmer erfolgen wird. In diesen Fällen hätte der Betriebsrat die Möglichkeit, auf seinem primären Anfechtungsrecht zu bestehen, wenn ihm dies angebracht erscheint. Wichtig ist nur, dass zum Zeitpunkt des Schlusses der mündlichen Streitverhandlung der Anfechtungsanspruch des Arbeitnehmers gegeben war. (OGH vom 5. 9. 2001, 9 Ob A 191/01f, ARD 5291/38/2002 = LV aktuell 2002 H2, 3 = RdW 2002/361). Hat der Arbeitnehmer die Kündigungsanfechtung vom Betriebsrat nicht verlangt, sondern hat der Betriebsrat überhaupt erst nach der Einbringung der Klage von dieser erfahren, **fehlt** es an einem wie immer gearteten Verhalten des Arbeitnehmers, das als **Anfechtungsverlangen** interpretiert werden könnte. Damit ist das **Klagerecht** des Arbeitnehmers zu **verneinen** (OGH vom 30. 8. 2001, 8 Ob A 177/01i, DRdA 2002/18 mit Anm *Cerny* = RdW 2002, 352).

Im Falle des **Widerspruches** des Betriebsrates zur Kündigungsabsicht ist es daher nach dieser Judikatur unbedingt erforderlich, dass der Arbeitnehmer vom Betriebsrat die Anfechtung verlangt bzw zumindest mit dem Betriebsrat erörtert, sodass, wenn auch schlüssig, klar wird, dass der Betriebsrat die Anfechtung dem Arbeitnehmer überlässt.

Hat der Betriebsrat der Kündigungsabsicht **widersprochen**, einem Verlangen des Arbeitnehmers nach Anfechtung aber nicht stattgegeben, so geht das Anfechtungsrecht auf den Arbeitnehmer selbst über. Es gilt eine Anfechtungsfrist von **einer Woche nach Ablauf der für den Betriebsrat geltenden Frist**, im Ergebnis also zwei Wochen **nach Verständigung des Betriebsrates** von der erfolgten Kündigung. Hat aber bereits der Betriebsrat angefochten, so kann der Arbeitnehmer nicht mehr selbst anfechten (EA Linz 13. 5. 1982, Arb 10.085). Nur dann, wenn der klagende Betriebsrat die Anfechtungsklage zurücknimmt, ohne dass der gekündigte Arbeitnehmer zugestimmt hat, hat der Arbeitnehmer das Recht, das Verfahren binnen 14 Tagen fortzusetzen.

Eine Mitteilung des Betriebsrates an den Arbeitnehmer, um diesen vom Beschluss zu informieren, ob angefochten wird oder nicht, ist im Gesetz nicht vorgesehen. Das eigene Anfechtungsrecht des Arbeitnehmers besteht auch ohne eine derartige Mitteilung.

Der Arbeitnehmer kann am Verfahren neben dem anfechtenden Betriebsrat als **streitgenössischer Nebenintervenient gem § 20 ZPO** teilnehmen. Er kann in dieser Eigenschaft **auch andere Anfechtungsgründe** geltend machen. Das Gericht hat diese ebenso zu überprüfen wie die vom klagenden Betriebsrat geltend gemachten Gründe.

Wird der Betriebsrat, der das Anfechtungsverfahren begonnen hat, während des Laufes des Verfahrens funktionsunfähig, so kann er gem § 62a das Verfahren fortführen; aber auch ein Eintritt des betroffenen Arbeitnehmers in das Verfahren als Kläger ist möglich (VwGH 13. 2. 1968, SozM II B, 843).

Beabsichtigt der klagende Betriebsrat, die Anfechtungsklage zurückzunehmen, so hat er den gekündigten Arbeitnehmer davon zu informieren.

Stimmt der Arbeitnehmer der geplanten **Klagsrücknahme** nicht zu, zieht der Betriebsrat aber dennoch die Klage zurück, so wird diese Klagsrücknahme nicht sofort wirksam. Das Gericht hat vielmehr den Arbeitnehmer von der Klagsrücknahme zu verständigen, worauf dieser **innerhalb von 14 Tagen** das Recht hat, in den Rechtsstreit als Kläger einzutreten. Macht der Arbeitnehmer davon Gebrauch, wird das Verfahren nach der Parteienänderung fortgeführt.

Es erhebt sich die Frage, ob diese Möglichkeit des Eintritts des gekündigten Arbeitnehmers in den Rechtsstreit auch dann besteht, wenn beispielsweise das Verfahren in der ersten Instanz negativ für den Betriebsrat bzw den gekündigten Arbeitnehmer geendet hat und der klagende Betriebsrat im Unterschied zum betroffenen Arbeitnehmer keine **Berufung** erheben will.

Der OGH hat diesen vom Gesetz nicht ausdrücklich erwähnten Fall dahingehend entschieden, dass dem Arbeitnehmer in diesem Fall die 14-tägige Aufgriffsfrist nicht zustehe, sondern vielmehr der Arbeitnehmer nur dann das Verfahren fortzusetzen berechtigt ist, wenn er **innerhalb der Berufungsfrist für den Betriebsrat** rechtzeitig seinen Beitritt als Nebenintervenient erklärt und in der Folge selbst Berufung erhebt (OGH vom 25. 11. 1998, 9 Ob A 311/98w, ARD 5001/11/99). Diese Auffassung ist abzulehnen, da sie in der Praxis eine Weiterführung des Verfahrens durch den Arbeitnehmer regelmäßig verunmöglicht. Die Berufungsfrist beträgt lediglich 4 Wochen und es ist davon auszugehen, dass bereits die Entscheidung des Betriebsrates, keine Berufung erheben zu wollen, einige Tage in Anspruch nehmen wird. Hinzu kommt die Frist bis der Arbeitnehmer tatsächlich verständigt wird und sich selbst um einen Rechtsbeistand kümmern kann, der dann in weiterer Folge eine Berufung erheben könnte, dazu aber unter Umständen noch den gesamten Akt zu studieren hat, wenn er das erstinstanzliche Verfahren für den Betriebsrat nicht selbst geführt hat. Hinzu kommt, dass die Erklärung des Arbeitnehmers, dem Rechtsstreit als Nebenintervenient beizutreten, erst mit Zustellung an die Prozessparteien wirksam wird und vom Beitretenden vor diesem Zeitpunkt vorgenommene Prozesshandlungen nicht wirksam sind. Nach dem Sinn und Zweck der Regelung über das Eintrittsrecht des Arbeitnehmers während des erstinstanzlichen Verfahrens wäre eine **analoge Behandlung** des Eintrittes **im Berufungsstadium** durchaus argumentierbar, da in diesem Fall die Weigerung des Betriebsrates, gegen die Entscheidung erster Instanz zu berufen, einer Klagsrücknahme in ihrer Wirkung gleichkommt (der Rechtsstreit, von dem der Arbeitnehmer unmittelbar betroffen ist, wäre dann nämlich rechtskräftig verloren!).

Es ist daher darauf hinzuweisen, dass der betroffene Arbeitnehmer im Anfechtungsprozess stets als streitgenössischer Nebenintervenient auftreten kann (§ 20 ZPO). In diesem Fall ist der betroffene Arbeitnehmer ohne weiteres berechtigt, selbst die Berufung zu erheben, wenn der als Kläger aufgetretene Betriebsrat nicht selbst diesen Schritt unternimmt (vgl § 15 ZPO).

c) Anfechtungsrecht nach unterbliebener Stellungnahme des Betriebsrates

[63]) Eine wirksame Stellungnahme des Betriebsrates fehlt, wenn nicht entweder eindeutig ein Widerspruch zur Kündigungsabsicht oder die Zustimmung zur Kündigungsabsicht innerhalb der 5-tägigen Frist nach Verständigung von der Kündigungsabsicht beim Betriebsinhaber eingelangt ist. Undeutliche Stellungnahmen, verspätete Stellungnahmen oder Stellungnahmen, von denen der Betriebsinhaber erkennen musste, dass sie ohne Befassung des Betriebsratsgremiums vom Vorsitzenden allein abgegeben wurden, sind rechtlich irrelevant. In solchen Fällen liegt also keine Stellungnahme iSd § 105 Abs 4 vor.

In diesen Fällen hat der **Arbeitnehmer** ein **selbstständiges Anfechtungsrecht innerhalb einer Woche nach Zugang der Kündigung**. Es ist der Zugang der Kündigung an den Arbeitnehmer selbst maßgeblich, nicht der Zugang der Verständigung an den Betriebsrat von der erfolgten Kündigung.

Erhebt der Arbeitnehmer Anfechtungsklage in diesen Fällen, hat der Betriebsrat nur mehr die Möglichkeit, im Anfechtungsverfahren als Zeuge teilzunehmen. Rechtswirksame Beschlüsse, die formal auf das Anfechtungsverfahren Einfluss nehmen, kann er nicht mehr treffen.

In einem Verfahren der Kündigungsanfechtung, bei dem der Betriebsrat im Vorverfahren keine Stellungnahme zur Kündigungsabsicht abgegeben hat, kann **kein Sozialvergleich** geltend gemacht werden.

d) Rechtswirkungen der Zustimmung des Betriebsrates zur Kündigungsabsicht

[64]) Eine **wirksame Zustimmung** des Betriebsrates zur Kündigungsabsicht kann nur mit einer **Mehrheit von zwei Dritteln** der Stimmen in der Betriebsratssitzung erfolgen (§ 68 ArbVG). Der letzte Satz des Abs 4 regelt die Möglichkeiten zur Kündigungsanfechtung nach einer ausdrücklichen Zustimmung des Betriebsrates zur Kündigungsabsicht innerhalb der 5-tägigen Verständigungsfrist. Er verweist auf Abs 6, wo zwischen solchen Anfechtungen unterschieden wird, die wegen eines verpönten Motives vorgenommen werden (vgl Erl 22 bis 32) und solchen Anfechtungen, die sich auf die mangelnde soziale Rechtfertigung einer Kündigung berufen (vgl Erl 33 bis 59).

Ist der Arbeitnehmer der Auffassung, dass ein **unzulässiges Kündigungsmotiv** iSd § 105 Abs 3 Z 1 vorliege, so hat die ausdrückliche **Zustimmung des Betriebsrates** zur Kündigungsabsicht **keinen Einfluss** auf sein Recht, die Kündigung innerhalb einer Woche nach Zugang beim ASG anzufechten. Die Zustimmung des Betriebsrates zu einer Kündigung, die möglicherweise aus einem unzulässigen Motiv ausgesprochen wurde, macht die Zustimmung allerdings noch nicht sittenwidrig und verursacht **keine Haftungsfolgen** für den Betriebsrat (OLG Wien vom 23. 1. 1989, 34 Ra 123/88, ARD 4068/14/89). Sie ist hinsichtlich ihrer Auswirkungen für das Anfechtungsverfahren irrelevant.

Sollen allerdings im Anfechtungsverfahren ausschließlich Gründe geltend gemacht werden, die sich auf mangelnde soziale Rechtfertigung einer Kündigung beziehen (§ 105 Abs 3 Z 2), so kann der Betriebsrat mit seiner Zustimmung dem Arbeitnehmer den Weg der Anfechtung der Kündigung bei Gericht versperren (daher spricht man vom sog **„Sperrrecht"**). Dieses Sperrrecht ist verfassungskonform (VfGH vom 5. 12. 1984, B 370/83, infas 1985, A 71), es macht die kollektivrechtliche Konstruktion des Anfechtungsrechtes deutlich. Sachlich gerechtfertigt ist die Regelung dadurch, dass unter Umständen bei notwendigen Personalreduktionen seitens des Betriebsrates obligatorische Vereinbarungen mit dem Arbeitgeber angestrengt und abgeschlossen werden, die das notwendige Ausmaß von Kündigungen beschränken. Solche Vereinbarungen, die letztlich den Schutz von Arbeitsplätzen für Arbeitnehmer beinhalten, sind aber nur dann denkbar, wenn nicht jene Arbeitnehmer, die doch von einer Kündigung betroffen sind, individuelle Anfechtungsverfahren beginnen können.

Nicht auszuschließen ist auch, dass der Betriebsrat durch seine Zustimmung verhindern möchte, dass bei einem Anfechtungsverfahren wegen Sozialwidrigkeit betriebliche oder persönliche Umstände, die zur Kündigung geführt haben, Gegenstand eines Gerichtsverfahrens werden.

Ob zugestimmt wird oder nicht, liegt ausschließlich im Verantwortungsbereich des Betriebsrates.

Werden bei Zustimmung des Betriebsrates in einer Anfechtungsklage sowohl **unzulässige Kündigungsmotive** als auch die mangelnde soziale Rechtfertigung der Kündigung geltend gemacht, so ist die **Anfechtung jedenfalls zulässig**. Im Verfahren kann aber auf die Anfechtungsgründe der Sozialwidrigkeit nicht eingegangen werden, es hat sich auf die geltend gemachten unzulässigen Kündigungsmotive zu beschränken.

Zusammenfassend ist daher zur **Anfechtungsberechtigung** Folgendes festzuhalten: Der Betriebsrat ist anfechtungsberechtigt, wenn er der Kündigungsabsicht widersprochen hat; der Arbeitnehmer ist anfechtungsberechtigt, wenn der Betriebsrat der Kündigungsabsicht widersprochen hat, aber nicht selbst anficht, oder aber nach erfolgter Anfechtung durch den Betriebsrat die Klage zurückgezogen wird.

Weiters ist der Arbeitnehmer anfechtungsberechtigt, wenn der Betriebsrat keine Stellungnahme zur Kündigungsabsicht abgegeben hat, sowie wenn der Betriebsrat der Kündigungsabsicht zugestimmt hat, sofern sich der Arbeitnehmer auf ein unzulässiges Kündigungsmotiv beruft.

Wenn der Betriebsrat der Kündigungsabsicht zugestimmt hat und als Anfechtungsgrund nur Sozialwidrigkeit in Betracht kommt, ist keine Anfechtung zulässig.

V.2 Form der Anfechtung

[65]) Die Anfechtung der Kündigung ist durch Klage beim örtlich zuständigen **Arbeits- und Sozialgericht** vorzunehmen. Die örtliche Zuständigkeit richtet sich gem § 5 iVm § 50 Abs 2 ASGG nach dem **Sitz des Betriebes**, in dem der Arbeitnehmer tätig ist. Ein Wahlrecht, etwa auch den Wohnort als Anknüpfungspunkt für die örtliche Zuständigkeit heranzuziehen, wie dies in § 4 ASGG für individualrechtliche Streitigkeiten vorgesehen ist, besteht hier nicht. Die Klage ist auf **Rechtsgestaltung**, nämlich auf Unwirksamkeitserklärung der Kündigung, gerichtet.

Beklagter ist der Arbeitgeber des gekündigten Arbeitnehmers. Die falsche Bezeichnung des Arbeitgebers durch den klagenden Arbeitnehmer ist kein ausreichender Grund, um die Anfechtung abzuweisen (VwGH vom 29. 4. 1985, 84/01/0260). Das Gericht hat vielmehr in diesen Fällen darauf hinzuwirken, dass die **Bezeichnung** des Arbeitgebers **richtig gestellt** wird.

V.3 Anfechtungsfrist

[66]) Die Anfechtungsfrist für den primär Anfechtungsberechtigten beträgt **eine Woche nach Verständigung** von der Kündigung an den Anfechtungsberechtigten. Die Bestimmung des § 105 Abs 4 ist allerdings dahingehend zu interpretieren, dass auch die Frist für die Anfechtung durch den Betriebsrat **frühestens mit dem Zugang der Kündigung** an den Arbeitnehmer und nicht durch eine vorzeitige Verständigung des Betriebsrates

vom Ausspruch der Kündigung in Gang gesetzt werden kann (OGH vom 14. 9. 1995, 8 Ob A 290/95, DRdA 1996, 162 = ZAS 1996, 10 = RdW 1996, 333 = Arb 11.445). Nimmt trotz Widerspruch des Betriebsrates gegen die Kündigungsabsicht nicht der Betriebsrat, sondern der **einzelne Arbeitnehmer** die Anfechtung vor, so verlängert sich die Anfechtungsfrist um eine weitere Woche. Die Anfechtungsfrist des Arbeitnehmers schließt in diesen Fällen unmittelbar an die für den Betriebsrat geltende einwöchige Frist an und berechnet sich sohin ebenfalls **ab Verständigung des Betriebsrates** und **nicht** ab Zugang der Kündigung an den Arbeitnehmer. Die Anfechtungsfrist ist auch dann einzuhalten, wenn während eines bereits laufenden Anfechtungsprozesses das Anfechtungsbegehren auf eine Eventualkündigung ausgedehnt wird (OGH vom 13. 10. 2004, 9 Ob A 89/04h, ecolex 2005, 150).

Die Anfechtungsfrist gegen eine Kündigung ist eine **prozessuale Frist** (OGH vom 22. 10. 1997, 9 Ob A 333/97d, ARD 4939/9/98; OGH vom 6. 12. 1989, 9 Ob A 289/89, wbl 1990, 144). Das bedeutet zweierlei: Die **Wiedereinsetzung in den vorigen Stand ist zulässig,** wenn schwer wiegende Hindernisse die Einhaltung der Frist für den Anfechtungsberechtigten verhindert haben; weiters wird der **Postlauf nicht in die Frist einberechnet.**

Das bedeutet, dass beispielsweise in einem Fall, in dem dem einzelnen Arbeitnehmer das primäre Anfechtungsrecht zukommt (keine Stellungnahme durch den Betriebsrat), gegen eine am 1. August eines Jahres zugegangene Kündigung die Anfechtungsklage spätestens am 8. August zur Post gegeben sein muss, damit sie noch als fristgerecht eingelangt gilt und nicht wegen Fristversäumnis zurückgewiesen werden kann. Macht der Anfechtungsberechtigte geltend, dass er aus Gründen, die nicht von ihm zu vertreten sind, an der Einhaltung der Frist gehindert war, hat er beim Gericht einen Wiedereinsetzungsantrag zu stellen, soferne die Klage nicht mehr am 8. August zur Post gegangen ist. Das Gericht wird die Gründe prüfen und kann trotz Fristversäumnis entscheiden, dass die Klage dennoch angenommen wird. Selbstverständlich kommt es auf die geltend gemachten Gründe an.

Eine **Wiedereinsetzung ist nicht zu bewilligen,** wenn sich ein Arbeitnehmer zwar nach Zustellung der Kündigung in einem unvorhergesehenen Zustand einer **Psychose** befunden hat, diese Störung aber **nicht zur Fristversäumnis geführt hat** und der Arbeitnehmer ein oder zwei Tage nach der Kündigung mit dem Arbeitgeber über die Rücknahme der Kündigung verhandelt hat und sein Rechtsanwalt den Arbeitgeber aufgefordert hat, den Grund der Kündigung bekannt zu geben. Das Unterlassen eines Auftrages zur Kündigungsanfechtung an den Rechtsanwalt ist kein unabwendbares oder unvorhergesehenes Ereignis, wenn die Gelegenheit zur Vornahme dieser Rechtshandlung gegeben gewesen ist (OGH vom 31. 3. 1993, 9 Ob A 57/93, ARD 4482/31/93).

Die Wiedereinsetzung in den vorigen Stand wurde vom OGH **nicht bewilligt,** wenn der Arbeitnehmer auf Grund der Unterlassung der Angabe der Kündigungsfrist durch den Betriebsrat annahm, die Anfechtung wäre bis zum Ablauf der Kündigungsfrist möglich oder die Anfechtungsfrist beginne gar erst mit Ablauf der Kündigungsfrist. Diese Annahme kann nicht als entschuldbares Missverständnis des Arbeitnehmers angesehen werden (OGH vom 23. 5. 1996, 8 Ob A 2045/96, RdW 1997, 33 = infas 1996, A 121 = wbl 1996, 496).

Die einwöchige Anfechtungsfrist für den Betriebsrat **beginnt** mit der **Verständigung** des Betriebsrates von der erfolgten Kündigung zu laufen (EA Graz 27. 6. 1953, Arb 5751). Auch dann, wenn der Betriebsrat der Kündigungsabsicht nicht widersprochen hat und demzufolge für ihn kein Anfechtungsrecht besteht, trifft den Betriebsinhaber die Pflicht, den Betriebsrat von erfolgten Kündigungen zu verständigen. In diesem Fall beginnt aber die einwöchige Anfechtungsfrist für den Arbeitnehmer erst mit dem **Zugang** der Kündigung an den Arbeitnehmer selbst zu laufen.

Um diese unterschiedlichen Fristberechnungen berücksichtigen zu können, ist es besonders wichtig, dass Betriebsrat und Arbeitnehmer gegenseitig über Zugang der Kündigung bzw Verständigung von der Kündigung und Inhalt der Stellungnahme informiert sind.

Wesentlich für die Einhaltung der Frist ist insbesondere, dass diese ab dem Zugang der Kündigung bzw der Verständigung über die ausgesprochene Kündigung zu laufen beginnt. Als **Zugang** ist nicht nur der Fall der tatsächlichen Kenntnisnahme und des tatsächlichen Erhaltes des Kündigungs- bzw Verständigungsschreibens anzusehen, vielmehr gilt die Kündigung bereits als zugegangen, wenn sie in den persönlichen Machtbereich des Arbeitnehmers gelangt (OGH vom 26. 4. 1995, 9 Ob A 55/95, JBl 1996, 128). Bei **eingeschriebenen Briefsendungen** gilt das Schriftstück grundsätzlich bereits mit dem **Beginn der ersten Abholungsmöglichkeit** beim Postamt als zugegangen (OGH 12. 1. 1971, JBl 1971, 485). Zu beachten ist in diesem Zusammenhang auch, dass eine **Hinterlegung** eines nicht eigenhändig zuzustellenden Schriftstückes (wie zB eines eingeschriebenen Briefes) beim **ersten Zustellversuch** auch als ordnungsgemäße Zustellung anzusehen ist, weswegen es möglich ist, dass der erste Tag der Abholfrist bereits mit dem Tag des ersten Zustellversuches zusammenfällt (vgl OGH vom 24. 1. 2001, 9 Ob A 297/00t, ARD 5215/50/2001). Bei der Berechnung der Anfechtungsfrist ist daher immer zu hinterfragen, wann die Kündigung in den Machtbereich des Arbeitnehmers gelangt ist, und nicht, wann er schließlich tatsächlich davon Kenntnis genommen hat (vgl Erl 20).

Eine falsche Rechtsbelehrung durch den Betriebsrat vermag den Lauf der Anfechtungsfrist für den Arbeitnehmer nicht zu hemmen (EA Leoben 13. 9. 1977, Arb 9608).

Zusammenfassend sind folgende Fristen im Rahmen des Anfechtungsverfahrens zu beachten:

a) Die **fünftägige Frist** zur Stellungnahme zur geplanten Kündigung für den Betriebsrat (vgl Erl 16).

b) Der Betriebsrat hat im Falle des Widerspruches gegen die Kündigungsabsicht nach der Verständigung von der erfolgten Kündigung **eine Woche** lang die Möglichkeit, die Anfechtung der Kündigung beim Gericht vorzunehmen.
Beispiel: Der Arbeitnehmer wurde am 30. Juni gekündigt. Die Mitteilung über diese Kündigung langt beim Betriebsrat am 4. Juli ein. Die Kündigungsanfechtung durch den Betriebsrat muss spätestens am 11. Juli erfolgen.

c) Wenn der Betriebsrat im Falle b) – also nach einem Widerspruch gegen die Kündigungsabsicht – die Anfechtung nicht selbst vornehmen will, kann der **Arbeitnehmer** die Anfechtung vornehmen, und zwar innerhalb **einer Woche** nach Ablauf der Frist für den Betriebsrat. Im Beispiel nach lit b) müsste also eine solche Anfechtung durch den gekündigten Arbeitnehmer spätestens am 18. Juli vorgenommen werden.

Der gekündigte Arbeitnehmer kann die Anfechtung aber schon vor Ablauf der für den Betriebsrat geltenden Frist vornehmen, wenn der Betriebsrat die Anfechtung bereits zu diesem Zeitpunkt abgelehnt hat (VwGH 29. 1. 1953, Arb 5617).

d) Wenn der Betriebsrat **keine Stellungnahme** zur geplanten Kündigung abgegeben hat, kann der Arbeitnehmer selbst die Kündigung innerhalb **einer Woche nach dem Zugang** der Kündigung anfechten. In dem Beispiel aus lit b) bedeutet dies, dass der letzte Tag der Anfechtung der 7. Juli wäre (eine Woche nach dem Kündigungstag, dem 30. Juni).

e) Wenn der **Betriebsrat** zwar angefochten hat, aber die **Anfechtung wieder zurückzieht,** kann der Arbeitnehmer selbst das Verfahren binnen **14 Tagen** nach Verständigung von diesem Schritt des Betriebsrates fortsetzen (vgl auch Erl 63).

f) Wenn es in einem betriebsratspflichtigen Betrieb **keinen Betriebsrat** gibt, hat der Arbeitnehmer selbst innerhalb **einer Woche nach Zugang** der Kündigung das Anfechtungsrecht. Es gilt bezüglich des Fristenlaufs dasselbe wie im Fall d)

V.4 Anfechtungsgründe

[67]) Das Gesetz kennt zwei Arten von Gründen, bei deren Vorliegen der Anfechtungsklage stattzugeben ist:

a) Die Kündigung beruht auf einem in § 105 Abs 3 Z 1 genannten **unzulässigen Kündigungsmotiv**: Zur Geltendmachung eines solchen Anfechtungsgrundes ist keine bestimmte Mindestbeschäftigungsdauer des betroffenen Arbeitnehmers notwendig. In der Anfechtungsklage muss das (unzulässige) Kündigungsmotiv **glaubhaft** gemacht werden. Wenn der Arbeitgeber nicht glaubhaft machen kann, dass andere (erlaubte) Kündigungsgründe vorgelegen haben und bei Abwägung aller Umstände das Gericht diese vom Arbeitgeber geltend gemachten Gründe nicht für wahrscheinlicher hält als die in der Anfechtung geltend gemachten, so ist die Kündigung vom Gericht für rechtsunwirksam zu erklären (vgl Erl 22 bis 32).

b) Die Kündigung ist **sozialwidrig** iSd § 105 Abs 3 Z 2: Zur Geltendmachung dieses Grundes ist eine sechsmonatige Beschäftigung des betroffenen Arbeitnehmers erforderlich (vgl Erl 33 bis 59).

Andere als die im § 105 Abs 3 genannten Anfechtungsgründe können nicht geltend gemacht werden. Insofern ist die Aufzählung des Gesetzes taxativ. Insbesondere die Unrichtigkeit des vom Arbeitgeber angeführten Kündigungsgrundes oder die Ungerechtigkeit einer Kündigung im Verhältnis zur weiteren Beschäftigung anderer Arbeitnehmer (vgl EA Wien, Re V 257/75) sind für sich allein nicht ausreichend, um eine Anfechtung zu rechtfertigen, sofern nicht ein verbotenes Kündigungsmotiv oder Sozialwidrigkeit hinzukommen.

Auch eine Kündigung wegen politischer Differenzen zwischen Betriebsinhaber und Arbeitnehmer kann nicht erfolgreich angefochten werden (EA Salzburg 5. 9. 1977, Arb 9622).

Liegen keine im Gesetz genannten Anfechtungsgründe vor, so ist die Kündigungsanfechtung abzuweisen. Das Arbeitsverhältnis bleibt gelöst.

V.5 Abwägung der Wahrscheinlichkeit bei geltend gemachten verpönten Kündigungsmotiven

[68]) Abs 5 regelt die Verteilung der **Behauptungspflichten** im Verfahren bei Kündigungsanfechtung wegen eines geltend gemachten unzulässigen Kündigungsmotivs. Das Gesetz nimmt bewusst davon Abstand, in diesem Verfahren strenge Beweisregeln aufzustellen. Meist wird es nämlich unmöglich sein, ein Motiv im strengen Sinne zu beweisen. Es kommt stets auf das Gesamtbild an, das für die betriebliche Situation vor der Kündigung maßgeblich gewesen ist und das dem Gericht möglichst umfassend glaubhaft gemacht werden muss. Stets ist darauf Bedacht zu nehmen, dass es sich bei den Anfechtungsgründen wegen eines unzulässigen Motivs um **Schutzbestimmungen zu Gunsten des Arbeitnehmers** und gegen die Ausübung ungerechtfertigten Druckes durch den Arbeitgeber handelt. Der Schutz ist schon dann gerechtfertigt, wenn die Erfüllung der entsprechenden Tatbestände nach den konkreten Umständen des Einzelfalles glaubwürdig ist. Ein strenger Nachweis der Rechtsverletzung in einer jeden Zweifel ausschließenden Form ist vom Gesetz nicht gefordert (OGH vom 23. 12. 1998, 9 Ob A 285/98x, DRdA 1999, 233 = ARD 5024/ 29/99).

Wenn die Kündigung eines längere Zeit beschäftigten Arbeitnehmers mit Umständen zusammenfällt, die das Gesetz als unzulässiges Kündigungsmotiv bezeichnet, wird im Zweifel wohl anzunehmen sein, dass der Zeitpunkt der Kündigung nicht zufällig mit der Setzung eines bestimmten Tatbestandes zusammenfällt, den das Gesetz nach § 105 Abs 3 Z 1 ausdrücklich als Kündigungsmotiv ausschließen will (vgl Erl 22 bis 32).

Bei der Abwägung der Wahrscheinlichkeit des Vorliegens eines verpönten Kündigungsmotives ist auch der **zeitliche Zusammenhang** mit einem bestimmten Verhalten besonders zu berücksichtigen. Die knappe zeitliche Abfolge zwischen Übergabe einer Unterschriftenliste, Abhaltung einer Betriebsversammlung (20. 9. 1994) und der Übergabe des Kündigungsschreibens bereits am 21. 9. 1994 lässt eine Motivkündigung wahrscheinlicher sein als die schon vorher aus betrieblichen Gründen beabsichtigte Auflösung des Arbeitsverhältnisses (OGH vom 14. 11. 1996, 8 Ob A 2308/96, DRdA 1997, 227 = infas 1997, A 50 = ASoK 1997, 197 = wbl 1997, 209).

Das **Verfahren** ist in solchen Fällen wie folgt abzuwickeln:

Der Anfechtende hat zunächst das unzulässige Motiv **glaubhaft zu machen**. Die Glaubhaftmachung besteht in der Regel darin, dass der entsprechende Sachverhalt so dargestellt wird, dass das Gericht von der Richtigkeit überzeugt wird.

Allerdings reicht die Glaubhaftmachung, dass ein in Abs 3 Z 1 genannter Umstand **zum Zeitpunkt der Kündigung** vorgelegen ist, für den Anfechtungserfolg dann noch nicht aus, wenn der **Arbeitgeber** seinerseits einen **Kündigungsgrund glaubhaft macht, der erlaubt ist** (also zB Arbeitsmangel, organisatorische Änderungen, Vertragsverletzungen des Arbeitnehmers usw). Es genügt daher nicht, dass der Arbeitgeber das Nichtbestehen des vom Anfechtenden behaupteten Kündigungsmotives glaubhaft macht (zB, dass er von der gewerkschaftlichen Tätigkeit des Arbeitnehmers überhaupt nichts gewusst habe), sondern der Arbeitgeber ist gezwungen, Gründe für die Kündigung anzugeben. Diese Angaben sind vom Gericht zu prüfen und mit den in der Anfechtung glaubhaft gemachten Umständen abzuwägen. Eine **Abwägung** kann aber nicht stattfinden, wenn vom Arbeitgeber lediglich der Anfechtungsgrund negiert, aber kein (erlaubter) Kündigungsgrund angegeben wird. In diesem Fall ist der Anfechtung ohne weitere Prüfung stattzugeben, wenn ein verpöntes Motiv glaubhaft gemacht wurde.

Sind seit Entstehung der Kündigungsgründe, die der Arbeitgeber einer Anfechtung entgegenhält, schon so **lange Zeiträume** vergangen (2 bis 3 Monate), dass ein **Verzicht** des Arbeitgebers auf die Geltendmachung der Kündigungsgründe **anzunehmen** ist, so können sie vom Arbeitgeber einer Motivanfechtung nicht mehr entgegengehalten werden (VwGH vom 12. 3. 1980, 1140/77, Arb 9859; VwGH vom 21. 9. 1988, 86/01/0234, infas 1989, A 26).

Gibt der Arbeitgeber einen Grund für die Kündigung an, so ist das Gericht bei der Prüfung der Frage, ob nun das vom Anfechtenden glaubhaft gemachte Motiv oder der vom Arbeitgeber genannte Umstand tatsächlich zur Kündigung geführt hat, fast immer auf Schlüsse und **Vermutungen** angewiesen, die von den Umständen des einzelnen Falles abhängen und mit den **Grundsätzen der Logik** nicht in Widerspruch stehen dürfen (VwGH 25. 2. 1969, Arb 8599). Auszugehen ist hiebei von den **Absichten** des Arbeitgebers, die **vor oder bei der Kündigung** bestanden haben. Alle **nachher** eingetretenen Umstände sind **bedeutungslos** (VwGH 29. 11. 1960, Arb 7394).

Wenn eine **höhere Wahrscheinlichkeit** dafür spricht, dass eine Kündigung aus den vom Arbeitgeber angegebenen Gründen vorgenommen wurde, so begründet auch eine massive Betätigung für die Errichtung eines Betriebsrates keinen Kündigungsschutz für den betreffenden Arbeitnehmer (EA Wien, Re IV 31/75). Die höhere Wahrscheinlichkeit spricht für die Gründe des Arbeitgebers, wenn beispielsweise der gekündigte Arbeitnehmer nach dem Verkauf des Fahrzeuges, das zu lenken seine arbeitsvertragliche Verpflichtung gewesen ist, im Fuhrpark des Unternehmens kein für ihn geeignetes Fahrzeug mehr finden konnte (EA Wien, Re II 178/75, in formeller Hinsicht bestätigt durch VwGH, 1975/2045). Auch dann, wenn ein Arbeitnehmer ein schwer **disziplinwidriges Verhalten** gesetzt hat (zB Ehrenbeleidigungen gegenüber dem Betriebsinhaber), spricht die höhere Wahrscheinlichkeit dafür, dass er deswegen und nicht wegen eines in Abs 3 Z 1 bezeichneten Umstandes gekündigt worden ist (EA Klagenfurt 7. 3. 1975, Arb 9325).

Allerdings muss das verpönte Motiv nicht alleiniger Kündigungsgrund gewesen sein, um eine Anfechtung zu rechtfertigen. Auch bei einem **inhaltlichen Überwiegen** dieses Motivs ist der Anfechtung stattzugeben (EA Feldkirch, Re 3/75, OGH vom 21. 4. 2004, 9 Ob A 44/04t, ARD 5523/2/2004).

Wurde dem Arbeitnehmer **Materialdiebstahl** nachgewiesen, so ist nicht zu vermuten, dass wegen des bevorstehenden Präsenzdienstes gekündigt wurde (EA Linz 23. 12. 1976, Arb 9545).

Spricht **kein** Argument dafür, dass der **Arbeitgeber** von dem geltend gemachten verpönten Motiv tatsächlich **Kenntnis** gehabt hat, so ist die Anfechtung abzuweisen (VwGH vom 13. 11. 1985, 82/01/0270, infas 1986, A 55). Dasselbe gilt, wenn Gründe, die zu einem Motivschutz ausreichen würden, erst **nach** dem **Ausspruch** der Kündigung aktuell werden (EA Innsbruck 17. 11. 1983, Re 38/83, RdW 1984, 86). Wird ein Arbeitnehmer, mit dem es schon länger Probleme gegeben hat, am **Tag nach** der von ihm veranlassten **Kundmachung** der Einberufung einer **Betriebsversammlung** gekündigt, so spricht die Wahrscheinlichkeit für ein verbotenes Motiv (EA Innsbruck 17. 11. 1983, Arb 10.281).

V.6 Verfahrensrechtliche Besonderheiten

[69]) Das Anfechtungsverfahren ist nach den Grundsätzen des Arbeits- und Sozialgerichtsgesetzes (ASGG) als Streitigkeit aus der Arbeitsverfassung gem § 50 Abs 2 ASGG durchzuführen. Soweit im ASGG oder im ArbVG nichts anderes vorgeschrieben ist, gelten die Vorschriften der Zivilprozessordnung.

Als **Kläger** tritt entweder der Betriebsrat oder der gekündigte Arbeitnehmer auf, Beklagter ist der Arbeitgeber. Die Klage ist auf **Rechtsgestaltung**, nämlich auf rückwirkende Rechtsunwirksamerklärung der Kündigung gerichtet (OGH vom 19. 5. 1994, 8 Ob A 202/94, ARD 4586/16/94).

Die Kündigungsanfechtungsklage ist eine **Rechtsgestaltungsklage**, weil durch eine stattgebende Entscheidung das bereits beendete Arbeitsverhältnis wieder auflebt und als ununterbrochen fortgesetzt gilt (OGH vom 29. 8. 1990, 9 Ob A 190/90, ARD 4217/15/90). Dem Arbeitnehmer, der den Anfechtungsprozess gewonnen hat, ist das gesamte Entgelt während des Anfechtungsverfahrens nachträglich zu leisten, wobei die Vorteilsanrechnung gem § 1155 ABGB grundsätzlich anwendbar ist. Wurde der Anfechtung rechtskräftig stattgegeben, so ist der inzwischen aufgelaufene Verdienst dem Arbeitnehmer nachzuzahlen. Der Arbeitnehmer muss sich aber dasjenige anrechnen lassen, was er in der Zeit zwischen Entlassung und erstgerichtlicher Stattgebung der Anfechtungsklage bei anderen Arbeitgebern erworben hat (OGH vom 5. 9. 2001, 9 Ob A 24/01x, DRdA 2002, 154 = RdW 2002/364).

Der Anfechtung einer Kündigung gem § 105 durch ein Feststellungsbegehren hat das Gericht von Amts wegen die entsprechende Fassung im Sinne eines Rechtsgestaltungsbegehrens auf Unwirksamerklärung der Kündigung zu geben (OGH vom 8. 7. 1993, 9 Ob A 103/93, ARD 4576/33/94).

Gem § 58 ASGG steht in betriebsverfassungsrechtlichen Streitigkeiten den Parteien ein **Kostenersatzanspruch** bei Obsiegen nur im Verfahren vor dem **Obersten Gerichtshof** zu. Dies bedeutet somit, dass in den **ersten beiden Instanzen** – und damit vor allem im kostenintensiven Verfahren der Beweisaufnahme in erster Instanz – unabhängig vom Prozesserfolg **jede Partei ihre Verfahrenskosten selbst zu tragen hat**. Dies spielt in der Praxis auch eine wesentliche Rolle dafür, dass viele Kündigungsanfechtungsverfahren mit Vergleich beendet werden und dem Arbeitnehmer zur Abfederung seiner sozialen Nachteile gewisse Abfindungssummen bezahlt werden, da es auch aus der Sicht des Arbeitgebers meist sinnvoller erscheint, statt der durchaus beträchtlichen Verfahrenskosten lieber eine entsprechende Summe Geldes an den durch die Kündigung getroffenen Arbeitnehmer zu bezahlen.

In jenen Fällen, in denen Kündigungsanfechtungsverfahren nach § 105 ArbVG mit einem anderen Anfechtungsverfahren, etwa nach dem GlBG, kombiniert werden, ist zu beachten, dass nach der Rechtsprechung für solche andere Anfechtungsgründe die Ausnahmebestimmung hinsichtlich der Kostenersatzpflicht nicht gilt. Dh Kündigungsanfechtungsverfahren nach dem GlBG sind grundsätzlich auch in den ersten beiden Instanzen kostenersatzpflichtig (vgl OLG Wien vom 30. 11. 2005, 9 Ra 157/05g, WR 1011). Dies führt in der Praxis zu schwierigen Abgrenzungsproblemen, da zB das Verfahren zur Zustimmung einer Kündigung nach dem Mutterschutzgesetz als gleichartige Bundesvorschrift iSd § 50 Abs 2 ASGG gesehen wird und in den beiden ersten Instanzen keine Kostenersatzpflicht aufweist, während Anfechtungen von Kündigungen wegen einer Diskriminierung auf Grund des Geschlechtes kostenersatzpflichtig sind. Die von der Rechtsprechung getroffene Abgrenzung bei der Kostenersatzpflicht ist sachlich nicht nachvollziehbar. Eine Klarstellung müsste allerdings durch den Gesetzgeber erfolgen.

Näheres zum Verfahren nach dem ASGG ist bei *Kuderna,* Arbeits- und Sozialgerichtsgesetz (1996), nachzulesen.

Bei den im Anfechtungsverfahren geregelten **Fristen** handelt es sich um prozessrechtliche Fristen, die **Wiedereinsetzung** in den vorigen Stand ist daher zulässig (OGH vom 6. 12. 1989, 9 Ob A 289/89, infas 1990, A 48) – vgl auch Erl 66.

Ein **Nachschieben** von Anfechtungsgründen nach Ablauf der Anfechtungsfrist ist **unzulässig**. Die in einer Protokollarklage gebrauchte Wendung des Arbeitnehmers, „er habe seine Dienstpflichten stets ordnungsgemäß erfüllt und betrachte daher die ausgesprochene Kündigung als nicht gerechtfertigt", umfasst aber sowohl die Anfechtungsgründe nach § 105 Abs 3 Z 1 ArbVG als auch jene nach Z 2 (OGH vom 14. 11. 1996, 8 Ob A 2308/96, DRdA 1997, 227 = ASoK 1997, 197 = infas 1997, A 50 = wbl 1997, 209). Trotz dieser großzügigen Interpretation der Geltendmachung von Anfechtungsgründen durch den OGH empfiehlt es sich in der Praxis, die Anfechtungsgründe vollständig und explizit in die Klage aufzunehmen.

Die Tatsache, dass der Arbeitnehmer während eines aus Motivgründen angestrengten Anfechtungsverfahrens ein **anderes Arbeitsverhältnis** angetreten hat, **ändert nichts am Rechtsschutzinteresse** des Arbeitnehmers an der Fortsetzung des Anfechtungsprozesses (OLG Wien vom 27. 6. 1991, 31 Ra 43/91, infas 1992, A 87). Wegen der Unsicherheit des Prozessausganges ist dem Arbeitnehmer stets zu empfehlen, während des Anfechtungsverfahrens ein **neues Arbeitsverhältnis anzustreben**. Gewinnt der Arbeitnehmer den Anfechtungsprozess, so muss er die Möglichkeit haben, das zwischenzeitlich aufgenommene Arbeitsverhältnis unter Einhaltung der gesetzlich oder kollektivvertraglich vorgesehenen Kündigungsfristen zu lösen.

Im Übrigen ist jedenfalls davon auszugehen, dass in dem Falle, dass der Arbeitgeber von der ausdrücklichen Arbeitsbereitschaft des Arbeitnehmers während des Anfechtungsverfahrens nicht Gebrauch machen will und der Arbeitnehmer in der Zwischenzeit ein anderes Arbeitsverhältnis aufnimmt, vom Arbeitgeber nicht angeführt werden kann, dass diese Tätigkeit etwa gegen ein **Konkurrenzverbot** verstoße.

Weiters ist im vorliegenden Fall daran zu erinnern, dass gem § 1155 ABGB der Arbeitnehmer zwar den Anspruch auf das Entgelt behält, auch wenn die Dienstleistung nicht zustande kommt, wenn er zur Leistung bereit war und durch Umstände, die auf der Seite des Arbeitgebers liegen, daran verhindert worden ist. Nach **§ 1155 ABGB** muss sich der Arbeitnehmer aber **anrechnen lassen**, was er infolge des Unterbleibens der Arbeitsleistung erspart oder durch anderweitige Verwendung erworben oder zu erwerben absichtlich versäumt hat. Kann der Arbeitgeber sohin nachweisen, dass der Arbeitnehmer jederzeit ein anderes Arbeitsverhältnis hätte antreten können, so muss sich der Arbeitnehmer im Falle des Prozessgewinnes das fiktiv in einem solchen Arbeitsverhältnis zu erwerbende Einkommen anrechnen lassen. Es empfiehlt sich daher auch aus diesem Grund dringend, auch bei Einleitung eines Anfechtungsverfahrens umgehend eine neue Arbeitsstelle zu suchen und anzutreten.

Wurde die **Arbeitnehmerin**, die die Kündigung angefochten hat, in der Zwischenzeit **schwanger**, so ist ihr bei erfolgreicher Anfechtung das Entgelt für die gesamte Zeit nachzuzahlen, wobei eventuell bezogenes **Wochengeld und Karenzurlaubsgeld nicht anzurechnen** ist, sondern von der Arbeitnehmerin der Krankenkasse bzw dem Arbeitsamt zurückerstattet werden muss (OGH vom 14. 2. 1990, 9 Ob A 3/90, infas 1991, A 34).

Gem **§ 61 Abs 1 Z 5 ASGG** sind **erstinstanzliche Urteile** in Arbeitsverfassungsangelegenheiten – wozu auch das Kündigungsanfechtungsverfahren gehört – **auch dann vorläufig zu beachten**, wenn sie **noch nicht rechtskräftig** sind.

Der Arbeitnehmer hat daher die Möglichkeit, die Wiederaufnahme des Arbeitsverhältnisses schon dann zu verlangen, wenn er die Anfechtungsklage in erster Instanz gewonnen hat, obwohl der Arbeitgeber dagegen Berufung einlegt und das Verfahren in den weiteren Instanzen fortgeführt wird. Der Arbeitnehmer hat in diesem Fall freilich auch die Verpflichtung, die Arbeitsleistung anzubieten und – falls sie entgegengenommen wird – zu arbeiten. Während der Zeit, in der das Urteil erster Instanz vorläufig wirksam ist, sind sämtliche Rechte und Pflichten aus dem Arbeitsverhältnis aufrecht.

Diese Möglichkeit, die Beachtung des noch nicht rechtskräftigen Urteils erster Instanz zu erzwingen, darf jedoch **nicht zu einer Verpflichtung für den Arbeitnehmer** führen, die ihn während des Anfechtungsverfahrens belastet: Hat er beispielsweise in der Zwischenzeit ein anderes Arbeitsverhältnis angetreten oder ist ihm aus sonstigen Gründen die Wiederaufnahme der alten Beschäftigung noch vor Rechtskraft des Urteiles unzumutbar, muss er von der Möglichkeit, die ihm § 61 Abs 1 Z 5 ASGG bietet, nicht Gebrauch machen. Er kann vom Arbeitgeber nicht gezwungen werden, auf Grund eines noch nicht rechtskräftigen Urteils das Arbeitsverhältnis wieder aufzunehmen. In diesem Fall tritt aber die Anrechnungsvorschrift des § 1155 ABGB in Kraft, der Arbeitgeber erspart sich durch die Anrechnung des Verdienten die volle Nachzahlung des Entgeltes.

Hat der Arbeitnehmer die **Arbeitsleistung** auf Grund eines noch nicht rechtskräftigen Urteiles **erbracht**, verliert er aber letztlich den Anfechtungsprozess rechtskräftig, so ist der Arbeitgeber **nicht berechtigt, das Entgelt für die geleistete Arbeit von ihm zurückzufordern.** Es handelt sich in diesem Fall um ein Arbeitsverhältnis, das nicht durch Vertrag, sondern durch gerichtliche Entscheidung zustande gekommen ist, und das daher ohne weitere Willenserklärung durch die rechtskräftige Entscheidung wieder beendet werden kann. Am Charakter des Arbeitsverhältnisses hinsichtlich der Haupt- und Nebenpflichten ändert dies aber nichts. Das Arbeitsentgelt ist daher nicht zurückzufordern, eine weitere Kündigungsfrist nach der rechtskräftigen Entscheidung, mit der der Arbeitnehmer den Anfechtungsprozess verloren hat, muss nicht mehr eingehalten werden.

Auf Grund der vorläufigen Vollstreckbarkeit gem § 61 Abs 1 Z 5 ASGG hat der Arbeitnehmer auch die Möglichkeit, das Entgelt bereits ab der Entscheidung erster Instanz zu fordern, wenn auch der Arbeitgeber seine Arbeitsbereitschaft und die vorläufige Vollstreckbarkeit insofern nicht beachtet, als er dem **Arbeitnehmer nicht ermöglicht, seine Arbeit wieder anzutreten.** Wird jedoch in so einem Fall in letzter Instanz rechtskräftig das Anfechtungsbegehren abgewiesen, so ist auf Grund des Wegfalles des fiktiv fortbestandenen Arbeitsverhältnisses nach Abänderung des der Kündigungsanfechtungsklage stattgebenden ersten Urteils eine **bereicherungsrechtliche Rückabwicklung** vorzunehmen. Nahm der Arbeitgeber die Dienstleistung des Arbeitnehmers während des vorläufig bestehenden Arbeitsverhältnisses nicht an, so kann der Arbeitgeber die für diese Zeit erbrachten Entgelte mit Rechtskraft des die Kündigungsanfechtungsklage abweisenden Urteiles **zurückfordern.** § 61 Abs 2 ASGG schließt einen gutgläubigen Verbrauch des empfangenen Entgelts aus (OGH vom 1. 12. 1999, 9 Ob A 283/99d, DRdA 2000/51 = infas 2000, A 54 = RdW 2000/335).

Diese Judikatur muss entschieden kritisiert werden, da sie letztlich der vorläufigen Vollstreckbarkeit nach § 61 Abs 1 Z 5 ASGG jegliche Wirkung nimmt: Ignoriert der Arbeitgeber das erstinstanzliche Urteil und beschäftigt den Arbeitnehmer nicht, so hat er im Falle seines letztlichen Prozessgewinnes keinerlei nachteilige Folgen. Die vorläufige Vollstreckbarkeit wird damit ihres Sinnes beraubt: Sie soll dem Arbeitnehmer auf Grund einer entsprechend umfangreichen Prüfung seines Vorbringens in erster Instanz die Durchsetzung seiner Rechte umgehend nach dem erstinstanzlichen Urteil ermöglichen. Es wäre zur Umsetzung dieses Zieles erforderlich, dass der Arbeitgeber jedenfalls die Arbeitsleistung des Arbeitnehmers anzunehmen hat bzw im Falle der Nichtannahme unter allen Umständen das Entgelt zu bezahlen hat. Es ist dem Arbeitgeber schließlich zuzumuten, den Arbeitnehmer zumindest für die Dauer des

Prozesses in zweiter und dritter Instanz weiterzubeschäftigen, wenn das Erstgericht nach Durchführung eines umfangreichen Beweisverfahrens zu dem Schluss kommt, dass die Kündigung für rechtsunwirksam erklärt werden soll. Auf Grund der Judikatur des OGH läuft aber die vorläufige Vollstreckbarkeit vollkommen ins Leere, da der Arbeitnehmer zwar in erster Instanz Recht bekommt, dieses Recht aber keinerlei Auswirkungen hat und der Arbeitgeber insbesondere keinerlei Anreiz hat, den Arbeitnehmer weiterzubeschäftigen, wenn er noch auf eine Änderung des Urteiles durch den Obersten Gerichtshof hofft.

Ein **Arbeitgeber** kann auch durch ein das Kündigungsanfechtungsbegehren eines Arbeitnehmers **abweisendes Urteil beschwert** werden, sodass ihm ein **Rechtsmittelinteresse** dann eingeräumt werden kann, wenn seine Rechtsposition durch die Begründung des Urteils (hier: eine Kündigung sei gar nicht erfolgt) für allfällige Folgeprozesse verschlechtert wird (OGH vom 26. 8. 1999, 8 Ob A 87/99y, ÖJZ 2000/5 = JBl 2000, 124 = ARD 5160/33/2000).

Zu beachten ist auch die Judikatur des OGH, wonach der Arbeitnehmer im Falle der Anfechtung durch den Betriebsrat für den Fall, dass **der Betriebsrat im Berufungsstadium keine Berufung erheben will**, nicht berechtigt ist, das Verfahren von sich aus fortzusetzen, sondern vielmehr zunächst **innerhalb der Berufungsfrist seinen Beitritt als Nebenintervenient** zu erklären hat und sodann erst eine Berufung einbringen darf. Hiefür steht dem Arbeitnehmer auch nicht eine zusätzliche 14-tägige Aufgriffsfrist zu, sondern er hat dies innerhalb der Berufungsfrist für den Betriebsrat zu tun (OGH vom 25. 11. 1998, 9 Ob A 311/98w, ARD 5001/11/99). Diese äußerst problematische Entscheidung sollte in der Praxis insofern berücksichtigt werden, als ein Arbeitnehmer im Falle, dass der Betriebsrat keine Berufung erheben möchte, umgehend zu informieren ist und dass der Ablauf der Berufungsfrist für den Betriebsrat korrekt mitzuteilen ist, damit er seine Rechte wahren kann. Zum anderen empfiehlt es sich, bereits im erstinstanzlichen Verfahren die Position des streitgenössischen Nebenintervenienten einzunehmen, in diesem Fall obliegt dem Arbeitnehmer sodann ein gesondertes Berufungsrecht unabhängig vom Verhalten des Betriebsrates (vgl Erl 62).

Anfechtung von Entlassungen

§ 106. (1) Der Betriebsinhaber hat den Betriebsrat von jeder Entlassung[1]) eines Arbeitnehmers unverzüglich zu verständigen[2]) und innerhalb von drei Arbeitstagen nach erfolgter Verständigung auf Verlangen des Betriebsrates mit diesem die Entlassung zu beraten[3]).

(2) Die Entlassung kann beim Gericht angefochten werden[4]), wenn ein Anfechtungsgrund[5]) im Sinne des § 105 Abs 3 vorliegt und der betreffende Arbeitnehmer keinen Entlassungsgrund[6]) gesetzt hat. Die Entlassung kann nicht angefochten werden, wenn ein Anfechtungsgrund im Sinne des § 105 Abs 3 Z 2 vorliegt und der Betriebsrat der Entlassung innerhalb der in Abs 1 genannten Frist ausdrücklich zugestimmt hat[7]). § 105 Abs 4 bis 7 ist sinngemäß anzuwenden[8]).

Schrifttum zu § 106

Kuderna, Die Anfechtung von Entlassungen nach dem Arbeitsverfassungsgesetz I, II, ZAS 1974, 166, 209;

Floretta, Der Sozialvergleich beim allgemeinen Kündigungs- und Entlassungsschutz, DRdA 1976, 1 = FS Rabofsky (1976) 159;

Schrank, Bestandschutzproblematik und Arbeitsvertragsübernahme bei Betriebsübergang, ZAS 1977, 125;

Kuderna, Gesetzesvorschläge zum Thema „Beendigung des Arbeitsverhältnisses", DRdA 1978, 49;

Löschnigg, Bestandschutz und befristetes Dienstverhältnis, DRdA 1980, 17;

Strasser, Mitbestimmung bei disziplinären Entlassungen richtet sich nach § 106 (Entlassungsschutz) und nicht nach § 102 ArbVG, DRdA 1981, 153;

Schrank, Der Fortbestand des Arbeitsverhältnisses ab Schutzobjekt der Rechtsordnung. Eine Untersuchung zum geltenden Recht (1982);

Tomandl, Einschränkungen des Entlassungsrechts durch kollektivvertragliche Disziplinarordnungen – dargestellt am Beispiel des Kollektivvertrages der Versicherungsangestellten (Innendienst), RdW 1983, 108;

Schwarz B., Neuere Judikatur in ausgewählten Kapiteln des Kündigungsrechts, DRdA 1984, 168;

Löffler, Die verweigerte Überstundenleistung, DRdA 1987, 341;

Eypeltauer, Entlassungsanfechtung und Kostenersatz, ecolex 1992, 254;

Kuderna, Die Rechtswirkung einer gegen nachträgliche Zustimmung des Gerichts ausgesprochenen Entlassung, DRdA 1995, 211;

Rebhahn, Kündigungs- und Entlassungsschutz im Internationalen Privatrecht, RdW 1996, 68;

Karner, Prüfungsreihenfolge der Tatbestandsmerkmale bei Entlassungsanfechtung, RdW 1998, 23;
Risak, Ältere Arbeitnehmer: Kündigungsschutz ja, Entlassungsschutz nein? ecolex 2000, 809;
Löschnigg, Allgemeiner Entlassungsschutz im befristeten Dienstverhältnis, DRdA 2005, 309 f.
Weiterführende Literatur vgl bei § 105.

Übersicht zu § 106

Der Begriff Entlassung – Anwendungsvoraussetzungen	Erläuterung 1
Verständigungspflicht des Betriebsinhabers	Erläuterung 2
Beratungsrecht und Stellungnahmemöglichkeit des Betriebsrates	Erläuterung 3
Anfechtungsberechtigte und Anfechtungsfrist	Erläuterung 4
Anfechtungsgründe	Erläuterung 5
Anfechtungsausschluss bei Vorliegen eines Entlassungsgrundes	Erläuterung 6
Zustimmung des Betriebsrates zur Entlassung	Erläuterung 7
Anwendung der Verfahrensbestimmungen des § 105	Erläuterung 8
Entlassungsanfechtung – Kündigungsentschädigung	Erläuterung 9

Der Begriff Entlassung – Anwendungsvoraussetzungen

[1]) Eine Entlassung ist die **vorzeitige Beendigung** eines Arbeitsverhältnisses durch den Arbeitgeber. Sie beendet das Arbeitsverhältnis in der Regel sofort mit dem Zugang der Willenserklärung des Arbeitgebers, ist aber nur berechtigt, wenn bestimmte, zumeist im Gesetz (zB für Arbeiter § 82 GewO, für Angestellte § 27 AngG) genannte Gründe vorliegen. Diese **Gründe** setzen in der Regel ein erhebliches **Verschulden des Arbeitnehmers** voraus (es gibt allerdings vereinzelt Entlassungsgründe ohne Verschulden) und müssen dem Arbeitgeber die weitere Zusammenarbeit nach objektiven Kriterien unzumutbar erscheinen lassen.

Der allgemeine Entlassungsschutz des § 106 gilt dann nicht, wenn der Arbeitnehmer einen **besonderen Entlassungsschutz** genießt, wenn also eine ungerechtfertigte Entlassung das Arbeitsverhältnis nicht beenden kann. Der besondere Entlassungsschutz gilt im Wesentlichen für jenen Personenkreis, für den auch ein besonderer Kündigungsschutz wirksam ist (vgl § 105, Erl 3).

Daher findet § 106 ua auch für **Behinderte**, die dem BEinstG unterliegen, keine Anwendung. Die Zustimmung des Betriebsrates zu einer solchen Entlassung ist rechtlich unbedeutend und kann die Möglichkeit des Behinderten, die Rechtsunwirksamkeit der Entlassung einzuklagen, wenn der Behindertenausschuss nicht zugestimmt hat, in keiner Weise beeinträchtigen (OGH 23. 10. 1990, ARD 4236/17/91).

Wenn der Arbeitnehmer aber **keinen besonderen Entlassungsschutz** genießt, beendet auch eine unberechtigte Entlassungserklärung das Arbeitsverhältnis. In diesem Fall hat der Arbeitnehmer nun entweder die Möglichkeit, beim Gericht eine finanzielle Entschädigung für diesen rechtswidrigen Akt zu begehren („**Kündigungsentschädigung**" und sonstige Ansprüche wie bei ordnungsgemäßer Arbeitgeberkündigung) **oder** gem § 106 die Entlassung mit dem Ziel **anzufechten**, das **Arbeitsverhältnis aufrechtzuerhalten.**

Dies ist dann möglich, wenn **kein Entlassungsgrund, aber ein Anfechtungsgrund** gem § 105 vorliegt. Bestünde diese Möglichkeit nicht, so könnte der Kündigungsschutz des § 105 vom Arbeitgeber dadurch umgangen werden, dass er nicht eine ordnungsgemäße Kündigung, sondern eine unberechtigte Entlassung ausspricht.

Wurde während des Verfahrens eine Entlassung in eine **einvernehmliche Auflösung umgewandelt**, so ist im Anfechtungsverfahren der Entscheidungsgegenstand weggefallen (EA Innsbruck 15. 7. 1983, Arb 10.254 = ZAS 1984, 1).

Grundsätzlich ist auch für eine Entlassungsanfechtung – wie für eine Kündigungsanfechtung gem § 105 – Voraussetzung, dass mindestens 5 Arbeitnehmer im Betrieb beschäftigt sind (vgl Erl 1 zu § 105). Allerdings ist festzuhalten, dass **§ 15 AVRAG** für **ältere Arbeitnehmer** auch **in Kleinstbetrieben** eine Kündigungsanfechtungsmöglichkeit festgelegt hat (Näheres vgl Erl 4 zu § 105). § 15 AVRAG erwähnt lediglich den Kündigungsschutz, nicht aber einen Entlassungsschutz. Da der Entlassungsschutz aber die notwendige Ergänzung des allgemeinen Kündigungsschutzes darstellt, ist wohl von einer planwidrigen Lücke auszugehen, die durch Analogie zu schließen ist. Dies bedeutet nach der hier vertretenen Auffassung, dass unter den in § 15 AVRAG ansonsten angeführten Bedingungen auch eine Entlassungsanfechtung möglich ist (so auch *Risak*, ecolex 2000, 809).

Der allgemeine Entlassungsschutz nach § 106 ArbVG gilt auch für **befristete Arbeitsverhältnisse.** Die vorzeitige Entlassung hat ungeachtet der Frage ihrer Rechtfertigung auch bei befristeten Arbeitsverhältnissen auflösende Wirkung. Die in § 106 Abs 2 normierte Bedingung, dass ein Anfechtungsgrund iSd § 105 Abs 3 vorliegt, bedeutet nicht, dass der Kündigungsschutz insgesamt anwendbar sein muss, sondern nur, dass einer der dort geregelten Anfechtungsgründe vorhanden sein muss. Darauf, ob auch eine Kündigung des Arbeitsverhältnisses möglich wäre, kommt es nicht an (OGH vom 21. 4. 2004, 9 Ob A 31/04f, DRdA 2004, 466 = ASoK 2005, 73 = DRdA 2005, 309 mit Anm *Löschnigg*). Die Erhebung einer

Klage auf Rechtsunwirksamerklärung eines Disziplinarerkenntnisses, womit über den Kläger die Disziplinarstrafe der Entlassung verhängt wurde, ist abzuweisen, wenn es sich um ein unkündbares Arbeitsverhältnis handelt, da in einem solchen Fall eine unberechtigte Entlassung nicht zur Auflösung des Arbeitsverhältnisses führen kann. Bekämpft der Kläger nicht die durch den Arbeitgeber ausgesprochene Entlassung, sondern die „Vorstufe" des auf Entlassung lautenden Disziplinarerkenntnisses, so mangelt es an dem für ein Feststellungsbegehren erforderlichen gesonderten rechtlichen Interesse (OGH vom 10. 7. 2002, 9 Ob A 46/02h, Arb 12.251 = ARD 5430/11/2003).

Die Regelungen der Arbeitsverfassung über den allgemeinen Entlassungsschutz haben absolut (zweiseitig) zwingenden Charakter, sodass auch eine allfällige obligatorische Schlichtungsklausel, die die Durchführung eines Schlichtungsverfahrens vor der Anrufung des Gerichtes vorschreibt, die Einbringung einer Anfechtungsklage gegen den Arbeitgeber vor Ablauf der bloß einwöchigen Frist nicht zu hindern vermag (vgl OGH vom 21. 4. 2004, 9 Ob A 31/04f, DRdA 2005, 309 f).

Verständigungspflicht des Betriebsinhabers

[2]) Da der Arbeitgeber eine Entlassung unverzüglich aussprechen muss, nachdem er vom Entlassungsgrund Kenntnis erlangt hat, widrigenfalls sein Entlassungsrecht erlischt, muss die Verständigung des Betriebsrates und dessen Beratung mit dem Betriebsinhaber nicht – wie bei der Kündigung – vor, sondern kann auch **nach dem Ausspruch der Entlassung** erfolgen. Diese Verständigung hat jedenfalls ohne Verzögerung zu erfolgen. Wenn sie unterbleibt, kann die Frist zur Stellungnahme und damit auch die Anfechtungsfrist nicht zu laufen beginnen.

Wird der **Betriebsrat überhaupt nicht oder zu spät** von der Entlassung **verständigt**, so bewirkt dies **nicht** die **Rechtsunwirksamkeit** der Entlassung (EA Linz 17. 2. 1986, Arb 10.485 = ZASB 1986, 14 = RdW 1986, 252). Die Entlassung, von der der Betriebsrat nicht verständigt wurde, bleibt somit zumindest vorläufig rechtswirksam; sie kann aber **angefochten** werden.

Gibt es im Betrieb keinen Betriebsrat, obwohl ein betriebsratspflichtiger Betrieb vorliegt, so beginnt die Anfechtungsfrist für den betroffenen Arbeitnehmer mit dem **Zugang** der Entlassungserklärung (EA Leoben 29. 10. 1979, Arb 9824; EA Wiener Neustadt 16. 9. 1981, Arb 10.036).

Beratungsrecht und Stellungnahmemöglichkeit des Betriebsrates

[3]) Bei der Entlassung gilt für den Betriebsrat eine **dreitägige Frist**, innerhalb derer sowohl eine Beratung mit dem Betriebsinhaber über die Entlassung verlangt werden kann, als auch eine **Stellungnahme** des Betriebsrates zur erfolgten Entlassung abgegeben werden kann.

Die Stellungnahme des Betriebsrates kann – so wie bei der Kündigung – im Widerspruch zur Entlassung, in der ausdrücklichen Zustimmung zur Entlassung sowie in der bloßen Zurkenntnisnahme (= Stillschweigen), dh keine Stellungnahme, bestehen.

Die Anfechtung einer fristlosen Entlassung als sozial ungerechtfertigt ist dem Arbeitnehmer verwehrt, wenn der Betriebsrat der Entlassung (nachträglich) zugestimmt hat. Sollte der Betriebsrat der Entlassung widersprechen, dann kann der Betriebsrat diese Entlassung anfechten (OGH vom 5. 9. 2001, 9 Ob A 191/01f, ARD 5291/38/2002 = LV aktuell 2002 H2, 3 = RdW 2002/361).

Die Stellungnahme des Betriebsrates zur Entlassung ist zwar an keine bestimmte Formvorschrift gebunden, sie muss jedoch **klar und eindeutig** zum Ausdruck bringen, worauf sie abzielt. Die Erklärung, dass der Entlassung einer Arbeitnehmerin die **Zustimmung** des Betriebsrates **verweigert** wird, stellt nach der Judikatur **keinen eindeutigen Widerspruch** dar und ist daher dem Stillschweigen gleichzusetzen (OGH vom 25. 2. 1998, 9 Ob A 33/98p, RdW 1998, 691 = infas 1998, A73). Näheres zu den Stellungnahmemöglichkeiten des Betriebsrates zur Entlassung vgl Erl 14 bis 18 zu § 105.

Die **Mitwirkungsrechte** des Betriebsrates im Entlassungsverfahren können **nicht** durch Kollektivvertrag dahingehend **ausgeweitet** werden, dass dem Betriebsrat ein Anhörungsrecht vor der Entlassung zukommt. Eine solche Bestimmung ist nichtig (OGH vom 18. 8. 1995, 8 Ob A 269/95, DRdA 1996, 388 = infas 1996, A2; Näheres vgl Erl 7 zu § 105).

Die dreitägige **Frist** zur Beratung und zur Stellungnahme für den Betriebsrat beginnt mit der erfolgten **Verständigung von der ausgesprochenen Entlassung** (der Tag der Verständigung zählt nicht mit). Wurde der Betriebsrat von der Entlassung nicht verständigt, kann die dreitägige Frist nicht zu laufen beginnen, in der Folge verschiebt sich auch die Frist, innerhalb derer eine Anfechtung der Entlassung durch den Betriebsrat vorgenommen werden kann. Zur **Fristberechnung** vgl im Übrigen Erl 16 zu § 105.

Der Arbeitnehmer, der entlassen wurde, ist nicht verpflichtet, eine etwaige Zurücknahme der Entlassung durch den Arbeitgeber als Ergebnis der Beratung anzunehmen. Er hat das Recht, beim rechtlichen Zustand der fristlosen Entlassung zu bleiben und allenfalls Kündigungsentschädigung zu verlangen. In diesem Fall ist eine spätere Anfechtung der Entlassung gem § 106 allerdings nicht mehr möglich.

Wird die Zulässigkeit des Ausspruches einer Entlassung in einer **Disziplinarordnung** an die Abhaltung eines Disziplinarverfahrens gebunden, so sind derartige Regelungen vom Arbeitgeber **zu beachten, widrigenfalls** die **Entlassung rechtsunwirksam** ist. Das Disziplinarerkenntnis ist dann in der Folge gerichtlich überprüfbar (OGH vom 24. 2. 1999, 9 Ob A 1/99h, Arb 11.838 = ZAS 2001/2 = infas 1999, A62 = RdW 1999, 482).

Ein **genereller**, auch verschuldete Tatbestände umfassender **Ausschluss der Entlassungsrechte** des Arbeitgebers ist **sittenwidrig** und nichtig (OGH vom 26. 2. 1985, 4 Ob 144/84, Arb 10.410). Zur Nichtigkeit der Regelung von über das Arbeitsverfassungsgesetz hinausgehenden Mitwirkungsrechten des Betriebsrates vgl Erl 2 und 7 zu § 105.

Die Entlassung ist so lange rechtswirksam, als das Arbeits- und Sozialgericht (ASG) nicht die Berechtigung der Anfechtung und damit die Rechtsunwirksamkeit der Entlassung ausgesprochen hat. Eine für den Fall der Rechtsunwirksamkeit der ersten vom Arbeitgeber ausgesprochene **zweite Entlassung** ist **zulässig** (OGH vom 27. 6. 1978, 4 Ob 21/78, Arb 9707).

Anfechtungsberechtigte und Anfechtungsfrist

[4]) Der Betriebsrat hat die Möglichkeit, die Entlassung **innerhalb einer Woche** beim ASG anzufechten. Voraussetzung für die Anfechtung durch den Betriebsrat ist ein entsprechendes **Verlangen des Arbeitnehmers**.

Bei der Fristberechnung ergibt sich in Zusammenhang mit § 106 ArbVG ein Auslegungsproblem: die Bestimmung verweist bezüglich der Fristberechnungen auf § 105 ArbVG. Da § 105 Abs 4 eine Kündigungsanfechtung durch den Betriebsrat innerhalb einer Woche ab der Verständigung vom Kündigungsausspruch ermöglicht, ging der VwGH in der früheren Judikatur davon aus, dass auch eine Entlassungsanfechtung nur innerhalb einer Woche ab **Verständigung** von der Entlassung zulässig ist. Die dreitägige Frist zur Stellungnahme wäre dieser Ansicht nach in die Anfechtungsfrist einzurechnen (VwGH vom 24. 11. 1982, 82/01/0220, ZAS 1985, 233).

Diese Auffassung wurde aber zu Recht in der Lehre kritisiert (vgl *Löschnigg*, ZAS 1985, 234; *Floretta*, ArbVG-Handkommentar, 684), da diese Rechtsansicht zu äußerst kurzen Fristen in jenen Fällen führt, in denen der Betriebsrat selbst nicht anficht und der Arbeitnehmer die Anfechtung vornehmen muss oder der Betriebsrat gar keine Stellungnahme abgibt.

§ 63 Abs 5 BRGO bestimmt nunmehr ausdrücklich, dass die **3-Tages-Frist ab der Verständigung des Betriebsrates in die Anfechtungsfrist nicht einzurechnen** ist. Die Anfechtungsfrist beginnt daher im Falle einer ausdrücklichen Stellungnahme des Betriebsrates zur Entlassung (Widerspruch oder Zustimmung) mit dieser Äußerung, im Falle des Stillschweigens des Betriebsrates mit dem Ablauf der 3-Tages-Frist. Nach dem Sinn und Zweck der Regelung soll schließlich dem Arbeitnehmer zumindest eine Woche für die Anfechtung offen stehen, wenn der Betriebsrat selbst nichts gegen die Entlassung unternimmt.

Hat der Betriebsrat der Entlassung zwar widersprochen, nimmt er aber die Anfechtung nicht selbst vor, so hat der **Arbeitnehmer** die Möglichkeit, innerhalb einer **weiteren Woche** nach der für den Betriebsrat geltenden

Frist (im Ergebnis also nach der hier vertretenen Rechtsauffassung 14 Tage nach dem Widerspruch des Betriebsrates gegen die Entlassung, der nach der Verständigung von der Entlassung an den Betriebsrat von diesem erhoben wurde) die Anfechtung selbst vorzunehmen. Im Fall des Widerspruches des Betriebsrates gegen die Entlassung besteht der Vorrang des Anfechtungsrechtes für den Betriebsrat (EA Wien, ARD 3608/9). Der einzelne Arbeitnehmer kann also nur dann anfechten, wenn entweder der Betriebsrat keine Stellungnahme abgegeben hat (dann beginnt die Frist der Anfechtung mit Ablauf der 3-tägigen Stellungnahmefrist für den Betriebsrat und beträgt von da an eine Woche) oder wenn nach einem Widerspruch des Betriebsrates gegen die Entlassung der Betriebsrat trotz Aufforderung durch den Arbeitnehmer die Anfechtung nicht selbst vornimmt. In diesem Fall verlängert sich die Anfechtungsfrist um eine Woche.

Hat ein Arbeitnehmer seine Entlassung bereits 6 Tage nach dem Ausspruch bei Gericht unter anderem wegen eines verpönten Motivs und wegen Sozialwidrigkeit angefochten, steht einer neuerlichen, nur 4 Tage nach der ersten Klage eingebrachten Anfechtungsklage mit demselben Streitgegenstand, in der bloß ergänzend ausgeführt wird, dass der Betriebsrat der Entlassung ausdrücklich widersprochen habe, das Prozesshindernis der Streitanhängigkeit entgegen, sodass die zweite Anfechtungsklage zurückzuweisen ist. Im ersten Prozess ist die Einwendung des Arbeitgebers, die Klage sei wegen des Widerspruches des Betriebsrates verfrüht gewesen, ohnedies nach Ablauf der einwöchigen Frist ohne weitere Berechtigung (vgl OGH vom 22. 12. 2004, 8 Ob A 127/04s, ARD 5584/9/2005 = RdW 2005/393).

In Betrieben, in denen **Betriebsräte zu errichten wären**, aber nicht bestehen, kann der jeweilige **Arbeitnehmer** gem § 107 die Entlassung binnen einer Woche ab dem Zugang **selbst anfechten.**

Anfechtungsgründe

5) Als Anfechtungsgründe können so wie bei der Kündigung entweder **unzulässige Motive** (§ 105 Abs 3 Z 1) oder die **mangelnde soziale Rechtfertigung** einer Kündigung (§ 105 Abs 3 Z 2) geltend gemacht werden (vgl dazu die Erl 22 bis 59 zu § 105).

Der Inhalt der Anfechtungsgründe ist beim Entlassungsschutz genau gleich **wie** beim **Kündigungsschutz** (EA Leoben 26. 11. 1986, Arb 10.570; EA Feldkirch 4. 1. 1980, Arb 9.847 = ZAS 1980, 121).

Diese Anfechtungsgründe sind vom Gericht aber nur dann zu überprüfen, wenn kein Entlassungsgrund vorliegt (OGH vom 25. 4. 1990, 9 Ob A 67/90, ARD 4173/19/90), es sei denn, es überwiegt ein verpöntes Motiv als Beendigungsgrund (vgl Erl 6).

Grundsätzlich wird sohin bei einer Entlassungsanfechtung zuerst das Vorliegen eines Entlassungsgrundes geprüft und erst bei Verneinung des

Entlassungsgrundes der geltend gemachte Anfechtungsgrund im Verfahren releviert. Fraglich ist, ob im Verfahren eine andere **Prüfungsreihenfolge** durchgeführt werden kann, wenn von vornherein für das Gericht naheliegend ist, dass der geltend gemachte Anfechtungsgrund gem § 105 Abs 3 nicht vorliegt. In der Lehre wurde dazu vertreten, dass dem erkennenden Gericht freizustellen sei, in welcher Reihenfolge es die Tatbestandsmerkmale prüft (vgl *Karner,* RdW 1998, 23).

Dieser Auffassung ist der OGH gefolgt:

Eine Entlassung kann nur dann erfolgreich bei Gericht angefochten werden, wenn ein Anfechtungsgrund iSd § 105 Abs 3 ArbVG vorliegt und der Arbeitnehmer keinen Entlassungsgrund gesetzt hat. Da beide Voraussetzungen kumulativ vorliegen müssen und die Anfechtungsklage daher abzuweisen ist, wenn auch nur eine der beiden Voraussetzungen nicht vorliegt, kommt es auf die Reihenfolge der Prüfung der Anfechtungsvoraussetzungen nicht an. Die in manchen Entscheidungen verwendete Formulierung, im Anfechtungsverfahren nach § 106 sei zunächst zu prüfen, ob ein Entlassungsgrund vorliegt, kann in dieser Allgemeinheit nicht aufrecht erhalten werden, auch wenn sich diese Reihenfolge im Regelfall als zweckmäßig erweisen wird. Hauptfrage in einem derartigen Anfechtungsprozess ist, ob das Arbeitsverhältnis durch die Entlassungserklärung aufgelöst wurde oder aber – wegen der Rückwirkung einer erfolgreichen Anfechtung – als fortbestehend anzusehen ist; als bloße Vorfragen zu beurteilen sind hingegen, ob eine gesetzlicher Anfechtungsgrund (hier: Sozialwidrigkeit) vorliegt und ob der Arbeitnehmer keinen Entlassungsgrund gesetzt hat.

Steht fest, dass der vom Arbeitnehmer ins Treffen geführte Anfechtungsgrund nicht vorliegt, ist die Klage abzuweisen, ohne dass es erforderlich wäre, auf die zweite notwendige Voraussetzung, nämlich das Fehlen von Entlassungsgründen, einzugehen. Hat das Erstgericht in einem solchen Fall dennoch auch ausgesprochen, dass keine Entlassungsgründe vorlagen, ist der Arbeitgeber durch diese Entscheidung weder formell noch materiell beschwert und seine Berufung gegen das Urteil wegen Unzulässigkeit zurückzuweisen (OGH vom 13. 10. 2004, 9 Ob A 104/04s, ARD 5564/1/2005 = DRdA 2005/140). Eine Entlassung wegen verpönten Motivs liegt vor, wenn der Arbeitnehmer wegen der Geltendmachung seiner Provisionsforderungen entlassen wird. Es ist nicht erforderlich, dass das verpönte Motiv der einzige Kündigungs- bzw Entlassungsgrund war. Der Arbeitgeber hätte vielmehr den Nachweis des Überwiegens eines anderen, zulässigen Kündigungs- bzw Entlassungsmotivs nachzuweisen (OGH vom 29. 8. 2002, 8 Ob A 180/02g, ASoK 2003, 278 = ARD 5398/2/2003 = infas 2003, A 13).

Anfechtungsausschluss bei Vorliegen eines Entlassungsgrundes

⁶) Liegt ein Entlassungsgrund vor (zB die erhebliche Beleidigung eines Vertreters des Arbeitgebers; OGH vom 6. 12. 1989, 9 Ob A 333/89, ARD 4160/16/90), so ist eine Entlassung selbst dann nicht erfolgreich anzufechten, wenn Anfechtungsgründe vorliegen.

Im Anfechtungsverfahren nach § 106 hat das Gericht somit zunächst zu prüfen, ob ein Entlassungsgrund vorliegt. Wird das Vorliegen eines **Entlassungsgrundes verneint**, hat das **Verfahren** nach denselben Grundsätzen und mit denselben Beurteilungskriterien stattzufinden **wie bei einer Kündigungsanfechtung** (OGH vom 26. 1. 2000, 9 Ob A 329/99v, RdW 2000, 463 = ASoK 2000, 356; OGH vom 27. 9. 1995, 9 Ob A 133/95, Arb 11448 = infas 1996, A 57 = RdW 1996, 373 = ecolex 1996, 116; OGH vom 10. 5. 1995, 9 Ob A 53/95, Arb 11398 = wbl 1995, 417; OGH vom 30. 11. 1994, 9 Ob A 228/94, Arb 11.340 = ZASB 1995, 9 = ecolex 1995, 362).

Das bloße **Vorliegen eines Entlassungsgrundes** führt aber **nicht automatisch zum Ausschluss der Kündigungsanfechtung**. Dies folgt schon aus § 105 Abs 5 iVm § 106 Abs 2 ArbVG, nachdem zwar die Entlassungsanfechtung grundsätzlich nicht durchdringt, wenn der betreffende Arbeitnehmer einen Entlassungsgrund gesetzt hat, aber eine Entlassungsanfechtung dennoch erfolgreich sein kann, wenn trotz Vorliegens eines Entlassungsgrundes der Anfechtungskläger glaubhaft macht, dass ein **anderes verpöntes Motiv für den Entlassungsausspruch ausschlaggebend** war. Nach § 106 Abs 2 letzter Satz ist nämlich auch diesfalls § 105 Abs 4 bis 7 sinngemäß anzuwenden und ein unzulässiges Beendigungsmotiv durchaus noch zu prüfen (OGH vom 20. 1. 1999, 9 Ob A 294/98w, DRdA 1999, 395 = infas 1999, A 64 = Arb 11.813 = RdW 1999, 364 = DRdA 2000, 14).

Wird vom Anfechtungskläger allerdings lediglich die **Sozialwidrigkeit** der Entlassung geltend gemacht und liegt ein Entlassungsgrund vor, so kann die Entlassung nicht erfolgreich angefochten werden.

Verhaltensbedingte Entlassungsgründe können aber zeitlich vom Arbeitgeber nicht unbegrenzt zur Rechtfertigung einer sozialwidrigen Entlassung herangezogen werden, sondern müssen vom Arbeitgeber **unverzüglich geltend gemacht** werden. Eine bereits vor rund zweieinhalb Jahren erfolgte falsche Lohnabrechnung, die damals zu keinerlei Konsequenzen für die Arbeitnehmerin geführt hat, kann die Entlassung daher nicht rechtfertigen (OGH vom 25. 2. 1998, 9 Ob A 33/98p, RdW 1998, 691 = infas 1998, A 73).

Die Unwirksamkeit einer erfolgreich bekämpften Motivkündigung kann nicht mittels nachfolgender Entlassung unterlaufen werden. Stützt der Arbeitgeber die Entlassung darauf, dass der Arbeitnehmer zur Leistung der vereinbarten Arbeiten unfähig geworden sei, weil seine dafür notwendige behördliche Berechtigung widerrufen worden sei, hat aber der Arbeitgeber selbst den Widerruf der Berechtigung und damit die

Dienstunfähigkeit des Arbeitnehmers herbeigeführt, indem er nach der erfolgreichen Anfechtung der Motivkündigung der Behörde gegenüber Bedenken betreffend die korrekte Arbeitsweise des Arbeitnehmers geäußert hatte, obwohl im Kündigungsanfechtungsverfahren festgestellt worden war, dass die Arbeitsweise des Arbeitnehmers korrekt gewesen ist, ist die Entlassungsanfechtung berechtigt (OGH vom 21. 5. 2003, 9 Ob A 1/03t, DRdA 2004/33 = ARD 5440/3/2003).

In der **Nichtbefolgung sinnloser Weisungen** kann **kein Entlassungsgrund** erblickt werden, sodass die geltend gemachten Anfechtungsgründe zu prüfen sind (OGH vom 27. 9. 1989, 9 Ob A 248/89, infas 1990, A 25). Verhängt der Arbeitgeber über einen Arbeitnehmer das Verbot, den Betrieb zu betreten, ohne dass eine zwingende sachliche Notwendigkeit hiefür besteht, so ist in der Übertretung dieses Verbotes kein Entlassungsgrund zu erblicken, die Entlassungsanfechtung ist daher möglich (*Resch*, DRdA 1989, 60).

Hat ein Arbeitnehmer eines Sozialversicherungsträgers **außerhalb des Dienstes alkoholisiert zwei Autounfälle verursacht**, sodann **Fahrerflucht** begangen, wobei ein Autounfall auch ein **Todesopfer** verursacht hat und wurde der Arbeitnehmer letztlich auch wegen fahrlässiger Tötung unter besonders gefährlichen Verhältnissen nach § 81 Z 1 und 2 StGB und fahrlässiger Körperverletzung nach § 88 Abs 1 und 4 zweiter Fall StGB verurteilt, so ist dieses Verhalten geeignet, das Vertrauen des Arbeitgebers so schwer zu erschüttern, dass eine Fortsetzung des Arbeitsverhältnisses auch nur für die Dauer der Kündigungsfrist nicht zumutbar ist. Liegt sohin ein **Entlassungsgrund** vor, so ist der Entlassungsanfechtung ein Erfolg zu versagen (OGH vom 24. 6. 1998, 9 Ob A 115/98x, infas 1998, A 151 = RdW 1999, 224).

Zustimmung des Betriebsrates zur Entlassung

[7]) Die Zustimmung des Betriebsrates zur Entlassung kann nur durch Betriebsratsbeschluss mit einer **Mehrheit** von **zwei Drittel** der abgegebenen Stimmen getroffen werden (§ 68 ArbVG). Eine derartige **Zustimmung** schließt die Klage eines Arbeitnehmers auf Kündigungsentschädigung wegen mangelnder Berechtigung der Entlassung in keinem Fall aus. Ausgeschlossen wird nur die Klage des Arbeitnehmers auf Anfechtung der Entlassung wegen mangelnder sozialer Rechtfertigung (Sperrrecht, vgl Erl 15 zu § 105). Der Arbeitnehmer kann im Fall der ausdrücklichen Zustimmung des Betriebsrates zur Entlassung zwar eine Anfechtungsklage wegen eines behaupteten unzulässigen Motives für die Beendigung des Arbeitsverhältnisses einbringen, eine Anfechtungsklage wegen mangelnder sozialer Rechtfertigung würde aber zurückgewiesen werden.

Der Beschluss eines Betriebsrates auf Zustimmung zur Entlassung bedarf **keiner Begründung**. Eine Überprüfung auf etwaige **Sittenwidrigkeit** ist aber möglich (VfGH vom 5. 12. 1984, B 370/83, DRdA 1985, 283).

Eine Zustimmung des Betriebsrates zur Entlassung nach Ablauf der 3-Tages-Frist ist rechtlich unbeachtlich. In diesem Fall bleibt dem Arbeitnehmer das Recht zur Anfechtung vollinhaltlich gewahrt.

Anwendung der Verfahrensbestimmungen des § 105

[8]) In § 105 Abs 4 bis 7 sind im Wesentlichen die Anfechtungsfristen, die Anfechtungsberechtigung, das Verfahren bei Geltendmachung von unzulässigen Beendigungsmotiven durch den Arbeitgeber sowie die Rechtswirkungen eines stattgebenden Urteils im Kündigungsverfahren geregelt. Diese Vorschriften sind im Entlassungsverfahren ebenso anwendbar (vgl dazu Erl 8 bis 21 und 60 bis 69 zu § 105). Hinsichtlich der erforderlichen Anpassungen dieser Bestimmungen an die beim Entlassungsschutz etwas geänderten Vorgangsweisen im Hinblick auf die **nach** der Entlassung erfolgende Verständigung des Betriebsrates vgl Erl 4 zu § 106.

Wird ein Arbeitnehmer **während eines Kündigungsanfechtungsverfahrens entlassen**, kommt er jedoch mit seinem Rechtsanwalt innerhalb der Entlassungsanfechtungsfrist überein, die Angelegenheit dem Generaldirektor zur Entscheidung vorzulegen, so ist weder eine Umdeutung der Kündigungsanfechtung in eine Entlassungsanfechtung möglich, noch kann der Arbeitnehmer nach Ablauf der Anfechtungsfrist die Entlassung erfolgreich anfechten. Die **verfristete Entlassungsanfechtung ist zurückzuweisen** (EA Linz 17. 10. 1985, Arb 10.458 = ZASB 1986, 10).

Entlassungsanfechtung – Kündigungsentschädigung

[9]) Kommt das Gericht zu dem Schluss, dass die Entlassung durch gesetzliche Entlassungstatbestände nicht gedeckt ist, dass aber andererseits Anfechtungsgründe in § 105 Abs 3 nicht ausreichend belegt wurden, um die Entlassung für rechtsunwirksam zu erklären, so kann der Arbeitnehmer **Kündigungsentschädigung** wie bei einer unbegründeten, aber nicht angefochtenen Entlassung geltend machen. Die Anfechtungsklage ist in diesem Fall vom ASG zwar abzuweisen, gleichzeitig hat der Arbeitnehmer die Möglichkeit, Schadenersatz wegen unberechtigter fristloser Entlassung geltend zu machen.

Die Anfechtung einer Entlassung führt zur **Unterbrechung der Verjährung** auch hinsichtlich arbeitsrechtlicher Fallfristen, selbst wenn die Entlassungsanfechtung letztlich abgewiesen wird (OGH vom 14. 9. 1994, 9 Ob A 102/94, infas 1995, A7 = wbl 1995, 33). Dies bedeutet, dass auch die Frist für die Geltendmachung einer **Kündigungsentschädigung** wegen unberechtigter Entlassung gehemmt wird und es dem Arbeitnehmer freisteht, nach rechtskräftiger Abweisung einer Entlassungsanfechtung innerhalb der noch offenen Frist Kündigungsentschädigung geltend zu machen. Dies nur in jenen Fällen, in denen im Verfahren nicht rechtskräftig das Vorliegen eines Entlassungsgrundes festgestellt wurde, sondern in denen die Anfechtung mangels Anfechtungsgrund iSd § 105 Abs 3 erfolglos war.

Allerdings hat der OGH bei einer Feststellungsklage auf aufrechtes Dienstverhältnis in einem späteren Urteil aus nicht nachvollziehbaren Gründen entschieden, dass die Feststellungsklage die Verjährung hinsichtlich der Ansprüche aus der Beendigung des Dienstverhältnisses nicht unterbreche. Es sei zur Verhinderung einer Verfristung oder Verjährung dieser Ansprüche ein Eventualbegehren zu erheben. Feststellungsklagen komme eine Unterbrechungswirkung nur für die laufenden Entgelte ab Klagseinbringung zu (OGH vom 15. 4. 2004, 8 Ob A 105/03d, ARD 5522/9/2004). In der Praxis empfiehlt es sich daher jedenfalls, die Anfechtungsklage zur Sicherheit auch mit einem Eventualbegehren auf Kündigungsentschädigung oder sonstige Ansprüche aus der Beendigung, die anlässlich der Beendigung nicht bezahlt werden, zu verbinden. Allerdings ist zu berücksichtigen, dass im Zeitpunkt der Erhebung der Anfechtungsklage regelmäßig die Beendigungsansprüche noch gar nicht fällig sind. Zahlt der Arbeitgeber die Beendigungsansprüche trotz grundsätzlich zunächst wirksamer Beendigung nicht aus, so sollte ein entsprechendes Eventualbegehren erhoben werden, da unklar ist, ob die obige Judikatur zu Feststellungsverfahren vom OGH auch auf Kündigungsanfechtungsverfahren ausgeweitet würde.

Der **Verzicht** des Arbeitnehmers auf die **Anfechtung** einer Entlassung sagt nichts über sein Recht, **Kündigungsentschädigung** zu verlangen.

Anfechtung durch den Arbeitnehmer

§ 107. In Betrieben, in denen Betriebsräte zu errichten sind[1]), solche aber nicht bestehen, kann der betroffene Arbeitnehmer binnen einer Woche[2]) nach Zugang der Kündigung oder der Entlassung diese beim Gericht anfechten[3]).

Schrifttum zu § 107

Kuderna, Gedanken zu einer individualrechtlichen und materiellrechtlichen Gestaltung des allgemeinen Kündigungsschutzes im Arbeitsrecht, DRdA 1974, 49;

Kuderna, Die Anfechtung von Entlassungen nach dem Arbeitsverfassungsgesetz I, II, ZAS 1974, 166, 209;

Jabornegg, Sozialvergleich und Betriebe ohne Betriebsrat, DRdA 1980, 190;

Tomandl, Betriebsverfassungsrechtliche Fragen des Kleinstbetriebes, ZAS 1981, 123;

Eypeltauer, Entlassungsanfechtung und Kostenersatz, ecolex 1992, 254;

Andexlinger, Kündigungsschutz im Kleinbetrieb, RdW 1994, 109;

Rebhahn, Kündigungs- und Entlassungsschutz im internationalen Privatrecht, RdW 1996, 68;

Grießer, Untergang des Betriebsrates im Kleinstbetrieb? RdW 2000, 291.

Weiterführende Literatur vgl bei § 105.

Übersicht zu § 107

Betriebsratspflichtige Betriebe .... Erläuterung 1
Anfechtungsfrist .... Erläuterung 2
Anfechtungsgründe, Anfechtungsverfahren .... Erläuterung 3

Betriebsratspflichtige Betriebe

[1]) Betriebsräte sind in Betrieben zu errichten, in denen dauernd mindestens 5 Arbeitnehmer beschäftigt sind. Auch die Ehefrau des Arbeitgebers ist auf diese Zahl anzurechnen (OGH vom 27. 9. 1989, 9 Ob A 248/89, ARD 4127/14/90). Die Voraussetzungen des § 107 bezüglich des **Selbstanfechtungsrechtes** des Arbeitnehmers sind gegeben, wenn in einem Betrieb ein Betriebsrat überhaupt nicht errichtet wurde oder wenn seine **Funktionsdauer abgelaufen** ist und ein neuer Betriebsrat noch nicht errichtet wurde. Das Gleiche gilt, wenn in einem Betrieb, in dem getrennte

Betriebsräte der Arbeiter und der Angestellten zu wählen sind, für die **Gruppe**, der der Gekündigte angehört, **kein Betriebsrat** errichtet wurde.

Auch der Schutz ehemaliger Betriebsratsmitglieder vor Kündigungen aus einem unzulässigen Motiv besteht auch dann, wenn kein Betriebsrat mehr errichtet wurde (OGH vom 13. 1. 1993, 9 Ob A 320/92, ARD 4447/17/93).

Wurde in einem Betrieb zwar ein Betriebsrat gewählt, ist die **Wahl** jedoch **nichtig**, so kann der **Arbeitnehmer trotz Zustimmung** des nichtigen Betriebsrates zur Kündigung eine **Anfechtung** gem § 107 durchführen (OGH vom 13. 1. 1993, 9 Ob A 320/92, DRdA 1993, 381 = Arb 11.067 = wbl 1993, 158).

Sinkt die Anzahl der dauernd im Betrieb beschäftigten Arbeitnehmer unter 5, so führt dies nicht zu einer vorzeitigen Beendigung der Tätigkeitsdauer des Betriebsrates und bleibt das Mitwirkungsrecht des Betriebsrates im Rahmen des allgemeinen Kündigungs- und Entlassungsschutzes (Einhaltung des betrieblichen Vorverfahrens, Anfechtungsrecht) voll erhalten (vgl OGH vom 7. 6. 2006, 9 Ob A 90/05h, infas 2006, A 79; sowie § 40 Erl 4 und § 62 Erl 3).

Anfechtungsfrist

²) Die einwöchige Frist für die Anfechtung beginnt mit dem Tag, an dem dem Arbeitnehmer die Kündigung (Entlassung) **zugegangen** ist, und endet eine Woche später mit dem Ablauf desjenigen Tages, der durch seine Benennung dem Tag entspricht, an dem die Frist begonnen hat. Ist die Kündigung zB am Dienstag zugegangen, endet die Anfechtungsfrist am Dienstag der folgenden Woche um 24.00 Uhr.

Die prozessuale einwöchige Frist zur Anfechtung einer Kündigung durch den Arbeitnehmer, wenn in einem Betrieb ein Betriebsrat zu errichten wäre, ein solcher aber nicht besteht, gilt auch für die Anfechtung einer **Eventualkündigung**, die vom Arbeitgeber während eines laufenden Kündigungsanfechtungsverfahrens ausgesprochen wurde. Eine Klagsausdehnung mit vorbereitenden Schriftsatz, der erst 14 Tage nach Ausspruch der zweiten Kündigung zur Post gegeben wurde, ist somit verspätet (OGH vom 13. 10. 2004, 9 Ob A 89/04h, RdW 2005, 114).

Auch das Vorliegen einer allfälligen obligatorischen **Schlichtungsklausel**, die die Durchführung eines Schlichtungsverfahrens vor der Anrufung des Gerichtes vorschreibt, vermag die „derzeitige Klagbarkeit" des Entlassungsschutzes, also die Einbringung einer Anfechtungsklage gegen den Arbeitgeber vor Ablauf der einwöchigen Frist, nicht zu hindern. Jedes andere Verständnis liefe auf eine Aufhebung von Belegschaftsrechten hinaus, die vom ArbVG eingeräumt werden. Die Anfechtungsfrist stellt eine prozessuale Frist dar und unterliegt nicht der Disposition der Parteien (OGH vom 21. 4. 2004, 9 Ob A 31/04f, DRdA 2004, 466 = ASoK 2005, 73 = LV aktuell 2004 H12, 7).

Zur Frage, wann eine Kündigung als zugegangen gilt, vgl Erl 20 zu § 105.
Eine **mündlich** ausgesprochene Kündigung gilt sofort mit dem Ausspruch als zugegangen (EA Feldkirch 18. 10. 1984, Arb 10.364 = RdW 1985, 86).
Näheres zur Fristberechnung vgl Erl 66 § 105.

Anfechtungsgründe, Anfechtungsverfahren

[3]) Sowohl bezüglich der Anfechtungsgründe als auch des Ablaufs des Anfechtungsverfahrens ist bei Anfechtungen nach § 107 vollinhaltlich (mit Ausnahme der Mitwirkungsrechte des Betriebsrates) auf die **Vorschriften des § 105** zu verweisen (OGH vom 13. 1. 1993, 9 Ob A 320/92, DRdA 1993, 381 = Arb 11.067 = wbl 1993, 158). Voraussetzung für die Anfechtung ist auch bei § 107, dass die Kündigung oder Entlassung überhaupt rechtswirksam ist (vgl dazu die Erl 1 bis 7 zu § 105).

Als Anfechtungsgründe kommen **unzulässige Kündigungsmotive** (Erl 22 bis 32 zu § 105) oder die **mangelnde soziale Rechtfertigung** einer Kündigung (vgl Erl 33 bis 59 zu § 105) in Betracht.

Ein **Nachschieben von Anfechtungsgründen** nach Ablauf der Anfechtungsfrist gem § 107 ist **nicht zulässig** (OGH vom 14. 11. 1996, 8 Ob A 2308/96m, DRdA 1997, 323 = DRdA 1997, 227 = infas 1997, A 50 = ASoK 1997, 197 = wbl 1997, 209). Allerdings ist die Judikatur insofern nicht besonders streng, als es genügt, in der Klage grundsätzliche Behauptungen zu den vorliegenden Anfechtungsgründen anzuführen, eine Präzisierung kann dann auch nach Klagseinbringung erfolgen (OGH vom 14. 11. 1996, 8 Ob A 2308/96m, DRdA 1997, 323 = infas 1997, A 50 = ASoK 1997, 197 = wbl 1997, 209).

Nach **älterer Judikatur** soll im Rahmen der Anfechtung einer Kündigung nach § 107 durch den einzelnen Arbeitnehmer ein **Sozialvergleich nicht durchzuführen** sein (vgl zB VwGH vom 12. 3. 1980, 1140/77, DRdA 1981, 217 = Arb 9867 = ZAS 1981, 226). Nach der hier vertretenen Auffassung hat sich der ursprünglich stark kollektivrechtliche Charakter des Kündigungsschutzes durch die gesetzgeberische Entwicklung in der Zwischenzeit stärker hin zu einem Individualrecht des Arbeitnehmers entwickelt, weswegen auch dem Arbeitnehmer im betriebsratspflichtigen Betrieb ohne Betriebsrat die Geltendmachung eines Sozialvergleiches bei der Kündigungsanfechtung ermöglicht werden sollte. Besteht kein Betriebsrat, so kann grundsätzlich keine konkrete Stellungnahme eines solchen vorliegen. In diesem Fall muss die Haltung des Arbeitnehmers an Stelle jener des Betriebsrates treten und wird wohl die Einbringung einer Kündigungsanfechtungsklage als „Widerspruch" des Arbeitnehmers gegen die Kündigungsabsicht zu deuten sein.

Die selbstständige Anfechtungsmöglichkeit einer Kündigung oder Entlassung nach § 107 durch den Arbeitnehmer auch in Betrieben, in denen kein Betriebsrat besteht, aber ein solcher zu errichten wäre, stellt das **einzige Individualrecht** bei konkreten personellen Maßnahmen dar, das im ArbVG auch für den Fall eines Unterbleibens der Organisation einer innerbetrieblichen Interessenvertretung festgelegt ist. Dass dieses Recht dem einzelnen Arbeitnehmer auch ohne Bestehen eines Betriebsrates eingeräumt wird, ist wohl mit der Wichtigkeit der Personalmaßnahme für den einzelnen Dienstnehmer zu erklären. Es soll dem Arbeitgeber verwehrt sein, ohne jede Sachlichkeitskontrolle Kündigungen und Entlassungen aussprechen zu können, nur weil in einem Betrieb ein Betriebsrat nicht gewählt wurde.

Wäre die Möglichkeit der Kündigungsanfechtung auch in betriebsratspflichtigen Betrieben an den Bestand des Betriebsrates gebunden, so bestünde ein besonders hoher Anreiz für den Arbeitgeber, die Errichtung von Betriebsräten verhindern zu wollen.

Abschnitt 4
Mitwirkung in wirtschaftlichen Angelegenheiten[1])

Wirtschaftliche Informations-, Interventions- und Beratungsrechte

§ 108. (1) Der Betriebsinhaber hat den Betriebsrat über die wirtschaftliche Lage[2]) einschließlich der finanziellen Lage[3]) des Betriebes[4]) sowie über deren voraussichtliche Entwicklung, über die Art und den Umfang der Erzeugung, den Auftragsstand, den mengen- und wertmäßigen Absatz, die Investitionsvorhaben sowie über sonstige geplante Maßnahmen zur Hebung der Wirtschaftlichkeit des Betriebes[5]) zu informieren;[6]) auf Verlangen des Betriebsrates ist mit ihm über diese Information zu beraten.[7]) Der Betriebsrat ist berufen, insbesondere im Zusammenhang mit der Erstellung von Wirtschaftsplänen (Erzeugungs-, Investitions-, Absatz-, Personal- und anderen Plänen) dem Betriebsinhaber Anregungen und Vorschläge zu erstatten, mit dem Ziele, zum allgemeinen wirtschaftlichen Nutzen und im Interesse des Betriebes und der Arbeitnehmer die Wirtschaftlichkeit und Leistungsfähigkeit des Betriebes zu fördern[8]). Dem Betriebsrat sind auf Verlangen die erforderlichen Unterlagen zur Verfügung zu stellen.[6])[7]) Der Betriebsinhaber hat den Betriebsrat von der schriftlichen Anzeige gemäß § 45a Arbeitsmarktförderungsgesetz, BGBl Nr 31/1969, in der jeweils geltenden Fassung, an das zuständige Arbeitsamt unverzüglich in Kenntnis zu setzen.[9])

(2) In Konzernen[10]) im Sinne des § 15 des Aktiengesetzes 1965 bzw des § 115 des Gesetzes über Gesellschaften mit beschränkter Haftung hat der Betriebsinhaber dem Betriebsrat auch über alle geplanten und in Durchführung begriffenen Maßnahmen seitens des herrschenden Unternehmens bzw gegenüber den abhängigen Unternehmen, sofern es sich um Betriebsänderungen oder ähnlich wichtige Angelegenheiten, die erhebliche Auswirkungen auf die Arbeitnehmer des Betriebes haben, handelt, auf Verlangen des Betriebsrates Aufschluß zu geben und mit ihm darüber zu beraten.[11])

(2a) Die Informations- und Beratungspflicht[12]) des Betriebsinhabers gemäß Abs 1 und 2 gilt insbesondere auch für die Fälle des Überganges, der rechtlichen Verselbständigung, des Zusammenschlusses oder der Aufnahme von Betrieben oder Betriebsteilen.[13])[14]) Die Information hat rechtzeitig und im vorhinein[15]) zu erfolgen und insbesondere zu umfassen:
1. den Grund für diese Maßnahme;
2. die sich daraus ergebenden rechtlichen, wirtschaftlichen und sozialen Folgen für die Arbeitnehmer;
3. die hinsichtlich der Arbeitnehmer in Aussicht genommenen Maßnahmen.[16])

(3) In Handelsbetrieben, Banken und Versicherungsunternehmen[17]), in denen dauernd[18]) mindestens 30 Arbeitnehmer[19]) beschäftigt sind, in sonstigen Betrieben, in denen dauernd[18]) mindestens 70 Arbeitnehmer[19]) beschäftigt sind, sowie in Industrie- und Bergbaubetrieben[19]) hat der Betriebsinhaber dem Betriebsrat[20]) jährlich, spätestens einen Monat nach der Erstellung eine Abschrift des Jahresabschlusses und des Anhangs[21]) mit Ausnahme der Angaben des § 239 Abs 1 Z 2 bis 4 HGB[22]) für das vergangene Geschäftsjahr zu übermitteln.[23])[24]) Geschieht dies nicht innerhalb von sechs Monaten nach dem Ende des Geschäftsjahres, so ist dem Betriebsrat durch Vorlage eines Zwischenabschlusses oder anderer geeigneter Unterlagen vorläufig Aufschluß über die wirtschaftliche und finanzielle Lage des Betriebes zu geben.[24]) Dem Betriebsrat sind die erforderlichen Erläuterungen und Aufklärungen zu geben.[25])

(4) Ist im Konzern[26]) nach den §§ 244 ff des Handelsgesetzbuches vom 10. Mai 1897, RGBl S 219, in der jeweils geltenden Fassung, ein Konzernabschluß zu erstellen, so ist der Konzernabschluß samt Konzernanhang einschließlich der erforderlichen Erläuterungen und Aufklärungen spätestens einen Monat nach der Erstellung dem Betriebsrat[27]) zu übermitteln.[28])[29])[30])

Schrifttum zu § 108

Firlei, Geheimhaltungspflichten und Informationsbedürfnis im österreichischen Arbeitsrecht (1976);

Jabornegg/Rebhahn, Unternehmensplanung und Informationsrechte der Belegschaft im Betriebsverfassungsrecht, DRdA 1979, 284 ff;

Schnorr, Probleme der wirtschaftlichen Mitbestimmung bei Betriebsführungsgesellschaften, ZAS 1981, 83;

Hemmer, Ist dem Betriebsrat die Steuer- und Handelsbilanz vorzulegen? DRdA 1981, 430 f;

Firlei, Der Betriebsratsobmann reagiert auf eine vor ihm geheimgehaltene geplante Rationalisierungsmaßnahme, DRdA 1982, 426 ff;

Geppert, Die dem Betriebsausschuß verweigerte Steuerbilanzabschrift, DRdA 1982, 327 ff;

Hemmer, Zur Strafverfolgung einer Übertretung des § 108 Abs 2 ArbVG, DRdA 1982, 439 f;

Hemmer, Kann der Betriebsinhaber die Ausfolgung der Bilanzabschrift verweigern, weil er befürchtet, daß der Betriebsrat die Bilanzdaten nicht geheimhält? DRdA 1986, 341 f;

Runggaldier, Betriebsverfassungsrechtliche Probleme der Unternehmensteilung, DRdA 1988, 419;

Kirschbaum, Rechte der Betriebsräte im EG-Verfahren über Unternehmenszusammenschlüsse, DRdA 1995, 447;

Geist, Zum Anspruch der Belegschaft auf den Jahresabschluß und den Konzernabschluß (§ 108 Abs 3 und 4 ArbVG), DRdA 1996, 370 ff;

Blum, Einbeziehung des Betriebsrats in die Technologieförderung durch den ITF-Fonds, RdW 1998, 211;
Jabornegg, Zur Verschwiegenheit der Arbeitnehmervertreter im Aufsichtsrat, DRdA 2004, 107;
Gagawczuk/Gahleitner/Leitsmüller/Preiss/Schneller, Der Aufsichtsrat (2004); insbesondere S 135 ff;
Spenger/Heilegger, Wirtschaftliche Informationsrechte auch bei Tendenzbetrieben, infas 2005, 121.

Übersicht zu § 108

Informations- und Beratungsrechte des Betriebsrats...............	Erläuterungen 1 bis 8
Kündigungsfrühwarnsystem...............	Erläuterung 9
Information und Beratung in Konzernen...........	Erläuterungen 10, 11
Änderung der Unternehmensorganisation und Betriebsübergänge..............	Erläuterungen 12 bis 16
Anspruch auf Abschrift des Jahresabschlusses...............	Erläuterungen 17 bis 25
Geheimhaltungspflichten	Erläuterung 25a
Anspruch auf Abschrift des Konzernabschlusses...............	Erläuterungen 26 bis 30

Informations- und Beratungsrechte des Betriebsrats (Zentralbetriebsrats)

¹) Die Mitwirkung in wirtschaftlichen Angelegenheiten umfasst **Informations-, Vorschlags- und Beratungsrechte** (§ 108), die **Mitwirkung bei Betriebsänderungen** bis hin zur Durchsetzung eines **Sozialplanes** (§ 109), die **Entsendung** von ArbeitnehmervertreterInnen **in den Aufsichtsrat** (§ 110), den **Einspruch** gegen die **Wirtschaftsführung** (§ 111) und den **Einspruch** bei der **Staatlichen Wirtschaftskommission** (§ 112). Eine wirkliche Parität der Mitbestimmung, also eine gleichberechtigte Teilnahme am Entscheidungsprozess in wirtschaftlichen Angelegenheiten, fehlt. Der unternehmerischen Dispositionsfreiheit soll nach der Wertung des Gesetzgebers nicht durch eine paritätische Teilnahme der Arbeitnehmer die Basis entzogen werden. Nach der Intensität der Mitwirkungsrechte beschränkt der Gesetzgeber im Gegensatz zu den deutlich stärker ausgeprägten Mitwirkungsrechten in personellen und sozialen Fragen diese im Bereich der wirtschaftlichen Mitwirkung weitgehend auf Informations-, Vorschlags- und Beratungsrechte. Dies sollte die Arbeitnehmervertretung jedoch keinesfalls daran hindern, auch diese Mitwirkungsrechte sehr ernst zu nehmen. **Gerade die wirtschaftliche Lage von Unternehmen wird vielfach Grundlage für Verhandlungen in personellen oder sozialen Angelegen-**

Schneller § 108 Erl 1, 2,

heiten sein. Die Kenntnis sowie das Verständnis für die wirtschaftlichen Kennzahlen setzt eine gewisse Ausbildung, die von den überbetrieblichen Interessenvertretungen in Schulungen angeboten wird, voraus. Es sollte auch **nicht** der **Quantität der Informationen** allein der Vorzug gegeben werden. Kurze, plausible und nachvollziehbare Angaben zu den Eckdaten der Bilanz sowie der Gewinn- und Verlustrechnung bzw zu Investitionen oder Akquisitionen beinhalten meistens entscheidend mehr Aussagekraft als seitenlange Computerausdrucke.

[2]) Dieses **Auskunftsrecht** des Betriebsrates erstreckt sich auf **alle Informationen, die notwendig sind, um die wirtschaftliche Lage des Betriebes und des Unternehmens sowohl betreffend die gegenwärtige Situation als auch prognostisch beurteilen zu können.** Sie reichen von Zahlenwerten, die aus der Bilanz bzw Gewinn- und Verlustrechnung abzuleiten sind, wie Eigen- und Fremdkapitalstruktur, Umlaufvermögen, Liquiditätslage, Abschreibungen, Steuerverpflichtungen, Personalaufwendungen, Gewinne bzw Verluste, Höhe der Dividendenausschüttungen, Entwicklung der Beteiligungen an anderen Unternehmen, bis zu Zahlenwerten aus der Kostenrechnung wie Herstellungskosten nach Produkten oder Produktgruppen differenziert, Preiskalkulation, Fremdbezugskosten, Verwaltungs- und Vertriebskosten, Personalkosten, Entwicklungskosten, gesamte Investitionspolitik und Kapitalveränderungen. In der Regel wird auch eine vergangenheitsbezogene (vergleichende) Beurteilung der wirtschaftlichen Lage zur effizienten Vertretung der Interessen der Arbeitnehmerschaft notwendig sein (siehe Erl 23).

Das allgemeine Informationsrecht nach § 91 wird durch § 108 konkretisiert. Es ist nicht notwendig, als Betriebsrat bei seinen Anfragen jedesmal auf den Zusammenhang zwischen der wirtschaftlichen Information und den Arbeitnehmerinteressen hinzuweisen. Im Sinne der **Kompetenzregeln** gem § 113f kommen als zuständiges Vertretungsorgan auch der Zentralbetriebsrat bzw die Konzernvertretung als Informationsadressaten in Frage.

Der Betriebsrat ist **jederzeit**, wenn er es für notwendig hält, berechtigt, wirtschaftliche Informationen zu verlangen. Er kann nicht auf die periodischen Beratungen gem § 92 verwiesen werden. Wesentlich zum Verständnis der jeweiligen wirtschaftlichen Lage ist der **Vergleich zur entsprechenden Zeitperiode des Vorjahres** sowie zum angenommenen Budget (vgl Erl 23). Bei erheblichen negativen Abweichungen sollte sofort nach einer Begründung sowie den Gegensteuerungsmaßnahmen gefragt werden, sofern der Betriebsinhaber den Betriebsrat nicht schon ohnehin über derartige Maßnahmen informiert hat.

Abgesehen von den Informationspflichten des ArbVG sehen auch **andere gesetzliche Bestimmungen**, wie das Übernahmegesetz oder das Spaltungsgesetz, **besondere Informationsrechte** für den Betriebsrat vor (siehe Erl 2 zu § 109).

Von Bedeutung ist zudem eine „Dialogvereinbarung" („Ethik-Kodex") betreffend die Einbindung von BR in **Unternehmensberatungs-Prozesse** (in Projektteams, Steuergruppen oä), die 2003 zwischen Gewerkschaft (GPA) und Wirtschaftskammer geschlossen wurde (siehe www.gpa.at).

[3]) Der Zusatz „finanzielle Lage" dient der Klarstellung des Umfanges des Begriffes „wirtschaftliche Lage". Die Information hat eine detaillierte Auskunft über die Entwicklung der Kosten und der Liquiditäts- und Kreditverhältnisse zu enthalten. **Typische Kennzahlen** sind hier etwa die **Liquidität**, die **Eigenmittelquote**, die **Verschuldungsdauer** und der **Cash Flow** des Unternehmens. Vor allem auf krisenhafte Entwicklungen kann durch rechtzeitige Kenntnis einer (drohenden) Überschuldung reagiert werden; nach § 22 Unternehmensreorganisationsgesetz (URG) wird – zumindest in prüfberichtpflichtigen Unternehmen mit Aufsichtsrat – ein **Sanierungsbedarf vermutet**, wenn die Eigenmittelquote unter 8% sinkt und die fiktive Schuldentilgungsdauer mehr als 15 Jahre beträgt.

[4]) Da sich sämtliche Fakten, welche die wirtschaftliche Situation und die voraussichtliche Entwicklung beschreiben, auf die wirtschaftliche Organisationseinheit beziehen, ist darunter **nicht der Betrieb** im Sinne des § 34 als technisch-organisatorische Einheit, sondern das **Unternehmen** gem § 40 zu verstehen. Werden die Interessen mehrerer Betriebe eines Unternehmens berührt – was bei den angeführten Informations-, Interventions- und Beratungsthemen wohl meist der Fall sein wird –, ist der Zentralbetriebsrat zur Mitwirkung berufen (§ 113 Abs 4 Z 2 lit f). Unabhängig davon kann es für den Betriebsrat (Zentralbetriebsrat) aber oft wichtig sein, die wirtschaftliche Lage des Betriebes oder einer „Division" (Bereich, „Profit Center" oä) zu hinterfragen. Auch hierüber muss der Betriebsinhaber die entsprechenden Informationen (vgl Erl 2) erteilen.

[5]) Die Information umfasst ebenso die Auskunft über die **künftige Entwicklung** basierend auf Budget, Plänen und Vorschaurechnungen. In manchen Fällen wird die Information über die voraussichtliche Entwicklung für den Betriebsrat bereits einen Hinweis auf eine geplante Betriebsänderung und die Anwendung des § 109 darstellen. Da wirtschaftliche Probleme vielfach nicht über den Markt in den Griff zu bekommen sind, sondern strukturelle Anpassungen erfordern, werden von Arbeitgeberseite oftmals Maßnahmen, die insbesondere bei den Personalkosten ansetzen, vorgeschlagen, welche auch andere Mitwirkungsrechte auslösen. Aber auch positive Entwicklungen sollten von den Arbeitnehmervertretern zum Anlass genommen werden, die Interessen der Belegschaft im Sinne einer Beteiligung am Unternehmenserfolg wahrzunehmen.
In Ergänzung der Generalklausel „wirtschaftliche Lage einschließlich der finanziellen Lage" führt der Gesetzgeber zu Beschreibung des Inhaltes der Information folgende Tatbestände an:

- Art und Umfang der Erzeugung
- Auftragsstand
- Mengen- und wertmäßiger Absatz
- Investitionsvorhaben
- geplante Maßnahmen zu Hebung der Wirtschaftlichkeit.

Diese Tatbestände überschneiden sich teilweise mit der Information über die wirtschaftliche Lage im Allgemeinen.

[6]) Das wirtschaftliche Informationsrecht ist so zu verstehen, dass der Betriebsinhaber von sich aus unaufgefordert zu unterrichten hat, ein **Auskunftsverlangen des Betriebsrates ist nicht erforderlich.** Da allerdings der Zeitpunkt nicht geregelt ist, wird nach dem Zweck der Bestimmung die Informationspflicht **regelmäßig bei Veränderungen** im Ablauf, aber auch **regelmäßig** im Zusammenhang mit der **Erstellung von Quartalsberichten** und **jedenfalls** bei einem entsprechenden **Verlangen des Betriebsrates** ausgelöst.

Unterlagen zu den Informationsgegenständen (siehe Erl 2, 3 und 8) sind dem Betriebsrat (Zentralbetriebsrat, Konzernvertretung) auf Verlangen zur Verfügung zu stellen. Die **Erforderlichkeit** der Unterlagen (Informations-, Beratungs- und Interventionsunterlagen) ist im Streitfall gerichtlich zu prüfen, wobei insbesondere Geheimhaltungsinteressen des Betriebsinhabers gegen wirtschaftliche und soziale Interessen der Arbeitnehmerschaft abzuwägen sind. Bei Gleichrangigkeit der Interessenlage ist gemäß dem Zweck der wirtschaftlichen Mitbestimmung den Belegschaftsinteressen der Vorzug zu geben, zumal die Betriebsratsmitglieder unter Strafandrohung zur Verschwiegenheit verpflichtet sind (§ 115 Abs 4). Jedenfalls hat der Betriebsrat das Recht, von den zur Verfügung gestellten Original-Unterlagen Notizen oder Abschriften anzufertigen, denn die Rechtsprechung anerkennt selbst beim Einsichtnahmerecht in Lohnunterlagen das Recht auf Herstellung von Abschriften (EA Innsbruck 22. 11. 1985, Arb 10.460; EA Wien, 2. 8. 1983, Arb 10.258; vgl Erl 5 zu § 89). Siehe auch § 92 Erl 3.

Neben den vergangenheitsbezogenen Unterlagen und jenen zum (zur) laufenden und voraussichtlichen Geschäftsverlauf und -entwicklung wird in **Krisensituationen**, wenn ein Reorganisationsbedarf gem § 1 Abs 3 iVm § 22 Unternehmensreorganisationsgesetz (URG) anzunehmen ist, auch über den **Reorganisationsplan** zu informieren sein. Die einschlägigen Unterlagen sind auf Verlangen zu übermitteln.

Zur **Geheimhaltungspflicht** betreffend **Geschäftsgeheimnisse** und **Insiderinformationen** (bei börsenotierten Gesellschaften) siehe Erl 25a und Erl 8 zu § 115.

[7]) Die Informationspflicht des Betriebsinhabers wird ergänzt durch ein **Beratungsrecht**, das es dem Betriebsrat ermöglicht, über die ergangene Information zusätzlich zu den Monats- bzw Quartalsterminen zu beraten.

Die erforderlichen **Beratungsunterlagen** sind nur bei entsprechender **Aufforderung** zur Verfügung zu stellen. Da gerade bei diesem Thema eine reine mündliche Information nicht ausreichend sein wird bzw oft wenig zum Verständnis und der Einordnung in den Geamtzusammenhang beiträgt, empfiehlt sich ein **schriftliches Verlangen** auf Information und auf Aushändigung oder Bereitstellung der diesbezüglichen Unterlagen.

Beim Beratungsrecht gilt allgemein, dass Betriebsrat und Betriebsinhaber **Vertreter ihrer zuständigen kollektivvertraglichen Körperschaften beiziehen** können (§ 92 Abs 2; vgl auch § 39 Abs 4). Ausdrücklich geregelt ist das für den Fall von Betriebsänderungen (siehe die demonstrative – nicht abschließende! – Aufzählung in § 109 Abs 1) und ähnlich wichtigen Angelegenheiten, die erhebliche Auswirkungen auf die Arbeitnehmer haben können. Der Betriebsinhaber hat den Betriebsrat anläßlich der Informationserteilung (die wohl **ehestmöglich** zu erfolgen hat – siehe Erl 15) über mögliche **erhebliche Auswirkungen** der geplanten Maßnahme zu informieren, damit der Betriebsrat zeitgerecht die zur Beratung erforderliche Unterstützung durch Experten von Gewerkschaft oder Arbeiterkammer anfordern kann (§ 92 Abs 2 letzter Satz).

[8]) Weiters besitzt der Betriebsrat ein **Interventionsrecht** im Zusammenhang mit der Erstellung von Erzeugungs-, Investitions-, Absatz-, Personal- und anderen Wirtschaftsplänen. Da sich die für die Arbeitnehmervertretung besonders relevanten Personalpläne weitgehend aus den Annahmen in den anderen Plänen ergeben, ist eine Auseinandersetzung mit allen Plänen wichtig. Wirtschaftspläne („Businessplan") sind in der Regel auch Bestandteil von „Konzepten" (zB Ausgliederungskonzept, Beteiligungskonzept, Unternehmenskonzept etc).

Im Zusammenhang mit der Erläuterung von Personalplänen wird der Betriebsinhaber gegebenenfalls auch zu informieren haben, ob und warum „**LeiharbeitnehmerInnen**" (überlassene Arbeitskräfte) beschäftigt werden. Auf die Möglichkeit des Abschlusses einer (erzwingbaren) Betriebsvereinbarung mit weit gehenden Gestaltungsmöglichkeiten ist hinzuweisen (siehe § 97 Erl 6).

Wie sich schon aus dem Gesetzestext („insbesondere") und aus § 90 ergibt, können auch zu sämtlichen wirtschaftlichen Angelegenheiten, die nicht Inhalt von „Plänen" sind, **Anregungen und Vorschläge** erstattet werden und der Betriebsinhaber muss den Betriebsrat diesbezüglich anhören (siehe Erläuterungen zu § 90). Allerdings können wirtschaftliche Fehleinschätzungen und -entscheidungen oder mangelhaftes Management nicht etwa bei einer Stelle außerhalb des Unternehmens (beispielsweise einem Kreditoren-Verband) zwecks Mängelbeseitigung „gemeldet" werden. Hier hilft nur ein Einspruch gegen die Wirtschaftsführung, uU mit nachfolgender Befassung einer sozialpartnerschaftlichen Schlichtungskommission (in Betrieben mit mehr als 200 Arbeitnehmern; § 111) bzw in Betrieben mit mehr als 400 Arbeitnehmern die Befassung einer staatlichen Wirtschaftskommission (§ 112). Für bis zu vier Wochen könnte hiedurch eine geplante Betriebsstilllegung hinausgeschoben werden (§ 111 Abs 2).

Kündigungsfrühwarnsystem

[9]) Durch die ArbVG-Novelle 1993 wurde diese Regelung an die AMFG-Novelle BGBl 1993/18 angepasst, die eine umfassende Adaptierung des § 45a AMFG (Kündigungsfrühwarnsystem) beinhaltet.

§ 45a lautet:

„**§ 45a.** *(1) Die Arbeitgeber haben die nach dem Standort des Betriebes zuständige regionale Geschäftsstelle des Arbeitsmarktservice durch schriftliche Anzeige zu verständigen, wenn sie beabsichtigen, Arbeitsverhältnisse*

1. *von mindestens fünf Arbeitnehmern in Betrieben mit in der Regel mehr als 20 und weniger als 100 Beschäftigten oder*
2. *von mindestens fünf vH der Arbeitnehmer in Betrieben mit 100 bis 600 Beschäftigten oder*
3. *von mindestens 30 Arbeitnehmern in Betrieben mit in der Regel mehr als 600 Beschäftigten oder*
4. *von mindestens fünf Arbeitnehmern, die das 50. Lebensjahr vollendet haben,*

innerhalb eines Zeitraumes von 30 Tagen aufzulösen.

(2) Die Anzeige gem Abs 1 ist mindestens 30 Tage vor der ersten Erklärung der Auflösung eines Arbeitsverhältnisses zu erstatten. Diese Frist kann durch Kollektivvertrag verlängert werden. Die Verpflichtung zur Anzeige gem Abs 1 besteht auch bei Insolvenz und ist im Falle des Konkurses vom Masseverwalter zu erfüllen, wenn die Anzeige nicht bereits vor Konkurseröffnung erstattet wurde. Abs 1 Z 4 ist nicht anzuwenden, wenn die Auflösung der Arbeitsverhältnisse ausschließlich auf die Beendigung der Saison bei Saisonbetrieben zurückzuführen ist.

(3) Die Anzeige nach Abs 1 hat Angaben über die Gründe für die beabsichtigte Auflösung des Arbeitsverhältnisses und den Zeitraum, in dem diese vorgenommen werden soll, die Zahl und die Verwendung der regelmäßig beschäftigten Arbeitnehmer, die Zahl und die Verwendung der von der beabsichtigten Auflösung der Arbeitsverhältnisse voraussichtlich betroffenen Arbeitnehmer, das Alter, das Geschlecht, die Qualifikationen und die Beschäftigungsdauer der voraussichtlich betroffenen Arbeitnehmer, weitere für die Auswahl der betroffenen Arbeitnehmer maßgebliche Kriterien sowie die flankierenden sozialen Maßnahmen zu enthalten. Gleichzeitig ist die Konsultation des Betriebsrates gem § 109 Abs 1 Z 1a und Abs 1a des Arbeitsverfassungsgesetzes, BGBl 22/1974, in der jeweils geltenden Fassung nachzuweisen.

(4) Eine Durchschrift der Anzeige ist vom Arbeitgeber gleichzeitig dem Betriebsrat zu übermitteln. Die Verpflichtungen des Arbeitgebers gem § 105

des Arbeitsverfassungsgesetzes und vergleichbaren anderen österreichischen Rechtsvorschriften bleiben unberührt. Besteht kein Betriebsrat, ist die Durchschrift der Anzeige gleichzeitig den voraussichtlich betroffenen Arbeitnehmern zu übermitteln.

(5) Kündigungen, die eine Auflösung von Arbeitsverhältnissen iSd Abs 1 bezwecken, sind rechtsunwirksam, wenn sie

1. *vor Einlangen der im Abs 1 genannten Anzeige bei der regionalen Geschäftsstelle des Arbeitsmarktservice oder*
2. *nach Einlangen der Anzeige bei der regionalen Geschäftsstelle des Arbeitsmarktservice innerhalb der gem Abs 2 festgesetzten Frist ohne vorherige Zustimmung des Landesarbeitsamtes gem Abs 8 ausgesprochen werden.*

(6) Das Arbeitsmarktservice hat innerhalb der Frist des Abs 2 unverzüglich alle im Zusammenhang mit der beabsichtigten Auflösung von Arbeitsverhältnissen notwendigen Beratungen durchzuführen, denen insbesondere der Arbeitgeber, der Betriebsrat und die für den jeweiligen Wirtschaftszweig in Betracht kommenden gesetzlichen Interessenvertretungen und kollektivvertragsfähigen freiwilligen Berufsvereinbarungen der Arbeitgeber und der Arbeitnehmer beizuziehen sind. Außerdem sind das Landesdirektorium und der Regionalbeirat von solchen Beratungen rechtzeitig zu verständigen. Das Arbeitsmarktservice hat überdies das zuständige Bundesamt für Soziales und Behindertenwesen von der Anzeige gem Abs 1 in geeigneter Weise zu verständigen.

(7) Bei den Beratungen gem Abs 6 ist vom Arbeitsmarktservice auf einen weitestmöglichen Einsatz aller in Betracht kommenden Förderungsmaßnahmen nach diesem Bundesgesetz und nach dem Arbeitslosenversicherungsgesetz 1977 BGBl 609, in der jeweils geltenden Fassung, besonders Bedacht zu nehmen. Die zuständige regionale Geschäftsstelle des Arbeitsmarktservice hat va auch darauf hinzuwirken, dass eine Beschäftigung der betroffenen älteren Arbeitnehmer (Abs 1 Z 4) im bisherigen oder in einem anderen Betrieb ermöglicht wird.

(8) Die Landesgeschäftsstelle des Arbeitsmarktservice kann nach Anhörung des Landesdirektoriums die Zustimmung zum Ausspruch der Kündigung vor Ablauf der Frist des Abs 2 erteilen, wenn hiefür vom Arbeitgeber wichtige wirtschaftliche Gründe, wie zum Beispiel der Abschluss einer Betriebsvereinbarung iSd § 97 Abs 1 Z 4 in Verbindung mit § 109 Abs 1 Z 1 des Arbeitsverfassungsgesetzes (Sozialplan), nachgewiesen werden. Dabei ist auch zu berücksichtigen, ob dem Arbeitgeber die fristgerechte Anzeige der beabsichtigten Kündigungen möglich oder zumutbar war. Die Landesgeschäftsstelle des Arbeitsmarktservice hat das Landesdirektorium unverzüglich zum ehesten Zeitpunkt einzuberufen. Den Beratungen können erforderlichenfalls Experten beigezogen werden. Von der Zustimmung der Landesgeschäftsstelle des Arbeitsmarktservice ist der Arbeitgeber zu verständigen."

Die **Verständigungspflicht** besteht demnach abhängig von der Betriebsgröße bei der beabsichtigten Lösung der jeweiligen Anzahl von Arbeitsverhältnissen durch Arbeitgeberkündigung, aber auch durch einvernehmliche Auflösung. **Kündigungen** (und einvernehmliche Lösungen), die **entgegen den Vorschriften des § 45a AMFG** ausgesprochen werden, sind **rechtsunwirksam.**

Der Arbeitgeber hat den Betriebsrat ohne zeitliche Verzögerung von der Anzeige gegenüber dem Arbeitsmarktservice zu informieren, dies wird im Normalfall gleichzeitig mit der Übermittlung der Durchschrift der Anzeige (§ 45a Abs 4 AMFG) der Fall sein.

Zur Frage der Meldepflicht als Betriebsänderung bzw Sozialplanpflicht vgl Erl 9, 18 ff zu § 109.

Information und Beratung in Konzernen

[10]) Vgl Erläuterungen zu § 88a (Konzernbegriff) in Band 2.

[11]) Dieses **Recht** des Betriebsrates besteht **unabhängig von der Bildung einer Konzernvertretung gem § 88a.** Es soll in Konzernen sicherstellen, dass der Betriebsrat über **Maßnahmen,** die durch die **Konzernspitze** geplant werden bzw bereits am Beginn der Umsetzung in die Praxis stehen, nicht nur informiert wird, sondern auch beraten kann. **Gesprächspartner** des Betriebsrates ist der seiner organisatorischen Ebene **entsprechende Arbeitgebervertreter** und nicht die Arbeitgebervertreter eines übergeordneten bzw untergeordneten Konzernunternehmens. Dieses Mitwirkungsrecht erstreckt sich in internationalen Konzernen auch auf Informationen über Maßnahmen, die von einer ausländischen Konzernspitze bzw gegenüber im Ausland gelegenen Konzerntöchtern geplant sind, sofern sich durch diese Maßnahmen Auswirkungen (gleich ob negativ oder positiv) auf die vom Betriebsrat vertretenen Arbeitnehmer ergeben.

An die Grenzen der Mitbestimmung stoßen österreichische Arbeitnehmervertreter dann, wenn es sich um einen sehr stark hierarchisch gegliederten internationalen Konzern handelt und die Geschäftsführung in Österreich im Wesentlichen Weisungen der ausländischen Konzernspitze umzusetzen hat. In diesen Fällen besteht zwar kein Rechtsanspruch des Betriebsrates auf Beratung mit Arbeitgebervertretern im Ausland, der Betriebsrat sollte aber versuchen, über die Gewerkschaft Kontakte zu Arbeitnehmervertretern auf internationaler Ebene herzustellen.

Dieses Mitbestimmungsdefizit soll mit der RL 94/45/EG idF 97/74/EG des Rates über die Einsetzung eines Europäischen Betriebsrates oder die Schaffung eines Verfahrens zur Unterrichtung und Anhörung der Arbeitnehmer in gemeinschaftsweit operierenden Unternehmen und Unternehmensgruppen vom 22. September 1994 (EBR-RL), welche Österreich im V. Teil („Europäische Betriebsverfassung") umgesetzt hat, zum Teil ausgeglichen werden. Zu diesen Regelungen (§§ 171 bis 208) ist ein Gesetzeskommentar von *Cerny/Mayr* in der Reihe Gesetze und Kommentare (Nr 166) erschienen.

Das Informations- und Beratungsrecht kann in österreichischen Konzernen sowohl der Betriebsrat des herrschenden österreichischen Unternehmens als auch jener des abhängigen österreichischen Unternehmens (Tochtergesellschaft) wahrnehmen.

Gegenstand dieses Informationsrechtes sind **Betriebsänderungen oder Angelegenheiten**, die in ihrer Bedeutung einer Betriebsänderung entsprechen und **erhebliche Auswirkungen auf die Arbeitnehmerschaft haben.** Dabei ist nicht nur Erheblichkeit im Sinne der Sozialplan-Voraussetzungen gemeint (siehe Erläuterungen zu § 109 Abs 3), sondern es ist vom Betriebsinhaber über jede Konzernangelegenheit oder -maßnahme zu informieren, die die Arbeitsbedingungen mehrerer Arbeitnehmer beeinflussen könnte. Darunter fallen etwa geplante „Konzernrichtlinien" oder „Konzernvorgaben", die zu Versetzungen, Veränderungen bei den Tätigkeiten, Veränderungen des Entgelts etc führen könnten. Somit ist über **jede mögliche Veränderung der Aufbau- oder Ablauforganisation** im Betrieb oder Unternehmen **ehestmöglich** – also schon im Planungsstadium (siehe Erl 15) – zu informieren.

Die Beratung hat zwischen Betriebsrat und Betriebsinhaber stattzufinden. In der Praxis handelt es sich bei Konzernunternehmen regelmäßig um Kapitalgesellschaften, sodass die Beratung zwischen dem Geschäftsführer bzw Vorstand des Unternehmens und dem Betriebsrat abzuhalten ist. In europarechtskonformer Auslegung findet dabei ein etwaiger **Einwand** des Betriebsinhabers, dass die Information von einem beherrschenden Unternehmen (Mutter-Unternehmen, Konzernzentrale, Holding) nicht übermittelt worden sei, **keine Berücksichtigung** (Art 7 Z 4 Betriebsübergangsrichtlinie; RL 2001/23/EG). Den Betriebsinhaber trifft somit die Pflicht zur **aktiven**, möglichst umfassenden **Informationseinholung**; er hat alles in seiner „konzerninternen" Macht Stehende zu unternehmen, um den Betriebsrat ausreichend informieren zu können. Beherrschende Gesellschaften innerhalb eines Konzerns haben entsprechende Informationspflichten gegenüber den beherrschten Gesellschaften (aber auch gegenüber „Schwesterunternehmen" in einem Gleichordnungskonzern).

Sollte ein Betriebsübergang oder Teilbetriebsübergang die mögliche Folge einer geplanten Konzernmaßnahme sein, besteht die Informationspflicht gem Art 7 Betriebsübergangsrichtlinie **unabhängig** von einem **Auskunftsverlangen** des Betriebsrats (Zentralbetriebsrats, Konzernvertretung).

Änderung der Unternehmensorganisation und Betriebsübergänge

[12]) Diese Informations- und Beratungspflichten des Betriebsinhabers bestehen sowohl bei Organisationsänderungen ohne Inhaberwechsel (zB Zusammenlegung oder Verselbständigung von Betrieben innerhalb eines

Unternehmens) als auch bei solchen mit Inhaberwechsel. Im letzteren Fall liegt ein Teilbetriebs-, Betriebs- oder Unternehmensübergang vor, weshalb diesfalls **sowohl** der Betriebsinhaber des **Veräußerers** als auch jener des **Erwerbers** zur ehestmöglichen (siehe Erl 15) Information und Beratung verpflichtet ist. Diese Pflichten bestehen **unabhängig von einem Verlangen** des Betriebsrats (Zentralbetriebsrats, Konzernvertretung). Dass Umstrukturierungsvorgänge ohne Inhaberwechsel ebenfalls erfasst sind, stellen die Gesetzgebungsmaterialien zu § 62c klar (siehe Erl 1 zu § 62c und Erl 8 zu § 62b in Band 2). Auch bloße Änderungen der Rechtsform oder der Eigentumsverhältnisse am Betrieb (vgl § 109 Abs 1 Z 7) lösen die Informations- und Beratungspflichten aus.

Mit der ArbVG-Novelle 1993 wurde das wirtschaftliche Informations- und Beratungsrecht der Arbeitnehmervertreter durch eine Konkretisierung der Informationspflichten des Betriebsinhabers verbessert. Basis dieser Regelung ist die Richtlinie des Rates vom 14. 2. 1977 zur Angleichung der Rechtsvorschriften der Mitgliedsstaaten über die Wahrung von Ansprüchen der Arbeitnehmer beim Übergang von Unternehmen, Betrieben oder Betriebsteilen (Art 7 Betriebsübergangsrichtlinie 2001/23/EG), die ein Informations- und Konsultationsverfahren für Arbeitnehmervertreter der von einem **Betriebsübergang** betroffenen Betriebe regelt.

Seit der Richtlinien-Novelle 1998 (RL 98/50/EG) ist zusätzlich zu den drei in Abs 2a umgesetzten Informationen (Grund, Folgen, geplante Maßnahmen) auch eine Information über den Zeitpunkt bzw geplanten Zeitpunkt des Übergangs zwingend vom Betriebsinhaber zu erteilen. Der österreichische Gesetzgeber ist bezüglich der Umsetzung dieser vierten Informationspflicht säumig, doch kann dieser Mangel durch **gemeinschaftsrechtskonforme Auslegung** saniert werden: Der Veräußerer und der Erwerber eines Betriebs(teils) sind verpflichtet, **zusätzlich** zu den in Abs 2a angeführten Informationen **über den geplanten oder bereits feststehenden Zeitpunkt des Übergangs** zu informieren. Vergleiche dazu die vollständige Umsetzung für Arbeitnehmer betriebsratsloser Betriebe in § 3a AVRAG.

Da Betriebsübergänge häufig von **Unternehmensberatern** vorbereitet oder „begleitet" werden, ist eine „Dialogvereinbarung" zwischen Gewerkschaft und Wirtschaftskammer (**„Ethikkodex"**) von Bedeutung, welche die Einbindung von BR in Unternehmensberatungsprozesse regelt.

[13]) Der österreichische Gesetzgeber hat durch das Umgründungssteuergesetz BGBl 1991/699 eine Reihe von Änderungen der Unternehmensorganisation, nämlich die Verschmelzung, die Umwandlung, die Einbringung, den Zusammenschluss, die Realteilung und die Spaltung steuerrechtlich geregelt. Mit dem Gesellschaftsrechtsänderungsgesetz BGBl 1993/458 und insbesondere mit dem Spaltungsgesetz ist die Anpassung des Gesellschaftsrechts an das Umgründungssteuerrecht erfolgt. Betriebsänderungen auf Basis des Umgründungssteuerrechtes verpflich-

ten den Betriebsinhaber (bzw die Betriebsinhaber von Veräußerer und Erwerber) jedenfalls zu einer Information ohne vorheriges Verlangen an den Betriebsrat. Daneben gibt es aber weitere Übertragungsvorgänge, die unter den Tatbestand eines (Teil-)Betriebsübergangs subsumiert werden (eine detaillierte Darstellung der Judikatur findet sich bei *Holzer/Reissner,* AVRAG², 67 ff).

14) In dieser Bestimmung werden jene Fälle von Betriebs- bzw Unternehmensorganisationsänderungen **demonstrativ aufgezählt**, die in der Regel gravierende Auswirkungen auf die Arbeitnehmer haben. Erfasst sind Änderungen sowohl im gesellschaftsrechtlichen als auch im arbeitsverfassungsrechtlichen Sinn.

Zu den möglichen Auswirkungen vgl insbesondere die Erläuterungen zu §§ 8, 31, 40, 62b, 62c und 88a.

Der Übergang von Betrieben oder Betriebsteilen auf einen neuen Eigentümer hat in der Regel Auswirkungen nicht nur auf die Arbeitnehmer sowie die Arbeitnehmervertretung im übergehenden Betriebsteil, sondern auch auf jene im abgebenden sowie im aufnehmenden Unternehmen, unabhängig von der Rechtsform des neuen Betriebsinhabers.

15) **Rechtzeitig** ist die Information dann, wenn **noch keine Maßnahmen zur Umsetzung** der geplanten Änderungen getroffen wurden, sodass die Arbeitnehmervertreter noch Einfluss auf die beabsichtigte Betriebsänderung oder den Betriebsinhaberwechsel nehmen können (ebenso gem § 109 Abs 1). Die in Abs 2a genannten Informationen sind daher schon **bei Beginn der Planungsphase** zu erteilen, selbst wenn ein entsprechender Businessplan oder eine Machbarkeitsstudie (noch) nicht erstellt ist. Auf Verlangen des Betriebsrats sind gleichzeitig die zur Beurteilung und nachfolgenden Beratung erforderlichen **Unterlagen** zur Verfügung zu stellen, wie aus dem Verweis „gemäß Abs 1 und 2" zu schließen ist. Wie aus Art 7 der Betriebsübergangsrichtlinie hervorgeht, ist eine **Übereinkunft mit dem Betriebsrat** anzustreben.

Ist die Entscheidung bereits gefallen, so wären die entsprechenden Beratungsrechte weitgehend sinnlos, was (auch im Zusammenhalt mit § 109) vom Gesetzgeber nicht beabsichtigt sein kann. Zweck der Informationsrechte ist es, der Belegschaft zu ermöglichen, rechtzeitig **Alternativvorschläge** zu unterbreiten, wozu eine vorherige Beratung mit Interessenvertretungen und anderen Sachverständigen häufig unumgänglich ist; die Arbeitnehmerschaft soll sich auf Interessengefährdungen und ihre wirksame Abwehr einstellen können. Daher ist primärer Zweck des Art 7 Betriebsübergangsrichtlinie und von Abs 2a, dass der Betriebsinhaber (bzw die Inhaber des Veräußerers und des Erwerbers) nicht aus Überraschungseffekten, Zeitnot oder Desorientierung der Arbeitnehmer Vorteile zieht, indem er diese vor vollendete Tatsachen stellt (*Firlei,* DRdA 1982, 426).

Sollte vor Umsetzung der Maßnahme noch die Zustimmung des Aufsichtsrats erforderlich sein (vgl § 30j Abs 5 Z 1, 3 und 7 GmbHG bzw § 95 Abs 5 Z 1, 3 und 7 AktG), ist der Betriebsrat schon **vor Befassung des Aufsichtsrats** zu informieren, da das Recht auf rechtzeitige Information mit der zusätzlichen Möglichkeit einer Einflussnahme auf die beabsichtigte Organisationsänderung den Arbeitnehmervertretern neben ihren gesellschaftsrechtlichen Befugnissen zusteht. Eine Information erst im Zuge der Aufsichtsratsmitwirkung (§ 110) würde in aller Regel keine Einflussnahme mehr ermöglichen. Zudem ginge die Zielsetzung des Betriebsverfassungsrechts, dass sich die Vertretungsorgane der verschiedenen Ebenen (BR, ZBR, Konzernvertretung) verständigen und koordiniert mitbestimmen, ins Leere. Vgl im Übrigen Erläuterung 2 zu § 109.

[16]) Die Z 1 bis 3 zählen konkret auf, worüber der Betriebsinhaber die Arbeitnehmer im Einzelnen zu informieren hat.

Die in Z 1 aufgezählte Begründung für die beabsichtigte Maßnahme erleichtert dem Betriebsrat die Entscheidung, welche Auswirkungen auf die Arbeitnehmer er mitzutragen bereit ist.

Die Prüfung der in Z 2 aufgezählten Folgen für die Arbeitnehmer sollte mit Unterstützung der überbetrieblichen Arbeitnehmervertretungsorganisationen erfolgen, da Betriebsänderungen sehr komplex sein können und Auswirkungen in verschiedensten Bereichen auftreten können.

Die in Z 3 aufgezählten Maßnahmen können gem § 109 Abs 3, wenn mit der Betriebsänderung wesentliche Nachteile für die Arbeitnehmer verbunden sind, Anlass für einen **Sozialplan** sein (vgl Erl 27a bis 42 zu § 109). Über geplante Maßnahmen ist nicht nur zu informieren, sondern auch zu **beraten** (klagbares Recht auf „Diskussionen" im Sinne eines Meinungs- und Informationsaustausches – vgl Erl 2 zu § 92), und zwar auch dann, wenn ein Sozialplan mangels Erheblichkeit der Nachteile und der betroffenen Belegschaftsquote nicht erzwingbar wäre.

Sollte ein **Europäischer Betriebsrat (EBR)**, ein **SE- oder SCE-Mitbestimmungsorgan (Europäische Gesellschaft, Europäische Genossenschaft)** existieren und eine **grenzüberschreitende** Auswirkung der **Umstrukturierung bzw** eine grenzüberschreitende **Verschmelzung** vorliegen, sind ausserdem die Vorschriften der §§ 190 Abs 2, 199 Abs 2, 200, 228, 241, 257 Abs 1 und weitere einschlägige Informations- und Beratungsregeln zu beachten. Diese sind im Sinne der gemeinschaftsrechtlichen Vorgaben der EBR-Richtlinie, der Richtlinie Unterrichtung und Anhörung der AN, der AN-Mitbestimmung in der SE usw auszulegen.

Anspruch auf Abschrift des Jahresabschlusses

[17]) **Grundlegender Zweck** des Rechts auf fristgerechte (siehe Erl 24) Übermittlung der Bilanz, der Gewinn- und Verlustrechnung sowie des Anhangs ist es, der Belegschaft ein **möglichst getreues Bild der Vermö-**

gens-, Finanz- und Ertragslage des Unternehmens zu vermitteln (siehe Erl 21). Auf der Grundlage dieses Informationsstandes können im Sinne des Abs 1 genaue Fragen gestellt, Anregungen gegeben sowie Beratungen und gegebenenfalls Interventionen durchgeführt werden.

Die Pflichten des Betriebsinhabers stehen unter der **Strafsanktion** des § 160 Abs 2 Z 4.

Dieser Anspruch besteht
- in **Industrie- und Bergbaubetrieben** unabhängig von der Anzahl der Arbeitnehmer;
- in **Handelsbetrieben, Banken und Versicherungsunternehmen**, in denen dauernd mindestens 30 Arbeitnehmer beschäftigt sind;
- **in allen übrigen Betrieben**, sofern dauernd 70 Arbeitnehmer beschäftigt sind.

Nicht ausdrücklich geregelt ist die Frage, ab welcher Beschäftigtenzahl in einem **Mischbetrieb** (zB Handel und sonstiger Betrieb) diese Verpflichtung besteht bzw welche Bilanz(en) in einem einheitlichen Betrieb zweier Gesellschaften auszufolgen ist/sind (**Gemeinschaftsbetrieb**). Um dem gesetzlichen Anspruch des Betriebsrates zu entsprechen, ist der Jahresabschluss in einem Mischbetrieb bereits bei Vorliegen einer Voraussetzung auszufolgen, da der Gesetzgeber in dieser Bestimmung anders als etwa in § 9 Abs 3 nicht auf das Überwiegen abstellt. In einem Mischbetrieb „Handel und industrielle Fertigung" ist demnach unabhängig von der Beschäftigtenzahl der Jahresabschluss dem Betriebsrat zu übermitteln. In einem einheitlichen Betrieb zweier Gesellschaften besteht dieses Recht des Betriebsrates für jeden der zu erstellenden Jahresabschlüsse.

Der OGH ist trotz Vorliegens dieses Sachverhaltes in einer Entscheidung (vgl OGH vom 16. 3. 1988, 9 Ob A 197/87, DRdA 1990, 291) auf diese Frage nicht eingegangen, da er dies als nicht von Belang beurteilte. *Harrer* (DRdA 1990, 291) bejaht diesen Anspruch unter der Voraussetzung, dass der Betrieb über die jeweils erforderliche Arbeitnehmerzahl verfügt, übersieht dabei jedoch, dass es gerade im Wesen eines einheitlichen Betriebes liegt, dass eine organisatorische Einheit besteht und die Voraussetzungen nur betriebsbezogen und nicht gesellschaftsbezogen (getrennt) gegeben sein werden.

Die Gewerbeordnung (GewO) 1973 spricht nicht mehr von fabriksmäßig betriebenen Unternehmen, sondern verwendet einen weiter gehenden Begriff, nämlich „die Ausübung eines Gewerbes in Form eines Industriebetriebes". Nach § 7 der GewO liegt die **Ausübung eines Gewerbes in der Form eines Industriebetriebes** vor, wenn folgende Merkmale für die Gestaltung des Arbeitsablaufes bedeutsam sind, wobei zwar nicht alle vorliegen, jedoch gegenüber den für eine andere Betriebsform sprechenden Merkmalen überwiegen müssen:

    1. hoher Einsatz von Anlage- und Betriebskapital;

2. Verwendung andersartiger als der dem Handwerk und den gebundenen Gewerben gemäßen Maschinen und technischen Einrichtungen oder Verwendung einer Vielzahl von Maschinen und technischen Einrichtungen gleichen Verwendungszweckes;
3. Einsatz von Maschinen und technischen Einrichtungen überwiegend in räumlich oder organisatorisch zusammenhängenden Betriebsstätten;
4. serienmäßige Erzeugung, typisierte Verrichtungen;
5. weit gehende Arbeitsteilung im Rahmen eines vorbestimmten Arbeitsablaufes;
6. größere Zahl von ständig beschäftigten Arbeitnehmern und Überwiegen der nur mit bestimmten regelmäßig wiederkehrenden Teilverrichtungen beschäftigten Arbeitskräfte oder automatisierte Betriebsweise;
7. organisatorische Trennung in eine technische und eine kaufmännische Führung, wobei sich die Mitarbeit des Gewerbetreibenden im Wesentlichen auf leitende Tätigkeiten beschränkt.

Keinesfalls als in Form eines Industriebetriebes ausgeübt gelten die Handelsgewerbe, Verkehrsgewerbe, Fremdenverkehrsgewerbe, ferner Gewerbe, die überwiegend an die Einzelperson angepasste Waren erzeugen, die persönliche oder überwiegend an die Einzelbedürfnisse angepasste Dienstleistungen erbringen und schließlich Gewerbe, die Waren im Wege der Vergabe der Arbeiten an Unternehmer oder unselbständige Heimarbeiter herstellen.

Unter „**Handelsbetrieben**" sind solche Betriebe zu verstehen, die Handel mit Waren, also reine Umsatztätigkeit, betreiben. Der Begriff ist daher enger als der Begriff „Betrieb eines Handelsgewerbes", der auch die Anschaffung von Waren zum Zwecke der Verarbeitung oder Bearbeitung und ihrer nachherigen Weiterveräußerung umfasst.

[18])„**Dauernd**" zielt nicht auf einzelne Arbeitnehmer, sondern meint die **gesamte Belegschaftsstärke**. Zum Begriff der dauerhaften Beschäftigung vgl Erl 4 zu § 40 in ArbVR 2³.

[19]) Vgl § 36 ArbVG; die **Zahlen** der beschäftigten Arbeitnehmer beziehen sich hiebei auf den **gesamten Betrieb** und nicht auf die einzelnen Gruppen der Arbeiter und Angestellten.

[20]) Gem **§ 113** steht das wirtschaftliche Informations- und Beratungsrecht nach § 108 in Unternehmen, in denen ein **Zentralbetriebsrat** zu errichten ist, dem Zentralbetriebsrat zu; in Konzernen, in denen eine **Konzernvertretung** errichtet ist und eine konzerneinheitliche Vorgangsweise erfolgt, der Konzernvertretung. Der Jahresabschluss gem Abs 3 ist –

abhängig von der organisatorischen Struktur eines Unternehmens – dem Zentralbetriebsrat bzw dem Betriebsausschuss zu übermitteln (zum Konzernabschluss vgl Erl 28). In Betrieben, in denen ein Betriebsausschuss errichtet ist, steht dieses Recht dem Betriebsausschuss zu. Solange sich der Betriebsausschuss nicht konstituiert hat, stehen die Befugnisse nach § 113 Abs 2 den einzelnen Betriebsräten zu.

Innerhalb des Kollegialorgans steht **jedem Mitglied** das Recht zu, **Einsicht in den Jahresabschluss** zu nehmen. Der Betriebsinhaber darf die dem Kollegialorgan Betriebsrat gegenüber obliegende Vorlagepflicht nicht mit der Begründung verweigern, es fehle an der erforderlichen Vertrauensbasis zum Betriebsratsvorsitzenden und er sehe die Gefahr, dass durch diesen für den Fall der Ausfolgung der Bilanz vertrauliche Informationen in einer den Interessen des Unternehmens abträglichen Weise offen gelegt werden könnten (VwGH vom 21. 1. 1987, 86/01/0244, ua, DRdA 1987, 340).

Nur die **Arbeitnehmervertreter im Aufsichtsrat** haben Anspruch auf **Ausfolgung des Prüfungsberichts** (§ 273 UGB) des Wirtschaftsprüfers (OGH vom 26. 9. 1991; 6 Ob 9/91, ecolex 1992, 93). Dennoch werden Teile des Prüfberichts als Erläuterungen zur Bilanz auch in Unternehmen ohne Aufsichtsrat(smitbestimmung) dem Betriebsrat (Zentralbetriebsrat) zu übergeben sein (siehe Erl 25).

[21]) Durch Anpassung des ArbVG an das Handelsgesetzbuch (seit 2007 „Unternehmensgesetzbuch" – UGB) durch das Rechnungslegungsgesetz BGBl 1989/475 wurde der Anspruch auf Ausfolgung des Jahresabschlusses und des Anhangs **binnen eines Monats** nach Erstellung (zur Aufstellungspflicht siehe Erl 24) statuiert. Mit dieser nunmehr klaren Regelung, die die Übergabe des **handelsrechtlichen Jahresabschlusses** vorsieht, wurde die jahrelange Diskussion, ob es sich beim Anspruch in § 108 Abs 3 um die Handelsbilanz oder die Steuerbilanz handelt, beendet. Schon mit Erkenntnis vom 23. 5. 1984 (VwSlg 11.449 A) hatte der VwGH den Anspruch auf Ausfolgung der Handelsbilanz bejaht.

Das Rechnungslegungsgesetz hat die Bilanzaussagekraft ganz entscheidend verbessert, sodass dem Informationsbedürfnis des Betriebsrates durch Ausfolgung der handelsrechtlichen Jahresabschlüsse entsprochen wird (zu den Fristen siehe Anm 24).

Grundlegende Vorschriften zum Jahresabschluss finden sich in § 193 Abs 4 UGB *(„Der Jahresabschluss besteht aus der Bilanz und der Gewinn- und Verlustrechnung; er ist in Euro und in deutscher Sprache ... aufzustellen")* und in § 222 Abs 2 UGB, wonach er ein möglichst getreues Bild der Vermögens-, Finanz- und Ertragslage des Unternehmens zu vermitteln hat. Wenn dies aus besonderen Gründen nicht gelingt, sind im Anhang die erforderlichen zusätzlichen Angaben zu machen. Die Gliederung von Bilanz und Gewinn- und Verlustrechnung ist in den §§ 224 und 231 HGB gesetzlich festgelegt.

Der **Anhang** hat gem § 236 ff UGB den Jahresabschluss so zu erläutern, dass ein möglichst getreues Bild der Vermögens-, Finanz- und Ertragslage vermittelt wird.

[22]) Die Angaben des § 239 Abs 1 Z 2 bis 4 Unternehmensgesetzbuch (UGB) beziehen sich im Wesentlichen auf die **Bezüge von Vorstands- und Aufsichtsratsmitgliedern**. Folgende Angaben müssen allerdings nach Beschlussfassung in den Organen gemeinsam mit dem gesamten Jahresabschluss zur Eintragung in das Firmenbuch eingereicht werden, da der Anhang über Organe anzuführen hat:

Z 2: die Beträge der den Mitgliedern des Vorstandes und des Aufsichtsrates unter Bezeichnung der der einzelnen Einrichtung gewährten Vorschüsse und Kredite unter Angabe der Zinsen, der wesentlichen Bedingungen und der gegebenenfalls im Geschäftsjahr zurückgezahlten Beträge sowie der zu Gunsten dieser Personen eingegangenen Haftungsverhältnisse;

Z 3: die Aufwendungen für Abfertigungen und Pensionen, getrennt nach solchen für Vorstandsmitglieder und leitende Angestellte gem § 80 Abs 1 Aktiengesetz (AktG) 1965 und für andere Arbeitnehmer;

Z 4: die Bezüge der Mitglieder des Vorstands, des Aufsichtsrats oder ähnlicher Einrichtungen, gesondert für jede Personengruppe, und zwar:
a) die für die Tätigkeit im Geschäftsjahr gewährten Gesamtbezüge (als Gesamtsumme die Gehälter, Gewinnbeteiligungen, Aufwandsentschädigungen, Versicherungsentgelte, Provisionen und Nebenleistungen jeder Art). In die Gesamtbezüge sind auch Bezüge einzurechnen, die nicht ausgezahlt, sondern in Ansprüche anderer Art umgewandelt oder zur Erhöhung anderer Ansprüche verwendet werden. Erhalten Mitglieder des Vorstands von verbundenen Unternehmen für ihre Tätigkeit für das Unternehmen oder für ihre Tätigkeit als gesetzliche Vertreter oder Angestellte des verbundenen Unternehmens Bezüge, so sind diese Bezüge gesondert anzugeben;
b) die Gesamtbezüge (Abfindungen, Ruhegehälter, Hinterbliebenenbezüge und Leistungen verwandter Art) der früheren Mitglieder der bezeichneten Organe und ihrer Hinterbliebenen; lit a ist entsprechend anzuwenden.

[23]) Die **Rechtsprechung** hat klargestellt, dass der Betriebsrat **auch** die Ausfolgung von **Jahresabschlüssen früherer Geschäftsjahre** verlangen kann, wenn eine Vorlage seinerzeit unterblieben ist und die Beurteilung der Wirtschaftslage des Betriebes und seiner Entwicklung auch die Kenntnis der Betriebserfolge vorangegangener Jahre erforderlich macht (OGH vom 28. 8. 1991, 9 Ob A 170/91, DRdA 1992, 297 mit Anm von *Trost*).

[24]) Gem § 193 Abs 2 UGB ist der Unternehmer grundsätzlich verpflichtet, **binnen neun Monaten** nach Abschluss eines Geschäftsjahres einen Jahresabschluss aufzustellen. Diese Regelung hat praktisch nur mehr Bedeutung für bilanzpflichtige Unternehmen, die keine Kapitalgesellschaften sind.

§ 222 Abs 1 UGB schreibt für **Kapitalgesellschaften** (GmbH, AG, SE) die Aufstellung eines Jahresabschlusses unter Verantwortung des Geschäftsführungsorgans **binnen fünf Monaten** nach dem Bilanzstichtag für das vergangene Geschäftsjahr vor. Dieser Regelung entspricht im Wesentlichen § 108 Abs 3 bzw § 64 BRGO (siehe *Cerny*, Arbeitsverfassungsrecht 1), nämlich „einen Monat nach der Erstellung" bzw „innerhalb von sechs Monaten nach dem Ende des Geschäftsjahres". Die Frist von (längstens) **sechs Monaten** ab Bilanzstichtag ist in der Praxis **für BR (ZBR) von Bedeutung, die nicht im Aufsichtsrat vertreten sind**; sie korrespondiert nicht mit den Prüfungs- und eventuell Feststellungskompetenzen eines (mitbestimmten) Aufsichtsrats, dem ja spätestens fünf Monate nach dem Bilanzstichtag der Jahresabschluss zu übermitteln ist. Arbeitnehmervertreter im Aufsichtsrat haben zudem nicht nur Anspruch auf den Jahresabschluss (Bilanz, GuV) und Anhang, sondern auch auf den Lagebericht und den Vorschlag für die Gewinnverteilung.

Gem § 125 Abs 1 AktG hat der **Aufsichtsrat einer AG** innerhalb von **zwei Monaten ab Vorlage** (also bis zum Ablauf des siebenten Monats nach Ende des Geschäftsjahres) über den Jahresabschluss zu befinden (**Feststellung** oder Nicht-Billigung).

Gem § 30k und § 35 Abs 1 Z 1 GmbHG obliegt in der **GmbH** dem Aufsichtsrat bloß die Prüfung, der Generalversammlung hingegen die Feststellung des Jahresabschlusses.

Sowohl in der AG als auch in der GmbH ist der **Haupt- bzw Generalversammlung** durch den Aufsichtsrat **binnen acht Monaten nach dem Bilanzstichtag** (Geschäftsjahresende) vom Ergebnis der Jahresabschlussprüfung zu berichten.

Da § 108 Abs 3 ArbVG eine einmonatige Frist nach der (binnen fünf Monaten nach Geschäftsjahresende vorgeschriebenen) Erstellung des Jahresabschlusses vorsieht, ist dem Betriebsrat in aller Regel der noch nicht vom Aufsichtsrat geprüfte (und in der AG zusätzlich festgestellte) Jahresabschluss zu übermitteln.

Kommt der Unternehmer (Betriebsinhaber) seiner handelsrechtlichen Verpflichtung nicht innerhalb der sechsmonatigen Frist des ArbVG nach, so hat der Betriebsrat das Recht, auf **Ausfolgung einer Zwischenbilanz** oder anderer geeigneter Unterlagen (samt Erläuterungen) zu dringen, um über die wirtschaftliche und finanzielle Lage des Unternehmens Aufschluss zu erhalten.

Spätestens **neun Monate nach dem Bilanzstichtag** sind Jahresabschluss und Lagebericht (ebenso jene des Konzerns) durch Einreichung beim Firmenbuchgericht **offenzulegen** (§§ 277 und 280 UGB).

[25]) Der Jahresabschluss ist schriftlich zu übergeben. Hierbei hat der Betriebsinhaber dem Betriebsrat auch die zum näheren Verständnis dieser Unterlagen erforderlichen **Erläuterungen** und Aufklärungen (unaufgefordert) zu geben. Der Gesetzgeber legt dafür keine Form (mündlich oder schriftlich) fest; jedoch ist aus teleologischen Erwägungen abzuleiten, dass Aufschlüsselungen der Bilanz, der Vorschaurechnung, usw im Allgemeinen wohl nur in verständlicher, transparenter und klar gegliederter Schriftform das Informationsbedürfnis der Belegschaft erfüllen werden. Im Sinn des § 72 wird sich die Aufklärungsverpflichtung des Betriebsinhabers hinsichtlich Umfang und die Detailliertheit der Unterlagen an der Größe des Betriebs (Unternehmens) und den Bedürfnissen des Betriebsrats zu orientieren haben. Die Erläuterungen und Aufklärungen sind **unaufgefordert** zu geben, da die näher ausführende BRGO (§ 64) die Übergabe „gleichzeitig" anordnet und auch § 108 Abs 4 vorschreibt, dass Konzernabschluss und -anhang „einschließlich" (also gleichzeitig) derselben zu erfolgen hat (*Geist* aaO).

Obgleich der **Prüfungsbericht** des Abschlussprüfers gem § 273 Abs 3 UGB nur den Aufsichtsratsmitgliedern vorzulegen ist, kann es notwendig sein, Teile desselben im Rahmen der Erläuterungspflicht nach § 108 Abs 3 letzter Satz zu übergeben.

Darüber hinaus besteht für den Betriebsrat noch die Möglichkeit, im Rahmen der im § 92 Abs 1 vorgesehenen Monats- und Quartalsbesprechungen Fragen im Zusammenhang mit dem Jahresabschluss zu stellen und die sich daraus ergebenden Probleme zu besprechen. Erforderlich sind beispielsweise folgende Aufklärungen durch den Betriebsinhaber:
– bedeutende Abweichungen einzelner Posten;
– Erläuterungen von Posten mit der Bezeichnung „sonstige";
– nähere Aufschlüsselung wichtiger Posten.

Näheres dazu siehe – samt Checklisten, insbesondere auch zu **Unternehmenskrisen** und **Umstrukturierungen** – bei *Leitsmüller* in *Gagawczuk ua*, Der Aufsichtsrat, 181–198.

In einem **Gemeinschaftsbetrieb** (siehe dazu Erl 2 [Mehrere Betriebsinhaber] zu § 34 in ArbVR 2³) hat der Betriebsrat (bzw Betriebsausschuss oder Zentralbetriebsrat) Anspruch auf Ausfolgung gegenüber sämtlichen Betriebsinhabern. Zur Beurteilung der wirtschaftlichen Lage des Betriebs sind diesfalls zwei oder mehr Jahresabschlüsse erforderlich.

Weigert sich der Betriebsinhaber, diesen Pflichten nachzukommen, so kann der **Betriebsrat** seinen Anspruch durch **Leistungsklage** bei Gericht gem § 50 Abs 2 ASGG durchsetzen. **Außerdem** stehen diese Pflichten des Betriebsinhabers unter der **Strafsanktion** des § 160 Abs 2 Z 4. Das gem § 113 zuständige Organ der Arbeitnehmerschaft kann einen diesbezüglichen Strafantrag bei der Bezirksverwaltungsbehörde stellen.

Geheimhaltungspflichten

25a) Der mitunter vertretenen Meinung, dass der Inhalt der Bilanz ausnahmslos geheim zu halten sei und daher „Außenstehenden", also zB auch Vertretern von Gewerkschaften und Arbeiterkammern, zur Auswertung für den Betriebsrat nicht bekannt gegeben werden dürfe, kann keinesfalls zugestimmt werden. Zunächst ist zu prüfen, welche Angaben in der Bilanz (oder welche Zusatzinformationen auf Grund der Erläuterungspflicht des Betriebsinhabers) als Geschäftsgeheimnis anzusehen sind. Maßstab dafür kann nur sein, ob diesbezügliche Mitteilungen an Dritte den Interessen des Betriebes schaden könnten. Vorweg ist festzustellen, dass dies hinsichtlich jener Daten nicht zutreffen kann, die veröffentlicht werden.

Geheimhaltungspflichtige Daten können dann gegenüber Beratern geoffenbart werden, wenn dies sachlich notwendig ist und ihre Beurteilung bzw Analyse zur Wahrung der Interessenvertretungsaufgabe des Betriebsrates erforderlich ist. Zum Schutz vor unerlaubter Weitergabe an Dritte dürfen jedoch nur solche Berater hinzugezogen werden, die kraft ihres Berufes zu derartigen Tätigkeiten berufen sind und hinsichtlich der ihnen dabei zukommenden Geheimnisse an eine Verschwiegenheitspflicht gebunden sind. Der **Betriebsrat** ist daher **berechtigt, die entsprechenden Daten zu seiner Beratung der zuständigen Gewerkschaft und/oder Arbeiterkammer bekannt zu geben** (§ 39 Abs 4). Näheres dazu bei *Geist,* aaO, 377 ff.

Betriebsräte aus **börsennotierten Aktiengesellschaften** müssen bei Weitergabe von möglichen **Insiderinformationen,** wie etwa Vorschauzahlen, besonders vorsichtig sein, diese auch nur, sofern es für die Beratung unumgänglich ist, weitergeben und den Adressaten auf die diesbezüglichen Missbrauchsregelungen im **Börsegesetz** (va § 48a) ausdrücklich hinweisen. Zu beachten sind auch die Emittenten-Compliance-Verordnung der Finanzmarktaufsichtsbehörde (siehe www.fma.gv.at) und etwaige unternehmensinterne Richtlinien. Die Informations- und Beratungsansprüche der Arbeitnehmerschaft werden jedoch durch die einschlägigen Kapitalmarktvorschriften keinesfalls eingeschränkt. Näheres siehe bei Erl 8 zu § 115. Zu den Verschwiegenheitsverpflichtungen der Arbeitnehmervertreter im **Aufsichtsrat** siehe Erl 32 zu § 110.

Anspruch auf Abschrift des Konzernabschlusses

26) Der **Konzernbegriff** des § 244 UGB, der für die Pflicht zur Aufstellung eines Konzernabschlusses sowie eines Konzernlageberichts maßgeblich ist, **unterscheidet sich von jenem des § 15 AktG sowie des § 115 GmbHG,** der in anderen Bestimmungen des ArbVG (vgl insbesondere § 88a) maßgebend ist. Zur Frage der Verpflichtung zur Aufstellung eines Konzernabschlusses vgl §§ 244 ff UGB.

²⁷) Besteht nach den Bestimmungen des UGB eine Pflicht zur Aufstellung eines Konzernabschlusses und eines Konzernlageberichts, so sind diese dem Betriebsrat bzw dem gem § 113 zuständigen Organ zu übermitteln (vgl dazu Erläuterungen zu § 113). Von Bedeutung ist die Kenntnis des Konzernabschlusses für die Belegschaftsvertreter va deshalb, weil der einzelgesellschaftliche Jahresabschluss im Konzernverbund (etwa aufgrund nicht marktgerechter Verrechnungspreise) stark an Aussagekraft verliert. Erst die konsolidierte (zusammengefasste) Bilanz nach den Maßgaben der §§ 253 ff UGB verschafft in Konzernen den Überblick über die wahre wirtschaftliche Situation des einzelnen Unternehmens (näher dazu *Gelter/Haberer,* Aufsichtsrat und Konzernabschluss, GesRZ 2001, 169 ff).

²⁸) Aus § 113 Abs 5 Z 3 lit a ergibt sich, dass sowohl der Konzernabschluss als auch ein allenfalls aufzustellender österreichischer Teilkonzernabschluss der Konzernvertretung zu übermitteln ist. Wurde von den im Konzern errichteten (Zentral-)Betriebsräten **keine Konzernvertretung errichtet, ist der Konzernabschluss jenem Zentralbetriebsrat bzw Betriebsrat zu übermitteln**, dessen **Zuständigkeitsbereich** sich auf die **Konzernspitze** erstreckt. Für diese Auffassung spricht auch, dass der Vorstand der Konzernspitze gem § 244 UGB den Konzernabschluss aufzustellen und deren Organen (Aufsichtsrat und Hauptversammlung) vorzulegen hat.

²⁹) Zum Zeitpunkt der Erstellung siehe Erl 21; für die Aufstellung des Konzernabschlusses und der Konzernanlageberichte gem § 244 Abs 1 UGB gelten die **gleichen Fristen wie für den Jahresabschluss.**

³⁰) Ist gem § 245 Abs 1 UGB ein (österreichischer) **Teilkonzernabschluss** aufzustellen, so hat der Betriebsrat Anspruch auf Übermittlung eines Exemplars spätestens einen Monat nach der Erstellung. Dieser Anspruch ergibt sich aus der Formulierung des Abs 4, der auf die §§ 244 ff UGB verweist.
Nicht jedoch erstreckt sich diese Bestimmung auf ausländische Konzernabschlüsse, in die Tochterunternehmen mit Sitz im Inland einbezogen sind, da § 245 HGB in diesem Fall nur eine befreiende Regelung, was die Aufstellung betrifft, beinhaltet.
Zum Anspruch auf die erforderlichen **Erläuterungen und Aufklärungen** – worunter uU trotz § 273 Abs 3 und § 268 Abs 2 UGB (Übermittlung an den Aufsichtsrat der Muttergesellschaft) auch der Konzernabschluss-Prüfungsbericht fallen kann – vgl Erl 25.

Mitwirkung bei Betriebsänderungen[1])

§ 109. (1) Der Betriebsinhaber ist verpflichtet, den Betriebsrat von geplanten Betriebsänderungen ehestmöglich[2]), jedenfalls aber so rechtzeitig vor der Betriebsänderung in Kenntnis zu setzen[3])[4]), daß eine Beratung[5]) über deren Gestaltung noch durchgeführt werden kann. Als Betriebsänderungen gelten insbesondere[6])

1. die Einschränkung oder Stillegung des ganzen Betriebes oder von Betriebsteilen;[7])[8])
1a. die Auflösung von Arbeitsverhältnissen, die eine Meldepflicht nach § 45a Abs 1 Z 1 bis 3 Arbeitsmarktförderungsgesetz, BGBl Nr 31/1969, in der jeweils geltenden Fassung, auslöst,[9])
2. die Verlegung des ganzen Betriebes oder von Betriebsteilen;[10])
3. der Zusammenschluß mit anderen Betrieben;[11])
4. Änderungen des Betriebszwecks[12]), der Betriebsanlagen[13]), der Arbeits- und Betriebsorganisation sowie der Filialorganisation[14]);
5. die Einführung neuer Arbeitsmethoden;[15])
6. die Einführung von Rationalisierungs- und Automatisierungsmaßnahmen von erheblicher Bedeutung;[16])
7. Änderungen der Rechtsform oder der Eigentumsverhältnisse an dem Betrieb.[17])

(1a) Im Falle einer geplanten Betriebsänderung nach Abs 1 Z 1a[9])[18]) hat die Information nach Abs 1 erster Satz jedenfalls[19]) zu umfassen

1. die Gründe für die Maßnahme,[20])
2. die Zahl und die Verwendung der voraussichtlich betroffenen Arbeitnehmer, deren Qualifikation und Beschäftigungsdauer sowie die Kriterien für die Auswahl dieser Arbeitnehmer,[21])
3. die Zahl und die Verwendung der regelmäßig beschäftigten Arbeitnehmer,
4. den Zeitraum, in dem die geplante Maßnahme verwirklicht werden soll,
5. allfällige zur Vermeidung nachteiliger Folgen für die betroffenen Arbeitnehmer geplante Begleitmaßnahmen.[22])

Die Information nach Z 1 bis 4 hat schriftlich[23]) zu erfolgen. Die Informations- und Beratungspflicht trifft den Betriebsinhaber auch dann, wenn die geplante Maßnahme von einem herrschenden Unternehmen veranlaßt wird.[24]) Unbeschadet des § 92 Abs 2 kann der Betriebsrat der Beratung Sachverständige beiziehen.[25])

(2) Der Betriebsrat kann Vorschläge zur Verhinderung, Beseitigung oder Milderung von für die Arbeitnehmer nachteiligen Folgen von Maßnahmen gemäß Abs 1 erstatten[26]); hiebei hat der Betriebsrat auch auf die wirtschaftlichen Notwendigkeiten des Betriebes Bedacht zu nehmen.[27])

(3)[27a] Bringt eine Betriebsänderung im Sinne des Abs 1 Z 1 bis 6[28]) wesentliche Nachteile für alle oder erhebliche Teile der Arbeitnehmerschaft[29]) mit sich, so können in Betrieben, in denen dauernd mindestens 20 Arbeitnehmer beschäftigt sind[30]), Maßnahmen zur Verhinderung, Beseitigung oder Milderung dieser Folgen[30a]) durch Betriebsvereinbarung[31])[32])[33]) geregelt werden. Sind mit einer solchen Betriebsänderung Kündigungen von Arbeitnehmern verbunden, so soll die Betriebsvereinbarung auf die Interessen von älteren Arbeitnehmern besonders Bedacht nehmen.[34])[35])[36]) Kommt zwischen Betriebsinhaber und Betriebsrat über den Abschluß, die Abänderung oder Aufhebung einer solchen Betriebsvereinbarung eine Einigung nicht zustande, so entscheidet – insoweit eine Regelung durch Kollektivvertrag oder Satzung nicht vorliegt[37]) – auf Antrag eines der Streitteile die Schlichtungsstelle. Bei der Entscheidung der Schlichtungsstelle[38])[39])[40]) ist eine allfällige verspätete oder mangelhafte Information des Betriebsrates (Abs 1) bei der Festsetzung der Maßnahmen zugunsten der Arbeitnehmer in der Weise zu berücksichtigen, daß Nachteile, die die Arbeitnehmer durch die verspätete oder mangelhafte Information erleiden, zusätzlich abzugelten sind.[41])[42])

Schrifttum zu § 109

Kropf, Zur Notwendigkeit der Sicherung von Arbeitnehmeransprüchen bei Insolvenz des Arbeitgebers, DRdA 1975, 252 ff;

Schwarz W., Probleme sozialer und personeller Mitbestimmung im Betrieb, DRdA 1975, 65;

Jabornegg/Rebhahn, Unternehmensplanung und Informationsrechte der Belegschaft im Betriebsverfassungsrecht, DRdA 1979, 284 ff;

Strasser, Bemerkenswerter Sozialplan abgeschlossen, DRdA 1979, 230;

Schnorr, Probleme der wirtschaftlichen Mitbestimmung bei Betriebsführungsgesellschaften, ZAS 1981, 83 ff;

Holzer, Strukturfragen des Betriebsvereinbarungsrechts (1982);

Firlei, Der Betriebsratsobmann reagiert auf eine vor ihm geheimgehaltene geplante Rationalisierungsmaßnahme, DRdA 1982, 426;

Krejci, Über Regelungszweck, Abschlußvoraussetzungen und Konstruktionsprobleme des Sozialplanes, in FS Floretta (1983) 539;

Krejci, Über den Inhalt von Sozialplänen, in FS Strasser (1983) 511;

Krejci, Der Sozialplan, in *Tomandl* (Hrsg), Probleme des Einsatzes von Betriebsvereinbarungen (1983) 133;

Krejci, Der Sozialplan. Ein Beitrag zu Recht und Praxis der Betriebsvereinbarung (1983);

Runggaldier, Betriebsverfassungsrechtliche Probleme der Unternehmensteilung, DRdA 1988, 419;

Mitter, OGH: Sozialplan bei drohender Zahlungsunfähigkeit eines Unternehmens, DRdA 1989, 319 ff;

Köck, Verständigung des Betriebsrates bei „Unternehmensverkauf"? ecolex 1990, 237;

Rebhahn, Unternehmensveräußerung und Betriebsverfassungsrecht, ecolex 1990, 238;

Dirschmied, Die Auswirkungen der Insolvenz des Arbeitgebers auf das Instrument des Sozialplanes nach österreichischem Recht, in FS Gnade (1992) 827;

Binder, Die rechtlichen Rahmenbedingungen für die Errichtung und das Funktionieren von Arbeitsstiftungen, ZAS 1998, 161;

Schneller, Vorruhestandsmodelle in Sozialplänen unter geändertem Pensionsrecht, infas 2000, 147.

Goricnik, Mitwirkungsrechte des Betriebsrates bei Betriebsverlegung, wbl 2001, 106;

Mayr, Betriebsverlegung – Versetzung – Folgepflicht des Arbeitnehmers/der Arbeitnehmerin, ecolex 2001, 295;

Eichinger, Unterschiedliches Bezugsalter für Zahlungen aus einem Sozialplan – Diskriminierung von Männern? RdW 2002, 288;

Marhold, Das Ausscheiden aus dem Kollektivvertrag bei Fortbestand des Kollektivvertrages, in *Tomandl* (Hrsg), Aktuelle Probleme des Kollektivvertragsrechts (2003) 69;

Schindler, Zur Umsetzung des EU-Rechts in Österreich – Teil 2: Überblick über Richtlinien, deren Umsetzung bevorsteht, insb die Antidiskriminierungs-Richtlinien, DRdA 2003, 523;

Freudhofmeier, Sozialplan – Chancen und Rahmenbedingungen der Arbeitsstiftung, ASoK 2004, 314;

Cerny, Entwicklung der Arbeitsverfassung aus der Sicht der Arbeitnehmer, in *Grillberger* (Hrsg), 30 Jahre ArbVG (2005) 9 [32];

Jabornegg, Die Wahl des Kollektivvertrages durch den Arbeitgeber – eine Option des geltenden Arbeitsverfassungsrechts? DRdA 2005, 107;

Mayr, Unterschiedliches Alter von Frauen und Männern bei Sozialplanleistungen ausnahmsweise zulässig!, RdW 2005/632, 554;

Resch, Arbeitsrechtliche Fragen der Arbeitsförderung (insbesondere der Arbeitsstiftung), DRdA 2005, 393;

Sturm, Geschlechtsdifferenziertes Bezugsalter für Sozialplanleistungen, ecolex 2005, 58;

Schöngrundner, Folgepflicht bei Betriebsstandortverlegung, ARD 5628/9/2005;

Tinhofer, Die kollektivrechtlichen Aspekte der Versetzung. Der Versetzungsschutz gem § 101 ArbVG, ZAS 2005/12, 59;

Adamovic, Verschlechternde Versetzung – Voraussetzungen und Rechtsdurchsetzung, ARD 5659/8/2006;

Spenger, Rechtsgutachten: Vorübergehende Betriebseinschränkung im Zusammenhang mit Arbeitskräfteüberlassung, infas 2006, 190;

Ortner, Sozialplanzahlungen, PVInfo 2007 H 5, 34.

Preiss § 109

Übersicht zu § 109

Allgemeines, Umfang des Mitwirkungsrechtes	Erläuterung 1

I. Informations- und Beratungsrecht

Information zum „ehestmöglichen" Zeitpunkt	Erläuterungen 2 bis 4
Beratungsrecht	Erläuterung 5

II. Betriebsänderungen

Allgemeines	Erläuterung 6
Stilllegung des Betriebes oder von Betriebsteilen	Erläuterung 7
Einschränkung des ganzen Betriebes oder von Betriebsteilen	Erläuterungen 8, 9
Verlegung des ganzen Betriebes oder von Betriebsteilen	Erläuterung 10
Zusammenschluss mit anderen Betrieben	Erläuterung 11
Änderung des Betriebszwecks	Erläuterung 12
Änderung der Betriebsanlagen	Erläuterung 13
Änderung der Arbeits- und Betriebsorganisation	Erläuterung 14
Einführung neuer Arbeitsmethoden	Erläuterung 15
Einführung von Rationalisierungs- und Automatisierungsmaßnahmen	Erläuterung 16
Änderung der Rechtsform oder der Eigentumsverhältnisse	Erläuterung 17
Massenentlassungen	Erläuterungen 18 bis 23
Information im Konzern	Erläuterung 24
Beiziehung von Experten	Erläuterung 25

III. Interventionsrecht .... Erläuterungen 26, 27

IV. Sozialplan

Allgemeines	Erläuterung 27a
Relevante Betriebsänderungen	Erläuterung 28
Wesentliche Nachteile für erhebliche Teile der Arbeitnehmerschaft	Erläuterung 29
Dauernd mindestens 20 Arbeitnehmer	Erläuterung 30
Inhalt eines Sozialplanes	Erläuterung 30a
Betriebsvereinbarung	Erläuterung 31 und 32
Insolvenz und Sozialplan	Erläuterung 33
Kündigung älterer Arbeitnehmer	Erläuterung 34 bis 36
Erzwingbarkeit über die Schlichtungsstelle	Erläuterung 37 bis 40
Verspätete oder mangelhafte Information	Erläuterung 41 und 42

Allgemeines, Umfang des Mitwirkungsrechtes

¹) § 109 war in der Stammfassung des ArbVG (BGBl 1974/22) bereits enthalten und wurde durch BGBl 1986/394, 1993/460 und 1993/502 novelliert.

Die **Mitwirkung** der betrieblichen Interessenvertretung **bei Betriebsänderungen** (vgl zu diesem Begriff Erl 6 bis 17) besteht zunächst in einem **besonderen Informations- und Beratungsrecht** des Betriebsrates gem Abs 1 und 1a (vgl auch § 108 Abs 2a und Erl 12 bis 16 zu § 108). Der Betriebsrat besitzt darüber hinaus das Recht, dem Betriebsinhaber Vorschläge zur Verhinderung bzw Beseitigung und Milderung von für die Arbeitnehmer nachteiligen Folgen der geplanten Maßnahmen des Betriebsinhabers zu unterbreiten (**besonderes Interventionsrecht** gem Abs 2). Die allgemeinen Informations-, Beratungs- und Interventionsrechte sind in den §§ 89 bis 92b geregelt (vgl die Erl dazu dort). Bei Vorliegen bestimmter Voraussetzungen gem Abs 3 kann zum Ausgleich der bevorstehenden Nachteile eine **erzwingbare Betriebsvereinbarung** (**Sozialplan**) abgeschlossen werden (vgl Erl 28 bis 42).

Über die Rechte des § 109 hinausgehend bestehen bei Kapitalgesellschaften, die einen Aufsichtsrat haben, Mitentscheidungsrechte im Rahmen des § 110, da Betriebsänderungen gem § 109 oft auch Geschäfte sind, die der **Genehmigungs- bzw Zustimmungspflicht des Aufsichtsrates** unterliegen (vgl § 30j Abs 5 GmbHG und § 95 Abs 5 AktG und Erl 31 zu § 110, siehe zu den sog zustimmungspflichtigen Geschäften auch *Gagawczuk/ H. Gahleitner/Leitsmüller/Preiss/Schneller*, Der Aufsichtsrat [2004] 94 ff). Die Zustimmung der ArbeitnehmervertreterInnen im Aufsichtrat kann daher von der Berücksichtigung der Vorschläge des Betriebsrates zu Betriebsänderungen abhängig gemacht werden.

Zu beachten ist auch die **EU-Richtlinie** RL 2002/14/EG über die **Unterrichtung und Anhörung der Arbeitnehmer**, die bis 23. 3. 2005 in nationales Recht umzusetzen war. Die Richtlinie macht eher weit gefasste Vorgaben, deshalb erfüllt das ArbVG im Wesentlichen diese Vorgaben. Im Detail gibt es aber sehr wohl Bereiche im ArbVG, die dem europarechtlichen Standard nicht entsprechen (*Schindler*, DRdA 2003, 523 [525]). So ist etwa die Sanktion der Verletzung der Informationspflichten im ArbVG unzureichend. Art 8 Abs 2 der RL Unterrichtung und Anhörung der Arbeitnehmer verlangt *„angemessene Sanktionen, die im Falle eines Verstoßes gegen diese Richtlinie durch den Arbeitgeber oder durch die Arbeitnehmervertreter Anwendung finden; die Sanktionen müssen wirksam, angemessen und abschreckend sein."* Es kann keine Rede davon sein, dass die Sanktionen des ArbVG hinsichtlich der Verletzung von Informationspflichten *„wirksam, angemessen und abschreckend"* sind, da sie für die meisten Informationsrechte gar nicht gelten, zu gering sind oder von den Verwaltungsstrafbehörden schlicht nicht vollzogen werden (vgl dazu auch Erl 2 und Erl 9).

I. Informations- und Beratungsrecht
Information zum „ehestmöglichen" Zeitpunkt

²) Durch die Novelle 1986 BGBl 394 wurde der bereits in der Stammfassung enthaltene Begriff „ehestmöglich" durch die Anfügung *„..., jedenfalls aber so rechtzeitig vor der Betriebsänderung in Kenntnis zu setzen, daß eine Beratung über deren Gestaltung noch durchgeführt werden kann"* ergänzt. Damit sollte klargestellt werden, dass der Betriebsrat zu einem **Zeitpunkt** zu informieren ist, zu dem **noch Einfluss auf die Gestaltung der geplanten Maßnahmen** genommen werden kann. Die **Informationspflicht des Betriebsinhabers** besteht **bereits im Planungsstadium**, also bevor die Entscheidung über die Durchführung der Maßnahmen getroffen wird bzw bevor mit ihrer Verwirklichung im Betrieb begonnen wird (vgl idS *Marhold*, Kollektives Arbeitsrecht² [1999] 298). Eine wesentliche Schwäche des Gesetzes ist die mangelnde Sanktionierung der Verletzung der Informationspflicht durch den Betriebsinhaber. Die Nichterteilung oder verspätete Erteilung einer Information über eine Betriebsänderung ist – mit Ausnahme der Betriebsänderung gem Abs 1 Z 1a (Massenentlassung) – nicht einmal eine Verwaltungsübertretung gem § 160 (vgl dazu Erl 1 und 9 und die dortige Kritik). Die Verspätung bei einer Informationserteilung kann aber (gem Abs 3 letzter Satz) dazu führen, dass ein Sozialplan für den Betriebsinhaber „teurer" wird (siehe Erl 41). Die mangelnde Sanktionierung ist ein offenes europarechtliches Problem, insofern erfüllt das ArbVG nämlich die Vorgaben des Art 8 der EU-RL Unterrichtung und Anhörung der Arbeitnehmer (RL 2002/14/EG) nicht (vgl *Schindler*, DRdA 2003, 523 [525] und *Windisch-Graetz* in ZellKomm § 109 ArbVG Rz 19).

Unter einer **geplanten Betriebsänderung** ist eine Maßnahme zu verstehen, zu der sich der Betriebsinhaber dem Grunde nach bereits entschlossen hat. Da aber noch die Möglichkeit gegeben sein muss, den Betriebsrat in die Gestaltung der Maßnahme einzubeziehen, darf die Information nicht erst zu einem Zeitpunkt erfolgen, zu dem keine Änderungen der Maßnahme mehr möglich sind. Es ist also **nicht gemeint**, dass bereits ein **fertiger Plan** vorliegen muss (vgl auch Erl 2 zu § 94).

Das bedeutet auch, dass **die Information des Betriebsrates gem § 109 vor der Einholung einer** – eventuell gem § 95 Abs 5 AktG bzw § 30j Abs 5 GmbHG notwendigen – **Zustimmung bzw Genehmigung durch den Aufsichtsrat zu erfolgen hat**. Dies liegt insofern auf der Hand, als das Informationsrecht gem § 109 darauf abzielt, dass der Betriebsrat auf die Gestaltung der Maßnahme noch Einfluss nehmen können soll. Liegt aber bereits die Zustimmung durch den Aufsichtsrat vor, kann der Betriebsinhaber ohne neuerlichen Aufsichtsratsbeschluss keine (wesentlichen) Veränderungen an der Maßnahme vornehmen. Auch aus gesellschaftsrechtlichen Überlegungen hat **zuerst die Information des Betriebsrates und dann erst die Befassung des Aufsichtsrates** zu erfolgen. Der Vorstand bzw die Geschäftsführung hat dem Aufsichtrat eine umfassende Information über die Maßnahme zu erteilen. Dabei ist die Meinung der Belegschaft(svertretung) zu der Maßnahme von erheblicher Bedeutung. Man stelle sich etwa vor, dass eine wirtschaftlich eher unbedeutende Maßnahme auf massiven Widerstand der Belegschaft stößt.

Die **Information der Arbeitnehmervertreter im Aufsichtsrat** (vgl § 110 und Erl dazu) **ersetzt nicht die Information des Betriebsrates gem § 109**. Im Aufsichtsrat kommt die Information in der Regel zu spät, ein Arbeitnehmervertreter im Aufsichtsrat ist nicht zwingend der empfangsberechtigte Vorsitzende des Betriebsrates (vgl § 71 und *Preiss*, ArbVR 2³ Erl 1 zu § 71) und das gesamte Betriebsratsgremium muss die Möglichkeit haben, über die Information beraten und beschließen zu können. All das ist durch die Information anlässlich einer Aufsichtsratssitzung nicht gewährleistet (vgl auch Erl 16 zu § 108).

Die **Motivation zur Betriebsänderung ist unerheblich**. Es kommt also insbesondere nicht darauf an, ob sich der Betriebsinhaber aufgrund des Druckes der Anleger, der Muttergesellschaft, aufgrund eines Naturereignisses, wegen gesetzlicher Vorgaben oder als Reaktion auf Marktereignisse dazu entschlossen hat, eine Betriebsänderung durchzuführen.

Verwaltungsstrafrechtlich ist gem § 160 nur die **Verletzung der Informationspflichten** gem § 109 Abs 1 Z 1a und Abs 1a sanktioniert (vgl Erl 9 und 18 bis 23 sowie *Cerny*, ArbVG 4⁴ Erl 1 bis 4 zu § 160). Werden sonstige Informationspflichten verletzt, kann der Betriebsrat die Erteilung von Informationen beim zuständigen Arbeits- und Sozialgericht durch Leistungsklage (eventuell mittels einstweiliger Verfügung) vom Betriebsinhaber einfordern.

Abgesehen von den Informationspflichten des ArbVG sehen auch **andere gesetzliche Bestimmungen besondere Informationsrechte** für den Betriebsrat vor. Gem § 11 Abs 3 **ÜbernahmeG** (ÜbG) etwa hat der Vorstand einer Zielgesellschaft (vgl § 1 Z 2 ÜbG) den Betriebsrat von einem Übernahmeangebot unverzüglich zu unterrichten und ihm die Angebotsunterlagen (§ 9 Abs 1 ÜbG) unverzüglich nach Erhalt zu übermitteln (vgl auch die Strafbestimmung dazu in § 35 Abs 1 Z 2 ÜbG). Das **SpaltungsG** zB sieht in § 7 Abs 5 vor, dass dem Betriebsrat auf Verlangen eine Abschrift des Spaltungsplans und bestimmter Bilanzen zu übergeben ist.

³) Der **Betriebsrat** ist **vom Betriebsinhaber** nicht nur vom bloßen Faktum der geplanten Betriebsänderung zu informieren. Die Informationspflicht umfasst demnach nicht nur die Tatsache, **dass** eine bestimmte Betriebsänderung geplant ist, sondern auch, **wie** die Betriebsänderung **im Einzelnen** vor sich gehen soll (EA Klagenfurt 25. 11. 1985, Arb 10.461 = RdW 1986, 90 = ZASB 1986, 10). Dabei sind dem Betriebsrat die **Gründe, der Umfang** und insbesondere **die möglichen Auswirkungen** der in Aussicht genommenen **Änderung auf die Arbeitnehmer zu nennen**.

Ebenso ist die **zeitliche Abfolge der geplanten Veränderung** und Informationen (Zahlen, Rechenwerke, gutachtliche Äußerungen) zu einer vom Betriebsinhaber eventuell geltend gemachten **wirtschaftlichen Notwendigkeit** (vgl Abs 2 letzter Satz und Erl 27) bekannt zu geben. Ohne die Information über das „Wie" und „Warum" der Betriebsänderung würde das Vorschlagsrecht des Abs 2 ins Leere gehen (idS auch *Windisch-Graetz* in ZellKomm § 109 ArbVG Rz 18). Inhaltsleere darf dem Gesetz aber nicht unterstellt werden.

⁴) Der Betriebsinhaber hat der **Informationspflicht** selbständig und ohne gesonderte Aufforderung durch den Betriebsrat nachzukommen (**„Bringschuld" des Betriebsinhabers**).

Das Gesetz sieht **für die Erfüllung der Informationspflicht** des Abs 1 – im Gegensatz zur Informationspflicht gem Abs 1a – **keine besonderen Formvorschriften** wie Schriftlichkeit vor. Allerdings sind dem Betriebsrat gem § 92 Abs 1 **auf Verlangen** die zu jeder Beratung **erforderlichen Unterlagen** auszuhändigen (vgl Erl 3 zu § 92).

Die Bekanntgabe der Informationen über die vom Betriebsinhaber beabsichtigte Betriebsänderung hat so rasch wie möglich zu erfolgen. Der Betriebsinhaber kann hiermit nicht bis zur nächsten gem § 92 Abs 1 periodisch abzuhaltenden gemeinsamen Beratung zuwarten. Das Gesetz schreibt zwingend den ehestmöglichen Zeitpunkt vor (Erl 2).

Beratungsrecht

⁵) Neben der Information des Betriebsrates durch den Betriebsinhaber ist auch eine gemeinsame Beratung zwischen Betriebsrat und Betriebsinhaber vorgesehen.

Hinsichtlich der Beratung nach § 109 Abs 1 ergibt sich aus dem Zusammenhang mit Abs 2, dass **der Beratungsgegenstand und das Beratungsziel darauf abzustellen sind, dem Betriebsrat in ausreichender Weise Gelegenheit zur Erstattung der in Abs 2 vorgesehenen Vorschläge zu geben.**

§ 109 Abs 1 stellt eindeutig auf „geplante" Betriebsänderungen ab; das in dieser Gesetzesstelle vorgesehene Informations- und Beratungsrecht erstreckt sich daher nicht auf bereits vollzogene Betriebsänderungen (VwGH vom 18. 6. 1980, 657/79, Arb 9880). **An der Beratung können gem § 92 Abs 2 auf Wunsch des Betriebsrates auch Vertreter der zuständigen kollektivvertragsfähigen Körperschaft (Gewerkschaft und/oder Arbeiterkammer) teilnehmen** (vgl Erl 4 bis 6 zu § 92).

Die Beratung hat so wie die Information **vor der Entscheidung über die Betriebsänderung** bzw vor dem Beginn der Verwirklichung der geplanten Änderung stattzufinden. Die Information kann die Beratung keinesfalls ersetzen, selbst dann nicht, wenn anlässlich der Information eine sachliche Diskussion über das vom Betriebsinhaber Geplante zustande kommen sollte.

Der Zeitpunkt der Beratung ist vom Betriebsrat und vom Betriebsinhaber gemeinsam festzulegen. Im Allgemeinen sollte **zwischen der Information** über die geplante Betriebsänderung **und der Beratung ein angemessener Zeitraum** liegen. Der Betriebsrat braucht in der Regel eine entsprechende Vorbereitungszeit für die interne Beratung und Beschlussfassung, mit der oft zusätzliche Prüfungen verknüpft sind.

In die Beratungen sind auch allfällige, vom Betriebsrat erstattete Vorschläge einzubeziehen. Die Beratungen haben aber auch dann stattzufinden, wenn der Betriebsrat keine Vorschläge erstattet hat.

II. Betriebsänderungen

Allgemeines

6) Wie das Wort „insbesondere" zeigt, werden die **in Abs 1** angeführten Fälle von Betriebsänderungen **bloß beispielhaft und nicht erschöpfend aufgezählt**. Das bedeutet, dass der Katalog des Gesetzes erweitert werden kann. Die Aufzählung ist jedoch so weitgehend, dass kaum Fälle einer Betriebsänderung denkbar sind, die nicht ohnehin von einem der im Gesetz angeführten Tatbestände miterfasst sind. Die Insolvenz für sich allein ist keine Betriebsänderung, auch wenn sie regelmäßig eine solche bewirken wird (OGH vom 11. 5. 1995, 8 Ob S 3 /95, ARD 4714/22/96).

Nicht erfasst sind mehr oder weniger regelmäßig eintretende, vorhersehbare, für den Betrieb typische Änderungen (zB periodische Schließung eines Saisonbetriebes). Voraussichtlich nur vorübergehende Betriebsänderungen (zB zeitweise Stilllegung wegen wirtschaftlicher Schwierigkeiten) fallen aber unter den Anwendungsbereich des § 109, weil es sich nicht um regelmäßige oder typische Änderungen handelt.

Die **aufgezählten Tatbestände überschneiden sich zum Teil**, sodass anlässlich einer Betriebsänderung durchaus mehrere Tatbestände erfüllt sein können.

Stilllegung des Betriebes oder von Betriebsteilen

7) Eine **Stilllegung des Betriebes** liegt im Falle der **Aufgabe des Betriebszweckes** unter gleichzeitiger **Auflösung der Betriebsorganisation** vor (vgl auch § 62 Z 1 und *Preiss*, ArbVR 2³ Erl 4 bis 6 zu § 62; zum Betriebsbegriff siehe § 34 und *Gahleitner*, ArbVR 2³ Erl zu § 34). Allerdings setzt eine Stilllegung nicht zwingend die Auflösung der Betriebsorganisation voraus.

Die Stilllegung kann sich aber auch nur auf Betriebs**teile** beziehen (zB ein bestimmter Produktionsbereich). Ein Betriebsteil ist eine Untereinheit des Betriebes, die sich aus verschiedenen einheitsstiftenden Merkmalen ergeben kann. Dabei ist etwa an einen einheitlichen Betriebs**teil**zweck, eine organisatorische (**Sub-**)Einheit oder auch eine **örtliche** Abgrenzung zu denken (vgl zum Begriff des Betriebsteiles *Gahleitner*, ArbVR 2³, Erl 4 zu § 34 und *Preiss*, ArbVR 2³, Erl 7 zu § 62b).

Auch die **betriebliche Aufnahme eines ganzen Betriebes bzw eines Betriebsteiles** ist unter diesen Betriebsänderungstatbestand zu subsumieren. Eine betriebliche Aufnahme liegt dann vor, wenn ein Betrieb(steil) mit einem anderen Betrieb derart zusammengeschlossen wird, dass der aufnehmende Betrieb seine Identität wahrt, während der aufgenommene Betrieb(steil) seine Identität verliert bzw organisatorisch im aufnehmenden Betrieb untergeht (vgl *Gahleitner*, ArbVR 2³, Erl 2 zu § 34 sowie *Preiss*, ArbVR 2³, Erl 4 zu § 62 und Erl 2 zu § 62b). Betriebliche Aufnahmen gehen oft mit einem **Betriebsübergang** einher (vgl dazu das Informationsrecht gem § 108 Abs 2a und für betriebsratslose Betriebe gem § 3a AVRAG).

Einschränkung des ganzen Betriebes oder von Betriebsteilen

⁸) Eine **Einschränkung des ganzen Betriebes** oder von Betriebsteilen liegt vor, wenn dessen bzw deren **Gesamtleistung** unter Weiterverfolgung des Betriebszweckes **herabgesetzt** wird (zum Betriebsbegriff siehe § 34 und *Gahleitner*, ArbVR 2³ Erl zu § 34; zum Begriff des Betriebsteiles siehe Erl 7 mwN). Darunter fällt zB die Einschränkung des Produktionsprogramms, die Außerbetriebsetzung von betrieblichen Anlagen und auch eine erhebliche Verringerung der Arbeitnehmerzahl des Betriebes. Diese sog „**Massenentlassung**" wurde durch die **ArbVG-Novelle 1993 (BGBl 1993/460) in Z 1a einer eigenen Regelung unterzogen.**

Sowohl die rechtliche Verselbständigung eines Betriebsteiles iSd § 62b als auch der Zusammenschluss von Betrieb(steil)en gem § 62c fallen unter diesen Betriebsänderungstatbestand (vgl dazu *Preiss*, ArbVR 2³, Erl zu § 62b und zu § 62c). Die rechtliche **Verselbständigung von Betriebsteilen** oder der **Zusammenschluss von Betriebsteilen** geht oft mit einem **Betriebsübergang** (Betriebsinhaberwechsel) einher. Abgesehen davon, dass eine solche Betriebsänderung gem § 109 Abs 1 informationspflichtig ist, sieht auch § 108 Abs 2a (siehe Erl 12 bis 15 zu § 108) eine spezielle Informationspflicht vor (für betriebsratslose Betriebe siehe § 3a AVRAG). Die betriebswirtschaftliche Praxis spricht in diesem Zusammenhang oft von „Ausgliederung", „outsourcing" sowie „make or buy" Entscheidungen.

⁹) Z 1a wurde durch BGBl 1993/460 in § 109 Abs 1 eingefügt. Diese ausdrückliche Ergänzung der Tatbestände des § 109 „*trägt der EG-Richtlinie Nr 75/129/EWG zur Angleichung der Rechtsvorschriften der Mitgliedstaaten über Massenentlassungen, geändert durch die Richtlinie Nr 92/56/EWG, insbesondere dem darin in Teil II vorgeschriebenen Konsultationsverfahren Rechnung*" (RV 1078 BlgNR 18. GP 15). Sie ist am 1. 1. 1994 – gleichzeitig mit dem Abkommen über den Europäischen Wirtschaftsraum – in Kraft getreten. Der Begriff „**Massenentlassung**" ist für den

österreichischen Gebrauch insofern irreführend, als eine Entlassung nach österreichischem Arbeitsrecht die einseitige vorzeitige Auflösung aus wichtigem Grund durch den Arbeitgeber bezeichnet. Da es sich aber um eine europäische Richtlinie handelt, ist der österreichische Sprachgebrauch irrelevant. In der Sache geht es in der „**MassenentlassungsRL**" um Vorschriften über die Auflösung (das heißt also Arbeitgeberkündigung oder einvernehmliche Lösung) einer entsprechenden Anzahl von Arbeitsverhältnissen (vgl Art 1 Abs 1 MassenentlassungsRL, nunmehr RL 98/59/EG).

Meldepflicht gem § 45a Abs 1 Z 1 bis Z 3 Arbeitsmarktförderungsgesetz (AMFG) besteht bei der geplanten Auflösung von Arbeitsverhältnissen innerhalb eines Zeitraumes von 30 Tagen nach folgendem Muster (sog **Kündigungsfrühwarnsystem**, vgl Erl 9 zu § 108):

Z 1: mindestens **fünf Arbeitnehmer** in Betrieben mit in der Regel **mehr als 20** und **weniger als 100** Beschäftigten oder

Z 2: mindestens **5% der Arbeitnehmer** in Betrieben mit **100 bis 600** Beschäftigten oder

Z 3: mindestens **30 Arbeitnehmer** in Betrieben mit in der Regel **mehr als 600** Beschäftigten.

Nicht aufgenommen in den Katalog der Fälle einer Betriebsänderung wurde § 45a Abs 1 Z 4 AMFG, der eine Verständigungspflicht des Arbeitsmarktservices bei Auflösung von Arbeitsverhältnissen von fünf Arbeitnehmern über 50 Lebensjahren vorsieht. Daher entfällt in diesem Fall die schriftliche Information gem Abs 1a (vgl Erl 23).

Gem § 160 Abs 1 ArbVG ist die **Verletzung der Informationspflichten** gem Abs 1 Z 1a (und gem Abs 1a, vgl Erl 18) eine **Verwaltungsübertretung**, die gem § 160 Abs 2 auf Strafantrag des Betriebsrates (Privatanklage) zu verfolgen ist (vgl dazu genauer *Cerny*, ArbVG 4[4] Erl 1 bis 4 zu § 160). Nur die Nichtverständigung des Betriebsrates bei Massenentlassungen (Auflösung von Arbeitsverhältnissen, die einer Meldepflicht nach § 45a AMFG unterliegen) und nicht die Verletzung der anderen Informationspflichten des § 109 ist verwaltungsstrafrechtlich sanktioniert. Die Strafbarkeit der Nichtverständigung bei Massenentlassungen begründet der Gesetzgeber damit, dass dies (durch die MassenentlassungsRL) europarechtlich geboten sei (vgl RV 1078 BlgNR 18. GP 16; gem Art 6 der geltenden Fassung der MassenentlassungsRL [RL 98/59/EG]). Eine sachliche Rechtfertigung, warum die Verletzung der anderen Informationspflichten gem § 109 nicht ebenfalls unter Strafe gestellt wurde, liefert der Gesetzgeber damit freilich nicht. Außerdem ist diese Begründung spätestens seit 23. 3. 2005 überholt. An diesem Tag ist nämlich die Umsetzungsfrist für die EU-RL Unterrichtung und Anhörung der Arbeitnehmer (RL 2002/14/EG) abgelaufen. Gem Art 8 der RL Unterrichtung und Anhörung der Arbeitnehmer muss es Sanktionen geben, die *„wirksam, angemessen und abschreckend"* sind.

Verlegung des ganzen Betriebes oder von Betriebsteilen

10) Als **Verlegung des ganzen Betriebes** oder von Betriebsteilen ist die **Veränderung der örtlichen Lage (des Standortes)** des Betriebes oder von Betriebsteilen anzusehen (zum Betriebsbegriff siehe § 34 und *Gahleitner*, ArbVR 2³ Erl zu § 34; zum Begriff des Betriebsteiles siehe Erl 7 mwN). Hierunter fällt auch eine geringfügige Ortsveränderung eines Betriebs(teiles), etwa eine solche innerhalb derselben Ortschaft. Eine solche geringfügige örtliche Verlegung eines Betriebs(teiles) wird allerdings, sofern nicht auch ein anderer Tatbestand erfüllt ist, in der Regel keine wesentlichen Nachteile für die Arbeitnehmer nach sich ziehen und daher nur das Informations- und Beratungsrecht des Betriebsrates (aber keine Sozialplanmöglichkeit, vgl Abs 3 und Erl 27a bis 42) auslösen.

Zusammenschluss mit anderen Betrieben

11) Die Verschmelzung bzw Fusion eines Betriebes (zum Betriebsbegriff siehe § 34 und *Gahleitner*, ArbVR 2³ Erl zu § 34) mit einem anderen kann auf zweifache Weise erfolgen:

a) Der **Zusammenschluss** erfolgt so, dass zwei oder mehrere Betriebe **zu einem neuen Betrieb** zusammengefasst werden (vgl § 62c und *Preiss*, ArbVR 2³, Erl 1 bis 6 zu § 62c). In diesem Fall ist der neue Betrieb mit keinem der bisherigen Betriebe identisch.

b) Der andere Fall des Zusammenschlusses ist die **Eingliederung eines oder mehrerer Betriebe in einen anderen**. In diesem Fall bleibt der aufnehmende Betrieb bestehen, während der/die aufzunehmende(n) mit der Fusion untergeht (sog **betriebliche Aufnahme**, vgl dazu *Preiss*, ArbVR 2³, Erl 1 bis 6 zu § 62c). Der Zusammenschluss von Betrieben kann, muss aber nicht mit einer Fusion von Unternehmungen auf gesellschaftsrechtlicher Ebene einhergehen. So kann ein Betrieb aus einem Unternehmen aus- und in ein anderes eingegliedert werden, ohne dass eine Verschmelzung der betreffenden Unternehmungen vorliegt.

Wenn hier in § 109 Abs 1 Z 3 vom „Zusammenschluss mit anderen *Betrieben*" die Rede ist, dann ist mit dem Begriff „Betrieb" die **betriebsverfassungsrechtliche Ebene** und **nicht die gesellschaftsrechtliche Ebene** des Betriebsinhabers gemeint (vgl zu diesem Unterschied auch *Preiss*, ArbVR 2³, Erl 3 zu § 62c). Die rein gesellschaftsrechtliche Verschmelzung – etwa zweier Aktiengesellschaften gem §§ 219 ff AktG – für sich allein hat keinen Einfluss auf die betriebliche Organisation. Hat die gesellschaftsrechtliche Verschmelzung (Fusion) aber Auswirkungen auf die betriebliche Organisation, dann kommt das Mitwirkungsrecht des § 109 Abs 1 Z 3 ins Spiel. In der Praxis werden im Zuge von gesellschaftsrechtlichen Fusionen oftmals auch ganze Betriebe faktisch organisatorisch zusammengelegt, da sich der Betriebsinhaber davon Einsparungen – etwa durch die

Auflösung von Parallelstrukturen oder durch Auflassung eines Standortes – verspricht. Eine gesellschaftsrechtliche Fusion ohne Auswirkung auf die bestehenden Betriebe fällt aber unter Z 7 (vgl Erl 17).

Der **Zusammenschluss mit anderen Betrieben** geht oft mit einem **Betriebsübergang** (Betriebsinhaberwechsel) einher. Abgesehen davon, dass eine solche Betriebsänderung gem § 109 Abs 1 informationspflichtig ist, sieht auch § 108 Abs 2a (siehe Erl 12 bis 15 zu § 108) eine spezielle Informationspflicht vor (für betriebsratslose Betriebe siehe § 3a AVRAG).

Der **Zusammenschluss bzw die betriebliche Aufnahme** von Betriebsteilen (vgl dazu *Preiss*, ArbVR 2³, Erl 1 bis 6 zu § 62c) fällt nicht unter den Wortlaut der Z 3, weil Z 3 nur von (ganzen) Betrieben spricht. Die Abspaltung von Betriebsteilen fällt aber unter Z 1 (Einschränkung des ganzen Betriebes oder von Betriebsteilen) oder unter Z 4 (Änderung der Betriebsorganisation), weshalb auch in solchen Fällen ein Sozialplanabschluss – bei Vorliegen der Voraussetzungen gem Abs 3 (vgl dazu Erl 27a bis 42) – möglich ist.

Änderung des Betriebszwecks

12) Bei dieser Art von Betriebsänderung tritt ein **Wechsel im bisherigen arbeitstechnischen und/oder wirtschaftlichen Zweck** ein, zB im Fall einer Umstellung der Produktion oder des Gegenstandes der Betriebstätigkeit. Die Identität des Betriebes wird hiedurch allein nicht berührt (vgl dazu § 34 und *Gahleitner*, ArbVR 2³ Erl 2 zu § 34). Der Betrieb bleibt rechtlich derselbe. Ein Indiz für eine künftige Änderung des Betriebszwecks kann eine Änderung des Unternehmensgegenstandes in der Satzung (Gesellschaftsvertrag) sein, da der Unternehmensgegenstand den Tätigkeitsrahmen einer Gesellschaft eingrenzt.

Die Änderung des Betriebszwecks kann einen Kollektivvertragswechsel nach sich ziehen (zum Kollektivvertragswechsel als Rationalisierungsmaßnahme siehe Erl 16). Stellt ein Unternehmen etwa von industrieller auf gewerbliche Produktion um, so wird dies in der Regel – wegen des Fachverbandswechsels – auch zu einem Kollektivvertragswechsel führen (vgl *Cerny*, ArbVR 2³, Erl 5 zu § 8; zu anderen Fällen vgl ausführlich *Marhold* in *Tomandl* [Hrsg], Aktuelle Probleme des Kollektivvertragsrechts [2003] 69 [81]; siehe jüngst *Jabornegg*, DRdA 2005, 107). **Nachteile der Arbeitnehmer aus einem Kollektivvertragswechsel können – unter den Voraussetzungen des Abs 3 (Erl 27a bis 42) – auch mittels Sozialplan (erzwingbar) abgemildert werden** (so auch – mit Einschränkungen siehe Erl 16 – *Windisch-Graetz* in ZellKomm § 109 ArbVG Rz 12).

Änderung der Betriebsanlagen

13) Die Änderung der Betriebsanlagen bezieht sich auf die technische Einrichtung des Betriebes. Hierher gehört zB die Anschaffung anderer,

völlig neuer Maschinen, nicht jedoch der normale Ersatz von abgenutzten Maschinen durch andere des gleichen oder ähnlichen Typs. Auch die Neugestaltung von Werkshallen und eine Veränderung in den betrieblichen Anlagen, etwa eine fortschreitende Automatisierung (Einsatz von Mikroprozessoren, CNC-Maschinen, Datensichtgeräten, Bildschirmarbeitsplätzen), fällt unter diesen Betriebsänderungstatbestand.

Änderung der Arbeits- und Betriebsorganisation

[14]) Zur **Betriebsorganisation** gehören der **Betriebsaufbau** (Gliederung in Betriebsabteilungen) und die **Regelung der Zuständigkeit im Betrieb** (hierarchische Strukturen). Unter Arbeits- und Betriebsorganisation ist sowohl die technisch-organisatorische als auch die personelle Seite zu verstehen (*Strasser/Jabornegg*, ArbVG[3] [1999] § 109 Anm 18). Ändert sich daher die Zahl der Betriebsabteilungen oder wird die betriebliche Organisation zentralisiert oder dezentralisiert, so liegt eine Änderung der Betriebsorganisation iSd § 109 vor.

Auch im Zusammenhang mit der geplanten **Ein- oder Ausgliederung von Betriebsteilen** ist der Betriebsrat einzuschalten (vgl dazu auch Erl 7, 8 und 11). So sind **betriebliche Verselbständigungen** iSd § 62b und **Zusammenschlüsse von Betrieben** oder Betriebsteilen iSd § 62c ohne betriebsorganisatorische Veränderungen selten (zu diesen Umstrukturierungen siehe *Preiss*, ArbVR 2[3], Erl zu den §§ 62b und 62c). Die **Aufnahme eines Betriebes** oder Betriebsteiles ist auf Seiten des aufgenommenen Betriebs(teils) zwingend und auf Seiten des aufnehmenden Betriebes häufig mit Organisationsänderungen verbunden (zur betrieblichen Aufnahme vgl *Cerny*, ArbVR 2[3], Erl 10 zu § 31 und *Preiss*, ArbVR 2[3], Erl 6 zu § 62c). Solche Umstrukturierungen sind vielfach mit einem Betriebsinhaberwechsel und deshalb mit einem **Betriebsübergang** verbunden (vgl dazu das Informationsrecht gem § 108 Abs 2a und für betriebsratslose Betriebe gem § 3a AVRAG).

Nicht verlangt wird jedoch, dass die Änderung der Betriebsorganisation von grundlegender Art ist. Der Begriff Betriebsorganisation umfasst auch die Arbeitsorganisation, die nur zur Klarstellung gesondert erwähnt wird. Durch die ArbVG-Novelle 1986 BGBl 394 wurde klargestellt, dass auch Änderungen der Filialorganisation Betriebsänderungen sind.

Einführung neuer Arbeitsmethoden

[15]) Unter **Arbeitsmethode** wird die **Gestaltung der Arbeit von Arbeitnehmern** verstanden. Typische Anwendungsfälle sind der Übergang von Handarbeit zu Maschinenarbeit; von Einzelfertigung zu Fließbandarbeit und von dieser zu Gruppenarbeit (technische Gestaltung der Arbeit, nicht neues Entgeltfindungssystem). Der Grund für die Einführung der neuen Methode ist irrelevant. Ebenso ist für die Frage des Vorliegens einer Be-

triebsänderung unerheblich, ob die neue Arbeitsmethode Einsparungen nach sich zieht oder Auswirkungen auf den Beschäftigtenstand haben wird (*Strasser/Jabornegg*, ArbVG³ [1999] § 109 Anm 19). Nachteilige Auswirkungen auf die Arbeitnehmer sind erst im Zusammenhang mit der Sozialplanfrage zu erörtern (Abs 3, vgl Erl 29).

Einführung von Rationalisierungs- und Automatisierungsmaßnahmen

16) Ziel von Rationalisierungs- und Automatisierungsmaßnahmen ist die Steigerung der Wirtschaftlichkeit des Betriebes. Vielfach geschieht dies durch die Normierung oder Typisierung der Produkte oder des Arbeitsablaufes. Immer muss es sich hiebei jedoch um **Maßnahmen von erheblicher Bedeutung** handeln. Das wieder ist im Einzelfall zu bestimmen, weil es von den konkreten Gegebenheiten im Betrieb abhängt. Hinsichtlich der mit der Wortfolge „**erhebliche Bedeutung**" angesprochenen Auswirkungen der Maßnahme ist mit der sachlichen, dh **technischen Seite** gleichrangig auch die **personelle Seite** zu beachten. Zu den personellen Auswirkungen gehören zB die durch die Maßnahmen bedingten Versetzungen oder Kündigungen von Arbeitnehmern.

Die im Zusammenhang damit **im ArbVG vorgesehenen Mitwirkungsrechte (vgl §§ 101, 105)** bestehen unabhängig von den Befugnissen nach § 109. So geht beispielsweise das OLG Wien völlig zu Recht davon aus, dass einem Arbeitnehmer, der im Zuge eines Sozialplanes zur Vermeidung von Kündigungen von einem Arbeitsplatz mit Nachtschicht auf einen solchen ohne versetzt wird, ohne Zustimmung des Betriebsrates zur Versetzung die Nachtschichtzulage nicht entzogen werden kann (OLG Wien vom 20. 12. 1995, 7 Ra 131/95, ARD 4734/17/96). In einem etwas anders gelagerten Fall ging der OGH (OGH vom 14. 6. 2000, 9 Ob A 48/00z, DRdA 2001/17, 244 mit krit Anm von *Pfeil* = infas 2000, A 96 = ecolex 2001, 295 mit krit Anm von *Mayr*) davon aus, dass der Versetzungsschutz gem § 101 nicht zu beachten sei, wenn eine Betriebsänderung iSd § 109 (im konkreten Fall die Verlegung des gesamten Betriebes an einen anderen Standort) vorliege. Diese Entscheidung berücksichtigt nicht, dass es sich bei einer Betriebsvereinbarung (Sozialplan) um einen Vertrag der Belegschaft mit dem Betriebsinhaber handelt, der generell abstrakt auf die Arbeitsverhältnisse einwirkt. Hingegen sind Vereinbarungen, die lediglich individuell konkrete Arbeitsverhältnisse betreffen, keine Betriebsvereinbarungen. Die Mitwirkung in personellen Angelegenheiten besteht auf einer individuellen und einer kollektiven Ebene. Durch den Abschluss einer kollektiven Regelung (Sozialplan) kann die Mitwirkung des Betriebsrates auf der individuellen Ebene nicht aufgehoben werden; ausführlicher zum Versetzungsschutz vgl Erl zu § 101. Jüngst entschied der OGH aber wieder anders und wies ausdrücklich darauf hin, dass „Sozialmaßnahmen auf Grund eines Sozialplans eine zustimmungspflichtige Versetzung nicht zustimmungsfrei machen" (OGH vom 31. 8. 2005, 9 Ob A 35/05w, DRdA 2006/41, 392 mit Anm von *Naderhirn* = ecolex 2006/27, 50 = infas 2006, A 2 = ASoK 2007, 23 mit Anm von *Trattner* = Arb 12.558). Diese aktuellere Entscheidung entspricht dem System des ArbVG und trennt richtig zwischen dem individuellen Versetzungsschutz des § 101 und der kollektiven Mitbestimmung im Rahmen eines Sozialplanes gem § 109 Abs 3 iVm § 97 Abs 1 Z 4.

Auch der **Wechsel der Kollektivvertragsangehörigkeit eines Arbeitgebers** ist, wenn die Auswirkungen von erheblicher Bedeutung sind (was regelmäßig der Fall ist), eine Rationalisierungsmaßnahme iSd Z 6 (aA *Windisch-Graetz* in ZellKomm § 109 ArbVG Rz 12; zum Kollektivvertragswechsel vgl *Cerny*, ArbVR 2³, Erl 4 und 5 zu § 8 und jüngst *Jabornegg*, DRdA 2005, 107). Wie es zu dem Kollektivvertragswechsel kommt, ist dabei unerheblich (zu Kollektivvertragswechsel wegen Betriebszweckänderung vgl Erl 12). Der Wechsel kann etwa durch Wechsel der Gewerbeberechtigung und damit der Fachgruppenzugehörigkeit oder zB auch durch Austritt aus der freiwilligen Berufsvereinigung (vgl OGH vom 21. 12. 2000, 8 Ob A 125/00s, Arb 12.066 = DRdA 2001, 547 mit Anm von *Runggaldier;* vgl auch *Gahleitner* in FS Cerny [2001] 375) erfolgen. **Nachteile der Arbeitnehmer aus einem Kollektivvertragswechsel können – unabhängig von der Ursache des Kollektivvertragswechsels – insofern auch mittels Sozialplan (erzwingbar) abgemildert werden.** Eine andere Sichtweise (*Windisch-Graetz* in ZellKomm § 109 ArbVG Rz 12 erachtet nur Kollektivvertragswechsel in Folge von Betriebszweckänderung als unter § 109 fallend) würde der unbestrittenermaßen demonstrativen Aufzählung der Betriebsänderungen in Abs 1 de facto abschließenden Charakter unterstellen. Eine einseitige Änderung der Kollektivvertragszugehörigkeit (auch ohne Betriebszweckänderung, wie etwa durch Verbandswechsel) seitens des Betriebsinhabers ändert den rechtlichen Rahmen aller Arbeitsverhältnisse im Betrieb und ist daher nach der Wertung des Gesetzgebers als Betriebsänderung iSd § 109 Abs 1 einzuordnen. Abgesehen davon kann ein Kollektivvertragswechsel auch als Rationalisierungsmaßnahme gesehen werden, da er in der Regel die Wirtschaftlichkeit des Betriebes hebt.

Änderung der Rechtsform oder der Eigentumsverhältnisse

[17]) Unter **Rechtsform** versteht man die **rechtliche Gestalt, in der ein Betriebsinhaber auftritt.** Der Betrieb selbst kann allerdings keine Rechtsform haben, da es sich beim Betrieb um die arbeitsorganisatorische Einheit (iSd § 34 ArbVG, vgl *Gahleitner*, ArbVR 2³, Erl 2 zu § 34 und *Schneller*, ArbVR 2³, Erl 3 zu § 40) handelt. Folglich kann sich nur die Rechtsform des Betriebsinhabers und nicht die des Betriebes ändern. Betriebsinhaber kann ein Einzelunternehmen oder eine Gesellschaft sein; bei den Gesellschaften unterscheidet man Personengesellschaften (zB KG, OHG) und

Kapitalgesellschaften (zB AG, GmbH). Wechselt nun die Rechtsform, so liegt eine Betriebsänderung vor.

Eigentümer eines Betriebes ist bzw sind bei mehreren Eigentümern diejenigen natürlichen oder juristischen Personen, die über den Betrieb letztlich bestimmen können (Einzelunternehmer, Gesellschafter in Personengesellschaften, die Kapitalgesellschaft als solche). Der Betriebsrat ist über Änderungen in den Eigentumsverhältnissen zu informieren. Strittig ist, ob der **Betriebsrat darüber zu informieren ist, wenn sich an der Anteilseignerstruktur der Kapitalgesellschaft, die Betriebsinhaber ist, etwas ändert** (dagegen *Köck*, ecolex 1990, 237 und *Windisch-Graetz* in ZellKomm § 109 ArbVG Rz 15; dafür bei Berühren der wirtschaftlichen Situation des Unternehmens *Löschnigg*, Arbeitsrecht[10] [2003] 749). Da die Aufzählung der Betriebsänderungstatbestände beispielhaft ist, kommt es darauf an, ob der **Wechsel in den Beteiligungsverhältnissen der Betriebsinhaber-Kapitalgesellschaft von Bedeutung für die Arbeitnehmer ist** (*Strasser/Jabornegg*, ArbVG[3] [1999] § 109 Anm 21). Dies ist jedenfalls dann zu bejahen, wenn sich Wesentliches an der Beteiligungsstruktur ändert. So hat es in der Regel Auswirkungen auf die Führung eines Betriebes und damit auf die Beschäftigungsbedingungen, wenn es einen neuen Mehrheitseigentümer gibt. Bloß geringe Verschiebungen in der Anteilseignerstruktur einer Kapitalgesellschaft sind in der Regel nicht informationspflichtig. Nach der Lage des Einzelfalles kann aber auch schon ein geringerer Beteiligungswechsel wesentliche Bedeutung haben (zB Erlangung der relativen Aktienmehrheit bei sonstigem Streubesitz an einer AG). Für die hier vertretene Auffassung spricht etwa auch das besondere Informationsrecht des Betriebsrates im ÜbernahmeG (vgl Erl 2), das sich ebenfalls auf Änderungen in der Beteiligungsstruktur des Betriebsinhabers und nicht auf einen eigentlichen Betriebsinhaberwechsel bezieht.

Ein über das Informations-, Beratungs-, und Vorschlagsrecht hinausgehendes Recht besteht nicht, es ist also **kein Sozialplan gem Abs 3 anlässlich einer solchen Betriebsänderung möglich**. Dies ist unbefriedigend, weil etwa bei der Änderung der Rechtsform eine Beschränkung der Haftung für Verbindlichkeiten des Unternehmens eintreten kann (zB Umwandlung eines Einzelunternehmens in eine GmbH), die Aufsichtsratsmitbestimmung wegfallen kann (bei Umwandlungen von Kapitalgesellschaften in Personengesellschaften) oder ein wirtschaftlich weniger potenter Eigentümer auftritt bzw ein Übernehmer das Unternehmen zu schließen beabsichtigt („feindliche Übernahme").

Massenentlassungen

[18]) Zur **Betriebsänderung nach Abs 1 Z 1a** siehe Erl 9. Abs 1a wurde in **Umsetzung** der sog **EU-MassenentlassungsRL** (jetzt in der Fassung RL 98/59/EG) durch BGBl 1993/460 in § 109 eingefügt. „*Die Ergänzung zu § 109 trägt der EG-Richtlinie Nr. 75/129/EWG zur Angleichung der Rechts-*

vorschriften der Mitgliedstaaten über Massenentlassungen, geändert durch die Richtlinie Nr. 92/56/EWG, insbesondere dem darin in Teil II vorgeschriebenen Konsultationsverfahren Rechnung" (RV 1078 BlgNR 18. GP 15). Sie ist am 1. 1. 1994 – gleichzeitig mit dem Abkommen über den Europäischen Wirtschaftsraum – in Kraft getreten (vgl auch Abs 1 Z 1a und Erl 9).

Gem § 160 Abs 1 ArbVG ist die **Verletzung der Informationspflichten** gem Abs 1a (und gem Abs 1 Z 1a, vgl Erl 9) eine **Verwaltungsübertretung**, die gem § 160 Abs 2 auf Strafantrag des Betriebsrates (Privatanklage) zu verfolgen ist (vgl dazu genauer *Cerny*, ArbVG 4^4 Erl 1 bis 4 zu § 160). Nur die Nichtverständigung des Betriebsrates bei Massenentlassungen (Auflösung von Arbeitsverhältnissen, die einer Meldepflicht nach § 45a AMFG unterliegen) und nicht die Verletzung der anderen Informationspflichten des § 109 ist verwaltungsstrafrechtlich sanktioniert. Die Strafbarkeit der Nichtverständigung bei Massenentlassungen begründet der Gesetzgeber damit, dass dies europarechtlich geboten sei (vgl RV 1078 BlgNR 18. GP 16; gem Art 6 der geltenden Fassung der MassenentlassungsRL [RL 98/59/ EG]). Eine sachliche Rechtfertigung, warum die Verletzung der anderen Informationspflichten gem § 109 nicht ebenfalls unter Strafe gestellt wurde, liefert der Gesetzgeber damit freilich nicht.

Der Arbeitgeber darf Massenentlassungen nach einem Urteil des EuGH (EuGH 27. 1. 2005, C-188/03, DRdA 2005, 182 = EuroAS 2005, 35 mit Anm von *Diller*) erst nach Ende des Konsultationsverfahrens iSd Art 2 der MassenentlassungsRL (RL 98/59/EG) durchführen, dh er darf die Kündigungen (bzw sonstigen Beendigungserklärungen) erst dann aussprechen, wenn (schriftliche) Information und Beratung stattgefunden haben.

[19]) Für den Fall, dass es im Zuge einer geplanten Betriebsänderung zur Auflösung von Arbeitsverhältnissen kommt, die eine Meldepflicht an das Arbeitsmarktservice auslöst (vgl Erl 9), konkretisiert diese Bestimmung, welche Informationen vom Betriebsinhaber dem Betriebsrat jedenfalls zu geben sind. Wie das Wort „jedenfalls" verdeutlicht, handelt es sich um einen **Mindeststandard**.

[20]) Die **Darstellung der Begründung für einen Beschäftigtenabbau** ist für den Betriebsrat deshalb wichtig, weil er damit sieht, ob externe oder interne bzw vom Unternehmen beeinflussbare Faktoren zu einer Maßnahme führen.

[21]) Gerade in diesen Punkten wird der Betriebsrat nicht nur die Information zur Kenntnis nehmen, sondern auf Basis dieser Informationen Vorschläge bzw allenfalls Grundlagen für einen Sozialplan ausarbeiten.
Diese allgemeine Information, die noch keine Namen der betroffenen Arbeitnehmer beinhalten muss, ist – selbst wenn es für den Betriebsrat

klar ersichtlich ist, wer Betroffener ist – **nicht als Verständigung des Betriebsrates gem § 105 Abs 1** anzusehen.

[22]) Diese vom Betriebsinhaber vorzuschlagenden Begleitmaßnahmen können die Basis für einen Sozialplan gem Abs 3 bilden. Sie müssen im Unterschied zu den Informationen nach Z 1 bis 4 (vgl Erl 20 und 21) **nicht schriftlich** sein (siehe Erl 23).

[23]) Im Gegensatz zu § 92 Abs 1, der die Übermittlung von schriftlichen Unterlagen an ein diesbezügliches Verlangen des Betriebsrates knüpft, sind die **in § 109 Abs 1a Z 1 bis 4 geregelten Informationen** vom Betriebsinhaber **schriftlich** an den Betriebsrat **zu übermitteln**. Diesem Erfordernis kann auch dadurch entsprochen werden, dass in einem Besprechungsprotokoll über eine derartige mündliche Information des Betriebsinhabers an den Betriebsrat alle Punkte behandelt werden.

Information im Konzern

[24]) Diese Bestimmung führt – zusätzlich zu den Konzernbegriffen der §§ 88a, 108 und 110 – einen weiteren **Konzernbegriff** in das ArbVG ein (vgl zu den verschiedenen Konzernbegriffen Erl 10 und 26 zu § 108; Erl 49 bis 63 zu § 110 sowie *Kundtner*, ArbVR 2³, Erl 2 zu § 88a). Gemeint ist, dass unabhängig auf welcher rechtlichen Basis (Beteiligung, Syndikatsvertrag) ein Unternehmen unter dem beherrschenden Einfluss eines anderen Unternehmens steht, der Betriebsinhaber des beherrschten Unternehmens den Betriebsrat zu informieren und mit ihm zu beraten hat. Der Betriebsinhaber kann sich daher nicht von der Informationspflicht befreien, indem er behauptet, lediglich der „Erfüllungsgehilfe" des herrschenden Unternehmens zu sein.

Die **Bestimmung über die Information und Beratung im Konzern bezieht sich** nicht bloß auf Betriebsänderungen gem Abs 1a, sondern **auf alle Betriebsänderungen**, also auch auf Abs 1. Dies ergibt sich daraus, dass von Informations- **und Beratungspflicht** die Rede ist, Abs 1a selbst aber nur Informationspflichten enthält. Der gesamte Abs 1a ist als nähere Ausführung des Abs 1 zu sehen.

Beiziehung von Experten

[25]) Da gerade im Fall von Betriebsänderungen und damit verbundenen Beschäftigtenreduktionen die Beiziehung von Experten zur Unterstützung der Betriebsräte immens wichtig ist, um alle sich ergebenden Probleme sowohl zu erkennen als auch an deren Lösungen mitzuarbeiten, wird in dieser Bestimmung dieses in § 92 Abs 2 bereits geregelte Recht des Betriebsrates für diesen Fall ausdrücklich wiederholt.

Die **Bestimmung über die Beiziehung von Experten bezieht sich** nicht bloß auf Betriebsänderungen gem Abs 1a, sondern **auf alle Betriebsänderungen,** also auch auf Abs 1. Dies ergibt sich daraus, dass es um die Beiziehung zur **Beratung** geht, Abs 1a selbst aber nur Informationspflichten enthält. Der gesamte Abs 1a ist als nähere Ausführung des Abs 1 zu sehen.

III. Interventionsrecht

[26]) Der Betriebsinhaber ist verpflichtet, die ihm vom Betriebsrat überreichten bzw präsentierten Vorschläge entgegenzunehmen und mit ihm darüber zu beraten. Es handelt sich um eine Präzisierung des allgemeinen Interventionsrechtes gem § 90. Gegebenenfalls kann die Beratung, nicht aber ein bestimmtes Ergebnis, gem § 50 Abs 2 ASGG über das Arbeits- und Sozialgericht erzwungen werden. Der Betriebsinhaber ist an die Vorschläge des Betriebsrates nicht gebunden, muss aber berücksichtigen, dass in bestimmten Betrieben die Betriebsänderung Anlass für einen Einspruch gegen die Wirtschaftsführung des Betriebes gem §§ 111, 112 sein kann. In diesem Fall ist die unternehmerische Maßnahme Gegenstand von Verhandlungen vor einer Branchenschlichtungskommission oder der Staatlichen Wirtschaftskommission (vgl Erl zu den §§ 111, 112).

[27]) Wenngleich der Betriebsrat bei den Beratungen auch auf die wirtschaftlichen Notwendigkeiten des Betriebes Bedacht zu nehmen hat, kann der Betriebsinhaber die Entgegennahme bzw die Beratung von Vorschlägen des Betriebsrates nicht deshalb verweigern, weil sie nach seiner Auffassung nicht die wirtschaftlichen Notwendigkeiten des Betriebes berücksichtigen. Eine solche Auffassung des Betriebsinhabers kann erst im Beratungsergebnis ihren Niederschlag finden. Gemäß der Zielbestimmung des § 38 hat der Betriebsrat bei seiner Mandatsausübung **in erster Linie die Interessen der Arbeitnehmer** zu vertreten (vgl § 38). Diese Bestimmung ist auch im Lichte des § 39 Abs 1 zu sehen, der als Ziel der Betriebsverfassung die Herbeiführung eines Interessenausgleichs zwischen Arbeitnehmern und Betrieb normiert. Im Zuge dieses Interessenausgleichs hat der Betriebsrat die wirtschaftlichen Notwendigkeiten des Betriebes zu beachten.

IV. Sozialplan

Allgemeines

[27a]) Abs 3 wurde durch BGBl 1993/460 und 1993/502 novelliert. Die erste Novelle des Jahres 1993 fügte dem Abs 3 den letzten Satz an („Verteuerung" des Sozialplans wegen verspäteter oder mangelhafter Informa-

tion). Durch die spätere Novelle des Jahres 1993 wurde der zweite Satz (besondere Bedachtnahme auf die Interessen älterer Arbeitnehmer bei Kündigungen) in Abs 3 aufgenommen.

Nach einer Entscheidung des Verfassungsgerichtshofes ist der Sozialplantatbestand im Lichte des Legalitätsprinzips (Art 18 B-VG) ausreichend bestimmt formuliert (VfGH vom 15. 6. 1998, B 2410/94, DRdA 1998, 445) und damit verfassungskonform.

Relevante Betriebsänderungen

[28]) Ein **Sozialplan kann nur in den Fällen einer Betriebsänderung der Z 1 bis 6** (also auch inklusive der Z 1a) des Abs 1 geschlossen werden. Insbesondere ist also dann **kein Sozialplan möglich**, wenn **eine Betriebsänderung iSd Abs 1 Z 7**, also eine Änderung der Rechtsform oder der Eigentumsverhältnisse an dem Betrieb, vorliegt (vgl Erl 17). Der ausdrückliche Ausschluss dieser Betriebsänderungskategorie ist insofern unnötig, als ein Sozialplan ohnehin nur dann abgeschlossen werden kann, wenn die Betriebsänderung wesentliche Nachteile für erhebliche Teile der Belegschaft mit sich bringt (vgl Erl 29). Doch hat auch in den Fällen des Abs 1 Z 7 (Rechtsformänderung bzw Eigentümerwechsel) eine Information und Beratung nach Abs 1 stattzufinden. Eine Änderung der Beteiligungsverhältnisse im Konzern fällt unter die Bestimmung des § 109 Abs 1 Z 7 (OLG Wien vom 22. 2. 1993, 32 Ra 1 /93, ARD 4469/13). Derartige Maßnahmen können Anlass für einen Einspruch gegen die Wirtschaftsführung gem §§ 111, 112 sein, da die §§ 111 und 112 pauschal auf § 109 Abs 1 verweisen, ohne die Z 7 des Abs 1 auszunehmen.

Wird eine **Sozialplanbetriebsvereinbarung abgeschlossen, obwohl keine relevante Betriebsänderung** vorliegt, kann sie aber – sofern die Vereinbarung individuelle Ansprüche für die Arbeitnehmer vorsieht – als sog **freie Betriebsvereinbarung** Inhalt der Einzelarbeitsverträge betroffener Arbeitnehmer werden (vgl zu den freien Betriebsvereinbarungen Erl 1 zu § 97 und *Cerny*, ArbVR 2^3, Erl 8 zu § 29).

Ein Sozialplan kann dann Leistungen im Zusammenhang mit der Beendigung eines Arbeitsverhältnisses vorsehen, wenn das Arbeitsverhältnis **auf Grund der Betriebsänderung** beendet wird. Liegen der Beendigung ganz andere Motive zu Grunde, kann der Arbeitgeber die Leistungen aus dem Sozialplan verweigern. **Der Nachteil muss wegen der Betriebsänderung iSd § 109 entstanden sein, damit die Regelungskompetenz des Sozialplans greifen kann** (OGH vom 14. 6. 2000, 9 Ob A 149/00b, Arb 12.031 = infas 2000, A 106 = ARD 5154/1/2000; *Windisch-Graetz* in ZellKomm § 109 ArbVG Rz 26).

Wesentliche Nachteile
für erhebliche Teile der Arbeitnehmerschaft

[29)] Als **wesentlicher Nachteil** ist jedenfalls die Reduzierung des Entgelts, die Verlängerung des Arbeitsweges und der Verlust des Arbeitsplatzes zu werten. Weitere Beispiele für wesentliche Nachteile sind etwa: Kurzarbeit, Versetzungen, Änderung von Betriebsvereinbarungen, Änderung der Kollektivvertragszugehörigkeit und damit verbundene Verschlechterung der Arbeitsbedingungen, Übergang zu physisch oder psychisch belastenden Arbeitsmethoden, Abbau freiwilliger Sozialleistungen usw. Es fallen sowohl **materielle (wirtschaftliche) wie auch immaterielle Nachteile** darunter (vgl *Strasser/Jaborrnegg*, ArbVG^3 [1999] § 97 Anm 26 und *Krejci*, Der Sozialplan [1983] 56). Ob die negativen Folgen der Betriebsänderung durch Einzelvertragsänderungen, Änderung der Kollektivvertragszugehörigkeit oder einfach nur faktisch eintreten, ist unerheblich. *Krejci* (Der Sozialplan [1983] 58) führt zutreffend aus, dass im Zweifel von der Wesentlichkeit eines Nachteils auszugehen ist. **Nur geringfügige, vorübergehende Änderungen der Beschäftigungsbedingungen rechtfertigen nicht den Abschluss eines Sozialplans** (*Krejci*, aaO 57). Viel zu restriktiv ist die Sichtweise, dass Voraussetzung eines Sozialplans Nachteile für die Arbeitnehmer seien, die über die allgemeinen Folgen einer Kündigung hinausgehen (EA Wien, 16. 6. 1978, Arb 9706). Es darf auch nicht der Fehler gemacht werden, den Begriff der „wesentlichen Beeinträchtigung der Interessen des Arbeitnehmers" aus der Bestimmung über die Kündigungsanfechtung (§ 105, vgl Erl 34 bis 40 zu § 105) mit dem hier in § 109 verwendeten Begriff der wesentlichen Nachteile für erhebliche Teile der Arbeitnehmerschaft gleichzusetzen. **Die §§ 105 und 109 verfolgen andere Zwecke**. So bezieht sich § 105 etwa auf die Situation eines einzelnen Arbeitnehmers und § 109 im Gegensatz dazu auf die Arbeitnehmer**schaft**, also auf das Kollektiv und nicht auf das Individuum.

Eine Betriebsvereinbarung kann schon dann abgeschlossen werden, wenn der **Nachteil droht (prophylaktischer oder präventiver Sozialplan)**, er muss nicht bereits eingetreten sein, da § 97 Abs 1 Z 4 von der „Verhinderung" der Folgen einer Betriebsänderung und § 109 Abs 1 von „geplanten Betriebsänderungen" spricht (idS auch *Löschnigg*, Arbeitsrecht^{10} [2003] 750 bei FN 68; *Tomandl/Schrammel*, Arbeitsrecht I^5 [2004] 185; *Krejci*, Der Sozialplan [1983] 36 ff; *Strasser/Jaborrnegg*, ArbVG^3 [1999] § 97 Anm 21; *Reissner* in ZellKomm § 97 ArbVG Rz 37; *Binder* in *Tomandl*, ArbVG § 97 Rz 71). Sozialpläne beziehen sich auf Betriebsänderungen, und zwar notwendig nicht auf eventuell mögliche oder denkbare, sondern auf bereits hinreichend konkret konzipierte Maßnahmen (OGH vom 16. 12. 2005, 9 Ob A 68/05y, DRdA 2007/14, 132 mit Anm von *Weiß* = ARD 5673/6/2006 = ecolex 2006/142, 310 = infas 2006, A 28 = RdW 2006/480, 517 mit Bezugnahme auf *Krejci*, Der Sozialplan, in *Tomandl* [Hrsg], Probleme des Einsatzes von Betriebsvereinbarungen [1983] 133 [139]).

Von diesen wesentlichen Nachteilen müssen **erhebliche Teile** der Arbeitnehmerschaft – was **keineswegs zumindest die Hälfte** der Arbeitnehmerschaft bedeutet – betroffen sein. Ein „erheblicher Teil" kann sich auf eine bestimmte Betriebsabteilung beziehen und muss nicht auf den ganzen Betrieb bezogen werden. Das Tatbestandsmerkmal „erhebliche Teile der Arbeitnehmerschaft" meint, dass Sozialpläne nicht schon dann zulässig sein sollen, wenn einzelne, wenige Arbeitnehmer – letztlich individuell – betroffen sind, so dass der Sozialplan gar keine generelle Regelungen treffen könnte (*Krejci,* Der Sozialplan [1983] 58). Jede auf eine bestimmte Prozentanzahl abstellende Klassifizierung ist deshalb abzulehnen (aA *Marhold/Mayer-Maly,* Arbeitsrecht II^2 [1999] 299 und diesen folgend *K. Posch* in *Mazal/Risak,* Kapitel IV. Rz 83 gehen unzutreffend von einem Drittel der Belegschaft als Untergrenze aus). Nach *Resch* ist der Normzweck des Sozialplantatbestandes die hohe Flexibilität der Betriebspartner (DRdA 2005, 393 [400]). Demnach sollen die Betriebspartner selbst definieren, was sie als wesentlichen Nachteil für erhebliche Teile der Arbeitnehmerschaft ansehen (*Resch,* DRdA 2005, 393 [399]). Sind von einer Personalabbaumaßnahme 8 % der Arbeitnehmer betroffen, so kann nach Meinung des VwGH vom 15. 10. 1986, 85/01/0297, infas 1987, A 3, nicht von einem erheblichen Teil der Arbeitnehmerschaft gesprochen werden. Ebenfalls ausgeschlossen wird in dieser Entscheidung eine analoge Anwendung der Kriterien des Frühwarnsystems gem § 45a ArbeitsmarktförderungsG (AMFG). Dagegen ist aber einzuwenden, dass Betriebsänderungen auch dann von erheblicher Bedeutung für die dort beschäftigten Arbeitnehmer sein können, wenn sie nur einen Betriebsteil betreffen. Es kann daher nicht allgemein von einem Prozentsatz der gesamten Arbeitnehmerzahl ausgegangen werden.

Im Ergebnis zielt das Gesetz darauf ab, dass der Abschluss eines Sozialplans dann nicht möglich sein soll, wenn die **Nachteile bloß unwesentlich** sind bzw wenn die betroffene **Menge der Arbeitnehmer unerheblich** ist. Die übertriebene Einschränkung des Anwendungsbereiches des Sozialplantatbestandes würde das Institut des Sozialplanes zur „*betriebsverfassungsrechtlichen Totgeburt*" (*Krejci,* Der Sozialplan [1983] 58) machen. Einen solchen Willen kann man dem Gesetzgeber wohl kaum unterstellen.

Bringt eine Betriebsänderung nur unwesentliche Nachteile oder betrifft sie nur einen unerheblichen Teil der Belegschaft, kann ein trotzdem abgeschlossener Sozialplan – sofern er individuelle Ansprüche für Arbeitnehmer vorsieht – als sog **freie Betriebsvereinbarung** Inhalt von Einzelarbeitsverträgen werden (vgl zu den freien Betriebsvereinbarungen Erl 1 zu § 97 und *Cerny,* ArbVR 2^3, Erl 8 zu § 29; siehe zur Frage des Eingangs eines formal unzureichend verlängerten Sozialplans in die Einzelverträge: OGH vom 16. 12. 2005, 9 Ob A 68/05y, DRdA 2007/14, 132 mit Anm von *Weiß* = ARD 5673/6/2006 = ecolex 2006/142, 310 = infas 2006, A 28 = RdW 2006/480, 517).

Dauernd mindestens 20 Arbeitnehmer

[30]) Sozialpläne können nur dann normative Wirkung entfalten, wenn **dauernd mindestens 20 Arbeitnehmer** im Betrieb beschäftigt sind. Zum Kriterium der „dauernden" Beschäftigung siehe Erl 34 zu § 97. Zum Arbeitnehmerbegriff siehe § 36 und *Gahleitner*, ArbVR 2³ Erl zu § 36. Die Zahl der beschäftigten Arbeitnehmer bezieht sich auf den **gesamten Betrieb** und **nicht auf die einzelnen Gruppen** (Arbeiter und Angestellte). Hat jedoch nur eine Gruppe einen Betriebsrat gewählt, kann der Betriebsrat Maßnahmen nur für seine Gruppe vereinbaren.

Diese Bestimmung hat **größere praktische** und auch rechtspolitische **Relevanz**. Sie **schließt nämlich nicht nur aus**, dass **normative Betriebsvereinbarungen** über die Beseitigung oder Milderung von Nachteilen für Arbeitnehmer bei Betriebsänderungen in **Kleinbetrieben unter 20 Beschäftigten** abgeschlossen werden, sie **hindert auch die Erzwingbarkeit solcher Betriebsvereinbarungen über die Schlichtungsstelle**. Damit ist es in Betrieben unter 20 Beschäftigten nicht möglich, bei geplanten Betriebsänderungen seitens der Arbeitnehmer Druck auszuüben, um die Bedingungen für die betroffenen Arbeitnehmer anlässlich der Betriebsänderung erträglich zu gestalten.

Die **sachliche Rechtfertigung** dieser Grenzziehung und damit die Verfassungsmäßigkeit dieser Ausnahme **ist in Zweifel zu ziehen**. Wenn nämlich damit argumentiert wird, dass Arbeitgeber von Kleinbetrieben wirtschaftlich weniger leistungsfähig sind, so ist dies hinsichtlich des Ausnahmetatbestandes als sachliche Begründung wohl nicht ausreichend, weil bei der Festsetzung des Sozialplanes (sowohl einvernehmlich als auch durch Entscheidung der Schlichtungsstelle) die wirtschaftliche Leistungsfähigkeit des Betriebsinhabers eine der wesentlichsten Voraussetzungen für den Abschluss bzw die zwangsweise Festsetzung und den Inhalt des Sozialplanes ist. Inhaber von Kleinbetrieben hätten somit ausreichenden Schutz vor „zu teuren" Sozialplänen. Wie der OGH in ständiger Rechtsprechung betont (mwN OGH vom 11. 1. 2001, 8 Ob A 172/00b, RdW 2001/515 = infas 2001, A 59 = ARD 5215/49/2001), dient der Sozialplan dem Schutz der von Betriebsänderungen betroffenen Arbeitnehmer. Arbeitnehmer in Kleinbetrieben unter 20 Beschäftigten von diesem sozialen Schutz auszuschließen, entbehrt jeder sachlichen Rechtfertigung (in diesem Sinne auch *Cerny* in *Grillberger* [Hrsg], 30 Jahre ArbVG [2005] 9 [32]).

Vollends unverständlich ist, dass **nicht nur die Erzwingbarkeit solcher Sozialpläne** ausgeschlossen ist, **sondern dass auch Vereinbarungen, die der Betriebsinhaber freiwillig abschließt, in Kleinbetrieben keine normative Wirkung entfalten können**. Hier ist ein allfälliger Sinn der Ausnahme, nämlich der Schutz von Inhabern von Kleinbetrieben, nicht einmal mehr theoretisch nachvollziehbar.

Tomandl/Schrammel (Arbeitsrecht I⁵ [2004] 186) vertreten die Ansicht, dass sich die beschränkenden Voraussetzungen (also unter anderem auch die 20 Arbeitnehmer-Grenze) nur auf die Erzwingbarkeit, nicht aber auf die grundsätzliche Abschlussmöglichkeit beziehen (vgl Erl 9 zu § 97). Demnach könnte also etwa auch in einem Betrieb mit weniger als 20 Arbeitnehmern eine echte Sozialplanbetriebsvereinbarung abgeschlossen werden. Dieser Auffassung steht allerdings der klare Wortlaut des § 97 Abs 1 Z 4 und Abs 3 entgegen (vgl auch Erl 34 zu § 97 und *Strasser/Jabornegg*, ArbVG³ [1999] § 97 Anm 25; *Windisch-Graetz* in ZellKomm § 109 ArbVG Rz 27; aA mwN *Binder* in *Tomandl*, ArbVG § 97 Rz 69).

Sozialpläne in Betrieben mit weniger als 20 Arbeitnehmern können aber – sofern sie individuelle Ansprüche für die Arbeitnehmer vorsehen – als sog **freie Betriebsvereinbarungen** Inhalt von Einzelarbeitsverträgen werden (vgl zu den freien Betriebsvereinbarungen Erl 1 zu § 97 und *Cerny*, ArbVR 2³, Erl 8 zu § 29; siehe zur Frage des Eingangs eines formal unzureichend verlängerten Sozialplans in die Einzelverträge: OGH vom 16. 12. 2005, 9 Ob A 68/05y, DRdA 2007/14, 132 mit Anm von *Weiß* = ARD 5673/6/2006 = ecolex 2006/142, 310 = infas 2006, A 28 = RdW 2006/480, 517).

Inhalt eines Sozialplanes

[30a]) **Sozialpläne dienen dem Schutz der wirtschaftlich Schwachen**. Sie verfolgen das **Ziel**, dem Arbeitnehmer bisher zugestandene **Rechtspositionen so lange wie möglich zu erhalten** bzw deren **Verlust auszugleichen** (OGH vom 11. 1. 2001, 8 Ob A 172/00b, infas 2001, A 59 = RdW 2001/515; OGH vom 7. 9. 2000, 8 Ob S 13/00w, infas 2001, A 8 = DRdA 2001, 62 = wbl 2001/28 = RdW 2001, 102 = ASoK 2001, 192 = ARD 5229/21/2001). Zum Inhalt von Sozialplänen siehe bei Erl 9 zu § 97.

Betriebsvereinbarung

[31]) Siehe auch Erl 9 zu § 97. Hiebei handelt es sich um eine Betriebsvereinbarung iSd § 97 Abs 1 Z 4, also um eine erzwingbare Betriebsvereinbarung (vgl dazu Erl 2 und 9 zu § 97 sowie *Cerny*, ArbVR 2³, Erl 2). § 109 regelt Angelegenheiten der wirtschaftlichen Mitwirkung. Der Abschluss (die Erzwingung) eines Sozialplanes ist aber auch unter die **sozialen Mitwirkungsrechte** einzuordnen und **hat damit seinen Ursprung sowohl in § 97 als auch in § 109** (vgl dazu *Krejci*, Der Sozialplan [1983] 63). Das bedeutet, dass etwa bei Tendenzbetrieben gem § 132 (vgl *Cerny*, ArbVR 4⁴ Erl 2 zu § 132) trotz Einschränkung der wirtschaftlichen Mitbestimmung ein Sozialplan abgeschlossen werden kann (*Strasser/Jabornegg*, ArbVG³ [1999] § 97 Anm 17; *Reissner* in ZellKomm § 97 ArbVG Rz 35; *Binder* in *Tomandl*, ArbVG § 97 Rz 63).

Die Sozialplanbetriebsvereinbarung kann auch die Rechtsverhältnisse **ausgeschiedener Arbeitnehmer** normativ regeln (in diesem Sinn OGH vom 11. 1. 2001, 8 Ob A 172/00b, RdW 2001/515 = infas 2001, A 59 =

ARD 5215/49/2001). Dies ist insofern bemerkenswert, als etwa Pensionsbetriebsvereinbarungen dies nicht können (vgl Erl 24 zu § 97). Der Adressatenkreis eines Sozialplanes bestimmt sich nach seinem personellen Geltungsbereich, wobei er sich nur auf (auch ehemalige) Arbeitnehmer iSd § 36 beziehen kann. Beamte können dabei einbezogen werden (OGH vom 29. 3. 2004, 8 Ob A 77/03m, RdW 2004, 613 = ARD 5513/8/2004). **Sozialpläne dienen dem Schutz der wirtschaftlich Schwachen.** Sie verfolgen das **Ziel**, dem Arbeitnehmer bisher zugestandene **Rechtspositionen so lange wie möglich zu erhalten** bzw deren **Verlust auszugleichen** (OGH vom 11. 1. 2001, 8 Ob A 172/00b, infas 2001, A 59 = RdW 2001/515; OGH vom 7. 9. 2000, 8 Ob S 13/00w, infas 2001, A 8 = DRdA 2001, 62 = wbl 2001/28 = RdW 2001, 102 = ASoK 2001, 192 = ARD 5229/21/2001). **Genauer zum Inhalt von Sozialplänen siehe bei Erl 9 zu § 97.**

Einige Beispiele zu möglichen Sozialplanregelungen:
- Zahlung einer besonderen Abfindung an ausscheidende Arbeitnehmer als Überbrückungshilfe;
- Durchführung von Umschulungsmaßnahmen und Übernahme der Kosten durch den Arbeitgeber;
- Weiterbenützung von Werkswohnungen;
- Lohnausgleich bei Versetzung unter Verschlechterung der bisherigen Lohn- und Arbeitsbedingungen;
- Recht auf bevorzugte Wiedereinstellung gekündigter Arbeitnehmer;
- vorübergehende Verkürzung der Arbeitszeit für die von der Maßnahme betroffenen Arbeitnehmer, verbunden mit einem angemessenen finanziellen Ausgleich;
- Wegzeitvergütungen bei Standortverlegungen bzw bei sonstigem Wechsel des Arbeitsortes (zB auch in Form [teilweiser oder gesamter] Einbeziehung der Wegzeit in die [bezahlte] Arbeitszeit);
- Wiedereinstellungszusagen für ausgeschiedene Arbeitnehmer;
- Einrichtung von bzw Beteiligung an einer Arbeitsstiftung (§ 18 Abs 6 ArbeitslosenversicherungsG, vgl Erl 9 zu § 97).

[32]) Besonders zu beachten ist, dass **ein Sozialplan nicht gekündigt werden kann**, weil es sich um eine erzwingbare Betriebsvereinbarung handelt (OLG Wien, vom 15. 9. 1989, 33 Ra 65/89, ARD 4124/16/89). Eine Änderung oder Aufhebung kann nur durch Vereinbarung der Abschlusspartner oder durch die Schlichtungsstelle erfolgen (§ 32 Abs 2, vgl *Cerny*, ArbVR 2³ Erl 2 und 4 zu § 32). Hinsichtlich der **Zuständigkeit zum Abschluss** einer Betriebsvereinbarung über einen „Sozialplan" siehe § 113 und Erl 14, 38 und 49 zu § 113.

Insolvenz und Sozialplan

[33]) Eine (drohende) Insolvenz ist für sich allein keine Betriebsänderung. **Kurz vor einem Konkurs** abgeschlossene **Sozialpläne** sind **anfechtbar,** aus ihnen gebührt gem § 1 Abs 3 Z 1 Insolvenz-Entgeltsicherungsgesetz kein Insolvenz-Entgelt (OGH vom 27. 6. 1990, 9 Ob S 6/90, infas 1990, A 119 = DRdA 1990, 470 = RdW 1991, 151 = ZAS 1991, 169 mit Anm von *Klicka* = ecolex 1990, 632 = ARD 4239/20/91). Sozialpläne, die zu Lasten des Insolvenz-Entgelt-Fonds vereinbart werden, sind – so wie derartige Einzelvereinbarungen – **nichtig** (OGH vom 16. 11. 1988, 9 Ob 902/88, DRdA 1989, 308 = infas 1989, A 74 = Arb 10.759; OGH vom 7. 9. 2000, 8 Ob S 13/00w, infas 2001, A 8 = DRdA 2001, 62 = wbl 2001, 28 = RdW 2001/104 = ASoK 2001, 192 = ARD 5229/21/2001). Vgl zu diesem Problemkreis auch *Strasser/Jabornegg,* Arbeitsrecht II[4] (2001) 427.

Teilzahlungen des Arbeitgebers vor Insolvenzeröffnung sind zuerst auf den (durch das Insolvenz-EntgeltsicherungsG) gesicherten Teil der Ansprüche des Arbeitnehmers anzurechnen. Dies gilt auch für "freiwillige Abfertigungen" aufgrund eines Sozialplans, dh Teilzahlungen des Arbeitgebers vor Konkurseröffnung sind zuerst auf die gesicherte gesetzliche Abfertigung anzurechnen (OGH vom 16. 5. 2002, 8 Ob S 293/01y, RdW 2002/568 = ARD 5348/9/2002 = ZIK 2003/99).

Es ist allerdings zu bedenken, dass mit dem Abschluss von Sozialplänen kurz vor der Insolvenz vielfach verhindert wird, dass Arbeitnehmer im Insolvenzfall sofort das Unternehmen verlassen (*Dirschmied* in FS Gnade [1992] 827). Dies kann durchaus im Interesse der Gläubiger und auch des Insolvenz-Entgelt-Fonds liegen. Es wird daher davon ausgegangen werden können, dass nicht in allen Fällen Sozialpläne, die vom Arbeitgeber bei drohender Insolvenz oder vom Masseverwalter nach Eintritt der Insolvenz abgeschlossen werden, die Gläubiger oder den Fonds rechtswidrigerweise benachteiligen. Ob ein Anfechtungstatbestand vorliegt, ist im Einzelfall zu entscheiden. Gerade der Schutz der Arbeitnehmer, die von einer Insolvenz des Arbeitgebers betroffen sind, erfordert eine strenge Prüfung der Benachteiligungsabsicht.

Kündigung älterer Arbeitnehmer

[34]) Diese Regelung wurde durch die Beschäftigungssicherungsnovelle BGBl 1993/502 in das ArbVG aufgenommen. Die Gesetzgebungsmaterialien (RV 1194 BlgNR 18. GP 12) führen dazu Folgendes aus:

„*Durch diese Ergänzung des § 109 Abs 3 werden die Partner der Betriebsvereinbarung angehalten, bei Abschluß von Sozialplan-Betriebsvereinbarungen die Interessen älterer Arbeitnehmer besonders zu beachten. Insbesondere bei Massenkündigungen sollte bei der Auswahl der zu Kündigenden die besondere Schutzbedürftigkeit älterer Arbeitnehmer beachtet werden.*"

35) Für die Frage, wer ein **älterer Arbeitnehmer** ist, kann (der ebenfalls durch BGBl 1993/502 novellierte) § 45a Abs 1 Z 4 ArbeitsmarktförderungsG (AMFG) als **grobe Orientierung** dienen. Danach sind ältere Arbeitnehmer solche, die das **50. Lebensjahr** vollendet haben. Die besondere Schutzbedürftigkeit älterer Arbeitnehmer ergibt sich dadurch, dass für die breite Masse der Arbeitnehmerinnen und Arbeitnehmer spätestens ab dem 50. Lebensjahr eine Vermittlung auf dem Arbeitsmarkt äußerst schwierig (vielfach geradezu unmöglich) ist. Ebenso zu berücksichtigen ist, dass insbesondere Frauen durch Unterbrechung der Berufstätigkeit massive Einbußen in der gesetzlichen Pensionsversicherung haben.

36) Sozialpläne dürfen – so wie alle Betriebsvereinbarungen – insbesondere keine **Diskriminierung aufgrund des Geschlechts** beinhalten (vgl auch §§ 11, 17 und 25 GleichbehandlungsG BGBl I 2004/66). Dem OGH lag eine Sozialplanbestimmung zur Prüfung vor, die sowohl für weibliche wie auch für männliche gekündigte Arbeitnehmer ein Überbrückungsgeld in der Höhe von 75 % des letzten Bruttomonatsgehalts bis zur gesetzlichen Pension (Männer 65 [vorzeitig 60], Frauen 60 [vorzeitig 55] Jahre), längstens aber für fünf Jahre vorsah. Männer konnten das Überbrückungsgeld frühestens aber erst ab dem 55. Lebensjahr, Frauen frühestens bereits ab dem 50. Lebensjahr erhalten. Diese Bestimmung erachtete ein 54-jähriger Mann als unzulässige Diskriminierung wegen des Geschlechts iSd Art 141 EG-Vertrag und klagte seinen ehemaligen Arbeitgeber auf Auszahlung des Überbrückungsgeldes. Der OGH legte das Problem zur Vorabentscheidung dem EuGH vor (OGH vom 20. 12. 2001, 8 Ob A 250/01z, Arb 12.188 = ASoK 2002, 419 = RdW 2002/395; vgl dazu auch *Eichinger,* RdW 2002, 288). Der EuGH erachtete diese Bestimmung allerdings nicht als Diskriminierung von Männern, weil sich Männer hinsichtlich der Höhe des sie bedrohenden Risikos der Arbeitslosigkeit nicht in der gleichen Situation befänden wie weibliche Arbeitnehmerinnen gleichen Alters (EuGH 9. 12. 2004, Rs C-19/02, Hlozek, RN 48, ecolex 2005, 58 mit Anm von *Sturm* = european law reporter 2005, 32 mit abl Anm von *K. Mayr;* siehe auch zusammenfassend OGH vom 17.03.2005, 8 Ob A 139/04f, ecolex 2005/249, 555 = ASoK 2005, 253 = infas 2005, A 55 = Arb 12.516).

Ungeachtet dieser (jedenfalls in ihrer Begründung problematischen) Entscheidung ist **grundsätzlich davon abzuraten, unterschiedliche Sozialplanleistungen für Männer und Frauen** vorzusehen.

In einer anderen Entscheidung lag dem OGH (vom 3. 8. 2005, 9 Ob A 76/05z, ARD 5653/7/2006 = DRdA 2006, 53) eine Sozialplanbestimmung zur Beurteilung vor, die Mitarbeiterinnen in Mutterschaftskarenz von Sozialplanleistungen ausschloss. Diese – aller Wahrscheinlichkeit nach – unmittelbar diskriminierende Bestimmung wurde aber im konkreten Fall vom OGH nicht in Prüfung gezogen, weil bereits der Zusammenhang zwischen der Betriebsänderung und der Kündigung als nicht gegeben erachtet wurde und der OGH den Sozialplan auf diesen Fall gar nicht zur Anwendung brachte.

Erzwingbarkeit über die Schlichtungsstelle

[37]) Gem § 2 Abs 2 Z 4 können Maßnahmen zur Verhinderung, Beseitigung oder Milderung nachteiliger Folgen von Betriebsänderungen **auch durch Kollektivvertrag** geregelt werden. In diesem Fall können ferner Art und Umfang der Mitwirkungsbefugnisse der Arbeitnehmer bei der Durchführung solcher kollektivvertraglicher Maßnahmen geregelt werden (§ 2 Abs 2 Z 5).

Eine kollektivvertragliche Regelung schließt nicht den Abschluss einer Betriebsvereinbarung über denselben Gegenstand aus, sondern **lediglich die Erzwingbarkeit**. Bestehen Regelungen sowohl durch Kollektivvertrag als auch durch Betriebsvereinbarung, gilt im Verhältnis zueinander das Günstigkeitsprinzip.

[38]) Bei der **Schlichtungsstelle** handelt es sich nach Rechtsprechung des VfGH um eine **unabhängige kollegiale Verwaltungsbehörde iSd Art 20 Abs 2 B-VG**. Gegen Entscheidungen der Schlichtungsstellen ist die Anrufung des VwGH unzulässig, da die von den Schlichtungsstellen zu besorgenden Angelegenheiten gem Art 133 Z 4 B-VG von der Zuständigkeit des VwGH ausgenommen sind (VfGH vom 11. 12. 1997, G 13/97, ua, RdW 1998, 292; VwGH vom 20. 4. 2001, 2001/05/0034). Gegen eine Entscheidung einer Schlichtungsstelle ist eine Beschwerde an den VfGH möglich. Ein Betriebsrat wird im verfassungsgesetzlich gewährleisteten Recht auf ein Verfahren vor dem gesetzlichen Richter durch Zurückweisung seiner Beschwerde betreffend einen Sozialplan und Kündigungen aus Anlass einer Betriebseinschränkung durch die Schlichtungsstelle verletzt, wenn die Schlichtungsstelle – trotz fehlender Regelung dieser Angelegenheit im Kollektivvertrag oder in der Satzung – ihre Unzuständigkeit ausspricht. (VfGH vom 14. 10. 1999, B 596/99, ARD 5105/22/2000).

[39]) Endet während eines Verfahrens zur Erzwingung eines Sozialplans die Funktionsperiode des Betriebsrates, ohne dass die Funktionsperiode eines neugewählten Betriebsrates anschließt – etwa weil der Betrieb stillgelegt wird (§ 62 Z 1) –, so kann der ehemalige Betriebsrat ein solches Verfahren fortsetzen (§ 62a, vgl *Preiss,* ArbVR 2³ Erl 6 bis 12 zu § 62a).

[40]) Ansprüche aus einem Sozialplan, welche erst nach Beendigung eines Arbeitsverhältnisses durch Bescheid der Schlichtungsstelle neu entstehen, unterliegen nicht der Fallfrist des § 34 Abs 1 AngG (OGH vom 11. 1. 2001, 8 Ob A 172/00b, RdW 2001/515).

Verspätete oder mangelhafte Information

[41]) Der letzte Satz des Abs 3 wurde durch BGBl 1993/460 eingefügt. Die Gesetzesmaterialien (RV 1078 BlgNR 18. GP 15) enthalten dazu folgende Erläuterung: *„Mit dieser Regelung sollen Verletzungen der den Betriebsinhaber bei Betriebsänderungen treffenden Informationspflicht sanktioniert werden"*. Zu dieser Bestimmung gibt es bisher – soweit ersichtlich – keine Judikatur. Ihr kommt in der Praxis am ehesten präventiver Charakter zu. Die Ersatzpflicht für Nachteile aufgrund verspäteter oder mangelhafter Information ist der Höhe nach so schwer einschätzbar, dass unter Umständen gerade diese Unsicherheit abschreckend wirkt. Das Gesetz benutzt nicht den Ausdruck Schaden (iSd Schadenersatzrechts), sondern den Ausdruck „Nachteile". Damit wird zum Ausdruck gebracht, dass die Bestimmung nicht bloßen Schadenersatz iSd der schadenersatzrechtlichen Bestimmungen des ABGB im Auge hat. Ein etwaiger Ersatzanspruch für einen Schaden iSd Schadenersatzrechts besteht unabhängig von einem Nachteilsausgleich im Rahmen eines Sozialplanes. § 109 statuiert nämlich einen **kollektiven Nachteilsausgleich der teilrechtsfähigen Belegschaft**, weil ihre Rechte aus der Betriebsverfassung verletzt wurden. Da es sich – wie die zitierten Gesetzesmaterialien zeigen – um eine Sanktionsnorm handelt, muss der Nachteilsausgleich eine Höhe erreichen, die Abschreckungswirkung hat. Bei der Bemessung des Nachteilsausgleichs hat die Schlichtungsstelle demnach sowohl spezial- als auch generalpräventive Gesichtspunkte zu berücksichtigen.

[42]) Eine Abgeltung dieser Nachteile im Einvernehmen zwischen Betriebsinhaber und Betriebsrat ist auch in einem ohne Mitwirkung der Schlichtungsstelle abgeschlossenen Sozialplan möglich. Der Betriebsvereinbarungstatbestand des § 109 umfasst unter anderem die Milderung der Folgen einer Betriebsänderung. Diese Formulierung erlaubt es ohne weiteres auch zusätzliche Nachteile, die aus verspäteter oder mangelhafter Information resultieren, einzubeziehen. Abgesehen davon hat Abs 3 letzter Satz keinen einschränkenden Charakter. Er soll nur etwas betonen und hervorheben, was vor der Einfügung des letzten Satzes des Abs 3 durch BGBl 1993/460 auch schon möglich gewesen ist. Der Phantasie der Betriebspartner werden durch das Gesetz eben nur sehr weite Grenzen gesteckt (zB zum Schutz des Insolvenz-Entgelt-Fonds, vgl Erl 33).

§ 110

Mitwirkung[1]) im Aufsichtsrat[2])

§ 110. (1) In Unternehmen[3]), die in der Rechtsform einer Aktiengesellschaft[4]) geführt werden, entsendet der Zentralbetriebsrat oder, sofern nur ein Betrieb besteht, der Betriebsrat[5]) aus dem Kreise der Betriebsratsmitglieder, denen das aktive Wahlrecht zum Betriebsrat zusteht[6]), für je zwei nach dem Aktiengesetz 1965, BGBl Nr 98/1965, oder der Satzung bestellte Aufsichtsratsmitglieder[7]) einen Arbeitnehmervertreter in den Aufsichtsrat. Ist die Zahl der nach dem Aktiengesetz 1965 oder der Satzung bestellten Aufsichtsratsmitglieder eine ungerade, ist ein weiterer Arbeitnehmervertreter zu entsenden[8])[9]).

(2)[10])[11]) Die Mitglieder des Zentralbetriebsrates (Betriebsrates), die auf dem Vorschlag einer wahlwerbenden Gruppe gewählt wurden, haben das Recht, durch Mehrheitsbeschluß Arbeitnehmervertreter für die Entsendung in den Aufsichtsrat zu nominieren, sowie ihre Abberufung[12]) zu verlangen. Dieses Recht steht für so viele Arbeitnehmervertreter zu, wie es dem Verhältnis der Zahl der vorschlagsberechtigten Personen zur Gesamtzahl der Mitglieder des Zentralbetriebsrates (Betriebsrates) entspricht[13])–[16]). Listenkoppelung ist zulässig[17]). Bei Erstellung der Nominierungsvorschläge soll auf eine angemessene Vertretung der Gruppe der Arbeiter und Angestellten und der einzelnen Betriebe des Unternehmens Bedacht genommen werden[18]). Der Zentralbetriebsrat (Betriebsrat) ist bei Entsendung und Abberufung[19]) der Arbeitnehmervertreter an die Vorschläge der zur Nominierung berechtigten Mitglieder gebunden[20]). Soweit vom Vorschlagsrecht nicht innerhalb von drei Monaten[21]) Gebrauch gemacht wird, entsendet der Zentralbetriebsrat (Betriebsrat) die restlichen Arbeitnehmervertreter durch Mehrheitsbeschluß[22]) in den Aufsichtsrat.

(3) Die Arbeitnehmervertreter im Aufsichtsrat üben ihre Funktion ehrenamtlich aus; sie haben Anspruch auf Ersatz der angemessenen Barauslagen[23]). Auf sie finden die Bestimmungen der §§ 86 Abs 1, 87, 90 Abs 1 zweiter Satz und Abs 2 und 98 des Aktiengesetzes 1965, BGBl Nr 98/1965, keine Anwendung[24]). § 95 Abs 2 erster Satz Aktiengesetz 1965 findet mit der Maßgabe Anwendung, daß auch zwei Arbeitnehmervertreter im Aufsichtsrat jederzeit vom Vorstand einen Bericht über die Angelegenheiten der Gesellschaft einschließlich ihrer Beziehungen zu Konzernunternehmen verlangen können[25]). Ein Beschluß des Aufsichtsrates[26]) über die Bestellung und Abberufung von Mitgliedern des Vorstandes[27]) bedarf, abgesehen von den allgemeinen Beschlußerfordernissen des Aktiengesetzes[28]), zu seiner Wirksamkeit der Zustimmung der Mehrheit der nach dem Aktiengesetz 1965 oder der Satzung bestellten Mitglieder. Das gleiche gilt für die Wahl des Aufsichtsratsvorsitzenden und seines ersten Stellvertreters[29])[30]). Im übrigen haben die Arbeitnehmervertreter im Aufsichtsrat gleiche Rechte und Pflichten wie nach dem Aktiengesetz 1965 oder der Satzung bestellte Aufsichtsratsmitglieder[31])–[35]). Ihre Mit-

gliedschaft³⁶) endet³⁷) mit der Mitgliedschaft zum Betriebsrat oder mit der Abberufung durch die entsendende Stelle³⁸). Die Arbeitnehmervertreter im Aufsichtsrat sind vom Zentralbetriebsrat abzuberufen und neu zu entsenden, wenn sich die Zahl der von der Hauptversammlung gewählten Aufsichtsratsmitglieder ändert³⁹).

(4) Die Arbeitnehmervertreter im Aufsichtsrat haben das Recht, für Ausschüsse des Aufsichtsrates Mitglieder mit Sitz und Stimme nach dem in Abs 1 festgelegten Verhältnis namhaft zu machen⁴⁰)⁴⁰ᵃ)⁴¹). Dies gilt nicht für Ausschüsse, die die Beziehungen zwischen der Gesellschaft und Mitgliedern des Vorstandes behandeln⁴²).

(5) Die Abs 1 bis 4 über die Vertretung der Arbeitnehmer im Aufsichtsrat von Aktiengesellschaften sind sinngemäß anzuwenden auf⁴³)⁴³ᵃ):
1. Gesellschaften mit beschränkter Haftung⁴⁴),
2. Versicherungsvereine auf Gegenseitigkeit⁴⁵),
3. die Österreichische Postsparkasse Aktiengesellschaft⁴⁶),
4. Genossenschaften, die dauernd mindestens 40 Arbeitnehmer beschäftigen⁴⁷), sowie
5. Sparkassen im Sinne des Sparkassengesetzes, BGBl Nr 64/1979, in der jeweils geltenden Fassung⁴⁸).

(6)⁴⁹)⁵⁰) An der Entsendung von Arbeitnehmervertretern in den Aufsichtsrat einer Aktiengesellschaft⁵¹) (Gesellschaft mit beschränkter Haftung⁵²), Genossenschaft⁵³)), die⁵⁴)
1. Aktiengesellschaften,
2. aufsichtsratspflichtige Gesellschaften mit beschränkter Haftung⁵⁴ᵃ),
3. Gesellschaften mit beschränkter Haftung im Sinne des § 29 Abs 2 Z 1 GmbHG⁵⁵),
4. aufsichtsratspflichtige Genossenschaften⁵⁶)
5. Europäische Gesellschaften ⁵⁶ᵃ),
6. Europäische Genossenschaften ⁵⁶ᵇ)

einheitlich leitet⁵⁷) (§ 15 Abs 1 Aktiengesetz 1965) oder auf Grund einer unmittelbaren Beteiligung von mehr als 50 Prozent beherrscht⁵⁸), nehmen der Zentralbetriebsrat (Betriebsrat)⁵⁹) des herrschenden Unternehmens⁶⁰) und die Gesamtheit der Mitglieder aller in den beherrschten Unternehmen (Z 1 bis 4)⁶¹) bestellten Betriebsräte⁶²) teil, sofern das herrschende Unternehmen höchstens halb so viele Arbeitnehmer beschäftigt als alle beherrschten Unternehmen zusammen⁶³). Der Zentralbetriebsrat (Betriebsrat) des herrschenden Unternehmens entsendet so viele Arbeitnehmervertreter, als dem Verhältnis der Zahl der im herrschenden Unternehmen beschäftigten Arbeitnehmer zur Zahl der in den beherrschten Unternehmen beschäftigten Arbeitnehmer entspricht, mindestens jedoch einen Arbeitnehmervertreter⁶⁴). Dieses Recht des Zentralbetriebsrates (Betriebsrates) des herrschenden Unternehmens, unabhängig vom Verhältnis der Zahl der im herrschenden Unternehmen beschäftigten Arbeitnehmer zur Zahl der in den beherrschten Unternehmen beschäftigten Arbeitnehmer einen Arbeitnehmervertreter zu entsenden, entfällt, wenn sich die Tätigkeit des herrschenden Unternehmens auf die Verwaltung von Unternehmensanteilen der beherrschten Unternehmen[65]) beschränkt. Die übrigen Arbeitnehmervertreter im Aufsichtsrat sind von der Gesamtheit der in den beherrschten Unternehmen (Z 1 bis 4)[66]) bestellten Betriebsräte aus dem Kreis der Betriebsratsmitglieder, denen das aktive Wahlrecht zum Betriebsrat zusteht, nach den Grundsätzen des Verhältniswahlrechtes geheim zu wählen; auf diese Wahl sind die Bestimmungen der §§ 51 Abs 3, 54 Abs 2, 56 Abs 1, 57, 59, 60, 62 Z 2 bis 5, 64 Abs 1 Z 1 bis 3 und Abs 4, 65 Abs 1 erster Satz und Abs 2, 78 Abs 4, 81 Abs 1 zweiter Satz, Abs 2 und Abs 4 sowie 82 Abs 1 erster Satz sinngemäß anzuwenden[67]). Dieser Absatz gilt nicht für Banken (§ 1 Bankwesengesetz, BGBl Nr 532/1993) und Versicherungsunternehmungen[68]).

(6a)[69]) Abs 6 gilt auch für herrschende Unternehmen, in denen kein Betriebsrat zu errichten ist, wenn deren Tätigkeit sich nicht nur auf die Verwaltung von Unternehmensanteilen der beherrschten Unternehmen beschränkt[70]). Die Arbeitnehmervertreter im Aufsichtsrat sind von der Gesamtheit der in den beherrschten Unternehmen bestellten Betriebsräte nach Maßgabe der Bestimmungen des Abs 6 vorletzter Satz zu wählen[71]).

(6b)[72]) Ist in einem Konzern im Sinne der Abs 6 und 6a[73]) eine Konzernvertretung (§ 88a)[74]) errichtet, so hat diese die Arbeitnehmervertreter in den Aufsichtsrat des herrschenden Unternehmens zu entsenden. Die aus dem Zentralbetriebsrat (Betriebsrat) des herrschenden Unternehmens stammenden Konzernvertretungsmitglieder haben das Recht, so viele Arbeitnehmervertreter vorzuschlagen, wie dem Verhältnis der Zahl der im herrschenden Unternehmen beschäftigten Arbeitnehmer zur Zahl der in den beherrschten Unternehmen beschäftigten Arbeitnehmer entspricht[75]), mindestens jedoch einen Arbeitnehmervertreter. Abs 6 dritter Satz ist sinngemäß anzuwenden. Die übrigen Arbeitnehmervertreter werden von den aus den Zentralbetriebsräten (Betriebsräten) der beherrschten Unternehmen stammenden Konzernvertretungsmitgliedern vorgeschlagen[76])[77]). Für die Ausübung des Vorschlagsrechts innerhalb der jeweiligen Gruppe der Konzernvertretungsmitglieder gilt Abs 2 sinngemäß.

(7) Ist in einer Gesellschaft mit beschränkter Haftung, die persönlich haftender Gesellschafter in einer Kommanditgesellschaft ist, nach Gesetz oder Gesellschaftsvertrag ein Aufsichtsrat zu bestellen[78]), so sind die Arbeitnehmervertreter im Aufsichtsrat der Gesellschaft mit beschränkter Haftung von der Gesamtheit der Mitglieder aller in den Unternehmen der Gesellschaft mit beschränkter Haftung und der Kommanditgesellschaft errichteten Betriebsräte aus dem Kreise der Betriebs-

ratsmitglieder, denen das aktive Wahlrecht zum Betriebsrat zusteht, nach den Grundsätzen des Verhältniswahlrechtes geheim zu wählen. Die Bestimmungen der §§ 51 Abs 3, 54 Abs 2, 56 Abs 1, 57, 59, 60, 62 Z 2 bis 5, 64 Abs 1, Z 1 bis 3 und Abs 4, 65 Abs 1 erster Satz und Abs 2, 78 Abs 4, 81 Abs 1 zweiter Satz, Abs 2 und Abs 4 sowie 82 Abs 1 erster Satz sind sinngemäß anzuwenden[79]).

(8) Die Mitwirkung von Arbeitnehmern im Stiftungsrat[80]) des Österreichischen Rundfunks richtet sich nach den Bestimmungen des ORF-Gesetzes[81])[82]).

Schrifttum zu § 110

Cerny, Die Verschwiegenheitspflicht der Betriebsratsmitglieder, DRdA 1968, 73;

Seitz, Gesellschaftsrechtliche Fragen zur Betriebsverfassung, Ind 1974/5/6, 1;

J. Berger, Rechtsfragen des Dienstnehmerhaftpflichtgesetzes, DRdA 1978, 95;

G. Frotz, Grundsätzliches zu den Rechten und Pflichten des Aufsichtsrates und seiner bestellten und entsendeten Mitglieder, ÖZW 1978, 44;

Schuster-Bonnott, Die Grundlage des persönlichen Rechtsverhältnisses zwischen Aufsichtsratsmitglied und Aktiengesellschaft, ZAS 1978, 91;

Strasser, Die Ernennung (der Widerruf der Ernennung) eines Vorsitzenden des Vorstandes nach Aktienrecht und Arbeitsverfassungsrecht, in FS Schwind (1978) 311;

Wresounig, Mitbestimmung und Rechtskontrolle. Dargestellt an einzelnen Fragen der §§ 96 und 110 ArbVG, DRdA 1978, 104;

P. Doralt, Bestellung und Abberufung von Vorstandsmitgliedern durch Ausschüsse des Aufsichtsrates, GesRZ 1979, 137;

Geppert/Moritz, Gesellschaftsrecht für Aufsichtsräte (1979);

Geppert, Die Arbeitnehmervertreter im Aufsichtsrat einer AG und die Bestellung sowie Anstellung von Vorstandsmitgliedern durch Aufsichtsratsausschüsse, DRdA 1980, 177;

Ulmer, Aufsichtsratsmandat und Interessenkollision, NJW 1980, 1603;

Hemmer, § 110 Abs 8 ArbVG beim VfGH angefochten, DRdA 1981, 66;

Jabornegg, Ein Ausschuß des Aufsichtsrates bestellt ein Vorstandsmitglied, DRdA 1981, 324;

Löschnigg, Die wirtschaftliche Mitbestimmung im Konzern und in der GesmbH & Co KG, ZAS 1981, 3;

Schnorr, Probleme der wirtschaftlichen Mitbestimmung bei Betriebsführungsgesellschaften, ZAS 1981, 83;

Straube, Zur Qualifikation von Aufsichtsratsmitgliedern, GesRZ 1981, 150;

G. Frotz, Grundsätzliches zur Haftung von Gesellschaftsorganen und für Gesellschaftsorgane, GesRZ 1982, 98;

Öhlinger, Verfassungsrechtliche Probleme der Mitbestimmung der Arbeitnehmer im Unternehmen (1982);

Hemmer, VfGH: Einen Entsendungsbeschluß nach § 110 Abs 2 ArbVG kann nur eine wahlwerbende Gruppe, nicht aber ein einzelnes Betriebsratsmitglied anfechten, DRdA 1983, 387;

Kastner, Aufsichtsrat und Realität, in FS Strasser (1983) 843;

Geppert/Moritz, Gesellschaftsrechtsänderungsgesetz (1984), Nachtrag zu Gesellschaftsrecht für Aufsichtsräte;

Pernthaler, Verfassungsrechtliche Voraussetzung und Grenzen der betrieblichen und unternehmerischen Mitbestimmung (1984);

M. Gruber, Haftpflichtversicherung für Aufsichtsräte? RdW 1985, 66;

Löschnigg, Die Entsendung der Betriebsräte in den Aufsichtsrat – Organisationsrechtliche Probleme des § 110 ArbVG (1985);

Marhold, Aufsichtsratstätigkeit und Belegschaftsvertretung. Zur Rechtsstellung der Arbeitnehmer im Aufsichtsrat (1985);

Marhold, Konzern- und unternehmensverfassungsrechtliche Neuerungen, ZAS 1986, 194;

ohne Autor, Die Neuregelung der Aufsichtsratsmitwirkung der AN-Vertreter im ÖIAG-Konzern, RdW 1986, 118;

Mayer-Maly, Über die Mitbestimmung der Arbeitnehmer in der verstaatlichten Industrie, wbl 1987, 32;

Reich-Rohrwig, Die Zusammensetzung von Ausschüssen des Aufsichtsrates – neue Rechtslage ab 1. 1. 1987, wbl 1987, 1;

Heidinger, Aufgaben und Verantwortlichkeit von Aufsichtsrat und Beirat der GmbH (1988);

Strasser, Das Erlöschen der Mitgliedschaft von Arbeitnehmer-Vertretern im Aufsichtsrat, in FS Schnorr (1988) 325;

Marhold, Die Mitbestimmung im Aufsichtsrat der Branchen-Holdings des ÖIAG-Konzerns, RdW 1989, 68;

Kastner/Doralt/Nowotny, Grundriß des österreichischen Gesellschaftsrechts[5] (1990);

Marhold, Konzernmitbestimmung (1990);

Strasser, Dogmatische und sozialpolitische Bemerkungen zum Pensionskassen-Aufsichtsrat, wbl 1991, 152;

Runggaldier/Schima, Abschluß von Vorstandsverträgen im Aufsichtsratsplenum, GesRZ 1992, 157;

Schima, Krida(-haftung) durch Aufsichtsratsmitglieder, RdW 1992, 294;

Farny/Wöss, Betriebspensionsgesetz/Pensionskassengesetz [1992];

Gahleitner, Arbeitsvertragsrechts-Anpassungsgesetz (AVRAG) und Arbeitsverfassungsgesetz-Novelle 1993, DRdA 1993, 416;

Kreil, Mitbestimmung im Konzern (1993);

Schima, Fragen der Ausweitung der Aufsichtsratsentsendung im Konzern durch die ArbVG-Novelle 1993, GesRZ 1993, 202;

Schiemer/Jabornegg/Strasser, Kommentar zum AktG³ (1993);
Gahleitner, Arbeitnehmerbeteiligung im Aufsichtsrat einer Konzernmuttergesellschaft, DRdA 1994, 427;
Strasser, Zur Neuordnung der Arbeitnehmerbeteiligung auf Konzern-Ebene, DRdA 1994, 213;
Huber, Fakultativer Aufsichtsrat, Beirat und Arbeitnehmermitwirkung in der GmbH, ecolex 1995, 807;
Hauser, Überlegungen zum fehlerhaften Aufsichtsratsbeschluß, RdW 1996, 570;
Marhold, Zusammensetzung des Aufsichtsrates bei Reduzierung der Anteilseignervertreter, ASoK 1997, 322;
Reich-Rohrwig, Das österreichische GmbH-Recht I² (1997);
Geist, Zur Informationsordnung im arbeitsteilig organisierten Aufsichtsrat der Aktiengesellschaft – unter besonderer Berücksichtigung der Informationsbedürfnisse der Belegschaftsvertreter, in *Achatz/Jabornegg/Karollus* (Hrsg), Aktuelle Probleme im Grenzbereich von Arbeits-, Unternehmens- und Steuerrecht (1998) 121;
Kostner/Umfahrer, Die Gesellschaft mit beschränkter Haftung⁵ (1998);
Mathias Strasser, Die Treuepflicht der Aufsichtsratsmitglieder der Aktiengesellschaft (1998);
Weiß, Arbeitnehmermitwirkung bei der Be- und Anstellung der Vorstandsmitglieder, DRdA 1998, 22 und 94;
Weiß, Die Verschwiegenheitspflicht der Aufsichtsratsmitglieder der Aktiengesellschaft, in *Achatz/Jabornegg/Karollus* (Hrsg), Aktuelle Probleme im Grenzbereich von Arbeits-, Unternehmens- und Steuerrecht (1998) 147;
Gahleitner, Grundzüge des Gesellschaftsrechts für Arbeitnehmervertreter II, Mitwirkung im Aufsichtsrat (1999); AK-ÖGB Skriptenreihe Wirtschaft – Recht – Mitbestimmung (WRM 2);
Jabornegg, Aufsichtsratsmitwirkung im Konzern mit Untergesellschaften in der Rechtsform der GmbH & Co KG, DRdA 1999, 433;
Weiß, Doppelte einfache Mehrheit im Aufsichtsrat, ecolex 1999, 266;
Bachner/Winner, Das österreichische internationale Gesellschaftsrecht nach Centros (II), GesRZ 2000, 161;
Grünberger, Die Verschwiegenheitspflicht des Arbeitnehmers (2000);
Strasser, Gedanken zu einem aus Begünstigten zusammengesetzten Beirat einer Privatstiftung, JBl 2000, 487;
Alversammer, Zuständigkeitsprobleme bei Schadenersatzklagen gegen Mitglieder des Aufsichtsrates, DRdA 2001, 239;
Cerny, Rundfunkgesetz und Arbeitsverfassung, DRdA 2001, 573;
M. Gruber, Aufsichtsratspflicht im grenzüberschreitenden GmbH (& Co)-Konzern, wbl 2001, 254;
Risak, Ein Rechtsträger – mehrere Zentralbetriebsräte? RdW 2001/46;
Strasser in *Jabornegg/Strasser,* AktG⁴ (2001) Teil II §§ 70–144;
Kittel, Die Haftung des Aufsichtsrats der Aktiengesellschaft (2002);

K. Mayr, Die Entsendung von Arbeitnehmervertretern in den Aufsichtsrat einer „Holding" gem § 110 Abs 6a ArbVG, DRdA 2002, 531;
Pichler/Weninger, Aktienrecht in der Managerpraxis (2002);
Röpke, Europäische (Aktien-)Gesellschaft (SE) und Arbeitnehmerbeteiligung, DRdA 2002, 177;
Zuffer/Karollus-Bruner, Compliance für Emittenten, ecolex 2002, 251 und 352;
Eixelsberger/Zierler, Zur Vorstandsbestellung im Ausschuss eines mitbestimmten Aufsichtsrats, GesRZ 2003, 9;
Haberer, Corporate Governance, Österreich – Deutschland – International (2003);
Kalss in *Doralt/Nowotny/Kalss* (Hrsg), Kommentar zum Aktiengesetz (2003) Band I §§ 1–124;
Karollus/Karollus, Die Sondervorschriften für den Aufsichtsrat einer Mitarbeitervorsorgekasse (§ 21 BMVG), DRdA 2003, 99;
Kersting/C. Schindler, Die EuGH-Entscheidung „Inspire Art" und ihre Auswirkungen auf die Praxis, RdW 2003/539;
M. P. Straube/Ratka, Das „Herkunftslandprinzip" im EU-Gesellschaftsrecht nach der „Überseering"-Entscheidung, ÖZW 2003, 34;
Temmel, Der Aufsichtsrat – Ein Handbuch für die Praxis (2003);
N. Arnold, Strafrechtliche Verantwortlichkeit der Mitglieder des Aufsichtsrates, Aufsichtsrat aktuell 0/2004, 7;
Eckert/Gassauer-Fleissner, Überwachungspflichten des Aufsichtsrats im Konzern, GeS 2004, 416;
Gagawczuk/H. Gahleitner/Leitsmüller/Preiss/Schneller, Der Aufsichtsrat (2004);
Gahleitner in *Kalss/Hügel* (Hrsg), Europäische Aktiengesellschaft, SE-Kommentar (2004) Teil II Arbeitnehmerbeteiligung;
Jabornegg, Zur Verschwiegenheitspflicht der Arbeitnehmervertreter im Aufsichtsrat, DRdA 2004, 107;
Kalss, Die Arbeitnehmermitbestimmung in Österreich, in *Baums/Ulmer* (Hrsg), Unternehmens-Mitbestimmung der Arbeitnehmer im Recht der EU-Mitgliedsstaaten, ZHR-Sonderheft 72 (2004) 95;
Rebhahn, Unternehmensmitbestimmung in Deutschland – ein Sonderweg im Rechtsvergleich, in *Rieble* (Hrsg), Zukunft der Unternehmensmitbestimmung, ZAAR Schriftenreihe Band 1 (2004), 41;
Rieder, Haftung von Aufsichtsräten, Aufsichtsrat aktuell 0/2004, 15;
Risak, Die Arbeitnehmermitwirkung in der Societas Europaea, ecolex 2004, 767;
Runggaldier, Die Arbeitnehmermitbestimmung in der SE, GesRZ 2004 (Sonderheft, Societas Europaea) 47;
Putzer, Mitwirkung der Arbeitnehmerschaft im Aufsichtsrat (2005);
St. Frotz/ Kaufmann, Aufsichtsratsbefreiung auch bei Genossenschaften als Obergesellschaften? Ein Beitrag zu § 29 Abs 2 Z 1 GmbHG, RdW 2005/743, 661;

Seitweger, Besteuerung von Aufsichtsräten, AR 2005 H 2, 14;
Kalss, Zur Aufsichtsratspflicht in der Privatstiftung, RdW 2006/3, 3;
Arnold, Nikolaus, OGH klärt Aufsichtsratspflicht bei Privatstiftungen, AR 2006 H 2, 16;
Kalss, Die Zuständigkeit für die Suspendierung eines Vorstandsmitglieds, AR 2006 H 4, 4;
Röpke, Zur Arbeitnehmer-Mitbestimmung in der neuen EU-Verschmelzungsrichtlinie, DRdA 2006, 68;
Auer, Zum GmbH-Beirat, der ein fakultativer Aufsichtsrat sein soll, GeS 2007, 183;
Fritz, Beirat oder doch Aufsichtsrat... das ist hier die Frage, AR 2007 H 2, 13;
Koppensteiner/Rüffler, Kommentar zum GmbH-Gesetz[3] (2007);
Schneller, ArbVG versus PBVG: Entsendung von AN-VertreterInnen in den Aufsichtsrat der Konzernspitze. Aus der Praxis – für die Praxis, DRdA 2007, 508;
Walzel, Beirat einer GmbH und Mitgliedschaft von Arbeitnehmervertretern in derartigen Beiräten, SWK 2007, W 1 = SWK 2007, 31;
Eckert/Schimka, Die Arbeitnehmermitbestimmung bei grenzüberschreitenden Verschmelzungen nach dem EU-VerschG, wbl 2008, 201;
Feltl, Möglichkeiten zur Gestaltung des Managements einer englischen Private Limited Company, AR 2008 H 1, 7;
Kaufmann, Die Arbeitnehmermitbestimmung bei grenzüberschreitenden Verschmelzungen, RdW 2008/113, 150;
Marhold, Betriebsvereinbarungen für überlassene Arbeitnehmer. Zurechnung zur Belegschaft des Beschäftigerbetriebes erfolgt je nach Sachfrage, ASoK 2008, 251;
Potyka/Weber, Der Prüfungsausschuss nach dem URÄG 2008, GesRZ 2008, 190;
Straube/Rauter, § 29 GmbHG – „terra incognita"?, ecolex 2008, 434.

Übersicht zu § 110

Allgemeines	Erläuterung 1
Arbeitnehmermitbestimmung bei grenzüberschreitenden Verschmelzungen	Erläuterung 1a

I. Aufsichtsrat und Arbeitnehmermitwirkung

Aufgaben des Aufsichtsrates	Erläuterung 2
Zuständigkeit zur Entsendung von Arbeitnehmervertretern	Erläuterungen 3 bis 5
Persönliche Voraussetzungen für die Entsendung	Erläuterung 6

Zusammensetzung des Aufsichtsrates .... Erläuterung 7
Drittelbeteiligung der Arbeitnehmer .... Erläuterungen 8 und 9

II. Entsendung der Arbeitnehmervertreter
Entsendungsvorgang .... Erläuterungen 10 bis 12
D'Hondt'sches Verfahren .... Erläuterung 13
Nominierungsrecht der Listen .... Erläuterung 14
Entsendung durch den Betriebsausschuss .... Erläuterung 15
Streitigkeiten über die Aufsichtsrats-
 mitwirkung .... Erläuterung 16
Listenkoppelung .... Erläuterung 17 bis 19
Bindung an die Nominierung .... Erläuterung 20
Nominierungsfrist .... Erläuterungen 21 und 22

**III. Rechtsstellung der Arbeitnehmer-
 vertreter im Aufsichtsrat**
Ehrenamt – Auslagenersatz .... Erläuterung 23
Nichtanwendbare Bestimmungen
 des AktG .... Erläuterung 24
Berichtsverlangen durch zwei Aufsichtsrats-
 mitglieder .... Erläuterung 25
Beschlüsse des Aufsichtsrates .... Erläuterungen 26 bis 30
Rechte und Pflichten des Aufsichtsrats-
 mitgliedes .... Erläuterung 31
Verschwiegenheitspflicht .... Erläuterung 32
Sorgfaltsmaßstab für die Aufgabenerfüllung .... Erläuterung 33
Haftung der Arbeitnehmervertreter im
 Aufsichtsrat .... Erläuterung 34
Teilnahme an Aufsichtsratssitzungen –
 Vertretung .... Erläuterung 35

**IV. Mitgliedschaft der Arbeitnehmervertreter
 im Aufsichtsrat**
Beginn der Mitgliedschaft .... Erläuterung 36
Ende der Mitgliedschaft .... Erläuterungen 37 bis 39
Aufsichtsratsausschüsse – Arbeitnehmer-
 beteiligung .... Erläuterungen 40 bis 42

**V. Mitwirkung in Aufsichtsräten anderer
 Rechtsformen**
Allgemeines .... Erläuterung 43
Gesellschaften ausländischer Rechtsform
 mit Verwaltungssitz in Österreich .... Erläuterung 43a
GmbH .... Erläuterung 44
Versicherungsverein auf Gegenseitigkeit .... Erläuterung 45
Österreichische Postsparkasse .... Erläuterung 46

Genossenschaft	Erläuterung 47
Sparkassen	Erläuterung 48

VI. Aufsichtsratsmitwirkung im Konzern

Allgemeines, Übersicht	Erläuterungen 49 und 50
Voraussetzungen auf Seiten der Konzernmutter	Erläuterung 51 bis 53
Voraussetzungen auf Seiten der Konzerntöchter	Erläuterung 54 bis 56b
Einheitliche Leitung und unmittelbare Beteiligung	Erläuterung 57 und 58
Entsendende Organe der Belegschaft	Erläuterung 59 bis 62
Größenrelation Konzernmutter und -töchter	Erläuterung 63
Aufteilung der Arbeitnehmervertretermandate zw Mutter und Töchtern	Erläuterung 64 bis 65
Entsendungsvorgang im Konzern	Erläuterung 66 bis 68
Arbeitnehmerlose Holding	Erläuterung 69 bis 71
Entsendung durch die Konzernvertretung	Erläuterungen 72 bis 77

VII. Sonderbestimmungen

Regelung für GmbH & Co KG	Erläuterungen 78 und 79
Österreichischer Rundfunk	Erläuterungen 80 und 81
Weitere Sonderbestimmungen	Erläuterung 82

Allgemeines

[1]) Das **Mitwirkungsrecht im Aufsichtsrat ist ein praktisch sehr wichtiges Instrument** der **Arbeitnehmermitbestimmung**. Die Arbeitnehmervertreter im Aufsichtsrat **treffen** – gemeinsam mit den Kapitalvertretern – **wirtschaftliche Entscheidungen** auf Unternehmensebene, während sie bei den sonstigen wirtschaftlichen Mitwirkungsrechten im Betrieb nur Informations-, Beratungs- und Interventionsrechte bzw die Möglichkeit zu Betriebsvereinbarungen haben. Die Tätigkeit der **Arbeitnehmervertreter im Aufsichtsrat** bleibt trotzdem **Teil der betriebsverfassungsrechtlichen Mandatsausübung**. Ein Arbeitnehmervertreter steht so in einem permanenten Spannungsfeld zwischen gesellschaftsrechtlichen Bindungen als Aufsichtsratsmitglied und betriebsverfassungsrechtlichen Pflichten als Belegschaftsvertreter. Das Mitgestaltungsrecht bedeutet ein hohes Maß an Verantwortung. Jedes Aufsichtsratsmitglied – Kapital- genauso wie Arbeitnehmervertreter – **haftet** für die **Erfüllung seiner Pflichten** aus dem Mandat **persönlich**. Die **Arbeitnehmer sind im Aufsichtsrat nur mit einem Drittel** vertreten und können deshalb von den Kapitalvertretern überstimmt werden. In der Praxis besteht aber vielfach der Wunsch nach einstimmigen Aufsichtsratsbeschlüssen, was die Verhandlungsposition

der Arbeitnehmervertreter im Aufsichtsrat oftmals stärken kann. Der Aufsichtsrat ist ein gesellschaftsrechtliches Organ, das die wirtschaftliche Führung des Unternehmens zu überwachen hat. Natürlich können Arbeitnehmerinteressen auch Thema des Aufsichtsrates sein und sind dies auch oft, trotzdem sind Aufsichtsratssitzungen kein Ersatz für die regelmäßigen Beratungen zwischen Betriebsrat und Betriebsinhaber.

§ 110 regelt gemeinsam mit der **Aufsichtsratsverordnung** (AR-VO abgedruckt in ArbVR 1[8]) vor allem die **organisatorische Seite der Mitwirkung** im Aufsichtsrat. Die Abs 1 und 2 behandeln im Wesentlichen die Entsendung von Arbeitnehmervertretern in den Aufsichtsrat. Abs 3 und 4 enthalten Vorschriften zur Rechtsstellung der Arbeitnehmervertreter im Aufsichtsrat bzw in Ausschüssen eines Aufsichtsrates. Abs 5 dehnt – in unvollständiger Weise – den Wirkungsbereich der Mitbestimmung auf andere juristische Personen als die AG aus. Abs 6, 6a und 6b beschäftigen sich mit den Spezialproblemen der Entsendung im Konzern. Abs 7 erfasst die praktisch relativ häufig vorkommende Konstruktion der GmbH & Co KG, Abs 8 verweist für den ORF auf das ORF-Gesetz.

Keine bzw nur eine eingeschränkte Mitbestimmungsmöglichkeit im Aufsichtsrat gibt es in so genannten **Tendenzunternehmen** (vgl Erl 82 sowie § 132; siehe auch *Cerny*, ArbVR 4[4] Erl 7 zu § 132; *Neumayr*, ArbVG-Kommentar § 132 Rz 54 ff; ASG Wien vom 9. 11. 2001, 34 Cga 60/01v, ARD 5359/4/2002).

Welche **inhaltlichen Rechte ein Aufsichtsrat** hat, ergibt sich im Wesentlichen **nicht aus dem ArbVG**, sondern etwa für den Modellfall der Aktiengesellschaft (AG) primär aus dem **Aktiengesetz** (AktG) bzw aus der **Satzung** der betreffenden AG. Für die anderen juristischen Personen mit mitbestimmten Kontrollorganen (vgl dazu Erläuterungen 43 bis 48) enthalten die sie regelnden Gesetze (allen voran das GmbHG, aber auch etwa das PSG, GenG, ORF-G, ÖIAG-G, diverse Ausgliederungsgesetze etc) und Statuten (zB Gesellschaftsvertrag bei der GmbH) Bestimmungen zum Umfang der Befugnisse der Aufsichtsräte.

§ 110 wurde durch BGBl 1986/394, 1987/321, 1990/411, 1993/460, 1996/601, I 2001/83, I 2004/82 und I 2006/104 mehrfach novelliert, wobei vor allem die Novelle 1993 hervorzuheben ist, da sie im Zusammenhang mit der Konzernentsendung Wesentliches verändert hat (vgl genauer dazu Erl 69 und 72).

Seit 8. 10. 2004 kann eine neue Gesellschaftsform, die **Europäische Gesellschaft (Societas Europaea, SE)**, gegründet werden (vgl Erl 56a). Ziel dieser durch die EG-Verordnung (SE-VO, 2157/2001/EG) und das österreichische Gesetz (SEG, BGBl I 2004/67) über das Statut der Europäischen Gesellschaft eingeführten Rechtsform ist es, dass grenzüberschreitend tätige Unternehmen eine Gesellschaftsform auf gemeinschaftsrechtlicher Basis wählen können. Damit müssen solche Unternehmen nicht mehr in jedem Mitgliedstaat eigene Tochterunternehmen nach dem jeweiligen nationalen Gesellschaftsrecht errichten. Mit dem **Zweck, die**

Beteiligung der Arbeitnehmer in der SE sicherzustellen, wurde die Richtlinie zur Ergänzung des Statuts der Europäischen Gesellschaft (2001/86/EG) erlassen. Die Umsetzung dieser RL erfolgte durch die Einfügung eines neuen Teiles VI in das ArbVG (BGBl I 2004/82, §§ 208 bis 253 vgl dazu *Cerny/Mayr*, ArbVR 6 [Europäische Gesellschaft, Beteiligung der Arbeitnehmer]). Die Unternehmensmitbestimmung (Entsendung von Arbeitnehmervertretern in den Aufsichts- bzw Verwaltungsrat) in der SE mit Sitz in Österreich richtet sich aber nicht nach § 110 ArbVG, sondern entweder nach einer Vereinbarung zwischen Belegschaftsvertretung und SE (§ 230 Abs 2) oder für den Fall, dass es zu keiner Vereinbarung kommt, nach den gesetzlichen Auffangbestimmungen der §§ 244 ff. Näher dazu und für Europäische Gesellschaften mit Auslandssitz siehe *Gahleitner* in *Kalss/Hügel* (Hrsg), Europäische Aktiengesellschaft, SE-Kommentar (2004) Teil II Arbeitnehmerbeteiligung und *Röpke*, DRdA 2002, 177.

Ähnlich der Neuschaffung der Rechtsform der Europäischen Gesellschaft (SE) kam 2006 aufgrund EU-rechtlicher Vorgaben der neue Rechtsformtypus der **Europäischen Genossenschaft (Societas Cooperativa Europaea, SCE)** hinzu (vgl Erl 56b).

Einem internationalen (vor allem angloamerikanischen) Trend folgend wurde auch in Österreich mit 1. Oktober 2002 ein „**Corporate Governance Kodex**" (CGK) präsentiert, der **rechtlich unverbindliche** Regelungen enthält, die darauf abzielen, das Vertrauen der Aktionäre durch noch mehr Transparenz, durch eine Qualitätsverbesserung im Zusammenwirken zwischen Aufsichtsrat, Vorstand und den Aktionären und durch die Ausrichtung auf langfristige Wertschaffung maßgeblich zu fördern. Der CGK richtet sich vorrangig an börsenotierte Aktiengesellschaften, soll aber auch als Empfehlung für nicht börsenotierte Aktiengesellschaften gelten (vgl *Gagawczuk/H. Gahleitner/Leitsmüller/Preiss/Schneller*, Der Aufsichtsrat [2004] 199; ausführlich dazu *Haberer*, Corporate Governance, Österreich – Deutschland – International [2003] 94). Der CGK wurde in den Jahren 2005, 2006 und 2007 überarbeitet und geändert. Für die praktische Tätigkeit von Arbeitnehmervertretern im Aufsichtsrat dient der CGK vor allem als Argumentationshilfe, wenn **Aktiengesellschaften** Empfehlungen für die Aufsichtsratstätigkeit des CGK nicht nachkommen (zB Regel Nr 12 des CGK, Aufsichtsratsunterlagen sind im Regelfall mindestens eine Woche vor der jeweiligen Sitzung zur Verfügung zu stellen).

Arbeitnehmermitbestimmung bei grenzüberschreitenden Verschmelzungen

1a) Durch BGBl I 2007/77 wurde ein VIII. Teil (§§ 258 bis 263) über die „Mitbestimmung der Arbeitnehmer bei einer grenzüberschreitenden Verschmelzung von Kapitalgesellschaften" in das ArbVG eingefügt (siehe dazu *Eckert/Schimka*, wbl 2008, 201 und *Kaufmann*, RdW 2008/113, 150). Dadurch wurde die EU-Richtlinie (2005/56/EG) über die Verschmelzung von Kapitalgesellschaften aus verschiedenen Mitgliedsstaaten (insbesondere deren Artikel 16) in österreichisches Recht umgesetzt (siehe dazu *Röpke*, DRdA 2006, 68). Ist die übernehmende Gesellschaft eine Europäische Gesellschaft (SE) mit Sitz in Österreich (§ 258 Abs 3), gelten für die Arbeitnehmermitbestimmung die Regeln über die Europäische Gesellschaft (§§ 208 bis 253, siehe Erl 56a; vgl dazu näher *Cerny/Mayr*, ArbVR 6 [Europäische Gesellschaft, Beteiligung der Arbeitnehmer]). Sonst gilt als Grundregel, dass sich die Aufsichtsratsmitbestimmung nach § 110 richtet, wenn die aus der Verschmelzung entstehende Kapitalgesellschaft ihren Sitz in Österreich hat (§ 258 Abs 3). Nicht nach § 110, sondern nach den §§ 258 bis 263 richtet sich die Aufsichtsratsmitbestimmung dann, wenn einer der in § 258 Abs 1 Z 1 bis 3 beschriebenen Verschmelzungsfälle vorliegt. Grundvoraussetzung ist immer, dass die übernehmende bzw aus der Verschmelzung neu entstehende Kapitalgesellschaft ihren Sitz in Österreich hat (Importverschmelzung). Wenn also bei einer solchen Importverschmelzung

- in mindestens einer der beteiligten Gesellschaften mehr als 500 Arbeitnehmer beschäftigt sind und in dieser Gesellschaft eine Form der Mitbestimmung besteht, oder
- das österreichische Recht für die aus der Verschmelzung hervorgehende Gesellschaft nicht mindestens den gleichen Umfang an Mitbestimmungsrechten vorsieht, wie er in den beteiligten Gesellschaften bestanden hat, oder
- das österreichische Recht für die aus der Verschmelzung hervorgehende Gesellschaft für Arbeitnehmer in ausländischen Betrieben der Gesellschaft nicht den gleichen Anspruch auf Mitbestimmung der Arbeitnehmer vorsieht, wie er den Arbeitnehmern in Österreich gewährt wird,

gilt gem § 258 Abs 1 nicht die „normale" Aufsichtsratsmitbestimmung gem § 110, sondern gem § 260 Abs 1 die Regeln des VI. Abschnittes des ArbVG, also im Wesentlichen (Abweichungen siehe §§ 260 ff) die Bestimmungen über die Beteiligung der Arbeitnehmer in der Europäischen Gesellschaft (siehe dazu die §§ 208 bis 253, siehe auch Erl 56a; vgl dazu näher *Cerny/Mayr*, ArbVR 6 [Europäische Gesellschaft, Beteiligung der Arbeitnehmer]).

I. Aufsichtsrat und Arbeitnehmermitwirkung

Aufgaben des Aufsichtsrates

²) Ein Aufsichtsrat nach den Bestimmungen des Aktiengesetzes (AktG), des Gesetzes über Gesellschaften mit beschränkter Haftung (GmbHG), des Genossenschaftsgesetzes (GenG) oder etwa auch des Privatstiftungsgesetzes (PSG) hat vor allem die **Aufgabe**, die **Tätigkeit des Leitungsorgans** der Gesellschaft (Genossenschaft, Stiftung) zu **kon-**

trollieren. Die Kontrolltätigkeit ist umfassend und erstreckt sich auf die **Rechtmäßigkeit, Zweckmäßigkeit, wirtschaftliche Richtigkeit** sowie die **sozialen Auswirkungen jeder Geschäftsführungsmaßnahme**. § 110 regelt die Beteiligung der Arbeitnehmervertreter an dieser Kontrolle. Aktiengesellschaften müssen bereits **kraft Rechtsform** einen **Aufsichtsrat** haben, bei der GmbH, der Genossenschaft und der Privatstiftung hängt die Aufsichtsratspflicht im Wesentlichen von der Arbeitnehmeranzahl ab (vgl dazu und zur Pflicht der verschiedenen Rechtsformen, ein Kontrollorgan zu bestellen, Abs 5 und Erl 43 bis 48).

Der Aufsichtsrat von **GmbH** und **Genossenschaft** hat die **Geschäftsleitung zu überwachen**, bei der **AG** (und, wenn dies der Genossenschaftsvertrag vorsieht, auch bei der Genossenschaft) kommt zur **Überwachung des Vorstandes** noch die **Bestellung und Abberufung der Vorstandsmitglieder** und die Feststellung des Jahresabschlusses hinzu. Bei besonders wichtigen Geschäftsführungsmaßnahmen (**zustimmungspflichtigen Geschäften**) muss das Leitungsorgan der Gesellschaft (Genossenschaft) vorab die Zustimmung des Aufsichtsrates einholen (zustimmungspflichtige Geschäfte; § 95 Abs 5 AktG, § 30j Abs 5 GmbHG; § 24e Abs 3 GenG). Wenn es zum Wohl der Gesellschaft (Genossenschaft) erforderlich ist, muss der Aufsichtsrat eine außerordentliche Haupt- bzw Generalversammlung einberufen (§ 95 Abs 4 AktG; § 30j Abs 4 GmbHG; § 24e Abs 2 und 5 GenG). Der Aufsichtsrat besteht – ohne Arbeitnehmervertreter – aus zumindest drei Mitgliedern (Mindestzahl – § 86 Abs 1 AktG, § 30 GmbHG, § 24 Abs 1 GenG), die Satzung (Gesellschaftsvertrag, Genossenschaftsvertrag) kann eine höhere Zahl festlegen (näher dazu Erl 7). Auch das GenG enthält seit dem Unternehmensrechts-Änderungsgesetz 2008 (BGBl I 2008/70) derartige Regelungen (§§ 24 bis 24e GenG).

Zuständigkeit
zur Entsendung von Arbeitnehmervertretern

[3]) Es geht in § 110 nicht um betriebliche Mitbestimmung, sondern um Mitbestimmung im Unternehmen. Hinsichtlich der Begriffe „Unternehmen" und „Betrieb" siehe *Gahleitner,* ArbVR 2[3] Erl 3 zu § 34.

[4]) Die Definition der AG ist in § 1 AktG geregelt. **§ 110** regelt die **Aufsichtsratsmitwirkung allgemein** in den Abs 1 bis 4 für den **Modellfall der AG**. In Abs 5 wird die Geltung dieser Regelungen dann auf andere juristische Personen mit Kontrollorgan (vor allem auf die GmbH) ausgedehnt.

[5]) § 110 könnte hier auch weniger umständlich auf das gem § 113 zuständige Organ der Arbeitnehmerschaft verweisen. Zur Entsendung in den Aufsichtsrat eines Unternehmens mit mehreren betriebsratspflichtigen Betrieben ist gem § 113 Abs 4 in erster Linie der Zentralbetriebsrat berechtigt. Ist in einem zentralbetriebsratspflichtigen Unternehmen kein

Zentralbetriebsrat errichtet, verliert die Belegschaft ihr Entsenderecht in den Aufsichtsrat (vgl dazu Erl 29 zu § 113 und *Naderhirn,* ArbVG-Kommentar § 113 Rz 59).

Gibt es im Unternehmen nur einen Betrieb (mit mindestens fünf Arbeitnehmern, vgl dazu § 40 Abs 1 und *Schneller,* ArbVR 2³ Erl 4 zu § 40), ist der Betriebsrat, bei Bestehen eines gemeinsamen Betriebsrates dieser (siehe § 113 Abs 3 und Erl 24 zu § 113), bei getrennten Betriebsräten der Betriebsausschuss (siehe § 113 Abs 2 Z 3 und Erl 15 zu § 113) für die Entsendung zuständig. Gibt es trotz Vorliegens der Voraussetzungen keinen funktionstüchtigen Betriebsausschuss, sieht die AR-VO seit BGBl 1987/36 in § 1 Abs 2 vor, dass das Recht zur Entsendung von Arbeitnehmervertretern in den Aufsichtsrat den Gruppenbetriebsräten gemeinsam zukommt (vgl zum Entsendungsvorgang Erl 15 und genauer dazu auch Erl 10 und 15 zu § 113). Wenn in einem Betrieb getrennte Betriebsräte der Arbeiter und Angestellten zu wählen wären, aber nur eine der beiden Gruppen tatsächlich einen Betriebsrat gewählt hat, kann der eine existierende Gruppenbetriebsrat die Entsendung gem § 110 für den gesamten Betrieb vornehmen (vgl Erl 10 zu § 113; in diesem Sinne VwGH vom 29. 10. 1980, 1703/80 ua, DRdA 1981, 327 = ÖJZ 1981, 524 = VwSlg 10.280 = ZfVB 1981/1559; siehe mwN *Jabornegg,* ArbVG-Kommentar § 110 Rz 110). In einem Unternehmen mit mehreren (betriebsratspflichtigen) Betrieben, in dem aber nur ein Betriebsrat errichtet ist, kann dieser die Entsendung gem § 110 vornehmen (für die wirtschaftlichen Informationsrechte vgl OGH vom 30. 10. 1997, 8 Ob A 330/97f, ASoK 1998, 284).

Für die Entsendung der Arbeitnehmervertreter in den Aufsichtsrat des herrschenden Unternehmens im Konzern ist vorrangig die Konzernvertretung zuständig, falls ein solche errichtet wurde (siehe dazu § 113 Abs 5 Z 1 und Erl 44 zu § 113).

Zur Vorgangsweise bei der Entsendung siehe Erl 11 bis 22.

Persönliche Voraussetzungen für die Entsendung

⁶) Persönliche Voraussetzung für die Entsendung in den Aufsichtsrat ist die **(Haupt-)Mitgliedschaft zu irgendeinem Betriebsrat des Unternehmens**; nicht notwendig ist die Mitgliedschaft zum **Zentralbetriebsrat**. Es muss sich aber um einen Betriebsrat des **betroffenen Unternehmens** handeln. Es gibt also – außer bei der Entsendung in den Aufsichtsrat des herrschenden Unternehmens im Konzern gem den Abs 6 ff – **keine unternehmensüberschreitende Entsendung**.

Weiters wird aber ausdrücklich auf das aktive Wahlrecht zum Betriebsrat abgestellt. Damit sind jene Betriebsratsmitglieder von der Entsendung in den Aufsichtsrat ausgeschlossen, die als Vorstandsmitglieder oder Angestellte der Gewerkschaften gem § 53 Abs 4 (vgl *Schneller,* ArbVR 2³ Erl 9 zu § 53) in den Betriebsrat gewählt wurden. Implizit wird damit aber auch zum Ausdruck gebracht, dass Arbeitnehmereigenschaft iSd § 36 (siehe dazu *Gahleitner*, ArbVR 2³ Erl zu § 36) zum Zeitpunkt der Entsendung Voraussetzung ist.

Nicht entsendet werden können **Ersatzmitglieder**, die **nicht nachgerückt** sind (vgl zum Nachrücken § 65 und *Preiss*, ArbVR 2³ Erl zu § 65). Auch wenn im Unternehmen weniger Betriebsratsmitglieder gewählt sind, als Arbeitnehmervertreter in den Aufsichtsrat zu entsenden wären, können trotzdem keine Ersatzmitglieder entsendet werden. Ein solches Nichtausschöpfen der Zahl der Arbeitnehmervertreter im Aufsichtsrat ist zwar für die Arbeitnehmer nachteilig, weil sie diesfalls unterrepräsentiert sind, lässt sich aber immer dann nicht vermeiden, wenn ein Unternehmen mit kleiner Belegschaft einen verhältnismäßig großen Aufsichtsrat hat.

Zusammensetzung des Aufsichtsrates

⁷) Die **Zahl der** durch die Hauptversammlung zu bestellenden Aufsichtsratsmitglieder (**Kapitalvertreter**) richtet sich grundsätzlich nach § 86 Abs 1 AktG (für die GmbH: § 30 GmbHG; für die Gen: § 24 Abs 1 GenG). Danach hat **jeder Aufsichtsrat zumindest drei Kapitalvertreter** (und damit mindestens zwei Arbeitnehmervertreter, siehe Erl 8 und 9). Die Satzung der AG (der Genossenschaftsvertrag der Genossenschaft, der Gesellschaftsvertrag der GmbH) kann diese Zahl gem § 86 Abs 1 AktG (gem § 24 Abs 1 GenG, gem § 30 Abs 1 GmbHG) erhöhen. Bei der AG (nicht so bei der GmbH und der Genossenschaft) ist die Zahl der Kapitalvertreter auf max 20 begrenzt, Wenn der Gesellschaftsvertrag einer GmbH keine Regelung über die Zahl der Aufsichtsratsmitglieder enthält, können die Gesellschafter auch mehr als drei Kapitalvertreter bestellen. Eine **Erhöhung der Anzahl der Kapitalvertreter wirkt sich auch erhöhend auf die Anzahl der Arbeitnehmervertreter** aus.

Die Kapitalvertreter dürfen gem § 90 AktG (§ 30e GmbHG, § 24 Abs 1 GenG) nicht Vorstandsmitglieder, Geschäftsführer oder Arbeitnehmer der Gesellschaft sein (OGH vom 25. 9. 1997, 6 Ob 174/97z, RdW 1998, 73 = GesRZ 1998, 94 = SZ 70/189 = HS 28.113). Sie können aber Vorstandsmitglieder, Geschäftsführer oder Arbeitnehmer der Muttergesellschaft sein (*Koppensteiner/Rüffler*, Kommentar zum GmbH-Gesetz³ [2007] § 30e Rn 8). Seit der Neufassung des § 90 AktG (bzw des § 30e GmbHG) durch das GesellschaftsrechtsänderungsG 2005 (BGBl I 2005/59) dürfen Vorstandsmitglieder (Geschäftsführer) einer Tochtergesellschaft nicht mehr Kapitalvertreter im Aufsichtsrat der Muttergesellschaft sein. Der Grund für dieses Verbot der Kapitalvertreterbestellung gegen das Organisationsgefälle im Konzern liegt darin, dass ein Mitglied des Leitungsorgans einer Tochtergesellschaft das Leitungsorgan der übergeordneten Gesellschaft wohl kaum effektiv kontrollieren kann (und sich als Aufsichtsratsmitglied in der Muttergesellschaft mittelbar auch selbst kontrollieren würde). Dieser Gedanke trifft aber auch auf die Bestellung eines Arbeitnehmers zum Kapitalvertreter im Aufsichtsrat der Muttergesellschaft zu. Deshalb hat der

OGH entschieden, dass ein Arbeitnehmer einer Tochtergesellschaft nicht Kapitalvertreter im Aufsichtsrat der Muttergesellschaft sein kann (OGH vom 13. 3. 2008, 6 Ob 34/08f, ecolex 2008/195, 542 = RdW 2008/351, 394 = AR 2008 H 4, 25 mit Anm von *Gruber*). Für die Arbeitnehmervertreter gilt die Unvereinbarkeit von Aufsichtsratsmandat und Arbeitnehmerschaft natürlich nicht. (Demgemäß ordnet Abs 3 auch an, dass § 90 Abs 1 zweiter Satz AktG nicht anwendbar ist, vgl Erl 24.) Im Gegenteil, da die Arbeitnehmervertreter im Aufsichtsrat als Betriebsratsmitglieder ja Arbeitnehmer (iSd § 36) der Gesellschaft sein müssen, können und sollen sie Wissen und Informationen aus dem betrieblichen Alltag in den Aufsichtsrat einbringen.

Seit dem GesellschaftsrechtsänderungsG 2005 (BGBl I 2005/59) sind sogenannte **Überkreuzverflechtungen** verboten (§ 86 Abs 2 Z 3 AktG, § 30a Abs 2 Z 3 GmbHG). Das Verbot bedeutet, dass Vorstands- bzw Geschäftsführungsmitglieder verschiedener Gesellschaften nicht wechselseitig im Aufsichtsrat der anderen Gesellschaft vertreten sein dürfen. Das Verbot gilt allerdings dann nicht, wenn die betroffenen Gesellschaften konzernmäßig miteinander verbunden sind. Ebenfalls seit dem GesellschaftsrechtsänderungsG 2005 gibt es auch **Regelungen gegen die Ämterhäufung** (§ 86 Abs 2 Z 1 und Abs 3 bis 6 AktG, § 30a Abs 2 Z 1 und Abs 3 bis 5 GmbHG). Diese Beschränkung der Anzahl an Aufsichtsratsmandaten folgt der Grundregel, dass niemand in mehr als zehn Kapitalgesellschaften (AG, GmbH, SE) ein Aufsichtsratsmandat innehaben darf, wobei Aufsichtsratsvorsitze doppelt gezählt werden (Ausnahmen für börsennotierte und für konzernverbundene Unternehmen uä siehe § 86 Abs 3, 4 AktG; § 30a Abs 3 GmbHG).

Drittelbeteiligung der Arbeitnehmer

8) Die Mitwirkung der Belegschaft im Aufsichtsrat ist in Form eines **ungleichgewichtigen Mitentscheidungsrechts** ausgestaltet. Für je zwei Kapitalvertreter ist ein Arbeitnehmervertreter zu entsenden. Ist die Kapitalvertreterzahl ungerade, ist ein weiterer Arbeitnehmervertreter zu entsenden. Diese Form der Beteiligung wird **Drittelbeteiligung** genannt, da so **zumindest ein Drittel der Mitglieder** des gesamten (mitbestimmten) Aufsichtsrates **Arbeitnehmervertreter** sind.

Daraus ergibt sich:

3 Kapitalvertreter	2 Arbeitnehmervertreter
4 Kapitalvertreter	2 Arbeitnehmervertreter
5 Kapitalvertreter	3 Arbeitnehmervertreter
6 Kapitalvertreter	3 Arbeitnehmervertreter
7 Kapitalvertreter	4 Arbeitnehmervertreter
8 Kapitalvertreter	4 Arbeitnehmervertreter
9 Kapitalvertreter	5 Arbeitnehmervertreter
usw.	

Da es gem § 86 AktG (§ 30 GmbHG, § 24 GenG) zumindest drei Kapitalvertreter geben muss, haben die Arbeitnehmer das Recht, mindestens zwei Arbeitnehmervertreter zu entsenden. Dies ist wichtig, da die Stimmen zweier Aufsichtsratsmitglieder notwendig sind, um eine Berichterstattung des Vorstandes (der Geschäftsführung) im Aufsichtsrat erzwingen zu können (§ 95 Abs 2 erster Satz AktG, siehe Erl 25).

Es kann vorkommen, dass im Unternehmen weniger Betriebsratsmitglieder gewählt sind, als Arbeitnehmervertreter in den Aufsichtsrat zu entsenden wären. Diesfalls kann die Anzahl der möglichen Arbeitnehmervertreter im Aufsichtsrat nicht ausgeschöpft werden. Diese Unterrepräsentation lässt sich allerdings nicht vermeiden. Insbesondere können keine Ersatzmitglieder entsendet werden (vgl Erl 6).

Zu beachten ist aber, dass nach § 110 Abs 1 die Anzahl der (**tatsächlich**) *bestellten* und **nicht** die der *zu bestellenden* Kapitalvertreter ausschlaggebend ist. Sind also – gemessen am Gesetz bzw an der Satzung – zu viele oder zu wenig Kapitalvertreter bestellt, verringert bzw vermehrt sich die Zahl der Arbeitnehmervertreter entsprechend. Zum Problem der Vorgangsweise der Anpassung der Arbeitnehmervertreteranzahl siehe Abs 3 letzter Satz und Erl 37 bis 39 dazu bzw vgl auch § 12 AR-VO.

[9]) Die Drittelbeteiligung der Belegschaft im Aufsichtsrat wurde durch das ArbVG (BGBl 1974/22) eingeführt. Zuvor gab es nach dem Betriebsrätegesetz 1947 bloß eine fixe Vertretung durch zwei Arbeitnehmer unabhängig von der Anzahl der Kapitalvertreter. Seit der Novelle 1986 zum ArbVG (BGBl 1986/394) gilt die Drittelbeteiligung nicht nur für den Gesamtaufsichtsrat, sondern auch für Ausschüsse des Aufsichtsrates. Näheres zu den Aufsichtsratsausschüssen siehe Erl 40 bis 42.

II. Entsendung der Arbeitnehmervertreter

Entsendungsvorgang

[10]) Die Arbeitnehmervertreter sind vollwertige Aufsichtsratsmitglieder. Sie sind in ihren Rechten und Pflichten den Kapitalvertretern im Wesentlichen (Ausnahmen vgl Abs 3 und Erl 23 bis 32 dazu) gleichgestellt. Sie werden aber nicht wie die Kapitalvertreter gem § 87 AktG durch Wahl der Hauptversammlung (bzw gem § 30b GmbHG) zu Mitgliedern des Organs Aufsichtsrat, sondern durch die in § 110 ArbVG und der AR-VO geregelte Entsendung durch das zuständige Organ der Belegschaft (vgl § 8a AR-VO und Erl 36). Nimmt das zuständige Belegschaftsorgan faktisch keine Entsendung vor, obwohl die Voraussetzungen gegeben wären, sieht die Rechtsordnung keine Durchsetzung durch Ersatzvornahme, klagsweise Durchsetzung oder andere Rechtsdurchsetzungsmechanismen vor (vgl mwN *Jabornegg*, ArbVG-Kommentar § 110 Rz 112). Das zur Entsendung berechtigte Organ unterliegt in dieser Frage „nur" einer politischen Ver-

antwortung, muss also den Wahlberechtigten erklären, warum es vom betriebsverfassungsrechtlich eingeräumten Recht auf Mitbestimmung im Aufsichtsrat keinen Gebrauch gemacht hat.

[11]) Der Entsendungsvorgang spielt sich gem den §§ 2 bis 15 AR-VO wie folgt ab (der Einfachheit halber wird hier nur von Zentralbetriebsrat gesprochen, es kommen auch [Gruppen-]Betriebsrat und Betriebsausschuss in Frage, vgl Erl 5):

1. Ein neuer Zentralbetriebsrat hat sich konstituiert oder aus einem anderen Grund wird eine neue oder erstmalige Entsendung in den Aufsichtsrat notwendig; der Zentralbetriebsratsvorsitzende beruft unverzüglich eine Zentralbetriebsratssitzung ein.
2. In dieser Sitzung wird festgestellt, wie viele Mitglieder des Zentralbetriebsrates jeweils auf Grund des Vorschlages einer Liste (Fraktion) bei der Zentralbetriebsratswahl gewählt wurden und wie viele Arbeitnehmervertreter insgesamt in den Aufsichtsrat zu entsenden sind. Ab diesem Beschluss läuft die dreimonatige Nominierungsfrist für die Liste(nkoppelungen).
3. Eventuelle Listenkoppelungen (vgl dazu Erl 17) sind dem Vorsitzenden des Zentralbetriebsrates schriftlich (vor Ermittlung der Wahlzahl siehe 4.) zur Kenntnis zu bringen (§ 5 AR-VO).
4. Da jede Liste (Fraktion) ein ihrer Stärke im Zentralbetriebsrat entsprechendes Nominierungsrecht hat, ist nach dem d'Hondt'schen Verfahren zu eruieren, wie viele Mitglieder jede Fraktion nominieren darf (siehe dazu das Beispiel in Erl 13).
5. Die Listenführer (der gekoppelten Listen) haben binnen drei Monaten ab Schritt 2. (§ 4 Abs 3 AR-VO) die Nominierungen an den Zentralbetriebsratsvorsitzenden zu übergeben.
6. Der Zentralbetriebsrat hat die Nominierungsvorschläge zu prüfen und eventuelle Mängel (§ 6 Abs 2 AR-VO) dem betreffenden Listenführer bekannt zu geben (§ 6 AR-VO). Ansonsten besteht eine Bindung an die Nominierungsvorschläge.
7. Die Kandidaten auf den (mängelfreien) Nominierungsvorschlägen werden vom Zentralbetriebsratsvorsitzenden unverzüglich schriftlich von der bevorstehenden Entsendung verständigt. Erfolgt binnen drei Tagen keine ausdrückliche Ablehnung, gilt dies als Zustimmung (§ 7 AR-VO).
8. Gültig nominierte Personen werden nur durch Erklärung des Vorsitzenden des Zentralbetriebsrates (ohne Beschluss) entsandt. Nur falls Nominierungsrechte nicht rechtzeitig ausgeübt bzw ausge*schöpft* werden, ist über die Entsendung der (restlichen) Arbeitnehmervertreter durch Mehrheitsbeschluss des Zentralbetriebsrates zu entscheiden (§§ 8 und 13 AR-VO).

[12]) Zur Beendigung der Mitgliedschaft zum Aufsichtsrat siehe Erl 37 bis 39.

D'Hondt'sches Verfahren

[13]) Gem § 3 Abs 3 AR-VO ist das Entsendungsrecht mittels der **Wahlzahl** nach dem **d'Hondt'schen Verfahren** festzustellen, wobei die Wahlzahl in **Dezimalzahlen** zu ermitteln ist.

Beispiel: Es sind 6 Arbeitnehmervertreter in den Aufsichtsrat zu entsenden; der Liste A gehören 7, der Liste B 5, der Liste C 3 und der Liste D 2 Zentralbetriebsratsmitglieder an:

	A	B	C	D
	7	5	3	2
1/2	3,5	2,5	1,5	1
1/3	*2,33*	1,66	1	0,66
1/4	1,75	1,25	0,75	0,5

Da sechs Arbeitnehmervertreter in den Aufsichtsrat zu entsenden sind, gilt die sechstgrößte **angeschriebene** (nicht ermittelte!) Zahl als Wahlzahl (hier **2,33**). Demnach kommen

der Liste A drei Mandate (7 : 2,33),
der Liste B zwei Mandate (5 : 2,33),
der Liste C ein Mandat (3 : 2,33),
der Liste D kein Mandat (2 : 2,33) zu.

Bei gleichem Anspruch entscheidet die Zahl der bei der Wahl des Zentralbetriebsrates (Betriebsrates) bei Zuteilung der Mandate an die betreffenden Wahlvorschläge verbliebenen Reststimmen, bei gleicher Reststimmenzahl das Los (§ 3 Abs 3 AR-VO).

Nominierungsrecht der Listen

[14]) Die Fraktionen (Listen) des Zentralbetriebsrates (Betriebsrates, Betriebsausschusses) können nicht selbstständig in den Aufsichtsrat entsenden, sondern nur an den Zentralbetriebsrat (Betriebsrat, Betriebsausschuss) nominieren. Dieser ist allerdings an die gültige Nominierung gebunden (§ 8 Abs 1 AR-VO). Die Mitglieder der Liste (Listenkoppelung, vgl Erl 17) treten zu einer Sitzung zusammen, in der die Nominierung mit Mehrheitsbeschluss erfolgt. Der Listenführer (der erstgewählte Wahlwerber auf dem Wahlvorschlag) gibt den Nominierungsvorschlag an den Vorsitzenden des Zentralbetriebsrates (Betriebsrates bzw Betriebsausschusses) bekannt. Erst wenn diese Bekanntgabe vorliegt, ist die Nominierung erfolgt. Die Liste(nkopplung) hat maximal drei Monate (ab der ersten Sitzung über die Entsendung siehe § 3 Abs 1 AR-VO) für die Nominierung zur Verfügung, andernfalls hat der Zentralbetriebsrat

(Betriebsrat bzw Betriebsausschuss) mittels Beschluss zu entsenden (§ 8 Abs 2 AR-VO).

Entsendung durch den Betriebsausschuss

[15]) Da es keine Sondervorschriften für die **Entsendung durch den Betriebsausschuss** gibt, sind die in den Erl 10 bis 14 bisher dargelegten Grundsätze auch auf die Entsendung durch den Betriebsausschuss anzuwenden. Zur Nominierung sind daher die **einzelnen Fraktionen der beiden Gruppenbetriebsräte** (Listenkoppelung möglich) berechtigt. Wie viele Aufsichtsratsmitglieder jede Liste nominieren darf (nach d'Hondt), richtet sich danach, wie viele Mitglieder des Betriebsausschusses jeweils auf Grund des Vorschlages einer Liste eines Gruppenbetriebsrates bei der Wahl des jeweiligen Gruppenbetriebsrates gewählt wurden.

Ist in einem Betrieb trotz Vorliegens der Voraussetzungen kein Betriebsausschuss errichtet, so kommen die Entsendungsbefugnisse den Gruppenbetriebsräten gemeinsam zu (§ 1 Abs 2 AR-VO, vgl auch Erl 10 zu § 113). Die Berechnung der Anzahl der pro Gruppenbetriebsrat zu nominierenden Mitglieder ergibt sich aus der Stärke der jeweiligen wahlwerbenden Gruppen pro Gruppenbetriebsrat. Die Gesamtzahl der Mitglieder ergibt sich aus der Gesamtzahl der Gruppenbetriebsräte. Das Entsendungsschreiben an den Aufsichtsrat ist von den beiden Betriebsratsvorsitzenden gemeinsam zu unterfertigen. Mehr „Gemeinsamkeit" – etwa die Durchführung gemeinsamer Sitzungen – ist nicht notwendig. Die Entsendung durch einen Betriebsrat allein unter Nichtbeachtung des § 1 Abs 2 der AR-VO muss und darf vom Aufsichtsratsvorsitzenden nicht zur Kenntnis genommen werden.

Falls es den Gruppenbetriebsräten nicht gelingen sollte, im unbedingt notwendigen Mindestmaß (ein gemeinsames Entsendungsschreiben) zu kooperieren, verlieren sie damit ihr Recht auf Mitwirkung im Aufsichtsrat. Es liegt nicht in der Kompetenz des Gerichts, durch ein Urteil einen Betriebsrat zur Tätigkeit zu zwingen oder einen nicht zu Stande gekommenen Beschluss zu ersetzen (ASG Wien vom 27. 6. 1995, 29 Cga 2/95s, ARD 4745/18/96 bestätigt durch OLG Wien vom 12. 1. 1996, 8 Ra 162/95v, ARD 4755/11/96).

Streitigkeiten über die Aufsichtsratsmitwirkung

[16]) **Streitigkeiten** in Fragen der **Entsendung** von Arbeitnehmervertretern in den Aufsichtsrat (so auch *Winkler* in *Tomandl*, ArbVG § 110 Rz 27) sowie im Zusammenhang mit der **Ausübung der Aufsichtsratstätigkeit** fallen gem **§ 50 Abs 2 ASGG** als betriebsverfassungsrechtliche Streitigkeiten in die **Zuständigkeit der Arbeits- und Sozialgerichte.** Dabei hat gem § 58 Abs 1 ASGG jede Partei ihre Prozesskosten selbst zu tragen, unabhängig davon, wer das Verfahren gewinnt (Ausnahme: Verfahren vor dem OGH).

Ein **Entsendungsbeschluss** nach § 110 Abs 2 kann **nur von der wahlwerbenden Gruppe** im entsendenden Organ, **nicht** aber von einem **einzelnen Betriebsratsmitglied angefochten werden** (VfGH vom 25. 6. 83, B 313/80, DRdA 1984, 58 und DRdA 1983, 387 = ZfVB 1983/2905; insoweit nicht zutreffend EA Linz 5. 11. 1979, Arb 9826).

Das Arbeits- und Sozialgericht ist gem § 50 Abs 2 ASGG auch für Schadenersatzprozesse gegen Arbeitnehmervertreter im Aufsichtsrat zuständig (so auch *Alversammer,* DRdA 2001, 239 und *Jabornegg,* ArbVG-Kommentar § 110 Rz 261; aA *Kalss* in *Doralt/Nowotny/Kalss,* AktG § 99 Rz 4 und *Winkler* in *Tomandl,* ArbVG § 110 Rz 27). Erstens ist die Begründung der Organfunktion des Arbeitnehmervertreters im Aufsichtsrat betriebsverfassungsrechtlicher Natur (§ 110) und zweitens findet sich der haftungsbegründende Verweis, dass die Arbeitnehmervertreter im Aufsichtsrat (mit Ausnahmen) gleiche Rechte und Pflichten wie die Kapitalvertreter haben, in einer betriebsverfassungsrechtlichen Norm (§ 110 Abs 3, vgl auch Erl 34). Insofern handelt es sich auch bei Schadenersatzklagen gegen Arbeitnehmervertreter im Aufsichtsrat – gleich von wem sie eingebracht werden – um Streitigkeiten über Rechte oder Rechtsverhältnisse, die sich aus dem II. Teil des ArbVG ergeben. *Alversammer* stützt die Zuständigkeit des Arbeits- und Sozialgerichtes auf § 50 Abs 1 Z 2 ASGG (*Alversammer,* DRdA 2001, 239). Damit kann aber nur dann eine Zuständigkeit des Arbeits- und Sozialgerichtes argumentiert werden, wenn der Arbeitgeber (und kein Dritter) Schadenersatzforderungen erhebt. Bei diesem Ansatz ergeben sich andere Kostenfolgen, weil es in Verfahren gem § 50 Abs 1 Z 2 ASGG im Unterschied zu Verfahren nach § 50 Abs 2 ASGG Kostenersatz gibt (§ 58 Abs 1 ASGG). Abgesehen davon ist die Zuständigkeit der Arbeits- und Sozialgerichte auch sachgerecht, weil bei Schadenersatzverfahren gegen Arbeitnehmervertreter im Aufsichtsrat die Interessenvertretungsaufgabe des Betriebsratsmitgliedes im Betrieb bzw im Unternehmen immer zu beachten ist (vgl Erl 33).

Listenkoppelung

17) Eine **Listenkoppelung** (vgl dazu genauer § 5 AR-VO) setzt **getrennte, aber übereinstimmende Mehrheitsbeschlüsse der betreffenden Listen** (Fraktionen) voraus; eine derartige Vereinbarung ist von den Listenführern der beteiligten Fraktionen **spätestens am Beginn der Sitzung des Zentralbetriebsrates** (Betriebsrates, Betriebsausschusses), in der die Berechnung der auf die Fraktionen entfallenden Mandate erfolgen soll (§ 3 Abs 1 AR-VO), dem Vorsitzenden des Zentralbetriebsrates (Betriebsrates, Betriebsausschusses) schriftlich zur Kenntnis zu bringen. Gleichzeitig ist mitzuteilen, welches Mitglied als Listenführer der gekoppelten Liste zur Abgabe verbindlicher Erklärungen berechtigt ist. Danach kann die **Nominierung** der Aufsichtsratsmitglieder (und auch deren **Abberufung**) **nur mehr in einer gemeinsamen Sitzung der gekoppelten Listen** durch

Mehrheitsbeschluss erfolgen (§ 5 Abs 4 AR-VO). Die **Listenkoppelung gilt** gem § 5 Abs 5 AR-VO **für die Tätigkeitsdauer des entsendenden Zentralbetriebsrates** (Betriebsrates, Betriebsausschusses). Eine **einseitige Aufkündigung** der Listenkoppelung durch eine der daran beteiligten Fraktionen ist **nicht möglich**. Für die Trennung sind **übereinstimmende Mehrheitsbeschlüsse** der die Listenkoppelung bildenden Fraktionen notwendig. Außerdem ist auch die **Zustimmung der anderen im Zentralbetriebsrat** (Betriebsrat, Betriebsausschuss) **vertretenen Fraktionen** erforderlich.

In den Erläuterungen zur Regierungsvorlage der Stammfassung des ArbVG (BGBl 1974/22, RV 840 BlgNR 13. GP 88) findet sich der Satz, dass Listenkoppelungen, die erst anlässlich der Aufsichtsratsentsendung gebildet werden, unzulässig seien. Dies ist unzutreffend, da die Regierungsvorlage in den Ausschussberatungen (AB 993 BlgNR 13. GP 31) in diesem Punkt verändert wurde (insofern irreführend *Sablatnig*, Handbuch der Arbeitsverfassung[5], 248 Rz 634).

[18]) Diese Bestimmung ist bloß eine Sollvorschrift, deren Nichtberücksichtigung keine Sanktionen nach sich zieht. Es empfiehlt sich jedoch, bei der Nominierung der Arbeitnehmervertreter im Aufsichtsrat auf eine möglichst breite Vertretung der Arbeitnehmer der Gesellschaft zu achten.

[19]) Zur Beendigung der Mitgliedschaft zum Aufsichtsrat siehe Erl 37 bis 39.

Bindung an die Nominierung

[20]) Der **Zentralbetriebsrat** (Betriebsrat, Betriebsausschuss) ist **an den Vorschlag** der Liste(nkoppelungen) **gebunden**; der Nominierung der Liste(nkoppelung) muss ein Mehrheitsbeschluss der Liste(nkoppelung) zu Grunde liegen (genauer zum Verfahren der Nominierung durch die Fraktionen vgl Erl 11 und 14 sowie § 4 Abs 3 AR-VO). Liegt ein mängelfreier vollständiger Nominierungsvorschlag vor, dann hat der Vorsitzende des Zentralbetriebsrates (Betriebsrates, Betriebsausschusses) die Entsendung unverzüglich vorzunehmen. Nur für den Fall, dass **innerhalb der Frist** gar **keine Nominierung** erfolgt, zu wenige Mitglieder nominiert wurden oder die Nominierung mangelhaft ist, **entsendet** der **Zentralbetriebsrat** (Betriebsrat, Betriebsausschuss) **mittels Beschluss** (vgl Erl 21).

Nominierungsfrist

[21]) Die **Dreimonatsfrist beginnt** gem § 3 Abs 3 AR-VO mit der Feststellung des Zentralbetriebsrates (Betriebsrates, Betriebsausschusses) über die Zahl der von den Fraktionen zu entsendenden Aufsichtsratsmitglieder zu laufen. Langen innerhalb dieser Frist Vorschläge der nomi-

nierungsberechtigten Fraktionen (Listen) ein, hat der Vorsitzende des Zentralbetriebsrates (Betriebsrates, Betriebsausschusses) die entsendeten Mitglieder dem Vorsitzenden des Aufsichtsrates bekannt zu geben. Es ist nicht erforderlich, mit der Entsendung in den Aufsichtsrat zuzuwarten, bis alle Vorschläge eingelangt sind.

Die **Entsendung ist** außerdem dem Vorstand der Gesellschaft, jedem im Unternehmen bestehenden Betriebsrat und den zuständigen Interessenvertretungen der Arbeitnehmer **schriftlich mitzuteilen** (§ 13 AR-VO).

[22]) Sind **nach Ablauf der Dreimonatsfrist nicht alle Vorschläge** eingelangt bzw sind **eingelangte Vorschläge unvollständig**, besetzt der **Zentralbetriebsrat** (Betriebsrat, Betriebsausschuss) mit **Mehrheitsbeschluss** (einfache Mehrheit, EA Linz, 5. 11. 1979, Arb 9826) **die restlichen Mandate** (§ 8 Abs 2 AR-VO). Abgesehen von diesen Fällen entsendet der Zentralbetriebsrat (Betriebsrat, Betriebsausschuss) ohne vorhergehende Beschlussfassung (für eine vorherige Beschlussfassung: *Jabornegg*, ArbVG-Kommentar § 110 Rz 126) in Bindung an die Nominierungsvorschläge der Listen(koppelungen). Für die **Mitteilungen** an den Aufsichtsrat(svorsitzenden) und an die Betroffenen hat der **Vorsitzende** des Zentralbetriebsrates (Betriebsrates, Betriebsausschusses) zu **sorgen** (§ 13 AR-VO).

III. Rechtsstellung der Arbeitnehmervertreter im Aufsichtsrat

Ehrenamt – Auslagenersatz

[23]) Die **Arbeitnehmervertreter** üben ihre **Funktion im Aufsichtsrat ehrenamtlich** aus. Sie haben daher auch **keinen Anspruch auf** die in § 98 AktG (§ 31 GmbHG) vorgesehene **Vergütung** für Aufsichtsratsmitglieder. Sollte trotzdem eine Vergütung für die Aufsichtsratstätigkeit bezahlt werden, ist die Auszahlung – selbst wenn sie an den Betriebsratsfonds erfolgt – rechtswidrig (EA Wien 3. 11. 1981, Arb 10.049; vgl auch *Preiss*, ArbVR 2³ Erl 1 zu § 74). Grund dafür ist die zur wirksamen Ausübung des Mandats notwendige Unabhängigkeit vom Betriebsinhaber (vgl *Geppert/Moritz*, Gesellschaftsrecht für Aufsichtsräte [1979] 413; differenziert dazu mwN *Jabornegg*, ArbVG-Kommentar § 110 Rz 221). Eine rechtswidrig geleistete Vergütung ist seitens der Gesellschaft (AG, GmbH) rückforderbar (*Gagawczuk/H. Gahleitner/Leitsmüller/Preiss/Schneller*, Der Aufsichtsrat (2004) 145; *Kalss* in *Doralt/Nowotny/Kalss*, AktG § 98 Rz 5; *Jabornegg*, ArbVG-Kommentar § 110 Rz 223 bis 225; aA *Strasser* in *Jabornegg/Strasser*, AktG[4] [2001] §§ 98, 99 Rz 14).

Den Arbeitnehmervertretern sind jedoch die mit der **Aufsichtsratstätigkeit verbundenen Barauslagen** (Reisekosten, Kosten für die Verpflegung und Übernachtung am Tagungsort, Telefon und Telekommunikationskosten) zu ersetzen. Im Gegensatz zu Barauslagen im Zusammenhang mit der sonstigen Betriebsratstätigkeit hat hier **nicht der Betriebsratsfonds,** sondern die AG (GmbH) für die Ausgaben aufzukommen (vgl dazu auch § 73 und *Preiss*, ArbVR 2³ Erl 2 zu § 73). Aus diesem Titel sind auch Kosten für einschlägige Literatur sowie für den Besuch von mit der Aufsichtsratstätigkeit in Zusammenhang stehenden Seminaren etc ersatzfähig. Vor allem Informationen über betriebswirtschaftliche Weiterentwicklungen oder gesetzliche Neuerungen müssen ersatzfähig sein, da die Arbeitnehmervertreter im Aufsichtsrat in ihrer Tätigkeit dem Sorgfaltsmaßstab eines ordentlichen Geschäftsleiters unterliegen (vgl §§ 99 iVm 84 AktG bzw §§ 33 iVm 25 GmbHG) und damit eine **Weiterbildungsobliegenheit** haben (so auch *Jabornegg*, ArbVG-Kommentar § 110 Rz 226; aA *Kalss* in *Doralt/Nowotny/Kalss,* AktG § 98 Rz 6). Für Streitigkeiten darüber, ob Barauslagenersatz zusteht bzw was angemessen ist, ist gem § 50 Abs 2 ASGG das Arbeits- und Sozialgericht zuständig (vgl dazu auch Erl 16). Nicht gem § 117 freigestellten Betriebsratsmitgliedern im Aufsichtsrat ist gem § 116 die **erforderliche Freizeit** für die Teilnahme an den Aufsichtsratssitzungen, Vorbesprechungen und die notwendige Vorbereitung (Aktenstudium, Kontakte mit externen Beratern und Kapitalvertretern etc) **unter Fortzahlung des Entgelts** zu gewähren (vgl dazu genauer Erl zu § 116; vgl auch *Marhold,* Aufsichtsratstätigkeit und Belegschaftsvertretung [1985] 147).

Allfällige **Sachverständigengutachten** werden in der Regel keine ersatzfähigen Barauslagen eines einzelnen Aufsichtsratsmitgliedes sein, da die Beauftragung eines Gutachters in der Regel Sache des gesamten Aufsichtsrates (durch Beschluss) und nicht eines einzelnen Aufsichtsratsmitgliedes ist. Arbeitnehmervertreter können sich mit dem Wunsch nach Bezahlung eines Sachverständigengutachtens aus Mitteln des Betriebsratsfonds an ihr Betriebsratsgremium wenden (vgl § 74 und *Preiss*, ArbVR 2³ Erl zu § 74).

Nichtanwendbare Bestimmungen des AktG

24) Bei den zitierten Vorschriften des AktG, die auf Arbeitnehmervertreter nicht anzuwenden sind, handelt es sich um
– die Zusammensetzung des Aufsichtsrates (§ 86 Abs 1 AktG);
– die Wahl und die Abberufung der Mitglieder des Aufsichtsrates (§ 87 AktG);
– die Unvereinbarkeit mit der Stellung eines Angestellten (§ 90 Abs 1 zweiter Satz AktG);
– die Möglichkeit der Betrauung mit der Vertretung behinderter Vorstandsmitglieder (§ 90 Abs 2 AktG);
– die Gewährung von Vergütungen an die Mitglieder des Aufsichtsrates (§ 98 AktG).

Abgesehen von den in Abs 3 und 4 statuierten Ausnahmen (Bestellung und Abberufung des Vorstandes, Wahl des Aufsichtsratsvorsitzenden und seines Stellvertreters, Vertretung im Ausschuss gem Abs 4 letzter Satz) haben die Arbeitnehmervertreter gleiche Rechte und Pflichten wie die Kapitalvertreter. Insbesondere ist etwa der **Abschlussprüfer verpflichtet**, jedem einzelnen Aufsichtsratsmitglied eine **Ausfertigung** seines **Prüfberichtes persönlich zukommen zu lassen** (OGH vom 26. 9. 1991, 6 Ob 9/91, RdW 1992, 11 = ARD 4332/17/92 = ecolex 1992, 93). Da die Haftungsbestimmung des § 99 AktG für Aufsichtsratsmitglieder nicht ausgenommen ist, haften auch Arbeitnehmervertreter im Aufsichtsrat wie Kapitalvertreter für Schäden, die sie der Gesellschaft oder Dritten durch Vernachlässigung ihrer Pflichten zufügen (vgl dazu genauer Erl 32 bis 34).

Berichtsverlangen durch zwei Aufsichtsratsmitglieder

25) Gem § 95 Abs 2 AktG idF des IRÄG 1997 (Insolvenzrechtsänderungsgesetz, BGBl I 1997/114) können der Vorsitzende allein oder **zwei Aufsichtsräte** eine **Berichterstattung des Vorstandes** an den **gesamten Aufsichtsrat** über Angelegenheiten der Gesellschaft einschließlich ihrer Beziehungen zu einem Konzernunternehmen erzwingen (ebenso § 30j Abs 2 GmbHG und § 24e Abs 1 GenG). Vor 1997 stand dieses Recht nur drei Aufsichtsräten gemeinsam (bzw einem Aufsichtsrat und dem Vorsitzenden gemeinsam) zu.

Da es in kleinen Aufsichtsräten nur zwei Arbeitnehmervertreter gibt (Minimalzahl, vgl dazu Erl 8), war es vor 1997 im Sinne der Stärkung der Position der Arbeitnehmervertreter notwendig, § 95 Abs 2 AktG durch das ArbVG so zu modifizieren, dass bereits zwei Arbeitnehmervertreter im Aufsichtsrat Berichte erzwingen konnten (vgl dazu genauer *Marhold*, Aufsichtsratstätigkeit und Belegschaftsvertretung [1985] 98 und *Strasser* in *Schiemer/Jabornegg/Strasser*, Kommentar zum AktG[3] [1993] 672). Seit der Novelle des § 95 AktG durch BGBl I 1997/114 ist Satz 3 des § 110 Abs 3 ArbVG nicht mehr erforderlich (vgl dazu *Strasser* in *Jabornegg/Strasser*, AktG[4] [2001] §§ 95–97 Rz 20 ff).

Kommt der Vorstand dem Berichtsverlangen nicht nach, so kann das Firmenbuchgericht gem § 258 Abs 1 AktG eine Zwangsstrafe von bis zu 3.600 Euro verhängen (nach jeweils 2 Monaten wieder, vgl § 283 Abs 2 UGB). Die Berichterteilung kann aber auch mittels Leistungsklage durch den Gesamtaufsichtsrat oder durch ein Mitglied (das im Berichtsverlangen durch ein zweites Mitglied unterstützt wurde) gegenüber dem Vorstand durchgesetzt werden (*Kalss* in *Doralt/Nowotny/Kalss*, AktG § 95 Rz 50).

Die Berichtspflicht des Vorstandes bezieht sich nicht nur auf das Unternehmen allein, sondern auf alle der allgemeinen Überwachungsaufgabe des Aufsichtsrats unterliegenden Angelegenheiten der Geschäftsführung (*Strasser* in *Jabornegg/Strasser*, AktG[4] [2001] §§ 95 bis 97 Rz 20 ff). Dh ein Berichtsverlangen kann sich auch auf die Geschäftslage des Gesamtkonzerns beziehen (*Kastner/Doralt/Nowotny,* Grundriß des österreichischen Gesellschaftsrechts[5] [1990] 259 FN 113). Darüber hinaus ist aber auch über solche Unternehmen (im In- wie im Ausland) zu berichten, an denen die Gesellschaft qualifiziert (§ 228 Abs 1 UGB) beteiligt ist (vgl dazu *Geppert/Moritz,* Gesellschaftsrecht für Aufsichtsräte (1979) 273; *Koppensteiner/Rüffler,* Kommentar zum GmbH-Gesetz[3] [2007] § 30j Rn 10).

Beschlüsse des Aufsichtsrates

[26]) Ein Aufsichtsrat ist **beschlussfähig**, wenn **mindestens drei Mitglieder anwesend** sind (§ 91 Abs 5 AktG, § 30g Abs 5 GmbHG). Dabei ist **nicht** zwischen der Anwesenheit von Arbeitnehmer- und Kapitalvertretern zu unterscheiden. Vertretene Aufsichtsratsmitglieder sind nicht mitzuzählen (§ 95 Abs 7 AktG, § 30j Abs 6 GmbHG). Die Satzung oder der Gesellschaftsvertrag kann ein höheres Anwesenheitserfordernis festlegen. An dem Erfordernis, dass mindestens drei Mitglieder anwesend sein müssen, hat auch die durch § 92 Abs 5 AktG idF BGBl I 2004/67 eingeführte Möglichkeit der schriftlichen, telefonischen oder sonstigen Stimmabgabe nichts geändert. Auch wenn ein Aufsichtsratsmitglied per Videoschaltung, Webkamera, Telefonkonferenz oder in ähnlicher Form „zugeschaltet" wird, müssen **mindestens drei Mitglieder körperlich anwesend** sein, da es sonst an der Beschlussfähigkeit mangelt.

Bestimmungen, die etwa die Anwesenheit einer bestimmten Zahl von **Kapitalvertretern** für die Beschlussfähigkeit voraussetzen, sind rechtswidrig, weil § 110 Abs 3 Satz 6 gleiche Rechte und Pflichten für Arbeitnehmer- und Kapitalvertreter statuiert (vgl *Strasser* in *Jabornegg/Strasser,* AktG[4] [2001] §§ 92–94 Rz 57; aA *Koppensteiner/Rüffler,* Kommentar zum GmbH-Gesetz[3] [2007] § 30g Rn 8 und *Kastner/Doralt/Nowotny,* Grundriß des österreichischen Gesellschaftsrechts[5] [1990] 252 sowie *Kalss* in *Doralt/Nowotny/Kalss,* AktG § 92 Rz 103).

[27]) Diese Bestimmung ist für die **GmbH nicht anwendbar**, weil der **Geschäftsführer der GmbH** gem §§ 15, 16 GmbHG **nicht durch den Aufsichtsrat**, sondern durch Gesellschafterbeschluss **bestellt** und **abberufen** wird.

[28]) Beschlüsse im Aufsichtsrat sind in der Regel in einer Sitzung zu fassen (zur Beschlussfähigkeit siehe Erl 26). Gem § 92 Abs 3 AktG (§ 30g Abs 3 GmbHG) sind auch so genannte **Umlaufbeschlüsse** zulässig, **wenn kein Aufsichtsratsmitglied** (gleich ob Kapital- oder Arbeitnehmervertreter) **dieser Beschlussform widerspricht**. Ein etwaiger Widerspruch ist an keine Form gebunden (genauer dazu mwN vgl *Strasser* in *Jabornegg/Strasser,* AktG[4] [2001] §§ 92–94 Rz 62). Gem § 92 Abs 3 idF BGBl I 2004/67 sind in **Aktiengesellschaften** auch Umlaufbeschlüsse in fern-

mündlicher oder vergleichbarer Form (etwa per E-Mail oder Videokonferenz) möglich, wenn kein Mitglied dieser Beschlussform widerspricht.

Im Zuge einer körperlich abgehaltenen Sitzung können einzelne Mitglieder eines Aufsichtsrates einer Aktiengesellschaft – wenn dies die Satzung zulässt oder der Aufsichtsrat beschließt (evtl in der Geschäftsordnung) – ihre Stimme auch schriftlich, fernmündlich oder in vergleichbarer Form abgeben (§ 92 Abs 5 AktG idF BGBl I 2004/67). Dies ändert aber nichts daran, dass **mindestens drei Mitglieder des Aufsichtsrates körperlich anwesend** sein müssen (§ 92 Abs 5 Satz 1, vgl Erl 26). Bei **Umlaufbeschlüssen** hat also jedes **Mitglied ein Vetorecht** gegen die **Beschlussform**, für eine **Stimmabgabe ohne körperliche Anwesenheit** gibt es dieses Vetorecht nicht, es bedarf nur einer entsprechenden Satzungsbestimmung bzw eines Mehrheitsbeschlusses im Aufsichtsrat (Geschäftsordnung).

Einem Beschluss muss ein Beschlussantrag zu Grunde liegen, der mit Ja oder mit Nein zu beantworten sein muss. Ein Beschlussantrag kann von jedem Aufsichtsratsmitglied (gleich ob Kapital- oder Arbeitnehmervertreter) gestellt werden. Stimmenthaltungen sind – wegen der rechtlichen Verantwortung für das Abstimmungsverhalten gem § 99 iVm § 84 AktG (§ 33 iVm § 25 GmbHG) – grundsätzlich unzulässig (genauer dazu vgl *Strasser* in *Jabornegg/Strasser*, AktG[4] [2001] §§ 92 bis 94 Rz 66). Weder AktG noch GmbHG regeln das Mehrheitserfordernis für das Zustandekommen einer Entscheidung. Soweit Satzung bzw Gesellschaftsvertrag oder die jeweilige Geschäftsordnung für den Aufsichtsrat nichts regeln, ist davon auszugehen, dass ein Beschluss mit **einfacher absoluter Mehrheit** zu Stande kommt (analog zum mehrköpfigen Vorstand gem § 70 AktG; für den GmbH-Aufsichtsrat ebenfalls hL siehe mwN *Koppensteiner/Rüffler,* Kommentar zum GmbH-Gesetz[3] [2007] § 30g Rn 12). Satzung, Gesellschaftsvertrag oder die jeweilige Geschäftsordnung für den Aufsichtsrat können die Mehrheitserfordernisse verschärfen und auch dem Vorsitzenden bei Stimmengleichheit ein **Dirimierungsrecht** (Recht der ausschlaggebenden Stimme) einräumen (vgl dazu OGH vom 30. 5. 1996, 2 Ob 556/95, RdW 1996, 359 = ARD 4816/40/97 = wbl 1996, 327 = ÖJZ 1996, 153 = HS 27.157; das Dirimierungsrecht gilt auch für die Wahl der Vorstandsmitglieder und des Aufsichtsratsvorsitzenden). Eine **Differenzierung zwischen der Stimme eines Kapital- und eines Arbeitnehmervertreters** ist im Hinblick auf § 110 Abs 3 Satz 6 (gleiche Rechte und Pflichten) **unzulässig**. Zum Problem des fehlerhaften Aufsichtsratsbeschlusses siehe *Strasser* in *Jabornegg/Strasser,* AktG[4] (2001) §§ 92–94 Rz 70–73 und *Kalss* in *Doralt/Nowotny/Kalss,* AktG § 92 Rz 89–99.

Zur Notwendigkeit und zum Mindestinhalt eines Protokolls siehe Erl 33. **Sitzungssprache** ist grundsätzlich **Deutsch**. Besteht – etwa bei einer Gesellschaft mit ausländischer Konzernmutter und mehrheitlich ausländischen Aufsichtsräten – das sachlich begründete Bedürfnis, die Sitzung in einer anderen Sprache abzuhalten, so ist – bei sonstiger Beschlussnichtigkeit – **zumindest** ein Dolmetscher auf Kosten der Gesellschaft beizustellen (vgl *Reich-Rohrwig*, Das österreichische GmbH-Recht I² [1997] Rz 4/240; weiter gehend zutreffend *Geppert/Moritz*, Gesellschaftsrecht für Aufsichtsräte [1979] 177). Der Dolmetscher muss das Vertrauen **aller** Aufsichtsratsmitglieder genießen.

²⁹) Im Allgemeinen haben die Arbeitnehmervertreter im Aufsichtsrat das gleiche uneingeschränkte Stimmrecht wie die von der Kapitalseite entsandten Aufsichtsratsmitglieder. Eine Sonderregelung gilt jedoch für die **Bestellung und Abberufung von Vorstandsmitgliedern** (in der GmbH nicht relevant, siehe Erl 27) sowie für die **Wahl des Vorsitzenden des Aufsichtsrates und seines ersten Stellvertreters**. In diesen Fällen ist **zunächst einmal ein Mehrheitsbeschluss aller Aufsichtsratsmitglieder** (daher also unter Einschluss der Arbeitnehmervertreter) erforderlich. Diese Mehrheit allein genügt aber nicht zur Wirksamkeit eines solchen Beschlusses. Es muss **außerdem** auch noch die **Mehrheit der Kapitalvertreter** im Aufsichtsrat für die Bestellung bzw Wahl der vorerwähnten Funktionäre gestimmt haben (sog **doppelte Mehrheit bzw Aktionärsschutzklausel**). Technisch gesehen handelt es sich aber nur um einen Wahlvorgang, bei dessen Auswertung zuerst die Mehrheit im Gesamtgremium und dann die Mehrheit innerhalb der Kapitalvertreterkurie zu überprüfen ist (so auch *Kalss* in *Doralt/Nowotny/Kalss*, AktG § 92 Rz 21). Zweck dieser Bestimmung ist der Schutz der Kapitalvertretermehrheit. Es soll nicht möglich sein, dass eine Minderheit der Kapitalvertreter mit den Arbeitnehmervertretern gemeinsam eine Mehrheit der Kapitalvertreter überstimmen kann (siehe mwN *Jabornegg*, ArbVG-Kommentar § 110 Rz 232). Nicht zu übersehen ist auch, dass der Vorstand den Arbeitnehmervertretern gegenüber eine Dienstgeberstellung hat; das Erfordernis der doppelten Mehrheit soll auch der unabhängigen Ausübung dieser Dienstgeberfunktion dienen (vgl *Marhold*, Aufsichtsratstätigkeit und Belegschaftsvertretung [1985] 29, 226).

Beispiel: Ein Aufsichtsrat hat 5 Mitglieder (3 Kapital- und 2 Arbeitnehmervertreter). Der Beschluss über die Abberufung des Vorstandes geht 3:2 aus. Es liegt also ein Mehrheitsbeschluss vor. Damit der Vorstand tatsächlich abberufen ist, müssen bei den drei Prostimmen mindestens zwei Kapitalvertreter dabei gewesen sein. Andernfalls ist der Antrag auf Abberufung abgelehnt.

Im mitbestimmten Aufsichtsrat der GmbH ist der Aufsichtsrat gem § 110 Abs 3 Satz 5 jedenfalls dafür zuständig, den Vorsitzenden und den ersten Stellvertreter zu wählen (doppelte Mehrheit). Eine gegenteilige Bestimmung des Gesellschaftsvertrages ist nichtig (vgl mwN *Koppensteiner/Rüffler*, Kommentar zum GmbH-Gesetz³ [2007] § 30g Rn 1; HG Wien vom 14. 8. 2000, 28 Cg 168/99i [unveröffentlicht]).

Räumt die Satzung dem Vorsitzenden des Aufsichtsrates einer AG ein Dirimierungsrecht (Recht der entscheidenden Stimme bei Stimmengleichheit) auch für Wahlen ein, so gilt dieses Dirimierungsrecht auch für die Wahl des Vorstandes, wenn innerhalb der Kapitalvertreterkurie Stimmengleichheit besteht. In einem solchen Fall gibt also die Stimme des Aufsichtsratsvorsitzenden den Ausschlag (OGH vom 30. 5. 1996, 2 Ob 556/95, RdW 1996, 359 = ARD 4816/40/97 = wbl 1996, 327 = ÖJZ 1996, 153 = HS 27.157).

[30]) Für die Wahl des zweiten und weiterer Stellvertreter des Aufsichtsratsvorsitzenden sowie für alle anderen Beschlüsse des Aufsichtsrates sind diese besonderen Beschlusserfordernisse nicht vorgesehen, es genügt somit die Mehrheit aller abgegebenen Stimmen im Aufsichtsrat. Bestimmungen in einer Satzung oder einem Gesellschaftsvertrag, die für andere als die hier in Abs 3 Satz 4 und 5 genannten Angelegenheiten eine doppelte Mehrheit vorsehen, sind unzulässig, weil sie gegen das zwingende Gebot der Gleichbehandlung der Kapital- und Arbeitnehmervertreter verstoßen (so zutreffend und mit weiteren Argumenten begründet *Weiß*, ecolex 1999, 266; *Kalss* in *Doralt/Nowotny/Kalss*, AktG § 92 Rz 21; *Jabornegg*, ArbVG-Kommentar § 110 Rz 235). Die herrschende Lehre dehnt die Aktionärsschutzklausel (das Erfordernis einer doppelten Mehrheit) auch auf die **Abwahl des Aufsichtsratsvorsitzenden und seines ersten Stellvertreters** aus (siehe mwN *Jabornegg*, ArbVG-Kommentar § 110 Rz 234 und *Windisch-Graetz* in ZellKomm § 110 ArbVG Rz 14; aA *Geppert/Moritz*, Gesellschaftsrecht für Aufsichtsräte [1979] 190).

Rechte und Pflichten des Aufsichtsratsmitgliedes

[31]) Der Aufsichtsrat als gesamtes und die einzelnen Aufsichtsratsmitglieder haben zur Wahrnehmung ihrer Aufgaben (vgl Erl 2) bestimmte gesetzliche Überwachungsinstrumente und Mitwirkungsrechte zur Verfügung (ausführlich zu den Aufgaben des Aufsichtsrates vgl *Gagawczuk/ H. Gahleitner/Leitsmüller/Preiss/Schneller,* Der Aufsichtsrat (2004) 85 ff und 111 ff). Die sorgfältige (vgl Erl 33 und 34) Wahrnehmung dieser Überwachungs- und Mitentscheidungsrechte stellt gleichzeitig die Pflicht jedes Aufsichtsratsmitgliedes dar.

Überwachungsinstrumente und -rechte des Aufsichtsrates und seiner Mitglieder:

– Der Vorstand (Geschäftsführer) hat **von sich aus** dem Aufsichtsrat (als Kollegialorgan) einmal jährlich den grundsätzlichen schriftlichen **Jahresbericht**, vierteljährlich den schriftlichen **Quartalsbericht** und bei wichtigem Anlass einen **Sonderbericht** (dem Vorsitzenden) zu erstatten (§ 81 AktG; § 28a GmbHG; § 22 Abs 3 GenG; Zwangsstrafe bis Euro 3600,– bei Verletzung dieser Pflichten § 258 AktG, bei GmbH etwas anders ausgestaltet – § 125 GmbHG, § 87 Abs 2 GenG).

– Der Aufsichtsrat kann vom Vorstand (Geschäftsführer) jederzeit **Auskunft** über die **Angelegenheiten der Gesellschaft** einschließlich ihrer Beziehungen zu den Konzernunternehmen **verlangen** (Einzelrecht jedes Mitgliedes, erzwingbar mit Unterstützung eines zweiten Mitgliedes, siehe Abs 3 Satz 3 und Erl 25 dazu; § 95 Abs 2 AktG; § 30j Abs 2 GmbHG; § 24e Abs 1 GenG). Der Vorstand oder Geschäftsführer hat dem Aufsichtsrat umfassend Bericht zu erstatten, es gibt keine Geheimhaltungsargumente, die eine Nichtauskunft rechtfertigen (*Geppert/Moritz*, Gesellschaftsrecht für Aufsichtsräte [1979] 269). Wird diesem Verlangen nicht nachgekommen, kann eine Zwangsstrafe bis zu Euro 3.600,– verhängt werden (§ 258 AktG; § 125 GmbHG; § 87 Abs 2 GenG; vgl Erl 25).

– Der Aufsichtsrat (als Kollegialorgan) kann die **Bücher und Schriften** der Gesellschaft, Vermögensgegenstände, Geschäftskassa, Bestände an Wertpapieren und Waren **einsehen und prüfen** (durch einzelne Mitglieder oder Sachverständige; § 95 Abs 3 AktG; § 30j Abs 3 GmbHG; § 24e Abs 1 GenG).

– Wenn es das Wohl der Gesellschaft erfordert, hat der Aufsichtsrat (als Kollegialorgan) eine **außerordentliche Haupt- bzw Generalversammlung einzuberufen** (§ 95 Abs 4 AktG; § 30j Abs 4 GmbHG; § 24e Abs 5 GenG). Von diesem Recht ist vor allem bei gravierenden Meinungsverschiedenheiten zwischen Aufsichtsrat und Geschäftsführung Gebrauch zu machen. In der GmbH ist es zusätzlich das Mittel der Wahl, wenn der Geschäftsführer grobe Pflichtverstöße zu verantworten hat, da der Geschäftsführer in der GmbH nur von der Generalversammlung abberufen werden kann (vgl § 16 Abs 3 GmbHG).

– In der **AG** hat der **Aufsichtsrat** (als Kollegialorgan) den **Vorstand** zu **bestellen** und kann ihn auch **abberufen** (§ 75 AktG; doppelte Mehrheit gem Abs 3 Satz 4 erforderlich, vgl Erl 29).

– Der Aufsichtsrat (als Kollegialorgan) hat den **Jahresabschluss**, den **Vorschlag für die Gewinnverteilung** und den **Lagebericht** zu **prüfen** und der **Haupt- bzw Generalversammlung** darüber zu **berichten** (§ 96 AktG; § 30k GmbHG; § 24e Abs 4 GenG). Im Rahmen dieses Berichtes kann auch Kritik an der Geschäftsführung geübt werden.

– Jedes einzelne Aufsichtsratsmitglied hat ein **Recht auf Aushändigung** eines **Jahresabschlusses** und des **Prüfberichtes des Abschlussprüfers** (§ 273 Abs 3 UGB; OGH vom 26. 9. 1991, 6 Ob 9/91, RdW 1992, 11 = ARD 4332/17/92 = ecolex 1992, 93 = GesRZ 1992, 53).

– Bei bestimmten außergewöhnlichen Geschäftsführungsmaßnahmen hat der Aufsichtsrat ein gewichtiges Mitentscheidungsrecht in Form einer vorauseilenden (präventiven) Kontrolle. **Zustimmungspflichtige Geschäfte** (zB Erwerb, Veräußerung, Stilllegung von Unternehmen und Betrieben, Investitionen in zu bestimmender Höhe, Erwerb und Veräußerung von Beteiligungen etc) darf der Vorstand bzw der Geschäftsführer nicht tätigen, ohne dass der Aufsichtsrat mittels

Beschluss seine Genehmigung erteilt. Bei AG, GmbH und Genossenschaften gibt es einen gesetzlichen Mindestkatalog an zustimmungspflichtigen Geschäften (§ 95 Abs 5 AktG; § 30j Abs 5 GmbHG; § 24e Abs 3 GenG), der aber mittels Satzung, Gesellschaftsvertrag bzw Genossenschaftsvertrag oder Anordnung des Aufsichtsrates erweitert bzw konkretisiert werden kann bzw muss (näher dazu vgl *Gagawczuk/H. Gahleitner/Leitsmüller/Preiss/Schneller*, Der Aufsichtsrat [2004] 94 ff; *Geppert/Moritz*, Gesellschaftsrechtsänderungsgesetz [1984] 25 und 150).

- Jedes einzelne Aufsichtsratsmitglied hat das Recht (und die Pflicht), an **allen Sitzungen** des **Aufsichtsrates teilzunehmen**.
- Jedes einzelne Aufsichtsratsmitglied kann die Einberufung einer **außerordentlichen Aufsichtsratssitzung** unter Angabe der Gründe vom Aufsichtsratsvorsitzenden verlangen (**Selbsteinberufungsrecht**). Kommt der Vorsitzende dem Verlangen nicht unverzüglich nach, können (bzw müssen) zwei Mitglieder gemeinsam den Aufsichtsrat selbst hilfsweise einberufen (§ 94 AktG, § 30i GmbHG, § 24d GenG).
- Jedes einzelne Aufsichtsratsmitglied hat das Recht auf Ausfolgung eines **Protokolls der Aufsichtsratssitzungen** (dieses Recht ist nicht ausdrücklich gesetzlich geregelt, vgl aber mwN *Kalss* in *Doralt/Nowotny/Kalss*, AktG § 92 Rz 49).
- Jedes einzelne Aufsichtsratsmitglied hat das Recht auf **Teilnahme an der Hauptversammlung** der AG (§ 102 Abs 2 AktG; für die GmbH abweichend geregelt, siehe nächster Punkt). Bei der AG (nicht bei der GmbH!) kann jedes Aufsichtsratsmitglied verlangen, dass ihm die Einberufung der Hauptversammlung und die Tagesordnung sowie die in der Versammlung gefassten Beschlüsse mittels eingeschriebenem Brief mitgeteilt werden (§ 109 Abs 2 AktG).
- Jedes einzelne Aufsichtsratsmitglied hat das Recht auf Teilnahme an der Generalversammlung der GmbH, aber nur dann, wenn entweder die Generalversammlung durch den Aufsichtsrat einberufen wurde (vgl § 30j Abs 4 GmbHG und mwN dazu *Reich-Rohrwig*, Das österreichische GmbH-Recht I^2 [1997] Rz 4/349) oder bei der Wahl des Abschlussprüfers (§ 270 Abs 1 UGB).
- Jedes einzelne Aufsichtsratsmitglied kann sich (nicht auf Kosten der Gesellschaft, dazu wäre ein Aufsichtsratsbeschluss nötig) durch **sachverständige Dritte** (zB AK, ÖGB) **beraten** lassen. Auf die Verschwiegenheitsverpflichtung der externen Sachverständigen ist besonders zu achten (vgl dazu Erl 32).
- Jedes einzelne Aufsichtsratsmitglied hat das Recht auf Zusendung der Tagesordnung und der Beschlüsse der Hauptversammlung der AG (auf Verlangen gem § 109 Abs 2 AktG; für die GmbH abweichend geregelt, siehe nächster Punkt).

– Jedes einzelne Aufsichtsratsmitglied hat das Recht auf Einsicht in Niederschriften der Gesellschafterbeschlüsse der GmbH (mit Stützung auf § 41 Abs 3 GmbHG vgl dazu mwN *Koppensteiner/Rüffler*, Kommentar zum GmbH-Gesetz³ [2007] § 40 Rn 8).

Verschwiegenheitspflicht

[32]) Zur Frage der Sorgfaltspflicht und Verantwortlichkeit der Aufsichtsratmitglieder verweist § 99 AktG auf die entsprechenden Vorschriften für die Vorstandsmitglieder (§ 84 Abs 1 AktG) und übernimmt damit auch die für diese geltende **Verschwiegenheitspflicht**. Sie **gilt auch für Arbeitnehmervertreter** im Aufsichtsrat, da sich § 99 AktG in der Aufzählung der nicht anwendbaren Bestimmungen in § 110 Abs 3 ArbVG nicht findet (vgl dazu Erl 24; vgl auch die Gesetzgebungsmaterialien zum AktG 1965 RV 301 BlgNR 10. GP 70; zum Meinungsstand in der Literatur siehe zusammenfassend *Jabornegg*, ArbVG-Kommentar § 110 Rz 265–267). Nach herrschender Lehre gilt die Verschwiegenheitspflicht auch für Aufsichtsratsmitglieder in GmbHs (vgl *Geppert/Moritz*, Gesellschaftsrecht für Aufsichtsräte [1979] 496; *Reich-Rohrwig*, Das österreichische GmbH-Recht I² [1997] Rz 4/422). Die Verschwiegenheitspflicht der Arbeitnehmervertreter wird zusätzlich auch noch durch § 115 Abs 4 ArbVG geregelt. Geschäfts- und Betriebsgeheimnisse, die sie als Arbeitnehmervertreter im Aufsichtsrat erhalten, sind als „in Ausübung des Betriebsratsamtes bekannt geworden" iSd § 115 Abs 4 ArbVG zu betrachten (vgl Erl 8 und 9 zu § 115 Abs 4; die Verschwiegenheitsverpflichtung gem ArbVG ist allerdings enger als die gesellschaftsrechtliche, siehe dazu mwN *Jabornegg*, DRdA 2004, 107 [110 bei FN 19]).

Inhaltlich erstreckt sich die **gesellschaftsrechtliche Verschwiegenheitspflicht** auf „vertrauliche Angaben". Darunter sind **Betriebs- und Geschäftsgeheimnisse** (finanzielle Unternehmensdaten, Absatzstrategie, Kundendaten, technische Einzelheiten über Produktionsverfahren etc) sowie das **Beratungs- und Abstimmungsgeheimnis** zu verstehen (vgl *M. Strasser*, Die Treuepflicht der Aufsichtsratsmitglieder der Aktiengesellschaft [1998] 81; mit weiteren Beispielen *Gagawczuk/H. Gahleitner/Leitsmüller/Preiss/Schneller*, Der Aufsichtsrat [2004] 136). So gehört etwa die personelle Neubesetzung in der Führungsschicht einer Bank zu den Geschäftsgeheimnissen (LG Wien 3. 6. 1985, ARD-HB 1986, 127). Die Verschwiegenheitspflicht bezieht sich nur auf solche Informationen, die ein Aufsichtsratsmitglied im Zusammenhang mit seinem Aufsichtsratsamt (auch außerhalb einer Sitzung) erfahren hat. Die **Gesellschaft** muss ein **Geheimhaltungsinteresse** haben, das heißt es muss die Möglichkeit eines Schadens für die Gesellschaft durch die Weitergabe der Information an Nichtaufsichtsratsmitglieder bestehen (so auch *Kalss* in *Doralt/Nowotny/Kalss*, AktG § 99 Rz 30; vgl Erl 8 zu § 115). Das ist im Einzelfall von jedem Arbeitnehmervertreter eigenverantwortlich zu prüfen.

Eine Information wird nicht dadurch zum Geschäftsgeheimnis, dass sie durch die Geschäftsleitung oder den Aufsichtsratsvorsitzenden als solches bezeichnet wird. Diesfalls empfiehlt es sich aber, genauer zu prüfen, ob die Information tatsächlich einer gesetzlichen Verschwiegenheitspflicht unterliegt. Umgekehrt ist es aber nicht notwendig, dass vertrauliche Informationen als geheim oder vertraulich bezeichnet werden, um der Verschwiegenheitspflicht zu unterliegen. Sie kann auch nicht durch Satzung (Gesellschaftsvertrag) oder Geschäftsordnung des Aufsichtsrates verschärft werden (vgl *Geppert/Moritz,* Gesellschaftsrecht für Aufsichtsräte [1979] 432; *Reich-Rohrwig,* Das österreichische GmbH-Recht I[2] [1997] Rz 4/423; *Kastner/Doralt/Nowotny,* Grundriß des österreichischen Gesellschaftsrechts[5] [1990] 263; *Kalss* in *Doralt/Nowotny/Kalss,* AktG § 99 Rz 21).

Nähere Betrachtung verdient die Frage, ob Arbeitnehmervertreter im Aufsichtsrat dem entsendenden Organ (Konzernvertretung, Zentralbetriebsrat, Betriebsausschuss, Betriebsrat) vertrauliche Angaben berichten dürfen. In der Lehre ist diese Frage strittig (ausführlich *Marhold,* Aufsichtsratstätigkeit und Belegschaftsvertretung [1985] 191; *Reich-Rohrwig,* Das österreichische GmbH-Recht I[2] [1997] Rz 4/423; jüngst dazu ausführlich mwN *Jabornegg,* DRdA 2004, 107). Relativ einhellig wird vertreten, dass die Arbeitnehmervertreter **im Rahmen des Informationsanspruches gem §§ 108 und 109 ArbVG** (vgl die Erl zu den §§ 108 und 109) **dem entsendenden Betriebsratsgremium gegenüber nicht zur Verschwiegenheit verpflichtet sind** (vgl statt vieler *Koppensteiner/Rüffler,* Kommentar zum GmbH-Gesetz[3] [2007] § 33 Rn 2 und *Kalss* in *Doralt/Nowotny/Kalss,* AktG § 99 Rz 22; vgl dazu neuerdings auch die analogiefähige Bestimmung des § 250 Abs 2 ArbVG für die Europäische Gesellschaft). Dies ist jedenfalls zutreffend, wobei hinzuzufügen ist, dass ein Arbeitnehmervertreter jedenfalls auch zur „Selbsthilfe" in Form eines Berichtes an das entsendende Organ der Belegschaft berechtigt ist, wenn der Vorstand bzw Geschäftsführer seinen Informationspflichten gem §§ 108 und 109 nicht nachkommt, der Arbeitnehmervertreter aber auf Grund der Aufsichtsratstätigkeit Kenntnis zB von einer geplanten Betriebsstilllegung erhält (gegenteiliger Ansicht *Marhold,* Aufsichtsratstätigkeit und Belegschaftsvertretung [1985] 218). Es widerspricht dem Gedanken der Einheit der Rechtsordnung und kann nicht angehen, dass die Gesellschaft ein berechtigtes Interesse an der Geheimhaltung einer Information haben soll, wenn die Gesellschaft als Betriebsinhaber nach dem ArbVG zur Weitergabe genau dieser Information verpflichtet wäre.

Darüber hinaus ist zu bedenken, dass die Mitglieder des entsendenden Belegschaftsorgans selbst wiederum der Geheimhaltungspflicht des § 115 Abs 4 ArbVG unterliegen. Umgekehrt ist aber zu fordern, dass jede Weitergabe von vertraulichen Angaben aus dem Aufsichtsrat durch Arbeitnehmervertreter im Aufsichtsrat an das entsendende Organ von einer Interessenvertretungsaufgabe iSd §§ 38, 39 ArbVG (vgl *Gahleitner,*

ArbVR 2³ Erl zu §§ 38 und 39) gedeckt sein muss. Deshalb ist eine unreflektierte Weitergabe von Aufsichtsratsunterlagen bzw das unbegründete Weitererzählen von Beratungsinhalten bzw vom Abstimmungsverhalten anderer Aufsichtsratsmitglieder rechtswidrig.

Die **Beiziehung externer Sachverständiger** durch einzelne Aufsichtsratsmitglieder (auf eigene Kosten) außerhalb der Sitzung ist dann **zulässig, wenn der externe Sachverständige einer Schweigepflicht unterliegt** (*Strasser* in Jabornegg/Strasser, AktG⁴ [2001] §§ 92–94 Rz 43; *Geppert/ Moritz*, Gesellschaftsrecht für Aufsichtsräte [1979] 416; *Kalss* in Doralt/ Nowotny/Kalss, AktG § 99 Rz 33; dagegen *Marhold*, Aufsichtsratstätigkeit und Belegschaftsvertretung [1985] 219). Dies trifft vor allem auch auf **Experten der gesetzlichen und freiwilligen Interessenvertretungen der Arbeitnehmer** zu, da diese gem §§ 39 Abs 4 iVm 115 Abs 4 ArbVG ihrerseits zur Verschwiegenheit verpflichtet sind (vgl auch die besondere Verschwiegenheitspflicht externer Sachverständiger gem § 250 Abs 1 ArbVG). Die von *Marhold* vertretene Gegenmeinung übersieht, dass die Arbeitnehmervertreter im Aufsichtsrat ehrenamtlich tätig sind, nach herrschender (und auch von *Marhold* vertretener) Ansicht aber derselben Haftung wie die entgeltlich tätigen Kapitalvertreter unterliegen. Es kann ja wohl auch nicht bezweifelt werden, dass jedes Aufsichtsratsmitglied (gleich ob Kapital- oder Arbeitnehmervertreter) die Expertise eines Rechtsanwaltes oder Steuerberaters (auf eigene Kosten) suchen kann, ohne dadurch die Verschwiegenheitsverpflichtung zu verletzen. Der OGH entschied, dass ein Abschlussprüfer nicht berechtigt ist, die Aushändigung des Prüfberichtes an einen Arbeitnehmervertreter wegen dessen erklärter Absicht, den Prüfbericht durch die Arbeiterkammer analysieren zu lassen, zu verweigern (OGH vom 26. 9. 1991, 6 Ob 9/91, RdW 1992, 11 = ARD 4332/17/92 = ecolex 1992, 93 = GesRZ 1992, 53). Im Kern besagt die Entscheidung nur, dass der Abschlussprüfer nicht dafür zuständig ist, etwaige Geheimhaltungsinteressen der Gesellschaft wahrzunehmen. In der Tendenz lässt der OGH aber erkennen, dass die Beratungstätigkeit der Arbeiterkammer keine Geheimhaltungspflichten verletzt (idS *Jabornegg*, DRdA 2004, 107 [109]).

Was die **Weitergabe vertraulicher Angaben** aus dem Aufsichtsrat an Arbeitnehmer der Gesellschaft oder **an außenstehende Dritte** (Ausnahme: externe Berater, die selbst einer gesetzlichen Verschwiegenheitsverpflichtung unterliegen) betrifft, ist eine Interessenabwägung geboten. Eine Durchbrechung der Verschwiegenheitsverpflichtung ist dann zu bejahen, wenn eine Interessenabwägung zwischen dem Geheimhaltungsinteresse der Gesellschaft und der Vertretungsaufgabe des Betriebsrates (§ 38 ArbVG, vgl *Gahleitner*, ArbVR 2³ Erl zu § 38) ein eindeutiges Überwiegen der Arbeitnehmerinteressen ergibt (nicht zu § 110 ArbVG, allerdings in diesem Sinne: OGH vom 24. 10. 1978, 4 Ob 91/78, DRdA 1979, 225, 394 mit Anm von *Reischauer* = Arb 9742 = ZAS 1979, 176; vgl auch Erl 8 zu § 115). Dies ist etwa dann gegeben, wenn es um Informationen hinsichtlich einer geplanten Schließung nicht bloß einzelner Standorte des Unternehmens geht (mit anderer Argumentation *Kalss* in *Doralt/Nowotny/Kalss*, AktG § 99 Rz 34). Es ist zusätzlich noch zu bedenken, dass auch die gesellschaftsrechtliche Verschwiegenheitsverpflichtung immer im Lichte des § 70 AktG zu betrachten ist. (§ 70 AktG ist analog auch auf die GmbH anzuwenden; OGH vom 26. 2. 2002, 1 Ob 144/01k, RdW 2002, 342, siehe Erl 33). § 70 AktG ordnet als Richtschnur für die Aufgabenerfüllung des Aufsichtsrates die Orientierung am Unternehmenswohl unter Berücksichtigung der Arbeitnehmerinteressen (sowie der Interessen der Aktionäre und der Öffentlichkeit) an. Rücken in einem konkreten Fall aber die Interessen der Arbeitnehmer (bzw der Öffentlichkeit) stark in den Vordergrund, dann tritt das Unternehmenswohl in den Hintergrund und eine Durchbrechung der Verschwiegenheitsverpflichtung ist bereits auf Basis des § 70 AktG gerechtfertigt (vgl idS *Jabornegg*, DRdA 2004, 107 [111]).

Bei **börsenotierten Aktiengesellschaften**, ist – zusätzlich zur gesellschaftsrechtlichen und arbeitsverfassungsrechtlichen – auch noch die **kapitalmarktrechtliche** Seite der **Verschwiegenheit** zu beachten (siehe auch Regeln Nr 20, 21 CGK und Erl 8 zu § 115). Dabei geht es darum, dass Aufsichtsratsmitglieder oftmals (Zugang zu) Informationen haben, deren Ausnutzung es ermöglichen würde, so genannte **Insidertransaktionen** vorzunehmen. Wertpapierhandel mit besserer Informationslage als andere Marktteilnehmer führt aber zur Übervorteilung der anderen Marktteilnehmer und schädigt die Börse als Marktplatz für Wertpapiere. Deswegen verbietet – der durch BGBl I 2004/127 eingeführte – § 48b BörseG den Missbrauch einer Insiderinformation unter Androhung einer gerichtlichen Freiheitsstrafe von bis zu 5 Jahren. Gem § 48d Abs 3 BörseG haben börsenotierte Gesellschaften ein Verzeichnis derjenigen Personen zu führen, die regelmäßig oder anlassfallbezogen Zugang zu Insiderinformationen haben (Insider-Verzeichnis, in dieses sind wohl auch Arbeitnehmervertreter im Aufsichtsrat aufzunehmen). § 48d Abs 3 BörseG sieht auch vor, dass jede Person, die Zugang zu Insider-Informationen hat, die aus den Rechts- und Verwaltungsvorschriften erwachsenden Pflichten schriftlich anerkennt und schriftlich erklärt, sich der Sanktionen bewusst zu sein, die bei einer missbräuchlichen Verwendung der Insider-Informationen drohen. Davon sind auch Arbeitnehmervertreter in Aufsichtsräten börsenotierter Gesellschaften betroffen. Außerdem hat die Finanzmarktaufsicht gem § 82 Abs 6 BörseG die „Emittenten-Compliance-Verordnung 2007" (ECV 2007) erlassen (BGBl II 2007/213, siehe Verordnungstext und Erläuterungen dazu unter www.fma.gv.at und allgemein *Zuffer/Karollus-Bruner*, ecolex 2002, 251 und 352). Mit der ECV 2007 werden börsenotierte Gesellschaften verpflichtet, in der Unternehmensorganisation Vorkehrungen zu treffen, um kursrelevante Informationen zu schützen. Demnach hat das Unternehmen ein so genanntes Insider-Verzeichnis zu führen (§ 11 ECV 2007, Verzeichnis der Personen, die Zugang zu vertraulichen Informationen haben) und

Sperrfristen für Handelsverbote mit Wertpapieren des Unternehmens zu bestimmen (§§ 8, 9 ECV).

Sorgfaltsmaßstab für die Aufgabenerfüllung

[33]) Als Richtlinie für die Aufgabenerfüllung der Aufsichtsratsmitglieder gilt – genauso wie für den Vorstand – § 70 AktG. Deshalb haben die Aufsichtsratsmitglieder bei ihren **Entscheidungen** und bei der **Überwachungstätigkeit** das **Wohl des Unternehmens** unter Berücksichtigung der **Interessen der Aktionäre**, der **Arbeitnehmer** und der **Öffentlichkeit** zu beachten. Für Aufsichtsräte von GmbHs und Genossenschaften gibt es keine gesetzliche Richtlinie, trotzdem sollten sich auch Aufsichtsratsmitglieder anderer Gesellschaften an § 70 AktG orientieren (für die GmbH nun ausdrücklich OGH vom 26. 2. 2002, 1 Ob 144/01k, RdW 2002, 342 = ZIK 2002, 92 = wbl 2002/227 = ecolex 2003/22 = GesRZ 2002, 86 = RWZ 2002/58 mit Anm von *Th. Wenger*).

Die **Kontrolltätigkeit** ist umfassend und erstreckt sich auf die **Rechtmäßigkeit, Zweckmäßigkeit, wirtschaftliche Richtigkeit** sowie die **sozialen Auswirkungen** jeder **Geschäftsführungsmaßnahme**. Das **Mandat der Arbeitnehmervertreter** im Aufsichtsrat ist – wie sich bereits aus §§ 38 und 39 ArbVG ergibt – **auf die Interessenvertretung der Arbeitnehmer** des Unternehmens gerichtet. Trotzdem haben die Arbeitnehmervertreter die Pflichten aus dem Gesellschaftsrecht zu beachten. So ist es durchaus möglich, dass Arbeitnehmervertreter im **Einzelfall** in einen schwer auflösbaren **Interessenkonflikt** geraten. Hier haben sie der Richtschnur des § 70 AktG gemäß die Interessen des Unternehmens im Auge zu behalten, aber gleichzeitig auch die Interessensvertretungsaufgabe gem den §§ 38 und 39 ArbVG zu beachten. So ist einerseits eine **echte Stimmenthaltung denkbar**, wenn Unternehmens- und Arbeitnehmerinteressen so aufeinander prallen, dass eine **der Befangenheit vergleichbare Situation** vorliegt (vgl dazu *Kastner/Doralt/Nowotny*, Grundriß des österreichischen Gesellschaftsrechts[5] [1990] 248 FN 40).

Andererseits sollte nicht übersehen werden, dass es sich beim Aufsichtsratsmandat der Arbeitnehmervertreter um eine **betriebsrätliche Aufgabe aus dem ArbVG** handelt. Die Arbeitnehmervertreter müssen Betriebsratsmitglieder sein (vgl Erl 6). Sie üben ihre Tätigkeit ehrenamtlich aus (vgl Erl 23), haben denselben allgemeinen Sorgfaltsmaßstab (siehe nächster Absatz) zu wahren, tragen das volle Haftungsrisiko (vgl Erl 34) und können jederzeit vom entsendenden Belegschaftsorgan abberufen werden (vgl Erl 38).

Bei einer **derartigen Ausgestaltung der Rechtsstellung der Arbeitnehmervertreter muss** bei unauflösbaren Konfliktfällen zwischen Unternehmens- und Belegschaftsinteresse im Endeffekt **jedenfalls das Interesse der vertretenen Arbeitnehmer durchschlagen**. Eine andere Sichtweise würde die Arbeitnehmervertreter inhaltlich zu **Kapitalvertretern** – allerdings zu solchen mit schlechteren Rechten – machen. Ein derartiges Auslegungsergebnis kann dem Gesetzgeber nicht unterstellt werden (aA *Strasser* in *Jabornegg/Strasser*, AktG[4] [2001] §§ 98–99 Rz 42).

Was nun konkret den **Sorgfaltsmaßstab** betrifft, mit dem die Aufgaben des Aufsichtsrates wahrgenommen werden müssen, gilt nach dem Gesetz derselbe **objektive** Maßstab wie für die Geschäftsleitung (Sorgfalt eines ordentlichen und gewissenhaften Geschäftsleiters: §§ 99 iVm 84 AktG; §§ 33 iVm 25 GmbHG). Die Aufsichtsratstätigkeit ist aber ein Nebenamt, deshalb dürfen die Anforderungen an den **Umfang der Tätigkeit** des Aufsichtsrates nicht überspannt werden. Der Aufsichtsrat ist kein „Supergeschäftsleitungsorgan", die nötige Sorgfalt der Aufsichtsratsmitglieder ist deshalb immer auf ihre Aufgaben bezogen zu betrachten. Leitbild dafür ist das (objektiv) sorgfältige, durchschnittliche Aufsichtsratsmitglied (OGH vom 26. 2. 2002, 1 Ob 144/01k, RdW 2002, 342 = ZIK 2002, 92 = wbl 2002/227 = ecolex 2003/22 = GesRZ 2002, 86 = RWZ 2002/58 mit Anm von *Th. Wenger*). Nichtsdestotrotz legt der OGH den **Sorgfaltsmaßstab** für die Aufgabenerfüllung (vgl Erl 2) und Pflichtenwahrnehmung (vgl Erl 31) des Aufsichtsrates **streng** aus:

– Jedes **einzelne** Aufsichtsratsmitglied haftet für den Mangel *„jener Sorgfalt, die man von einem ordentlichen und gewissenhaften Aufsichtsratsmitglied nach der besonderen Lage des Einzelfalles verlangen kann, dh von einem Menschen, der in geschäftlichen und finanziellen Dingen ein größeres Maß an Erfahrung und Wissen besitzt als ein durchschnittlicher Kaufmann und die Fähigkeit hat, schwierige rechtliche und wirtschaftliche Zusammenhänge zu erkennen und ihre Auswirkungen auf die Gesellschaft zu beurteilen"* (OGH vom 31. 5. 1977, 5 Ob 306/76, JBl 1978, 158).

– Jedes **einzelne** Aufsichtsratsmitglied muss über eine das **Durchschnittsniveau übersteigende, besondere intelligenzmäßige Kapazität verfügen** und demnach in der Lage sein, die ihm von anderen – also etwa von der Geschäftsführung oder von externen Sachverständigen – gelieferten Informationen zu verstehen und sachgerecht zu würdigen (OGH vom 26. 2. 2002, 1 Ob 144/01k, RdW 2002, 342 = ZIK 2002, 92 = wbl 2002/227 = ecolex 2003/22 = GesRZ 2002, 86 = RWZ 2002/58 mit Anm von *Th. Wenger*).

– **Branche, Größe und Marktposition des Unternehmens spielen** allerdings bei den konkreten Anforderungen an die Aufsichtsratsmitglieder **eine entscheidende Rolle.** So müssen etwa Organmitglieder einer Bank speziell auf die Sicherung von Großkrediten achten (OGH vom 26. 2. 2002, so).

– Hinsichtlich der **Prüfpflicht** des Aufsichtsrates bezüglich **des Jahresabschlusses** sprach der OGH aus, dass der durch den Abschlussprüfer mit einem uneingeschränkten Bestätigungsvermerk versehene Jahresabschluss durch den Aufsichtsrat **nicht neuerlich einer einge-**

henden Untersuchung zu unterziehen sei (OGH vom 22. 5. 2003, 8 Ob 262/02s, RdW 2003/377 = ZIK 2003/293 = ecolex 2003/313 mit Anm von *Schordan* = GeS 2003, 441 mit Anm von *Haberer*). Nur wenn sich für ein sorgfältiges Aufsichtsratsmitglied Verdachtsmomente für die Unrichtigkeit eines Berichtes der Geschäftsleitung ergeben, ist dem nachzugehen. Im konkreten Fall ging es darum, dass in der Bilanz einer Bank Bargeldreserven ausgewiesen waren, die real nicht existierten. Die Prüfberichte verzeichneten stichprobenartige Überprüfungen, die keine Beanstandungen ergeben hatten.

- Zu betonen ist, dass die **Haftung des Aufsichtsrates nicht weiter reicht als die Haftung der Geschäftsleitung** einer Gesellschaft. Deshalb kann weder ein Geschäftsführer bzw Vorstand noch ein Aufsichtsratsmitglied nur allein deshalb zu Schadenersatz herangezogen werden, weil ein Geschäft nicht erfolgreich war. Auch das Eingehen von „normalen" unternehmerischen Risken ist für sich genommen noch nicht fahrlässig (OGH vom 26. 2. 2002, so). Nur wenn sich die Geschäftsleitung oder ein Aufsichtsrat nicht branchen-, größen- oder situationsgemäß verhält und das Geschäft „schief geht", kann es zur Haftung kommen. Ausschlaggebend ist, ob zum Zeitpunkt des Geschäftsabschlusses (sog **ex-ante-Sichtweise**) die Möglichkeit bestanden hat, dass die Gesellschaft von dem Geschäft profitieren wird.

- In der Lehre wurde überwiegend vertreten, dass nicht jedes Aufsichtsratsmitglied einzeln, sondern das Aufsichtsratsgremium als gesamtes den hohen Sorgfaltsmaßstab erfüllen müsse. Der Aufsichtsrat sei eben ein Kollegialorgan und müsse besonders auf eine entsprechende Zusammensetzung achten. Den Arbeitnehmervertretern käme dabei vor allem die Aufgabe zu, betriebliches Wissen und Branchenkenntnisse einzubringen. Darüber hinaus müsse jedes Aufsichtsratsmitglied allgemeine juristische und wirtschaftliche Kenntnisse haben, um normale geschäftliche Vorgänge beurteilen zu können (vgl idS *Kastner* in FS Strasser [1983] 843 [848]; *Marhold,* Aufsichtsratstätigkeit und Belegschaftsvertretung [1985] 178; *Kastner/Doralt/Nowotny,* Grundriß des österreichischen Gesellschaftsrechts[5] [1990] 262 FN 127 mwN; *Strasser* in *Jabornegg/Strasser,* AktG[4] [2001] §§ 98–99 Rz 33). Der OGH distanzierte sich von diesen Lehrmeinungen ausdrücklich (OGH vom 26. 2. 2002, 1 Ob 144/01k, RdW 2002, 342 mit Berufung auf *G. Frotz,* GesRZ 1982, 98 [103]). Das Höchstgericht betont, dass *„alle Mitglieder des Aufsichtsrates zumindest über die Fähigkeit, die Vorgänge in eben diesem Unternehmen sachgerecht zu beurteilen, verfügen"* müssen.

Es kann nicht genug betont werden, dass **jedes einzelne Aufsichtsratsmitglied** sämtliche **gesetzlich zur Verfügung stehende Mittel zur Überwachung** der Geschäftsführung einzusetzen hat, um dem strengen Haftungsmaßstab gerecht werden zu können. Herausragende Bedeutung hat dabei das Recht, Fragen zu stellen und sich an den Aufsichtsratssitzungen aktiv zu beteiligen. Sollte es im Einzelfall notwendig sein, Expertise beizubringen, die im Kollegialorgan Aufsichtsrat nicht vorhanden ist, sind auf Grund eines Beschlusses des Aufsichtsrates auf Kosten der Gesellschaft Sachverständige beizuziehen (§ 93 Abs 1 AktG, § 30h Abs 1 GmbHG).

Das Aufsichtsratsmitglied sollte – nicht zuletzt aus Beweisgründen – darauf achten, dass **wichtige Fragen und Wortmeldungen im Protokoll vermerkt werden** (vgl zur Pflicht zur Führung eines Protokolls § 92 Abs 2 AktG bzw § 30g Abs 2 GmbHG). Das **Protokoll** ist vom Aufsichtsratsvorsitzenden oder seinem Stellvertreter zu unterzeichnen und hat zumindest Ort und Zeit der Sitzung, die Tagesordnung, die Teilnehmer einschließlich der Zu- und Abgänge während der Sitzung, die Beschlussfähigkeit, den wesentlichen Sitzungsverlauf, die Beschlussfassung und das Abstimmungsergebnis zu enthalten (OLG Wien vom 30. 12. 1981, 5 R 88/81, NZ 1982, 72; vgl ausführlicher zur Sitzungsniederschrift *Strasser* in *Jabornegg/Strasser*, AktG[4] (2001) §§ 92–94 Rz 36–38; *Gagawczuk/H. Gahleitner/Leitsmüller/Preiss/Schneller,* Der Aufsichtsrat [2004] 155).

Die Eigenverantwortlichkeit jedes Arbeitnehmervertreters im Aufsichtsrat bedeutet auch, dass er **keinesfalls an Weisungen des entsendenden Organs** der Arbeitnehmerschaft **gebunden ist** (so nun auch *Strasser* in *Jabornegg/Strasser*, AktG[4] [2001] §§ 98, 99 Rz 42). Das entsendende Organ kann das Aufsichtsratsmitglied allerdings jederzeit abberufen (vgl dazu genauer Erl 37 – 39). Die Abberufung muss nicht begründet werden.

Haftung der Arbeitnehmervertreter im Aufsichtsrat

34) Die unter den Erl 31 und 32 beschriebenen Pflichten sind mit der geschilderten Sorgfalt (Erl 33) wahrzunehmen. Jedes **Aufsichtsratsmitglied haftet** (ohne Obergrenze) **persönlich** mit seinem **Privatvermögen** für **Schäden**, die es durch **rechtswidriges und schuldhaftes Verhalten** oder auch **Unterlassen verursacht** hat. Das Aufsichtsratsmitglied muss sämtliche gesetzliche Mittel zur Überwachung der Geschäftsführung einsetzen bzw sich an Beschlussfassungen zB über zustimmungspflichtige Geschäfte mit der entsprechenden Sorgfalt beteiligen sowie die nötige Verschwiegenheit bewahren. Insbesondere durch Passivität und die Nichtausübung von Kontrollrechten können Schäden entstehen, die haftungsauslösend sein können. § 99 AktG (§ 33 GmbHG; § 24e Abs 6 GenG) verweist für die Haftung der Aufsichtsratsmitglieder auf die Haftungsbestimmungen für die Geschäftsleitung. Da § 110 Abs 3 ArbVG die Anwendung des § 99 AktG nicht ausschließt, wird **nicht zwischen Kapital- und Arbeitnehmervertretern unterschieden** (vgl Erl 24 und 33).

Wesentliche Voraussetzung für eine Schadenshaftung ist das Vorliegen eines Schadens. Als **Schaden** wird in Literatur und Rechtsprechung (vgl *Temmel*, Der Aufsichtsrat [2003] 131 und OGH vom 9. 1. 1985, 3 Ob 521/84, GesRZ 1986, 97) jede „*zweckwidrige Vermögensminderung*" der Gesellschaft bezeichnet. Die Bindung an den Unternehmenszweck darf aber nicht zu eng verstanden werden. Aufwendungen für soziale bzw karitative Agenden (Spenden), für die Arbeitnehmer (Betriebsausflüge, freiwillige Sozialleistungen) oder für die Allgemeinheit (Umweltschutzausgaben) sind nicht zweckwidrig. Richtschnur ist hier sowohl für die AG wie auch für die GmbH § 70 AktG, der die Leitung der Gesellschaft zum Wohl des Unternehmens unter Berücksichtigung der Interessen der Gesellschafter und der Arbeitnehmer sowie des öffentlichen Interesses vorsieht.

- **Keinen Schaden** stellt es etwa dar, wenn die Gesellschaft eine hohe Summe in eine Abgasentgiftung der Produktionsanlage investiert, selbst wenn die Abgasentgiftung die gesetzlichen Standards übererfüllt. Der Aufsichtsrat – konfrontiert mit der Investition als zustimmungspflichtiges Geschäft (vgl Erl 2) – kann sich darauf berufen, dass die AG bzw GmbH Interessen der Öffentlichkeit berücksichtigt.
- **Schaden entsteht** aber etwa, wenn der Aufsichtsrat einer AG aus unsachlichen Gründen den Arbeitsvertrag eines Vorstandsmitgliedes beendet und damit die Vorstandsgage für die restliche Dauer des Vertrages zu bezahlen ist, ohne dass die AG dafür eine Arbeitsleistung erhält. Ebenso wäre die AG geschädigt, wenn eine Beteiligung an einer anderen Gesellschaft deshalb zu teuer erworben wird, weil es die Geschäftsleitung unterlässt (und der Aufsichtsrat es nicht einfordert), eine ordnungsgemäße Bewertung der Beteiligung vorzunehmen (evtl unter Durchführung einer sog due dilligence Prüfung, siehe dazu *Gagawczuk/H. Gahleitner/Leitsmüller/Preiss/Schneller*, Der Aufsichtsrat [2004] 100).

Es können nur die Aufsichtsratsmitglieder zur Verantwortung gezogen werden, die einen **Schaden** (rechtswidrig und schuldhaft) **verursacht** haben.

- Wenn im vorigen Beispiel etwa ein Aufsichtsratsmitglied darauf gedrängt hat, dass die Beteiligung, die gekauft werden sollte, genauer geprüft wird und dann aus diesem Grund gegen den Kauf gestimmt hat, aber von der Mehrheit der Aufsichtsratsmitglieder überstimmt wurde, so ist dem betreffenden Aufsichtsratsmitglied kein Vorwurf zu machen. Es hat sich nämlich dadurch pflichtgemäß verhalten, dass es die anderen Aufsichtsratsmitglieder auf seine Bedenken aufmerksam gemacht und gegen das Geschäft gestimmt hat (für den Aspekt des abweichenden Stimmverhaltens vgl OGH vom 29. 8. 1995, 5 Ob 554/94, ecolex 1996, 25 = NZ 1997, 14 = wbl 1996, 37). Damit bleibt dieses Mitglied jedenfalls haftungsfrei.

Keine Haftung trifft ein Aufsichtsratsmitglied, das sich zwar pflichtwidrig verhalten hat, das aber **beweisen** kann, dass der **Schaden auch dann eingetreten wäre, wenn es pflichtgemäß gehandelt hätte.**

– Ein solcher Sachverhalt lag der bereits mehrfach erwähnten Entscheidung des OGH vom 26. 2. 2002 (1 Ob 144/01k, RdW 2002, 342) zu Grunde. Der Aufsichtsrat hatte trotz Konkursreife des Unternehmens nur sporadisch Sitzungen abgehalten, den Geschäftsführer nicht zur Einleitung eines Insolvenzverfahrens gedrängt und sich auch nicht im Rahmen einer außerordentlichen Generalversammlung an den Eigentümer gewandt. Dadurch wurde der Konkurszeitpunkt um drei Jahre hinausgeschoben und der Masseverwalter machte im Wege einer Schadenersatzklage gegen die Aufsichtsratsmitglieder geltend, dass die verspätete Konkursanmeldung das Vermögen der Gesellschaft noch zusätzlich massiv geschmälert hätte. Der OGH entschied aber, dass die Aufsichtsratsmitglieder in diesem Fall – trotz eindeutig pflichtwidrigen Verhaltens – nicht schadenersatzpflichtig wären, da im konkreten Fall auch pflichtgemäßes Verhalten des Aufsichtsrates nichts an der Situation geändert hätte. Der Geschäftsführer der Gesellschaft hätte nämlich aufgrund der besonderen Interessenslage der Eigentümerin auch dann nicht früher ein Konkursverfahren eingeleitet, wenn der Aufsichtsrat darauf gedrängt hätte. Somit war hier aufgrund der speziellen Konstellation der Aufsichtsrat trotz Pflichtverstoß ausnahmsweise haftungsfrei, weil der Schaden ohnehin jedenfalls eingetreten wäre.

Nur **pflichtwidriges Handeln bzw Unterlassen führt zur Haftung**. Kann das Aufsichtsratsmitglied nachweisen, dass es etwa gegen eine Maßnahme gestimmt hat, die sich im Nachhinein als rechtswidrig und schadensursächlich herausgestellt hat, ist es in der Regel haftungsfrei, auch wenn es in der Abstimmung unterlegen ist (OGH vom 29. 8. 1995, 5 Ob 554/94, ecolex 1996, 25 = NZ 1997, 14 = wbl 1996, 37). Es kann aber trotz Unterliegens in der Abstimmung ausnahmsweise zu einer Haftung kommen, wenn das unterlegene Mitglied eine realistische Chance gehabt hätte, die Mehrheit – etwa durch die Schwere seiner Bedenken – vom Gegenteil zu überzeugen (vgl *Kostner/Umfahrer*, Die Gesellschaft mit beschränkter Haftung[5] [1998] RN 395 FN 842).

Nach herrschender Lehre ist das **Dienstnehmerhaftpflichtgesetz nicht** auf die Tätigkeit der Arbeitnehmervertreter im Aufsichtsrat **anzuwenden** (siehe dazu mwN *Strasser* in *Jabornegg/Strasser*, AktG[4] [2001] §§ 98 bis 99 Rz 42).

Außerdem gilt gem §§ 99 iVm 84 Abs 2 AktG **Beweislastumkehr**. Das GmbHG kennt keine vergleichbare ausdrückliche Bestimmung; der OGH geht aber mit Berufung auf § 1298 ABGB von einer Beweislastumkehr auch in der GmbH aus (OGH vom 26. 2. 2002, 1 Ob 144/01k, RdW 2002, 342 ; OGH vom 22. 5. 2003, 8 Ob 262/02s, RdW 2003/377; vgl die Beweislastumkehr für die GmbH ablehnend *Geppert/Moritz*, Gesellschaftsrecht für Aufsichtsräte [1979] 496; differenzierend *Reich-Rohrwig*, Das österreichische GmbH-Recht I[2] [1997] Rz 2/420). Das heißt, eine klagsführende

Gesellschaft oder der Masseverwalter muss den Schaden und die Verursachung durch das Aufsichtsratsmitglied beweisen. Darüber hinaus muss der Kläger auch Tatsachen vorbringen, die den **Schluss auf die Pflichtwidrigkeit des Aufsichtsratsmitgliedes nahe legen** (OGH vom 26. 2. 2002, 1 Ob 144/01k, RdW 2002, 342). Das belangte Aufsichtsratsmitglied muss dann beweisen können, dass es pflichtgemäß und nicht schuldhaft gehandelt hat. In diesem Zusammenhang zeigt sich die besondere Bedeutung eines ordnungsgemäßen Sitzungsprotokolls (vgl Erl 33).

Haften mehrere Aufsichtsratsmitglieder, dann haften sie als Gesamtschuldner (**Solidarhaftung**; §§ 99 iVm 84 Abs 2; §§ 33 iVm 25 Abs 2 GmbHG); das heißt, jedes Aufsichtsratsmitglied kann für den gesamten Schaden zur Verantwortung gezogen werden. Ein Ausgleich hat dann im Innenverhältnis zwischen den einzelnen Aufsichtsratsmitgliedern je nach Verschuldensgrad stattzufinden (§ 896 ABGB).

Die **Haftung beginnt** gleichzeitig mit dem Mandat. Bei Arbeitnehmervertretern beginnt das Amt mit der Mitteilung der Entsendung an den Aufsichtsratsvorsitzenden durch das entsendende Belegschaftsorgan (siehe § 8 AR-VO und Erl 36; zur Möglichkeit, die Entsendung abzulehnen siehe § 7 AR-VO). Der Haftungsbeginn ist unabhängig davon, ob das Aufsichtsratsmitglied ordnungsgemäß in das Firmenbuch eingetragen wurde.

Die **Verantwortung** des Aufsichtsratsmitgliedes **endet** mit dem Ausscheiden aus dem Aufsichtsrat nur für die Handlungen bzw Unterlassungen, die zeitlich nach dem Ausscheiden liegen. Für die gesamte Tätigkeit vor dem Ausscheiden bleibt das ausgeschiedene Aufsichtsratsmitglied weiter haftbar, bis Verjährung eintritt. Das bedeutet, dass die Amtsniederlegung (Rücktritt) nur für die Zukunft haftungsbefreiend wirkt, nicht aber für Zeiten der Mitgliedschaft zum Aufsichtsrat. (Zur Frage der Beendigung der Aufsichtsratsmitgliedschaft siehe Erl 37.) Im Unterschied zum allgemeinen Schadenersatzrecht tritt die **gesetzliche Verjährung erst 5 Jahre** nach Kenntnis des Schadens und Schädigers ein (§§ 99 iVm 84 Abs 6 AktG; §§ 33 iVm 25 Abs 6 GmbHG).

Für Schadenersatzklagen gegen Arbeitnehmervertreter im Aufsichtsrat ist das Arbeits- und Sozialgericht gem § 50 Abs 2 ASGG zuständig (so auch *Alversammer*, DRdA 2001, 239 und *Jabornegg*, ArbVG-Kommentar § 110 Rz 261; aA *Kalss* in *Doralt/Nowotny/Kalss,* AktG § 99 Rz 4; vgl Erl 16).

In der Praxis lässt sich beobachten, dass Haftungsprozesse gegen Arbeitnehmervertreter im Aufsichtsrat äußerst selten vorkommen. Die größte Gefahr droht bei Insolvenz des Unternehmens, wenn der Verdacht im Raum steht, dass die Insolvenz durch ordnungsgemäße Kontrolltätigkeit des Aufsichtsrats hätte verhindert werden können.

Der **ÖGB hat für Mitglieder**, die als Arbeitnehmervertreter gem § 110 ArbVG oder gem § 21 BMVG (Mitarbeitervorsorgekasse) Aufsichtsratsmitglieder sind, eine **Gruppenhaftpflichtversicherung** abgeschlossen. Die Versicherungssumme beträgt pro Schadensfall Euro 73.000,– (kein Selbstbehalt). Die Versicherung deckt Vermögensschäden, für die ein Arbeitnehmervertreter auf Grund der Ausübung seiner Funktion als Aufsichtsrat in Anspruch genommen wird und Kosten zur Abwehr von Ansprüchen. Auch Kosten eines allfälligen Strafverfahrens sind vom Versicherungsschutz umfasst. Zur Erlangung dieses (kostenlosen) Versicherungsschutzes als Mitglied des ÖGB sollten neue Arbeitnehmervertreter im Aufsichtsrat vor oder anlässlich der Entsendung eine (schriftliche) Meldung an die jeweils zuständige Fachgewerkschaft bzw an das Referat für Betriebsarbeit im ÖGB machen.

Zusammenfassend ist folgendes Verhalten anzuraten (vgl ausführlicher *Gagawczuk/H. Gahleitner/Leitsmüller/Preiss/Schneller,* Der Aufsichtsrat (2004) 132 ff):
- aktives Mitwirken an der Überwachung
- Einbringen des betrieblichen Wissens über die tatsächlichen Vorgänge im Unternehmen
- Einholung entsprechender Informationen (evtl externe Sachverständige einladen), Berichtsverlangen, Drängen auf sorgfältige Beschlussfassung vor allem bei zustimmungspflichtigen Geschäften
- Auskunftsverlangen an Vorstand bzw Geschäftsführer
- ausdrückliche Kritik an bestimmten Geschäftsführungsmaßnahmen
- Verweigerung der Zustimmung zu einer Geschäftsführungsmaßnahme, wenn erforderlich
- besondere Beachtung einer ordnungsgemäßen Protokollierung und sorgfältige Aufbewahrung des Protokolls
- Besuch von einschlägigen Schulungen und Weiterbildungen

Teilnahme an Aufsichtsratssitzungen – Vertretung

[35]) Aufsichtsratsmitglieder können ihre Obliegenheiten grundsätzlich **nicht durch andere Personen** ausüben lassen (§ 95 Abs 7 AktG; § 30j Abs 6 GmbHG). Die **Teilnahme** an Aufsichtsratssitzungen ist die **primäre wesentliche Obliegenheit** jedes Aufsichtsratsmitgliedes. Eine **Vertretung** bei Aufsichtsratssitzungen ist überhaupt **nur dann zulässig**, wenn die **Satzung** (der Gesellschaftsvertrag) **diese Möglichkeit ausdrücklich vorsieht** (§§ 95 Abs 7 und 93 Abs 3 AktG; §§ 30j Abs 6 und 30h Abs 3 GmbHG). Die Satzung (der Gesellschaftsvertrag) kann die Art und Weise der Vertretung näher ausgestalten, die Geschäftsordnung des Aufsichtsrates und der Aufsichtsrat selbst (durch Beschluss) haben keine Regelungskompetenz. Für die Ermittlung der Beschlussfähigkeit (vgl Erl 26) gilt die Vertretung nicht. AktG und GmbHG sehen **zwei grundsätzliche Vertretungsmöglichkeiten** vor, die für **Arbeitnehmer- genauso wie für Kapitalvertreter** gelten:
1. Gem § 95 Abs 7 AktG bzw § 30j Abs 6 GmbHG kann das verhinderte Aufsichtsratsmitglied (Kapital- oder Arbeitnehmervertreter) ein **anderes Aufsichtsratsmitglied** (Kapital- oder Arbeitnehmervertreter)

schriftlich für einzelne Sitzungen mit seiner **Vertretung betrauen**. Es handelt sich dabei um eine **echte Stellvertretung**, das heißt, der Vertreter ist auch zur Stimmabgabe berechtigt und hat somit bei einer Abstimmung zwei Stimmen. Das verhinderte Aufsichtsratsmitglied kann (muss aber nicht) seinem Vertreter ein bestimmtes Abstimmungsverhalten vorschreiben, ansonsten bildet der Vertreter seinen Willen selbst. Eine **generelle Vertretung** oder eine **Vertretung für Umlaufbeschlüsse** ist **unzulässig** und kann auch nicht in der Satzung oder im Gesellschaftsvertrag vorgesehen werden (vgl *Strasser* in *Jabornegg/Strasser,* AktG[4] [2001] §§ 95–97 Rz 85).

2. Gem § 93 Abs 3 AktG bzw § 30h Abs 3 GmbHG können **aufsichtsratsfremde Personen** an Sitzungen teilnehmen, wenn sie hiezu vom verhinderten Mitglied (Kapital- genauso wie Arbeitnehmervertreter) **schriftlich ermächtigt** sind. Im Gegensatz zu der unter 1. beschriebenen Vertretungsregelung können aufsichtsratsfremde Personen **kein eigenes Abstimmungsverhalten** setzen, sondern **nur vorgefertigte schriftliche Stimmabgaben** des verhinderten Mitgliedes **übergeben**. Sie fungieren bei Abstimmungen also **nur als Boten**. Auf Grund ihrer schriftlichen Teilnahmeermächtigung sind sie aber befugt, an Diskussionen teilzunehmen und Äußerungen abzugeben (genauer vgl *Strasser* in *Jabornegg/Strasser,* AktG[4] [2001] §§ 92–94 Rz 44–50; *Kostner/Umfahrer,* Die Gesellschaft mit beschränkter Haftung[5] [1998] RN 412).

Für die Praxis erscheint das unter 1. beschriebene Modell sinnvoller, vor allem wird ein verhinderter Arbeitnehmervertreter in der Praxis einen anderen Arbeitnehmervertreter betrauen. Beide Vertretungsmöglichkeiten sind aber **nur dann überhaupt möglich, wenn Satzung bzw Gesellschaftsvertrag diese vorsehen**. Die **Regeln des ArbVG für die Verhinderung von Betriebsratsmitgliedern** (Nachrücken von Ersatzmitgliedern, vgl § 65 und *Preiss,* ArbVR 2[3] Erl 1 zu § 65) und von Betriebsratsvorsitzenden (Stellvertretungsregelung vgl § 71 und *Preiss,* ArbVR 2[3] Erl 4 zu § 71) **gelten** jedenfalls **nicht** für den Aufsichtsrat. In Verhinderungsfällen, die nicht durch „normale" Vertretung durch einen Arbeitnehmervertreterkollegen im Aufsichtsrat überbrückt werden können (– etwa weil die Satzung eine Vertretung nicht zulässt –), kann der Weg der Abberufung und **Neunominierung** durch das entsendende Organ der Arbeitnehmerschaft (siehe § 11 AR-VO, vgl Erl 37) gewählt werden (*Gagawczuk/H. Gahleitner/Leitsmüller/Preiss/Schneller,* Der Aufsichtsrat [2004] 158).

In **Aktiengesellschaften** besteht seit der Novellierung des § 92 Abs 5 AktG durch BGBl I 2004/67 die Möglichkeit, dass einzelne Mitglieder ihre **Stimme** – im Zuge einer körperlich abgehaltenen Sitzung – auch **schriftlich, fernmündlich oder in vergleichbarer Form** abgeben. Voraussetzung ist allerdings, dass dies durch die Satzung oder einen Aufsichtsratsbeschluss – entweder in der Geschäftsordnung oder auch ad hoc – zugelassen wird (einfache Mehrheit im Aufsichtsrat genügt; die körperliche Mindestanwesenheit von drei Mitgliedern muss aber jedenfalls gegeben sein, vgl § 91 Abs 5 AktG und Erl 26 und 28).

IV. Mitgliedschaft der Arbeitnehmervertreter im Aufsichtsrat

Beginn der Mitgliedschaft

36) Die **Mitgliedschaft** im Aufsichtsrat **beginnt für Arbeitnehmervertreter** gem § 8a AR-VO mit der **Mitteilung der Entsendung an den Aufsichtsratsvorsitzenden** durch den Vorsitzenden des entsendungsberechtigten Organs (§ 113, vgl Erl 5). Ist (noch) kein Vorsitzender bzw Stellvertreter für den Aufsichtsrat bestellt, so ist für den Beginn der Mitgliedschaft die Mitteilung an den Vorstand bzw Geschäftsführer der Gesellschaft maßgeblich (*Reich-Rohrwig,* Das österreichische GmbH-Recht I^2 [1997] Rz 4/153). Der **Aufsichtsratsvorsitzende** hat die **Entsendung zu akzeptieren,** sofern sie ihm vom **Vorsitzenden (Stellvertreter) des entsendungsberechtigten Organs** (vgl Erl 5) **mitgeteilt wird**; die Rechtmäßigkeit des internen Nominierungsvorganges des entsendungsberechtigten Organs kann der Aufsichtsratsvorsitzende nicht überprüfen. Der Aufsichtsratsvorsitzende hat allerdings das Recht, eine Entsendung bei offensichtlichen Mängeln abzulehnen, zB wenn die entsendeten Personen nicht Betriebsräte eines Betriebes des betroffenen Unternehmens sind (bei Konzernentsendung gem Abs 6 ff: Betriebsratsmitglieder einer Tochter). Dies deckt sich auch mit der Ansicht *Koppensteiners,* der von einer nichtigen Entsendung ausgeht, wenn die Voraussetzungen gem § 110 Abs 1 ArbVG nicht vorliegen (*Koppensteiner/Rüffler,* Kommentar zum GmbH-Gesetz^3 [2007] § 30a Rn 16); sonstige Mängel, etwa solche des betriebsratsinternen Nominierungsverfahrens, kann der Aufsichtsratsvorsitzende nicht relevieren (mwN *Strasser* in *Jabornegg/Strasser,* AktG^4 [2001] § 86 Rz 24 und §§ 87 bis 89 Rz 36; *Kalss* in *Doralt/Nowotny/Kalss,* AktG § 86 Rz 29; *Jabornegg,* ArbVG-Kommentar § 110 Rz 130–132).

Ab der Mitteilung der Entsendung gem § 8a AR-VO sind die Arbeitnehmervertreter automatisch Mitglieder des Aufsichtsrates. **Akzeptiert der Aufsichtsratsvorsitzende diese Mitgliedschaft nicht** und lädt die Arbeitnehmervertreter nicht zu den Sitzungen, sind die **Beschlüsse des Aufsichtsrates** in diesen Sitzungen wegen der fehlerhaften Einberufung **nichtig** (vgl *Kastner/Doralt/Nowotny,* Grundriß des österreichischen Gesellschaftsrechts^5 [1990] 256). Streitigkeiten über die Gültigkeit der Entsendung (nicht über die Gültigkeit der Beschlüsse) sind gem § 50 Abs 2 ASGG vor dem Arbeits- und Sozialgericht (vgl Erl 16) auszutragen, wobei auf Arbeitgeberseite der Betriebsinhaber (= die Gesellschaft) Prozesspartei ist. Zur Frage der betriebsverfassungsrechtlichen Geltendmachung von Mängeln, die beim betriebsratsinternen Vorgang der Entsendung aufgetreten sind, siehe OGH vom 13. 7. 2006, 8 ObA 52/06i, infas 2007, A 2 = RdW 2007/42, 93 = DRdA 2007/25, 267 mit Anm von *Jabornegg* und *Jabornegg,* ArbVG-Kommentar § 110 Rz 132).

Gem § 91 AktG (§ 30f GmbHG) hat der Vorstand (Geschäftsführer) jeden Wechsel im Aufsichtsrat – also auch den der Arbeitnehmervertreter – zur Eintragung in das Firmenbuch anzumelden.

Für gem Abs 6 von den Belegschaftsorganen der Konzerntöchter gewählte Aufsichtsratsmitglieder gelten für den Beginn der Mitgliedschaft zum Aufsichtsrat §§ 21 und 22 AR-VO (ebenso für von der Konzernvertretung entsandte Aufsichtsratsmitglieder, vgl § 31b AR-VO).

Ende der Mitgliedschaft

[37]) Die Beendigung der Mitgliedschaft der Arbeitnehmervertreter ist von jener der Kapitalvertreter vollkommen getrennt zu betrachten, weil sich Beginn und Ende des Mandats eines Arbeitnehmervertreters nur nach den Regeln des ArbVG bzw der AR-VO richten (vgl allgemein ausführlich *Strasser,* in FS Schnorr [1988] 325). Die Funktionsperiode der Arbeitnehmervertreter richtet sich nach der Funktionsperiode des entsendenden Organs, während die Kapitalvertreter eine eigene Funktionsperiode haben (vgl § 87 Abs 2 AktG und § 30b Abs 2 GmbHG). Für die Frage der Beendigung der Mitgliedschaft der Arbeitnehmervertreter zum Aufsichtsrat ist zwischen der Beendigung der Mitgliedschaft aller Arbeitnehmervertreter auf einmal und der Beendigung einzelner Mitgliedschaften zu unterscheiden.

Alle Arbeitnehmervertreter auf einmal verlieren ihre Mitgliedschaft zum Aufsichtsrat in folgenden Fällen:
– **Abberufung** durch das entsendende Organ, weil **alle** nominierenden Listen die Abberufung ihrer Mitglieder verlangen (§ 9 Abs 1 Z 1 iVm § 11 Abs 1 AR-VO);
– gab es keine Listennominierung, sondern wurden die Arbeitnehmervertreter durch Beschluss des zuständigen Organs der Belegschaft in den Aufsichtsrat entsandt, dann kann das entsendende Organ durch Beschluss alle Aufsichtsratsmitglieder auf einmal **abberufen** (analog zum vorigen Fall);
– **Abberufung** durch das entsendende Organ, weil sich die Kapitalvertreteranzahl in einem relevanten Ausmaß verändert hat (§ 9 Abs 1 Z 2 iVm § 12 AR-VO, vgl dazu Erl 39);
– **neue Entsendung** durch das neu gewählte und neu konstituierte entsendungsberechtigte Organ (Standardfall, § 9 Abs 1 Z 3 AR-VO);
– **neue Entsendung** durch ein anderes entsendungsberechtigtes Organ, weil das vorige entsendungsberechtigte Organ seine Funktionsperiode (vorzeitig) beendet hat und nicht mehr zu errichten ist (§ 9 Abs 2 AR-VO); Bsp: In einem Unternehmen endet die Tätigkeit des

Zentralbetriebsrates gem § 82 Abs 2 Z 2 ArbVG, weil das Unternehmen nur noch einen Betrieb hat. Diesfalls geht die Entsendungsberechtigung auf den Betriebsrat bzw Betriebsausschuss über.

Einzelne Arbeitnehmervertreter verlieren ihre Mitgliedschaft zum Aufsichtsrat in folgenden Fällen:
- der Arbeitnehmervertreter **erfüllt die Entsendungsvoraussetzungen** (vgl Erl 6) **nicht mehr** (§ 10 Abs 1 AR-VO), das Aufsichtsratsmandat **erlischt**; zB: er scheidet aus dem Betriebsrat aus (vgl § 64 und *Preiss,* ArbVR 2³ Erl zu § 64; bloßes Ausscheiden aus dem Zentralbetriebsrat schadet nicht, vgl auch Erl 6) oder er stirbt;
- **Rücktritt** des Arbeitnehmervertreters von seiner Aufsichtsratsfunktion (§ 10 Abs 2 AR-VO; Rücktritt ist gegenüber Aufsichtsratsvorsitzendem zu erklären; Schriftlichkeit des Rücktritts gefordert, reine Ordnungsvorschrift); tritt der Arbeitnehmervertreter von seiner Betriebsratsfunktion zurück, endet das Aufsichtsratsmandat, wegen Wegfalls der Entsendungsvoraussetzung gem § 10 Abs 1 AR-VO;
- **Abberufung** durch entsendendes Organ, weil die Liste(nkoppelung), die das betreffende Mitglied nominiert hat, die Abberufung verlangt (§ 11 Abs 1 AR-VO, vgl Erl 38).

Bei jeder Beendigung eines Mandats oder aller Mandate von Arbeitnehmervertretern hat der Vorsitzende des entsendenden Organs der Belegschaft dies unverzüglich dem Vorsitzenden des Aufsichtsrates (und allen anderen in § 13 AR-VO Genannten) mitzuteilen. Bei **Neuentsendung** und bei **Wegfall der Entsendungsvoraussetzungen erlischt das Mandat ex lege** (automatisch). Bei den **anderen Beendigungsarten** ist eine **Willenserklärung** des **entsendenden Organs** oder **des Arbeitnehmervertreters selbst nötig**. Für Streitigkeiten über die Abberufung und die Neuentsendung ist das Arbeits- und Sozialgericht zuständig (§ 50 Abs 2 ASGG, vgl Erl 16).

Für gem Abs 6 von den Belegschaftsorganen der Konzerntöchter **gewählte** Aufsichtsratsmitglieder gelten für die Beendigung der Mitgliedschaft zum Aufsichtsrat andere Bestimmungen (§§ 23 und 24 AR-VO); ebenso für von der Konzernvertretung entsandte Aufsichtsratsmitglieder (§ 31b AR-VO; vgl auch *Strasser* in *Jabornegg/Strasser,* AktG⁴ [2001] §§ 87 bis 89 Rz 73).

[38]) Wenn hier von **Abberufung** durch die entsendende Stelle die Rede ist, dann ist damit das gem § 113 (vgl Erl 5) **zuständige Organ der Belegschaft** gemeint. Dieses kann **jederzeit ohne Angabe von Gründen** in den Aufsichtsrat entsandte Mitglieder **abberufen.** Es besteht allerdings – ebenso wie bei der Entsendung – eine **Bindung an den Willen der vorschlagsberechtigten Liste(nkoppelungen).** Ohne Verlangen der Liste(nkoppelung) kann der Zentralbetriebsrat (Betriebsausschuss, Betriebsrat) nicht abberufen, es sei denn, es handelt sich um solche Mitglieder, die

wegen des Fehlens oder der Unvollständigkeit von Fraktionsvorschlägen unmittelbar durch Beschluss des Zentralbetriebsrates (Betriebsrates, Betriebsausschusses) selbst entsandt wurden. Die Liste(nkoppelung) kann aber auch nicht selbstständig beim Aufsichtsratsvorsitzenden unter Umgehung des Zentralbetriebsrates (Betriebsrates, Betriebsausschusses) die Abberufung vornehmen. Begehrt eine Liste(nkoppelung) die Abberufung eines ihrer Mitglieder, hat sie tunlichst gleichzeitig einen neuen Vorschlag vorzulegen. Wird ein solcher Vorschlag nicht innerhalb von drei Monaten nach der Abberufung vorgelegt, entscheidet der Zentralbetriebsrat (Betriebsrat, Betriebsausschuss) selbst durch Mehrheitsbeschluss über dieses Mandat (§ 11 AR-VO).

Fallen die Voraussetzungen für die Entsendung eines Arbeitnehmervertreters weg (zB Ausscheiden aus dem Betriebsrat), erlischt das Mandat automatisch (§ 10 Abs 1 AR-VO). Eine Abberufung ist diesfalls nicht notwendig. In diesem Fall hat die Liste(nkoppelung) im entsendungsberechtigten Belegschaftsorgan (zB Zentralbetriebsrat), von der das ausgeschiedene Aufsichtsratsmitglied nominiert worden war, das Recht, einen Nachfolger namhaft zu machen. Für diesen Fall gilt ebenfalls die Dreimonatsfrist, die vom Zeitpunkt des Ausscheidens aus dem Aufsichtsrat an zu laufen beginnt (§ 10 Abs 1 AR-VO).

[39]) **Nicht jede Änderung** der **Anzahl der Kapitalvertreter** muss zu einer Abberufung der Arbeitnehmervertreter führen. Nur wenn sich die Kapitalvertreteranzahl in einem solchen Ausmaß ändert, dass dies Auswirkungen auf die Anzahl der Arbeitnehmervertreter hat (§ 12 AR-VO), muss abberufen werden (relevante Änderung). Ändert sich die Anzahl der Kapitalvertreter etwa von sechs auf fünf, so besteht kein Handlungsbedarf für die Arbeitnehmer, weil sie weiterhin ein Anrecht auf drei Arbeitnehmervertreter haben. Reduziert sich die Zahl der Kapitalvertreter aber zB von sechs auf vier, ist seitens der Arbeitnehmer abzuberufen und neu zu entsenden. Wegen des Vorschlagsrechts der Listen kann nicht etwa nur ein Arbeitnehmervertreter abberufen werden. Es ist vielmehr die gesamte Arbeitnehmerkurie abzuberufen und auf Grund eines neuen Entsendungsverfahrens neu zu entsenden. Nach dem Text des Gesetzes kommt es allerdings auf die **tatsächliche** Anzahl der Kapitalvertreter an (vgl Erl 8). Nach § 12 AR-VO ist aber **nicht auf die tatsächliche Veränderung der Kapitalvertreteranzahl** zu achten, **sondern** nur darauf, ob sich die **Kapitalvertreteranzahl auf Grund eines Hauptversammlungsbeschlusses** ändert. Dies ist praktisch äußerst sinnvoll, weil die Arbeitnehmer sonst gezwungen wären, auch bei bloß kurzfristigen Veränderungen der Kapitalvertreteranzahl immer alle Arbeitnehmervertreter abzuberufen und alle neu zu entsenden (*Strasser* in FS Schnorr [1988] 325 und *Strasser/Jabornegg*, ArbVG[3] [1999] § 110 Anm 51 äußern Bedenken an der Gesetzmäßigkeit des § 12 AR-VO, vgl dazu auch *Kalss* in *Doralt/Nowotny/Kalss*, AktG § 88 Rz 37–40 sowie *Jabornegg*, ArbVG-Kommentar § 110 Rz 140–143).

Aufsichtsratsausschüsse – Arbeitnehmerbeteiligung

[40]) Gem § 92 Abs 4 AktG und § 30g Abs 4 GmbHG kann der **Aufsichtsrat aus seiner Mitte** (dh nur Aufsichtsratsmitglieder dürfen Mitglieder des Ausschusses sein) mittels Beschluss einen oder mehrere **Ausschüsse** bestellen. Auch der Corporate Governance Kodex (vgl Erl 1) enthält Ausführungen zu Aufsichtsrats-Ausschüssen (siehe Regeln Nr 39 ff CGK). Jeder Ausschuss hat eine Mindestgröße von zwei Kapitalvertretern (§ 92 Abs 5 AktG und § 30g Abs 5 GmbHG). Welche Ausschüsse eingerichtet werden, mit wie viel und welchen Mitgliedern diese Ausschüsse besetzt werden, obliegt dabei dem Aufsichtsrat, wobei die **Drittelbeteiligung und das Entsendungsrecht** der Arbeitnehmervertreter zu beachten sind (siehe dazu Erl 41). Es gibt allerdings eine Ausnahme von der grundsätzlichen Freiheit des Aufsichtsrates, Ausschüsse nach seinem Belieben einzusetzen. In besonders großen Gesellschaften muss gem § 92 Abs 4a AktG und § 30g Abs 4a GmbHG ein sogenannter **Prüfungsausschuss** eingerichtet werden (siehe dazu Erl 40a)

Das Gesetz (§ 92 Abs 4 AktG und § 30g Abs 4 GmbHG) sieht als Aufgaben für Ausschüsse ausdrücklich die Vorbereitung der Verhandlungen und Beschlüsse des Aufsichtsrates und die Überwachung der Ausführung der Beschlüsse vor. Die herrschende Lehre (vgl mwN *Strasser* in *Jabornegg/Strasser,* AktG[4] [2001] §§ 92 bis 94 Rz 75; *Geppert/Moritz,* Gesellschaftsrecht für Aufsichtsräte [1979] 205; *Jabornegg,* ArbVG-Kommentar § 110 Rz 86) hält es aber auch für zulässig, dass **Ausschüsse mit Beschlussbefugnis** ausgestattet werden (vgl auch § 92 Abs 5 AktG und § 30g Abs 5 GmbHG, die von Beschlussfähigkeit der Ausschüsse sprechen). Nach der herrschenden Lehre kann aber **nicht jede Angelegenheit zur selbstständigen Erledigung an einen Ausschuss delegiert werden**, bestimmte **Mindestbefugnisse bzw Kernaufgaben** müssen dem **Gesamtgremium** verbleiben. Zu diesen dem **Aufsichtsratsplenum vorbehaltenen Aufgaben** werden vor allem folgende gezählt:

– Einsetzung, Zusammensetzung, Aufgabenbereich und Auflösung von Ausschüssen
– Überwachung der Geschäftsführung schlechthin
– Prüfung des Jahresabschlusses, des Gewinnverteilungsvorschlages und des Lageberichtes bzw auch der Bericht darüber an die Haupt-(General)versammlung
– Einberufung der Haupt(General)versammlung
– (Ab-)Wahl des Aufsichtsratsvorsitzenden und seiner Stellvertreter (ebenso *Kalss* in *Doralt/Nowotny/Kalss,* AktG § 92 Rz 22 und *Jabornegg,* ArbVG-Kommentar § 110 Rz 87)
– Erlassung einer Geschäftsordnung für den Aufsichtsrat
– Bestellung und Abberufung von Vorstandsmitgliedern (nur für AG relevant)

Vor allem die Problematik, ob die **Bestellung des Vorstandes in seine Organfunktion** in der AG an einen Ausschuss übertragen werden kann, ist im Schrifttum viel diskutiert worden. Als herrschend hat sich die Unübertragbarkeit dieser Aufgabe durchgesetzt (vgl mwN ausführlich *Weiß*, DRdA 1998, 22 und 94 [99] und *Jabornegg*, ArbVG-Kommentar § 110 Rz 246–254; dagegen *Winkler* in *Tomandl*, ArbVG § 100 Rz 21). Dies ist schon allein auf Grund der Bedeutung der Vorstandsbestellung und -abberufung für die AG zutreffend.

Wenn hier bisher die Rede von der Bestellung des Vorstandes war, dann ist damit die gesellschaftsrechtliche Berufung in die Organfunktion „Vorstand" gemeint. Davon zu unterscheiden ist die arbeitsvertragliche Seite der Beziehung des Vorstandes zur AG; diese wird als **Anstellung des Vorstandes** bezeichnet. Die Verhandlung, der Abschluss und die Auflösung des **arbeitsvertraglichen Verhältnisses** zwischen Vorstand und Gesellschaft ist gem Abs 4 letzter Satz jedenfalls **zur selbstständigen Erledigung an einen Ausschuss übertragbar** (siehe Erl 42).

[40a]) Grundsätzlich ist es dem Aufsichtsrat selbst überlassen, ob er Ausschüsse einrichtet oder nicht. Seit dem Gesellschaftsrechtsänderungsgesetz 2005 BGBl I 2005/59 (wesentlich geändert durch das Unternehmensrechts-Änderungsgesetz 2008 BGBl I 2008/70) ist aber in Unternehmen mit Merkmalen des § 271a Abs 1 UGB **zwingend** ein so genannter **Prüfungsausschuss** einzurichten (siehe § 92 Abs 4a AktG und § 30g Abs 4a GmbHG). Dieser Prüfungsausschuss hat den – durch das Insolvenzrechtsänderungsgesetz 1997 (BGBl I 1997/114) zuvor vorgeschriebenen – **Bilanzausschuss** abgelöst. Nach dem Willen des Gesetzgebers sollen Prüfungsausschüsse gemeinsam mit wirksamen internen Kontroll- und Risikomanagementsystemen dazu beitragen, finanzielle und betriebliche Risken sowie das Risiko von Regelverstößen auf ein Mindestmaß zu begrenzen und die Qualität der Rechnungslegung zu verbessern (RV 467 BlgNR 23. GP 34).

In welchen Unternehmen nun zwingend ein Prüfungsausschuss einzurichten ist, ist – legistisch äußerst unzufriedenstellend – durch Verweis auf § 271a Abs 1 UGB geregelt. Danach unterfallen folgende Gesellschaften dieser Pflicht:
1. Gesellschaften im Sinne des § 221 Abs 3 zweiter Satz UGB, das sind im Wesentlichen **börsenotierte Gesellschaften**, und
2. **besonders große Gesellschaften**. Eine besonders große Gesellschaft (XL-Gesellschaft) ist eine große Gesellschaft iSd § 221 Abs 3 erster Satz UGB, die ein „Euro-Kriterium" der großen Gesellschaft um das Fünffache überschreitet. Eine solche XL-Gesellschaft liegt also zusammengefasst dann vor, wenn eine der beiden folgenden Grenzen überschritten ist:

- Eine **Bilanzsumme von mehr als 96,25 Mio Euro** (in Kombination mit mehr als 250 Arbeitnehmern im Jahresschnitt oder mehr als 38,5 Mio Euro Umsatzerlösen in den 12 Monaten vor dem Abschlussstichtag).
- **Umsatzerlöse von mehr als 192,5 Mio Euro** in den 12 Monaten vor dem Abschlussstichtag (in Kombination mit mehr als 250 Arbeitnehmern im Jahresschnitt oder mehr als 19,25 Mio Euro Bilanzsumme).
3. Die **Prüfungsausschusspflicht entfällt,** wenn die (direkte oder indirekte 100%ige) Mutter selbst einen Prüfungsausschuss hat (§ 92 Abs 4a Satz 2).

Der **Prüfungsausschuss** hat insbesondere folgende **Aufgaben** (§ 92 Abs 4a AktG bzw § 30g Abs 4a GmbHG):
1. die Überwachung des Rechnungslegungsprozesses;
2. die Überwachung der Wirksamkeit des internen Kontrollsystems, gegebenenfalls des internen Revisionssystems, und des Risikomanagementsystems der Gesellschaft;
3. die Überwachung der Abschlussprüfung und der Konzernabschlussprüfung;
4. die Prüfung und Überwachung der Unabhängigkeit des Abschlussprüfers (Konzernabschlussprüfers), insbesondere im Hinblick auf die für die geprüfte Gesellschaft erbrachten zusätzlichen Leistungen;
5. die Prüfung des Jahresabschlusses und die Vorbereitung seiner Feststellung, die Prüfung des Vorschlags für die Gewinnverteilung, des Lageberichts und gegebenenfalls des Corporate Governance-Berichts sowie die Erstattung des Berichts über die Prüfungsergebnisse an den Aufsichtsrat;
6. gegebenenfalls die Prüfung des Konzernabschlusses und des Konzernlageberichts sowie die Erstattung des Berichts über die Prüfungsergebnisse an den Aufsichtsrat des Mutterunternehmens;
7. die Vorbereitung des Vorschlags des Aufsichtsrats für die Auswahl des Abschlussprüfers (Konzernabschlussprüfers).

Der Prüfungsausschuss hat **zumindest zwei Sitzungen im Geschäftsjahr** abzuhalten. Der Abschlussprüfer ist den Sitzungen des Prüfungsausschusses, die sich mit der Vorbereitung der Feststellung des Jahresabschlusses (Konzernabschlusses) und dessen Prüfung beschäftigen, zuzuziehen und hat über die Abschlussprüfung zu berichten.

Dem Prüfungsausschuss muss ein **Finanzexperte** angehören. Finanzexperte ist eine Person, die über den Anforderungen des Unternehmens entsprechende Kenntnisse und praktische Erfahrung im Finanz- und Rechnungswesen und in der Berichterstattung verfügt. Vorsitzender des Prüfungsausschusses oder Finanzexperte darf nicht sein, wer in den letzten drei Jahren Vorstandsmitglied, leitender Angestellter oder Abschlussprüfer der Gesellschaft war oder den Bestätigungsvermerk unterfertigt hat oder aus anderen Gründen nicht unabhängig und unbefangen ist.

[41]) Seit der ArbVG-Novelle 1986 BGBl 394 gilt der Grundsatz der **Drittelbeteiligung auch für Ausschüsse** des Aufsichtsrats (inhaltliche Aufhebung [materielle Derogation] der gegenteiligen Bestimmungen des § 92 Abs 4 AktG und des § 30g Abs 4 GmbHG, siehe dazu mwN *Jabornegg,* ArbVG-Kommentar § 110 Rz 89). Dh für je zwei Kapitalvertreter ist ein Arbeitnehmervertreter zu bestellen, bei ungerader Kapitalvertreteranzahl kommt noch ein Arbeitnehmervertreter hinzu (vgl Erl 8 und 9). Die Arbeitnehmervertreter haben ein **zwingendes Recht auf Sitz und Stimme** in allen Ausschüssen, insbesondere auch in so genannten Präsidialausschüssen, **es sei denn**, es geht um eine Sitzung, die die **Beziehungen zwischen der Gesellschaft und den Vorstandsmitgliedern** behandelt (vgl Erl 42). Die Bestellung (wie auch die Abberufung) der Arbeitnehmervertreter in Ausschüsse erfolgt gem § 32a AR-VO durch die Gesamtheit der Arbeitnehmervertreter im Aufsichtsrat aus ihrer Mitte mit einfacher Mehrheit (unzutreffend, weil die Bestimmung des § 32a AR-VO übersehend, *Reich-Rohrwig,* Das österreichische GmbH-Recht I[2] [1997] Rz 4/280). Bei bloß zwei Arbeitnehmervertretern ist Einstimmigkeit erforderlich (§ 14 Abs 8 BRGO analog, vgl *Preiss,* ArbVR 2[3] Erl 7 zu § 68).

Hinzuweisen ist noch darauf, dass die Arbeitnehmervertreter bei der allgemeinen Beschlussfassung über die Bildung und Beschickung der Ausschüsse voll stimmberechtigt sind (hL siehe mwN *Jabornegg,* ArbVG-Kommentar § 110 Rz 90), während die Kapitalvertreter keinen Einfluss darauf haben, welche Arbeitnehmervertreter in den Ausschuss entsandt werden.

[42]) Die Arbeitnehmervertreter haben **in allen Ausschüssen das Recht auf Sitz und Stimme** gem der Drittelparität (vgl dazu Erl 8 und 9). Nur wenn in **einer Ausschusssitzung Beziehungen zwischen der Gesellschaft und den Vorstandsmitgliedern** behandelt werden, dann haben die Arbeitnehmervertreter in dieser Sitzung **keinen Sitz und keine Stimme**. Unter Beziehungen zwischen der Gesellschaft und den Vorstandsmitgliedern (Geschäftsführern) sind etwa
– der Abschluss, die Änderung, die Auflösung des arbeitsrechtlichen Vertragsverhältnisses (nicht aber die Bestellung und Abberufung des Vorstandes der AG in die bzw von der Organfunktion, vgl Erl 40)
– Schadenersatzforderungen der Gesellschaft gegen den Vorstand (die Geschäftsführer),
– Zustimmung zu Geschäften der Gesellschaft mit dem Vorstand (die Geschäftsführer),

zu verstehen. Werden aber **solche Angelegenheiten** nicht in Ausschüssen, sondern **im Plenum** behandelt, haben die Arbeitnehmervertreter **volles**

Mitwirkungsrecht (Sitz und Stimme; hL siehe mwN *Jabornegg*, ArbVG-Kommentar § 110 Rz 253). **Die Arbeitnehmervertreter sind nicht generell von der Teilnahme an Ausschüssen ausgeschlossen, die Beziehungen zwischen der Gesellschaft und dem Vorstand bzw den Geschäftsführern behandeln.** Die **Schlechterstellung der Arbeitnehmervertreter** bezieht sich nur auf **solche Sitzungen** und **Abstimmungen**, bei denen **Angelegenheiten** zwischen Gesellschaft und Geschäftsleitung **Gegenstand** sind (vgl den eindeutigen Wortlaut des § 92 Abs 4 AktG und des § 30g Abs 4 GmbHG). Dh die **unterschiedliche Behandlung** der Arbeitnehmervertreter bezieht sich **nicht auf den gesamten Ausschuss**, sondern **nur auf bestimmte Tagesordnungspunkte bzw Abstimmungen**, es sei denn, es wurde ein Ausschuss eingerichtet, der nur Beziehungen zwischen Gesellschaft und Geschäftsleitung betrifft. Selbst in diesem Fall dürfen die Arbeitnehmervertreter gem § 93 Abs 2 AktG bzw § 30h Abs 2 GmbHG an den Ausschusssitzungen als Zuhörer teilnehmen. Es ist allerdings ein genereller – alle Nichtausschussmitglieder (Kapital- wie auch Arbeitnehmervertreter) – betreffender Ausschluss durch den Vorsitzenden des Aufsichtsrates oder durch die Satzung (Gesellschaftsvertrag) möglich.

Soll in einem solchen Ausschuss die Frage der Einräumung von **Aktienoptionen** (auch solcher anderer Konzerngesellschaften), sei es an Vorstandsmitglieder, sei es an leitende Angestellte oder sonstige Arbeitnehmer der Gesellschaft beraten oder beschlossen werden, haben die Arbeitnehmervertreter ein zwingendes Recht auf Teilnahme und Stimmabgabe (vgl mwN *Kalss* in *Doralt/Nowotny/Kalss*, AktG § 92 Rz 121 und *Jabornegg*, ArbVG-Kommentar § 110 Rz 97).

Die Arbeitnehmervertreter können, wenn sie am **Inhalt der Arbeitsverträge der Vorstandsmitglieder bzw der Geschäftsführer** interessiert sind, durch ein **Berichtsverlangen** gem § 95 Abs 2 AktG bzw § 30j Abs 2 GmbHG (vgl Erl 25) den Inhalt erfahren (vgl dazu mit eingehender Begründung *Gagawczuk/H. Gahleitner/Leitsmüller/Preiss/Schneller*, Der Aufsichtsrat [2004] 114). Bezüglich der arbeitsvertraglichen Inhalte besteht aber **Verschwiegenheitspflicht**, und zwar auch dem entsendenden Organ der Arbeitnehmerschaft gegenüber (vgl zur Verschwiegenheitspflicht Erl 32).

V. Mitwirkung in Aufsichtsräten anderer Rechtsformen

Allgemeines

[43]) § 110 regelt die Aufsichtsratsmitwirkung allgemein in den Abs 1 bis 4 für den **Modellfall der Aktiengesellschaft**, die immer **zwingend** einen **Aufsichtsrat** hat. Die im Abs 5 Z 1–5 genannten juristischen Personen können bzw müssen nach den für sie geltenden gesellschaftsrechtlichen Regeln ebenfalls Aufsichtsorgane haben. Dementsprechend wäre es unsachlich, die Mitwirkungsregeln nur auf Aufsichtsräte von Aktiengesellschaften

zu beschränken. Deshalb dehnt Abs 5 die Geltung der Regelungen der Abs 1–4 auf die in Abs 5 Z 1–5 genannten Rechtsformen aus. Zu beachten ist allerdings, dass Abs 5 die sinngemäße Anwendung nur hinsichtlich der Abs 1 bis 4 anordnet. Bei den Bestimmungen nach Abs 1 bis 4 handelt es sich insbesondere um:
- die Zuständigkeit zur Entsendung von Arbeitnehmervertretern,
- persönliche Voraussetzungen für die Entsendung,
- Drittelbeteiligung,
- Entsendungsmodalitäten,
- Rechtsstellung und Mitgliedschaft der Arbeitnehmervertreter im Aufsichtsrat und
- Arbeitnehmerbeteiligung in Ausschüssen.

Die Abs 6–6b hingegen enthalten Sonderregelungen für die Entsendung im Konzern. Da die Konzernentsendung stark rechtsformgebunden ist (eigener Konzernbegriff), sind die Abs 6–6b nicht gem Abs 5 auch auf andere Rechtsformen anzuwenden (vgl dazu Erl 50).

Während der Aufsichtsrat in der AG ein zwingendes Organ ist, müssen andere Rechtsformen nicht notwendigerweise immer bereits kraft Rechtsform einen Aufsichtsrat haben. Zur **möglichen Aufsichtsratspflicht der in Abs 5 Z 1–5 genannten Rechtsformen** siehe die folgenden Erl 44 bis 48.

Zusätzlich zu den in Abs 5 Z 1–5 genannten juristischen Personen gibt es noch **zahlreiche Sonderbestimmungen in anderen Gesetzen.** So ist etwa gem § 22 **PrivatstiftungsG** (PSG) unter ähnlichen Bedingungen wie in der GmbH (mehr als 300 Arbeitnehmer im Jahresschnitt bzw Privatstiftung ist Konzernmutter aufsichtsratspflichtiger Kapitalgesellschaften oder Genossenschaften) zwingend ein Aufsichtsrat einzurichten (näher siehe *Jabornegg*, ArbVG-Kommentar § 110 Rz 50). Gem § 22 Abs 4 PSG gilt § 110 ArbVG sinngemäß wie für GmbHs (also auch für die Konzernentsendung gem Abs 6). Siehe auch die Sonderregelungen für den ORF, die ÖIAG, Vereine nach dem VereinsG 2002, Pensionskassen, Mitarbeitervorsorgekassen und verschiedene ausgegliederte Rechtsträger (Erl 82).

Gesellschaften ausländischer Rechtsform mit Verwaltungssitz in Österreich

43a) Grundsätzlich liegt dem ArbVG die Konzeption zugrunde, dass eine Entsendung nur in Aufsichtsräte österreichischer Gesellschaften erfolgen kann. § 110 Abs 1 knüpft an die (österreichische) Aktiengesellschaft an, § 110 Abs 5 dehnt die Unternehmensmitbestimmung (aber nur Abs 1–4 und nicht die Abs 6–8) auch auf andere (österreichische) Rechtsformen aus. Dass das ArbVG nur auf österreichische Rechtsformen Bezug nimmt, ist weiters nicht verwunderlich. Die österreichische Lehre und Rechtsprechung erachtete es bislang nicht für zulässig, dass eine Gesellschaft ausländischer Rechtsform (ohne Zweigniederlassung oder Tochtergesellschaft österreichischen Rechts) ihren tatsächlichen Verwaltungssitz nach Österreich verlegt und hier operativ tätig wird. Die bisher herrschende so genannte „**Sitztheorie**" beurteilte die Rechtsfähigkeit von Gesellschaften nach dem Recht des Sitzes der Hauptverwaltung und betrachtete demgemäß ausländische Gesellschaften in Österreich nicht als Rechtssubjekte (vgl *Kastner/Doralt/Nowotny,* Grundriß des österreichischen Gesellschaftsrechts[5] [1990] 190; OGH vom 28. 8. 1997, 3 Ob 2029/96w, ecolex 1998, 709 = RdW 1998, 70 = wbl 1998, 136). Eine britische „limited" etwa, die ihre Verwaltung in Österreich hatte und hier tätig wurde, war rechtlich betrachtet inexistent. § 110 ArbVG liegt also der Gedanke zugrunde, dass Gesellschaften ausländischer Rechtsform in Österreich nicht ihren tatsächlichen Sitz haben und operativ tätig werden können. Dementsprechend sieht das ArbVG keine Mitbestimmung in Gesellschaften ausländischer Rechtsform vor. *„Auf nicht existente juristische Personen können die Mitbestimmungsvorschriften nicht angewendet werden"* (so *Kalss* in *Baums/Ulmer* [Hrsg], Unternehmens-Mitbestimmung der Arbeitnehmer im Recht der EU-Mitgliedsstaaten, ZHR-Sonderheft 72 [2004] 95).

Der **EuGH** erachtet aber offenbar die in Österreich (und einigen anderen EU-Mitgliedsstaaten) bisher bestimmende **Sitztheorie** als mit der **Niederlassungsfreiheit nicht vereinbar** (EuGH vom 9. 3. 1999, Rs C-212/97, Centros, Slg 1999, I-1459; EuGH vom 5. 11. 2002, Rs C-208/00, Überseering, Slg 2002, I-9919; EuGH vom 30. 9. 2003, Rs C-167/01, Inspire Art, Slg 2003, I-10195). Das bedeutet wohl, dass Gesellschaften ausländischer Rechtsform in Österreich ihren tatsächlichen Sitz begründen und tätig werden können. Rechtspolitisch ist diese Entwicklung bedenklich, da die Gefahr besteht, dass sich das Niveau der Gläubigerschutzbestimmungen, der Arbeitnehmermitbestimmung usw nach unten entwickelt, weil sich Unternehmen die „billigste" Rechtsform aus den – derzeit 27 – verschiedenen Gesellschaftsrechtsordnungen der EU aussuchen können. De facto wird damit der Handlungsspielraum des nationalen Gesetzgebers eingeschränkt.

Für die Aufsichtsratsmitbestimmung gem § 110 ArbVG bedeutet die Judikatur des EuGH aber nicht, dass eine Entsendung in Aufsichtsräte von in Österreich tatsächlich ansässigen ausländischen Gesellschaftsformen ausgeschlossen wäre. Da der Gesetzgeber des ArbVG im Jahre 1974 unmöglich den Beitritt zur EU und die Rechtsprechung des EuGH zur Niederlassungsfreiheit vorhersehen konnte, ist davon auszugehen, dass durch die Rechtsprechung des EuGH (nachträglich) eine Lücke entstanden ist, die durch entsprechende Interpretation zu schließen ist (vgl dazu *Rebhahn* in *Rieble* (Hrsg), Zukunft der Unternehmensmitbestimmung, ZAAR Schriftenreihe Band 1 (2004), 41 [FN 38]). **Dementsprechend ist § 110 auch auf ausländische Gesellschaften mit tatsächlichem Verwaltungssitz in Österreich auszudehnen** (vgl dazu *Kalss* in *Baums/Ulmer* [Hrsg], Unternehmens-Mitbestimmung der Arbeitnehmer im Recht der

EU-Mitgliedsstaaten, ZHR-Sonderheft 72 [2004] 95 [104] und *Rebhahn* aaO FN 38*)*. Dies ist dann relativ unproblematisch möglich, wenn in der ausländischen Gesellschaft – so wie in Österreich üblich – die Leitung der Gesellschaft und die Aufsicht über diese Leitung durch zwei voneinander getrennte Organe besorgt werden (sog **dualistisches System**). In diesem Fall ist ein Drittel der Mitglieder des Aufsichtsorgans vom österreichischen Betriebsrat gem § 110 zu entsenden. Problematisch ist die Situation, wenn die ausländische Gesellschaft **monistisch** organisiert ist, also Leitung und Kontrolle durch ein und dasselbe Organ erfolgen. Diesfalls könnte es zu einer analogen Anwendung des § 110 auf die Mitglieder des Verwaltungsrates oder zu einer analogen Heranziehung der gesetzlichen Auffangregelungen des ArbVG zur Mitbestimmung in der Europäischen Gesellschaft (SE, §§ 244 ff) kommen (vor Schaffung der gesetzlichen Auffangregelungen zur SE-Mitbestimmung gegen die Ausdehnung des § 110 auf monistisch organisierte Unternehmen *Bachner/Winner,* GesRZ 2000, 161 [165]).

Hier wäre eine Klärung der Situation durch den Gesetzgeber wünschenswert. Eine Neufassung des § 110 sollte sowohl für die Abs 1–4 wie auch für die Abs 6–7 eine Lösung treffen, die nicht auf bestimmte Rechtsformen abstellt, sondern das Prinzip der (drittelparitätischen) Unternehmensmitbestimmung grundsätzlich festschreibt. Mit einer solchen Lösung wäre nicht nur das Problem der ausländischen Rechtsformen, sondern auch der verschiedenen Umgehungsstrategien durch Missbrauch des österreichischen Gesellschaftsrechts entschärft.

GmbH

⁴⁴) Die GmbH ist die häufigste Gesellschaftsform im Wirtschaftsleben (rund 90.000 GmbHs in Österreich). Im Gegensatz zur AG muss nicht jede GmbH gesetzlich zwingend einen Aufsichtsrat bestellen. Ist ein Aufsichtsrat einzurichten, weil es das Gesetz (§ 29 GmbHG oder diverse Sondergesetze) so vorsieht, wird das als **gesetzlich obligatorischer Aufsichtsrat** bezeichnet. Es kann aber auch der Gesellschaftsvertrag vorsehen, dass ein Aufsichtsrat eingerichtet werden *muss* (**gesellschaftsvertraglich zwingender Aufsichtsrat**), oder dass ein Aufsichtsrat eingerichtet werden *kann* ([gesellschaftsvertraglich] **fakultativer Aufsichtsrat**, konkret geschieht dies dann durch einfachen Gesellschafterbeschluss). Auch ein fakultativer Aufsichtsrat muss die Mindestbefugnisse gem GmbHG haben; außer im Fall eines gesetzlich obligatorischen Aufsichtsrates muss die Bestellung eines Aufsichtsrates im Gesellschaftsvertrag geregelt werden (§ 29 Abs 6 GmbHG). **In allen Fällen** – beim fakultativen Aufsichtsrat natürlich nur, wenn er tatsächlich errichtet ist – haben die **Arbeitnehmervertreter ein Recht auf Aufsichtsratsmitwirkung gem § 110 ArbVG** (vgl mwN *Jabornegg,* DRdA 1999, 433 bei FN 1; OGH vom 27. 9. 2006, 9 Ob A 130/05s, DRdA 2008/15, 166 mit Anm von *Putzer* = ASoK 2007, 40 = AR 2006 H 6, 28 mit

Anm von *Gruber* = ecolex 2007/63, 131 = GesRZ 2007, 197 mit Anm von *Feltl* = RWZ 2006, 356 mit Anm von *Wenger; Jabornegg,* ArbVG-Kommentar § 110 Rz 26; *Windisch-Graetz* in ZellKomm § 110 ArbVG Rz 4; *Winkler* in *Tomandl,* ArbVG § 110 Rz 2).).

In der Praxis werden immer wieder so genannte **Beiräte** oder **Verwaltungsräte** eingerichtet. Üben diese Beiräte **aufsichtsratsähnliche Funktionen** aus, so besteht gem § 110 Abs 5 Z 1 ArbVG (arg: sinngemäße Anwendung) seitens der Belegschaft ein Recht auf Mitwirkung in einem solchen Organ wie in einem Aufsichtsrat. Andernfalls müsste ein fakultativer Aufsichtsrat in einer GmbH nun anders bezeichnet werden und die Arbeitnehmermitbestimmung wäre ausgeschaltet. Diese Ansicht ist mit dem zwingenden Charakter des ArbVG nicht vereinbar. Der OGH hat sich jüngst mit diesem Problem beschäftigt und ist zu dem Ergebnis gelangt, dass wenn einem als „Verwaltungsrat" bezeichneten Gremium **Kernkompetenzen eines Aufsichtsrats** zukommen, dieser „Verwaltungsrat" als Aufsichtsrat zu werten ist und demzufolge auch die zwingenden Bestimmungen über die Arbeitnehmervertretung im Aufsichtsrat zur Anwendung kommen (OGH vom 27. 9. 2006, 9 Ob A 130/05s, DRdA 2008/15, 166 mit Anm von *Putzer* = ASoK 2007, 40 = AR 2006 H 6, 28 mit Anm von *Gruber* = ecolex 2007/63, 131 = GesRZ 2007, 197 mit Anm von *Feltl* = RWZ 2006, 356 mit Anm von *Wenger*).

Gem § 29 Abs 1 Z 1–4 GmbHG besteht in folgenden Fällen **gesetzliche Aufsichtsratspflicht**:

1. Das Stammkapital übersteigt 70.000 Euro ***und*** die Anzahl der Gesellschafter fünfzig (praktisch äußerst selten) oder
2. die GmbH hat mehr als 300 Arbeitnehmer (AN; praktisch häufig) oder
3. die GmbH ist Konzernmutter
   – einer AG,
   – einer anderen aufsichtsratspflichtigen GmbH oder
   – einer GmbH mit mehr als 300 AN, aber weniger als 500 AN
   und die Arbeitnehmeranzahl der Konzernmutter-GmbH und der **genannten** Töchter (andere Töchter zählen nicht!) **zusammen** übersteigt gemeinsam im Durchschnitt dreihundert. Konzernmutter ist die GmbH kraft **einheitlicher Leitung** (§ 15 Abs 1 AktG) oder kraft *un*mittelbarer Beteiligung von **mehr als 50%** (vgl zu diesen beiden Begriffen Erl 57 und 58). Oder
4. die GmbH ist **persönlich haftender Gesellschafter einer KG und** es gibt sonst keine natürliche Person, die persönlich haftet, **und** die GmbH und die KG gemeinsam haben im Durchschnitt **mehr als 300 AN**. Vgl dazu die Bestimmung des § 110 Abs 7 und Erl 78 und 79 dazu.

Zu Z 2: Gem § 29 Abs 2 Z 2 GmbHG ist eine GmbH dann aufsichtsratspflichtig, wenn sie mehr als dreihundert Arbeitnehmer hat. Anderes gilt aber für die **GmbH als Konzerntochter** (zum speziellen Konzernbegriff vgl Erl 57 und 58): Die Arbeitnehmeranzahl erhöht sich gem § 29 Abs 2 Z 1 GmbHG auf mehr als fünfhundert, wenn die GmbH selbst Konzerntochter einer aufsichtsratspflichtigen Kapitalgesellschaft (AG oder GmbH) ist. Mit anderen Worten, als Konzerntochter unter einer aufsichtsratspflichtigen Mutterkapitalgesellschaft greift die Aufsichtsratspflicht erst ab über 500 AN im Jahresschnitt.

Hinsichtlich der **Arbeitnehmeranzahl** ist der Arbeitnehmerbegriff des § 36 ArbVG heranzuziehen (herrschende Lehre mwN *Reich-Rohrwig*, Das österreichische GmbH-Recht I^2 [1997] Rz 4/32; zum Arbeitnehmerbegriff siehe *Gahleitner*, ArbVR 2^3 Erl zu § 36). Insbesondere sind also auch karenzierte Mitarbeiter und auf Dauer überlassene Arbeitnehmer miteinzubeziehen, nicht allerdings etwa Geschäftsführer (vgl *Gahleitner*, ArbVR 2^3 Erl 1 zu § 36).

Zu Z 3: § 29 Abs 1 Z 3 GmbHG regelt die Aufsichtsratspflicht von **GmbHs als Konzernmutter** (zum speziellen Konzernbegriff vgl Erl 57 und 58). Eine GmbH, die (eine oder mehrere) aufsichtsratspflichtige Gesellschaften (AG oder GmbH) leitet, soll selber auch einen Aufsichtsrat haben müssen, wenn die Gesamtarbeitnehmeranzahl 300 übersteigt. Zugerechnet werden der GmbH-Konzernmutter dabei **alle Arbeitnehmer von AGs**, die jedenfalls einen Aufsichtsrat haben. Weiters werden aber auch **Arbeitnehmer aufsichtsratspflichtiger GmbHs** hinzugerechnet. Darunter sind jedenfalls GmbHs zu verstehen, die über fünfhundert Arbeitnehmer haben (vgl oben zu Z 2 bzw § 29 Abs 2 Z 1 GmbHG) oder auf Grund spezialgesetzlicher Regelung einen Aufsichtsrat haben müssen (zB gemeinnützige Bauvereinigungen). Es fallen **aber auch GmbHs mit gesellschaftsvertraglich verpflichtendem Aufsichtsrat** darunter (vgl mwN *Reich-Rohrwig*, Das österreichische GmbH-Recht I^2 [1997] Rz 4/25). Unverständlicherweise fehlt in der Aufzählung der relevanten Konzerntöchter des § 29 Abs 1 Z 3 GmbHG die Genossenschaft und die Privatstiftung; eine Einbeziehung dieser Rechtsformen im Wege der Analogie ist vom Zweck der Bestimmung her geboten.

Für die **Berechnungsmethode** sieht § 29 Abs 3–5 GmbHG vor, dass es für den **Durchschnitt** der **Arbeitnehmeranzahl** auf den **Stand zum jeweiligen Monatsletzten innerhalb des vorangegangenen Kalenderjahres** ankommt. Die Geschäftsführer haben **jeweils zum 1. Jänner** den **Durchschnitt der Arbeitnehmeranzahl** der im **vorangegangenen Jahr** beschäftigten **Arbeitnehmer** festzustellen. **Übersteigt die Durchschnittszahl 300 bzw 500**, so ist die nächste Feststellung der Arbeitnehmeranzahl **jeweils 3 Jahre** nach diesem Stichtag zum 1. Jänner durchzuführen. **Eine Änderung der Arbeitnehmeranzahl innerhalb dieser 3 Jahre ist unerheblich.** Solange die **Durchschnittszahl 300 bzw 500 nicht übersteigt**, ist die **Feststellung jeweils zum 1. Jänner jedes Jahres zu wiederholen.**

Problematisch ist die Berechnung, wenn die GmbH erst während des Kalenderjahres ihre Geschäftstätigkeit aufnimmt. Diesfalls ist für die Berechnung am folgenden 1. Jänner bereits das vergangene Teilkalenderjahr heranzuziehen, also etwa bei Geschäftsaufnahme mit 1. Juli der Halbjahresschnitt (idS auch *Koppensteiner/Rüffler*, Kommentar zum GmbH-Gesetz³ [2007] § 29 Rn 14, mwN *Jabornegg*, ArbVG-Kommentar § 110 Rz 30). In der Literatur werden verschiedene andere Lösungen vertreten (Zuwarten für ein volles Kalenderjahr etwa *Geppert/Moritz*, Gesellschaftsrecht für Aufsichtsräte [1979] 463; Ansetzen der Monate ohne Geschäftstätigkeit mit Null: *Reich-Rohrwig*, Das österreichische GmbH-Recht I² [1997] Rz 4/37). Erwirbt die GmbH während des Kalenderjahres einen Betrieb oder entsteht sie durch eine Umwandlung aus einer AG, so sind die Arbeitnehmerzahlen des erworbenen Betriebes und die Arbeitnehmerzahlen als AG zu berücksichtigen (mwN *Jabornegg*, ArbVG-Kommentar § 110 Rz 30, *Koppensteiner/Rüffler*, Kommentar zum GmbH-Gesetz³ [2007] § 29 Rn 14, *Reich-Rohrwig*, Das österreichische GmbH-Recht I² [1997] Rz 4/38, 39).

GmbHs können auch aus anderen als den in § 29 GmbHG genannten Gründen gesetzlich aufsichtsratspflichtig sein. So gibt es in **Spezialgesetzen geregelte Fälle der gesetzlichen Aufsichtsratspflicht**: Kapitalanlagegesellschaften gem § 2 Abs 5 InvFG 1993, Wirtschaftsbetriebe der Hochschülerschaft in Form einer GmbH gem § 19 Abs 2 HSchG, Gemeinnützige Bauvereinigungen in Form einer GmbH, GmbHs gem § 14 Abs 2 Z 3 GlücksspielG 1989.

Weiters sieht der Bund bei **Ausgliederungen aus dem öffentlichen Dienst** in der Form von GmbHs oftmals zwingend die Einrichtung eines Aufsichtsrates vor (vgl auch Erl 82), zB: Umweltbundesamt GmbH (§ 12 Abs 3 UmweltkontrollG), Bundessporteinrichtungen GmbH (§ 7 BG über die Neuorganisation der Bundessporteinrichtungen), Bundestheater GmbHs (§ 13 BundestheaterorganisationsG), Bundesrechenzentrum GmbH (§ 11 BG über die BRZ GmbH), Spanische Hofreitschule (§ 5 Abs 3 Spanische Hofreitschule-Gesetz), Bundesimmobilien-GmbH (§ 3 Bundesimmobiliengesetz), Bundesbeschaffung-GmbH (§ 9 BB-GmbH-Gesetz).

Versicherungsverein auf Gegenseitigkeit

[45]) Versicherungsvereine auf Gegenseitigkeit müssen gem § 43 Abs 1 Versicherungsaufsichtsgesetz (VAG) **zwingend** einen **Aufsichtsrat** haben. Die Aufsichtsratspflicht ist **unabhängig** davon, **wie viele Arbeitnehmer** der Versicherungsverein auf Gegenseitigkeit beschäftigt. Gem § 47 VAG gelten die Bestimmungen des § 110 Abs 1 bis 4 in der jeweils gültigen Fassung. Der Aufsichtsrat hat die Geschäftsführung zu überwachen. Für die Aufgaben und Rechte des Aufsichtsrates gelten § 95 Abs 2, 3, 5 und 6 und die §§ 96 und 97 Aktiengesetz 1965 in der jeweils geltenden Fassung

sinngemäß (§ 47 Abs 5 VAG). Da **Versicherungsvereine auf Gegenseitigkeit nicht** unter den **Konzernbegriff gem Abs 6** fallen, gibt es **keine Konzernentsendung.**

Österreichische Postsparkasse

[46]) Durch das Bundesgesetz über die Einbringung der Österreichischen Postsparkasse in eine Aktiengesellschaft, BGBl 1996/742 wurde die bisherige öffentlich-rechtliche Anstalt „Österreichische Postsparkasse" in eine Aktiengesellschaft eingebracht. Gem § 3 Abs 1 leg cit hat die Anstalt „Österreichische Postsparkasse" zu existieren aufgehört. Rechtsnachfolgerin ist (gem § 92 Abs 4 BWG) die „Österreichische Postsparkasse Aktiengesellschaft", eine Aktiengesellschaft nach dem AktG. Demgemäß ist die Anordnung einer sinngemäßen Geltung der Regeln über die Aufsichtsratsentsendung in § 110 Abs 5 Z 3 überflüssig. § 110 ist bereits direkt kraft Rechtsform anzuwenden; die Österreichische Postsparkasse ist mittlerweile eine Aktiengesellschaft. Formaljuristisch gesehen hat aber die Z 3 in der Aufzählung des Abs 5 zu verbleiben, weil § 1 Abs 4 des Postsparkassen-Einbringungsgesetzes (BGBl 1996/742) vorsieht, dass wenn in Gesetzen auf die Österreichische Postsparkasse Bezug genommen wird, an ihre Stelle die „Österreichische Postsparkasse Aktiengesellschaft" tritt. Dementsprechend hat gem der Anordnung in § 3 Abs 1 des Bundesgesetzes über die Einbringung der Österreichischen Postsparkasse in eine Aktiengesellschaft (BGBl 1996/742) der Text des § 110 Abs 5 Z 3 ArbVG auch „die Österreichische Postsparkasse *Aktiengesellschaft*" zu lauten. Bei der nächsten Änderung des ArbVG sollte Z 3 eliminiert werden.

Genossenschaft

[47]) Gem § 24 Abs 1 Genossenschaftsgesetz (GenG) hat die Genossenschaft **zwingend** einen **Aufsichtsrat** zu bestellen, wenn sie **dauernd *mindestens* vierzig Arbeitnehmer** beschäftigt. Diese Vorschrift des GenG deckt sich mit § 110 Abs 5 Z 4, der eine Arbeitnehmermitbestimmung ebenfalls ab vierzig Arbeitnehmer vorsieht. Durch diese gesetzestechnische Konstruktion (Wiederholung der Mindestarbeitnehmeranzahl im ArbVG) ergibt sich für die Mitbestimmung eine andere Rechtslage als bei der GmbH. Während bei der GmbH **jeder Aufsichtsrat** dem Mitbestimmungsrecht des ArbVG unterliegt (vgl Erl 44), gibt es in der Genossenschaft keine Mitbestimmung nach dem ArbVG unter der Mindestarbeitnehmergrenze von 40, obwohl das GenG sehr wohl einen fakultativen Aufsichtsrat kennt (§ 24 Abs 3 GenG). Es ist wohl davon auszugehen, dass bei Genossenschaften Aufsichtsratspflicht und Mitwirkungsrecht der Belegschaft parallel laufen sollen. Die **Berechnung der relevanten Arbeitnehmeranzahl** ist in § 24 Abs 2 GenG geregelt und analog der Bestimmung für die GmbH gestaltet (vgl Erl 44); es ist aber darauf zu achten, dass bei der GmbH der

Jahresschnitt *mehr als* 300 AN, während er bei der Genossenschaft *mindestens* 40 AN betragen muss. Heranzuziehen ist der Arbeitnehmerbegriff des § 36 ArbVG (vgl *Gahleitner*, ArbVR 2³ Erl zu § 36) und ein Absinken der Arbeitnehmeranzahl auf unter 40 schlägt – genauso wie in der GmbH – erst nach drei Jahren auf die Mitbestimmung im Aufsichtsrat durch (so auch *Jabornegg,* ArbVG-Kommentar § 110 Rz 42).

Sparkassen

⁴⁸) Das Aufsichtsorgan bei Sparkassen heißt **Sparkassenrat** und hat gem § 17 Sparkassengesetz weitergehende Aufgaben als ein Aufsichtsrat nach AktG (siehe dazu *Jabornegg,* ArbVG-Kommentar § 110 Rz 43). Gem § 17 Abs 6 SparkassenG entsendet der (Zentral-)Betriebsrat Arbeitnehmervertreter in den Sparkassenrat. Die Anwendung des § 110 Abs 1 bis 4 ArbVG ergibt sich (anders als bei den Versicherungsvereinen auf Gegenseitigkeit, vgl Erl 45) aus § 110 Abs 5 und nicht aus dem SparkassenG selbst. Da Sparkassen nicht unter den Konzernbegriff des Abs 6 fallen, gibt es keine Konzernentsendung.

VI. Aufsichtsratsmitwirkung im Konzern

Allgemeines

⁴⁹) Die Abs 6–6b regeln die Mitwirkung der Belegschaften von Konzernunternehmen im Aufsichtsrat der Konzernspitze. Unter **Konzern** versteht man *allgemein* (der spezielle Konzernbegriff des § 110 ist enger) den Zusammenschluss von **mehreren rechtlich selbstständigen Unternehmen** zu **einer wirtschaftlichen Einheit** (näher dazu vgl *Geppert/Moritz,* Gesellschaftsrecht für Aufsichtsräte [1979] 130). **Zweck des Gesetzes** ist, dass Arbeitnehmer eines Unternehmens, die von wirtschaftlichen Entscheidungen betroffen sind, die außerhalb des Unternehmens in der Konzernspitze getroffen werden, die Möglichkeit haben sollen, in den Gremien, in denen diese Entscheidungen fallen, vertreten zu sein (Gesetzgebungsmaterialien zur Stammfassung des ArbVG, RV 840 BlgNR 13. GP 88). Für Streitigkeiten über die Konzernentsendung ist gem § 50 Abs 2 ASGG das Arbeits- und Sozialgericht zuständig (vgl Erl 16).

Übersicht

⁵⁰) Die Regelungen, unter welchen Voraussetzungen welches Organ Arbeitnehmervertreter in den Aufsichtsrat einer Konzernspitze zu entsenden hat (Konzernentsendung), sind äußerst kompliziert. Abs 6 regelt die grundsätzlichen Fragen der Konzernentsendung, Abs 6a ist eine durch die Novelle 1993 BGBl 460 eingeführte Spezialregelung für so genannte arbeitnehmerlose Holdinggesellschaften und Abs 6b normiert den Entsendungsvorgang, wenn es eine Konzernvertretung (§ 88a ArbVG, vgl

Kundtner, ArbVR 2³ Erl zu § 88a) gibt. Darüber hinaus findet sich in den §§ 16–31b AR-VO ein detailliertes Regelwerk für die Wahl und die Entsendung von Arbeitnehmervertretern in den Aufsichtsrat des herrschenden Unternehmens.

Im Wesentlichen kommt es unter **folgenden drei Voraussetzungen** zu einer **Mitwirkung von Arbeitnehmervertretern aus Tochterunternehmen im Aufsichtsrat der Konzernmutter (unternehmensüberschreitende Entsendung,** vgl dazu Erl 6):

1. Die **beteiligten Unternehmen** (Mutter- und Töchterunternehmen) müssen **AGs, GmbHs, Genossenschaften,** Europäische Gesellschaften **(SEs)** oder Europäische Genossenschaften**(SCEs)** sein, wobei bei den GmbHs und Genossenschaften noch zusätzliche – etwas komplizierte – Voraussetzungen hinsichtlich der Aufsichtsratspflicht hinzukommen (vgl Erl 44 und 47). Gem § 22 PSG sind **Privatstiftungen** wie GmbHs zu behandeln.
2. Es liegt **einheitliche Leitung** gem § 15 Abs 1 AktG oder **Beherrschung** gem § 15 Abs 2 AktG in Form von unmittelbarer Beteiligung von mehr als 50 % vor (vgl Erl 57 und 58).
3. Das Konzern*mutter*unternehmen darf **höchstens halb so viele Arbeitnehmer** beschäftigen **wie alle (relevanten) Tochterunternehmen zusammen** (vgl Erl 63).

Voraussetzungen auf Seiten der Konzernmutter

⁵¹) Die **Konzernentsendung ist rechtsformabhängig,** dh es ist Voraussetzung, dass es sich bei der **Konzernmutter** um eine **AG,** eine **GmbH** (vgl Erl 52), eine **Genossenschaft** (vgl Erl 53) oder um eine **Privatstiftung** (gem § 22 Abs 4 PSG) handelt. Außerdem ist es notwendig, dass die **Konzernspitze** einen **Aufsichtsrat** hat, was im Fall der Aktiengesellschaft als Konzernmutter völlig unproblematisch ist, weil die AG kraft Rechtsform aufsichtsratspflichtig ist. Die Privatstiftung ist als Konzernmutter gem § 22 Abs 4 PSG der GmbH gleichgestellt.

Für **Versicherungsvereine auf Gegenseitigkeit** (Abs 5 Z 2, vgl Erl 45) und **Sparkassen** (Abs 5 Z 5, vgl Erl 48) als **Konzernmütter** gibt es **keine Entsendung aus den Töchtern in den Aufsichtsrat der Mutter;** es kommt nur die (normale) Entsendung von Betriebsratsmitgliedern aus Betrieben der Konzernspitze gem Abs 1 bis 4 zur Anwendung.

Für **Banken** gem § 1 BankwesenG und **Versicherungsunternehmungen** schließt der **Gesetzestext die Konzernentsendung** aus, für Beteiligungen im Banken- bzw Versicherungssektor sollte eine **teleologische Reduktion** dieser Bestimmung Platz greifen (vgl Erl 68).

⁵²) Primäre Voraussetzung für eine Entsendung in den Aufsichtsrat einer GmbH als Konzernmutter ist, dass diese GmbH einen Aufsichtsrat

hat. Ob es sich dabei um einen **gesetzlich obligatorischen**, einen **gesellschaftsrechtlich zwingenden** oder um einen **gesellschaftsvertraglich fakultativen Aufsichtsrat** handelt, ist **unerheblich** (vgl dazu Erl 44). Selbstverständlich müssen auch die anderen Voraussetzungen des Abs 6 vorliegen (insbesondere richtige Belegschaftsgrößenrelation Mutter – Tochter vgl Erl 63). In der praktischen Anwendung bereitet hier vor allem die komplizierte Regelung des § 29 GmbHG zur gesetzlichen Aufsichtsratspflicht bei GmbHs im Konzern Probleme (vgl Erl 44).

53) Seit der Novelle BGBl 1993/460 ist nun auch eine **Aufsichtsratsentsendung** von Arbeitnehmern in **Konzernspitzen** in der Rechtsform **einer Genossenschaft** möglich. Die in der Vorauflage vertretene Ansicht, dass Voraussetzung für eine Entsendung in den Aufsichtsrat der Genossenschaft als Konzernspitze ist, dass die Genossenschaft im Jahresschnitt mindestens 40 Arbeitnehmer beschäftigt, wird aufgrund der überzeugenden Gegenargumnte von *Jabornegg*, ArbVG-Kommentar § 110 Rz 160 aufgegeben.

Voraussetzungen auf Seiten der Konzerntöchter

54) Die **Konzernentsendung ist rechtsformabhängig**, dh es ist – zusätzlich zu den Voraussetzungen auf Mutterseite (vgl Erl 51 bis 53) – Voraussetzung, dass es sich bei der **Konzerntochter** um eine

- AG,
- aufsichtsratspflichtige GmbH (vgl Erl 44 und 54a),
- GmbH iSd § 29 Abs 2 Z 1 GmbHG (dh mehr als 300, aber weniger als 500 AN, vgl Erl 44),
- aufsichtsratspflichtige Genossenschaft (vgl Erl 47),
- SE (Europäische Gesellschaft, vgl Erl 54a) oder
- SCE (Europäische Genossenschaft, vgl Erl 56b)

handelt.

In der Praxis lässt sich in letzter Zeit ein Trend zur Wahl der **GmbH & Co KG** (vgl Abs 7 und Erläuterungen 78 und 79) als **Tochterunternehmen im Konzern** beobachten (vgl zutreffend *Jabornegg*, DRdA 1999, 433). Dies hat steuerrechtliche Hintergründe (restriktive Interpretation des sog Organschaftsprivilegs gem § 9 KörperschaftssteuerG durch den VwGH, vom 20. 1. 1999, 96/13/0090, ARD 5024/17/99 = ÖStZB 1999, 413). Da die GmbH & Co KG aber in der Aufzählung des § 110 Abs 6 Z 1–4 nicht vorkommt, könnte man den – am reinen Gesetzeswortlaut orientierten – Schluss daraus ziehen, dass die GmbH & Co KG von der Entsendung in den Aufsichtsrat der Mutter ausgeschlossen sei (so etwa *Geppert/Moritz*, Gesellschaftsrecht für Aufsichtsräte [1979] 137). Dies überzeugt aber nicht. Dem Gesetzeszweck der Konzernentsendung und der Mitbestimmung der KG-Belegschaft im Aufsichtsrat der GmbH bei der GmbH &

Co KG entsprechend (vgl Erl 49, 78 und 79 bzw auch RV 840 BlgNR 13. GP 88), ist die **gesamte Belegschaft der GmbH & Co KG in das Konzernentsendungsrecht miteinzubeziehen**. Dies hat in der Form zu geschehen, dass die Betriebsräte der GmbH & Co KG in Anwendung des § 110 Abs 6 Arbeitnehmervertreter in den Aufsichtsrat der Konzernmutter entsenden können, wenn die übrigen Voraussetzungen des § 110 Abs 6 vorliegen. Insbesondere muss es sich also bei der Komplementär-GmbH (der GmbH & Co KG) um eine aufsichtsratspflichtige GmbH (gleich ob gesetzlich oder gesellschaftsvertraglich zwingender Aufsichtsrat, vgl Erl 44) oder um eine GmbH mit mehr als 300 und weniger als 500 AN handeln. Selbstverständlich müssen auch die Voraussetzungen auf Seiten der Konzernmutter (vgl Erl 51 bis 53) vorliegen und die relevanten Töchter müssen insgesamt doppelt so viele Arbeitnehmer beschäftigen wie die Mutter (vgl Erl 63). Ist eine Konzernvertretung errichtet, entsendet diese gem Abs 6b.

[54a]) Wenn hier von aufsichtsratspflichtigen GmbHs die Rede ist, dann sind auch GmbHs mit gesellschaftsvertraglich verpflichtendem Aufsichtsrat darunter zu verstehen. Dies ergibt sich daraus, dass nach überwiegender Meinung GmbHs mit gesellschaftsvertraglich verpflichtendem Aufsichtsrat auch die GmbH-Mutter gem § 29 Abs 1 Z 3 GmbHG aufsichtsratspflichtig machen (siehe mit weiteren Nachweisen Erl 44 zu Z 3 des § 29 Abs 1 GmbHG). Umso mehr muss dies dann für die Entsendung von Arbeitnehmervertretern aus der Tochter in die Mutter gelten.

[55]) Eine GmbH iSd § 29 Abs 2 Z 1 GmbHG ist eine solche, die unter einheitlicher Leitung einer **aufsichtsratspflichtigen** (vgl Erl 44) Kapitalgesellschaft steht oder von einer solchen auf Grund einer unmittelbaren Beteiligung von mehr als 50% beherrscht wird (vgl Erl 57 und 58) und deren **Arbeitnehmeranzahl im Durchschnitt 500 nicht** übersteigt (vgl Erl 44). Sie ist gem § 29 GmbHG selbst nicht aufsichtsratspflichtig. Trotzdem ist sie eine für die Konzernentsendung **relevante Tochter**.

[56]) Gem § 24 GenG hat die Genossenschaft einen Aufsichtsrat zu bestellen, wenn sie dauernd mindestens 40 Arbeitnehmer beschäftigt (vgl Erl 47; zur genauen Ermittlung der Beschäftigtenzahl siehe § 24 Abs 2 GenG und Erl 44).

[56a]) Die Europäische Gesellschaft (auch kurz SE, societas europaea) ist eine durch Europäisches Gemeinschaftsrecht vorgegebene Gesellschaftsform, die dadurch gekennzeichnet ist, dass sie mit einem einheitlichen Statut grenzüberschreitend in ganz Europa tätig werden kann. Unternehmen müssen also nicht mehr in jedem Mitgliedsstaat eine eigene Tochtergesellschaft gründen, um dort tätig zu werden. Regelungen zur SE finden sich sowohl in europarechtlichen als auch in innerstaatlichen Rechtsquellen. Die gesellschaftsrechtlichen Vorschriften zur SE sind in der europäischen

SE-VO (Verordnung [EG] 2001/2157 des Rates vom 8. Oktober 2001 über das Statut der Europäischen Gesellschaft [SE]) und im österreichischen SE-Gesetz (SEG, Gesetz über das Statut der Europäischen Gesellschaft [Societas Europaea – SE] BGBl I 2004/67) enthalten. Die Vorschriften hinsichtlich der Arbeitnehmerbeteiligung (SE-Betriebsrat bzw Mitbestimmung im Aufsichts- oder Verwaltungsrat) trifft in Umsetzung der SE-RL (Richtlinie 2001/86/EG des Rates vom 8. Oktober 2001 zur Ergänzung der Europäischen Gesellschaft hinsichtlich der Beteiligung der Arbeitnehmer) das ArbVG im Wesentlichen in den durch BGBl I 2004/82 eingefügten §§ 208–253 (siehe dazu *Cerny/Mayr,* ArbVR 6 [Europäische Gesellschaft, Beteiligung der Arbeitnehmer]).

Mit der SE wird für Österreich insofern gesellschaftsrechtliches Neuland betreten, als die Satzung der SE darüber entscheiden kann, ob das dualistische oder das monistische System zur Anwendung kommen soll (§§ 35 ff SEG). Unter dem dualistischen System versteht man die in Österreich bisher geläufige Trennung zwischen Leitungsorgan und Aufsichtsorgan (bei der AG etwa Vorstand und Aufsichtsrat). Das monistische System vereint Leitung und Kontrolle in einem Organ, dem so genannten **Verwaltungsrat**. Für die Mitbestimmung in der SE ist dies insofern von Bedeutung, als sich die Beteiligung der Arbeitnehmervertreter beim dualistischen System auf den Aufsichtsrat beschränkt, während sie sich beim monistischen System auf den Verwaltungsrat bezieht. Die **Mitbestimmung im Aufsichts- oder Verwaltungsrat der SE richtet sich nicht nach § 110 ArbVG**, sondern geht einen eigenen Weg. Grundsätzlich sehen die SE-RL, die SE-VO und folglich auch die österreichischen Gesetze SEG und ArbVG für die Unternehmensmitbestimmung (auch für den SE-Betriebsrat) vor, dass Arbeitgeber- und Arbeitnehmerseite eine **Vereinbarung** zur **Mitbestimmung im Aufsichts- oder Verwaltungsrat der SE** abschließen (§ 230 Abs 2 ArbVG). Das Gesetz sieht aber eine **Auffanglösung** für den Fall der Nichteinigung vor, die sich (für die Mitbestimmung im Aufsichts- oder Verwaltungsrat der SE) in den §§ 244–249 ArbVG findet. Dort wird zum Teil auf § 110 ArbVG verwiesen, zB hinsichtlich der Rechte der Arbeitnehmervertreter im Aufsichts- oder Verwaltungsrat der SE (§ 248 ArbVG).

Die hier in § 110 Abs 6 vorgenommene Ergänzung stellt klar, dass **die SE eine für die Konzernentsendung relevante Tochter sein kann**. Dies ist dann der Fall, wenn eine Europäische Gesellschaft (SE)
1. Tochter (einheitliche Leitung oder Beherrschung, Erl 57 und 58)
2. einer AG, GmbH, Genossenschaft oder Privatstiftung (vgl Erl 51) und
3. die Größenrelation hinsichtlich der Arbeitnehmerzahlen erfüllt ist.

Dh die Konzernmutter darf höchstens halb so viele Arbeitnehmer wie alle relevanten Töchter zusammen beschäftigen (vgl Erl 63). Was die Relation der Arbeitnehmerzahlen angeht, ist hier wegen des Territorialitätsprinzips auf die Arbeitnehmeranzahl der SE in Österreich abzustellen (genauer gesagt auf die der österreichischen Betriebsverfassung unterfallenden Arbeitnehmer iSd § 36, vgl OGH vom 26. 3. 1997, 9 Ob A 88/97z, DRdA 1998/16 mit Anm von *Hoyer*).

Liegen alle Voraussetzungen vor, dann können die zuständigen österreichischen Belegschaftsorgane der SE-Tochter die entsprechende Anzahl von Arbeitnehmervertretern in den Aufsichtsrat der österreichischen Muttergesellschaft entsenden. Die Zuständigkeit zur Entsendung richtet sich nach der Zuständigkeitsverteilung des § 113 (Betriebsrat, Betriebsausschuss, Zentralbetriebsrat, Konzernvertretung). Dabei ist gleichgültig, ob die SE-Tochter ihren Sitz in Österreich oder in einem anderen Mitgliedsstaat hat. Der unter die Geltung des österreichischen ArbVG fallenden Belegschaft kommt das Recht zu, im Aufsichtsrat der Muttergesellschaft mitzubestimmen, weil dort für sie wesentliche Entscheidungen fallen (siehe allgemein zum Zweck der Konzernmitbestimmung Erl 49).

Ist die SE eine Konzern**mutter**, richtet sich die Mitbestimmung im Aufsichts- oder Verwaltungsrat der SE nicht nach § 110, sondern nach den entsprechenden Bestimmungen des VI. Teiles des ArbVG (§§ 208–253). Konkret ist das für die Verhandlungslösung § 230 und für die gesetzliche Auffanglösung §§ 244–249. Dabei muss es sich aber um eine SE Konzernmuttergesellschaft mit Sitz in Österreich handeln, da nur dann die entsprechenden österreichischen Bestimmungen greifen können. Ob es bei einer SE als Konzernmutter mit Sitz in Österreich zu einer Entsendung von Arbeitnehmervertretern aus den Belegschaften der Töchter in den Aufsichts- oder Verwaltungsrat der Mutter kommen kann, hängt (abgesehen von den entsprechenden sonstigen Voraussetzungen vgl Erl 50) davon ab, ob eine Konzernvertretung eingerichtet ist (mit Stützung auf § 113 Abs 5 Z 7 *Gahleitner* in *Kalss/Hügel,* SE-Kommentar [2004] Rz 1 zu § 110 Abs 6).

[56b]) Ähnlich der Neuschaffung der Rechtsform der Europäischen Gesellschaft (SE) kam 2006 aufgrund EU-rechtlicher Vorgaben der neue Rechtsformtypus der **Europäischen Genossenschaft (Societas Cooperativa Europaea, SCE)** hinzu. Gesellschaftsrechtlich fußt die SCE auf einer EG-Verordnung (SCE-VO 1435/2003/EG) und einem entsprechenden österreichischen Gesetz über das Statut der Europäischen Genossenschaft (SCEG, BGBl I 2006/104). Die Frage der Beteiligung der Arbeitnehmer in der SCE regelt auf EU-rechtlicher Ebene die RL 2003/72/EG. Die Umsetzung dieser RL erfolgte durch die Einfügung eines neuen Teiles VII in das ArbVG (BGBl I 2006/104, §§ 254 bis 257). So wie auch bei der SE richtet sich die Unternehmensmitbestimmung – also die Entsendung von Arbeitnehmervertretern in den Aufsichts- bzw Verwaltungsrat – bei einer SCE mit Sitz in Österreich nicht nach § 110 ArbVG, sondern entweder nach einer Vereinbarung zwischen Belegschaftsvertretung und SCE oder im Fall der Nichteinigung nach denselben gesetzlichen Auffangbestim-

mungen wie bei der SE (siehe den entsprechenden Pauschalverweis in § 257 Abs 1).

Die hier in § 110 Abs 6 Z 6 vorgenommene Ergänzung stellt klar, dass **die SCE eine für die Konzernentsendung relevante Tochter sein kann** (vgl Erl 56a).

Einheitliche Leitung und unmittelbare Beteiligung

[57]) Das Feststellen einer **einheitlichen Leitung** eines Unternehmens durch ein anderes ist schwieriger als die Prüfung, ob eine unmittelbare Beteiligung (vgl Erl 58) von mehr als 50% vorliegt (Auskunftspflicht der Unternehmensleitung gem § 16 AR-VO). Hinzuweisen ist nochmals darauf, dass für den Anwendungsbereich des § 110 Abs 6–6b ArbVG ein **engerer Konzernbegriff** als allgemein nach § 15 AktG bzw auch nach § 88a ArbVG gilt. Die beteiligten Unternehmen müssen die in den Erl 50 bis 56b geschilderten Voraussetzungen erfüllen (vor allem eine bestimmte Rechtsform haben). **Einheitliche Leitung** liegt (vgl mwN *Gahleitner*, DRdA 1994, 427) vor, wenn die Aktivitäten verschiedener **rechtlich selbstständiger Unternehmen** durch entsprechende **Einflussnahme** auf deren Geschäftsführung **planmäßig so koordiniert** werden, dass dies der möglichen Leitungsstruktur eines **Einheitsunternehmens** entspricht. Bereits eine sich auf Grundsätzliches beschränkende Koordinierung in den wichtigsten Fragen der Unternehmenspolitik reicht aus. Kontrolle im Sinne von Überprüfung allein genügt aber nicht, weil **aktiv planendes Handeln** notwendig ist. Als **Mittel zur Ausübung der einheitlichen Leitung** kommen vor allem Beteiligungen, personelle Verflechtungen, maßgebliche Finanzierungen, aber auch vertragliche Beziehungen in Betracht. Vor allem die Koordination des finanziellen Bereiches deutet auf das Vorliegen eines Konzerns hin.

Die einheitliche Leitung muss **tatsächlich** ausgeübt werden (*Kastner/Doralt/Nowotny*, Grundriß des österreichischen Gesellschaftsrechts⁵ [1990] 31).

Der Zweck der Aufsichtsratsentsendung von Töchter- in Mutterunternehmen (vgl Erl 49) gebietet es, nicht nur **Unterordnungs-, sondern auch Gleichordnungskonzerne** in § 110 Abs 6 einzubeziehen. Dies ist im **Gleichordnungskonzern** allerdings nur dann möglich, wenn es die Rechtsform der Konzernspitze (vgl Erl 51–53) zulässt (*Strasser/Jabornegg*, ArbVG³ [1999] § 110 Anm 72; *Strasser*, DRdA 1994, 213 [220]). Beim **Gleichordnungskonzern** sind verschiedene Unternehmen unter einheitlicher Leitung zusammengefasst, ohne auf Grund von Beteiligungen oder sonst voneinander abhängig zu sein, während beim **Unterordnungskonzern** ein Unternehmen vom anderen abhängig ist (*Gahleitner*, DRdA 1994, 427; *Geppert/Moritz*, Gesellschaftsrecht für Aufsichtsräte [1979] 131).

Umstritten ist die Entsendungsfrage beim so genannten **Teilkonzern** bzw **Konzern im Konzern** (vgl dazu mwN *Kreil*, Mitbestimmung im Konzern [1993] 48; *Jabornegg*, DRdA 1999, 433 bei FN 12; *Jabornegg*, ArbVG-

Kommentar § 110 Rz 182). Kann etwa der Betriebsrat einer Enkelgesellschaft (C) in den Aufsichtsrat einer Muttergesellschaft (A) entsenden, wenn sich zwischen Mutter (A) und Enkel (C) eine Tochtergesellschaft (B) befindet (Beteiligungen jeweils zu 100%), die Mutter (A) aber die Enkelgesellschaft (C) tatsächlich einheitlich leitet? Die Entsendung von C in den Aufsichtsrat von B ist kraft unmittelbarer Beteiligung von mehr als 50% auf den ersten Blick jedenfalls möglich. Denkbar ist aber auch eine Entsendung von C in den Aufsichtsrat von A, weil A C einheitlich leitet. Nach dem erklärten Zweck des § 110 Abs 6 ArbVG (RV 840 BlgNR 13. GP 88, vgl Erl 49) geht es darum, dass die Arbeitnehmer dort mitbestimmen können sollen, wo Entscheidungen fallen. Aus diesem Grund ist im geschilderten Fall eine Entsendung von der Enkelgesellschaft (C) in den Aufsichtsrat der Muttergesellschaft (A) möglich. Ist B eine bloße Zwischenholding, die nur die Anteile an C verwaltet (vgl Erl 58), tritt das Problem der Doppelentsendung in den Aufsichtsrat von B und von A nicht auf. Andernfalls müsste sowohl einheitliche Leitung durch die Muttergesellschaft C und Beherrschung auf Grund unmittelbarer Beteiligung durch die Tochtergesellschaft C argumentiert werden, was auf dogmatische Bedenken stößt (vgl *Jabornegg*, DRdA 1999, 433 bei FN 13). Nehmen sowohl A wie auch B praktisch tatsächlich Einfluss auf die Geschäfte in der Enkelgesellschaft C, ist meines Erachtens eine Doppelentsendung möglich.

[58]) Da das Feststellen des Vorliegens eines **unmittelbaren Beteiligungsverhältnisses** relativ einfach ist, ist es sinnvoll, das Konzernmerkmal der **unmittelbaren Beteiligung von mehr als 50%** zuerst zu prüfen, bevor man eine eventuelle tatsächliche einheitliche Leitung prüft (Auskunftspflicht der Unternehmensleitung gem § 16 AR-VO). **Unmittelbar** ist eine Beteiligung an einer Tochtergesellschaft, während eine Beteiligung an einer Enkelgesellschaft nur mehr mittelbar ist. Ist eine **unmittelbare Beteiligung** von mehr als 50% gegeben, ist **davon auszugehen**, dass die Muttergesellschaft die Tochtergesellschaft tatsächlich beherrscht. Wer das Gegenteil behauptet, muss die Nichtbeherrschung beweisen.

Es kann sich nämlich ergeben, dass das kraft unmittelbarer Beteiligung (scheinbar) herrschende Unternehmen nur als Anteilsverwaltung fungiert, keinen Einfluss auf das Unternehmensgeschehen des Beteiligungsunternehmens nimmt und somit **nur scheinbar herrschend ist**. In einer gerichtlichen Auseinandersetzung zwischen Arbeitnehmervertretung und (scheinbar herrschendem) Unternehmen obliegt es dem Unternehmen darzutun und zu beweisen, dass es trotz einer Mehrheitsbeteiligung **keinen beherrschenden Einfluss** nimmt, sondern nur die Anteile verwaltet (vgl genauer dazu mwN *Koppensteiner/Rüffler*, Kommentar zum GmbH-Gesetz[3] [2007] § 115 Rn 13). Ein Indiz für Nichtbeherrschung wäre, dass das (scheinbar herrschende) Unternehmen über die durch das Gesellschaftsrecht für den Gesellschafter zwingend vorgeschriebenen Beschlussfassungen hinausgehend keinen Einfluss auf das Beteiligungsunternehmen ausübt (vgl auch RV 1078 BlgNR 18. GP 15). Auch diese Frage unterliegt der Auskunftspflicht der Geschäftsleitung gem § 16 AR-VO.

Kommt man bei der Prüfung dieser Frage zum Ergebnis, dass trotz unmittelbarer Mehrheitsbeteiligung kein über die bloße Anteilsverwaltung hinausgehender Einfluss (vgl Abs 6a und Abs 6 Satz 3 und RV 1078 BlgNR 18. GP 15) ausgeübt wird, gibt es **keine Konzernentsendung**, dh es entsendet nur das Belegschaftsorgan der „scheinbaren" Muttergesellschaft, wenn es ein solches gibt (vgl Abs 6a). Hinzuweisen ist aber noch darauf, dass es bei einer unmittelbaren Beteiligung von mehr als 50% – auch wenn aktuell nur Anteile verwaltet werden – jederzeit zu einer „Aufgabe der Beherrschungsenthaltung" (*Strasser*, DRdA 1994, 213 FN 71a) kommen kann und die Belegschaftsorgane deshalb besonders auf Beherrschungsindizien achten sollten.

Entsendende Organe der Belegschaft

[59]) Damit ist das gem § 113 Abs 4 **zuständige Organ der Belegschaft** gemeint, es kann sich also auch um den Betriebsausschuss **des herrschenden Unternehmens** handeln. Ist **trotz Betriebsratspflicht kein entsendungsberechtigtes Belegschaftsorgan im herrschenden Unternehmen bestellt**, dann bleibt das Mandat bzw die Mandate, die der Belegschaft der Konzernmutter zukommen würden, unbesetzt. Diese Mandate können **nicht** durch die **Belegschaftsorgane der beherrschten Unternehmen besetzt werden** (vgl *Löschnigg*, Die Entsendung der Betriebsräte in den Aufsichtsrat – Organisationsrechtliche Probleme des § 110 ArbVG [1985] 132; *Reich-Rohrwig*, Das österreichische GmbH-Recht I^2 [1997] Rz 4/141; *Jabornegg*, ArbVG-Kommentar § 110 Rz 192). Die **Aufgaben**, die dem Belegschaftsorgan der Konzernmutter für die **Konzernentsendung** zukämen, hat dann gem **§ 20a AR-VO** ein Belegschaftsorgan der Konzerntöchter zu besorgen.

Anders verhält sich die Sache, wenn im herrschenden Unternehmen kein Betriebsrat **zu errichten ist** (so genannte **arbeitnehmerlose Holding**), dann greift nämlich die Spezialregelung des Abs 6a (siehe Erl 69 bis 71). Für den Fall, dass eine Konzernvertretung errichtet wurde, kommt Abs 6b zur Anwendung (Erl 72 bis 77).

[60]) Abs 6 spricht immer wieder vom **herrschenden Unternehmen**. Darunter sind auch Konzernspitzen zu verstehen, die andere Unternehmen einheitlich leiten und nicht nur solche, die kraft unmittelbarer Beteiligung beherrschen (vgl Erl 57 und 58). Zu den Voraussetzungen, die ein herrschendes Unternehmen erfüllen muss, vgl Erl 51–53.

[61]) Es nehmen nur die Belegschaftsorgane der **relevanten Töchterunternehmen** (vgl Erl 54–56b) an der Entsendung in die Konzernmutter teil. Im Ergebnis bedeutet dies, dass nur Belegschaftsorgane aus Töchtern in

Form von Aktiengesellschaften, europäischen Gesellschaften (SE), aufsichtsratspflichtigen GmbHs bzw GmbHs, die mehr als 300 Arbeitnehmer und Genossenschaften, die mindestens 40 Arbeitnehmer beschäftigen, entsendungsberechtigt sind.

[62]) Damit ist das gem § 113 Abs 4 **zuständige Organ der Belegschaft in der Konzerntochter** gemeint, es kann sich also auch um Betriebsausschüsse oder Zentralbetriebsräte handeln. Für den Fall, dass eine Konzernvertretung errichtet wurde, kommt Abs 6b zur Anwendung (Erl 72 bis 77). **Fehlt eine Belegschaftsvertretung in einem (relevanten) Tochterunternehmen** (siehe Erl 54 bis 56b), **obwohl eine solche errichtet sein müsste**, bedeutet dies **keine Verminderung der Zahl** der aus den Töchterunternehmen zu entsendenden **Arbeitnehmervertreter**. Die **Belegschaftsorgane der restlichen Töchter** wählen aus ihrer Mitte alle Arbeitnehmervertreter für den Aufsichtsrat (*Löschnigg*, Die Entsendung der Betriebsräte in den Aufsichtsrat – Organisationsrechtliche Probleme des § 110 ArbVG [1985], 132).

Größenrelation Konzernmutter – Konzerntöchter

[63]) Die dritte (vgl Erl 50) grundsätzliche Voraussetzung für eine Entsendung von Arbeitnehmervertretern aus den Konzerntöchtern in den Aufsichtsrat der Konzernmutter ist – und das wird in der Praxis gerne übersehen –, dass das **Konzern*mutter*unternehmen höchstens halb so viele Arbeitnehmer beschäftigt wie alle (relevanten)** *Töchter***unternehmen** (vgl Erl 54 bis 56b) **zusammen**. Mit anderen Worten gesprochen, darf – in der Beschäftigtenrelation zwischen Mutter und allen relevanten Töchtern zusammen – **höchstens ein Drittel der Arbeitnehmer bei der Mutter** beschäftigt sein. Für den Arbeitnehmerbegriff ist § 36 (vgl *Gahleitner*, ArbVR 2³ Erl zu § 36) einschlägig. Das heißt, dass etwa auf Dauer überlassene Arbeitskräfte (auch) dem Beschäftigerunternehmen zuzurechnen sind. Überlässt die Konzernmutter an eine Konzerntochter, kann es auf diese Weise zu Doppelzählungen im Konzern kommen (vgl *Gahleitner*, ArbVR 2³ Erl 1 zu § 36). **Beschäftigt die Konzernspitze verhältnismäßig mehr Arbeitnehmer,** so gibt es **keine Konzernentsendung,** sondern die Entsendung in den Aufsichtsrat der Konzernmutter erfolgt ausschließlich durch den (Zentral-)Betriebsrat des Mutterunternehmens. Ist in einem solchen Fall eine Konzernvertretung errichtet, entsendet nicht die Konzernvertretung, sondern der (Zentral-)Betriebsrat des Mutterunternehmens (vgl § 31b AR-VO und Erl 72 bis 77 zu Abs 6b). Handelt es sich bei einem Tochterunternehmen um eine Europäische Gesellschaft (SE), so sind für die Berechnung der Arbeitnehmerrelation zwischen Mutter und Tochter für die SE nur die der österreichischen Arbeitsverfassung unterfallenden Arbeitnehmer heranzuziehen (Territorialitätsprinzip, vgl Erl 56a).

Aufteilung der Arbeitnehmervertretermandate zwischen Konzernmutter und -töchtern

[64]) Die **Gesamtanzahl der Arbeitnehmervertreter im Aufsichtsrat der Konzernmutter** richtet sich nach der „normalen" **Drittelparität** (vgl Erl 7–9), dh, dass für je zwei Kapitalvertreter je ein Arbeitnehmervertreter in den Aufsichtsrat zu entsenden ist.

Die **Arbeitnehmervertreter verteilen sich wie folgt:** Primär entsendungsberechtigt ist der Zentralbetriebsrat (Betriebsrat, Betriebsausschuss) der Konzernmutter. Ihm stehen so viele Mandate zu, als es der Zahl der in der Konzernmutter beschäftigten Arbeitnehmer zur Zahl der in den relevanten Konzerntöchtern beschäftigten Arbeitnehmer entspricht (Arbeitnehmerbegriff § 36, vgl dazu *Gahleitner*, ArbVR 2^3 Erläuterungen zu § 36). Für die Aufteilung ist gem § 17 Abs 2 AR-VO das d'Hondt'sche System (vgl Erl 13) anzuwenden, wobei die Wahlzahl in Dezimalen zu errechnen ist. Bei gleichem Anspruch auf ein Mandat entscheidet das Los. (*Löschnigg*, Die Entsendung der Betriebsräte in den Aufsichtsrat – Organisationsrechtliche Probleme des § 110 ArbVG [1985] 119, sieht eine andere Berechnungsmethode als gesetzeskonform an.)

Beispiel 1:

Es sind 7 Arbeitnehmervertreter zu entsenden. In der Konzernmutter sind 60 Arbeitnehmer, in den (relevanten) Konzerntöchtern sind zusammen 540 Arbeitnehmer beschäftigt.

Konzernmutter	Konzertöchter
60	540
30	270
20	180
15	135
12	108
10	90
8,71	77,1

Auf die Konzernmutter würde demnach kein Mandat entfallen, wenn der Belegschaft der Konzernmutter nicht das so genannte **„sichere Mandat"** gesetzlich zukommen würde.

Die Schutzklausel des Abs 6 Satz 2 (letzter Satzteil: ... mindestens jedoch einen Arbeitnehmervertreter) bestimmt, dass in einem solchen Fall **mindestens ein Mandat vom Betriebsrat der Konzernmutter** besetzt werden darf (so genanntes **sicheres Mandat**, vgl auch Erl 65).

Beispiel 2:

Es sind 8 Arbeitnehmervertreter zu entsenden. In der Konzernmutter sind 124 Arbeitnehmer, in den (relevanten) Konzerntöchtern sind zusammen 256 Arbeitnehmer beschäftigt:

Konzernmutter	Konzertöchter
124	256
62	128
41,33	85,33
31	63
24,8	51,2
20,66	42,66

Demnach entfallen auf die Konzernmutter zwei, auf die Gesamtheit der Konzerntöchter sechs Mandate.

Die nach der vorerwähnten Zuteilungsregel auf die Zentralbetriebsräte (Betriebsräte, Betriebsausschüsse) der **Töchterunternehmen entfallenden Aufsichtsratsmandate** sind im Wege von **geheimen Wahlen** aufzuteilen. Eine Bedachtnahme auf die einzelnen Betriebe bzw Fraktionen kann daher nur im Wege der Erstellung von Wahlvorschlägen bzw im Rahmen des Wahlergebnisses erfolgen.

Das Ergebnis der Berechnungen ist vom Vorsitzenden des Zentralbetriebsrates (Betriebsrates, Betriebsausschusses) der Konzernmutter unverzüglich den Vorsitzenden der Betriebsräte in den Konzerntöchtern bekannt zu geben.

Hat die **Konzernmutter keinen Betriebsrat** errichtet, obwohl einer zu errichten wäre, entfallen die der Mutter nach der Arbeitnehmeranzahl zukommenden Mandate (anders bei der arbeitnehmerlosen Holding, vgl Erl 69). Hat ein relevantes Tochterunternehmen trotz Betriebsratspflicht keinen Betriebsrat errichtet, ist es trotzdem in die Berechnung miteinzubeziehen (vgl Erl 59 und 62).

[65]) Dieser Satz ist **kaum sinnvoll auszulegen.** Das **sichere Mandat** der Belegschaft der Konzernmutter soll nach dieser Bestimmung dann wegfallen, wenn sich die **Mutter bloß auf die Verwaltung von Unternehmensanteilen beschränkt.** Gerade in einem solchen Fall gibt es aber nach dem Konzernbegriff, der § 110 zu Grunde liegt (vgl Erl 57 und 58 bzw Abs 6a und Erl 69 bis 71), **keine Beteiligung der Tochterbelegschaften im Aufsichtsrat der Mutter.** Dann machen aber auch Aussagen über das sichere Mandat der Konzernmutterbelegschaft gar keinen Sinn, weil die Belegschaft der Konzernmutter ohnehin **alle** Arbeitnehmervertreter im Aufsichtsrat der Konzernmutter entsendet. Selbst wenn man davon ausginge, dass auch bei reiner Anteilsverwaltung die Arbeitnehmervertreter der Töchter im Aufsichtsrat der Mutter vertreten wären, wäre gerade diesfalls der Entfall des sicheren Mandats sinnwidrig und würde die Belegschaft der Mutter unsachlich benachteiligen. Gerade wenn sich die Mutter nicht in das Geschäft der Töchter einmischt, weil sie nur Anteile verwaltet, ist die Besetzung aller Arbeitnehmermandate im Aufsichtsrat durch Arbeitnehmer der Töchter nicht zu verstehen. Die Bestimmung ist in der Praxis nicht anwendbar, weil sich bei **reiner Anteilsverwaltung** die

Frage der Entsendung von Arbeitnehmervertretern in den Aufsichtsrat der Mutter nicht stellt und damit auch das Problem des sicheren Mandats nicht auftaucht (vgl zu diesem Problemkreis auch *Strasser,* DRdA 1994, 213; *Schima,* GesRZ 1993, 202).

In diesem Zusammenhang ist aber darauf hinzuweisen, dass die **Behauptung der reinen Anteilsverwaltung** in der Regel **beweispflichtig** ist (vgl genauer dazu Erl 58).

Entsendungsvorgang im Konzern

66) Abs 6 spricht immer wieder von **beherrschten Unternehmen**. Darunter sind auch Konzerntöchter zu verstehen, die einheitlich geleitet und nicht nur solche, die kraft unmittelbarer Beteiligung beherrscht werden (vgl Erl 57 und 58). Zu den Voraussetzungen, die ein beherrschtes Unternehmen erfüllen muss, vgl Erl 54 bis 56b.

67) Voraussetzung für die Durchführung des Entsendungsvorganges aus den Töchterunternehmen in den Aufsichtsrat der Mutter ist, dass alle Voraussetzungen für die Konzernentsendung (vgl grundsätzlich Erl 50) vorliegen. Ist eine Konzernvertretung errichtet, dann wird nach den Regeln des Abs 6b (vgl Erl 72 bis 77) entsendet. Andernfalls ist folgendermaßen vorzugehen:

1. Das **entsendungsberechtigte Belegschaftsorgan** der **Konzernmutter** entsendet die ihm zustehenden Vertreter **nach den Regeln der Abs 1 und 2** (vgl Erl 10–22, § 19 Abs 1 iVm §§ 1–15 AR-VO).
2. Die den **Konzerntöchtern zustehenden Arbeitnehmervertreter** werden – wenn es keine Konzernvertretung gibt – **gewählt**. Weil es sich um eine Wahl handelt, sind wesentliche Bestimmungen anders als bei einer „normalen" Entsendung gem Abs 2. Es gibt zB Ersatzmitglieder für ausgeschiedene Arbeitnehmervertreter im Aufsichtsrat. Dabei ist folgendermaßen vorzugehen (vgl §§ 20–31 AR-VO):
   a) Die Wahl erfolgt auf Grund des unmittelbaren und geheimen Wahlrechts und nach den Grundsätzen des Verhältniswahlrechts (Anwendung des d'Hondt'schen Systems). Bei der Wahl werden die Stimmen der Betriebsratsmitglieder wie bei der Zentralbetriebsratswahl gewichtet (§ 81 Abs 1 zweiter Satz), die Wahl erfolgt sinngemäß nach den Bestimmungen über die Zentralbetriebsratswahl;
   b) aktiv wahlberechtigt sind die Mitglieder von Betriebsräten (Arbeiter und Angestellte), die in Konzernunternehmen gem Z 1 bis 4 bestehen; vom passiven Wahlrecht ausgenommen sind Vorstandsmitglieder und Angestellte von Gewerkschaften, die als Betriebsratsmitglieder gewählt wurden;

c) die Wahl erfolgt mittels Stimmzettel, und zwar durch persönliche Stimmabgabe oder briefliche Stimmabgabe im Postweg (§ 81 Abs 2);
d) wird nur ein Wahlvorschlag eingebracht, genügt die einfache Mehrheit der abgegebenen Stimmen (§ 51 Abs 3);
e) zur Vorbereitung und Durchführung der Wahl ist ein Wahlvorstand zu bestellen (§ 81 Abs 4); dies gilt auch im Falle der Feststellung der Nichtigkeit einer Wahl (§ 54 Abs 2);
f) der Wahlvorstand hat die Wahlhandlung zu leiten und das Wahlergebnis festzustellen (§ 56 Abs 1);
g) das Wahlergebnis ist in den Betrieben kundzumachen und dem Vorsitzenden des Aufsichtsrats mitzuteilen, die Mitteilungspflicht gilt auch gegenüber den Interessenvertretungen (§ 57);
h) die Wahl kann beim Arbeits- und Sozialgericht angefochten werden (§ 59);
i) die Nichtigkeit einer Wahl kann durch das Arbeits- und Sozialgericht festgestellt werden (§ 60);
j) die Tätigkeitsdauer aller Gewählten endet vorzeitig (§ 62 Z 2 bis 5), wenn die Arbeitnehmerkurie im Aufsichtsrat dauernd funktionsunfähig wird, insbesondere, wenn die Zahl der Betriebsratsmitglieder unter die Hälfte der Anzahl der zu Wählenden absinkt; die Gesamtheit der Betriebsräte die Enthebung unter sinngemäßer Anwendung von § 78 Abs 4 beschließt (zu diesem Zweck bilden sämtliche Betriebsratsmitglieder der Konzernunternehmen eine „Konzern-Betriebsräteversammlung"); die Gewählten mit Mehrheit ihren Rücktritt beschließen; das ASG die Wahl für ungültig erklärt;
k) die Tätigkeitsdauer einzelner Mitglieder im Aufsichtsrat endet, wenn
– der Arbeitnehmervertreter zurücktritt;
– die Mitgliedschaft zum Betriebsrat, in den es gewählt wurde, erlischt (§ 64 Abs 1 Z 1 bis 3) bzw vom ASG aberkannt wurde (§ 64 Abs 4). (Es muss jedoch angenommen werden, dass mit der Enthebung eines Betriebsratsmitgliedes gem § 64 Abs 1 Z 4 wegen des Wechsels der Gruppenzugehörigkeit ebenfalls die Grundlage für die Mitgliedschaft im Aufsichtsrat verloren geht). Über Antrag hat das ASG die Funktion abzuerkennen, wenn die Wählbarkeit nicht oder nicht mehr besteht;
l) im Falle der vorübergehenden oder dauernden Verhinderung tritt an die Stelle des Gewählten ein Ersatzmitglied (§ 65 Abs 1 und 2; bedeutender Unterschied zu „normaler" Entsendung gem Abs 2);
m) die Arbeitnehmervertreter (Ersatzmitglieder) werden für die Dauer von vier Jahren gewählt, ihre Tätigkeitsdauer beginnt mit dem Tag der Wahl oder mit Ablauf der Tätigkeitsdauer der

vorher gewählten Arbeitnehmervertreter, wenn die Wahl vor diesem Zeitpunkt erfolgte.

[68]) Der Gesetzgeber schließt mit dieser Regelung (siehe auch § 31a Abs 3 AR-VO) die Konzernentsendung in Konzernen, in denen eine **Bank** (§ 1 BankwesenG) oder **Versicherungsunternehmen Konzernmutter** ist, ausdrücklich aus. Diese Regelung ist dann sachgerecht, wenn es sich um **branchenfremde Beteiligungen** von Kreditinstituten und Versicherungen handelt, weil dann davon auszugehen ist, dass auf die branchenfremden Beteiligungen ohnehin kein Einfluss genommen wird; mit anderen Worten, es handelt sich typischerweise um **bloße Anteilsverwaltung** (vgl dazu Erl 58, 65 und 69 bis 71). In der Praxis ist allerdings zu beobachten, dass immer mehr Kreditinstitute und Versicherungen ihr Kerngeschäft nicht mehr in einem Unternehmen wahrnehmen, sondern etwa den Zahlungsverkehr ausgliedern oder Beteiligungen an anderen Kreditinstituten oder Versicherungen erwerben. Für solche Beteiligungen ist der Ausschluss der Konzernentsendung nicht sachgerecht. Diese **Ausnahmebestimmung** sollte – auch im Sinne einer verfassungskonformen Interpretation – in **ihrem Anwendungsbereich auf branchenfremde Beteiligungen eingeschränkt** werden. Dies könnte im Wege einer **teleologischen Reduktion** dieser Bestimmung geschehen (in diesem Sinne auch *Jabornegg*, ArbVG-Kommentar § 110 Rz 171).

Für **Sparkassen** (Abs 5 Z 5 Erl 48) und **Versicherungsvereine auf Gegenseitigkeit** (vgl Abs 5 Z 2 Erl 45) gibt es ebenfalls **keine Konzernentsendung**, da diese nicht unter den (rechtsformabhängigen) Konzernbegriff des Abs 6 fallen.

Arbeitnehmerlose Holding

[69]) Vor der ArbVG-Novelle 1993 BGBl 460 konnte eine Entsendung von Töchterunternehmen in eine Konzernmutter auch dann **nicht stattfinden**, wenn zwar alle Voraussetzungen gem Abs 6 (vgl Erl 50) erfüllt waren, **aber im Mutterunternehmen kein Betriebsrat zu errichten war**, etwa weil bei der Mutter weniger als fünf Arbeitnehmer beschäftigt waren. Dieses **Mitbestimmungsmanko** bei der so genannten **arbeitnehmerlosen Holding** wurde **durch** die Schaffung des **Abs 6a beseitigt** (vgl auch die Gesetzgebungsmaterialien zur ArbVG Novelle 1993, RV 1078 BlgNR 18. GP 15).

[70]) Die Grundüberlegung für die Mitwirkung von Arbeitnehmervertretern aus Töchterunternehmen im Aufsichtsrat der Mutter ist, dass die **Arbeitnehmer in den Gremien vertreten sein sollen, in denen ihre Interessen betreffende Entscheidungen fallen** (vgl Erl 49). Dies deckt sich auch mit der in Erl 58 näher beschriebenen Auffassung, dass trotz unmittelbarer Beteiligung von mehr als 50% kein Konzern vorliegt, wenn keine Beherrschung ausgeübt wird (wobei die Beweislast für die Nichtbeherrschung

beim Unternehmen liegt). Dieser Grundgedanke findet sich hier in Abs 6a wieder (vgl aber auch Erl 65). **In eine arbeitnehmerlose Konzernmutter soll grundsätzlich entsendet werden können.** Nur wenn das Unternehmen beweisen kann, dass sich seine Tätigkeit auf die bloße Anteilsverwaltung beschränkt, gibt es keine Aufsichtsratsmitwirkung. Dazu ist aber zu bemerken, dass bei einer reinen Anteilsverwaltung im Sinne dieser Bestimmung ohnehin keine Beherrschung bzw keine einheitliche Leitung vorliegt und es schon aus diesem Grund keine Arbeitnehmervertreterentsendung aus den Töchtern in den Aufsichtsrat der Mutter gibt (vgl Erl 58; *Schima,* Ges-Rz 1993, 210; *Gahleitner,* DRdA 1994, 427 und *K. Mayr,* DRdA 2002, 531). Dann gibt es allerdings gar keine Arbeitnehmervertreter im Aufsichtsrat der arbeitnehmerlosen Holding, weil es in der Holding selbst ja keine Arbeitnehmer gibt, die entsenden könnten.

[71]) Gelingt es dem Unternehmen nicht darzulegen, dass es nur Anteile verwaltet, dann werden **alle der Arbeitnehmerschaft** nach der **Drittelparität** zukommenden Aufsichtsratssitze **durch die Belegschaften der Töchter besetzt.** Dies erfolgt durch Wahl der Gesamtheit der in den (relevanten) Töchtern bestellten Betriebsräte (§ 31a AR-VO). Auch das üblicherweise „sichere Mandat" für die (diesfalls nicht existenten) Arbeitnehmer der Mutter wird aus den (relevanten) Töchtern besetzt (durch Wahl, vgl § 31a Abs 2 AR-VO). Hat das Mutterunternehmen allerdings mehr als fünf Arbeitnehmer, die aber – trotz Betriebsratspflicht – keinen Betriebsrat gewählt haben, dann bleibt das der Belegschaft der Mutter grundsätzlich zustehende Mandat unbesetzt (vgl Erl 59).

Entsendung durch die Konzernvertretung

[72]) Abs 6b wurde durch die ArbVG-Novelle 1993 BGBl 460 eingefügt. Dadurch sollte wohl eine **Vereinfachung des Entsendungsverfahrens** gegenüber dem in Abs 6 einigermaßen kompliziert geregelten Wahlverfahren erreicht und der administrative Aufwand dafür verringert werden (vgl *Gahleitner,* DRdA 1994, 427 bei FN 18).

[73]) Damit es zu einer **Entsendung durch die Konzernvertretung** kommen kann, müssen die **Entsendungsvoraussetzungen der Abs 6 und 6a** vorliegen. Durch die Schaffung des Abs 6b sollte das Verfahren zur Entsendung vereinfacht, nicht aber das Mitwirkungsrecht selbst verändert werden.
Deutlicher als in Abs 6b wird dies durch die Bestimmung des **§ 31b Abs 1 AR-VO** zum Ausdruck gebracht: „Ist in einem Konzern, in dem nach den Bestimmungen der §§ 16 ff oder des § 31a (AR-VO) Arbeitnehmervertreter in den Aufsichtsrat des herrschenden Unternehmens zu entsenden sind, eine Konzernvertretung errichtet, so hat diese die Arbeitnehmervertreter zu entsenden."

Haben etwa die Belegschaften der Tochterunternehmen in einem Konzern nur deshalb kein Entsendungsrecht in den Aufsichtsrat der Mutter, weil diese ein Kreditunternehmen ist oder weil die Mutter mehr als ein Drittel der Gesamtbelegschaft des Konzerns beschäftigt, dann entsendet nicht die Konzernvertretung, sondern das gem § 113 zuständige Belegschaftsorgan im Mutterunternehmen in den Aufsichtsrat der Mutter.

[74]) Die **Voraussetzung zur Errichtung einer Konzernvertretung** ergibt sich aus § 88a, wobei § 88a auf den weiten Konzernbegriff des § 15 AktG verweist (vgl dazu *Kundtner*, ArbVR 2³ Erl zu § 88a). § 110 Abs 6 liegt aber ein **viel engerer Konzernbegriff** zu Grunde. Das bedeutet im Ergebnis, dass sich eine auf Basis des § 88a errichtete Konzernvertretung unter Umständen aus einem nicht den Voraussetzungen des Abs 6 entsprechenden Kreis von Betriebsräten zusammensetzt. So ist etwa ein Betriebsrat aus einer Konzerntochter-GmbH mit unter dreihundert Arbeitnehmern Mitglied der Konzernvertretung. Ist die Konzerntochter-GmbH aber nicht sonst aufsichtsratspflichtig (vgl Erl 44 und 52), nimmt dieser Betriebsrat nicht an der Entsendung in den Aufsichtsrat der Konzernmutter teil, obwohl er Mitglied der Konzernvertretung ist.

Trotzdem ist die Konzernvertretung als Organ, unabhängig davon, aus welchen Konzernunternehmen sich ihre Mitglieder zusammensetzen, entsendungsberechtigt. Allerdings ist die **Konzernvertretung an die Vorschlagsrechte der Konzernvertretungsmitglieder gebunden, die aus den gem Abs 6 und 6a entsendungsberechtigten Unternehmen stammen**. Das sind also die Konzernvertretungsmitglieder aus den relevanten Tochterunternehmen und dem Mutterunternehmen, soweit diese keine arbeitnehmerlose Holding ist (vgl *Gahleitner*, DRdA 1994, 427 bei FN 25).

[75]) Das **Verfahren zur Entsendung durch die Konzernvertretung** wird in **§ 31b AR-VO** im Wesentlichen wie folgt geregelt:
– Der Vorsitzende der Konzernvertretung hat die Zahl der im herrschenden Unternehmen beschäftigten Arbeitnehmer und die Zahl der in den beherrschten Unternehmen beschäftigten Arbeitnehmer zu ermitteln. Die Leitungen der Konzernunternehmen sind zu entsprechenden Auskünften verpflichtet.
– Dann ist eine Konzernvertretungssitzung zur Beschlussfassung über die Entsendung der Arbeitnehmervertreter einzuberufen.
– Die aus dem Zentralbetriebsrat (Betriebsausschuss, Betriebsrat) der Mutter stammenden Konzernvertretungsmitglieder haben das Recht, die entsprechende Anzahl an Arbeitnehmervertretern vorzuschlagen, die ihnen nach dem Verhältnis der Beschäftigtenzahlen zukommen (siehe Erl 64 und 65). Die übrigen Arbeitnehmervertreter werden von der Kurie der aus den Zentralbetriebsräten (Betriebsausschüssen, Betriebsräten) der Töchter stammenden Konzernvertretungsmitglie-

der vorgeschlagen. Die Konzernvertretung ist an die Vorschläge der Kurien gebunden. Kommt eine Kurie ihrem Vorschlagsrecht nicht nach, so entscheidet die Konzernvertretung mit einfacher Mehrheit. Die Konzernvertretung kann eine Frist für die Ausübung des Vorschlagsrechts beschließen.

– Die Beschlussfassung innerhalb der Kurien hat unter sinngemäßer Anwendung der Bestimmungen der §§ 2 bis 7 AR-VO zu erfolgen, wobei die Sitzungen der Kurien zur Vorbereitung und Beschlussfassung über die Entsendung jeweils von dem an Lebensjahren ältesten Kurienmitglied zu leiten sind. Kommen die innerhalb der Kurien vorschlagsberechtigten wahlwerbenden Gruppen ihrem Vorschlagsrecht innerhalb einer unter Bedachtnahme auf Abs 4 letzter Satz angemessenen Frist nicht nach, so entscheidet die Kurie.

– Für die Durchführung der Entsendung durch die Konzernvertretung für die Aufsichtsratsmitgliedschaft und die Abberufung von Arbeitnehmervertretern gelten die §§ 8 bis 12 AR-VO sinngemäß mit der Maßgabe, dass die Abberufung über Vorschlag der jeweils entsendungsberechtigten Kurie, die ihrerseits wiederum an ein entsprechendes Verlangen der jeweiligen vorschlagsberechtigten wahlwerbenden Gruppen gebunden ist, zu erfolgen hat.

[76]) Vgl § 31b Abs 4 AR-VO. Demnach werden die **Mitglieder der Konzernvertretung in zwei Kurien geteilt**, die eine setzt sich aus den **Betriebsratsmitgliedern der Betriebe der Konzernmutter** zusammen, die andere aus den **Betriebsratsmitgliedern aus den gem Abs 6 relevanten Tochterunternehmen**. Für die Beschlussfassung ist § 68 analog anzuwenden (vgl *Preiss*, ArbVR 2³ Erl zu § 68). Demnach setzt ein wirksamer Beschluss die Anwesenheit von mindestens der Hälfte der Mitglieder der jeweiligen Kurie voraus. Sofern die Geschäftsordnung der Konzernvertretung kein strengeres Erfordernis (Einstimmigkeit) festsetzt, sind Beschlüsse mit Mehrheit der abgegebenen Stimmen zu fassen.

[77]) **Persönliche Voraussetzung** für die Entsendung in den Aufsichtsrat der Konzernmutter ist die Zugehörigkeit zu einem **Betriebsrat der Konzernmutter** oder zu einem **Betriebsrat eines gem Abs 6 relevanten Tochterunternehmens** im Konzern, **nicht** aber die **Mitgliedschaft in der Konzernvertretung**.

VII. Sonderbestimmungen

Regelung für GmbH & Co KG

[78]) In dieser Bestimmung geht es um die Entsendung in den Aufsichtsrat einer GmbH, die haftender Gesellschafter (Komplementär) einer Kommanditgesellschaft (KG) ist. Das Grundproblem dabei ist, dass die

KG als Personengesellschaft keinen Aufsichtsrat haben kann. Arbeitnehmer, die nicht bei der GmbH, sondern bei der KG beschäftigt sind, hätten so keine Möglichkeit im Aufsichtsrat der GmbH mitzubestimmen, obwohl in der Komplementär-GmbH die für die KG wichtigen Entscheidungen getroffen werden. Mit denselben Überlegungen wie bei der Entsendung von den Konzerntöchtern in den Aufsichtsrat der Konzernmutter (vgl Erl 49 und RV 840 BlgNR 13. GP 88) wird auch hier eine Mitwirkung aller Betriebsräte der gesamten GmbH & Co KG bei der Entsendung in den Aufsichtsrat der Komplementär-GmbH geregelt. Auffällig ist dabei, dass die Gesetzgebungsmaterialien (RV 840 BlgNR 13. GP 88) auch von der GmbH & Co OHG sprechen, dann aber nur auf die KG eingehen, weil diese „sich im Wirtschaftsleben zunehmender Beliebtheit erfreut". Die GmbH & Co OHG trifft man in der Praxis tatsächlich nur selten an, die GmbH & Co KEG kommt allerdings öfter vor. **§ 110 Abs 7 ist auf Grund des erklärten Gesetzeszwecks auf die GmbH & Co KEG genauso wie auf die GmbH & Co OHG anzuwenden** (so auch *Jabornegg*, ArbVG-Kommentar § 110 Rz 37). Vielfach wird die Analogie aber gar nicht notwendig sein, da der Komplementär-GmbH die Arbeitnehmer der KG, KEG oder OHG ohnehin über den weiten Arbeitnehmerbegriff des § 36 ArbVG (vgl dazu *Gahleitner*, ArbVR 2³ Erl 1 zu § 36) zuzuordnen sein werden.

Nach dem reinen Wortlaut des § 110 Abs 7 kommen nur GmbHs mit **gesetzlich** bzw **gesellschaftsvertraglich zwingendem** Aufsichtsrat in Betracht (vgl zur Aufsichtsratspflicht in der GmbH Erl 44). Warum hier aber eine Unterscheidung zur „normalen GmbH" gem Abs 5 Z 1 (Mitbestimmungsrecht für jede Art des Aufsichtsrats vgl Erl 44) gemacht werden soll, leuchtet nicht ein. Vor allem dann nicht, wenn man bedenkt, dass in der typischen GmbH & Co KG nur ein Betrieb geführt wird und die Arbeitnehmer ohnehin bereits auf Grund des Arbeitnehmerbegriffes des § 36 ArbVG direkt als Beschäftigte der GmbH anzusehen sind. Deshalb fallen **auch GmbHs mit freiwilligem Aufsichtsrat unter § 110 Abs 7** (herrschende Lehre, siehe mwN *Jabornegg*, DRdA 1999, 433 bei FN 8 sowie *Jabornegg*, ArbVG-Kommentar § 110 Rz 36).

Nach **§ 29 Z 4 GmbHG** ist ein **Aufsichtsrat in einer GmbH zu bestellen**, wenn die **GmbH** persönlich haftender Gesellschafter (**Komplementär**) einer KG ist und in der GmbH sowie in der KG **insgesamt mehr als 300 Arbeitnehmer** beschäftigt sind (§ 29 Abs 1 Z 4 GmbHG). Dies gilt nicht, wenn neben der GmbH eine natürliche und für die KG vertretungsbefugte Person als Komplementär an der KG beteiligt ist. Der jeweilige Durchschnitt der Arbeitnehmerzahl bestimmt sich nach den Arbeitnehmerzahlen an den jeweiligen Monatsletzten innerhalb des vorangegangenen Kalenderjahres (§ 29 Abs 3 GmbHG, genauer zur Berechnung siehe Erl 44).

[79]) Im Vergleich zu Abs 6 liegt der hier getroffenen Regelung ein ähnliches Modell zu Grunde, jedoch hat der Betriebsrat in der Komplemen-

tär-GmbH keine bevorzugte Stellung. Die Mitglieder im Aufsichtsrat sind daher von allen Betriebsräten der GmbH und KG nach dem Verhältniswahlrecht zu wählen. Führt die GmbH & Co KG aber nur einen Betrieb, dann gelten die „normalen" Entsendungsregelungen gem Abs 2.

Österreichischer Rundfunk

[80]) Durch eine umfassende Änderung des Bundesgesetzes über die Aufgaben und die Errichtung des Österreichischen Rundfunks (ORF-G, BGBl I 2001/83) wurde das frühere Aufsichtsorgan des ORF, das Kuratorium, durch den **Stiftungsrat** ersetzt (§ 20a ORF-G). Dementsprechend wurde durch Artikel II Z 1 BGBl I 2001/83 auch § 110 Abs 8 ArbVG terminologisch angepasst (ebenso § 133a).

[81]) Die Arbeitnehmermitwirkung im **Stiftungsrat des ORF** richtet sich nicht nach § 110 ArbVG, sondern nach den speziellen Bestimmungen des Rundfunkgesetzes (ORF-G, BGBl I 2001/83). Regelungen zum Stiftungsrat des ORF und zu seinen Aufgaben bzw zu seiner Zusammensetzung finden sich in den §§ 19 ff ORF-G. Der Stiftungsrat ist ein dem Aufsichtsrat einer AG ähnliches Organ, dessen Aufgaben die Überwachung der Geschäftsführung und die Zustimmung zu bestimmten wichtigen Agenden umfasst (vgl § 21 ORF-G). Den Arbeitnehmern stehen fünf Sitze im 35-köpfigen Stiftungsrat zu, die Bestellung der Arbeitnehmervertreter erfolgt durch den Zentralbetriebsrat (§ 20a Abs 1 Z 5 ORF-G). Die Beteiligung der Arbeitnehmer im Stiftungsrat zu bloß einem Siebentel (fünf von 35) ist deutlich geringer als in sonstigen Aufsichtsorganen gem § 110 (dies war auch vor BGBl I 2001/83 im Kuratorium des ORF so). Die Rechtsstellung aller Stiftungsräte ist der von Aufsichtsräten in Aktiengesellschaften nahezu gleich (vgl bloß § 20a Abs 2 und § 21 Abs 4 ORF-G), wobei die Arbeitnehmervertreter bis auf Beschlüsse zum Programmentgelt (§ 20a Abs 6 iVm § 31 Abs 1 und 2 ORF-G) gleiches Stimmrecht wie alle anderen Stiftungsräte haben. Da es sich um ein Ehrenamt handelt, werden nur angefallene Kosten ersetzt (§ 19 Abs 2 ORF-G), was der für Arbeitnehmervertreter üblichen Rechtslage (vgl § 110 Abs 3 erster Satz) entspricht. Die Stiftungsräte sind weisungsfrei und haben eine besondere Verschwiegenheitspflicht (§ 19 Abs 3 und 4 ORF-G).

Was die Entsendung der Arbeitnehmervertreter in den Stiftungsrat betrifft, ist das ORF-G unklar (vgl dazu *Cerny,* DRdA 2001, 573). Gem § 20a Abs 1 Z 5 ORF-G werden die fünf Arbeitnehmervertreter im Stiftungsrat vom Zentralbetriebsrat „unter Anwendung des ArbVG" bestellt. Damit soll wohl die Anwendung des § 110 Abs 2 (Nominierungsrecht der Listen etc) angeordnet werden. Ob „unter Anwendung des ArbVG" auch die Anwendung der restlichen Bestimmungen des § 110, vor allem die Konzernentsendung gem den Abs 6, 6a und 6b, zu verstehen ist, ist offen.

Gem § 48 Abs 4 ORF-G (BGBl I 2001/83) „sind die Bestimmungen des Arbeitsverfassungsgesetzes, BGBl 1974/22, über die Konzernvertretung auf den Österreichischen Rundfunk anzuwenden". Diese Regelung verwirrt, da die Geltung des ArbVG für den ORF mit Ausnahme des § 110 (gem § 110 Abs 8) außer Frage steht. Es ist auch unzweifelhaft, dass der ORF mit anderen rechtlich selbstständigen Unternehmen einen Konzern (zumindest im Sinne des § 88a ArbVG, Konzernbegriff des § 88a ArbVG ist rechtsformneutral, siehe dazu *Kundtner,* ArbVR 2³ Erl 2 zu § 88a) bilden kann. Möglicherweise wollte der Gesetzgeber nur klarstellend wirken. Die Frage, ob bei Errichtung einer Konzernvertretung diese oder weiterhin der Zentralbetriebsrat gem § 20a Abs 1 Z 5 RFG zuständig ist, ist gesetzlich nicht beantwortet (vgl Erl 43 zu § 113). Der Wortlaut des ORF-G spricht eher dafür, dass auch bei Errichtung einer Konzernvertretung die Entsendungskompetenz in den Stiftungsrat beim Zentralbetriebsrat bleibt (aA *Jabornegg,* ArbVG-Kommentar § 110 Rz 66).

Weitere Sonderbestimmungen

⁸²) Zum Ausschluss so genannter **Tendenzunternehmen** gem § 132 ArbVG von der Aufsichtsratsmitbestimmung vgl *Cerny,* ArbVR 4⁴ Erl 7 zu § 132 (siehe auch *Neumayr,* ArbVG-Kommentar § 132 Rz 54 ff und *Jabornegg,* ArbVG-Kommentar § 110 Rz 12–16). Zur Regelung für **Theaterunternehmen** gem § 133 Abs 6 ArbVG siehe *Cerny,* ArbVR 4⁴ Erl 6 zu § 133 (siehe auch *Neumayr,* ArbVG-Kommentar § 133 Rz 37–41 und *Jabornegg,* ArbVG-Kommentar § 110 Rz 16; für die Bundestheater gibt es in § 22 Abs 2 BundestheaterorganisationsG BGBl I 1998/108 eine Spezialregelung).

Gem § 11 Abs 3 **ÖIAG-Gesetz 2000** (BGBl I 2000/24) ist § 110 ArbVG auf die ÖIAG nicht anzuwenden. Der Aufsichtsrat der ÖIAG (§ 3 ÖIAG-G 2000) hat 15 Mitglieder, fünf davon sind gem § 5 ÖIAG-G 2000 Interessenvertreter der Arbeitnehmer. Sie sind von der Bundesarbeitskammer zu nominieren und müssen Betriebsrats- oder Personalvertretungsmitglieder eines Unternehmens sein, an dem die ÖIAG direkt oder indirekt beteiligt ist. Für Ausschüsse gilt Drittelparität.

In **Pensionskassen** nach dem PensionskassenG (PKG) sieht das Gesetz teilweise vom ArbVG abweichende Mitbestimmungsrechte für die Belegschaft vor. Neben den Kapitalvertretern im Aufsichtsrat gibt es auch noch die Kurie der Anwartschafts- und Leistungsberechtigten. Der Betriebsrat hat in entsprechender Anwendung des § 110 das Recht, **einen** Arbeitnehmervertreter in den Aufsichtsrat der Pensionskasse zu entsenden (§ 27 PKG, vgl dazu eingehend *Strasser,* wbl 1991, 152 und allgemein *Farny/Wöss,* Betriebspensionsgesetz/Pensionskassengesetz [1992] 333).

Auch in den durch das Betriebliche MitarbeitervorsorgeG (BMVG, BGBl I 2002/100) eingeführten **Mitarbeitervorsorgekassen** gibt es von

§ 110 ArbVG abweichende Spezialregelungen zur Arbeitnehmervertretung im Aufsichtsrat der Mitarbeitervorsorgekassen (§ 21 BMVG, vgl dazu eingehend *Karollus/Karollus*, DRdA 2003, 99 und allgemein *Achitz/Farny/Leutner/Wöss*, Abfertigung neu, Betriebliches Mitarbeitervorsorgegesetz [2003]). Gem § 21 Abs 1 BMVG gibt es neben vier Kapitalvertretern zwei von der Gewerkschaft entsandte Vertreter, die offensichtlich die Aufgabe haben, die Interessen der Anwartschaftsberechtigten zu verfolgen. Diese Anwartschaftsberechtigtenvertreter werden vom Gesetz verwirrenderweise Arbeitnehmervertreter genannt. Gem § 21 Abs 2 BMVG hat der Betriebsrat der Mitarbeitervorsorgekasse in entsprechender Anwendung des § 110 das Recht, **einen** Vertreter der Belegschaft in den Aufsichtsrat der Mitarbeitervorsorgekasse zu entsenden

Vereine nach dem VereinsG 1951 hatten nach der **früheren Rechtslage keinen Aufsichtsrat**. Selbst wenn die Vereinsstatuten ein Aufsichtsorgan vorsahen, gab es früher keinen gesetzlichen Anknüpfungspunkt für eine Arbeitnehmerbeteiligung. Gem § 5 Abs 4 des VereinsG 2002 (BGBl I 2002/66) gilt nun Folgendes: Sehen die **Statuten** eines Vereines (freiwillig) **ein Aufsichtsorgan** vor, dann müssen ihm **zu einem Drittel Arbeitnehmervertreter** angehören. Die Arbeitnehmermitbestimmung ist aber nur dann vorgesehen, wenn der Verein über zwei Jahre lang im Durchschnitt mehr als 300 Arbeitnehmer hat (es gilt der Arbeitnehmerbegriff des § 36, vgl dazu *Gahleitner*, ArbVR 2³ Erl zu § 36). Die §§ 110 und 132 sind sinngemäß anzuwenden. Fraglich ist, was zu geschehen hat, wenn die Arbeitnehmeranzahl nach Arbeitnehmerentsendung wieder unter die Zahl von 300 abfällt. Wegen der engen Verwandtschaft der Bestimmung des § 5 Abs 4 VereinsG zu § 29 Abs 3 und 4 GmbHG bzw zu § 22 Abs 2 und 3 PSG bietet sich eine analoge Lösung des Problems an. Das bedeutet im Ergebnis, dass die Arbeitnehmer dann, wenn sie einmal wegen zweijähriger Überschreitung der 300er Grenze entsendet haben, jedenfalls drei Jahre im Aufsichtsorgan vertreten bleiben, auch wenn die Arbeitnehmeranzahl in der Folge wieder unter 300 sinkt (vgl dazu § 29 Abs 4 GmbHG bzw § 22 Abs 3 PSG und Erl 44; *Jabornegg,* ArbVG-Kommentar § 110 Rz 63 tendiert in dieser Frage zu einer Zwei-Jahres-Betrachtungsperiode). Das VereinsG 2002 ist mit 1. Juli 2002 in Kraft getreten.

Für zahlreiche durch **Ausgliederungen aus dem öffentlichen Bereich** geschaffene Rechtsträger gibt es Spezialbestimmungen (vgl auch die Aufzählung bei Erl 44 zur Aufsichtsratspflicht).

Vielfach wurde für die Ausgliederung die **Rechtsform der GmbH** oder der AG gewählt, wobei zum Teil die Einrichtung eines Aufsichtsrates zwingend vorgesehen wurde und zum Teil hinsichtlich der Aufsichtsratspflicht bzw der Zusammensetzung besondere Regelungen getroffen wurden, vgl zB:

Austro Control GmbH (BGBl 1993/898)
§ 12 Austro Control Gesetz

Bundesrechenzentrum GmbH (BGBl 1996/757)
§ 11 BRZ-G
Österreichische Bundesforste AG (BGBl 1996/793)
§ 10 Abs 2 BundesforsteG 1996
Bundestheater (BGBl I 1997/15)
§§ 13, 22 BundestheaterorganisationsG
Bundessportheime (BGBl I 1998/149)
§ 7 BundessporteinrichtungsorganisationsG
Bundesimmobilien GmbH (BGBl I 2000/141)
§ 3 BundesimmobilienG
Rundfunk und Telekom Regulierungs-GmbH (BGBl I 2001/31)
§ 5 Abs 7 KommAustria-G
Bundesbeschaffung GmbH (BGBl I 2001/39)
§ 9 BB-GmbH-Gesetz
Insolvenz-Ausfallgeld-Fonds Service GmbH (BGBl I 2001/88)
§ 8 IAF-Service GmbH-G
Austrian Development Agency GmbH (BGBl 2002/49)
§ 12 EntwicklungszusammenarbeitsG
Österreichische Agentur für Gesundheits- und Ernährungssicherheit GmbH (BGBl I 2002/63 idF I 2003/78)
§ 10 Abs 3 Gesundheits- und ErnährungssicherheitsG
Österreichische Forschungsförderungsgesellschaft mbH (BGBl I 2004/73)
§ 6 Forschungsförderungsgesellschaft mbH-Errichtungs-G
Strategische Immobilien Verwertungs-, Beratungs- und Entwicklungs-GmbH (BGBl I 2005/92)
§ 6 SIVBEG-ErrichtungsG

Zum Teil hat der Gesetzgeber aber auch **Rechtsträger eigener Natur** geschaffen und diese mit **Aufsichtsorganen** ausgestattet. In diesen Fällen wurden zum Teil auch Entsendungsregelungen für die Belegschaftsorgane getroffen, vgl zB:

Arbeitsmarktservice (AMS) (BGBl 1994/313)
§§ 5 ff AMSG (Verwaltungsrat)
Bundesmuseen (BGBl I 1998/115)
§ 7 BundesmuseenG (Kuratorien)
Bundesstatistik (BGBl I 1999/163)
§ 48 BundesstatistikG 2000 (Wirtschaftsrat)
Universitäten (BGBl I 2002/120)
§ 21 UniversitätsG 2002 (Universitätsrat, bloßes Anhörungsrecht der Betriebsratsvorsitzenden gem § 21 Abs 15 UG 2002)
Buchhaltungsagentur des Bundes (BGBl I 2004/37)
§§ 14–17 BuchhaltungsagenturG (Aufsichtsrat)

Einspruch gegen die Wirtschaftsführung[1])

§ 111. (1) In Betrieben[2]), in denen dauernd mehr als 200 Arbeitnehmer beschäftigt sind[3]), kann der Betriebsrat[4])
1. gegen Betriebsänderungen (§ 109 Abs 1)[5]) oder
2. gegen andere wirtschaftliche Maßnahmen, sofern sie wesentliche Nachteile für die Arbeitnehmer mit sich bringen[6]),

binnen drei Tagen[7]) ab Kenntnisnahme[8]) beim Betriebsinhaber Einspruch erheben[9]). Diese Bestimmung gilt sinngemäß für Unternehmen der in § 40 Abs 4 bezeichneten Art, wenn die Zahl der im Unternehmen beschäftigten Arbeitnehmer dauernd mehr als 400 beträgt und von der wirtschaftlichen Maßnahme mehr als 200 Arbeitnehmer betroffen sind[10]).

(2) Richtet sich der Einspruch des Betriebsrates[4]) gegen eine geplante Betriebsstillegung[11]), so hat er für einen Zeitraum von längstens vier Wochen vom Tage der Mitteilung des Betriebsinhabers an den Betriebsrat gerechnet[12]), aufschiebende Wirkung[13]).

(3) Kommt zwischen Betriebsinhaber und Betriebsrat[4]) binnen einer Woche ab Erhebung[14]) des Einspruches eine Einigung[15]) nicht zustande, so kann über einen binnen weiterer drei Tage[16]) von einem der Streitteile[17]) zu stellenden Antrag[18]) eine von den zuständigen kollektivvertragsfähigen Körperschaften der Arbeitgeber und Arbeitnehmer paritätisch besetzte Schlichtungskommission Schlichtungsverhandlungen einleiten[19]).

(4) Die Schlichtungskommission hat zwischen den Streitteilen zu vermitteln und auf eine Vereinbarung der Streitteile zwecks Beilegung der Streitigkeit hinzuwirken. Die Schlichtungskommission kann zur Beilegung der Streitigkeiten einen Schiedsspruch nur fällen, wenn die beiden Streitteile vorher die schriftliche Erklärung abgeben, daß sie sich dem Schiedsspruch unterwerfen[20]).

(5) Schiedssprüche sowie vor der Schlichtungskommission abgeschlossene schriftliche Vereinbarungen gelten als Betriebsvereinbarungen im Sinne des § 29[21]).

Schrifttum zu § 111

Öhlinger, Verfassungsrechtliche Probleme der Mitbestimmung der Arbeitnehmer im Unternehmen (1982);
Stadler, Zur arbeitsverfassungsrechtlichen Mitbestimmung bei Automationsmaßnahmen, in FS Floretta (1983) 607 ff;
Pernthaler, Verfassungsrechtliche Voraussetzungen und Grenzen der betrieblichen und unternehmerischen Mitbestimmung (1984);
Mayer-Maly, Unternehmerische Entscheidung und Kündigungsschutz, WBl 1988, 388;

Runggaldier, Betriebsverfassungsrechtliche Probleme der Unternehmensteilung, DRdA 1988, 419.

Übersicht zu § 111

Allgemeines .... Erläuterung 1
Voraussetzungen für den Einspruch .... Erläuterungen 2 bis 6
Frist und Form des Einspruches .... Erläuterungen 7 bis 10
Rechtsfolgen des Einspruches .... Erläuterungen 11 bis 16
Schlichtungsverfahren .... Erläuterungen 17 bis 21

Allgemeines

¹) Im Wesentlichen stellt der Einspruch gegen die Wirtschaftsführung und auch die Anrufung der Staatlichen Wirtschaftskommission ein **formalisiertes Verfahren über unverbindliche Beratungen** dar. Es gibt – mit Ausnahme der aufschiebenden Wirkung eines Einspruches gegen eine Betriebsstilllegung gem § 111 Abs 2 – keine materiellen Konsequenzen eines Einspruches. Im Gegensatz dazu hat etwa die Möglichkeit, einen Sozialplan zur Abmilderung nachteiliger Auswirkungen einer Betriebsänderung zu erzwingen (§§ 109 Abs 3 iVm 97 Abs 1 Z 4), hohe Bedeutung für die Rechtspraxis. Wollte man dem Einspruch gegen die Wirtschaftsführung mehr Leben einhauchen, müsste sich der Gesetzgeber wohl zu irgendeiner Form der Zwangsschlichtung durchringen.

Das Einspruchsverfahren **gegen die Wirtschaftsführung spielt sich in** mehreren Phasen **ab:**
a) In größeren Betrieben (> 200 AN) bzw Unternehmen (> 400 AN) kann der **Betriebsrat beim Betriebsinhaber Einspruch** gegen Betriebsänderungen oder andere wirtschaftliche Maßnahmen erheben.
b) Auf Grund des Einspruches sollten **Verhandlungen** zwischen **Betriebsinhaber** und **Betriebsrat** stattfinden.
c) Kommt zwischen Betriebsinhaber und Betriebsrat **keine Einigung** zu Stande, kann die **Schlichtungskommission** angerufen werden. Diese kann vermitteln, einen **Schiedsspruch** jedoch nur dann fällen, wenn beide Streitteile vorher eine (freiwillige) **Unterwerfungserklärung** abgegeben haben.
d) Besteht keine Schlichtungskommission oder kommt sie innerhalb von zwei Wochen zu keinem Ergebnis, kann der Betriebsrat gem § 112 in **Betrieben** mit mehr als 400 dauernd beschäftigten **Arbeitnehmern Einspruch** bei der **Staatlichen Wirtschaftskommission** erheben. Dafür muss es sich allerdings um eine Angelegenheit von **gesamtwirtschaftlicher Bedeutung** handeln. Dasselbe gilt für **Unternehmen** mit mehr als 400 dauernd beschäftigten **Arbeitnehmern,** sofern von der

§ 111 Erl 1, 2

wirtschaftlichen Maßnahme mehr als 200 Arbeitnehmer betroffen sind.

e) Die **Staatliche Wirtschaftskommission** kann in einem **Gutachten** feststellen, ob der Einspruch berechtigt ist (näher dazu siehe die folgenden Erl und Erl zu § 112).

Der Fristenlauf des Einspruchsverfahrens ergibt sich wie folgt:

	a) Einspruch des Betriebsrates beim Betriebsinhaber	binnen drei Tagen ab Kenntnisnahme der wirtschaftlichen Maßnahme;
	b) Einigungsverhandlung über Einspruch	binnen einer Woche ab Erhebung des Einspruches
Schlichtungskommission besteht bzw wird errichtet	c) Antrag an Schlichtungskommission	binnen drei Tagen ab dem Ende der einen Woche für Einigungsverhandlungen zwischen Betriebsrat und Betriebsinhaber
	d) für die Verhandlung vor der Schlichtungskommission	keine Frist
	e) Antrag an die Staatliche Wirtschaftskommission (Großbetrieb gem § 112)	binnen einer Woche nach ergebnislosem Ablauf einer zweiwöchigen Verhandlungsfrist für Schlichtungskommission
keine Schlichtungskommission	c) Antrag an Staatliche Wirtschaftskommission (Großbetrieb gem § 112)	binnen einer Woche ab dem Ende einer Woche für Einigungsverhandlungen zwischen Betriebsrat und Betriebsinhaber

Voraussetzungen für den Einspruch

[2]) Die Möglichkeit, einen Einspruch gegen die Wirtschaftsführung zu erheben, ist nur bei **größeren Wirtschaftseinheiten** möglich. § 111 stellt hier primär auf die Größe (dauernd mehr als 200 AN) des **Betriebes** – also der faktischen Arbeitsorganisationseinheit – ab. Zum Begriff des Betriebes vgl § 34 und *Gahleitner,* ArbVR 2[3], Erl zu § 34. § 111 ist aber **auch** auf **größere** (dauernd mehr als 400 AN) **Unternehmen** mit mehreren Betrieben anzuwenden.

Bei Einspruch gegen **wirtschaftliche Maßnahmen** in solchen Unternehmen (dauernd mehr als 400 AN) kommt auch noch das Kriterium hinzu, dass mindestens 200 Arbeitnehmer nachteilig **betroffen** sein müssen. Diese **Betroffenheit**, die bei **wirtschaftlichen Maßnahmen** in Unternehmen mit mehr als 400 AN gefordert ist, ist bei Betrieben nicht notwendig. Bei Betrieben kommt es nur auf das objektive Erfordernis der Überschreitung der 200 AN-Grenze an. Bei einem Einspruch gegen **Betriebsänderungen** hingegen werden Betriebe mit über 200 Arbeitnehmern und Unternehmen mit über 400 AN gleich behandelt, ein **zahlenmäßiges Betroffenheitserfordernis** gibt es nicht.

Stark eingeschränkt sind die Möglichkeiten für einen **Einspruch** gegen die Wirtschaftsführung bei unternehmensübergreifenden Maßnahmen innerhalb eines **Konzerns**. Bei Entscheidungen seitens der Konzernleitung kann nur auf Betriebs- bzw Unternehmensebene beeinsprucht werden. Es wäre notwendig, den Einspruch gegen die Wirtschaftsführung auch auf Maßnahmen der Konzernleitung auszudehnen, da kein vernünftiger Grund ersichtlich ist, hier zwischen größeren Unternehmen und Konzernen zu unterscheiden. (Zu den drei Begriffen Betrieb – Unternehmen – Konzern vgl die §§ 34, 40, 80 und 88a und *Gahleitner,* ArbVR 2[3], Erl 3 zu § 34, *Schneller,* ArbVR 2[3], Erl 8 zu § 40 sowie *Kundtner,* ArbVR 2[3], Erl 1 zu § 80, Erl 2 zu § 88a)

Zu beachten ist auch die Möglichkeit der Unanwendbarkeit des § 111 auf Tendenzbetriebe gem § 132 (vgl dazu *Cerny,* ArbVR 4[4], Erl 7 zu § 132).

[3]) Beim Kriterium „mehr als 200 AN" wird nicht zwischen den Arbeitnehmergruppen differenziert. Es ist also **unerheblich**, ob es sich um **Arbeiter oder Angestellte** handelt. Unter **Arbeitnehmer** sind solche iSd **§ 36** zu verstehen. Insbesondere sind also auch überlassene Arbeitskräfte und karenzierte Arbeitnehmer in die Berechnung miteinzubeziehen. Näher dazu siehe bei § 36 und den Erläuterungen dazu in Band 2. Für die Frage, wann von einer **„dauernden" Beschäftigung** von mehr als 200 Arbeitnehmern gesprochen werden kann, kann auf die Rechtsprechung zu § 40 Abs 1 zurückgegriffen werden. § 40 Abs 1 normiert, dass bei einer **dauernden Beschäftigung** von mehr als fünf (stimmberechtigten) Arbeitnehmern ein Betriebsrat zu wählen ist (so auch *Windisch-Graetz* in ZellKomm § 111 ArbVG Rz 2). Für § 111 ist das Erfordernis der Stimmberechtigung (vor allem also die Vollendung des 18. Lebensjahres) allerdings unerheblich. Ausführlich zur Frage „dauernde Beschäftigung" siehe *Schneller,* ArbVR 2[3], Erl 4 zu § 40. Der Begriff „dauernd" bezieht sich nicht auf die einzelnen Arbeitnehmer, sondern bloß auf die **Zahl 200**. Ständiger Arbeitnehmerwechsel ist also irrelevant. Es kommt auch nicht nur auf den Zeitpunkt an, zu dem der Einspruch gegen die Wirtschaftsführung erhoben werden soll, sondern darauf, ob der Betrieb in der Regel auf Grund der Kapazität und auf Grund des durchschnittlichen Auftragsstandes im Allgemeinen die

Zahl von mindestens 200 Arbeitnehmern rechtfertigt (zu § 40: EA Wien 21. 3. 1952, Arb 5387). Unerheblich ist eine Durchschnittsrechnung, vor allem dann, wenn es sich um einen Saisonbetrieb handelt; dann kommt es darauf an, dass die Arbeitnehmeranzahl während der Saison überschritten wird (zu § 40: EA Wr Neustadt 22. 4. 1955, Arb 6221). Üblicherweise ist entscheidend, ob die Belegschaftsstärke von 200 während des größeren Teils des Jahres überschritten wird (zu § 40: EA Innsbruck 29. 11. 1985, Arb 10.462 = ZASB 1986, 5 = RdW 1986, 90).

[4]) In Betrieben, in denen ein **Betriebsausschuss** konstituiert ist (vgl § 76 und *Preiss*, ArbVR 2[3], Erl zu § 76), ist diese Befugnis vom Betriebsausschuss auszuüben (siehe § 113 Abs 2 Z 3 und Erl 16 dazu). In Unternehmen kommt die Befugnis dem **Zentralbetriebsrat** zu, und zwar selbst dann, wenn nur ein Betrieb betroffen ist (siehe § 113 Abs 4 und Erl 30 dazu). Ist im Unternehmen kein Zentralbetriebsrat errichtet, obwohl es einen Zentralbetriebsrat geben müsste, kann der Einspruch gegen die Wirtschaftsführung des Unternehmens – mangels zuständigem Organ – **gar nicht** erhoben werden (vgl dazu § 113 Abs 4 und Erl 25, 26 und 30 dazu).

[5]) Eine Voraussetzung für die Erhebung eines Einspruches gegen die Wirtschaftsführung ist das Vorliegen einer **Betriebsänderung** iSd § 109 Abs 1. § 109 Abs 1 enthält allerdings keine Definition des Begriffes Betriebsänderung, sondern bloß eine beispielhafte Aufzählung von Betriebsänderungen. Daraus lässt sich ableiten, dass Veränderungen im Betriebsumfang, Organisations-, Orts- und Produktionsänderungen (auch von Betriebsteilen), Kündigungen im größeren Umfang und Ähnliches Betriebsänderungen sind. Näher dazu vgl bei § 109. Es ist nicht erforderlich, dass die Betriebsänderung auch wesentliche Nachteile für die Arbeitnehmer mit sich bringt, damit ein Einspruch gem § 111 möglich ist (so auch *Strasser* in *Floretta/Strasser*, ArbVG-Handkommentar [1975] 742 und *Windisch-Graetz* in ZellKomm § 111 ArbVG Rz 3; aA *Marhold*, Österreichisches Arbeitsrecht II, Kollektivarbeitsrecht[2] [1999] 304). Da gem § 109 Abs 1 bereits von **geplanten** Betriebsänderungen zu informieren ist, können Betriebsänderungen bereits im **Planungsstadium** beeinsprucht werden (VwGH vom 18. 6. 1980, 657/79, DRdA 1981, 52 = Arb 9880 = ZfVB 1981, 816; so auch *Strasser/Jabornegg*, ArbVG[3] [1999] § 111 Anm 8 und 12). Die Möglichkeit, bereits gegen eine geplante Betriebsänderung Einspruch zu erheben, ist außerdem in § 111 Abs 2 ausdrücklich für die Betriebsstilllegung normiert. Ein Betriebsrat kann auch Einspruch gegen die Wirtschaftsführung erheben und zusätzlich den Abschluss eines **Sozialplanes** (erzwingbare Betriebsvereinbarung gem § 109 Abs 3 iVm § 97 Abs 1 Z 4) vorantreiben (etwa durch den Antrag auf Errichtung einer Schlichtungsstelle).

⁶) Da der Begriff der Betriebsänderung bereits relativ weit ist, bleibt kaum noch ein Anwendungsbereich für Fälle **„anderer wirtschaftlicher Maßnahmen"**. Im Unterschied zum Einspruch gegen eine Betriebsänderung muss die wirtschaftliche Maßnahme zusätzlich auch noch **„wesentliche Nachteile" für die Arbeitnehmer** mit sich bringen (*Winkler* in *Tomandl*, ArbVG § 111 Rz 3; *Windisch-Graetz* in ZellKomm § 111 ArbVG Rz 3). Es ist jedenfalls nicht erforderlich, dass die gesamte Belegschaft von wesentlichen Nachteilen betroffen ist. Die hL geht aber davon aus, dass zumindest ein wesentlicher Teil der Arbeitnehmerschaft nachteilig betroffen sein muss (vgl etwa *Strasser* in *Floretta/Strasser*, ArbVG-Handkommentar [1975] 742; ebenso *Marhold*, Österreichisches Arbeitsrecht II, Kollektivarbeitsrecht² [1999] 305 und *Windisch-Graetz* in ZellKomm § 111 ArbVG Rz 3). Es wird hier die Parallele zum Sozialplantatbestand gem § 97 Abs 1 Z 4 gezogen. Diese Auslegung ist aber weder durch den Wortlaut gedeckt noch ist sie vom Zweck der Bestimmung her geboten. Der Sozialplantatbestand (vgl Erl 9 zu § 97 Abs 1 Z 4 bzw Erl 29 zu § 109 Abs 3) fordert ausdrücklich wesentliche Nachteile für **alle oder erhebliche Teile** der **Arbeitnehmerschaft**, während § 111 Abs 1 Z 2 im Unterschied dazu nur von wesentlichen Nachteilen **für die Arbeitnehmer** spricht. Dieser Unterschied im Wortlaut muss beachtet werden; deshalb genügt es für die Einspruchsmöglichkeit schon, wenn mehrere Arbeitnehmer betroffen sind. Vom Zweck der Bestimmung her kann es ebenfalls sinnvoll sein, eine wirtschaftliche Maßnahme, die Gehaltseinbußen (bloß) für einige Arbeitnehmer bringt, zu beeinspruchen, um den Dialog mit dem Betriebsinhaber zu suchen.

Frist und Form des Einspruches

⁷) Bei der **Berechnung der Dreitagefrist** wird der Tag nicht mitgerechnet, an dem der Betriebsrat Kenntnis von der wirtschaftlichen Maßnahme erhalten hat. Zum Begriff „Kenntnisnahme" vgl Erl 8. Der **Beginn der Frist** wird durch einen Samstag, Sonntag oder Feiertag **nicht** behindert. Nur wenn das **Ende der Frist** auf einen Samstag, Sonntag, Feiertag oder den Karfreitag fällt, läuft die Frist erst mit dem Ende des darauf folgenden Werktages ab. Bedient sich der Betriebsrat bei einer schriftlichen Stellungnahme der Post, so genügt die rechtzeitige Aufgabe des Schriftstückes zur Wahrung der Frist (Einschreiben empfiehlt sich aus Beweisgründen). Bei sonstigen Übermittlungsarten ist es empfehlenswert, darauf zu achten, eine Bestätigung des Zuganges der Mitteilung zu Bürozeiten (E-Mail, Fax) zu haben. Persönliche Übernahme innerhalb der Frist reicht jedenfalls aus (schriftliche Übernahmebestätigung empfiehlt sich aus Beweisgründen). Vgl dazu § 169 und *Cerny*, ArbVR 4⁴, Erl zu § 169.

Die Einhaltung der Frist ist deshalb von Bedeutung, da von dieser die weiteren Möglichkeiten eines Einspruchs abhängen (siehe Erl 1).

⁸) Das Gesetz stellt für den Beginn des Fristlaufes auf die **Kenntnisnahme** von der Betriebsänderung bzw der wirtschaftlichen Maßnahme ab. Die **Möglichkeit der Kenntnisnahme** ist durch verschiedene Vorschriften abgesichert: Der Betriebsinhaber hat gem § 91 Abs 1 Auskunft zu erteilen, er ist gem § 92 Abs 1 und § 108 Abs 1 verpflichtet, den Betriebsrat über alle wichtigen Angelegenheiten und die wirtschaftliche Lage zu informieren, sowie gem § 109 Abs 1 geplante Betriebsänderungen ehestmöglich bekannt zu geben. Dies schließt jedoch nicht aus, dass der Betriebsrat trotz Verletzung der Informationspflicht des Betriebsinhabers auf Grund eigener Wahrnehmungen von (geplanten) Betriebsänderungen bzw von wirtschaftlichen Maßnahmen erfährt (etwa im Rahmen einer Aufsichtsratstätigkeit gem § 110). **So lange** Betriebsrat und Betriebsinhaber gem §§ 91 Abs 1, 108 Abs 1 oder 109 Abs 1 **über die Information beraten**, ist **nicht von einer Kenntnisnahme und damit vom Fristbeginn auszugehen**. Es kann wohl nicht dem in § 39 Abs 1 normierten Interessenausgleich und damit dem Zweck der Bestimmung entsprechen, dass der Betriebsrat auf Grund des kurzen Fristlaufes Einspruch erheben muss, bevor er nicht genaue Information beim Betriebsinhaber gesucht hat. Im Fall von Gesprächen gem den §§ 91 Abs 1, 108 Abs 1 bzw 109 Abs 1 ist vom **Beginn der Frist erst mit dem Ende der Beratungen** auszugehen (vgl in diesem Sinne auch *Strasser* in *Floretta/Strasser,* ArbVG-Handkommentar [1975] 746 und *Strasser/Jabornegg,* ArbVG³ [1999] § 111 Anm 12; aA *Winkler* in *Tomandl,* ArbVG § 111 Rz 4; *Windisch-Graetz* in ZellKomm § 111 ArbVG Rz 4). Wie sich aus § 109 Abs 1 und aus § 111 Abs 2 klar ergibt, ist ein **Einspruch** gegen eine **Betriebsänderung** bereits im **Planungsstadium** zulässig und möglich (VwGH vom 18. 6. 1980, 657/79, DRdA 1981, 52 = Arb 9880 = ZfVB 1981, 816).

⁹) Der **Einspruch** bedarf **keiner besonderen Form**. Auch ein mündlicher Einspruch, der die Ablehnung der Betriebsänderung bzw der Maßnahme deutlich zum Ausdruck bringt, reicht zur Fristwahrung. Diesfalls sollten aber zum Beweis der Rechtzeitigkeit des Einspruchs Zeugen anwesend sein. Im Hinblick auf ein förmliches Einspruchsverfahren bei der Branchenschlichtungskommission bzw bei der Staatlichen Wirtschaftskommission **empfiehlt es sich**, den **Einspruch schriftlich** unter **Angabe der Einspruchsgründe** einzubringen. Dem Einspruch hat ein in einer Sitzung des zuständigen Betriebsrates (Betriebsausschusses, Zentralbetriebsrates) gefasster Beschluss zu Grunde zu liegen (vgl §§ 68, 113, 114 und Erl dazu).

¹⁰) Ein Einspruch gegen die Wirtschaftsführung ist auch dann möglich, wenn ein **Unternehmen** (vgl zum Unternehmensbegriff die §§ 34, 40 und 80 sowie *Gahleitner,* ArbVR 2³ Erl 3 zu § 34; *Schneller,* ArbVR 2³ Erl 8 zu § 40; *Kundtner,* ArbVR 2³ Erl 1 zu § 80) mehrere Betriebe führt, von denen keiner die Arbeitnehmeranzahl von 200 auf Dauer überschreitet. Das ge-

samte Unternehmen muss allerdings **dauernd mehr als 400 Arbeitnehmer** beschäftigen (vgl zum Fragenkomplex „dauernde Beschäftigung einer bestimmten Arbeitnehmeranzahl" und zum Arbeitnehmerbegriff Erl 3). Handelt es sich um einen Einspruch gegen eine **wirtschaftliche Maßnahme**, müssen nach dem Wortlaut der Bestimmung zusätzlich auch noch **mindestens 200 Arbeitnehmer** von der Maßnahme (nachteilig) **betroffen** sein. Bei einem Einspruch gegen eine **Betriebsänderung** in einem Unternehmen mit mehr als 400 Arbeitnehmern ist die Betroffenheit von mehr als 200 Arbeitnehmern **keine** Voraussetzung (so auch *Strasser/Jabornegg*, ArbVG³ [1999] § 111 Anm 16).

Rechtsfolgen des Einspruches

[11]) Bezüglich des Begriffes „**Betriebsstilllegung**" siehe *Preiss*, ArbVR 2³, Erl 4 und 5 zu § 62 und Erl 7 und 8 zu § 109 Abs 1 Z 1. Nach dem Zweck der Bestimmung des § 111 ist unter Betriebsstilllegung nicht nur eine totale Stilllegung zu verstehen, sondern bereits die Stilllegung von wesentlichen Betriebsteilen. Es reicht bereits der Plan zur Stilllegung aus, um den Einspruch zu erheben.

[12]) Diese **Frist** beginnt mit dem Tag der Mitteilung des Betriebsinhabers an den Betriebsrat zu laufen und endet nach **4 Wochen** mit dem Ablauf desselben Wochentages (vgl § 169 und *Cerny*, ArbVR 4⁴, Erl zu § 169). Fällt das Ende der Frist jedoch auf einen Sonn- oder Feiertag, einen Samstag oder den Karfreitag, endet sie am nächstfolgenden Werktag.

[13]) Nur im Fall der **Betriebsänderung** „**Betriebsstilllegung**" hat der Einspruch gegen die Wirtschaftsführung praktisch relevante Bedeutung. § 111 Abs 2 misst dem Einspruch gegen eine Betriebsstilllegung nämlich „**aufschiebende Wirkung**" zu. Die bisher einzige Entscheidung (EA Wien vom 11. 11. 1975, Re 224/75, Arb 9437 = ZAS 1976, 161) dazu interpretiert diesen eher unglücklichen Ausdruck des Gesetzgebers restriktiv: Dass der Einspruch des Betriebsrates gegen eine geplante Betriebsstilllegung gem § 111 Abs 2 für einen Zeitraum von längstens vier Wochen aufschiebende Wirkung hat, bedeutet demnach nur, dass eine rechtswirksame Stilllegung des Betriebes vor Ablauf dieser Frist nicht möglich ist, dh, dass im Fall einer Stilllegung des Betriebes vor diesem Zeitpunkt alle gesetzlichen Folgen, die mit einer Stilllegung des Betriebes aus betriebsverfassungsrechtlicher Sicht verbunden sind (Beendigung der Funktion des Betriebsrates, Kündigungs- und Entlassungsschutz der Betriebsratsmitglieder usw), erst mit Ablauf der Frist wirksam werden. § 111 Abs 2 besage hingegen nicht, dass der Betriebsinhaber während der vierwöchigen Frist im Verhältnis zu seinen Arbeitnehmern keine Handlungen setzen dürfe, die im Zusammenhang mit der beabsichtigten Betriebsstilllegung stehen, dass also eine im Hinblick auf die beabsichtigte Stilllegung des Betriebes ausgesprochene

Kündigung rechtsunwirksam wäre (EA Wien vom 11. 11. 1975, Re 224/75, Arb 9437 = ZAS 1976, 161).
Einer weiteren Interpretation der Bestimmung steht aber nichts entgegen. So ist etwa denkbar, dass der Betriebsrat den Betriebsinhaber mittels **Unterlassungsklage an Stilllegungshandlungen** zumindest vorübergehend hindert. *Marhold* (Österreichisches Arbeitsrecht II, Kollektivarbeitsrecht[2] [1999] 305) sieht den Einspruch gegen eine Betriebsstilllegung als eine Art **Moratorium** bzw als **aufschiebendes Veto** des Betriebsrates. Während der vierwöchigen Frist dürften nach *Marhold* etwa zwar Kündigungen ausgesprochen werden, diese dürften aber nicht zum Ende der Arbeitsverhältnisse innerhalb der vierwöchigen Frist führen.

Abgesehen vom Fall der Betriebsstilllegung hat der Einspruch gar keine materiell-rechtlichen Konsequenzen.

[14]) Die **einwöchige Frist** für Verhandlungen beginnt also mit dem Zugang des Einspruchs an den Betriebsinhaber zu laufen. Da es sich um eine in Wochen angegebene Frist handelt, beginnt sie gem § 169 ArbVG iVm § 32 AVG an dem Tag zu laufen, an dem der Einspruch dem Betriebsinhaber zugegangen ist. Sie endet mit Ende desjenigen Tages, der durch seine Benennung dem Tag entspricht, an dem die Frist zu laufen begonnen hat. Der **Beginn der Frist** wird durch einen Samstag, Sonntag oder Feiertag **nicht** behindert. Nur wenn das **Ende der Frist** auf einen Samstag, Sonntag, Feiertag oder den Karfreitag fällt, läuft die Frist erst mit dem Ende des darauf folgenden Werktages ab (§ 169 ArbVG iVm § 33 AVG; vgl auch *Cerny*, ArbVR 4[4], Erl zu § 169).

[15]) Diese **Einigung** „im kurzen Verhandlungswege" kann in der Form einer Betriebsvereinbarung oder in Form einer mündlichen Absprache erfolgen. Eine Einigung verpflichtet beide Teile zur Einhaltung; im Streitfall über die Auslegung oder Nichteinhaltung der Einigung kann das **Arbeits- und Sozialgericht** gem **§ 50 Abs 2 ASGG** angerufen werden. Abs 5 (automatische Geltung einer schriftlichen Vereinbarung als Betriebsvereinbarung) ist auf solche Einigungen, die nicht vor der Schlichtungskommission geschlossen werden, nicht anzuwenden (so auch *Windisch-Graetz* in ZellKomm § 111 ArbVG Rz 7). Inhaltlich kann sich die Einigung zwischen einem kompletten Abgehen von der Maßnahme seitens des Betriebsinhabers bis zu einem Zurückziehen des Einspruches seitens des Betriebsrates erstrecken.

[16]) Der **Tag des Ablaufes der Verhandlungswoche zählt nicht mit**. Vgl Erl 7.

Schlichtungsverfahren

[17]) Der **Antrag auf Einleitung von Schlichtungsverhandlungen** kann sowohl vom zuständigen **Betriebsrat** als auch vom **Betriebsinhaber** gestellt werden. Die **Staatliche Wirtschaftskommission** gem § 112 hingegen kann **nur von betriebsrätlicher Seite** angerufen werden. Wird der Antrag von der Arbeitnehmerseite gestellt, muss ihm ein in einer Sitzung des zuständigen Betriebsrates (Betriebsausschusses, Zentralbetriebsrates) gefasster Beschluss zu Grunde zu liegen (vgl §§ 68, 113, 114 und Erl dazu). Dieser Beschluss kann bereits ("auf Vorrat") gemeinsam mit dem Beschluss auf Einspruchserhebung gegen die Betriebsänderung bzw die wirtschaftliche Maßnahme erfolgen.

[18]) Der Antrag hat sich darauf zu richten, Schlichtungsverhandlungen einzuleiten und hat die Betriebsänderung bzw die Maßnahme, gegen die Einspruch erhoben wurde, zu bezeichnen. Der Wortlaut des Gesetzes und der Sinn der Bestimmung legen nahe, dass der Antrag der **Schriftform** bedarf.

[19]) Die **Schlichtungskommission** gem § 111 ist nicht mit der Schlichtungs*stelle* gem den §§ 144 ff, die über Streitigkeiten über Abschluss, Änderung oder Aufhebung von Betriebsvereinbarungen entscheidet, zu verwechseln. Die Errichtung sowie der Umfang einer Schlichtungs**kommission** ist in das **Belieben der kollektivvertragsfähigen Körperschaften** der Arbeitgeber und der Arbeitnehmer gestellt (vgl dazu auch die Gesetzgebungsmaterialien RV 840 BlgNR 13. GP 88). Es kann sich sowohl um eine ständige Kommission als auch um eine für den konkreten Fall errichtete Kommission handeln. Es besteht auch die Möglichkeit (nicht die Pflicht), die Schlichtungsstelle durch Kollektivvertrag einzurichten (vgl zur entsprechenden Kompetenz der KV-Partner § 2 Abs 2 Z 6 und *Cerny*, ArbVR 2³, Erl 13 zu § 2). Die einzige Vorgabe seitens des Gesetzgebers ist, dass die Schlichtungskommission **paritätisch besetzt** sein muss. Vorgaben zur Frage des Verfahrens oder der Kosten der Kommission macht das Gesetz keine und spielt damit den Kollektivvertragspartnern die Aufgabe der Ausfüllung dieser Freiräume zu. Die Kollektivvertragspartner können sich auch entscheiden, keine Schlichtungskommission einzurichten. Es kann natürlich auch vorkommen, dass in Ermangelung einer kollektivvertragsfähigen Körperschaft auf Arbeitgeberseite keine Schlichtungskommission errichtet werden kann (vgl dazu §§ 4 ff und *Cerny*, ArbVR 2³, Erl zu §§ 4 ff).

Da die Schlichtungskommission **keine Befugnis zur Setzung hoheitlicher Akte** (imperium) hat, ist sie **keine Behörde** im verwaltungsrechtlichen Sinn. Sie hat daher **nicht** die Verwaltungsverfahrensgesetze (vor allem das **AVG**) anzuwenden. Die Schlichtungskommission ist demgemäß auch nicht in Art II Abs 2 EGVG als Behörde angeführt.

[20]) Die **Schlichtungskommission** hat an sich **nur vermittelnde Funktion**, kann aber dann einen Schiedsspruch fällen, wenn beide Parteien schon vorher **schriftlich erklärt** haben, sich dem **Schiedsspruch zu unterwerfen. Ohne Unterwerfung** gibt es also **keine Zwangsschlichtung**. Streitigkeiten über Inhalt bzw Einhaltung des gem Abs 5 als Betriebsvereinbarung geltenden Schiedsspruches sind als Streitigkeiten aus der Betriebsverfassung gem § 50 Abs 2 ASGG vor den Arbeits- und Sozialgerichten auszutragen.

[21]) Der Hinweis auf § 29 besagt noch nichts darüber, welche Bestimmungen bezüglich der **Geltungsdauer** bzw der **Rechtswirkungen** von Schiedssprüchen bzw Einigungen anzuwenden sind. Da es sich **nicht** um **erzwingbare** Betriebsvereinbarungen handelt, sind die Bestimmungen des § 32 Abs 1 anzuwenden, sodass eine Befristung festgelegt werden kann bzw bei unbefristeten Betriebsvereinbarungen eine Kündigung unter Einhaltung einer Dreimonatsfrist möglich ist (so auch *Windisch-Graetz* in ZellKomm § 111 ArbVG Rz 9).

Diese Bestimmungen sind aber nur dann sinnvoll anwendbar, wenn es sich um die gegenseitigen Rechte und Pflichten zwischen dem Arbeitnehmer und dem Betriebsinhaber handelt. Betrifft die Vereinbarung eine wirtschaftliche Angelegenheit, so regelt sie die Rechtsbeziehungen zwischen dem Betriebsrat und dem Betriebsinhaber (und hat somit **schuldrechtlichen Inhalt**, vgl dazu § 31 Abs 1 und *Cerny,* ArbVR 2^3, Erl 1 zu § 31). In diesem Fall wird es sich in der Regel um eine Vereinbarung darüber handeln, ob eine in Aussicht genommene wirtschaftliche Maßnahme durchgeführt wird bzw welche Bedingungen bejahendenfalls einzuhalten sind. Eine solche Vereinbarung wäre aus der Sache heraus nicht kündbar. Führt der Betriebsinhaber eine Maßnahme durch, obwohl vereinbart wurde, dass die in Aussicht genommene wirtschaftliche Maßnahme unterlassen wird, kann der Betriebsrat gerichtlich Unterlassung begehren. Eine solche Streitigkeit ist als Streitigkeit aus der Betriebsverfassung gem **§ 50 Abs 2 ASGG** vor dem **Arbeits- und Sozialgericht** auszutragen.

Staatliche Wirtschaftskommission[1])

§ 112. (1) In Betrieben[2]), in denen dauernd mehr als 400 Arbeitnehmer beschäftigt sind[3]), kann der Betriebsrat[4]) gegen Maßnahmen im Sinne des § 111 Abs 1[5])

1.[6]) binnen einer weiteren Woche einen Einspruch[7]) bei der Staatlichen Wirtschaftskommission erheben, wenn innerhalb von zwei Wochen[8]) ab Antragstellung bei der Schlichtungskommission[9]) eine Einigung[10]) oder ein Schiedsspruch[11]) nicht zustande kommt, oder

2.[12]) wenn eine Schlichtungskommission im Sinne des § 111 Abs 3 nicht errichtet ist[13]) und zwischen Betriebsrat und Betriebsinhaber binnen einer Woche ab Erhebung des Einspruches gemäß § 111 Abs 1 eine Einigung[14]) nicht zustande kommt, binnen einer weiteren Woche[15]) über den Österreichischen Gewerkschaftsbund[16]) einen Einspruch bei der Staatlichen Wirtschaftskommission erheben,

wenn es sich um eine Angelegenheit von gesamtwirtschaftlicher Bedeutung handelt.[17]) Diese Bestimmungen gelten sinngemäß für Unternehmen der in § 40 Abs 4 bezeichneten Art, wenn die Zahl der im Unternehmen beschäftigten Arbeitnehmer dauernd mehr als 400 beträgt und von der wirtschaftlichen Maßnahme mehr als 200 Arbeitnehmer betroffen sind.[18])

(2) Die Staatliche Wirtschaftskommission hat zwischen Betriebsrat und Betriebsinhaber zu vermitteln und zum Zwecke des Interessenausgleichs Vorschläge zur Beilegung der Streitfragen zu erstatten.[19])

(3) Kommt eine Einigung nicht zustande, hat der Betriebsinhaber der Staatlichen Wirtschaftskommission alle zur Behandlung des Einspruchs notwendigen und die ihm bezeichneten Unterlagen zu übermitteln.[20]) Die Staatliche Wirtschaftskommission hat in Form eines Gutachtens festzustellen, ob der Einspruch berechtigt ist.[21])

(4) Für die in der Anlage zu § 2 des Bundesministeriengesetzes 1973[22]), BGBl Nr 389, Teil 2 A Z 11 genannten Betriebe und Unternehmungen[23]) ist beim Bundeskanzleramt unter dem Vorsitz des Bundeskanzlers oder eines von ihm bestellten Vertreters, für die nach der Anlage zu § 2 des Bundesministeriengesetzes 1973, Teil 2 M in die Kompetenz des Bundesministeriums für Verkehr, Innovation und Technologie[24]) fallenden Betriebe und Unternehmungen[25]) ist beim Bundesministerium für Verkehr, Innovation und Technologie, für die übrigen Betriebe und Unternehmungen[26]) ist beim Bundesministerium für Wirtschaft und Arbeit[27]) unter dem Vorsitz des zuständigen Bundesministers oder eines von ihm bestellten Vertreters eine Staatliche Wirtschaftskommission zu errichten. Die übrigen Mitglieder der beim Bundeskanzleramt, beim Bundesministerium für Verkehr, Innovation und Technologie und Bundesministerium für Wirtschaft und Arbeit errichteten Wirtschaftskommission werden in gleicher Anzahl von der Wirtschaftskammer Österreich und von der Bundeskammer für Arbeiter und Angestellte entsendet.[28])

Schrifttum zu § 112

Öhlinger, Verfassungsrechtliche Probleme der Mitbestimmung der Arbeitnehmer im Unternehmen (1982);
Pernthaler, Verfassungsrechtliche Voraussetzungen und Grenzen der betrieblichen und unternehmerischen Mitbestimmung (1984).

Übersicht zu § 112

Allgemeines	Erläuterung 1
Voraussetzungen für den Einspruch	Erläuterungen 2 bis 18
Verfahren der Staatlichen Wirtschaftskommission	Erläuterungen 19 bis 21
Zuständigkeit der einzelnen Staatlichen Wirtschaftskommissionen	Erläuterungen 22 bis 28

Allgemeines

[1]) Wie auch bei der Schlichtungskommission gem § 111 handelt es sich bei dem Verfahren vor der Staatlichen Wirtschaftskommission um ein – im Wesentlichen **auf Freiwilligkeit beruhendes – Schlichtungsverfahren ohne Zwangskomponente.** Ein nicht zu unterschätzendes Druckmoment liegt allerdings darin, dass die Staatlichen Wirtschaftskommissionen (und damit unternehmensfremde Personen) dem Betriebsinhaber alle notwendigen Unterlagen abverlangen können. Die Entscheidung über den Einspruch erfolgt in Form eines **Gutachtens,** das **keinerlei bindenden Charakter** hat. Ein Einspruch gem § 112 kommt überhaupt nur bei Wirtschaftseinheiten (Betrieben bzw Unternehmen; nicht bei Konzernen) mit mehr als 400 Arbeitnehmern in Frage. Überdies muss es sich um eine Angelegenheit gesamtwirtschaftlicher Bedeutung handeln. In der Praxis ist das Instrument des Einspruches bei der Staatlichen Wirtschaftskommission von untergeordneter Bedeutung.

Die Anrufung der Staatlichen Wirtschaftskommission gem § 112 kann die Fortsetzung eines erfolglosen Schlichtungsversuches durch die Schlichtungskommission gem § 111 sein. Gibt es gar keine Schlichtungskommission – etwa weil es auf Arbeitgeberseite keine zuständige Interessenvertretung gibt oder weil keine Einigung über eine Schlichtungskommission zu Stande kommt –, ist ein direkter Einspruch bei der Staatlichen Wirtschaftskommission möglich. Verfahren und Zusammensetzung vor den (ursprünglich drei vorgesehenen) Wirtschaftskommissionen regeln die gem § 161 Abs 2 – 4 ArbVG erlassenen Verordnungen BGBl Nr 356/1974, Nr 357/1974, Nr 358/1974 (abgedruckt in ArbVR 1[8]).

§ 112 steht in engem inhaltlichen Zusammenhang mit § 111, deshalb vgl auch die Erl zu § 111.

Voraussetzungen für den Einspruch

²) Die Möglichkeit, einen Einspruch gegen die Wirtschaftsführung zu erheben, ist nur bei **größeren Wirtschaftseinheiten** möglich. So wie § 111 stellt auch § 112 primär auf die Größe des **Betriebes** – also die faktische Arbeitsorganisationseinheit – ab (dauernd mehr als **400 AN**, bei § 111 geht es um Betriebe mit mehr als 200 AN). Zum Begriff des Betriebes siehe § 34 und *Gahleitner,* ArbVR 2^3, Erl 1 bis 3 zu § 34. § 112 ist aber auch auf größere (dauernd mehr als 400 AN) **Unternehmen** mit mehreren Betrieben anzuwenden. Zusätzlich müssen aber auch noch mehr als 200 Arbeitnehmer von der wirtschaftlichen Maßnahme bzw der Betriebsänderung **betroffen** sein. Die Erfordernisse an die Größe bei **Unternehmen** sind mit denen des § 111 ident.

Nach der geltenden Rechtslage gibt es bei unternehmensübergreifenden Maßnahmen innerhalb eines Konzerns keine Möglichkeit der Anrufung einer Staatlichen Wirtschaftskommission für die Konzernebene. Obwohl es keinen vernünftigen Grund gibt, hier zwischen größeren Unternehmen und Konzernen zu unterscheiden, führt am eindeutigen Gesetzeswortlaut kein Weg vorbei. Zu den drei Begriffen Betrieb – Unternehmen – Konzern vgl die §§ 34, 40 und 88a und *Gahleitner,* ArbVR 2^3, Erl 3 zu § 34 sowie *Schneller,* ArbVR 2^3, Erl 8 zu § 40.

Zu beachten ist auch die Möglichkeit der Unanwendbarkeit des § 112 auf Tendenzbetriebe gem § 132 (vgl dazu *Cerny*, ArbVR 4^4, Erl 7 zu § 132).

³) Beim Kriterium „mehr als 400 AN" wird nicht zwischen den Arbeitnehmergruppen differenziert. Es ist also **unerheblich**, ob es sich um **Arbeiter oder Angestellte** handelt. Unter **Arbeitnehmer** sind solche iSd § 36 zu verstehen. Insbesondere sind also auch überlassene Arbeitskräfte und karenzierte Arbeitnehmer in die Berechnung miteinzubeziehen. Näher dazu siehe *Gahleitner,* ArbVR 2^3, Erl zu § 36. Für die Frage, wann von einer **„dauernden" Beschäftigung** von mehr als 400 Arbeitnehmern gesprochen werden kann, vgl Erl 3 zu § 111 und *Schneller,* ArbVR 2^3, Erl 4 zu § 40.

⁴) In Betrieben, in denen ein **Betriebsausschuss** konstituiert ist (vgl § 76 und *Preiss*, ArbVR 2^3 Erl 1 bis 7), ist diese Befugnis vom Betriebsausschuss auszuüben (siehe § 113 Abs 2 Z 3 und Erl 16 zu § 113), in Unternehmen vom **Zentralbetriebsrat** (und zwar selbst dann, wenn nur ein Betrieb betroffen ist, siehe § 113 Abs 4 und Erl 30 zu § 113). Ist im Unternehmen kein Zentralbetriebsrat errichtet, obwohl einer errichtet sein müsste, kann die Staatliche Wirtschaftskommission gar nicht angerufen werden, weil das zuständige Organ nicht existiert (vgl dazu § 113 Abs 4 und Erl 25, 26 und 30 zu § 113).

Das Verfahren vor der Staatlichen Wirtschaftskommission kann nur auf Grund eines **Antrages** des zuständigen Organs der **Belegschaft** stattfinden. (Im Unterschied dazu kann den Antrag bei der Schlichtungskommission gem § 111 auch der Betriebsinhaber stellen.)

⁵) Der Einspruch an die Staatliche Wirtschaftskommission hat sich gegen
- geplante oder schon durchgeführte Betriebsänderungen iSd § 109 Abs 1 oder
- andere, für die Arbeitnehmer wesentliche Nachteile mit sich bringende, wirtschaftliche Maßnahmen iSd § 111 Abs 1 Z 2

zu richten (vgl Näheres dazu Erl zu den §§ 109, 111). Außerdem muss es sich um eine Angelegenheit handeln, die von gesamtwirtschaftlicher Bedeutung ist (vgl dazu Erl 17).

⁶) Einem Einspruch gem § 112 Z 1 haben folgende Schritte voranzugehen:
- Einspruch beim Betriebsinhaber gegen die wirtschaftliche Maßnahme bzw Betriebsänderung nach § 111 Abs 1 (siehe Erl zu § 111) und
- erfolgloser Einigungsversuch auf Betriebs- (bzw Unternehmens-)ebene zwischen Betriebsrat (Betriebsausschuss, Zentralbetriebsrat) und Betriebsinhaber während einer Woche ab Erhebung des Einspruches (gem § 111 Abs 3) sowie
- erfolglose Schlichtungsverhandlungen vor der Schlichtungskommission innerhalb von zwei Wochen nach Erhebung des Antrages bei dieser (§ 112 Abs 1 Z 1).

Die Frist für die Einbringung des Einspruches bei der Staatlichen Wirtschaftskommission beträgt eine Woche ab Ablauf der Zwei-Wochen-Frist für die Verhandlungen vor der Schlichtungskommission (dh 3 Wochen ab Antrag an die Schlichtungskommission).

⁷) Der Einspruch hat die Betriebsänderung bzw die Maßnahme, gegen die Einspruch erhoben wird, zu bezeichnen. Der **Antrag** ist **schriftlich** abzufassen und mit einer Begründung zu versehen. Die Betriebsänderung bzw die wirtschaftliche **Maßnahme**, gegen die Einspruch erhoben wird, ist zu **bezeichnen**. Die **gesamtwirtschaftliche Bedeutung** der Angelegenheit ist **darzulegen**. Außerdem ist der Nachweis zu erbringen, dass die in den §§ 111 und 112 vorgesehenen Fristen eingehalten wurden. Dem Einspruch hat ein in einer Sitzung des zuständigen Betriebsrates (Betriebsausschusses, Zentralbetriebsrates) gefasster Beschluss zu Grunde zu liegen (vgl §§ 68, 113, 114 und Erl dazu).

⁸) Die Frist beginnt mit dem Tag der Antragstellung (Postaufgabe des Antrages bei der Schlichtungskommission) zu laufen und endet zwei Wo-

chen später mit dem Ablauf desselben Wochentages (vgl § 169 abgedruckt in Band 1[8] sowie *Cerny*, ArbVR 4[4], Erl zu § 169). Fällt das Ende der Frist jedoch auf einen Sonn- oder Feiertag, einen Samstag oder den Karfreitag, endet die Frist am nächstfolgenden Werktag.

[9]) Zur Errichtung und zum Verfahren vor der Schlichtungskommission vgl § 111 Abs 3 bis 5 und Erl 17 bis 21 zu § 111.

[10]) Es ist eine Einigung vor der Schlichtungskommission gemeint, die unter den Voraussetzungen des § 111 Abs 5 auch als Betriebsvereinbarung gelten kann (vgl Erl 21 zu § 111). Die Schlichtungskommission hat die Aufgabe, vermittelnd auf das Zustandekommen einer solchen Einigung hinzuarbeiten.

[11]) Einen **Schiedsspruch** kann die **Schlichtungskommission** nur dann fällen, wenn Betriebsinhaber und Betriebsrat zuvor eine freiwillige, schriftliche Unterwerfungserklärung abgegeben haben (§ 111 Abs 4 und Erl 20 dazu).

[12]) Einem Einspruch gem § 112 Z 2 haben folgende Schritte voranzugehen:
- Einspruch beim Betriebsinhaber gegen die wirtschaftliche Maßnahme bzw Betriebsänderung nach § 111 Abs 1 (siehe Erl zu § 111) und
- erfolgloser Einigungsversuch auf Betriebs- (bzw Unternehmens-)ebene zwischen Betriebsrat (Betriebsausschuss, Zentralbetriebsrat) und Betriebsinhaber während einer Woche ab Erhebung des Einspruches (gem § 111 Abs 3).

Besteht also keine Schlichtungskommission, entfällt naturgemäß das Erfordernis des erfolglosen Schlichtungsverfahrens vor der Schlichtungskommission als Voraussetzung für den Einspruch bei der Staatlichen Wirtschaftskommission. Eine ersatzweise überbetriebliche Filterfunktion kommt diesfalls aber dem ÖGB zu. Der Einspruch bei der Staatlichen Wirtschaftskommission ist im Fall der Z 2 nämlich „über den ÖGB" einzubringen. Nach der hier vertretenen Ansicht (vgl dazu und zu den Gegenmeinungen bei Erl 16) ist der ÖGB **nicht verpflichtet**, den Einspruch automatisch weiterzuleiten. Es kommt ihm eine Prüffunktion zu. So kann er etwa hinterfragen, ob tatsächlich eine Angelegenheit gesamtwirtschaftlicher Bedeutung vorliegt (vgl Erl 17). Die Frist für die Einbringung des Einspruches bei der Wirtschaftskommission beträgt eine Woche.

[13]) Das Fehlen einer Schlichtungskommission kann daran liegen, dass sich die Kollektivvertragspartner nicht auf die Errichtung einer Schlich-

tungskommission einigen konnten. Es kann aber auch daran liegen, dass es auf Arbeitgeberseite keine zuständige kollektivvertragsfähige Körperschaft gibt (vgl Erl 19 zu § 111). Vgl dazu §§ 4 ff und *Cerny,* ArbVR 2[3], Erl zu §§ 4 ff.

[14]) Bei einer solchen Einigung handelt es sich um Einigung „im kurzen Verhandlungswege", **ohne Schlichtungskommission**, da es nach den Voraussetzungen der Z 2 keine Schlichtungskommission gibt. Sie kann in der Form einer Betriebsvereinbarung (nicht gem § 111 Abs 5) oder in Form einer mündlichen Absprache erfolgen. Eine Einigung verpflichtet beide Teile zur Einhaltung; im Streitfall über die Auslegung oder Nichteinhaltung der Einigung kann das ASG gem § 50 Abs 2 ASGG angerufen werden. Inhaltlich kann sich die Einigung zwischen einem kompletten Abgehen von der Maßnahme gem § 111 seitens des Betriebsinhabers bis zu einem Zurückziehen des Einspruches gegen die Wirtschaftsführung seitens des Betriebsrates erstrecken.

[15]) Die Frist beginnt mit dem Tag der Erhebung des Einspruches (Postaufgabe des Einspruches an den Betriebsinhaber) zu laufen und endet – wenn es zu keiner Einigung mit dem Betriebsinhaber über den Einspruch gem § 111 kommt – zwei Wochen später mit dem Ablauf desselben Wochentages (vgl § 169 und *Cerny,* ArbVR 4[4], Erl zu § 169). Fällt das Ende der Frist jedoch auf einen Sonn- oder Feiertag, einen Samstag oder den Karfreitag, endet die Frist am nächstfolgenden Werktag. Diese Frist für den Betriebsrat ist eingehalten, wenn er den Antrag an die Staatliche Wirtschaftskommission fristgerecht an den ÖGB zur Post gibt. In welcher Zeit der ÖGB den Antrag dann an die Staatliche Wirtschaftskommission weiterleitet, ist Sache des ÖGB. Der Gewerkschaftsbund kann insbesondere Vermittlungsversuche zwischen Betriebsinhaber und Betriebsrat unternehmen.

[16]) Nach der hier vertretenen Meinung ist der **Österreichische Gewerkschaftsbund nicht verpflichtet, den Einspruch an die zuständige Staatliche Wirtschaftskommission weiterzuleiten** (*Strasser* in *Floretta/Strasser,* ArbVG-Handkommentar [1975] 751; *Strasser/Jabornegg,* ArbVG[3] [1999] § 112 Anm 19; *Windisch-Graetz* in ZellKomm § 112 ArbVG Rz 5; aA *Marhold,* Österreichisches Arbeitsrecht II, Kollektivarbeitsrecht[2] [1999] 308). Das ist seinem (gesetzesgebundenen) Ermessen anheim gestellt. Hiedurch kann der Österreichische Gewerkschaftsbund etwa Einsprüche, die die vom Gesetz verlangten Voraussetzungen nicht erfüllen, hintanhalten. Auch besteht für ihn die Möglichkeit, sich vermittelnd einzuschalten. Insofern ersetzt die Zwischenschaltung des Österreichischen Gewerkschaftsbundes das (hier) fehlende Branchenschlichtungsverfahren. *Windisch-Graetz* (in ZellKomm § 112 ArbVG Rz 5) argumentiert die Nicht-Verpflichtung zur Weiterleitung des Einspruches zutreffend damit, dass der Österreichische

Gewerkschaftsbund die gesamtwirtschaftliche Bedeutung einer Maßnahme besser beurteilen kann als ein einzelner Betriebsrat.

[17]) Bei den Angelegenheiten, die Gegenstand des Einspruches sind, muss es sich um solche von **gesamtwirtschaftlicher Bedeutung** handeln. Die Betriebsänderung bzw die wirtschaftliche Maßnahme bleibt zwar eine betriebliche oder unternehmensbezogene. Die Maßnahme iSd § 111 kann jedoch Folgen für die Gesamtwirtschaft haben. Hiebei ist zuerst an Auswirkungen auf die Branche, der der Betrieb bzw das Unternehmen zuzurechnen ist, zu denken. Es kann aber auch Auswirkungen auf andere Wirtschaftssparten geben, deren Betriebe zB mit dem die Maßnahme setzenden Betrieb zusammenarbeiten (etwa Zulieferbetriebe). Im Einzelnen können die Auswirkungen zB in einer Veränderung der Wettbewerbsverhältnisse auf dem Markt bestehen, den Arbeitsmarkt betreffen, die Versorgung eines nicht unerheblichen Bevölkerungskreises berühren, Einfluss auf die Preis- und Kostensituation der vom Betrieb oder anderen Betrieben erzeugten Produkte sowie auf den Export und Import mit gesamtwirtschaftlicher Bedeutung nehmen.

[18]) Die Anrufung der Staatlichen Wirtschaftskommission ist (nicht nur bei Betrieben mit mehr als 400 AN, sondern) auch dann möglich, wenn ein **Unternehmen** (vgl zum Unternehmensbegriff §§ 34, 40, 80 sowie *Gahleitner,* ArbVR 2³, Erl 3 zu § 34, *Schneller,* ArbVR 2³, Erl 8 zu § 40, *Kundtner,* ArbVR 2³ Erl 1 zu § 80) mehrere Betriebe führt, von denen keiner die Arbeitnehmeranzahl von 400 auf Dauer überschreitet. Das gesamte Unternehmen muss allerdings **dauernd mehr als 400 Arbeitnehmer** beschäftigen (vgl zum Fragenkomplex „dauernde Beschäftigung einer bestimmten Arbeitnehmeranzahl" Erl 3 sowie *Schneller,* ArbVR 2³, Erl 4 zu § 40; zum Arbeitnehmerbegriff siehe *Gahleitner,* ArbVR 2³, Erl zu § 36). Handelt es sich um einen Einspruch wegen einer wirtschaftlichen Maßnahme iSd § 111 Abs 1 Z 2 (und nicht wegen einer Betriebsänderung iSd § 109 Abs 1), müssen nach dem Wortlaut der Bestimmung zusätzlich auch noch **mindestens 200 AN** von der Maßnahme (nachteilig) **betroffen** sein. Bei einem Einspruch wegen einer Betriebsänderung in einem Unternehmen mit mehr als 400 Arbeitnehmern ist die Betroffenheit von mehr als 200 AN **keine** Voraussetzung (so auch *Strasser/Jabornegg,* ArbVG³ [1999] § 112 Anm 23).

Verfahren der Staatlichen Wirtschaftskommission

[19]) Die Staatliche Wirtschaftskommission hat zunächst zu vermitteln, auch dann, wenn schon vorher eine Schlichtungskommission vergeblich einen Vermittlungsversuch unternommen hat. Bleiben die Vermittlungsversuche der Staatlichen Wirtschaftskommission ergebnislos, so hat sie

über den Einspruch zu entscheiden (zum Verfahren siehe Erl 20 und 21). Die Entscheidung ergeht in Form eines Gutachtens. In diesem ist von der Wirtschaftskommission festzustellen, ob der Einspruch des Betriebsrates (Betriebsausschuss, Zentralbetriebsrat) berechtigt ist. Die Entscheidung ist zu begründen. Das Gutachten hat jedoch keine bindende Wirkung (AB 993 BlgNR 13. GP 5). Der Betriebsinhaber **kann** sich in seinem weiteren Vorgehen am Gutachtensergebnis orientieren, er **muss** dies aber nicht tun. Dem Betriebsrat (Betriebsausschuss, Zentralbetriebsrat) steht es natürlich offen, das Gutachten der Staatlichen Wirtschaftskommission wie jedes Sachverständigengutachten in anderen Verfahren – etwa vor dem Arbeits- und Sozialgericht oder vor der Schlichtungsstelle – zu verwenden. So könnte das Gutachten der Staatlichen Wirtschaftskommission für die Frage der wirtschaftlichen Situation des Betriebsinhabers in einem Kündigungsanfechtungsverfahren gem § 105 oder in einem Verfahren zur Erzwingung eines Sozialplanes gem § 109 nützlich sein.

[20]) Ähnlich wie die Schlichtungskommissionen gem § 111 sind die **Staatlichen Wirtschaftskommissionen keine Behörden** im verwaltungsrechtlichen Sinn, da sie keine Befugnis zur Setzung von Hoheitsakten (imperium) haben. Ihre **Entscheidungen haben bloß Gutachtenscharakter**. Weigert sich der Betriebsinhaber, die zur Behandlung des Einspruches notwendigen Unterlagen zu übermitteln, so muss wohl der Betriebsrat die Vorlage dieser Unterlagen klagsweise beim Arbeits- und Sozialgericht geltend machen. Die Zuständigkeit der Arbeits- und Sozialgerichte ergibt sich aus § 50 Abs 2 ASGG, da es sich um eine Streitigkeit aus der Betriebsverfassung handelt.

[21]) Näheres zur **Zusammensetzung und zum Verfahren vor der Staatlichen Wirtschaftskommission** enthalten für die drei (ursprünglichen) Kommissionen die
– Verordnung des Bundesministers für Handel, Gewerbe und Industrie vom 14. Juni 1974, BGBl Nr 356, über die Staatliche Wirtschaftskommission beim Bundesministerium für Handel, Gewerbe und Industrie.
– Verordnung des Bundesministers für Verkehr vom 18. Juni 1974, BGBl Nr 357, über die Staatliche Wirtschaftskommission beim Bundesministerium für Verkehr.
– Verordnung des Bundeskanzlers vom 25. Juni 1974, BGBl Nr 358, über die Staatliche Wirtschaftskommission beim Bundeskanzleramt.

Diese Verordnungen sind in ArbVR 1[8] abgedruckt.

Zuständigkeit der einzelnen
Staatlichen Wirtschaftskommissionen

22) Das Bundesministeriengesetz (BMG) regelt die Zuständigkeitsverteilung zwischen den einzelnen Ministerien. Naturgemäß wird es häufig novelliert und die Zuständigkeit sowie die Zahl der einzelnen Ministerien wird immer wieder verändert. So wurde das BMG 1973, das bei Gesetzwerdung des ArbVG in Geltung stand, mittlerweile bereits durch das BMG 1986 BGBl 76 ersetzt. Das BMG 1986 wurde zwischenzeitlich fast jährlich novelliert (zuletzt durch BGBl I 2008/4). Um nicht bei jeder Veränderung des BMG eine Vielzahl anderer Gesetze, die auf das BMG verweisen, ändern zu müssen, gelten die Zuständigkeitsvorschriften aus anderen Gesetzen gem § 16a BMG bei einer Änderung des BMG als mitgeändert.

23) Nach der damaligen Rechtslage handelte es sich bei diesen Betrieben bzw Unternehmen um die *„verstaatlichten oder staatseigenen Unternehmungen, soweit sie nicht in die Zuständigkeit des Bundesministeriums für Finanzen oder des Bundesministeriums für Handel, Gewerbe und Industrie fallen"* (Anlage zu § 2 des BMG 1973, BGBl 389, Teil 2 A Z 11). Nach der heutigen Rechtslage gibt es die Zuständigkeit für verstaatlichte Unternehmen nicht mehr. Am ehesten vergleichbar mit dieser Kompetenz ist die des Finanzministeriums für die Verwaltung der Anteilsrechte des Bundes an verschiedenen Gesellschaften (ÖIAG, Post AG, Telekom AG etc) gemäß Teil 2 Abschnitt C Z 6 der Anlage zu § 2 BMG 1986 idF BGBl I 2007/6. Da aber beim Finanzministerium keine Staatliche Wirtschaftskommission eingerichtet ist, ist davon auszugehen, dass die Staatliche Wirtschaftskommission beim Bundeskanzleramt keinen Zuständigkeitsbereich mehr hat. Ihren bisherigen Zuständigkeitsbereich hat demnach – soweit es sich nicht um Verkehrsbetriebe handelt – die beim **Bundesministerium für Wirtschaft und Arbeit eingerichtete Staatliche Wirtschaftskommission** übernommen (vgl diesem Sinn auch nach *Strasser/Jabornegg*, ArbVG[3] [1999] § 112 Anm 1).

24) Gem § 16a BMG ist hier anstatt des nach der Stammfassung des ArbVG (BGBl 1974/22) zuständigen *„Bundesministeriums für Verkehr"* das nach der jeweiligen Fassung des BMG zuständige Ministerium einzufügen. Gemäß der derzeit geltenden Fassung des BMG (zuletzt geändert durch BGBl I 2008/4) ist für Verkehrsangelegenheiten das *„Bundesministerium für Verkehr, Innovation und Technologie"* zuständig (Teil 2 Abschnitt K der Anlage zu § 2 BMG).

25) Nach der damaligen Rechtslage handelte es sich bei diesen Betrieben bzw Unternehmen um solche, die dem Verkehrswesen (Eisenbahn, Schifffahrt, Luftfahrt), der gewerblichen Güter- und Personenbeförde-

rung, dem Post-, Telegraphen- und Fernsprechwesen zuzuordnen waren, sowie um die Österreichischen Bundesbahnen. An dieser Rechtslage hat sich seither nur wenig geändert. Unter diese Betriebe bzw Unternehmungen fallen vor allem **die verschiedenen Unternehmen des ÖBB-Konzerns (BundesbahnstrukturG 2003, BGBl I 2003/138), die Österreichische Post AG, die ÖBB-Postbus GmbH und die Telekom Austria AG**. Für die Österreichische Post AG und die Telekom Austria AG ergibt sich die Anwendbarkeit des § 112 ArbVG aus dem Post-Betriebsverfassungsgesetz (§ 72 Abs 1 PBVG, abgedruckt in ArbVR 1[8]).

[26]) Nach dem bisher Gesagten ist die **Staatliche Wirtschaftskommission beim Bundesministerium für Wirtschaft und Arbeit** für **alle Betriebe bzw Unternehmen zuständig, die nicht in den Wirkungsbereich des Bundesministeriums für Verkehr, Innovation und Technologie fallen**.

[27]) Gem § 16a BMG ist hier anstatt des nach der Stammfassung des ArbVG (BGBl 1974/22) zuständigen *„Bundesministeriums für Handel, Gewerbe und Industrie"* das nach der jeweiligen Fassung des BMG zuständige Ministerium einzufügen. Gemäß der derzeit geltenden Fassung des BMG (zuletzt geändert durch BGBl I 2008/4) ist hier nun das *„Bundesministerium für Wirtschaft und Arbeit"* zuständig (Teil 2 Abschnitt L der Anlage zu § 2 BMG).

[28]) Für die Zuständigkeit der Kommissionen ergibt sich nunmehr Folgendes:
– Die Staatliche Wirtschaftskommission beim Bundesministerium für Wirtschaft und Arbeit ist für alle Betriebe und Unternehmen zuständig, die nicht in den Wirkungsbereich der Staatlichen Wirtschaftskommission beim Bundesministerium für Verkehr, Innovation und Technologie fallen.
– Die Staatliche Wirtschaftskommission beim Bundesministerium für Verkehr, Innovation und Technologie ist für die **verschiedenen Unternehmen des ÖBB-Konzerns (BundesbahnstrukturG 2003, BGBl I 2003/138)** sowie für die Betriebe bzw Unternehmen zuständig, die dem Verkehrswesen (Eisenbahn, Schifffahrt, Luftfahrt), der gewerblichen Güter- und Personenbeförderung, dem Post-, Telegraphen- und Fernsprechwesen zuzuordnen sind.

Abschnitt 5

Organzuständigkeit[1])

Kompetenzabgrenzung[2])[3])[4])

§ 113. (1) Die der Arbeitnehmerschaft zustehenden Befugnisse[5])[6]) werden, soweit nicht anderes bestimmt ist[7]), durch Betriebsräte ausgeübt[8]).

(2) In Betrieben, in denen ein Betriebsausschuß[9]) errichtet ist[10]), werden vom Betriebsausschuß folgende Befugnisse ausgeübt:[11])
1. Beratungsrecht (§ 92);[12])
2. wirtschaftliche Informations- und Interventionsrechte (§ 108);[13])
3. Mitwirkung in wirtschaftlichen Angelegenheiten gemäß §§ 109 bis 112;[14])[15])[16])
4. Abschluß, Änderung und Aufhebung von Betriebsvereinbarungen[17]), deren Geltungsbereich alle im Betriebsausschuß vertretenen Arbeitnehmergruppen erfaßt;[18])
5. soweit die Interessen aller im Betriebsausschuß vertretenen Arbeitnehmergruppen betroffen sind:[19])
    a) Überwachung der Einhaltung der die Arbeitnehmer betreffenden Vorschriften (§ 89);[20])
    b) Recht auf Intervention (§ 90);
    c) allgemeines Informationsrecht (§ 91);
    d) Mitwirkung in Arbeitsschutzangelegenheiten (§ 92a);
    e) Mitwirkung an betriebs- und unternehmenseigenen Schulungs-, Bildungs- und Wohlfahrtseinrichtungen (§§ 94 und 95);
6. Entsendung von Arbeitnehmervertretern in das besondere Verhandlungsgremium (§§ 179, 180) und in den Europäischen Betriebsrat (§ 193);[21])
7. Mitwirkung an den Unterrichtungs- und Anhörungsverfahren gemäß den nach den §§ 189, 190 oder 206 abgeschlossenen Vereinbarungen;[22])
8. Entsendung von Arbeitnehmervertretern in das besondere Verhandlungsgremium (§§ 217, 218), in den SE-Betriebsrat (§ 234) und in den Aufsichts- oder Verwaltungsrat der Europäischen Gesellschaft (§ 247);
9. Mitwirkung an den Unterrichtungs- und Anhörungsverfahren gemäß den nach den §§ 230 oder 231 abgeschlossenen Vereinbarungen;[22a])
10. Entsendung von Arbeitnehmervertretern in das besondere Verhandlungsgremium (§ 257 iVm §§ 217, 218), in den SCE-Betriebsrat

(§ 257 iVm § 234) und in den Aufsichts- oder Verwaltungsrat der Europäischen Genossenschaft (§ 257 iVm § 247);
11. Mitwirkung an den Unterrichtungs- und Anhörungsverfahren gemäß den nach § 257 iVm den §§ 230 oder 231 abgeschlossenen Vereinbarungen;[22b])
12. Entsendung von Arbeitnehmervertretern in das besondere Verhandlungsgremium (§ 260 iVm §§ 217, 218) oder in das besondere Entsendungsgremium (§ 261 iVm §§ 217, 218) und in den Aufsichts- oder Verwaltungsrat der aus der grenzüberschreitenden Verschmelzung hervorgegangenen Gesellschaft (§ 260 bzw § 261 iVm § 247).[22c])

Befugnisse in Angelegenheiten, die ausschließlich[23]) die Interessen einer im Betriebsausschuß nicht vertretenen Arbeitnehmergruppe betreffen, können vom Betriebsausschuß nicht ausgeübt werden.

(3) In Betrieben, in denen ein gemeinsamer Betriebsrat (§ 40 Abs 3) errichtet ist, werden von diesem sowohl die Befugnisse gemäß Abs 1 als auch jene gemäß Abs 2 ausgeübt.[24])

(4) In Unternehmen, in denen ein Zentralbetriebsrat[25]) zu errichten ist[26])[27]), werden folgende Befugnisse von diesem ausgeübt:[28])
1. Mitwirkung in wirtschaftlichen Angelegenheiten gemäß §§ 110[29]) bis 112[30]);
2. soweit sie nicht nur die Interessen der Arbeitnehmerschaft eines Betriebes berühren[31])
   a) Recht auf Intervention (§ 90);[32])
   b) allgemeines Informationsrecht (§ 91);[33])
   c) Beratungsrecht (§ 92);[34])
   d) Mitwirkung in Arbeitsschutzangelegenheiten (§ 92a);[35])
   e) Mitwirkung an betriebs- und unternehmenseigenen Schulungs-, Bildungs- und Wohlfahrtseinrichtungen (§§ 94 und 95);[36])
   f) wirtschaftliche Informations- und Interventionsrechte (§ 108);[37])
   g) Mitwirkung bei Betriebsänderungen gemäß § 109.[38])
3. Wahrnehmung der Rechte gemäß § 89 Z 3 hinsichtlich geplanter und in Bau befindlicher Betriebsstätten des Unternehmens, für die noch kein Betriebsrat zuständig ist;[39])
4. Entsendung von Arbeitnehmervertretern in das besondere Verhandlungsgremium (§§ 179, 180) und in den Europäischen Betriebsrat (§ 193);[40])
5. Mitwirkung an den Unterrichtungs- und Anhörungsverfahren gemäß den nach den §§ 189, 190 oder 206 abgeschlossenen Vereinbarungen;[41])
6. Abschluss von Betriebsvereinbarungen nach § 97 Abs 1 Z 1b;[41a])
7. Entsendung von Arbeitnehmervertretern in das besondere Verhandlungsgremium (§§ 217, 218), in den SE-Betriebsrat (§ 234) und in

den Aufsichts- oder Verwaltungsrat der Europäischen Gesellschaft (§ 247);
8. Mitwirkung an den Unterrichtungs- und Anhörungsverfahren gemäß den nach den §§ 230 oder 231 abgeschlossenen Vereinbarungen;[22a]
9. Entsendung von Arbeitnehmervertretern in das besondere Verhandlungsgremium (§ 257 iVm §§ 217, 218), in den SCE-Betriebsrat (§ 257 iVm § 234) und in den Aufsichts- oder Verwaltungsrat der Europäischen Genossenschaft (§ 257 iVm § 247);
10. Mitwirkung an den Unterrichtungs- und Anhörungsverfahren gemäß den nach § 257 iVm den §§ 230 oder 231 abgeschlossenen Vereinbarungen;[22b]
11. Entsendung von Arbeitnehmervertretern in das besondere Verhandlungsgremium (§ 260 iVm §§ 217, 218) oder in das besondere Entsendungsgremium (§ 261 iVm §§ 217, 218) und in den Aufsichts- oder Verwaltungsrat der aus der grenzüberschreitenden Verschmelzung hervorgegangenen Gesellschaft (§ 260 bzw § 261 iVm § 247).[22c]

(5) In Konzernen, in denen eine Konzernvertretung errichtet ist, werden folgende Befugnisse von dieser ausgeübt:[42][43]
1. Entsendung von Arbeitnehmervertretern in den Aufsichtsrat gemäß § 110 Abs 6b;[44]
2. soweit die Interessen der Arbeitnehmerschaft von mehr als einem Unternehmen im Konzern betroffen sind:[45]
   a) Recht auf Intervention (§ 90);
   b) allgemeines Informationsrecht (§ 91);
   c) Beratungsrecht (§ 92);
   d) Mitwirkung an konzerneigenen Maßnahmen in Zusammenhang mit Schulungs-, Bildungs- und Wohlfahrtseinrichtungen (§§ 94 und 95);[46]
3. soweit die Interessen der Arbeitnehmer mehr als eines Unternehmens im Konzern betroffen sind und eine einheitliche Vorgangsweise, insbesondere durch Konzernrichtlinien, erfolgt:[47]
   a) wirtschaftliche Informations- und Interventionsrechte (§ 108);[48]
   b) Mitwirkung an Betriebsänderungen gemäß § 109, mit der Maßgabe, daß § 109 Abs 3 nur bei Betriebsänderungen im Sinne des § 109 Abs 1 Z 1 bis 4 anzuwenden ist;[49]
4. Wahrnehmung der Rechte gemäß § 89 Z 3[50] hinsichtlich geplanter und im Bau befindlicher Betriebsstätten eines Unternehmens im Konzern, für das noch kein anderes Organ der Arbeitnehmerschaft zuständig ist;
5. Entsendung von Arbeitnehmervertretern in das besondere Verhandlungsgremium (§§ 179, 180) und in den Europäischen Betriebsrat (§ 193);

6. Mitwirkung an den Unterrichtungs- und Anhörungsverfahren gemäß den nach den §§ 189, 190 oder 206 abgeschlossenen Vereinbarungen;[51])
7. Entsendung von Arbeitnehmervertretern in das besondere Verhandlungsgremium (§§ 217, 218), in den SE-Betriebsrat (§ 234) und in den Aufsichts- oder Verwaltungsrat der Europäischen Gesellschaft (§ 247);
8. Mitwirkung an den Unterrichtungs- und Anhörungsverfahren gemäß den nach den §§ 230 oder 231 abgeschlossenen Vereinbarungen;[22a])
9. Entsendung von Arbeitnehmervertretern in das besondere Verhandlungsgremium (§ 257 iVm §§ 217, 218), in den SCE-Betriebsrat (§ 257 iVm § 234) und in den Aufsichts- oder Verwaltungsrat der Europäischen Genossenschaft (§ 257 iVm § 247);
10. Mitwirkung an den Unterrichtungs- und Anhörungsverfahren gemäß den nach § 257 iVm den §§ 230 oder 231 abgeschlossenen Vereinbarungen;[22b])
11. Entsendung von Arbeitnehmervertretern in das besondere Verhandlungsgremium (§ 260 iVm §§ 217, 218) oder in das besondere Entsendungsgremium (§ 261 iVm §§ 217, 218) und in den Aufsichts- oder Verwaltungsrat der aus der grenzüberschreitenden Verschmelzung hervorgegangenen Gesellschaft (§ 260 bzw § 261 iVm § 247).[22c])

Beratungs- und Informationsrechte der Konzernvertretung richten sich an die Konzernleitung bzw an die Unternehmensleitung des in Österreich herrschenden Unternehmens.[52]) Von der Konzernvertretung abgeschlossene Betriebsvereinbarungen sind für jene Unternehmen verbindlich, deren Leitungen der Vereinbarung beigetreten sind.[53])

Schrifttum zu § 113

Hemmer, Solange sich der Betriebsausschuß nicht konstituiert hat, stehen die Befugnisse nach § 113 Abs 2 ArbVG den einzelnen Betriebsräten zu, DRdA 1980, 337;

Hemmer, Verwaltungsgerichtshof bestätigt: Solange sich der Betriebsausschuß nicht konstituiert hat, stehen die Befugnisse nach § 113 Abs 2 ArbVG den einzelnen Betriebsräten zu, DRdA 1981, 327;

Holzer, Strukturfragen des Betriebsvereinbarungsrechts (1982);

Tomandl, Rechtsprobleme bei der Einführung und Anwendung von Kontrollmaßnahmen, ZAS 1982, 163;

Holzer, Die Zuständigkeit des Zentralbetriebsrates (§ 113 Abs 4 ArbVG), RdW 1984, 173;

Leutner/B. Schwarz/Ziniel, Arbeitskräfteüberlassungsgesetz (1989) 155;

Marhold, Konzernmitbestimmung (1990);
Strasser, Die Arbeitsverfassungsgesetznovellen des Jahres 1990, DRdA 1990, 413;
Geppert, Arbeitskräfteüberlassung und ArbVG, in FS Schwarz (1991) 247;
Schima, Ausbau der Belegschaftsvertretung im Konzern durch die ArbVG-Novelle 1993, RdW 1993, 308;
Schrammel, Die Belegschaftsorganisation auf Unternehmensebene, in FS Frotz (1993) 415;
Strasser, Zur Neuordnung der Arbeitnehmerbeteiligung auf Konzern-Ebene, DRdA 1994, 213;
Geist, Anspruch der Belegschaft auf Jahresabschluß und Konzernabschluß, DRdA 1996, 370;
Floretta/Wachter, Zentralbetriebsratspflicht bei Mehrheit von Betrieben oder erst bei Mehrheit von Betriebsräten? in FS Tomandl (1998) 67;
Risak, Ist eine Mehrzahl von Betriebsräten im Unternehmen Voraussetzung für eine Zentralbetriebsratswahl? Zugleich ein Beitrag zum Umfang der Vertretungsbefugnis des Zentralbetriebsrats, ZAS 2000, 170;
Cerny, Rundfunkgesetz und Arbeitsverfassung, DRdA 2001, 573;
Achitz/Farny/Leutner/Wöss, Abfertigung neu, Betriebliches Mitarbeitervorsorgegesetz (2003);
Gahleitner in *Kalss/Hügel* (Hrsg), Europäische Aktiengesellschaft, SE-Kommentar (2004) Teil II Arbeitnehmerbeteiligung.

Übersicht zu § 113

Allgemeines	Erläuterungen 1 und 2
Arbeitskräfteüberlassung und zuständiger Betriebsrat	Erläuterung 3
System der Kompetenzaufteilung	Erläuterung 4
Befugnisse der Arbeitnehmerschaft	Erläuterungen 5 und 6
Zuständigkeit des (Gruppen-)Betriebsrates	Erläuterungen 7 und 8
Zuständigkeit des Betriebsausschusses	Erläuterungen 9 bis 24
Zuständigkeit des Zentralbetriebsrates	Erläuterungen 25 bis 41
Zuständigkeit der Konzernvertretung	Erläuterungen 42 bis 52
Konzernbetriebsvereinbarungen	Erläuterung 53

Allgemeines

[1]) Zusätzlich zu den gesetzlichen Regelungen der §§ 113 und 114 enthält auch die **BRGO in den §§ 53–56a** Vorschriften zur Organzuständigkeit (abgedruckt in Band 1). Für den Bereich der **Postbetriebsverfassung** ist die Organzuständigkeit in den §§ 73, 74 PBVG (abgedruckt in ArbVR 1[8])

normiert (zur Zuständigkeit für die Mitwirkung bei Betriebsänderungen im Bereich des PBVG vgl auch OGH vom 28. 4. 2005, 8 Ob A 14/05z, DRdA 2005, 443 = Arb 12.524).

§ 113 wurde durch BGBl 1975/360, 1986/394, 1993/460, 1994/450, 1996/601, I 2002/100, I 2004/82, I 2005/8, I 2006/4, I 2006/104, I 2006/147 und I 2007/77 mehrfach novelliert.

²) Die Rechte und Pflichten aus dem ArbVG kommen der Belegschaft als Gesamtheit zu. Sie ist damit (teil)rechtsfähig. (Die Belegschaft und nicht der Betriebsrat ist Trägerin von Rechten und Pflichten, vgl dazu *Schneller*, ArbVR 2³, Erl 2 zu § 40) Um zu handeln benötigt sie aber – so wie jede juristische (Teil-)Person – Organe. Die Kompetenz**aufteilung**, also die Beantwortung der Frage, welche Handlungen für die Belegschaft welches Organ wahrzunehmen hat, **übernimmt § 113**. Die gesetzliche Aufteilung gem § 113 kann aber durch freiwillige Übertragung der Zuständigkeit auf ein anderes Belegschaftsorgan (innerhalb der gesetzlichen Grenzen) verändert werden. Dieses System der Kompetenz**übertragung regelt § 114**.

Aus der Tatsache, dass das Gesetz die Kompetenzaufteilung und -übertragung **zwingend** regelt, ist zu schließen, dass Handlungen des **unzuständigen Organs rechtsunwirksam** sind (*Strasser/Jabornegg*, ArbVG³ [1999] § 113 Anm 1b; *Naderhirn*, ArbVG-Kommentar zu § 113 Rz 6; vgl *Risak* in *Mazal/Risak* Kapitel III. Rz 200; *Kallab* in ZellKomm § 113 ArbVG Rz 5; *Winkler* in *Tomandl*, ArbVG § 113 Rz 1). So ist zB eine Betriebsvereinbarung, die unzuständigerweise vom Zentralbetriebsrat abgeschlossen wird, unwirksam (vgl dazu *Tomandl*, ZAS 1982, 163 [172]; *Marhold*, Österreichisches Arbeitsrecht II, Kollektivarbeitsrecht² [1999] 324). Auch ein Widerspruch gegen eine Kündigung gem § 105, der nicht vom zuständigen Betriebsrat – sondern etwa ohne Kompetenzübertragung vom Zentralbetriebsrat – erklärt wird, ist als nicht erklärt anzusehen. Umgekehrt ist aber auch die Mitteilung einer Kündigungsabsicht seitens des Betriebsinhabers an den unzuständigen Betriebsrat nicht rechtsgültig und eine nachher ausgesprochene Kündigung wäre nichtig (OGH vom 27. 5. 1986, 4 Ob 51/85, DRdA 1986, 436 = Arb 10.525 = RdW 1987, 59; OGH vom 26. 4. 2000, 9 Ob A 24/00w, DRdA 2001, 166, mit Anm von *Trost* = infas 2000, A 97 = ARD 5138/14/2000 = wbl 2000/290 = RdW 2000/662 = ASoK 2001, 130).

Etwaige **Streitigkeiten über die Zuständigkeit zwischen den Organen** sind als Streitigkeiten gem **§ 50 Abs 2 ASGG** vor dem **Arbeits- und Sozialgericht** auszutragen (gem § 58 Abs 1 ASGG hat jede Partei ihre Kosten selbst zu tragen, außer im Verfahren vor dem OGH). Um in schwierigen Abgrenzungsfällen solche Streitigkeiten und mögliche Nichtigkeitskonsequenzen zu vermeiden, empfiehlt es sich, von der Möglichkeit der Kompetenzübertragung gem § 114 Gebrauch zu machen.

Arbeitskräfteüberlassung und zuständiger Betriebsrat

³) Werden **Arbeitnehmer auf Dauer überlassen**, sind sie sowohl Arbeitnehmer des Beschäftiger- wie auch des Überlasserbetriebes, also **doppelt betriebszugehörig** (OGH vom 13. 2. 1991, 9 Ob A 22/91, DRdA 1991, 352 mit Anm von *Geppert* und 386 = infas 1991, A 74 = Arb 10.908 = ecolex 1991, 413 = wbl 1991, 200 = ARD 4261/18/91 = ÖJZ 1991, 94; vgl dazu *Gahleitner*, ArbVR 2³, Erl 1 zu § 36). Dadurch stellt sich die Frage, **welcher Betriebsrat für diese auf Dauer überlassenen Arbeitskräfte zuständig ist**. Weder § 113 noch das ArbVG regelt diese Frage. Rechtsprechung und Literatur gehen davon aus, dass die **Betriebsräte beider Betriebe je nach Angelegenheit zuständig sein können** (vgl dazu ausführlicher *B. Schwarz* in *B. Schwarz/Sacherer*, Arbeitskräfteüberlassungsgesetz² [2006] 323; *Geppert*, Arbeitskräfteüberlassung und ArbVG, in FS Schwarz [1991] 247, *Gahleitner*, DRdA 1994, 380 [386] und *Löschnigg*, Arbeitsrecht¹⁰ [2003] 171). So ist in der Regel etwa der Betriebsrat des Überlasserbetriebes für die personelle Mitbestimmung zuständig (für die Kündigungsanfechtung gem § 105 vgl OGH vom 15. 7. 1987, 9 Ob A 63/87, DRdA 1988, 54 und 265 mit Anm von *Harrer* = infas 1988, A 1 = RdW 1987, 379 = ARD 3921/10/87 = ZAS 1988, 54 mit Anm von *Schnorr* = wbl 1987, 282; beachte: bei Umgehungsfällen Zuständigkeit beider Betriebsräte).

System der Kompetenzaufteilung

⁴) Das ArbVG spricht oft davon, dass „der Betriebsrat" eine bestimmte Befugnis auszuüben hat (vgl §§ 89–112). Damit ist aber nicht das Organ (Gruppen-)Betriebsrat im Speziellen gemeint, sondern eines der **fünf** – nach den Regeln des § 113 (bei Kompetenzübertragung auch des § 114) – **im Einzelfall zuständigen Organe der Arbeitnehmerschaft**:

– **(Gruppen-)Betriebsrat,**
– **Betriebsausschuss,**
– **gemeinsamer Betriebsrat,**
– **Zentralbetriebsrat oder**
– **Konzernvertretung.**

Dieser Aufteilung in § 113 liegt ein System zugrunde. Durch **Abs 1** werden dem **(Gruppen-)Betriebsrat** alle Befugnisse **generalklauselartig** zugewiesen. Für den Fall des Bestehens (Zentralbetriebsrat: Bestehen-Müssen, vgl Abs 4 Erl 25 und 26) anderer Organe (Betriebsausschuss, gemeinsamer Betriebsrat, Zentralbetriebsrat, Konzernvertretung) tritt die Kompetenz des (Gruppen-)Betriebsrates zu Gunsten des Organs zurück, das die Arbeitnehmerschaft gruppen- (Betriebsausschuss), betriebs- (Zentralbetriebsrat) oder unternehmensübergreifend (Konzernvertretung) vertreten kann. Bei dieser Aufteilung verbleibt dem **(Gruppen-)Betriebsrat** eine **Restkompetenz**: All die Befugnisse, die nicht ausdrücklich einem

„übergeordneten" Belegschaftsorgan zugewiesen sind, werden durch den (Gruppen-)Betriebsrat besorgt (beachte aber die Möglichkeit der Kompetenzübertragung gem § 114). Die ausdrückliche Zuweisung bestimmter Befugnisse an die Organe **Betriebsausschuss** (Abs 2), **gemeinsamer Betriebsrat** (Abs 3), **Zentralbetriebsrat** (Abs 4) und **Konzernvertretung** (Abs 5) erfolgt durch **taxative (abschließende) Aufzählung** in den Absätzen 2 bis 5 des § 113.

Innerhalb der taxativen Zuständigkeitsaufzählung der Absätze 2 bis 5 ist zwischen folgenden Typen zu unterscheiden:
– **Ausschließliche Zuständigkeiten** kommen dem jeweiligen Organ *jedenfalls* zu. Es ist allerdings darauf zu achten, dass es innerhalb der ausschließlichen Zuständigkeiten eine Art Stufenbau gibt. So kommen etwa die Rechte aus der Europäischen Betriebsverfassung primär der Konzernvertretung zu. Ist eine solche nicht errichtet, sind diese Rechte Sache des Zentralbetriebsrates. Ist ein Zentralbetriebsrat nicht **zu errichten**, ist der Betriebsausschuss zuständig, und gibt es keinen Betriebsausschuss, so ist der (Gruppen-)Betriebsrat zuständig.
– **Variable Zuständigkeiten**, bei denen im konkreten Fall immer geprüft werden muss, ob es sich um eine gruppen-, betriebs- bzw unternehmensübergreifende Angelegenheit handelt. Je nach Ergebnis kommt dann die Zuständigkeit dem jeweiligen Organ zu.

Bei einer Analyse der einzelnen Kompetenztatbestände des § 113 ergibt sich, dass der (Gruppen-)Betriebsrat trotz seiner im Prinzip bloß „restlichen" Kompetenz durchaus **ausschließliche Zuständigkeitsbereiche** hat (und zwar §§ 98–106). Der Betriebsausschuss hingegen hat, obwohl er vom System her ausschließliche Kompetenzen hätte (nämlich § 113 Abs 2 Z 1–3 und Z 6, 7), kaum ausschließliche Kompetenzen. Handelt es sich nämlich um ein **zentralbetriebsrats***pflichtiges* Unternehmen, kommen dem Zentralbetriebsrat – unabhängig von seiner tatsächlichen Errichtung (vgl Erl 25 und 26 zu Abs 4) – all jene (betriebsübergreifenden) Zuständigkeiten ausschließlich zu, die auch dem Betriebsausschuss grundsätzlich als ausschließliche zugewiesen wären.

In der Praxis allerdings bereitet vor allem die **Abgrenzung der variablen Zuständigkeiten** Probleme, da oft unklar ist, ob gruppen-, betriebs- bzw unternehmensübergreifende Interessen betroffen sind. (Erschwerend kommt hinzu, dass die Rechtsprechung – wegen der unterschiedlichen Formulierung des Abs 2 Z 5 und des Abs 4 Z 2 – die variablen Kompetenzen des Zentralbetriebsrates eher weit, die des Betriebsausschusses eher eng auslegt, vgl dazu genauer Erl 19 und 31.)

Nach dem System des § 113 gibt es **keine Doppelzuständigkeiten** zweier Organe der Belegschaft (so auch *Kallab* in ZellKomm § 113 ArbVG Rz 5). Demnach kann im Einzelfall immer nur **ein Organ** für **eine bestimmte Angelegenheit** zuständig sein (EA Wien 12. 5. 1981, Arb 9971

= ARD-HB 1982, 388; vgl auch die Gesetzgebungsmaterialien RV 840 BlgNR 13. GP 89). Weiters ist zwischen **eigenen (originären)** und **übertragenen (delegierten)** Kompetenzen zu unterscheiden. Die Kompetenzen, die einem (Gruppen-)Betriebsrat (bzw Betriebsausschuss, Zentralbetriebsrat, Konzernvertretung) direkt durch § 113 zugewiesen sind, nennt man **eigene** oder **originäre** Kompetenzen. Solche Kompetenzen, die ein Zentralbetriebsrat oder eine Konzernvertretung nur hat, weil und wenn sie gem § 114 mittels Beschluss durch das ursprünglich zuständige Organ abgegeben wurden, nennt man **übertragene** oder **delegierte** Kompetenzen (näher dazu vgl bei § 114 und den Erl dazu).

Befugnisse der Arbeitnehmerschaft

[5]) Wenn in den §§ 113 und 114 von Befugnissen die Rede ist, sind nur die Befugnisse gemeint, die der Arbeitnehmerschaft gegenüber dem Betriebsinhaber zustehen.

In den Regelungsbereich der §§ 113 und 114 fallen deshalb nicht:
- **Organisationszuständigkeiten**, wie etwa die Einberufung der Betriebsversammlung. Organisationszuständigkeiten sind der jeweiligen Organisationsregelung zu entnehmen (zB Regelung über die Zuständigkeit zur Einberufung der Betriebsversammlung: § 45).
- **Alleinbestimmungsrechte**, wie etwa das Recht, gem § 93 eigene Wohlfahrtseinrichtungen zu errichten und zu betreiben, oder das Recht zur Führung eines Betriebsratsfonds (§§ 73 ff, 86 ff). Bei Alleinbestimmungsrechten geht es nicht um die Teilnahme an unternehmerischen Entscheidungen des Betriebsinhabers (Mitbestimmung), sondern um die Befugnis, einen Bereich unabhängig vom Betriebsinhaber durch die Belegschaft selbst zu regeln. Alleinbestimmungsrechte finden sich bloß vereinzelt im ArbVG. Die Zuständigkeit hinsichtlich ihrer Wahrnehmung ist nicht durch die §§ 113 und 114 geregelt. Hier gilt das Prinzip, dass jenes Organ zuständig ist, das die Belegschaftsgruppe(n) vertritt, die betroffen ist (sind). Wird zB bei getrennten Arbeiter- und Angestelltenbetriebsräten ein gemeinsamer Betriebsratsfonds errichtet, so ist dieser vom Betriebsausschuss zu verwalten (§ 74 Abs 10). Oder wenn etwa eine arbeitnehmereigene Wohlfahrtseinrichtung geschaffen werden soll, so ist – abhängig davon, ob sich diese Einrichtung nur auf einen oder auf mehrere Betriebe bezieht – entweder der Betriebsrat (nur ein Betrieb nimmt teil) oder der Zentralbetriebsrat (mehrere Betriebe des Unternehmens nehmen teil) zuständig.
- **Einzelbefugnisse**, wie etwa das Wahlrecht des einzelnen Arbeitnehmers. Hier gibt es keine Kompetenz der Wahrnehmung dieser Rechte durch die Belegschaft als Kollektiv, folglich unterliegen die

Einzelbefugnisse nicht den Kompetenzregelungen gemäß den §§ 113 und 114.

Im Ergebnis verteilt § 113 also die Zuständigkeiten im Hinblick auf
- die gesetzlichen **Beteiligungsrechte** der §§ 89 bis 112 **ArbVG**,
- die in verschiedenen **Nebengesetzen** geregelten **Beteiligungsrechte** (vgl etwa die Betriebsvereinbarungstatbestände der §§ 4, 4a, 4b, 5, 5a, 7, 10, 11, 19f AZG; § 2 Abs 4 UrlG; § 2 Abs 8 EFZG),
- die auf Grund gesetzlicher Ermächtigung durch **Kollektivvertrag geschaffenen Beteiligungsrechte**, wie etwa Betriebsvereinbarungsmöglichkeiten, die durch Delegation des Kollektivvertrages an die Betriebsvereinbarung entstehen können (gem § 29 iVm § 2 Abs 2 Z 2 ArbVG und auch iVm § 2 Abs 2 Z 5 ArbVG oder auch gem §§ 4, 4b, 5, 5a, 7 AZG; vgl dazu § 29 ArbVG und *Cerny*, ArbVR 2^3 Erl 7 zu § 29).

[6]) Aus der Formulierung „die der Arbeitnehmerschaft zustehenden Befugnisse ... werden durch Betriebsräte ausgeübt" ist zu schließen, dass die Befugnisse der Arbeitnehmerschaft als Kollektiv zustehen und die betriebsrätlichen Organe für die Belegschaft handeln (vgl genauer dazu *Schneller*, ArbVR 2^3, Erl 2 zu § 40). Träger der betriebsverfassungsrechtlichen Befugnisse ist die Belegschaft als Ganzes. Dem Betriebsrat kommt dabei die Funktion eines gesetzlichen Vertreters zu, durch den die Belegschaft handlungsfähig wird (VfGH vom 27. 11. 2002, G 215/01; OGH vom 10. 9. 1991, 4 Ob 81/91, Arb 10.970; OGH vom 7. 9. 2000, 8 Ob A 80/00y, DRdA 2001/31 mit Anm *Trost* = infas 2001, A 2 = RdW 2001/695).

Zuständigkeit des (Gruppen-)Betriebsrates

[7]) Mit dem Halbsatz „soweit nicht anderes bestimmt ist" ist das System der Kompetenzaufteilung in § 113 angesprochen. Nach diesem System hat der (Gruppen-)Betriebsrat bloß eine Restkompetenz, die sich aus der generalklauselartigen Zuständigkeitszuweisung an den (Gruppen-)Betriebsrat und der taxativen (abschließenden) Aufzählung der Zuständigkeiten der anderen Organe in den folgenden Absätzen ergibt (vgl dazu genauer Erl 4). Bei einer Analyse der in den Abs 2 bis 5 aufgezählten Kompetenzen der anderen Organe stellt sich heraus, dass der (Gruppen-)Betriebsrat trotz seiner im Prinzip bloß „restlichen" Kompetenz **ausschließliche Zuständigkeitsbereiche** hat. Es handelt sich hierbei um die **Befugnisse der §§ 98–106**. Diese – zum Teil praktisch sehr bedeutenden (etwa Mitwirkung bei Kündigung gem § 105 und bei Versetzung gem § 101) – Befugnisse sind in § 113 Abs 2 bis 5 keinem anderen Organ zugewiesen.

[8]) Wenn hier von Betriebsräten die Rede ist, dann sind **primär** die **Betriebsräte** für die beiden Arbeitnehmergruppen **Arbeiter** und **Ange-**

stellte gem § 40 Abs 2 Z 4 gemeint. Zu denken ist aber auch an besondere Betriebsräte für darstellendes und nichtdarstellendes Personal in Theaterunternehmen (§ 133 Abs 2, vgl dazu *Cerny*, ArbVR 4[4] Erl 2 zu § 133) sowie an eigene Betriebsräte für das Bordpersonal von Schifffahrts- bzw Flugunternehmen (§ 134 Abs 5, vgl dazu *Cerny*, ArbVR 4[4] Erl 6 zu § 134). Wie die Bestimmung des Abs 3 zeigt, kommen einem **gemeinsamen Betriebsrat** – neben den Befugnissen eines Betriebsausschusses – auch die Kompetenzen eines Gruppenbetriebsrates zu. Für den Fall des Bestehens eines **einheitlichen Betriebsrates** gem § 62c hat dieser – wie der gemeinsame Betriebsrat – die Kompetenzen eines Gruppenbetriebsrates und eines Betriebsausschusses wahrzunehmen.

Zuständigkeit des Betriebsausschusses

[9]) Nähere Regelungen zum Betriebsausschuss finden sich in den §§ 76 und 77 (vgl dazu *Preiss*, ArbVR 2[3] Erl zu §§ 76 und 77) und den §§ 23 und 24 BRGO. Der Betriebsausschuss muss im Gegensatz zu anderen Organen der Arbeitnehmerschaft (wie zB [Gruppen-]Betriebsrat, Zentralbetriebsrat) **nicht** erst **gewählt** werden, sondern er **besteht unmittelbar auf Grund** des **Gesetzes (ex lege)**, wenn in einem Betrieb getrennte Gruppenbetriebsräte gewählt und konstituiert sind. Allerdings muss sich der **Betriebsausschuss** erst **konstituieren**, um eine Vertretungstätigkeit nach außen ausüben zu können. Die Bestimmungen über den Betriebsausschuss sind gem § 133 Abs 2 und § 134 Abs 5 auch auf jene Betriebe, in denen nach den Sonderregelungen des 6. Hauptstückes Betriebsräte für andere Arbeitnehmergruppen als für Arbeiter und Angestellte zu wählen sind, sinngemäß anzuwenden (§ 133 Theaterunternehmen: getrennte Betriebsräte für darstellendes und nicht darstellendes Personal; § 134 Schifffahrts- oder Flugunternehmen: getrennte Betriebsräte für Bord- und Bodenpersonal, vgl dazu *Cerny*, ArbVR 4[4] Erl 2 zu § 133 und Erl 6 zu § 134). Gibt es im Betrieb einen **gemeinsamen** (§ 40 Abs 3) oder einen **einheitlichen Betriebsrat** (§ 62c), dann kommen diesem Organ auch die Kompetenzen des Betriebsausschusses (zusätzlich zu denen des Gruppenbetriebsrates) zu (vgl dazu Abs 3 und Erl 24).

[10]) Wenn hier von „errichtet" die Rede ist, meint das Gesetz die **tatsächliche** Konstituierung eines Betriebsausschusses (vgl *Naderhirn*, ArbVG-Kommentar § 113 Rz 8). Hat sich der **Betriebsausschuss nicht konstituiert**, obwohl auf Grund des Gesetzes die Möglichkeit zur Konstituierung besteht (Voraussetzung ist das funktionstüchtige **Bestehen** sowohl eines Arbeiter- als auch eines Angestelltenbetriebsrates im selben Betrieb), so kommen die **Kompetenzen** des Betriebsausschusses den einzelnen **Gruppenbetriebsräten** zu (VwGH vom 29. 10. 1980, 1703/80 ua, DRdA 1981, 327 = ÖJZ 1981, 524 = VwSlg 10.280 = ZfVB 1981/1559; *Strasser* in *Floretta/Strasser,* ArbVG-Handkommentar [1975] 765; *Winkler*

in *Tomandl,* ArbVG § 113 Rz 3). Die Gruppenbetriebsräte können diese Kompetenzen **grundsätzlich** aber nur für die **jeweils** von ihnen vertretene **Arbeitnehmergruppe** wahrnehmen. Die Herausgabe der Bilanz gem § 108 Abs 3 kann aber jeder Gruppenbetriebsrat für sich verlangen (VwGH vom 29. 10. 1980, 1703/80 ua, DRdA 1981, 327 = ÖJZ 1981, 524 = VwSlg 10.280 = ZfVB 1981/1559). Sogar die **Entsendung von Arbeitnehmervertretern in den Aufsichtsrat** gem § 110 ist **ohne konstituierten Betriebsausschuss möglich**, obwohl es sich hier evidentermaßen um eine Angelegenheit beider Arbeitnehmergruppen handelt (vgl dazu auch Erl 15 zu § 110). Die dazu ergangene Verordnung über die Entsendung von Arbeitnehmervertretern in den Aufsichtsrat (AR-VO) sieht seit BGBl 1987/36 in § 1 Abs 2 vor, dass in Betrieben, in denen trotz Vorliegens der Voraussetzungen für die Errichtung eines Betriebsausschusses ein solcher nicht errichtet wurde, das **Recht zur Entsendung von Arbeitnehmervertretern in den Aufsichtsrat den Gruppenbetriebsräten gemeinsam zukommt.** Eine Aufsichtsratsentsendung kann daher – weil eine gemeinsame Sache – nicht von nur einem der Gruppenbetriebsräte allein vorgenommen werden. Es ist allerdings **keine** gemeinsame Sitzung der Betriebsräte notwendig, sondern die Entsendung kann auch in getrennten Sitzungen der einzelnen Gruppenbetriebsräte beschlossen werden. Die Mitteilung ist dann – mit der Unterschrift beider Betriebsratsvorsitzender – an den Aufsichtsratsvorsitzenden zu übermitteln. (Der Text der AR-VO ist in ArbVR 1[8] abgedruckt. Bei Fehlen eines Zentralbetriebsrates ist die Rechtslage anders, näher dazu Erl 25 und 26.)

Auch **wenn** in einem Betrieb getrennte Betriebsräte der Arbeiter und Angestellten zu wählen wären, aber **nur eine der beiden Gruppen tatsächlich einen Betriebsrat gewählt hat**, besteht **kein Betriebsausschuss**. Die nach Abs 2 dem Betriebsausschuss zugeordneten **Befugnisse können von dem gewählten Betriebsrat für den gesamten Betrieb** insoweit ausgeübt werden, als es sich **nicht um spezifische Angelegenheiten jener Gruppe** handelt, die keinen Betriebsrat gewählt hat (so auch *Naderhirn,* ArbVG-Kommentar § 113 Rz 21). Hat also nur eine Gruppe einen Betriebsrat gewählt, kann dieser trotzdem alleine zB die Entsendung der Arbeitnehmervertreter in den Aufsichtsrat gem § 110 vornehmen oder die Herausgabe der Bilanz verlangen (VwGH vom 29. 10. 1980, 1703/80 ua, DRdA 1981, 327 = ÖJZ 1981, 524 = VwSlg 10.280 = ZfVB 1981/1559; in diesem Sinne wohl auch OGH vom 30. 10. 1997, 8 Ob A 330/97f, ASoK 1998, 284).

Es ist also gesichert, dass bei Unterlassung der Konstituierung des Betriebsausschusses die in Abs 2 festgelegten Befugnisse der Arbeitnehmerschaft des Betriebes nicht gänzlich verloren gehen, sondern – zumindest teilweise – von einem anderen Organ ausgeübt werden können. In der Tendenz lässt sich also feststellen, dass die Belegschaft in der Befugnisausübung keine Rechte verliert, wenn entweder kein Betriebsausschuss konstituiert wird bzw gar nicht konstituiert werden kann, weil nur ein Gruppenbetriebsrat gewählt wurde. Ganz anders stellt sich die Rechtslage bei Nichterrichtung eines Zentralbetriebsrates dar (siehe dazu Erl 25 und 26 zu Abs 4).

[11]) Nach der Formulierung der Z 1 bis 7 des Abs 2 sind auch die **Kompetenzen des Betriebsausschusses** in **ausschließliche** und in **variable Zuständigkeiten** einzuteilen (vgl zum System Erl 4). Demnach kommen dem Betriebsausschuss, wenn er konstituiert und funktionstüchtig ist, die Kompetenzen der Z 1 bis 3 sowie der Z 6 und 7 jedenfalls zu. Bei den Befugnissen gem Z 4 und 5 muss für die Zuständigkeit des Betriebsausschusses im Einzelfall immer geprüft werden, ob es um eine gruppenübergreifende Angelegenheit geht. Handelt es sich allerdings um ein **zentralbetriebsrats***pflichtiges* Unternehmen (also ein Unternehmen mit mehreren Betriebsräten, vgl dazu die Erl zu Abs 4 und §§ 40 Abs 4, 80), **dann kann der Betriebsausschuss die Befugnisse der Z 1 bis 3 sowie 6 und 7 nicht wahrnehmen, weil diese dann in die Zuständigkeit des Zentralbetriebsrates fallen.** (Dies allerdings nur, wenn es sich um eine betriebsübergreifende Angelegenheit handelt, dann aber unabhängig davon, ob tatsächlich ein funktionstüchtiger Zentralbetriebsrat gewählt wurde.) Der **Betriebsausschuss** hat also **in zentralbetriebsrats***pflichtigen* Unternehmen (fast) **nur variable Kompetenzen** (Z 4 und 5). Zusätzlich dazu werden die Kompetenzen des Betriebsausschusses eng ausgelegt (VwGH vom 27. 4. 1983, 01/3227/80, DRdA 1983, 293 = infas 1984, A 31 = RdW 1983, 86 = ZfVB 1984, 11 = ÖJZ 1984, 4 A; siehe auch *Kallab* in ZellKomm § 113 ArbVG Rz 10), sodass sie in der Praxis eine untergeordnete Rolle spielen. Da es nach dem Prinzip des § 113 keine Doppelzuständigkeiten gibt, kann im konkreten Fall nur entweder der Gruppenbetriebsrat oder der Betriebsausschuss zuständig sein (EA Wien 12. 5. 1981, Arb 9971 = ARD-HB 1982, 388). Im Zweifel ist eher von einer Zuständigkeit des Gruppenbetriebsrates auszugehen.

Streitigkeiten über Zuständigkeitsfragen sind als Streitigkeiten iSd **§ 50 Abs 2 ASGG** vor dem **Arbeits- und Sozialgericht** auszutragen (Kostenersatz nur im Verfahren vor dem OGH, siehe § 58 Abs 1 ASGG).

Ist der Betriebsausschuss für eine Angelegenheit zuständig, schließt das nicht aus, dass er unterschiedliche Regelungen für die verschiedenen Arbeitnehmergruppen trifft, wenn eine Unterscheidung sachlich gerechtfertigt ist. So können etwa bei Schulungseinrichtungen (Z 5 lit e) oder Arbeitnehmerschutzangelegenheiten (Z 5 lit d) unterschiedliche Regelungen für Arbeiter und Angestellte geradezu notwendig sein.

[12]) Das **allgemeine Beratungsrecht** (vgl dazu Erl zu § 92) kommt in Betrieben mit funktionstüchtigem Betriebsausschuss nur diesem und nicht dem Gruppenbetriebsrat zu. In **zentralbetriebsrats***pflichtigen* (dh ein Zentralbetriebsrat muss *nicht tatsächlich* bestehen) Unternehmen **entfällt diese Kompetenz des Betriebsausschusses, wenn die Interessen der Arbeitnehmerschaft mehrerer Betriebe berührt sind** (vgl Abs 4 Z 2

lit c, variable Zuständigkeit des Zentralbetriebsrates; vgl Erl 34). Wenn die **Interessen der Arbeitnehmerschaft von mehr als einem Unternehmen in einem Konzern betroffen sind und eine Konzernvertretung errichtet ist**, dann fällt das allgemeine Beratungsrecht in die Zuständigkeit der **Konzernvertretung** (vgl Abs 5 Z 2 lit c, variable Zuständigkeit der Konzernvertretung, vgl Erl 45).

[13]) Genauer dazu vgl Erl bei **§ 108 (wirtschaftliche Informations-, Interventions- und Beratungsrechte)**. Seit der Novelle BGBl 1986/394 beinhaltet § 108 auch **Beratungs**rechte, die von der Kompetenz des Betriebsausschusses mitumfasst sind, obwohl Z 2 wörtlich nur von **Informations**- und **Interventions**rechten spricht. Die Ausübung der Rechte gem § 108 kommt in **Betrieben** mit funktionstüchtigem Betriebsausschuss diesem und nicht den Gruppenbetriebsräten zu. Ist ein Betriebsausschuss nicht errichtet, obwohl es funktionstüchtige Gruppenbetriebsräte gibt, kann jeder Gruppenbetriebsrat (als Organ) trotzdem zB die Herausgabe der Bilanz verlangen (obwohl die Bilanz den gesamten Betrieb und nicht bloß eine Gruppe betrifft, VwGH vom 29. 10. 1980, 1703/80 ua, DRdA 1981, 327 = ÖJZ 1981, 524 = VwSlg 10.280 = ZfVB 1981, 1559).

In **zentralbetriebsrats***pflichtigen* (dh ein Zentralbetriebsrat muss *nicht tatsächlich* bestehen) Unternehmen **entfällt diese Kompetenz des Betriebsausschusses**, die Befugnisse gem § 108 auszuüben, wenn die **Interessen der Arbeitnehmerschaft mehrerer Betriebe berührt** sind (vgl Abs 4 Z 2 lit f, variable Kompetenz des Zentralbetriebsrates, vgl Erl 37).

Unter den (restriktiven) **Voraussetzungen des Abs 5 Z 3** fallen die Befugnisse **gem § 108** in die **Kompetenz der Konzernvertretung** (vgl Abs 5 Z 3 lit a, variable Kompetenz der Konzernvertretung, vgl Erl 48).

[14]) **§ 109** regelt die **Mitwirkung bei Betriebsänderungen** (genauer dazu vgl bei den Erl zu § 109). § 109 umfasst Informations- und Beratungsrechte, beinhaltet aber auch den praktisch sehr relevanten **Betriebsvereinbarungstatbestand** zum Abschluss eines **Sozialplans**. Fraglich ist, ob der Betriebsausschuss gem Z 3 ausschließlich – also unabhängig vom Anwendungsbereich des Sozialplans auf bloß eine oder beide Gruppen – für den Abschluss zuständig ist. Gem Z 4 kann der Betriebsausschuss nämlich nur dann Betriebsvereinbarungen abschließen, wenn alle Arbeitnehmergruppen vom Geltungsbereich einer Betriebsvereinbarung erfasst sind. Hier geht die Regelung der Z 4 – also die variable Zuständigkeit – vor. Diese Lösung ist die aus demokratiepolitischen Überlegungen sachgerechtere. Ist nur eine Gruppe von einer Betriebsänderung betroffen, soll auch das dieser Gruppe unmittelbar verantwortliche Organ Vereinbarungen mit normativer Wirkung für diese Gruppe abschließen (so im Ergebnis auch *Naderhirn,* ArbVG-Kommentar § 113 Rz 58). Auch in der Rechtsprechung finden sich Hinweise in diese Richtung. So meint der VwGH (27. 4. 1983, 01/3227/80, DRdA 1983, 293 = infas 1984, A 31 =

RdW 1983, 86 = ZfVB 1984, 11 = ÖJZ 1984, 4 A), dass die **Befugnisse des Betriebsausschusses** in Abgrenzung zu den Befugnissen des (Gruppen-) Betriebsrates **im Zweifel eng auszulegen** sind. Im Ergebnis bedeutet das: Bezieht sich ein Sozialplan sowohl auf Arbeiter als auch auf Angestellte eines Betriebes, so ist der Betriebsausschuss jedenfalls (außer in zentralbetriebsrats*pflichtigen* Unternehmen, vgl dazu Abs 4 Z 2 lit g und Erl 38) für den Abschluss der Sozialplanbetriebsvereinbarung zuständig. Betrifft eine Betriebsänderung iSd § 109 aber **nur eine Arbeitnehmergruppe** (und sind die Voraussetzungen für einen Sozialplan gem § 109 Abs 3 gegeben), so hat der Betriebsausschuss zwar alle Informations- und Beratungsrechte gem § 109, aber **keine Kompetenz zum Abschluss** der Sozialplanbetriebsvereinbarung, da die Z 4 beim Abschluss von Betriebsvereinbarungen für den Betriebsausschuss nur eine variable Zuständigkeit vorsieht. Diese Zuständigkeit gem Z 4 greift nur dann, wenn der Sozialplan alle Arbeitnehmergruppen umfasst.

Berührt eine Betriebsänderung in einem **zentralbetriebsrats*pflichtigen*** Unternehmen die Interessen der Arbeitnehmerschaft mehr als eines Betriebes, ist der **Zentralbetriebsrat** zuständig (variable Zuständigkeit des Zentralbetriebsrates gem Abs 4 Z 2 lit g, vgl Erl 38). Diese **variable Kompetenz des Zentralbetriebsrates ist nach ihrem Wortlaut weit auszulegen** (vgl Erl 31; *Holzer,* Die Zuständigkeit des Zentralbetriebsrates [§ 113 Abs 4 ArbVG], RdW 1984, 173).

Unter den (restriktiven) Voraussetzungen des Abs 5 Z 3 fallen alle Befugnisse gem § 109 (inkl Sozialplanabschluss!) in die Kompetenz der Konzernvertretung (vgl Abs 5 Z 3 lit b, variable Kompetenz der **Konzernvertretung**, vgl Erl 49).

[15]) **§ 110** und die dazu erlassene AR-VO (siehe ArbVR 1[8]) regeln die **Entsendung von Arbeitnehmervertretern in den Aufsichtsrat**. Grundsätzlich handelt es sich bei der Entsendung von Arbeitnehmervertretern in den Aufsichtsrat um eine ausschließliche Kompetenz des Betriebsausschusses. Für den Fall, dass kein Betriebsausschuss konstituiert ist, sieht § 1 Abs 2 AR-VO eine gemeinsame Entsendung durch die Gruppenbetriebsräte vor (genauer zum Problemkreis Nichterrichtung eines Betriebsausschusses siehe bei Erl 10).

In **zentralbetriebsrats*pflichtigen*** Unternehmen entsendet der **Zentralbetriebsrat** (ausschließliche Kompetenz gem Abs 4 Z 1, vgl Erl 29). Ist eine Konzernvertretung errichtet, kommt ihr die ausschließliche Kompetenz zu, allerdings nur in Bezug auf die Entsendung der Arbeitnehmervertreter in den Aufsichtsrat des **herrschenden** Unternehmens im Konzern (vgl zu diesem komplexen Themenkreis Erl 69 bis 77 zu § 110 Abs 6, 6a und 6b).

[16]) Die **§§ 111 und 112** regeln den **Einspruch gegen die Wirtschaftsführung** und die **Anrufung der Staatlichen Wirtschaftskommissionen**. In

zentralbetriebsrats*pflichtigen* Unternehmen kommen diese Kompetenzen ausschließlich dem Zentralbetriebsrat (gem Abs 4 Z 1, vgl Erl 30) zu.

[17]) Wenn hier von **Betriebsvereinbarungen** (vgl § 29 und *Cerny*, ArbVR 2³ Erl zu § 29) die Rede ist, dann geht es im Kern um die **Betriebsvereinbarungstatbestände der §§ 96, 96a und 97 ArbVG**. Nicht zu vergessen sind allerdings die in **Nebengesetzen** geregelten Tatbestände (zB: §§ 4, 4a, 4b, 5, 5a, 7, 10, 11, 19f AZG; § 2 Abs 4 UrlG; § 2 Abs 8 EFZG) oder auch die durch **Delegation des Kollektivvertrages** geschaffenen Tatbestände in den Kollektivverträgen (vgl dazu § 29 iVm § 2 Abs 2 ArbVG und *Cerny*, ArbVR 2³ Erl 7 zu § 29). Zum Problem der Sozialplanbetriebsvereinbarung (ausschließliche Zuständigkeit als Mitwirkung bei einer Betriebsänderung gem Z 3 oder variable Zuständigkeit als Betriebsvereinbarung gem Z 4) siehe Erl 14.

[18]) Bei der Zuständigkeit zum **Abschluss von Betriebsvereinbarungen** handelt es sich um eine **variable Zuständigkeit**. Nur wenn **alle** im Betriebsausschuss vertretenen **Arbeitnehmergruppen** (Arbeiter, Angestellte und besondere Gruppen bei Theater-, Schifffahrts- bzw Flugunternehmen gem den §§ 133 und 134) vom **Geltungsbereich** der Betriebsvereinbarung erfasst sind, ist der Betriebsausschuss überhaupt zuständig. **Sonst** fällt die Zuständigkeit für die Betriebsvereinbarungen im Wesentlichen gem Abs 1 an die **Gruppenbetriebsräte**. Handelt es sich um die Änderung bzw Aufhebung (Kündigung oder einvernehmliche Lösung) einer Betriebsvereinbarung, fällt die Abgrenzung nicht allzu schwer, da es in diesen Fällen den Geltungsbereich der Betriebsvereinbarung bereits gibt. Soll die Betriebsvereinbarung aber erst abgeschlossen werden, ist ihr Geltungsbereich Gegenstand der Einigung zwischen Belegschaftsorgan und Betriebsinhaber. Ob nun der Betriebsausschuss oder der Gruppenbetriebsrat zuständig ist, kann deshalb nur vom **geplanten Geltungsbereich** der Betriebsvereinbarung abhängen. Ob die Betriebsvereinbarung für Arbeiter und Angestellte (bzw die besonderen Gruppen gem §§ 133, 134) gelten soll, ist mittels Beschluss im Betriebsausschuss festzulegen (Minderheitenschutz bei Überstimmung einer gesamten Gruppe gem § 77 Abs 3 ist zu beachten). Die Rechtsprechung ist in diesem Punkt allerdings streng und legt die **Kompetenz des Betriebsausschusses eng** aus. Ist **eine Arbeitnehmergruppe bloß mittelbar** von den Auswirkungen einer Betriebsvereinbarung **betroffen**, besteht **keine Zuständigkeit des Betriebsausschusses** (VwGH vom 27. 4. 1983, 01/3227/80, DRdA 1983, 293 = infas 1984, A 31 = RdW 1983, 86 = ZfVB 1984, 11 = ÖJZ 1984, 4 A; EA Wien 12. 5. 1981, Arb 9971 = ARD-HB 1982, 388). Der – mittlerweile nicht mehr zuständige – VwGH legte also die Wendung „vom Geltungsbereich der Betriebsvereinbarung erfasst" inhaltlich und nicht bloß formell aus, wenn er sinngemäß aussprach, dass eine Festlegung der Arbeitszeit der Arbeiter, die die Interessenlage der Angestellten berührt, nicht die Einbeziehung der Angestellten in den

Geltungsbereich der Betriebsvereinbarung rechtfertigt. (Bei den Arbeitern handelte es sich um Forstarbeiter, bei den Angestellten um Förster, die Kontrollaufgaben hinsichtlich der Forstarbeiter hatten.)

Wurde eine **Betriebsvereinbarung** durch den **Betriebsausschuss abgeschlossen**, fällt auch die **Abänderung oder Aufhebung** (Kündigung oder einvernehmliche Auflösung) der Betriebsvereinbarung **wiederum in die Zuständigkeit des Betriebsausschusses**. Besteht aber kein Betriebsausschuss mehr (etwa weil keine Konstituierung nach der Neuwahl eines Betriebsrates mehr erfolgte, oder weil die Voraussetzungen für die Errichtung eines Betriebsausschusses weggefallen sind), so liegt die Zuständigkeit zur Abänderung oder Aufhebung dieser Betriebsvereinbarung für jede Arbeitnehmergruppe beim jeweiligen Gruppenbetriebsrat (vgl dazu auch bei Erl 10).

[19]) Bei den Tatbeständen der Z 5 handelt es sich – so wie bei Z 4 – um **variable Kompetenzen des Betriebsausschusses**. Auffällig ist die **zurückhaltende Formulierung**, nach der die Interessen **aller** im Betriebsausschuss vertretenen **Gruppen betroffen** sein müssen, damit der Betriebsausschuss die in lit a bis e aufgezählten Befugnisse (§§ 89, 90, 91, 92a, 94, 95) ausüben kann. (Vgl vor allem die unterschiedliche Formulierung bei der Zentralbetriebsratsregelung Abs 4 Z 2 und Erl 31 dazu.) In diesem Sinne ist auch die bisherige Judikatur zur **Zuständigkeit des Betriebsausschusses** in Abgrenzung vom Gruppenbetriebsrat **restriktiv** und sieht Abs 2 allgemein als „**eng auszulegende Ausnahmebestimmung**" (VwGH vom 27. 4. 1983, 01/3227/80, DRdA 1983, 293 = infas 1984, A 31 = RdW 1983, 86 = ZfVB 1984, 11 = ÖJZ 1984, 4 A; vgl dazu *Naderhirn*, ArbVG-Kommentar § 113 Rz 27, 28).

So stehen die Überwachungsrechte (§ 89) gem lit a in der Regel dem Gruppenbetriebsrat zu. Der **Betriebsausschuss** ist für die **Überwachung der Gehaltsunterlagen der Angestellten un**zuständig, weil die Arbeiter davon nicht betroffen sind (EA Wien 12. 5. 1981, Arb 9971 = ARD-HB 1982, 388; in diesem Sinne auch Rechtsansicht der Arbeiterkammer Wien infas 1991, H 4, 3). Der Betriebsausschuss wäre aber etwa dann zuständig, wenn es um die Überwachung von Arbeitnehmerschutzvorschriften ginge, die für beide Arbeitnehmergruppen in gleicher Weise bedeutsam sind (zB Beschaffenheit von Zugängen und Abgängen im Betrieb, Beleuchtung und Beheizung).

Wenn von „allen im Betriebsausschuss vertretenen Arbeitnehmergruppen" die Rede ist, dann geht es im Regelfall um Arbeiter und Angestellte. Nur für den Fall von Theater-, Schifffahrts- bzw Flugunternehmen gem den §§ 133 und 134 gibt es (zusätzlich oder stattdessen) andere Gruppen.

[20]) Der **Betriebsausschuss** ist für die **Einsichtnahme in die Gehaltsunterlagen der Angestellten nicht zuständig**, da die Arbeiter davon nicht betroffen sind (EA Wien 12. 5. 1981, Arb 9971 = ARD-HB 1982, 388; in

diesem Sinne auch Rechtsansicht der Arbeiterkammer Wien, infas 1991, H 4, 3). Die Klage auf Unterlassung bzw Beseitigung einer gegen § 96 eingeführten Kontrollmaßnahme steht dem Betriebsausschuss zu, soweit die Interessen aller im Betriebsausschuss vertretenen Arbeitnehmergruppen betroffen sind (OGH vom 20. 12. 2006, 9 Ob A 109/06d, DRdA 2007, 239 = infas 2007, A 21 = RdW 2007/371, 348 mit Anm von *Maurer*).

[21]) Z 6 wurde durch BGBl 1996/601 im Zuge der Umsetzung der RL 94/45/EG (Europäische-Betriebsräte-Richtlinie) eingefügt (siehe dazu *Cerny*, ArbVR 5 Einleitung). Diese (ausschließliche) **Entsendungskompetenz** des Betriebsausschusses in die **Gremien der europäischen Betriebsverfassung** kommt in zentralbetriebsrats*pflichtigen* Unternehmen dem Zentralbetriebsrat (gem Abs 4 Z 4, vgl Erl 40) zu. Besteht eine Konzernvertretung, entsendet diese (gem Abs 5 Z 5, vgl Erl 51). Für die Zuständigkeit zur Entsendung zu beachten ist die Vorschrift des § 180, vor allem für den Fall, dass eine gemeinsame Entsendung zweier in Österreich nicht demselben Unternehmen oder demselben Konzern angehöriger Betriebe stattzufinden hat (vgl *Mayr*, ArbVR 5 Erl 1 bis 7 zu § 180). Zu den §§ 179, 180 und 193 siehe ArbVR 5 und die Erl von *Mayr* dazu.

[22]) Z 7 wurde durch BGBl 1996/601 im Zuge der Umsetzung der RL 94/45/EG (Europäische-Betriebsräte-Richtlinie) eingefügt (siehe dazu *Cerny*, ArbVR 5 Einleitung; V. Teil des ArbVG über die „Europäische Betriebsverfassung, §§ 171 bis 207). Dieses (ausschließliche) Recht des Betriebsausschusses, an **Unterrichtungs- und Anhörungsverfahren im Rahmen der europäischen Betriebsverfassung** teilzuhaben, kommt in zentralbetriebsrats*pflichtigen* Unternehmen dem Zentralbetriebsrat (gem Abs 4 Z 5, vgl Erl 41) zu. Besteht eine Konzernvertretung, nimmt sie dieses Recht wahr (gem Abs 5 Z 6, vgl Erl 51). Zu den §§ 189, 190 und 206 siehe ArbVR 5 und die Erl von *Mayr* dazu.

[22a]) Z 8 und 9 des Abs 2 (sowie Z 7 und 8 der Abs 4 und 5) wurden durch BGBl I 2004/82 im Zuge der Schaffung der Europäischen Gesellschaft (auch SE [societas europaea] genannt) eingefügt. Die SE ist eine durch Europäisches Gemeinschaftsrecht vorgegebene Gesellschaftsform, die dadurch gekennzeichnet ist, dass sie mit einem einheitlichen Statut grenzüberschreitend in ganz Europa tätig werden kann. Unternehmen müssen also nicht mehr in jedem Mitgliedsstaat eine eigene Tochtergesellschaft gründen, um dort tätig zu werden. Regelungen zur SE finden sich sowohl in europarechtlichen als auch in innerstaatlichen Rechtsquellen. Die gesellschaftsrechtlichen Vorschriften zur SE sind in der europäischen SE-VO (Verordnung [EG] 2001/2157 des Rates vom 8. Oktober 2001 über das Statut der Europäischen Gesellschaft [SE]) und im österreichischen SE-Gesetz (Gesetz über das Statut der Europäischen Gesellschaft [Societas Europaea – SE] BGBl I 2004/67) enthalten. Die Vorschriften hin-

sichtlich der Arbeitnehmermitbestimmung trifft in Umsetzung der SE-RL (Richtlinie 2001/86/EG des Rates vom 8. Oktober 2001 zur Ergänzung der Europäischen Gesellschaft hinsichtlich der Beteiligung der Arbeitnehmer) das ArbVG im Wesentlichen in den durch BGBl I 2004/82 eingefügten §§ 208 bis 253 (VI. Teil des ArbVG; näher dazu siehe *Cerny* und *Mayr* in ArbVR 6 [Europäische Gesellschaft und Beteiligung der Arbeitnehmer).

Zu beachten ist, dass sich die Zuständigkeit der österreichischen Belegschaftsorgane zur Entsendung von Arbeitnehmervertretern in die Organe der Europäischen Gesellschaft (besonderes Verhandlungsgremium [§§ 217, 218], SE-Betriebsrat [§ 234], Aufsichts- oder Verwaltungsrat der Europäischen Gesellschaft [§ 247], Mitwirkungsrechte an den Unterrichtungs- und Anhörungsverfahren gemäß den nach den §§ 230 und 231 abgeschlossenen Vereinbarungen) nach dem **Territorialitätsprinzip** grundsätzlich nur auf österreichische Betriebe erstreckt. Hat allerdings ein österreichischer Betrieb im Ausland eine **unselbständige Arbeitsstätte**, fällt diese ausländische Arbeitsstätte auch noch unter die österreichische Zuständigkeit (*Rebhahn*, Österreichisches Arbeitsrecht bei Sachverhalten mit Auslandsberührung, in FS-Strasser [1983] 59; *Gahleitner* in *Kalss/Hügel*, SE-Kommentar [2004] Rz 1 zu § 113 Abs 2 Z 8 u 9; OGH vom 26. 3. 1997, 9 Ob A 88/97z, DRdA 1998/16 mit Anm von *Hoyer* = infas 1997, A 87 = Arb 11.590 = ARD 4862/46/97 = wbl 1997, 389 = ZASB 1997, 33 = ecolex 1997, 796).

Die näheren Regelungen über die Zuständigkeit zur Entsendung trifft im Wesentlichen § 218 (§§ 234 und 247 verweisen auf § 218). In § 218 wird auch bestimmt, wie vorzugehen ist, wenn mehrere Betriebe beteiligt sind, die nicht zum selben Unternehmen gehören bzw wenn mehrere Unternehmen beteiligt sind, die nicht zum selben Konzern gehören (siehe dazu ausführlich *Gahleitner* in *Kalss/Hügel*, SE-Kommentar Rz 1 und 2 zu § 218 ArbVG). Bemerkenswert ist auch, dass § 218 Abs 2 vorsieht, dass, wenn kein Zentralbetriebsrat errichtet ist, die Betriebsräte der einzelnen Betriebe des Unternehmens das Entsendungsrecht des Zentralbetriebsrats wahrnehmen können. Damit sieht § 218 Abs 2 abweichend von § 113 Abs 4 (genauer gesagt abweichend von der hL zu § 113 Abs 4 vgl Erl 25 und 26) nicht den Verlust der Befugnis vor, wenn kein Zentralbetriebsrat errichtet ist, obwohl ein solcher errichtet sein müsste.

22b) Die Z 10 und 11 des Abs 2 (sowie Z 9 und 10 der Abs 4 und 5) wurden durch BGBl I 2006/104 im Zuge der Schaffung eines VII. Teils des ArbVG (§§ 254 bis 257) über die „Beteiligung der Arbeitnehmer in der Europäischen Genossenschaft" eingefügt. Diese Regelung ergänzt die Kompetenzverteilung zwischen Betriebsrat, Betriebsausschuss, Zentralbetriebsrat und Konzernvertretung hinsichtlich der Entsendung österreichischer Arbeitnehmervertreter in das besondere Verhandlungsgremium (§§ 263, 264), in den SCE-Betriebsrat (§ 280) und in den Aufsichts- oder Verwaltungsrat der Europäischen Genossenschaft (§ 293) sowie hinsichtlich der Mitwirkungsrechte an den Unterrichtungs- und Anhörungsverfahren gemäß den nach den §§ 276 und 277 abgeschlossenen Vereinbarungen (RV 1421 BlgNR 22. GP 28).

[22c]) Z 12 des Abs 2 (sowie Z 11 der Abs 4 und 5) wurde durch BGBl I 2007/77 im Zuge der Schaffung eines VIII. Teils des ArbVG (§§ 258 bis 264) über die „Mitbestimmung der Arbeitnehmer bei einer grenzüberschreitenden Verschmelzung von Kapitalgesellschaften" eingefügt. Diese Regelung ergänzt die Kompetenzverteilung zwischen Betriebsrat, Betriebsausschuss, Zentralbetriebsrat und Konzernvertretung hinsichtlich der Entsendung österreichischer Arbeitnehmervertreter in das besondere Verhandlungsgremium (§ 260 iVm §§ 217, 218) oder in das besondere Entsendungsgremium (§ 261 iVm §§ 217, 218) und in den Aufsichts- oder Verwaltungsrat der aus der grenzüberschreitenden Verschmelzung hervorgegangenen Gesellschaft (RV 214 BlgNR 23. GP 5).
Näher dazu siehe *Röpke,* Zur Arbeitnehmer-Mitbestimmung in der neuen EU-Verschmelzungsrichtlinie, DRdA 2006, 68, *Eckert/Schimka,* Die Arbeitnehmermitbestimmung bei grenzüberschreitenden Verschmelzungen nach dem EU-VerschG, wbl 2008, 201 und *Kaufmann,* Die Arbeitnehmermitbestimmung bei grenzüberschreitenden Verschmelzungen, RdW 2008/113, 150.

[23]) Diese Bestimmung hat in typischen Betrieben, in denen es (nur) Arbeiter und Angestellte gibt, keinen sinnbringenden Inhalt. Gibt es nämlich nur Arbeiter und Angestellte, kann es keinen Betriebsausschuss geben, in dem eine Arbeitnehmergruppe nicht vertreten ist. Nur in Theaterunternehmen gem § 133 Abs 2 und Verkehrsunternehmen gem § 134 Abs 5 kann es neben Arbeitern und Angestellten noch weitere Arbeitnehmergruppen geben. Nur in diesen **seltenen Fällen** kann es dazu kommen, dass es einen **Betriebsausschuss** gibt, in dem **nicht alle Arbeitnehmergruppen** vertreten sind.

[24]) Auch hier kommt es wie bei Abs 2 (Betriebsausschuss) und bei Abs 5 (Konzernvertretung) auf die **tatsächliche Errichtung** an und nicht so wie bei Abs 4 (Zentralbetriebsrat siehe Erl 25 und 26) darauf, ob das Organ errichtet sein muss. Die Bestimmung des Abs 3 gilt sowohl für den Fall, dass ein **gemeinsamer Betriebsrat auf Grund der Arbeitnehmeranzahl der einzelnen Gruppen** gebildet wurde, als auch für den Fall, dass **beide Gruppen gem § 40 Abs 3 beschlossen haben**, einen **gemeinsamen Betriebsrat zu errichten** (genauer dazu vgl § 40 Abs 3 und *Schneller,* ArbVR 2³, Erl 7 zu § 40). Der gemeinsame Betriebsrat übt sowohl die Funktion des Betriebsrates als auch des Betriebsausschusses aus, wenn er tatsächlich errichtet ist. Zu beachten ist insbesondere, dass im Fall eines gemeinsamen Betriebsrates auf Grund von Beschlüssen der Betriebsversammlungen diese Beschlüsse vor jeder Neuwahl mit den entsprechenden

Abstimmungserfordernissen (1/2 Anwesenheit und 2/3 Zustimmung der aktiv Wahlberechtigten [nicht bloß der Anwesenden] in getrennten Grupenbetriebsversammlungen, vgl § 49 Abs 2 und *Schneller,* ArbVR 2³, Erl 5 zu § 49) zu wiederholen sind.

Auch der **einheitliche Betriebsrat gem § 62c** übt sowohl die Befugnisse eines Gruppenbetriebsrates als auch die eines Betriebsausschusses aus.

Zuständigkeit des Zentralbetriebsrates

25) Nähere **Regelungen zum Zentralbetriebsrat** finden sich in den §§ 80 bis 83 (vgl dazu *Kundtner,* ArbVR 2³ Erl zu §§ 80 bis 83), den §§ 37 bis 48 BRWO und den §§ 29–31 BRGO. Liegen die Voraussetzungen für die Wahl eines Zentralbetriebsrates vor, dann **ist** ein solcher **zu wählen** (vgl § 40 Abs 4 und *Schneller,* ArbVR 2³ Erl 8 zu § 40).

26) Im Unterschied zur Formulierung in Abs 2 (Betriebsausschuss), in Abs 3 (gemeinsamer Betriebsrat) und Abs 5 (Konzernvertretung) ist beim Zentralbetriebsrat die Zuständigkeit nicht erst dann gegeben, wenn er **tatsächlich errichtet ist,** sondern bereits dann, wenn er nach dem Gesetz **errichtet sein sollte.** Wurde ein **Zentralbetriebsrat rechtswidrig nicht gewählt** oder ist er **nicht funktionstüchtig,** können seine **Kompetenzen** nach der hL (*Holzer,* RdW 1984, 173; *Strasser* in *Floretta/Strasser,* ArbVG-Handkommentar [1975] 763; *Schrammel* in FS Frotz [1993] 420; *Floretta/Wachter,* FS Tomandl [1998] 69; *Löschnigg,* Arbeitsrecht¹⁰ [2003] 651, *Winkler* in *Tomandl,* ArbVG § 113 Rz 3, *Kallab* in ZellKomm § 113 ArbVG Rz 13, krit dazu *Naderhirn,* ArbVG-Kommentar § 113 Rz 46) **von keinem anderen Organ** für ihn wahrgenommen werden; es gibt also in den Angelegenheiten des Abs 4 **keine subsidiäre Zuständigkeit des Gruppenbetriebsrates oder Betriebsausschusses** (*Strasser/Jabornegg,* ArbVG³ [1999] § 113 Anm 12).

Die **Pflicht zur Errichtung** (Wahl und Konstituierung) besteht dann, wenn es in einem Unternehmen (vgl dazu § 40 Abs 4 und § 80 Abs 1 und *Schneller,* ArbVR 2³ Erl 8 zu § 40 sowie *Kundtner,* ArbVR 2³ Erl 1 zu § 80) mehrere betriebsratspflichtige Betriebe gibt, von denen **zumindest zwei** einen funktionstüchtigen (Gruppen-)Betriebsrat haben (vgl dazu auch Erl 27). In der Praxis bedeutet die (gesetzwidrige) Unterlassung der Einrichtung eines Zentralbetriebsrates, dass **insbesondere die wirtschaftliche Mitbestimmung** gem §§ 110 bis 112 überhaupt **nicht wahrgenommen werden kann.** Die (variablen) Befugnisse gem §§ 90, 91, 92, 92a, 94 und 95, 108 sowie 109 können in einem solchen Fall auf Unternehmensebene nicht, auf Betriebsebene nur insoweit wahrgenommen werden, als sie nicht über die Interessen des Betriebes hinausgehen.

Abweichend vom geschilderten System des Verlustes der Befugnisse, wenn rechtswidrigerweise kein Zentralbetriebsrat errichtet ist, hat der Gesetzgeber zuletzt die **Beteiligung der Arbeitnehmervertreter in der**

Europäischen Gesellschaft (SE) gem § 113 Abs 4 Z 7 und 8 (siehe § 218 Abs 2 und Erl 22a) und **zuvor die Entsendung bzw Teilnahme im Rahmen der europäischen Betriebsverfassung** gem § 113 Abs 4 Z 4 und 5 (siehe § 180 und Erl 40 und 41) geregelt. Gem §§ 180 Abs 2 und 218 Abs 2 gibt es nämlich eine (subsidiäre) Zuständigkeit der Betriebsausschüsse bzw der (Gruppen-)Betriebsräte, wenn der Zentralbetriebsrat rechtswidrigerweise nicht errichtet wurde (vgl Erl 22a, 40 und 41).

[27]) Nach der Rechtsprechung ist in einem Unternehmen **kein Zentralbetriebsrat zu wählen**, wenn dieses Unternehmen zwar **mehrere betriebsratspflichtige Betriebe** hat, aber **nur ein Betrieb tatsächlich einen funktionstüchtigen Betriebsrat** gewählt und errichtet hat (OGH vom 14. 2. 1990, 9 Ob A 370/89, DRdA 1991/16 mit ablehnender Anm von *Floretta* = infas 1990, A 92 = Arb 10.846 = ÖJZ 1990, 123; OGH vom 30. 10. 1997, 8 Ob A 330/97f, ASoK 1998, 284; vgl zur die OGH-Position ablehnenden hL mwN ausführlich *Floretta/Wachter* in FS Tomandl [1998] 67). Da in einem solchen Unternehmen **keine Pflicht zur Errichtung eines Zentralbetriebsrates** verletzt wurde, übt der bestehende Betriebsrat (bzw Betriebsausschuss) die Kompetenzen nach den Vorschriften der Abs 1–3 aus. Dazu gehören die Entsendung der Arbeitnehmervertreter in den Aufsichtsrat (§ 110), Einspruchsrechte gem den §§ 111 und 112, soweit nicht *nur* andere Betriebe betroffen sind, die in Z 2 lit a–g aufgezählten Befugnisse, wenn sie nicht *nur* andere Betriebe betreffen, und auch die Entsendungs- und Mitwirkungsrechte nach der Europäischen Betriebsverfassung und für die Organe der Europäischen Gesellschaft (vgl Erl 22a). In einem solchen Unternehmen, in dem trotz mehrerer zentralbetriebsratspflichtiger Betriebe nur ein Betriebsrat errichtet ist, kann dieser Betriebsrat die wirtschaftlichen Informationsrechte für das gesamte Unternehmen wahrnehmen und die Herausgabe des Jahresabschlusses gem § 108 Abs 3 verlangen (vgl dazu OGH vom 30. 10. 1997, 8 Ob A 330/97f, ASoK 1998, 284).

[28]) Die Zuständigkeiten des Zentralbetriebsrates gliedern sich gem Abs 4 in **ausschließliche** und **variable** (vgl zum System Erl 4). Demnach kommen dem Zentralbetriebsrat, wenn ein solcher zu errichten ist, die Kompetenzen der Z 1 und Z 3–5 des Abs 4 jedenfalls zu (**ausschließliche Kompetenzen**). Bei den Befugnissen der Z 2 (**variable Kompetenzen**) ist für die Zuständigkeit des Zentralbetriebsrates immer zu prüfen, ob es sich nicht um Angelegenheiten handelt, die **nur einen Betrieb** betreffen, weil dann der Betriebsausschuss bzw der (Gruppen-)Betriebsrat zuständig ist.

Der Zentralbetriebsrat ist ein **unmittelbares Organ der gesamten Belegschaft des Unternehmens** (*Strasser* in *Floretta/Strasser,* ArbVG-Handkommentar [1975] 444). Deshalb ist er im Rahmen seiner originären (variablen und ausschließlichen) Zuständigkeiten gem Abs 4 **auch für**

Betriebe zuständig, die keinen Betriebsrat haben (weil nicht gewählt) bzw haben können (weil unter fünf Arbeitnehmern). Dieses Ergebnis entspricht auch dem Wortlaut der Bestimmung: „In Unternehmen, in denen ein Zentralbetriebsrat zu errichten ist, werden folgende Befugnisse von diesem ausgeübt: ..." (so auch *Naderhirn,* ArbVG-Kommentar § 113 Rz 10; aA *Risak,* ZAS 2000, 170). Das heißt etwa, sobald in den Angelegenheiten der Z 2 mehr als ein Betrieb betroffen ist, hat der Zentralbetriebsrat die Kompetenz der lit a bis g auch für Betriebe ohne Betriebsrat. Somit kann der Zentralbetriebsrat etwa auch gem lit g Sozialplanbetriebsvereinbarungen mit Wirkung für Arbeitnehmer in Betrieben des Unternehmens abschließen, die keinen Betriebsrat haben.

Ist eine Konzernvertretung (tatsächlich) errichtet, kommen Teile der Kompetenz gem Z 1 (§ 110 Abs 6b), die Rechte gem Z 3 (Arbeitnehmerschutz für neue Betriebsstätten) und die Rechte nach der Europäischen Betriebsverfassung (Z 4 und 5) sowie für die Arbeitnehmerbeteiligung in der Europäischen Gesellschaft (Z 7 und 8) nicht dem Zentralbetriebsrat, sondern der Konzernvertretung zu. Eine Doppelzuständigkeit mehrerer Organe ([Gruppen-]Betriebsrat, Betriebsausschuss, Zentralbetriebsrat, Konzernvertretung) für einen konkreten Fall kann es nach dem System des § 113 nicht geben.

Streitigkeiten über Zuständigkeitsfragen sind als Streitigkeiten iSd **§ 50 Abs 2 ASGG** vor dem **Arbeits- und Sozialgericht** auszutragen (Kostenersatz nur im Verfahren vor dem OGH, siehe § 58 Abs 1 ASGG).

[29]) § 110 und die dazu erlassene AR-VO (siehe ArbVR 1[8]) regeln die **Entsendung von Arbeitnehmervertretern in den Aufsichtsrat**. Es handelt sich um eine ausschließliche Kompetenz des Zentralbetriebsrates. Ist in einem zentralbetriebsrats*pflichtigen* Unternehmen kein Zentralbetriebsrat errichtet, verliert die Belegschaft ihr Entsenderecht in den Aufsichtsrat (vgl Erl 25 und 26, für die Nichterrichtung eines Betriebsausschusses gilt anderes, vgl dazu Erl 15). Ist eine Konzernvertretung errichtet, kommt ihr die ausschließliche Kompetenz zu, allerdings nur in Bezug auf die Entsendung der Arbeitnehmervertreter in den Aufsichtsrat des **herrschenden** Unternehmens im Konzern (vgl Erl 44 und die Erl 49 bis 77 zu § 110).

Wird das Recht, Arbeitnehmervertreter in den Aufsichtsrat einer Landeskrankenanstalt zu entsenden, landesgesetzlich gestaltet (bzw eingeschränkt), ist der Zentralbetriebsrat zuständig und legitimiert, einen Gesetzesprüfungsantrag gem Art 140 Asb 1 letzter Satz B-VG (sog Individualantrag) einzubringen (VfGH vom 27. 11. 2002, G215/01).

Die mangelnde Regelung des Entsendungsvorganges der gem § 22 Abs 5 NationalbankG in den Generalrat zu entsendenden Belegschaftsvertreter durch das ArbVG ist als planwidrige Lücke anzusehen, die entsprechend den Wertungen des ArbVG zu schließen ist. Demzufolge ist für die Entsendung der Belegschaftsvertreter in den Generalrat der Österreichischen Nationalbank der Zentralbetriebsrat das zuständige Organ (OGH vom 13. 7. 2006, 8 Ob A 52/06i, DRdA 2007/25, 267 mit Anm von *Jabornegg*).

[30]) Die **§§ 111 und 112** regeln den **Einspruch gegen die Wirtschaftsführung** und die **Anrufung der Staatlichen Wirtschaftskommissionen**. In zentralbetriebsrats*pflichtigen* Unternehmen kommen diese Kompetenzen ausschließlich dem Zentralbetriebsrat zu. Dies bedeutet, dass selbst wenn sich in einem zentralbetriebsrats*pflichtigen* Unternehmen eine Maßnahme gem § 111 Abs 1 auch **nur auf einen einzelnen Betrieb** bezieht, trotzdem der **Zentralbetriebsrat** allein und ausschließlich für einen Einspruch gegen die Wirtschaftsführung bzw für die Anrufung der Staatlichen Wirtschaftskommission zuständig ist. Wurde trotz Vorliegens aller Voraussetzungen kein Zentralbetriebsrat errichtet, können die Kompetenzen gem den §§ 111 und 112 gar nicht wahrgenommen werden (vgl Erl 25 und 26). Die Konzernvertretung hat hier keine Zuständigkeit.

[31]) Bei den Tatbeständen des Abs 4 Z 2 handelt es sich um die **variablen Kompetenzen** des Zentralbetriebsrates. Im Gegensatz zur Formulierung der variablen Kompetenzen des Betriebsausschusses in Abs 2 Z 5, nach der die „Interessen aller Gruppen *betroffen* sein müssen", reicht es für die **Zuständigkeit des Zentralbetriebsrates** aus, dass „**nicht nur die Interessen der Arbeitnehmerschaft eines Betriebes** *berührt*" sind. Diese Formulierung legt es nahe, die variablen **Kompetenzen des Zentralbetriebsrates weit auszulegen**. Im Gegensatz zum Betriebsausschuss (vgl zur einschränkenden Auslegung der Kompetenzen des Betriebsausschusses Erl 19) **genügt** für eine Zuständigkeit des Zentralbetriebsrates bereits eine **mittelbare Betroffenheit der Belegschaft eines zweiten Betriebes**. *Holzer* sieht zB durch die Schließung *eines* Betriebes auch die Interessen der Arbeitnehmer anderer Betriebe desselben Unternehmens berührt und kommt so zu einer Zuständigkeit des Zentralbetriebsrates (*Holzer*, RdW 1984, 173; vgl auch *Naderhirn*, ArbVG-Kommentar § 113 Rz 27, 28).

[32]) Im zentralbetriebsrats*pflichtigen* Unternehmen kommt das **Recht auf Intervention** (Näheres dazu siehe bei § 90 und den Erl dazu) dem **Zentralbetriebsrat** als **variable Kompetenz** zu, wenn *nicht nur* die Interessen eines Betriebes berührt sind (sonst Zuständigkeit Betriebsausschuss gem Abs 2 Z 5 lit b bzw [Gruppen-]Betriebsrat gem Abs 1). Der Zentralbetriebsrat kann demnach ohne Kompetenzübertragung nach § 114 eine Feststellungsklage gem § 54 Abs 1 ASGG einbringen, da eine solche Klagsführung vom Recht auf Intervention umfasst ist (OGH vom 12. 7. 1995, 9 Ob A 62/95, Arb 11.420 = ARD 4745/16/96 = RdW 1996, 175).

Handelt es sich um eine unternehmensüberschreitende Angelegenheit im Konzern, ist die Konzernvertretung und nicht der Zentralbetriebsrat zuständig (variable Kompetenz der Konzernvertretung gem Abs 5 Z 2 lit a, vgl Erl 45).

³³) Das **allgemeine Informationsrecht** (Näheres dazu siehe bei § 91 und den Erl dazu) fällt in die **variable Zuständigkeit des Zentralbetriebsrates**. Sind *nur* die Interessen *eines* Betriebes berührt, kommt die allgemeine Informationsbefugnis dem Betriebsausschuss (variabel Abs 2 Z 5 lit c) bzw dem (Gruppen-)Betriebsrat (gem Abs 1) zu. In unternehmensüberschreitenden Angelegenheiten ist die Konzernvertretung zuständig (variable Zuständigkeit der Konzernvertretung gem Abs 5 Z 2 lit b, vgl Erl 45).

³⁴) Das **allgemeine Beratungsrecht** (Näheres dazu siehe bei § 92 und den Erl dazu) fällt in zentralbetriebsrats*pflichtigen* Unternehmen in die **variable Zuständigkeit des Zentralbetriebsrates**. Über rein betriebsinterne und nicht unternehmensrelevante Angelegenheiten ist mit dem Betriebsausschuss zu beraten (ausschließliche Kompetenz des Betriebsausschusses gem Abs 2 Z 1, vgl Erl 12). Bei unternehmensübergreifenden Fragen ist die Konzernvertretung für die Beratung zuständig (variable Kompetenz der Konzernvertretung gem Abs 5 Z 2 lit c). In der Praxis bedeutet das, dass der Betriebsinhaber bzw die Konzernleitung mit allen Organen regelmäßige Beratungen (vierteljährlich bzw monatlich) abzuhalten hat. § 113 liefert hier die Abgrenzung, welche Fragen mit welchem Gremium zu beraten sind.

³⁵) Die Bestimmung des § 92a hinsichtlich der **Arbeitsschutzangelegenheiten** und die entsprechenden Anpassungen des § 113 (Abs 2 Z 5 lit d und Abs 4 Z 2 lit d) wurden durch BGBl 1994/450 eingefügt. Es handelt sich um eine **variable Kompetenz des Zentralbetriebsrates**. Es gibt (ohne Übertragung gem § 114) keine Zuständigkeit der Konzernvertretung für Arbeitsschutzangelegenheiten iSd § 92a.

³⁶) Die **Mitwirkung an betriebs- und unternehmenseigenen Schulungs-, Bildungs- und Wohlfahrtseinrichtungen** umfasst auch die Kompetenz zum Abschluss (erzwingbarer) Betriebsvereinbarungen (vgl §§ 94, 95, 97 Abs 1 Z 5 und Erl dazu). Nicht zu verwechseln ist die Mitwirkung an solchen in der Verfügungsgewalt des Betriebs- bzw Unternehmensinhabers stehenden Wohlfahrtseinrichtungen mit solchen, die nur der Belegschaft gehören (vgl dazu § 93 und Erläuterungen dazu). Die Befugnisse gem den §§ 94 und 95 fallen in zentralbetriebsrats*pflichtigen* Unternehmen in die **variable Zuständigkeit** des **Zentralbetriebsrates**. Für rein betriebsinterne und nicht unternehmensrelevante Angelegenheiten ist der Betriebsausschuss zuständig (variable Kompetenz des Betriebsausschusses gem Abs 2 Z 5 lit e). Bei „konzerneigenen" Maßnahmen, die unternehmensübergreifend Arbeitnehmer betreffen, ist die Konzernvertretung zuständig (variable Kompetenz gem Abs 5 Z 2 lit d, vgl Erl 46).

³⁷) Genauer zu den **wirtschaftlichen Informations-, Interventions- und Beratungsrechten** siehe bei **§ 108**. Seit der Novelle BGBl 1986/394

beinhaltet § 108 auch **Beratungs**rechte, die von der Kompetenz des Zentralbetriebsrates mitumfasst sind, obwohl lit f wörtlich nur von **Informations- und Intervention**srechten spricht. Es handelt sich um eine **variable Kompetenz** des **Zentralbetriebsrates**, dh es darf nicht nur um eine bloß betriebsbezogene Angelegenheit ohne Auswirkung auf andere Betriebe gehen. In der Praxis werden die Rechte gem § 108 wohl meistens vom Zentralbetriebsrat auszuüben sein, da sich die wirtschaftliche Mitbestimmung zumeist auf das gesamte Unternehmen bezieht. Unter den (restriktiven) Voraussetzungen des Abs 5 Z 3 fallen die Befugnisse gem § 108 in die Kompetenz der Konzernvertretung (vgl Abs 5 Z 3 lit a, variable Kompetenz der Konzernvertretung, vgl Erl 48).

[38]) § 109 regelt die **Mitwirkung bei Betriebsänderungen** (Genaueres dazu vgl bei den Erl zu § 109). § 109 umfasst Informations- und Beratungsrechte, enthält aber auch den praktisch sehr wichtigen **Betriebsvereinbarungstatbestand** zum Abschluss eines **Sozialplans**. Nach der hL ist – obwohl § 97 Abs 1 Z 4 hier in § 113 Abs 4 nicht zitiert ist – der **Zentralbetriebsrat** grundsätzlich auch für den Abschluss von Sozialplanbetriebsvereinbarungen **zuständig** (vgl dazu genauer mwN Holzer, RdW 1984, 173 und *Naderhirn*, ArbVG-Kommentar § 113 Rz 58). Es handelt sich um eine **variable Zuständigkeit**. Wenn eine Betriebsänderung die Interessen der Belegschaft mehr als eines Betriebes berührt, kann der Zentralbetriebsrat einen Sozialplan abschließen bzw bei der Schlichtungsstelle erzwingen.

Der **Zentralbetriebsrat** ist im Rahmen seiner (**originären**) Kompetenzen **auch für Betriebe ohne Betriebsrat zuständig** (aA Risak, ZAS 2000, 170). So kann er bei Betriebsänderungen, die nicht nur die Interessen der Arbeitnehmerschaft eines Betriebes berühren (und dies wird meist der Fall sein), einen Sozialplan unter Einbeziehung betriebsratsloser Betriebe abschließen (vgl dazu auch Erl 28).

Abgesehen von den Angelegenheiten gem §§ 94, 95 und 109 besitzt der Zentralbetriebsrat keine Zuständigkeit zum Abschluss von Betriebsvereinbarungen, es sei denn, es erfolgt eine Kompetenzübertragung gem § 114.

Unter den Voraussetzungen des Abs 5 Z 3 fällt die Mitwirkung gem § 109 in die Zuständigkeit der Konzernvertretung, wobei die Befugnis zum Sozialplanabschluss noch zusätzlich auf bestimmte Betriebsänderungen eingeschränkt ist (vgl dazu Erl 47 und 49).

[39]) Z 3 wurde durch BGBl 1986/394 eingefügt. Zum Zweck der **Einhaltung der Arbeitnehmerschutzvorschriften** besteht ein hohes Interesse daran, dass im Zuge von behördlichen Verfahren bei Betriebsneubauten die Interessenvertretungen der Arbeitnehmer möglichst frühzeitig eingeschaltet werden. Wenn **ein bestehender Betrieb** erweitert wird, ist es Sache **des jeweiligen (Gruppen-)Betriebsrates** (gem Abs 1) **bzw Betriebsausschusses** (gem Abs 2 Z 5 lit a), bei entsprechenden behördlichen Verfahren mitzuwirken und auf die Belange des Arbeitnehmerschutzes

einzuwirken (§ 89 Z 3). Wird aber **unabhängig** von einem bereits **bestehenden Betrieb** innerhalb eines Unternehmens ein Neubau errichtet, so wäre hiefür kein (Gruppen-)Betriebsrat und auch kein Betriebsausschuss zuständig. Deshalb ist es sinnvoll, dass in § 113 Abs 4 Z 3 die **Zuständigkeit** des im Unternehmen bestehenden **Zentralbetriebsrates** festgelegt wurde.

Der Zentralbetriebsrat hat das Recht, an behördlichen Bewilligungsverfahren und Begehungen von geplanten und in Bau befindlichen Betriebsstätten des Unternehmens, für die noch kein Betriebsrat zuständig ist, teilzunehmen und dort die Belange des Arbeitnehmerschutzes aus der Sicht der (künftigen) Beschäftigten zu wahren.

Seit der ArbVG-Novelle BGBl 1993/460 ist hilfsweise auch die Konzernvertretung für den Arbeitnehmerschutz bei neuen Betriebsstätten zuständig (Abs 5 Z 4, vgl Erl 50). In Umkehr des üblichen Systems (Konzernvertretungszuständigkeit geht üblicherweise vor) ist die Konzernvertretung hier nur zuständig, wenn es keine Zentralbetriebsratszuständigkeit gibt.

[40]) Z 4 wurde durch BGBl 1996/601 im Zuge der Umsetzung der RL 94/45/EG (Europäische-Betriebsräte-Richtlinie) eingefügt (siehe dazu *Cerny*, ArbVR 5 Einleitung). Diese (ausschließliche) **Entsendungskompetenz** in die **Gremien der europäischen Betriebsverfassung** kommt in zentralbetriebsrats*pflichtigen* Unternehmen dem **Zentralbetriebsrat** zu. Besteht eine **Konzernvertretung**, entsendet diese (gem Abs 5 Z 5). Für die Zuständigkeit zur Entsendung zu beachten ist die Vorschrift des § 180, vor allem für den Fall, dass eine gemeinsame Entsendung zweier in Österreich nicht demselben Unternehmen oder demselben Konzern angehöriger Betriebe stattzufinden hat (vgl *Mayr*, ArbVR 5 Erl 1 bis 7 zu § 180). Zu den §§ 179, 180 und 193 siehe ArbVR 5 und die Erl von *Mayr* dazu. Gem § 180 Abs 2 sind – selbst wenn ein Zentralbetriebsrat rechtswidrigerweise nicht errichtet ist – die Betriebsräte des Unternehmens für die Entsendung zuständig. Dies ist eine Abkehr vom bisherigen System des § 113 Abs 4, bei dem die rechtswidrige Nichtrichtung eines Zentralbetriebsrates zum Verlust der Befugnisse geführt hat (siehe dazu Erl 26). Der Grund für die Sonderregelung dürfte europarechtlicher Natur sein, da Art 5 Abs 2 lit a der RL 94/45/EG einen Entfall der Entsendungskompetenz in die Organe der Europäischen Betriebsverfassung wegen Nichtrichtung eines Zentralbetriebsrates nicht zuließe (vgl idS auch *Mayr*, ArbVR 5 Erl 4 zu § 180). Legistisch ist dies insofern unbefriedigend gelöst, als die geschilderte Abkehr vom bisherigen System nicht aus dem Wortlaut des § 113 Abs 4, sondern nur aus § 180 Abs 2 zu erschließen ist.

[41]) Z 5 wurde durch BGBl 1996/601 im Zuge der Umsetzung der RL 94/45/EG (Europäische-Betriebsräte-Richtlinie) eingefügt (siehe dazu *Cerny,* ArbVR 5 Einleitung). Dieses (ausschließliche) Recht, an **Unter-**

richtungs- und Anhörungsverfahren im Rahmen der europäischen Betriebsverfassung teilzuhaben, kommt in zentralbetriebsrats*pflichtigen* Unternehmen dem Zentralbetriebsrat zu (vgl dazu auch Erl 40). Besteht eine Konzernvertretung, nimmt sie dieses Recht wahr (gem Abs 5 Z 6). Zu den §§ 189, 190 und 206 siehe ArbVR 5 und die Erl von *Mayr* dazu.

[41a]) Z 6 wurde durch BGBl I 2002/100 eingefügt. § 97 Abs 1 Z 1b beinhaltet den Betriebsvereinbarungstatbestand „Auswahl der Mitarbeitervorsorgekasse nach dem Betrieblichen Mitarbeitervorsorgegesetz (BMVG). § 9 Abs 1 BMVG sieht die Auswahl der Mitarbeitervorsorgekasse, § 12 Abs 4 BMVG den Wechsel durch eine Betriebsvereinbarung vor (vgl dazu Erl 6a zu § 97). Wunsch des Gesetzgebers des BMVG dürfte gewesen sein, dass es pro Unternehmen nur eine Mitarbeitervorsorgekasse für alle Arbeitnehmer geben soll. Insofern war es konsequent, eine **ausschließliche Zentralbetriebsratskompetenz** zu schaffen (vgl dazu auch *Achitz/Farny/Leutner/Wöss*, Abfertigung neu, Betriebliches Mitarbeitervorsorgegesetz [2003] 98). Fraglich ist nur, was zu geschehen hat, wenn trotz Bestehens mehrerer Betriebsräte (rechtswidrigerweise) kein Zentralbetriebsrat errichtet wurde. Der herrschenden Lehre folgend (siehe Erl 26) **geht diesfalls das Mitbestimmungsrecht mit der Konsequenz verloren, dass das Auswahlverfahren gem § 10 BMVG unter Beteiligung der einzelnen Arbeitnehmer durchzuführen ist** (siehe zum Meinungsstand mwN *B. Gruber/Schöngrundner*, Abfertigung NEU² 102; *Resch* in *Mayr/Resch*, Abfertigung neu – BMVG [2002] §§ 9, 10 Rz 9 und ihm folgend *Naderhirn*, ArbVG-Kommentar § 113 Rz 40 spricht sich mit teleologischen Argumenten gegen eine ausschließliche Zentralbetriebsratskompetenz aus, was im Ergebnis eine subsidiäre Kompetenz der bestehenden Betriebsräte bedeuten würde).

Ist im Unternehmen kein Zentralbetriebsrat zu errichten, dann ist der Betriebsausschuss gem Abs 2 Z 4 für die Betriebsvereinbarung über die Auswahl der Mitarbeitervorsorgekasse zuständig, wenn der Geltungsbereich der Betriebsvereinbarung Arbeiter und Angestellte umfasst. Die Konzernvertretung kann nur durch Kompetenzübertragung gem § 114 Abs 2 unter den dort genannten Voraussetzungen (das sind: konzerneinheitliche Vorgangsweise und unternehmensübergreifende Arbeitnehmerinteressen, vgl Erl 9 und 11 zu § 114) zuständig gemacht werden (so auch *Naderhirn*, ArbVG-Kommentar § 113 Rz 41).

Zuständigkeit der Konzernvertretung

[42]) Durch die ArbVG-Novelle BGBl 1993/460 wurde die Arbeitsgemeinschaft der Betriebsräte (als zusätzliches Organ durch BGBl 1986/394 eingeführt) zur **Konzernvertretung** ausgebaut. Die **Konzernvertretung vertritt** hinsichtlich ihrer originären Kompetenzen gem Abs 5 die **gesamte Belegschaft des Konzerns**. Sie ist (wie der Zentralbetriebsrat, vgl bei

Erl 28) ein **unmittelbares Organ der Belegschaft**, ist also **auch für Arbeitnehmer von betriebsratslosen Betrieben bzw Unternehmen zuständig** (vgl *Löschnigg*, Arbeitsrecht[10] [2003] 654). Näheres zum hier verwendeten Begriff des Konzerns und zur Konzernvertretung im Allgemeinen siehe bei §§ 88a und 88b (*Kundtner*, ArbVR 2[3] Erl §§ 88a und 88b; vgl auch die §§ 31a ff BRGO). Die Konzernvertretung hat auf Konzernebene vergleichbare (wenngleich deutlich geringere) Kompetenzen wie der Zentralbetriebsrat auf Unternehmensebene. Ihre Zuständigkeiten werden, anders als beim Zentralbetriebsrat, nur daran geknüpft, ob die **Konzernvertretung tatsächlich errichtet** ist. Dadurch wird, anders als beim Zentralbetriebsrat, die Wahrnehmung von Kompetenzen, insbesondere die Entsendung von Arbeitnehmervertretern in den Aufsichtsrat einer Konzernspitze, durch Nichterrichten einer Konzernvertretung nicht verhindert (vgl § 110 Abs 6b sowie Erl 72 bis 77 dazu). Dieser Unterschied zum Zentralbetriebsrat ist schon deshalb geboten, weil die Errichtung der Konzernvertretung fakultativ ist (§ 88a Abs 1 „kann ... errichtet werden"). Die Konzernvertretung hat – anders als die Arbeitsgemeinschaft der Betriebsräte – nunmehr **eigenständige Kompetenzen** zum Abschluss von Betriebsvereinbarungen (gem §§ 94, 95, 109 Abs 1 Z 1 bis 4).

[43]) Gem § 48 Abs 4 ORF-G (idF BGBl I Nr 83/2001) sind die Regelungen über die Konzernvertretung auch auf den **Österreichischen Rundfunk** anzuwenden. Wird also im Österreichischen Rundfunk eine Konzernvertretung errichtet, kommen dieser die Kompetenzen gem Abs 5 zu. Eine wichtige Befugnis – nämlich die **Entsendung in den Stiftungsrat** gem § 110 Abs 8 ArbVG – dürfte allerdings auf Grund der Spezialregelung des § 20a Abs 1 Z 5 ORF-G (idF BGBl I Nr 83/2001) auch bei Errichtung einer Konzernvertretung beim **Zentralbetriebsrat** verbleiben (diese Fragen problematisierend vgl *Cerny*, DRdA 2001, 573).

[44]) Die **Entsendung in den Aufsichtsrat** durch die Konzernvertretung ist eine **ausschließliche Kompetenz der Konzernvertretung**, bezieht sich aber nur auf die Entsendung in den Aufsichtsrat des **herrschenden** Unternehmens gem § 110 Abs 6b (genauer dazu vgl Erl 49 bis 77 zu § 110).

[45]) **Variable Kompetenzen** der Konzernvertretung finden sich sowohl in Z 2 als auch in Z 3. Nach Z 2 müssen „**die Interessen der Arbeitnehmerschaft von mehr als einem Unternehmen im Konzern *betroffen*"** sein. Nach Z 3 kommt noch das Erfordernis der **einheitlichen Vorgangsweise** im Konzern hinzu. Hier ist anders als bei den variablen Kompetenzen des Zentralbetriebsrates von „betreffen" und nicht von „berühren" die Rede. Die unterschiedliche Wortwahl legt nahe, dass die Kompetenzen der Konzernvertretung – ähnlich wie die des Betriebsausschusses – im Vergleich zu denen des Zentralbetriebsrates enger auszulegen sind (vgl *Naderhirn*, ArbVG-Kommentar § 113 Rz 27, 28).

⁴⁶) Die **Mitwirkung an betriebs- und unternehmenseigenen Schulungs-, Bildungs- und Wohlfahrtseinrichtungen** umfasst auch die Kompetenz zum Abschluss (erzwingbarer) Betriebsvereinbarungen (vgl §§ 94, 95, 97 Abs 1 Z 5 und Erl dazu). Nicht zu verwechseln ist die Mitwirkung an solchen in der Verfügungsgewalt des Betriebs- bzw Unternehmensinhabers stehenden Wohlfahrtseinrichtungen mit solchen, die nur der Belegschaft gehören (vgl dazu § 93 und Erl). Die Konzernvertretung ist nur dann zuständig, wenn es sich um **unternehmensübergreifende Arbeitnehmerinteressen** handelt und die Maßnahmen „**konzerneigene**" sind. Der Ausdruck „konzerneigen" ist wohl so zu deuten, dass es sich um eine Einrichtung handelt, die einem Betrieb oder Unternehmen des Konzerns zuzurechnen ist. Damit ist die Abgrenzung zu den arbeitnehmereigenen Einrichtungen gem § 93 angesprochen. In der Sache sind konzern*weite* Maßnahmen gemeint.

⁴⁷) Die variable Kompetenz der Konzernvertretung zur Wahrnehmung der wirtschaftlichen Informations- und Interventionsrechte (vgl § 108) sowie die Mitwirkung bei Betriebsänderungen (vgl § 109) setzt über das Erfordernis der **unternehmensübergreifenden Betroffenheit auf Arbeitnehmerseite** zusätzlich voraus, dass auf Arbeitgeberseite im konkreten Fall eine **einheitliche Vorgangsweise** erfolgt. Durch welche Koordinationsmaßnahmen die einheitliche Vorgangsweise sichergestellt wird, ist unerheblich. Das Gesetz nennt beispielhaft die „Konzernrichtlinie" (schriftliche Übereinstimmung der Vorgangsweise), die einheitliche Vorgangsweise kann aber auch nur einfach tatsächlich eingehalten werden (vgl *Strasser*, DRdA 1990, 409).

⁴⁸) **Konzernabschluss und Konzernanhang** samt Erläuterungen und Aufklärungen sind der Konzernvertretung zu übermitteln (vgl *Geist*, DRdA 1996, 370). *Geist* spricht sich mit guten Gründen dafür aus, dass der Konzernabschluss bei Nichtbestehen einer Konzernvertretung dem Zentralbetriebsrat jedes einzelnen – in den Konzernabschluss einbezogenen – Unternehmens auszuhändigen ist (vgl dazu Erl zu § 108).

⁴⁹) Bei **Betriebsänderungen** hat die Konzernvertretung unter den Voraussetzungen der Z 3 (Unternehmensbezogenheit und einheitliche Vorgangsweise, vgl Erl 47) grundsätzlich alle Mitwirkungsrechte gem § 109. Nur beim Sozialplan ist die Mitwirkung der Konzernvertretung auf **bestimmte Betriebsänderungen beschränkt**. Die Konzernvertretung kann nur bei folgenden Betriebsänderungen einen Sozialplan abschließen:
– Einschränkung oder Stilllegung von Betrieb(steil)en (§ 109 Abs 1 Z 1),
– dem Frühwarnsystem unterliegende Auflösungen (Massenkündigungen iSd § 45a AMFG; § 109 Abs 1 Z 1a),

- Verlegung von Betrieb(steil)en (§ 109 Abs 1 Z 2),
- Zusammenschluss von Betrieben (§ 109 Abs 1 Z 3) und
- Änderung des Betriebszwecks, der Betriebsanlagen, der Arbeits- oder Betriebsorganisation oder der Filialorganisation (§ 109 Abs 1 Z 4).

Der Sozialplanabschluss bei der Einführung neuer Arbeitsmethoden (§ 109 Abs 1 Z 5) und bei Rationalisierungs- und Automatisierungsmaßnahmen (§ 109 Abs 1 Z 6) obliegt also dem Zentralbetriebsrat oder dem (Gruppen-)Betriebsrat bzw dem Betriebsausschuss. Die Sozialplankompetenz und die Betriebsvereinbarungsmöglichkeit gem den §§ 94, 95 sind die **einzigen originären Kompetenzen** der Konzernvertretung zum **Abschluss von Betriebsvereinbarungen**.

[50]) Seit der ArbVG-Novelle BGBl 1993/460 ist neben dem Zentralbetriebsrat (vgl dazu Erl 39) **hilfsweise** auch die **Konzernvertretung** für den Arbeitnehmerschutz bei neuen Betriebsstätten zuständig. In Umkehr des üblichen Systems (Konzernvertretungszuständigkeit geht vor) ist die **Konzernvertretung hier nur zuständig**, wenn es **keine Zentralbetriebsratszuständigkeit** gibt. Dieses Mitwirkungsrecht der Konzernvertretung kommt insbesondere dann zur Anwendung, wenn in einem Konzern eine neu errichtete Gesellschaft noch keine Arbeitnehmer beschäftigt oder diese noch keinen Betriebsrat errichtet haben, aber bereits Betriebsstätten für diese Gesellschaft geplant oder errichtet werden.

[51]) Z 5 und 6 wurden durch BGBl 1996/601 im Zuge der Umsetzung der RL 94/45/EG (Europäische-Betriebsräte-Richtlinie) eingefügt (siehe dazu *Cerny*, ArbVR 5 Einleitung). Für die Zuständigkeit zur Entsendung zu beachten ist die Vorschrift des § 180, vor allem für den Fall, dass eine gemeinsame Entsendung zweier in Österreich nicht demselben Konzern angehöriger Betriebe stattzufinden hat (vgl *Mayr*, ArbVR 5 Erl 1 bis 7 zu § 180). Zu den §§ 179, 180, 193, 189, 190 und 206 siehe ArbVR 5 und die Erl von *Mayr* dazu.

[52]) **Konzerne** selbst sind **nicht rechtsfähig**, deshalb ist es notwendig, einen **betriebsverfassungsrechtlichen Ansprechpartner** für die Konzernvertretung zu definieren (Näheres zur Konzernvertretung und zum Begriff des Konzerns siehe bei §§ 88a, 88b und *Kundtner*, ArbVR 2³ Erl dazu). Gesetzessystematisch ist es verfehlt, diese Frage in § 113 zu regeln. In Unterordnungskonzernen ist die **Konzernmuttergesellschaft**, also die beherrschende bzw einheitlich leitende Gesellschaft, **Schuldnerin der betriebsverfassungsrechtlichen Pflichten**. In Gleichordnungskonzernen ist das irgendwie institutionalisierte **Leitungsorgan** oder die zB als Gesellschaft bürgerlichen Rechts vereinigten Konzernschwestern das **Gegenüber der Konzernvertretung** (so *Strasser/Jabornegg,* ArbVG³ [1999] § 113

Anm 17; zu den Begriffen Gleichordnungs- bzw Unterordnungskonzern siehe Erl 2 zu § 88a in Band 2; weiterführend *Strasser,* DRdA 1994, 220). Handelt es sich um einen **internationalen Konzern**, so ist die **inländische „Unterkonzernspitze"** (= das in Österreich herrschende Unternehmen) **Ansprechpartner** für die Konzernvertretung. Gibt es keine inländische Unterkonzernspitze, wird in der Literatur vertreten, dass diesfalls die Errichtung einer Konzernvertretung gar nicht möglich ist (*Schima,* RdW 1993, 308). Wenn das Gesetz von Konzernleitung bzw Unternehmensleitung spricht, dann ist (sind) für den Fall, dass die Leitung durch eine (oder mehrere) juristische Person(en) ausgeübt wird, diese gemeint. Wird die Leitung durch eine (oder mehrere) natürliche Person(en) ausgeübt, ist (sind) diese gemeint.

Konzernbetriebsvereinbarungen

[53]) Der **Abschluss** von **Betriebsvereinbarungen** (vgl dazu §§ 29 bis 32 und *Cerny,* ArbVR 2³ Erl dazu) im Konzern ist auf **Arbeitgeberseite problematisch**, da der Konzern als solcher keine Rechtspersönlichkeit hat und eine **Erklärung der Konzernleitung** deshalb – gesellschaftsrechtlich gesehen – **die einzelnen Konzernunternehmen nicht binden kann**. Deshalb sieht das Gesetz vor, dass die **einzelnen Konzernunternehmen** der zwischen Konzernvertretung und Konzernleitung abgeschlossenen Betriebsvereinbarung **beizutreten haben**, damit diese Betriebsvereinbarung Gültigkeit für die einzelnen Betriebe der Konzernunternehmen entfalten kann. Beitritt bedeutet, dass die einzelnen Konzernunternehmen (durch das vertretungsbefugte Organ) die Betriebsvereinbarung **in ihrer Eigenschaft als Betriebs- bzw Unternehmensinhaber unterzeichnen** (vgl dazu § 56a Abs 3 BRGO). Mit ihrer Unterschrift unter die Konzernbetriebsvereinbarung **verpflichtet** sich die **Konzernleitung**, alles daran zu setzen, dass die einzelnen Konzernunternehmen ihrerseits die Konzernbetriebsvereinbarung unterzeichnen (Beitritt). Diese **Verpflichtung der Konzernleitung ist primär schuldrechtlicher Natur** und es empfiehlt sich – aus Sicht der Konzernvertretung –, die Konzernleitung durch zusätzliche schuldrechtliche Klauseln in die Pflicht zu nehmen (Pönalen oder Ausfallshaftungen, wenn die Konzernunternehmen der Konzernbetriebsvereinbarung nicht beitreten). Die **Konzernleitung** ist aber bereits **auf Grund des Abschlusses einer Konzernbetriebsvereinbarung verpflichtet**, zB Konzerntöchter in der Rechtsform der GmbH, an denen sie eine Mehrheit der Geschäftsanteile hält, **mittels Weisung** an den Geschäftsführer gem § 20 Abs 1 GmbHG zum **Beitritt zur Konzernbetriebsvereinbarung zu veranlassen**. Führt die Konzernleitung selbst einen Betrieb, ist in ihrer Unterschrift auch der Abschluss einer normativ wirkenden Betriebsvereinbarung für diesen Betrieb zu sehen. Für die Betriebe der einzelnen Konzernunternehmen wird die Konzernbetriebsvereinbarung erst dann verbindlich, wenn sie ihr „beigetreten" sind. Bei der **Formulierung der Konzernbetriebsvereinbarung** ist

darauf zu achten, dass der **Anwendungsbereich** und der **Inhalt** so gestaltet sind, dass die einzelnen Konzernunternehmen nur noch ihren Beitritt erklären müssen (vgl *Strasser/Jabornegg,* ArbVG³ [1999] § 113 Anm 18).

Eigene (originäre) Betriebsvereinbarungskompetenzen hat die Konzernvertretung nur für Sozialpläne (§ 109; Abs 5 Z 3 lit b, vgl Erl 49) und für konzerneigene Maßnahmen in Zusammenhang mit Schulungs-, Bildungs- und Wohlfahrtseinrichtungen (§§ 94, 95; Abs 5 Z 2 lit d, vgl Erl 46). Ansonsten sind Kompetenzübertragungen gem § 114 notwendig.

Kompetenzübertragung[1])

§ 114. (1) Der Betriebsrat und der Betriebsausschuß[2]) können[3]) dem Zentralbetriebsrat[4]) mit dessen Zustimmung[5]) die Ausübung ihrer Befugnisse[6]) für einzelne Fälle oder für bestimmte Angelegenheiten[7]) übertragen.[8])

(2)[9]) In Angelegenheiten nach §§ 96, 96a und 97[10]), die die Interessen der Arbeitnehmer mehr als eines Unternehmens betreffen und in denen eine einheitliche Vorgangsweise des Konzerns, insbesondere durch Konzernrichtlinien, erfolgt[11]), kann der Zentralbetriebsrat[12]) der Konzernvertretung mit deren Zustimmung[13]) die Ausübung seiner eigenen[14]) und ihm übertragener[15]) Befugnisse übertragen, soweit derartige Angelegenheiten nicht ohnedies gemäß § 113 Abs 5 in die Zuständigkeit der Konzernvertretung fallen.[16]) Besteht kein Zentralbetriebsrat, so kann der Betriebsrat (Betriebsausschuß) eine derartige Kompetenzübertragung vornehmen.[17])

(3)[1]) Die Konzernvertretung kann übertragene Befugnisse nur ausüben, wenn eine Kompetenzübertragung durch zumindest zwei Zentralbetriebsräte (Betriebsausschüsse, Betriebsräte) erfolgt ist.[18])

(4) Beschlüsse im Sinne der Abs 1 und 2[19])[20]) sind dem Betriebsinhaber[21])[22]) umgehend mitzuteilen[23]) und erlangen erst mit der Verständigung Rechtswirksamkeit.[24])

Schrifttum zu § 114

Holzer, Strukturfragen des Betriebsvereinbarungsrechts (1982);
Strasser, Die Arbeitsverfassungsgesetznovellen des Jahres 1990, DRdA 1990, 409;
Holzer, Entscheidungsbesprechung zu OGH vom 29. 5. 1991, 9 Ob A 63/91, DRdA 1992, 38.

Übersicht zu § 114

Allgemeines .... Erläuterung 1
Kompetenzübertragung an den Zentral-
 betriebsrat .... Erläuterungen 2 bis 8
Kompetenzübertragung an die Konzern-
 vertretung .... Erläuterungen 9 bis 19
Übertragungs-, Annahme- und Widerrufs-
 beschlüsse .... Erläuterungen 20 bis 24

Allgemeines

[1]) Kommt einem (Gruppen-)Betriebsrat (Betriebsausschuss, Zentralbetriebsrat, Konzernvertretung) eine Zuständigkeit bereits auf Grund

der Abgrenzungen des § 113 unmittelbar zu, spricht man von einer **originären** oder **eigenen** Kompetenz. Ist das Organ (Zentralbetriebsrat oder Konzernvertretung, nur an diese kann übertragen werden) zuständig, weil die Kompetenz von einem anderen – ursprünglich zuständigen Organ – übertragen wurde, dann spricht man von einer **delegierten, übertragenen** oder abgeleiteten Zuständigkeit (vgl dazu auch Erl 4 zu § 113). Die Übertragung der einem Organ gem § 113 ursprünglich zukommenden Kompetenzen regelt § 114.

Kompetenzübertragungen sind nur vom (Gruppen-)Betriebsrat oder Betriebsausschuss **an den Zentralbetriebsrat** oder unter den Voraussetzungen der Abs 2 und 3 von allen anderen Organen **an die Konzernvertretung** möglich. Abs 1 regelt die Übertragung an den Zentralbetriebsrat, Abs 2 und 3 die Übertragung an die Konzernvertretung, Abs 4 behandelt die Übertragungsbeschlüsse. Wichtige ergänzende Bestimmungen zur Kompetenzübertragung enthält die gem § 161 Abs 1 Z 3 ArbVG (vgl dazu *Cerny*, ArbVR 4[4] Erl zu § 161) ergangene Betriebsratsgeschäftsordnung (BRGO, abgedruckt in ArbVR 1[8], siehe § 53 Abs 2 und 3; § 54 Abs 3; § 56 Abs 2, Abs 3; 56a Abs 4 BRGO).

Keine Kompetenzübertragung sieht § 114 vom Gruppenbetriebsrat **an den Betriebsausschuss** vor. **In umgekehrter Richtung**, also etwa von der Konzernvertretung an den Zentralbetriebsrat, sind **Kompetenzübertragungen generell unmöglich** (OGH vom 26. 1. 1995, 8 Ob A 338/94, DRdA 1995, 421 = infas 1995, A 70 = ARD 4645/17/95 = Arb 11.373 = RdW 1995, 357 = ecolex 1995, 437 = JBl 1995, 538 = wbl 1995, 290).

Kompetenzen – ausschließliche genauso wie auch variable (vgl dazu Erl 4 zu § 113) – können für Einzelfälle (**spezielle Kompetenzübertragung**) und für bestimmte Angelegenheiten (**generelle Kompetenzübertragung**) übertragen werden. Eine **pauschale Abtretung sämtlicher Kompetenzen** ist nicht möglich (*Strasser* in *Floretta/Strasser*, ArbVG-Handkommentar [1975] 761; *Naderhirn*, ArbVG-Kommentar § 114 Rz 7; *Kallab* in ZellKomm § 114 ArbVG Rz 2).

Kompetenzübertragung an den Zentralbetriebsrat

2) Abs 1 regelt die Übertragung der Kompetenzen vom (Gruppen-)Betriebsrat und Betriebsausschuss **an den Zentralbetriebsrat**. Sie kann sowohl von einzelnen als auch von der Gesamtheit der (Gruppen-)Betriebsräte bzw der Betriebsausschüsse **innerhalb eines Unternehmens** vorgenommen werden (vgl dazu *Holzer*, Strukturfragen des Betriebsvereinbarungsrechts [1983] 18).

Im Unterschied zur Übertragung von Kompetenzen an die Konzernvertretung gem Abs 2 und 3 gibt es für die Übertragung jeglicher Kompetenzen an den Zentralbetriebsrat **keine** inhaltlichen Vorgaben. So ist insbesondere die Übertragung der Abschlusskompetenz für Betriebsvereinbarungen nach den §§ 96, 96a und 97 an den Zentralbetriebsrat **nicht** daran gebunden, dass betriebsübergreifende Arbeitnehmerinteressen betroffen sind. (Hingegen können diese Kompetenzen an die Konzernvertretung nur bei unternehmensübergreifenden Betriebsvereinbarungen übertragen werden, vgl dazu Abs 2 und Erl 11.)

³) **Ob, aus welchen Motiven und welche Kompetenzen** ein (Gruppen-) Betriebsrat oder Betriebsausschuss an den Zentralbetriebsrat **überträgt,** liegt **allein** in seinem **Ermessen. Gegen den Willen** des **Zentralbetriebsrates** ist eine Delegation ohnehin **nicht möglich.** Aus juristischer Sicht sinnvoll und anzuraten sind Übertragungsbeschlüsse vor allem dann, wenn die Kompetenzabgrenzung nach § 113 unklar ist. In einem solchen Fall trägt die Übertragung gem § 114 zur Rechtssicherheit bei, da Handlungen unzuständiger Betriebsratsorgane nichtig sind (vgl dazu Erl 2 zu § 113). Durch einen korrekten Übertragungsbeschluss kann die Zuständigkeitsfrage eindeutig geklärt werden und damit eine mögliche – sowohl für Arbeitgeber wie auch für Arbeitnehmer meist sehr unangenehme – Nichtigkeitskonsequenz einer Handlung eines Betriebsratsorgans verhindert werden. Das bedeutet aber nicht, dass ein Organ Kompetenzen übertragen kann, die es selbst nicht hat. Nur wenn etwa fraglich ist, ob für eine bestimmte Angelegenheit der Betriebsrat oder der Zentralbetriebsrat zuständig ist, kann eine Kompetenzübertragung vom Betriebsrat an den Zentralbetriebsrat Unklarheiten beseitigen.

Bei Kompetenzübertragungen an die Konzernvertretung sind die Einschränkungen der Abs 2 und 3 zu beachten (siehe dazu Erl 11 und 19).

⁴) Eine **Übertragung an den Zentralbetriebsrat kann nur** dann **erfolgen, wenn** ein **Zentralbetriebsrat** auch **tatsächlich besteht,** dh gewählt wurde und sich bereits konstituiert hat. Keiner Kompetenzübertragung bedarf es, wenn der Zentralbetriebsrat bereits auf Grund der Vorschriften des § 113 für eine Angelegenheit zuständig ist. So ist er etwa im Rahmen seines Wirkungsbereiches für Klagen nach § 54 Abs 1 ASGG legitimiert, da ihm gem § 113 Abs 4 Z 2 lit a das Interventionsrecht gem § 90 zusteht (OGH vom 12. 7. 1995, 9 Ob A 62/95, Arb 11.420 = ARD 4745/16/96 = RdW 1996, 175; vgl auch Erl 32 zu § 113). Allerdings schadet eine Kompetenzübertragung in einem solchen Fall auch nicht und kann durchaus der Rechtssicherheit dienen.

⁵) So wie das übertragende Organ ([Gruppen-]Betriebsrat, Betriebsausschuss) in seiner Entscheidung über eine Übertragung frei ist, kann auch der **Zentralbetriebsrat** als das Organ, auf das die Zuständigkeit oder das Zuständigkeitsbündel übertragen werden soll, **frei darüber entscheiden, ob es die Zuständigkeitsübertragung annehmen will.** Will der Zentralbetriebsrat die Zuständigkeitsübertragung annehmen, ist dazu ein **formaler Beschluss des Zentralbetriebsrates notwendig** (siehe dazu Erl 20 bis 24

zu Abs 4 und §§ 83 iVm 68 sowie *Kundtner* und *Preiss* ArbVR 2³ Erl zu § 83 bzw zu § 68).

Will der Zentralbetriebsrat nicht übernehmen, so kann er entweder keinen Beschluss dazu fassen oder die Zustimmung ausdrücklich beschlussförmig ablehnen.

Der **Beschluss zur Zustimmung muss – ebenso wie der Übertragungsbeschluss bei sonstiger Rechtsunwirksamkeit der Übertragung – dem Betriebsinhaber mitgeteilt werden** (vgl dazu genauer Erl 20 bis 24 zu Abs 4). Ob der Zustimmungsbeschluss des Zentralbetriebsrates vor oder nach dem Übertragungsbeschluss des delegierenden Organs bzw der delegierenden Organe gefasst wird, ist unerheblich.

Der **Zentralbetriebsrat kann eine Zuständigkeitsübertragung auch durch einen gegenteiligen Beschluss wieder beenden,** womit die Zuständigkeit wieder auf das (die) delegierende(n) Organ(e) zurückfällt (aA *Naderhirn,* ArbVG-Kommentar § 114 Rz 14).

⁶) Die Kompetenzübertragung kann naturgemäß nur solche Angelegenheiten betreffen, für die der übertragende (Gruppen-)Betriebsrat (Betriebsausschuss) gem § 113 (originär) zuständig ist. Um jedoch im Zweifelsfall Streitigkeiten zu vermeiden, kann durch eine Kompetenzübertragung an den Zentralbetriebsrat dessen Zuständigkeit zweifelsfrei erklärt werden.

Es können sowohl **ausschließliche** als auch **variable** Kompetenzen übertragen werden (vgl dazu Erl 4 zu § 113). Der Begriff der Befugnisse des § 114 deckt sich mit dem des § 113. Das heißt, dass nach den Regeln des § 114 nur **Beteiligungsrechte,** aber keine Organisationszuständigkeiten oder Einzelbefugnisse übertragen werden können. Hinsichtlich der Alleinbestimmungsrechte ist eine analoge Anwendung der §§ 113 und 114 denkbar. (Zu diesen Befugnisbegriffen siehe Erl 5 zu § 113.)

Der **Zentralbetriebsrat kann im Rahmen der übertragenen Befugnisse nur für solche Betriebe zuständig sein, die einen Betriebsrat errichtet haben,** weil betriebsratslose Betriebe dem Zentralbetriebsrat keine Befugnisse übertragen können. Dies ist ein **wesentlicher Unterschied zu originären Zuständigkeiten des Zentralbetriebsrates,** die er – nach der hier vertretenen Ansicht – auch für betriebsratslose Betriebe wahrnehmen kann (vgl dazu Erl 28 zu § 113). Eine **Übertragung** von Befugnissen eines Betriebsrates kann auch **nicht über seine Tätigkeitsdauer hinaus aufrecht** sein, da die Übertragung nur so lange aufrecht bleibt, als der Betriebsrat besteht (§ 53 Abs 2; 54 Abs 3, 56 Abs 3 BRGO, vgl Erl 20).

⁷) Die **pauschale Kompetenzübertragung ist nicht möglich** (*Strasser* in *Floretta/Strasser,* ArbVG-Handkommentar [1975] 761; *Naderhirn,* ArbVG-Kommentar § 114 Rz 7). Dadurch würde das übertragende Organ jeglichen Zuständigkeitsbereich verlieren, ein dahin gehender Delegationsbeschluss wäre nichtig. Die Zuständigkeitsübertragung kann entweder für

einen **speziellen** Fall (zB Ausverhandlung und Abschluss einer bestimmten Betriebsvereinbarung) erfolgen oder **generell** auf eine bestimmte Befugnis lauten (zB Ausübung der Befugnisse gem § 105). So hat zB der Zentralbetriebsrat, abgesehen von den Angelegenheiten der §§ 94, 95 und 109, keine Befugnis zum Abschluss von Betriebsvereinbarungen. Es kann aber das Bedürfnis bestehen, innerhalb des Unternehmens eine einheitliche Regelung zB des betrieblichen Vorschlagswesens durch Betriebsvereinbarung (siehe § 97 Abs 1 Z 14) herbeizuführen. Dies könnte dann dadurch erreicht werden, dass sämtliche (Gruppen-)Betriebsräte (Betriebsausschüsse) innerhalb des Unternehmens die Kompetenz zum Abschluss an den Zentralbetriebsrat übertragen. Solange die Kompetenzübertragungen aufrecht sind, kann eine vom Zentralbetriebsrat abgeschlossene Betriebsvereinbarung auch nur wieder von ihm abgeändert oder aufgehoben werden. Sobald die Kompetenzübertragung endet, ist der (wieder) zuständige (Gruppen-)Betriebsrat für seinen Betrieb wieder Herr dieser (weiterhin gültigen) Betriebsvereinbarung und kann sie dementsprechend abändern oder aufheben (in diesem Sinne zutreffend *Holzer*, Strukturfragen des Betriebsvereinbarungsrechts [1983] 19).

[8]) Die Übertragung erfolgt durch **Übertragungsbeschluss** des übertragenden Organs ([Gruppen-]Betriebsrat, Betriebsausschuss), **Zustimmungsbeschluss** des Zentralbetriebsrates und **Mitteilung beider Beschlüsse** (bei sonstiger Rechtsunwirksamkeit) an den Betriebsinhaber. Zur Problematik des Widerrufs und näher zu den nötigen Beschlüssen sowie zu den Mitteilungserfordernissen siehe Abs 4 und Erl 20 bis 24 dazu sowie § 53 Abs 2 BRGO.

Der **Zentralbetriebsrat** hat den **delegierenden (Gruppen-)Betriebsrat** bzw Betriebsausschuss **vom Ergebnis der Ausübung der übertragenen Befugnisse** in **Kenntnis zu setzen**, wenn dies erforderlich ist (§ 56 Abs 2 BRGO).

Kompetenzübertragung an die Konzernvertretung

[9]) Eingefügt durch BGBl 1990/282, verändert durch BGBl 1993/460.

Eine **Übertragung der Kompetenzen an die Konzernvertretung ist nicht in allen Angelegenheiten (1) möglich**, sondern nur in den in Abs 2 aufgezählten (§§ 96, 96a und 97). Zusätzlich muss es sich um eine **unternehmensübergreifende Angelegenheit (2)** handeln und im Konzern muss zu dieser Angelegenheit **einheitlich vorgegangen werden (3). Bei Bestehen eines Zentralbetriebsrates** können Kompetenzen des (Gruppen-)Betriebsrates bzw Betriebsausschusses auch nicht direkt an die Konzernvertretung delegiert werden, sondern es hat **zuerst eine Delegation an den Zentralbetriebsrat zu erfolgen (4)**. Der Zentralbetriebsrat selbst hat so gut wie keine an die Konzernvertretung delegierbaren Betriebsvereinbarungskompetenzen (weil die Konzernvertretung bei den §§ 94, 95 und

109 eigene originäre Kompetenzen gem § 113 Abs 5 Z 2 lit d und Z 3 lit b hat). Für die **Ausübung der übertragenen Kompetenz** durch die Konzernvertretung ist es dann weiters noch **erforderlich, dass die Kompetenzübertragung zumindest aus zwei Konzernunternehmen erfolgt (5).** Zu bedenken ist auch noch, dass die flächendeckende (normative) Geltung einer Konzernbetriebsvereinbarung auch noch den „**Beitritt**" (vgl dazu Erl 53 zu § 113 Abs 5) der **einzelnen Konzernunternehmen erfordert (6).** Diese 6 Punkte zeigen, dass der **Abschluss einer Konzernbetriebsvereinbarung** in der Praxis mit **hohem Aufwand** verbunden ist.

[10]) **Nur für den Abschluss von Betriebsvereinbarungen** gem den §§ 96, 96a und 97 kann überhaupt **eine Kompetenzübertragung an die Konzernvertretung** erfolgen (vgl dazu *Strasser,* DRdA 1990, 409), für **andere Angelegenheiten** (zB Mitbestimmung gem §§ 101 oder 105) ist eine **Kompetenzübertragung an die Konzernvertretung ausgeschlossen.**

[11]) Die **Möglichkeit** (Betriebsvereinbarungs-)**Zuständigkeiten** an die **Konzernvertretung zu übertragen** ist **zweifach eingeschränkt:**
– Erstens müssen die **Interessen von Arbeitnehmern aus mindestens zwei Konzernunternehmen betroffen sein** (vgl dazu Erl 45 zu § 113) und
– zweitens muss im **Konzern in der betreffenden Angelegenheit eine einheitliche Vorgangsweise erfolgen** (vgl dazu Erl 45 zu § 113).

[12]) Dem Gesetz liegt die Idee zugrunde, dass **grundsätzlich nur der Zentralbetriebsrat** eine **Delegation an die Konzernvertretung** vornehmen kann. Ist ein Zentralbetriebsrat tatsächlich errichtet, sind **zwei Delegationsakte** – nämlich vom Betriebsrat an den Zentralbetriebsrat und von diesem an die Konzernvertretung – erforderlich. Die **Übertragungskette** ist also einzuhalten (genauso beim Widerruf, vgl Erl 21). Da der Zentralbetriebsrat praktisch keine originären an die Konzernvertretung übertragbaren Befugnisse hat (vgl dazu Erl 14), **wird – bei Bestehen eines Zentralbetriebsrates – so gut wie immer die doppelte Delegation nötig sein.**
Nur für den Fall, dass tatsächlich kein Zentralbetriebsrat besteht, kann der (Gruppen-)Betriebsrat bzw der Betriebsausschuss seine Kompetenzen direkt an die Konzernvertretung übertragen (Abs 2 letzter Satz, vgl dazu auch Erl 17). Dabei ist es – nach der klaren Formulierung des Abs 2 letzter Satz – unerheblich, ob das Unternehmen einen Zentralbetriebsrat haben müsste oder nicht (vgl zu dieser Frage auch Erl 25 und 26 zu § 113).

[13]) Wie bei der Übertragung von Kompetenzen an den Zentralbetriebsrat setzt die Kompetenzübertragung an die Konzernvertretung deren Zustimmung mittels Beschluss voraus. Vgl dazu Erl 5.

Die **Konzernvertretung hat die jeweiligen übertragenden Organe vom Ergebnis der Ausübung der übertragenen Befugnisse in Kenntnis zu setzen** (§ 56a Abs 4 letzter Satz).

¹⁴) **Praktisch** gesehen hat der **Zentralbetriebsrat keine eigenen (originären) Zuständigkeiten, die er an die Konzernvertretung übertragen könnte.** In Frage kommen ja nur Betriebsvereinbarungszuständigkeiten. Eigene Betriebsvereinbarungszuständigkeiten hat der Zentralbetriebsrat aber nur in den Angelegenheiten der §§ 94, 95 und 109. Für diese Angelegenheiten ist aber die Konzernvertretung gem § 113 Abs 5 Z 2 lit d und Z 3 lit b ohnehin selbst originär zuständig. Ein **minimaler Restbereich** für eine auf die Konzernvertretung übertragbare *eigene* Zuständigkeit des Zentralbetriebsrates bleibt für Sozialpläne bei Betriebsänderungen iSd § 109 Abs 1 Z 5 und 6, weil die Konzernvertretung dafür gem § 113 Abs 5 Z 3 lit b nicht zuständig ist.

¹⁵) Der **Zentralbetriebsrat bedarf zur Übertragung** der ihm vom (Gruppen-)Betriebsrat bzw Betriebsausschuss **übertragenen Kompetenzen** an die Konzernvertretung **keiner Zustimmung des übertragenden Organs** (so auch *Naderhirn*, ArbVG-Kommentar § 114 Rz 21). Es sollte aber wohl eine Information des ursprünglich zuständigen (Gruppen-)Betriebsrates bzw Betriebsausschusses über die Weiterdelegierung erfolgen (§ 56 Abs 2 BRGO).

¹⁶) Was die Zuständigkeit zum Abschluss von Betriebsvereinbarungen betrifft (und nur solche Zuständigkeiten sind überhaupt an die Konzernvertretung delegierbar), hat die **Konzernvertretung** seit BGBl 1993/460 gem § 113 Abs 5 Z 2 lit d und Z 3 lit b **einige (wenige) originäre Zuständigkeiten** (Sozialplan, Betriebsvereinbarung über konzerneigene Schulungs-, Bildungs- und Wohlfahrtseinrichtungen, vgl dazu Erl 46 und 49 zu § 113).

¹⁷) Ist in einem Unternehmen gar kein Zentralbetriebsrat zu errichten, kann der (Gruppen-)Betriebsrat bzw der Betriebsausschuss seine Kompetenz direkt an die Konzernvertretung delegieren. Darüber hinaus ist aber zu beachten, dass Abs 2 letzter Satz ausdrücklich darauf abstellt, dass kein Zentralbetriebsrat *errichtet ist* und nicht darauf, dass keiner *zu errichten ist*. Das Gesetz differenziert immer wieder fein zwischen dem Nichtbestehen und Nichtbestehen-*Müssen* eines Organs (vgl dazu § 113 Abs 2 und Abs 4 und die Erl 10 und 26 zu § 113). Aus diesem Grund steht außer Zweifel, dass auch (Gruppen-)Betriebsräte bzw Betriebsausschüsse aus Unternehmen, in denen trotz Zentralbetriebsratspflicht kein Zentralbetriebsrat errichtet wurde, die Kompetenzübertragung an die Konzernvertretung vornehmen können. Dies selbstverständlich nur hinsichtlich der ihnen zustehenden Kompetenzen. Die dem nicht errichteten Zen-

tralbetriebsrat vorbehaltenen Kompetenzen, deren ersatzweise Ausübung dem (Gruppen-)Betriebsrat bzw dem Betriebsausschuss gem § 113 Abs 4 verwehrt ist, können von ihnen selbstverständlich auch nicht an die Konzernvertretung übertragen werden (*Strasser,* DRdA 1990, 409).

Bei Bestehen eines Zentralbetriebsrates kann der (Gruppen-)Betriebsrat bzw der Betriebsausschuss die Kompetenzen gem §§ 96, 96a und 97 **nicht direkt** an die Konzernvertretung übertragen (vgl dazu Erl 12).

[18]) Eingefügt durch BGBl 1990/282, verändert durch BGBl 1993/460.

[19]) Es müssen zumindest zwei Organe (Zentralbetriebsräte, Betriebsräte, Betriebsausschüsse, vgl dazu Erl 12 und 17) aus **verschiedenen Konzernunternehmen** (§ 56a Abs 4 BRGO) eine Kompetenzübertragung in derselben Angelegenheit an die Konzernvertretung vornehmen, damit die Konzernvertretung wirksam die übertragene Kompetenz ausüben kann. Das bedeutet, dass die erste Kompetenzübertragung, abgesehen vom Mitteilungserfordernis des Abs 4 (vgl Erl 22 und 23), erst mit Zugang der zweiten Übertragung wirksam werden kann.

Um in der Praxis Probleme zu vermeiden, ist folgender Weg ratsam: Delegationen aus Konzernunternehmen an die Konzernvertretung sollten möglichst zeitgleich und gleich lautend erfolgen. Die Konzernvertretung sollte einer Delegation an sie erst dann zustimmen, wenn zumindest zwei Delegationsbeschlüsse vorliegen. Dementsprechend ist mit der Mitteilung der Delegations- und Annahmebeschlüsse vorzugehen. Von den Delegations- und den Annahmebeschlüssen sind vor allem die Unternehmensinhaber der delegierenden Organe, aber auch die Konzernleitung zu verständigen (vgl Erl 22).

Übertragungs-, Annahme- und Widerrufsbeschlüsse

[20]) Sowohl über die Frage der **Übertragung** einer Zuständigkeit als auch über die **Annahme** einer übertragenen Kompetenz sind **formale Beschlüsse in Sitzungen der betreffenden Organe zu fällen** (Näheres zur Beschlussfassung bei *Preiss,* ArbVR 2³ Erl zu § 68). Sowohl Übertragungs- als auch Zustimmungsbeschluss sind dem Betriebsinhaber (vgl Erl 22) mitzuteilen. Erst durch die **Mitteilung beider Beschlüsse wird** das die Übertragung **empfangende Organ** für die übertragene Angelegenheit überhaupt erst **zuständig**.

Was die Dauer der Übertragung betrifft, enthält nur die BRGO, das Gesetz aber keine Bestimmungen (dies ist verfassungsrechtlich zumindest bedenklich, ändert aber nichts an der Gültigkeit der BRGO). Gem § 53 Abs 2 BRGO **gilt die Übertragung**, sofern sie nicht befristet ist oder sich aus der Natur der übertragenen Angelegenheit eine Befristung ergibt, **für die Dauer der Tätigkeit des Betriebsrates** (Funktionsperiode, vgl dazu die §§ 61ff und *Preiss,* ArbVR 2³ Erl zu § 61). Das bedeutet, dass Übertragungsbeschlüsse nach jeder Neuwahl des *übertragenden* Organs wieder neu gefasst und dem Betriebsinhaber mitgeteilt werden müssen. **Endet die Funktionsperiode** eines **übertragenden** Organs, so **endet diese Zuständigkeitsübertragung.** Falls das neugewählte Organ eine Übertragung wünscht, ist ein neuer Übertragungsbeschluss (und eine neue Mitteilung) nötig. Eine mögliche Befristung der Übertragung endet jedenfalls mit Ende der Funktionsperiode des übertragenden Betriebsrates (so zutreffend *Holzer,* Strukturfragen des Betriebsvereinbarungsrechts [1983] 18).

Da § 53 Abs 2 BRGO für den **Annahmebeschluss** nichts regelt, bleibt die Übertragung auch **über das Ende der Funktionsperiode des die Übertragung annehmenden Organs hinaus aufrecht.** Die Wirksamkeit des Zustimmungsbeschlusses zur Annahme überdauert also die Funktionsperiode des eine Übertragung **annehmenden** Organs (Zentralbetriebsrat oder Konzernvertretung). Will ein neugewählter Zentralbetriebsrat bzw eine neue Konzernvertretung eine übertragene Kompetenz nicht mehr wahrnehmen, so hat sie die Zustimmung des alten Organs zur Annahme der Übertragung mittels Beschluss ausdrücklich zu widerrufen (vgl zum Widerruf sogleich Erl 21).

21) Unter „Beschlüsse im Sinne der Abs 1 und 2" sind primär Übertragungs- und Annahmebeschlüsse zu verstehen. Es fallen aber auch Beschlüsse darunter, die eine Kompetenzübertragung beenden. Das heißt **auch der Widerruf von Übertragung oder Annahme** ist dem Betriebsinhaber **bei sonstiger Rechtsunwirksamkeit** des Widerrufes **mitzuteilen** (siehe § 53 Abs 2 letzter Satz BRGO). Kompetenzübertragungs- und Annahmebeschlusswiderrufe sind in § 114 nicht ausdrücklich erwähnt, sind aber trotzdem zulässig (vgl nur die Gesetzgebungsmaterialien AB 993 BlgNR 13. GP 5). Die Zulässigkeit von Widerrufsbeschlüssen ergibt sich jedenfalls auch dadurch, dass die BRGO Regelungen dazu enthält. § 53 Abs 2 BRGO regelt zum **Widerruf der Kompetenzübertragung,** dass dieser **grundsätzlich jederzeit erfolgen** kann. Nur „vor Abschluss einer in Behandlung stehenden Angelegenheit kann die Übertragung nur aus wichtigen Gründen widerrufen werden". Mit dieser Bestimmung soll wohl **die rechtsmissbräuchliche Ausübung des Widerrufsrechtes** ausgeschlossen werden. Will ein Betriebsrat etwa kurz vor Abschluss einer Betriebsvereinbarung in einer von ihm an den Zentralbetriebsrat delegierten Angelegenheit die Delegation widerrufen, muss er den **Widerruf** gegenüber dem Zentralbetriebsrat **begründen.** Als **wichtiger Grund** ist zB eine konkret drohende, objektivierbare Benachteiligung der durch den abtretenden Betriebsrat vertretenen Arbeitnehmer zu werten. Völlig offen ist die Frage, welche Rechtswirkung ein (gänzlich) unbegründeter Widerruf zur Unzeit hat. Aus Vertrauensschutzgründen ist aber davon auszugehen, dass ein dem Betriebsinhaber mitgeteilter Widerrufsbeschluss, auch wenn er zur Unzeit und völlig unsachlich erfolgte, die Delegation beendet.

Bei **Delegation an die Konzernvertretung** ist **auch** für den **Widerruf** die **Übertragungskette** zu beachten (vgl Erl 12). Ein Widerruf seitens des (Gruppen-)Betriebsrates bzw Betriebsausschusses ist an den Zentralbetriebsrat (sofern errichtet, vgl Erl 17) zu richten, der die Übertragung der ihm übertragenen Angelegenheit dann (unverzüglich) gegenüber der Konzernvertretung zu widerrufen hat (für automatisches Erlöschen *Naderhirn,* ArbVG-Kommentar § 114 Rz 24). Der **Zentralbetriebsrat kann** aber die **Übertragung ihm übertragener Befugnisse auch aus eigenem Entschluss widerrufen** (Unterrichtung des übertragenden Organs gem § 56 Abs 2 BRGO!). Zu beachten ist allerdings jeweils auch die Verständigungspflicht gegenüber dem Betriebsinhaber gem § 56 Abs 3 BRGO (vgl Erl 22) und das Verbot des Widerrufs zur Unzeit gem § 53 Abs 2 BRGO.

[22]) Das Gesetz verlangt **ausdrücklich** nur die **Verständigung des „Betriebsinhabers".** Es ist aber anzuraten, **alle betroffenen Partner auf Arbeitgeberseite** zu verständigen. Bei **Übertragung an den Zentralbetriebsrat** nach Abs 1 sind Betriebsinhaber und Unternehmensinhaber wohl so gut wie immer ident. Bei **Delegation an die Konzernvertretung** ist **einerseits** die **Konzernleitung** und **andererseits** der **Unternehmens- bzw Betriebsinhaber** auf Seiten des übertragenden Organs zu verständigen (*Strasser,* DRdA 1990, 409; *Naderhirn,* ArbVG-Kommentar § 114 Rz 35). (Da Unternehmens- und Betriebsinhaber praktisch immer ident sind, läuft die Bestimmung des § 56 Abs 3 BRGO zweiter Satz ins Leere.)

[23]) Gem § 53 Abs 2 BRGO sind Delegations- und Annahmebeschluss umgehend **schriftlich** dem Betriebsinhaber mitzuteilen. Diese **Formvorschrift** hat aber **reinen Ordnungscharakter**. Es ist zwar unabdingbar **notwendig,** *dass* die Mitteilung über *beide* Beschlüsse erfolgt, weil es sonst zu keiner Zuständigkeitsübertragung kommt. Die Geschwindigkeit der Mitteilung ist kein Gültigkeitskriterium. Wird aber **nicht schriftlich,** sondern etwa mündlich verständigt, kommt die Übertragung **trotzdem wirksam** zustande (OGH vom 29. 5. 1991, 9 Ob A 63/91, DRdA 1992, 38 mit Anm von *Holzer* = infas 1992, A 7 = RdW 1991, 333 = ZASB 1991, 13 = ARD 4283/17/9; OLG Wien vom 7. 10. 1996, 9 Ra 10/96, ARD 4802/16/96). Da das Faktum der Verständigung des Betriebsinhabers über beide Beschlüsse Wirksamkeitsvoraussetzung für die Kompetenzübertragung ist, **empfiehlt sich aus Beweisgründen** jedenfalls die **Schriftlichkeit**. Bei mündlicher Verständigung sollte zumindest ein abgezeichnetes Gesprächsprotokoll angefertigt werden.

Die Zuständigkeit für die Mitteilung liegt gem § 71 (*Preiss* in ArbVR 2[3] Erl zu § 71) bei den **Vorsitzenden** (bzw deren Vertretern) der Belegschaftsorgane, die die entsprechenden Beschlüsse fassen.

Auch ein eventueller Widerruf der Übertragung ist dem Betriebsinhaber mitzuteilen. Geschieht dies nicht, bleibt die Kompetenzübertragung aufrecht (§§ 53 Abs 2 und 56 Abs 3 BRGO). Im Fall einer Befristung der

Kompetenzübertragung kann die Verständigung des Betriebsinhabers vor Ablauf der Frist unterbleiben, wenn diesem bereits mit der Verständigung von der Kompetenzübertragung deren Befristung zur Kenntnis gebracht wurde (siehe dazu die Gesetzesmaterialien AB 993 BlgNR 13. GP 5).

[24]) Klarheit über die Zuständigkeit der Organe ist für beide Betriebspartner notwendig. Die Betriebsräte sollen über ihre Rechte Bescheid wissen und der Betriebsinhaber muss wissen, wer sein Ansprechpartner für eine bestimmte Angelegenheit ist. Deshalb wird die **Kompetenzübertragung nicht schon** mit dem Zustimmungsbeschluss des annehmenden Organs, sondern erst mit der Verständigung des Betriebsinhabers sowohl vom Übertragungs- als auch vom Annahmebeschluss wirksam. Erst ab Zugang der Mitteilung an den Betriebsinhaber ist das die Delegation annehmende Organ für die übertragene Angelegenheit zuständig. Vorher gesetzte Akte sind nichtig.

4. Hauptstück

Rechtsstellung der Mitglieder des Betriebsrates

Grundsätze der Mandatsausübung, Verschwiegenheitspflicht

§ 115. (1) Das Mandat des Betriebsratsmitgliedes ist ein Ehrenamt[1]), das, soweit im folgenden nicht anderes bestimmt wird, neben den Berufspflichten auszuüben ist. Für erwachsene Barauslagen gebührt den Mitgliedern des Betriebsrates Ersatz aus dem Betriebsratsfonds.[2])

(2) Die Mitglieder des Betriebsrates sind bei Ausübung ihrer Tätigkeit an keinerlei Weisungen gebunden.[3]) Sie sind nur der Betriebs(Gruppen)versammlung verantwortlich.[4])

(3) Die Mitglieder des Betriebsrates dürfen in der Ausübung ihrer Tätigkeit nicht beschränkt und wegen dieser, insbesondere hinsichtlich des Entgelts und der Aufstiegsmöglichkeiten, nicht benachteiligt werden.[5][6][7]) Das Beschränkungs- und Benachteiligungsverbot gilt auch hinsichtlich der Versetzung eines Betriebsratsmitgliedes.

(4) Die Mitglieder und Ersatzmitglieder des Betriebsrates sind verpflichtet, über alle in Ausübung ihres Amtes bekanntgewordenen Geschäfts- und Betriebsgeheimnisse, insbesondere über die ihnen als geheim bezeichneten technischen Einrichtungen, Verfahren und Eigentümlichkeiten des Betriebes Verschwiegenheit zu bewahren.[8]) Werden im Zuge der Mitwirkung in personellen Angelegenheiten Mitgliedern des Betriebsrates persönliche Verhältnisse oder Angelegenheiten der Arbeitnehmer bekannt, die ihrer Bedeutung oder ihrem Inhalt nach einer vertraulichen Behandlung bedürfen, so haben sie hierüber Verschwiegenheit zu bewahren.[9])

Schrifttum zu § 115

Cerny, Die Verschwiegenheitspflicht der Betriebsratsmitglieder, DRdA 1968, 73;

Spielbüchler, Schulung und Fortbildung als Gegenmachtentfaltung (zum Modell der Bildungsfreistellung für Betriebsratsmitglieder) DRdA 1976, 49;

Marhold, Mandatsausübung und Haftpflichtrecht, ZAS 1980, 3;

Firlei, Der Betriebsratsobmann reagiert auf eine vor ihm geheimgehaltene geplante Rationalisierungsmaßnahme, DRdA 1982, 426;

Duschanek, Arbeitsverhältnis und Datenschutz, ZAS 1983, 83;

Jabornegg, Zur Finanzierung der Betriebsratstätigkeit am Beispiel der Reisekosten, in FS Floretta (1983);

Kuderna, Die Verschwiegenheitspflicht der Betriebsratsmitglieder und deren Bindung an das Datengeheimnis, in FS Floretta (1983);
Hemmer, Kann der Betriebsinhaber die Ausfolgung der Bilanzabschrift verweigern, weil er befürchtet, daß der Betriebsratsobmann die Bilanzdaten nicht geheimhält? DRdA 1986, 341;
Schrammel, Die Rechtsstellung des Betriebsrats, in FS Schwarz (1991);
Köck, Betriebsratstätigkeit und Arbeitspflicht (1992);
Geist, Zum Anspruch der Belegschaft auf den Jahresabschluß und den Konzernabschluß, DRdA 1996, 370, insb 377 ff;
Holzer, Widerspruch des Betriebsratsmitglieds bei Betriebsübergang I (Anm zu OGH 23. 5. 1997, 8 Ob A 105/97t), RdW 1997, 610;
Andexlinger, Widerspruchsrecht des Betriebsratsmitglieds bei Betriebsübergang II, RdW 1997, 611;
Rotter, Betriebsrat, Ehrenamt und Änderungskündigung, ASoK 1997, 4;
Klug, Die Grundsätze der Mandatsausübung des Betriebsrats (Beiträge zu besonderen Problemen des Arbeitsrechts Bd 7 [2001]);
Jabornegg, Zur Verschwiegenheit der Arbeitnehmervertreter im Aufsichtsrat, DRdA 2004, 107;
Gagawczuk/Gahleitner/Leitsmüller/Preiss/Schneller, Der Aufsichtsrat (2004); insbesondere 135 ff;
Löschnigg/Schick, Vermittlungsprovisionen für Betriebsratskredite und Versicherungsverträge – arbeits- und strafrechtliche Problemlagen, DRdA 2005, 229;
Majoros, Versetzung von Mitgliedern eines „Betriebsabteilungsrats", ecolex 2008, 64;
Schneller, Regionalbetrieb oder Geschäftsbereichs-Betrieb: Schadenersatzhaftung des „falschen" Betriebsrats?, infas 2008, 72.

Weiterführende Literatur

Firlei, Geheimhaltungspflichten und Informationsbedürfnis im österreichischen Arbeitsrecht;
Marhold, Geheimnisschutz und Verschwiegenheitspflichten im Arbeitsrecht, in *Ruppe* (Hrsg), Geheimnisschutz im Wirtschaftsleben;
Mayer-Schönberger/Brandl, Datenschutzgesetz 2000 (1999);
Grünberger, Die Verschwiegenheitspflicht des Arbeitnehmers (2000).

Übersicht zu § 115

Ehrenamt .... Erläuterung 1
Barauslagenersatz .... Erläuterung 2
Freies Mandat .... Erläuterung 3
Verantwortlichkeit .... Erläuterung 4

Beschränkungs- und Benachteiligungsverbot .... Erläuterung 5
Zum Beschränkungsverbot im Einzelnen .... Erläuterung 6
Zum Benachteiligungsverbot im Einzelnen .... Erläuterung 7
Verschwiegenheit in betrieblichen Angelegenheiten .... Erläuterung 8
Verschwiegenheit in persönlichen Angelegenheiten .... Erläuterung 9

Ehrenamt

[1]) Sofern das Betriebsratsmitglied nicht durch die Obliegenheiten seines Amtes in Anspruch genommen ist (vgl § 116) und auch nicht besonders festgelegte Freistellungsansprüche bestehen (vgl §§ 117 bis 119; Amts- und Bildungsfreistellungen), hat es seine vertraglich übernommene Arbeitspflicht wie jeder andere Arbeitnehmer zu erfüllen.

Ein **Entgeltanspruch** für die Ausübung von Betriebsratsfunktionen ist im Gesetz **nicht vorgesehen**; unabhängig davon besteht Anspruch auf Fortzahlung des Entgelts nach dem Ausfallprinzip für Zeiten, in denen das Mandat zeitweilig (vgl § 116) oder ständig (siehe § 117) ausgeübt wird. Jede unsachliche finanzielle Begünstigung von Betriebsratsmitgliedern im Vergleich zu anderen Arbeitnehmern ist unangebracht und kann gegenüber dem Arbeitgeber nicht durchgesetzt werden. Die laut neuerer Judikatur zweiseitig zwingenden Bestimmungen des ArbVG (vgl die Kritik dazu bei *Cerny*, ArbVR 2³, Erl 6 zu § 2 sowie *Schneller*, DRdA 2005, 65 ff) verbieten es, einem Mitglied des Betriebsrats die zur Erfüllung seiner Obliegenheiten zu gewährende Freizeit günstiger zu vergüten als seine Arbeitszeit, um die Objektivität der Interessenwahrnehmung nicht zu gefährden; der Arbeitgeber soll Betriebsratsmitglieder durch die Zuwendung eines höheren (als dem vertraglich geschuldeten) Entgelts nicht „kaufen" können. Das Schutzobjekt der Ehrenamtlichkeit ist die Belegschaft in ihrem Anspruch auf eine vom Betriebsinhaber unbeeinflusste Interessenvertretung (*Holzer* in seiner Anmerkung zu OGH vom 16. 10. 2002, 9 Ob A 109/02y, DRdA 2003/22). Dennoch gewährte Besserstellungen sind rechtsunwirksam und der Betriebsinhaber darf daher künftige Leistungen auf das gültige Maß herabsetzen; es ist keine diesbezügliche Betriebsübung entstanden (OGH vom 15. 1. 1992, 9 Ob A 227/91, DRdA 1992, 344 mit Anm von *Floretta* = infas 1992, A 88 = 4365/15/92 = ZAS 1993/5 mit Anm von *Trost* = Arb 11.005). Die Gewährung zB einer „Funktionszulage" für die Ausübung der Betriebsratstätigkeit wäre unzulässig.

Es besteht somit nicht nur ein Benachteiligungsverbot (siehe Erl 5), sondern ein ebenso striktes **Bevorzugungsverbot** (OGH vom 16. 10. 2002, 9 Ob A 109/02y, DRdA 2003/22 mit Anm von *Holzer* = RdW 2003, 171 = ASoK 2003, 296 = infas 2003, A 15 = ARD 5398/5/2003; OGH vom 19. 8. 1998, 9 Ob A 76/98m, DRdA 1999, 481 mit Anm von *Ch. Klein* = ARD 4988/8/98 = ASoK 1999, 77 = Arb 11.762; OGH vom 25. 6. 1998, 8

Ob A 266/97v, ecolex 1998, 938 = DRdA 1999, 67 = Arb 11.748 = ARD 4977/11/98 = ZAS 1999, 135 mit Anm von *Risak*; OGH vom 10. 7. 1991, 9 Ob A 133/91, ZAS 1992/16 mit Anm von *Resch* = ecolex 1991, 799 = ARD 4286/15/91 = DRdA 1991, 460 mit Anm von *Andexlinger* = infas 1992, A 40 = Arb 10.951; OGH vom 13. 2. 1991, 9 Ob A 1/91, DRdA 1991, 387 = infas 1991, A 78 = ARD 4254/7/91 = RdW 1991, 211 = wbl 1991, 261 = ZAS 1992/3).

Werden hingegen in angemessener Weise **Entgeltausfälle abgegolten**, die durch die Betriebsratstätigkeit bedingt sind, wie zB ein Überstundenpauschale oder der Entfall von Nachtarbeitszuschlägen (weil das Betriebsratsmandat nur noch tagsüber ausgeübt wird), dann ist die Zahlung an ein Betriebsratsmitglied nicht nur zulässig, sondern im Hinblick auf das Benachteiligungsverbot des Abs 3 sogar **geboten** (OLG Wien vom 7. 10. 1994, 33 Ra 93/94, ARD 4662/30/95). Bei jeder Unterlassung der Arbeitsleistung zum Zweck der Mandatsausübung gilt das **Ausfallsprinzip**: siehe Erl 7 sowie Erl 5 zu § 116.

Auch die Funktionsausübung eines Betriebsrats(Zentralbetriebsrats)mitglieds im **Aufsichtsrat** erfolgt ehrenamtlich (§ 110 Abs 3; siehe Erl 23 zu § 110). **Arbeitsunfälle** von Betriebsratsmitgliedern, die sich im Zuge der Mandatsausübung ereignen, unterliegen gem § 176 Abs 1 Z 1 ASVG der gesetzlichen Unfallversicherung.

Barauslagenersatz

[2]) Vorweg ist zu prüfen, ob Sacherfordernisse des Betriebsrats nicht ohnehin vom Betriebsinhaber bereit zu stellen oder Aufwendungen, die durch die betriebsrätliche Aufgabenerfüllung (zu den Aufgaben und Befugnissen vgl § 89 Erl 1) bedingt sind, zu ersetzen sind. Grundsätzlich sind Naturalleistungen (Gegenstände und Dienstleistungen) vom Betriebsinhaber zu tragen (§ 72) und Geschäftsführungskosten (zB Fahrtkosten bei Verwendung eines eigenen Kraftfahrzeugs des Betriebsratsmitglieds, Nächtigungs- und Verpflegungsaufwand) vom Betriebsratsfonds (vgl Erl 2 zu § 73 in Band 2). **Reisekosten** sind den Betriebsratsmitgliedern vom Betriebsratsfonds jedoch nur insoweit zu ersetzen, als der Betriebsinhaber nicht gem § 72 ohnehin zur Beistellung eines Kraftfahrzeuges verpflichtet ist (OGH vom 24. 2. 1987, 14 Ob A 7/87, Arb 10.610 = DRdA 1989, 400 mit Anm von *Jabornegg* = infas 1987, A 109 = ARD 3906/8/87 = wbl 1987, 165 = ZAS 1987/24 mit Anm von *Kerschner*). Näheres dazu bei *Preiss,* ArbVR 2³, Erl 1 zu § 72.

Die finanzielle Gebarung des Betriebsrats – und damit jeder Ausgang aus dem Vermögen des Betriebsratsfonds – muss durch Beschlüsse des Betriebsrats gedeckt sein. Das Betriebsratsmitglied, das Aufwendungen in Erfüllung von Betriebsratsaufgaben getätigt hat bzw zu tätigen beabsichtigt (zB Fahrtkosten in eine Außenstelle des Betriebes oder zu einer Besprechung mit der Gewerkschaft in betriebsbezogenen Angelegenheiten), hat daher diese Aufwendungen unter Vorlage entsprechender Nachweise oder Belege (falls die Aufwendung nicht offenkundig ist) beim Betriebsrat geltend zu machen, der im Fall ihrer Rechtmäßigkeit die Ausgaben zu beschließen und die Auszahlung in die Wege zu leiten hat. Es können vom Betriebsrat auch **Grundsatzbeschlüsse** in die Richtung gefasst werden, dass bestimmte Aufwendungen, die sehr häufig vorkommen, nach bestimmten Richtlinien stets aus dem Fonds ersetzt werden. In diesem Fall ist nicht für jede einzelne Aufwendung ein gesonderter Beschluss über die Auszahlung notwendig (vgl *Preiss*, ArbVR 2^3, Erl 3 zu § 74).

Barauslagen von Betriebsratsmitgliedern sind mit dem Fonds **binnen drei Monaten** zu verrechnen (§ 8 Abs 4 BRFVO).

Ist ein Zentralbetriebsratsfonds nicht errichtet, hat der Betriebsratsfonds des jeweiligen in den **Zentralbetriebsrat** gewählten Betriebsratsmitglieds Barauslagen für die Zentralbetriebsratstätigkeit zu ersetzen; ebenso haben **Konzernvertretungs- und Jugendvertrauensratsmitglieder** Kostenersatzansprüche gegen den Zentralbetriebsratsfonds bzw subsidiär gegenüber dem Betriebsratsfonds.

Mitgliedern des **europäischen Betriebsrats** oder des besonderen Verhandlungsgremiums sind Barauslagen von der zentralen Unternehmensleitung zu ersetzen (§ 205 iVm § 186 und § 197). Das Gleiche gilt für die Mitglieder des besonderen Verhandlungsgremiums und des SE-(SCE-)Betriebsrats in Europäischen Gesellschaften und Genossenschaften (§§ 224, 238 und 257).

Freies Mandat

[3]) Die Mitglieder des Betriebsrates sind bei Erfüllung der ihnen durch Gesetz übertragenen Aufgaben öffentlich-rechtliche Mandatare und handeln auf Grund eines öffentlich-rechtlichen Auftrags (OGH 4. 6. 1952, Arb 5793). Das Mandat des einzelnen Betriebsratsmitglieds ist aber gesetzlich deshalb eingeschränkt, weil der Betriebsrat (als Organ) nur insoweit handlungsfähig ist, so weit der Arbeitnehmerschaft durch das ArbVG oder durch andere Gesetze bzw Verordnungen Befugnisse eingeräumt sind. Nach der neueren, umstrittenen Rechtsprechung (vgl zB *Schneller* in DRdA 2005, 65 ff) dürfen die Befugnisse der Arbeitnehmerschaft auch nicht zu Gunsten der Arbeitnehmer erweitert werden.

Es ist davon auszugehen, dass die Weisungsfreiheit bei „Ausübung ihrer Tätigkeit" nicht nur auf die gesetzlich übertragenen Aufgaben beschränkt ist. Das Betriebsratsmitglied darf auch bei Handlungen, die eine – bewusste oder unbewusste – Überschreitung der betriebsverfassungsrechtlichen Aufgaben darstellen, nicht durch Weisungen des Arbeitgebers eingeschränkt werden, solange seine Tätigkeit von der umfassenden Interessenvertretungspflicht gem § 38 gedeckt ist. Dem Arbeitgeber steht das Weisungsrecht nur zur Konkretisierung der arbeitsvertraglichen Pflichten des Arbeitnehmers zu; Tätigkeiten zur Wahrung und Förderung der Interessen der Arbeitnehmerschaft stehen außerhalb seines Weisungsbereichs.

Die Betriebsratsmitglieder müssen bei der Durchführung ihrer betriebsrätlichen Aufgaben weder vom Unternehmer (Betriebsinhaber) noch von den einzelnen Arbeitnehmern Weisungen entgegennehmen (Prinzip des freien Mandats). Sie sind auch nicht an Weisungen des Betriebsratsvorsitzenden gebunden (ArbG Klagenfurt 20. 5. 1960, Arb 7270). Es ist aber selbstverständlich, dass sie an die Beschlüsse des gesamten Betriebsrates gebunden sind (LG Linz 30. 11. 1967, Arb 8469). Wenn auch die **einzelnen Arbeitnehmer** den Betriebsratsmitgliedern keine Weisungen erteilen können, sind sie doch berechtigt, **Anfragen, Wünsche, Beschwerden, Anzeigen oder Anregungen** beim Betriebsrat und bei jedem Betriebsratsmitglied vorzubringen (§ 37 Abs 3). Hinsichtlich des Rechts des Betriebsinhabers, einem Betriebsratsmitglied Weisungen über Abmeldungen zur Ausübung der Betriebsratstätigkeit zu erteilen, siehe Erl 3 zu § 116.

Verantwortlichkeit

[4]) Da die Mitglieder des Betriebsrates bei der Erfüllung der ihnen durch Gesetz übertragenen Aufgaben öffentlich-rechtliche Mandatare sind und auf Grund eines öffentlich-rechtlichen Auftrags handeln, besteht eine zivilrechtliche Haftung aus der Tätigkeit als Betriebsratsmitglied grundsätzlich nicht (OGH 4. 6. 1952, Arb 5793). Die betriebsverfassungsrechtlichen Befugnisse kommen nicht der Betriebsratskörperschaft (dem Organ) und schon gar nicht dem einzelnen Betriebsratsmitglied zu, sondern nur der Belegschaft (siehe ArbVR 2[3], Erl 5 zu § 40). Daher kommt auch eine Verpflichtungs- oder Deliktsfähigkeit der einzelnen Mandatare in Ausführung von Beschlüssen des Betriebsrats mE nicht in Betracht (aA *Resch, Krejci* ua, siehe unten). Handlungen, denen kein gesetzlich gedeckter Betriebsratsbeschluss zu Grunde liegt oder die gegen bindende Rechtsvorschriften für Betriebsratsmitglieder verstoßen, sind hingegen nach allgemeinen zivil-, verwaltungs- oder strafrechtlichen Grundsätzen zu beurteilen.

Bei Haftungsfragen für Betriebsratsmitglieder ist stets auch die Interessenvertretungsaufgabe des Betriebsrates und seiner Mitglieder mit in die Betrachtungen einzubeziehen.

Es sind daher folgende **Fallgruppen** zu unterscheiden (in diesem Sinn auch *Mosler* im Zeller Kommentar, § 115 ArbVG Rz 25–31):

– Ein Betriebsratsmitglied verhält sich im Rahmen der betriebsverfassungsrechtlichen Befugnisse: Eine Haftung kommt in diesem Fall auch dann nicht in Betracht, wenn eine Person geschädigt wurde (zB Zustimmung des Betriebsrates zu einer Versetzungs- oder Kündigungsabsicht gem § 101 bzw § 105); da die Teilnahme eines Betriebsratsmitgliedes an einem solchen Beschluss nicht rechtswidrig sein

kann, entfällt jede Voraussetzung für einen Schadenersatzanspruch oder für eine strafrechtliche Haftung.
- Das Betriebsratsmitglied überschreitet seine arbeitsverfassungsrechtlichen Befugnisse, handelt allerdings in Vertretung der Interessen der Beschäftigten: In diesem Fall ist eine Interessenabwägung vorzunehmen, ehe die Frage geklärt werden kann, ob das Verschulden des Betriebsratsmitgliedes als Voraussetzung jeglicher Haftung gegeben ist (zB wird die Haftung auszuschließen sein bei Verletzung der Verschwiegenheitspflicht im ausschließlichen Interesse der vertretenen Arbeitnehmer).
- Das Betriebsratsmitglied überschreitet seine arbeitsverfassungsrechtlichen Befugnisse und handelt auch nicht in Vertretung der Arbeitnehmerinteressen: In diesem Fall kann eine Haftung nach allgemein zivilrechtlichen, eventuell sogar strafrechtlichen Grundsätzen gegeben sein (zB Betriebsratsfonds wird für private Zwecke verwendet; Verletzung der Verschwiegenheitspflicht zum Zweck der Begünstigung eines Konkurrenzbetriebes; der Betriebsratsvorsitzende setzt sich über einen Beschluss des Betriebsrates hinweg und stimmt unter Vorspiegelung eines entsprechenden Beschlusses gegenüber dem Betriebsinhaber einer geplanten Kündigung zu). Näheres dazu bei *Löschnigg/Schick,* Vermittlungsprovisionen für Betriebsratskredite und Versicherungsverträge – arbeits- und strafrechtliche Problemlagen, DRdA 2005, 229.

Judikatur zu dieser Frage besteht nur zu Sachverhalten, in denen es um die Verwaltung des Betriebsratsfonds ging (vgl zB VwGH vom 11. 6. 1986, 85/01/0192, infas 1987, A 1; OGH 19. 2. 2002, DRdA 2003, 447 ff mit Anm von *Preiss*). Näheres siehe *Preiss,* ArbVR 2³, Erl 5 zu § 74. Keine Rechtsprechung besteht unserer Kenntnis nach zu sonstigen (nicht den BR-Fonds betreffenden) Handlungen oder Unterlassungen von BR-Mitgliedern in Ausübung der Mitwirkungsbefugnisse der Arbeitnehmerschaft. Daher ist auf den Meinungsstand der Lehre zu verweisen. *Marhold/Friedrich* (Österreichisches Arbeitsrecht 568 f) vertreten, dass die gesetzwidrige Ausübung der Betriebsratstätigkeit haftbar macht. Allerdings räume § 115 Abs 2 ArbVG den Organen und ihren Mitgliedern grundsätzlich freie Entscheidungsmacht ein, sodass in Ermangelung von gesetzlich vorgegebenen Maßstäben in den meisten Fällen inhaltlicher Mandatsausübung nicht gehaftet werde. Eine **Ausnahme** sei **schikanöse oder sittenwidrige Mandatsausübung**. Eine derartige Haftungsmöglichkeit wird auch schon von *Floretta* (ArbVG-Handkommentar [1975] 771) beispielartig vorgezeichnet: Zustimmung zur Versetzung oder Kündigung eines AN, weil dieser in einer privaten Streitigkeit mit dem BR-Vorsitzenden nicht nachgibt.

Resch hingegen (in *Strasser/Jabornegg/Resch,* ArbVG § 115 Rz 47–49 unter Berufung auf *Krejci* und *Tomandl* sowie fälschlich auf *Löschnigg*) vertritt die Ansicht, dass jedes einzelne BR-Mitglied auch im Rahmen der Erfüllung der gesetzlichen Aufgaben und bei Beschlüssen des BR schadenersatzpflichtig werden könne. Allerdings werde im Bereich der Ermessensbefugnisse der Nachweis eines rechtswidrigen und schuldhaften Verhaltens sehr schwer zu führen sein und es werde in der Praxis somit nur in den seltensten Fällen zu einer Haftung kommen. *Resch* meint damit wohl, dass beispielsweise eine Betriebsvereinbarung oder ein Beschluss über die Zustimmung zu einer Versetzung auch rechtswidrig sein könnte. Dann nämlich, wenn sie gegen die mittelbar einwirkenden Grundrechte, insbesondere gegen den Gleichheitssatz, verstößt.

Dem ist entgegenzuhalten: Eine Schutznorm, wonach eine BV oder ein BR-Beschluss „sorgfaltswidrig" im Sinne von gleichheitswidrig (aufgrund mittelbarer Grundrechtswirkung: sittenwidrig) oder diskriminierend sein könnte, weil der BR sein Ermessen überschreitet, existiert nicht. Der Gesetzgeber hat, anders als etwa für Vorstand und Geschäftsführer von Kapitalgesellschaften, keine Sorgfaltsregeln normiert. Die Rechtsordnung verhält sich gegenüber den „betriebspolitisch" agierenden Mandataren ähnlich neutral wie gegenüber Abgeordneten von gesetzgebenden Körperschaften (oder gegenüber Vollzugsorganen), die in aller Regel auch nicht schadenersatzrechtlich belangt werden können, nachdem der VfGH ein von ihnen mitbeschlossenes Gesetz (bzw eine Verordnung oder einen Bescheid) wegen Verfassungswidrigkeit, selbst bei gröbster Gleichheitswidrigkeit, aufgehoben hat. Und diese Haftungsneutralität gegenüber „politischem" Verhalten besteht uE zu Recht; andernfalls wäre jede Gestaltung sozialer und wirtschaftlicher Beziehungen, jedes Eintreten für eine kollektive Interessenswahrnehmung nahezu verunmöglicht. Wer ehrenamtlich, als unbezahltes Mitglied eines Organs, das zB „Gesetze im materiellen Sinn" (nämlich Betriebsvereinbarungen) beschließen kann, agiert, soll nach dem Telos der Absätze 1 und 2 des § 115 ArbVG nicht auch noch der Gefahr einer zivilrechtlichen Haftung ausgesetzt sein. Anders als bei der speziellen Funktion eines AN-Vertreters im Aufsichtsrat, wo sich ein BR-Mitglied gem § 110 Abs 3 ArbVG an den Rechtmäßigkeitsvorgaben für den Vorstand („Sorgfalt eines ordentlichen und gewissenhaften Geschäftsleiters" nach § 99 iVm § 84 Abs 1 AktG) messen lassen müssen, enthält das übrige Betriebsverfassungsrecht keine derartige Vorschrift.

Solange sich das Organ und seine Mitglieder im Rahmen des ArbVG und sonstiger Mitbestimmungsregelungen bewegen, können sie somit nur zur „politischen Haftung" herangezogen werden: Sie können von einer qualifizierten (Zweidrittel-)Mehrheit der Belegschaft ihres Amtes enthoben werden (§ 42 Abs 1 Z 4 iVm § 49 Abs 2 ArbVG). Wie der Verfassungsgerichtshof ausführlich begründet hat, wäre das Abstimmungsverhalten im Rahmen der Mandatsausübung gesetzesgemäß gewesen und es wäre schadenersatzrechtlich nicht überprüfbar gewesen, solange die BR-Mitglieder ihrer Entscheidung nicht ein unsachliches, sittenwidriges Motiv zugrunde gelegt hätten (VfGH 5. 12. 1984, DRdA 1985, 283 ff mit Anm von *Floretta;*

vgl *Schneller,* Regionalbetrieb oder Geschäftsbereichsbetrieb – Haftung des „falschen" BR?, infas 2008, 72 ff).

Es bleibt somit in aller Regel bei einer Verantwortung gegenüber der Betriebsversammlung; diese wird als **„politische" Verantwortung** des Betriebsrats(mitgliedes) bezeichnet. Sie besteht zum einen im Risiko, bei unzufriedenstellender Mandatsausübung nicht wieder gewählt zu werden; vor allem besteht sie jedoch darin, dass der Betriebsrat mindestens einmal im Halbjahr der Betriebsversammlung einen Bericht zu erstatten hat bzw auch einer auf Antrag von mehr als einem Drittel der stimmberechtigten Arbeitnehmer einzuberufenden außerordentlichen Betriebsversammlung (siehe § 43) Rechenschaft ablegen muss (§ 42). Die Betriebsversammlung kann durch einen mit Zweidrittelmehrheit der abgegebenen Stimmen gefassten Beschluss den Betriebsrat entheben. Eine Enthebung von einzelnen Mitgliedern des Betriebsrates ist aber, abgesehen vom Sonderfall des § 64 Abs 1 Z 4 (Enthebung auf Grund Verlustes der Arbeiter- oder Angestellteneigenschaft), nicht möglich. Siehe auch ArbVR 2³, Erl 6 zu § 42.

Beschränkungs- und Benachteiligungsverbot

[5]) Durch diese Verbote soll einerseits verhindert werden, dass der Betriebsinhaber Mitglieder des Betriebsrates in der Ausübung ihrer Tätigkeit einschränkt und damit die **Interessenvertretungsaufgabe erschwert oder unmöglich macht**; andererseits soll es dem Betriebsinhaber unmöglich gemacht werden, jene Arbeitnehmer, die ein Betriebsratsmandat haben, hinsichtlich ihrer Arbeitsbedingungen zu benachteiligen, um sie dadurch für ihr Eintreten für die Interessen der Arbeitnehmer des Betriebes zu **„bestrafen"** bzw andere Arbeitnehmer davon **abzuhalten**, in Hinkunft die Aufgaben eines Betriebsratsmitgliedes zu übernehmen. Mit der ArbVG-Novelle 1986 wurde im Zusammenhang mit dem Beschränkungs- und Benachteiligungsverbot im Besonderen die **Unzulässigkeit jeder Versetzung** (zum Begriff vgl § 101) von Betriebsratsmitgliedern betont, die der Ausübung des Mandates in irgendeiner Weise abträglich sein könnte. Anstelle einer betriebsorganisatorisch objektiv erforderlichen Versetzung müsste der Betriebsinhaber wohl eine zumutbare Umschulung des Betriebsratsmitglieds ermöglichen, um dessen Verbleib im Betrieb zu gewährleisten. Eine dem Betriebsinhaber zuzurechnende beschränkende oder benachteiligende Maßnahme muss sowohl objektiv als auch subjektiv geeignet sein, eine Einschränkung der Mandatsausübung oder eine Benachteiligung (Maßregelung) darzustellen (VwGH vom 24. 1. 1996, 95/12/0178, ZfVB 1997/130).

Der Anspruch, nicht benachteiligt und in seiner Mandatsausübung nicht beschränkt zu werden, ist ein **Individualanspruch** des Betriebsratsmitgliedes. Er ist daher durch **Klage des Betriebsratsmitgliedes** gegen den Betriebsinhaber geltend zu machen. Die Klage muss entweder auf jene Leistung gerichtet sein, die dem Betriebsratsmitglied in benachteiligender Weise gegenüber den anderen Arbeitnehmern nicht gewährt wurde, oder sie hat die Unterlassung der konkret zur Diskussion stehenden Benachteiligung oder Beschränkung zum Klagsziel. Eine Feststellungsklage ist nur dann zulässig, wenn das Betriebsratsmitglied keine Leistungs- (Unterlassungs)klage erheben könnte, dennoch aber ein rechtliches Interesse (das sich unmittelbar aus dem Gesetz selbst ableiten läßt) an einer alsbaldigen Feststellung der Rechtslage hat. Dabei genügt in Analogie zu § 105 Abs 5 (Kündigungs- und Entlassungsanfechtung; vgl Erl 68 zu § 105) die **Glaubhaftmachung** des Motivs für die Benachteiligung durch das Betriebsratsmitglied. Macht dieses glaubhaft, dass die Benachteiligung wegen der Betriebsratstätigkeit erfolgt, dann ist eine unzulässige Benachteiligung anzunehmen, sofern nicht der Arbeitgeber glaubhaft machen kann, dass ein anderes Motiv mit höherer Wahrscheinlichkeit ausschlaggebend war (VwGH vom 26.1.2005, 2004/12/0084 = ÖJZ 2006/17A [zu einem Landesbediensteten, auf den das ArbVG anzuwenden ist]; OGH vom 16. 10. 2003, 8 Ob A 62/03f, infas 2004, A 9 = DRdA 2004, 70 = RdW 2004, 217 = ASoK 2004, 296 = ARD 5514/5/2004; OGH vom 25. 9. 1991, 9 Ob A 166/91, ecolex 1992, 114 = ARD 4335/9/92; OGH vom 14. 9. 1988, 9 Ob A 238/88, DRdA 1990, 463, mit Anm von *Trost* = infas 1989, A 40 = ARD 4041/9/89 = wbl 1989, 157 = RdW 1989, 230).

Zu einer **Feststellungsklage** (nicht aber Leistungs- oder Unterlassungsklage) ist **auch** der **Betriebsrat** als Kollegialorgan berechtigt, wenn er auf Grund konkreter Umstände die Benachteiligung oder Beschränkung seiner Mitglieder befürchten muss, also ein Feststellungsinteresse (§ 228 ZPO) des Organs besteht. Einzelne **Arbeitnehmer**, die wegen der Wahrnehmung ihrer betriebsverfassungsrechtlichen Befugnisse oder wegen der Einschaltung des Betriebsrats beschränkt oder benachteiligt werden, können uU **Schadenersatz** verlangen (Erl 2 zu § 37).

Ersatzmitglieder sind durch das Beschränkungs- und Benachteiligungsverbot in analoger Anwendung der „Schutzfristen" des § 120 geschützt. Das bedeutet, dass während der Vertretung und bei mindestens 14-tägiger Vertretung bis zu drei Monaten nach Ende der Vertretungstätigkeit eine Benachteiligung bzw Beschränkung der Tätigkeit nicht erfolgen darf (EA Leoben 26. 11. 1984, RdW 1985, 86). Eine Benachteiligung von Ersatzmitgliedern wegen der Vertretungstätigkeit ist darüber hinaus unabhängig von diesen Fristen als **sittenwidrig** zu qualifizieren (vgl auch § 37).

a) Zum Beschränkungsverbot im Einzelnen

[6]) Grundsätzlich sind Anordnungen des Betriebsinhabers verboten, die innerhalb des betriebsverfassungsrechtlichen Wirkungsbereiches den Arbeitnehmern die Inanspruchnahme des Betriebsrates oder dem Betriebsrat die Ausübung einzelner seiner Befugnisse **untersagen oder unmöglich machen** würden (VwGH 12. 9. 1956, Arb 6502); ebenso die Anordnung, Freizeit zur Erfüllung der betriebsrätlichen Interessenvertre-

tungsaufgaben **im Vorhinein beantragen** zu müssen (OLG Wien vom 26. 5. 2000, 9 Ra 97/00a, ARD 5143/3/2000; OGH vom 25. 5. 1994, 9 Ob A 72/94, DRdA 1995, 524 = RdW 1994, 322 = infas 1994, A 138 = Arb 11.200). Siehe dazu Erl 3 zu § 116. Weisungen des Arbeitgebers an die einzelnen Arbeitnehmer, in bestimmten Angelegenheiten den Betriebsrat nicht einzuschalten, sind demgemäß ebenso rechtswidrig wie Verbote an einzelne Betriebsratsmitglieder, Gespräche mit Arbeitnehmern zu führen.

Die **Versetzung** von Betriebsratsmitgliedern an einen anderen Arbeitsplatz oder zu anderen Arbeitsaufgaben ist – zusätzlich von den für alle Arbeitnehmer geltenden Beschränkungen in vertragsrechtlicher Hinsicht sowie dem Versetzungsschutz gem § 101 – dann unzulässig, wenn sie dem Betreffenden die **Ausübung seines Mandates erschweren würde** (EA Leoben 19. 2. 1957, Arb 6603; VwGH 12. 9. 1956, Arb 6502; VwGH 27. 1. 1958, Arb 6803); etwa wenn sich durch eine Versetzung zur Schichtarbeit eine Behinderung der Betriebsratstätigkeit ergibt (EA Wr. Neustadt 11. 3. 1976, Arb 9482).

Die Entsendung von Betriebsratsmitgliedern an weit entfernte, isolierte Baustellen ohne zwingende betriebliche Notwendigkeit ist ebenso als unzulässige Versetzung zu qualifizieren wie eine Versetzung in einen anderen Betrieb, ohne dass es hiefür zwingende sachliche Gründe gäbe (EA Graz 26. 6. 1985, Arb 10.422 = RdW 1985, 351). Dagegen ist die vorübergehende Zuteilung eines Betriebsratsmitgliedes zu einer anderen Arbeitsstelle dann kein Verstoß gegen das Beschränkungsverbot, wenn dieses Betriebsratsmitglied so wie jeder andere in einer Arbeitspartie tätige Arbeitnehmer bei Anfall von dringenden Arbeiten für andere Tätigkeiten herangezogen wird (OGH vom 2. 9. 1992, 9 Ob A 150/92, ARD 4426/18/93).

Majoros (aaO) hält eine **Versetzung „aus dem Betrieb"** für unzulässig. Diese Ansicht ist zwar durch den Gesetzeswortlaut nicht gedeckt, wird in aller Regel aber aus folgendem Grund zutreffen: Da das BR-Mitglied durch Ausscheiden aus dem Betrieb sein Mandat verlieren würde (§ 64 Abs 1 Z 3) und drei Monate später auch seinen Kündigungsschutz (§ 120 Abs 3), steht eine derartige Versetzung stets im Verdacht, der erste Schritt einer Repressions- oder Retorsionsmaßnahme zu sein. Ob der Betriebsinhaber mit mindestens dreimonatiger Verzögerung von der (nur noch nach § 105 Abs 3 Z 1 lit e anfechtbaren) Möglichkeit einer Kündigung Gebrauch macht, kann im Versetzungszeitpunkt nicht geprüft werden und wird daher **nur zulässig** sein, wenn gegenüber dem Mandatar zumindest bis zum Ablauf des dritten Monats nach der Funktionsperiode des BR ein **Kündigungsverzicht** abgegeben wird.

Das vom Arbeitgeber erlassene, auf das ANSchG gestützte generelle **Verbot des Betretens bestimmter Betriebsanlagen** darf nicht zu einer Beschränkung der Tätigkeit der Betriebsratsmitglieder in der Durchführung ihrer Aufgaben führen (VwGH 29. 5. 1959, SozM II B, 453; VwGH

27. 5. 1959, Arb 7068). Selbst dann, wenn Betriebsratsmitglieder entlassen worden sind, diese Entlassung aber noch nicht durch die Entscheidung des Gerichtes für rechtswirksam erklärt wurde, ist ein **Hausverbot** für Betriebsratsmitglieder unzulässig und als rechtswidrige Mandatsbeschränkung zu qualifizieren (EA Wien 31. 8. 1981, ARD 3345/10/81; OLG Wien vom 10. 2. 1998, 7 Ra 20/98g ARD 4971/5/98). Auch (begründet) **suspendierten** Betriebsratsmitgliedern darf das Betreten des Betriebes, wenn es zur Erfüllung ihrer Aufgaben notwendig ist, nicht verboten werden, und zwar grundsätzlich auch nicht außerhalb der Arbeitszeit (OGH vom 2. 9. 1992, 9 Ob A 155/92, infas 1993, A 1 = Arb 11.040 = ecolex 1992, 866 = ARD 4426/18/93 = DRdA 1993, 59 = ZAS 1993/11); insbesondere dann nicht, wenn die Suspendierung und das Hausverbot mit Kündigungs- oder Entlassungsgründen gerechtfertigt werden, die Gegenstand eines anhängigen Zustimmungsverfahrens sind. Denn bestimmte „**Individualkompetenzen**", wie etwa die Teilnahme an Betriebsratssitzungen und an Betriebsversammlungen, dürfen auch bei begründeten Suspendierungen **nicht eingeschränkt** werden (OGH vom 24. 11. 1993, 9 Ob A 244/93, ARD 4531/18/94 = DRdA 1994, 424 mit Anm von *Eypeltauer* = ecolex 1994, 246 = Arb 11.127).

Die Verweigerung des Zutrittes zum Betrieb für Betriebsratsmitglieder ist eine unzulässige Beschränkung ihrer Tätigkeit. Da bei solchen Zutrittsverboten zur Wahrung der Interessen des Betriebsratsmitgliedes und der Belegschaft die unverzügliche Herstellung des rechtmäßigen Zustandes notwendig ist, ist in diesen Fällen zu empfehlen, beim Gericht 1. Instanz eine **einstweilige Verfügung** zur Erwirkung einer Zutrittsmöglichkeit für das Betriebsratsmitglied zu beantragen. Infolge der absolut zwingenden Bestimmungen des § 115 Abs 2 und Abs 3 kann das Verbot des Betretens des Betriebs mit einstweiliger Verfügung bekämpft werden (OGH vom 24. 2. 1993, 9 Ob A 14/93, ARD 4458/14/93).

Mit der Mandatsschutzfunktion des Beschränkungsverbots kann in Einzelfällen das **Widerspruchsrecht** eines Betriebsratsmitglieds, das von einem Betriebs(teil)übergang betroffen wäre, **gegen den gesetzlich angeordneten Arbeitgeberwechsel nach § 3 AVRAG** begründet werden. Jedenfalls dann, wenn im übergegangenen Betriebsteil derart wenige Arbeitnehmer beschäftigt sind, dass die Wiederwahl zweifelhaft erscheinen muss, kann der Mandatar dem automatischen (ex-lege) Übergang seines Arbeitsverhältnisses widersprechen (OGH vom 23. 5. 1997, 8 Ob A 105/97t, DRdA 1998, 106 mit Anm von *Runggaldier* = wbl 1997, 432 mit Anm von *Grillberger* = infas 1997, A 115 = ARD 4871/16/97).

b) Zum Benachteiligungsverbot im Einzelnen

[7]) Das Gesetz nennt als Beispiele für verbotene Benachteiligungen **beispielhaft** solche hinsichtlich des **Entgelts**, der **Aufstiegsmöglichkeiten** sowie bei **Versetzungen**. Die Möglichkeit, das verpönte Motiv des Be-

triebsinhabers bei einer Versetzung gerichtlich überprüfen zu lassen, besteht zusätzlich zum Versetzungsschutz nach § 101 (vgl etwa VwGH 26. 1. 2005, Zl 2004/12/0084). Zwar sind noch andere Benachteiligungen denkbar – zB im Hinblick auf das **Sozialprestige** einer Stellung (Funktion) oder Tätigkeit –, doch werden sich diese in der Regel in einem der drei genannten Bereiche auswirken.

Das Benachteiligungsverbot hinsichtlich des Entgelts bedeutet, dass ein Betriebsratsmitglied und insbesondere auch die freigestellten Betriebsratsmitglieder bezüglich der Bezahlung und des betrieblichen Aufstiegs so behandelt werden müssen, wie andere vergleichbare Arbeitnehmer hinsichtlich ihrer Leistung und ihrer Stellung behandelt werden. Es soll also nicht nur eine Verminderung der Entlohnung hintangehalten, sondern auch das „Übergehen" des Betriebsratsmitgliedes bei der lohnmäßigen und personellen Entwicklung im Betrieb verhindert werden. Wenn es daher zu einer Verbesserung der Lohn- oder sonstigen Arbeitsbedingungen bei jenen Arbeitnehmern kommt, die gleichartige oder gleichwertige Tätigkeiten wie das Betriebsratsmitglied zu verrichten haben, dann muss diese Verbesserung auch dem Betriebsratsmitglied zukommen (OGH vom 15. 3. 1989, 9 Ob A 21/89, infas 1989, A 88 = ARD 4070/15/89 = DRdA 1989, 425). Dies gilt auch dann, wenn das Betriebsratsmitglied von der Arbeitspflicht freigestellt und deshalb von Veränderungen in arbeitsmäßiger Hinsicht nicht unmittelbar, aber doch in seiner **künftigen Karriere- und Entgeltentwicklung** berührt ist (vgl Erl 5 zu § 117). Eine Verletzung des Benachteiligungsverbotes ist insbesondere dann anzunehmen, wenn dem Betriebsratsmitglied aus dem durch diese Gesetzesbestimmung missbilligten Motiv eine bisher gewährte **freiwillige Zulage entzogen** wird, das Betriebsratsmitglied bei **besonderen Zuwendungen** nicht berücksichtigt oder hinsichtlich der **Aufstiegsmöglichkeiten** schlechter gestellt wird (OGH vom 13. 2. 1991, 9 Ob A 1/91, DRdA 1991, 387 = infas 1991, A 78 = ARD 4254/7/91 = RdW 1991, 211 = wbl 1991, 261 = ZAS 1992/3; OGH vom 15. 3. 1989, 9 Ob A 21/89, infas 1989, A 88; OGH vom 14. 9. 1988, 9 Ob A 238/88, DRdA 1990, 463, mit Anm von *Trost* = infas 1989, A 40 = ARD 4041/9/89 = wbl 1989, 157 = RdW 1989, 230).

Ein Betriebsratsmitglied darf weder durch seine Tätigkeit noch durch eine allfällige Dienstfreistellung Entgeltverluste erleiden; es darf aber auch nicht bevorzugt werden (Erl 1). Es muss an allen **Vorrückungen** im Gehaltsschema in dem Maße teilnehmen, in dem es ohne Inanspruchnahme von Freizeit für betriebsrätliche Aufgaben auf Grund seiner Dienstjahre und seiner Qualifikation partizipiert hätte (LG Wien 24. 6. 1971, SozM II B, 1008). Näheres siehe Erl 5 zu § 116 und Erl 5 zu § 117 (bezüglich freigestellter Betriebsratsmitglieder).

Das Benachteiligungsverbot wird zB verletzt:

– beim Ausschluss eines Betriebsratsmitgliedes von einer ihm – ebenso wie bestimmten anderen Arbeitnehmern – zehn Jahre hindurch gewährten **Gratifikation** (OGH vom 14. 9. 1988, 9 Ob A 238/88, DRdA 1990, 463, mit Anm von *Trost* = infas 1989, A 40 = ARD 4041/9/89 = wbl 1989, 157 = RdW 1989, 230);

- bei **Einstellung** einer „**Funktionszulage**" (Überstundenpauschale), wenn das bei anderen Arbeitnehmern unter gleichen Voraussetzungen nicht geschieht (OGH vom 15. 1. 1992, 9 Ob A 227/91, infas 1992, A 88 = ecolex 1992, 434 = ARD 4365/15/92 = DRdA 1992, 383 = Arb 11.005). Ferner bei Streichung einer „Funktionszulage", die in Wahrheit der Abgeltung von Entgeltausfällen diente, die durch die Betriebsratstätigkeit bedingt sind, wie zB ein Überstundenpauschale oder der Entfall von Nachtarbeitszuschlägen, weil das Betriebsratsmandat nur noch tagsüber ausgeübt wird (OLG Wien vom 7. 10. 1994, 33 Ra 93/94, ARD 4662/30/95).

- bei **Verringerung** eines **Provisionseinkommens** infolge der Freistellung eines Betriebsratsmitgliedes ohne entsprechenden Ausgleich. Der Ausschluss von Provisionsverdienstmöglichkeiten aus sachlichen Gründen, die mit der Freistellung zusammenhängen, ist zwar kein verpöntes Motiv iSd § 115 Abs 3, nach dem Ausfallsprinzip des § 116 (siehe Erl 2 zu § 116) sind aber derartige Einkommenseinbußen vom Arbeitgeber zu ersetzen (OGH vom 13. 2. 1991, 9 Ob A 1/91, DRdA 1991, 387 = infas 1991, A 78 = ARD 4254/7/91 = RdW 1991, 211 = wbl 1991, 261 = ZAS 1992/3).

- bei **unterbliebenen Beförderungen** unter folgenden Umständen: Es ist davon auszugehen, dass es grundsätzlich weder eine Pflicht des Arbeitgebers zur Beförderung gibt, noch dass aus dem arbeitsrechtlichen Gleichbehandlungsgrundsatz ein Anspruch auf Beförderung abgeleitet werden kann. Auch aus den Diskriminierungsverboten der §§ 115 Abs 3 und 37 Abs 1 ArbVG ergibt sich kein Anspruch auf Beförderung. Ein bei einer Beförderung übergangenes Betriebsratsmitglied müsste zur Begründung seines wegen Verletzung des Benachteiligungsverbotes erhobenen Anspruchs auch die Kausalität der aus diesem Motiv erfolgenden Benachteiligung nachweisen. Es hätte demnach in der Lage sein müssen, behaupten zu können, dass es der bestqualifizierte Bewerber gewesen sei und ohne die Diskriminierung mit Sicherheit berücksichtigt worden wäre (OGH vom 5. 12. 1990, 9 Ob A 266/90, infas 1991, A 101 = ARD 4252/22/91 = ecolex 1991, 271 = wbl 1991, 167 = RdW 1991, 185 = DRdA 1991, 385 = ZAS 1992/1). Sind hingegen in einem Betrieb sämtliche Arbeitnehmer mit Ausnahme eines Betriebratsmitglieds befördert worden, so liegt eine unzulässige Benachteiligung vor. Betriebsratsmitglieder können sich bei Prüfung des Benachteiligungsverbotes an vergleichbaren Durchschnittskarrieren, nicht aber an Spitzenkarrieren im Betrieb orientieren. Die Nichterteilung der Prokura an ein Betriebsratsmitglied kann nicht als Verstoß gegen das Benachteiligungsverbot geltend gemacht

werden (EA Wien 5. 6. 1981, Arb 9987 = ZAS 1981, 201 = ARD-HB 1982, 391).
- durch den **Widerruf einer bereits versprochenen Beförderung**. Untersagt ist jedenfalls die Benachteiligung eines Betriebsratsmitglieds wegen dessen Verhaltens, das in der offenbar nicht unvertretbaren Absicht gesetzt wurde, damit in berechtigter Weise das Betriebsratsmandat auszuüben. Selbst wenn sich diese offenbar nicht unvertretbare Rechtsposition nachträglich als unrichtig erweist, steht dem Widerruf einer bereits versprochenen Beförderung das Benachteiligungsverbot entgegen (OGH vom 16. 10. 2003, 8 Ob A 62/03f, infas 2004, A 9 = DRdA 2004, 70 = RdW 2004, 217 = ASoK 2004, 296 = ARD 5514/5/2004).

Verschwiegenheit in betrieblichen Angelegenheiten

[8]) Voraussetzung dafür, dass eine Tatsache oder ein Sachverhalt von einem Betriebsratsmitglied nicht weiterverbreitet werden darf, ist zunächst einmal, dass der betreffende Umstand auch nicht auf andere Weise einer qualifizierten Öffentlichkeit bekannt ist, also als „Geheimnis" bezeichnet werden kann. **Betriebs- und Geschäftsgeheimnisse** sind unternehmensbezogene Tatsachen technischer, wirtschaftlicher oder kommerzieller Art, die bloß einer begrenzten Personenzahl bekannt und anderen nicht oder nur schwer zugänglich sind und die nach dem objektiv nachvollziehbaren Willen des Berechtigten nicht über den Kreis der Eingeweihten hinausdringen sollen. Während unter Geschäftsgeheimnissen kaufmännische oder wirtschaftliche Daten verstanden werden, bezeichnet man mit Betriebsgeheimnis im Allgemeinen technische Fakten. Diese geheimen Daten unterliegen somit dann der Verschwiegenheitspflicht, wenn sie im Zusammenhang mit Unternehmensaktivitäten stehen, nur einem beschränkten, im Wesentlichen geschlossenen Personenkreis bekannt sind und in Beziehung zum Betrieb stehen, etwa weil sie Bedeutung für die Wettbewerbsfähigkeit des Unternehmens haben. Es muss **objektiv ein berechtigtes Interesse des Betriebsinhabers an der Geheimhaltung** bestehen (OGH vom 14. 2. 2001, 9 Ob A 338/00x, DRdA 2001, 452 = wbl 2001, 287 = infas 2001, A 50 = RdW 2001/629 = ARD 5224/54/2001 = ASoK 2001, 272 = DRdA 2002, 3 mit Anm von *Pfeil*). Zu objektivieren ist das Geheimhaltungsinteresse wohl anhand der allgemein anerkannten Maßstäbe des betreffenden Verkehrskreises (Branche).

Präzisierend hält auch § 35 BRGO fest, dass die Betriebsratsmitglieder insbesondere über die ihnen als geheim genannten technischen Einrichtungen, Verfahren und Eigentümlichkeiten des Betriebs Verschwiegenheit zu wahren haben.

Das Ausfüllen der für statistische Zwecke bestimmten Fragebögen der Arbeiterkammer ist keine Verletzung des Geschäfts- und Betriebsgeheimnisses, da die Arbeiterkammern dazu berufen sind, wissenschaftliche Erhebungen und Untersuchungen, die die Lage der Arbeitnehmer betreffen, durchzuführen und der Betriebsrat daran mitzuwirken hat (§ 4 Abs 2 Z 7 iVm § 93 Arbeiterkammergesetz 1992).

Auf **Bilanzen** eines Unternehmens, die in den meisten Fällen publizitätspflichtig sind, trifft die Geheimhaltungspflicht in der Regel nicht zu, **soweit der Zeitpunkt der Veröffentlichungspflicht bereits überschritten ist**. Die Publizitätspflicht ist in den §§ 277 bis 281 HGB geregelt. Die Anfertigung von **Bilanz- und Konzernabschlussanalysen** durch ihrerseits zur Verschwiegenheit verpflichtete Personen oder Institutionen außerhalb des Betriebes kann daher von Betriebsratsmitgliedern jederzeit veranlasst werden (vgl Erl 25a zu § 108). Jahresabschlüsse und Konzernabschlüsse können dann gegenüber Beratern geoffenbart werden, wenn dies sachlich notwendig ist und ihre Beurteilung bzw Analyse zur Wahrung der Interessenvertretungsaufgabe des Betriebsrates erforderlich ist. Zum Schutz vor unerlaubter Weitergabe an Dritte sollten jedoch nur solche Berater hinzugezogen werden, die kraft ihres Berufes zu derartigen Tätigkeiten berufen sind und hinsichtlich der ihnen dabei zukommenden Geheimnisse an eine Verschwiegenheitspflicht gebunden sind. Der **Betriebsrat** ist daher **berechtigt**, die entsprechenden **Daten zu seiner Beratung der zuständigen Gewerkschaft und/oder Arbeiterkammer bekannt zu geben**.

Gem § 39 Abs 4 gelten die Bestimmungen über die Verschwiegenheitspflicht auch für die Vertreter der kollektivvertragsfähigen **Gewerkschaften und Arbeiterkammern**, die im Zuge ihrer Beratungsaufgaben (vgl §§ 5 bis 8 Arbeiterkammergesetz) bzw anlässlich des Betriebszutritts Kenntnis von Geschäfts- und Betriebsgeheimnissen erlangen; nach ihrem Berufsrecht auch für **Wirtschaftstreuhänder, Rechtsanwälte,** Ingenieurkonsulenten und andere beratende Berufe. Wenn der Betriebsrat daher in Ausübung seines Mandates solche Angelegenheiten diesen Personen mitteilt, die er „nach bestem Wissen" ausgewählt hat, kann darin schon deshalb kein Bruch der Verschwiegenheitspflicht liegen, weil die Interessenvertreter bzw Konsulenten selbst zur Verschwiegenheit verpflichtet sind (OGH vom 16. 10. 2003, 8 Ob A 62/03f, infas 2004, A 9 = DRdA 2004, 70 = RdW 2004, 217 = ASoK 2004, 296 = ARD 5514/5/2004; OLG Wien vom 18. 8. 1993, 32 Ra 78/93, ARD 4500/11/93).

Im Übrigen ist darauf zu verweisen, dass das Datenschutzgesetz die Rechte der Betriebsräte nicht einschränkt (§ 9 Z 11 DatenschutzG 2000).

Nicht offenlegungspflichtige Daten der Unternehmensbuchhaltung oder Unternehmenskennzahlen von nur eingeschränkt rechnungslegungspflichtigen Unternehmen (zB Vereine) dürfen nicht einer breiteren Öffentlichkeit bekannt gegeben werden. Werden sie im Zuge der wirtschaftlichen Mitwirkung dem Betriebsratsmitglied bekannt, dürfen sie zwar den anderen Betriebsratsmitgliedern mitgeteilt werden. Doch schon zB bei Informationserteilungen anlässlich von Betriebsversammlungen sollten nur die zur Interessenwahrnehmung (vgl § 38) nötigen **Richtwerte oder Tendenzen** (Entwicklung, Näherungswerte), nicht hingegen detaillierte Aufschlüsselungen bekannt gegeben werden. Konkurrenten oder Vertreter von Massenmedien sollten keinesfalls in Kenntnis dieser Daten gelangen. Eine genaue Darstellung der Rechtslage bezüglich Daten aus dem Jahres- oder Konzernabschluss findet sich bei *Geist* (siehe Schrifttumverzeichnis oben).

Grundsätzlich ist jeder AN verpflichtet, Verschwiegenheit über geheime Unternehmensdaten zu bewahren, andernfalls abgesehen von den oa Strafbestimmungen die Gefahr der Entlassung droht (§ 27 Z 1 AngG, § 82 lit e GewO alt). Bei Betriebsratsmitgliedern ist die Schwelle für etwaige arbeitsrechtliche Konsequenzen deutlich hinauf gesetzt, obwohl letztlich auch sie einen Entlassungsgrund setzen können, insbesondere wenn Schädigungsabsicht besteht (beachte Erl 5 zu § 122). Vor allem im Zuge der **wirtschaftlichen Informationseinholung** (§§ 108, 109) sowie der Mitwirkung im **Aufsichtsrat** (§ 110) können sensible Unternehmensdaten bekannt werden. Im letzteren Fall ist auch die gesellschaftsrechtliche Verantwortung zu beachten (siehe Erl 32 zu § 110).

Betriebsräte aus **börsennotierten Aktiengesellschaften** müssen bei Weitergabe von möglichen **Insiderinformationen** wie Vorschauzahlen besonders vorsichtig sein, diese auch nur, sofern es für die Beratung unumgänglich ist, weitergeben und den Adressaten auf die diesbezüglichen **Missbrauchsregelungen** und -straftatbestände im Börsegesetz ausdrücklich hinweisen (BGBl 1993/529 idF BGBl I 127/2004, § 48b und § 48c). Unter „Insiderinformation" ist eine öffentlich nicht bekannte, genaue Information zu verstehen, die Emittenten von Finanzinstrumenten oder Finanzinstrumente (Aktien, Futures, Swaps, Warenderivate ua, § 48a Abs 1 Z 3 BörseG) betrifft und die, wenn sie öffentlich bekannt würde, geeignet wäre, den Kurs dieser Finanzinstrumente (oder sich darauf beziehender derivativer Finanzinstrumente) erheblich zu beeinflussen, weil sie ein verständiger Anleger wahrscheinlich als Grundlage seiner Anlageentscheidungen nutzen würde (§ 48a Abs 1 Z 1 BörseG). § 82 Abs 5 BörseG verpflichtet jeden Emittenten zur Hintanhaltung von Insidergeschäften unter anderem, seine Arbeitnehmer über das Verbot gem § 48a zu unterrichten. Zu beachten sind auch die Emittenten-Compliance-Verordnung der Finanzmarktaufsichtsbehörde, in deren § 3 Z 4 der Zentralbetriebsrat und die Gesamtheit aller im Unternehmen gewählten Betriebsräte als „Vertraulichkeitsbereiche" angeführt werden (Näheres unter www.fma.gv.at), sowie unternehmensinterne Richtlinien gem § 82 Abs 5 Z 2 BörseG. Die Informations- und Beratungsansprüche der Arbeitnehmerschaft werden jedoch durch die einschlägigen Kapitalmarktvorschriften keinesfalls eingeschränkt; auch der Betriebsinhaber eines Emittenten hat die der Belegschaft zustehenden Informationen (Übermittlung des Jahresabschlusses samt erläuternder Unterlagen, ehestmögliche Mitteilungen über geplante Betriebsänderungen oder Änderungen der Eigentumsverhältnisse etc) ohne Verzug dem Belegschaftsorgan mitzuteilen. Selbst im Zuge der gravierenden Verschärfung des Börsegesetzes anläßlich der Umsetzung der Marktmissbrauchsrichtlinie der EU (RL 2003/6/EG) durch die Novelle BGBl I 2004/127 blieb das Betriebsverfassungsrecht unberührt.

Bedenken des Betriebsinhabers gegen die Vertrauenswürdigkeit eines Betriebsratsmitglieds sind **unbeachtlich**: Er muss seinen sich insbesondere aus den §§ 91, 108 und 109 ergebenden (wirtschaftlichen) Informationspflichten uneingeschränkt nachkommen (VwGH vom 11. 2. 1987, 86/01/0085, Arb 10.591 = wbl 1987, 166).

Was das Spannungsverhältnis zwischen Geheimniswahrung und Berichtspflicht des Betriebsrats gegenüber der Belegschaft im Rahmen der Betriebsversammlung (siehe Erl 3 zu § 42), aber auch gegenüber einzelnen betroffenen Arbeitnehmern (etwa im Zusammenhang mit Versetzungsschutz, Kündigungs- oder Entlassungsanfechtung) betrifft, gilt ganz allgemein: Im Falle einer **Kollision** der Verschwiegenheitspflicht **mit der Interessenvertretungsaufgabe** des Betriebsrates hat eine **Interessenabwägung** stattzufinden (OGH vom 24. 10. 1978, 4 Ob 91/78, Arb 9742 = DRdA 1979, 224, 394 mit Anm von *Reischauer* = ZAS 1979, 177, mit Anm von *Marhold* = ARD-HB 1980, 422). Abzuwägen sind das betriebliche Interesse an der Geheimhaltung einerseits und die aus der Mandatsausübung sich allenfalls ergebende Notwendigkeit der Information und Beratung andererseits (aus dem Bericht des Ausschusses für soziale Verwaltung, 993 BlgNR 13. GP, S 5). Ob die Interessenwahrungspflicht der Betriebsverfassung den Bruch von Geschäfts- und Betriebsgeheimnissen rechtfertigt, ist anhand folgender Kriterien einzuschätzen:

– Das Betriebsratsmitglied und in Folge die Betriebsratskörperschaft darf nur jene Daten einzelnen Arbeitnehmern oder der Belegschaft bekannt geben, die **zur Erreichung eines betriebsverfassungsrechtlichen Zieles (grundsätzlich dazu: § 38) erforderlich** sind.

– Der **Adressatenkreis** ist der jeweiligen betriebsrätlichen Aufgabe entsprechend **möglichst klein zu halten**, dh zB dass bei einer Kündigungs- oder Entlassungsanfechtung nur dem betroffenen Arbeitnehmer erforderlichenfalls geheime Daten mitgeteilt werden sollten, bei Abstimmungen über einen Sozialplan oder über neue Arbeitszeitmodelle jedoch die gesamte (betroffene) Belegschaft informiert werden kann.

– Würde der Nachteil, der den Arbeitnehmern bei Wahrung der Verschwiegenheit droht, schwerer wiegen als der dem Unternehmen drohende Schaden, **geht die Mandatsausübung vor**. Diese Zweifelsregel ist aus § 120 Abs 1 letzter Satz (Mandatsschutzklausel) abzuleiten.

Die Verletzung des Verschwiegenheitsgebotes steht unter abgestuften **Strafsanktionen**. Sollte der Verrat begangen werden, um den Betriebsinhaber bzw sonstige Berechtigte (zB Patentinhaber) zu schädigen, liegt ein gerichtlich strafbares Delikt gem § 123 StGB vor; werden die Daten zu

Wettbewerbszwecken verwertet (auch nach Ausscheiden aus dem Arbeitsverhältnis!), kann der Straftatbestand des § 11 UWG erfüllt sein. Ohne Schädigungsabsicht kann die Verletzung des Verschwiegenheitsgebots eine Verwaltungsübertretung nach § 160 Abs 1 darstellen. Zu beachten ist, dass der Geheimnisverrat in offenkundig schädigender Absicht ein Entlassungsgrund sein kann (§ 122 Abs 1 Z 4). Unabhängig von der Strafbarkeit könnten zudem **Schadenersatzansprüche** gestellt werden.

Verschwiegenheit in persönlichen Angelegenheiten

[9]) Zur Einsicht in den **Personalakt** ist die Zustimmung des Betroffenen erforderlich (§ 89 Z 4); hingegen wird das dem Betriebsrat gem § 89 Z 1 eingeräumte Recht auf **Einsichtnahme in die Lohn- und Gehaltslisten** der Arbeitnehmer (sowie Aushändigung von Abschriften derselben bzw auch der Berechnungsunterlagen) nicht durch § 115 Abs 4 beeinträchtigt (EA Innsbruck 22. 11. 1985, Arb 10.460; Rechtsansicht der AK in: infas 1989, 6). Dieses Einsichtsrecht steht, wie *Resch* richtig festhält (*Strasser/Jabornegg/Resch,* ArbVG § 115 Rz 113) dem Betriebsrat in seiner Gesamtheit zu. Es können einzelne Mitglieder gem § 69 damit beauftragt werden; jedoch darf mangels einer solchen Delegierung nicht einzelnen Mitgliedern die Einsichtnahme verweigert werden (EA Leoben 1. 6. 1983, Arb 10.235 = ZAS 1983, 201 = infas 1984, A 24 = ARD 3565/11/83). Näheres siehe Erl 4 zu § 89.

Das dem Betriebsratsmitglied zur Kenntnis gelangte **Entgelt** bzw Abzüge, Lohnpfändungen etc sind jedoch selbstverständlich **höchstpersönliche geheime Daten**. Diese dürfen in Betriebsratssitzungen im Detail besprochen werden (schließlich sind alle Betriebsratsmitglieder dem § 115 Abs 4 unterworfen), sofern keine anderen „kooptierten" oder beratenden Sitzungsteilnehmer Kenntnis erlangen. Hingegen dürfen Entgeltdaten in Betriebsversammlungen oder gegenüber anderen Öffentlichkeiten mangels Zustimmung des betroffenen Arbeitnehmers nur in anonymisierter Form bekannt gegeben werden, etwa um Karriereverläufe darzustellen, Ungleichbehandlungen des Arbeitgebers aufzuzeigen usw (vgl dazu die überzogene Entscheidung OGH vom 14. 2. 2001, 9 Ob A 338/00x, DRdA 2001, 452 = wbl 2001, 287 = infas 2001, A 50 = RdW 2001, 629 = ARD 5224/54/2001 = ASoK 2001, 272 = DRdA 2002, 219 mit Anm von *Pfeil*).

Neben den unmittelbar arbeitsverhältnisbezogenen Daten gelangen zwangsläufig auch **persönliche Umstände** den Betriebsratsmitgliedern zur Kenntnis. Das DSG 2000 regelt grundsätzlich, dass die dem Betriebsrat (richtig: der Arbeitnehmerschaft; vgl Erl 2 zu § 40) nach dem Arbeitsverfassungsgesetz zustehenden Befugnisse unberührt bleiben (§ 9 Z 11 DSG 2000).

Die Wortfolge „.... die ihrer Bedeutung oder ihrem Inhalt nach einer vertraulichen Behandlung bedürfen ..." weist deutliche Parallelen zum Grundrecht auf Datenschutz (§ 1 DSG) sowie zum allgemeinen Stand von

Rechtsprechung und Lehre zu Art 8 EMRK (Grundrecht auf Schutz des Privat- und Familienlebens) auf. Daher werden wohl folgende Datenkategorien als **besonders sensibel** einzustufen sein: Rassische und ethnische Herkunft, politische Meinung, Gewerkschaftszugehörigkeit, religiöse oder philosophische Überzeugung, Gesundheitszustand, Sexualleben (vgl § 4 Z 2 DSG 2000). Die Verschwiegenheitspflicht betrifft darüber hinaus sämtliche anderen persönliche Umstände des Arbeitnehmers (zB Vorleben, Vorstrafen, familiäre Umstände, Finanzielles), sie sollte aber von den Betriebsratsmitgliedern außerdem so weit eingehalten werden, als es die Ausübung des Mandates ermöglicht. Auch hier muss im Fall widersprüchlicher Interessen eine Abwägung nach pflichtbewusstem Ermessen des Betriebsratsmitglieds (das sich eine mitwirkungsnotwendige Veröffentlichung in jedem Fall durch einen Beschluss der gesamten Betriebsratskörperschaft absichern lassen sollte) vorgenommen werden (vgl Erl 8).

Werden Privatangelegenheiten eines Arbeitnehmers der Öffentlichkeit preisgegeben, so hat dies mit der Interessenvertretung durch das betreffende Mitglied des Betriebsrates nichts mehr zu tun – der Betroffene hat einen gerichtlich klagbaren **Unterlassungsanspruch** (OGH vom 24. 10. 1978, 4 Ob 91/78, Arb 9742 = DRdA 1979, 224, 394, mit Anm von *Reischauer* = ZAS 1979, 177, mit Anm von *Marhold* = ARD-HB 1980, 422). Diese Geheimhaltungspflicht besteht unter zwei Voraussetzungen:

1. Die persönlichen Daten sind dem Betriebsratsmitglied im Zuge der personellen Mitwirkung (Angelegenheiten der §§ 98 bis 107) bekannt geworden und
2. die Daten sind objektiv nach Bedeutung und Inhalt („ihrem Wesen nach") vertraulich (vgl EA Salzburg 27. 5. 1977, Arb 9591; VwGH vom 6. 7. 1979, 1844/77, SozM II B, 127).

Selbstverständlich kann der betroffene Arbeitnehmer das Betriebsratsmitglied von der Verschwiegenheitspflicht **entbinden**.

Zur Geltendmachung der Verschwiegenheitspflicht gegen ein Betriebsratsmitglied ist der Betriebsinhaber, nicht aber der Betriebsrat berechtigt (EA Leoben 1. 6. 1983, Arb 10.235 = ZAS 1983, 201 = infas 1984, A 24 = ARD 3565/11/83). Ein etwaiger Strafantrag wegen der vom Betriebsratsmitglied begangenen Verwaltungsübertretung kann nicht vom betroffenen Arbeitnehmer gestellt werden, sonden nur vom Betriebsinhaber (§ 160 Abs 2); uU kann jedoch der Arbeitnehmer unter Berufung auf dessen Fürsorgepflicht seinen Arbeitgeber zur Sanktionierung des gesetzwidrigen Verhaltens des Betriebsratsmitglieds auffordern. Unabhängig davon könnte nach dem DSG 2000 eine Verwaltungsübertretung vorliegen. Klagsweise oder mittels einstweiliger Verfügung geltend zu machende Unterlassungsansprüche sind dem betroffenen Arbeitnehmer ebenso unbenommen wie Schadenersatzansprüche (insbesondere wegen Ruf- oder Kreditschädigung).

Freizeitgewährung

§ 116. Den Mitgliedern des Betriebsrates ist, unbeschadet einer Bildungsfreistellung nach § 118, die zur Erfüllung ihrer Obliegenheiten erforderliche Freizeit[1][2][3][4] unter Fortzahlung des Entgeltes[5] zu gewähren.

Schrifttum zu den §§ 116 und 117

Jabornegg, Eine umstrittene Arbeitsfreistellung, DRdA 1979, 51;
Marhold, Mandatsausübung und Haftpflichtrecht, ZAS 1980, 3;
Jabornegg, Zur Finanzierung der Betriebsratstätigkeit am Beispiel der Reisekosten, in FS Floretta (1983);
Kirschbaum, Freistellung von teilzeitbeschäftigten Betriebsratsmitgliedern als Gleichbehandlungsproblem, ecolex 1992, 571;
Köck, Betriebsratstätigkeit und Arbeitspflicht (1992);
Köck, Zur Gleichbehandlung teilzeitbeschäftigter Betriebsratsmitglieder im Recht der EU, ZAS 1993, 21;
Schima, Beendigung der Betriebsratsfreistellung bei Veräußerung von Betriebsteilen an konzernfremde Dritte, RdW 1998, 284;
Tinhofer, Beendigung der Betriebsratsfreistellung infolge Betriebsteilveräußerung? Eine Replik, RdW 1998, 289;
Egermann, Bereicherungsrechtliches bei Entlassung eines freigestellten Betriebsratsmitglieds, ecolex 1999, 412;
Karner, Teilbarer Freistellungsanspruch von Betriebsratsmitgliedern? RdW 2001, 323;
Klug, Die Grundsätze der Mandatsausübung des Betriebsrats, Beiträge zu besonderen Problemen des Arbeitsrechts Bd 7 (2001);
Rauch, Zur Teilnahme von Betriebsräten an Gewerkschaftsveranstaltungen während der Arbeitszeit, ASoK 2002, 34;
Körber/Risak, Teilfreistellung für Betriebsratsmitglieder?, ASoK 2005, 155.

Übersicht zu 116

Freizeitanspruch – Allgemeines .... Erläuterung 1
Betriebsbezogenheit der Obliegenheit .... Erläuterung 2
Verständigung des Betriebsinhabers .... Erläuterung 3
Verhältnis zu anderen Freistellungsansprüchen .... Erläuterung 4
Entgeltfortzahlung .... Erläuterung 5

Freizeitanspruch

a) Allgemeines

[1]) Die Inanspruchnahme von bezahlter Freizeit durch Betriebsratsmitglieder für die Erledigung von Betriebsratsangelegenheiten ist unter zwei Voraussetzungen möglich:
- a) die Tätigkeit muss zu den **Aufgaben** des Betriebsrates gehören und
- b) die Ausübung dieser Tätigkeit durch das Betriebsratsmitglied muss während der Arbeitszeit **erforderlich** sein.

Ein allgemeiner Grundsatz, wonach sich Betriebsratsmitglieder jedenfalls vorwiegend ihren dienstlichen Obliegenheiten und nur subsidiär ihren Aufgaben als Belegschaftsvertreter zu widmen hätten, lässt sich aus dem ArbVG nicht ableiten (VwGH vom 8. 4. 1987, 84/01/0392, infas 1987, A 93 = DRdA 1987, 341 = ARD 3891/11/87). Deshalb ist auch die vereinzelt in der Rechtsprechung (ArbG Linz vom 10. 3. 1986, 1 Cr 266/85, Arb 10.504 = ZASB 1986, 21 = ARD 3858/22/87) getroffene Aussage, die Tätigkeit des Betriebsrates sei primär außerhalb der Arbeitszeit auszuüben, in dieser Allgemeinheit verfehlt, denn schließlich hat der Gesetzgeber eine gegenüber dem bis 1974 geltenden Betriebsrätegesetz anders lautende Formulierung gewählt: Die Mandatsausübung hat nicht mehr „soweit es die zu erfüllenden Aufgaben zulassen" außerhalb der Arbeitszeit zu geschehen, sondern **es wird auf die „Erforderlichkeit" zur Erfüllung der Obliegenheiten abgestellt**. Es widerspräche zudem dem Prinzip des freien Mandats (§ 115 Abs 2), wenn das Betriebsratsmitglied dem Betriebsinhaber darlegen soll, dass es während dieser Zeit keine andere Tätigkeit entfaltet hat, als sie dem Betriebsrat durch Gesetz aufgetragen ist, und dass es diese außerhalb der Arbeitszeit nicht verrichten konnte (so, noch unter der alten Rechtslage, LG Graz 28. 4. 1954, Arb 6027). Die diesbezüglichen Ausführungen von *Rauch* (siehe Schrifttumsverzeichnis) und *Resch* (aaO § 116 Rz 20 sind – va weil sie von OGH- und Einigungsamtsentscheidungen zur differenten Rechtslage vor In-Kraft-Treten des ArbVG ausgehen – verfehlt. Der Einberufer der Betriebsratssitzungen (in der Regel: Vorsitzender) trifft die Entscheidung über Zeit und Ort und die anderen Betriebsratsmitglieder haben dem Folge zu leisten (§ 14 Abs 5 BRGO).

Die Aufgaben bzw Obliegenheiten des Betriebsrats ergeben sich aus vielfältigen Rechtsquellen. Neben den Aufgaben nach den §§ 42 bis 58 (Betriebsversammlung, Vorbereitung und Durchführung der Betriebsratswahl), der Pflicht zur Teilnahme an Betriebsratssitzungen (§ 14 Abs 5 BRGO) und den Mitwirkungsrechten gem §§ 89 bis 112 (Mitwirkung in allgemeinen, sozialen, personellen und wirtschaftlichen Angelegenheiten) sind in zahlreichen Gesetzen und Verordnungen zusätzlich oder ergänzend betriebsrätliche Aufgaben der unterschiedlichsten Art vorgesehen (vgl § 89, Erl 1). So etwa im Arbeitszeitgesetz, ArbeitnehmerInnenschutzgesetz, Ausländerbeschäftigungsgesetz, Arbeits- und Sozialgerichtsgesetz

Schneller § 116 Erl 1

(und anderen Verfahrensvorschriften) und in Richtlinien und Verordnungen der EU. Weiters können Kollektivverträge, Betriebsvereinbarungen oder die Geschäftsordnung des Betriebsrats diverse Tätigkeiten vorsehen. Der **Auslegungsmaxime des § 38** ist zu entnehmen, dass die Pflichten und Befugnisse weit zu interpretieren sind, im Sinne einer umfassenden Interessenvertretung der Arbeitnehmer.

Wieviel Zeit für die Erfüllung einer Obliegenheit benötigt wird, in welcher Intensität das Betriebsratsmitglied eine Interessenvertretungsaufgabe wahrnimmt, ist jeweils nach den Umständen des Falles zu prüfen. Im Zweifel hat eine **Abwägung der Arbeitnehmerinteressen mit jenen des Betriebsinhabers** an einem nach Möglichkeit („tunlichst") störungsfreien Betriebsablauf (**§ 39 Abs 3**) zu erfolgen. Es ist ein Wesensmerkmal der Betriebsverfassung, dass der Betriebsinhaber eine gewisse Störung der betrieblichen Abläufe in Kauf nehmen muss (siehe *Gahleitner*, Erl 6 zu § 39 in ArbVR 2[3]). In der Praxis werden sich die meisten Aufgaben nur während der Anwesenheit des Betriebsinhabers und der übrigen Arbeitnehmer im Betrieb, also nur während des laufenden Betriebes, erledigen lassen. Weisungen des Arbeitgebers, die dem Betriebsrat die Erfüllung seiner Obliegenheiten erschweren würden, verstoßen gegen das Beschränkungsverbot des § 115 Abs 3 (OLG Wien vom 26. 5. 2000, 9 Ra 97/00a, ARD 5143/3/2000; OGH vom 25. 5. 1994, 9 Ob A 72/94, DRdA 1995, 524 = RdW 1994, 322 = infas 1994, A 138 = Arb 11.200).

Im **Streitfall** kann von beiden Teilen das Gericht mit einem Leistungsbegehren (Klage des Betriebsratsmitgliedes auf Entgeltfortzahlung bzw Unterlassungsklage durch den Betriebsinhaber) angerufen werden. Auf Arbeitnehmerseite ist das einzelne Betriebsratsmitglied Partei, der Betriebsrat könnte allerdings die Feststellung begehren, dass seine Mitglieder zur Inanspruchnahme von Freizeit in bestimmten Fällen berechtigt sind. In diesem Zusammenhang ist zu beachten, dass nur der Freizeitanspruch und die Entgeltfortzahlung für konkretisierte Obliegenheiten feststellungsfähig sind, nicht jedoch die grundsätzliche Frage nach den Freistellungsverpflichtungen des Betriebsinhabers (OGH vom 25. 5. 1994, 9 Ob A 83/94, ARD 4601/11/94 = Arb 11.201). Die Konsequenz von unberechtigter Inanspruchnahme von Freizeit für die Erfüllung von Betriebsratsaufgaben ist der Entgeltverlust; in der Regel (dh mit Ausnahme krasser, manipulativer Fälle) stellt ein Überschreiten der Freizeitansprüche für Betriebsratsaufgaben **keinen Entlassungsgrund** dar (OGH vom 28. 6. 1995, 9 Ob A 80/95, ARD 4713/12/96; EA Graz 30. 6. 1983, Arb 10.251 = RdW 1983, 117 = ZAS 1984, 1).

Einige **Beispiele** für Arbeitsverhinderungen wegen der Erfüllung betriebsrätlicher Obliegenheiten:
– Abhaltung von **Betriebsratssitzungen**: Da die BRGO seit der Geltung des ArbVG keine Bestimmung mehr enthält, wonach „die Sitzungen nur dann während der Arbeitszeit abzuhalten sind, wenn

es die Umstände unbedingt erfordern" (§ 22 Abs 5 BRGO alt), ist davon auszugehen, dass diese strengen Voraussetzungen nicht mehr bestehen. Es gilt aber der allgemeine Grundsatz des § 39 Abs 3, wonach die Organe der Arbeitnehmerschaft ihre Tätigkeit tunlichst ohne Störung des Betriebes zu vollziehen haben (vgl *Gahleitner*, ArbVR 2^3, Erl 6 zu § 39). Der Einberufer der Sitzung hat eine Interessenabwägung vorzunehmen: Je dringlicher die Sitzung, je schwer wiegender Arbeitnehmerinteressen im konkreten Fall beeinträchtigt sein können, umso mehr ist auch eine etwaige Störung des Betriebs dem Betriebsinhaber zumutbar. Jedes Betriebsratsmitglied ist verpflichtet, an den Betriebsratssitzungen teilzunehmen (§ 14 Abs 5 BRGO).

- **Vorbereitung und Durchführung von Betriebsversammlungen** (s Erläuterungen zu § 42 in ArbVR 2^3).
- **Vertretung von Arbeitnehmern** in arbeitsrechtlichen Angelegenheiten: Der Betriebsrat bzw einzelne Mitglieder haben das Recht, Arbeitnehmer in Angelegenheiten, die das Arbeitsverhältnis betreffen, bei Behörden, Ämtern und Gerichten zu vertreten; in allgemeiner Form ist dieses **Interventionsrecht** in § 90 geregelt. Auch die Entsendung eines Betriebsratsmitgliedes zu einem für die Belegschaft wichtigen Prozess – ohne dass dort das Betriebsratsmitglied vertreten müsste – ist durch den Freizeitanspruch für Betriebsratsmitglieder gerechtfertigt (EA Wien 16. 12. 1955, SozM II B, 330; ArbG Linz vom 10. 3. 1986, 1 Cr 266/85, Arb 10.504 = ZASB 1986, 21 = ARD 3858/22/87).
- Betriebsratsmitgliedern ist auch für die **Einholung von Auskünften** bei einer überbetrieblichen Interessenvertretung (Gewerkschaft, AK) die erforderliche Freizeit unter Fortzahlung des Entgeltes zu gewähren, denn schließlich normiert § 39 Abs 4 ein Gebot der Zusammenarbeit (OLG Wien vom 22. 10. 1993, 33 Ra 116/93, ARD 4531/19/94; ArbG Wien 5. 5. 1964, SozM II B, 731). Für ein Informationsgespräch bei der Gewerkschaft ist jedoch die Freistellung von zwei Betriebsratsmitgliedern uU nicht erforderlich (OGH vom 25. 5. 1994, 9 Ob A 72/94, ecolex 1994, 394 = RdW 1994, 322 = DRdA 1994, 524 = Arb 11.200 = ARD 4619/9/95).
- **Überprüfung der Arbeitsbedingungen**: Die gelegentliche Besichtigung von Baustellen und sonstigen Betriebsanlagen zur Kontrolle des Arbeitnehmerschutzes gehört zu den Obliegenheiten des Betriebsrates, für die Freizeit unter Fortzahlung des Entgeltes gebührt (ArbG Linz 14. 10. 1954, Arb 6080).
- **Gespräche** und **Beratungen** mit den vertretenen Arbeitnehmern: Es muss dem einzelnen Betriebsratsmitglied das Recht zugebilligt werden, einzelne Arbeitnehmer am Arbeitsplatz aus eigener Initiative anzusprechen und mit ihnen Probleme zu erörtern, die zum Aufgabenbereich des Betriebsrates gehören (EA Wien 20. 3. 1967, SozM

II B, 819); stundenlanges und immer wiederkehrendes Diskutieren über Angelegenheiten, die durch den Gesamtbetriebsrat bereits erledigt worden sind, rechtfertigt hingegen für einzelne Betriebsratsmitglieder keinen Freizeitanspruch (EA Wien 2. 5. 1972, SozM II B, 1049). Der Kündigungstatbestand des § 121 Z 3 (beharrliche Pflichtverletzung) wird aber dadurch in aller Regel nicht verwirklicht, da diese wiederholten Erörterungen wohl im Rahmen der Mandatsausübung entschuldbar sein werden (Mandatsschutzklausel gem § 120 Abs 1).

– Aktenstudium sowie Recherchieren von und in **Unterlagen** (Urkunden, Businesspläne, Jahresabschlüsse usw), die für die Vertretungsaufgaben relevant sind. Das gilt insbesondere für Arbeitnehmervertreter, die im Aufsichtsrat vertreten sind (vgl Erl 34 zu § 110).

Sollte sich im Zuge der betriebsrätlichen Aufgabenerfüllung ein **Arbeitsunfall** ereignen, so unterliegt er gem § 176 Abs 1 Z 1 ASVG der gesetzlichen Unfallversicherung.

b) Betriebsbezogenheit der Obliegenheit

[2]) Nach der Rechtsprechung sind nur Aufgaben im Rahmen der innerbetrieblichen Interessenvertretung von § 116 umfasst. Umstritten ist die Teilnahme von Betriebsratsmitgliedern im Zusammenhang mit **gewerkschaftlichen Veranstaltungen**. Hinsichtlich des Anspruchs von Betriebsratsmitgliedern auf bezahlte Freizeit zur Teilnahme an Tagungen und Konferenzen der Gewerkschaft nimmt die Rechtsprechung des OGH insofern einen eher restriktiven Standpunkt ein, als ein solcher Anspruch nur bei **Behandlung unmittelbar betriebsbezogener Angelegenheiten** bejaht wird. So hat der OGH zB entschieden, dass ein Freistellungsanspruch gem § 116 für die Teilnahme an einer Gewerkschaftsveranstaltung über Kollektivvertragsfragen nur dann zugebilligt werden könne, wenn Gegenstand der Veranstaltung die Erörterung von im Kollektivvertrag zu verankernden, den Betrieb (speziell) betreffenden Fragen ist. Entscheidend sei der Zweck und nicht die Dauer der Veranstaltung (OGH vom 19. 10. 1976, 4 Ob 118/76, Arb 9535). Die Teilnahme an einer von der zuständigen Gewerkschaft einberufenen Betriebsrätekonferenz, in der über den Stand der Lohnverhandlungen gesprochen wird – wobei die Gewerkschaft bestrebt ist, entsprechende Basisinformationen von ihren Mitgliedern zu erhalten – und weiters erörtert wird, ob und in welcher Weise auf die Arbeitgeber Druck auszuüben sei, um ein positives Verhandlungsergebnis zu erreichen, wurde vom OGH als nicht unmittelbar betriebsbezogen qualifiziert (OGH vom 30. 9. 1987, 9 Ob A 73/87, infas 1988, A 24 = ARD 3940/15/87 = DRdA 1988, 258 = RdW 1988, 98).

Die in diesen Entscheidungen vertretene Argumentation ist aus mehreren Gründen problematisch. Zunächst müsste berücksichtigt werden, dass das Zusammenarbeitsgebot zwischen betrieblichen und überbetrieblichen Interessenvertretungen der Arbeitnehmer (Gewerkschaften und Arbeiterkammern) zu den in § 39 verankerten tragenden Grundsätzen des Betriebsverfassungsrechts gehört. Weiters ist zu bedenken, dass **infolge der Normwirkung des Kollektivvertrages** Informationen und Verhandlungen in Kollektivvertragsangelegenheiten in jedem Fall für die dem Kollektivvertrag angehörenden Arbeitnehmer von Bedeutung sind, weil die Verhandlungsergebnisse **unmittelbare Auswirkungen auf die Arbeitsverhältnisse** in allen Betrieben haben, für die der Kollektivvertrag gilt. Nach § 89 Z 2 hat der Betriebsrat auch die Einhaltung der für den Betrieb geltenden Kollektivverträge zu überwachen. Schließlich geht eine allzu formalistische Abgrenzung „unmittelbar betriebsbezogener" von anderen bei einer Informationsveranstaltung behandelten Angelegenheiten an den Realitäten des Ablaufs derartiger Veranstaltungen völlig vorbei. Selbstverständlich beziehen die Betriebsratsmitglieder, die an gewerkschaftlichen Informationsveranstaltungen teilnehmen, die dort vermittelte Information in erster Linie auf die konkrete Situation in „ihrem" Betrieb und haben dabei die Möglichkeit, die Auswirkungen allgemeiner Überlegungen auf die von ihnen vertretenen Arbeitnehmer durch gezielte Anfragen festzustellen oder die Meinungsbildung der von ihnen vertretenen Arbeitnehmer zu beeinflussen, was in der Praxis ja auch tatsächlich immer wieder geschieht. Eine realitätsbezogene Betrachtung des Verhältnisses von betrieblicher und überbetrieblicher Interessenvertretung müsste deshalb zu einem wesentlich weiteren Verständnis der Betriebsratsaufgaben in diesem Zusammenhang führen.

Ähnliches gilt für die Teilnahme an anderen, Fragen der Arbeitnehmerinteressenvertretung gewidmeten Veranstaltungen. Der OGH meint, die Teilnahme an einer bloß dem Gedankenaustausch und der Erörterung allgemeiner sozialpolitischer Anliegen einer Berufsgruppe gewidmeten Informationstagung einer Arbeitsgemeinschaft der Betriebsräte begründe keinen Anspruch auf bezahlte Freizeit nach § 116 (OGH vom 10. 5. 1989, 9 Ob A 121/89, DRdA 1991, 134 mit krit Anm von *B. Schwarz* = infas 1989, A 89 = ARD 4084/18/89 = RdW 1989, 312 = SWK 1990, B I 4). Auch wenn man dieser Meinung folgt, stellt sich aber auch in diesem Fall das Problem einer praxisgerechten Abgrenzung „unmittelbar betriebsbezogener" von anderen für die Arbeitnehmer wichtigen Angelegenheiten. So etwa wenn auf einer gewerkschaftlichen Veranstaltung Fragen der Arbeitszeit, des technischen Arbeitnehmerschutzes, des Abschlusses von Betriebsvereinbarungen und ähnliche Themen behandelt werden, die für das Betriebsratsmitglied von unmittelbarer Relevanz sind und **mit dem betrieblichen Geschehen in aktuellem Zusammenhang** stehen. So steht beispielsweise die Erörterung von Betriebsvereinbarungsmodellen über Arbeitszeitfestlegungen gem §§ 4–4b und 7 AZG (Schichtpläne, Durchrechnungszeiträume etc) in engstem Konnex mit den Arbeitsbedingungen im Betrieb und die Teilnahme von Betriebsratsmitgliedern an diesbezüglichen Gewerkschaftsveranstaltungen stellt meines Erachtens eine Inanspruchnahme von Freizeit gem § 116 dar. Denn die dabei erhaltenen Informationen werden zumeist entscheidende **Grundlagen für nachfolgende Beschlüsse des Betriebsrats** sein. Zudem können derartige Veranstaltungen einen erheblichen Schulungscharakter haben, sodass zumindest ein Freistellungs-(und Entgeltfortzahlungs-)Anspruch nach § 118 bzw § 119 bestehen kann.

Die Teilnahme an Aktivitäten einer Fraktion begründet keine Leistungspflicht des Betriebsinhabers. **Fraktionelle Tätigkeiten** müssen daher grundsätzlich **außerhalb der Arbeitszeit** stattfinden (OGH vom 10. 7. 1991, 9 Ob A 133/91, DRdA 1991, 460, mit Anm von *Andexlinger* = ARD 4286/15/91 = ZASB 1991, 13 = ecolex 1991, 799 = wbl 1991, 392 = ZAS 1992/16 mit Anm von *Resch* = infas 1992, A 40 = Arb 10.951).

c) Verständigung des Betriebsinhabers

3) Das Betriebsratsmitglied ist grundsätzlich **nicht verpflichtet**, dem Betriebsinhaber die zweckmäßige und widmungsgemäße Verwendung der Freizeit **nachzuweisen; keinesfalls** muss die **Zustimmung** des Betriebsinhabers eingeholt werden (siehe Erl 6 zu § 115). Es muss jedoch dem Betriebsinhaber die Möglichkeit geboten werden zu beurteilen, ob die Voraussetzungen für die Gewährung von Freizeit für die Erfüllung der Betriebsratsobliegenheiten gegeben sind. Außerdem muss der Betriebsinhaber uU zeitgerecht arbeitsorganisatorische bzw personelle Dispositionen vornehmen, um das Betriebsratsmitglied im betrieblichen Arbeitsablauf ersetzen zu können. Auf Verlangen ist wenigstens in groben Zügen mitzuteilen, wozu die Freizeit verwendet werden soll und wie lange die Arbeitsverhinderung voraussichtlich dauern wird; in Ausnahmefällen genügt die nachträgliche Mitteilung (VwGH 26. 3. 1963, SozM II B, 691).

Der Betriebsinhaber hat nicht das Recht, die Tätigkeit eines Betriebsratsmitgliedes so zu **überwachen**, dass er ihm die erforderliche Freizeit genau vorschreibt (LG Graz 28. 4. 1954, Arb 6027 = SozM II B, 298), andernfalls er gegen das **Beschränkungsverbot des § 115 Abs 3** verstößt (OLG Wien vom 26. 5. 2000, 9 Ra 97/00a, ARD 5143/3/2000; OGH vom 25. 5. 1994, 9 Ob A 72/94, ecolex 1994, 394 = RdW 1994, 322 = DRdA 1994, 524 = Arb 11.200 = ARD 4619/9/95; EA Graz 30. 6. 1983, Arb 10.251 = ZAS 1984, 1 = RdW 1983, 117). In dringenden Interessenvertretungsfällen kann das unverzügliche Verlassen des Arbeitsplatzes geboten sein, wobei auch hier das Betriebsratsmitglied eine Interessenabwägung mit möglichen betrieblichen Schäden vorzunehmen hat. Die Betrauung eines Kollegen mit der kurzfristigen Vertretung ist im Fall drohender Schäden ratsam.

Die Mitteilung von der Verhinderung ist grundsätzlich **nicht an bestimmte Formvorschriften gebunden**. In Ausnahmefällen stellt die Weisung des Betriebsinhabers, Abmeldungen zur Erfüllung der Betriebsratsaufgaben schriftlich (durch Ausfüllung eines dafür vorgesehenen Formulars) vorzulegen, keine nennenswerte Erschwerung der Betriebsratstätigkeit dar. So besteht zB, wenn im Betrieb **Gleitzeitregelung** mit Erfassung der entgeltpflichtigen Abwesenheitszeiten praktiziert wird, am schriftlichen Festhalten von Abwesenheitszeiten va in größeren Unternehmen ein **berechtigtes Interesse des Betriebsinhabers**, das die geringe Mühe der Formularausfüllung rechtfertigt (OGH vom 10. 7. 1991, 9 Ob A 133/91, DRdA 1991, 460, mit Anm von *Andexlinger* = ARD 4286/15/91 = ZASB 1991, 13 = ecolex 1991, 799 = wbl 1991, 392 = ZAS 1992/16 mit Anm von *Resch* = infas 1992, A 40 = Arb 10.951).

Die Weisung des Arbeitgebers, wenigstens in groben Zügen eine Mitteilung über den Grund und die voraussichtliche Dauer der Inanspruchnahme von Freizeit zu machen, ist als Obliegenheit zu beurteilen. Die **Zulässigkeit** einer generellen Weisung ist **überhaupt fraglich**; eine Verletzung derselben ist im Regelfall als **bloße Ordnungswidrigkeit** nicht geeignet, den Kündigungsgrund der beharrlichen Pflichtverletzung (§ 121 Z 3) zu erfüllen. Sollten allerdings betriebliche Interessen durch eine zu kurzfristig erfolgte Verständigung des Betriebsinhabers gefährdet und diesbezüglich das Betriebsratsmitglied schon abgemahnt worden sein, könnte eine beharrliche Pflichtverletzung gem § 121 Z 3 vorliegen (OGH vom 28. 5. 2001, 8 Ob A 236/00i, infas 2001, A 87 = DRdA 2002/27 mit Anm von *Massl* = ARD 5247/53/01 = RdW 2002, 42). In seiner Entscheidungsbesprechung weist *Massl* zutreffenderweise darauf hin, dass ein Verstoß gegen betriebsverfassungsrechtliche Obliegenheiten allein ohne gravierende Verletzungen arbeitsvertraglicher Verpflichtungen nicht geeignet ist, die gerichtliche Zustimmung zur Kündigung eines Betriebsratsmitglieds auszulösen. Dennoch ist im Hinblick auf die zuletzt zitierten, meines Erachtens verfehlten „Andeutungen" des Obersten Gerichtshofs Betriebsratsmitgliedern **in Konfliktsituationen** ganz allgemein anzuraten, etwaigen Weisungen des Arbeitgebers bezüglich **Abmeldungen** von der Arbeit nachzukommen und sich **Nachweise** über die rechtmäßige Verwendung der Freizeit zu sichern (Gedächtnisprotokolle, Verständigung von Kollegen, Dokumentation der ausgeübten Mitwirkungsbefugnisse etc).

d) Verhältnis zu anderen Freistellungsansprüchen

[4]) Der Anspruch auf Freizeitgewährung („Amtsfreistellung") besteht neben dem Anspruch auf Bildungsfreistellung gem § 118, und zwar gleichgültig, ob dieser bereits konsumiert ist oder nicht. Im parlamentarischen Ausschussbericht anlässlich der Einführung der Bildungsfreistellung (542 BlgNR 12. GP) wurde darauf hingewiesen, dass durch das Wort „unbeschadet" zum Ausdruck gebracht werden soll, dass **durch die Bestimmungen über die Bildungsfreistellung** nach § 118 das den Betriebsratsmitgliedern ansonsten zustehende Recht auf Gewährung der für die Teilnahme an anderen mit ihrer Funktion zusammenhängenden, aber nicht unmittelbar der Ausbildung dienenden Veranstaltungen (zB Ge-

werkschaftskonferenzen) nötigen Freizeit **unberührt** bleibt. Auf § 116 gegründete Freistellungen dürfen auch nicht auf das gem § 118 vorgesehene Höchstausmaß der Bildungsfreistellung angerechnet werden. Betriebsratssitzungen und „Betriebsratsklausuren" oä, sowie die dafür nötigen Vor- und Nachbereitungszeiten fallen unter den zeitlich nicht beschränkten Anspruch nach § 116. Hingegen stehen für „Informationsveranstaltungen" im weitesten Sinn, die nicht mehr die konkrete, anstehende oder bevorstehende Mitbestimmungstätigkeit betreffen, die limitierten Freistellungsansprüche nach §§ 118 f (Bildungsfreistellung) zur Verfügung. Da die Abgrenzung mitunter schwierig ist, ist **im Zweifel ein Anspruch gem § 116** anzunehmen (so zutreffend *Resch,* aaO § 116 Rz 14).

Die Teilnahme von Betriebsratsmitgliedern an Veranstaltungen, für die kein Anspruch auf bezahlte Freizeit nach § 116 besteht, könnte – bei Vorliegen der in § 118 geregelten Voraussetzungen – in Form einer Bildungsfreistellung erfolgen (Näheres siehe Erl 1 zu § 118). Wenn **Betriebsratsmitglieder freigestellt** (vgl § 117) sind, so wird dadurch dem Grunde nach der **Freizeitanspruch der anderen Betriebsratsmitglieder nicht berührt** (EA Wien 30. 8. 1961, SozM II B, 592; VwGH 13. 5. 1966, SozM II B, 798; dagegen: ArbG Klagenfurt 20. 5. 1960, Arb 7270). Allerdings wird die Frage der „Erforderlichkeit" in diesen Fällen besonders zu prüfen sein. Beispielsweise ist es nicht erforderlich, dass an einer gewerkschaftlichen Informationsveranstaltung zusätzlich zu zwei freigestellten Betriebsratsmitgliedern noch alle übrigen Betriebsratsmitglieder teilnehmen (ArbG Wien 24. 4. 1961, SozM II B, 569).

Entgeltfortzahlung

5) Für die Entgeltfortzahlung nach § 116 (zeitweise „Amtsfreistellung" im Gegensatz zur gänzlichen Freistellung nach § 117) gilt das **„Ausfallsprinzip"**: Dem Betriebsratsmitglied ist jenes Entgelt zu zahlen, das es hätte verdienen können, wenn es während dieser Zeit gearbeitet hätte. Zu ersetzen ist der **mutmaßliche Verdienst**, also das, was das Betriebsratsmitglied nach dem gewöhnlichen Lauf der Dinge mit überwiegender Wahrscheinlichkeit verdient hätte, wenn es die vertraglich vereinbarte Arbeit verrichtet hätte. Das Betriebsratsmitglied soll auch weiterhin in den Genuss aller Begünstigungen kommen, auf die ein Arbeitnehmer, der die gleiche Arbeit verrichtet, Anspruch hat (VwGH vom 16. 3. 1981, 12/0315/80, DRdA 1982, 35 mit Anm von *Stifter* = ZAS 1982, 235 mit Anm von *Heinrich*). Wurde dem Betriebsratsmitglied eine „Funktionspauschale" bezahlt, die im Sinne des Ausfallsprinzips der pauschalen Abgeltung von Mehrleistungen vergleichbarer Arbeitnehmer dient, so ist dieser Entgeltbestandteil rechtmäßig (OGH vom 15. 1. 1992, 9 Ob A 227/91, DRdA 1992, 344 mit Anm von *Floretta* = infas 1992, A 88 = 4365/15/92 = ZAS 1993/5 mit Anm von *Trost* = Arb 11.005). Umgekehrt darf ein Betriebsratsmitglied aber aus dem Mandat **keine Vorteile** ziehen; die zur Erfüllung

der Betriebsratsaufgaben zu gewährende Freizeit darf nicht besser bezahlt werden als die Arbeitszeit – vgl Erl 1 zu § 115.

Das Entgelt iSd § 116 umfasst auch **Zulagen** (zB Schmutz-, Hitze-, Erschwernis-, Entfernungs- und Gefahrenzulagen), die bei Verrichtung der Arbeit zu zahlen gewesen wären. Das Ausfallsprinzip gilt auch für **variable oder leistungsbezogene Entgeltbestandteile** wie **Entgelt für Überstunden, Bonifikationen, Umsatz- oder Erfolgsbeteiligungen** oder **Akkordprämien**. Derartige Entgeltbestandteile wären nur dann nicht mehr in voller Höhe weiterzuzahlen, wenn die Umstände, unter denen sie gewährt wurden (hoher Arbeitsumfang, Auftragsstand etc), **dauerhaft** weggefallen sind; kurzfristige Änderungen der betrieblichen Umstände schmälern hingegen den Entgeltfortzahlungsanspruch in aller Regel nicht (vgl *Kuderna*, Urlaubsrecht[2], 136). Es kommt nicht darauf an, ob das Betriebsratsmitglied gerade wegen einer Betriebsratstätigkeit nicht zu Mehrleistungen hätte herangezogen werden können: Hätte das Betriebsratsmitglied im Falle seiner Beschäftigung Überstunden leisten müssen, so sind auch diese samt Zuschlag weiterzuzahlen (OGH vom 15. 3. 1989, 9 Ob A 21/89, infas 1989, A 88).

Eine zulässige Kürzung des Entgelts aller übrigen Arbeitnehmer bei betriebseinheitlicher Kurzarbeit wirkt sich hingegen auch auf den Verdienst der Betriebsratsmitglieder aus (OGH vom 30. 11. 1988, 9 Ob A 274/88, infas 1989, A 90 = Arb 10.761 = DRdA 1989, 425 = RdW 1989, 232). Dabei ist jedoch konkret zu prüfen, ob auch in jener Abteilung, der das Betriebsratsmitglied angehört, Entgeltreduktionen tatsächlich eintreten – die bloße Absichtserklärung des Arbeitgebers, Überstundeneinsparungen vornehmen zu wollen, reicht nicht aus (VwGH vom 15. 12. 1999, Zl 97/12/0229, RIS-Entscheidung Index 60/03 zu § 117 ArbVG).

Haben andere Arbeitnehmer, die ebenso wie das Betriebsratsmitglied Überstunden verrichteten, trotz des Nichtanfalls von Überstunden ein **Pauschale** oder All-Inclusive-Einkommen erhalten, so steht ein solches auch dem Betriebsratsmitglied als Fortzahlungsanspruch zu (OGH vom 15. 1. 1992, so). Auch in Aufwandsentschädigungen „verstecktes" Entgelt ist weiterzuzahlen (OGH 9. 2. 1960, Arb 7170).

Geht ein auffallend sich verringerndes oder vergleichbar niedriges **Provisionseinkommen** eines Betriebsratsmitglieds auf Umstände zurück, die mit der teilweisen Freistellung von der Arbeitsleistung zusammenhängen, ist diese Einkommenseinbuße vom Arbeitgeber nach dem Ausfallsprinzip zu ersetzen. Sind dafür aber mehrere Ursachen maßgeblich, so ist nach § 273 ZPO (gebundenes richterliches Ermessen) zu bestimmen, was dem Arbeitnehmer nach dem gewöhnlichen Verlauf der Dinge durch seine Freistellung an Provision entgangen ist (OGH vom 13. 2. 1991, 9 Ob A 1/91, DRdA 1991, 387 = ZAS 1992, 32 mit Anm v *Andexlinger* = ecolex 1991, 414 = infas 1991, A 78 = ARD 4254/7/91 = RdW 1991, 211 = wbl 1991, 261). Vgl im Übrigen Erl 7 zu § 115.

Auf das gem § 116 fortgezahlte Entgelt besteht selbst dann kein Rückforderungsanspruch des Betriebsinhabers (Arbeitgebers), wenn das Betriebsratsmitglied zu Recht entlassen (und dienstfreigestellt) wurde (OLG Wien vom 25. 2. 2005, 7 Ra 18/05a = DRdA 2005, 274 = ARD 5609/6/2005.

Ob **teilzeitbeschäftigte** Betriebsratsmitglieder (faktisch handelt es sich dabei wohl überwiegend um Frauen), die „ganztägige" Schulungen absolvieren oder über ihr Teilzeitausmaß hinaus ihr Ehrenamt ausüben, **mittelbar diskriminiert** (aufgrund ihres Geschlechts; Art 141 EG-Vertrag) sein können, war Gegenstand zweier EuGH-Entscheidungen (Rs C-360/90, Bötel; Rs C-457/93, Lewark). Allerdings ist daraus nicht zwingend und in jedem Fall abzuleiten, dass die Betriebsratmitglieder über das Ausfallsprinzip hinaus Entgeltfortzahlung beanspruchen können (*Mosler* im Zeller Kommentar Rz 21 zu § 116 ArbVG). Es wird wohl im konkreten Fall jeweils zu beurteilen sein, ob dadurch das Bevorzugungsverbot (vgl § 115 Erl 1) oder aber das Beschränkungs- und Benachteiligungsverbot des § 115 Abs 3 verletzt wird.

Freistellung

§ 117. (1) Auf Antrag des Betriebsrates[1]) sind in Betrieben mit mehr als 150 Arbeitnehmern[2]) ein, in Betrieben mit mehr als 700 Arbeitnehmern[2]) zwei und in Betrieben mit mehr als 3 000 Arbeitnehmern[2]) drei Mitglieder des Betriebsrates und für je weitere dreitausend Arbeitnehmer ein weiteres Mitglied des Betriebsrates von der Arbeitsleistung[3]) unter Fortzahlung des Entgeltes[4]) freizustellen.

(2) In Betrieben, in denen getrennte Betriebsräte der Arbeiter und der Angestellten zu wählen sind, gelten die in Abs 1 angeführten Zahlen für die betreffenden Arbeitnehmergruppen.[2])

(3) Sind in Betrieben eines Unternehmens, in denen eine Freistellung von Betriebsratsmitgliedern gemäß Abs 1 und 2 nicht möglich ist, mehr als 400 Arbeitnehmer beschäftigt, so ist auf Antrag des Zentralbetriebsrates ein Mitglied desselben unter Fortzahlung des Entgeltes von der Arbeitsleistung freizustellen.[5])

(4) Bei Berechnung der Zahlengrenzen sind Heimarbeiter nur dann zu berücksichtigen, wenn sie im Sinne des § 27 Heimarbeitsgesetz 1960, BGBl Nr 105/1961, regelmäßig beschäftigt werden.[2])

(5) Sind in einem Konzern im Sinne des § 15 des Aktiengesetzes 1965 oder des § 115 des Gesetzes über Gesellschaften mit beschränkter Haftung, in dem eine Freistellung von Betriebsratsmitgliedern gemäß Abs 1 bis 3 nicht möglich ist, mehr als 400 Arbeitnehmer beschäftigt, und ist eine Konzernvertretung gemäß § 88a errichtet, so kann die Konzernvertretung beschließen, daß ein in der Konzernvertretung vertretener Betriebsrat (Zentralbetriebsrat) für eines seiner Mitglieder die Freistellung von der Arbeitsleistung unter Fortzahlung des Entgelts in Anspruch nehmen kann.[6]) Der Beschluß der Konzernvertretung und der Freistellungsantrag des Betriebsrates (Zentralbetriebsrates) sind der Konzernleitung und dem Betriebsinhaber des Betriebes, in dem das freizustellende Betriebsratsmitglied beschäftigt ist, zu übermitteln.

(6) Sinkt im Zuge einer rechtlichen Verselbständigung (§ 62b) die Anzahl der Arbeitnehmer unter die für den Freistellungsanspruch gemäß Abs 1 bis 3 erforderliche Anzahl, so bleibt die Freistellung bis zum Ablauf der Tätigkeitsdauer des Betriebsrates, dem der Freigestellte angehört, aufrecht.[7]) Die Freistellung endet jedoch, wenn ein Betriebsratsmitglied gemäß Abs 5 freigestellt wird.

Schrifttum zu § 117

Siehe bei § 116.

Übersicht zu § 117

Voraussetzungen und Dauer des Freistellungsanspruchs	Erläuterung 1
Schlüsselzahlen	Erläuterung 2
Arbeiter- und Angestelltenbetriebsrat	Erläuterung 3
Rechtswirkungen der Freistellung	Erläuterung 4
Entgeltfortzahlung	Erläuterung 5
Freistellung durch den Zentralbetriebsrat	Erläuterung 6
Freistellung im Konzern	Erläuterung 7
Freistellung bei rechtlicher Verselbstständigung von Betriebsteilen oder Zusammenschluss von Betrieben (Betriebsteilen)	Erläuterung 8

Voraussetzungen und Dauer des Freistellungsanspruchs

[1]) Der Antrag (mangels Zustimmungserfordernisses des Betriebsinhabers eigentlich: die einseitige, nicht annahmebedürftige **Bekanntgabe**) hat den Namen des freizustellenden Betriebsratsmitgliedes (bzw der Mitglieder) zu enthalten; es ist weder eine bestimmte Funktion im Betriebsrat noch die Reihung auf dem Wahlvorschlag für die Freistellung von Relevanz. Ob eine Freistellung von der Betriebsratskörperschaft beschlossen oder darauf verzichtet wird, liegt im freien Ermessen des BR. Die **Auswahl** der Freizustellenden obliegt allein dem **Betriebsrat**, er hat darüber einen **Beschluss** zu fassen und diesen dem Betriebsinhaber **schriftlich mitzuteilen** (§ 32 BRGO). Mit Zugang der Mitteilung des Antrages an den Betriebsinhaber wird die Freistellung **rechtswirksam**.

Ein Beispiel für die Form des Antrages:

An die Leitung der Firma ..., Wien, ...

Der Betriebsrat (der Arbeiter/der Angestellten) hat in seiner Sitzung vom ... die Freistellung seines Mitgliedes bzw Vorsitzenden (oder andere Funktionsbezeichnung) (Vor- und Zuname) gemäß § 117 Arbeitsverfassungsgesetz beschlossen. Dieser Beschluss wird zur Kenntnisnahme übermittelt.

Für den Betriebsrat: ...

Es ist **rechtlich unerheblich**, ob der **Betriebsinhaber** mit der Freistellung **einverstanden** ist und ob ein betriebliches Erfordernis für die Freistellung besteht bzw ob die Arbeitsleistung des Freizustellenden im Betrieb unbedingt erforderlich wäre (EA Linz 23. 9. 1974, DRdA 1976, 308; VwGH vom 17. 10. 1972, Arb 9060; EA Klagenfurt 26. 3. 1970, Arb 8758;).

Im Gegensatz zur deutschen Rechtslage (§ 38 Betriebsverfassungsgesetz) ist eine Mitwirkung des Betriebsinhabers sowie eine Zwangsschlich-

§ 117 Erl 1

tung bezüglich der Auswahl des freizustellenden Betriebsratsmitglieds nicht vorgesehen. In österreichischen Publikationen vereinzelt anzutreffende Zitate aus Entscheidungen der deutschen Judikatur (zB BAG vom 20. 8. 2003, 9 AZR 261/01, ARD 5416/4/2003) sind daher ohne Bedeutung für die Auslegung von § 117.

Dasselbe gilt für die **Abberufung oder Ersetzung** eines freigestellten Betriebsratsmitgliedes. Dies kann zB dann notwendig werden, wenn das freigestellte Betriebsratsmitglied längere Zeit hindurch wegen Krankheit oder Urlaubs abwesend ist. Zur Vermeidung einer Lücke kann nun entweder von vornherein ein Stellvertreter bestimmt werden oder formell eine Abberufung des verhinderten Betriebsratsmitgliedes und eine gleichzeitige Antragstellung auf Freistellung eines anderen Betriebsratsmitgliedes erfolgen. Auch die Abberufung eines freigestellten Mitglieds bzw dessen Ersetzung muss dem Betriebsinhaber schriftlich bekannt gegeben werden.

Die Erreichung der Schlüsselzahlen (vgl Erl 2) und ein Antrag des Betriebsrates an den Betriebsinhaber sind somit die beiden einzigen Voraussetzungen für den **Beginn der Freistellung** des Betriebsratsmitglieds von der Arbeitsleistung. Ein neu gewählter Betriebsrat muss von neuem eine Benachrichtigung des Betriebsinhabers vornehmen, auch wenn derselbe Arbeitnehmer ohne Unterbrechung freigestellt wird (bleibt). Der Freistellungsanspruch des Betriebsratsmitglieds **endet** mit dem dauerhaften Unterschreiten der Schlüsselzahlen (Erl 2), mit dem Verlust der Mitgliedschaft zum Betriebsrat (vgl § 64) oder durch eine schriftliche Bekanntgabe des Betriebsrats an den Betriebsinhaber, worin auf die Freistellung des Betriebsratsmitglieds verzichtet wird.

Zur Vertretung des Betriebsrats gegenüber dem Betriebsinhaber und nach außen ist nach § 71 der Vorsitzende (im Verhinderungsfall sein Stellvertreter), nicht aber generell das freigestellte Betriebsratsmitglied berufen (EA Salzburg 9. 10. 1978, Arb 9723).

Der Freistellungsanspruch richtet sich nach objektiven Gesichtspunkten und **verstößt nicht** gegen den **Gleichheitssatz der Verfassung**, da er keine unsachliche Benachteiligung von Eigentümern größerer Betriebe darstellt (VfGH vom 8. 3. 1971, DRdA 1972, 87 mit Anm von *Egger*).

Eine **Teilfreistellung** – und teilweise Arbeitsleistung des BR-Mitglieds – ist nicht einmal für den Fall vorgesehen, dass sich das betroffene BR-Mitglied und der Betriebsinhaber darauf einigen. Eine rechtlich unverbindliche Gestaltung ist jedoch, sofern von beiden Seiten gewünscht, möglich (vgl *Körber/Risak,* Literaturverzeichnis bei § 116): Der BR stellt den (einzig zulässigen) Antrag auf Totalfreistellung und eine dennoch erfolgende, freiwillige Arbeitsleistung des BR-Mitglieds ist natürlich möglich, könnte aber jederzeit ohne Angabe von Gründen eingestellt werden.

Schlüsselzahlen

²) Der Freistellungsanspruch nach § 117 knüpft an den **Betriebsbegriff** an (siehe dazu *Gahleitner,* Erläuterungen zu § 34 in ArbVR 2³). Der Freistellungsanspruch gem § 117 besteht nur dann, wenn die Arbeitnehmeranzahl **dauernd überschritten** wird. Ein vorübergehendes Über- oder Unterschreiten der Grenze führt weder zur Begründung des Freistellungsanspruches noch zum Erlöschen eines allenfalls vorhanden gewesenen (VwGH vom 13. 5. 1968, Arb 8618 = DRdA 1970, 232 mit Anm von *G. Klein*). Bei Fluktuation der Belegschaftszahl (hiebei sind zB auch für längere Zeit überlassene Leih-AN bzw überlassene Arbeitskräfte zu berücksichtigen – siehe *Gahleitner,* Erläuterungen zu § 36 in ArbVR 2³) wird davon auszugehen sein, ob „das Normale" über oder unter der Grenze liegt (EA Linz 2. 8. 1968, Arb 8540). Der Freistellungsanspruch geht erst dann verloren, wenn die Grenzzahl mehrere Monate hindurch nicht erreicht wird und auch keine Erhöhung der Beschäftigtenzahl zu erwarten ist (EA Graz 30. 6. 1983, Arb 10.251 = RdW 1983, 117 = ZAS 1983, 201; EA Graz 6. 2. 1986, Arb 10.483 = ARD 3907/16/87 = RdW 1986, 282; VwGH vom 4. 3. 1987, 86/01/0109 = ÖJZ 1988, 7 = infas 1987, A 76).

Dabei wird es im Einzelfall auch darauf ankommen, ob auf Grund der Entwicklung des **Arbeitsanfalls** mit einer **Dauerhaftigkeit** eines bestimmten Beschäftigtenstandes zu rechnen ist oder nicht. Unabhängig davon ist der Freistellungsanspruch gegeben, wenn die Arbeitnehmeranzahl während des größten Teiles des Jahres, in Saisonbetrieben aber während der Saison, erreicht wird. Er geht erst verloren, wenn die maßgebliche Zahl dauernd und für nicht absehbare Zeit unterschritten wird (EA Innsbruck 14. 8. 1975, Arb 9396 = ZAS 1976, 81). Ein Zeitraum von **fünf Monaten** kann beispielsweise **nicht mehr als „vorübergehend"** angesehen werden (VwGH vom 13. 5. 1969, Arb 8618).

Arbeiter- und Angestelltenbetriebsrat

³) Die Begrenzung „mehr als 150" bezieht sich nur bei Bestehen eines gemeinsamen Betriebsrates auf die Gesamtheit der Arbeitnehmer des Betriebes. Sonst ist der Freistellungsanspruch erst dann gegeben, wenn die **Zahl der Arbeitnehmergruppe (Arbeiter bzw Angestellte) für sich allein betrachtet** 150 übersteigt. Erreichen nur beide Arbeitnehmergruppen zusammen die Zahlengrenze, entsteht bei Nichtvorliegen eines gemeinsamen Betriebsrats (zur Wahl eines solchen siehe *Schneller,* Erl 7 zu § 40 in ArbVR 2³) kein Freistellungsanspruch (VwGH vom 4. 3. 1987, 86/01/0109 = ÖJZ 1988, 7 = infas 1987, A 76).

Bestehen also in einem Betrieb mehrere Betriebsräte, die verschiedene Arbeitnehmergruppen vertreten, so kann der **Antrag** auf Freistellung immer nur von jedem Betriebsrat **gesondert gestellt** werden (VwGH vom 17. 10. 1972, SozM II B, 1037 = Arb 9060 = ZAS 1973, 188 mit Anm von *Rainer;* VwGH vom 13. 5. 1969, Arb 8618). Wenn jedoch in einem Betrieb gem § 40 Abs 3 ein gemeinsamer Betriebsrat gewählt ist, sind alle vertretenen Arbeitnehmer, also Arbeiter und Angestellte zusammen, für die Erreichung der Schlüsselzahlen zusammenzurechnen (siehe auch Erl 2).

Beispiele:
- ➢ Sind in einem Betrieb 250 Arbeiter und 30 Angestellte beschäftigt, so ist nur der Arbeiterbetriebsrat zur Antragstellung auf Freistellung eines Betriebsratsmitgliedes berechtigt;
- ➢ sind in einem Betrieb 750 Arbeiter und 160 Angestellte beschäftigt, so ist der Arbeiterbetriebsrat zur Antragstellung auf Freistellung von zwei, der Angestelltenbetriebsrat zur Antragstellung auf Freistellung eines Betriebsratsmitgliedes berechtigt;
- ➢ sind in keiner der beiden Gruppen allein, jedoch in beiden Gruppen zusammen mehr als 150 Arbeitnehmer beschäftigt – etwa bei 140 Arbeitern und 25 Angestellten –, so kann bei getrennten Betriebsräten ein Betriebsratsmitglied nicht freigestellt werden, weil keine der beiden Gruppen die geforderte Arbeitnehmerzahl von 150 erreicht;
- ➢ sind in dem eben genannten Betrieb (140 Arbeiter, 25 Angestellte) jedoch nicht zwei Betriebsräte vorhanden, sondern besteht ein gemeinsamer Betriebsrat (was einen 2/3-Mehrheits-Beschluss beider Gruppenversammlungen gem § 40 Abs 3 voraussetzt), der sowohl Arbeiter als auch Angestellte vertritt, so muss ein Mitglied dieses gemeinsamen Betriebsrates freigestellt werden, wenn der Betriebsrat einen entsprechenden Antrag stellt.

Bezüglich des Begriffes „regelmäßig beschäftigte Heimarbeiter" siehe *Gahleitner*, Erl 2 zu § 36 in ArbVR 2[3].

Rechtswirkungen der Freistellung

[4]) Durch die Freistellung von der Arbeitsleistung **ruhen alle sich aus dem Arbeitsvertrag ergebenden Arbeitspflichten** des freigestellten Betriebsratsmitgliedes zur Gänze. Sollte der freigestellte Mandatar freiwillig Arbeitsleistungen erbringen, ist grundsätzlich weder eine Verletzung der Arbeitszeit noch ein weisungswidriges Verhalten möglich (OGH vom 24. 5. 1995, 8 Ob A 219/95, ARD 4676/4/95). Schon gar nicht kann eine Arbeitsversäumnis angenommen werden, wenn das freigestellte Betriebsratsmitglied zuvor freiwillig „Arbeitszeiten" eingehalten hat. Dem Betriebsinhaber kommt auch **nicht das Recht** zu, **die Tätigkeit oder Anwesenheit des freigestellten Betriebsratsmitglieds zu kontrollieren** (OGH vom 11. 1. 1995, 9 Ob A 240/94, DRdA 1996, 50 mit Anm von *Gahleitner* = infas 1995, A 49 = ARD 4629/26/95 = ecolex 1995, 358 = Arb 11.347; EA Klagenfurt 26. 3. 1970, Arb 8758).

Hingegen bleiben die neben der Arbeitsleistungspflicht bestehenden **übrigen Vertragspflichten** des freigestellten Betriebsratsmitglieds und auch die Pflichten des Arbeitgebers im vollen Umfang **aufrecht**. Somit besteht weiterhin die Pflicht zur Meldung von Krankenständen und Urlauben (OGH 27. 5. 2008, 8 Ob A 20/08 m = infas 2008 A 77 = DRdA 2009/4 mit Anm von *Schneller; Rauch,* Freigestellte Betriebsratsmitglieder und Urlaubsanspruch, ASoK 2008, 421). Ebenso besteht für freigestellte Betriebsratsmitglieder Meldepflicht bei längeren Abwesenheiten aus wichtigen persönlichen Gründen (nicht aber aus Gründen der Mandatsausübung!) ebenso wie die arbeitsvertragliche **Treuepflicht.** Insbesondere darf keine Konkurrenztätigkeit entfaltet werden. Im Fall eines drohenden unwiederbringlichen Schadens für den Betrieb („Betriebsnotstand") könnte das Betriebsratsmitglied ausnahmsweise zur Arbeitsleistung verpflichtet sein. Die **Fürsorgepflicht** und der arbeitsrechtliche Gleichbehandlungsgrundsatz wiederum gebieten dem Arbeitgeber (Betriebsinhaber), das freigestellte Betriebsratsmitglied bei Sozialleistungen, Urlaubsvereinbarungen, Arbeitnehmerschutz-Maßnahmen usw nicht unsachlich schlechter zu behandeln als vergleichbare Arbeitnehmer. Derartiges würde schon gegen § 115 Abs 3 verstoßen.

Entgeltfortzahlung

[5]) Hinsichtlich des Anspruchs auf Entgeltfortzahlung während der Freistellung gilt ebenso wie bei § 116 das **Ausfallsprinzip.** Die Aussagen der Rechtsprechung über die Bedeutung dieses Prinzips treffen daher in gleicher Weise zu wie für die sog „Amtsfreistellung" bzw ad-hoc-Freizeitgewährung (**siehe Erl 5 zu § 116**).

Ein bedeutender Unterschied besteht allerdings im Hinblick auf die **Entgeltentwicklung** auf Grund innerbetrieblicher **Karriere**. Im Gegensatz zur nur fallweisen Inanspruchnahme von Freizeit zwecks Erfüllung der betriebsrätlichen Obliegenheiten nach § 116 ist das freigestellte Betriebsratsmitglied für eine relativ lange Zeit (oft mehrere Funktionsperioden hindurch) nicht mehr mit seiner angestammten, vereinbarten Beschäftigung betraut. Mit zunehmender Dauer der Freistellung wird es daher – va bei sich stetig ändernden Berufsbildern – immer schwieriger, jenes Entgelt festzustellen, welches *„das Betriebsratsmitglied nach dem gewöhnlichen Verlauf der Dinge, also mit überwiegender Wahrscheinlichkeit, weiterhin bezogen hätte"* (OGH vom 15. 1. 1992, 9 Ob A 227/91, DRdA 1992, 344 mit Anm von *Floretta* = infas 1992, A 88 = 4365/15/92 = ZAS 1993/5 mit Anm von *Trost* = Arb 11.005; VwGH vom 16. 3. 1981, 12/0315/80, DRdA 1982, 35 mit Anm von *Stifter* = ZAS 1982, 234 mit Anm von *Heinrich*). Der gravierende Unterschied zur Entgeltfortzahlung nach § 116 besteht also darin, dass das nicht freigestellte Betriebsratsmitglied typischerweise eine betriebliche Karriere durchläuft, während der freigestellte Mandatar in seiner vor der Freistellung ausgeübten Verwendung quasi „versteinern" würde, was dem Gesetzeszweck zuwider liefe.

Die zur Ermittlung des mutmaßlichen (fiktiven) Verdienstes grundsätzlich heranzuziehende **Fiktionsmethode** (*Heinrich,* aaO) gebietet es, an-

§ 117 Erl 5 Schneller

hand normativer, „objektivierter" Vergleichspersonen (Arbeitnehmer, die mit dem Mandatar vor seiner Freistellung weitgehend vergleichbar waren) einen Karriereverlauf des Betriebsratsmitglieds zu fingieren. Nach diesem Maßstab ist das Entgelt – einschließlich unregelmäßiger bzw variabler Entgeltbestandteile im Bezug des Vergleichsarbeitnehmers – kontinuierlich anzupassen. In diesem Sinne hält auch die Rechtsprechung fest, dass das Betriebsratsmitglied in den Genuss aller jener Begünstigungen kommen soll, auf die ein nicht freigestellter Arbeitnehmer Anspruch hätte, der die gleiche Arbeit verrichtete, wie sie das Betriebsratsmitglied zu verrichten hatte (OGH vom 10. 7. 1991, 9 Ob A 133/91, ZAS 1992/16 mit Anm von *Resch* = ecolex 1991, 799 = ARD 4286/15/91 = DRdA 1991, 460 mit Anm von *Andexlinger* = infas 1992, A 40 = Arb 10.951).

Bei der **Festlegung des mutmaßlichen Karriereverlaufs** hat sich der Betriebsinhaber **innerhalb der durch das Benachteiligungsverbot** (Erl 6 zu § 115) **und Bevorzugungsverbot** (Erl 1 zu § 115) **gezogenen Grenzen** zu bewegen. Bei der „Auswahl" des Vergleichsarbeitnehmers sind sowohl die Qualität und die Entwicklung des Arbeitsumfelds (Veränderung der technologischen und organisatorischen Rahmenbedingungen des Arbeitsbereichs) des Freigestellten als auch persönliche Eigenschaften wie Fleiß, Geschick, Lebensalter etc zu berücksichtigen. Die sich auf Grund lang dauernder Freistellung kontinuierlich mindernde Qualifikation für den ursprünglich eingenommenen Arbeitsplatz muss bei der Betrachtung ausgeklammert bleiben, andernfalls gegen das Benachteiligungsverbot verstoßen würde; es muss die sich auf Grund der fingierten Beschäftigung ergebende Leistungsfähigkeit unterstellt werden. Um dem Betriebsinhaber diese – insbesondere bei hoch spezialisierten Arbeitnehmern – nur unter erheblichen Schwierigkeiten zu bewältigende Entgeltbestimmung zu erleichtern, werden bei Nichtvergleichbarkeit **Pauschalierungen** innerhalb der oa Grenzen zulässig sein (so bezüglich Überstundenpauschalierung OGH vom 15. 1. 1992, siehe oben). Die von der Rechtsprechung offenbar a priori für zulässig erachtete Zugrundelegung einer „Durchschnittskarriere" (OGH vom 13. 2. 1991, 9 Ob A 1/91, DRdA 1991, 387 = infas 1991, A 78 = ARD 4254/7/91 = RdW 1991, 211 = wbl 1991, 261 = ZAS 1992/3) darf nur bei Unmöglichkeit, den Karriereverlauf des Freigestellten zu fingieren (va bei spezifischer, nicht vergleichbarer Verwendung), vermutet werden (§ 273 ZPO). Denn das Ausfallsprinzip verlangt es, auf das Individuum zu achten und nicht auf den Betriebsdurchschnitt.

Ergänzend sind noch **folgende Entscheidungen** anzuführen:
- Eine „Selbstbindung" des Arbeitgebers in Form eines Beschlusses oder einer Ankündigung, in Zukunft generell Überstunden reduzieren zu wollen, berechtigt nicht per se zur Verringerung des Entgelts. Es ist konkret zu prüfen, ob in der Organisationseinheit, in der der Freigestellte beschäftigt war, tatsächlich eine generelle und

lineare Überstundenkürzung erfolgte (VwGH vom 15. 12. 1999, Zl 97/12/0229, RIS-Entscheidung Index 60/03 zu § 117 ArbVG).
- Der Betriebsinhaber ist berechtigt, das gem § 117 zu leistende Entgelt für die Zukunft an die (durch ein schlechteres Betriebsergebnis) geänderten Verhältnisse anzupassen, wenn sich auch das an vergleichbare Arbeitnehmer gezahlte Entgelt wesentlich geändert (verringert) hat (OGH vom 30. 11. 1988, 9 Ob A 274/88, infas 1988, A 90 = Arb 10.761 = DRdA 1989, 425 = RdW 1989, 232).
- Das dem freigestellten Betriebsratsmitglied fortzuzahlende Entgelt umfasst das gesamte Entgelt, das ohne Freistellung gebührt hätte, einschließlich der Sonntagszuschläge (in diesem Fall nach dem KV für die Arbeiter im graphischen Gewerbe), aber ohne fallweisen Ersatzruheanspruch (OGH vom 30. 1. 1991, 9 Ob A 314/90, infas 1991, A 79 = RdW 1991, 211).
- Auch bei einem freigestellten Betriebsratsmitglied dürfen bisher in Freizeit gewährte Arbeitsstunden nicht auf den Urlaubsanspruch angerechnet werden (OGH vom 21. 10. 1992, 14 Ob 76/86, Arb 10.528 = DRdA 1993, 358 mit Anm von *Floretta*).

Die Verpflichtung zur Freistellung und zur Fortzahlung des Entgelts steht unter Strafsanktion (§ 160 Abs 1). Außerdem kann der Freistellungsanspruch mittels Leistungsklage (nicht aber Feststellungsklage) durchgesetzt werden (EA Innsbruck 14. 8. 1975, Arb 9396 = ZAS 1976, 81; EA Linz 23. 9. 1974, Arb 9274).

Freistellung durch den Zentralbetriebsrat

6) Bezüglich der Person des freizustellenden Betriebsratsmitgliedes ist vom Zentralbetriebsrat ein Beschluss zu fassen. Der **Antrag** ist an das **Unternehmen** zu richten und ein **Durchschlag jenem Betrieb** zu übermitteln, in dem das freizustellende Zentralbetriebsratsmitglied **beschäftigt** ist. Mit dem Ausscheiden aus dem Zentralbetriebsrat endet die Freistellung.

Der Anspruch auf Freistellung durch den Zentralbetriebsrat besteht auch dann, wenn im Bereich des Unternehmens einige größere Betriebe vorhanden sind, in denen eine Freistellung von Betriebsratsmitgliedern, die auch Mitglieder des Zentralbetriebsrates sind, erfolgte. Voraussetzung dafür ist jedoch, dass in den **restlichen Betrieben**, in denen eine **Freistellung nicht möglich** wäre, **mehr als 400 Arbeitnehmer beschäftigt** sind.

Die Worte „nicht möglich" beziehen sich auf die rechtlichen und nicht auf die faktischen Möglichkeiten. Sind in einem Betrieb die rechtlichen Voraussetzungen für die Freistellung eines Betriebsratsmitgliedes gegeben, ist die Arbeitnehmerzahl dieses Betriebes bei der Gesamtzahl der Arbeitnehmer dann mitzurechnen, wenn der Betriebsrat dieses Betriebes auf die Freistellung verzichtet hat. Die **Schlüsselzahl 400 bezieht sich auf sämtliche Arbeitnehmer**, also sowohl auf Arbeiter als auch auf Angestellte.

Bei der Feststellung, ob die Schlüsselzahl von 400 in einem Unternehmen erreicht ist, sind auch die Arbeitnehmer solcher Betriebe mitzuzählen, in denen kein Betriebsrat besteht, obwohl ein solcher zu errichten gewesen wäre. Es kommt auf alle in einem Unternehmen zusammengefassten Betriebe an, in denen eine Freistellung nicht möglich ist (EA Linz 4. 4. 1975, Arb 9362).

Beispiel 1:

Ein Unternehmen besteht aus zwei Betrieben (A und B) mit je zwei Betriebsräten (Arbeiterbetriebsrat A vertritt 120 Arbeiter, Angestelltenbetriebsrat A 100 Angestellte, Arbeiterbetriebsrat B 100 Arbeiter, Angestelltenbetriebsrat B 85 Angestellte). Sofern die Mitglieder dieser vier Betriebsräte einen Zentralbetriebsrat gewählt haben, kann dieser beantragen, dass eines seiner Mitglieder dauernd von der Arbeitsleistung freigestellt wird.

Beispiel 2:

Ein Unternehmen besteht ebenfalls aus zwei Betrieben (A und B) mit je zwei Betriebsräten, und zwar mit folgenden Zahlen vertreteter Arbeitnehmer:

Arbeiterbetriebsrat A:	800
Angestelltenbetriebsrat A:	145
Arbeiterbetriebsrat B:	145
Angestelltenbetriebsrat B:	120

Obwohl bereits der Arbeiterbetriebsrat A Anspruch auf Freistellung zweier Betriebsratsmitglieder hat, kann der Zentralbetriebsrat zusätzlich die Freistellung eines Mitgliedes verlangen, weil die übrigen Betriebe, ohne jeweils für sich die Freistellungsgrenze zu erreichen, insgesamt mehr als 400 Arbeitnehmer beschäftigen.

Beispiel 3:

Ein Unternehmen besteht aus 50 Betrieben, in denen jedoch nur insgesamt 2 Betriebsräte bestehen, wobei einer davon 120, der andere 50 Arbeitnehmer vertritt. Von den restlichen 48 Betrieben beschäftigen acht weniger als fünf Beschäftigte, die übrigen 40 Betriebe beschäftigen durchschnittlich acht Arbeitnehmer.

Der Zentralbetriebsrat, der von den Mitgliedern der beiden Betriebsräte für das gesamte Unternehmen gewählt werden kann, hat den Anspruch auf Freistellung eines seiner Mitglieder, weil in den betriebsratspflichtigen Betrieben insgesamt ca 490 Arbeitnehmer beschäftigt sind, ohne dass ein Betriebsrat die Möglichkeit einer Freistellung für seinen Betrieb hätte.

Bezüglich des Anspruches auf Freistellung und des Anspruches auf Fortzahlung des Entgelts gilt das oben für den Betriebsrat Gesagte.

Freistellung im Konzern

⁷) Diese Regelung ermöglicht – analog zu Abs 3 für den Zentralbetriebsrat auf Unternehmensebene – die Freistellung eines Betriebsratsmitgliedes für den Fall, dass zwar in keinem der dem Konzern angehörenden Betriebe und Unternehmen die Freistellungsgrenze nach den Abs 1 bis 3 erreicht wird, **im Konzern aber insgesamt mehr als 400 Arbeitnehmer beschäftigt** sind. Ist in dem Konzern eine Konzernvertretung gem § 88a errichtet, so kann diese beschließen, dass ein innerhalb des Konzerns bestehender und in der Konzernvertretung vertretener Betriebsrat oder Zentralbetriebsrat für eines seiner Mitglieder (welches nicht notwendigerweise Mitglied der Konzernvertretung sein muss) die Freistellung in Anspruch nehmen kann.

Aus welchem Betriebs- oder Zentralbetriebsrat die Freistellung erfolgt, liegt in der Entscheidung der Konzernvertretung. Welches Betriebsrats- oder Zentralbetriebsratsmitglied freigestellt wird, ist von dem betreffenden Organ der Arbeitnehmerschaft (Betriebsrat oder Zentralbetriebsrat) zu entscheiden. Weder die Konzern- noch die Unternehmens- oder Betriebsleitung haben auf diese Entscheidungen Einfluss. Wurden entsprechende Beschlüsse der zuständigen Organe der Arbeitnehmervertretung gefasst und der Freistellungsantrag der Konzernleitung und dem Betriebsinhaber des Betriebes, in dem das freizustellende Betriebsratsmitglied beschäftigt ist, ordnungsgemäß bekannt gegeben, so besteht ein durchsetzbarer Rechtsanspruch auf Freistellung.

Hinsichtlich des Konzernbegriffes iSd Aktiengesetzes oder des GmbH-Gesetzes siehe *Kundtner,* Erläuterungen zu § 88a in ArbVR 2³.

Freistellung bei rechtlicher Verselbstständigung von Betriebsteilen oder Zusammenschluss von Betrieben (Betriebsteilen)

⁸) Diese Bestimmung gewährleistet, dass die **Freistellung** eines Betriebsratsmitgliedes auch dann **erhalten bleibt**, wenn durch eine rechtliche Verselbstständigung von Betriebsteilen (va im Zuge einer Ausgliederung bzw „Austöchterung"; aber auch bei bloß betriebsverfassungsrechtlicher Verselbstständigung ohne jegliche eigentums- oder gesellschaftsrechtliche Veränderung – siehe *Preiss,* Erl 8 zu § 62b in ArbVR 2³) die Anzahl der Arbeitnehmer in den verbleibenden Teilen des Betriebs unter die Freistellungsgrenze sinkt. Die Freistellung bleibt in diesem Fall solange aufrecht, bis die Tätigkeitsdauer des Betriebsrates, dem das freigestellte Betriebsratsmitglied angehört, abläuft oder die Konzernvertretung die Freistellung eines Mandatars beschließt. Nach § 62b bleibt der Betriebsrat für die rechtlich verselbstständigten Teile bis zur Neuwahl eines Betriebsrates in diesen Teilen, längstens aber bis zum Ablauf von vier Monaten nach der organisatorischen Verselbstständigung zur Vertretung der Arbeit-

nehmerinteressen zuständig, wobei diese Frist durch eine freiwillige Betriebsvereinbarung bis zum Ende der Funktionsperiode verlängert werden kann.

Näheres zum Begriff der „rechtlichen Verselbstständigung" und den Konsequenzen für die betriebliche Arbeitnehmerinteressenvertretung enthalten die Erläuterungen zu § 62b in ArbVR 2^3 *(Preiss)*.

Bezüglich der Entstehung eines einheitlichen Betriebsrats aufgrund des Zusammenschlusses von Betrieben (Betriebsteilen) zu einem „neuen Betrieb" (§ 62c) findet sich keine Regelung über das Schicksal der bisherigen Freistellungen. Da Art 5 der EG-Betriebsübergangsrichtlinie das Weiterbestehen und die Beibehaltung der **Funktionsfähigkeit** der bisherigen Interessenvertretungsorgane anordnet, ist zumindest bei Betriebszusammenschlüssen mit Inhaberwechsel (also bei Betriebsübergängen iSd § 3 AVRAG) die Beibehaltung sämtlicher Freistellungen analog anzuwenden. Beispiel: Ein Betrieb mit 160 AN geht auf einen neuen Inhaber, der einen Betrieb mit 740 AN führt, über. Es entsteht kein neuer Betrieb. Der einheitliche Betriebsrat ist zwar „nur" für 900 AN zuständig, hat jedoch Anspruch auf Beibehaltung der bisherigen drei Freistellungen bis zum Ende seiner (maximal einjährigen) Funktionsperiode.

Bildungsfreistellung

§ 118. (1) Jedes Mitglied des Betriebsrates hat Anspruch auf Freistellung von der Arbeitsleistung[1]) zur Teilnahme an Schulungs- und Bildungsveranstaltungen bis zum Höchstausmaß von drei Wochen innerhalb einer Funktionsperiode[2]) unter Fortzahlung des Entgeltes[3]); in Betrieben, in denen dauernd weniger als 20 Arbeitnehmer beschäftigt sind, hat jedes Mitglied des Betriebsrates Anspruch auf eine solche Freistellung gegen Entfall des Entgeltes.[4])

(2) Die Dauer der Freistellung kann in Ausnahmefällen bei Vorliegen eines Interesses an einer besonderen Ausbildung bis zu fünf Wochen ausgedehnt werden.[5])

(3) Die Schulungs- und Bildungsveranstaltungen müssen von kollektivvertragsfähigen Körperschaften der Arbeitnehmer oder der Arbeitgeber veranstaltet sein oder von diesen übereinstimmend als geeignet anerkannt werden und vornehmlich die Vermittlung von Kenntnissen zum Gegenstand haben, die der Ausübung der Funktion als Mitglied des Betriebsrates dienen.[6])

(4) Der Betriebsrat hat den Betriebsinhaber mindestens vier Wochen vor Beginn des Zeitraumes, für den die Freistellung beabsichtigt ist, in Kenntnis zu setzen. Der Zeitpunkt der Freistellung ist im Einvernehmen zwischen Betriebsinhaber und Betriebsrat festzusetzen, wobei die Erfordernisse des Betriebes einerseits und die Interessen des Betriebsrates und des Betriebsratsmitgliedes andererseits zu berücksichtigen sind. Im Streitfall entscheidet das Gericht.[7])[8])

(5) Betriebsratsmitglieder, die in der laufenden Funktionsperiode bereits nach § 119 freigestellt worden sind, haben während dieser Funktionsperiode keinen Anspruch auf Freistellung gemäß Abs 1 und 2.[9])

(6) Rückt ein Ersatzmitglied des Betriebsrates in das Mandat eines Mitgliedes des Betriebsrates dauernd nach, so hat es nur insoweit einen Anspruch gemäß Abs 1 und 2, als das ausgeschiedene Mitglied noch keine Bildungsfreistellung in Anspruch genommen hat. Im Falle des Ausscheidens eines Betriebsratsmitglieds im Zuge einer Betriebsänderung hat das nachrückende Ersatzmitglied einen Anspruch jedenfalls in dem Ausmaß, als es dem Verhältnis der noch offenen zur gesamten Tätigkeitsdauer des Betriebsrats entspricht, sofern sich nicht nach dem ersten Satz ein größerer Anspruch ergibt.[10])

Schrifttum zu § 118 und § 119

Spielbüchler, Schulung und Fortbildung als Gegenmachtentfaltung, DRdA 1976, 49;
Andexlinger, Verfahrensprobleme der Bildungsfreistellung, RdW 1986, 215;

Kirschbaum, Freistellung von teilzeitbeschäftigten Betriebsratsmitgliedern als Gleichbehandlungsproblem, ecolex 1992, 571;
Köck, Zur Gleichbehandlung teilzeitbeschäftigter Betriebsratsmitglieder im Recht der EU, ZAS 1993, 21;
Trost, Anspruch auf Sonderzahlungen in entgeltfreien Zeiten, DRdA 1995, 116;
Schneller, Entfall der Sonderzahlungen für entgeltfreie Dienstzeiten trotz Sozialrechts-Änderungsgesetz 1995? infas 1996, 205;
Karner, Teilbarer Freistellungsanspruch von Betriebsratsmitgliedern? RdW 2001, 323.

Übersicht zu § 118

Voraussetzungen des Anspruchs auf Bildungsfreistellung	Erläuterungen 1, 2
Entgeltfortzahlung	Erläuterungen 3, 4
Längere Bildungsfreistellung für besondere Ausbildung	Erläuterung 5
Qualität der Schulungs- und Bildungsveranstaltungen	Erläuterung 6
Verfahren zur Inanspruchnahme der Bildungsfreistellung	Erläuterung 7
Durchsetzung durch einzelne Betriebsratsmitglieder	Erläuterung 8
Zusammentreffen mit erweiterter Bildungsfreistellung	Erläuterung 9
Anspruch von Ersatzmitgliedern	Erläuterung 10

Voraussetzungen des Anspruchs auf Bildungsfreistellung

¹) Der Anspruch auf Bildungsfreistellung besteht neben dem Anspruch jedes Betriebsratsmitgliedes auf Freizeit gem § 116 („Amtsfreistellung", vgl § 116 Erl 1). Die **Abgrenzung** zwischen diesen beiden Ansprüchen ist darin zu sehen, dass **Freizeit gem § 116 für die Erledigung unmittelbar betriebsbezogener Aufgaben** und auch für die Information des Betriebsratsmitgliedes über unmittelbare betriebsbezogene Angelegenheiten (zB eine Gewerkschaftsveranstaltung über den Betrieb betreffende Fragen bezüglich Kollektivvertrag) zusteht, während im Rahmen der Bildungsfreistellung allgemeine Kenntnisse und Informationen zur Ausübung der Betriebsratsfunktion vermittelt werden sollen. **Wesentlich für die Abgrenzung ist demnach der Zweck** und nicht die Dauer von Informationsveranstaltungen (OGH vom 19. 10. 1976, Arb 9535 = SozM II B, 1065). Nach dieser Ansicht des OGH ist die Vorschrift des § 33 Abs 1 BRGO, wonach nur Veranstaltungen von zusammenhängender, mehrtägiger Dauer für

den Anspruch auf Bildungsfreistellung in Frage kommen, als bloße Ordnungsvorschrift zu bewerten. Fest steht jedenfalls, dass für Veranstaltungen, deren Ergebnisse unmittelbar der betrieblichen Interessenvertretung dienen, den Betriebsratsmitgliedern grundsätzlich Amtsfreistellung gem § 116 gebührt und dass solche Verhinderungszeiten nicht auf den Anspruch gem § 118 angerechnet werden dürfen.

Jedes Mitglied des Betriebsrates hat **unabhängig von den bereits erfolgten oder geplanten Bildungsfreistellungen der anderen Betriebsratsmitglieder** einen individuellen Anspruch auf Freistellung von der Arbeitsleistung; nur auf Grund betrieblicher Erfordernisse könnte eine allzu umfangreiche Konsumation vom Betriebsinhaber beeinsprucht werden. Die Geltendmachung kann nur unter Mitwirkung des Betriebsrats vor sich gehen, da auch und vor allem die Interessen des gesamten Organs zu berücksichtigen sind (siehe Erl 7). Dies ist schon deshalb notwendig, weil es nach dem Wortlaut des Gesetzes möglich wäre, dass alle Mitglieder des Betriebsrates zur selben Zeit von ihrem Anspruch Gebrauch machen, der Betriebsrat aber Sorge zu tragen hat, dass abgesehen von den betrieblichen Interessen auch seine Funktionsfähigkeit erhalten bleibt. Der Betriebsrat ist aber nicht berechtigt, einem Mitglied ständig die Inanspruchnahme von Bildungsfreistellung zu verweigern. In diesem Fall könnte das Betriebsratsmitglied selbst mit dem Betriebsinhaber über Beginn und Dauer der Schulungs- und Bildungsveranstaltung beraten bzw Klage gegen den Betriebsrat führen, mit dem Begehren, dass der Betriebsrat einen entsprechenden Antrag an den Betriebsinhaber stellen möge (§ 33 Abs 6 und Abs 7 BRGO – Näheres siehe Erl 7). Wenn zu befürchten ist, dass durch den Zeitablauf bis zum Urteil die Verwirklichung des Anspruchs vereitelt würde, kann vom Gericht eine **einstweilige Verfügung** erlassen werden (KG Steyr vom 25. 9. 1989, 8 Cga 61/89, infas 1990, A 5).

Jedes österreichische Mitglied des SE-Betriebsrats (Arbeitnehmervertretung in der Europäischen Gesellschaft) hat zusätzlich zum Anspruch nach § 118 Abs 1 einen Bildungsfreistellungsanspruch von bis zu einer Woche pro Funktionsperiode (§ 251 Abs 2).

2) Die „Funktionsperiode" des Betriebsrats (des Organs) ist in § 61 geregelt; ohne Bedeutung ist die konkrete Tätigkeitsdauer des einzelnen Mandatars. Bei vorzeitiger Beendigung gem § 62, § 62b oder § 62c wird die **Tätigkeitsdauer verkürzt**, sodass ab der folgenden Wahl für die nächste Funktionsperiode wieder ein **neuer Vollanspruch** entsteht: Bereits konsumierte Bildungsfreistellung ist also keinesfalls auf die folgende Funktionsperiode anzurechnen.

Entgeltfortzahlung

3) Hinsichtlich des Anspruchs auf Entgeltfortzahlung während der Bildungsfreistellung gilt – ebenso wie bei Freizeitgewährung nach § 116 oder

Freistellung nach § 117 – das **Ausfallsprinzip** (siehe dazu Erl 5 zu § 116 und Erl 5 zu § 117).

⁴) In Betrieben **unter 20 dauernd beschäftigten** (vgl Erl 2 zu § 117) **Arbeitnehmern** besteht zwar ein Anspruch auf Bildungsfreistellung (gänzliche Freistellung von der Arbeitsverpflichtung für drei bzw fünf Wochen), aber kein Entgeltfortzahlungsanspruch. Die Bestimmung über den Entfall des Entgelts bezieht sich jedoch nur auf den „laufenden Lohn", die für die regelmäßige Arbeitsleistung gebührenden Bezüge. Hingegen bleibt der **Anspruch auf Sonderzahlungen und sonstige Remunerationen ungeschmälert aufrecht**. Das ergibt sich unter anderem aus dem Zusammenhang mit § 119, wo ebenfalls ein Fall der Bildungsfreistellung unter Entgeltentfall geregelt und in Abs 3 explizit die aliquote Kürzung von „einmaligen Bezügen" vorgesehen ist. Hätte der Gesetzgeber auch für die „normale" Bildungsfreistellung diese Kürzung bestimmen wollen, dann hätte er das wohl ausdrücklich festgelegt.

Längere Bildungsfreistellung für besondere Ausbildung

⁵) Ein Interesse an einer solchen besonderen Ausbildung ist zB anzunehmen, wenn zur effektiven Erfüllung der vielfältigen Betriebsratsaufgaben eine **umfassende Ausbildung auf einem speziellen Gebiet**, etwa dem Bereich der **Arbeitstechnik** oder in betrieblich genützten (beabsichtigten) **Informations- und Kommunikationstechnologien** objektiv betrachtet von Nutzen sein kann. Ebenso können für die Betriebsratsmitglieder, die als Arbeitnehmer in den Aufsichtsrat delegiert sind, **Kurse für die Aufsichtsratstätigkeit** (über spezifische Rechtsgrundlagen, Rhetorik, Kommunikation etc) diesen Freistellungsanspruch rechtfertigen. Auf keinen Fall ist der Begriff der besonderen Ausbildung restriktiv zu sehen, es kommt va auf das Interesse des Betriebsrates und der Belegschaft und nicht vorwiegend auf betriebliche Interessen an. Die **konkreten betrieblichen Umstände** (Ausbildungsstand der Mandatare, Größe des Betriebs usw) sind unter Beachtung der Interessenvertretungszwecke der Betriebsverfassung zu berücksichtigen. Eine angestrebte Ausbildung in Arbeitstechnik und Unfallschutz kann die verlängerte Bildungsfreistellung (fünf statt nur drei Wochen pro Funktionsperiode) rechtfertigen, die Schulung in Rhetorik jedoch nicht in jedem Fall (EA Wien 17. 11. 1981, SozM II B, 1220).

Weder die dreiwöchige noch die fünfwöchige Bildungsfreistellung muss zusammenhängend auf einmal verbraucht werden. Die **einzelnen Teile sollen** jedoch möglichst von zusammenhängender **mehrtägiger Dauer** sein (§ 33 Abs 1 BRGO). Wenn ein Betriebsratsmitglied seinen dreiwöchigen Anspruch in der Funktionsperiode bereits verbraucht hat, kann es im Hinblick auf das später entstehende besondere Interesse an einer besonderen Ausbildung einen Anspruch auf neuerliche Bildungsfreistellung von weiteren zwei Wochen erwerben. Im Antrag auf die bis zu fünfwöchige Bildungsfreistellung sind die Umstände, die dieses Interesse rechtfertigen, darzulegen (§ 33 Abs 4 BRGO).

Qualität der Schulungs- und Bildungsveranstaltungen

[6]) Die die Bildungsveranstaltung organisierenden oder genehmigenden Institutionen sind im Wesentlichen Arbeiterkammer und Gewerkschaft sowie Wirtschaftskammer oder andere kollektivvertragsfähige Berufsverbände auf Arbeitgeberseite (vgl § 4). Dabei muss es sich nach dem Wortlaut und Zweck der Gesetzesbestimmung nicht notwendigerweise um die für den auf den Betrieb anzuwendenden Kollektivvertrag zuständigen Körperschaften handeln. Entscheidend ist, dass durch Interessenvertretungsorganisationen beider Seiten objektive Gewähr für die Eignung der Bildungsveranstaltung geboten wird.

Entweder es **führt eine dieser Körperschaften die Veranstaltung selbst durch** oder sie wirkt zumindest an ihrer **Organisation** (Zustandekommen, Abwicklung) wesentlich mit, oder aber die von dritten Personen (Veranstaltern) organisierte und durchgeführte Veranstaltung wird von den kollektivvertragsfähigen Körperschaften der Arbeitnehmer und Arbeitgeber **übereinstimmend als geeignet anerkannt**. Sofern die Bildungsveranstaltung nicht von einer kollektivvertragsfähigen Körperschaft veranstaltet wird, ist ihre Eignung dem Betriebsinhaber durch eine dem Freistellungsantrag beizuschließende übereinstimmende **Bestätigung** der zuständigen kollektivvertragsfähigen Körperschaften nachzuweisen. Dem **Betriebsinhaber steht nicht das Recht zu**, die **Eignung** der Veranstaltung zu **überprüfen**. Wird eine Bestätigung der zuständigen kollektivvertragsfähigen Körperschaften über die Eignung der Veranstaltung in den Amtlichen Nachrichten des Bundesministeriums für Arbeit und Soziales veröffentlicht, so ersetzt diese Verlautbarung die Verpflichtung zur Vorlage einer solchen Bestätigung (§ 33 Abs 3 BRGO).

Neben **Lehrveranstaltungen**, die unmittelbar der **Ausübung der Funktion** als Mitglied des Betriebsrates dienen, zählen dazu auch solche, die über die Vermittlung dieser Kenntnisse hinausgehen. So etwa Schulungen zur Erweiterung der Ausbildung der Betriebsratsmitglieder durch **Einführung in die Rechts-, Gesellschafts- und Wirtschaftsordnung** oder durch die Vermittlung von Kenntnissen und Fertigkeiten in der Gesetzeshandhabung, Rhetorik und dgl (§ 33 Abs 1 BRGO). Die **Zweckbestimmung des § 118 Abs 3 ist nicht eng auszulegen** (OLG Wien vom 16. 11. 1994, 31 Ra 150/94, ARD 4626/11/95), da das Ziel der Bildungsfreistellung die Erreichung einer besseren Qualifikation für die Ausübung der Betriebsratsfunktion ist. Insbesondere kommen auch die in Erl 5 angeführten Ausbildungsinhalte in Betracht, sofern mit drei Bildungswochen in der Funktionsperiode das Auslangen gefunden werden kann, was insbesondere vom individuellen Ausbildungsstand des Betriebsratsmitglieds abhängen wird. Die Auswahl des Betriebsratsmitglieds liegt primär in der durch Beschluss festzulegenden Entscheidungsbefugnis des Betriebsrats. Zusätzlich kann das einzelne Betriebsratsmitglied auch ohne Zutun des Betriebsrats die Teilnahme an einer Ausbildungsveranstaltung beantragen (Erl 1 und 7).

Die Teilnahme an einer **Studienreise** der Gewerkschaftsschule mit Betriebsbesichtigungen zur Erweiterung der allgemeinen Kenntnisse von der Arbeitswelt und des Horizonts der Teilnehmer kann einen Anspruch auf Bildungsfreistellung rechtfertigen (EA Graz 17. 6. 1986, Arb 10.538 = infas 1987, A 25 = RdW 1986, 282 = ARD 3860/14/87). Die **Veranstaltung ist in ihrer Gesamtheit zu betrachten**, sodass Bildungsinhalte wie zB die Teilnahme an Plenarsitzungen des Nationalrats, Gespräche mit ÖGB-Bundesvorstandsmitgliedern etc den Ausbildungscharakter indizieren und demgegenüber ein im Rahmen dieser Studienreise durchgeführter Theaterbesuch in den Hintergrund tritt (KG Wels vom 27. 5. 1987, 25 Cga 1058/87, Arb 10.621 = ARD 3952/23/88).

Verfahren zur Inanspruchnahme der Bildungsfreistellung

[7]) Das Mitglied des Betriebsrates, das eine Bildungsfreistellung in Anspruch nimmt, hat **an den Betriebsrat** einen **schriftlichen Antrag** zu stellen, aus dem Art, Gegenstand, Beginn und Dauer der Schulungs- und Bildungsveranstaltung sowie die in Aussicht gestellte Möglichkeit der Teilnahme hervorgehen. Der Antrag ist so rechtzeitig zu stellen, dass die Einhaltung der Fristen gewährleistet ist. Gleichzeitig ist eine **Kopie** des Antrages (gegebenenfalls unter Einschluss der Eignungsbestätigung der kollektivvertragsfähigen Körperschaften – siehe unten) **dem Betriebsinhaber** vom Betriebsratsmitglied zu übermitteln (§ 33 Abs 2 BRGO, siehe ArbVR 1[7]). Sodann entscheidet der Betriebsrat durch Beschluss mit einfacher Mehrheit, ob dieses Betriebsratsmitglied die angestrebte Bildungsveranstaltung besuchen soll.

Der Betriebsrat hat den Betriebsinhaber ohne unnötigen Aufschub, spätestens aber vier Wochen vor der beabsichtigten Freistellung in Kenntnis zu setzen (§ 33 Abs 5 BRGO). Der Betriebsinhaber ist verpflichtet, mit dem Betriebsrat über den Zeitpunkt der Freistellung binnen zehn Tagen ab Erhalt der Verständigung zu beraten. Hat das freizustellende Mitglied des Betriebsrates an diesen Beratungen nicht selbst teilgenommen, so ist es vom Ergebnis der Beratungen durch den Betriebsrat unverzüglich zu verständigen. Hat der Betriebsrat die Verständigung des Betriebsinhabers unterlassen, so hat das Betriebsratsmitglied vor Anrufung des Gerichtes selbst mit dem Betriebsinhaber zu beraten. Der Betriebsinhaber ist verpflichtet, diese Beratung unverzüglich aufzunehmen (§ 33 Abs 6 BRGO, siehe Erl 8).

Kommt zwischen Betriebsrat und Betriebsinhaber oder bei Nichtverständigung des Betriebsinhabers zwischen Betriebsratsmitglied und Betriebsinhaber kein Einvernehmen zu Stande, so hat nach **Klage des**

Betriebsrates oder des freizustellenden Betriebsratsmitgliedes das Gericht unter Bedachtnahme auf die Erfordernisse des Betriebes einerseits und die Interessen des Betriebsrates und des Betriebsratsmitgliedes andererseits zu entscheiden (§ 33 Abs 7 BRGO). Der Betriebsrat wirkt zwar am Verfahren zur Geltendmachung mit, der Anspruch auf Bildungsfreistellung richtet sich aber an den Betriebsinhaber. Dieser Anspruch kann im Streitfall sowohl vom Betriebsrat als auch subsidiär vom betroffenen Betriebsratsmitglied durch **Leistungs- oder Feststellungsklage** beim Arbeits- und Sozialgericht – nicht aber mittels Rechtsgestaltungsklage – geltend gemacht werden (OLG Wien vom 16. 11. 1994, 31 Ra 150/94, ARD 4626/11/95). Die Leistungsklage kann auf Gewährung der Bildungsfreistellung, aber beispielsweise auch auf Streichung eines vom Betriebsinhaber zu Unrecht verbuchten Urlaubs gerichtet sein.

Wenn zu erwarten wäre, dass durch den Zeitablauf bis zur Entscheidung über eine Klage die Verwirklichung des Anspruchs vereitelt würde, kann vom Gericht eine **einstweilige Verfügung** erlassen werden (KG Steyr vom 25. 9. 1989, 8 Cga 61/89, infas 1990, A 5). Wenn die **Formvorschriften**, im Besonderen die Fristen, **nicht eingehalten** werden (zB zu späte Vorlage des Kursprogramms), kann der Anspruch auf Teilnahme an der konkreten Veranstaltung gefährdet sein (EA Graz 12. 10. 1984, Arb 10.349 = RdW 1985, 86 = ZAS 1985, 41). Die Konsumation der Bildungsfreistellung wäre zwar trotz Verletzung von Formvorschriften bei entsprechendem Einvernehmen mit dem Betriebsinhaber möglich; ein konkludentes Einvernehmen ist jedoch nicht anzunehmen, wenn das Betriebsratsmitglied dem Betriebsinhaber erklärt, es besuche nun eine bestimmte Veranstaltung und der Betriebsinhaber zu dieser Erklärung schweigt (OGH vom 19. 10. 1976, Arb 9535 SozM II B, 1065).

Wenn Betriebsratsmitglieder freigestellt (vgl § 117) sind, so wird dadurch dem Grunde nach der Bildungsfreistellungsanspruch der anderen Betriebsratsmitglieder nicht berührt (EA Wien 30. 8. 1961, SozM II B, 592; VwGH vom 13. 5. 1966, SozM II B, 798; dagegen: ArbG Klagenfurt vom 20. 5. 1960, Arb 7270).

Durchsetzung durch einzelne Betriebsratsmitglieder

[8]) Die mögliche **Diskrepanz** der Interessen an einer Bildungsfreistellung **zwischen Betriebsratskörperschaft** (als Vertreterin der kollektiven Interessen der Arbeitnehmerschaft) **und einzelnen Betriebsratsmitgliedern** versucht § 33 Abs 6 und Abs 7 BRGO aufzulösen. Dabei besteht eine gewisse Inkompatibilität zwischen dem Gesetzeswortlaut des § 118 Abs 4 und der Durchführungsverordnung (*Floretta/Strasser*, ArbVG-Kommentar [1975] 798; *Andexlinger* aaO). Allerdings ist die BRGO in diesem Punkt nicht gesetzwidrig, sondern greift bloß eine Unklarheit in § 118 Abs 4, 2. Satz auf: den Erfordernissen des Betriebes sind die Interessen des Betriebsrats **und** des Betriebsratsmitglieds gegenüberzustellen. Ob

der Gesetzgeber vom grundsätzlichen Gleichklang der Interessen von Betriebsrat und Betriebsratsmitglied ausgeht oder dem Verordnungsgeber (§ 161 Abs 1 Z 3) auch die Möglichkeit einer Verfahrensregelung bei widerstreitenden Interessen von Organ und „Organwalter" überlässt, lässt der Wortlaut offen. Die Pflicht zur Abwägung dreier Interessen (Betriebsinhaber, Betriebsrat, Betriebsratsmitglied) legt nahe, dass der Gesetzgeber eine gewisse Eigenständigkeit der Interessen des Betriebsratsmitglieds anerkennt, diese jedoch stets in Einklang mit den kollektiven Interessen der Arbeitnehmerschaft zu bringen sind, worauf § 33 Abs 7 BRGO Rücksicht nimmt und den Gerichten eine diesbezügliche Interessenabwägungsverpflichtung auferlegt (siehe unten). Anders als etwa beim rein repräsentativdemokratisch wahrzunehmenden Interesse der Belegschaft an der Amtsfreistellung von Betriebsratsmitgliedern (§ 117 Abs 1) ist die Herstellung einer Balance zwischen kollektiven und individuellen Interessen hier berechtigt: Die Mehrheit darf die Minderheit nicht dauerhaft übergehen. Das abgestufte Verfahren gem § 33 Abs 6 und Abs 7 BRGO berücksichtigt somit auch mögliche Interessenkonflikte zwischen Betriebsrat und Betriebsratsmitglied und beinhaltet zudem eine Art („betriebsdemokratisch" bedeutsamen) **Minderheitenschutz** im Betriebsrat, um nicht Vertreter kleinerer Listen dauerhaft von jeglicher Bildungsfreistellung ausschließen zu können.

Primär ist der Betriebsrat berufen, mit einfacher Mehrheit die „Nominierung" von einzelnen seiner Mitglieder für eine Bildungsveranstaltung beim Betriebsinhaber zu beantragen (siehe Erl 7). Darüber hinaus sind drei weitere Konstellationen denkbar:

1. Der Betriebsrat beschließt, ein oder mehrere Betriebsratsmitglieder zu einer bestimmten Veranstaltung zu „schicken" (er beantragt diese namentlich beim Betriebsinhaber), übergeht dabei aber andere Betriebsratsmitglieder, die ebenfalls eine Teilnahme gem § 33 Abs 2 BRGO beantragt haben. Da das Betriebsratsmitglied ja eine Gleichschrift seines Antrags an den Betriebsrat dem Betriebsinhaber übermitteln musste, erlangte der Betriebsinhaber Kenntnis von allen potentiellen Teilnehmern der Bildungsveranstaltung und erkennt aus der Beantragung des Betriebsrats, dass einem oder einigen Mandataren die Teilnahme durch den Betriebsrat „verweigert" wird.
2. Der Betriebsrat beschließt ausdrücklich für dieses Betriebsratsmitglied gegenüber dem Betriebsinhaber keine Freistellung zu beantragen (der Beschluss lautet zB: „Der Antrag von Kollegen X wird abgewiesen") und teilt das dem Betriebsinhaber mit.
3. Das Betriebsratsmitglied beantragt beim Betriebsrat gem § 33 Abs 2 BRGO, der Betriebsrat bleibt jedoch nach außen hin untätig (egal ob nach Beschluss einer Abweisung oder ohne Beschlussfassung).

Nach dem Wortlaut des § 33 Abs 6 BRGO, der auf die Nichtverständigung des Betriebsinhabers abstellt, würde nur im Fall der dritten

Konstellation die subsidiäre Durchsetzungsmöglichkeit durch einzelne Betriebsratsmitglieder bestehen. In den Fällen 1. und 2. hingegen wäre es fraglich, ob die implizit oder explizit „ausgeschlossenen" Betriebsratsmitglieder gegen den Willen des Betriebsrats ihren Anspruch durchsetzen können. Allerdings ist zu bedenken, dass der Gesetzgeber Fälle, in denen das Kollektiv der Arbeitnehmerschaft (vertreten durch den Betriebsrat) einen individuellen Anspruch undurchsetzbar machen kann, sehr speziell und ausdrücklich regelt (vgl va das „Sperrrecht" gem § 105 Abs 4 letzter Satz, das einen 2/3-Mehrheitsbeschluss des Betriebsrats voraussetzt – siehe Erl 64 zu § 105). Mangels ausdrücklicher Regelung besteht nach meiner Auffassung Abs 6 des § 33 BRGO zusätzlich und ergänzend zu den Abs 2 bis 5, die ja vom primären Betriebsrats-Beantragungsrecht ausgehen (in diesem Sinne auch *Andexlinger,* Verfahrensprobleme der Bildungsfreistellung, RdW 1986, 215) und dem Betriebsratsmitglied bleibt daher in jedem Fall einer impliziten oder expliziten Verweigerung durch den Betriebsrat sein Recht auf Beratung und Klage unbenommen. Unsachliche Differenzierungen zwischen Betriebsratsmitgliedern durch den Betriebsrat sollen durch das individuelle Klagsrecht überprüft werden können.

Allerdings sollte das einzelne Betriebsratsmitglied mit seinen Freistellungswünschen nicht dem Betriebsrat bzw der Arbeitnehmerschaft Nachteile verursachen. Daher hat das Gericht **alle drei Interessen sorgsam abzuwägen und im Zweifel das kollektive Interesse** (welches repräsentativdemokratisch betrachtet durch den Mehrheitsbeschluss des Betriebsrats zum Ausdruck kommt) **zu berücksichtigen.** Das Gericht hat im subsidiären Verfahren nicht nur die Interessen von Betriebsratsmitglied und Betriebsinhaber abzuwägen, sondern auch jene des Betriebsrats ins Kalkül zu ziehen (§ 33 Abs 7 BRGO). Das könnte dazu führen, dass die Klage mit der Begründung abgewiesen wird, der Betriebsrat habe zu Recht kein Interesse an der Freistellung des klagenden Betriebsratsmitglieds, weil er zB ein gutes Einvernehmen mit dem Betriebsinhaber durch eine großzügige Beantragungspraxis nicht beeinträchtigen möchte bzw weil nach seiner objektiv nachvollziehbaren Ansicht der Schulungsbedarf bei Gesamtwürdigung aller seiner Mitglieder nicht gegeben sei (sachlich gerechtfertigt wäre etwa: Es gibt einige im Sinne des § 69 speziell beauftragte Betriebsratsmitglieder, die ausreichend geschult sind und der Interessenvertretungsaufgabe somit gut nachkommen können).

Auch ein Gegenschluss zu § 34 letzter Satz BRGO macht den kollektivistisch eingeschränkten Individualcharakter des allgemeinen Bildungsfreistellungsanspruchs deutlich, denn zur Durchsetzung der erweiterten Bildungsfreistellung nach § 119 ist (wieder) nur der Betriebsrat zur Klagsführung berechtigt.

Zusammentreffen mit erweiterter Bildungsfreistellung

[9]) Eine konsumierte erweiterte Bildungsfreistellung gem § 119 schließt den Anspruch auf die bezahlte Bildungsfreistellung während der laufenden Funktionsperiode nach § 118 aus. Umgekehrt schließt jedoch eine bereits konsumierte Bildungsfreistellung nach § 118 nicht aus, dass **danach noch eine erweiterte Bildungsfreistellung** nach § 119 gewährt wird. Über das Verhältnis der Bildungsfreistellung zur gewöhnlichen Freistellung nach § 116 („Amtsfreistellung", Ad-hoc-Freistellung) siehe Erl 1.

Anspruch von Ersatzmitgliedern

[10]) Es ist zu unterscheiden, ob ein Betriebsratsmitglied auf Grund einer **Betriebsänderung** (zum Begriff vgl § 109 Abs 1) oder aus anderen Gründen (va Rücktritt oder Mandatsenthebung wegen Gruppenverlust) sein Mandat verliert und somit ein Ersatzmitglied dauernd nachrückt. Im Fall des Nachrückens wegen **vorübergehender Verhinderung** des Betriebsratsmitglieds (vgl *Preiss*, ArbVR 2³, Erl 3 und 4 zu § 65) besteht **kein Anspruch** auf Bildungsfreistellung.

Im Fall einer **Betriebsänderung** (zB Schließung von Abteilungen) gilt: Hat das vorherige Betriebsratsmitglied seinen drei- oder fünfwöchigen Anspruch beispielsweise zur Gänze verbraucht und scheidet es im Zeitpunkt der zur Hälfte abgelaufenen Funktionsperiode aus, steht dem nachrückenden Ersatzbetriebsratsmitglied trotzdem ein Anspruch auf eineinhalb oder zweieinhalb (bei besonderem Interesse gem Abs 2) Wochen Bildungsfreistellung zu, da sein Anspruch im **aliquoten Verhältnis** der gesamten Funktionsperiode zum abgelaufenen Teil der Funktionsperiode besteht. Hat hingegen das ausgeschiedene Betriebsratsmitglied weniger als die Hälfte oder keinerlei Bildungsfreistellung verbracht, steht dem Ersatzmitglied ein größerer bzw der gesamte Anspruch zu.

In den **anderen Fällen des Ausscheidens eines Betriebsratsmitglieds** hat ein Ersatzmitglied nur dann und insoweit einen Anspruch, als das ausgeschiedene Betriebsratsmitglied noch keine Bildungsfreistellung in Anspruch genommen hat. Verbrauchte dieses zB in der laufenden Funktionsperiode eine Woche, so steht dem nachgerückten Ersatzmitglied ein Restanspruch von maximal zwei bzw vier Wochen zu.

Erweiterte Bildungsfreistellung[1])

§ 119. (1) In Betrieben mit mehr als zweihundert Arbeitnehmern ist neben der Bildungsfreistellung gemäß § 118 auf Antrag des Betriebsrates ein weiteres Betriebsratsmitglied für die Teilnahme an Schulungs- und Bildungsveranstaltungen[2]) bis zum Höchstausmaß eines Jahres[3]) gegen Entfall des Entgeltes von der Arbeitsleistung freizustellen. [4])§§ 117 Abs 2 und 4 sowie 118 Abs 3 und 4 sind sinngemäß anzuwenden.[5])[6])

(2) In Dienstjahren, in die Zeiten einer Bildungsfreistellung gemäß Abs 1 fallen, gebühren der Urlaub im vollen Ausmaß, das Urlaubsentgelt jedoch in dem Ausmaß, das dem um die Dauer einer Bildungsfreistellung verkürzten Dienstjahr entspricht.[7])

(3) Der Arbeitnehmer behält in Kalenderjahren, in die Zeiten einer Bildungsfreistellung gemäß Abs 1 fallen, den Anspruch auf sonstige, insbesondere einmalige Bezüge im Sinne des § 67 Abs 1 des Einkommensteuergesetzes 1972, BGBl Nr 440/1972, in dem Ausmaß, das dem um die Dauer der Bildungsfreistellung verkürzten Kalenderjahr entspricht.[8])

(4) Soweit sich Ansprüche eines Arbeitnehmers nach der Dauer der Dienstzeit richten, sind Zeiten einer Bildungsfreistellung gemäß Abs 1, während der das Arbeitsverhältnis bestanden hat, auf die Dauer der Dienstzeit anzurechnen.[9])

Schrifttum zu § 119

Siehe § 118.

Übersicht zu § 119

Voraussetzungen des Anspruchs auf erweiterte Bildungsfreistellung	Erläuterung 1
Art der Schulungs- und Bildungsveranstaltungen	Erläuterung 2
Ausmaß des Anspruchs	Erläuterung 3
Rechtswirkungen der Freistellung	Erläuterung 4
Arbeiter- und Angestelltenbetriebsrat	Erläuterung 5
Verfahren zur Inanspruchnahme	Erläuterung 6
Auswirkungen auf Urlaubsausmaß und -entgelt	Erläuterung 7
Aliquotierung von bestimmten Bezügen	Erläuterung 8
Anrechnung auf die Dauer der Dienstzeit	Erläuterung 9

Voraussetzungen des Anspruchs auf erweiterte Bildungsfreistellung

1) Die erweiterte Bildungsfreistellung soll der Vermittlung von **umfassenden Kenntnissen** zum Nutzen einer bestmöglichen innerbetrieblichen Arbeitnehmervertretung, die über die Grundausbildung nach § 118 hinausgehen, dienen.

Im Hinblick auf die sinngemäße Anwendung des § 117 Abs 2 bezieht sich die Arbeitnehmeranzahl auf die einzelnen Arbeitnehmergruppen; weiters muss diese **Schwellenzahl dauernd gegeben** sein (siehe Erl 2 zu § 117).

Der Anspruch auf erweiterte Bildungsfreistellung wird durch eine vorherige Bildungsfreistellung nach § 118 in derselben Funktionsperiode nicht beeinträchtigt, wohl aber im umgekehrten Sinn, dh, wenn eine erweiterte Bildungsfreistellung in Anspruch genommen worden ist, besteht für das betreffende Betriebsratsmitglied kein Anspruch mehr auf Freistellung nach § 118. Der Antrag auf Freistellung hat die notwendigen Angaben zu enthalten und ist vom Betriebsrat beim Betriebsinhaber zu stellen. Vor der Antragstellung hat der Betriebsrat die Zustimmung des freizustellenden Betriebsratsmitgliedes einzuholen (§ 34 BRGO).

Art der Schulungs- und Bildungsveranstaltungen

2) Typische Beispiele für Bildungsveranstaltungen, für die eine erweiterte Bildungsfreistellung nach § 119 in Anspruch genommen werden kann, sind die Sozialakademie der Arbeiterkammer Wien oder andere von Gewerkschaften oder Arbeiterkammern durchgeführte, länger dauernde Ausbildungslehrgänge für Betriebsratsmitglieder. Weiters sind darunter länger dauernde Kurse „externer" Institutionen zu verstehen, sofern die Ausbildungsinhalte der Ausübung der Funktion eines Betriebsratsmitglieds förderlich sind; umfassende Persönlichkeitsbildungsmaßnahmen werden darin genauso zu erblicken sein wie etwa Kurse über Konfliktmanagement oder Mediation.

Näheres zum Inhalt, zur Zweckbestimmung und zur Anerkennung solcher Veranstaltungen siehe in Erl 8 zu § 118.

Ausmaß des Anspruchs

3) Häufig sind mehrwöchige oder -monatige, aufeinander aufbauende Seminare (Bildungsmodule) eine didaktisch sinnvolle Methode zur Vermittlung der Bildungsinhalte. Daher kann der Anspruch bei Bedarf in mehreren Teilen verbraucht werden, denn nur in Ausnahmefällen werden Schulungsveranstaltungen eine bis zu einjährige ununterbrochene Dauer haben.

Nach dem Gesetzestext ist nicht auszuschließen, dass der Anspruch nicht nur von einem Betriebsratsmitglied ausgeschöpft werden kann, sondern dass **mehrere Betriebsratsmitglieder** sich diesen Anspruch während einer Funktionsperiode **teilen** können. Insbesondere spricht der ausdrücklich kollektive Anspruch des § 119 (im Gegensatz zum zusätzlichen individuellen Freistellungsanspruch einzelner Betriebsratsmitglieder gem § 118 – siehe Erl 6) sowie der zentrale Zweck der Betriebsverfassung, nämlich die effektive Vertretung der Arbeitnehmerinteressen, dafür, dass es der Betriebsratskörperschaft überlassen ist, den (erhöhten) Ausbildungsbedarf eines oder mehrerer ihrer Mitglieder festzustellen und geltend zu machen.

Fällt in die Zeit der erweiterten Bildungsfreistellung das Ende der Funktionsperiode oder erlischt gem § 64 das Betriebsratsmandat, bleibt dennoch die vereinbarte Dauer der Bildungsfreistellung dadurch unberührt.

Rechtswirkungen der Freistellung

⁴) Im Gegensatz zur Freistellung gem § 118 – abgesehen von den Kleinbetrieben – besteht für die Dauer der erweiterten Bildungsfreistellung kein Entgeltanspruch gegenüber dem Arbeitgeber. Diese Art der Freistellung ist daher als erzwingbarer „Karenzurlaub" anzusehen; es werden wohl die Arbeitspflicht des Betriebsratsmitgliedes bzw die Entgeltpflicht des Arbeitgebers für die in Anspruch genommene Dauer der erweiterten Bildungsfreistellung sistiert, aufrecht bleiben jedoch alle übrigen Pflichten aus dem Arbeitsverhältnis, insbesondere die Treuepflicht des Arbeitnehmers bzw die Fürsorgepflicht des Arbeitgebers.

Arbeiter- und Angestelltenbetriebsrat

⁵) Siehe Erl 1 sowie Erl 3 zu § 117.

Verfahren zur Inanspruchnahme

⁶) Siehe die Erl 7 zu § 118, jedoch mit der wichtigen Maßgabe, dass es sich bei der erweiterten Bildungsfreistellung, im Gegensatz zur gewöhnlichen gem § 118, ausschließlich um einen **kollektiven Anspruch** handelt (§ 34 letzter Satz BRGO). Demnach bedarf es jedenfalls eines diesbezüglichen Beschlusses bzw Antrages des Betriebsrates beim Betriebsinhaber.

Daraus ergibt sich auch, dass im Streitfall zur Klagserhebung gegen den Betriebsinhaber auf Gewährung der erweiterten Bildungsfreistellung nur der Betriebsrat und **nicht das einzelne Betriebsratsmitglied berechtigt** ist, und dass das einzelne Betriebsratsmitglied auch keinen klagbaren Anspruch gegenüber dem Betriebsrat auf Stellung eines entsprechenden Antrages an den Betriebsinhaber hat.

Auswirkungen auf Urlaubsausmaß und -entgelt

7) Das **Urlaubsausmaß** wird in jenen Dienstjahren, in die eine erweiterte Bildungsfreistellung fällt, **nicht gekürzt**, hingegen wird aber das **Urlaubsentgelt** entsprechend aliquotiert. Zeiten einer erweiterten Bildungsfreistellung dürfen auch nicht auf den Urlaub und umgekehrt Zeiten eines Urlaubs nicht auf das Ausmaß einer erweiterten Bildungsfreistellung angerechnet werden. Deckt sich zufällig das Arbeitsjahr mit dem Jahr der erweiterten Bildungsfreistellung oder kann der Urlaub im Arbeitsjahr nicht mehr verbraucht werden, wird der volle (oder aliquote) Urlaubsanspruch auf das nächste Arbeitsjahr übertragen.

Bezüglich der Aliquotierung des Urlaubsentgeltes ging der Gesetzgeber von der Annahme aus, dass dem Träger der Schulungs- oder Bildungsveranstaltung neben den durch den Entgeltausfall entstehenden Kosten auch die für den entsprechenden Urlaubsteil anfallenden Kosten zugemutet werden können.

Aliquotierung von bestimmten Bezügen

8) Es sei ausdrücklich darauf verwiesen, dass hier von Kalenderjahren und nicht von Arbeitsjahren gesprochen wird. Dies muss deshalb beachtet werden, weil nach den bestehenden Rechtsgrundlagen (egal ob Kollektivvertrag, Betriebsvereinbarung, Arbeitsvertrag oder Auslobung des Arbeitgebers) der Anspruch auf derartige Bezüge, verschiedentlich sowohl dem Grunde als auch der Höhe nach, von der Dauer der Dienstzeit abhängig gemacht wird; insofern ist der Begriff **„Kalenderjahre" missverständlich**, da jegliche Anspruchszeiträume für einmalige Bezüge darunter zu verstehen sind. Die Aliquotierung hat nach arithmetischen Grundsätzen, ohne Rücksichtnahme auf das „Kalenderjahr", zu erfolgen.

Unter sonstigen, insbesondere einmaligen Bezügen versteht § 67 Abs 1 Einkommensteuergesetz Bezüge, die der Arbeitnehmer neben dem laufenden Arbeitslohn von demselben Arbeitgeber erhält. Die Bestimmung über die Aliquotierung „sonstiger" Bezüge ist dem § 15f Abs 1 MSchG nachgebildet. **Unerheblich** ist, ob der sonstige Bezug **mehrmals jährlich oder nur einmal pro Jahr ausbezahlt** wird. Unterbricht der Arbeitnehmer die Bildungsfreistellung wegen Erkrankung oder Urlaub, ist eine Aliquotierung im Allgemeinen nicht zulässig, außer die Anspruchsgrundlage sieht eine aliquote Kürzung vor.

Insbesondere handelt es sich bei diesen Bezügen um:
– Urlaubszuschuss (-beihilfe), Weihnachtsremuneration und ähnliche **Sonderzahlungen,**
– Geschäftsjahresabschlussprämien, Bilanzgelder,
– Gewinnbeteiligungen,
– Geldbelohnungen (**Gratifikationen, Prämien,** Bonifikationen),
– Jubiläumsgelder,

- Prämien für Verbesserungsvorschläge,
- Vergütungen für Diensterfindungen,
- Inventurgelder usw.

Günstigere Regelungen im Kollektivvertrag, in der Betriebsvereinbarung oder im Arbeitsvertrag bleiben **unberührt**; sollte anderen Arbeitnehmern trotz Bildungsfreistellung der volle einmalige Bezug gewährt worden sein, wird sich der Arbeitnehmer auf eine diesbezügliche betriebliche Übung berufen können.

Anrechnung auf die Dauer der Dienstzeit

[9]) Im Gegensatz zur Regelung des § 15f Abs 2 MSchG, wonach Zeiten eines Karenzurlaubes bei Rechtsansprüchen der Arbeitnehmerin, die sich nach der Dauer der Dienstzeit richten, außer Betracht bleiben, bestimmt das ArbVG ausdrücklich, dass die **Zeit der erweiterten Bildungsfreistellung** auf die Dauer der Dienstzeit anzurechnen ist. Das bedeutet, dass die Zeit einer erweiterten Bildungsfreistellung bezüglich solcher Ansprüche einer Dienstzeit im Betrieb gleichzuhalten ist.

Kündigungs- und Entlassungsschutz[1])[3])[4])

§ 120. (1) Ein Mitglied des Betriebsrates[2]) darf bei sonstiger Rechtsunwirksamkeit nur nach vorheriger Zustimmung des Gerichts[5])[6])[7])[8]) gekündigt oder entlassen[9]) werden. Das Gericht hat bei seiner Entscheidung den sich aus § 115 Abs 3 ergebenden Schutz der Betriebsratsmitglieder wahrzunehmen.[10]) In den Fällen der §§ 121 Z 3 und 122 Abs 1 Z 3 erster Satzteil, Z 4 erster Satzteil und Z 5 hat das Gericht die Klage auf Zustimmung zur Kündigung oder Entlassung eines Betriebsratsmitgliedes abzuweisen, wenn sie sich auf ein Verhalten des Betriebsratsmitgliedes stützt, das von diesem in Ausübung des Mandates gesetzt wurde und unter Abwägung aller Umstände entschuldbar war.[11])

(2) Im Verfahren nach Abs 1 ist das Betriebsratsmitglied Partei.[6])

(3) Der sich aus den §§ 120 bis 122 ergebende Schutz beginnt[12]) mit dem Zeitpunkt der Annahme der Wahl durch das Betriebsratsmitglied und endet drei Monate nach Erlöschen der Mitgliedschaft zum Betriebsrat, im Falle der dauernden Einstellung des Betriebes mit Ablauf der Tätigkeitsdauer des Betriebsrates.[13])

(4) Die §§ 120 bis 122 gelten sinngemäß für
1. Ersatzmitglieder, die an der Mandatsausübung verhinderte Betriebsratsmitglieder durch mindestens zwei Wochen ununterbrochen vertreten haben, bis zum Ablauf von drei Monaten nach Beendigung dieser Tätigkeit, sofern der Betriebsinhaber von Beginn und Ende der Vertretung ohne unnötigen Aufschub in Kenntnis gesetzt wurde;[14])
2. Mitglieder von Wahlvorständen[15]) und Wahlwerber[16]) vom Zeitpunkt ihrer Bestellung bzw Bewerbung bis zum Ablauf der Frist zur Anfechtung der Wahl. Der Schutz des Wahlwerbers beginnt mit dem Zeitpunkt, in dem nach der Bestellung des Wahlvorstandes seine Absicht, auf einem Wahlvorschlag zu kandidieren, offenkundig wird. Scheint der Wahlwerber auf keinem Wahlvorschlag auf, so endet sein Kündigungs- und Entlassungsschutz bereits mit Ende der Einreichungsfrist für Wahlvorschläge.
3. Mitglieder eines Betriebsrates, der nach Beendigung seiner Tätigkeitsdauer die Geschäfte weiterführt (§ 61 Abs 2) bis zum Ablauf von drei Monaten nach Beendigung dieser Tätigkeit.[17])

Schrifttum zu den §§ 120 bis 122

Löschnigg, Bestandschutz und befristetes Dienstverhältnis, DRdA 1980, 17;
Firlei, Der Betriebsratsobmann reagiert auf eine vor ihm geheimgehaltene geplante Rationalisierungsmaßnahme, DRdA 1982, 426;
Pfeil, Kündigung eines Betriebsratsmitglieds, DRdA 1983, 116;

Rebhahn, Die Auswirkungen des arbeitsrechtlichen Bestandschutzes auf das Arbeitslosengeld, ZAS 1983, 93;
B. Schwarz, Neuere Judikatur in ausgewählten Kapiteln des Kündigungsrechts, DRdA 1984, 69;
Tomandl, Die Kündigungsentschädigung besonders kündigungsgeschützter Arbeitnehmer, ZAS 1986, 109;
Mitter, OGH: Ausmaß der Kündigungsentschädigung bei berechtigtem vorzeitigem Austritt eines Betriebsratsmitgliedes gem § 25 Abs 1 KO, DRdA 1988, 266;
Mayer-Maly, Probleme aus der neueren Rechtsprechung zum besonderen Kündigungsschutz, DRdA 1989, 353;
Kuderna, Einige Probleme des besonderen Kündigungsschutzes, DRdA 1990, 1;
Wisleitner, Die gerichtliche „Zustimmung" gem § 120 ArbVG, ecolex 1991, 793;
ders, Betriebseinstellung als Kündigungsgrund, ecolex 1992, 107;
Kuderna, Die Rechtswirkungen einer gegen nachträgliche Zustimmung des Gerichts ausgesprochenen Entlassung, DRdA 1995, 211;
Kuderna, Arbeits- und Sozialgerichtsgesetz, Gesetze und Kommentare Nr 139 (2. Aufl, 1996);
Rotter, Betriebsrat, Ehrenamt und Änderungskündigung, ASoK 1996, 4;
Egermann, Bereicherungsrechtliches bei Entlassung eines freigestellten BR-Mitglieds, ecolex 1999, 412;
Löschnigg/B. Karl, Der Kündigungs- und Entlassungsschutz von Betriebsratsmitgliedern und die Verlängerung der Partei- und Prozeßfähigkeit gem § 62a ArbVG, ZAS 2000, 161;
Weiß, Der besondere Bestandschutz von Arbeitsverhältnissen (2002);
Wagnest, Der Anspruch des Arbeitnehmers auf Kündigungsentschädigung bzw Schadenersatz bei vorzeitiger Auflösung des Arbeitsverhältnisses, DRdA 2002, 254;
Tinhofer, Kündigung aus wirtschaftlichen Gründen (2002), insbes 58 ff;
Heinz-Ofner, Der besondere Kündigungs- und Entlassungsschutz für Betriebsratsmitglieder und ihnen gleichgestellte Personen (Beiträge zu besonderen Problemen des Arbeitsrechts Bd 4; 2. Aufl, 2004);
David, Zur Kündigungsentschädigung bei besonderem Bestandschutz, DRdA 2008, 285.

Übersicht zu § 120

Zweck und Rechtswirkungen des besonderen
    Kündigungs- und Entlassungsschutzes .... Erläuterung 1
Geltungsbereich .... Erläuterung 2
Verhältnis zu anderen Beendigungsschutz-
    bestimmungen .... Erläuterung 3

Berechtigter vorzeitiger Austritt eines besonders
   geschützten Arbeitnehmers .... Erläuterung 4
Verfahrensvorschriften
   a) Allgemeines .... Erläuterung 5
   b) Einleitung des Verfahrens .... Erläuterung 6
   c) Unverzüglichkeit der Zustimmungsklage .... Erläuterung 7
   d) Wirkung des Urteils 1. Instanz .... Erläuterung 8
Beendigung des Arbeitsverhältnisses .... Erläuterung 9
Beachtung des Beschränkungs- und Benachteiligungs-
   verbots .... Erläuterung 10
Beachtung der Mandatsschutzklausel .... Erläuterung 11
Beginn des Sonderschutzes für Betriebsratsmitglieder .... Erläuterung 12
Ende des Sonderschutzes für Betriebsratsmitglieder .... Erläuterung 13
Sonderschutz für Ersatzmitglieder des Betriebsrates .... Erläuterung 14
Sonderschutz für Mitglieder des Wahlvorstandes .... Erläuterung 15
Sonderschutz für Wahlwerber .... Erläuterung 16
Sonderschutz für Mitglieder eines vorübergehend
   geschäftsführenden Betriebsrates .... Erläuterung 17

Zweck und Rechtswirkungen des besonderen Kündigungs- und Entlassungsschutzes

[1]) Zweck des besonderen Kündigungs- und Entlassungsschutzes nach §§ 120 bis 122 ist die Sicherstellung, dass die gewählten Interessenvertreter der Arbeitnehmer im Betrieb ihre gesetzlichen **Aufgaben tatsächlich und effektiv erfüllen** können. Es soll dadurch dem Betriebsrat ermöglicht werden, die Interessen der Belegschaft zu vertreten, ohne (individuelle) Diskriminierungen oder persönliche Vergeltungsmaßnahmen durch den Arbeitgeber wegen dieser Tätigkeit befürchten zu müssen (OGH vom 20. 4. 1994, 9 Ob A 59/94, ARD 4571/28/94 = Arb 11.180 = infas 1994, A 161). Der allgemeine Kündigungs- und Entlassungsschutz der §§ 105 bis 107 (vgl Erläuterungen dazu) würde nicht ausreichen, weil – va im Fall der Entlassung – das gewählte Betriebsratsmitglied (bzw die sonstigen geschützten Arbeitnehmer) an der Ausübung der Interessen der Belegschaft gehindert wäre (OGH vom 23. 8. 1995, 9 Ob A 99/95, infas 1996, A 3 = DRdA 1996, 63 = Arb 11.430 = RdW 1996, 177).

Die **Betriebsratsmitglieder genießen den Schutz „nicht um ihrer selbst Willen,** sondern zur Sicherstellung der ihnen vom Gesetzgeber im Interesse des Betriebs und der Belegschaft übertragenen Aufgaben" (OGH vom 16. 10. 2002, 9 Ob A 109/02y, DRdA 2003/22 mit Anm von *Holzer* = RdW 2003, 171 = ASoK 2003, 296 = infas 2003, A 15 = ARD 5398/5/2003; OGH vom 25. 6. 1998, 8 Ob A 266/97v, Arb 11.748 = ASoK 1998, 428). Den Schutzbestimmungen lässt sich nicht entnehmen, dass der Gesetzgeber den Funktionären der Belegschaft in irgendeiner Weise eine Vorzugsstellung gegenüber den anderen Arbeitnehmern einräumen wollte (OGH vom 17. 12. 1997, 9 Ob A 394/97z, infas 1998, A 74 = RdW 1998, 763).

Hätte der Arbeitgeber ein freies Kündigungsrecht gegenüber Arbeitnehmern, die eine **Interessenvertretungsaufgabe** im Betrieb **ausüben**, sich für eine solche **bewerben** oder notwendige **Aufgaben im Wahlvorstand** besorgen, könnte er willkürlich die Mitbestimmungsmöglichkeiten der Belegschaft ausschalten. Eine bloße Anfechtungsmöglichkeit nach den §§ 105 oder 106 wäre zur Sicherstellung der Mitbestimmungsmöglichkeiten keineswegs ausreichend (und kommt daher auf Grund des speziellen Kündigungsschutzes auch gar nicht zur Anwendung – siehe Erl 3), weil in diesen Fällen das Arbeitsverhältnis bis zur Entscheidung des Gerichtes vorläufig beendet wird, gerade in der Konfliktphase aber die aktive Ausübung der Interessenvertretungsaufgabe notwendig ist.

Der Kündigungs- und Entlassungsschutz von Betriebsratsmitgliedern und gleichgestellten Personen (Erl 14 bis 16) ist **folgendermaßen abgesichert**:

1. Im Regelfall kann erst **nach erteilter Zustimmung** mittels Urteil des Arbeits- und Sozialgerichtes (siehe Erl 8) die Kündigungs- oder Entlassungserklärung vom Arbeitgeber dem Betriebsratsmitglied (Ersatzmitglied, Wahlwerber, Wahlvorstandsmitglied) rechtswirksam mitgeteilt werden. **Beendigungsmitteilungen, die davor erfolgen, sind nichtig.** In zwei Ausnahmefällen, bei Vorliegen von Entlassungsgründen gem § 122 Abs 1 Z 2 und 5, genügt die unverzüglich eingeholte nachträgliche Zustimmung des Gerichts (vgl Erl 9 zu § 122).

2. Nur bei Vorliegen bestimmter, **taxativ aufgezählter Gründe** (Kündigungen: § 121; Entlassungen: § 122) darf das in Arbeits- und Sozialrechtssachen zuständige Gericht mittels Urteil die Zustimmung erteilen. Der Zweck des Sonderschutzes verlangt es, die gesetzlich geregelten Gründe **einschränkend zu interpretieren** und es kann auch **keine Regelungslücke** unterstellt werden, wonach eine analoge Anwendung der Kündigungs- und Entlassungstatbestände auf ähnlich gelagerte Verhaltensweisen von geschützten Personen zulässig wäre (OGH vom 19. 8. 1998, 9 Ob A 76/98m, DRdA 1999, 481 mit Anm von *Ch. Klein* = ARD 4988/8/98 = ASoK 1999, 77 = Arb 11.762). Die wörtliche (grammatische) Auslegung der §§ 120 bis 122 hat den gesamten Normtext, also auch die Überschriften zu den Regelungen zu beachten. Mit Bedacht wurden dabei zur Betonung der Schutzfunktion zu Gunsten der betrieblichen Interessenvertretung vom Gesetzgeber die Worte „Kündigungs**schutz**" und „Entlassungs**schutz**" gewählt, und nicht etwa „vorzeitige Auflösung" (vgl die einschlägigen Bestimmungen des AngG, GAngG, SchauspG, GewO alt usw).

Daher sind Arbeitgeberkündigungen bzw Entlassungen, die den gem § 120 geschützten Personenkreis betreffen und denen nicht das Gericht auf Grund des Vorliegens bestimmter gesetzlicher Gründe zugestimmt hat, ausnahmslos **rechtsunwirksam**. Das Arbeitsverhältnis bleibt weiter aufrecht, so als ob keine Lösung ausgesprochen worden wäre.

Das Gericht kann einer beabsichtigten Kündigung – abgesehen von den gesetzlich vorgesehenen Kündigungsgründen – nur dann zustimmen, wenn diese Kündigung **nach privatrechtlichen Grundsätzen** sofort nach einer Entscheidung des Gerichts iSd Klage **vorgenommen werden könnte**. Wäre die Kündigung selbst nach der Zustimmung des Gerichtes aus anderen Gründen rechtsunwirksam (zB sittenwidrig), so hat das Gericht eine entsprechende Klage von vornherein zurückzuweisen. Dies gilt auch bei Entlassungen: Diese sind nur dann zustimmungsfähig, wenn keine anderen, den Ausspruch der Entlassung hindernden Gründe vorliegen (EA Wien 30. 10. 1975, Arb 9443).

Auch **Teilkündigungen**, beispielsweise die einseitige Aufkündigung bisher gezahlter Entgeltbestandteile, sind vom besonderen Kündigungsschutz der §§ 120 bis 122 erfasst (OGH vom 22. 10. 1998, 8 Ob A 242/98s, ASoK 1999, 205 = ARD 4993/7/99). Ebenso kommen **Änderungskündigungen** ohne gerichtliche Zustimmung nicht in Betracht (OGH vom 16. 10. 2002, 9 Ob A 109/02y, DRdA 2003, 22 mit Anm von *Holzer* = RdW 2003, 171 = ASoK 2003, 296 = infas 2003, A 15 = ARD 5398/5/2003; OGH vom 19. 8. 1998, 9 Ob A 76/98m, DRdA 1999, 481 mit Anm von *Ch. Klein* = ARD 4988/8/98 = ASoK 1999, 77 = Arb 11.762; OGH vom 1. 7. 1987, 9 Ob A 36/87, Arb 10.638 = ARD 3903/8/87). Selbst die in einem Kollektivvertrag oder einer Betriebsvereinbarung vorgesehene einseitige **Ruhestandsversetzung** bei Erreichung einer bestimmten Altersgrenze ist als Kündigung anzusehen und steht daher unter der Voraussetzung einer gerichtlichen Zustimmung sowie des Vorliegens der in § 121 angeführten Kündigungsgründe (OGH vom 7. 6. 2001, 9 Ob A 94/01s, DRdA 2001, 562 = ZASB 2001, 41).

Das Betriebsratsmitglied kann beim Gericht eine Klage auf **Feststellung der Rechtsunwirksamkeit** der Kündigung bzw auf aufrechten Bestand des Arbeitsverhältnisses einbringen; praktikabler ist aber zumeist die **Leistungsklage** auf ausständiges Entgelt. Es besteht zB der **Anspruch auf das ungeschmälerte Entgelt** nach § 1155 ABGB, wenn der Arbeitgeber die Beschäftigung des Betriebsratsmitgliedes verweigert (OGH vom 13. 7. 1964, Arb 7970). Wenn der Arbeitgeber die Dienste eines unrechtmäßig Gekündigten nicht annimmt, gerät er in Annahmeverzug und büßt die Möglichkeit einer Anrechnung des durch den Arbeitnehmer anderweitig Verdienten ein. Das gilt auch dann, wenn das Gericht in erster Instanz der Kündigung zugestimmt hat, in letzter Instanz aber rechtskräftig ausgesprochen wurde, dass die Kündigung bzw Entlassung nicht zu Recht erfolgen kann. Der Arbeitgeber ist in diesem Fall auch für die gesamte Zeit gem § 1155 ABGB entgeltpflichtig, die zwischen der Entscheidung der ersten Instanz (auch wenn sie vorläufig **vollstreckbar** war) und der rechtskräftigen Entscheidung verstrichen ist; der Arbeitnehmer ist nicht gehalten, dem Arbeitgeber seine Arbeitsbereitschaft immer wieder von neuem zu bekunden (OGH vom 18. 5. 1982, 4 Ob 61/81, DRdA 1983, 35 = ZAS 1983, 66 mit Anm von *Schnorr* = ARD-HB 1983, 458 = Arb 10.137). Hat hingegen der Arbeitgeber das Betriebsratsmitglied von der Arbeitsleistung freigestellt (suspendiert) und sich die Rückforderung des während der Dauer des gerichtlichen Verfahrens gezahlten Arbeitsentgelts vorbehalten, ist das Betriebsratsmitglied infolge der Rückwirkung des Urteils (Erl 3), mit welchem der Klage des Arbeitgebers stattgegeben wird, zur Rückzahlung verpflichtet und kann auch nicht den gutgläubigen Verbrauch des erhaltenen Entgelts einwenden (OGH vom 5. 11. 1997, 9 Ob A 148/97y, DRdA 1998, 412 = infas 1998, A 54 = RdW 1998, 480 = ASoK 1998, 285; OLG Wien vom 17. 11. 1999, 7 Ra 238/99t, ARD 5128/11/2000). Selbstverständlich besteht der Entgeltanspruch des suspendierten Betriebsratsmitgliedes aber ungeschmälert und ohne Unterbrechung, wenn das mit rechtskräftigem Urteil letztlich die Zustimmung zur Beendigung nicht erteilt, also die Klage des Arbeitgebers abgewiesen wird.

Die „**Anfechtung**" (Rechtsgestaltungsklage) einer derart nichtigen „Kündigung" durch den betroffenen Arbeitnehmer ist im Gegensatz zur Leistungs- oder Feststellungsklage überflüssig und **nicht zulässig** (OGH vom 8. 4. 1975, Arb 9411). Auch sind Rechtshandlungen und deren Wirkung nicht feststellungsfähig, sodass die Klage des unwirksam gekündigten oder entlassenen Betriebsratsmitglieds „auf Feststellung der Rechtsunwirksamkeit der Kündigung" im Rahmen der materiellen Prozessleitungspflicht des Gerichts (§ 182 Abs 1 ZPO) in eine solche auf **Feststellung des aufrechten Arbeitsverhältnisses** umzuwandeln ist (OGH vom 27. 10. 1994, 8 Ob A 310/94, Arb 11.272). Verfahrensrechtlich können vielmehr alle jene Maßnahmen ergriffen werden, die sich aus dem aufrechten Bestand des Arbeitsverhältnisses ergeben (va Leistungsklage).

Der Arbeitnehmer ist grundsätzlich **nicht verpflichtet**, den Arbeitgeber anlässlich der Lösungserklärung darauf **aufmerksam zu machen**, dass er einem besonderen Kündigungsschutz unterliegt und daher die Einholung einer Zustimmung des Gerichtes notwendig ist (EA Linz 30. 1. 1962, Arb 7529). Allerdings muss ein Betriebsratsmitglied dann, wenn ihm die Unwirksamkeit einer Lösungserklärung bekannt sein konnte, auch nach der unwirksamen Lösung alle Pflichten aus einem aufrechten Arbeitsverhältnis, also insbesondere die Arbeitspflicht, weiter erfüllen (EA Graz 6. 8. 1971, ZAS 1972, 121) oder die Erfüllung zumindest anbieten. Die ständige Rechtsprechung ist der Auffassung, dass im Falle der unwirksamen Beendigung eines Arbeitsverhältnisses der Fortsetzungsanspruch vom Arbeitnehmer nicht zeitlich unbegrenzt geltend gemacht werden kann. Es besteht zwar keine ausdrückliche Frist für die Erfüllung der „**Aufgriffsobliegenheit**" (dh Geltendmachung des ununterbrochenen, aufrechten Arbeitsverhältnisses gegenüber dem Arbeitgeber), jedoch ergibt sich aus der Regel des § 863 ABGB über schlüssige Willenserklärungen, dass der Arbeitgeber aus dem Schweigen und Untätigbleiben von Betriebsratsmitgliedern während eines Zeitraums von (beispielsweise) einem Dreivierteljahr nach Ausspruch der Kündigung deren **Verzicht auf die Fortsetzung des Arbeitsverhältnisses** ableiten kann (OGH vom 1. 12. 1999, 9 Ob A 276/99z, RdW 2000, 756 = DRdA 2000, 259 = infas 2000, A 36 = ARD 5143/7/2000); dieser Verzicht ist infolge des **Klarstellungsinteresses** des Arbeitsgebers und der Belegschaft anzunehmen (OLG Wien vom 20. 7. 1999, 10 Ra 91/99x, ARD 5083/30/1999).

Dieser konkludente Verzicht kann insbesondere darin erblickt werden, dass das Betriebsratsmitglied seine (Schadenersatz-)Ansprüche aus der Beendigung des Arbeitsverhältnisses geltend macht. Für besonders kündigungs- und entlassungsgeschützte Arbeitnehmer besteht nämlich das **Wahlrecht**, entweder auf dem Bestandschutz zu beharren oder aber Ansprüche wie bei unberechtigter Arbeitgeberkündigung einschließlich der **Kündigungsentschädigung** geltend zu machen (OGH vom 16. 2. 2000, 9 Ob A 5/00a, RdW 2000/456; OGH vom 26. 2. 1992, 9 Ob A 40/92, RdW 1992, 243 = infas 1992, A 100; OGH vom 18. 9. 1980, 4 Ob 129/79, Arb 9896 = ZAS 1982, 57 mit Anm von *Marhold*). Es handelt sich um einen Fall der **relativen Nichtigkeit**; zum **Ausmaß** der Kündigungsentschädigung siehe Erl 4.

Suspendierungen, also Freistellungen von der Arbeitspflicht, sowie **Hausverbote**, die im Zuge der vom Arbeitgeber angestrebten Beendigung des Arbeitsverhältnisses ausgesprochen werden, werden von der Rechtsprechung nicht wesentlich anders behandelt als sonstige Hinderungen des Betriebsratsmitglieds an der Ausübung seines Mandats (zum Beschränkungsverbot siehe Erl 5 und 6 zu § 115). Bestimmte „**Individualkompetenzen**", wie etwa die Teilnahme an Betriebsratssitzungen und an Betriebsversammlungen, dürfen selbst bei begründeten Suspendierungen **nicht eingeschränkt** werden (OGH vom 24. 11. 1993, 9 Ob A 244/93, ARD 4531/18/94 = DRdA 1994, 424 mit Anm von *Eypeltauer* = ecolex 1994, 246 = Arb 11.127).

Einem Betriebsratsmitglied, gegen das ein Entlassungsverfahren läuft, kann die **Aufnahme einer zwischenzeitigen Beschäftigung nicht zugemutet** werden (OGH vom 21. 9. 1982, 4 Ob 114/82, Arb 10.185 = ARD-HB 1984, 388 = DRdA 1983, 114 = SWK 1983 B I 8). Auch dann, wenn die Entlassung ausnahmsweise ohne Zustimmung des Gerichtes vorläufig wirkt, das Gericht aber schließlich die Zustimmung versagt, hat das Betriebsratsmitglied Anspruch auf ungeschmälerte Fortzahlung des Entgeltes für die Zeit der Unterbrechung.

Geltungsbereich

[2]) Der besondere Kündigungs- und Entlassungsschutz gem §§ 120 bis 122 gilt für **Betriebsratsmitglieder und die in Abs 4 des § 120 aufgezählten Arbeitnehmergruppen** (vgl Erl 14 bis 16). Der Personenkreis der nach

den §§ 120 bis 122 besonders kündigungs- und entlassungsgeschützten Arbeitnehmer ist im Gesetz taxativ (abschließend) aufgezählt, wobei auch gesetzliche Vorschriften außerhalb des Arbeitsverfassungsgesetzes auf diesen speziellen Bestandschutz verweisen können. Mitglieder des **Jugendvertrauensrates** sind auf Grund des § 130 Abs 1, **Behindertenvertrauenspersonen** nach dem Behinderteneinstellungsgesetz (§ 22a Abs 10; § 22b) besonders kündigungs- und entlassungsgeschützt.

Ob der zur Kündigung oder Entlassung beantragte Arbeitnehmer tatsächlich zum Kreis der geschützten Personen (Erl 2) gehört, hat das Gericht als Voraussetzung des Sonderschutzes zu prüfen (OGH vom 11. 5. 2000, 8 Ob A 335/99v, ecolex 2000/269 mit Anm von *Mazal* = ASoK 2001, 104). Scheidet ein Arbeitnehmer nach der Klagserhebung des Arbeitgebers auf Zustimmung zur Kündigung bzw Entlassung aus dem Kreis der geschützten Personen aus (siehe Erl 13), so entfällt für den Kläger (den Betriebsinhaber) die Notwendigkeit, die Rechtsgestaltung durch das Gericht vor Ausübung des Lösungsrechtes abzuwarten (OGH vom 23. 8. 1995, 9 Ob A 99/95, infas 1996, A 3 = DRdA 1996, 63 = Arb 11.430 = RdW 1996, 177). Die Klage ist daher zurückzuweisen (OLG Wien vom 15. 9. 2000, 9 Ra 137/00h, ARD 5177/19/2000).

Der Arbeitnehmer ist **nach Ende des Sonderschutzes (Erl 13)** durch **§ 105 Abs 3 Z 1** (bzw § 107) geschützt, wenn er seine vormalige Funktion (oder Bewerbung) als **verpöntes Beendigungsmotiv** des Arbeitgebers glaubhaft machen kann. Wurde aber die Entlassung in den Fällen des § 122 Abs 1 Z 2 oder 5 noch während des aufrechten Mandatsschutzes ausgesprochen und soll nunmehr die Zustimmung des Gerichtes nachträglich eingeholt werden, so ist die Entlassungserklärung schwebend rechtsunwirksam (siehe Erl 9 zu § 122).

Keinen besonderen Kündigungsschutz nach den Bestimmungen der §§ 120 bis 122 haben etwaige „**Vertrauensleute**" der Belegschaft (in diesem Sinne EA Graz 28. 11. 1966, Arb 8397; vgl auch *Schneller,* ArbVR 2[3], Erl 5 zu § 40) und die nicht dem Betriebsrat angehörenden **Rechnungsprüfer** (OGH vom 16. 12. 1986, 4 Ob 175/85, DRdA 1987, 291 mit Anm von *Floretta* = RdW 1987, 267 = wbl 1987, 102; Unterinstanz: LG Innsbruck vom 18. 8. 1985, RdW 1986, 23 = ARD 3855/14/87 = infas 1987, A 77 = DRdA 1987, 14 = RdW 1987, 267). Werden solche Personen wegen ihrer Tätigkeit gekündigt oder entlassen, ist im Einzelfall zu prüfen, ob eine Anfechtung der Kündigung nach § 105 Abs 3 Z 1 (unzulässiges Kündigungsmotiv) möglich ist. Gem § 53 Abs 4 in den Betriebsrat wählbare Vorstandsmitglieder oder Angestellte einer Gewerkschaft unterliegen mangels Arbeitnehmereigenschaft nicht dem Sonderschutz.

Der Beendigungsschutz gilt für Kündigungen des Arbeitgebers und für Entlassungen. Zu den Begriffsbestimmungen vgl die Erl 1 zu § 105 sowie die Erl 1 zu § 106. Daher sind **folgende Auflösungsarten** durch die gegenständliche Schutzbestimmung **nicht erfasst**:

– Ende des Arbeitsverhältnisses durch den Ablauf einer vereinbarten **Befristung**. Die Bestimmungen über den Entlassungsschutz finden aber Anwendung, wenn ein befristetes Arbeitsverhältnis vom Arbeitgeber vorzeitig aufgelöst wird;
– **einvernehmliche Lösungen**: solche Vereinbarungen zwischen dem Arbeitgeber und einem kündigungsgeschützten Arbeitnehmer bedürfen nicht der Zustimmung des Gerichtes (EA Graz 11. 3. 1975, Arb 9326). Das gilt selbst dann, wenn die einvernehmliche Lösung nach außen als Arbeitgeberkündigung dargestellt wird (OGH vom 16. 10. 1996, 9 Ob A 2241/96s, ARD 4866/35/97). Es gelten aber auch für diese Arbeitnehmer die Schutzbestimmungen des § 104a (siehe dort).

Der Kündigungs- und Entlassungsschutz erstreckt sich nicht auf Arbeitsverhältnisse, die im Zeitpunkt des Eintritts des Kündigungs- und Entlassungsschutzes bereits gekündigt waren (VwGH vom 8. 5. 1985, Arb 6871; EA Leoben 16. 12. 1949, Arb 5126).

Hat der Arbeitgeber eine Betriebsratswahl unangefochten gelassen, kann er in einem späteren Verfahren, sofern nicht ein Nichtigkeitsgrund vorliegt, nicht mit Erfolg einwenden, dass der zu Kündigende wegen einiger Wahlmängel nicht Mitglied des Betriebsrates ist (LG Wien vom 6. 9. 1954, Arb 6049; LG Wien vom 28. 10. 1954, Arb 6103). Zum Unterschied zwischen nichtigen und anfechtbaren Betriebsratswahlen vgl §§ 59 und 60.

Verhältnis zu anderen Beendigungsschutzbestimmungen

[3]) Für Arbeitnehmer, die vom Geltungsbereich des § 120 erfasst sind und noch zusätzlich über einen besonderen Kündigungsschutz auf Grund anderer Rechtsvorschriften verfügen, gilt Folgendes:

a) Besonderer gesetzlicher Bestandschutz

– **Behinderte** nach dem Behinderteneinstellungsgesetz (BEinstG) sind ausschließlich nach den §§ 120 ff kündigungs- und entlassungsgeschützt, die (schwächeren) Kündigungsschutzbestimmungen des BEinstG gelten nicht (§ 8 Abs 6 lit a, § 22a Abs 10 BEinstG; OGH vom 15. 9. 2004, DRdA 2005, 336 m kritischer Anm von *Weiss*). Das BEinstG erfasst alle Personen, die auf Grund einer Behinderung zumindest zu 50 % erwerbsgemindert sind.
– Personen, die dem **Opferfürsorgegesetz** unterliegen (Verfolgte aus der Zeit des Nationalsozialismus) und zusätzlich die Voraussetzungen des § 120 erfüllen, sind ausschließlich nach den §§ 120 ff kündigungs- und entlassungsgeschützt.
– Für **Präsenzdiener, Zivildiener** und Frauen im Ausbildungsdienst, die dem § 120 unterliegen, gilt gem § 12 Abs 7 Arbeitsplatzsicherungsgesetz nur der besondere Bestandschutz des ArbVG.

– Der besondere Bestandschutz von **Schwangeren** und **Eltern** nach dem Mutterschutzgesetz (MSchG) und dem Väter-Karenzgesetz (VKG) ist gleichzeitig mit den §§ 120–122 zu beachten. Die Kündigung oder Entlassung muss daher den Voraussetzungen beider Gesetze entsprechen, wenn sie rechtswirksam sein soll (EA Leoben 27. 12. 1984, RdW 1985, 119).

– Die Bestimmungen über die Auflösung **öffentlich-rechtlicher Dienstverhältnisse** sind mit den Schutzvorschriften gem §§ 120 ff nicht vergleichbar. Auch hier gilt, dass sowohl die individuellen (dienstrechtlichen) als auch die primär den Belegschaftsinteressen dienenden Kündigungs- und Entlassungsschutzbestimmungen anzuwenden sind. Eine anders lautende Entscheidung (EA Graz 18. 12. 1974, Arb 9295) ist als verfehlt zu beurteilen. Soll ein Vertragsbediensteter gekündigt werden, der zugleich Betriebsratsmitglied ist, so ist zusätzlich zu § 121 auch das Vorliegen eines dienstrechtlichen Kündigungsgrundes (§ 32 VBG) zu prüfen (OGH vom 13. 1. 1987, 14 Ob 209/86, DRdA 1989, 123 mit Anm von *Trost* = infas 1987, A 72 = RdW 1987, 238 = ARD 3866/6/87).

b) Allgemeiner gesetzlicher Bestandschutz
(§§ 105 bis 107; § 3 AVRAG; § 15 AVRAG)

Die Bestimmungen der §§ 120 bis 122 ArbVG sind **Spezialnormen**, welche den Bestandschutz der unter ihren Geltungsbereich fallenden Personen **abschließend** und somit unter Ausschluss des allgemeinen Kündigungsschutzes des § 105 ArbVG, der einem ganz anderen Normzweck dient, regeln. Eine Kündigung, der vom Gericht gem den §§ 120 ff ArbVG die Zustimmung erteilt wurde, ist daher nach den §§ 105 ff ArbVG nicht anfechtbar (OGH vom 28. 10. 1994, 9 Ob A 198/94, Arb 11.304; OGH vom 13. 1. 1987, 14 Ob 209/86, DRdA 1989, 123 mit Anm von *Trost*). War jedoch der Arbeitnehmer im Zeitpunkt des Zugangs der Kündigungs- oder Entlassungserklärung nicht mehr (oder noch nicht) vom Sonderschutz der §§ 120 bis 122 erfasst, gilt für ihn natürlich der allgemeine Kündigungs- und Entlassungsschutz. Das Gleiche hat für den Fall von Kündigungen zu gelten, die insofern verpönt sind, weil sie vom Arbeitgeber wegen der (beabsichtigten) Inanspruchnahme von Freistellungsansprüchen nach den §§ 11 bis 14b AVRAG (Bildungskarenz, Familienhospizkarenz, Altersteilzeit etc) erfolgen (§ 15 AVRAG).

Auch der im Fall eines **Betriebsübergangs** geltende Schutz vor übergangsbedingten Kündigungen (§ 3 Abs 1 AVRAG, Art 4 Abs 1 Betriebsübergangsrichtlinie) dient einem anderen Normzweck. Allerdings wirkt sich das Verdikt der Nichtigkeit übergangsbedingter Kündigungen auf besonders bestandgeschützte Arbeitnehmer insoweit aus, als bei zeitlicher Nähe der Zustimmungsklage zum Betriebs(teil)übergangszeitpunkt die

Umgehung der gem § 3 Abs 1 AVRAG angeordneten Rechtsfolgen durch den Veräußerer bzw den Erwerber indiziert sein kann.

c) Bestandschutz auf Grund Kollektivvertrag, Betriebsvereinbarung oder Arbeitsvertrag

Hier gilt, dass die Unterschiede in den Regelungszwecken die **gleichzeitige Beachtung** beider Schutzbestimmungen verlangen (OGH vom 7. 6. 2001, 9 Ob A 94/01s, ZAS JudBlg 2001, 41 = DRdA 2001, 562). Ist in einem Kollektivvertrag vorgesehen, dass nur nach Durchführung eines Disziplinarverfahrens eine Entlassung ausgesprochen werden kann, so muss vor der Klage des Arbeitgebers auf Zustimmung zur Entlassung beim Gericht das Disziplinarverfahren iSd Entlassungsantrages erledigt sein; ansonsten ist der Entlassung nicht zuzustimmen (EA Graz 31. 3. 1982, Arb 10.079 = ZAS 1982, 161). Das Nämliche gilt für die Einschränkung oder den Ausschluss von Kündigungen oder Entlassungen, die im Arbeitsvertrag festgelegt sind.

Berechtigter vorzeitiger Austritt eines besonders geschützten Arbeitnehmers

[4]) Diese Möglichkeiten stehen auch Betriebsratsmitgliedern uneingeschränkt zu. Bei einem berechtigten vorzeitigen Austritt eines Betriebsratsmitgliedes stellt sich die von der Literatur und der Judikatur viel behandelte Frage, welches Ausmaß an Kündigungsentschädigung dem Betriebsratsmitglied zusteht. Für den Fall des Austrittes eines Betriebsratsmitgliedes im **Konkurs** hat der OGH seine frühere Judikatur, wonach Kündigungsentschädigung bis zum Ablauf des Mandatsschutzes, also mindestens bis zum Ende der Funktionsperiode des Betriebsrates zusteht (vgl OGH vom 5. 2. 1985, 4 Ob 13/85, Arb 10.407 = DRdA 1985, 331 mit Anm von *Ziniel*), korrigiert. In den Entscheidungen vom 10. 7. 1991 (9 Ob S 8/91, DRdA 1992, 145 mit Anm von *Grießer* = infas 1992, A 52) und vom 23 10. 1991 (9 Ob A 907/91, Arb 10.990; siehe auch *Runggaldier* in RdW 1991, 204) schließt sich das Höchstgericht einigen dazu in der Literatur vertretenen Rechtsmeinungen (*Spielbüchler*, ZAS 1986, 128; *Mayer-Maly*, DRdA 1989, 353) an und spricht dem Betriebsratsmitglied, das im Konkurs des Arbeitgebers einen vorzeitigen Austritt vornimmt, ebenso wie den sonstigen Arbeitnehmern nur die Kündigungsentschädigung für die **gesetzliche Kündigungsfrist** (bzw für Arbeiter meist: kollektivvertragliche Kündigungsfrist) ohne Berücksichtigung des Kündigungs- und Entlassungsschutzes zu (vgl auch OGH vom 10. 7. 1996, 9 Ob A 2113/96, infas 1997, A 9).

Wie besonders *Mayer-Maly* (DRdA 1989, 353) betont, und wie auch aus der oa Entscheidung des OGH vom 23. 10. 1991 hervorgeht, ist der Fall des Austritts wegen **Konkurs allerdings nicht mit anderen Austritts-**

tatbeständen, denen ein **Verschulden des Arbeitgebers** zu Grunde liegt, **zu vergleichen**. Tritt ein Betriebsratsmitglied beispielsweise deswegen aus, weil es vom Betriebsinhaber beleidigt wurde oder weil ihm das zustehende Entgelt nicht bezahlt wird, so liegt die Vermutung nahe, dass der Arbeitgeber mit diesem Verhalten unbequeme Betriebsratsmitglieder loswerden und den Kündigungs- und Entlassungsschutz umgehen wollte. Eine Beschränkung der Kündigungsentschädigung bloß auf die gesetzliche oder vertragliche Kündigungsfrist wäre in diesen Fällen als **Belohnung für den Arbeitgeber** zu werten, der sich rechtswidrig verhält. In diesen Fällen hat aus allgemeinen betriebsverfassungsrechtlichen Schutzerwägungen dem berechtigt ausgetretenen Betriebsratsmitglied das Entgelt zumindest bis zum Ende der Funktionsperiode des Betriebsrates als Kündigungsentschädigung zuzustehen.

Verfahrensvorschriften
a) Allgemeines

5) Im gerichtlichen Zustimmungsverfahren sind mehrere Voraussetzungen zu prüfen:

1. Wurde die **Klage unverzüglich** nach Kenntnis des Arbeitgebers vom Kündigungs- oder Entlassungsgrund eingebracht?
2. Liegt der behauptete **Kündigungs- oder Entlassungsgrund** der §§ 121 und 122 vor? Insbesondere ist (ausgenommen in den Fällen des § 121 Z 1 und Z 2) das **Verschulden** des Arbeitnehmers zu prüfen.
3. Ist die **Weiterbeschäftigung** des Betriebsratsmitglieds dem Arbeitgeber unmöglich oder **unzumutbar**?
4. Wird bei der Beurteilung oder Bewertung des Kündigungs- oder Entlassungsgrundes das **Beschränkungs- und Benachteiligungsverbot** (siehe Erl 10) sowie (in den Fällen des § 121 Z 3 und § 122 Abs 1 Z 3, 4 und 5) die **Mandatsschutzklausel** (Erl 11) berücksichtigt?

Im Anschluss an ein für den Arbeitgeber erfolgreiches Zustimmungsverfahren ist noch zu prüfen, ob der **Ausspruch** der Beendigungserklärung in einem **engen zeitlichen Zusammenhang** mit dem Urteil steht (siehe Erl 9).

b) Einleitung des Verfahrens

6) Die Einleitung des Verfahrens auf Zustimmung zur Kündigung oder Entlassung kann nur durch Klage des Arbeitgebers (**Rechtsgestaltungsklage**) gegen das Betriebsratsmitglied bei dem in Arbeits- und Sozialrechtssachen zuständigen Gericht 1. Instanz erfolgen. Bei der gerichtlichen Zustimmungserteilung handelt es sich nicht um eine rechtsgeschäftliche Genehmigung, sondern um einen **konstitutiven Hoheitsakt** (Rechtsgestaltung), mit dem die Beendigung des Arbeitsverhältnisses erst erlaubt wird

§ 120 Erl 6

(OGH vom 26. 1. 1994, 9 Ob A 280/93, DRdA 1994, 496 mit Anm von *Csebrenyak* = ecolex 1994, 341 = ÖJZ 1994, 147). Erst durch die behördliche Zustimmung wird das im Regelfall nachfolgende Rechtsgeschäft der Kündigung oder Entlassung (siehe Erl 5) erlaubt (OGH vom 13. 7. 1964, Arb 7970).

Durch die Novelle BGBl Nr 563/1986 wurde klar gestellt, dass das **betroffene Betriebsratsmitglied** (beklagte) **Partei** des Zustimmungsverfahrens (Abs 2; so schon die ältere Rechtsprechung: VwGH vom 28. 4. 1955, Arb 6227) ist. Der Betriebsrat als Kollegialorgan ist nicht Beteiligter (Partei) des Zustimmungsprozesses und es ist auch nicht seine Zustimmung einzuholen (OGH vom 9. 4. 1997, 9 Ob A 2291/96v, Arb 11.594; OGH vom 30. 1. 1997, 8 Ob A 2053/96m, infas 1997, A 88). Er ist allerdings vom Arbeitgeber über dessen Antrag auf Zustimmung zur Kündigung oder Entlassung zu verständigen (EA Wien 4. 6. 1984, Re III 63/84). Die übrigen Mitglieder des Betriebsrates können selbstverständlich als **Zeugen** im Verfahren angehört werden. Meines Erachtens wird in aller Regel die Beteiligung des betroffenen Organs der Arbeitnehmerschaft (vertreten durch den Vorsitzenden) als **Nebenintervenient** geboten sein. Ein rechtliches Interesse der Belegschaft am Obsiegen des beklagten Betriebsratsmitglieds (§ 17 Abs 1 ZPO) besteht insofern, als sich die personelle Zusammensetzung des nach demokratischen Grundsätzen gewählten Organs auf die Rechtsverhältnisse der Belegschaft auswirken kann. Sollte die Klagsstattgebung (und nachfolgende Kündigung oder Entlassung) sich auf den Bestand des Organs auswirken – etwa indem es wegen Absinkens unter die Hälfte der gesetzlich vorgesehenen Mitgliederzahl dauernd funktionsunfähig wird (§ 62 Z 2) –, kommt dem Betriebsrat die Stellung eines **streitgenössischen Nebenintervenienten** (§ 20 ZPO) zu. Prozesshandlungen (Schriftsätze, Beweisanträge etc) des Betriebsrats sind in diesen Fällen für das beklagte Betriebsratsmitglied rechtlich wirksam, sofern sie nicht mit dessen eigenen Prozesshandlungen im Widerspruch stehen. Zum Klarstellungsinteresse der Belegschaft an der Zusammensetzung und Funktionsfähigkeit des Betriebsrats: OGH vom 1. 12. 1999, 9 Ob A 276/99z, Arb 11.973 = DRdA 2000, 259 = infas 2000, 236 = RdW 2000, 748.

Aus dem **Begehren** (Urteilsantrag) der auf gerichtliche Zustimmung gerichteten Rechtsgestaltungsklage des Arbeitgebers (siehe Erl 4) muss hervorgehen, ob eine Kündigung oder eine Entlassung vorgenommen werden soll, und auf welchen der in den §§ 121 und 122 angeführten Gründe die Lösung gestützt werden soll (bzw in den Fällen des § 122 Abs 1 Z 2 und 5 bereits gestützt wurde). Ein Antrag auf Zustimmung zur Entlassung umfasste nach der älteren Rechtsprechung auch einen Antrag auf Zustimmung zur Kündigung (OGH vom 14. 12. 1988, 9 Ob A 285/88, DRdA 1991, 51 = ARD 4053/18/89).

Seit In-Kraft-Treten des ASGG mit 1. 1. 1987 und damit einhergehender weit gehender Geltung der ZPO ist eine derartige **Umdeutung der**

Klage nicht mehr ohne weiteres möglich. Es kommt vielmehr darauf an, ob die Zustimmung zur Kündigung gegenüber der Entlassungszustimmung „das geringere Übel" wäre oder ob die Entlassung vom Kündigungsbegehren nicht umfasst sein kann (*Strasser/Jabornegg*, ArbVG [1999], E 81 zu § 120). Für die **Bestimmung des Streitgegenstands** des in der Klage enthaltenen Antrags auf Zustimmung zur Kündigung oder Entlassung ist nicht nur das Klagebegehren, sondern **auch der Inhalt der Klage (Tatsachenbehauptungen, „Klagegrund")** **maßgeblich.** Welche Absicht der Arbeitgeber verfolgt, lässt sich aus der Klage in ihrem Gesamtzusammenhang entnehmen (OGH vom 24. 4. 1996, 9 Ob A 2025/96, RdW 1997, 149 = ARD 4809/36/97 = infas 1996, A 120 unter Hinweis auf *Rechberger*, ZPO Kommentar, Rz 2 zu § 405). Das „Nachschieben" von **anderen Kündigungs- oder Entlassungsgründen** als jenen, die in der Klage enthalten sind, ist somit ohne Zustimmung des Beklagten **nicht zulässig**, da ein abweichender Tatbestand nicht mehr vom Klagegrund umfasst wäre (**Antragsprinzip**; § 235 ZPO).

Dass das Gericht Kündigungsgründe, die während des Verfahrens hervorkommen, vom Kläger aber nicht geltend gemacht wurden, für eine zustimmende Entscheidung heranziehen könnte, steht also mit den genannten Grundsätzen der Zivilprozessordnung (va mit dem Antragsprinzip) im Widerspruch und wäre daher ein Verfahrensfehler. Wird beispielsweise eine Ehrenbeleidigung als Entlassungsgrund geltend gemacht, kann diese aber nicht erwiesen werden oder ist sie nicht ausreichend für eine Entlassung, so ist das Gericht nicht berechtigt, statt der Entlassung der Kündigung deswegen zuzustimmen, weil sich im Laufe des Verfahrens Verhaltensweisen des Betriebsratsmitgliedes ergeben haben, die Untreue oder Dienstunfähigkeit bedeuten könnten. **Keinesfalls** kann eine Klage auf Zustimmung zur Kündigung in **eine Entlassungszustimmungsklage umgedeutet** werden (schon unter der alten Rechtslage: VwGH vom 11. 9. 1985, 83/01/0073, DRdA 1986, 146 = RdW 1986, 49).

Hängt die Zulässigkeit der Entlassung von der Erfüllung eines strafbaren Tatbestandes ab, so hat das **Gericht 1. Instanz selbst zu prüfen** und zu entscheiden, ob sich das Betriebsratsmitglied einer strafbaren Handlung schuldig gemacht hat (OLG Wien vom 30. 5. 1990, 33 Ra 31/90, ARD 4189/24/90). Die strafrechtliche Vorfrage ist **umfassend**, auch im Hinblick auf das Vorliegen von Rechtfertigungsgründen oder Irrtümern des Arbeitnehmers, zu prüfen (VwGH vom 17. 3. 1980, 1031/78 ZAS 1982, 69 u 70 mit Anm von *Schnorr*). Diese **Vorfragenkompetenz** des ASG in strafrechtlichen Angelegenheiten ist nicht verfassungswidrig (OGH vom 10. 10. 1990, 9 Ob A 228/90, ARD 4226/19/90 = wbl 1991, 104). Stellt sich allerdings in einem nachfolgenden Strafverfahren heraus, dass der strafrechtliche Tatbestand doch nicht erfüllt war und war dies wesentliche Voraussetzung der Zustimmung durch das ASG, so hat der Arbeitnehmer die Möglichkeit einer **Wiederaufnahmsklage** (OGH vom 24. 4. 1996, 9 Ob

A 2025/96, ARD 4809/36/97 = RdW 1997, 149). Dies gilt auch dann, wenn ein anderer Kündigungsgrund, wie etwa die bevorstehende Betriebsschließung, vom ASG angenommen wurde, sich aber später herausstellt, dass der Betrieb doch nicht geschlossen wird.

Mit Ausnahme von § 122 Z 1 (Täuschung beim Arbeitsvertragsabschluss) sind alle Entlassungsgründe **auf die Gegenwart abgestellt**. Sie sind nur dann erfüllt, wenn die behaupteten Verfehlungen vom Arbeitnehmer **als Betriebsratsmitglied** (bzw sonstiger geschützter Arbeitnehmer) begangen worden sind (EA Linz 3. 7. 1962, Arb 7646). Die gegen den Arbeitnehmer in der Klage bzw ergänzend im laufenden Verfahren vorgebrachten **Vorwürfe** können allerdings vom Gericht **in ihrer Gesamtheit gewürdigt** werden. **Frühere Handlungen**, etwa Beleidigungen von Arbeitnehmern durch das beklagte Betriebsratsmitglied, können die später ausgesprochene Entlassung nicht begründen; sie können jedoch im Einzelfall **unterstützend** in die nunmehr vorzunehmende Beurteilung des Verhaltens einfließen (OGH vom 10. 12. 1997, 9 Ob A 285/97w, RdW 1998, 481 = ARD 4944/14/98; EA Linz 11. 2. 1977, Arb 9558; VwGH vom 13. 2. 1958, Arb 6808). Keinesfalls aber können frühere Verfehlungen, die vor der Mitgliedschaft zum Betriebsrat begangen wurden, die Entlassung gem § 122 Z 3 (Untreue, Geschenkannahme) rechtfertigen (EA Innsbruck 1. 9. 1955, Arb 6291).

Andererseits wird auch bei Verfehlungen eines besonders geschützten Arbeitnehmers längeres **zwischenzeitliches Wohlverhalten** von der Rechtsprechung im Allgemeinen für den Arbeitnehmer **entlastend** gewertet (zB EA Linz 5. 12. 1978, Arb 9730); insbesondere wenn begangene Ehrverletzungen so lange zurückliegen, dass das nunmehr zu qualifizierende Verhalten davon nicht mehr berührt wird (OGH vom 5. 3. 1997, 9 Ob A 47/97w, DRdA 1998, 125 mit Anm von *Kallab* = infas 1997, A 68 = RdW 1998, 32 = ARD 4852/20/97).

c) Unverzüglichkeit der Zustimmungsklage

[7]) Die Klage des Arbeitgebers muss unverzüglich erfolgen, nachdem ihm der Grund, der ihn zur Kündigung oder Entlassung berechtigen könnte, bekannt geworden ist. Das gilt sowohl für den Regelfall der vorherigen Zustimmungseinholung, als auch für die in § 122 Abs 3 angeführten Fälle der nachträglichen Zustimmung (OGH vom 24. 5. 1989, 9 Ob A 141/89, infas 1990, A 6 = Arb 10.785 = ARD 4086/16/89 = RdW 1989, 343; VwGH vom 2. 5. 1978, 1798/77, Arb 9701). In den Fällen der nachträglichen Zustimmung zu einer bereits ausgesprochenen Entlassung ist die **Entlassung schwebend unwirksam**, bis ein rechtskräftiges zustimmendes Urteil des Gerichtes vorliegt (vgl Erl 9 zu 122). Grund für die **Verwirkung des Beendigungsrechts** des Arbeitgebers durch zu langes Zuwarten mit der Klagseinbringung ist das **Klarstellungsinteresse** des

betroffenen Betriebsrats(Ersatz-, Wahlvorstands-)mitglieds sowie der von ihm vertretenen Belegschaft.

Bei klaren Sachverhalten kann bei einer Zeitspanne von **8 Tagen** (EA Wien 4. 6. 1984, Arb 10.340 = infas 1985, A 6) oder **9 Tagen nicht mehr von einer unverzüglichen Geltendmachung gesprochen werden**, das Kündigungs- oder Entlassungsrecht ist verwirkt (VwGH vom 12. 1. 1963, Arb 7879). Umso mehr bei Verzögerungen um 17 Tage ab Kenntnis vom Kündigungs- oder Entlassungsgrund (EA Graz 4. 1. 1977, Arb 9566). Im Fall nachträglicher Zustimmung ist ein Zeitraum von einem Monat zwischen dem Ausspruch der Entlassung und der Klageerhebung bei Gericht jedenfalls zu lang; das Entlassungsrecht wurde in diesem Fall verwirkt, die Entlassung ist rückwirkend rechtsunwirksam geworden (OGH vom 24. 5. 1989, 9 Ob A 141/89, infas 1990, A 6 = Arb 10.785 = ARD 4086/16/89 = RdW 1989, 343). *Eypeltauer* (DRdA 1994, 46) schlägt die analoge Anwendung der einwöchigen Frist gem §§ 105 Abs 4, 106 vor.

Vom Grundsatz, dass Kündigungs- und Entlassungsgründe gegen Betriebsratsmitglieder vom Arbeitgeber sofort durch Klage geltend gemacht werden müssen, widrigenfalls das Lösungsrecht verwirkt ist (EA Linz 21. 11. 1985, Arb 10.487 = ARD 3849/32/87), kann es nur dann **Ausnahmen** geben, wenn der zur Entlassung berechtigte Arbeitgeber einen **komplizierten Sachverhalt** zu ermitteln und rechtlich zu beurteilen hat (OGH vom 6. 11. 1991, 9 Ob A 138/91, ARD 4232/10/91 = DRdA 1992, 217 = ecolex 1992, 113 = RdW 1992, 154). Eine Frist von 10 Tagen, in die auch Feiertage fallen, kann in diesem Fall noch als ausreichend angesehen werden (OLG Wien vom 30. 5. 1990, 33 Ra 31/90, ARD 4197/11/90 = wbl 1991, 104). Wartet der Arbeitgeber mehrere Verfehlungen des Betriebsratsmitgliedes ab und stellt erst nach einigen Erhebungen etwa 10 Tage nach der ersten Verfehlung den Entlassungsantrag bei Gericht, so ist dies nicht verspätet (OGH vom 20. 11. 1991, 9 Ob A 226/91, infas 1992, A 67 = ecolex 1992, 259 = RdW 1992, 218 = ARD 4347/8/92). Selbstverständlich wird jedoch selbst bei undurchsichtigen und zweifelhaften Sachverhalten durch die ein halbes Jahr ab Kenntnis vom Beendigungsgrund eingebrachte Klage das Gebot der Unverzüglichkeit nicht mehr gewahrt (VwGH vom 2. 5. 1978, 1798/77, Arb 9701 = DRdA 1978 362).

d) Wirkung des Urteils 1. Instanz

[8]) Die der Klage **stattgebende „erste" Entscheidung** des Arbeits- und Sozialgerichts erster Instanz (vgl *Preiss*, ArbVR 2[3], Erl 19 zu § 61) ist gem **der vorläufigen Rechtsgestaltungswirkung und Vollstreckbarkeit des § 61 Abs 1 Z 5 ASGG** auch dann verbindlich, wenn sie nicht rechtskräftig wird. Ein allenfalls nach einem Rechtsmittelverfahren ergangenes weiteres Urteil des Erstgerichts – nach Zurückverweisung durch die Rechtsmittelinstanz – oder aber eine abweisende Entscheidung kann nicht „erstes" Urteil" sein (OGH vom 28. 9. 1994, 9 Ob A 166/94, DRdA 1995, 308 mit

Anm von *Kuderna* = Arb 11.279 = ARD 4602/21/94). Das gilt sowohl für den Regelfall der vorherigen Zustimmung als auch für jene Entlassungstatbestände, wo eine nachträgliche gerichtliche Zustimmung vorgesehen ist. Einem abweisenden Urteil hingegen kommen diese vorläufigen Rechtswirkungen nicht zu.

Das bedeutet, dass der Betriebsinhaber nach Erhalt des stattgebenden erstinstanzlichen Urteils die Kündigung oder Entlassung aussprechen kann mit der Wirkung, dass nach Ablauf der im Regelfall einzuhaltenden Kündigungsfrist das Arbeitsverhältnis als vorläufig beendet anzusehen ist. Da auch bei den Zustimmungsprozessen ein **dreiinstanzliches Verfahren** vorgesehen ist, ist es leicht denkbar, dass die letztlich rechtskräftige Entscheidung des OLG oder des OGH die Entscheidung des Erstgerichtes korrigiert; dieses Problem hat der Gesetzgeber bei der besonderen Regelung nach § 61 ASGG in Kauf genommen. Wird die Klage also im Rechtsmittelweg rechtskräftig abgewiesen, so wird der **vorläufig verbindliche Zustand**, der durch das Ersturteil entstanden ist, **rückwirkend beendet**: Das **Arbeitsverhältnis des Betriebsratsmitglieds bleibt** auf Grund der auf den Zeitpunkt der Klagserhebung rückwirkenden Rechtskraft der Berufungs- oder Revisionsentscheidung **ohne Unterbrechung aufrecht**.

Dem Betriebsratsmitglied sind in diesem Fall die **Entgeltleistungen** für das zwischenzeitlich und vorläufig (schwebend unwirksam) aufgelöste Arbeitsverhältnis **rückwirkend zu erbringen**. Nur wenn der Arbeitgeber das Betriebsratsmitglied von der Arbeitsleistung suspendiert und sich die Geltendmachung der **Rückzahlung** des von ihm während der Dauer des Gerichtsverfahrens gezahlten Arbeitsentgelts für den Fall der Erteilung der nachträglichen Zustimmung **vorbehalten** hat, ist der Arbeitnehmer infolge der Rückwirkung der Gerichtsentscheidung zur Rückzahlung verpflichtet (OGH vom 5. 11. 1997, 9 Ob A 148/97y, RdW 1998, 480 = ARD 4901/42/98 = DRdA 1998, 212 = infas 1998, A 54 = ASoK 1998, 285 = Arb 11.663).

Im umgekehrten Fall kann es sein, dass der Betriebsinhaber in erster Instanz obsiegt und kein Entgelt weiterzahlen möchte, bis über die Kündigung bzw Entlassung rechtskräftig abgesprochen wurde. Diesfalls kann das (vorläufig) unterlegene Betriebsratsmitglied die **Hemmung der Vollstreckbarkeit** gem § 61 Abs 4 ASGG beantragen; dabei ist die soziale Lage des Betriebsratsmitglieds zu berücksichtigen. Gutgläubiger Verbrauch des vorläufig weiter bezogenen Entgelts ist gem § 61 Abs 2 Satz 2 ASGG ausgeschlossen (krit dazu *Gahleitner*, § 105 Erl 69). Es bestehen keine verfassungsrechtlichen Bedenken gegen den Weiterbezug des Entgelts trotz stattgebender Kündigung in 1. Instanz (OGH vom 28. 11. 2007, ARD 5906/7/2008).

Fraglich ist, ob auf Grund der Bestimmung des § 61 Abs 1 Z 5 der im Ersturteil jeweils obsiegende Teil verpflichtet ist, die vorläufige Verbindlichkeit des noch nicht rechtskräftigen Urteiles geltend zu machen oder nicht. Weiters ist fraglich, ob während des Schwebezustandes die vorläufige Verbindlichkeit des Ersturteiles jederzeit geltend gemacht werden kann oder nur innerhalb einer bestimmten Zeit nach Zustellung des Ersturteils. *Wiesleitner* (ecolex 1991, 793) vertritt die Auffassung, dass die **vorläufige Wirksamkeit** des Ersturteiles nur **zeitlich beschränkt** geltend gemacht werden kann und dass die Frist im Ersturteil anzugeben ist. Weiters meint er, dass der durch das Ersturteil jeweils Begünstigte die Rechtskraft des Urteils abwarten kann, um schwierige Rückabwicklungsprobleme zu vermeiden.

Diesen Überlegungen ist zuzustimmen. § 61 ASGG hat den Zweck, die Rechtsdurchsetzung gerade in arbeitsverfassungsrechtlichen Angelegenheiten zu beschleunigen und zu vermeiden, dass eine Prozesspartei durch Einbringung von Rechtsmitteln die Wirksamkeit bestimmter Entscheidungen unnötig hinauszögern kann. Es ist also ein Schutzinteresse der Prozesspartei für diese Regelung maßgeblich gewesen, wobei in arbeitsverfassungsrechtlichen Angelegenheiten besonders zu bedenken ist, dass durch die Herstellung eines lang dauernden faktischen Zustandes (etwa die lange Abwesenheit des Betriebsratsmitgliedes vom Betrieb) oft irreversible Verhältnisse hergestellt werden können und die Durchsetzungschancen selbst bei letztlichem Obsiegen dadurch sinken. Wenn man diese Zwecke des § 61 ASGG berücksichtigt, so ist klar, dass die vom Ersturteil begünstigte Prozesspartei die Möglichkeit haben soll, sich auf die vorläufige Wirksamkeit zu berufen, dass aber **kein Zwang** damit verbunden sein soll, **diese vorläufige Wirksamkeit selbst dann geltend zu machen, wenn im Einzelfall diese Geltendmachung gerade für den Gewinner des Erstprozesses belastend ist.**

Ob ein Vorteil durch die vorläufige Durchsetzbarkeit des Ersturteils besteht oder nicht, kann letztlich nur die Prozesspartei (also der Betriebsinhaber) beurteilen. Sie kann die vorläufige Wirksamkeit geltend machen, sie ist aber nicht dazu gezwungen. Der Prozessgegner hat freilich den Anspruch, dass unverzüglich nach der Zustellung des Ersturteils (es wird wohl höchstens die Berufungsfrist dafür zur Verfügung stehen) erklärt wird, ob die vorläufige Durchsetzung begehrt wird oder nicht. Eine schwebende Unsicherheit über die Wahrnehmung dieser Möglichkeit ist dem Prozessgegner sicherlich nicht zumutbar. Dieses Ergebnis ist auch damit zu begründen, dass die vorläufige Beachtlichkeit des Ersturteils in Rechtsgestaltungs- und Feststellungsverfahren der vorläufigen Vollstreckbarkeit bei Leistungssachen nachgebildet ist, und die Frage, ob sofort zur Vollstreckung geschritten wird oder nicht, allein vom Gewinner des Prozesses abhängt, nicht aber zwangsweise angeordnet wird.

Abweisende Urteile des Gerichts erster Instanz haben **nicht die (vorläufigen) Rechtswirkungen des § 61 Abs 1 Z 5 ASGG** (OGH vom 28. 9. 1994, 9 Ob A 166/94, DRdA 1995, 305 mit Anm von *Kuderna* = Arb 11.279 = ARD 4602/21/94). Bei einem klagsabweisenden Urteil erster Instanz in jenen Fällen, in denen eine nachträgliche Zustimmung zur bereits gültig ausgesprochenen Entlassung möglich ist (vgl Erl 9 zu § 122), kann das entlassene Betriebsratsmitglied die Wiederaufnahme des Arbeitsverhältnisses mit allen Rechten und Pflichten verlangen. Das Entgelt ist in diesem Fall (rückwirkend) zu leisten, das Betriebsratsmitglied hat wieder das Zutrittsrecht zum Betrieb. Vergleiche zu den Verfahrensbesonderheiten auch Erl 69 zu § 105.

Beendigung des Arbeitsverhältnisses

⁹) Das vorläufig vollstreckbare Urteil des Gerichtes auf Zustimmung zur Kündigung (Entlassung) gibt dem Betriebsinhaber lediglich die Erlaubnis, die Lösungserklärung auszusprechen. In den Fällen des § 122 Abs 1 Z 2 und 5 wandelt das stattgebende Urteil die schwebende Rechtsunwirksamkeit der Beendigung ex tunc (rückwirkend zum Zeitpunkt des Entlassungsausspruchs) in eine rechtsgültige Beendigung um.

Das **Urteil ist aber nicht gleichbedeutend mit der Lösungserklärung** (OGH vom 22. 9. 1964, Arb 7979). Das bedeutet, dass der Arbeitgeber nach der gerichtlichen Zustimmung erst diese Lösung unter Einhaltung der hiefür maßgebenden Vorschriften aus dem Beendigungsrecht vornehmen muss (Kündigungsfrist und Kündigungstermin), um eine gültige Beendigung des Arbeitsverhältnisses zu bewirken (sofern nicht die nachträgliche Zustimmung bei gravierenden Entlassungstatbeständen möglich ist – siehe Erl 1 und Erl 9 zu § 122). Die **Kündigungsfrist** kann **erst nach Zustellung des Urteils** (bzw dessen ausnahmsweiser Verkündung; vgl § 416 ZPO iVm § 61 Abs 1 Z 5 ASGG) mit der Kündigungserklärung des Arbeitgebers an das Betriebsratsmitglied zu laufen beginnen. Das Arbeitsverhältnis des Betriebsratsmitglieds bleibt bis zum Ablauf der Kündigungsfrist aufrecht und könnte zB bei Nichtzahlung des Entgelts durch berechtigten vorzeitigen Austritt gelöst werden (OGH vom 8. 7. 1993, 9 Ob A 115/93, ARD 4488/28/93).

Zwischen Zugang des Urteils und Ausspruch der Kündigungs- oder Entlassungserklärung durch den Arbeitgeber muss ein **enger zeitlicher und sachlicher Zusammenhang** bestehen, andernfalls der Arbeitnehmer aus der Untätigkeit des Arbeitgebers wohl nur auf dessen konkludenten Verzicht auf die Beendigung des Arbeitsverhältnisses schließen kann und der Arbeitgeber somit sein Beendigungsrecht **verwirkt**. Ein Zuwarten des Arbeitgebers von etwa drei Wochen ab Urteilszustellung **überschreitet** die Grenzen eines noch vertretbaren engen zeitlichen Zusammenhangs (OGH vom 13. 7. 1964, Arb 7970).

**Beachtung des
Beschränkungs- und Benachteiligungsverbots**

¹⁰) Vergleiche zu diesen Verboten allgemein Erl 6 zu § 115.

Der Hinweis auf § 115 Abs 3 im zweiten Satz des § 120 Abs 1 stellt klar, dass bei jeder Lösung des Arbeitsverhältnisses eines Betriebsratsmitgliedes vom Gericht auch darauf Bedacht zu nehmen ist, ob durch diese Lösung eine **Benachteiligung** eines Betriebsratsmitgliedes **gegenüber anderen Arbeitnehmern** oder eine **Beschränkung der Mandatsausübung** des Betriebsratsmitgliedes herbeigeführt würde.

Kündigungen und Entlassungen sind insbesondere dann als Benachteiligung bzw Beschränkung anzusehen, wenn ihr Ausspruch mit der Wahrnehmung betriebsverfassungsrechtlicher Rechte durch das Betriebsratsmitglied zusammenhängt. Gibt es **Hinweise** dafür, dass eine eventuelle Verfehlung des Betriebsratsmitgliedes oder ein weisungswidriges Verhalten **nur vorgeschoben** wird, um ein „unbequemes" Betriebsratsmitglied loszuwerden, so hat das Gericht im Verfahren diesen Umstand zu berücksichtigen und die Zustimmung in diesen Fällen zu verweigern.

Selbst dann, wenn Betriebsratsmitglieder entlassen worden sind, diese Entlassung aber noch nicht durch die Entscheidung des Gerichtes für rechtswirksam erklärt wurde, ist ein **Hausverbot** für Betriebsratsmitglieder **unzulässig** und als rechtswidrige Mandatsbeschränkung zu qualifizieren (EA Wien 31. 8. 1981, ARD 3345/10/81; OLG Wien vom 10. 2. 1998, 7 Ra 20/98g, ARD 4971/5/98). Auch (begründet) **suspendierten Betriebsratsmitgliedern darf das Betreten des Betriebes, wenn und soweit es zur Erfüllung ihrer Aufgaben notwendig ist, nicht verboten werden**, und zwar grundsätzlich auch nicht außerhalb der Arbeitszeit (OGH vom 2. 9. 1992, 9 Ob A 155/92, infas 1993, A 1 = ecolex 1992, 866 = ARD 4426/18/93 = DRdA 1993, 59 = ZAS 1993, 11); insbesondere dann nicht, wenn die Suspendierung und das Hausverbot mit Kündigungs- oder Entlassungsgründen gerechtfertigt werden, die Gegenstand eines anhängigen Zustimmungsverfahrens sind (OGH vom 24. 11. 1993, 9 Ob A 244/93, ARD 4531/18/94 = DRdA 1994, 424 mit Anm von *Eypeltauer* = ecolex 1994, 246 = Arb 11.127). Jedenfalls die dem Betriebsratsmitglied zB in Gestalt des Rechts auf Teilnahme an Betriebsratssitzungen oder Betriebsversammlungen zukommenden **Individualkompetenzen** müssen gewahrt bleiben. Verlangt das Betriebsratsmitglied unter Berufung auf konkrete Interessenvertretungsangelegenheiten den Zutritt zum Betrieb, ist ihm dieser zu gewähren.

Beachtung der Mandatsschutzklausel

[11]) Diese besondere Schutzbestimmung gilt für folgende Fälle:

- **Beharrliche Pflichtverletzung** als Kündigungsgrund gem § 121 Z 3;
- **Untreue** im Dienst als Entlassungsgrund gem § 122 Abs 1 Z 3 erster Satzteil;
- **Verrat eines Betriebs- und Geschäftsgeheimnisses** als Entlassungsgrund gem § 122 Abs 1 Z 4 erster Satzteil; (analog auch für den Fall des Betreibens eines abträglichen Nebengeschäfts: *Resch,* Arbeitsvertrag und Nebenbeschäftigung, 102);

— **Tätlichkeiten** und **erhebliche Ehrverletzung** als Entlassungsgrund gem § 122 Abs 1 Z 5.

Durch die Mandatsschutzklausel soll erreicht werden, dass bei jenen Kündigungs- und Entlassungstatbeständen, denen ein Sachverhalt zu Grunde liegt, der die Möglichkeit einer **Kollision** der arbeitsvertraglichen Pflichten eines Betriebsratsmitgliedes **mit dessen Aufgaben und Befugnissen (im umfassenden Sinn des § 38)** als gewählter Vertreter der Arbeitnehmerschaft des Betriebes in sich schließt, im Verfahren vor dem Gericht das Verhalten des betroffenen Betriebsratsmitgliedes einer besonderen Prüfung unterzogen wird. Das Gericht hat abzuwägen, inwieweit besondere Umstände für die Handlungsweise als kausal und als entschuldbar angesehen werden können. Ist ein objektiv rechtswidriges Verhalten eines Betriebsratsmitgliedes vom Betriebsinhaber oder dessen Bevollmächtigten **provoziert** worden, so ist dies bei der Entscheidung des Gerichtes zu berücksichtigen. Das Gericht hat eine besondere **Abwägung der Interessen des Betriebsinhabers, der Belegschaft und des Betriebsrats** (bzw des Wahlvorstands, der wahlwerbenden Gruppe) vorzunehmen (*Kallab*, DRdA 1998, 131) und im Rahmen der Verschuldensprüfung auch die individuelle Situation des betroffenen Arbeitnehmers zu berücksichtigen.

Dasselbe gilt beispielsweise für **Verletzungen der arbeitsvertraglichen Pflichten**: Ist das Betriebsratsmitglied längere Zeit unentschuldigt abwesend, ohne dass dies mit der Betriebsratstätigkeit etwas zu tun hat, wird unter Umständen eine Kündigung gem § 121 gerechtfertigt erscheinen; ist das Betriebsratsmitglied im selben Zeitausmaß in Betriebsangelegenheiten unterwegs, wird der Beendigung in der Regel die Zustimmung zu versagen sein, wenn auch der Umfang des Freizeitanspruchs gem § 116 überschritten wurde.

Daraus folgt, dass der Schutz der Betriebsratsmitglieder durch die Mandatsschutzklausel kein absoluter ist. Nicht in jedem Fall, in dem sich das Betriebsratsmitglied auf Erfüllung von Aufgaben im Rahmen des Mandats beruft, ist eine Kündigung oder Entlassung unmöglich. Bei der Abwägung der Interessen und bei der Feststellung der Zumutbarkeit der Weiterbeschäftigung ist aber darauf Bedacht zu nehmen, ob die **objektiv rechtswidrige Handlung** des Betriebsratsmitgliedes **im Zuge der Erfüllung der Betriebsratsaufgaben** vorgekommen ist. Wenn das Betriebsratsmitglied der Meinung sein konnte, dass eine befugte Mandatsausübung vorliegt, so ist die Mandatsschutzklausel auch dann anzuwenden, wenn **objektiv** gesehen eine **Kompetenzüberschreitung** anzunehmen ist, also das Betriebsratsmitglied beispielsweise in Angelegenheiten interveniert, in denen gar keine Interessenvertretungsaufgabe durch das Gesetz vorgesehen ist (OLG Wien vom 26. 5. 2000, 9 Ra 97/00a, ARD 5143/8/2000; VwGH vom 11. 9. 1985, 83/01/0073, infas 1986, A 25 = DRdA 1986, 146 = RdW 1986, 89). Wenn zusätzlich zum Irrtum des Betriebsratsmitglieds über die Grenzen seines Mandats eine lediglich fahrlässige Ehrverletzung (Vorwurf der falschen Zeugenaussage auf Grund Irrtums über den Inhalt von Gerichtsprotokollen) in Reaktion auf ein Verhalten des Betriebsinhabers vorliegt, ist auf Grund der Mandatsschutzklausel der Entlassung nicht zuzustimmen (OGH vom 5. 3. 1997, 9 Ob A 47/97w, DRdA 1998, 125 mit Anm von *Kallab* = infas 1997, A 68 = RdW 1998, 32 = ARD 4852/20/97).

Vor allem Fragen der betrieblichen Disziplin sind immer auch unter dem Gesichtspunkt zu sehen, ob die **Disziplinwidrigkeit** in (wenn auch vermeintlicher) Vertretung der Interessen der Arbeitnehmer erfolgt ist. **Ehrenbeleidigungen** von Betriebsratskollegen müssen ebenfalls hinsichtlich der Mandatsschutzklausel geprüft werden (EA Linz 23. 10. 1974, Arb 9308). Zeigt das Betriebsratsmitglied einen seiner Meinung nach bestehenden Missstand im Betrieb auf (etwa dass Leiharbeiter nicht zur Sozialversicherung angemeldet und diesbezüglich falsche Urkunden ausgestellt wurden) und wird damit versucht, im Betrieb beschäftigte Arbeitnehmer vor Lohndruck durch überlassene Arbeitskräfte zu schützen, so stellt dieses Verhalten auch dann nicht einen Entlassungsgrund dar, wenn der Vorwurf an sich als Ehrenbeleidigung zu qualifizieren und als solche strafbar wäre (ASG Wien vom 20. 3. 1991, 23 Cga 71/90, ARD 4314/18/91 = Arb 10.918 = infas 1991, A 125). Ebenso wenig stellt der öffentliche Vorwurf der „sorglosen Leichtsinnigkeit" gegenüber dem Betriebsinhaber einen Entlassungsgrund dar, wenn der Vorwurf in einer besonderen Situation bei der Mandatsausübung erfolgte (EA Wien 5. 8. 1980, SozM II B, 1160).

Einen absoluten Kündigungsschutz bei erheblichen Ehrverletzungen durch die Mandatsschutzklausel gibt es insbesondere dann nicht, wenn diese **Ehrverletzung außerhalb der Betriebsratstätigkeit** im Zusammenhang mit der Ausübung eines politischen Mandates durch den Arbeitnehmer vorgekommen ist (OGH vom 11. 1. 1989, 9 Ob A 277/88, ARD 4051/14/89 = JBl 1989, 599).

Wird die **Arbeitsleistung** eines Betriebsratsmitgliedes wegen der Betriebsratstätigkeit **weniger effektiv**, so ist darin keinesfalls ein Kündigungsgrund zu sehen. Verrichtet ein bisher freigestelltes Betriebsratsmitglied nach Ende der Freistellung weiterhin sehr häufig Betriebsratstätigkeiten, rechtfertigt dies keinesfalls seine Kündigung wegen geringer Verkaufserfolge (VwGH vom 8. 4. 1987, 84/01/0392, infas 1987, A 93 = ARD-HB 1986, 129; EA Graz 30. 6. 1983, RdW 1983, 117 = Arb 10.251 = ZAS 1984 Nr 1).

Insbesondere stellt die Organisation von und die Teilnahme an **gewerkschaftlichen Aktionen und Streiks** keinen Kündigungs- oder Entlassungsgrund dar, soweit Tätigkeiten in diesem Zusammenhang vom umfassenden Interessenvertretungsbegriff (§ 38) erfasst sind. Zusätzlich zur Mandatsschutzklausel schützt in solchen Fällen das **Grundrecht auf**

Koalitionsfreiheit (Art 11 EMRK) das Betriebsratsmitglied vor Sanktionen des Arbeitgebers. **Art 11 EMRK** umfasst nach der Rechtsprechung des Europäischen Gerichtshofs für Menschenrechte auch das **Recht auf gewerkschaftliche Aktionen** (EGMR vom 25. 4. 1996, 18/1995/524/610, Rs *Gustafsson gegen Schweden*, ÖJZ 1996, 32 = ecolex 1996, 717; ebenso EGMR 2. 7. 2002, Rs *Wilson*, zitiert bei *Rebhahn*, Der Arbeitskampf bei weitgehend gesetzlicher Regelung der Arbeitsbedingungen, DRdA 2004, 407). Gewerkschaftliche Aktionen, um die Wiedereinstellung gekündigter Arbeitnehmer zu erwirken (hier: Nichtzustimmung zur Beschäftigung ausländischer Arbeitnehmer), bilden keinen Kündigungsgrund (VwGH 12. 1. 1971, Arb 8836). Zusätzlich regelt Art 6 Abs 4 der Europäischen Sozialcharta (ESC) das Recht von Arbeitnehmern (und somit auch ihren Vertretern) auf kollektive Maßnahmen im Fall von Interessenkonflikten, einschließlich des Streikrechts. Die Wirksamkeit des österreichischen Vorbehalts zu dieser Bestimmung ist fraglich (*Rebhahn*, aaO, 404).

Organisiert ein Betriebsratsmitglied **Protestaktionen** gegen eine (wenngleich nicht rechtswidrige) Versetzung mehrerer Kollegen, kann für das Betriebsratsmitglied in diesem Verhalten auf Grund der Mandatsschutzklausel keinesfalls ein Kündigungsgrund erblickt werden (VwGH vom 14. 12. 1983, 83/01/0019, infas 1984, A 53).

Wenn ein Betriebsratsmitglied in Wahrnehmung der Interessen der Arbeitnehmer dem Arbeitgeber gegenüber falsch handelt und falsche Rechtsauffassungen vertritt, so liegt kein Kündigungsgrund vor (EA Linz 24. 9. 1957, Arb 6730).

Beginn des Sonderschutzes für Betriebsratsmitglieder

[12]) Die Mitgliedschaft zum Betriebsrat **beginnt** mit der **Annahme der Wahl** durch das Betriebsratsmitglied (vgl § 64). Solange nicht ein einseitiger Rücktritt des Betriebsratsmitglieds vorliegt, ist die „Umreihung" von Betriebsratsmitgliedern ohne Bedeutung, da das Ergebnis der Betriebsratswahl nicht nachträglich abgeändert werden kann (OGH vom 11. 5. 2000, 8 Ob A 335/99v, ecolex 2000, 269 mit Anm von *Mazal* = ASoK 2001, 104). Unmittelbar voran geht allerdings der besondere Kündigungs- und Entlassungsschutz der Wahlwerber (vgl Erl 16). Wurde die Wahl durch das Betriebsratsmitglied angenommen, so ist es für den besonderen Kündigungsschutz der Betriebsratsmitglieder völlig unerheblich, ob das Wahlergebnis im Betrieb verlautbart wurde, ob die Wahl dem Betriebsinhaber mitgeteilt wurde oder ob das Arbeitsinspektorat von der Wahl verständigt wurde; der Tag der Konstituierung des Betriebsrates ist kein für den besonderen Kündigungs- und Entlassungsschutz relevanter Zeitpunkt (OGH 6. 11. 1962, Arb 7656). Ob das gewählte Betriebsratsmitglied im Betrieb **tatsächlich tätig** ist oder auf Grund einer Karenzierungsvereinbarung (Aussetzvertrag) die Rechte und Pflichten aus dem Arbeitsverhältnis ruhen, hat auf den besonderen Kündigungs- und

Entlassungsschutz **keinen Einfluss** (OGH vom 10. 5. 1989, 9 Ob A 76/89, wbl 1989, 317 = ARD 4093/20/89 = ÖJZ 1989, 165 = infas 1990, A 23 = DRdA 1990, 143).

War eine **Betriebsratswahl nichtig**, weil die elementarsten Grundsätze des Wahlrechtes missachtet wurden (vgl die Erläuterungen zu § 60 in ArbVR 2^3), so konnte ein Kündigungs- und Entlassungsschutz für die scheinbar gewählten Mitglieder dieses „Betriebsrates" nicht entstehen. Diese Arbeitnehmer können daher ohne Rücksicht auf die §§ 120 ff gekündigt oder entlassen werden; allerdings gilt für sie der allgemeine Bestandschutz der §§ 105 bis 107 uneingeschränkt. Sollte die Nichtigkeit im Eingriff in die laufende Funktionsperiode eines bestehenden Betriebsrats bestehen, bleiben die „alten" Betriebsratsmitglieder weiterhin im Amt und sie bleiben daher ohne Unterbrechung kündigungs- und entlassungsgeschützt (OGH vom 4. 10. 2000, 9 Ob A 206/00k, RdW 2001, 688).

Ende des Sonderschutzes für Betriebsratsmitglieder

[13]) Das **Ende des besonderen Kündigungs- und Entlassungsschutzes** für Betriebsratsmitglieder tritt mit Ausnahme des Falles der dauernden Einstellung des Betriebes **drei Monate nach Ende des Mandats** (Nachwirkung) ein. Mit der dreimonatigen Verlängerung bzw Nachwirkung des Sonderschutzes hat der Gesetzgeber eine **„Abkühlphase"** zur Beruhigung etwaiger Konflikte oder Ressentiments zwischen Betriebsinhaber und Betriebsratsmitglied (Ersatzmitglied) geregelt (OGH vom 23. 8. 1995, 9 Ob A 99/95, infas 1996, A 3 = DRdA 1996, 63 = Arb 11.430 = RdW 1996, 177). Nur im Fall der **dauernden Betriebseinstellung gilt die Nachwirkung** – ausgenommen den Fall des § 62a – nicht (siehe Erl 4 zu § 121). Die Tatbestände möglichen Mandatsverlustes sind in den §§ 59, 61, 62 und 64 geregelt.

Gem § 169 iVm §§ 32 f AVG ist der **Fristenlauf** nach der Zahl des die Frist auslösenden Tages zu berechnen: Wenn der Tag des Mandatsverlustes der 16. Jänner war, ist der 16. April der letzte Tag des Sonderschutzes. Sollte dieser 16. April ein Samstag, Sonn- oder Feiertag (auch Karfreitag) sein, fällt das Fristende auf den folgenden Werktag.

Die Fälle des **„individuellen Mandatsverlusts"**, also der Mitgliedschaft zum weiter bestehenden Betriebsrat, sind in **§ 64** abschließend aufgezählt. Treten von den Mitgliedern des Betriebsrates so viele zurück, dass der verbleibende Teil nicht mehr funktionsfähig ist (§ 62 Z 2), geht sowohl den zurücktretenden als auch den nicht zurückgetretenen Mitgliedern nach Ablauf von drei Monaten der Kündigungs(Entlassungs)schutz verloren (OGH vom 27. 10. 1953, Arb 5842), da ein Fall der vorzeitigen Funktionsbeendigung des Betriebsrats vorliegt.

Die Tätigkeitsdauer der gesamten **Betriebsratskörperschaft** kann noch aus weiteren Gründen **vorzeitig enden** (vgl § 62):

a) Der Betriebsrat wird durch die rechtskräftige Entscheidung des Gerichtes, mit der einer **Wahlanfechtung** stattgegeben wird, beendet (Näheres vgl § 59). Bis zur Rechtskraft des ex nunc wirkenden Urteils über die Wahlanfechtungsklage handelt es sich um einen gültig gewählten Betriebsrat (OGH vom 26. 6. 1996, 9 Ob A 2079/96, DRdA 1996, 522 = infas 1996, A 120 = ARD 4802/19/96); daher beginnt erst ab diesem Zeitpunkt die dreimonatige Nachfrist des Kündigungsschutzes zu laufen. Erwirbt der Arbeitnehmer in der nachfolgenden neuerlichen Betriebsratswahl wieder ein Mandat, entsteht durch die Annahme dieser Wahl der besondere Kündigungs- und Entlassungsschutz erneut.

Nach Ende des Wahlanfechtungsverfahrens kann der frühere Betriebsrat nach Maßgabe des § 61 Abs 2 und 2a die Geschäfte weiterführen, selbst wenn das stattgebende Wahlanfechtungsurteil 1. Instanz rechtskräftig geworden ist (siehe *Schneller,* ArbVR 2³, Erl 4 zu § 59). In diesen Fällen gilt für die Betriebsratsmitglieder (Ersatzmitglieder) der Sonderschutz gem § 120 Abs 4 Z 3.

b) Der Betriebsrat fasst einen **Rücktrittsbeschluss** nach § 62 Z 4. Der Rücktrittsbeschluss kann zu einem bestimmten Termin gefasst werden (bzw unter der Bedingung zeitgerechter Neuwahl), ansonsten gilt er sofort. Auch in diesem Fall tritt die dreimonatige Frist des Schutzes nach Erlöschen des Betriebsratsmandates ein. Ist zwar ein Rücktrittsbeschluss **rechtlich mangelhaft** gewesen, bleibt er aber von den Betriebsratsmitgliedern unbekämpft und wird auch die Neuwahl des Betriebsrates nicht angefochten, so erlischt der besondere Kündigungs- und Entlassungsschutz von Betriebsratsmitgliedern, die dem neuen Betriebsrat nicht mehr angehören, ebenfalls drei Monate nach dem Rücktritt, obwohl dem Beschluss rechtliche Mängel anhaften. Durch Untätigwerden der betroffenen Betriebsratsmitglieder werden die Rechte als Betriebsratsmitglied verwirkt (OGH vom 8. 7. 1992, 9 Ob A 117/92, infas 1992, A 137 = ecolex 1992, 722 = ARD 4406/13/92 = wbl 1992, 400 = Arb 11.042 = DRdA 1992, 468).

Entscheidend ist in diesen Fällen va der Vertrauensschutz für den Arbeitgeber: Konnte er auf Grund von Erklärungen des vertretungsbefugten Betriebsratsvorsitzenden der Auffassung sein, dass ein wirksamer Rücktrittsbeschluss gefasst wurde, muss er einen über die drei Monate Nachfrist hinausgehenden Kündigungsschutz der zurückgetretenen Betriebsratsmitglieder nicht beachten.

c) Bei der **gänzlichen und dauernden Einstellung des Betriebs** gilt die Nachwirkung des Kündigungs- und Entlassungsschutzes für drei Monate nach Ende der Tätigkeitsdauer des Betriebsrates nicht, es sei denn, der Betriebsrat bleibt vorübergehend partei- und prozessfähig. Näheres siehe Erl 3 bis 6 zu § 121.

Von der gänzlichen und dauernden Betriebsstilllegung ist jedoch der **Betriebsübergang** zu unterscheiden, also Unternehmensänderungen, bei denen durch Verkauf, Umstrukturierung, Veräußerung von Betriebsteilen udgl ein oder mehrere neue Inhaber den Betrieb oder Teile davon weiterführen. In diesen Fällen gibt es eine zwingende Verpflichtung des neuen Arbeitgebers, in die Arbeitsverhältnisse mit allen Rechten und Pflichten einzutreten (gesetzlich angeordnete **Eintrittsautomatik** des § 3 Abs 1 AVRAG). Für Betriebsratsmitglieder bedeutet dies, dass auch ihr **Mandatsschutz übernommen** werden muss, solange der Betriebsrat zumindest vorübergehend seine Zuständigkeit behält (vgl §§ 62b und 62c). Näheres zu Betriebsänderungen als möglicher Zustimmungsgrund für eine Kündigung von Betriebsratsmitgliedern vgl bei Erl 3 zu § 121.

d) Der Betriebsrat wird von der **Betriebsversammlung** seiner Funktion **enthoben** (vgl *Schneller*, ArbVR 2³, Erl 6 zu § 42).

Kündigungen und Entlassungen, die nach dem Ausscheiden von Arbeitnehmern aus dem Kreis der gem §§ 120 ff geschützten Personen ausgesprochen werden, können als **Motivkündigungen** (Entlassung auf Grund eines verpönten Motivs) gem § 105 Abs 3 Z 1 lit e (eventuell auch gem lit a bis d) bzw § 107 angefochten werden (vgl insbesondere Erl 27 zu § 105). Wie lange nach Ende des besonderen Bestandschutzes das verpönte Motiv des Arbeitgebers noch glaubhaft gemacht werden kann, ist nicht geregelt. Bei sehr weit zurückliegender Betriebsratstätigkeit wird allerdings die Glaubhaftmachung immer schwerer gelingen (OGH vom 28. 10. 1994, 9 Ob A 198/94, Arb 11.304).

Sonderschutz für Ersatzmitglieder des Betriebsrates

[14]) Ersatzmitglieder sind die auf einem Wahlvorschlag den gewählten Mitgliedern folgenden Wahlwerber (§ 65 Abs 2, vgl die dortigen Erläuterungen in ArbVR 2³). Sie sind in zwei Fällen besonders kündigungs- und entlassungsgeschützt:

a) Sie vertreten im Zeitpunkt der beabsichtigten Kündigung oder Entlassung ein aktives Betriebsratsmitglied. In diesem Fall besteht der besondere Kündigungs- und Entlassungsschutz von Ersatzmitgliedern des Betriebsrates **unabhängig davon, ob** der **Betriebsinhaber** von der Vertretung **verständigt** wurde und ob das Ersatzmitglied während der Vertretungstätigkeit **selbst verhindert** ist und durch ein anderes Ersatzmitglied vertreten wird. Der Sonderschutz des Ersatzmitglieds gilt auch **unabhängig von der Dauer der Vertretung**. Die mindestens zweiwöchige Vertretungsdauer des Abs 4 Z 1 ist nicht Voraussetzung, da der Schutz unmittelbar auf Abs 1 gründet und die Ersatzmitglieder in dieser Zeit selbst aktive Betriebsratsmitglieder sind (OGH vom 23. 2. 1994, 9 Ob A 59/94, DRdA 1995, 18 mit Anm von *Gahleitner* = ARD 4571/28/94 = ZAS 1994, 149 mit Anm von *Tomandl* = ecolex 1994, 418; OGH vom 29. 8. 1990, 9 Ob A 175/90, Arb 10.888 = infas 1991, A 25 = DRdA 1991, 157 = RdW 1991, 119 = ARD 4212/16/90; OGH vom 8. 4. 1975, Arb 9411). Weist somit ein Ersatzmitglied des Betriebsrates nach, dass es in jenem Zeitpunkt, in dem ihm die Kündigung oder Entlassung mitgeteilt wurde, ein aktives Betriebsratsmitglied wegen dessen Verhinderung vertreten hat, so ist die Kündigung oder Entlassung ohne Zustimmung des Gerichtes jedenfalls rechtsunwirksam. Ist die Verhinderung des aktiven Betriebsratsmitglieds hingegen weggefallen, besteht – ausgenommen die Fälle der Variante b) – der Sonderschutz nicht mehr (OGH vom 16. 1. 1962, Arb 7606); sehr wohl aber die Möglichkeit einer Motivanfechtung (siehe unten).

b) Das Ersatzmitglied des Betriebsrates vertritt zwar nicht im Zeitpunkt seiner Kündigung oder Entlassung ein aktives Betriebsratsmitglied, es läuft aber noch die **dreimonatige Nachwirkung** des besonderen Kündigungs- und Entlassungsschutzes auf Grund einer früheren Vertretung eines aktiven Betriebsratsmitgliedes. Voraussetzung für das Zutreffen des Mandatsschutzes ist, dass die **Vertretung mindestens 2 Wochen ununterbrochen angedauert hat und der Betriebsinhaber vom Beginn und vom Ende der Vertretung verständigt** worden ist, und zwar **unverzüglich** nach Eintritt dieses Ereignisses. Die Verständigung des Betriebsinhabers von der Vertretung eines aktiven Betriebsratsmitgliedes durch ein Ersatzmitglied ist **nur für den Lauf der dreimonatigen Frist des nachwirkenden Schutzes wichtig**, nicht aber für den Schutz während der Vertretung (OGH vom 16. 2. 2000, 9 Ob A 3/00g, ARD 5150/7/2000 = infas 2000, A 57 = DRdA 2000, ÖJZ 2000, 141; OGH vom 29. 8. 1990, 9 Ob A 175/90, Arb 10.888 = infas 1991, A 25 = DRdA 1991, 157 = RdW 1991, 119 = ARD 4212/16/90).

Auf Grund dieser Bestimmung empfiehlt es sich daher, selbst bei Beginn einer vermeintlich kurzfristigen Vertretung den Betriebsinhaber hievon in Kenntnis zu setzen, um nicht bei einer eventuell doch längeren Vertretung den nachfolgenden dreimonatigen Kündigungs(Entlassungs)schutz einzubüßen.

Nach dem Ablauf des Sonderschutzes ist eine Kündigungs- bzw Entlassungsanfechtung wegen **verpönten Motivs gem § 105 Abs 3 Z 1 lit e** bzw § 107 möglich, weil auch der Tatbestand „Bewerbung um eine Mitgliedschaft zum Betriebsrat" von der Ersatzmitgliedschaft umfasst ist (OGH vom 2. 6. 1999, 9 Ob A 118/99i, DRdA 2000, 337 mit Anm von Trost = infas 1999, A 117 = RdW 2000, 158). Näheres siehe Erl 27 zu § 105.

Sonderschutz für Mitglieder des Wahlvorstandes

[15]) Mitglieder von Wahlvorständen sind **vom Zeitpunkt ihrer Bestellung durch die Betriebsversammlung bis zum Ablauf der Frist zur Anfechtung der Wahl** geschützt. Sie stehen auch dann unter Kündigungs-(Entlassungs)schutz, wenn die Belegschaftsversammlung zur Wahl des Wahlvorstandes nicht ordnungsgemäß einberufen wurde (EA Graz 21. 8. 1985, Arb 10.438). Wurde der Wahlvorstand in der Betriebsversammlung (wenn auch mangelhaft) gewählt, genießen seine Mitglieder den besonderen Kündigungsschutz.

Die Kandidatur zum Wahlvorstand begründet allerdings noch keinen besonderen Kündigungsschutz, ebensowenig wie die Kandidatur für eine Wahlkommission (EA Klagenfurt 19. 4. 1985, Arb 10.417). Auch wenn die Wahl zum Betriebsrat letztlich nichtig ist, genießen die Mitglieder des die nichtige Wahl durchführenden Wahlvorstandes den besonderen Kündigungs- und Entlassungsschutz. Nur dann, wenn die Wahl des Wahlvorstandes selbst nichtig war (zB einseitige Bestellung durch den Betriebsrat an Stelle Wahl in der Betriebsversammlung), besteht für die Mitglieder dieses Wahlvorstandes kein besonderer Kündigungs- und Entlassungsschutz (OGH vom 10. 10. 1990, 9 Ob A 223/90, ARD 4223/14/90 = infas 1991, A 76 = RdW 1991, 154).

Werden Mitglieder des Wahlvorstandes nach Ablauf der Frist zur Anfechtung der Wahl (siehe *Schneller*, ArbVR 2³, Erl 6) gekündigt, so genießen sie zwar keinen besonderen Kündigungs- und Entlassungsschutz mehr, allerdings kann eine Kündigung **nach § 105 Abs 3 Z 1 lit d** bzw § 107 **angefochten** werden, wenn sie wegen dieser Tätigkeit ausgesprochen wurde. Da die Motivkündigungs(entlassungs)tatbestände des **§ 105 Abs 3 Z 1 analogiefähig** sind (siehe Erl 22 zu § 105), gilt dieser allgemeine Schutz auch schon für Arbeitnehmer, die zur Wahl des Wahlvorstands **kandidieren**.

Die **Ersatzmitglieder des Wahlvorstands** unterliegen in analoger Anwendung des Abs 4 Z 1 dann dem Sonderschutz, wenn sie für mindestens 14 Tage ein Wahlvorstandsmitglied vertreten und dies auch dem Betriebsinhaber unverzüglich mitgeteilt wurde (vgl *Schneller*, ArbVR 2³, Erl 5 zu § 54).

Sonderschutz für Wahlwerber

[16]) Durch die Novelle zum ArbVG 1986 wurde der besondere Kündigungs- und Entlassungsschutz von Wahlwerbern zeitlich vorverlegt und damit gestärkt.

Der Betriebsinhaber benötigt zu einer rechtswirksamen Kündigung bzw Entlassung von Wahlwerbern ab jenem Zeitpunkt, ab dem der Wahlwerber **nach der Bestellung des Wahlvorstandes** in der Öffentlichkeit seine **Absicht bekundet hat, auf einem Wahlvorschlag zu kandidieren**, die Zustimmung des Gerichtes. Dieses „Offenkundigwerden" der Absicht zur Kandidatur wird beispielsweise dann vorliegen, wenn mit Kollegen Gespräche über die Erstellung einer gemeinsamen Liste geführt werden, wenn eine entsprechende Anfrage an den Wahlvorstand über die näheren Voraussetzungen der Einbringung von Wahlvorschlägen erfolgt oder wenn bei der Betriebsversammlung zur Wahl des Wahlvorstandes in einer Wortmeldung die Kandidatur angekündigt wird. Weist der Arbeitnehmer Umstände nach, die als Ankündigung einer Kandidatur gewertet werden können, so ist der Arbeitgeber ohne Zustimmung des Gerichtes zu einer Lösung des Arbeitsverhältnisses nicht berechtigt.

Es kommt nicht darauf an, ob der Arbeitgeber von der Kandidatur bzw der diesbezüglichen Absicht tatsächlich etwas gewusst hat. Das Gericht hat keine Abwägung der Wahrscheinlichkeit vorzunehmen, ob die beabsichtigte Kandidatur das Motiv des Arbeitgebers für die Kündigung gewesen ist oder nicht. Es reicht die bloße Tatsache aus, dass die **Absicht zur Kandidatur in irgendeiner Weise an die Öffentlichkeit gedrungen** ist. Der Oberste Gerichtshof hat in seiner Entscheidung vom 18. 12. 1991, 9 Ob A 222/91 (infas 1992, A 66 = Arb 11.002 = DRdA 1992, 274 mit Anm von *Csebrenyak* = RdW 1992, 250 = ecolex 1992, 259 = wbl 1992, 197) bekräftigt, dass die **Kenntnis des Arbeitgebers** von den Aktivitäten eines Arbeitnehmers, für eine wahlwerbende Gruppe kandidieren zu wollen, **nicht nachgewiesen werden muss**. Es genügt, wenn die Aktivitäten nach außen hin so erkennbar waren, dass der Arbeitgeber davon hätte wissen können. An die Möglichkeiten für den Betriebsinhaber, diese Aktivitäten erkennen zu können, dürfen nach Ansicht des Höchstgerichtes keine all zu hohen Anforderungen gestellt werden. Wie das Höchstgericht treffend feststellt, geht es ja bei dieser Bestimmung nicht darum, den Arbeitgeber vor einem unverschuldeten Nichtwissen über die Absichten der Kandidatur eines Arbeitnehmers zu schützen, sondern es geht darum, Arbeitnehmern die Chance zu eröffnen, ohne Furcht um ihren Arbeitsplatz ein Mandat anstreben zu können. Erlangt der Kandidat tatsächlich ein Mandat, so geht sein Kündigungsschutz als Wahlwerber nahtlos in den Kündigungsschutz für Betriebsratsmitglieder über. Für den Kündigungs- und Entlassungsschutz ist es **unerheblich**, ob der Wahlwerber für die Funktion eines **Mitglieds oder eines Ersatzmitglieds des Betriebsrats** auftritt (OGH vom 22. 6. 1995, 8 Ob A 254/95, DRdA 1996, 64 = infas 1996, A 4 = ecolex 1995, 826 = RdW 1996, 127).

Der besondere Kündigungs- und Entlassungsschutz besteht dann, wenn kein Mandat erworben werden konnte, **bis zum Ablauf der Anfechtungsfrist** für die Betriebsratswahl, sofern die beabsichtigte Kandidatur tatsächlich erfolgte und der Arbeitnehmer auf einem Wahlvorschlag (mit Ausnahme des vereinfachten Wahlverfahrens, vgl § 58) aufscheint. Die Einmonatsfrist des besonderen Kündigungs- und Entlassungsschutzes bleibt auch dann aufrecht, wenn der Wahlwerber nach erfolgter Wahl (und Kündigung) auf ein Mandat verzichtet (VwGH vom 19. 2. 1986, 85/01/0308, infas 1986, A 84 = DRdA 1986, 335).

Für den Fall, dass die Absicht zur Kandidatur nicht realisiert werden konnte (zB deswegen, weil nicht genügend Unterstützungserklärungen für einen eigenen Wahlvorschlag erreicht werden konnten), endet der besondere Kündigungsschutz bereits mit dem **Ende der Einreichungsfrist für Wahlvorschläge** (eine Woche vor dem ersten Wahltag).

Nach Ablauf des Sonderschutzes, aber auch vor Beginn desselben (wenn der Arbeitnehmer schon einige Zeit vor der Betriebsversammlung zur Wahl des Wahlvorstands seine Kandidaturabsicht bekundete) ist eine

Kündigungs- bzw Entlassungsanfechtung auf Grund **verpönten Motivs** gem § 105 Abs 3 Z 1 lit e möglich. Näheres siehe Erl 27 zu § 105.

Sonderschutz für Mitglieder eines vorübergehend geschäftsführenden Betriebsrates

[17]) Der in § 120 Abs 4 Z 3 geregelte Fall knüpft an die Bestimmungen des § 61 Abs 2 an, wonach nach erfolgreicher Anfechtung einer Betriebsratswahl der frühere Betriebsrat die Geschäfte für höchstens drei Monate weiterführen kann, um nach der Anfechtung der Betriebsratswahl eine betriebsratslose Zeit im Betrieb zu verhindern. Die Mitglieder dieses die Geschäfte vorübergehend weiterführenden Organs genießen ebenfalls den besonderen Kündigungsschutz, und zwar bis zum Ablauf von **drei Monaten nach ihrer interimistischen Tätigkeit**. Gleiches gilt für den Fall, dass das Urteil des Gerichts 1. Instanz nicht rechtskräftig wurde (§ 61 Abs 2a).

Wie *Löschnigg/Karl* (ZAS 2000, 161) überzeugend nachweisen, erstreckt sich der Sonderschutz auf alle ehemaligen Betriebsratsmitglieder, wenn die Partei- und Prozessfähigkeit des Betriebsrats gem § 62a verlängert wird.

Kündigungsschutz[1])

§ 121. Das Gericht darf einer Kündigung unter Bedachtnahme auf die Bestimmungen des § 120[2]) nur zustimmen, wenn

1. der Betriebsinhaber im Falle einer dauernden Einstellung[3])[4]) oder Einschränkung des Betriebes oder der Stillegung einzelner Betriebsabteilungen[5]) den Nachweis erbringt, daß er das betroffene Betriebsratsmitglied trotz dessen Verlangens an einem anderen Arbeitsplatz im Betrieb oder in einem anderen Betrieb des Unternehmens ohne erheblichen Schaden nicht weiterbeschäftigen kann;[6])
2. das Betriebsratsmitglied unfähig wird, die im Arbeitsvertrag vereinbarte Arbeit zu leisten[7])[8])[9]), sofern in absehbarer Zeit eine Wiederherstellung seiner Arbeitsfähigkeit nicht zu erwarten ist und dem Betriebsinhaber die Weiterbeschäftigung oder die Erbringung einer anderen Arbeitsleistung durch das Betriebsratsmitglied, zu deren Verrichtung sich dieses bereit erklärt hat, nicht zugemutet werden kann;[10])
3. das Betriebsratsmitglied die ihm auf Grund des Arbeitsverhältnisses obliegenden Pflichten beharrlich verletzt[11])[12])[13]) und dem Betriebsinhaber die Weiterbeschäftigung aus Gründen der Arbeitsdisziplin nicht zugemutet werden kann.[14])

Schrifttum zu § 121

Siehe § 120.

Übersicht zu § 121

Taxative Aufzählung der Kündigungsgründe	Erläuterung 1
Anwendung der Grundsätze des § 120	Erläuterung 2
Einstellung oder Einschränkung des Betriebes sowie Stillegung von Abteilungen	Erläuterung 3
a) Betriebseinstellung	Erläuterung 4
b) Betriebsteilschließung oder Betriebseinschränkung	Erläuterung 5
c) Unzumutbarkeit der Weiterbeschäftigung bei Betriebs(teil)schließung oder Betriebseinschränkung	Erläuterung 6
Unfähigkeit zur Leistung der vereinbarten Arbeiten	Erläuterung 7
a) Medizinische Arbeitsunfähigkeitsgründe	Erläuterung 8
b) Rechtliche Arbeitsunfähigkeitsgründe	Erläuterung 9
c) Unzumutbarkeit der Weiterbeschäftigung bei Dienstunfähigkeit	Erläuterung 10

Beharrliche Pflichtenverletzung .... Erläuterung 11
a) Arbeitsverweigerung... Erläuterung 12
b) Minderleistung und sonstige Pflichten-
vernachlässigung .... Erläuterung 13
c) Unzumutbarkeit der Weiterbeschäftigung bei
Pflichtenvernachlässigung...................................... Erläuterung 14

Taxative Aufzählung der Kündigungsgründe

[1]) In den Z 1 bis 3 des § 121 sind die Gründe, aus denen das Gericht der Kündigung eines Betriebsratsmitgliedes oder eines gleichgestellten Arbeitnehmers (vgl § 120 Abs 4) zustimmen und der Klage des Arbeitgebers stattgeben kann, taxativ (abschließend) aufgezählt. Durch den Wortlaut dieser Bestimmung sowie den Zweck des Sonderschutzes ist klargestellt, dass eine **analoge Anwendung „ähnlicher" Gründe oder eine ausdehnende Interpretation** der Beendigungsgründe **nicht zulässig** ist (OGH vom 21. 5. 2003, 9 Ob A 64/03g, Arb 12.323 = ARD 5463/7/200; OGH vom 16. 10. 2002, 9 Ob A 109/02y, DRdA 2003, 22 mit Anm von *Holzer* = infas 2003, A 15; OGH vom 19. 8. 1998, 9 Ob A 76/98m, DRdA 1999, 481 mit Anm von *Ch. Klein* = ARD 4988/8/98 = ASoK 1999, 77 = Arb 11.762).

Anwendung der Grundsätze des § 120

[2]) **Auf die in § 120 geregelten Grundsätze** des Kündigungsschutzes **ist Bedacht zu nehmen**. Zum Zweck und Geltungsbereich (Kreis der geschützten Arbeitnehmer) des Sonderschutzes sowie zum Verfahren siehe Erläuterungen zu dieser Bestimmung. Insbesondere ist das **Beschränkungs- und Benachteiligungsverbot sowie die Mandatsschutzklausel zu berücksichtigen.**

Bei Kündigungen von Betriebsratsmitgliedern kommt eine **nachträgliche Zustimmung** des Gerichtes selbstverständlich **nicht in Betracht**, eine vor Zugang (bzw mündlicher Verkündung) des Urteils ausgesprochene Kündigung ist rechtsunwirksam (OGH vom 2. 9. 1992, 9 Ob A 150/92, DRdA 1993, 223 = infas 1993, A 79 = ARD 4426/18/93). Daraus folgt, dass während des Verfahrens, das vom Arbeitgeber mit der Zustimmung des Gerichtes zur Kündigung eingeleitet wurde, das Arbeitsverhältnis des Betriebsratsmitglieds stets aufrecht ist.

Die **Klage** kann ohne Zustimmung des beklagten Betriebsratsmitglieds **nicht mehr einseitig geändert** werden (§ 235 ZPO). Daher stünde es mit den Grundsätzen der Zivilprozessordnung (Antragsprinzip) im Widerspruch, wenn das Gericht Kündigungsgründe, die während des Verfahrens hervorkommen, vom Kläger aber nicht geltend gemacht wurden, für eine zustimmende Entscheidung heranziehen würde (OGH vom 10. 9. 1985, 4 Ob 92/85, DRdA 1986, 146 = infas 1986, A 35 = JBl 1986, 537 mit Anm von *Holzer;* siehe Erl 6 zu § 120). Sachverhalte, die vor Beginn der Betriebsratstätigkeit gesetzt wurden, können zur Begründung einer Kündigung nicht mehr herangezogen werden, auch wenn sie erst später hervorkommen (EA Linz 3. 7. 1962, Arb 7646).

Einstellung oder Einschränkung des Betriebes sowie Stilllegung von Abteilungen

³) Als Kündigungsgrund gem § 121 Z 1 kommt nur die dauernde Einstellung des Betriebes oder einer Betriebsabteilung bzw die dauernde Einschränkung des Betriebes in Betracht (OGH vom 30. 4. 1997, 9 Ob A 2309/96s, Arb 11.600 = RdW 1998, 34 ua; VwGH vom 28. 4. 1982, 81/01/0057, Arb 10.135, SozM II B, 1223). Zum mitunter schwierig abzugrenzenden Betriebsbegriff siehe § 34 in Band 2. Zu unterscheiden sind somit zwei Varianten:

a) Betriebseinstellung

⁴) Da ab vollzogener Stilllegung des Betriebs das Kollegialorgan Betriebsrat untergeht (§ 62 Z 1) und kein besonderer Kündigungsschutz der Organmitglieder mehr besteht (§ 120 Abs 3 letzter Halbsatz), sondern nur noch die Motivanfechtung möglich ist, kann mit diesem Kündigungstatbestand nur die im Zeitpunkt der Klagseinbringung vom Arbeitgeber bereits konkret begonnene Betriebseinstellung gemeint sein. Der Zeitraum, in dem der Kündigungsgrund zur Anwendung kommen kann, erstreckt sich somit vom **Beginn konkreter Stilllegungshandlungen bis zur tatsächlichen, gänzlichen und dauerhaften Einstellung**. Die „dauernde" Einstellung iSd § 121 Z 1 bedeutet die Phase des Abbaus der Beschäftigten und der Betriebsmittel mit dem Ziel der Betriebsauflösung (OGH vom 7. 6. 2001, 9 Ob A 94/01s, RdW 2002, 43 = DRdA 2001, 562 = ZASB 2001, 41 = ARD 5294/11/2002).

In der zuletzt zitierten Entscheidung wird nebenbei erwähnt, dass bereits mit „Ankündigung" der Betriebseinstellung, also schon in der Planungsphase, die Klage auf Zustimmung zur Kündigung eingebracht werden könnte. Diese Rechtsansicht ist verfehlt: **Solange der Betriebsinhaber noch keine konkreten (Abbau-)Handlungen gesetzt hat, ist seine Klage auf Zustimmung zur Kündigung unberechtigt**. Die bloße Behauptung des Betriebsinhabers, den Betrieb stilllegen zu wollen, löst die Möglichkeit zur Kündigung noch nicht aus, da andernfalls der Schutzzweck der §§ 120 ff leicht umgangen werden könnte. Eine **verfrüht eingebrachte Klage** ist daher **zurückzuweisen**. Eine anders lautende Entscheidung des VwGH vom 8. 10. 1953 (Arb 5382) zum damaligen BRG, in der die künftige Stilllegung einer Baustelle während der Wintermonate als erwiesen angesehen worden war, hatte schon unter der seinerzeitigen Rechtslage als verfehlt zu gelten.

Ist demgegenüber die **Betriebsauflösung bereits erfolgt**, so stellt dies einen Grund für die Mandatsbeendigung nach § 62 dar (VfGH vom 13. 10. 1982, B 11/81, DRdA 1983, 193 = infas 1984, A 77), das **Gericht muss nicht mehr eingeschaltet werden**.

Nach der Rechtsprechung liegt die Absicht, den Betrieb dauernd stillzulegen, dann vor, wenn sich das **anhand konkreter Maßnahmen objektivieren** lässt. Derartige Maßnahmen sind in der Regel
– die Auflösung der Arbeitsverhältnisse
– die Zurücklegung der Gewerbeberechtigung
– die Veräußerung der sachlichen Betriebsmittel
– der Abverkauf von Produkten und Rohstoffen
– der Abbruch von Geschäftsverbindungen zu Kunden und Lieferanten.

Da es sich bei der Betriebsstilllegung um einen **äußerst komplexen Vorgang** handelt, der sich meist über längere Zeit hinzieht, müssen **mehrere dieser Maßnahmen mit der Einstellungsabsicht des Betriebsinhabers zusammentreffen**, um den Tatbestand zu erfüllen; ohne Kenntnis der Umstände des Einzelfalls (wohl auch größen- und branchenabhängig) kann dies nicht beurteilt werden. Bloß formale Maßnahmen, wie die Zurücklegung der Gewerbeberechtigung, reichen nicht aus (OGH vom 30. 4. 1997, 9 Ob A 2309/96s, Arb 11.600 = RdW 1998, 34). Schon gar nicht ist die Mitteilung über das Ruhen des Gewerbescheines für einen bestimmten zukünftigen Zeitraum ein geeigneter Nachweis für die Betriebsstilllegung (EA Wien 20. 12. 1957, SozM II B, 398). Die Absicht, Arbeitsergebnisse nicht mehr fortgesetzt verfolgen zu wollen, ist nur der erste Schritt zur Einstellung des Betriebs, dem daher tatsächliche Vorkehrungen folgen müssen. Der Beginn der Liquidierungsphase sagt noch nichts über den Zeitpunkt der Betriebseinstellung aus (OGH vom 23. 2. 1994, 9 Ob A 59/94, DRdA 1995, 18 mit Anm von *Gahleitner* = ARD 4571/28/94 = ZAS 1994, 149 mit Anm von *Tomandl* = ecolex 1994, 418). Da eine intensive Mahntätigkeit zwecks Einbringung von Forderungen noch aufrechte Geschäftsverbindungen indiziert, ist – wenn zusätzlich die Gewerbeberechtigung noch nicht zurückgelegt ist – der Stilllegungsvorgang noch nicht abgeschlossen und der besondere Kündigungsschutz somit gegeben (OGH vom 11. 7. 1996, 8 Ob A 202/96, ARD 4791/35/96). Wird ein **Werk „eingemottet"** und mit einem Minimalstand an Mitarbeitern in einem Zustand erhalten, der den neuerlichen vollen Einsatz ermöglicht, kann man nur von einer **Betriebseinschränkung** (deren Dauerhaftigkeit noch zu überprüfen wäre) sprechen (OGH vom 28. 2. 2001, 9 Ob A 316/00m, DRdA 2002, 36 mit Anm von *B. Schwarz*). Es muss jede Tätigkeit im Rahmen der bisherigen Organisationseinheit beendet sein und es müssen alle subjektiven und objektiven Vorkehrungen getroffen sein, die für eine Einstellung auf nicht absehbare Zeit sprechen (OGH vom 29. 3. 2001, 8 Ob A 207/00z, infas 2001, A 67).

Die gänzliche und dauernde Einstellung des Betriebs ist der einzige Fall, in dem die **Nachwirkung** des Kündigungs- und Entlassungsschutzes für drei Monate nach Ende der Tätigkeitsdauer des Betriebsrates **nicht gilt** (§ 120 Abs 3 letzter Halbsatz in Verbindung mit § 62 Abs 1 Z 1). Ist somit die Betriebsstilllegung bereits erfolgt und keinerlei Aktivität des ehemaligen Betriebes mehr vorhanden, bedarf es auch keiner Zustimmung des ASG zur Kündigung oder Entlassung mehr, weil wegen bereits erfolgter Stilllegung des Betriebes der besondere Kündigungs- und Entlassungsschutz schon erloschen ist. **Anders verhält es sich**, wenn der Betriebsrat trotz Betriebsstilllegung seine **verlängerte Partei- und Prozessfähigkeit** (§ 62a) in einem gerichtlichen oder behördlichen Verfahren gegen den Betriebsinhaber ausübt (*Löschnigg/B. Karl*, ZAS 2000, 161). Die dreimonatige Nachwirkungsfrist beginnt diesfalls mit dem rechtskräftigen Abschluss des weiterbetriebenen Verfahrens zu laufen.

b) Betriebsteilschließung oder Betriebseinschränkung

5) In diesen Fällen **bleiben zwar zumindest Teile des Betriebs erhalten**, dem Betriebsinhaber soll aber – bei Unzumutbarkeit der Weiterbeschäftigung (siehe Erl 3) – trotzdem die Kündigung von geschützten Personen ermöglicht werden. Der Kündigungsgrund ist auch hier erst ab dem Beginn von Handlungen zur Betriebseinschränkung (Abteilungsstilllegung) gegeben, er geht allerdings im Gegensatz zur Betriebsauflösung auch nach Vollzug der Strukturverringerung nicht verloren.

Ebenso wie bei der Betriebseinstellung wird die **Dauerhaftigkeit** der Strukturänderung gefordert. Eine vorübergehende Einstellung des Betriebes oder einer Betriebsabteilung oder eine vorübergehende Einschränkung des Betriebes (zB bei Saisonbetrieben) rechtfertigt die Kündigung eines Betriebsratsmitgliedes nicht. Von einer Abteilungsstilllegung oder Betriebseinschränkung kann nur gesprochen werden, wenn die vorher in dieser aufgegebenen Organisationseinheit ausgeführten **Tätigkeiten gänzlich wegfallen** (EA Wien 3. 4. 1979, Arb 9780). Die bloße Einschränkung einer Abteilung erfüllt den Tatbestand nicht (VwGH vom 15. 10. 1986, 84/01/0033, RdW 1987, 134 = infas 1987, A 47). **Ebenso wenig** kann bei einer **bloßen Organisationsreform** (zB Neuordnung oder Zusammenlegung von Abteilungen) von einer Abteilungsauflösung gesprochen werden, wenn die Arbeitsmenge nur anders verteilt, aber nicht verringert wird (OGH vom 7. 6. 2001, 9 Ob A 94/01s, ARD 5294/11/2002 = RdW 2002, 43 = DRdA 2001, 562). Da der Betriebsinhaber den Betrieb nach eigenem Gutdünken strukturieren kann, ist der Begriff „Betriebsabteilung" an keine förmlichen Voraussetzungen (Bezeichnung, formelle Abteilungsleitung oä) geknüpft. Im Sinne der herrschenden Lehre und Rechtsprechung zum Betriebsteilübergang nach § 3 Abs 1 AVRAG ist darunter eine wirtschaftliche Einheit zu verstehen, in der ein bestimmter Teil-Betriebszweck verfolgt wird.

Eine noch nicht durchgeführte Betriebseinschränkung ist kein Zustimmungsgrund gem § 121 Z 1. Muss die Arbeit des Betriebsratsmitgliedes nach der Einschränkung weiter erledigt werden, kommt die Kündigung eines Betriebsratsmitgliedes ebenfalls nicht in Betracht (EA Leoben 18. 2. 1986, Arb 10.497 = RdW 1986, 282). Die Einschränkung oder Schließung des Betriebes bzw einer Betriebsabteilung ist nur dann dauernd, wenn eine eventuelle Wiederaufnahme des früheren Betriebes nicht absehbar ist (EA Graz 8. 9. 1975, Arb 9418).

Die **Ausgleichseröffnung** ist kein Kündigungsgrund nach § 121 Z 1, wenn der Betrieb tatsächlich weitergeführt wird (VwGH vom 26. 6. 1985, 84/01/0290, RdW 1986, 90 = ARD-HB 1986, 128). Die **Konkurseröffnung** wird hingegen in der Regel die Einleitung des Auflösungsprozesses sein, so dass meist ein Kündigungsgrund vorliegt, sofern nicht der Betrieb von einem anderen Eigentümer unter Wahrung der Betriebsidentität weitergeführt wird. Zu den Ansprüchen bei berechtigtem vorzeitigen Austritt auf Grund der Insolvenz des Arbeitgebers siehe Erl 4 zu § 120.

Wurde die Zustimmung zur Kündigungsabsicht eines Betriebsratsmitgliedes wegen der dauernden Betriebsschließung erteilt, stellt sich aber nach einiger Zeit heraus, dass der **Betrieb wieder aufgenommen** wird, so hat das gekündigte Betriebsratsmitglied die Möglichkeit, eine **Wiederaufnahmsklage** einzubringen. Es ist dann nämlich nahe liegend, dass die geplante Weiterführung des Betriebes schon im Zeitpunkt der Kündigung beabsichtigt war und nur deswegen eine dauerhafte Schließung vorgegeben wurde, um das Betriebsratsmitglied kündigen zu können (vgl *Wiesleitner*; ecolex 1991, 793). Da sittenwidrige Umgehungsgeschäfte nichtig sind, leben die Arbeitsverhältnisse (und auch die Funktionen als gewählte Mandatare) rückwirkend wieder auf.

Der **Betriebsübergang** auf einen anderen Inhaber ist (auch für die nicht besonders kündigungsgeschützten Arbeitnehmer) in keinem Fall ein Kündigungsgrund. Wird der Betrieb vom bisherigen Betriebsinhaber zwar aufgegeben, werden aber Teile davon oder der ganze Betrieb von einem anderen Betriebsinhaber (von einer anderen Gesellschaft) weitergeführt oder wieder aufgenommen, so ist bezüglich des Schicksals der Arbeitsverhältnisse § 3 Abs 1 AVRAG maßgeblich: Der neue Betriebs-(teil)inhaber ist verpflichtet, mit allen Rechten und Pflichten in die bisherigen Arbeitsverträge einzutreten. Wird der **Betrieb im Wesentlichen unverändert übernommen**, bleibt die Belegschaftsvertretung sowohl in ihrer Zusammensetzung als auch in ihrer laufenden Funktionsdauer **unberührt**.

Werden hingegen nur Teile des Betriebs von einem neuen Inhaber übernommen, würde das Mandat der in den Betriebsteilen beschäftigten Betriebsratsmitglieder gem § 64 Abs 1 Z 3 enden, sofern nicht diese Betriebsteile rechtlich verselbstständigt werden (§ 62b) oder mit anderen Betrieben oder Betriebsteilen zu einem „neuen" Betrieb zusammengeschlossen werden (§ 62c). Vgl dazu § 62b Abs 3, § 62c Abs 2 und *Preiss,*

ArbVR 2³, Erl 8 zu § 64. Diesen Funktionären kommt daher, insbesondere wenn ihre Wiederwahl im neuen Betrieb unwahrscheinlich ist, das Recht zu, **dem Übergang ihres Arbeitsverhältnisses zu widersprechen**. Der „alte" Betriebsinhaber, also der bisherige Arbeitgeber, muss nach der Zumutbarkeitsregel des § 121 Z1 prüfen, ob er das dem Übergang seines Arbeitsverhältnisses widersprechende Betriebsratsmitglied ohne erheblichen Schaden im Betrieb oder in einem anderen Betrieb des Unternehmens beschäftigen kann (OGH vom 23. 5. 1997, 8 Ob A 105/97t, DRdA 1998, 106 mit Anm von *Runggaldier* = wbl 1997, 432 mit Anm von *Grillberger* = infas 1997, A 115 = ARD 4871/16/97).

**Unzumutbarkeit der Weiterbeschäftigung
bei Betriebs(teil)schließung oder Betriebseinschränkung**

⁶) Nach Feststellung der betriebsorganisatorischen Stilllegung oder Einschränkung hat das Gericht eine weitere Voraussetzung für die Zustimmung zur Kündigung zu prüfen: Dem **Betriebsinhaber muss bei Weiterbeschäftigung** des Betriebsratsmitgliedes in einem anderen Betrieb seines Unternehmens(zu den Begriffen Betrieb und Unternehmen vgl § 34 sowie § 40 Abs 4 und § 80 Abs 1 in Bd 2) ein **erheblicher Schaden entstehen**, damit die Kündigung gerechtfertigt ist (OGH vom 25. 1. 1989, 9 Ob A 211/88, infas 1989, A 91 = ARD 4064/20/89). Das bedeutet, dass eine solche Kündigung nur dann gerechtfertigt ist, wenn in anderen Betrieben oder Betriebsabteilungen kein Arbeitsplatz vorhanden ist, der vom Betriebsratsmitglied ausgefüllt werden könnte. Der finanzielle Nachteil durch die dadurch entstehenden (bzw bestehen bleibenden) Lohnkosten muss erheblich sein (EA Klagenfurt 13. 8. 1975, Arb 9417). Aufgrund des Schutzcharakters der Kündigungsregelungen wird der Begriff „Weiterbeschäftigung" nicht nur im engen Rahmen der arbeitsvertraglich geschuldeten Tätigkeiten zu verstehen sein: Wenn das Betriebsratsmitglied bereit ist, sich auf einen anderen Arbeitsplatz umschulen zu lassen und die **Umschulung keine erhebliche Belastung** („Schaden") für den Betriebsinhaber darstellt, sollte die Kündigungszustimmungsklage abgewiesen werden.

In **Konzernen** wird der Betriebsinhaber des einzelnen Konzernunternehmens oder -betriebs uU auch **Weiterverwendungsmöglichkeiten innerhalb der Unternehmensgruppe** berücksichtigen müssen bzw ist dies gerichtlich zu prüfen. Obwohl jedes Konzernunternehmen de jure selbständig ist, kann nämlich eine unternehmensübergreifende De-facto-Einheitlichkeit vorliegen, wenn im Konzern auf die organisatorische Selbständigkeit der einzelnen Unternehmen kein Wert gelegt wird, die Arbeitnehmer – unabhängig von ihrem vertraglichen Arbeitgeber – in verschiedenen Unternehmen eingesetzt wurden und werden bzw ihre Arbeitsleistungen de facto für mehrere Konzernunternehmen erbringen. Auch vertraglich vereinbarte Versetzungsmöglichkeiten innerhalb des Konzerns sollten zu einer konzernweiten Weiterbeschäftigungspflicht führen (vgl *Jabornegg,*

Arbeitsvertragsrecht im Konzern, DRdA 2002, 129; *Tinhofer,* Der soziale Kündigungsschutz, ZAS 2008, 60; OGH 8 Ob A 236/94, ecolex 1994, 188 mit Anm *Mazal* = ZAS 1996, 119 mit Anm *Windisch-Graetz*).

Die Prüfung einer Möglichkeit zur Weiterbeschäftigung des Betriebsratsmitgliedes im Betrieb, Unternehmen oder in einem anderen Konzernunternehmen an einem anderen Arbeitsplatz setzt voraus, dass es das **Betriebsratsmitglied auch verlangt hat bzw bereit ist**, an einem anderen Arbeitsplatz weiterzuarbeiten. Die Frage der Weiterbeschäftigungsmöglichkeit kann auch noch im Verfahren vor dem Gericht geltend gemacht werden: wenn das Betriebsratsmitglied **erst im Zuge des Prozesses von anderweitigen Arbeitsmöglichkeiten erfährt** und sich bereit erklärt, diese anzunehmen, hat das Gericht diesen Umstand **zu berücksichtigen.**

Keinesfalls liegt ein **erheblicher Schaden** durch die Weiterbeschäftigung eines Betriebsratsmitgliedes für den Arbeitgeber vor, wenn am bisherigen Arbeitsplatz des Betriebsratsmitgliedes **ein anderer „billigerer" Arbeitnehmer verwendet werden soll**; die Weiterbeschäftigung von Betriebsratsmitgliedern hat aus interessenpolitischen Gründen eindeutig Vorrang (EA Innsbruck 9. 10. 1978, Arb 9722 = ZAS 1979, 41; EA Wien 18. 11. 1959, Arb 7148). Wirtschaftliche Schwierigkeiten und finanzielle Belastungen allein reichen noch nicht aus, um die Kündigung eines Betriebsratsmitgliedes zu rechtfertigen (EA Linz, Arb 6639). Die Zustimmung zur Kündigung kommt im Allgemeinen erst in Betracht, wenn die Arbeitsverhältnisse aller anderen Arbeitnehmer, deren Tätigkeit das Betriebsratsmitglied vollbringen könnte, aufgelöst worden sind (EA Innsbruck 9. 10. 1978, Arb 9722 = ZAS 1979, 41 = ARD-HB 1980, 429; EA Wien 29. 9. 1966, Arb 8392).

Kann ein Betriebsratsmitglied aus wirtschaftlichen oder produktionstechnischen Gründen nur mehr auf einem anderen, **schlechter entlohnten Arbeitsplatz** eingesetzt werden, ist dieses Mitglied aber nicht bereit, einer Entgeltminderung zuzustimmen, so liegt ein Kündigungsgrund gem § 121 Z 1 vor (EA Graz 13. 1. 1981, Arb 9932 = ZAS 1981, 121). Die Zustimmung zur Kündigung kann erteilt werden, wenn der Betrieb auf qualifizierte Arbeitskräfte eingeschränkt wird und das Betriebsratsmitglied nur Hilfsarbeiter ist (VwGH vom 8. 10. 1953, Arb 5832) oder wenn sich das Betriebsratsmitglied in gehobener Stellung befindet und ein Bedarf für weitere Arbeitskräfte in gehobener Stellung nicht mehr besteht (EA Amstetten 10. 1. 1948, Arb 4940). Bleiben hingegen die **Tätigkeiten**, die ein Betriebsratsmitglied bisher ausgeübt hat, im Betrieb weiterbestehen, werden sie aber **auf verschiedene andere Personen aufgeteilt**, so ist der **Kündigungsgrund nicht gegeben** (EA Wien 3. 4. 1979, Arb 9780).

Unfähigkeit zur Leistung der vereinbarten Arbeiten

[7]) In Abgrenzung zur beharrlichen Pflichtenverletzung kommt es bei diesem Kündigungsgrund nicht darauf an, ob das Betriebsratsmitglied die vertraglich vereinbarten Tätigkeiten erbringen will, sondern nur darauf, ob nach objektivierbaren Beurteilungskriterien die Fähigkeit dazu noch gegeben ist oder nicht (in diesem Sinn EA Wr. Neustadt 15. 6. 1978, Arb 9705). Ein **Verschulden des Arbeitnehmers ist nicht erforderlich.**

Weitere Voraussetzung für die Zustimmung zur Kündigung ist, dass **auf Grund der unabsehbar langen Arbeitsunfähigkeit** dem Arbeitgeber die **Weiterbeschäftigung** des Arbeitnehmers auf einem anderen Arbeitsplatz bzw das Aufrechterhalten des Arbeitsverhältnisses unzumutbar ist (siehe Erl 5). Auf Umstände, die sich auf Eigenschaften oder Fähigkeiten beziehen, die bereits bei Beginn des Arbeitsverhältnisses des Betriebsratsmitgliedes vorhanden gewesen sind, kann sich der Arbeitgeber deswegen nie als Kündigungsgrund berufen, weil **diese Umstände schon vor Beginn der Betriebsratstätigkeit geltend gemacht hätten werden müssen.** Beruft sich der Arbeitgeber erst während der Betriebsratstätigkeit des Arbeitnehmers darauf, so ist nahe liegend, dass dies nur eine Schutzbehauptung zum Zweck der Entfernung eines unliebsamen Betriebsratsmitgliedes ist. Die Arbeitsunfähigkeit kann im Wesentlichen medizinische (körperliche oder geistige) oder rechtliche Ursachen haben; etwaige Qualifikationsmängel fallen nicht unter den Kündigungsgrund, sondern können – bei absichtlicher Täuschung des Arbeitgebers – uU den Entlassungsgrund gem § 122 Abs 1 Z 1 verwirklichen.

a) Medizinische Arbeitsunfähigkeitsgründe

[8]) Eine Krankheit kann für ein Betriebsratsmitglied nur dann einen Kündigungsgrund darstellen, wenn sie die **Arbeitsfähigkeit auf unabsehbare Zeit ausschließt** (ASG Wien vom 31. 3. 1992, 23 Cga 19/92, ARD 4427/49/93) und daher mit einer Wiederherstellung der Arbeitsfähigkeit nicht gerechnet werden kann. Chronische Erkrankungen können diesen Tatbestand erfüllen (VwGH vom 7. 7. 1955, Arb 6280). Im Allgemeinen wird eine unabsehbar lange Dienstunfähigkeit gegeben sein, wenn die Pensionsversicherungsanstalt dauernde Berufsunfähigkeit festgestellt hat (EA Linz 27. 2. 1978, Arb 9668). Die bloße Möglichkeit, dass sich eine vorübergehende, schwere Krankheit wiederholen könnte, ist dagegen kein Kündigungsgrund (EA Wien 3. 5. 1957, SozM 11 B, 366).

Alkoholabhängigkeit, die sich regelmäßig auswirkt und bei der die **Heilungsaussichten ungewiss** sind, kann dagegen einen Kündigungsgrund für Betriebsratsmitglieder darstellen (EA Linz 24. 3. 1976, Arb 9483). Von der Krankheit Alkoholismus oder anderen Drogen- bzw Medikamentenabhängigkeiten mit Krankheitswert ist der nicht pathologische

Zustand der Alkoholisierung (Berauschung) zu unterscheiden, der den Kündigungsgrund der Pflichtenverletzung darstellen kann (siehe Erl 6 und 7).

Zur Beurteilung der medizinischen Arbeitsfähigkeit eines Betriebsratsmitgliedes ist **allein das Urteil des Arztes**, nicht aber der Eindruck des Arbeitgebers **maßgeblich** (EA Wr. Neustadt 15. 6. 1978, Arb 9705 = ZAS 1979, 1 = ARD-HB 1980, 429).

b) Rechtliche Arbeitsunfähigkeitsgründe

[9]) Darunter ist va der Wegfall **rechtlich geforderter Voraussetzungen für die Berufsausübung** zu verstehen, sofern mit ihrer Wiedererlangung in absehbarer und dem Arbeitgeber zumutbarer Zeit nicht zu rechnen ist. Der unbefristete Entzug des Führerscheins oder eines Gesundheitszeugnisses, einer Gewerbeberechtigung etc kann den Kündigungsgrund verwirklichen, wenn keine anderweitige Beschäftigung des Arbeitnehmers zumutbar ist. Allerdings stellt der **Führerscheinentzug eines Lkw-Lenkers für sechs Monate keinen Kündigungsgrund** dar, da ja die Wiedererlangung der Arbeitsfähigkeit absehbar ist (EA Salzburg 23. 10. 1978, Arb 9727). Auch aus Regeln des Standes- oder Dienstrechts können sich rechtliche Voraussetzungen der Tätigkeit ergeben. So etwa wenn über einen angestellten Rechtsanwalt oder Arzt von der Standesvertretung (Rechtsanwalts-, Ärztekammer) ein Berufsverbot für unabsehbar lange Zeit verhängt wird.

Keinesfalls kann einer Kündigung zugestimmt werden, wenn der Arbeitgeber während der Betriebsratstätigkeit des Arbeitnehmers zusätzliche Fähigkeiten verlangt (zB Kenntnis von Fremdsprachen) und sich dann, wenn der Arbeitnehmer diese Fremdsprachen nicht erlernt, auf die angebliche Unfähigkeit zur Leistung der Dienste beruft (EA Salzburg 23. 6. 1949, Arb 5058). Wurde jedoch bereits bei Abschluss des Arbeitsverhältnisses vereinbart, dass eine bestimmte Prüfung später abzulegen sei und wurde diese Prüfung nicht bestanden, so ist die Kündigung unter Umständen berechtigt (EA Graz 9. 11. 1953, Arb 5860).

Eine **geringere Effektivität** der Arbeitsleistung eines Betriebsratsmitgliedes auf Grund seiner Betriebsratstätigkeit kann (va unter dem Aspekt der Mandatsschutzklausel – vgl Erl 11 zu § 120) **keinesfalls einen Kündigungsgrund** darstellen (VwGH vom 8. 4. 1987, 84/01/0392, infas 1987, A 93 = ARD-HB 1986, 129; EA Wien 25. 10. 1984, infas 1985, A 29 = ARD-HB 1986, 129). Bloße Arbeitsuntüchtigkeit und langsames Arbeiten kann kein Kündigungsgrund nach § 121 Z 2 sein, wenn diese Umstände bereits bei Beginn des Arbeitsverhältnisses oder kurz danach bekannt hätten sein müssen (EA Wr. Neustadt 30. 11. 1964, Arb 8044).

Die vorübergehende Arbeitsunfähigkeit wegen einer **Untersuchungshaft** stellt keinen Kündigungsgrund für ein Betriebsratsmitglied dar (EA Graz 9. 7. 1964, Arb 7968).

Unzumutbarkeit der Weiterbeschäftigung bei Dienstunfähigkeit

[10]) Das Gericht hat nach Feststellung des Tatbestandes der Unfähigkeit zur Leistung der Arbeit in weiterer Folge die Zumutbarkeit der Weiterbeschäftigung für den Arbeitgeber zu prüfen. Dabei ist insbesondere auch auf § 120 Abs 1 Bedacht zu nehmen. Aus der Reihenfolge der Tatbestandselemente des § 121 Z 2 ist zu ersehen, dass **primär die Weiterverwendung** angestrebt werden sollte. Nur dann, wenn diese dem Betriebsinhaber nicht zumutbar ist, kommt die weitere Prüfung der **Zumutbarkeit einer Versetzung** in Betracht. Die Verwendung des Betriebsratsmitglieds auf einem Arbeitsplatz setzt dessen Zustimmung voraus. Handelt es sich hiebei um eine Versetzung iSd § 101, bedarf es überdies der Zustimmung des Betriebsrates. Erst wenn beide Möglichkeiten ergebnislos geblieben sind, kann das Gericht der Kündigung zustimmen.

Bei der Beurteilung der Zumutbarkeit sind subjektive Beweggründe sowohl des Arbeitgebers als auch subjektive Umstände in der Person des Arbeitnehmers zu berücksichtigen, es ist eine **Abwägung der Interessen** vorzunehmen. Ist beispielsweise eine mangelnde Eignung des Arbeitnehmers auf Grund eines sich verschlechternden Gesundheitszustandes eine **normale Folge des Alterns**, muss das Interesse des Arbeitnehmers gegenüber dem des Arbeitgebers als überwiegend angesehen werden, ein Kündigungsgrund liegt nicht vor (EA Wien 23. 7. 1970, SozM II B, 945). Kann das Betriebsratsmitglied **anderweitig beschäftigt** werden, wie beispielsweise ein Kraftfahrer, dem der Führerschein entzogen wurde und für den eine Weiterbeschäftigungsmöglichkeit in der Werkstatt besteht, liegt kein Kündigungsgrund vor (VwGH vom 29. 9. 1955, Arb 6311).

Zur Prüfung von **Weiterverwendungsmöglichkeiten innerhalb des Konzerns** vgl Erl 6.

Beharrliche Pflichtverletzung

[11]) Unter „Pflichten" sind selbstverständlich nur die **aus dem Arbeitsvertrag**, in Ausnahmefällen auch aus der arbeitsrechtlichen **Treuepflicht** sich ergebenden Verpflichtungen gemeint und nicht betriebsrätliche Aufgaben, die der gewählte Mandatar der Belegschaft „schuldet" (zur diesbezüglichen „politischen" Verantwortung gegenüber der Arbeitnehmerschaft vgl Erl 4 zu § 115 und *Schneller*, ArbVR 2³, Erl 6 zu § 42). Eine vermeintliche Dienstpflicht kann nicht verletzt werden und somit keinen Grund zur Kündigung bilden (VwGH 12. 1. 1971, Arb 8836). Auch Betriebsratsmitglieder sind nur zu jenen Arbeiten verpflichtet, die ihren arbeitsvertraglichen Vereinbarungen entsprechen, andernfalls keine Pflichtenvernachlässigung nach § 121 Z 3 vorliegt (OGH vom 2. 9. 1992, 9 Ob A 150/92, ARD 4426/ 18/93 = DRdA 1993, 23 = infas 1993, A 79 = SWK 1993 B 26). Von einem Betriebsratsmitglied können grundsätzlich nicht

mehr arbeitsvertragliche Pflichten verlangt werden als von jedem anderen vergleichbaren Arbeitnehmer (EA Linz 18. 11. 1977, Arb 9634 = ZAS 1978, 81). Der Tatbestand ist erfüllt, wenn der Arbeitnehmer beharrlich seinen **Dienst versäumt**, die Arbeit unbefugt **verweigert, passive Resistenz** übt oder bei seiner Arbeit **saumselig** ist.

Da die zwischen Arbeitgeber und Arbeitnehmer vereinbarten Tätigkeiten häufig auf Grund **konkludenter Vertragsergänzung** über das schriftlich oder mündlich ausdrücklich Vereinbarte (laut schriftlichem Vertrag oder Dienstzettel) hinausgehen und zudem nach der Verkehrsauffassung (Branchen- und Ortsüblichkeit) ausgelegt werden, sollten angeordnete umstrittene Arbeiten **erst nach genauerer Prüfung** vom Betriebsratsmitglied **abgelehnt** werden. Selbst wenn die beharrliche Pflichtverletzung als erwiesen angenommen wird, hat das Gericht in einem weiteren Schritt zu prüfen, ob dem Arbeitgeber die Weiterbeschäftigung (unter Umständen auf einem anderen, vertraglich umfassten Arbeitsplatz) aus Gründen der Arbeitsdisziplin nicht mehr zumutbar ist.

Eine Pflichtverletzung ist dann „**beharrlich**", wenn sie entweder **trotz Ermahnung wiederholt** wurde (VwGH vom 28. 3. 1985, 83/01/0240, infas 1986, A 5) oder sich beim ersten Mal bereits durch **besondere Nachdrücklichkeit, Unnachgiebigkeit oder Hartnäckigkeit** auszeichnet (OGH vom 13. 7. 1976, Arb 9493), so dass eine Abmahnung oder Verwarnung offenbar zwecklos erscheinen muss (VwGH vom 22. 1. 1980, 1270/78, DRdA 1982, 43 mit Anm von *Csebrenyak* = Arb 9850).

Vor allem bei mehrmaliger Verwarnung wegen pflichtwidrigen Verhaltens wird somit eine neuerliche Pflichtwidrigkeit als beharrliche Pflichtverletzung zu bewerten sein (VwGH vom 6. 2. 1973, SozM II B, 1056). **Grundsätzlich** ist jedoch für das Vorliegen des Kündigungsgrundes zumindest eine deutliche und bestimmte **vorherige Abmahnung** des Betriebsratsmitglieds **erforderlich** (OGH vom 21. 5. 2003, 9 Ob A 64/03g, Arb 12.323 = ARD 5463/7/ 2004).

Der Tatbestand der beharrlichen Pflichtverletzung setzt **Verschulden**, zumindest also vorwerfbare Fahrlässigkeit (Sorglosigkeit) voraus (EA Linz, 22. 4. 1980, ZAS 1980, 201). Ein subjektiv nicht vorwerfbarer, also **unverschuldeter Irrtum erfüllt nicht den Tatbestand** (VwGH vom 22. 1. 1980, 1270/78, DRdA 1982, 43 mit Anm von *Csebrenyak* = Arb 9850).

Der Kündigungstatbestand der beharrlichen Pflichtenverletzung ist stets unter dem Gesichtspunkt der **Mandatsschutzklausel** zu prüfen. Das bedeutet, dass dann, wenn eine Pflichtenvernachlässigung in Ausübung der Betriebsratstätigkeit vorkommt (zB Unterbleiben der Arbeitsleistung wegen betriebsrätlicher Tätigkeiten, obwohl diese nicht während der Arbeitszeit notwendig gewesen sind), ein **besonders strenger Maßstab** bei der Prüfung eines allfälligen Kündigungsgrundes durch ein Betriebsratsmitglied anzulegen ist (vgl Erl 11 zu § 120). Insbesondere bei beabsichtigten Versetzungen des Betriebsratsmitglieds oder bei schikanösen Arbeitsanweisungen ist außerdem neben dem **Schikaneverbot** gem § 1295 Abs 2 ABGB (Verbot der missbräuchlichen Ausübung eines Rechts) das **Beschränkungs- und Benachteiligungsverbot** (Erl 10 zu § 120) zu beachten.

Unter dem Begriff „beharrliche Pflichtenverletzung" versteht die Rechtsprechung einerseits bewusste Arbeitsverweigerungen und andererseits verschuldete Minderleistungen sowie andere Vernachlässigungen der Arbeitspflicht.

a) Arbeitsverweigerung

[12]) **Diese wurde in folgenden Fällen bejaht:**

- **Eigenmächtiges Fernbleiben** stellt dann einen Kündigungsgrund dar, wenn es wiederholt vorkommt (EA Innsbruck 15. 6. 1955, SozM II B, 280) oder als besonders schwer wiegend zu bewerten ist.

- Die Weigerung, einer **Versetzungsanordnung** Folge zu leisten, ist nur dann ein Kündigungsgrund, wenn die entsprechende Weisung des Arbeitgebers durch den Gegenstand der Arbeitsleistung (arbeitsvertraglich vereinbart) gerechtfertigt ist und auch **nicht gegen die Versetzungsbeschränkung gem § 101 oder das Beschränkungs- und Benachteiligungsverbot gem § 115 verstößt** (EA Klagenfurt 21. 9. 1978, Arb 9720 = ARD-HB 1979, 573 = ZAS 1949, 41). Die Weigerung, einer gerechtfertigten Versetzungsanweisung zu folgen, ist eine erhebliche Pflichtenvernachlässigung und rechtfertigt daher die Kündigung eines Betriebsratsmitgliedes (OLG Wien vom 30. 3. 1992, 34 Ra 15/92, ARD 4378/14/92 = DRdA 1993, 23 = infas 1993, A 79; VwGH vom 8. 10. 1953, SozM II B, 159).

- Mehrmaliges und stundenlanges Unterbrechen der Arbeitsleistung zu Gesprächen mit den Arbeitskollegen, die aus betrieblicher Sicht nicht notwendig sind (EA Wien 2. 5. 1972, Re 17/72, ARD 2452/13/72); die Beurteilung, ob die Gespräche noch in einem Zusammenhang mit der Interessenvertretungstätigkeit stehen, hat dabei das Gericht und nicht der Arbeitgeber zu treffen (vgl Erl 2 zu § 116).

Keine Arbeitsverweigerung wurde in folgenden Fällen festgestellt:

- Wenn sich das Betriebsratsmitglied weigert, Dienste im Ausland, und zwar in einem Staat zu leisten, der eine ganz andere wirtschaftliche, soziale und politische Struktur aufweist als Österreich (EA Wien 26. 9. 1967, Arb 8461). Gerade bei derartigen Versetzungen ist das Beschränkungs- und Benachteiligungsverbot besonders zu beachten.

- Eine **zeitweilige Abwesenheit** vom Arbeitsplatz stellt jedenfalls dann keine Pflichtverletzung dar, wenn dies allgemein vorkommt und von der Betriebsleitung geduldet wird (VwGH vom 13. 5. 1966, SozM II B, 798).

- Die Nichtverständigung des Betriebsinhabers von der Inanspruchnahme von **Freizeit für die Betriebsratstätigkeit** stellt lediglich eine Ordnungwidrigkeit dar und kann den Kündigungsgrund der Z 3 nicht rechtfertigen: Es ist überhaupt fraglich, ob das Betriebsratsmitglied eine derartige Verständigungspflicht hat (OGH vom 28. 5. 2001, 8 Ob A 236/00i, infas 2001, A 87 = ARD 5247/53/01 = RdW 2002, 42; EA Graz 30. 6. 1983, Arb 10.251). Ebenso wenig stellt es einen Kündigungsgrund dar, wenn sich der Betriebsratsvorsitzende weigert, dem Betriebsinhaber über die Art, den Ort und die Dauer der von ihm besorgten Agenden Auskünfte zu erteilen (EA Wien 30. 11. 1960, SozM II B, 537).

- **Vertritt ein Betriebsratsmitglied** Arbeitskollegen während der Arbeitszeit **in arbeitsgerichtlichen Verfahren**, so ist der Zustimmungsgrund zur Kündigung nicht erfüllt (EA Linz 13. 5. 1966, SozM II B, 886; EA Linz 11. 9. 1967, Arb 8460), da ja gem § 116 die Arbeitspflicht ruht. Die durch den **Besuch eines Gewerkschaftskurses** bedingte Dienstverhinderung des Betriebsratsvorsitzenden stellt kein grundloses Fernbleiben vom Dienst dar, sondern hängt eng mit der Funktion zusammen (EA Leoben 31. 10. 1967, Arb 8471). Hat das Betriebsratsmitglied auf Grund langjähriger Übung das Inkasso von Gewerkschaftsbeiträgen als Betriebsratstätigkeit aufgefasst und ohne Abmahnung während der Arbeitszeit durchführt, liegt kein Kündigungsgrund vor (VwGH vom 12. 11. 1963, SozM II B, 701);

b) Minderleistung und sonstige Pflichtenvernachlässigung

[13]) Von einem Betriebsratsmitglied (Ersatz- oder Wahlvorstandsmitglied, Wahlwerber) können grundsätzlich **nicht mehr arbeitsvertragliche Pflichten** verlangt werden als von jedem anderen vergleichbaren Arbeitnehmer (EA Linz 18. 11. 1977, Arb 9634 = ZAS 1978, 81). Das gilt auch für die Intensität der Leistungserbringung. Die mangelhafte Arbeitsleistung oder Vernachlässigung von Dienstpflichten muss vom geschützten Arbeitnehmer **verschuldet** sein. Im Gegensatz zur Arbeitsverweigerung liegen in diesen Fällen häufig unbewusste Vertragsverletzungen durch den geschützten Arbeitnehmer vor. Daher ist der Kündigungsgrund nur bei besonders schwer wiegenden Pflichtverletzungen oder bei häufiger Begehung wiederholt abgemahnter unterschiedlicher Verfehlungen gegeben (vgl EA Linz 11. 2. 1977, Arb 9558).

Die Zulässigkeit der Kündigung wurde in folgenden Fällen bejaht:
- Eine Pflichtverletzung kann durch mangelhafte Leistung begangen werden. Mangelhaft ist eine **hinter den Normalleistungen wesentlich zurückbleibende Arbeitsleistung**, die trotz wiederholter Mahnung nicht verbessert wird (VwGH vom 11. 3. 1954, SozM II B, 201). Die

Nachlässigkeit muss aber vom Kläger (Betriebsinhaber) bewiesen werden (VwGH vom 20. 1. 1955, SozM II B, 244), wobei lediglich auf Fahrlässigkeit beruhende Unzulänglichkeiten nicht ausreichen (EA Wiener Neustadt 18. 4. 1952, SozM II B, 47).

- Die Störung der Betriebsdisziplin dadurch, dass **Arbeiten nicht erledigt** werden, die von anderen Arbeitnehmern mit vergleichbaren Verpflichtungen erledigt werden müssen, kann einen Kündigungsgrund darstellen (OGH vom 2. 9. 1992, 9 Ob A 150/92, ARD 4426/18/93 = infas 1993, A 79 = DRdA 1993, 23 = SWK 1993, 826);
- **Wiederholte Trunkenheit** eines Betriebsratsmitgliedes ist ein Kündigungsgrund (EA Linz, Arb 9483). Hat ein Betriebsratsmitglied bei einer Dienstfahrt nicht nur einmal und geringfügig gegen das Alkoholverbot verstoßen, so liegt eine beharrliche Pflichtenverletzung und damit ein Kündigungsgrund vor (EA Salzburg 23. 10. 1978, Arb 9727 = ZAS 1979, 41). Diese Verfehlungen sind von der **Krankheit Alkoholismus** oder anderen Drogen- bzw Medikamentenabhängigkeiten mit Krankheitswert (gemäß WHO-Definitionen) zu unterscheiden. Derartige pathologische Zustände sind kein Kündigungsgrund nach Z 3. Wenn hingegen eine Suchtkrankheit arbeitsunfähig macht und die Heilungsaussichten ungewiss (nicht „absehbar") sind, kann ein Kündigungsgrund nach Z 2 vorliegen (EA Linz 24. 3. 1976, Arb 9483; siehe Erl 8).
- Das **wiederholte Nichtmelden von Krankenständen** ist als beharrliche Pflichtenvernachlässigung zu bewerten (EA Graz 6. 8. 1971, ZAS 1972, 121). Ebenso ist die Vorlage einer verfälschten Bestätigung über die Dauer des Krankenstands – je nach Gravität – als Kündigungs- oder Entlassungsgrund zu werten (vgl VwGH vom 13. 6. 1967, Arb 8422). Die Teilnahme an einem Fußballtrainerkurs während eines Krankenstandes stellt auch für ein Betriebsratsmitglied einen Kündigungsgrund dar (EA Wien 3. 8. 1976, Arb 9506);
- Hinwegsetzen über die Anordnung des Betriebsinhabers, dass Betriebsfremde den Betrieb nicht betreten dürfen, ohne dass dies mit einer betriebsrätlichen Tätigkeit im Zusammenhang steht (EA Wien 10. 4. 1962, SozM II B, 607);
- **Bedrohung eines Arbeitskollegen** mit dem Ziel, diesen zur Nichtbefolgung von Anordnungen des Betriebsinhabers zu bewegen (EA Wien 20. 3. 1967, Arb 8403).

Obwohl nicht ersichtlich ist, warum **Ehrverletzungen** unter den Tatbestand der beharrlichen Pflichtenverletzung (-vernachlässigung) fallen sollen, wertet die Judikatur Beleidigungen, die unter der Schwelle des Entlassungsgrundes gem § 122 Abs 1 Z 5 liegen, als Kündigungsgrund. Begründet wird das mit der Störung der betrieblichen Arbeitsdisziplin sowie mit dem Argument, die Treuepflicht gebiete es dem Arbeitnehmer, dem Betriebsinhaber und Arbeitskollegen höflich und respektvoll zu begegnen. Nun bildet die Aufrechterhaltung der Arbeitsdisziplin zwar eine zusätzliche Voraussetzung für eine Zustimmung zur beantragten Kündigung, sie stellt aber nach dem Wortlaut des § 121 keinen eigenen Zustimmungsgrund dar. **§ 121 Z 3 kommt nicht die Funktion eines „Auffangtatbestandes" für Sachverhalte zu, die mangels Gravität eine Entlassung nicht rechtfertigen** (so auch *Heinz-Ofner*, aaO, 219). Das Gebot **restriktiver Interpretation** der Kündigungs- und Entlassungsgründe (Erl 1) spricht gegen die Subsumtion von Ehrverletzungen unter die Verletzungen der Treuepflicht.

Dennoch wurden „Disziplinwidrigkeiten" wiederholt unter diese Bestimmung subsumiert. Folgende Ehrverletzungen wurden beispielsweise als Kündigungsgrund erachtet:

Wiederholte beleidigende Äußerungen gegen den direkten Vorgesetzten, die uU einen Entlassungsgrund wegen Ehrverletzung darstellen würden („charakterloser Mensch"), können vom Betriebsinhaber mit Erfolg als Kündigungsgrund geltend gemacht werden (OGH vom 14. 12. 1988, 9 Ob A 285/88, DRdA 1991, 51 = ARD 4053/18/89). Die Äußerung eines Betriebsratsmitgliedes, der Betriebsleiter sei nicht fähig, den Betrieb zu leiten, stellt einen Kündigungsgrund wegen „Disziplinwidrigkeit" dar (VwGH vom 28. 3. 1985, 83/01/0240, infas 1986, A 5); die Begründung, dass damit die dem Arbeitsverhältnis immanente „Anstandspflicht" verletzt sei, vermag nicht zu überzeugen. Diese Entscheidung nimmt vielmehr eine unzulässige extensive Interpretation (vgl Erl 1) des Kündigungsgrundes vor. Ein Kündigungsgrund liegt nach der Rechtsprechung weiters vor, wenn das Betriebsratsmitglied einmalig einen Arbeitnehmer mit einer Ohrfeige bedroht (EA Innsbruck 30. 3. 1948, Arb 4958) oder im alkoholisierten Zustand seine Vorgesetzten in der Betriebskantine coram publico unter anderem als „schwarzes Gesindel" und „blöder Bub" bezeichnet (VwGH 28. 1. 1960, Arb 7167).

Ehrenbeleidigungen (umso mehr jene unter der Schwelle eines Entlassungsgrundes) sind ganz allgemein nach den Umständen des Einzelfalls, insbesondere nach dem im Betrieb oder Betriebsteil üblicherweise herrschenden Umgangston zu beurteilen (vgl Erl 7 zu § 122).

Keine Minderleistung oder Pflichtenvernachlässigung wurde in folgenden Fällen festgestellt:

– Wenn das Betriebsratsmitglied einmal die zur Feststellung der Anwesenheit bestimmte **Stempelkarte durch einen anderen Arbeitnehmer abstempeln lässt**, wenn es dadurch **keinen** ihm nicht zustehenden **Vorteil** erlangen wollte (EA Linz 24. 9. 1957, Arb 6730). Das wiederholte Nicht-Stempeln-Lassen einer Zeitkarte kann zwar als Ordnungswidrigkeit objektiv einen Zustimmungsgrund bilden, erfüllt diesen Grund aber von der subjektiven Seite her dann nicht, wenn es bei den Betriebsratsmitgliedern des betreffenden Betriebes zumindest teilweise durchaus üblich war, die Zeitkarten bei einer

Unterbrechung der Arbeit zufolge Betriebsratstätigkeit sowie bei früherem Weggehen oder späterem Kommen nicht zu stempeln, sondern nur die Zeit der Abwesenheit dem Dienstvorgesetzten zu melden (EA Linz 11. 9. 1967, Arb 8460). Geringfügige falsche Eintragungen in die Zeitkarte **ohne Schädigungsabsicht** bilden keinen Kündigungsgrund (VwGH vom 14. 7. 1980, 2404/79, Arb 9888).

- Ein **geringfügiges Versehen**, zB zweimalige Fehler eines Kontrollorgans, das im Verhältnis zum Gesamtkapital der Firma nur geringen Schaden verursacht hat, reicht nicht aus (EA Wien 20. 11. 1952, SozM II B, 77).
- Die bloß **einmalige Trunkenheit** während der Arbeitsverrichtung (EA Salzburg 23. 10. 1978, Arb 9727 = ZAS 1979, 41)
- Wenn ein Wahlwerber äußert, dass im Betrieb soziale Unsicherheit herrsche und das geändert werden solle, da es sich um Äußerungen handelte, die im **Wahlkampf** zulässig sind (EA Graz 4. 1. 1977, Arb 9566).
- **Unentschuldigte Arbeitsunterbrechungen** eines geschützten Arbeitnehmers, wenn es sich um **vereinzelte und dem Ausmaß nach geringfügige Vorfälle** handelt (Mangel der Beharrlichkeit; EA Linz 5. 12. 1978, Arb 9730 = ZAS 1979, 81 = ARD-HB 1980, 430);
- Das Betriebsratsmitglied eine einmalige Nummer einer **Werkzeitung** an zwei aufeinander folgenden Tagen verteilte, die **unzulässige Angriffe** gegen den Betriebsinhaber enthielt, wobei das Betriebsratsmitglied nach Abmahnung die Verteilung einstellte (VwGH vom 14. 6. 1956, Arb 6462).
- Da die **Kündigungsgründe** in § 121 **taxativ geregelt und nicht analogiefähig** sind, liegt keine beharrliche Pflichtenverletzung vor, wenn der Betriebsrat der gesamten Belegschaft zwar empfohlen hat, zwecks Sicherung der Arbeitsplätze einer Entgeltreduktion zuzustimmen, ein einzelnes Betriebsratsmitglied jedoch seinen **Kündigungsschutz ausnützt**, um den Abschluss derselben Änderungsvereinbarung zu verweigern (OGH vom 19. 8. 1998, 9 Ob A 76/98m, DRdA 1999, 481 mit Anm von *Ch. Klein* = ARD 4988/8/98 = ASoK 1999, 77 = Arb 11.762).

Eine geringere Effektivität der Arbeitsleistung eines Betriebsratsmitgliedes auf Grund seiner Betriebsratstätigkeit kann (va unter dem Aspekt der Mandatsschutzklausel) keinesfalls einen Kündigungsgrund darstellen (VwGH vom 8. 4. 1987, 84/01/0392, infas 1987, A 93 = ARD-HB 1986, 129; EA Wien 25. 10. 1984, infas 1985, A 29 = ARD-HB 1986, 129).

Die Organisation von und die Teilnahme an **gewerkschaftlichen Aktionen und Streiks** stellt nicht den Kündigungsgrund der Pflichtvernachlässigung dar, soweit Tätigkeiten in diesem Zusammenhang vom umfassenden Interessenvertretungsbegriff (§ 38) erfasst sind. Gewerkschaftliche Aktionen, um die Wiedereinstellung gekündigter Arbeitnehmer zu erwirken, bilden keinen Kündigungsgrund (VwGH 12. 1. 1971, Arb 8836). Näheres bei Erl 11 zu § 120.

Unzumutbarkeit der Weiterbeschäftigung bei Pflichtenvernachlässigung

14) Das Gericht kann bei Vorliegen einer Pflichtverletzung dem Kündigungsantrag nur die Zustimmung erteilen, wenn **dem Arbeitgeber die Weiterbeschäftigung aus Gründen der Arbeitsdisziplin** (zur Unangemessenheit dieses Begriffs vgl Erl 1 zu § 102) **nicht zugemutet werden kann**. Die Zumutbarkeit ist jedenfalls zu prüfen und liegt nicht nur im Ermessen des Gerichtes (VwGH vom 21. 10. 1969, Arb 8673). Die Weiterbeschäftigung ist dem Arbeitgeber jedenfalls zumutbar, wenn er selbst dem Arbeitnehmer die Weiterarbeit an einem anderen Arbeitsplatz anbietet (VwGH vom 7. 4. 1970, Arb 8729), wenn auch zu anderen Bedingungen. Sind die **Verfehlungen** des Betriebsratsmitgliedes **im Betrieb allgemein bekannt und stören sie daher den Arbeitsablauf**, so stellt dies ein erhebliches Kriterium für die Berechtigung des Kündigungsgrundes der Pflichtenvernachlässigung wegen Unzumutbarkeit der Weiterbeschäftigung dar (OGH vom 28. 9. 1988, 9 Ob A 199/88, RdW 1989, 139). Nur dann, wenn das Betriebsratsmitglied die Pflichtverletzung trotz Abmahnung fortsetzt, wird in der Regel keine Zumutbarkeit mehr für die Weiterbeschäftigung gegeben sein (VwGH vom 9. 11. 1988, 86/01/0153, ZfVB 1989/1406).

Das **schlechte Beispiel** durch die Nichtausführung von an und für sich vertragskonformen Tätigkeiten durch Betriebsratsmitglieder und die dadurch bewirkte Störung der betrieblichen Ordnung (des Betriebsfriedens) macht es dem Betriebsinhaber unzumutbar, ein Betriebsratsmitglied weiter zu beschäftigen (OGH vom 2. 9. 1992, 9 Ob A 150/92, ARD 4426/18/93 = DRdA 1993, 23 = infas 1993, A 79 = SWK 1993 B 26).

Ist ein pflichtwidriges Verhalten allerdings nur ein **Einzelfall** (Weigerung, den Betrieb zu verlassen, lautes Schimpfen in alkoholisiertem Zustand), so kann dem Betriebsinhaber die **Weiterbeschäftigung zugemutet** werden (OGH vom 19. 4. 1989, 9 Ob A 68/89, ARD 4152/14/90).

Zur Prüfung von **Weiterverwendungsmöglichkeiten innerhalb des Konzerns** vgl Erl 6.

Entlassungsschutz

§ 122. (1) Das Gericht darf unter Bedachtnahme auf die Bestimmungen des § 120 einer Entlassung nur zustimmen[1]), wenn das Betriebsratsmitglied

1. absichtlich den Betriebsinhaber über Umstände, die für den Vertragsabschluß oder den Vollzug des in Aussicht genommenen Arbeitsverhältnisses wesentlich sind, in Irrtum versetzt hat;[2])
2. sich einer mit Vorsatz begangenen, mit mehr als einjähriger Freiheitsstrafe bedrohten oder einer mit Bereicherungsvorsatz begangenen gerichtlich strafbaren Handlung schuldig machte, sofern die Verfolgung von Amts wegen oder auf Antrag des Betriebsinhabers zu erfolgen hat;[3])
3. im Dienste untreu ist oder sich in seiner Tätigkeit ohne Wissen des Betriebsinhabers von dritten Personen unberechtigt Vorteile zuwenden läßt;[4])
4. ein Geschäfts- oder Betriebsgeheimnis verrät[5]) oder ohne Einwilligung des Betriebsinhabers ein der Verwendung im Betrieb abträgliches Nebengeschäft betreibt;[6])
5. sich Tätlichkeiten oder erhebliche Ehrverletzungen gegen den Betriebsinhaber, dessen im Betrieb tätige oder anwesende Familienangehörige oder Arbeitnehmer des Betriebes zuschulden kommen läßt, sofern durch dieses Verhalten eine sinnvolle Zusammenarbeit zwischen Betriebsratsmitglied und Betriebsinhaber nicht mehr zu erwarten ist.[7])

(2) Das Gericht darf der Entlassung nicht zustimmen, wenn nach den besonderen Umständen des Falles dem Betriebsinhaber die Weiterbeschäftigung des Betriebsratsmitgliedes zumutbar ist.[8])

(3) In den Fällen des Abs 1 Z 2 und 5 kann die Entlassung des Betriebsratsmitgliedes gegen nachträgliche Einholung der Zustimmung des Gerichts ausgesprochen werden. Weist das Gericht die Klage auf Zustimmung zur Entlassung ab, so ist sie rechtsunwirksam.[9])

Schrifttum zu § 122

Siehe bei § 120.

Übersicht zu § 122

Taxative Aufzählung und unverzügliche Geltendmachung der Entlassungsgründe .... Erläuterung 1
Bewusste Täuschung .... Erläuterung 2
Strafbare Handlungen .... Erläuterung 3

Untreue und unberechtigte Vorteilszuwendung .... Erläuterung 4
Verrat von Betriebs- und Geschäftsgeheimnissen .... Erläuterung 5
Verbotene Nebentätigkeiten .... Erläuterung 6
Tätlichkeiten oder erhebliche Ehrverletzungen .... Erläuterung 7
Unzumutbarkeit der Weiterbeschäftigung .... Erläuterung 8
Verfahren bei nachträglicher Zustimmung .... Erläuterung 9

**Taxative Aufzählung und unverzügliche Geltendmachung
der Entlassungsgründe**

¹) Die in § 122 angeführten Entlassungsgründe für Betriebsratsmitglieder und gleichgestellte Arbeitnehmer (§ 120 Abs 4) sind taxativ, also **abschließend aufgezählt** (OGH vom 21. 5. 2003, 9 Ob A 64/03g, Arb 12.323 = ARD 5463/ 7/2004). Das Gericht darf aus anderen, hier nicht aufgezählten Gründen die Zustimmung zur Entlassung nicht erteilen (VwGH vom 8. 10. 1953, SozM II B, 159; EA Klagenfurt 21. 12. 1962, Arb 7709). Der Schutzzweck des besonderen Kündigungs- und Entlassungsschutzes (vgl Erl 1 zu § 120) verlangt es, die gesetzlich geregelten Gründe **eng zu interpretieren** und es kann auch **keine Regelungslücke** unterstellt werden, wonach eine analoge Anwendung der Entlassungstatbestände auf ähnlich gelagerte Verhaltensweisen von geschützten Personen zulässig wäre (OGH vom 19. 8. 1998, 9 Ob A 76/98m, DRdA 1999, 481 mit Anm von *Ch. Klein* = ARD 4988/8/98 = ASoK 1999, 77 = Arb 11.762). Im Kollektivvertrag geregelte zusätzliche Entlassungsgründe sind ebenso unbeachtlich (ArbG Linz 5. 5. 1955, Arb 6229; VwGH 1952/54, ARD 647/16/54) wie solche, die einvernehmlich im Arbeitsvertrag festgelegt wurden (EA Klagenfurt 31. 12. 1962, Arb 7709).

Auf die unter § 120 dargestellten Grundsätze und **Verfahrensregeln** ist zu achten; hervorzuheben ist:

– Die Entlassungsgründe müssen vom Arbeitgeber **unverzüglich geltend gemacht** werden (siehe Erl 7 zu § 120). Nur bei komplizierten Sachverhalten ist dem Entlassungsberechtigten eine mehrtägige Überlegungsfrist einzuräumen (OGH vom 6. 11. 1991, 9 Ob A 138/91, ARD 4232/10/91 = DRdA 1992, 217 = ecolex 1992, 113 = RdW 1992, 154). In den Fällen der Z 1, 3 und 4 muss unverzüglich nach Kenntnis des Betriebsinhabers vom Entlassungsgrund eine Klage bei Gericht eingebracht werden, um die Zustimmung zur Entlassung erreichen zu können; in den Fällen der Z 2 und 5 kann die Entlassung sofort ausgesprochen werden, es muss jedoch unverzüglich das Gericht mit einer Klage auf Zustimmung zur bereits ausgesprochenen Entlassung angerufen werden.

– Auf das Beschränkungs- und Benachteiligungsverbot (Erl 10 zu § 120) ist Bedacht zu nehmen.

- Die Mandatsschutzklausel (Erl 11 zu 120) ist in folgenden Fällen zu berücksichtigen
  - Untreue im Dienst,
  - Verrat von Betriebs- oder Geschäftsgeheimnissen,
  - Tätlichkeiten oder erhebliche Ehrverletzungen.

Mit Ausnahme der Z 1 sind alle Entlassungsgründe **auf die Gegenwart abgestellt**. Sie sind nur dann erfüllt, wenn die behaupteten Verfehlungen vom Arbeitnehmer **als Betriebsratsmitglied** (sonstiger geschützter Arbeitnehmer gem § 120) **begangen** worden sind. **Frühere Handlungen** könnten jedoch im Einzelfall **unterstützend** in die nunmehr vorzunehmende Beurteilung des Verhaltens einfließen. Vgl dazu Erl 6 zu § 120

Bewusste Täuschung

²) Nur solche vorsätzlichen und **absichtlichen** Täuschungen des Arbeitgebers können auf Grund der Z 1 als Entlassungsgrund geltend gemacht werden, die den Arbeitgeber über Umstände, die für den Vertragsabschluss oder den Vollzug des in Aussicht genommenen Arbeitsverhältnisses wesentlich sind, in Irrtum geführt haben. Es muss geradezu Absicht des sich um einen Arbeitsplatz bewerbenden späteren Betriebsratsmitglieds gewesen sein, den Arbeitgeber in Irrtum zu versetzen; mangelnde Aufklärung bei bloßer Möglichkeit eines Irrtums reicht nicht aus. Diese Handlungen können nur dann als Entlassungsgrund herangezogen werden, wenn sie **bei Abschluss des Arbeitsverhältnisses gesetzt** wurden, dem Betriebsinhaber erst während der Funktionsdauer des Betriebsratsmitgliedes bekannt werden und dieser im zeitlichen Zusammenhang damit die Klage beim Gericht einbringt.

Zu denken ist im Zusammenhang mit dieser Bestimmung va an Fälle, in denen der Arbeitnehmer die Aufnahme in ein Arbeitsverhältnis mit **gefälschten Zeugnissen** udgl erschlichen hat und eine Aufnahme ohne Zeugnis nicht in Frage gekommen wäre, sofern der Arbeitgeber von diesem Umstand erst dann Kenntnis nimmt, wenn der Arbeitnehmer in den Personenkreis der gem §§ 120 ff Geschützten gekommen ist.

Führt eine Arbeitnehmerin den Arbeitgeber über eine **Schwangerschaft** bei Beginn des Arbeitsverhältnisses in Irrtum, so stellt dieser Umstand auch bei nicht besonders kündigungsgeschützten Arbeitnehmerinnen selbst dann keinen Auflösungsgrund dar, wenn die Aufnahmewerberin (und spätere Arbeitnehmerin) ausdrücklich danach gefragt wurde (vgl OGH vom 27. 11. 1962, Arb 7665; OGH vom 26. 4. 1983, 4 Ob 44/83, Arb 10.264); dasselbe hat für **begünstigte Behinderte** zu gelten, die den Arbeitgeber über ihre zumindest 50-prozentige Erwerbsminderung in Unkenntnis lassen. Umso weniger können derartige unterlassene Mitteilungen bei Arbeitnehmern, die gem §§ 120 ff kündigungsgeschützt sind, einen Entlassungsgrund bilden.

Strafbare Handlungen

³) Wird der in Z 2 beschriebene Tatbestand erfüllt, so ist eine **nachträgliche Zustimmung** zur Entlassung durch das Gericht **möglich**. Das bedeutet, dass der Arbeitgeber berechtigt ist, nach Erfüllung des Tatbestandes das Betriebsratsmitglied zu entlassen, allerdings in unmittelbarem Anschluss daran beim Gericht eine Klage auf nachträgliche Zustimmung zur Entlassung einbringen muss. Bringt er diese Klage nicht **unverzüglich** nach der Entlassung ein, so ist die Entlassung rückwirkend rechtsunwirksam (VwGH vom 2. 5. 1978, 1798/77, Arb 9701). Siehe dazu Erl 9.

Das in Arbeitsrechtssachen zuständige Gericht hat als **Vorfrage** selbst zu prüfen, ob sich das Betriebsratsmitglied einer strafbaren Handlung schuldig gemacht hat – vgl Erl 4 zu § 120. Eine strafgerichtliche Verurteilung ist zur Verwirklichung des Entlassungsgrundes nicht erforderlich, ebensowenig eine Anklageerhebung (VwGH vom 4. 7. 1980, 2404/79, Arb 9888). Wird jedoch nach (oder gleichzeitig mit) dem arbeits- und sozialgerichtlichen Verfahren ein strafrechtliches Verfahren durchgeführt und entscheidet das Strafgericht, dass das Betriebsratsmitglied eine strafbare Handlung nicht begangen hat, so kann das entlassene Betriebsratsmitglied eine **Wiederaufnahmsklage** einbringen, um die Wirksamkeit der Entlassung zu bekämpfen. Es liegt diesfalls der Wiederaufnahmsgrund des Hervorkommens neuer Tatsachen oder Beweismittel gem § 520 Abs 1 Z 7 ZPO vor (OGH vom 24. 4. 1996, 9 Ob A 2025/96, RdW 1997, 149 = ARD 4809/36/97 = infas 1996, A 120).

Es ist grundsätzlich zwischen solchen Straftaten zu **unterscheiden**, die mit **Bereicherungsabsicht** begangen werden (zB Diebstahl, Veruntreuung, Unterschlagung etc) und allen anderen Straftaten. Während erstere bereits dann zur Entlassung berechtigen können, wenn sie zwar geringfügig sind, aber entweder von Amts wegen („Offizialdelikt") oder auf Antrag des Betriebsinhabers („Privatanklagedelikt") zu verfolgen sind, können Straftaten, die **ohne Bereicherungsabsicht** begangen werden (zB Sachbeschädigung, Körperverletzung), nur dann einen Entlassungsgrund bilden, wenn sie mit **mehr als einem Jahr Freiheitsentzug** bedroht sind sowie vorsätzlich begangen wurden. Es kommt also in diesen Fällen nicht darauf an, wie hoch die Strafe im Einzelfall tatsächlich bemessen wurde, sondern auf das im Strafgesetzbuch für derartige Straftaten vorgesehene Strafausmaß. Auch der **Versuch** einer Straftat, die **Beihilfe** sowie die **Anstiftung** können tatbestandsmäßig sein. Stets ist jedoch zu beachten, dass das Entlassungsrecht des Arbeitgebers nicht nur von der bloßen Erfüllung des Tatbestandes abhängt, sondern auch die **Zumutbarkeit der Weiterbeschäftigung** iSd § 122 Abs 2 zu prüfen ist (vgl Erl 8).

Geringfügigere Vermögensdelikte (in Frage kommen hier va Kreditschädigung sowie die Begehung von Diebstahl, Veruntreuung, Betrug, Hehlerei oder Unterschlagung im Familienkreis) sind nur dann zu bestrafen, wenn der Verletzte einen entsprechenden Antrag bei der Behörde stellt (**Antrags-, Ermächtigungs- und Privatanklagedelikte**) – vgl § 2 StPO. In solchen Fällen kann ein Entlassungstatbestand nur dann vorliegen, wenn der Betriebsinhaber der Verletzte ist; allerdings ist nicht Voraussetzung, dass er einen Strafverfolgungsantrag stellt.

Ob die strafbare Handlung **innnerhalb oder außerhalb des Betriebes** begangen wurde, ist nicht grundsätzlich von Bedeutung (EA Linz 25. 3. 1949, Arb 5057), jedoch wird in letzteren Fällen im Allgemeinen keine Unzumutbarkeit der Weiterbeschäftigung gegeben sein. Das außerdienstliche Verhalten muss sich auf das Arbeitsverhältnis in der Weise auswirken, dass dadurch das dienstliche **Vertrauen des Arbeitgebers verloren** geht. Das wird va dann der Fall sein, wenn die Tat oder der Geschädigte in einem gewissen Naheverhältnis zum Betrieb oder Unternehmen steht. Der versuchte Betrug eines Autoverkäufers an einem Geschäftspartner (Versicherungsunternehmen) seines Arbeitgebers ist ausreichend konnex (OGH vom 21. 10. 1999, 9 Ob A 224/97z, infas 1998, A 27 = RdW 1999, 428); allerdings ist **Strafbarkeit** nicht Voraussetzung für die Verwirklichung des Entlassungstatbestands (OLG Wien vom 25. 5. 2004, 9 Ra 26/04s, ARD 5577/1/2005).

Durch folgende deliktische Handlungen wurde der Entlassungstatbestand verwirklicht:

- Die **Schadenshöhe** ist im Allgemeinen **unerheblich**. Eine – wenn auch nur geringfügige – Manipulation an den Zeitkarten für die Lohnabrechnung stellt genauso einen Entlassungsgrund für ein Betriebsratsmitglied dar (EA Linz 6. 12. 1974, Arb 9292) wie eine Manipulation auf einem Warenlieferungsschein oder an Tachographenscheiben (vgl EA Linz 11. 4. 1985, Arb 10.415 = ZAS 1985, 201), sofern **Schädigungsvorsatz** vorliegt und der Arbeitgeber einen **vermögensrechtlichen Nachteil** erleidet. Liegt keine Schädigungsabsicht des geschützten Arbeitnehmers vor, könnte dennoch der Kündigungsgrund der Pflichtenverletzung oder -vernachlässigung gegeben sein (Erl 13 zu § 121).
- Die betrügerische Hinterziehung von Fuhrlohn mittels **Manipulationen am Taxameter** durch einen Taxilenker (OLG Wien vom 23. 8. 1995, 31 Ra 75/94, ARD 4619/11/95),
- selbst der Diebstahl von Waren **geringfügigen Wertes** (etwa € 6,–) kann die Entlassung rechtfertigen (EA Feldkirch 23. 1. 1984, Arb 10.285).
- Der Diebstahl einer nicht unbedeutenden Sache stellt **trotz Schadenswiedergutmachung** durch das Betriebsratsmitglied einen Entlassungsgrund dar (ASG Wien vom 18. 5. 1992, 24 Cga 4/92, ARD 4427/50/92).
- Kann dem Arbeitnehmer bei einem aufgetretenen Manko Schädigungsabsicht durch **manipulierte Abrechnungen** nachgewiesen

werden, liegt ein Entlassungsgrund vor (EA Wien 3. 11. 1986, infas 1987, A 26 = ARD 3933/19/87).

Keinen Entlassungsgrund erblickte die Rechtsprechung zB in folgenden Fällen:

– **Mangels Bereicherungsvorsatzes:** Sondert ein Angestellter, dem vom Arbeitgeber eine „Falle" in Form eines zu viel bezahlenden Kunden gestellt worden war, den Betrag wegen Arbeitsüberlastung nicht sofort wieder aus, so liegt darin aber keinesfalls ein Entlassungsgrund gem § 122 Z 2 (EA Wien, infas 1986, A 6). Das Ausborgen von im Betrieb befindlichen Leergebinden ohne ausdrückliche Zustimmung des Vorgesetzten ist ebenfalls kein Entlassungsgrund nach Z 2 (OLG Wien vom 5. 9. 1990, 32 Ra 2/90, ARD 4249/25/91). Die Aufbewahrung von Geldbeträgen im privaten Tresor in der Wohnung des Betriebsratsmitglieds stellt dann keinen Entlassungsgrund dar, wenn die séparate Aufbewahrung des anvertrauten Geldes in einem Kuvert mangelnde Bereicherungsabsicht indiziert (OGH vom 15. 9. 1994, 8 Ob A 249/94, ARD 4621/15/95).

– Ein freigestelltes Betriebsratsmitglied, das dennoch **freiwillig** im Betrieb **mitarbeitet**, kann durch **unrichtige Angaben** in einer Anwesenheitsliste keinen Entlassungstatbestand verwirklichen (OGH vom 24. 5. 1995, 8 Ob A 219/95, ARD 4676/4/95; ähnlich OGH vom 11. 1. 1995, 9 Ob A 240/94, DRdA 1996, 50 mit Anm von *Gahleitner* = infas 1995, A 49 = ARD 4629/26/95 = ecolex 1995, 358 = Arb 11.347).

– **Manipulationen** an Tachographenscheiben zwecks Täuschung der Behörde, jedoch **ohne Schädigungsabsicht** gegenüber dem Arbeitgeber (EA Linz 11. 4. 1985, Arb 10.415 = ZAS 1985, 201). Derartiges Verhalten kann aber in gravierenden Fällen Untreue (Erl 4) darstellen.

– **Fahrlässig** begangene Straftaten (va Verkehrsdelikte) sind selbst dann kein Entlassungsgrund, wenn sie mit mehr als einem Jahr Freiheitsstrafe bedroht sind.

Untreue und unberechtigte Vorteilszuwendung

[4]) Auch beim Tatbestand der Untreue ist auf die **Mandatsschutzklausel** Bedacht zu nehmen (vgl Erl 11 zu § 120). Die unerlaubte Annahme von unberechtigten Vorteilen durch Dritte („Geschenkannahme") ist hingegen unabhängig davon, ob die Handlung im Zusammenhang mit der Ausübung des Mandates erfolgte, bei Unzumutbarkeit der Weiterbeschäftigung als Entlassungsgrund anzusehen.

Der Tatbestand der **Untreue im Dienst** ist wie § 27 Z 1 erster Fall AngG auszulegen (OGH vom 29. 1. 1997, 9 Ob A 10/97d, infas 1997, A 65 = ecolex 1997, 870). Unter „Untreue" ist ein bewusster Verstoß gegen die allgemeine oder durch die besonderen Umstände bedingte **dienstliche Treue-**

pflicht zu verstehen. Umfang und Inhalt der Treuepflicht lassen sich allgemein nur in groben Umrissen festlegen, weil ihre Grenzen im Einzelfall je nach der Eigenart des Betriebes und des Arbeitsverhältnisses verschieden weit gezogen werden müssen (VwGH vom 15. 10. 1986, 85/01/0281, DRdA 1987, 145). Dieser Entlassungsgrund besitzt eine gewisse Ähnlichkeit mit dem Kündigungsgrund der beharrlichen Pflichtverletzung, erfasst aber so schwer wiegende Verstöße gegen die Arbeitsdisziplin, dass sie nur durch eine sofortige Maßnahme geahndet werden können (EA Innsbruck 1. 9. 1955, Arb 6291). Es muss sich um einen schwer wiegenden Verstoß gegen das jedem Arbeitnehmer gebotene, dem Grundsatz von Treu und Glauben entsprechende Verhalten gegenüber dem Arbeitgeber handeln (VwGH vom 4. 7. 1980, 2404/79, DRdA 1981, 146 = Arb 9888).

Schädigungsabsicht oder der Eintritt eines Schadens muss zwar **nicht** gegeben sein, jedoch erfüllen bloß unbedeutende Unkorrektheiten im Dienst den Tatbestand nicht, zumal gem Abs 2 in jedem Fall die Unzumutbarkeit der Weiterbeschäftigung zu prüfen ist. Nur **vorsätzliche Handlungen** sind erfasst (EA Salzburg 18. 10. 1985, Arb 10.459); allerdings ist **Strafbarkeit** nicht Voraussetzung für die Verwirklichung des Entlassungstatbestands (OLG Wien vom 25. 5. 2004, 9 Ra 26/04s, ARD 5577/1/2005).

In folgenden Fällen wurde die Entlassung auf Grund von Untreue oder unberechtigter Vorteilszuwendung bejaht:
– Entfaltet der Arbeitnehmer **Konkurrenztätigkeiten** gegen seinen Arbeitgeber, so liegt nach einzelnen Entscheidungen der Tatbestand der Untreue vor (zB EA Graz 26. 1. 1984, Arb 10.312 = RdW 1984, 182), obwohl die Verletzung des Konkurrenzverbots im Gegensatz zum Angestelltengesetz nicht dem Wortlaut des § 122 zu entnehmen ist (vgl EA Wien 6. 12. 1984, Arb 10.385). Hier wird wohl entscheidend sein, ob die Konkurrenzierung besonders betriebsschädigende Auswirkungen hat. Ob diese Schädigung dann konkret eintritt, ist nicht entscheidend (VwGH vom 13. 5. 1987, 84/01/0122, infas 1987, A 94). Den Betriebsinhaber nicht unmittelbar schädigender „**Pfusch**" reicht als Entlassungsgrund im Allgemeinen nicht aus; Abwerben von Kunden oder Geschäftspartnern des Arbeitgebers dagegen schon.
– Eigenmächtige Überschreitungen des gesetzlichen Urlaubs und sonstige **vorsätzliche Unterlassungen der Arbeitspflicht**, sofern Unzumutbarkeit der Weiterbeschäftigung gegeben ist (vgl EA Linz 3. 11. 1967, Arb 8473). Hier ist in Anlehnung an § 27 Z 4 AngG zusätzlich zu prüfen, ob die Unterlassung für eine nach den Umständen erhebliche Zeit vorliegt. Es müsste in besonders schwerwiegender Weise bewusst gegen die dienstlichen Interessen des Arbeitgebers gravierend verstoßen werden (OGH vom 21. 5. 2003, 9 Ob A 64/03g, Arb 12.323 = ARD 5463/7/2004).

- Die Veröffentlichung von herabsetzenden Artikeln, die das **Ansehen** und die **Kreditwürdigkeit** des Dienstgebers **schädigen** (VwGH vom 11. 2. 1987, 86/01/0085, Arb 10.591; VwGH vom 23. 9. 1954, SozM II B 235). Hier ist allerdings ganz besonderes Augenmerk auf die Mandatsschutzklausel zu lenken; nur Äußerungen, die in ihrer betriebsschädigenden Schwere in einem groben Missverhältnis zum angestrebten Ziel der Interessenvertretung stehen (exzessiv sind), können eine Entlassung rechtfertigen, sofern die Weiterbeschäftigung, insbesondere wegen Gefahr der Wiederholung, dem Arbeitgeber nicht mehr zumutbar ist. Vgl dazu auch Erl 8 zu § 115.
- Wenn sich der Arbeitnehmer durch übertriebene Darstellung von Krankheitssymptomen gegenüber seinem Arzt (**Simulation**) eine Krankenstandsbestätigung erschleicht (OGH vom 29. 1. 1997, 9 Ob A 10/97d, infas 1997, A 65 = ecolex 1997, 870). Die in dieser – und weiteren neueren Entscheidungen des OGH – unterstellte „Vorbildfunktion" von Mandataren (insbesondere Betriebsratsvorsitzenden) ist weder vom Gesetzeswortlaut gedeckt, noch wird dabei der Zweck des besonderen Bestandschutzes berücksichtigt. Negative Auswirkungen (Vorbildwirkungen) auf die betriebliche Ordnung sind nämlich nur nach § 121 Z 3 tatbestandsmäßig und dürfen nach der Rechtsprechung nicht auf andere Beendigungsgründe analog ausgedehnt werden.
- **Manipulationen** (an Arbeitsaufzeichnungen, Fahrtenbüchern, Spesenabrechnungen, Arbeitszeiterfassungsgeräten, Tachographenscheiben etc), sofern **Schädigungsabsicht** vorliegt und diese Übertretung auf Grund ihrer Schwere nicht eine bloße Ordnungswidrigkeit ist (EA Linz 11. 4. 1985, Arb 10.415; OGH vom 20. 11. 1991, 9 Ob A 226/91, ecolex 1992, 259; VwGH vom 21. 12. 1976, ZAS 1977, 215 mit Anm von *R. Müller*); ebenso die Erschleichung einer Dienstfreistellung durch **wahrheitswidrige Behauptung eines Dienstverhinderungsgrundes** (Tod der Mutter vorgetäuscht: EA Wien 27. 11. 1984, EA 10.384). Ist der Vorsatz des Arbeitnehmers zusätzlich auf die Zufügung eines **Vermögensnachteils** gerichtet, kann derartiges Verhalten **Betrug** darstellen und somit neben der strafrechtlichen Ahndung die Entlassung gem Z 2 nach sich ziehen.
- **Verbotene Geschenkannahme** kann nur dann die Entlassung rechtfertigen, wenn darin eine (versuchte) Irreführung des Dienstgebers in einer über bloße Unkorrektheiten hinausgehenden Schwere erblickt werden kann; also etwa die Gewährung von Preisnachlässen gegen Provisionen, Trinkgelder oä, wodurch die Umsätze des Arbeitgebers vom Arbeitnehmer bewusst geschmälert werden oder sonstige gravierende Nachteile eintreten (vgl EA Salzburg 18. 10. 1985, Arb 10.459).

Keine Zustimmung zur Entlassung wurde hingegen erteilt:
- Was lediglich eine beharrliche Pflichtverletzung iSd § 121 Z 3 ist, kann nicht als Entlassungsgrund geltend gemacht werden. Dies gilt zB für eine den Arbeitgeber nicht schädigende **Arbeitsverweigerung** (VwGH vom 8. 10. 1953, SozM II B, 159) oder das **vorzeitige Verlassen** des Arbeitsplatzes (EA Klagenfurt 7. 12. 1948, Arb 5024).
- Nimmt ein Betriebsratsmitglied während der für die Erfüllung seiner betriebsverfassungsrechtlichen Obliegenheiten zur Verfügung stehenden Zeit (§ 116) an einer **Gewerkschaftsveranstaltung** teil, gibt er das jedoch auf Aufforderung bzw nach Kenntnis des Arbeitgebers zu, liegt keine Manipulation und damit kein Entlassungsgrund vor (OGH vom 28. 6. 1995, 9 Ob A 80/95, ARD 4713/12/96)
- Das **Verhalten des Arbeitgebers**, welche Bedeutung er treuwidrigem Handeln beimisst, ist **zu beachten**. Liegt die grundsätzliche Zustimmung des Arbeitgebers vor (etwa durch unmissverständliche, wiederholte **Duldung**), stellt die Verwendung von firmeneigenem Material keinen Entlassungsgrund dar (EA Feldkirch 27. 7. 1983, ZAS 1984, 1). Wenn der Arbeitgeber durch seine **„lockere" Handhabung** (hier: Ausgabe von Schi im Rahmen einer limitierten Mitarbeiteraktion) den Eindruck erweckt, dass er der Regelung über die begrenzte Ausgabe keine besondere Bedeutung beimisst, das Betriebsratsmitglied dann aber wegen übermäßiger Inanspruchnahme dieser Aktion entlassen möchte, ist die Zustimmung zu versagen (OGH vom 25. 1. 2001, 8 Ob A 226/00v, ARD 5224/9/2001).
- Das Verbot der Geschenkannahme verfolgt das Ziel, die Benachteiligung von Kunden zu verhindern und das Ansehen des Unternehmens in der Öffentlichkeit nicht zu schmälern. Einmalige **Trinkgeldannahme** bei einer Dienstleistungstätigkeit stellt aber selbst in Betrieben, in denen ein ausdrückliches Trinkgeldverbot besteht und daher die Trinkgeldannahme nicht üblich ist, keinesfalls einen Entlassungsgrund für Betriebsratsmitglieder dar (EA Salzburg 18. 10. 1985, Arb 10.459).

Verrat von Betriebs- und Geschäftsgeheimnissen

[5]) Der Betriebsrat als Kollegialorgan sowie die einzelnen Betriebsratsmitglieder sind verpflichtet, über Betriebs- und Geschäftsgeheimnisse Verschwiegenheit zu bewahren (**§ 115 Abs 4** – vgl die dortigen Erläuterungen). Ein Entlassungsgrund ist die Verbreitung von Betriebs- und Geschäftsgeheimnissen durch Betriebsratsmitglieder nur dann, wenn eine solche Handlung **vorsätzlich** (Begriff „verrät") gesetzt wird. Dem Arbeitgeber muss durch die Handlung Schaden entstehen oder doch zumindest mit großer Wahrscheinlichkeit entstehen können; Schädigungsabsicht des Arbeitnehmers wird aber nicht vorausgesetzt. Es muss sich um **Tatsachen** handeln, die **in der Öffentlichkeit unbekannt sind und deren Bekanntwer-**

den das Unternehmen zu schädigen geeignet ist. Daher kann von einem „Geheimnis" nicht mehr gesprochen werden, wenn die Tatsachen ohnehin schon einem großen oder schwer zu durchschauenden Personenkreis bekannt sind. Zur speziellen Verantwortung jener Betriebsratsmitglieder, die in den Aufsichtsrat entsendet sind, vgl Erl 32 zu § 110.

Dieser Tatbestand ist von der **Mandatsschutzklausel** erfasst (vgl Erl 4 zu § 120): Ein Rundschreiben des Betriebsrates, in dem über zum Teil in der Öffentlichkeit unbekannte Betriebsinterna (Produktivität, Personalaufwand) berichtet wird, stellt daher keinen Verrat von Betriebs- und Geschäftsgeheimnissen dar und ist daher für das verantwortliche Betriebsratsmitglied als Entlassungsgrund nicht geeignet (OLG vom 18. 5. 1990, 33 Ra 26/90, ARD 4181/15/90; SWK 1990, B I 38).

Verfehlt ist hingegen eine Entscheidung des OGH vom 14. 2. 2001, 9 Ob A 338/00x (DRdA 2001, 452 = wbl 2001, 287 = infas 2001, A 50 = RdW 2001, 629 = ARD 5224/54/2001 = ASoK 2001, 272 = DRdA 2002, 3 mit Anm von *Pfeil*), wonach die **Veröffentlichung von Gehaltsdaten ganzer Betriebsbereiche** die Entlassung rechtfertige, da aus Gründen des Wettbewerbs, aber auch der innerbetrieblichen Arbeitsmotivation ein Geheimhaltungsinteresse bestehe. Vom Höchstgericht wurde weder die Mandatsschutzklausel ausreichend berücksichtigt, noch wurde die Unzumutbarkeit der Weiterbeschäftigung nach diesem erstmaligen (!) Verstoß hinlänglich geprüft. Va im Hinblick auf den Adressatenkreis der Veröffentlichung (die Daten wurden einem Arbeitnehmer gezeigt) kommt der Handlung des Betriebsratsmitglieds nicht die für eine Entlassung ganz allgemein geforderte Schwere zu.

Verbotene Nebentätigkeiten

[6]) In erster Linie ist dieser Entlassungstatbestand nach seinem Wortlaut wie jener des § 82 lit e GewO 1859 zu verstehen: Der primäre Sinn des Verbots liegt darin, dass der Arbeitnehmer dem Arbeitgeber seine volle **Arbeitskraft** zur Verfügung zu stellen hat und diese nicht durch zusätzliche geistige oder körperliche Inanspruchnahme **beeinträchtigen** soll.

Ein Nebengeschäft des Betriebsratsmitgliedes ist aber auch dann der Verwendung im Betrieb abträglich, wenn dadurch der Arbeitgeber **konkurrenziert** wird oder wenn das Ansehen des Unternehmens dadurch in der Öffentlichkeit herabgesetzt wird. Der Entlassungstatbestand wird nur erfüllt, wenn bereits **konkrete Tätigkeiten** ausgeübt werden, die Bewerbung des Arbeitnehmers bei einem anderen Betriebsinhaber um einen neuen Arbeitsplatz sowie der Hinweis auf die in der Berufstätigkeit erworbenen Kenntnisse und Erfahrungen sind noch kein Verrat von Betriebsgeheimnissen (OGH vom 15. 10. 1957, Arb 6734). Die bloße Gründung eines Unternehmens, ohne Aufnahme des Geschäftsbetriebs, reicht für die Tatbestandsverwirklichung nicht aus (vgl OGH vom 8. 11. 1986, 14 Ob 193/86, DRdA 1988, 32 mit Anm von *Holzer*).

Wird allerdings einem **Konkurrenzbetrieb** gegenüber das konkrete Angebot gemacht, **gegen Geld Informationen über den eigenen Betrieb** zu erteilen, bildet dieses Verhalten einen Zustimmungsgrund für die Entlassung eines Betriebsratsmitgliedes (EA Feldkirch 8. 3. 1968, Arb 8507). Mitunter subsumiert die Rechtsprechung Konkurrenztätigkeiten auch der Untreue (Z 3, siehe dort).

Tätlichkeiten oder erhebliche Ehrverletzungen

[7]) Unter **Tätlichkeiten** sind schuldhafte Eingriffe in die körperliche Integrität einer anderen Person zu verstehen, sofern sie unterhalb der Schwelle zur Körperverletzung bleiben. Auch geringfügige Tätlichkeiten, wie etwa das Wegstoßen, Anrempeln des Betriebsinhabers, seiner Familienangehörigen oder von Mitbediensteten, kann uU den Tatbestand erfüllen. Im Gegensatz zur Ehrverletzung wird bei der Tätlichkeit keine „Erheblichkeit" gefordert. Reflexbewegungen oder in Notwehr bzw Nothilfe (Einschreiten, um einem anderen zu helfen) vorgenommene Eingriffe fallen nicht darunter, da nur vorsätzliche und schuldhafte Handlungen tatbestandsmäßig sind.

Ehrverletzungen sind Äußerungen, durch die der andere in der Öffentlichkeit herabgesetzt, herabgewürdigt oder einer niederen Gesinnung bezichtigt wird. Von der Rechtsprechung nicht eindeutig entschieden ist, ob diese Verletzung des Persönlichkeitsrechts nur dem Beleidigten oder – wie im Strafrecht (§ 115 Abs 2 StGB) vorausgesetzt – mehr als zwei „außenstehenden" Personen zur Kenntnis gelangen muss. **Erheblichkeit** der Ehrverletzung ist zusätzliche Tatbestandsvoraussetzung; diese ist nach dem allgemeinen Sprachgebrauch sowie nach dem üblichen betrieblichen Umgangston zu beurteilen. Den **konkreten Umständen des Einzelfalls** kommt gerade bei der Ehrverletzung wesentliche Bedeutung zu, generelle „Schwellen" können jedoch kaum festgestellt werden.

Eine deutliche **Definition** der **erheblichen Ehrverletzung** trifft eine Entscheidung des OGH vom 10. 12. 1997, 9 Ob A 285/97w (RdW 1998, 481 = ARD 4944/14/98 = ASoK 1998, 252 = ecolex 1998, 418): Es sind darunter Handlungen, insbesondere Äußerungen zu verstehen, die geeignet sind, das Ansehen und die gesellschaftliche Wertschätzung des Betroffenen durch Geringschätzung, Vorwurf einer niedrigen Gesinnung, üble Nachrede, Verspottung oder Beschimpfung herabzusetzen und auf diese Weise das Ehrgefühl des Betroffenen verletzen. Strafbarkeit (insbes nach § 111 StGB) ist nicht Voraussetzung. Zu berücksichtigen ist allerdings, ob die Ehrverletzung durch ein dem Beleidigten vorwerfbares Verhalten **provoziert** oder begünstigt wurde. Die **Publizität** der inkriminierten Äußerungen ist ebenfalls zu berücksichtigen. Ein **außerdienstliches Verhalten** rechtfertigt die Entlassung, wenn zwischen der erheblichen Ehrverletzung und dem Arbeitsverhältnis ein unmittelbarer Zusammenhang besteht und sich die Ehrverletzung auf das Arbeitsverhältnis oder den Betrieb auszuwirken geeignet ist.

Im Allgemeinen ist aber bei Ehrverletzungen der übliche **Umgangston** im Betrieb sehr wohl zu berücksichtigen, da neben dem objektiven Gehalt von Schimpfwörtern und Vorwürfen (sowohl nach dem **allgemeinen Sprachgebrauch** als auch nach jenem des besonderen sozialen Milieus von Beleidigendem und Verletztem) auch das subjektive Empfinden des Beleidigten zu berücksichtigen ist. Ebenso ist die sanktionslose Hinnahme (**Duldung**) bestimmter Ausdrücke zu berücksichtigen. Wenn jedoch der Arbeigeber durch Verwarnungen zu verstehen gibt, dass er einen bestimmten Umgangston nicht hinnehmen werde, können Äußerungen wie „Wichser" oder „Sauladen" auch in einem „rüden Milieu" tatbestandsmäßig sein (OGH vom 17. 11. 2004, 9 Ob A 109/04a, infas 2005, A 25). Besonders schwer wiegende Schimpfwörter sind auch durch einen „rauen" Umgangston im Betrieb nicht zu rechtfertigen (vgl auch VwGH 23. 4. 1963, Arb 7771).

Das gilt im Allgemeinen aber nicht für tätliche Angriffe: Diese machen die Weiterbeschäftigung in der Regel unabhängig vom üblichen betrieblichen Umgang unzumutbar und sind auch nicht mit der Mandatsschutzklausel zu rechtfertigen (VwGH vom 19. 9. 1978, 261/77, Arb 9719); auch nicht bei nachträglicher Versöhnung der Streitparteien (EA Linz 14. 5. 1962, Arb 7617). Weder der Arbeitgeber oder seine im Betrieb beschäftigten bzw anwesenden Familienangehörigen noch andere Arbeitskollegen dürfen mit Tätlichkeiten und Ehrverletzungen bedacht werden. Tätlichkeiten oder Beleidigungen **gegenüber Kunden und Geschäftspartnern des Arbeitgebers** können uU den Entlassungstatbestand der Untreue oder den Kündigungsgrund der beharrlichen Pflichtverletzung darstellen.

Beide Tatbestände erfüllen nur dann die Voraussetzungen eines Entlassungsgrundes,
– wenn eine **sinnvolle Zusammenarbeit** zwischen Betriebsratsmitglied und Betriebsinhaber nicht mehr zu erwarten ist; das wird vor allem bei trotz Abmahnung wiederholten Beschimpfungen der Fall sein (vgl OGH vom 14. 12. 1988, 9 Ob A 285/88, DRdA 1991, 51 mit Anm von *Haas-Laßnigg*);
– wenn die **Weiterbeschäftigung nicht mehr zumutbar** ist (vgl Erl 8), es sei denn, die **Mandatsschutzklausel** (vgl Erl 11 zu § 120) lässt ein an sich unkorrektes Verhalten entschuldbar erscheinen.

Unrichtigerweise subsumiert die Rechtsprechung Ehrverletzungen geringeren Grades mitunter dem Kündigungstatbestand der Pflichtenverletzung bzw -vernachlässigung (siehe Kritik dazu in Erl 13 zu § 121)

Die Rechtsprechung erachtete folgende Handlungen bzw Äußerungen als Entlassungsgrund:
– Die Verwendung von **Schimpfwörtern**, die nach allgemeinem Sprachverständnis als solche aufgefasst werden. Eine breite „Auswahl" bietet

die oa OGH-Entscheidung vom 10. 12. 1997 (9 Ob A 285/97w, RdW 1998, 481 = ARD 4944/14/98 = ASoK 1998, 252 = ecolex 1998, 418): „Vollidioten", „Masochist", „Bordellbesucher", „Fuck" etc – also nicht notwendigerweise deutsche Wörter. Der Vorwurf, ein Sadist zu sein, stellt eine erhebliche Ehrverletzung dar; ob sich der Äußernde der Bedeutung dieses Vorwurfes **bewusst ist oder nicht**, ist **rechtlich bedeutungslos**, wenn sich aus den Umständen ergibt, dass er eine abfällige Kritik zum Ausdruck bringen wollte (VwGH 25. 11. 1966, Arb 8320).

– Bei **breiter Publizität** wird selbst einem nur wenig erheblichen Schimpfwort häufig größere Bedeutung beigemessen. Die Äußerung gegen den Betriebsinhaber, dieser habe „durch Wurschtelei das Vertrauen der Belegschaft verloren", wenn sie in einer **Tageszeitung** veröffentlicht wurde; in letzter Instanz wurden diese Äußerungen allerdings nicht mehr als Ehrverletzung, sondern als Untreue im Dienst gewertet (VwGH vom 11. 2. 1987, 86/01/0085, infas 1987, A 78 = Arb 10.591 = ARD 3877/15/87). Diese Beachtung der Publizität gilt auch für die Äußerung **in der Öffentlichkeit**, dass der Betriebsleiter unfähig sei, den Betrieb zu führen (VwGH vom 28. 3. 1985, 83/01/0240, infas 1986, A 5 = ZfVB 1985, 1669) sowie die Vorhaltung gegenüber dem Arbeitgeber, in wichtigen betrieblichen Fragen **ahnungslos** zu sein (EA Klagenfurt 29. 11. 1979, Arb 9842 = ZAS 1980, 121).

Diese Entscheidungen sind deshalb zu kritisieren, weil sie gerade im Zusammenhang mit Schutzbestimmungen zu Gunsten der Arbeitnehmerschaft eine unzulässige Rechtsfortbildung darstellt. Die Verwendung von Ausdrücken, die objektiv (von einem den rechtlichen Werten verbundenen Personenkreis) nicht als „erhebliche Ehrverletzung" aufgefasst werden, kann auch bei großem Adressatenkreis nicht die gesetzlich geforderte Schwere der Ehrverletzung indizieren. Denkbar wäre, dass bei krass illoyalem Verhalten des Arbeitnehmers der Kündigungsgrund der beharrlichen Pflichtverletzung (-vernachlässigung) gegeben ist.

Im Hinblick auf diese umstrittene Judikatur wird jedoch zu beachten sein, dass Elektronische Medien wie beispielsweise das Internet (Intranet) oft einen kaum überschaubaren Adressatenkreis erreichen und ihre Verwendung für beleidigende oder verleumderische Äußerungen die Entlassung nach sich ziehen kann.

– Die Behauptung **mangelnder Rechtstreue** kann als Vorwurf niedriger Gesinnung einen Entlassungsgrund bilden. So zB die Behauptung, dass die Handlung des leitenden Organs des Unternehmens beweise, wie es um die Achtung von Recht und Gesetz bestellt sei (VwGH vom 22. 9. 1970, SozM II B, 943). Ebenso, wenn der Betriebsrat in einem Schreiben Bemerkungen macht, wie „man wundere sich nicht mehr über die **Nichteinhaltung von Gesetzen und Verträgen** durch den Arbeitgeber, sondern erwarte derartige Handlungen von ihm"

(EA Wien 25. 9. 1969, Arb 8657). Auch die Behauptung, dass der Betriebsinhaber den Betrieb systematisch zugrunde richte oder für eine begangene Handlung eigentlich **ins Zuchthaus kommen müsse** (VwGH vom 9. 4. 1953, Arb 5671). In diesem Zusammenhang steht auch der Vorwurf in der Betriebsversammlung gegenüber dem Dienstgeber, er kaufe für einen Judaslohn Gegenkandidaten bei der Betriebsratswahl (VwGH 18. 2. 1986, infas 1986, A 125 = ZfVB 1986, 14).

– Die Verteilung von Flugblättern beleidigenden Inhalts gegenüber dem Betriebsinhaber (VwGH vom 27. 1. 1955, Arb 6158); die Behauptung, dass der Direktor **säuft** und schwadroniert (EA Leoben 19. 8. 1970, SozM II B, 923).

– Der unberechtigte Vorwurf gegenüber einem Mitbediensteten, dass er einen verstorbenen Arbeitnehmer **in den Tod getrieben** habe (VwGH vom 8. 3. 1956, SozM II B, 313). Der mit einer Drohung verbundene Vorwurf des **asozialen Verhaltens** gegenüber einem Mitbediensteten, wonach dieser an dem Abbau mehrerer Arbeitnehmer schuld sei (VwGH vom 30. 5. 1958, Arb 6893).

– Als **nicht mehr zeitgemäß** (bzw schon damals bedenklich) sind Zustimmungsentscheidungen zu eher geringfügigen, in eindeutigem Zusammenhang mit der Mandatsausübung stehenden Äußerungen anzusehen, etwa wenn das Betriebsratsmitglied Äußerungen des Betriebsinhabers als „Frechheit" bezeichnet (EA Wien 10. 9. 1963, SozM II B 682) oder im Verlauf einer Betriebsversammlung zu den Arbeitnehmern „ihr seid sture Hunde" sagt (EA Graz 29. 11. 1963, Arb 7846).

Die Entlassung beispielsweise war in folgenden Fällen nicht gerechtfertigt:

– Die Entlassung ist nur dann berechtigt, wenn die Tätlichkeit schuldhaft begangen wurde; unwillkürlich vorgenommene **Reflexbewegungen** sind daher nicht als Tätlichkeit zu werten (VwGH vom 13. 4. 1961, Arb 7362).

– Eine **sachliche Kritik** ist – sofern sie nicht herabsetzend ist – kein Entlassungsgrund, auch wenn sie vom Angesprochenen subjektiv als beleidigend empfunden wird (EA Leoben 19. 8. 1970, SozM II B, 923).

– Wird im Betrieb ein Brief ausgehängt, in dem die Gewerkschaft eine Beschuldigung des Arbeitgebers gegenüber Kollegen mit scharfen Worten zurückweist, so stellt dies keinen Entlassungsgrund dar (OGH vom 27. 6. 1990, 9 Ob S 6/90, ARD 4239/20/91 = ecolex 1990, 632 = infas 1990, A 119 = DRdA 1990, 470 = RdW 1991, 151).

– Äußert ein Wahlwerber gegenüber den Kollegen, dass im Betrieb **soziale Unsicherheit** herrsche und das geändert werden müsse, so stellt dies keinen Entlassungsgrund und auch keinen Kündigungsgrund

für den nach § 120 geschützten Wahlwerber dar (EA Graz 4. 1. 1977, Arb 9566).
- Hat der Betriebsleiter einen nach objektiven Gesichtspunkten beleidigenden Umgangston **sanktionslos geduldet**, so kann der einzelne Fall einer Beschimpfung nicht die Entlassung rechtfertigen (VwGH vom 9. 3. 1971, Arb 8845).

Unzumutbarkeit der Weiterbeschäftigung

[8]) Das Gericht hat selbst bei eindeutiger Erfüllung eines der Entlassungstatbestände zusätzlich zu prüfen, ob nach den besonderen Umständen des Falles dem Betriebsinhaber die Weiterbeschäftigung des Betriebsratsmitgliedes zumutbar ist. *Jabornegg/Strasser* (aaO, Rz 37 zu § 122) bezeichnen diese Einschränkung des Entlassungsrechts treffend als Ausformung des **„Zerrüttungsprinzips"**: Nur wenn durch das Verhalten des Arbeitnehmers eine schwer wiegende Störung des persönlichen Kontakts mit dem Betriebsinhaber eingetreten ist, darf dem Entlassungsantrag des Arbeitgebers stattgegeben werden.

Sofern die beantragte Zustimmung zur Entlassung auch jene zur Kündigung umfasst (zur Unzulässigkeit der Klageänderung siehe Erl 6 zu § 120), wird zu prüfen sein, ob das Arbeitsverhältnis sofort gelöst werden muss oder **ob dem Betriebsinhaber das Kündigungsverfahren**, also die Aufrechterhaltung des Arbeitsverhältnisses für die Dauer der Kündigungsfrist, **zugemutet** werden kann. Das Gericht hat bei der Prüfung das arbeitsverfassungsrechtliche **Interesse der Belegschaft und der Betriebsratskörperschaft** am Fortbestand des Mandats sowie das persönliche Interesse des Betriebsratsmitglieds am Fortbestand des Arbeitsverhältnisses mit der Zumutbarkeit des Fortbestands gegenüber dem Betriebsinhaber abzuwägen.

Folgende **Kriterien** spielen bei der Frage, ob ein an sich zu missbilligendes Verhalten im Einzelfall dennoch entschuldbar ist, eine Rolle:
- **Die Möglichkeit der weiteren Zusammenarbeit:** Ist durch die vorgefallenen Ereignisse oder Umstände (Setzung von Entlassungsgründen) das Betriebsklima nicht zerrüttet, sondern ist auf Grund einer Entschuldigung des Betriebsratsmitgliedes über sein Fehlverhalten die Angelegenheit bereinigt, so ist die Weiterbeschäftigung des Betriebsratsmitgliedes zumutbar, obwohl der Umstand an und für sich als Entlassungsgrund geeignet ist.
- Die **Befürchtung einer weiteren Schädigung**: Muss der Arbeitgeber befürchten, dass er auf Grund des gezeigten Fehlverhaltens des Betriebsratsmitgliedes auch in Hinkunft geschädigt werden könnte, wie dies etwa bei der Manipulation an Zeitkarten oder auf Akkordkarten der Fall ist, so ist die Zumutbarkeit der Weiterbeschäftigung in der Regel nicht gegeben.

- Die **Ausnahmeerscheinung** eines Vorfalls macht die Handlung des Betriebsratsmitgliedes uU selbst dann entschuldbar, wenn sie objektiv gesehen eine schwer wiegende Verfehlung darstellt. So etwa die erstmalig vorgekommene Androhung einer Ohrfeige und das Fassen am Mantel des Vorgesetzten in alkoholisiertem Zustand. Hier lag kein Entlassungsgrund vor, weil es sich um einen einmaligen Vorfall handelte und beim langjährig beschäftigten Betriebsratsmitglied auf Grund seines sonstigen Verhaltens eine weitere Verfehlung nicht zu erwarten war (OGH vom 19. 4. 1989, 9 Ob A 68/89, ARD 4152/14/90).
- Das **Verhalten des Arbeitgebers** nach der Verfehlung: Wurde das Betriebsratsmitglied beispielsweise sofort nach dem Umstand, der die Entlassung begründen könnte, verwarnt, ohne dass eine Entlassung oder Kündigung angedroht oder ausgesprochen wurde, so ist zu vermuten, dass der Arbeitgeber selbst den Vorfall nicht als so schwer wiegend empfunden hat und möglicherweise erst nachträglich erwogen hat, das Betriebsratsmitglied vom Arbeitsplatz zu entfernen (EA Innsbruck 17. 1. 1985, Arb 10.388 = ARD 3907/19/87 = ZAS 1985, 161 = RdW 1985, 283). Ebenso **bisherige Verhaltensweisen und Reaktionen** des Arbeitgebers, aus denen der Arbeitnehmer auf eine **Duldung und Hinnahme gewisser Übertretungen** schließen konnte (vgl OGH vom 25. 1. 2001, 8 Ob A 226/00v, ARD 5224/9/2001).
- Die **Geringfügigkeit** des Vorfalls, verbunden mit Wiedergutmachungsabsicht: So entschied der Verwaltungsgerichtshof, dass die Verwendung von Briefmarken des Arbeitgebers für private Zwecke kein Entlassungsgrund für ein Betriebsratsmitglied ist, wenn die Refundierungsabsicht glaubhaft gemacht werden konnte (VwGH vom 15. 10. 1986, 85/01/0281, infas 1987, A 27 = DRdA 1987, 145).
- Die **zeitliche Lage des Vorfalls**: Lag der Vorfall schon lange zurück, als der Betriebsinhaber davon erfuhr, so ist zwar die Entlassung noch nicht verwirkt (da der Zeitpunkt der Kenntnisnahme des Arbeitgebers maßgeblich ist), dennoch ist die Zumutbarkeit der Weiterbeschäftigung eher gegeben, insbesondere wenn sich der Arbeitnehmer in der Zwischenzeit wohlverhalten hat (vgl VwGH vom 22. 10. 1986, 86/01/0003, infas 1987, A 48 = ARD 3905/16/87).

Verfahren bei nachträglicher Zustimmung

[9]) Eine nachträgliche Zustimmung des Gerichtes zu einer bereits ausgesprochenen Entlassung ist in den Fällen der Z 2 und der Z 5 möglich. Erfasst sind somit die Tatbestände der **vorsätzlichen Straftat**, der **Tätlichkeit** und der **Ehrverletzung**. Diese Tatbestände sind nicht analogiefähig (VwGH vom 12. 12. 1978, 2516/78, DRdA 1979, 225); siehe auch Erl 1. Auch in diesen Fällen **gelten die in den Erläuterungen zu § 120 dargestellten Verfahrensgrundsätze.**

§ 122 Erl 9

Infolge anhaltender Kritik an der dem Schutzzweck entgegenstehenden älteren Rechtsprechung, wonach auch die vor der gerichtlichen Zustimmung ausgesprochene Entlassungserklärung das Arbeitsverhältnis mit sofortiger Wirkung beende (zB VwGH vom 27. 3. 1979, 3062/78, DRdA 1981, 48 mit Anm von *G. Klein*), änderte der OGH erstmals mit der Entscheidung vom 24. 11. 1993, 9 Ob A 244/93 (Arb 11.127 = DRdA 1994, 502 mit Anm von *Eypeltauer* = ecolex 1994, 246 = ARD 4531/18/94) seine Spruchpraxis.

Stichwortverzeichnis

Abänderung und Aufhebung 258
Abberufung eines Betriebsratsmitgliedes 724
Abberufung von Präventivfachkräften 88
Abfertigung 382
abgeleitete Zuständigkeit 681
ablösende Betriebsvereinbarung 195
Abmahnung 312
Abwägung der Wahrscheinlichkeit 466
akkordähnliche Prämien und Entgelte 156
Alkoholismus 792
Alleinbestimmungsrechte 655
allgemeine Befugnisse 295
allgemeine Ordnungsvorschriften 100
allgemeiner Kündigungsschutz 345
allgemeine wirtschaftliche Schwierigkeiten im Betrieb 432
ältere Arbeitnehmer 451, 476
Amtsfreistellung 718
Änderung
– der Arbeits- und Betriebsorganisation 525
– der Betriebsanlagen 524
– der Rechtsform oder der Eigentumsverhältnisse 527
– des Betriebszwecks 524
Änderungskündigungen 306, 350, 353, 415, 437, 449, 752
Anfechtung 334, 474
– der Auflösung von Schulungs- und Bildungseinrichtungen 115
– der Auflösung von Wohlfahrtseinrichtungen 122
– durch den Arbeitnehmer 486
Anfechtungsberechtigte 479
Anfechtungsberechtigung 456

Anfechtungsfrist 462, 479, 487
Anfechtungsgründe 465, 480
Anfechtungsverfahren 456
Anhörung bei der Planung und Einführung neuer Technologien 78
Anhörungs- und Beratungsrecht in Angelegenheiten der Sicherheit und des Gesundheitsschutzes 75
Annahmebeschlüsse 687, 688
Anregungen 696
Antragsprinzip 761
Anwendungsbereich 344
Arbeiterkammern 113
Arbeitnehmerbegriff 36, 53
– des AschG 41
Arbeitnehmergruppe 725
ArbeitnehmerInnenschutzgesetz 39, 41, 73
Arbeitnehmerschutz 76, 83, 391
Arbeitsdisziplin 792, 795, 802
Arbeitsgestaltung 82
Arbeitsinspektion 44
Arbeitsinspektionsgesetz 44
Arbeitskräfteüberlassung 201, 351
Arbeitsmarktchancen 408
Arbeitsmarktförderungsgesetz 111
arbeitsmarktpolitische Förderungsmaßnahmen 111
Arbeitsmarktservice 112
Arbeitsmarktservicegesetz 111
Arbeitsmediziner 43, 80, 87
arbeitsmedizinisches Zentrum 87
Arbeitsmethode 525
Arbeitsmittel 78
Arbeitsplätze 98
Arbeitsruhegesetz 41
Arbeitsschutz 42, 71
Arbeitsschutzausschuss 43, 87, 88, 91

Stichwortverzeichnis

Arbeitssicherheit 42
Arbeitsstätten 84
Arbeitsstoffe 78
Arbeitstage 373
Arbeits- und Sozialgericht 751
Arbeitsunfähigkeit 786
Arbeitsunfälle 82, 715
Arbeitsvertragsrechtsanpassungsgesetz 292
Arbeitsverweigerung 790, 804
Arbeitszeitein- und -verteilung 101, 289
Arbeitszeitgesetz 39, 41, 187
Arbeitszeitgestaltung 207
Arten (Typen) von Betriebsvereinbarungen 189
Aufgriffsobliegenheit 382, 753
Aufnahmebögen 139
Aufsichtsrat 707
– Abberufung eines Arbeitnehmervertreters 589
– arbeitnehmerlose Holding 611, 617
– Arbeitnehmervertreter 551
– Aufgaben 554
– Aufsichtsräte anderer Rechtsformen 595
– Aufsichtsratsausschüsse 591
– Aufsichtsratsmitwirkung im Konzern 603
– Aufsichtsratsverordnung 552
– Aufteilung der Arbeitnehmervertretermandate zwischen Konzernmutter und -töchtern 613
– Ausgliederungen aus dem öffentlichen Dienst 601
– Auskunftsverlangen 571
– Auslagenersatz 565
– Ausschüsse 594
– Barauslagen 565
– Beginn der Mitgliedschaft 587
– Beiräte 599
– Beiziehung externer Sachverständiger 576
– Beratungs- und Abstimmungsgeheimnis 575
– Berichtsverlangen durch zwei Aufsichtsratsmitglieder 567
– Beschlüsse 568
– Bestellung und Abberufung des Vorstandes 572
– Bestellung und Abberufung von Vorstandsmitgliedern 555, 570
– Betriebs- und Geschäftsgeheimnisse 574
– Beweislastumkehr 583
– Bindung an die Nominierung 564
– D'Hondt'sches Verfahren 561
– Dienstnehmerhaftpflichtgesetz 583
– Dirimierungsrecht 570
  – des Aufsichtsratsvorsitzenden 569
– doppelte Mehrheit 570
– Drittelbeteiligung 591, 594
– Drittelbeteiligung der Arbeitnehmer 558
– Drittelparität 594
– Ehrenamt 565
– Einberufung einer außerordentlichen Haupt- bzw Generalversammlung 572
– einheitliche Leitung 609
– Einsichts- und Prüfungsrecht 572
– Ende der Mitgliedschaft 588
– Entsendung 559, 562
  – durch die Konzernvertretung 618
– Entsendungsrecht 591
– Entsendungsvorgang 559
  – im Konzern 615
– fakultativer 598
– Genossenschaft 602
– gesellschaftsvertraglich zwingender 598

Stichwortverzeichnis

- gesetzliche Aufsichtsratspflicht 599
- gesetzlich obligatorischer 598
- Gleichordnungskonzern 609
- GmbH 598
- GmbH als Konzernmutter 600
- GmbH als Konzerntochter 600
- GmbH & Co KEG 621
- GmbH & Co KG 605, 620
- GmbH & Co OHG 621
- Gruppenhaftpflichtversicherung 585
- Haftung der Arbeitnehmervertreter 581
- herrschendes Unternehmen 611
- Jahresbericht 571
- Konzern 603
- Konzernentsendung 605, 611, 612
- Konzern im Konzern 609
- Konzernvertretung 619
- Listenkoppelung 563, 564
- Mitbestimmung im Unternehmen 555
- Mitgliedschaft der Arbeitnehmervertreter im 587
- nichtanwendbare Bestimmungen des AktG 566
- Nominierungsfrist 564
- Nominierungsrecht der Listen 561
- ÖIAG 623
- Österreichische Postsparkasse 602
- Österreichischer Rundfunk 622
- Pensionskassen 623
- persönliche Voraussetzungen für die Entsendung 556
- Privatstiftungs-Gesetz 596
- Prüfungsausschuss 592
- Recht auf Aushändigung eines Jahresabschlusses 572
- Rechte und Pflichten des Aufsichtsratsmitgliedes 571
- Rechtsstellung der Arbeitnehmervertreter im 565
- Rücktritt des Arbeitnehmervertreters 589
- Schadenersatzprozesse gegen Arbeitnehmervertreter 563
- Sitzungssprache 569
- Solidarhaftung 584
- Sonderbericht 571
- Sorgfaltsmaßstab für die Aufgabenerfüllung 578
- Sparkassen 603
- Stiftungsrat 622
- Streitigkeiten über die Aufsichtsratsmitwirkung 562
- Teilkonzern 609
- Teilnahme an Aufsichtsratssitzungen 585
- Tendenzunternehmen 552, 623
- Theaterunternehmen 623
- Überwachungsinstrumente des Aufsichtsrates 571
- Umlaufbeschlüsse 568
- unmittelbare Beteiligung 609, 610
- Unterordnungskonzern 609
- Verfahren zur Entsendung durch die Konzernvertretung 619
- Verschwiegenheitspflicht 574, 595
- Versicherungsunternehmen 617
- Versicherungsverein auf Gegenseitigkeit 601
- Vertretung 585
- Wahl des Vorsitzenden 570
- Wahlzahl 561
- Weiterbildungsobliegenheit 566
- Zahl der Kapitalvertreter 557
- Zusammensetzung 557

Stichwortverzeichnis

- Zuständigkeit des Arbeits- und Sozialgerichtes 562
- Zuständigkeit zur Entsendung von Arbeitnehmervertretern 555
- zustimmungspflichtige Geschäfte 555, 572

Aufsichtsratstätigkeit 736
Aufstiegsmöglichkeiten 702
Aufwandsentschädigungen 233, 720, 722
Aufzeichnungen 39
Ausbildung von Lehrlingen 113
Ausfallsprinzip 694, 719, 727, 736
ausgeschiedene Arbeitnehmer 194
Ausgleichseröffnung 783
Ausgliederung 731
Auslagenersatz 233
Ausländer 421, 442, 451
ausländische Arbeitnehmer 350
ausländische Konzernabschlüsse 511
ausschließliche Kompetenzen 668, 683
ausschließliche Zuständigkeiten 654, 659
ausschließliche Zuständigkeitsbereiche 656
Ausschluss des Kündigungsrechtes des Arbeitgebers 250
Ausschreibung 98
- von Arbeitsplätzen 269
außerdienstliches Verhalten 806
Ausspruch der Kündigung 379
Austauschkündigung 440
Ausweispflicht 149
Auszahlungsbedingungen 216
Auszahlung und Abrechnung der Bezüge 216

Bäckereiarbeiter/innengesetz 41
Bahnbetriebsverfassung 651
Barauslagenersatz 694
bargeldlose Lohnzahlung 216

Bauarbeiter-Urlaubs- und Abfertigungsgesetz 47
Beeinträchtigung wesentlicher Interessen des Arbeitnehmers 405
Beendigungsschutzbestimmungen 756
Beendigung von Betriebsvereinbarungen 159
Beförderungen 99, 704
Befristung 274
Befugnisse der Arbeitnehmerschaft 655
Begehungen 43
Beginn der Planungsphase 502
beharrliche Pflichtverletzung 788
Behinderte 354, 756
Behinderteneinstellungsgesetz 41, 45, 756
Beihilfen 111
Beitritt zur Konzernbetriebsvereinbarung 678
Bekleidungsvorschriften 199
Belegschaftsorgane 42
Benachteiligungsverbot 702, 766, 779
Benützung von Betriebsmitteln 225
Beratungspflicht des Betriebsinhabers 95, 102
Beratungsrecht 378
Beratung über die Bestellung oder Abberufung von Sicherheitsfachkräften oder Arbeitsmedizinern 85
berechtigter Austritt 758
Berufsausbildung 109
Berufung 473
Berühren der Menschenwürde 140, 143, 145, 153
Beschäftigung von überlassenen Arbeitnehmern 264
Beschimpfung 806
Beschränkungs- und Benachteiligungsverbot 699, 759

Stichwortverzeichnis

Beschränkungsverbot 700, 766, 779
Beschwerden 696
Besichtigungen durch Arbeitsinspektionsorgane 45
besondere Ausbildung 736
besonderer Kündigungsschutz 354
besonderer Kündigungs- und Entlassungsschutz 750
besonderes Kündigungsrecht 261
Beteiligung bei der Auswahl der persönlichen Schutzausrüstung 79
Beteiligung bei der Gefahrenevaluierung und Unterweisung 79
Beteiligungsrechte 656
Betreuungspflichten 98
betriebliche Disziplinarordnung 317
betriebliche Frauenförderung 93, 264, 269
betriebliche Kollektivversicherungen 247
betriebliche Kündigungsgründe 430
betriebliche Pensionskasse 245
betriebliches Beschwerdewesen 248
betriebliches Vorschlagswesen 238
betriebliche Übung 121
betriebliche Wohlfahrtseinrichtungen 193
Betriebsänderungen 78, 219, 221, 259, 492, 500, 520, 535, 630
Betriebsausflug 121
Betriebsbesichtigungen 113
Betriebsorganisation 525
Betriebsorganisationsänderungen 502
Betriebspensionen 194
Betriebspensionsgesetz 245
Betriebspensionsregelungen 241

Betriebspensionsvereinbarungen 261
Betriebsratsbeschluss 376
Betriebsratsfonds 106, 694
Betriebsrats-Geschäftsordnung 68
Betriebsratsmitglieder 354, 388
Betriebsratssitzungen 713
Betriebs(teil)übergang 702
Betriebsübergang 261, 358, 501, 757, 772, 783
Betriebs- und Geschäftsgeheimnisse 705, 804
Betriebsurlaub 231
Betriebsvereinbarung 97, 102, 114, 185, 187, 195, 362
– als Instrument der Mitbestimmung 185
– über Errichtung, Ausgestaltung 114
– über Personalplanung und -entwicklung 264
– über Wohlfahrtseinrichtungen 122
betriebsverfassungsrechtliche Befugnisse 696
Betrug 799
Beurteilungssysteme 100
Bevorzugungsverbot 693, 728
Beweislast 407
Bewilligungspflicht 84
Bilanzen 510, 706
Bilanzgelder 157, 239
Bildungsfreistellung 44, 734
Brandschutz-Beauftragte 87

Datenschutz 145, 709
Datenschutzgesetz 165, 706
dauernde Betriebseinstellung 771
dauernd mindestens 20 Arbeitnehmer 259, 535
Degradierung 303
delegierte Zuständigkeit 681
Diäten 234
Diebstahl 799

817

Stichwortverzeichnis

Dienstauto 226
Dienstenthebung 313
Diensterfindungen 238
dienstliche Obliegenheiten 712
Dienstzettel 38, 40, 274, 292
Diskriminierung 442
Disziplinarkommission 135
Disziplinarmaßnahmen 134, 312, 313, 314
Disziplinarordnung 134, 362
Disziplinwidrigkeiten 793
DSG 2000 165

Ehrenamt 693
Ehrenbeleidigungen 769
Ehrverletzungen 792
eigene Kompetenzen 681
– oder originäre Kompetenzen 655
Einberufung einer Betriebsversammlung 386
Einkommenssituation 410
Einschränkung des Betriebes 780
Einschränkung des ganzen Betriebes 521
Einsichtnahme in die Gehaltsunterlagen 663
Einstellung 268
Einstellung des Betriebes 780
Einstellungsfragebogen 136
Einstellung von Journalisten 272
einstweilige Verfügung 702, 735
einvernehmliche Lösungen 756
Einzelbefugnisse 655
elektronische Überwachung des Arbeitnehmers 147
Entgeltfortzahlung 249, 719
– bei Teilnahme an der Betriebsversammlung 233
Entgeltfortzahlungsgesetz 187
Entgeltregelungen in Betriebsvereinbarungen 188
Entlassungen 313, 474
Entlassungsgründe 482, 797

Entscheidung der Schlichtungsstelle 173, 258
Entsendung in den Aufsichtsrat 658, 661, 669, 675
Entzug freiwilliger Leistungen 314
Erfolgs-Provisionen 157
erhebliche Ehrverletzungen 806
Ersatzmitglieder 390, 742, 773
ersetzbare Zustimmung 100, 162, 163, 164, 174, 253
Ersetzbarkeit der Zustimmung 173
Erste-Hilfe-Personal 87
erzwingbare Betriebsvereinbarungen 101, 163, 187, 190, 198, 209, 258, 531
Erzwingbarkeit 173, 215, 257
– einer Betriebsvereinbarung 257
– von Betriebsvereinbarungen über die Schlichtungsstelle 257
Europäischer Betriebsrat 390

Fahrtkostenvergütung 234
fakultative Betriebsvereinbarungen 187
Familien- und sonstigen Betreuungspflichten 101
Ferialpraktikanten 351
Fernmeldegeheimnis 150
Fernsehkamera 142
Fertigstellungsprämien 239
Festlegung des Zeitpunktes der betrieblichen Verschmelzung 253
Feststellungsklage 381, 700, 739
Fiktionsmethode 727
Firmenjubiläumsgelder 239
Flexibilisierung der Arbeitszeit 47
Form der Anfechtung 462
Form der Zustimmung 129, 164
formelle Arbeitsbedingungen 193

Stichwortverzeichnis

Formvorschriften für Annahmebeschluss 689
Formvorschriften für Delegationsbeschluss 689
Frauenförderpläne 254
Frauenförderung 96, 102
freie Betriebsvereinbarungen 188
Freistellungsanspruch 723
Freitag-Frühschluss 213
freiwillige (fakultative) Betriebsvereinbarungen 163, 191, 228, 235
Freizeit 712
Freizeitanspruch 712
Frist 373
Fristenberechnung 373
frühere Jahresabschlüsse 507
Fürsorgepflicht 710

gefährliche Arbeitsstoffe 82
Geheimhaltungspflicht 706
geheimhaltungspflichtige Daten 510, 706
Geltendmachung von Ansprüchen durch den Arbeitnehmer 393
generelle Kompetenzübertragung 681
genereller Lohnverzicht 221
gesamtwirtschaftliche Bedeutung 643
Geschäftsführungskosten 694
Geschenkannahme 803
geschlechtneutrale Stellenausschreibung 270
Gesprächsdatenerfassung 150, 175
Gesundheitsförderung 43, 88
Gesundheitsschutz 41, 43, 71, 78, 80, 88, 228
Gewerbeberechtigung 781
gewerkschaftliche Aktionen 769, 794
gewerkschaftliche Veranstaltungen 715
Gewerkschaftsbeitritt 384

Gewerkschaftskurs 791
Gewerkschaftsmitglieder 388
Gewerkschaftsveranstaltung 715, 804
Gewinnbeteiligung 240
Gleichbehandlung 442
– bei der Einstufung und Festsetzung des Entgelts 98
Gleichbehandlungsgebot 98
Gleichbehandlungsgesetz 95, 269
Gleichheitssatz 195, 724
Gleitzeit 214
Grenzwerteverordnung 2001 83
Gründe für Entlassung 250
Grundrechte 195
Grundsätze
– der Arbeitskräfteüberlassung 204
– der Betriebsführung 96
Grundsätze des Urlaubsverbrauchs 230

Haftung 696
Handelsbetriebe 505
handelsrechtlicher Jahresabschluss 506
Hausbesorger 357
Hausverbot 702, 767
Höchstquote überlassener Arbeitskräfte 203

individueller Kündigungsschutz 357
Industriebetrieb 504
Informationsrecht 263, 265
Information über beabsichtigte Einstellungen 270
Inhalt eines Sozialplanes 220
Insolvenz 352
Interessenabwägung 403, 444, 708
Interessenvertretungsaufgabe 751
Internet 152, 225, 226, 808
Interventionsrecht 714
investive Förderungen 112

Stichwortverzeichnis

Jahresabschluss 503, 506, 509, 510
Jahresabschlussprüfbericht des Wirtschaftsprüfers 506, 510
Jubiläumsgelder 239

Kalenderjahr 249
Kandidatur 776
Karriere 727
Karriereplanung 99
Kilometergelder 234
Kinder- und Jugendlichenbeschäftigungsgesetz 39, 41
Klage 462
– auf Feststellung 752
Klagsrücknahme 459
Klarstellung der Kollektivvertragsangehörigkeit 252
kollektive Feststellungsklage 308
Kollektivverträge 188, 797
kollektivvertragliche Disziplinarordnungen 314
Kompetenzaufteilung 652
Kompetenzen des Betriebsausschusses 663
Kompetenzüberschreitung 768
Kompetenzübertragung 652
– an den Zentralbetriebsrat 681
– an die Konzernvertretung 684
Kompetenz zum Abschluss des Sozialplanes 661
Konkurrenztätigkeit 727
Konkurrenztätigkeiten 802
Konkurs 758
Konkurseröffnung 783
Kontrollmaßnahmen 140, 141, 144, 146, 155, 200
Konzern 443, 499, 530, 677, 731
Konzernabschluss 510
Konzernbegriff 530
Konzernbetriebsvereinbarungen 680, 685
Konzernentsendung 604
Konzernleitung 731
Konzernvertretung 499
Kostenersatzanspruch 469

Krankenstände 792
Krankheit des Arbeitnehmers 427
Kredite 417
Kreditwürdigkeit 803
Kritik 809
Kündbarkeit 260
Kündigungen 313, 334, 358
Kündigungsentschädigung 484, 754, 759
Kündigungsfristen 249, 380
Kündigungsfrühwarnsystem 497
Kündigungsgründe 250, 779
Kündigungsschutz 221, 250, 344
– durch Kollektivvertrag, Betriebsvereinbarung oder Arbeitsvertrag 362
Kündigungstermine 249
Kündigungs- und Entlassungstatbestände 751
Kündigungsverbote 352, 361
Kündigung von Pensionskassenvereinbarungen 260
Kurzarbeit 237

Lehrlinge 356
Lehrveranstaltungen 737
Leistungsbeurteilungsbögen 138
leistungsbezogene Prämien 157
Leistungsentgelte 156, 158, 277
Leistungsklage 700, 752
Leistungslöhne 100, 156
Leistungslohnsystem 158, 159, 175

MAK-Werte 83
Mandatsschutzklausel 55, 759, 767, 779, 789, 798, 805
Mandatsverlust 771
mangelhafte Arbeitsleistung 425
Manipulationen 801, 803
Massenkündigungen 265, 361
Maßnahmen
– der Aus- und Weiterbildung 98
– der betrieblichen Frauenförderung 81, 98

Stichwortverzeichnis

- zur besseren Vereinbarkeit von Betreuung 93, 97
- zur Gefahrenverhütung 80
- zur menschengerechten Arbeitsgestaltung 78
- zur Umsetzung 502

medizinische Arbeitsunfähigkeitsgründe 786
menschengerechte Arbeitsgestaltung 42, 88, 230
Messungen und Untersuchungen 83
Minderleistung 791
Mitbestimmung 492
Mitbestimmungskompetenz 364
Mitbestimmungsmöglichkeiten 751
Mitteilung der erfolgten Einstellung 273
mittelbar diskriminiert 721
Mitwirkung bei Betriebsänderungen 516
Mitwirkung des Betriebsrates 365
Mitwirkungsrechte
- des Betriebsrates 362, 478
- des Betriebsrates bei der Aufnahme von überlassenen Arbeitskräften 274
- in personellen Angelegenheiten 262

Mobiltelefon 225
Motivanfechtung 780
Motivkündigungen 90, 773
Musterbetriebsvereinbarung zur Frauenförderung 104
Mutterschutzgesetz 41, 757

Nachteile in den Arbeitsbedingungen 415
Nachtschwerarbeit 227
Nachtschwerarbeiter 455
Nebenbeschäftigung 412
Nebenintervenient 459
Nebentätigkeiten 805

Normwirkung einer Betriebsvereinbarung 193
notwendige Betriebsvereinbarungen 129, 163, 189
- mit ersetzbarer Zustimmung 163, 189
notwendige Mitbestimmung 128

öffentlich-rechtliches Dienstverhältnis 349, 757
Opferbefürsorge 357
Opferfürsorgegesetz 756
Ordnungsvorschriften 198, 735
Organisationszuständigkeiten 655
originäre Kompetenzen 681
örtliche Zuständigkeit 462

pauschale Abtretung sämtlicher Kompetenzen 681
pauschale Kompetenzübertragung 683
Pausenregelung 207
Pensionierung 418
Pensionisten 194
Pensionsansprüche 195
Pensionsfonds 118
Pensionskassenvereinbarungen 191, 245, 260
Pensionsrückstellungen 49
Pensionszusage 197
periodische Beratung 96
Personalausweise 200
Personalbeurteilung 138
Personalbeurteilungssysteme 170
Personaldatensysteme 165
Personaldatenverarbeitungssysteme 152
Personalfragebögen 136
Personalinformationssysteme 167
Personalkantine 122
Personalpläne 264
Personalplanung 263
Personaltests 149
personenbezogene Kündigungsgründe 421

Stichwortverzeichnis

persönliche Umstände 709
Persönlichkeitsrecht 144
Persönlichkeitsschutz 131
Pflichtenvernachlässigung 795
Pfusch 802
Planung und Einführung neuer Technologien 78
politische Verantwortung 699
Postbetriebsverfassung 651
Prämien 157
Präsenz-, Ausbildungs- oder Zivildienst 355, 392
Präsenzdiener 756
Präventionszentrum 43
Präventionszentrum eines Unfallversicherungsträger 86
Präventivdienste 86
Präventivfachkräfte 43
Prinzip des freien Mandats 695
Probezeit 274
Protestaktionen 770
Provision 278
Prüfungsreihenfolge 481

qualifizierte Fragebögen 136, 139

Rationalisierungsmaßnahmen 430, 434
Rationalisierungs- und Automatisierungsmaßnahmen 526
Rauchen 199
Rechnungsprüfer 755
Recht auf Freizeitgewährung 44
rechtliche Arbeitsunfähigkeitsgründe 787
rechtliche Verselbstständigung von Betriebsteilen 252
Rechtsdurchsetzung 155, 192
Rechtsform 527
Rechtsgestaltungsklage 469
Rechtsgestaltungswirkung 763
Rechtsmittel 258
Rechtsschutz bei Maßnahmen ohne Betriebsvereinbarungen 132

Rechtsstellung der Arbeitnehmer bei Krankheit und Unfall 248
Rechtsunwirksamkeit 380
regelmäßige Arbeitszeiteinteilung 213
Regelungen über die Beendigung des Arbeitsverhältnisses 249
Reisekosten 694
Reisespesen 234
Restkompetenz 653
Rückforderung des Arbeitsentgelts 753, 754
Rücktrittsbeschluss 772
Rückversetzung 293
Rüge 312
Ruhepausen 210

Saison 725
Saisonbetriebe 725
Schichtarbeit 215
Schikaneverbot 789
schlichte Fragebögen 136
Schlichtungskommission 635
Schlichtungsstelle 163, 173, 190, 192, 253, 390, 540
Schlichtungsverfahren bei Einspruch 635
Schulungs-, Bildungs- und Wohlfahrtseinrichtungen 223
Schulung und Umschulung 109
Schutz des Privat- und Familienlebens 710
schwangere Frauen und Mütter 355
sexuelle Belästigung 100
Sicherheit 41, 71, 80, 88
Sicherheitserklärung 139
Sicherheitsfachkräfte 42, 80, 86
Sicherheitskontrollen 149
Sicherheitspolizei-Gesetz 139, 149
sicherheitstechnisches Zentrum 86
Sicherheitsüberprüfung 139, 149

Stichwortverzeichnis

Sicherheits- und Gesundheitsschutzdokumente 81
Sicherheitsvertrauenspersonen 42, 78, 86, 90
Sicherung eingebrachter Gegenstände 241
sittenwidrig 700
sittenwidrige Motive 361, 383
Sofortkontrollen 142
Sonderzahlungen 736, 746
sonstige leistungsbezogenen Prämien und Entgelte 157
Sorgepflichten 417
soziale Gestaltungspflicht 405, 446
Sozialpläne 218, 223, 250, 259, 264, 492, 503, 533, 534, 537, 540
Sozialplanregelungen 537
sozial ungerechtfertigt 345, 409
Sozialvergleich 449, 488
Sozialwidrigkeit 402
Sperrrecht 346, 371, 461
spezielle Kompetenzübertragung 681
Staatliche Wirtschaftskommission 638
Stechuhr 148
Stellenbewerber 139
Stellungnahme des Betriebsrates 371
Sterbekasse 106
Stilllegung des Betriebes 520
Streik 769, 794
Streitgegenstand 761
Streitigkeiten über Zuständigkeitsfragen 659, 669

Tätlichkeiten 806
Täuschung 798
Teilkonzernabschluss 511
Teilkündigungen 752
Teilnahme
– an Besichtigungen im Zusammenhang mit der Berufsausbildung 113
– an der Verwaltung von Schulungs- und Bildungseinrichtungen 113
– an Verhandlungen über Arbeitsmarktförderung 111
Teilnahmerecht des Betriebsrates 112
Teilzeit 213
teilzeitbeschäftigte Betriebsratsmitglieder 721
Telefonsysteme 150
Territorialitätsprinzip 351
Theaterunternehmen 271, 272
Treuepflicht 727, 788, 802
Treueprämien 239
Trinkgeldannahme 804
TRK-Werte 83
Trunkenheit 792, 794

überbetriebliche Pensionskasse 245
Übereinkunft mit dem Betriebsrat 502
Übergang ihres Arbeitsverhältnisses 784
Überprüfung
– der Arbeitsbedingungen 714
– von Disziplinarerkenntnissen durch das Gericht 319
übertragene oder delegierte Kompetenzen 655
übertragene Zuständigkeit 681
Übertragungsbeschlüsse 684, 687, 690
Übertragung von Befugnissen des Betriebsrats an die Sicherheitsvertrauenspersonen 90
Überwachungskamera 147
Umstellung 249
– des Urlaubsjahres 231
unberechtigte Vorteilszuwendung 801
Unfallverhütung 78, 228
Unfallversicherungsträger 43
unkollegiales Verhalten 429

823

Stichwortverzeichnis

Unkündbarkeit der Pensionskassenbetriebsvereinbarung 260
unmittelbare oder mittelbare Diskriminierung 100
Unterhaltsansprüche 413, 417
Unterlassung der Einrichtung eines Zentralbetriebsrates 667
Unterlassungsklage 700
Unternehmensorganisationsänderungen 502
Unterweisung 80
Untreue 801
unverzüglich 797
Unverzüglichkeit 762
unzulässige Benachteiligung 700
unzulässige Betriebsvereinbarungen 188
unzulässige Kündigungsmotive 382
Unzumutbarkeit der Weiterbeschäftigung 788
Urlaubsaufzeichnungen 48
Urlaubsberechnung 231, 233
Urlaubsgesetz 187
Urlaubsverbrauch in Halbtagen 232

variable Kompetenzen 668, 683
– der Konzernvertretung 675
– des Zentralbetriebsrates 670
variable Zuständigkeiten 654, 659
Väter 355
Väter-Karenzgesetz 757
Verantwortlichkeit 696
Verbesserungsvorschläge 238
Vereinbarkeit von Betreuungspflichten und Beruf 81, 98
Vereine 706
Verfahren der Staatlichen Wirtschaftskommission 643
verfassungsgesetzlich gewährleistete Grundrechte 131
verfassungsrechtlich gewährleistete Grundrechte 143, 144

Vergabe von Werkwohnungen 228
Verhandlungen 112
verlängerte Partei- und Prozessfähigkeit 782
Verlängerung der Zuständigkeitsfrist 252
Verlängerungsbetriebsvereinbarung 253
Verlegung des ganzen Betriebes 523
Verletzung der Menschenwürde 144
Verletzungen der Vertragspflichten 423
Verschlechterung
– der Entgeltbedingungen 299
– der sonstigen Arbeitsbedingungen 301
Verschwiegenheit in betrieblichen Angelegenheiten 705
Verschwiegenheitspflicht 691
Verselbstständigung von Betriebsteilen 731
Versetzung 288, 699, 701, 788
– direktorial 291
– in den Ruhestand 364
Versetzungen 702
Verspottung 806
Verständigung 368
– des Betriebsinhabers 689, 717
– vom Annahmebeschluss 690
Verständigungspflicht 365
– des Betriebsinhabers 477
Verteilung
– der Arbeitszeit 208, 210
– der Normalarbeitszeit 208
vertragsändernde Versetzung 284
Vertragsänderung 283
Vertragsbedienstete 356, 757
Vertrauensleute 755
Vertrauensschutz 243
Vertrauenswürdigkeit 708
Veruntreuung 799

Stichwortverzeichnis

Verwarnung 312
Verweis 312
Verwendung von Betriebseinrichtungen 224
Verwirkung des Beendigungsrechts 766
Vetorecht 312
Vier-Tage-Woche 213
Vollstreckbarkeit 763
Voraussetzungen für den Einspruch 639
Vorbereitung der Betriebsratswahl 387
vorläufige Vollstreckbarkeit 472
Vorrang 188
Vorrückungen 703
Vorschlagsrecht des Betriebsrates 102
vorübergehende Arbeitszeitänderungen 235
vorübergehende Beibehaltung des Zuständigkeitsbereiches bei Betriebsänderungen 252
vorübergehende Verkürzung der Arbeitszeit 235
vorübergehende Verlängerung der Arbeitszeit 236
Vorverfahren 380
vorzeitiger Austritt 250

Wahlanfechtung 772
Wahlvorstand 387, 774
Wahlwerber 770, 775
Wegegelder 234
Weisungen
– des Arbeitgebers 695, 701, 713
– des Betriebsratsvorsitzenden 696
Weisungsrecht 695
Weiterbildungs- und Aufstiegsmöglichkeiten 98
Werkskindergarten 121
Werkwohnungen 259

wesentliche Nachteile 219, 533, 534
Widerruf der Kompetenzübertragung 688
Widerrufsbeschlüsse 687
Widerrufsvorbehalt 197
Widerspruch 371
Wiederaufnahme 766
Wiederaufnahmsklage 761, 799
Wiedereinsetzung in den vorigen Stand 463
Wiedereinstellungszusagen 221
wirtschaftliche Informations-, Interventions- und Beratungsrechte 490, 505
wirtschaftliche Lage 492
wirtschaftliches Informationsrecht 495
Zentralbetriebsrat 93, 729
zentraler Arbeitsschutzausschuss 43, 88, 93
Zeugnisse 798
Zivildiener 756
zivilrechtliche Haftung 377
Zugang 464
– der Kündigung 379
Zugangskontrollen 148
Zulassungsnormen 208, 215
Zusammenschluss 523
Zuständigkeit
– der einzelnen Staatlichen Wirtschaft 645
– der Konzernvertretung 674
– des Betriebsausschusses 657
– des (Gruppen-)Betriebsrates 656
– des Zentralbetriebsrates 667, 670
– zum Abschluss von Betriebsvereinbarungen 662
Zustimmung 371
– des Betriebsrates 461, 483
Zustimmungsbeschluss 684
zustimmungsfreie Datenverwendung 167

Stichwortverzeichnis

Zustimmungspflicht 128, 164
zustimmungspflichtige Maßnahmen 100, 130, 189, 253, 317
Zutritt zum Betrieb 702

Zwangsschlichtung 163
zwingende Mitbestimmung ohne Rechtskontrolle 189
Zwischenbilanz 508